毛春翔文集

下

毛春翔◎著

浙江圖書館◎編
童聖江◎主編

國家圖書館出版社

下册目録

論文

譯　著

附　録

共三册

論語類編通義

下册

一九五六年十月

春翔時在杭州西湖孤山

一九六一年十月廿日开始校阅

毛春翔学

論語類編通義卷八

論政

大學之教，先修己而後治人，故以論政次言行。

季康子問政，子曰：政者正也，子帥以正，孰敢不正。又曰：其身正，不令而行；其身不正，雖令不從。（子路）又曰：苟正其身矣，於從政乎何有；不能正其身，如正人何。（子路）此訓政為正之見於語者也。說文曰：政，正也，从攴从正，正亦聲。釋名云：政，正也，下所取正也。此訓政為正之見於字書者也。易賁卦：君子以明庶政。書舜典：以齊七政。洪範：農用八政。中庸：哀公問政，子曰：文武之政（道）布在方策，其人存則其政舉，其人亡則其政息。冉子退朝，子曰：何晏也？對曰：有政。（子路）此皆訓政為事者也。國家之事亦謂之政，蓋取義乎事。政見乎令，令出乎权，故施政之权亦稱政权。子曰：天下有道，政不在大夫。政逮乎大夫四世矣。（季氏）此言政权也。执其权即可號令天下，权柄之孰，不知其所從来。封建之世，乃有昏庸之君曰：予無樂乎為君，唯其言而莫予違也。以為唯其言而莫予違，乃至無所不為，終至一無能為，大事去而國亡。亡國之禍起乎忘其初也。忘其初者，忘其事也。忘其事者，忘其義也。忘正己而后正人也。忘正己，而強欲正人，此其所以失其政也。孔子研精其理，故屢舉其義以告人。曰君正莫不正，一正君而天下定。二十篇中，論政之大旨，此其大也。

子曰：能以礼讓為國乎，何有。不能以礼讓為國，如礼何。又曰：為國以礼，其言不讓，是故哂之。定公問：君使臣，如之何。子曰：君使臣以礼。子路曰：衛君待子為政，子將奚先。子曰：必也正名乎。此言為國以礼也。所謂礼者，正名定分也。為政由礼則治，不由礼則亂而已耳。孔子於教特重礼，於政亦特重礼。學者學礼，將欲明礼。為政者本礼，將欲以行礼也。行礼始乎本礼，本礼始乎明礼，明礼始乎學礼，學礼賴乎師。故師者，又礼之母也。作之師，即為作之君。師必聖，不聖不足以明礼。君必聖，不聖不足以行礼。可為大師，乃可以為大君。君師合一，一於礼也。

2

無君師則無礼，無礼則無政教，無政教則林林總總，若禽獸耳。禽獸亦有長，獅為之王，虎為之將，狐為之相，舞爪將牙，而百獸奔走竄徙，不知死所。讀春秋傳，當時列國之獅王、虎將、狐相歷歷在目。孔子生於其時，愁苦憂之，乃聚徒講學，欲有以拯之也。弟子問政，諸侯問治，莫不以礼告之。君師不可不為一，政教合軌，更無可言者。二十篇中論政之大旨，此又其一也。正必合乎礼，非礼即不正。正必先正己，己不正而強欲正人，人不听，則隨之以嚴刑峻罰。刑罰之為用，威之力也。威之動也，欲人畏也。人畏死，故威可畏。人而不畏死，則刑罰亦失其用。刑罰之務也，賴乎權力。權力動搖，將失其國。故孔子於政治痛斥用刑以威民，力主教育以導民。子曰：道之以政，齊之以刑，民免而無恥。子適衛，冉有僕，子曰：庶矣哉。冉有曰：既庶矣，又何加焉？曰：富之。既富矣，又何加焉？曰：教之。可為明証。化愚為智[illegible]，化貧為富，化弱為強，化惰為勤，化亂為治，賴乎教育。以礼正己，以礼正人，先正己而后正人，此乃孔子之礼治主義也。二十篇中論政之精神在乎是。實行礼治主義，必須君師合一。欲君師合一，必須揖讓，故孔子極尊堯舜，以堯舜揖讓傳賢故也。後世君主推崇孔子，號於衆曰孔子尊君，不知孔子尊君乃堯舜一類之君，非桀紂之君。後世君主玩弄权術，欺騙人民，而一班自命嘗讀孔子之書者亦信以為真，衣裳可朝，獨子可君，荒淫無恥之君可尊，視民如草芥之君亦必跪伏聽命，曰此孔子之教也。是豈孔子之教哉！論語二十篇傳之數千年，自少誦之，至於皓首，而不通其義，道聽塗説，厚誣孔子而不自知如是，讀書不若不讀之為愈也。

欲明礼治之實，細究二十篇中論政各章，參之以大学，明徵於孟子之書，其義自明。敘論政第八。

民人通用

人之道也民乃本有之
皇疏本作民之道也
手跡不完

子曰道千乘之國敬事而信節用而愛人使民以時。（學而篇）

集解包曰道治也。按道為導之借字，皇本高麗本俱作導。說文導引也。禹貢導岍及岐至于荊山，傳曰更理說所治山川首尾所在，治山通水故以山名之。是訓導為治，其包注同也。由引導轉為治理，是引伸之義。治民之事，最重在教，故教民謂之導民。治國亦可謂之導國。顧名思義可知治國非呆办事之謂，必須以啟發民智，使人人知理循理為首務。愚民政策大違孔子說政之旨者也。

節用而愛人，人猶民也。節用則薄賦斂，而民富，故曰愛人。使民以时，當是指農隙之时言。孟子曰不違農时，則穀不可勝食，穀不可勝食則民安富，是亦愛民之道也。

子曰為政以德，譬如北辰居其所而眾星拱之。（為政篇）

敬事而信，節用而愛人，使民以时，即為政以德也。尚德者則民戴之若弱子

卷八

於慈文中心誠服，而無為而治也。故曰譬如北辰，居其所，而衆星拱之。

北辰，北極也。（鄭注及爾雅釋天）拱，圍繞也。

子曰：道之以政，齊之以刑，民免而無恥；道之以德，齊之以禮，有恥且格。（為政篇）

政者，正也，教正民而民不聽，乃齊之以刑罰，使之聽命。刑罰有定名，民可巧避焉免，故曰免而無恥。免刑非出乎自覺，故不知恥。

愚者，教之使智；弱者，扶之使强；貧者，勉之使富；富者，道之使讓；鰥寡孤獨者，養之使安；幼者，懷之使長；老者，安之使樂；壯者，用之使盡其能；暴者，化之使就馴服。既庶矣，富之；既富矣，教之。無棄於地之貨，無棄於身之力，生之者衆，食之者寡，國富而民安，此所謂道之以德也。道之以德，重教化。有教而不易化者，有不教則不化者，則齊之以禮。禮者，理也，自誠明謂之性，自明誠謂之教。（中庸）堯舜，性者也；湯武，反之也。（孟子盡心上）反之者，教之功也。不教而能誠，無用禮之齊。教而后能誠者，乃須以禮齊之，故齊之以禮者，教化

6

之謂也。礼之用為教，刑之用為威。威可寬，而教不可寬，不可寬，故其用廣，而
其效寬，知耻且能正心也。知耻出乎自覺，故能正心。刑後礼治之大較如是。
哀公問曰：何為則民服？孔子對曰：舉直措諸枉，則民服；舉枉措諸直，則民不服。（為政篇）
釋文：錯，鄭本作措。措，投。錯本為入聲。說文曰：錯，金塗也。轉為去聲，借為措，措置
也。皆舉為對文。

季康子問：使民敬忠以勸，如之何？子曰：臨之以莊則敬，孝慈則忠，舉善而教不
能則勸。（為政篇）
季康子，季孫肥也。在哀公時為卿，專魯國之政。勸，勉也。勉為善也。孝慈則忠
言己孝慈則民忠也。此以礼治教康子。

或謂孔子曰：子奚不為政？子曰：書云：孝乎惟孝，友於兄弟，施於有政。是亦為政，
奚其為為政！　為政篇
集解包曰：或人以為居位乃是為政也。

卷八

書云孝乎惟孝云云，乃書君陳篇文，今所傳君陳篇文稍有不同，孝乎作孝恭，
施於有政作克施有政，當以論語為據。
孝乎，釋文曰：乎如字，一本作孝于，是旧本乎作于也。今所傳皇疏亦作于。經
傳釋詞曰：于猶乎也。莊子人間世不為社者，且幾有翦乎，釋文曰：乎崔本作
于，是也。又為歎美之詞，論語為政篇孝乎惟孝，釋文及漢石經乎並作于，是
也。按此孝乎、孝于同也。程子經說曰：書云孝乎者，書之言孝，則曰惟孝友于
兄弟，施於有政。朱子集注從之，以書云孝乎為句。西河稽求篇曰：孝乎而唯
孝句，蔡邕書石經，直以孝乎作孝于，明非斷句助字。惟班固作白虎通，則儼
然有孝乎惟孝四字，降此而潘岳、夏侯湛等明引論語，皆於篇章之曉然者。
閻氏古文尚書辨偽曰：論語書云孝乎惟孝友於兄弟，何晏集解引包曰：孝
乎惟孝，美大孝之辞。是以書云為一句，孝乎惟孝為一句，友于兄弟為一句。
錢謙益家藏淳熙九經本點斷句讀稱精審，亦以孝乎惟孝四字為句，知

7

政從君陳篇讀者自朱子始按君陳篇不作孝乎朱子蓋從程子讀法而程
子大抵直就論語本文句之惟孝友於兄弟一句以義考之確為誤讀兄弟
言友不得言孝也

施於有政集解包曰施行也政所施行也按包注是也有助詞無義施於有
政猶言施之於政

奚其為為政其為語助詞奚猶何也言何為為政耶皇本高麗本為為政下並
有也字也當讀為邪疑詞

子曰夷狄之有君不如諸夏之亡也（八佾篇）

夷狄二字旧無說閻若璩四書釋地又續曰經傳所言其曰中國與諸侯者
即禹貢甸侯綏方三千里之地其曰四夷及蠻貊者即要荒二千里夷蠻之
地也今人言中國必盡九州之域言四夷輒以為夷狄戎蠻不登版圖之區
失其指矣按爾雅釋地九夷八狄七戎六蠻謂之四海郭注九夷在東八[redacted]狄

卷八

在北，七戎在西，六蠻在南。禮記·王制云：東方曰夷，被髮文身，有不火食者矣。
南方曰蠻，雕題交趾，有不火食者矣。西方曰戎，被髮衣皮，有不粒食者矣。北
方曰[redacted]狄，衣羽毛穴居，有不粒食者矣。中國夷蠻戎狄，皆有安居。郭注或即本
王制而異。夷曰九夷，與論語子欲居九夷合。
亡，為無之借字。集解包曰：亡，無也。是也。宋翔鳳論語發微曰：釋文：亡，無音。知
讀如字，不取包氏說。此蓋指魯之僭亂，無君臣父子之義，同乎夷狄，不如滅
亡之為愈，非也。此如為異說之過也。亡之為無，為古書中習見之字，不待音
而知之。不得因釋文無音，即認為當讀如字，即陸德明以為當讀如字，亦不
若包注之近乎理，亦不當從。[redacted]有無為對文，夷狄之有，不如諸夏之亡，亡之
為無尚待言哉。
諸夏，集解包曰：中國也。按說文亦曰：夏，中國之人也。包注義合。諸者言其數
之非一。

皇疏曰此爲下僭上者發也言中國所以尊於夷狄者以其名分定而上下
不亂也周室既衰諸侯放恣禮樂征伐不復出自天子反不如夷狄之國尚
有尊長統屬不至如我中國之無君也朱子亦特此說後儒或有好奇而反
之者余所不取然皇疏統言之朱子亦然余以爲考之左傳此章之言蓋爲
昭十七年郯子來朝發也夷狄之有君爲美郯子不如諸夏之亡爲嘆昭公
之不賢識以傳證之傳曰郯子來朝公與之宴昭子問焉曰少皞氏以鳥名
官何故也郯子曰吾祖也我知之我高祖少皞摯之立也鳳鳥適至故紀於
鳥爲鳥師而鳥名鳳鳥氏歷正也玄鳥氏司分者也伯趙氏司至者也青鳥
氏司啟者也丹鳥氏司閉者也祝鳩氏司徒也鴡鳩氏司馬也鳲鳩氏司空
也爽鳩氏司寇也鶻鳩氏司事也五鳩鳩民者也仲尼聞之見於郯子而學
之既而告人曰吾聞之天子失官學在四夷猶信以郯子爲夷且曰學在四
夷是賢郯子也天子失官是嘆諸夏之無賢君也與此章之旨正合故余以

卷八

為此章為鄭子來朝篇也

子曰能以禮讓為國乎何有不能以禮讓為國如禮何（里仁篇）

正見禮器篇

仲弓[redacted]問子桑伯子子曰可也簡仲弓曰居敬而行簡以臨其民不亦可乎居簡而行簡無乃太簡乎子曰雍之言然。（雍也篇）

居敬而行簡以臨其民句從崔東壁論語餘說

釋文鄭曰子桑秦大夫集解王肅曰伯子書傳無見也朱注就是簡簡略也

此章舊與子曰雍也可使南面并為一章今析為兩章

子曰民可使由之不可使[redacted]知之（泰伯篇）

鄭注曰民冥也其見人道遠由從也言王者設教務使人從之若皆知其本末則愚者或輕而不行按此說非也孔子在魯非貴族知民不可愚故創為禮治之說道之以德齊之以禮是為禮治之綱領實行此綱領其必由教可知矣子適衛冉有僕子曰庶矣哉冉有曰既庶矣又何加焉曰富之曰既富

由從也由之者從之也
从為政者之教令是
為由之之义可使由之者
可使民听从為政者之教
令也 不可使不从也不可[illegible]
听从教令之乃使知之之
其知教令之[redacted]意不可不

从也

古人施教以崇俾倘矣又何加焉曰教之子曰以不教民战是为弃之（子路篇）为政重教此既皆宋儒（全上篇）此孔也 育之谓

于施何为也

精神也者曰民可使由而不可使知是蔽民耳目之暴君政治也由斯道

行民将不欲由而必欲求知之矣为政者即欲不可亦不可能此孔子政治

学说根本不合故知即生非是由从也是也民可使由之者言可使由礼

9

行也若视民如蠢物以为可任意驱使故有民冥也礼不下庶人之谬说
之所以政令而

孔子深知其深故反其道而言曰民亦可使由礼而行也若不知礼可教之
民若以为不可则

使知之也教之知礼则未自由礼而行矣民皆知礼则知耻而能正其心故

因有耻且格此章句读民可使由之句不可使知之绝句自来解者

多数一也未尝见说来而忽视孔子礼治之旨故多不合经旨惟近人治孔

子数张民权民可则使由之不可则使知之此强经文以就我好行小慧者

之所为也夫为政者岂一定欲知民不可或可而后行之而后使知之则家

喻户晓不胜其烦不但春秋时无此事即今日民主国家亦无此事此睹於

卷八

時代之說不足取也。且民可則自行矣，何待使也。其句讀亦不通。

子曰：不在其位，不謀其政。（泰伯篇）

君子思不出其位，故不在其位，不謀其政。

子曰：巍巍乎！舜禹之有天下也，而不與焉。子曰：大哉堯之為君也！巍巍乎！惟天為大，惟堯則之。蕩蕩乎！民無能名焉。巍巍乎！其有成功也，煥乎其有文章。（泰伯篇）

巍巍，高大之稱也。（集解）

與，朱注讀去聲，曰猶言不相關，言其不以位為樂也。

蕩蕩，廣遠之稱也。（集解）

則，法也。（集解）

煥，明也。陳氏古訓曰：說文無煥字，詩卷阿（大雅）正義：奐為文章，此當作奐。

余按：此章孔子盛稱尊堯舜禹，且曰有天下而不與，其以堯舜揖讓之故，以

10

可無疑。揖讓選賢，以天下為公，乃禮治之極致。若揖讓之傳說為不虛，則孔子禮治之說即託根於是，可斷言也。今之論者有謂堯舜實無其人，禪讓之事為儒家理想，非實有其事者。余以為孔子既屢稱其人，如為假造故事，何以為孔子故事之傳，不必專賴文字；堯舜之世未有文字，而其事何嘗不可假口說傳之於後世？必謂史書不具，即謂其事為儒家捏造，未免武斷。古人直道而行，後世專事虛飾，口說流傳或較文字記載為更可靠。此證諸史書，可知其概。學者欲將古人傳說一一推翻之，未可也。

舜有臣五人而天下治。武王曰：予有亂臣十人。孔子曰：才難，不其然乎？唐虞之際，於斯為盛，有婦人焉，九人而已。（泰伯第八）

五人，集解孔曰：禹、稷、契、皋陶、伯益也。

予有亂十人，釋文曰：予有亂十人，本或作亂臣十人，非。集解馬曰：亂，治也。爾雅釋詁：亂，治也。郭璞注引此章以證之。宋賈昌朝群經音辨曰：孔安國訓亂為治說文解乱而曰治也从乙乙治之也經典大抵以乱為不理夫理乱之義善惡相反而以治訓乱可惑焉若以古文尚書考之以亂乱字别而体近豈隸古之初傳寫誤合為一字而作治乱二訓後之諸儒遂不復辨之與金氏榮沚考證曰古文尚書曰德惟亂否德𤔔二字正與篆符合亂字從爪從系從乙取以手理系而有條理也後人𤔔字加乙與亂相似故遂誤以亂為亂字余按今段氏說文乙部系部爪部皆無亂字惟康熙字典治字下注云古文亂今說文治字下亦無此古文以乱訓治義不可通蓋讀者以為武王之臣皆為賢者不可稱乱臣且武王亦不宜自稱乱臣遂有乱治也之訓耗参謂辨論由此而生不知如泰誓篇可信則論證此文是出泰誓篇蓋取其下截其全節之文如下受有億兆夷人離心離德予有乱臣十人同心同德雖有周親不如仁人乱此事為对文事大也事人猶言大人此蓋借对方口氣言之也既釋其義則為尔自謂有大人數有億兆然而尔之所謂大人者

11

離心離德。余謂我之臣爲亂臣，數紂十人也。而我之亂臣十人同心同德，余
非我敵明矣。聲詞口氣禽如是。曰大人、曰亂臣、曰僞、曰十人，皆爲對文。去
其上截，則亂字不得解。合其全文，則義（伏）迎刃而解矣。孔子引之，意欲明才難
故略去上半段。亂爲治之反，何用曲解。至於十人者，馬融曰：周公旦、召公奭、
大公望、畢公、榮公、大顛、閎夭、散宜生、南宮适。其餘一人謂文母也。鄭注同。朱
注：劉侍讀以爲子無臣母之理，蓋邑姜也。九人治外，邑姜治內。据此說較近
乎理。日知錄曰：所謂十人，皆身在我行者。太姒、邑姜自在宮壼之內，必不從
軍旅之事，亦不必併數之以足十人之數也。牝雞之晨，惟家之索（牧誓）
方且以用婦人爲紂罪矣，乃周之功業必藉於婦人乎？此理之不可通。或傳
寫之誤，闕疑可也。余按賢妻良母，不可謂爲牝雞之晨。后不慧，君惠以政，妻
之，乃可語之曰牝雞之晨。若贊襄之，以助君慮之所不及，國之福也，何傷乎。
郤氏以爲於理不可通，非也。

未乙八

際者堯舜交會之間也（集解孔注）元程復心四書章圖曰此處必有闕
誤看三分有二一節哭起無頭缺文可見全按此章無缺文也武王有臣十
人舜有臣五人是言周初人才之盛過於虞舜唐虞之際指舜時言言較之
唐虞之世賢人之多莫周若也然而尚有一婦人在賢才之難如此
三分天下有其二以服事殷周之德其可謂至德也已矣（泰伯篇）
周之德上當有子曰二字
子曰禹吾無間然矣菲飲食而致孝乎鬼神惡衣服而致美乎黻冕卑宮室而
盡力乎溝洫禹吾無間然矣（泰伯篇）
間說文曰隙也隙說文曰壁際孔也左傳隱五年皆於農隙以講事也杜注
隙間也是間隙二字義通閉門而見月光為間設門以防侵盜其際實必力
求其密即有空隙亦必甚微甚微而猶有月光入侵則其防也猶未十分周
密使其無間雖月光猶不能入則其為防密矣禹之為政全心而無一毫之

18

私密之至矣。故曰，吾無間然，言吾不見其有毫髮可議之處也。舊注於間字義未明，故為摹辭以明之

菲薄也。黻，祭服之衣；冕，其冠也。

溝洫，其畝，邑曰方里為井，井間有溝，溝廣深四尺；十里為成，成間有洫，洫廣深八尺也。盡力乎溝洫，即講求水利也。

子貢問政。子曰：足食，足兵，民信之矣。子貢曰：必不得已而去，於斯三者何先？曰：去兵。子貢曰：必不得已而去，於斯二者何先？曰：去食。自古皆有死，民無信不立。（補潤）

必不得已一語，不易解釋。孟子曰：昔者太王居邠，狄人侵之，事之以皮幣，不得免焉；事之以犬馬，不得免焉；事之以珠玉，不得免焉。乃屬其耆老而告之曰：狄人之所欲者，吾土地也。吾聞之也，君子不以其所以養人者害人。二三子何患乎無君？我將去之。去邠，踰梁山，邑於岐山之下居焉。此其必不得已而去兵乎！受侵而遷避，其平時兵不足可知。天生五材，民並用之，誰能去兵？食不足，

卷八

不足以養兵。兵不足，不足以衛國。兵食俱足，人不敢侮，國强民富，禮義之心
生。上愛民，民愛上，上下信矣。所謂必不得已者，好問也。立國而至於去食去
兵，尚成國哉。子貢好退，問子路，樊遲好進，問君子，可退問，故不可退也。先
富後教，孔子既以此教冉有矣。此言足食足兵，須先富後教之意耳。
哀公問於有若曰：年饑，用不足，如之何？有若對曰：盍徹乎！曰：二，吾猶不足，如之
何其徹也？對曰：百姓足，君孰與不足？百姓不足，君孰與足？（顏淵）
集解鄭曰：盍，何不也。周法十一而稅，謂之徹。徹者，通也，為天下通法也。按孟
子曰：周人百畝而徹，其實皆什一也。（滕文公上）鄭注本孟子。
說文：穀不熟為饑。爾雅釋天亦曰：穀不熟為饑。釋文：饑，鄭本作飢。按饑、飢通。
考春秋二百四十二年，記魯國年歲豐歉者凡七：有年一，在桓三年；大有年
一，在宣十六年，此記豐收者也。莊七年秋大水，無麥苗；僖二十一年夏大旱；
文十年自正月不雨至於秋七月；宣八年秋大旱；襄二十四年大饑，此記荒

(3

年者也。哀公之世，春秋不書饑荒，而此章哀公曰"年饑"，則有荒年明矣。若非史官失書，則為春秋脫簡，其為何年不可知，其事則確有之。此論語可補春秋之缺失者也。

魯國稅賦变遷，春秋所書可考而知者，凡經三次变革。宣十五年秋"初稅畝"，此第一次变革也。何謂"初稅畝"？公羊傳曰："初者何？始也。稅畝者，履畝而稅也。古者什一而藉。什一者，天下之中正也。"穀梁傳曰："古者三百步為里，名曰井田。井田者，九百畝，公田居一。私田稼不善，則非吏；公田稼不善，則非民。初稅畝者，去公田，而履畝十取一也。"杜預曰："公田之法，十取其一，今又履其餘畝，復十收其一。故哀公曰：'二，吾猶不足。'"朱子曰："周制，一夫受田百畝，而與同里共井之人通力合作，計畝均分，大率民得其九，公取其一，故謂之徹。魯自宣公稅畝，又逐畝什取其一，則為十而取二矣。"按稅畝之說，以公穀為最旧，其語簡。穀梁且謂去公田而履畝，更不易明。杜預之說較近乎事實，朱子本之。

卷八

是也。税畝之前，魯税十取一；〔税畝之後〕除公田收入外，又復民田十取其一，是爲十取二，與哀公二吾猶不足之語合。

成元年作丘甲。此爲第二次變革。何謂作丘甲？前人之說不可解，今姑自爲說以釋之。漢書刑法志曰：税以足食，賦以足兵，故四井爲邑，四邑爲丘，丘十六井也，有戎馬一匹，牛三頭；四丘爲甸，甸六十四井也，有戎馬四匹，〔兵車一乘〕牛十二頭，甲士三人，卒七十二人，干戈備具，是爲乘馬之法。據此則丘不出甲士，不出兵車，不出步卒。今魯作丘甲者，蓋命丘亦出甲士也。一甸三甲士，丘不及一人，其甲〔士〕之不易供可知矣。丘甲者，當是每丘各出一甲士也，甸出甲士三人不在其內，合之則每甸可得甲士七人。餘者未变旧制，故書曰作丘甲。賦以足兵，亦取於民，與税等也，取於民厚，書以譏之。

哀十二年春用田賦。此爲第三次变更。何謂用田賦？王樵曰：賦之本義專爲出軍。計兵而出兵車賦之常法，今計田而出，故曰田賦，蓋託以軍用，加斂於

14

田、計田而出貨財也。其數之多寡則不可考。大約稅畝、多乎十一、田賦又多
乎稅畝。稅畝、私田始有征、田賦私田又加征也。經文太簡、傳又無言、姑以此
說實之。近人郭沫若以為"百姓指三家貴族而言"。二、吾猶不足、是取之公田。
（君孰与不足、君孰与足、兩与字皆訓為。（據經傳釋詞））
有若勸哀公十取一者、是不問私田公田皆取十之一、則所得更多。襄十一
年、三家三分公室、而各有其一、昭四年、三家又四分公室。魯之十取二、亦及
（十批判書）
于家之私田、依有若徹法、則三家私田皆有征、故曰所得更多。此說驟視之、
甚為可喜。細究之、則自相矛盾、於此章之義不能通也。有若所謂百姓、當為
指衆庶而言。今即依郭氏之說、是指三家貴族、而有若明勸哀公少取、以為
百姓足、即君足、多取之於民、民不足、即君不足。郭氏則以為三家私田皆有
征、是有若助公多取於百姓矣、於此章之旨、適得其反。若郭氏不以百姓為
指三家、則少取於民、而多取於三家、說乃可通。然郭氏明謂百姓指三家貴
族而言之說、亦有無待深辨也。

卷八

齊景公問政於孔子。孔子對曰：「君君，臣臣，父父，子子。」公曰：「善哉！信如君不君，臣不臣，父不父，子不子，雖有粟，吾得而食諸！」（顏淵）

「齊景公有馬千駟，死之日，民無德而稱焉。」孔子蓋甚輕之也。此章問政，告之以君君臣臣父父子子，即含譏諷之意。

信如猶言誠如。

子曰：聽訟，吾猶人也，必也使無訟乎！（顏淵）

「吾猶人也」集解包曰：言吾與人等也。按此乃謙詞。齊之以刑，民免而無恥；齊之以禮，有恥且格。故曰：必也使無訟乎。無訟則禮治行矣。禮治行時無訟可聽。

子張問政。子曰：居之無倦，行之以忠。（顏淵）

好勝過人之人易怠，故勉之以[redacted]無倦。

季康子問政於孔子。孔子對曰：政者，正也。子帥以正，孰敢不正？（顏淵）

15

季桓子卒於哀公三年，康子即位。孔子於哀公十一年反魯，此問當在反魯後也。

此就文字之義釋政治之義，亦即孔治之基本精神。己正而后正人，謂之帥以正。皇疏本以作而，君子之治無私不作而。按而猶以也，凡經傳釋詞卷七帥作動詞看，若作名詞，於義難解。

季康子患盜，問於孔子。孔子對曰：苟子之不欲，雖賞之不竊。（張淵）

苟誠也。此苟志於仁矣之苟同義。盜說文曰：私利物也。詩小雅巧言君子信盜，亂是用暴。傳曰：盜逃也。風俗通言其晝伏夜奔，逃避人也。賞猶勸也。竊猶盜也。盜竊連文為習見之語。

苟子之不欲，猶是子帥以正之意。孔治主義不得不以身作則也。

季康子問政於孔子，曰：如殺無道以就有道，何如？孔子對曰：子為政，焉用殺？子欲善而民善矣。君子之德風，小人之德草，草上之風必偃。（張淵）

就成也。（集解）

老八

而民善矣。而猶則也。

上，皇本、高麗本並作尚。釋文：上本或作尚。按孟子滕文公上引此文亦作尚，尚猶加也。與好仁者無以尚之之尚同義。詩魏風陟岵：上慎旃哉，注：上猶尚也。書序：以其上古之書，謂之尚書。上、尚二字通用。

偃仆也。讀煙上聲。

子路問政。子曰：先之勞之。請益。曰：無倦。（子路篇）

先之勞之集解：孔曰：先道之以德，使民信之，然後勞之。易曰：悅以使民，民忘其勞也。按易兌卦說以先民，民忘其勞，不作使民。詩豳風東山序曰：說以使民，民忘其死。孔注上句取詩，下句取易，而冠之以易曰，或記憶未確，或傳本有異，未可知也。先之勞之，皆就為政者本身言之。先之，先於民；先於民，為勞之，為事勞也。何以知其然？曰：無倦一語知之。已居人先，已勞人佚，故曰無倦。礼治主義以教化為本，教化非獨講說，且以行與事觀之，即最好教化也。

16

仲弓為季氏宰，問政。子曰：先有司，赦小過，舉賢才。曰：焉知賢才而舉之？曰：舉爾所知。爾所不知，人其舍諸？（子路篇）

有司，有為助詞，無義（經傳釋詞卷三）。先有司，言當以身先之，亦是先之勞之之意。

仲弓不知舉賢才之義，此可证其無南面之才。雍也可使南面，說者皆謂為君，讀此章可知其說之謬矣。

子路曰：衛君待子為政，子將奚先？子曰：必也正名乎！子路曰：有是哉，子之迂也！奚其正？子曰：野哉由也！君子於其所不知，蓋闕如也。名不正則言不順，言不順則事不成，事不成則禮樂不興，禮樂不興則刑罰不中，刑罰不中則民無所措手足。故君子名之必可言也，言之必可行也。君子於其言，無所苟而已矣！（子路篇）

史記世家：是時衛君輒父不得立，在外，諸侯數以為讓，而孔子弟子多仕於衛，衛君欲得孔子為政。子路曰云云。據此則此章衛君，出公輒也。以子拒父者也。以子拒父，其名不正。必也正名，即拒衛君出公輒之意明甚。鄭注謂正書字也，後儒更有詳演其說者，余無取焉。

迂，集解包曰：猶遠也。言孔子之言，疏遠於事也。

中，皇疏：不中於理也。是讀去聲。按不偏不倚謂之中，刑罰寬則縱惡，刻則及善，或寬或刻，皆不得其中。不縱不濫，乃得其中。中當讀為中庸之中，讀去聲非。

苟者，且也。（經傳釋詞卷五）苟且連文，是常語，猶隨便之意。

為國以禮，衛輒拒父，根本違禮。本既不正，他尚何論。正名，則輒當去，名不可得而正，則不必待余為政，此言外之意也。

樊遲請學稼。子曰：「吾不如老農。」請學為圃。子曰：「吾不如老圃。」樊遲出。子曰：「小人哉樊須也！上好禮，則民莫敢不敬；上好義，則民莫敢不服；上好信，則民莫敢不用情。夫如是，則四方之民襁負其子而至矣，焉用稼！」（子路節）

已見論語篇。礼義並出于一章。則礼者礼制礼仪也。義者理也。

子曰。其身正不令而行。其身不正雖令不從。(子路篇)

子曰。魯衛之政兄弟也。(子路篇)

此章有兩義可説。周公封魯康叔封衛。周公康叔兄弟也。故兩國為兄弟之邦。此一義也。魯至哀公康子專政。君為傀儡。衛至出公孔氏專政。君主昏愚。國勢陵夷。兩國皆同。故曰兄弟。其又一義也。以理推之。以後一義為得其實。言兩國之事皆不可為。

子適衛。冉有僕。子曰。庶矣哉。冉有曰。既庶矣。又何加焉。曰富之。曰。既富矣。又何加焉。曰教之。(子路篇)

適説文曰之也。廣韵曰往也。故往猶之也。

僕御也。御車曰僕。

庶眾也。曰庶。曰富。曰教。三者礼治之實也。生之為庶民。養之為富民。使知理義為教民，天生之地，養之人，教之人者，君師也。

子曰：苟有用我者，期月而已可也，三年有成！（子路篇）
「德之流行，速於置郵而傳命」（孟子公孫丑上）故期月而已可也。期月，皇
疏曰：「謂年一週也」。可者，未足之辭。

子曰：善人為邦百年，亦可以勝殘去殺矣。「誠哉是言也！」（子路篇）
勝，說文曰：「任也」。平聲，勝敗之勝，去聲。勝殘者，言勝殘暴之人使不為惡也。（集
解王肅說）則此勝字，當讀去聲。朱註，平聲，非也。去，為自動詞，轉為他動，讀
上聲。去殺者，不用刑殺也。（王肅說）去，當讀上聲。勝殘去殺，善人為之，百
年而後能之。此古之成語，孔子引之，而斷之曰，「誠哉是言也」。是疑詞，而未敢
以為信然也。旧注以為孔子信之，恐非。

子曰：如有王者，必世而後仁。（子路篇）
王，釋文，于況反，又如字。按此王字，當讀去聲，于況反，以其為動詞故也。孟子，

梁惠王篇然而不王者未有也無以則王乎王皆讀去聲此章王字與彼同
也朱注於此無音當補如有王者若稱一國之王則魯之十二公周自成康
以後繼世莫不為王未見其仁也必世而後仁知此王者為動字言以仁政
施於民也以仁政施於民而後乃能遂善政之極釋文又如字非也
世字或以三十年為一世或以一代為一世此章世字果何指未為定也史
記文帝紀引此作必世然後仁而作然

子曰苟正其身矣於從政乎何有不能正其身如正人何（子路篇）
義已見上何有言不難也如正人何如猶奈也

冉子退朝子曰何晏也對曰有政子曰其事也如有政雖不吾以吾其與聞之（子路篇）
據史記世家冉求於哀公三年應季康子召返魯時康子專魯政仕康子即
仕魯故曰退朝鄭曰朝於季氏之私朝（釋文）周生烈曰謂罷朝於魯君
也（集解）以理推之周生烈之說較為可崇陳仲魚曰冉子時仕季氏故

卷八

造於其私朝。其事也，即指季氏。必無私事而議於公朝者，周生烈以為罷朝於魯君，誤矣。其事也為疑詞也，當讀為耶。孔子疑之，故云云。冉子曰，有政公朝私朝自當以冉子之言為準。在君為政，在臣為事（昭二十五年左傳杜注）議政於公朝是矣。孔子責冉子不先以告，故曰，其事也。陳氏以周生之說為誤，未細審也。哀公十一年季氏欲以田賦，使冉有訪諸仲尼，仲尼曰，某不識也。三發，卒曰，子為國老，待子而行，若之何子之不言也。仲尼不對，而私於冉有曰云云（左傳）十二年春，魯卒用田賦。意者季氏自孔子不對用田賦事，而感不悦，後有大政，即不復問，故孔子有雖不吾以之言。夫有問者，欲決可否，不對，即示事不可行，而竟用田賦，一意孤行，則其使冉有問者，偽也。封建之世，貴族無法無天，最為可惡。國有大政，不問聖人，就師弟言，冉求為不知禮，就國家敬老言，魯君臣為不知禮，雖不吾以，吾其與聞之，既責冉子，又譏魯君臣也。

定公問：一言而可以興邦，有諸？孔子對曰：言不可以若是其幾也。人之言曰：為君難，為臣不易。如知為君之難也，不幾乎一言而興邦乎？曰：一言而喪邦，有諸？孔子對曰：言不可以若是其幾也。人之言曰：予無樂乎為君，唯其言而莫予違也。如其善而莫之違也，不亦善乎？如其不善而莫之違也，不幾乎一言而喪邦乎！（子路篇）

其幾也，幾借為冀，望也。漢書郊祀志：幾遇海中三神山之奇藥。師古曰：幾讀曰冀。陳平傳：高帝怒曰：噲見吾病，迺幾我死也。孟康曰：幾音冀，其證也。又可借為期，左傳定元年：易幾而哭。注：幾，哭會也。幾期雙聲。（說文通訓定聲）

朱注：幾，期也。亦通。蒙按：王肅云：幾，近也。不可通。

不幾乎，幾字當訓近，朱注仍訓期，非也。

葉公問政。子曰：近者說，遠者來。（子路篇）

近遠皆動字，讀上聲。說借為悅，入聲。

叔八

史記、世家、齊景公卒、明年、孔子自蔡之葉、葉公問政、孔子曰、政在來遠附邇、

文字稍異、義則與論同也。

子夏為莒父宰、問政、子曰、無欲速、無見小利、欲速則不達、見小利、則大事不成。（子路篇）

集解、鄭曰、舊說曰、莒父魯下邑也。陳氏古訓曰、春秋、定公十四年、城莒父及霄、杜注、公叛晉、助范氏、故懼而城二邑也、閻徵君曰、是時荀寅、士吉射據朝歌、晉人圍之、魯與齊衛謀救之、朝歌在魯西將八百里、則莒父屬魯之西鄙、

按子夏為人局趣、故戒之如此。

無、釋文、毋、今作無、據作毋是也、為禁止之詞。今作無者、假借也。

子曰、善人教民七年、亦可以即戎矣。（子路篇）

集解、包曰、即、就也、戎、兵、可以攻戰也。據列國之世、攻戰之事不能免、然且甚繁。如魯定公在位十五年、用兵十二次、幾每年用兵。衰之多、自有不及教而驅之戰陣者矣。哀公自元年至十四年、用兵七次、平均兩年一次。而[illegible]驗繁矣。

20

予知為国不能免兵事。

孔子主礼治，其不義戰可知也。今好戰而又不教民戰，是為好戰者之尤

秉善人為政，礼治或非其所能，戰争必不能免，教之民而後驅之戰，斯可矣。

七年七字疑有誤，教民戰術何用七年。

子曰：以不教民戰，是謂棄之！（子路篇）

教民而后民知義戰，戰無不胜。不教而使之戰，必敗。驅而使戰，是猶弃之也。

送之死地，是猶棄之。孟子曰：焉有罔民而可為也。（梁惠王上）罔民者，不

教而加刑。棄民者，不教而驅之戰也。教而後知義戰，戰無不胜。

徐紹楨《四書質疑》曰：此章與上章當合為一章，子曰二字衍。余則以為義自

一貫，文不必合。

子路問事君。子曰：勿欺也，而犯之！（憲問篇）

勿欺也，皇本作勿欺之。集解：孔曰：事君之道義不可欺，當能犯顏諫争也。余

按凡見理不明，見事不真，謀事不密，皆是欺，非謂顛倒黑白也。所謂義不可

欺云者，是指明知其非而以為是言之。子路當不至是，不待師言。若中心少

表八

有不誠慮事微有不周則有不自覺其爲姦者矣如曰何必讀書然後爲學曰有是哉子之迂也之類近乎欺師故作之曰是故惡夫佞者曰野哉由也君子於其所不知蓋闕如也君子於其言無所苟而已矣不通於理而強謂之通是苟於言之過也以此事君雖自以爲不然而人則將不赦然已之横出於理矣欺師受師讓然君遺刑戮可不慎哉

而犯之孔注以爲犯顏諫爭子路爲人豈無師爭豈患不能諫爭此句疑脱一又字(當作)而又犯之勿欺也而又犯之一句言不可然之而又犯之也欺犯皆子路所易犯故深警之

子曰無爲而治者其舜也與夫何爲哉恭己正南面而已矣(衛靈公)

集解何曰言任官得人故無爲而治也朱子曰聖人德盛而民化不待其有所作爲也今按朱子之説得之禮治之極民咸受教知義不令而行夫何爲哉若論任官得人此後世少康之治與舜豈可同日而語

21

老氏以善因為無為，與孔子以德治為無為，亦大異其趣。善因者，專權術，其流弊為陰謀。德治者，尚感化，行之久而無弊，然苟非其人，道不虛行，後世君主莫不陽孔而陰老者，以德難修而術易弄故也。二千餘年以來，未見有德治，但見刑名之治而已。刑名者，善因之蛻變也，處術而已矣。其弄術甚精者，君佚臣勞，民懾服，亦若恭己正南面，有類乎舜，然而偽也，何足道，何足道！

顏淵問為邦。子曰：「行夏之時，乘殷之輅，服周之冕，樂則韶舞，放鄭聲，遠佞人。鄭聲淫，佞人殆。」（衛靈公）

蔡邕獨斷：「夏以十三月為正，殷以十二月為正，周以十一月為正。」尚書大傳曰：「夏以孟春月為正，殷以季冬月為正，周以仲冬月為正。」凌曙四書典故覈曰：「凡改正者，時月俱改。殷之春三月，丑寅卯；周之春三月，子丑寅也。故左氏春秋傳曰：『元年春王周正月。』東漢陳寵云：『十一月周以為春，十二月商以為春，十三月夏以為春。』核之春秋，確然無疑。宋人說春秋，以為夏時冠周月，大謬。」

表八

朱子亦曰：夫子正為是子為春不順，故告顏子欲改從建寅耳。

路，釋文，輅本亦作路。集解馬曰：殷車曰大輅。左傳大輅越席，昭其儉也。

冕，集解包曰：禮冠也。周之禮文而備也，取其黈纊塞耳，不任聽視也。按纊綿也，黈纊者，言以黃綿大如丸，懸冠兩旁當耳，不妄聽不急之言也。（文選東京賦注）

樂則韶舞，韶，舜樂，盡美盡善者也。則，法也。鄭聲淫，雅樂聖，論語餘說曰：蓋者詩其詩

（旁注：詩者聲之本，聲者聲之詩。漢則聲未有不淫者，不得分詩與聲為二也，是也。今錄之）

（框注：近世學業家說鄭之聲在聲，非以其詩之本 按）

道之以德一章，抽象言之，此則具体言之。三代之制不止時路冕舞之美者，不止樂，特舉其大者言之耳。又言沒制不及禪讓，此或難言之故，考之德禮之治，君師不得不為一，故君師合一，非行禪讓不可也。

子曰：事君敬其事而後其食。（衛靈公）

後為靜字讀上聲，轉為動字讀去聲。此章後字去聲，後其食，以食為後也。

季氏將伐顓臾，冉有季路見於孔子曰：季氏將有事於顓臾。孔子曰：求，無乃爾

22

是過與夫顓臾昔者先王以為東蒙主且在邦域之中矣是社稷之臣也何以伐為冉有曰夫子欲之吾二臣者皆不欲也孔子曰求周任有言曰陳力就列不能者止危而不持顛而不扶則將焉用彼相矣且爾言過矣虎兕出於柙龜玉毁於櫝中是誰之過與冉有曰今夫顓臾固而近於費今不取後世必為子孫憂孔子曰求君子疾夫舍曰欲之而必為之辭丘也聞有國有家者不患寡而患不均不患貧而患不安蓋均無貧和無寡安無傾夫如是故遠人不服則脩文德以來之既來之則安之今由與求也相夫子遠人不服而不能來也邦分崩離析而不能守也而謀動干戈於邦內吾恐季孫之憂不在顓臾而在蕭墻之內也(季氏篇)

僖二十一年左傳任宿須句顓臾風姓也實司大皞與有濟之祀以服事諸夏杜注太皞伏羲四國伏羲之後故主其祀任今任城縣也顓臾在泰山南武陽縣東北封近於濟故世祀之顓臾在左傳僅此一見閻氏潛邱劄記云

「顓臾左傳未見」，失考。季氏將伐顓臾之事，經傳不見，在何年不可考。此季氏，難指實其為某子。

「無乃爾是過與」，無乃猶乃無也。見宣十二年公羊傳注。（經傳釋詞卷十）是，猶實也。（經傳釋詞卷九）

東蒙，胡渭禹貢錐指：蒙山，在今蒙陰縣南四十里，西南接費縣界。

「且在邦域之中矣」，釋文：邦或作封。集解孔曰：魯七百里之封，顓臾為附庸，在其域中也。陳氏古訓曰：漢書王莽傳「封域之中」，古字邦封同。或云封當作邦，漢諱邦改封，非也。下文邦內鄭本作封內，明此邦域亦當為封域也。

「何以伐為」，為，助詞，言何用伐之也。（經傳釋詞卷二）

周任，集解孔曰：古之良史。隱六年左傳杜注：周大夫。任音壬。

「則將焉用彼相矣」（七經孟子考文）補遺：矣作也。按焉當讀為邪，作也亦然，皆為疑詞。

「柙」，音狎，集解馬曰：檻也。按檻音艦，即櫳也。櫝，馬曰：櫃也。今之本音去聲，轉為

23

動詞上聲。

分崩離析若詞，孔曰：民有異心曰分，欲去曰崩，不可會聚曰離析。

蕭墻若詞，鄭曰：蕭之言肅也。蕭墻謂屏也。君臣相見之禮，至屏而加肅敬焉，

是以謂之蕭墻。

此章就其体裁言，是紀事文，但其論顓臾之不可伐，有不患寡而患不均、不

患貧而患不安語，實為孔子政治主旨之所在，故入之論政篇。

春秋之世，諸侯國治無攻戰，又因朝聘會盟，度支浩繁，遂致府庫常感空虛。

患寡患貧，倍賦暴斂，層出不窮，民財聚於公府，豪強從中取肥，公富民貧，呻

吟堪悴，不安之甚。故孔子有不患寡而患不均、不患貧而患不安之語。意謂

公府不必患寡患貧，所患者百姓之財匱缺而走險也。省政簿賦斂，則君

民俱足，故曰均無貧。民安則君安，故曰和無寡。君民俱安，則國不傾，故曰安

無傾。寡貧之患不存，均安之利已得，孰敢侮之。人不敢侮，已不忘德，則太平

表八

之治可改也。为国之要莫过乎是，不此之图而攻伐附庸，不智甚可也。

孔子曰：天下有道，则礼乐征伐自天子出；天下无道，则礼乐征伐自诸侯出。自诸侯出，盖十世希不失矣！自大夫出，五世希不失矣！陪臣执国命，三世希不失矣！天下有道，则政不在大夫；天下有道，则庶人不议。（季氏篇）

集解：孔曰：希，少也。周幽王为犬戎所杀，平王东迁，周始微弱，诸侯自作礼乐，专行征伐，始自隐公，至昭公十世，失政，死乾侯。（乾音干）

自大夫出，集解：孔曰：季文子初得政，至桓子五世，为家臣阳虎所囚。

陪臣执国命，集解：马曰：陪，重也，谓家臣也。阳氏为季氏家臣，至虎三世而出奔齐。据以上孔马两家注，不可靠。孔子之言并非专对鲁国言也。注以鲁家之是为臆说，无足取。

孔子曰：禄之去公室五世矣，政逮于大夫四世矣，故夫三桓之子孙微矣！（季氏篇）

此乃明指鲁大夫言也。集解：郑曰：言此之时，鲁定公之初也。鲁自东门襄仲

24

殺文公之子赤，而立宣公，於是政在大夫，爵祿不從君出。至定公爲五世矣。

余按此章之言，當是發於去魯時，當時魯君與桓子爲齊女樂所惑，不聽政，孔子懷有滿腔熱忱，倏爾冰銷，故爲此言，深致慨嘆。

政逮於大夫四世矣。集解鄭曰：文武悼平也。按宣公之世，桓子當國，四世者，謂文武平桓也。昭二十五年宋樂祁曰：與之，如是魯君必出，政在季氏三世矣。杜注：文子、武子、平子。正義：政在季世，惟云三世，不數悼子者，悼子未爲卿而卒，不執魯政，故不數也。十二年傳曰：季悼子之卒也，叔孫昭子以再命爲卿，卿必再命，乃得經書名氏，七年三月，經書叔孫婼（婼音綽）如齊蒞盟，其年十一月季孫宿卒，是悼子先武子卒，平子以孫繼祖也。正義考證至確，足正鄭注之誤。朱子注曰：自季武子始專國政，歷悼平桓凡四世，爲家臣陽虎所執。此說尤誤。襄公五年季文子卒，傳曰：相三君矣，而無私積。成十六年傳：晉范文子謂樂武子曰：季孫於魯，相二君矣。杜注宣、成。據此，則文子已專魯

卷八

政，何待試？子。朱子未深考也。
夫，猶彼也。魯之季孫、孟孫、叔孫皆出桓公，故稱三桓。
子夏曰：君子信，而後勞其民；未信，則以為厲己也。信，而後諫；未信，則以為謗己
也。（子張篇）
釋文：鄭曰：厲，讀為賴，恃賴也。集解：王肅曰：厲，病也。陳氏古訓曰：厲、賴音同，止
言未信於民，未見民之怨上也。王肅訓厲為病，故與鄭違義。疏引江熙曰：民
動以為病己，蓋承王肅之誤也。余按：未信勞民，則民以為病己，以為病己，則
怨矣。怨正未信而勞之後果，安得云止言未信未見民之怨上也。陳氏為回
護鄭注，而曰：王肅故與鄭違，門戶之見，無足取。里仁篇：見志不從，又敬不
違，勞而不怨。孟子萬章篇：父母惡之，勞而不怨。禮記坊記：子曰：從命不忿，微
諫不倦，勞而不怨，可謂孝矣。皆指孝子对父母言，可見勞而不怨為至不易
之事。必須治民如治家，待民如待子，視民之寒如己寒，視民之飢如己飢

25

之。然後民乃視之若父母、雖勞不怨矣。未信而勞民、民豈有不怨之理。

孟氏使陽膚為士師、問於曾子。曾子曰、上失其道、民散久矣。如得其情、則哀矜而勿喜。（子張篇）

集解、包曰、陽膚、曾子弟子。士師、典獄官也。按周禮秋官大司寇卿一人、而司寇中大夫二人、士師下大夫四人、此為周天子之制、魯制如何不詳。士師為司寇之屬官、孟氏此為魯之司空、（見昭四年傳）不為司寇、何由得命士師之官？意者時三家皆有私邑、季氏有費、叔孫有郈、孟氏有成、私邑亦各有掌刑之官、而襲用士師之名、故孟氏使陽膚為士師到。鄭注周禮、曰、士察也、主察獄訟之事者。又月令、乃命大理瞻傷察創、鄭注、有虞氏曰士、夏曰大理、周曰大司寇、是則士以能察姦為盡職、而其名則起原甚古。

其情、情者實也、得其實、可無枉縱。折獄無枉縱、則心安、故喜。然末世條禁嚴密、天羅地網、民無所措手足、雖得其情、亦不足喜、蓋知刑威猶防川、不足恃。

老八

孔教育可恃。教而能化、士師可無事、乃深足喜。顧教化非士師之事、故得其
情、祇有哀矜而已。士師亦可憐之甚者矣。
子張問於孔子、曰何如、斯可以從政矣、子曰尊五美、屏四惡、斯可以從政矣！子
張曰何謂五美、子曰君子、惠而不費、勞而不怨、欲而不貪、泰而不驕、威而不
猛。子張曰何謂惠而不費、子曰因民之所利而利之、斯不亦惠而不費乎。擇可
勞而勞之、又誰怨、欲仁而得仁、又焉貪、君子、無眾寡、無小大、無敢慢、斯不亦泰
而不驕乎！君子、正其衣冠、尊其瞻視、儼然人望而畏之、斯不亦威而不猛乎！子
張曰何謂四惡、子曰不教而[redacted]殺謂之虐、不戒視成謂之暴、慢令致期謂之賊、
猶之與人也、出納之吝、謂之有司（子張篇）
斯可以從政矣、斯猶乃也。下同。（經傳釋詞卷八）矣當讀為邪、疑詞。
蒙案隸札曰陰也、阮氏校勘記云按平都相蔣君碑遵五迸四、隸釋云後漢
衛有遵五迸四之文、此碑亦然、蓋漢人傳魯論有如此者、攷說文無迸字、古

26

多借屏為之詩作之屏之(大雅皇矣)禮記王制屏之遠方穀梁宣元年傳放猶屏也皆作屏字唯禮記大學迸諸四夷作迸釋文引皇云迸猶屏也又尊乃遵字省文余按漢書地理志下嚴遵師古曰遵即君平趙岐三輔決錄(十種古逸書本)君平名尊是尊遵通用非省文屏說文曰蔽也段注引伸為屏除古無平仄之分是屏是本字並非迸之借字迸字在大徐說文為新附字其義為走散與屏除之義不相干漢樅廣碑有此字非正字也

致期某解孔曰刻期也

出納之吝謂之有司[redacted]義難明某釋孔曰俱當與人而吝嗇於出納此有司之任也非人君之道按子張問政不問為人君孔注非是夫曰虐曰暴曰賊皆為惡名猶有司非惡名未可與虐暴賊等觀謂之有司必有誤或謂謂之有司謂改作誤義乃通祿有定分不得吝而吝之而譏其過於有司是與暴等也此說亦不通蓋上文三謂字未嘗誤不宜此謂字獨誤此句難解闕

卷八

疑

崔東壁、論語餘說：曰「能行五者為仁、曰尊五美屏四惡可以從政、皆作藏頭露尾之語、以待再問。

與論語他篇之文不類、其非孔氏遺書明甚、蓋後人采之他書者。

論語類編通義卷九

毛春翔稿　三十六年一月在杭州孤山謄清

紀事

論語中有紀事之文、非上列八類所可概括者、輯為紀事一篇。

孔子言行、詳於語中、而無系統。世本記其世系、而不及其他。家語詳而不審、惟史記世家紀事較有條理。今雜採諸書、摘記孔子世系及行事之大略於左。

世本云、宋湣公生弗父何、弗父何生宋父、宋父生正考父、正考父生孔父嘉。其子木金父、木金父生祁父、祁父生防叔、防叔為華氏所逼、奔魯、為防大夫、故曰防叔。防叔生伯夏、伯夏生叔梁紇、叔梁紇生仲尼。此是孔子乃宋湣公十一世孫也。家語云、正考父生孔父嘉、五世親盡、別為公族、故後以孔為族焉。一曰孔父生時所賜號也、是以子孫遂以為氏族。按孔父字、嘉、名。隱三年左傳、宋穆公疾、召大司馬孔父、而屬殤公焉。宋以右師為最尊、次為左師、其次為司馬、位在第三、而受遺命、則孔父獲寵可知。賜號之事、或有之。左傳桓二年、宋督攻孔

卷九

氏，殺孔父，而取其妻，是為孔父嘉時稱孔氏之明証。孔氏自孔父嘉始可無疑。惟五世親盡之説不可靠。據隱八年無駭卒，左傳：羽父請謚與族，公問族於衆仲，对曰：天子建德，因生以賜姓，胙之土，而命之氏。諸侯以字為謚，因以為族。公命以字為展氏。杜注：無駭，公子展之孫，故為展氏。據此，則氏族出自君賜，非五世親盡即可自以為氏也。防叔奔魯，稱孔防叔，魯之孔族，自以防叔為始祖，故世家叙世系，自防叔始。

孔子生年月日考

宜在後

世家曰魯襄公二十二年而孔子生。又曰孔子年七十三歲以魯哀公十六年四月己丑卒。襄二十一年公羊傳曰十有一月庚戌孔子生。穀梁傳曰庚子孔子生。関於孔子生年祗有史记和公穀兩家不同記載，果宜何去何從，須先述兩家之説而後以己意附之。近人錢穆先秦諸子繫年考辨從前説者有晉杜預、近清孔廣森凡二十八家，從後説者自漢賈逵、近清狄子奇凡二十四家。而斷之曰余姑從前説。又曰後之論者曰孔子生於魯襄公二十一年者

2

孔子生年月日，學者聚訟紛紜，迄無定說。兹就余之所知，各家之說分項述之：

(一)[redacted]魯襄公二十一年（公羊傳：（據今通行本）「十有一月，庚子，孔子生」。）主此說者，有後漢何休，（見公羊解詁）賈逵，（見襄三十一年左傳孔疏引[redacted]文）服虔，（見仝上）宋胡安國，（見所著春秋傳）家鉉翁，（見所著春秋詳說）清周照，（見所著春秋集讀）[redacted]

(二)穀梁傳於襄公二十一年十月後書云「庚子孔子生」，後儒斷為十月庚子孔子生，為穀梁說。從之者，有宋王欽若，（見冊府元龜總錄部）劉恕，（見通鑑外紀）洪興祖，（見闕里系譜）黃震，（見日抄）[redacted]元程登庸，（見年表辨正）明宋濂，（見宋學士集）[redacted]胡廣，（四書大全）[redacted]王圻，（見續文獻通考學校考）清江永，（見孔子年譜鄉黨圖考）施彥士，（見補史紀周世表紀年）李鍇，（見所著尚史卷八十一）孔繼[redacted]汾，（見闕里文獻

卷九

考）齋召南，（見公羊傳注疏考証）李滈，（見羣經識小）吳英，（見經句說）阮元，（見公羊傳注疏校勘記）蔡孔炘，（見孔子年譜）孔憲瓚，（見重修孔氏大宗譜）狄子奇，（見孔子編年）崔述，（見洙泗考信錄卷一）夏炘，（見景紫堂文集）俞樾，（見春在堂全書詁經精舍自課文二）日人蟹江義丸，（見所著孔子研究）宇野哲人。（見所著孔子，陳彬和譯本）

（三）史記孔子世家，魯周公世家，十二諸侯年表皆云「魯襄公二十二年孔子生。」從其說者有晉杜預，（見左傳襄公三十一年注，又哀公十六年注）符秦王嘉，（見拾遺記卷三）唐陸德明，（見哀公十六年左氏音義）宋蘇轍，（見所著古史卷三十一孔子列傳）劉安世，（見馬永卿元城語錄卷下）趙明誠，（見金石錄）胡仔，（見孔子編年卷一）鄭樵，（見通志卷八十八孔子列傳）呂祖謙，（見大事記解題）葉大慶，（見考古質疑卷三）陸唐老，（見增節音注資治通鑑）李石，（見續博物志卷二）老氏聖紀圖，（元刊本六子書）

元、陳繹曾、（見尼山書院碑銘）倪士毅、（見四書輯釋）金履祥、（見通鑑前編卷二）胡炳文、（見四書通卷三）明、孔衍植、（見重纂闕里志）陳堯道、（見尊聖集）顧應祥、（見人代紀要）呂元善、（聖门志）春秋傳說彙纂、山東通志孔子年表、萬斯大、禮記偶箋、姜兆錫、公穀彙義、馬驌、繹史年表、洪若皐、釋奠考。

（四）主魯襄公二十二年十一月庚子生者、以史記之年、合公羊之月、其是非暫置不論。姑先列主是說者、在宋有袁樞、（見通鑑紀事本末）朱熹。（見論語集注序說）在元有呂思誠。（見加封啓聖王碑）在明有鄭元錫、（見函史卷七）薛應旂（見甲子會紀）陳士元。（見論語類考卷六）在清有歷代紀事年表、（見卷三）陳厚耀、（見春秋戰國異辭卷首上又卷三）張伯行、（見道統錄）蔡毓榮、（通鑑本末紀要卷二）孔璜、（見孔顏孟三氏志）。

（五）主魯襄公二十二年十月庚子生者、從史記之年、取穀梁之月。此說初見於唐、楊炯盈川集卷四、遂州長江縣先聖孔子廟堂碑。宋孔傳摭東家雜記（卷上）取其說、金孔元措著孔氏祖庭廣記（琳瑯秘室叢書本）又從其說。且以夏正合之。曰：「即今之八月二十七日。」（見卷八）[redacted]宋、羅泌著路史亦從孔宗翰家譜、孔傳祖庭記、（即東家雜記）曰：「今定著八月二十七日為先聖孔子生日。」（見路史卷四十三）[redacted]明、彭大翼山堂肆考、李槃世史類編、陳禹謨四書人物考、清、黃宗羲南雷文約、閻若璩潛邱劄記、沈德潛聖門志考略、王棠知新錄、邵泰衢史記疑問、乾隆十八年修清一統志、張四教稽古編年、梁玉繩古今人表考、鄭環孔子年譜、汪汲事物原會、孔廣牧先聖生卒年月日考和之。

（六）明、王圻三才圖會曰：「孔子周靈王二十一年三月初四日午時生。」

（七）宋、羅泌路史卷四十三引五行書曰：「孔子以庚戌年二月二十三日庚子甲申時生。」

（七）郭孔延史通評釋曰：「孔子生於魯襄公二十三年、當鄭簡公之十六年也。去

4

鄭樵公七十八年，劉向七錄误。

(八)錢大昕《十駕齋養新錄》曰：「賈逵注《左傳》，于襄公二十一年云：『此年仲尼生』。又昭二十四年，服虔注引賈逵說云：『仲尼時年三十五』。是漢儒皆以孔子生在襄公二十一年也。是年經書十月庚辰朔，則十一月無庚子日。予以三統術推之，襄公二十一年十月己卯朔，其月二十二日庚子，是為宣尼生之日」。

(九)成容鏡《經義駢枝》曰：「世傳孔子生於魯襄公二十二年十月庚子，為今之八月二十七日。攷杜氏《春秋長曆》，是年十月甲戌朔，二十七日正得庚子，此即孔子家譜、祖庭記所本。近黃南雷、閻百詩，據新曆推算，亦為八月二十七日，似可信矣。然以古曆步之，實八月二十八日也。」

右叙九家之說，虛实未定，姑嘗試論之，決其從違。

襄公二十一年十一月無庚子，此由推曆知之，不容置辯。

十一月庚子孔子生之說，不待言而知其誤。

陸德明音義

卷九

云：「傳文上有十月庚辰，此亦十月也。一本作十一月庚子，又本無此句。」校此則唐初公羊傳本，原無「十有一月」四字，陸氏音義即以此本為校，有其之，或並句亦無之者，俗本也。庚子孔子生，書於「十月庚辰朔，日有食之。曹伯來朝，公會晉侯、齊侯、宋公、衛侯、鄭伯、曹伯、莒子、邾子于商任」經文之後，公穀皆同。十月庚辰朔，則庚子為二十一日。周正合夏正，倒退兩月，即八月二十一日。如公穀記載可據，則八月二十一日為孔子生日。然考之經傳，公穀之說[redacted]似不足信。春秋二百四十二年（計至哀公十四年）魯歷君十二，於薨無不書，而於生則除桓六年「九月丁卯子同生」而外，未見有書[redacted]之者。子與父生同物，此為記異，乃偶然例外之事。季氏自文子至康子，執魯國之政，春秋未嘗書其生年月日。於季友亦但言「生而有文在其手曰友」，且見之傳，經亦未載。國君不書生年月日，公族大夫不書生年月日，其他無論矣。蓋記死不記生，春秋記事之例如此。公羊僅憑口說流傳，至漢景帝時，公羊壽始與齊人胡毋子都著之竹帛（徐彥疏引戴宏說），穀梁傳武帝時始出，皆漢人之書。其口說傳授究始於何時，孔子生年月日傳自何師，莫由考知。而或者云其去孔子時甚近，言必有據，不亦誣乎！司馬遷時公羊之學已行，而史記孔子世家僅及生年，不具月日，知司馬氏亦不以公羊壽之傳為可信也。

以史記之年冠穀梁之月，此說不知何由起。元何異孫十一經問對引秦王世紀云：孔子生於庚戌年戊子月庚子日甲申時。譬說之起或由乎是，因其年與史記合，十月二十七日為庚子，又與穀梁合。一人倡之，眾人和之，遂成一說。實則戊子之月果為何月，甚難定。邵泰衢史記疑問引三命會通作乙酉月。且云此確乎不易，惟精曆者知之。沈德潛孔志考略作丙戌月，無名氏聖蹟圖云：襄二十一年十月辛亥。按此推算，二十二年十月為癸亥。鄭環又謂戊子為夏正十一月，則周正明年一月為戊子。按此推之，則二十二年十月為乙酉，與黄宗羲及三命会通合，而与孝王世纪异，与沈氏考略亦异。杜氏长历，月无干支，是非[redacted]仍无由定。孔广牧谓祖庭广记卷首所引世本为家谱原文，今考广记之文，无世本二字冠孔子生年月日之前。且司马氏信世本，岂欲以撰史记，若世本果有孔子生年月日记载，则[redacted]于世家何不明著孔子生年月日。[redacted]孔子在鲁非公族，而史特尊之为立世家，既尊其人，而故略去其诞生年月日，岂有此理。以[redacted]是知世本不记孔子生年月日也。人之生年、月日若果可由他人任意以历推定，则（今日周定）八月二十七日孔子诞辰，余不敢斥为谬[redacted]妄，不然则不敢苟同。

以史记之年冠公羊之（拟俗本）月日，其谬妄更甚。据杜氏长历，襄公二十二年十一月甲辰朔，是月祗有庚戌、庚申、庚午，而无庚子。年偶然巧合之事，亦无之，岂不更坏于十月庚子之说乎。

春秋明明书十月庚辰朔，而钱大昕独曰，余以三统[redacted]术推之十月己卯朔，其日

6

二十二日為庚子。錢氏為名學者，竟作此愚妄之言，可怪也。魯史官記當時之朔，反不若後世人從所謂三統術推算之正確，吾不信也。

自三才圖會以下，不具論。九家之說，要當以史記孔子世家襄公二十二年而孔子生，孔子年七十三，以魯哀公十六年四月己丑卒之說為得其實。自孔子至孔忠年歲皆見世家，伯魚年五十，子思年六十二，子上年四十七，子家年四十五，子京年四十六，子高年五十一，子慎年五十七，鮒年五十七，鮒弟子襄年五十七，襄子忠年五十七，忠生武，武生延年及安國，安國為今上博士，遷嘗從安國問古學，此年歲記載，疑即求得之於安國。孔武為安國之父，未有年歲，其時必尚在故也。代代相傳，記載必確。世家從年歲及春秋書卒之年上推而得襄公二十二年，滿七十三歲，斷為孔子生年，得其實矣，豈道聽塗說者可比。至於月日，春秋既無記載，孔氏子孫又略而不記，後人安從知之。後世學者，必欲求知孔子生之月日，甚至於某時者，乃受星命家影響，直為古穀學者所愚耳。古聖人如堯

卷九

舜禹湯文武周公，為儒家所稱道者，有人知其生年月日乎？不知其生年月日，無害為堯舜禹湯文武周公，則不知孔子生於某月某日，何害於孔子，何必妄為之說以欺人。今之從改者，且明定八月二十七日為孔子誕辰，徒見其可笑而已。

哀公十六年夏四月己丑孔丘卒，著於經。杜預拟其所作長歷，云四月[redacted]十八日乙丑，[redacted]云己丑己丑五月十二日，日月必有誤。按月當為誤，四五之形難混，乙己篆文形似，所差者曲筆長短而已，己必為乙之誤。

[redacted]

7

田孔氏子孫所不知者而公穀之徒知之豈不怪哉而書王世紀且紀及時[redacted]

習博洽審閱之士不勝其駑駭而未敢以為信則亦徒博而已矣孔子生月[redacted]

既無由定而今人定孔子誕辰為八月二十七日誠不知其何據若云據[redacted]

倒推則說者嘗謂史記世家從周正公穀從夏正夏正十一月即周[redacted]

有一年之隔公穀既從夏正則自十月倒推至八月是為何正直不[redacted]

祭祀之故必須知孔子之誕辰則古人祭天地何嘗知天地之誕[redacted]

伸下日祭孔亦非孔子誕辰則今日何必盲從不可靠之記載耶若[redacted]

聖人尊聖人不可不知其誕辰則堯舜禹湯文武周公亦聖人也孰[redacted]

圖文武周公之誕辰不知其誕辰即為不尊聖人此直愚[redacted]

知之人所定孔子誕辰人竟信之不以為怪[redacted]

孔子問禮於老聃一事錢氏諸子繫年考辨以為「不徒其年難定抑且其地無

擬其人無徵其事不信」又曰其事未見於論語孟子史記所載蓋襲自莊子。而

叢九

「莊子寓言十九，固不可信。後人必信為真者，徒以有曾子問「從老聃助葬日食」諸語為旁證故也。然其事若斷為定公九年，其年既無日食，則曾子問所載為虛，而孔子適周之事，益見其不足信矣。閻氏所舉四說，史記特敘於昭七年後，二十年前，未嘗實指為在昭二十年也（四說之一）。此是閻說之疏。索隱但解僖子之死，與使其子學禮在二十四年，亦何嘗謂二十四年適周問禮？此皆由於誤讀古書而來。莊子五十一之說，又與禮記相舛。余按四書釋地續云：「世家載適周問禮，在昭七二十年，識如錢氏所云，出於誤解史記，未嘗定為某年。閻氏又云其昭七二十四年，本蓋曾子問孔子曰：昔者吾從老聃助葬於巷黨，及堩（箇鄧切，道也）日有食之，惟昭二十四年夏五月乙未朔日有食之，此即孔子從老聃問禮時也。此点馮景解舂集亦有駁曰：春秋昭之世，凡七日食，不止二十四年，且二十四年二月，僖子卒，五月日食，則此時僖子甫葬，敬叔方在廬塋卒哭之時，焉能與孔子適周？此說甚辯，質之閻氏，亦當首肯。孔廣森」

8

經學卮言以爲孔子適周當在定公三年蓋家語有刘文公論聖人之語定公四年文公即卒元二兩年未没昭公之卒訪樂萇弘又非所宜前後推較則適周其在定公之三年無此拠家語載及刘文公語以爲推斷根拠刘文公論聖人不必在孔子至周时且其时亦難確指孔氏之说不可宗林春溥孔子世家補訂又謂哀公十四年五月庚申朔日有食之孔子是年復適周曾子問從老聃助葬遇在是时亦是盲人捫象之數不足採也余以爲孔子問礼於老聃一事其年難定誠如錢氏之说惟謂其事不信則未可也謂史記拠莊子亦未確莊子多寓言史公已言之寓言不可爲拠史公當無不知之理戴記輯舊说爲書疑信參半其言助葬日食亦未指明何年定公九年乃本莊子孔子五十一南见老聃之語未可以莊子之文核戴記曾子問日食之说也考之世家哀公三年孔子在陳四年自陳遷蔡五年自蔡之葉老子列傳老子者楚苦縣厲鄉曲仁里人也集解地理志苦縣屬陳國索隱曰按地理志苦縣屬陳者誤也苦縣本屬

老九

陳，春秋时楚滅陳，而苦又屬楚，故云楚苦縣。拔陳于哀公十七年，為楚滅。孔子在陳时，陳犹未滅，苦自屬陳。孔子既至陳，則其見老子之事，當在是時。惟孔子曾兩至陳，故其年難定。老子嘗為周守藏室史，索隱云：藏室史，周藏書室之史也。老子既為藏書室之史，則其於周礼必博習之，故孔子有問礼之舉。聖人好学不厭，不知老之將至，六十猶問礼，不足異也。老子為周史官，不必終身任官，其為陳人，見之不必定至周也。以傳者異辭，史公為世家，莫能定其時。後人因遂疑其事之為子虛。古事之時與地難考實者至多，若皆以烏有視之，則古事之為非訛傳者鮮矣。经傳傳孔子之事不近情理、不足信者固多，如~~刪詩書~~作春秋之類，斷不可信。至於礼，孔子最為重視，聞郯子知以鳥名官，即往學焉，則聞老子明礼，而往問礼，亦何疑之有。史公紀漢高祖之事，宜乎無遺憾矣，然于高祖之母，竟不知其姓氏，但曰劉媪，則傳孔子之事必事事明其年，豈不更難乎！劉媪不因其姓之不明，而為人否認其為高祖之母，則孔子問礼於老聃之事，

9

亦未可因各家紀年不合，而遂否認其事，明矣。日食見於魯，魯史書之；見於周
國，見於陳，則周史陳史書之。他處見日食，魯地未必即見之，安得執曾子問過
日食，強合魯史紀日食，以定孔子問禮於老聃之年乎？
世家曰：由中都宰為司空，由司空為大司寇。此謬記也。左傳所記，昭四年叔
孫豹卒，傳曰：南遺謂季孫曰：吾子為司徒，實書名；夫子（叔孫豹）為司馬，與
工正書服；孟孫為司空，以書勳。書在公府而弗以，是廢三官也。據此則魯之三
卿為司徒、司馬、司空，孟孫任之。定公之時，三家正盛，孟氏且不墮成，尤強，
孔子安從取孟氏之位而代之？司空為卿，司寇為大夫，斷無由卿轉為大夫之
理。故孔子未為司空，可斷言也。史公謬記。又司寇一職，依後世所傳周官觀之，
是為天子六卿之一。魯為諸侯，似不宜有大字冠於司寇之上。或當時諸侯并
變禮制，命官多殊，各自為政，無用天子之制。如成十五年傳宋有大司寇、小司
寇，魯或亦有之，未可知也。

卷九

孔子去鲁之事、论语有记载、而未書時。左傳但记定十二年冬、十有二月、公圍成、公至自圍成、於孔子去鲁事、一字不載。史记、世家则记其事於定十四年、时孔子年五十六。十二诸侯年表及鲁世家又纪其事于十二年。一家纪事、年代迥異、则孔子去鲁之年、世家不足為據矣。年表及鲁世家十二年去鲁、可断定其误。因圍成弗克、在十二年冬十二月。是时孔子正在攝行相事、墮三都、抑三桓、張公室、事雖未成、十二年已经矣。且墮成弗克、並非孔子去鲁之因、故年表及鲁世家所记不足為據。定十三、十四兩年、春秋皆未書有郊天之事、則膰肉不至、孔子行、（孟子告子下记載、与史记世家合）未可繫於此兩年下矣。定十五年春、正月、鼷鼠食郊牛、牛死、改卜牛。夏、五月、辛亥、郊、則是年乃有郊祭。又是年正月、經云：邾子来朝。傳云：十五年春、邾隱公来朝、子貢觀焉、則是时子貢猶在鲁、知孔子猶未去鲁。經云：五月辛亥、郊。孔子去鲁當在是年五六月之交。哀公十一年冬、傳曰：鲁人以幣召之、乃歸。自定十五至哀十一、共十有二年。孔子去國反國，其間蓋歷十二年也。世家云孔子之去魯凡十四歲，而反乎魯，此言定十四年去魯，又不合。三處記載各異，其不足信明矣。余亦擬[redacted]孟子及春秋說之，似較世家為接近事實。

世家：孔子初至衛，居十月，去衛，將適陳，過匡，過蒲，月餘反乎衛，主蘧伯玉家，居衛月餘，又去衛，過曹，是歲魯定公卒。孔子去曹，適宋，與弟子習禮大樹下，宋桓司馬欲殺之，拔其樹。孔子去，適鄭，遂至陳，主司城貞子家，居陳三歲，去陳，過蒲，遂適衛，靈公老，怠於政，不用孔子。孔子行，將西見趙簡子，至於河，而聞竇鳴犢、舜華之死也，臨河而嘆曰：美哉洋洋乎，丘之不濟此，命也夫！反乎衛，復如陳，衛靈公卒，是歲魯哀公三年，而孔子年六十矣，季康子召冉求，冉求既去，明年，孔子自陳遷蔡，楚昭公卒，明年，孔子自蔡如葉，去葉，反於蔡，遷於蔡三歲，吳伐陳，楚救陳，聞孔子在陳蔡之間，楚使人聘孔子，陳蔡大夫發徒役圍孔子於野，不得行，絕糧，使子貢至楚，楚昭王興師迎孔子，得免，其秋，楚昭王卒，於是孔子自楚反乎衛。是歲孔子年六十三，而魯哀公六年也。其明年衛君輒欲得孔子為政。其明年冉有為季氏將师與齊戰於郎，克之。季康子曰：子之於軍旅學之乎？性之也？冉有曰：學之於孔子。康子曰：孔子何如人？对曰：用之有名，播之百姓，質諸鬼神而無憾。康子曰：我欲召之可乎？对曰：欲召之则毋以小人固之。季康子逐公華、公賓、公林，以幣迎孔子，孔子歸魯。以上歷敘孔子去魯後行止至為詳晰。凡五至衛，二至陳，二至蔡，一至曹、宋、鄭、葉、楚，欲適晉未果，计共經七國，雖未必事事皆為实錄，而欲考孔子去魯後轍迹之所經歷，當求之於斯編，可無疑也。

關於孔子事迹之較為重大者，著之如右。

孔子弟子之見於論語中者，有有子、曾子、子夏、子貢、樊遲、子游、子張、公冶、南容、子賤、漆雕開、子路、宰予、公西赤、冉求、顏回、仲弓、原憲、閔子騫、冉伯牛、巫馬期、顏路、高柴、曾皙、司馬牛、申棖、澹台子羽、琴張，凡二十八人。皇疏以為二十七人。譙周古史考以為三十人，以林放、陽虎实之。見於家語者凡四十人，其中為論

11

語中所無者，為公析哀、商瞿、公良孺、秦商、顏刻、罕鍾、冉儒、顏辛、伯虔、公孫寵、曹
卹、叔仲，其見於史記弟子列傳者三十五人，有年名及受業聞見於書傳。其為
語中所未載者，為公晳哀、罕鍾、商瞿、顏辛、冉孺、曹卹、伯虔、公孫龍。林放問禮之
本，而弟子傳、弟子解~~弟子目錄~~皆不載。公伯寮愬子路於季孫，而史記家語俱
載之，可疑也。陳[redacted]子禽嘗毀孔子，而家語載之，史記不載。今從史記除其名。公
孫龍，家語龍作寵。据龍可借為寵，詩周頌酌「為我龍受之」，鄭注「龍，寵也」，是則公
孫龍其字當作寵，作龍者借字也。漢書藝文志名家有公孫龍，與此公孫寵當
是兩人，而史記索隱、正義皆云即莊子書中之公孫龍，為堅白之說者，未必然
也。呂氏春秋聽[redacted]言：公孫龍說燕昭王以偃兵，據昭王元年，當赧王四年，上距
孔子之卒一百六十年。趙世家：公孫龍說平原君，据平原君相趙孝成王，在赧
王五十年，年益後。公孫龍斷不能有如此長壽，為堅白同異之說者，必是另一
人，非即孔子弟子。孔子弟子言行有可考者，不滿三十人，拙此家語弟子蓋三千

老九

焉、身通六藝者七十有二人、弟子列傳孔子曰、受業身通者七十七人、索隱曰文翁孔廟圖作七十二人、孟子公孫丑下如七十子之服孔子也、呂氏春秋遇合篇委質爲弟子者三千人、達徒七十人、韓非五蠹服役七十人、淮南要略以教七十子、漢書藝文志序七十子喪而大義乖、或曰七十二人、或曰七十人、而史記弟子傳與世家狀貌大抵七十二人、略可案、七十言其約數、所謂三千者、狀其徒之衆、未必果有其數、二千餘年之後、孔子弟子尚有二十餘人可見其言行於二十篇中、亦已多矣、其他祇具姓名者、可勿問也。

弟子列傳云、顏回少孔子三十歲、閔損少孔子十五歲、冉求少孔子二十九歲、仲由少孔子九歲、子貢少孔子三十一歲、言偃少孔子四十五歲、卜商少孔子四十四歲、子張少孔子四十八歲、曾參少孔子四十六歲、澹台滅明少孔子三十九歲、宓不齊少孔子三十歲、商瞿少孔子二十九歲、高柴少孔子三十歲、樊遲少孔子三十六歲、有若少孔子四十三歲、公西赤少孔子四十二歲、巫馬期少

12

孔子三十歲，翟鐘少孔子二十九歲，顏辛少孔子四十六歲，冉孺少孔子五十歲，曹卹少孔子五十歲，伯虔少孔子五十歲，公孫龍少孔子五十三歲，以上所記年歲，史公自有依據，然多疑之者，如樊遲，據左傳哀十一年，季孫曰：須也弱。據史記，是時樊遲三十二歲，不可謂弱。曲禮二十曰弱冠，則所謂弱者不過二十歲左右耳。家語云樊遲少孔子四十六歲，則哀公十一年，遲年二十二，此較近乎事實，弟子傳誤也。如公西華，據語子華使於齊，冉子為其母請粟，此當在孔子攝行相事時。其時，據史記，公西華年不過十二三歲，安能出使。又弟子傳回年二十九，髮盡白，蚤死。索隱曰：家語亦云年二十九而髮白，三十二而死。此又誤也。世家，伯魚年五十，先孔子死。孔子年二十生伯魚，則伯魚死時孔子年六十九歲，時哀公十二年也。孔子正返魯。顏回卒於伯魚之後，雖未易確定其為何年，但總在哀公十三四年間，時孔子年七十或七十一，回年四十或四十一也。據洪範六極：一曰凶短折。孔傳短未六十，折未三十，則顏回四十一死，亦是短命。故孔子曰：不幸短命死矣。所謂二十九髮盡白蚤死，誤也。索隱從家語以為論語鯉也死有棺而無槨為設辭，顏回實死在伯魚之前。按司馬貞此言，本之五經異義。異義曰：左氏、穀梁說，以為論語稱鯉也死時實未死，假言死耳。鄭駁曰：論語云：鯉也死有棺而無槨，是實死未葬前也。設言死，凡人于恩猶不然，況賢聖乎？異義不近情理，鄭玄駁之是也。而司馬貞猶引用之，愚不可及也。毛西河以為少三十乃少四十之誤，強詞遷就家語，不可解也。肅之注家語，自云此久遠之書，年數錯誤，未可詳也。後人反強求合三十二蚤死之說，真可異也。而列子力命篇云：顏子年十八。淮南精神訓高注：顏淵年十八而死，尤為荒誕不經。

關於孔子[redacted]弟子事迹，敘其略如右。餘於年譜中詳之。敘紀事第九。

(3)

子禽問於子貢曰夫子至於是邦也必聞其政求之與抑與之與子貢曰夫子溫良恭儉讓以得之夫子之求之也其諸異乎人之求之與(學而篇)

子禽說已見上

儀封人請見曰君子之至於斯也吾未嘗不得見也從者見之出曰二三子何患於喪乎天下之無道也久矣天將以夫子為木鐸(八佾篇)

集解鄭曰儀衛下邑也封人官名也按隱元年左傳穎考叔為穎谷封人杜注封人典封疆者孔疏周禮(地官)封人掌為畿封而樹之鄭玄云畿上有封若今時界也傳言祭仲足為祭封人宋高哀為蕭封人論語有儀封人此言穎谷封人皆以地名封人蓋封人職典封疆居在邊邑穎谷儀祭皆是國之邊邑也

從者見之集解包氏曰從者是弟子隨孔子行者也通使得見[redacted]與

喪去聲亡失也檀弓問喪於夫子乎鄭注喪謂仕失位也

木鐸、周礼小宰正歲帥治官之属而觀治象之法、徇以木鐸、曰不用法者國有常刑。鄭注古者將有新令、必奮木鐸以警衆、使明聽也。木鐸、木舌也。文事奮木鐸、武事奮金鐸。賈公彥疏曰鐸皆以金為之、以木為舌、則曰木鐸、以金為舌、則曰金鐸

子見南子、子路不説、夫子矢之曰、予所否者天厭之、天厭之（雍也篇）

世家靈公夫人有南子者、使人謂孔子曰、四方之君子不辱欲與寡君為兄弟必見寡小君、寡小君願見。孔子辭謝、不得已而見之。夫人在絺帷中、孔子入門北面稽首、夫人自帷中再拜、環珮玉聲璆然。孔子曰、吾向為弗見、見之、礼荅焉。子路不説、孔子矢之曰、予所不者、天厭之、天厭之。按不讀上聲、與否同。皇疏引繆播曰、否、不也、是也。又引王弼曰、否泰有命、我之所屈不用於世者、乃天命厭之、言非人事所免也。重言之者、所以誓其言也。蔡謨曰、矢、陳也、夫子為子路矢陳天命、非誓也。按蔡說非也。王說以為誓而讀否為否泰之

14

者亦非也朱子集注曰矢誓也所誓詞也如云所不與崔慶者之類否謂不合於礼不由其道也厭棄絶也是也蓋從朱注閻氏四書釋地三續曰傳二十四年所不與舅氏同心者有如白水文十三年所不歸爾帑者有如河宣十七年所不此報無以涉河皆有所字足徵集注之確所指物之詞凡誓詞皆有

子路不說孔子之見南子未詳其故若云南子淫亂則見之以礼何浼焉古者仕於其國有見其小君之礼(見集注)若云南子爲婦人則就見之亦出於南子非孔子求見有何病子路之言不可得詳也

子之燕居申申如也夭夭如也(述而篇)

釋文燕鄭本作宴陳氏古訓曰一切經音義云宴石經爲古文燕是燕爲古文宴爲今文臧庸東曰鄭所注者爲魯論是今文故作宴也

申申夭夭集解馬曰和舒貌也

卷九

如猶然也（经传释词卷七）

子曰甚矣吾衰也久矣吾不復夢見周公（述而篇）

年衰用世之心衰歇故不復夢見周公

子食於有喪者之側未嘗飽也（述而篇）

集解何曰喪者哀戚飽食於其側是無惻隱之心也

子於是日哭则不歌（述而篇）

一日之间或哭或歌嫌哀樂無常

子之所慎齊戰疾（述而篇）

慎謹也（说文）齊借為齋漢书高纪漢王齋戒设壇师古曰齊讀曰齋其訓也古人於祭祀之前必先齋說文示部齋戒潔也孟子離婁齋戒沐浴可以祀上帝礼记祭统齋之為言齊也齊不齊以致其齊也故齋不可不慎

戰危事以不教民戰是為棄之故慎

15

聖人之於疾，防之於未萌。如食不厭精，膾不厭細，食饐而餲，魚餒而肉敗，不食；色惡不食，臭惡不食，失飪不食，不時不食；肉雖多，不使勝食氣；惟酒無量，不及亂。皆慎疾之道也。

子所雅言，詩書執礼，皆雅言也。（述而篇）

雅言，集解：孔曰：雅言，正言。鄭曰：讀先王典法，必正言其音，然後義全。礼不誦，故言執也。今按：雅訓正，為古義無可疑。朱注訓為常者，當是從史記、孫、郝、陳餘傳、張亞雅逊、韋昭注：雅，素也。引伸而詳。細究文理，以訓常或素為精。竊謂正言，執礼有何言可正耶？知其說非是。書者，礼書也。虞夏商周之書，文武周公之制作，皆為礼書（說已見第一篇）。執礼者，礼儀也。礼記文王世子：秋學礼，執礼者詔之；冬讀書，典書者詔之。礼在瞽宗（瞽宗字為樂師之宗，在周時為國學之一），書在上庠。據此知執礼與誦書為兩事。又曰：礼在瞽宗，知礼與樂不可分；與樂不可分之礼，非礼儀而何？執礼者詔之，詔者告也。告者必有言，故亦謂雅言。非習儀不需言也。

卷九

葉公問孔子於子路子路不對子曰女奚不曰其為人也發憤忘食樂以忘憂不知老之將至云尔（述而篇）

憤說文曰懣也方言十二憤盈也十三憤阨也發憤義難明憤蓋為奮之借字奮說文曰翬也翬說文曰大飛也飛則動故廣雅釋詁一奮動也二進也四舒也虞書有奮庸熙帝之載孔傳奮起也易豫卦象曰雷出地奮豫鄭曰奮動也曰起曰進曰舒曰動皆由翬飛之義引伸而得發奮猶言振起也左傳亦有證僖十五年傳曰亂氣狡憤陰血周作杜注憤動也夫憤無動義其曰動也即為奮之借義所謂依聲托事是也憤有上去二聲靜字讀上聲動字讀去聲憤動也當讀去聲與奮音合奮祇有一去聲左傳音義憤扶粉反上聲非也自來章句家於憤字無說故為發之其不憤不啟之憤亦為奮之借字有奮飛之意乃啟之啟之者教之也舊注以為心憤憤朱子以為憤者心求通而未得夫憤憤心氣不平之謂求通豈宜心氣不平旧注誤朱說近

16

是而未明假借之義。余於論教篇疑之，而苦無證。今於傳得其證，附詳其義於斯。論教篇不再鑒乙。

云爾。譯正叨。

子不語怪、力、亂、神。（述而篇）

集解：王曰：怪，怪異也；力，謂若奡盪舟、烏獲舉千鈞之屬；亂，謂臣弒君、子弒父；也神，謂鬼神之事。或無益於教化，或所不忍言。按王說亦通。然漢書郊祀志引文作子不語怪神，無力亂二字，則怪力亂神似為二事，夫力無怪，神無亂。[redacted]

[redacted]疑記者失辭。

子曰：天生德於予，桓魋其如予何！（述而篇）

孔子弟二次去衛，過曹，去曹適宋，與弟子習禮大樹下，宋司馬桓魋欲殺孔子，拔其樹。孔子去。弟子曰：可以速矣。孔子曰：天生德於予云云。見史記、世家。

德存於心，猶天授之身，可殺而德終不可役。故曰：桓魋其如予何。言予不畏

卷九

殺也。如猶奈也。其如予何，猶言其奈予何。集解包曰：德合天地，吉無不利，故曰其如予何。此卜筮者之說也。朱子曰：孔子言天既付我以如是之德，則桓魋其奈我何，言必不能違天害己。朱子大賢，猶襲馬融迂腐之說（馬說見子畏於匡章），可惜也。夫紂殺比干，天未之止也；夷齊餓死，天未之憐也。而謂必不能違天害己，此何說也。孔子曰：志士仁人，有殺身以成仁，無求生以害仁。可知仁人有時亦不免有殺身之患。弟子曰可以速矣，是畏死也。孔子曰其如予何，亦無畏也。明矣天下惡人多，善人少，意外之禍，聖人亦不能免。能避則避之，若終不能免，則聖人有殺身以成仁而已，必不屈身以求生也。自古皆有死，而德則可長存天壤，雖千萬桓魋亦不能損其毫末。身不可必保，而德卒不可毀。聖人之意蓋如是也。

子釣而不綱，弋不射宿。（述而篇）

釋文：綱，音剛，鄭本同。按綱、網楷書易混，故釋文出音，且曰鄭本同，以明舊本

17

作綱不作網也。書盤庚若網在綱，有條而不紊。詩大雅棫樸綱紀四方。疏曰：網者綱之大繩，擬此則網繫於綱，故曰若網在綱。鄭氏詩譜序亦曰舉一綱而萬目張。綱非即網，孔注綱者為大網，以横絶原是以綱訓大網，非是（也）。朱駿聲說文通訓定聲定綱為網之假借字，而無明訓，似亦不可從。蓋舉一綱而萬目張，萬目者網也，故舉綱即為張網。不綱者言不舉網也。朱注綱者以大繩屬網，此釋綱網之所以異，未及不綱之義也。

弋，說文曰：橜也，象析木衺銳著。隿，說文曰：繳射飛鳥也。段注：經傳多假弋為之。據此，是弋為隿之借字。說文通訓定聲曰：隿者弋之轉注，經傳無作隿者。隿即鳶字，顧野王以鳶為蔦，大徐從之，非也。若如朱氏之說，當改說文，恐非是。今從段注。又說文矰字下曰：隿，䠶矢也。據此，則弋，射鳥也。宿者，謂宿鳥也。此言可疑。鳥夜宿，與人同也。夜何能射？豈但聖人不射宿鳥，即常人亦當無射宿鳥之事。記者書此，殆就網事傅聖人愛物之心，遂不覺其言之失實。

子與人歌而善，必使反之，而後和之。（述而篇）

〔而善〕反，猶若也，如也。反之者，重歌也。

子疾病，子路請禱。子曰：「有諸？」子路曰：「有之。誄曰：『禱爾於上下神祇。』」子曰：「丘之禱久矣。」（述而篇）

疾，說文曰：病也。病，說文曰：疾加也。析言之，似疾病有輕重之分，渾言之則無別。伯牛將死，猶言有疾；曾子曰：「啟予足，啟予手，而今而後，吾知免夫，小子。」是亦將死之言，而亦曰曾子有疾。知兩字渾言無別。

誄，說文曰：諡也。諡，說文曰：行之迹也。據哀十六年夏四月己丑，孔丘卒，公誄之曰云云，全為哀辭，未及行之迹。知說文猶未盡合古義。說文讄字下曰：禱也。累功德以求福也。論語云：「讄曰：禱爾於上下神祇。」是古論作讄，不作誄。作誄者，蓋是魯論借字也。從古論為正。子路所舉之讄，累為人（行）禱請之辭，不可考。

神，為天神，引出萬物者也。祇，為地祇，提出萬物者也。皆見說文。天上地下，故

48

曰：上下神祇。集解：孔曰：子路失旨。誄，禱篇名也。按：子路遵從古禮，並非失旨。

誄為禱篇，未詳見於何書。則所謂篇名者，想亦是想當然耳。

子溫而厲，威而不猛，恭而安。（述而篇）

廣韻：厲，猛也，烈也。貌溫和而節之以禮，故似厲，厲則不可犯；恭則不侮，故心安。

子罕言：利、與命、與仁。（子罕篇）

已見論仁篇。

達巷黨人曰：大哉孔子，博學而無所成名！子聞之，謂門弟子曰：吾何執？執御乎？執射乎？吾執御矣！（子罕篇）

集解：鄭曰：達巷，黨名。五百家為黨。此黨之人美孔子博學道藝，不成一名。

子絕四：毋意，毋必，毋固，毋我。（子罕篇）

晁迥《昭德新編》卷上論絕所云：子絕四，恐因推而演之，明其大概。夫毋意、毋

老孔

我谓其以道为度，无从越逸之情也。毋固毋必，谓其唯变所适，以备周圆之智也。葛有执其旧语，别名为竖儒杜鼎氏，以意我固必分为两截释之，是也。惟其言未净。此章解以清庄存与说为最精。其说曰：毋意，先觉也。毋必，义之与比也。毋固，时中也。毋我，与人为善也。以亿逆为意，而去之，是也。以拟议为意，而去之，非也。以适莫为必，而去之，是也。以果断为必，而去之，非也。以执固为固，而去之，是也。以贞固为固，而去之，非也。以足己为我，而去之，是也。以修己为我，而去之，非也。

毋为无之借字，无犹不也。

子畏于匡，曰：文王既没，文不在兹乎？天之将丧斯文也，后死者不得与于斯文也。天之未丧斯文也，匡人其如予何！（子罕篇）

世家：孔子去卫（第一次），将适陈，过匡，颜刻为仆，以其策指之曰：昔吾入此，由彼缺也。匡人闻之，以为鲁之阳虎。阳虎尝暴匡人，匡人于是遂止孔子。

19

孔子狀類陽虎，拘焉。五日，匡人拘孔子益急，弟子懼。孔子曰：文王既沒云云。

章懷曰：匡，宋邑也。按弟子諱言被拘，故曰畏，言其事可畏懼也。

文者，朱子曰：道之顯者謂之文，蓋禮樂制度之謂。

大宰問於子貢曰：夫子聖者與？何其多能也！子貢曰：固天縱之將聖，又多能也。子聞之曰：大宰知我乎！吾少也賤，故多能鄙事。君子多乎哉？不多也！牢曰：子云：吾不試，故藝。（子罕篇）

釋文鄭曰：大宰，是吳大宰嚭也。集解孔曰：大宰，或吳或宋，未可分。（按鄭曰、吳大宰嚭，孔曰或吳或宋，未可分別。孔違在鄭之後，明矣。託名孔安國者特辯哉）陳氏古訓曰：義疏云：吳有大宰嚭，宋有大宰華督，故云未可分。然此嚭是吳臣，何以知之？魯哀七年，公會吳於鄫，吳人徵百牢，使子貢辭於大宰嚭。十二年，公會吳師于橐皋，吳子使大宰嚭請尋盟，公不欲，使子貢對。恐此時大宰嚭問子貢也。且宋大宰督去孔子世遠，此所不論到。按

老九

陳從鄭注引春秋傳為證，持論精確。惟當在何時，仍不可也指實。指其相之遠年難。

多能，謂多藝能，吾不試故藝可證。

將聖，朱子或問：舊說訓將為大，今以為殆，何也？曰：此蘇氏說也。將固有訓大者，然此書前後文体不類，故從蘇氏。按將訓殆是也。

牢，弟子子琴牢也。家語王肅序弟子琴張，一名牢，字子開，衛人也。宗魯死，將往弔，孔子止焉。按弟子解琴牢字子開，衛人，一字張。序云一名牢，誤也。宗魯死衛公孟縶之難，見昭二十年左傳。杜注琴張，孔子弟子，字子開，名牢，與弟子解合。

子聞之云云，記者既盡其辭，又書牢曰云云，蓋弟子各有所聞，故并記之。

試者，集解鄭曰：試，用也。

子見齊衰者、冕衣裳者與瞽者，見之雖少必作，過之必趨。（子罕篇）

20

齊之本音爲前西切，說文曰：禾麥吐穗上平也。引伸爲整齊、等齊字。又音躋，升也。音劑，和也。音齋。又音咨，齊衰，下緝也。此字齊字音咨，齊衰喪服也。爲五服中之次於斬衰者，以熟麻布爲之，其制亦有敘等。孫爲祖父母、夫爲妻、已嫁女爲父母服齊衰期。爲曾祖父母服齊衰五月，爲高祖父母服齊衰三月。衰者，被於胸前。詳宰我問三年之喪章。

冕，說文曰：大夫以上冠也。黃帝初作冕，或從糸作絻。釋文鄭曰：魯讀弁爲絻，今從古。據此知作冕者，魯論也；冕者，正字；絻爲或體字。古論作弁，弁亦或作覍字，正字作覍。說文曰：冕也。周曰覍，殷曰冔，夏曰收。是弁、冕義同也。鄭何必從古？據段注曰：覍，當曰冕屬，轉寫奪屬字耳。冠字下云：弁、冕之總稱，則弁、冕有分矣。冕字下云：大夫以上之冠，則士無冕可知。士有爵弁，非冕也。依禮器夏殷之士有冕，周之士爵弁，亦冕之亞也。是則鄭從古，取周制耳。然周制冕尊於弁，則道之必趨，以作冕爲是。

黄九

?

雖少必作過之必趨救之也瞽者何救之有当是憐其無目哀矜之也作其
坐对趨也趨疾於歩对徐行言
子貢曰有美玉於斯韞匵而藏諸求善賈而沽諸子曰沽之哉沽之哉我待賈
者也（子罕篇）
集解馬曰韞藏也匵匱也沽賣也
子欲居九夷或曰陋如之何子曰君子居之何陋之有（子罕篇）
集解馬融曰君子所居者皆化也此解未是何異孫曰君子居之一句恐指
箕子而言非孔子自称為君子也（十一経問対）朱子或問胡氏曰君子
指箕子也此説出於班固恐非聖人之本意集注曰君子所居則化何陋之
有是朱子仍従旧注班書地理志云殷道衰箕子去之朝鮮教其民以礼義
田蚕織作楽浪朝鮮民犯禁八條是以其民終不相盗無門戸之閉婦人貞
信不淫辟可貴哉仁賢之化也然東夷天性柔順異於三方之外故孔子悼

21

道不行，设浮于海，欲居九夷，有以也。此以九夷为朝鲜，为胡氏所本。何异孙仍其说。就事理言之，胡氏之说通也；就实证言之，犹苦证不足，未成定说。朱仍旧注，更不足论。君子居之，言九夷之地亦有君子居焉，非皆鄙野之人。此君子泛说，不必指实，亦不能指实。

孔子于乡党，恂恂如也，似不能言者。其在宗庙朝廷，便便言，惟谨耳。（乡党篇）

集解：王肃曰：恂恂，温恭貌也。郑曰：便便，言辩貌。虽辩而谨敬也。

朝，与下大夫言，侃侃如也；与上大夫言，訚訚如也。君在，踧踖如也，与与如也。（乡党篇）

集解：孔曰：侃侃，和乐貌。訚訚，中正貌。马曰：踧踖，恭敬貌。与与，威仪中适之貌也。

按说文曰：侃，侃刚直也。从㐰，㐰古文信，从川，取其不舍昼夜。论语曰：子路侃侃如也。是古论训释侃侃不作和乐貌，孔氏传古论，而训义与说文不合，此亦足证孔注之伪。

君召使摈，色勃如也，足躩如也。揖所与立，左右手，衣前后，襜如也。趋进，翼如也。

考九

賓退，必復命曰：賓不顧矣。（鄉黨篇）

釋文：擯本又作儐，亦作賓，皆同。按儐，說文曰：導也，从人賓聲。擯字下曰：儐或从手。周禮司儀（秋官之屬）注出接賓曰擯，入詔禮曰相儀。儀禮、聘禮：卿為上擯，大夫為承擯，士為紹擯。鄭注：擯，謂主國之君所使出接賓客者也。

勃。說文作孛，从米从子，曰人色也，故从子。論語曰：色孛如也。段注：艸木之盛、如人色盛，故从子作孛。按米，說文曰：草木盛米米然，象形，八聲。是以孛字以但形從米而聲義亦皆取之於米也。今論語作勃，自是著論之文。集解：孔曰：必變色也。是擬勃為例。夫奉命為擯，聖人優為之，何必色變？蓋从古論作孛，孛色盛也。色盛示其精神有餘，有活潑潑的氣象。孔注古論，而擬魯論為說，此又是訛孔注之例。

躩。丘縛切。集解：色曰盤辟貌也。按盤辟猶盤旋，盤旋，周旋也。

襜。音蟾。爾雅釋器：衣蔽前謂之襜。朱注：襜，整貌。大抵從爾雅引申取義。蓋擣

22

所共立。（周禮秋官候伯擯者四人）立者，有左有右，故左右其手。因左右其手，故衣隨之前後擺動，斯時衣易失整齊，而能襜如，則其衣猶整然也。翼，說文引作趩，是古論作趩。徐鍇曰：今論語作翼，假借也。按趩字，許書無義。按段注翼字曰：凡敬者必如兩翼之整齊，故毛傳曰：翼，敬也。鄭箋云：小心翼翼，恭慎貌。是翼有敬慎之義。趨進趩如，當亦是不失儀容之言。翼趩二字通。作翼是省文，非假借。陳氏古訓之說是也。

賓不顧矣。儀禮聘禮：賓出，公再拜送，賓不顧。鄭注：上賓反告，賓不顧矣。按鄭注，告公賓不顧者，乃上擯之事，孔子嘗為大夫，未為卿，不得為上擯。此當是記述者傅會，非真有其事。四書考異引蘇軾論語解曰：此篇雜記曲禮，非特孔子事也。觀此節記述，蘇氏之說不誣也。

入公門，鞠躬如也，如不容。（鄉黨篇）

宋賈昌朝羣經音辨云：鞠窮，容謹也。按皇疏云：鞠，曲斂也；躬，身也。臣入君門，自曲斂身也。段注說文「匑」字云：「或假為躬，如鞠躬，古作鞠匑，是群經音辨用假借字作匑。鞠之本義為蹋鞠之鞠，以皮為之，中實以毛，蹵蹋為戲也（見史記衛將軍傳索隱）。曲身之鞠，字當作匑。說文曰：「匑，曲脊也。」」段注此論證鄉黨、聘禮記「鞠躬」之正字也。鞠為匑之假借，鞠字行而匑字廢矣。

立不中門，行不履閾。過位，色勃如也，足躩如也。（鄉黨篇）

曲禮：大夫士出入君門，由闑右，不踐閾。（音域）閾，門限也。

其言似不足者。攝齊升堂，鞠躬如也，屏氣似不息者。出，降一等，逞顏色，怡怡如也。沒階，趨進，翼如也。復其位，踧踖如也。執圭，鞠躬如也，如不勝。上如揖，下如授。勃如戰色，足蹜蹜如有循。享禮，有容色。私覿，愉愉如也。（鄉黨篇）

齊，音咨，衣下曰齊。屏，音丙，去也。息，也。上如揖以下，集解鄭曰：「上如揖，授玉宜敬，下如授，不敢忘禮也。戰色，敬也。足蹜蹜如有循，舉前曳踵行也。」釋文魯讀下為趨，今從古。享禮以下，集解鄭曰：「享，獻也。覿，見也。既享，乃以私禮見。愉愉，

23

色和也。按此類記載，不甚可希。

康子饋藥，拜而受之，曰：丘未達，不敢嘗。（鄉黨篇）

皇疏曰：未曉此藥治何病，故不敢嘗。按孔子是時或有疾，故康子饋藥。藥不可妄投，故受而不嘗，皇疏是也。

廄焚。子退朝，曰：傷人乎？不問馬。（鄉黨篇）

廄，俗廐字，音救。說文曰：馬舍也。此章廄字有二說，一謂此廄是鹽鐵論刑德篇曰：魯廄焚，孔子罷朝，問人不問馬。王弼從其說。一謂孔子家廄，見禮記雜記曰：廄焚，孔子拜鄉人為火來者。而說孰是孰非，不易言也。鄭注曰：重人賤畜。退朝者，自魯之朝來歸也。既云來歸，則鄭是從雜記。傷乎人不問馬，釋文曰：傷人乎絕句，一讀至不字絕句。按乎字既為疑詞，則不字連下讀為是。廄焚馬不焚人，問人者，蓋問救火人也。所謂重人賤畜，恐亦未合。

君命召，不俟駕行矣。

卷九

孟子萬章下：萬章曰：孔子，君命召，不俟駕而行。然則孔子非與？曰：孔子當仕有官職，而以其官召之也。按此則此章確是記孔子之事者也。不俟駕，言其急於行，非真不待駕而徒行也。以吾從大夫之後，不可徒行可證。

朋友死，無所歸，曰：於我殯。（鄉黨篇）

殯，說文曰：死在棺，將遷葬柩，賓遇之。檀弓孔子曰：周人殯於西階之上，則猶賓之也。是許說從周制。於我殯，於猶為也。讀平聲。（經傳釋詞卷一雖未引及此章，而就其所舉之例觀之，此章於字實為一例）於我倒文，猶言我為殯也。

子曰：從我於陳蔡者，皆不及門也。（先進篇）

集解鄭曰：言弟子之從我而厄於陳蔡者，皆不及仕進之門也。恐非是。子貢子路顏回皆從，因厄於陳蔡，子貢子路皆已仕，不可謂未及仕進之門。朱注言厄於陳蔡之間，弟子多從之者，此時皆不在門，故孔子思之，此說得之。

24.

顏淵季路侍。子曰：盍各言尔志。子路曰：願車馬衣輕裘與朋友共敝之而無憾。顏淵曰：願無伐善，無施勞。子路曰：願聞子之志。子曰：老者安之，朋友信之，少者懷之。（~~見諸[illegible]~~）（公冶長篇）

陳氏古訓云：唐石經初刻作衣裘，旁注輕字。按此當因雍也篇衣輕裘致誤。錢詹事曰（錢大昕金石文跋尾）：此宋人妄加。攷北齊書唐邕傳，顯祖嘗解所青鼠皮裘賜邕曰：朕意在車馬衣裘與卿共敝。蓋用子路故事，是古本無輕字一證也。釋文於赤之適齊節音衣於既反，而此衣字無音，是陸本無輕字二證也。邢疏云：願以己之車馬衣裘與朋友共乘服，是邢本亦無輕字，三證也。皇疏云：車馬衣裘共乘服而無所憾恨，是皇本亦無輕字，四證也。今注疏與皇本正文有輕字，則後人依通行本增入，非其舊矣。此說最辨。余按白虎通綱紀篇引文作願車馬衣輕裘，有輕字。疑輕字有無，為古魯異文，非皆人妄加。但唐石經已加輕字，更不得謂為宋人妄加。錢氏考證以余觀之未

卷九

解成為宾論。也撤開朱子不言，專就文理論之，則衣裘為名詞，衣讀平聲，與

車馬為對文。故為句中動詞，若衣輕裘，衣為動詞，讀去聲，不與車馬為對。且

句中有兩動詞，文理難通，以無輕字者為是。

無施勞，無猶不也。施當讀為弛（此見周禮遂人與其施舍注）（讀為）怠緩鬆懈之義。

無施勞者，不怠緩鬆懈勞事也。孔門顏子為最好學，且屢受師賞，故有無伐

善、無施勞之言。用功為學亦勞事也。

子路曾晳冉有公西華侍坐。子曰：以吾一日長乎爾，毋吾以也。居則曰：不吾知

也。如或知爾，則何以哉？子路率爾而對曰：千乘之國，攝乎大國之間，加之以師

旅，因之以饑饉，由也為之，比及三年，可使有勇，且知方也。夫子哂之。求，爾何如？

對曰：方六七十，如五六十，求也為之，比及三年，可使足民。如其禮樂，以俟君子。

赤，爾何如？對曰：非曰能之，願學焉。宗廟之事，如會同，端章甫，願為小相焉。點，爾

何如？鼓瑟希，鏗爾，舍瑟而作，對曰：異乎三子者之撰。子曰：何傷乎，亦各言其志

也！曰：暮春者，春服既成，冠者五六人，童子六七人，浴乎沂，風乎舞雩，詠而歸。夫

25

子喟然歎曰：吾與點也！三子者出，曾皙後。曾皙曰：夫三子者之言何如？子曰：亦各言其志也已矣。曰：夫子何哂由也？曰：為國以禮，其言不讓，是故哂之。唯求則非邦也與？安見方六七十，如五六十而非邦也者？唯赤則非邦也與？宗廟會同，非諸侯而何？赤也為之小，孰能為之大？（先進篇）

子路、曾皙、冉有、公西華皆是先進弟子，言志之时，當猶未仕。（十一經問對引王稼村義山儀義以為四子言志之时，冉為魯哀公十四年夏五月也。諸說不值一辨）公西華史记家語皆曰少孔子四十二歲，而能與子路、曾皙並侍言志，可異也。疑年歲有誤。崔述云：公西華與子路、曾皙、冉有之當年歲相隔太遠，恐未必盡然是也。

則何以哉，集解孔曰：則何以為治？朱注：則女將何以為用也。而說皆添造一字，按以可訓為（見經傳釋詞卷一）何以，猶言何為，以字下可不添字也。

率爾，猶率然，如鏗爾、舍爾、莞爾，爾皆訓然。（經傳釋詞卷一）率然，輕遽之

卷九

貌。

攝 集解包曰：迫也。

比及三年 比，近也，去聲。

方 釋文鄭曰：礼法。集解何曰：義方。按義方猶礼法，從鄭可矣。君子有勇而無義為亂，小人有勇而無義為盜。又惡勇而無礼者。昭二十九年左傳：官修其方。杜注：方，法術。以是知義方猶礼法也。

哂 音矧，失忍切。集解馬曰：笑也。邢疏正義曰：微笑。一曰大笑。孔子於子路不至大笑，以微笑之說為是。朱子集注：哂，微笑也。閻若璩潛邱劄記曰：此集注傅會哂為微笑之辭。按哂音矧，失忍切，字亦作弞，三倉：哂，小笑也。此當為集注所本，未可謂為傅會。

如五六十 如，會同。王引之曰：如並與、與同義。（經傳釋詞卷七）

宗廟之事 以下集解鄭曰：宗廟之事，祭祀之事也。諸侯時見曰會，殷見曰同。

26

端玄端也。衣玄端，冠章甫，诸侯日视朝服也。小相谓相君礼者。

稀说文曰疏也（集解孔曰其言希也）说文为希字，老子曰听之不闻名曰希。[redacted]孔注是也。

铿尔孔曰投瑟之声也。

撰释文郑曰僎读曰诠，诠之言善也。按今本作撰，与僎同，具也，是其本义。具者備也，言与三子所已言者有异。孔注为政之具大谬。僎可（作僎）训善亦详误，有训善者望郑亦及误。

浴乎沂两句集解包曰：浴乎沂水之上，风凉乎舞雩之下，歌咏先王之道，归夫子之门。按周正夏正相差两月，暮春为三月，无论如何，周正暮春断非浴沂之时。而说风凉乎，包注误也。论衡明雩篇有说驳正，曰：鲁设雩祭于沂水之上。暮者晚也，春者谓四月也（举言为周之四月，正岁二月也，二月之时龙星始出，故传曰龙见而雩，春雩之礼废，秋雩之礼存）。浴乎沂，涉沂水也，象龙之从水中出也。风乎舞雩，风歌也。咏而馈，咏歌馈祭也。论说之家以

卷九

為浴者，浴沂中也。風者，乾身也。周之四月，正歲二月，尚寒，安得浴而風乾身。由此言之，涉水不浴，審矣。論衡從古論，說義甚辨。包氏從魯論，說義不通。鄭從古，（釋文鄭曰魯讀饋為歸，今從古）而集解去鄭取包，失所從矣。

安見方六七十、如五六十云云，此宗廟會同云云之皆孔子答語，句首曰字省。

陳成子弒簡公，孔子沐浴而朝，告於哀公曰：「陳成子弒其君，請討之！」公曰：「告夫三子！」孔子曰：「以吾從大夫之後，不敢不告也。君曰、告夫三子者！」之三子告。不可。孔子曰：「以吾從大夫之後，不敢不告也。」（憲問篇）

哀公十四年，齊人弒其君壬於舒州。左傳曰：「甲午，齊陳恒弒其君壬于舒州。孔某三日齊，而請伐齊三。公曰：「魯為齊弱久矣，子之伐之，將若之何？」對曰：「陳恒弒其君，民之不與者半，以魯之眾，加齊之半，可克也。」公曰：「子告季孫！」孔子辭。退而告人曰：「吾以從大夫之後也，故不敢不言。」傳所言，與論語稍有出入。未君既不許，之三子告，非禮也，當以傳所記為確。陳成子、史記齊世家作田成

27

子常，通志氏族略曰：田氏卽陳氏，陳公子完之後，田陳聲近，故也。

夫三子，夫猶彼也。

微生畝謂孔子曰：丘何為是栖栖者與！無乃為佞乎！孔子曰：非敢為佞也，疾固也！（憲問篇）

集解包曰：微生，姓，畝，名也。按古治民篇有微生高，知微生為氏，明鄭曉古言曰：微生畝，微生高，一人，畝名，高字也。未詳所據。漢書人表尾生畝、尾生高，作兩人。

栖栖不安之貌，亦作棲棲。

固者，說文曰：四塞也。段注：四塞者，無罅漏之謂。按四面閉塞使無罅漏，則內外不通矣。惡言不聞，善言亦不入，其人之好惡可知也。故固亦可訓固執，固陋也。夫孔子栖栖遑遑，席不暇暖者，善與人同也。微生畝以為佞，是其人原壤之流也。

子擊磬於衛，有荷蕢而過孔氏之門者，曰：「有心哉，擊磬乎！」既而曰：「鄙哉，硜硜乎，莫己知也，斯已而已矣。深則厲，淺則揭。」子曰：「果哉！末之難矣。」（衛靈公篇）

蕢，說文曰：「草器也，从艸貴聲。臾，古文蕢，象形。論語曰：有荷臾而過孔氏之門。」按此是古論作臾，門下無者字。荷，釋文曰：「荷本又作何。」按昭七年左傳：「其子弗克負荷」杜注：「荷，擔也。」荷本平聲，古何、荷擔之荷，皆為上聲，乃噬嗑上九「何校滅耳」也。孔疏：「何謂檐何。」阮氏校勘記曰：「古本作荷。」詩曹風：「何戈與祋」（都外切）孔疏作荷，商頌玄鳥「百祿是何」，釋文：「鄭曰：擔負也。」是皆訓何為擔負，諸皆作何，論語作荷，不知孰為正字。荷蕢過門，不知其名氏，作者七人章包、鄭注皆以荷蕢為人名。漢書人表亦然。蓋猶楚狂接輿之類，無由知其名，即以所見之狀名之耳。

硜硜，鄭注：子貢問士章曰：「硜硜，小人之貌也。」此章先言鄙哉，復言硜硜，亦是小人鄙陋之意。

28

詩邶風匏有苦葉濟有深涉深則厲淺則揭注曰以衣涉水為厲謂由帶以上也揭褰衣也遇时制宜如遇水深則厲淺則揭矣荷蕢者引诗之意毛傳可以明之夫遇时制宜即無可無不可之谓孔子為人正如是也何待言哉故曰果哉末之難矣

原壤夷俟子曰幼而不孫弟長而無述焉老而不死是為賊以杖叩其脛(憲問篇)

集解馬曰原壤魯人孔子故舊夷踞也俟待也按马云孔子故舊當是據檀弓檀弓孔子之故人曰原壤其母死夫子助之沐椁原壤登木曰久矣予之不託于音也歌曰貍首之班然執女手之卷然夫子為弗聞也者而過之從者曰子未可以已乎夫子曰丘聞之親者毋失其為親也故者毋失其為故也母死而歌較莊子妻死鼓盆尤為不近人情檀弓又載魯有周豐者哀公執贄請見之而曰不可公曰我其已夫使人問焉曰有虞氏未施信於民而民信之夏后氏未施敬於民而民敬之何施而得於斯民也(者乎)对曰墟墓之間未施哀於民而民哀

社稷宗庙之中，未施教於民，而民敬。殷人作誓，而民始畔。周人作會，而民始疑」。其人為此言，旨意與老子書同也。春秋之世，未有黄老之学，此肇著尊其先河者，是孔子礼乐之教之反動。登木而歌，尊其先輩，踞而俟尊其友，尊其先，則故者可不忘其為故，夷俟侮友，老而不死，其人無德，故以杖叩之。叩其脛者，令無踞也。自膝下至踵謂之脛。礼记王制「六十杖於鄉」，曲礼「七十曰老」，則是時，孔子與原壤年歲皆達六十以上矣。

衛靈公問陳於孔子。孔子對曰：「俎豆之事，則嘗聞之矣；軍旅之事，未之学也。」明日遂行。在陳絶糧，從者病，莫能興。子路愠見曰：「君子亦有窮乎！」子曰：「君子固窮，小人窮斯濫矣！」（衛靈公篇）

釋文：「陳本今作陣。」陳氏古训云：「說文：敶，列也，从攴陳聲。今作陳者省也。」顏氏家训書證云：「大公六韜有天陳、地陳、人陳、雲鳥之陳。論語：衛靈公問陳于孔子。左傳：為魚麗之陳。俗本多作阜傍車乘之車。蒼雅及近世字書皆無。唯王

29

義小學章独阜傳事假後語行不宜追取与翰論語左傳也。據此則程文所筆作陣者乃与朝語本也。

與趣也，平聲。固窮集解何曰：君子固窮亦有時，但不如小人窮則濫溢為非也。朱注引程子曰：固窮，固守其窮也。據固與濫為對文，固亦有窮時，應亦有窮字句而義俱通也。

濫說文曰嬺過差也，从女監聲。論語曰：小人窮斯嬺矣。據此則古論作嬺，从女旁。段注今字多以濫為之，濫行而嬺廢。

陽貨欲見孔子，孔子不見，歸孔子豚。孔子時其亡也而往拜之，遇諸塗。謂孔子曰：來！予與爾言。曰：懷其寶而迷其邦，可謂仁乎？曰：不可。好從事而亟失時，可謂知乎？曰：不可。日月逝矣，歲不我與。孔子曰：諾，吾將仕矣。（陽貨篇）

左傳史記俱載陽虎而無陽貨，孟子滕文公上有陽虎曰云云，滕文公下又有陽貨欲見孔子云云，一人之書而有陽虎陽貨之異，可疑也。孫奭疏曰陽

卷九

貨陽虎名虎字貨此與論語邢疏同孫氏疏據朱子語錄為邵武士人假託蔡季通識其人則孟子此疏乃抄襲邢疏者邢疏云云。不知本依孔注陽虎姓見於定五年傳杜氏無注崔述考信錄云虎乃季氏家臣雖專政未嘗為大夫孟子豈得稱虎為大夫孔子豈得遂以大夫之禮尊虎因疑陽虎陽貨之固非一人據此說拠稱大夫一詞斷為二人非是也公叔文子之臣大夫僎與文子同升諸公僎為文子之臣得稱大夫則陽虎為季氏臣何不可稱大夫此其一。史記魯世家定七年齊伐我取鄆以為魯陽虎邑以從政又定八年傳林楚曰陽虎為政魯國服焉違之徵死死無益於主據此虎已代桓子執魯國之政且有私邑非大夫而能如是乎此其二。而何勝言曰季氏是司徒下有大夫二人一曰小宰一曰小司徒故邑宰家臣通稱大夫此其三。由是觀之知崔氏說未是也段注說文虎字曰呼古切五部貨古音在十七部五部與十七部通故左氏陽虎論語作陽貨非一名一字也邢昺疏乃有

30

虎名貨字之說。按此虎貨古音通，通借字也。猶史記公子揮，左傳作公子翬，
魯閔公，史記作湣公之類耳，實為一人一名。劉氏正義謂為一聲之轉，亦非
也。虎為上聲麌韵，貨為去聲箇韵，乃後世聲韵轉變之結果，古音不如是。定
九年傳疏鮑文子曰：陽虎親富不親仁。此言其愛財不愛仁人也。孟子所引
「為富不仁，為仁不富」為陽虎語，與傳亦合。
歸孔子豚。釋文：鄭曰魯讀饋為歸，今從古。四書釋地又續曰：歸，入也，遺也。杜
預解歸者不反之辭。此于蒸豚、女樂何以皆當作饋，孟子書正作饋。孔子世
家作遺魯君女樂文馬。饋，餉也；遺，餽贈也。康成注以物有所餽遺。按儀禮士
虞礼特豕饋食，賈疏：此虞及特牲少牢皆言饋。坊記父母在饋獻不及車馬，
是生死皆言饋。古者致物於人，尊之則曰獻，通行曰饋。故祭祀於神而言饋，
陽貨饋孔子豚而言饋，鄉党云朋友之饋，是上下通言饋。按此是饋為正字，
歸為借字，故鄭從古。然士虞礼鄭注又曰：饋猶歸也。饋歸義既通，何必從古。

卷九

張雖掌解

可謂仁乎曰不可可謂智乎曰不可　四書釋地又續曰兩曰字仍是陽貨語直至孔子曰諾始為孔子語余蓋於史記留侯世家而悟出世家云昔湯伐桀而封其後於杞者度能制桀之死命也今陛下能制項籍之死命乎曰未能也云云直至漢王輟食吐哺罵曰豎儒始為漢王語把此論語文法相同按稽求篇載明儒郝京山說而曰兩曰字皆為陽貨語亦引留侯世家為證西河稱之曰千年夢夢一旦喚醒可謂極快閻氏既言自悟自非抄襲兩家之說乃暗合也今從之

時其亡也段注說文時字曰釋詁曰時是也此時之本義廣雅曰時伺也此引伸之義也朱駿聲通訓定聲之謂時為伺之假借而窺伺之伺與時是義遠觀之假借之說為確

迷其邦迷說文曰惑也

[illegible]

31

[redacted]或说文曰乱也，故违亦可训乱（或），坐视其邦或乱而不仕，足为违其邦，集解哉焉，馬融说是也。

亟之本音为急，入声，疾也；转为去声，频数也。亟失时，言常失时机也。

公山弗擾以费畔，召，子欲往。子路不说，曰：末之也已，何必公山氏之之也！子曰：夫召我者而岂徒哉！如有用我者，吾其为东周乎！（阳货篇）

定五年左传：阳虎欲逐之，（仲良懷）告公山不狃，杜注：不狃，季氏臣，费宰子洩也。定八年传：季寤、公鉏极、公山不狃皆不志（得）於季氏，叔孙辄无宠於叔孙氏，叔仲志不得志於鲁，故五人因阳虎。定十二年传：季氏将墮费，公山不狃、叔孙辄帅费人以袭鲁，公与三子入於季氏之宫，登武子之台，费人攻之弗克，入於公侧。仲尼命申句须、乐颀下伐之，费人北，国人追之，败诸姑蔑，二子奔齐，遂墮费。哀八年传：吴为邾故，将伐鲁，问於叔孙辄，叔孙辄对曰：鲁有名而无情，伐之必得志焉。退而告公山不狃，公山不狃曰：非礼也，君子违，

崔化

不適讎國。未臣，而有伐之，奔命焉，死之可也。所託也，則隱。且夫人之行也，不以所惡廢鄉。今子以小惡，而欲覆宗國，不亦難乎。王問於子洩，對曰：魯雖無與立，必有與斃，諸侯將救之，未可以得志焉。晉與齊楚輔之，是四讎也。夫魯，齊晉之脣，脣亡齒寒，君所知也。不救何為。三月吳伐我，子洩率，故道險，從武城。公山不狃事見於傳者，略如上。史記孔子世家：定公九年，陽虎不勝，奔於齊。是時孔子年五十。公山不狃以費畔季氏，使人召孔子。孔子循道彌久，溫溫無所試，莫能己用，曰：蓋周文武起豐鎬而王，今費雖小，儻庶幾乎。欲往。子路不說，止孔子。孔子曰：夫召我者豈徒哉？如用我，其為東周乎。然亦卒不行。其後定公以孔子為中都宰。定公十三年，對季氏將墮費，公山不狃叔孫輒帥費人襲魯。此公山不狃事之見於史記者。按左傳公山不狃於定公十二年畔，迹括舊時孔子已仕，何待公山不狃召也。按史記，陽虎敗後公山不狃即畔，後墮費，乃舉吾襲魯其召孔子事，等接陽虎敗後，襲魯之前，[redacted]較近事實。情曜睛

32

江以為君字上原無主名，上之為往，下之為季氏所書，經盧爲句內偶脱一字，乃致與左史文若矛盾耳。按子路明曰何必公山氏之之也，史記亦曰今費雖小，儻庶幾乎，是公山不狃召孔子，非季氏召孔子明甚。費屬季氏，故史曰畔季氏，並無矛盾。正此記事，左傳略，史記詳，論語為確書，以論語為正。

公山弗擾，史記世家、左傳及漢書人表皆作公山不狃。不、弗也，義同。按廣韻不音又與弗同，故字或作弗或作不。狃，尔雅釋獸曰：闕洩多狃。郝疏：猩猩有牝無牡，故曰闕洩，伏行交足，故云多狃。按此公山不狃字子洩，是與尔雅合。作狃者，正字也。狃古音在三部，女久切。擾古音亦在三部，而沼切（按段注說文）。若按同部假借之義，則擾可借為狃，但一為女久切，一為而沼切，音義太遠，竊疑此字當從木旁為櫌。櫌，于求切，古音亦在三部，櫌狃音同同部，同方。自叙同部音違者為切。櫌擾形似致誤。

吾其為東周乎，鄭注：東周，据时成周。何注：與周道于東方，故曰東周。据讀王風。義亦可通。

老九

壽離疏鄭注此章云於時成周則謂成周為康周者以敬王去王城而遷于成周自是以後謂王城為西周成周為東周故昭二十二年王子猛入於王城公羊傳曰王城者何西周也二十六年天王入於成周公羊傳曰成周者何東周也孔子設言之時在敬王居成周之後且意取周公之教頑民故知其為東周拠時成周也此在敬王之前王城與鎬京相對故言王城為東周也鄭注僅釋東周孔疏兼及為東周之意其謂意取周公之教頑民與興周道于東方義正同也興周道于東方非謂取周鄭而有之而儒氏古訓以為此乃公羊黜周王魯之謬論實為僞解何意朱子集註即取何說朱子豈不知黜周王魯之不可耶

佛肸召子欲往子路曰昔者由也聞諸夫子曰親於其身為不善者君子不入也佛肸以中牟畔子之往也如之何子曰然有是言也不曰堅乎磨而不磷不曰白乎涅而不緇吾豈匏瓜也哉焉能繫而不食 陽貨篇

33

柴大庚考古資料
佛肸之叛在孔子卒前五年　按此則此事紀日可疑

佛肸集解孔曰晉大夫趙簡子之邑宰也按史記記此事於孔子第三次去衛之後漢書人表作茀肸師古曰即佛肸茀音弼

磨為礦之省文其本義為石磑引伸之義為研磨見段注說文

磷孔注薄也朱注從之按說文石部無磷字以部有粼字解曰水生厓石間粼粼也詩王風揚之水白石粼粼傳曰清澈也粼粼清澈義與此章不切孔注訓薄未明所出考之周礼考工記輪人是故輪雖敝不甐於鑿鄭注甐亦敝也以輪厚石雖鑿之不能敝其鑿旁使之動搖此是粼為甐之借字磨而不粼言雖磨之而不敝也其字漢州輔碑引文作粼今本作磷者當是借字

涅說文曰黑土在水中也淮南俶真訓以涅染緇則黑於涅緇說文曰帛黑色廣雅曰緇謂之皂詩鄭風緇衣之宜兮傳曰緇黑色按此則涅必緇而曰不緇猶磨則敝而曰不敝皆為假設之詞

匏瓜集解何曰匏瓠也言匏瓜得繫一處者不食故也按此說于義未明朱

老九

注從之所不解也。張佃埤雅曰：匏苦瓠甘，甘可食，苦不可食，故匏之為物，但可繫之以濟水，而不足食也。又國語魯語叔向見叔孫穆子，穆子曰：豹之業，及匏有苦葉矣。叔向曰：苦葉不材於人，供濟而已。韋注：不材于人，言不可食，供濟而已。佩匏可以渡水也。是匏非以供食，僅可用以濟水明矣。焉能繫而不食言徒繫之以備濟水之用，而不以供食也。匏瓜以可食為貴，今僅足供以濟水，濟水繫匏事非常有，則懸以備用，終亦懸之而已矣。猶無用也。故借以為喻。

齊景公待孔子曰：若季氏則吾不能，以季孟之間待之。曰：吾老矣，不能用也。孔子行。（微子篇）

史記世家書此事於孔子三十五歲時，在昭公二十五年，齊景公三十一年。集解孔曰：魯三卿，季氏為上卿，最貴，孟氏為下卿，不用事，言待之以二者之間也。

34

「吾老矣」，集解何曰：「以圣道难成，故云老矣，不能用也。」按齐景公即位，在鲁襄二十五年，传曰：「叔孙宣伯之在齐也，叔孙还纳其女于灵公，嬖，生景公。丁丑，崔杼立而相之」。考宣伯之奔齐，在成十六年，时当灵公七年也。宣伯弟叔孙豹，于是年由齐返鲁，季孙立之，则传言叔孙还当是指叔孙豹。齐灵公何年生，景公传未详。灵公在位二十八年，庄公继之，六年，崔杼弑之，立景公，度其即位之时，其年岁至多不过二十余。[redacted]孔子至齐在景公三十一年，是时景公亦不过五十余岁，未可自称[redacted]老。曰「吾老矣」者，盖托词以谢之。景公宠任晏子，晏子亦称贤者，孔子之不能得志于齐，奚待「吾老矣」云云也哉！

[redacted]

齐人归女乐，季桓子受之，三日不朝，孔子行。（微子篇）

释文：「归，郑本作馈。」按作归者鲁论，作馈者古论，馈为正字。

史记世家：「孔子与闻国政三月，粥羔豚者弗饰贾，男女行者别于涂，涂不拾

卷九

遺四方之客至者不求有司皆予之以歸。（家語作皆如歸）齊人聞而懼曰孔子為政必霸霸則吾地近焉我之為先并矣盍致地焉。犂鉏曰請先嘗沮之沮之而不可則致地庸遲乎於是選齊國中女子好者八十人皆衣文衣而舞康樂文馬三十駟遺魯君陳女樂文馬於魯城南高門外季桓子微服往觀再三將受乃語魯君為周道游往觀終日怠於政事子路曰夫子可以行矣孔子曰魯今且郊如致膰乎大夫則吾猶可以止桓子卒受齊女樂三日不聽政郊又不致膰俎於大夫孔子遂行孟子告子下曰孔子為魯司寇不用從而祭膰肉不至不稅冕而行。而此記載一詳一略大抵史記本孟子而稍加潤色耳。

楚狂接輿歌而過孔子曰鳳兮鳳兮何德之衰往者不可諫來者猶可追已而已而今之從政者殆而孔子下欲與之言趨而避之不得與之言。（微子篇）

據史記世家孔子在陳蔡之間絕糧使子貢至楚楚昭王興師迎孔子然後

35

得免。其秋，楚昭王卒於城父。楚狂接輿歌而過孔子云云。于是孔子自楚反乎衛。是歲也，孔子年六十三，而魯哀公六年也。（孔子世家）

楚狂接輿（國策秦策曰：箕子接輿漆身而為厲，被髮而為狂。莊子人間世曰：孔子適楚，楚狂接輿遊其門曰：鳳兮鳳兮，何如德之衰也，云云。韓詩外傳卷二曰：楚狂接輿躬耕以食。是皆以接輿為人名。據此章，楚狂接輿猶荷蕢而過孔氏之門，子路遇丈人之類，其人之名門弟子無由知之，故就所見紀之。荷蕢記見其所負，丈人記見其年老，接輿記見其行迹，非名也。國策、莊子、韓詩，皆依論語以接輿為人名，出乎假定，自無不可。而釋此章以接輿為人名，斷乎不可。山井鼎考文曰：古本歌而過孔子下有之門二字。足利本同。彼所稱古本不知究為何時之本，今所傳皇本並無之門二字。（陳氏古訓謂皇本孔子下有門字，恐不可靠）論語以皇本為古，山井所見古本，當是後人校莊子擅改從之，未足為據。國策鮑注引晉皇甫謐高士傳云：楚人陸通，字接 卷九

輿」此章皇疏亦云：接輿，楚人，姓陸，名通，字接輿。昭王时，政令無常，乃被髮佯

狂，不仕，時人謂之楚狂也。亦是援引高士傳文。高士傳之陸通，猶神仙傳之

錢鏗，皆為神仙家妄言，不足據。刘氏正義據馮景解舂集及韓詩外傳數言

接輿為其未隱时之姓字，後人謂楚狂與夫子之輿相接，誤也云云。余未敢

苟同。

「鳳兮鳳兮，何德之衰」，嘆世之不治也。「往者不可諫，来者猶可追」，勸隱也。「已而已

而」，釋文：鄭曰：魯讀「期斯已矣，今之從政者殆」，今從古。按衰、追、殆為韻。莊子人

間世「何如德之衰，来世不可待，往世不可追」，亦以待、追叶韻。今衰、追同入支

韻，而殆入上聲賄韻，於古音不合。

「孔子下」，集解包注以為下車是也。釋文：鄭注以為下堂出門。按史記引文作

「趨而避」，孔子下，亦無門字。潘維城集箋云：下車之說魯論說也，下堂出門，

古論說也。按以包、鄭之注，其說不通，今從魯論說。

36

叔孫武叔語大夫於朝，曰：子貢賢於仲尼。子服景伯以告子貢，子貢曰：譬之宮牆，賜之牆也及肩，窺見家室之好。夫子之牆數仞，不得其門而入，不見宗廟之美，百官之富。得其門者或寡矣。夫子之云，不亦宜乎！（子張篇）

叔孫武叔即叔孫州仇，武謚也。哀十一年傳曰：公會吳子伐齊，甲戌，戰於艾陵，將戰，吳子呼叔孫，曰：而事何也？對曰：從司馬。王賜之甲、劍、鈹（音披，鈒如刀裝者），曰：奉爾君事，敬無廢命。叔孫未能對，衛賜進曰：州仇奉甲從君。而拜。自此之後，州仇即不見於傳。叔孫武叔為魯司馬，故曰從司馬。（曰）從者衛賜，吳王有賜，不能對，其人之無能可知。子貢趨進為之對，則其感激子貢之深可知也。故語大夫于朝曰：子貢賢於仲尼，當衆稱譽，所以報也。疑即在艾陵之役獲勝後，反朝所言。時孔子猶在衛。（是年冬孔子反魯。艾陵之役在五月）

仞，集解：包曰：七尺曰仞。段注說文仞字曰：諸家之說仞也，王肅、趙岐、王逸、曹

考九

椽李筌、顏師古、房玄齡、鮑彪諸人，並曰八尺。而鄭氏周禮、儀禮注，包咸論語注，高誘注呂氏春秋，王逸注大招、招魂，李謐明堂制度論，郭璞注司馬相如賦，周引易乾鑿度，陸德明莊子釋文，則皆謂七尺。淮南子原道訓注八尺，而覽冥訓注則云七尺，百仞者七百尺。蓋以呂氏春秋注、淮南原道注可疑。近歙程氏瑤田通藝錄有說曰：言七尺者是也。揚雄方言，度廣曰尋；杜預左傳仞溝洫（昭三十二年）注，度深曰仞。二書皆言人伸兩手以度物之名，而尋為八尺，仞無七尺者何也？同一伸手度物，而廣深用之，其勢自不得不異。人長八尺，伸兩手亦八尺，用以度廣，其勢全伸而不屈；而用之以度深，則必上下其左右手，而側其身焉。身側則胸背所度之物不能相摩，於是兩手不能全伸，而成弧之形。弧而求其弦，以為仞，必不能八尺，故七尺曰仞，亦其勢然也。說文測下云，深所至也；玉篇云，度深曰測。測之為言側也，余說與之合矣。程說甚精，仞說可定矣。

37

叔孫武叔毁仲尼。子貢曰：無以為也，仲尼不可毁也！它人之賢者，丘陵也，猶可踰也，仲尼，日月也，無得而踰焉。人雖欲自絶，其何傷於日月乎？多見其不知量也！（子張篇）

上章稱夫子之牆，下章言夫子之不可及，此章獨稱仲尼不可毁，弟子不宜斥師字，而斥之怪也，此借叔孫武叔口氣而為説，與告子服景伯、陳子禽不同。

陳子禽謂子貢曰：子為恭也，仲尼豈賢於子乎？子貢曰：君子一言以為智，一言以為不智，言不可不慎也！夫子之不可及也，猶天之不可階而升也。夫子之得邦家者，所謂立之斯立，道之斯行，綏之斯來，動之斯和。其生也榮，其死也哀，如之何其可及也！（子張篇）

朱注：立，謂植其生，道，去聲，引也，榮，謂莫不尊親，哀，則如喪考妣。

子疾病，子路使門人為臣。病間，曰：久矣哉，由之行詐也！無臣而為有臣，吾誰欺，欺天乎！且予與其死於臣之手也，無寧死於二三子之手乎！且予縱不得大葬，

卷九

予死於道路乎！（子罕第九）

使门人為臣。集解：鄭曰：孔子嘗為大夫，故子路欲使弟子行其臣之礼也。按子路使门人為臣，在孔子病时，以臣之礼侍疾，非一日矣。鄭注"欲使"二字，非是也。

病间。孔注：病少差曰间。

無臣而為有臣。以下劉氏正義曰：宋翔鳳鄭注輯本云：按此為孔子未反魯事，故有死於道路之語。今案此當是魯以幣召孔子，孔子將反魯，適於道路中得疾也。大葬謂魯後用己，以大夫礼葬也。夫子言己雖未必復見用，以礼大葬，亦當得歸魯，不致死於道路。按宋氏說至確，唯正義演繹之，謂於道路得疾，恐不確。孔子魯人，若死於他邦，誠死於道路，且死於道路，亦云乃非貴之婦出死命也。聖人豈得違命，亦當歸魯，不致死於道路云云，於理就[illegible]

38

子曰：吾與回言，終日，不違如愚。退，而省其私，亦足以發，回也不愚。（為政篇）

先進篇回也非助我者也，於吾言無所不說，即為不違如愚之證。

退而省其私，朱子或問曰：程子於退省二字，亦有不同，前說以為孔子省之，後說以為顏子之自省，恐當以前說為正。按皇疏亦謂孔子省之，邢疏同，就文義視之，自當以孔子省之為正解。私者，退息居學之時也。發者，皇疏以為發明義理，朱子以為發明夫子之道，朱注較切。

子曰：賢哉回也，一簞食，一瓢飲，在陋巷，人不堪其憂，回也不改其樂，賢哉回也。（雍也篇）

集解孔曰：簞，笥也。瓢，瓠也。按說文亦曰：簞，笥也。金韓孝彥四聲篇海曰：簞，竹葦器。鄭康成曰：盛飯器，圓曰簞，方曰笥。食，朱子讀去聲，非是。食為名詞，入聲，動詞亦入聲，以食與人讀去聲，即飼之假借，其字或作飤，見漢書景紀師古注。簞食者，謂一簞食物也。瓢，說文曰：蠡也。段注：蠡者，蓋也。以一瓠劙為二，曰瓢。亦曰蠡，亦曰蓋。按瓢以挹酒漿之器釋之至確。

陋說文曰阨陜也巷說文曰里中道从邑从共皆在邑中所共也

子曰語之而不惰者其回也與（子罕篇）

「吾與回言終日不違如愚」故不惰惰者說文曰不敬也玉篇怠也易也

子謂顏淵曰惜乎吾見其進也未見其止也　子罕篇

集解馬融曰孔子謂顏淵進益未止痛惜之甚也皇疏顏淵死孔子有嘆也是也其人已歿其學猶有未盡故曰未見其止。

德行顏淵閔子騫冉伯牛仲弓言語宰我子貢政事冉有季路文學子游子夏。（先進篇）

釋文云鄭以合前章。按此章於弟子皆稱字其非孔子之言不待辨。翁析為兩章皇本亦不與前章合惟疏曰此章初無子曰若是記者所書並從孔子印可而錄在論中也殊鄙俗可笑。龔昱樂庵語錄卷五曰四科非夫子所目立夫子平日稱弟子皆以名惟四科盡以字稱而曾子獨不與諸弟子中自顏淵外惟曾子能心傳孔子之道四科之目恐是曾子品題耳。按謂四科非

39

孔子所自立是也。而謂為曾子所不與，則非也。子游、子夏、曾子三人年僅相差一歲，皆為後進弟子，論四科之入選者，不及曾子，確為可疑。故程子謂十哲世俗論也。（見朱注引）然即因是而疑為曾子所不與，殊嫌無據。如宓子賤孔子稱之曰君子哉若人，於南宮則稱之曰尚德哉若人，皆為得意弟子，此亦亦未之及。他若子張年雖較曾子更少，而其才氣之大，好學之篤，較之先進弟子不多讓焉。有子則歸稱似夫子矣，亦皆遺之。可疑者多，不止曾子一人也。且四科並非截然可分者，如宰我子貢，若但長於言語，而無德行，則宰我子貢為佞人矣，焉足稱哉。顏子問為邦，孔子告之以四代之制，顏子豈僅德行美而已耶。子路，人告之有過則喜，孟子至以之與大禹並言，小邾射曰使季路要我，吾無盟矣（哀十四），德行不美者，能如是乎！故十哲四科，說不可泥，泥則不通也。孟子公孫丑上公孫丑曰，宰我子貢善為說辭，冉牛閔子顏淵善言德行，孔子兼之，曰，我於辭命則不能也。然則夫子既聖矣乎！

卷九

四科，言及其二，而於德行還仲弓，則是孟子之时，已有分科之說，而所記之人有詳略，當时記者所論及者，或不止此十人也。

子曰：回也，非助我者也，於吾言無所不說。（先進篇）

集解孔曰：助，猶益也，言回聞言即解，無可發起增益於己也。是也。

顏淵死，顏路請子之車，以為之椁。子曰：才不才，亦各言其子也，鯉也死，有棺而無椁，吾不徒行，以為之椁，以吾從大夫之後，不可徒行也。（先進篇）

按史記世家伯魚死時，孔子年六十九，顏淵之死，據此章所記，是在伯魚之後。

亦各言其子，言字為語詞，無義。

以吾從大夫之後，集解孔曰：孔子时為大夫，故言吾從大夫之後，不可徒行。是謙詞，非也。此以吾從大夫之後與陳恆弑其君章以吾從大夫之後正同。言曾從大夫之後耳，时孔子久已不仕，安得云时為大夫。禮記王制君子耆

40

老不徒行，庶人耆老不徒食，君子者皆出仕者也。又曲礼六十曰耆，七十曰老。孔子时年七十或七十一，是为耆老。孔子尝为司寇，是君子而耆老也，依礼不徒行。颜路之请违礼，故孔子拒之。虽然，此就表面言之。究其实，孔子不从颜路之请，实欲薄葬颜渊，此观下章门人欲厚葬子曰不可云云可知也。孔子何以不欲厚葬颜渊，此可从檀弓取证。檀弓子游问丧具，夫子曰：称家之有无。子游曰：有无恶乎齐？夫子曰：有，毋过礼，苟无矣，敛手足形，还葬，悬棺而封，人岂有非之者哉！此言丧葬之厚薄，须视家财之丰啬而定。有财可以厚葬，而亦不得过礼。无财则薄之。（孟子公孙丑下亦有不得不可以为悦，无财不可以为悦之言）颜渊家贫，颜路请车为椁，其无力置椁可知。（孟子中古棺七寸椁称之自天子达于庶人，非直为美观也，然后尽于人心）孔子致仕已久，时亦无余财。颜路请车，不请财，可证。两家皆无财，则厚葬为不可能明矣。鬻车为椁，违礼；无财而厚葬，亦违礼。孔子

老几

拒請車之意，竊以為其故在是。

顏淵死，子曰：「噫！天喪予！天喪予！」顏淵死，子哭之慟。從者曰：「子慟矣！」曰：「有慟乎？非夫之為慟而誰為！」（先進篇）

集解包曰：「噫，傷痛之聲也。」慟，集解馬融曰：「哀過也。」釋文鄭曰：「變動容貌。」陳氏古訓云：「慟字說文所無，漢景君碑云：『罵憧傷懷』，武榮碑云：『感哀悲憧』，郭仲奇碑云：『悲憧剝裂』，李翊夫人碑云：『憧切剝兮耳不榮』，皆作憧。按漢碑作憧，是為恫之借字。憧，說文云：『遲也。』恫，說文云：『痛也。』遲無所取義，故知其為恫之借字。」通訓定聲亦有此說。（見豐部）慟當是後起俗字。

顏淵死，門人欲厚葬之，子曰：「不可。」門人厚葬之。子曰：「回也視予猶父也，予不得視猶子也。非我也，夫二三子也。」（先進篇）

門人不聽孔子之言，竟厚葬之，何也？蓋顏淵尚有父在，其父請車，自有厚葬之意，門人乃從其父意也。

41

子曰：回也其庶乎，屢空。賜不受命，而貨殖焉，億則屢中。

釋文：子曰回也其庶乎或分為別章，今所不用。

尔雅曰：庶幾，尚也。郝疏曰：說文云：尚，庶幾也。本尔雅為訓。庶者，下文云幸也，庶幾為近幸之義。二字亦可單言，如論語其庶乎、左傳庶有豸乎（宣十七）義皆為近，近尚也。

屢空。說文曰：窶，空也。从毋，从中、女，窶空之意也。段注：凡中空曰窶。今俗語尚如是。凡一實一虛，層見疊出曰窶。人曰離窶，窗牖曰麗廔，是其意也。故窶之義又為數。此正如窗牖麗廔之多空。俗加尸旁為屢，古有窶無屢也。毛詩窶。丰年傳曰：窶，亟也。亟者，數也。按屢空之義，何晏集解有兩說，曰：言回庶幾聖道，雖屢空匱，而樂在其中。一曰：屢猶每也，空猶虛中也。以屢空為虛中，此宜取虛室生白之說，非經意。夫一簞食，一瓢飲，即屢空也。且與下文貨殖為對。其庶乎，言庶乎於學也。

卷九

「不受命」。俞樾羣經平議曰：「古者商賈皆官主之，故呂覽上農篇：『凡民七尺以上，屬諸三官，農攻粟，工攻器，賈攻貨。』是皆受命於官也。若不受命於官，而自以其財逐什一之利，是謂不受命而貨殖。」按此說可從。但既言皆受命於官，則不受命而為商者不遽禁邪？是為可疑之点。竊以為不受命而貨殖，似是謂子貢貨殖出乎天資，非受人教之意（孔子為師不教農圃商，然亦不請經商）。且貨殖亦不必（即為）從交易逐什之利，闢草萊，墾荒地，種五穀，養雞豚，亦是貨殖。

「億則屢中」。皇本億作憶。朱駿聲以為億為意之借字。今按憲問篇「不億不信」，子罕篇「毋意毋必」，或作意，或作億，義同，朱說是也。憶為思念，說文所無，皇本作憶，亦非正字。

季氏使閔子騫為費宰。閔子騫曰：「善為我辭焉！如有復我者，則吾必在汶上矣！」（雍也篇）

釋文曰：「一本無吾字，鄭本無則吾二字。」

汶上。集解孔曰：「去之汶水上，欲北如齊也。」是也。

> 余按子曰二字當是衍文出于集語者之誤是也

、子曰孝哉閔子騫人不間於其父母昆弟之言

朱子論語或問曰夫子於弟子未尝称字此或集语者之误姜宸英湛園未定稿曰夫子作春秋賢者書字僅十二人弟子無有以字稱者稱閔子騫是直述时人之辞當时父母昆弟皆谓之孝矣而时人亦同称之曰孝哉閔子騫此谓不间於其父母昆弟之言也按此说(全)是推测之辞未有明证朱子谓係集語(者)之误是也(崔東壁論語餘說亦曰古之記言者亦有忽不經意之處)毛西河曰不間句有二说後漢陳羣係陳仲弓之孫其释此有云閔子行孝動静盡善人於其父母昆弟之言無可非間此言閔子孝人自服之此一说也又范升奏记王邑有曰升聞子以人不間於其父母兄弟爲孝目以人不非其君上為忠則脱注此谓閔子行孝父母昆弟皆化之故人無毁言此又一说也而说雖不盡同然俱有義理從来人無间言皆作非间解無作间異解者今人執於朱註急難理辨按朱子引胡说曰父母兄弟称其孝友

人皆信之，無異辭。無異辭者，即無非間也，並不作間異解。而何此説近誣。擬韓詩外傳：子騫早喪母，父娶後妻，生三子，疾惡子騫，以蘆花衣之。父察知之，欲逐後母。子騫啟曰：母在一子寒，母去三子單。父善之，乃止。母亦悔改之。後至均平，遂成慈母。是閔子之父母因閔子之孝，而獲慈愛之名，故其父母昆弟皆稱譽之，而人無非之者。而何所舉兩皆是，而朱註亦通。

魯人為長府。閔子騫曰：仍舊貫，如之何？何必改作！子曰：夫人不言，言必有中。（先進篇）

集解鄭曰：長府，藏名也。藏貨財曰府。仍，因也。貫，事也。因舊事則可，何必復更作也。按昭二十五年左傳：公居於長府。杜注：長府，官府名。不若鄭氏此注之詳。又傳曰：九月戊戌，伐季氏。先言居長府，後言伐季氏，则長府似不僅為藏貨財之所。此言為長府，不知在何时。擬倚推之，當是昭公欲伐季氏，而為之修葺牆垣也。修長府用民力必鉅，故閔子非之。

仍舊貫，釋文：魯讀仍為仁，今從古。按魯作仁，當是假借字。而臧在東以為讀

413

仁字爲句，言仁在舊貫，改作是不仁也。說本俞言。或作長府，而閔子不仁信。
陳仲魚曰：此說稍迂，古作仍義益明，故鄭從之。按陳說是也。
閔子侍側，誾誾如也；子路，行行如也；冉有、子貢，侃侃如也。子樂。若由也，不得其
死然！（先進篇）
說文誾字下曰：和說而諍也。段注謂和說而諍，柔剛得中也。
行行，集解鄭曰：剛強之貌。按行之本音爲衡，朱注出胡浪反三字，似可省。
侃侃，和樂貌，已見上。誾誾如，諸如字皆訓然，狀詞也。
皇疏本子樂下有曰字。漢書敘傳幽通賦師古注及文選崔子玉座右銘注，（作子樂曰，與皇本同。）
引皆有子曰字。[illegible]孫奕示兒篇曰：子樂，
當作子曰。聲之誤也。不得其死，何樂之有。余按此說非也。古本樂下自有子
曰字，自閔子侍側至子樂爲一段。子曰若由也不得其死然，又爲一段。記者
合而書之耳。當面誚人不得其死，不近乎情，而疑決非一時語。樂者，樂弟子

卷九

之閭閭、行行、侃侃、非樂由也不得其死。
伯牛有疾，子問之，自牖執其手，曰：亡之，命矣夫！斯人也而有斯疾也！斯人也而
有斯疾也！（雍也篇）
史記弟子列傳冉耕字伯牛，孔子以為有德行。伯牛有惡疾，孔子往問之，自
牖執其手，曰，命也夫，斯人也而有斯疾，命也夫。集解，包曰，牛有惡疾不欲見
人，故孔子從牖執其手也。所謂惡疾，果為何疾，未明也。淮南精神訓伯牛為
厲，論衡刺孟伯牛為癘，（厲為癘之借字）癘，說文曰惡疾也，段注古義為惡疾
包内外言之，今義別製癩字，訓為惡瘡，訓癘為癘疫。夫癩非不起之症，疫亦
非為惡疾，癩何必不見人，疫則豈可執其手，漢人釋義皆可疑也。今人有釋癘
為痲瘋病者，若為痲瘋亦不可執手，恐亦未確。惡疾之義不能明也。此章但
言疾，云惡字[redacted]史記惡疾之說，大抵出於附會。
牖，說文曰穿壁以木為交窗也。段注在牆曰牖，在屋曰窗，古者室必有户有

「古之」隋书宣五王传作副 羲之命矣夫 师 古注今羲異也 新序亦言君子闻之 曰末之命矣夫 未亦 5 羲同用

44

牖，牖东户西，皆南向。毛诗曰向北出牖也。北或有六通明，至冬塞之。士虞
礼视启牖乡，注云：乡牖一名，是南牖亦名乡。士丧礼寝东首于墉下，丧大记
作北墉下。今本墉皆伪牖，非也。据此，牖者墙上窗也。问疾者能以手执病者
之手于窗上，此其墙之低，其人之高，皆出乎今人想像之外，恐无如此奇事。
伯牛如果有不可见人之疾，则孔子当早已知之，可不往问也，且已不能见
人，又何以伸手乎？手可见，面不可见，岂伯牛病面乎？旧说不通也。盖自者从
也。从牖执其手者，言执其手自室内之牖下也。牖通明，牖下乃能见其人。古
人之室通光之孔小，牖下乃可明见其人。执手非但见手，问疾执手，亲之情
之之意。问疾而入室，入室而执其手，执手自牖下，此毫无足奇之事。汉儒无
曲解之，妄造恶疾不欲见人之说。甚至又谓伯牛以君礼待孔子，自北墉下
移南牖下，俾孔子入室，可由南面（向）视之。孔子不敢当此礼，不入室，自牖执伯
牛之手，皆诬妄可笑。

类札

亡之集解孔曰亡丧也疾甚故持其手曰丧也此亦謬妄可笑之甚者夫问人之疾执人之手而曰死矣不可救矣有此不近人情之事乎意欲慰之故有問疾之舉若一見即曰死矣徒增疾者之怨恨无益而有害何必问疾常人亦不至是况孔子乎朱注自牖执其手盖與之永訣也是亦以亡為丧取孔注非也亡之當讀為無之七經孟子考文補遺之作也亡也亡也猶言無妨慰病者之言當如是視疾之事止於斯命矣夫以下乃後一時語记者併書之耳當面慰之背後歎之人情當如是聖人豈能違人情矣當讀為也命矣夫猶言命也夫吾友毛君無止谓余曰亡為困之借字義同錮亡之猶言禁錮之伯牛不知因何事入獄在獄而病牖者窗也孔子不得入監僅能自牖执其手云云此说少佐证未敢從

子曰雍也可使南面（雍也篇）

此章旧與仲弓問子桑伯子連為一章今以其義不相屬析之為兩章

?

45

集解包曰可使南面者言任諸侯可使治國政也朱子曰南面人君聽治之位或問仲弓之有人君之度何以知其然耶曰以前篇不佞之譏後章居敬行簡之對而有以知其然也然此曰南面而不曰為政則疑其主於德而言也(或問)許謙叢說曰南面但謂可居位長民不必重看陸隴其困勉錄曰南面不必說人君凡臨民者俱南面何異孫問對曰弟子敢使之南面聽治如王侯何是此言有礙論語摘輔象曰仲弓淑明清理可以為卿諸說皆以聽治釋南面非也何異孫疑之而無執說拄仲弓為人長於脩養政治非其所長(能)其為季氏宰問政而不明舉賢才之義可知為政而不明舉賢之義如是之人而謂可為人君(南面非治)其誰信之可使南面者言可使為人師也人師亦南面國策燕策詘指而事之北面而受學莊子田子方文王於是焉以為大師北面而問曰政可以及天下乎讓王善卷居桂渚堯聞其得道不以帝見而北面師之呂氏春秋下賢堯不以帝見善綣北面而問焉列子仲尼篇孔子

卷九

愀然有間、曰、有是言哉、有是言哉、筆之何為、顏回北面拜手曰、回亦得之矣、
鶡冠子博選篇、故北面而事之、則百己者至、先趨而後息、先問而後默、則什
己者至、故帝者與師處、王者與友處、亡主與徒處、說苑君道篇、郭隗曰、今王
北面拘指、逡巡而退、以求臣、則師傅之材至矣、漢書于定國傳、定國乃迎師
學春秋、身執經、北面備弟子禮、後漢鄭玄傳、汝南應劭自贊曰、故泰山太守應
中遠、北面稱弟子、何如、玄笑曰、仲尼之門、考以四科、回賜之徒、不稱官閥、劭
有慚色、南史沈峻傳、吏部郎陸倕與僕射徐勉書、薦峻曰、聖賢所講之書、必
以周官立義、助教沈峻特精此書、比日聞講肆、羣儒劉嵒、沈宏、沈熊之徒、並
執經下坐、北面受業、論語皇侃義疏序曰、或負扆御袞于廟堂之上、或南
面聚徒、衣縫掖于黌校之中、中說立命篇、繁師玄聞董常賢、問賈瓊以歲、瓊
曰、始冠矣、師玄曰、吁、其幼達也、瓊曰、夫子十五為人師焉、陳留王孝逸、先達
之傲者、然白首北面、豈以年乎、程大昌考古編、退之抗顏為人師、常曰、湜籍

4·6

輩、雖舍指教、未知其果不叛去吾。提之言曰、韓吏部之文如長江秋漲、千里一道、衝飈激浪、紆流不滯、然而施於灌溉、或爽於用、推此言也、是弦未純北面也、凡此皆為人師南面之訛。仲弓善言德行、為人師、最為相宜（故曰可使南面。）然此之所謂師、亦非大師。大師可為大君、政教通流、仲弓既不能為君、而能為師、知此師非大師也。

子謂仲弓曰犁牛之子騂且角、雖欲勿用、山川其舍諸（雍也篇）

集解何曰、犁雜文也、騂赤色也、角者角周正中犧牲也、雖欲以其所生犁而不用、山川寧肯舍之乎、言父雖不善、不害於其子之美也、說義是也、而不詳。

按周礼、地官、牧人云、凡陽祀用騂毛之、鄭注、騂牲赤色毛之、取純毛也、陽祀祭天於南郊、及宗廟、賈疏曰、騂牲、知是赤色者、見明堂位周人騂剛、檀弓云周人牲用騂、周尚赤、而云用騂、故知騂是赤也。據此、依周制、牛以純騂者為最貴、惟鄭云祭天地宗廟、而不及山川、與此章頗有不洽。鄭司農注云陽祀

卷九

春夏也，如從此説，則此宰山川其舍諸云云，可無疑矣（義）

角者，禮記王制云：祭天地之牛，角繭栗，宗廟之牛角握，賓客之牛角尺，不及山川，其詳不可得知，然周禮牧人望祀各以其方之色牲毛之書陽祀陰祀之下，則五嶽四鎮四瀆之祭與郊祀之禮（待）不甚相遠

仲弓之父果為何如人，不可考，史記弟子傳但言其為賤人而已。

宰予晝寢，子曰：朽木不可彫也，糞土之墻，不可杇也，於予與何誅。子曰：始吾於人也，聽其言而信其行，今吾於人也，聽其言而觀其行，於予與改是（公冶長篇）

宰予晝寢[redacted]自来有三説，其一[redacted]以晝為晝夜之晝，寢為眠寢之寢，謂當晝而眠寢也，皇疏主此説，邢疏承之，朱注又承之，元明學者十九宗朱，故此説和者[redacted]最多，而歷史亦最久，其二[redacted]以寢為寢室之寢，謂晝居於内寢也，此説宋劉敞發之，曰：古者君子不晝居於内寢，晝居於内，則問其疾，所以異男女之節、厲人倫也（七經小傳） 此説據禮記檀弓：夫晝居於内，問其疾可也，夜

47

居於外，市之可也之語。朱子以為就文義推之，此說恐未必然。況晝居於內，未見其為近聲色也。遂以亂惑責之，則其探人之私而發揚之，亦太不恕矣。（論語或問）劉氏之說不行，朱子駁議或有影響。其三，讀晝為畫，謂晝寢者繪畫寢室也。此說發於梁武帝，見唐李匡乂資暇錄所引。又周密齊東野語亦云，嘗見侯白所注論語，晝作畫字。按侯白隋人，蓋是從梁武說，改經文晝為畫也。以上三說，余嘗反覆思之，覺畫寢之說較長。子曰朽木不可雕，糞土之墻不可杇，既曰雕，又曰杇，明明對畫字而言者也。晝與畫形近易誤。孟子去齊宿于晝，三宿而後出晝（公孫丑下），晝亦為畫字之誤，說見馬大年懶真子。其言曰，高郵老儒黃彥和謂孟子去齊，三宿而後出晝，讀如晝夜之晝，非也。史記田單傳，後載燕初入齊，聞畫邑之人王蠋賢。劉熙注云，齊西南近邑方獲，故孟子三宿而後出，時人以為濡滯也。閻氏四書釋地云，晝當作畫，不待言。齊西南近邑，括地志以畫即戟里城，在臨淄城西北三十里，一南一北，

岩九

殊判然。余謂孟子去齊歸鄒，鄒在齊之西南，上云南者是，孟子晝誤為畫，雖此語不相涉，但其字之易致誤，可知也。夫宰我在孔門，與子貢並稱，即有晝寢之事，孔子不應責之如此之重，比之為朽木為糞土。漢王仲任於此亦深不以為然，〔論衡〕問孔篇曰：晝寢之惡，小惡；朽木糞土，敗毀不可復成之物，大惡也。責小過以大惡，安能服人？使宰予性不善，如朽木糞土，不宜入孔門，序在四科之列；使性善，孔子惡之太甚，過也。其說頗辯。賈誼新書卷七有文王晝卧夢人登城而呼之語。文王聖人，不免晝寢，孔子於宰予何至罵之為朽木為糞土？為畫而寢之說，不合經旨明矣。晝居於內，其過尤小，說尤難成立。此外南北朝宋釋慧琳論語說於此尚有怪異之論，在上列三說之外者。其言曰：宰予見時後學之徒將有懈廢之心生，故假晝寢以發夫子切磋之教。此其論之不近情，不待辨録之，以見六朝人說經之可笑耳。又劉氏正義曰：江聲論語俟質云：說文晝，日之出入與夜為界。是日出後為晝。凡人雞鳴而起，宰

48

我日出後尚寢寐未起，故責之。按凡人雞鳴而起，雖於內則有據，然孔子弟
子果皆雞鳴而起耶？恐未必然。正義主從朱注，而以此說實之，徒覺其穿鑿，
無益於經義。（太炎先生曰：「呂覽慎人篇孔子窮於陳蔡之間，七日不嘗食，藜羹不糝，宰予備矣，高誘注：備（諸本作憊），從者病，莫能興，故曰宰予晝寢，然則晝寢當即此事，非平居晝寢也。」是備一說。）
武億群經義證曰：予字作我字讀也。記諸賢例舉字，史記弟子列傳作宰我
晝寢，論衡問孔篇亦作宰我晝寢，古本之徵，宜依為據。
杇木不可彫也：漢書董仲舒傳對策引文作腐朽之木不可彫也，多腐之二
字。
於予與何誅：王引之曰：與，猶也也。於予與何誅，於予與改是，猶言於予也何
誅，於予也改是。（經傳釋詞卷一）
子貢問曰：賜也何如？子曰：女器也。曰：何器也？曰：瑚璉也。（公冶長第五）
集解包曰：瑚璉者，黍稷器也，夏曰瑚，殷曰璉，周曰簠簋，宗廟器之貴者也。陳
氏古訓曰：惠徵君曰：瑚璉二字，从玉旁，俗所作也，當為胡連。春秋傳曰：胡簋

之事。明堂位曰、夏后氏之四連、皆不从玉。孔庙礼器碑文作胡輦、古連輦字通。按說文、槤、胡槤也、从木連聲。是槤為正字、連為省文、輦為假借耳。余按說文有瑚字、惠氏以為俗字、恐非。夏瑚殷璉、乃今文家說、若從古文、則夏璉殷瑚、礼記明堂位文可證也。明堂位曰：有虞氏之兩敦、夏后氏之四連、殷之六瑚、周之八簋。鄭注、皆黍稷器、制之異[redacted]同、未聞。皇疏曰：礼記云、夏之四連、殷之六瑚、今云夏瑚殷璉、讀者皆云是誤也。故欒肇曰、未詳。按欒氏曰未詳、猶鄭曰未聞。大抵今古學家之爭、至鄭已告结束。魏晉之世、老莊抬頭、六朝尚文藻、經學浸微、人多不復措意於今古學之派別異同。[redacted]瑚璉之器、系為譬喻之詞、猶言廟堂之器、以喻卿大夫。其名稱異同、制作圖式、不詳不害於經義、勿考可耳。

子貢方人。子曰：賜也賢乎哉、夫我則不暇。（憲問篇）

釋文、方人、鄭本作謗。盧文弨考證、古論謗作方、蓋以聲近通借。按謗者、言人過惡、方者比方人二義自以比方為近理如問師與商也孰賢之類即比方人也如定十五年左傳邾隱公來朝子貢觀焉邾子執玉高其容仰公執玉卑其容俯子貢曰以禮觀之二君皆有死亡君為主其先亡乎夏五月公薨仲尼曰賜不幸而言中是使賜多言也此亦方人之類非謗也一為比較人之優劣一為評人之言行雖非過惡亦是務外為學者當自檢點不宜輕易評論人物故曰夫我則不暇不暇者言無此閒工夫也若謗人則為過惡孔子惡稱人之惡者子貢亦言惡訐以為直者可見謗議他人子貢不為也古論作方非假借魯論作謗訓訕謗與經義違

今所見皇本經文作賜也賢乎我夫哉我則不暇我夫哉不成語夫哉二字傳寫顛倒較之通行本邢疏多一哉字高麗本作賜也賢乎我夫我則不暇又較皇本少一哉字文字少有出入於經義無礙

子路有聞未之能行唯恐有聞（公冶長篇）

此記子路勇於行也。智以知仁，勇以行仁，智勇以成仁。智足以知仁，而勇不足以行仁，猶不知也。有聖人為師，不患不知，患不能勇於行耳。故孔門之教，特重篤行。君子欲訥于言而敏于行，敏于事而慎于言，剛毅木訥近仁，皆重踐履之証也。惟恐有聞，言其行之果決，不可畧解。積極之行，為從善；消極之行，為改過。孟子曰：子路，人告之有過則喜，乃就消極言之，亦勇於行之証。

子路無宿諾。（顏淵篇）

集解：何曰：宿，猶豫也。子路篤信，恐臨時多故，不豫諾也。朱注：宿，留也，猶宿怨之宿。急於踐言，不留其諾也。朱注得之。何說恐臨時多故，何其鄙陋可笑之甚也。有諾必踐，不待隔宿，此乃記者修詞之美。

子曰：由之瑟，奚為於丘之門？門人不敬子路。子曰：由也升堂矣，未入於室也。（先進篇）

論語二十篇，瑟凡三見：一見於「鼓瑟稀，舍瑟而作」，再見於「取瑟而歌，使之聞之」，三見于此章。琴則未見。知孔門鼓瑟不鼓琴然。史記世家：孔子學鼓琴於

50

師襄子，是孔子又知琴也。史記不知何所本，若以論語為據，則孔門未聞有
鼓琴者。據世本作：「庖犧氏作琴瑟，瑟，潔也，使人精潔於心，純一於行也。」（見
北堂書鈔樂部、御覽五百七十六引）「宓犧氏作瑟，八尺二寸，四十五弦。」（
風俗通義引）「庖犧氏作，五十弦。黃帝使素女鼓瑟，哀不自勝，乃破為二十
五弦，具二均聲。」（見尔雅釋樂疏引）諸書所引文字略有出入，而瑟為庖
犧氏作，則一致也。史繩祖學齋佔畢引世本曰：「黃帝作琴。」是則琴之作，後於
瑟。琴之弦七，操之之術難於瑟。其為瑟改良而成者歟？
此章詞簡，但知子路鼓瑟，不為孔子所喜而已。其詳不可得知。據說苑修文
篇：子路鼓瑟，有北鄙之聲，孔子聞之曰：「信矣，由之不才也。」冉有侍，孔子曰：「求，
尔奚不謂由，夫先王之制音也，奏中聲，為中節，流入於南，不歸於北。南者生
育之鄉，北者殺伐之域。故君子執中以為本，務生以為基，故其音溫和而居
中，以象生育之氣。是子路鼓瑟，孔子不喜之者，為有殺伐之聲故也。說苑雜

採舊文，有數十說，未必可靠。馬融曰：「子路數諫不合，雅頗也。」肥淵之言，更不足信。竊以為經文如此類者，不必強為之解。

季子然問：「仲由、冉求，可謂大臣與？」子曰：「吾以子為異之問，曾由與求之問！所謂大臣者，以道事君，不可則止。今由與求也，可謂具臣矣。」曰：「然則從之者與？」子曰：「弒父與君，亦不從也。」（先進篇）

子路、冉求並仕季氏，見季氏將伐顓臾，章節注：後季氏之家臣陽虎，果囚季桓子也。則二人並仕季氏，蓋在桓子時。時孔子猶未仕。

季子然，集解：孔曰：「季氏之子弟也。」自多得臣此二子，故問之也。朱注[redacted]從之非也。

[redacted]按左傳定八年，季寤、公鉏極、公山不狃皆不得志於季氏，叔孫輒無寵於叔孫氏，叔仲志不得志於魯；故五人因陽虎。陽虎欲去三桓，以季寤更季氏，以叔孫輒更叔孫氏，己更孟氏。杜注：季寤，季桓子之弟。又傳：陽虎既敗，取寶玉大弓以出。子言辨舍

51

爵於季氏之廟而出。杜注：子言，季寤。辨猶周徧也。徧告廟，飲酒，示無懼。是季寤字子言，桓子之弟，蓋從陽虎為亂，敗而出奔者。詩小雅大東：睠言顧之。後漢書劉陶傳引作睠然。是言然為通用字。墨子經上言然也。義亦通。可證論語季子然即左傳季子言。猶公山不狃論語作弗擾。季寤欲去桓子而代之於傳有徵。此章之問，蓋其隱謀未發，故得賢者以為助，故訪孔子，而問仲由冉求之為人。孔子蓋知其有異志，乃明告之曰：弒父與君，亦不從也。蓋諷之也。傳與論語正可互相參證。

曾音增。朱注：猶乃也，是也。經傳釋詞卷八亦有引證。

子游為武城宰。子曰：女得人焉爾乎？曰：有澹臺滅明者，行不由徑，非公事未嘗至於偃之室也。（雍也篇）

哀八年左傳：吳為邾故伐魯，公山不狃故道險，從武城。王犯嘗為之宰，澹臺子羽之父好焉，國人懼。據此知此章之武城為南武城，與吳接壤。

焉不乎，焉为语已词，尔犹矣也，乎疑问词。

史记弟子列传澹台灭明字子羽，少孔子三十九岁，状貌甚恶，欲事孔子，孔子以为材薄，既已受业，退而修行，行不由径，非公事不见卿大夫，南游至江，从弟子三百人。

径，说文曰步道也，段注周礼（地官遂人）遂上有径，郑注径容牛马，畛容大车，涂容乘车一轨，道容二轨，路容三轨，此云步道，谓人及牛马可步行而不容车也，余按周礼秋官野庐氏禁野之横行径逾者，郑注为防奸也，横行妄由田中，径逾射邪趋疾，越隄渠也，则行不由径，为不欲犯禁也，凡人皆贪便好横逾取捷，不顾禁除，澹台灭明独不畏劳，不贪便捷以干禁，此其所以为贤而子游举足以称之（雍也篇）

子贡问师与商也孰贤，子曰师也过，商也不及，曰然则师愈与，子曰过犹不及。（先进篇）

大抵子张求进太急，故曰过，子夏迟钝，故曰不及，愈胜也。

52

曾子有疾，召门弟子曰：“啟予足！啟予手！詩云：‘戰戰兢兢，如臨深淵，如履薄冰。’而今而後，吾知免夫，小子！”（泰伯篇）

集解：鄭曰：啟，開也。曾子以為受身體於父母，不敢毀傷之，故使開衾而視之也。按說文諬（音傒）字下曰：讀若論語䟖予之足。是古論啟作䟖也。然許書足部無䟖字。段注或曰：當作唘，予之足唘，猶開也。然口部唘字下曰：張口也，未引論語。為段注非是。疑說文原有䟖字，傳寫誤奪耳。不然，言部既引之，不應足部遺之。䟖啟同音，啟為正字，䟖是假借。

“戰戰兢兢”出詩小雅小旻篇。詩曰：“不敢暴虎，不敢馮河。人知其一，莫知其他。戰戰兢兢，如臨深淵，如履薄冰。”此詩人戒人謹慎之意，曾子引之，以證其平日修身不敢稍有踰規之作，手足幸無傷損之处。故曰：吾知免夫。謂免於傷損也。集解周生烈以為免於患難，皇疏、宋儒皆以為免於傷損，傷損之義較切。患難由外來，處亂世即能戰戰兢兢自守，亦未必能免患難，且遭患難亦

書九

未免即傷手足，同生之說，遠於事理，今不取。而今而後，集解，同生弘以乃今日而後釋之，是也。而猶乃也。襄七年左傳孟獻子曰，吾乃今而後知有卜筮。莊子逍遙遊，乃今而後將圖南，乃今，猶言而今。檀弓，而曰然，鄭注，而猶乃也。曲禮，卒哭乃諱，雜記，乃作而，皆為而乃二字通用之證。

子謂公冶長可妻也，雖在縲紲之中，非其罪也，以其子妻之。（公冶長篇）

襄二十九年左傳，公還，及方，季武子取卞，使公冶問，杜注，公冶季氏屬大夫

季氏之別族，季冶字公冶，子孫以字為氏，據此則公冶長者魯之公族也。家語以為魯人，名萇，字子長，史記弟子列傳以為齊人，當從家語。

妻，去聲，以女嫁人也。[redacted]

縲紲，集解，孔曰，黑索也。紲，攣也，所以拘罪人也。按玉篇，凡繫縲牛馬皆曰紲。

公冶長在縲紲之中，其詳不見于史傳。皇疏曰，別有一書名為論釋，云，公冶

53

長從衛反魯，行至二堺上，聞鳥相呼往清溪食死人肉。須臾見一老嫗當道而哭。冶長問之。嫗曰：兒前日出行，于今不反，當是已死亡，不知所在。冶長曰：向聞鳥相呼，往清溪食肉，恐是嫗兒也。嫗往看，即得其兒也，已死。嫗告村司。村司問嫗從何得知之。嫗曰：見冶長道如此。村司曰：冶長不殺人，何緣知之。因錄冶長付獄。此與左傳記介葛盧聞牛鳴曰：是生三犧皆用之，其音云，問之而信。相同，大類小說家言，不足信也。二十篇中，公冶長僅此一見，其學行如何，無由知其詳。孔子既以子妻之，則其人非庸陋者可斷言也。王仲任以為孔子妻公冶長，擬三十可妻耶？見其行賢可妻也。如擬年三十，不宜繫在縲紲。如見其行賢，亦不宜稱在縲紲。世間張受非辜者多，未必盡賢人也。必以非辜為孔子所妻，則是不妻賢妻冤也。孔子稱公冶長有非辜之言，無行能之文，實不賢。孔子妻之，非也。其說似是而非。聖人擇婿，以德為尚，身在縲紲而非其罪，則其人之非不賢，可由是推知。未可以語中不詳其行能，即哉為不貲也。

子謂南容：邦有道，不廢；邦無道，免於刑戮。以其兄之子妻之。（公冶長篇）

此與南容三復白圭原為一事，記者各書所聞，一事遂分為二章耳。

南宮适問於孔子曰：羿善射，奡盪舟，俱不得其死然。禹稷躬稼而有天下。夫子不答。南宮适出，子曰：君子哉若人！尚德哉若人！（憲問篇）

集解：孔曰：羿，有窮之君也，篡夏后相之位，其臣寒浞殺之，因其室而生奡。奡多力，能陸地行舟，為夏后少康所殺。按襄四年左傳，晉魏絳曰：昔有夏之方衰也，后羿自鉏遷於窮石，因夏民以代夏政。又傳曰：寒浞，伯明氏之讒子弟也。伯明后寒棄之，夷羿收之，信而使之，以為己相。浞行媚于內，而施賂于外，愚弄其民，而虞羿于田。樹之詐慝，以取其國家，外內咸服。羿猶不悛，將歸自畋，家眾殺而亨之。浞因羿室，生澆及豷，使澆用師滅斟灌及斟尋氏，處澆于過，處豷于戈。靡自有鬲氏，收二國之燼，以滅浞，而立少康。少康滅澆于過，滅豷于戈，有窮由是遂亡。澆即

54

幂也。孔注似即從左傳而簡述之。

「禹稷躬稼而有天下」，柳翼謀先生一日謂余曰：「論語此章，文義難通，禹未嘗躬稼，而稷未嘗有天下，而曰禹稷躬稼而有天下，是何言也？」余向未留意及此，聞先生言，乃悟此章確有難通之處。

子謂子賤：「君子哉若人！魯無君子者，斯焉取斯。」（公冶長第五）

王引之曰：「斯猶此也。若人謂此人也。」（經傳釋詞卷七）

「斯焉取斯」，朱子曰：「上斯斯此人，下斯斯此德。」

史記弟子列傳：「宓不齊字子賤，少孔子三十歲。」索隱引家語云：「少孔子四十九歲。」顏氏家訓曰：「張揖云：虙，今伏羲氏也。孟康漢書古文注亦云：虙，今伏。」而皇甫謐云：「伏羲或謂之宓羲。」按諸經史緯候，無宓羲之號。虙字從虍，宓字從宀，下俱作必。末世傳寫，遂誤以虙為宓，而帝王世紀因誤更立名耳。何以驗之？孔子弟子虙子賤為單父宰，即虙羲之後，俗字亦作宓，或復加山。今兗州永

卷九

昌邑城舊峯文地東門有子賤碑，漢世所立，乃云濟南伏生即子賤之後，是知虙之與伏，古来通字，誤以為宓，較可知矣。葉大慶《考古質疑》亦云：「伏羲氏，太卜注作宓戲，《漢人物百官表》並作宓羲，師古注本作虙，傳寫訛謬。」《初学記》宓羲注：虙古伏字，後誤以虙為宓。

子使漆彫開仕，對曰：「吾斯之未能信。」子説。（公冶長篇）

《史記·弟子列傳》：漆彫開，字子開。《集解》：鄭曰：「魯人。」

「吾斯之未能信」，《集解》：孔曰：「仕進之道未能信者，未能究習。」

「子説」，《集解》：鄭曰：「善其志道深。」

子謂子貢曰：「女與回也孰愈？」对曰：「賜也何敢望回？回也聞一以知十，賜也聞一以知二。」子曰：「弗如也，吾與女弗如也。」（公冶長篇）

「吾與女弗如也」，陳氏《古訓》云：《論衡·問孔篇》引「吾與女俱不如也」。《後漢·鄭玄傳》注引《玄別傳》：馬融謂盧子幹曰：「吾與女皆不如也。」又《橋玄傳》云：「仲尼称不如

55

（顏）淵李注引論語吾與女俱不如也。按集解包曰吾與女俱不如者蓋欲以慰子貢心也。是舊說皆同。

子華使於齊，冉子為其母請粟。子曰：與之釜。請益。曰：與之庾。冉子與之粟五秉。子曰：赤之適齊也，乘肥馬，衣輕裘。吾聞之也，君子周急不繼富。（雍也篇）

史記弟子列傳：公西赤，字子華，少孔子四十二歲。此誤記也，說已詳前。

釜，集解馬曰：六斗四升曰釜。庾，集解包曰：十六斗為庾。秉，馬曰：十六斛為秉，五秉合八十斛。余按說文曰：鬴，鍑屬也。釜字下曰：鬴或從金，父聲。段注：今經典多作釜，惟周禮作鬴。鍑音富，關西謂之鍑，見揚子方言。鬴、釜、鍑實一物也。昭三年左傳：齊舊四量，豆、區、釜、鍾。四升為豆，各自其四，以登于釜，釜十則鍾。馬說釜與傳合。然此為齊制，魯制尚不詳。江都凌曙曰：考工記：陶人為庾，實二瞉，厚半寸，脣寸。鄭注：豆實三而成瞉，則瞉實斗二升。小爾雅云：匊二升，二匊為豆，豆四升，四豆為區，四區為釜，二釜半謂之庾（十六斗）。如考工記鄭

卷九

注庾较釜更小，盖釜之外，更益以庾也。如以庾为十六斗，则当益以庾，不在釜外。若记皆精。惟从说文十斗为斛，五秉合八十斛、八百斗，相差太远，不近情理，可疑也。且子华使齐，当是为公使也，为公使，禄当有一定，冉子无庸请粟，孔子为政，亦不吝少许。既少许，而请之，既请之，乃益之，益之不足，竟私与之，圣贤为政，不宜如此糊涂，此大可疑也。给禄有定制，所以杜争，多者不必拒，少者不许辄，所以为治。若可因家贫，即可少与，则是礼制可废弃也。他人为政，弃礼制，犹可说，倡礼治者，岂有弁髦礼制之理。若云子华为孔子私使，则大夫行邻国无私交，若云孔子未仕，则又不宜称使。若璩伯玉使人于孔子之类，则孔子在齐，未闻有私交厚者如璩伯玉之类。即使有之，齐鲁比邻，何用与粟五秉？此章记事可疑，陈澧东塾读书记曰：冉子之意，盖嫌其劳，不免疑，而疑尤为[illegible]以为戒，此寔亦不免疑，陈说非也。

原思为之宰，与之粟九百，辞。子曰：毋，以与尔邻里乡党乎！（雍也篇）

?

56

之宰，猶子宰言爲孔子宰也。之子二字同音通用，如晉介之推見僖二十四年左傳，漢書古今人表作介子推，孟之反見雍也篇，莊子大宗師作孟子反，可証。

與之粟九百，此記者失辭。集解孔曰，九百斗也，不知何所據而云然。朱子曰，其量不可考，是也。蓋經文不具，不可肊度。

鄰里鄉党，集解鄭曰，五家爲鄰，五鄰爲里，萬二千五百家爲鄉，五百家爲党。

此章記事可疑，與前章同。據史記弟子列傳，原憲家处窮閻，子貢過之，排藜藿而入，憲攝敝衣冠見子貢，曰，夫子豈病乎！憲曰，貧也，非病也。原憲自言貧，則其家豈患粟之多哉，何辭之有！家在貧而辭粟，是爲矯情。君子不飾情，況聖門高弟乎！孔子不以義不可辭教之，乃曰以與爾之鄰里鄉党，豈效齊之者依我與陳氏以私量貸（較公量加一）以公量收，晏子曰，此季世也，吾弗知齊其爲陳氏矣（昭三年左傳）散私財市恩於人，國君所不許也。

考孔

孔子乃以之教原憲、此大可疑。

柴也愚、參也魯、師也辟、由也諺。（先進篇）

此章弟子皆称名、自是孔子口氣、柴也愚之上、當有子曰二字。

辟、偏也、有此衆不同之意。子游曰、吾友張也、為難能也、曾子曰、堂堂乎張也、

皆可証。

諺、當作喭。（音岸）古經解彙函本皇侃義疏作喭、朱子集注亦作喭、集解鄭曰、子路

之行、失於⿰口反（音畔）喭也。疏引王弼云、喭、剛猛也。廣韻、⿰口反喭、失容也。朱子曰、

喭、粗俗也。朱注似本之廣韻。驗之子路為人、王弼之說為長。書影逸、逸乃

諺、孔傳為逸豫遊戲、乃叛誕不恭。孔疏論語曰、由也諺、諺則叛諺誕不恭

之貌。孔疏誤也。夫叛誕不恭、豈子路之行哉。

子謂子產有君子之道四焉、其行己也恭、其事上也敬、其養民也惠、其使民也

義。（公冶長篇）

57

孟子论子产，以为惠而不知政。（離婁下）孔子则以"其养民也惠"称之。惠，说文曰：仁也。尔雅释言：惠，顺也。爱民顺民，为政之道，不外是矣，宜乎见称於孔子。孟子讥之，非也。子产为上卿，在鲁襄三十年，卒于鲁昭二十年，当国凡二十二年。作丘赋，铸刑书，为其施政之荦荦大者。增赋以强国，非入私家；颁刑书以大信，非为威民。春秋之有二贤相，一为齐之管仲，一为郑之子产。其卒也，孔子闻之出涕曰：古之遗爱也。岂虚誉哉！

子曰：晏平仲善与人交，久而敬之。（公冶长篇）

集解：周生烈曰：晏，姓；平，谥；名婴也。按晏依谏切。史记管晏列传：晏平仲婴者，莱之夷维人也。事齐灵公、庄公、景公，以节俭力行重于齐。既相齐，食不重[redacted]肉，妾不衣帛。其在朝，君语及之，即危言；语不及之，即危行。国有道，即顺命；无道，即衡命。以此三世显名于诸侯。此章则就其行己一[redacted]節言之。修己以敬，为立身之本，安人安百姓，皆可由是推之。晏子一世勋业，即植基于此一字。敬出

宪九

於誠，故能之。

子曰：臧文仲居蔡，山節藻棁，何如其知也？（公冶長篇）

世本：魯臧氏，僖伯，名彄（音鉤），字子臧，孝公之子。（見隱公五年孔疏）又孝公生僖伯彄，彄生哀伯達，達生伯氏缾，缾生文仲辰。（見莊公二十八年孔疏）據此，知臧氏為魯公族，以公子彄字為族也。文二年左傳：仲尼曰：臧文仲其不仁者三，不知者三：下展禽，廢六關，妾織蒲，三不仁也；作虛器，縱逆祀，祀爰居，三不知也。杜注：作虛器，謂居蔡，山節藻棁也。有其器而無其位，故曰虛。按集解包氏曰：蔡，國君之守龜，出蔡地，因以為名焉，長尺有二寸，居蔡，僭也。山節藻棁，集解包氏曰：節者，栭也，刻鏤為山；棁者，梁上楹也，畫為藻文，言其奢侈也。按：栭音而，即斗栱，見爾雅釋宮郝疏。斗栱者，柱上方木也，見廣韻。爾雅釋宮郝疏：柱上枓栱，所以供拱持梁棟。棁音拙，爾雅釋宮郝疏：棁者，明堂位正義引李巡曰：梁上短柱也。

58

文十八年傳季文子曰：先大夫臧文仲教行父事君之礼，行父奉以周旋，弗敢失墜。曰：見有礼於其君者，事之如孝子之养父母也；見無礼於其君者，诛之如鹰鹯之逐鳥雀也。襄二十四年傳叔孫豹謂范宣子曰：魯有先大夫曰臧文仲，既没，其言立，其是之谓乎！豹聞之，大上有立德，其次有立功，其次有立言，雖久不廢，此之谓不朽。据此則臧文仲是能立言者，季文子叔孫豹皆尊稱之，孔子独識彈之，聖人評議賢者，不稍寬假若此。

季文子三思而後行，子聞之曰：再，斯可矣！（出冶長篇）

文六年左傳季文子将聘於晉，使求遭喪之礼以行。其人曰：焉用之？文子曰：備預不虞，古之善教也。求而無之，實難。過求何害？所謂三思後行，此數是也。文子遠在孔子之前，故曰聞，聞之於傳說也。三思過於再，故议之曰：再斯可矣。文子处事慎，孔子何以议之，大抵文子為魯上卿，未能強公室而使子孫弁髦君上，小事慎[redacted]於大事忽之，故议之。

小老九

子曰：甯武子，邦有道則智，邦無道則愚。其智可及也，其愚不可及也。（公冶長篇）

甯武子，衛大夫甯俞也。僖二十八年，左傳：晉侯將伐曹，假道於衛，衛人弗許。還自河南濟，侵曹伐衛。衛侯欲與楚，國人不欲，故出其君，以說於晉。衛侯出居於襄牛。（楚人救衛，城濮之戰，楚敗）衛侯聞楚師敗，懼，出奔楚，遂適陳，使元咺奉叔武以受盟。晉人復衛侯，甯武子與衛人盟於宛濮。衛侯先期入，甯子先。公子歂犬、華仲前驅。叔孫將沐，聞君至，喜，捉髮走出，前驅射而殺之。公知其無罪也，枕之股而哭之。歂犬走出，公使殺之。元咺出奔晉。衛侯與元咺訟，（為殺叔武事）甯武子為輔，鍼莊子為坐，士榮為大士。衛侯不勝。殺士榮，刖鍼莊子，謂甯俞忠而免之。執衛侯，歸之於京師，寘諸深室。甯子職納橐饘焉。元咺歸於衛，立公子瑕。僖三十年傳：晉侯使醫衍酖衛侯。甯俞貨醫，使薄其酖，不死。秋，釋衛侯。其愚不可及，蓋是指此數事言。君處難，不避艱險，調護左右，侍飲食，君得不死。此在取巧者視之，是為大愚。在聖人視之，是為大

59

忠愚不可及，言其忠之至也，非謂真愚。

僖三十一年，衛成公夢康叔曰：相奪予享。公命祀相，甯武子不可，曰：鬼神非其族類，不歆其祀。杞鄫何事？相之不享於此久矣，非衛之罪也，不可以間成王周公之命祀，請改祀命。文四年，衛甯武子來聘，公與之宴，為賦湛露及彤弓（小雅篇名），不辭，又不答賦。使行人私焉，對曰：臣以為肄業及之也。昔諸侯朝正於王，王宴樂之，於是乎賦湛露，則天子當陽，諸侯用命也。諸侯敵王所愾而獻其功，王於是乎賜之彤弓一、彤矢百、玈弓矢千，以覺報宴（覺明也）。今陪臣來繼舊好，君辱貺之，其敢干大禮以自取戾？所謂其智可及者，當是指此數事而言。此可學而能，故曰可及。忠節賴其独造，故曰不可及。

子曰：伯夷叔齊不念舊惡，怨是用希。（公冶長）

不念舊惡，不為已甚之意。

子曰：孰謂微生高直？或乞醯焉，乞諸其鄰而與之。（公冶長第五）老九微生高，漢書古今人表作尾生高。師古曰：即微生高也。直者，說文：正見也。博雅：正也。玉篇：不曲也。乞無之而不曰無，而乞諸其鄰，是曲也，非直。乞醯小事，因小見大，視其所以，推其原，或乞醯焉，觀其小，察人之術固多方也。

子曰：泰伯其可謂至德也已矣！三以天下讓，民無得而稱焉！（泰伯篇）

子曰：為命，裨諶草創之，世叔討論之，行人子羽修飾之，東里子產潤色之。（憲問篇）

漢書古今人表：鄭卑湛。師古曰：卑音脾，湛音諶。襄三十一年左傳：子產之從政也，擇能而使之。馮簡子能斷大事，子太叔美秀而文，公孫揮能知四國之為，而辨於其大夫之族姓、班位、貴賤、能否，而又善為辭令。裨諶能謀，謀於野則獲，謀於邑則否。鄭國將有諸侯之事，子產乃問四國之為於子羽，且使多為辭令，與裨諶乘以適野，使謀可否，而告馮簡子使斷之，事成，乃授子太叔使行之，以應對賓客，是以鮮有敗事。此段紀事，與此章大同小異。世叔，鄭大夫游吉也。子羽，即公孫揮。子產，居東里，故以為號。（集解馬注）

60

或問子產。子曰：惠人也。問子西。子曰：彼哉！彼哉！問管仲。曰：人也。奪伯氏駢邑三百，飯疏食，沒齒無怨言。（憲問篇）

彼哉彼哉。集解馬曰：言無足稱也。子西，鄭大夫。或曰楚令尹子西。按或說近是。

人也。集解鄭曰：猶詩言所謂伊人也。按衛之以惠人也之例，人上疑脫有字。

伯氏。集解孔曰：齊大夫。食邑三百戶，管仲奪之。禮記坊記正義引鄭曰：駢邑三百家，齊下大夫之制。按管仲奪伯氏邑三百事，於傳未見。免官、奪爵、降祿，賞罰出乎至公，故無怨言。若強奪之，安得不怨。且管仲相齊，稱賢相，安有深相乃至強奪人之邑。孔注未明。

子曰：孟公綽為趙魏老則優，不可以為滕薛大夫。（憲問篇）

儀禮聘禮：勞者出，授老幣。鄭注：老，賓之臣。賈疏：大夫家臣稱老。若趙魏臧氏老之類。按趙魏老，即本此章。臧氏老，則見昭二十五年左傳：平子怒，拘臧氏老。

子曰：臧武仲以防求為後於魯，雖曰不要君，吾不信也。（憲問篇）

臧武仲，宣叔之子，文仲之孫，臧孫紇也。襄二十三年左傳：孟氏閉門，告於季孫曰：（季武子）臧氏將為亂，不使我葬。季孫不信。臧孫聞之，戒。孟氏將辟（穿壙也）藉除於臧氏（借人除道）。臧孫使正夫助之，除於東門，甲從己而視之。孟氏又告季孫。季孫怒，命攻臧氏。臧紇斬鹿門之關以出，奔邾。如防，使來告曰：紇非能害也，智不足也。非敢私請，苟守先祀，無廢二勳，敢不辟邑。乃立臧為。臧紇致防而奔齊。杜為紇之兄也。紇出在外宮，姜氏愛之，故立之。（全上傳）防，臧氏邑。（杜注）據防請立後，有脅迫之意，故曰要君。要，劫也。（見漢書文紀注）史記世家孔子曰：要盟也，神不聽。要者，出於強迫。要盟無人，要君無君，皆違禮之甚者。

子曰：晉文公譎而不正，齊桓公正而不譎。（憲問篇）

61

集解鄭曰、譎者詐也。謂召於天子、而使諸侯朝之。仲尼曰、以臣召君、不可以訓。故書曰、天王狩於河陽。是譎而不正也。按鄭引天王狩於河陽以証文公之譎、是也。又文公既納襄王、即請隧（杜注闕地通路曰隧、王之葬礼也。諸侯皆懸柩而下）王弗許、曰、王章也。未有代德、而有二王、亦叔父之所惡也（僖二十五左傳）踐土之盟、周襄王有厚賜、文公又三辭而後從命、又出入三覲。是其內心豈所為相左臣甚、故曰譎詐也。齊桓公於召陵之盟、不戰而服楚、天子賜胙、又下拜登受、可謂知礼。知礼、故謂之正也。虛心、而有賢佐、故正。好自用、而不任賢、故譎。以譎正判賢否、此是聖人誅心之論。

公叔文子之臣、大夫僎、與文子同升諸公。子聞之曰、可以為文矣。（憲問篇）

公叔文子臣見言行高、大夫僎、文子家臣也。（集解孔注）

同升諸公、薦之使與己並為大夫、在公朝也。（集解孔注朱注從之）

子言衛靈公之無道也。康子曰、夫如是、奚而不喪。孔子曰、仲叔圉治賓客、祝鮀

卷九

治宗廟，王孫賈治軍旅。夫如是，奚其喪？」（憲問第十四）

仲叔圉，即孔圉，孔文子也。

蘧伯玉使人於孔子，孔子與之坐而問焉，曰：「夫子何為？」對曰：「夫子欲寡其過而未能也。」使者出，子曰：「使乎！使乎！」（憲問第十四）

集解：陳群曰：「再言使乎，善之也，言使得其人也。」

子曰：「直哉史魚！邦有道，如矢；邦無道，如矢。君子哉蘧伯玉！邦有道，則仕；邦無道，則可卷而懷之。」（衛靈公第十五）

史魚，吳季札稱之為君子。（襄二十九年傳）蓋亦賢者。

子曰：「臧文仲其竊位者與！知柳下惠之賢，而不與立也。」（衛靈公第十五）

鄭玄曰：「柳下惠，魯大夫展禽，食邑柳下，謚曰惠。」（見文選陶徵士誄注）與立，皇疏：「使與己同立於朝。」朱注從之。按與猶為也，與立猶言為立，即舉賢之意。展氏為公子無駭之後，昭七年左傳晉士文伯謂晉侯曰：「國無政，不用

62

善則自取讁於日月之災，故政不可不慎也。務三而已：一曰擇人，二曰因民，三曰從時。是言為政以進賢為首務。柳下惠賢，文仲不舉，故孔子非之。

傳二十六年：左傳：齊孝公伐我北鄙，公使展喜犒師，使受命於展禽云云。又傳曰：臧文仲如楚乞師。言者[redacted]展喜（犒師）受命於展禽，雖由公，而言實出於臧氏，此可證知柳下惠之賢。

柳下惠為士師，三黜。人曰：子未可以去乎？曰：直道而事人，焉往而不三黜？枉道而事人，何必去父母之邦。（微子篇）

士師：按周礼秋官，為下大夫之職。鄭注：士察也，主察獄訟之事者。疏曰：月令鄭注云：有虞氏曰士，夏曰大理，周曰大司寇，天子諸侯同。按士師之官[redacted]左周礼為司寇之屬官，鄭注月令以別司寇之名，非謂周人無士師官也。

卷九

1

論語類編通義卷十

編餘

毛春翔稿 三十六年三月十四日書至此

二十篇中如鄉党篇之一部分、堯曰篇、及邦君之妻之類、為以上九篇所不能容納者、彙錄之、以為全書之殿、名之曰編餘。

「私覿愉愉如也」下、朱注引晁氏曰：「孔子定公九年仕魯、至十三年適齊、其間絕無朝聘往來之事、疑使執圭兩條、但孔子嘗言其禮當如此耳。」「吉月必朝服而朝」下、引蘇氏曰：「此孔氏遺書、雜記曲禮、非特孔子事也。」「孔子嘗言其禮、雜記曲禮」、兩氏之言、至確。余今未能逐條考辨、但詳審其文、認為確是紀孔子言行者、入之紀事篇、餘類曲禮之文者、錄入斯篇。

堯曰一篇、翟灝四書考異曰：「此蓋是論語後序、故專為篇。周易序卦、毛詩書之序、舊俱列篇第數中、而退居於策尾。今詩書序、分題於各篇、乃傳注家所移置耳。周秦兩漢書籍、如莊子天下篇、史記自序、淮南要略、皆屬斯例。」由是類觀則

卷十

此章暨孟子由堯舜章之為一書後序，夫何疑耶！按此說以莊子等書為例，斷堯曰篇為後序，亦自有理。余嘗以此質之於丹徒柳先生（翼謀），先生曰：「此章有類乎序、道統。」窺其意，似不以翟氏之說為非。今從其說。惟其時代，以理度之，當是成於戰國季世。蓋戰國時人為書，多有題以名篇，雖其題有義或無義，要皆一篇名一義，洋洋灑灑，動輒千言。一家之言既立，於是為序以明撰述之旨。斯為戰國時之風氣。論語為語錄體，原不應有序，特崇儒者以為儒家之學宗堯舜禹湯文武，論語為傳孔子之道之書，不可無序以明道統之所在，乃摘取堯舜以來之傳說，成堯曰一篇，綴於篇末耳。其非撰輯論語時所原有，可斷言也。余為類編，旨在明孔學之條理，斯篇明道統，在余類編範圍之外，故入之編餘，無意為之詳考。敘編餘第十。

2

君子不以紺緅飾，紅紫不以為褻服。當暑，袗絺綌，必表而出之。緇衣羔裘，素衣麑裘，黄衣狐裘。褻裘長，短右袂。必有寢衣，長一身有半。狐貉之厚以居。去喪無所不佩。非帷裳，必殺之。羔裘玄冠不以弔。吉月，必朝服而朝。齊，必有明衣，布。齊必変食，居必遷坐。

紺，音勘，說文：帛深青而揚赤色也。段注：此今之天青，亦謂之紅青。

緅，諳謳切，赤色而微黑，謂之緅。（見士冠礼注）

褻服，私衣也。字林云：衷衣也。

袗，音軫，又音震，單衣也。當暑袗絺

絺綌，音希隙，葛也。詩周南葛覃傳：精曰絺，粗曰綌。

必表而出之，集解孔曰：加上衣也。皇疏：出门則加外衣，居家可不加也。朱子以為先著裏衣，表絺綌而出之於外，欲其不見体也。就理言之，朱子之說為得其實。蓋葛布有細孔，着之涼爽，故夏服用之。然單着則見体，故又必着内

巻十

衣以隔之若既着絺綌又加上衣則失絺綌之用孔注非是皇疏更誤解出

字去絰義益遠

緇衣以下鄭注緇衣羔裘諸侯視朝之服卿大夫亦羔裘唯豹袪此君異耳

素衣麑裘諸侯視朝之服其臣則青豻褎絞衣為裼（豻似狐而小褎或作褏

或作袖袪衣袂也袂袖也絞蒼黄色）裼者表衣而見衣為裼

短右袂集解孔曰便作事也亦曰褻袂不宜有長短大抵短者裘毛短耳

寢衣孔注今被也被說文被寢衣也長一身有半

帷裳皇疏引鄭注曰帷裳謂朝祭之服其制正幅如帷也非者謂餘衣也殺

之者削其幅使縫齊倍腰者也

羔裘玄冠不以弔集解孔曰喪主素吉主玄吉凶異服故不以弔

吉月以下集解孔曰吉月月朔也朝服皮弁服也

明衣布朱注齊必沐浴浴竟即着明衣所以明潔其体以布為之

食不厭精膾不厭細食饐而餲魚餒而肉敗不食色惡不食臭惡不食失飪不食不時不食割不正不食不得其醬不食肉雖多不使勝食氣唯酒無量不及乱沽酒市脯不食不撤薑食不多食祭於公不宿肉祭肉不出三日出三日不食之矣食不語寢不言雖疏食菜羹瓜祭必齊如也

饐餲臭味変也魚敗曰餒失飪失生熟之節也割不正不食朱注割肉不方正者不食漢陸績之母割肉未嘗不方斷葱以寸為度蓋其質美與此暗合

今按朱注恐非此當據周礼天官内饔及礼記内則解之内饔辨腥臊羶香之不可食者牛夜鳴則庮（朽木臭也）羊泠毛而毳（毛長而縈結）羶犬赤股而躁臊鳥皫（無光澤）色而沙鳴貍

豕盲視而交睫腥馬黑脊而般臂（田雞）螻内則春宜羔豚膳膏香（音樹臭也）夏宜腒鱐膳膏臊秋宜犢麛膳膏腥冬宜鮮羽膳膏羶大夫燕食有膾無脯有脯無膾士不貳羹胾不食雛鼈狼去腸狗去腎狸去正脊兔去尻狐去首豚去腦魚去乙鼈去醜凡此皆言肉食所當禁忌者也礼言不可食者而食之不能食者而

瓜

殺饌之是為割不正，不正者違禮之謂也。

食氣，說文既字下曰小食也，論語曰不使勝食既。段注既假為氣，按既假為氣，中庸既稟稱事，鄭注亦可證。氣，說文曰饋客之芻米也，則食氣猶言飯食。飯食為主，肉為佐，故不使肉勝飯食。

瓜祭，釋文鄭曰魯讀瓜為必，今從古。按下文曰必齊如也，蓋就祭言，若上文既出必字，則必齊之必字為贅，故鄭注從古。瓜祭一詞見玉藻，曰瓜祭上環，鄭注上環頭忖也。疏曰食瓜必祭先也。環者橫斷形如環也。上環是蒂間，下環是脫花處，横上者，蓋是借上之義，上環下環之說恐非。又周禮天官甸師「祭祀共蕭茅，共野果蓏之薦」，注蓏瓜瓞之屬，又為瓜祭之證。古人既有瓜祭之禮，則古論作瓜者是也。瓜必形不似，陳氏古訓謂瓜必形近，故古魯異文，非也。

席不正不坐。

鄉人飲酒杖者出斯出矣鄉人儺朝服而立於阼階

礼記王制五十杖於家六十杖於鄉七十杖於國八十杖於朝

儺諸何切驅疫也礼記月令季春命國難九門磔攘以畢春氣鄭注難陰氣也磔牲以攘於四方之神所以畢止其災也阮氏校勘記曰難石經作儺考文引古本同

問人於他邦再拜而送之

集注礼拜敬之也

君賜食必正席先嘗之君賜腥必熟而薦之君賜生必畜之侍食於君君祭先飯疾君視之東首加朝服拖紳

腥字舊作胜腥行而胜廢見說文胜字段注

君祭先飯鄭曰若為君嘗食然也

卜

朋友之饋雖車馬非祭肉不拜

卷十

寝不尸，居不容。

集解包曰不偃卧四體布展手足如死人也。按道家有卧如弓之言，見大經全身心法，言偃曲身體如弓形也。此言不尸，則以側卧為正，猶道家卧如弓也。曲礼寝無伏，伏與尸相反，皆非攝生所宜。

居不容。釋文居不容，本或作客。唐石經作客。旧注客謂客儀。居不容者，言無居可稍方便也。劉氏正義引臧琳經義雜記云：夫君子物各有宜，豈以私居廢乎？當從陸氏作客，謂一家之人雖久，以客礼敬己也。兩說相較，自以作容為長。然以不容為不為客儀，於其事理有得。不容者，言若不容也，為敬恭卑遜之貌。易言之，即處處不敢犯人之謂也。居不必指在家中，于鄰里鄉黨亦居。

見齊衰者，雖狎必變。見冕者與瞽者，雖褻必以貌。

狎，習也，近也。褻猶狎也。

習䝨

凶服者式之式負版者

朱注式車前横木有所敬則俯而憑之負版持邦國之圖籍者孔鄭注同按葉石林燕語有云古者喪服有負版綴於領下垂放之方尺有八寸喪服傳所謂負廣出於適寸者也鄭注負在背上適辟領也蓋喪服之制前有衰後有負版左右有辟領此礼不見於世久矣自秦以来未之聞翟内翰公巽嘗言論語式負版者非版籍之版乃喪服之版以子見齊衰者必式為證按此說至確負邦國之圖籍之說不足取

卷五

有盛饌必變色而作

迅雷風烈必變

風烈當作烈風烈風與迅雷一例

升車必正立執綏

皇疏綏牽以上車之繩也

今

卷十

查出处

車中不內顧，不疾言，不親指。

集解包曰：輿中不內顧者，前視不過衡枙，旁視不過輢轂。皇疏：衡枙，轅端，若前視不得遠，故曲禮云立視五巂，五巂九丈九尺地也。衛瓘云：不內顧者，不掩人之不備也。（巂音户圭反，又音規，車輪一周為一規，乘車之輪高六尺六寸，徑一圍三，倍得一丈九尺八寸，五巂為九十九尺，六尺為步，總十六步）

色斯舉矣，翔而後集。曰：山梁雌雉，時哉時哉！子路共之，三嗅而作。

此章朱子以為有闕文，不可為之強解。余按不但有闕文，且與鄉黨篇文大不類，而列於篇末，尤為可疑。按呂覽審己篇曰：子路揜雉而復釋之，則共當訓為執。子路即使有揜雉之事，語中何必記。茍擬古史孔子弟子傳曰：山梁雌雉，子路揜之，孔子嘆曰：時哉時哉！三嗅而作。引此文入傳，不知於義何取，且增字例文，近乎假造故事。

義門讀書記曰：色斯二句，集解中本不與下雌雉相屬，朱子亦據胡氏謂雉

6

之飛也，決起，其止也，下投，無翔集之狀，故雖与下通為一節，注中仍謂二句

上下必有闕文。

邦君之妻君稱之曰夫人，夫人自稱曰小童，邦人稱之曰君夫人，稱諸異邦曰

寡小君，異邦人稱之亦曰君夫人。

集解孔曰：當此之時，諸侯嫡妾不正，稱號不審，故孔子正言其礼也。按此章

圖無子曰字，不詳誰為孔子語。孔注䏻說，不足取。朱注引吳氏曰：凡語中所

載如此類者，不知何謂。或古有之，或夫子嘗言之，不可考也。是也。

周公謂魯公曰：君子不施其親，不使大臣怨乎不以，故舊無大故則不棄也，無

求備於一人。

集註引胡氏曰：此伯禽受封之國，周公訓戒之辭，魯人傳誦久而不忘也。

施，釋文作弛，以用也。

周有八士：伯達、伯适、仲突、仲忽、叔夜、叔夏、季隨、季騧。

卷十

八士。集解包曰：周時四乳生八子，皆為顯士，故記之耳。釋文馬融曰：宣王時。詩大雅思齊正義引鄭玄曰：周公相成王時所生。三家之說未知孰是[redacted]。

[redacted]

堯曰：咨！尔舜！天之厤數在尔躬，允執其中。四海困窮，天祿永終。舜亦以命禹。曰：予小子履，敢用玄牡，敢昭告於皇皇后帝：有罪不敢赦，帝臣不蔽，簡在帝心。朕躬有罪，無以萬方；萬方有罪，罪在朕躬。周有大賚，善人是富。雖有周親，不如仁人。百姓有過，在予一人。謹權量，審法度，修廢官，四方之政行焉。興滅國，繼絕世，舉逸民，天下之民歸心焉。所重：民、食、喪、祭。寬則得衆，信則民任焉，敏則有功，公則說。

朱注：堯命舜而禪以帝位，曆數，帝王相繼之次第，猶歲時氣節之先後也。四海之人困窮，則天祿亦永絕矣，戒之也。

曰予小子履以下，朱注：此引商書湯誥之辭。蓋湯既放桀而告諸侯也。與書

7

文大同小異。曰上當有湯字，履，湯名。用玄牡，夏尚黑，未變其禮也。簡，閱也。

周有大賚以下，朱註：此以下述武王事。賚，來代反，予也。武王克商，大賚于四海，見周書武成篇。

雖有周親，朱子曰：此周書大誓之詞。孔氏曰：周，至也。言紂至親雖多，不如周家之多仁人。按墨子兼愛中傳曰：雖有周親，不若仁人，萬方有罪，維予一人。此言武王之事，余今行兼矣，文字猶有不同。

所重民食喪祭，藝文志農家引無喪祭二字。

寬則得衆以下，朱子曰：此於武王之事無所見，恐或泛言帝王之道也。

一九六一年八月十七日點畢 時年六十有四矣 翔記

十一月四日重閱一次畢

卷十

論語類編通義終

四庫著錄浙江先哲遺書目

毛春翔編

浙江自南宋以後，人文之盛，常爲中國最；學者著述之見于四庫全書者何限；夷居嘗擬師沔陽盧氏意，剌取四庫總目中之浙人撰著，纂爲四庫所收浙江先正遺書目，繫以統計表，以饗遺世人；俾覽者瞭然于浙江往哲述作在四庫中之地位；而歷代各邑人文發展之情形，亦庶賴以窺見也。顧人事卒卒，未遑理董，以毛君乘雲覃研流略，監理本館孤山分館善本書庫有年，因即以斯事屬之。曾未浹月，已蔚鉅編；君猶自謙謂功僅鈔撮。不知發凡起例，考辨疑似，用力則已劬矣。

案由四庫總目析編成各行省先賢著述目錄者，自盧氏四庫湖北先正遺書存目（四卷二册盧靖輯刻有提要是其特色）專錄存目外，尚有豫章叢書編刻局編之四庫著錄江西先哲遺書鈔目（四卷一册同叢書局刊首有敘例），吳氏四庫著錄安徽先哲書目（吳保障編不分卷印在民國二十年安徽省立圖書館學風月刊一卷第五六兩期末附四庫著錄「安徽著述人物之縣籍統計」「安徽先哲著述部類統計」二表），及冷衷君編之四庫著錄河北先哲遺書輯目（不分卷一册民國二十二年十月排印本末有短跋述纂緝旨趣）等，並鉅細皆賅，無所刊落，然均以書爲綱，依四部分類，不易見省轄各縣人文之隆替也。本館已故前館長餘杭章仲銘（諱箴）先生，雖曾編文瀾閣浙江書目（載浙江公立圖書館年報第四五兩期），但仍以書爲主，且收寓賢及與浙有關之圖籍，範圍擴而實隘，是此書之編，固不容緩者也。

目中所載，凡四庫著錄書七三二種，存目書一五〇五種，所占四庫全書百分比數之大，方諸各省，殆無與匹？而由時間方面作縱的觀察，既可見浙人著作入選之肇始與盈朒，由空間方面作橫的觀察，又可見省境舊十一府屬人文之消長，以較其因果；其嘉惠于方志學實大，正不但有裨目錄學而已。

江蘇半爲兩浙舊壤，在國史上人文之盛，亦常與浙相先後；其往哲遺著之收入四庫者尤多，而捋緝成目，尚未之聞，竊望毛君賈其餘勇，賡續爲之，以及于各省，則其有功學術界，當較茲錄爲尤大。毛君儻有意乎？

民國二十五年三月張　崟謹識

凡　例

一、是編以人爲綱，以書爲目，人以縣別，縣隸於府；全省十一府，悉從舊稱；書系於人，不復分類。

二、每縣之人，以時代先後爲序，知其科分者，則記其通籍之年，僅知其爲某朝人而不明其確年者，則祇於姓名下記朝代名稱。

三、姓名雷同，不乏其人，恐滋誤會，則於姓名下兼記字號，以資識別。

四、提要於著者籍貫，大抵錄自原題，故每人有二種以上著述者，其籍貫往往互異，如汪憲於易說存悔稱錢塘人，於說文繫傳攷異又稱仁和人；朱淑眞於斷腸集稱錢塘女子，於斷腸詞又稱海寧女子；諸如此類，屢見不尠。今姑據先見者著錄，不遑詳考也。

五、客居本省有年者，以其與本省文化有關，悉爲錄入，其寄居某縣，則錄入某縣。

六、四庫總目原題某府，而不言某縣者，今仍稱某府，列於府屬之首。

七、縣名悉仍清代舊稱，如杭縣仍稱錢塘仁和，而秀水嘉水總稱嘉禾縣，餘仿此。

八、書名列於人名之次　低一格，以清眉目；下記某類第幾，俾隨時可檢閱四庫總目提要。

九、本編原爲便利徵訪本省先正遺書而作，故存目之書，亦爲錄入。並編索引　殿之卷末，以利尋檢。

十、書名之下，記卷數，其不分卷者不另記不分卷字樣。

十一、提要於著者籍貫，多舉古名，編集時極易忽略。是編雖經一再校對，而遺漏必不能免，後有發見，當隨時補正。

十二、我國縣名同者甚多，例如山東、河南、四川、江西等省均有新城縣；浙江處州江西吉州均有龍泉；浙江衢州與常山、湖北麻城，古均稱信安；衢州又稱西安，而陝西省會亦稱西安；如此類者，不勝枚舉。故是編雖再三審核，而疑似誤收者，恐所難免，倘荷大雅指正，實爲萬幸。

十三、其有稱浙江人而不言某府縣者，則錄附於編末，知其爲某府人而不知爲某縣者，則附錄于某府之末，其里貫有可疑者不入錄。

杭州府屬

杭州

董嗣杲 字靜傳 錢唐人 宋孤山四聖觀道士

廬山集五卷 英谿集一卷 別集一八

西湖百詠 二卷 別集一八

褚伯秀 宋杭州道士

南華眞經義海纂微 一百六卷 道家

宗寶 明正嘉間

僦寮集 一卷 別集存五

重顯 隱之 宋靈隱寺僧本遂州人

祖英集 二卷 別集五

眞一 明僧

筍梅譜 二卷 譜錄存

戒顯 晦堂 清順治

現果隨錄 釋家存

山止 清康熙韜光僧

韜光庵紀游集 總集存四

楊瑀 元誠 元

山居新語 四卷 小說二

楊載 仲弘 元 本蒲城人 徙居杭州

楊仲弘集 八卷 別集二〇

詩法家數 一卷 詩文評存

徐渊 明弘治

張乖厓事文錄 四卷 傳記存二

來學行 顏叔 明

宣和集古印史 八卷 藝術存

孫志宏 台石 明

簡明醫彀 八卷 醫家存

張文炎 維謙 明

玉屑齋百家論抄 十二卷 總集存二

經濟文抄　十一卷　總集存二

馮有翼　君卿　明

秦漢文抄　十二卷　總集存三

劉士鏻　明崇禎辛未進士

文致　總集存三

沈大洽　愚公　又號雲樵　明末

蔬齋臏語　四卷　雜家存二

楊兆坊　思鈞　明末

楊氏塾訓　六卷　雜家存九

牛斗星　杓司　明末

檀弓評　二卷　禮存二

王道焜　明天啓辛酉進士

左傳杜林合註　五十卷　春秋三

錢塘縣

楊侃　宋端拱中進士

兩漢博聞　十二卷　史鈔

趙汝源　明末

左傳杜林合注　五十卷　春秋三

張競光　覺生　清初

寵壽堂詩集　三十卷　別集存一〇

夏基　樂只　清初

西湖覽勝志　十四卷　地理存五

凌銘麟　天右　清初

文武金鏡律例指南　十六卷　職官存

張棻芝　鷟山　一字秀山　清

律呂圖說　一卷　樂存

江見龍　壽水　清康熙中諸生

周易清解　易存三

韋驤　子駿　宋皇祐五年進士

錢塘集　十四卷　別集六

沈遘 文通 宋皇祐元年進士
西溪集 十卷 別集六
沈遼 叡達 宋
雲巢編 十卷 別集七
沈括 存中 宋嘉祐八年進士
蘇沈良方 八卷 醫家一
夢溪筆談 二十六卷 補筆談二卷 續筆談
一卷 雜家四
長興集 十九卷 別集七
林逋 宋
和靖詩集 四卷 別集五
强至 幾先 宋
韓忠獻遺事 一卷 傳記存一
祠部集 卅六卷 別集五
釋文瑩 道溫 宋
湘山野錄 三卷 續錄一卷 小說一
玉壺野史 十卷 小說一
玉壺詩話 一卷 詩文評存
薛尚功 用敏 宋
歷代鐘鼎彝器款識法帖 二十卷 小學二
張九成 子韶號無垢居士 寄籍 宋紹興二年進士
孟子傳 二十九卷 四書一
橫浦集 二十卷 別集一
張鎡 功甫 宋
仕學規範 四十卷 雜家七
南湖集 十卷 別集十三
李元綱 國紀 宋
聖門事業圖 一卷 儒家存一
厚德錄 四卷 雜家存一
葉時 秀發號竹埜愚叟 宋淳熙十一年進士
典經會元 四卷 禮一
俞松 壽翁 宋
蘭亭續考 二卷 目錄二
朱淑真 號幽棲居士 宋

斷腸集　二卷　别集存一
斷腸詞　一卷　詞曲二
鄧　牧　牧心　宋末
洞霄圖志　六卷　地理三
大滌洞天記　三卷　地理存六
伯牙琴　一卷　别集一八
汪元量　大有　號水雲　宋度宗時
湖山類稿　五卷　水雲集一卷　别集一八
汪水雲詩鈔　一卷　别集存一
水雲詞　一卷　詞曲存
吳自牧　宋末
夢粱錄　二十卷　地理三
周邦彥　美成　宋
片玉詞　二卷　補遺一卷　詞曲一
周　煇　邦彥子
清波雜誌　十二卷　小説二
范晞文　景文　號藥莊　宋咸淳
對牀夜話　五卷　詩文評一
陳　起　宗之　宋
江湖小集　九十五卷　總集二
江湖後集　二十四卷　總集二
吳如愚　子發　宋
準齋雜説　二卷　儒家二
劉仲甫　宋
棋訣　一卷　藝術二
劉大彬　號玉虛子　元道士
茅山志　十五卷　地理存五
白　珽　廷玉　元
湛淵靜語　二卷　雜家六
湛淵集　一卷　别集一九
陳世隆　彥高　元
北軒筆記　一卷　雜家六
兩宋名賢小集　三百八十卷　總集二　補編
安陳思所編

吳亮 明卿 元

忍經 一卷 雜家存八

張雨 伯雨 一字天雨 別號貞居子 元

元品錄 五卷 道家存

勾曲外史集 三卷 補遺一卷 集外詩一卷

別集廿一

釋英 存實 元

白雲集 三卷 別集一九

仇遠 仁近 別號山村民 元

金淵集 六卷 別集一九

山村遺集 一卷 別集一九

馬臻 志道 號虛中 元道士

霞外詩集 十卷 別集二〇

錢維善 思復 號心白道人 元末

江月松風集 十二卷 別集二一

淩雲翰 彥翀 元末

柘軒集 四卷 別集二二

德淨 如鏡 元釋

山林清氣集 一卷 別集存一

明本 元釋

梅花百詠 一卷 總集三

吾邱衍 子行 元

周秦刻石釋音 一卷 小學二

學古編 一卷 藝術二

閒居錄 一卷 雜家六

竹素山房詩集 三卷 別集一九

瞿佑 宗吉 明初

四時宜忌 一卷 時令存

王逵 明初

蠡海集 一卷 雜家六

歸田詩話 三卷 詩文評存

樂府遺音 五卷 詞曲存

李昱 宗表 號草閣 亦作李曄 明初

草閣集 六卷 拾遺一卷 文集一卷 附筠谷

詩一卷 其子輳撰 別集二三

王洪 希範 明洪武丁丑進士

毅齋詩文集八卷 附錄一卷 別集二三

德祥 麟洲 號止菴 明洪武釋

桐嶼集 四卷 別集存二

于謙 廷益 明永樂辛丑進士

于忠肅集 十二卷 附錄四卷 別集二三

高德暘 節菴 明永樂

節菴集 八卷 別集存二

沈行 明永樂

貫珠編貝集 五卷 別集存二

瞿暹 明宣德

興觀集 一卷 總集存一

倪謙 克讓 明正統己未進士

朝鮮紀事 一卷 雜史存二

倪文僖集 三十二卷 別集二三

倪岳 舜咨 明天順甲申進士

清溪漫稿 二十四卷 別集二三

吳鼎 維新號泉亭 又號文雕子 明正德丁丑進士

過庭私錄 七卷 別集存三

馮子京 南台 明嘉靖乙丑進士

桃花源集 三卷 總集存二

許應元 子春 明嘉靖壬辰進士

許水部稿 三卷 別集存四

茅瓚 見滄 明嘉靖戊戌進士

見滄文集 十五卷 別集存四

田汝成 叔禾 明嘉靖丙戌進士

炎徼紀聞 四卷 紀事

遼記 一卷 雜史存二

行邊紀聞 一卷 雜史存二

龍憑紀略 一卷 雜史存二

西湖游覽志二十四卷 志餘二十六卷 地理三

田叔禾集 十二卷 別集存四

武夷遊詠 一卷 總集存二

林　昺　明隆慶
羣書歸正集　十卷　儒家存二
陳　師　思貞　明嘉靖壬戌會試副榜
覽古評語　五卷　雜家存四
禪奇筆談　五卷　同上
吳之鯨　伯裔　明萬曆已酉舉人
武林梵志　十二卷　地理三
王一槐　明萬曆
玉唾壺　二卷　雜家存三
卓明卿　澂甫　明萬曆中國子監生
卓氏藻林　八卷　類書存二
卓光祿集　三卷　别集存六
卓澂甫詩續集　三卷　别集存六
虞淳熙　長孺　明萬曆癸未進士
孝經集靈　一卷　小説存二
楊廷筠　仲堅　明萬曆壬辰進士
塤篪音　二卷　總集存三

玩易微言摘抄　易存二
姚文蔚　養谷　號元素　明萬曆壬辰進士
周易旁注會通　十四卷　易存二
右編補　十卷　奏議存
省括編　二十三卷　雜家存九
沈守正　允中　明萬曆癸卯舉人
詩經説通　十三卷　詩存一
四書説叢　十七卷　四書存
范王孫　士文　寄籍　明
詩志　二十六卷　詩存一
鄭　圭　孔肩　明萬曆
易臆　三卷　易存二
葛寅亮　明萬曆辛丑進士
四書湖南講　九卷　四書存
金陵梵剎志　五十三卷　地理存六
田藝蘅　子藝　明
大明同文集　五十卷　小學存一

賁泉小品 一卷 譜錄存

留青日札 三十九卷 雜家存五

玉笑零音 一卷 雜家存五

田子藝集 二十一卷 別集存五

詩女史十四卷 拾遺二卷 總集存二

徐懋升 明

留留青 六卷 雜家存五

許次紓 然明 明

茶疏 一卷 譜錄存

許胥臣 明末

禹貢廣覽 三卷 書存二

蓋載圖憲 一卷 天算存

錢彭曾 覺菴 明末

易參 五卷 易存二

顧孟容 明

冠譜 一卷 譜錄存

胡文煥 德甫號全菴 明

古器具名 二卷 譜錄存

格致叢書 雜家存一一

文會堂琴譜 六卷 藝術存

詩學彙選 二卷 類書存二

潘之淙 無聲號達齋 明

書法離鉤 十卷 藝術二

盧之頤 子由 明

痎瘧論疏 一卷 醫家二

本艸乘雅半偈 十一卷 醫家二

鍾人傑 瑞先 明崇禎

性理會通 七十卷 儒家存二

十六名家小品 三十二卷 總集存二

陸雲龍 雨候 明末

朱文治 簡叔 明

文字會寶 總集存三

陳雲式 定之 明

詩膾 八卷 詩文評存

張毓睿 金福 明末
三國史瑜 八卷 史鈔存
張墉 石宗 明末
廿一史識餘 三十七卷 史鈔存
淩緯 明
事偶韻語 一卷 史評存一
高濂 深父 明
遵生八牋 十九卷 雜家七
雅尚齋詩草 二集二卷 別集存七
趙爾昌 慶叔 明
元壺雜俎 八卷 雜家存九
靜福 明崇禎釋
癸未夏鈔 四卷 小說存一
童維巖 叔凝 明
禮記新裁 卅六卷 禮存二
張岐然 秀初 明
春秋五傳平文 四十一卷 春秋存一

徐邦佐 孟起 明末
四書經學考 十卷 補遺一卷 續攷六卷
四書存
京口三山續志 四卷 地理存五
都俞 仲良 明
類纂古文字考 五卷 小學存一
徐象梅 仲和 明末
兩浙名賢錄 五十四卷 外錄八卷 傳記存四
瑯嬛史唾 十六卷 小說存一
余美英 璈伯 清初
遜代陽秋 廿八卷 雜史存三
趙吉士 天羽 清順治辛卯舉人
續表忠記 八卷 傳記存五
奇園寄所寄 十二卷 雜家存一〇
萬青閣全集 八卷 別集存九
莫宏勳 誠齋 清初
林臥遙集 三卷 別集存九

類字本意　小學存二

陳　策　嘉謀　清初

篆文纂要　四卷　小學存一

高士奇　澹人　清初諸生

春秋地名考略　十四卷　春秋四

左傳姓名考　四卷　春秋存二

左傳紀事本末　五十三卷　紀事本末

扈從西巡日錄　一卷　傳記二

松亭行紀　二卷　傳記二

塞北小鈔　一卷　傳記存六

金鼇退食筆記　二卷　地理三

北墅抱瓮錄　一卷　譜錄存

天祿識餘　二卷　雜家存三

江村銷夏錄　三卷　藝術二

補珠補遺　二卷　續編珠二卷　類書一

三體唐詩六卷注　六卷　總集二

續三體唐詩　卷八　總集存四

唐詩掞藻　八卷　總集存四

王復禮　需人　號草堂　清初

家禮辨定　十卷　禮存三

季漢五志　十二卷　別史存

武夷九曲志　十六卷　地理存五

三子定論　五卷　儒家存三

陸　圻　麗京　號講山　清順治中貢生

新婦譜　一卷　雜家存二

冥報錄　二卷　小說存二

俞　森　存齋　清初貢生

荒政叢書　十卷　政書二

陸次雲　雲士　清初

湖壖雜記　一卷　地理存六

八紘譯史　四卷　地理存七

八紘荒史　一卷　地理存七

峒谿纖志　三卷　地理存七

尙論持平　二卷　雜家存六

澄江集　別集存九

北墅緒言　五卷　別集存九

玉山詞　詞曲存

張　暘　東樽　號滌岑　清初

武林志餘　三十二卷　地理存六

張　岱　陶菴　清初　僑寓

西湖夢尋　五卷　地理存五

沈名蓀　澗芳　清初

南北史識小錄　十六卷　史鈔與秀水朱昆田同編

吳允嘉　志上　清初

吳越順存集　三卷　傳記存五

浮溪陶政志　政書存二

陸繁弨　拒石　清初

善卷堂四六　十四卷　別集存一〇

陳祚明　允倩　清初

稽留山人集　二十卷　別集存九

孫　爽　子度　清初

容菴詩集　十卷　辛卯集一卷　別集存八

諸匡鼎　虎男　清初

橘苑詩鈔　十一卷　別集存八

張　丹　祖望　清初

張秦亭詩集　十二卷　別集存八

仲　恒　道久　清初

詞韻　二卷　詞曲存

王又華　敖齊　清初

古今詞論　一卷　詞曲存

王修玉　倩修　清初

歷朝賦楷　八卷　總集存四

汪　淇　憺漪　清初

保生碎事　醫家存

尺牘新語　二十四卷　總集存四

徐士俊　野君　清初

尺牘新語　二十四卷　總集存四

魏之琇　清

續名醫類案　六十卷　醫二

陸位時　與偕　清初

羲畫憤參　二十五卷　易存三

章撫功　仁照　清康熙

漢世説　十四卷　小説存一

姚炳　彥暉　清康熙

詩識名解　十五卷　詩二

馮李驊　天閑　清康熙

左繡　三十卷　春秋存三

虞德升　聞子　清康熙

諧聲品字箋　不分卷　小學存二

吳陳琬　寶崖　清康熙

春秋三傳同異考　一卷　春秋存二

通元觀志　二卷　地理存六

曠園雜志　二卷　小説存二

鳳池集　總集存四

王琦　琢崖　清初

李太白詩集註　三十六卷　別集二

李長吉歌詩彙解　五卷　別集存一

張文嘉　仲嘉　清康熙

齊家寶要　二卷　禮存三

符曾　幼魯　清

南宋雜事詩　七卷　總集五

吳焯　尺鳧　清

南宋雜事詩　七卷　總集五

沈嘉轍　繼城　清

南宋雜事詩　七卷　總集五

張琳　佩嘉　清初

秋葉軒詩　四卷　別集存一一

徐汾　武令　清順治

廣羣輔錄　六卷　類書存三

秦雲爽　開地　號定叟　清順治

紫陽大旨　八卷　儒家存三

秦氏閨訓新編　十二卷　雜家存一〇

姚之駰 魯斯 清康熙辛丑進士

後漢書補逸 二十一卷 別史

元明事類鈔 四十卷 雜家七

厲鶚 太鴻 清康熙庚子舉人

遼史拾遺 廿四卷 正史二

東城雜記 二卷 地理三

增修雲林寺志 八卷 地理存六

南宋院畫錄 八卷 藝術二

樊榭山房集 十卷 續集十卷 別集二六

南宋雜事詩 七卷 總集五

宋詩紀事 一百卷 詩文評二

絕妙好詞箋 七卷 詞曲二

應撝謙 嗣寅 清康熙己未舉博學鴻詞

周易應氏集解 十三卷 易存三

禮學彙編 七十卷 禮存三

春秋集解 十二卷 樂

性理大中 二十八卷 儒家存三

教養全書 四十一卷 類書存三

倪璠 魯玉 清康熙乙酉舉人

神州古史考 一卷 地理存六

庾子山集註 十六卷 別集一

王庭燦 清康熙辛酉舉人

同姓名錄 八卷 類書存三

朱樟 鹿田 清康熙

觀樹堂詩集 十四卷 別集存一一

金張 介山 清康熙

岕老編年詩鈔 十三卷 別集存一〇

茅兆儒 雪鴻 清康熙

嶺南二紀 二卷 別集存一

王嗣槐 仲昭 清康熙

太極圖說論 十四卷 儒家存一

汪由敦 寄籍 清

松泉文集 二十卷
詩集 廿六卷 別集二十六

桑調元 弢甫 清雍正癸丑進士

論語說　二卷　四書存
躬行實踐錄　十五卷　儒家存四
桑弢甫集　八十四卷　別集存一二
邵泰衢　鶴亭　清雍正
史記疑問　一卷　正史一
檀弓疑問　一卷　禮三
錢　偲　學瓠老人　清雍正壬子副榜貢生
周易緯史　易存四
范　咸　貞吉　清雍正癸卯進士
周易原始　六卷　易存四
倪　濤　崑渠　清初
周易蛾術　七十四卷　易存四
六藝之一錄　四百六卷　藝術二
周　京　西穉　清雍正中諸生
無悔齋集　十五卷　別集存一二
張　湄　鷺洲　清雍正癸丑進士
柳魚詩鈔　十二卷　別集存一二

程　川　鄘渠　清乾隆元年薦舉博學鴻詞
朱子五經語類　八十卷　經總義
汪　憲　千波　清乾隆乙丑進士
易說存悔　二卷　易存四
說文繫傳考異　四卷　小學二
苔譜　六卷　譜錄存
梁文濂　谿父　清乾隆
桐乳齋詩集　十二卷　別集存一一
丁詠淇　瞻武　號萊濱居士　清乾隆
二須堂集　二卷　別集存一二
林　璐　鹿菴　清乾隆
歲寒堂存稿　一卷　別集存一二
張世犖　無夜　清乾隆甲子舉人
南華模象記　八卷　道家存
翟均廉　春沚　清乾隆乙酉舉人
周易章句證異　十一卷　易六
海塘錄　二十六卷　地理二

易傳辨異　四卷　目錄存

金　農　壽門　清乾隆

冬心集　四卷　別集存一二

盧存心　玉岩　清乾隆

仁和縣

夏時正　季爵　明正統乙丑進士

成化杭州府志　六十三卷　地理存二一

鄭　環　瑞夫　明天順庚辰進士

栗菴遺稿　二卷　別集存二

丁養浩　師孟　號西軒　明成化丁未進士

西軒效唐錄　十二卷　別集存二

胡世寧　永清　淨菴　明弘治癸丑進士

胡端敏奏議　十卷　奏議

邵經邦　仲德　明正德辛巳進士

宏藝錄　三十二卷　別集存三

白雲詩集七卷　別集一卷　別集存一二

梁詩正　清乾隆

叶韻彙輯　五十八卷　小學

西湖志纂　十六卷　地理三

陳克昌　明嘉靖丙戌進士

麻姑集　十二卷　總集存二一

張　瀚　元洲　明嘉靖乙未進士

台省疏稿　八卷　奏議存

高應冕　明嘉靖甲午舉人

白雲山房集　二卷　別集存四

沈　淮　明嘉靖丁未進士

三洲詩膾　八卷　別集存四

沈朝宣　三吾　明嘉靖

嘉靖仁和縣志　十四卷　地理存三

朱　鴻　子漸　明萬歷諸生

經書孝語　儒家存二

李之藻　振之　明萬歷戊戌進士

頖宮禮樂疏　十卷　政書二

天學初函　五十二卷　雜家存一一

新法算書　一百卷　附錄十四卷　天算一

渾蓋通憲圖說　二卷　天算一

圜容較義　一卷　天算一

同文算指　前編二卷　通編二卷　天算二

錢養廉　國維　明萬曆己丑進士

貽清堂日鈔　小說存一

卓爾康　去病　居江都　明萬曆壬子舉人

易學殘本　易存二

春秋辨義　三十九卷　春秋三

陸振奇　庸成　明萬曆丙午舉人

易芥　易存二

郎兆玉　完白　明萬曆癸丑進士

古周禮　六卷　禮存一

黃汝亨　貞父　明萬曆戊戌進士

古奏議　不分卷　奏議存

廉吏傳　傳記存四

天目游記　一卷　地理存七

皇甫中　云洲　明

傷寒指掌　十四卷　醫家存

沈　謙　去矜　明末

東江集鈔　九卷　別集一卷　別集存七

章之采　去浮　明天啓

東西天目志　八卷　地理存五

吳宏基　伯持　明

史拾載補　史評存二

郎　瑛　仁寶　明

七修類稿　五十一卷　雜家存四

何偉然　仙臞　明

快書　五十卷　雜家存一一

廣快書　五十卷　同上
四六霞肆　十六卷　類書存二
張振淵　彥陵　明末
周易說統　十二卷　易存二
顧懋樊　霖調　明崇禎中副榜貢生
桂林點易丹　十六卷　易存二
桂林詩正　八卷　詩存一
春秋義　三十卷　春秋存一
張文熾　維昇　明
戰國策談棷　十卷　雜史存一
毛先舒　稚黄　清初
韻白　一卷　小學存二
韻學通指　一卷　同上
聲韻叢說　一卷　韻問一卷　同上
南唐拾遺記　載記存
螺峯說錄　一卷　雜家存二
聖學真語　二卷　雜家存二

匡林　二卷　雜家存六
思古堂集　四卷　別集存八
潠書　八卷　同上
東苑詩文鈔　二卷　同上
小匡文鈔　四卷　同上
蕊雲集　一卷　同上
詩辯坻　四卷　詩文評存
塡詞名解　四卷　詞曲存
南曲入聲客問　一卷　同上
柴紹炳　虎臣　清初
古韻通　八卷　小學存二
考古類編　十二卷　類書存三
省軒文鈔　十卷　別集存八
王言　儀旃　清初
連文釋義　一卷　小學存一
孫之騄　晴川　清初
別本尙書大傳三卷　補遺一卷　書存二

松源經說 四卷 經總義存
考定竹書 十三卷 編年存
二申野錄 八卷 雜史存三
南漳子 二卷 地理存六
晴川蟹錄 四卷 譜錄存
枝語 二卷 雜家存六
玉川子詩集註 五卷 別集存一
樊紹述集註 二卷 同上
松源集 別集存一二

趙殿成 松谷 清初
王右丞集箋註 二十八卷 別集二

王 晫 丹麓 清順治
遂生集 十二卷 雜家存一〇
丹麓雜著 十卷 雜家存一一
檀几叢書 五十卷 雜家存一一
今世說 八卷 小說存一

陳芳生 漱六 清初

捕蝗攷 一卷 政書二一
疑獄箋 四卷 法家存

孫 治 宇台 清初
靈隱寺志 八卷 地理存六

邱 峻 晴岩 清
南湖紀略稿 六卷 地理存五
泉刀彙纂 政書存二

趙一清 誠夫 清
水經注釋 四十卷 刊誤十二卷 附錄二卷
地理二一

沈峻曾 雁菴 清順治甲午副榜貢生
漣漪堂遺稿 二卷 別集存九

賴以邠 損菴 清
填詞圖譜六卷 續集二卷 詞曲存

柴 升 錦川 清初
宋四名家詩 總集存四

趙 信 意林 清初

南宋雜事詩 七卷 總集五
陳芝光 蔚九 清初
南宋雜事詩 七卷 總集五
趙昱 功千 清初
南宋雜事詩 七卷 總集五
陸鳴鑾 石菴 清初
會語支言 四卷 儒家存三
胡亶 勵齋 清
中星譜 一卷 天算一
張韞生 清康熙
河防述言 一卷 地理二
沈佳 昭嗣 號復齋 清康熙戊戌進士
明儒言行錄 十卷 續錄二卷 傳記二
沈元滄 麟洲 康熙丁酉副榜貢生
禮記類編 卅卷 禮存二
滋蘭堂詩集 十卷 別集存一一
吳廷華 中林 清康熙甲午舉人

儀禮章句 十七卷 禮二
湯右曾 西厓 清康熙戊辰進士
懷清堂集 廿九卷 別集二六
吳任臣 志尹 清康熙己未召試博學鴻詞
十國春秋 百十四卷 載記
山海經廣註 十八卷 小說三
邵遠平 戒三 清康熙甲辰進士
戒菴詩存 一卷 別集存一〇
王曾祥 麐徵 康熙末諸生
靜便齋集 十卷 別集存一一
沈心 房仲 清雍正中諸生
孤石山房詩集 六卷 別集存一二
金志章 繪卣 清雍正癸卯舉人
江聲草堂詩集 八卷 別集存一二
杭世駿 大宗 清乾隆丙辰召試博學鴻詞
續方言 二卷 小學一
三國志補注六卷 附諸史然疑一卷 正史四

石經考異 二卷 目錄二

榕城詩話 三卷 詩文評存

沈廷芳 椒園 清乾隆丙辰召試博學鴻詞

十三經注疏正字 八十一卷 經總義

海甯州

施德操 彥執 宋

孟子發題 一卷 四書存

北窗炙輠錄 一卷 小説二

賈銘 號華山老人 元末

飲食須知 八卷 譜錄存

胡奎 虛白 明初

斗南老人集 六卷 別集二十二

祝萃 維眞 明成化甲辰進士

虛齋先生遺集 十卷 別集存二

許相卿 台仲 明正德丁丑進士

史漢方駕 三十五卷 正史存

隱拙齋集五十卷 別集存一二

邵晉之 叙曾 清乾隆丙子舉人

大易近取錄 易存四

革朝志 十卷 雜史存二

雲村文集 十四卷 別集二五

馮覲 晉叔 別號小海 明嘉靖甲辰進士

小海存稿 八卷 別集存四

査志隆 鳴治 明嘉靖己未進士

山東鹽法志 四卷 政書存二

宋文鈔 總集存二

徐伯徵 孺台 明萬曆己未進士

留都武學志 五卷 職官存

陳與郊 廣野 明萬曆甲戌進士

檀弓輯註 二卷 禮存二

方言類聚　四卷　小學存一

黄門集　三卷　奏議存

廣修辭指南　二十卷　類書存二

杜律註評　二卷　別集存一

文選章句　二十八卷　總集存一

隅園集　十八卷　蘋川集　八卷　別集存六

程道生　可生　明

遁甲演義　二卷　術數二

射義新書　二卷　藝術存

周珽　無瑕　明

唐詩選脈會通評林　六十卷　總集存三

朱嘉徵　岷左　別號止谿園人　明崇禎壬午舉人

樂府廣序　三十卷　總集存四

葛徵奇　無寄　號介龕　明崇禎戊辰進士

蕪園詩集　六卷　別集存七

南園五先生集　總集存三

祝淵　開美　明崇禎癸酉舉人

祝子遺書四卷　附錄一卷　別集存七

陳之遴　素菴　明崇禎丁丑進士

浮雲集　十一卷　別集存八

郭凝之　正中　明天啓甲子舉人

孝友傳　二十四卷　傳記存四

明孝友傳　八卷　同上

汪定國　晉舒　明末

諸子褒異　十六卷　雜家存九

祝淇　汝淵　號學齋　明

履坦幽懷集　二卷　別集存二

朱朝瑛　美之　明崇禎庚辰進士

續易略記　易存二

讀尚書略記　書存二

讀詩略記　詩二

讀周禮略記　禮存一

讀儀禮略記　同上

讀禮記略記　同上二

讀春秋略記　春秋二

蠡春雜述　儒家存三

陳士芳　清佩　明

春秋四傳通辭　十二卷　春秋存一

張次仲　元岵　明天啓辛酉舉人

周易玩辭困學記　十五卷　易五

待軒詩記　詩二

楊雍建　自西　一字以齋　清順治乙未進士

撫黔奏疏　八卷　奏議存

楊黃門奏疏　不分卷　同上

呂治平　愚菴　清順治中貢生

五經辨譌　五卷　經總義存

祝文彥　方文　清

理學就正言　十卷　雜家存二

陳奕禧　子文　號香泉　清

金石遺文錄　十卷　目錄存

潘廷章　梅岩　清初

峽川志　一卷　地理存五

蔣宏任　擔斯　清初

峽石山水志　一卷　地理存五

談遷　孺木　一字仲木　清初

海昌外志　地理存三

棗林雜俎　雜家存五

棗林藝簣一卷　詩文評存

查克宏　清初

晚唐詩鈔二十六卷　總集存四

周之鱗　雪蒼　清初

宋四名家詩　總集存四

陳訏　言揚　清初貢生

宋十五家詩選十六卷　總集存四

時用集　別集存一〇

句股述二卷　天算存

句股引蒙五卷　天算二

朱奇齡　與三　號拙齋　清康熙中貢生

春秋測微　十三卷　春秋存二
拙齋集　五卷　別集存一〇
盧　軒　六以　清康熙乙丑進士
春秋三傳纂凡表　四卷　春秋存二
陳　詵　叔大　清康熙壬子舉人
易經述　易存三
四書述　十九卷　四書存
資治通鑑述　史評存二
查慎行　初白
周易玩辭集解　十卷　易六
補註東坡編年詩　五十卷　別集七
敬業堂集　五十卷　別集二六
陳元龍　廣陵　清康熙乙丑進士
格致鏡原　一百卷　類書二
愛日堂詩　別集存一〇
查嗣瑮　德伊　清康熙庚辰進士
查浦輯聞二卷　雜家一〇

許汝霖　時菴　清康熙壬戌進士
德星堂文集　八卷　別集存一〇
沈　珩　昭子　清康熙甲子會試第一
耿巖文選　別集存八
查繼超　隨菴　清康熙
詞學全書　十四卷　詞曲存
查　祥　星南　清康熙辛丑進士
雲在詩鈔　九卷　別集存一一
沈翼機　西園　號澹初
澹初詩稿　八卷　附見山堂詩抄一卷　別集
存一一
查　旭　咸齋　清康熙癸酉副榜貢生
咸齋文鈔　七卷　別集存一一
陳世仁　清康熙乙未進士
少廣補遺　一卷　天算二
陳邦彥　世南　號匏廬道人　清康熙癸未進士
烏衣香牒　四卷　春駒小譜　一卷　譜錄存

許　焞　純也　清雍正癸卯進士

載道集　六十卷　儒家存四

祝　淦　人齋　清乾隆丙辰舉人

下學編　十四卷　儒家存四

淑艾錄　十四卷　儒家存四

富陽縣

孫過庭　虔禮　一作陳留人　唐

書譜一卷　藝術一

孫逢吉　彥同　南宋孝宗時

職官分紀五十卷　類書一

餘杭縣

趙汝談　履常　宋淳熙十二年進士

南塘四六　一卷　別集存一

經濟文輯　三十二卷　總集存三

孫應龍　海門　清順治丁亥進士

周易塵談　十二卷　易存

張　翼　二呆　明

清賞錄　十二卷　雜家存九

鮑　楹　覺庭　清康熙丙子舉人

陳其愫　素心　明

青溪先正詩集　總集存四

臨安縣

錢儼 宋

吳越備史 四卷 載記

張炎 叔夏號玉田又號樂笑翁 宋

山中白雲詞 八卷 詞曲二

錢易 宋

南部新書 十卷 小說一

陳思 宋

寶刻叢編 二十卷 目錄二

海棠譜 三卷 譜錄

書苑菁華 二十卷 藝術一

於潛縣

李廷忠 居厚號橘山 宋淳熙八年進士

橘山四六 二十卷 別集一四

文珦 宋僧

潛山集 十二卷 別集十七

書小史 十卷 藝術一

小字錄 一卷 類書一

兩宋名賢小集 三百八卷 總集二

錢端禮 處和 宋

諸史提要 十五卷 史鈔存

劉一清 元

錢塘遺事 十卷 雜史

宗泐 季潭 明初僧

全室外集 九卷 續集一卷 別集二三

洪咨夔 舜俞 宋

春秋說 三十卷 春秋二

平齋文集 三十二卷 別集十五

平齋詞 一卷 詞曲一

道潛 南宋僧

參寥子集 十二卷 別集七

新城縣

羅隱 唐

兩同書 二卷 雜家一

羅昭諫集 八卷 別集四

昌化縣

章樵 升道 宋

嘉興府屬

嘉禾縣

李曾伯 長孺 流寓 南宋初年

可齋雜藁 三十四卷 別集十大

婁機 彥發 宋乾道二年進士

漢隸字源 六卷 小學二

伍涵芬 芝軒 清康熙丁卯舉人

讀書樂趣 八卷 雜家存十

章楹 柱天 清雍正癸丑進士

諤崖脞說 五卷 雜家存六

古文苑注 二十一卷 總集一

班馬字類 五卷 小學二

岳珂 肅之 湯陰人寄籍嘉興 宋

刊正九經三傳沿革例 一卷 經總義

金陀粹編 二十八卷 傳記一

續編 三十卷

愧郯錄　十五卷　雜家五

三命指迷賦　一卷　術數二

寶真齋法書贊　二十八卷　藝術一

桯史　十五卷　小說二

玉楮集　八卷　別集一七

棠湖詩稿　一卷　別集存一

葉隆禮　漁林　宋淳祐七年進士

契丹國志　廿七卷　別史

魯訔　季欽　宋

杜工部詩年譜　一卷　傳記一

魯應龍　宋

開牕括異志　一卷　小說存二

張堯同　宋

嘉禾百詠　一卷　別集十八

釋曇瑩　宋

珞琭子三命消息賦註　二卷　術數二

呂濱老　雲水　宋

聖求詞　一卷　詞曲一

吳鎮　仲圭號梅花道人　元末

梅花道人遺墨　二卷　別集二一

冷謙　啓敬　明洪武

修齡要旨　一卷　道家存

懷悅　用和　明永樂

士林詩選　一卷　總集存一

蔣儀　明正德甲戌進士

藥鏡　四卷　醫家存

支立　中夫　明天順

十處士傳　一卷　小說存二

卜大同　吉夫　明嘉靖戊戌進士

備倭記　二卷　兵家存

項元淇　子瞻　明嘉靖

少嶽集　四卷　別集存五

陳瀚　龍嶽　明嘉靖甲午舉人

求志齋言草　三十卷　別集存四

吳鵬　萬里　明嘉靖癸未進士
飛鴻亭集　二十卷　別集存四
戚元佐　希仲　明嘉靖壬戌進士
檇李往哲前編　一卷　傳記存三
項篤壽　子長　明嘉靖壬戌進士
小司馬奏章　六卷　奏議存
今獻備遺　四十二卷　傳記二
全史論贊　史鈔存
俞鯤　之鵬　明嘉隆間
禹貢元珠　一卷　書存一
陳懋仁　無功　明
泉南雜志　二卷　地理存六
年號韻編　一卷　政書存一
析酲漫錄　六卷　雜家存三
庶物異名疏　三十卷　類書存二
藕居士詩話　一卷　詩文評卷
沈思孝　繼山　明隆慶戊辰進士

溪山堂草　別集存六
秦錄　一卷　地理存六
晉錄　一卷　同上
黃正憲　懋容　明嘉隆間
易象管規　十五卷　易存一
春秋翼附　二十卷　春秋存一
黃洪憲　懋中　明隆慶辛丑進士
玉堂日鈔　三卷　詩文評存
朝鮮國紀　一卷　載記存
周履靖　明萬曆
夷門廣牘　一百二十六卷　雜家存一
梅塢貽瓊　四卷　總集存二
梅顛稿選　二十卷　別集存七
盛萬年　兆伯　明萬曆癸未進士
嶺西水陸兵紀　二卷　兵家存
岳元聲　之初　號石帆　明萬曆癸未進士
聖學範圍圖　儒家存二

陸　鍵　實府　明萬曆

尚書傳翼　十卷　書存二

沈德符　景倩 一字虎臣　明萬曆戊午舉人

秦璽始末　一卷　政書存一

飛凫語略　一卷　雜家存七

敝帚軒剩語　三卷　小説存二

顧曲雜言　一卷　詞曲二

馮夢禎　開之　明萬曆丁丑進士

歷代貢舉志　一卷　政書存一

快雪堂漫錄　一卷　小説存二

快雪堂集　六十四卷　别集存六

黄承元　明萬曆丙戌進士

河漕通考　二卷　地理存四

陶涵中　雪凡　明萬曆戊子舉人

男子雙名記　一卷　類書存二

薛夢李　沂泉　明萬曆

教家類纂　八卷　雜家存九

沈堯中　執甫　明萬曆庚辰進士

沈氏學弢　十六卷　雜家存九

宋鳳翔　羽皇　明萬曆壬子舉人

秋涇筆乘　一卷　雜家存五

穆希文　純父　明萬曆

説原　十六卷　雜家存五

蟫史十一卷　類書存二

竇文照　子明　明萬曆中

紀文類編　四卷　雜家卷二

李日華　君實 號竹懶　明萬曆壬辰進士

梅墟先生别錄　二卷　傳記存二

禮白岳記　一卷　傳記卷六

璽召錄　一卷　同上

官制備考　二卷　職官存

竹懶畫賸　一卷　藝術存

六研齋筆記　四卷　二筆二卷　三筆四卷

雜家六

紫桃軒雜綴 三卷 雜家存五

姓氏譜纂 七卷 類書存二

時物典彙 二卷 同 上

恬志堂詩話 三卷 詩文評存

范明泰 長康 明萬曆庚子舉人

米襄陽外紀 十二卷 傳記存二

米芾志林 十六卷 同上

襄陽遺集 一卷 別集存一

屠叔方 明萬曆丁丑進士

建文朝野彙編 二十卷 雜史存三

項夢原 希憲 明萬曆己未進士

宋史偶識 三卷 正史存

陳懿典 孟常 明萬曆壬辰進士

讀左漫筆 一卷 春秋存一

讀史漫筆 一卷 史評存二

徐世淳 中明 明萬曆戊午舉人

易說 易存二

陳詩教 四可 明

花裏活 三卷 譜錄存

王路 仲遵 明

花史左編 二十七卷 譜錄存

朱象衡 朗初 明

筆道通會 一卷 藝術存

李肇亨 會嘉 明

婦女雙名記 一卷 類書存二

李琪枝 明

清異續錄 三卷 小說存二

項聖謨 孔新 明

墨君題語 二卷 藝術存

黃承昊 履素 號闇齋 明萬曆丙辰進士

折肱漫錄 六卷 醫家存

徐謙 仲元 明

仁端錄 醫家二

徐石麒 寶摩 明天啓壬戌進士

官爵志　三卷　職官存

陶晉楧　若楧　明末

楚書　一卷　地理存六

程觀生　仲孚　流寓嘉興　明末

四易通義　六卷　易存二

曹溶　潔躬　號秋嶽　明崇禎丁丑進士

崇禎五十宰相傳　一卷　傳記存五

劉豫事蹟　一卷　傳記存六

明漕運志　一卷　政書卷二

金石表　一卷　目錄存

倦圃蒔植記　三卷　譜錄存

學海類編　雜家存一一

靜惕堂詩集　四十四卷　別集存八

粵遊草　一卷　別集存八

吳孝章　平子　明末

名臣志鈔　廿四卷　傳記存四

殷仲春　方叔　明

棲老堂集　一卷　別集存七

姚悅　汝閒　明

倘元齋三世詩　十二卷　總集存二

姚兗　叔位　明

倘元草　八卷　別集存五

倘元齋三世詩　十二卷　總集存二

姚舜聰　伯達　明

倘元齋三世詩　十二卷　總集存三

王周　曾齋　明

雁湖釣叟自在吟　九卷　別集存四

陳邦俊　艮卿　明

廣諧史　十卷　小家存二

王著　悠章　明崇禎

豆區八友傳　一卷　小說存二

項臬謨　懋功　號西山居士　明

學男堂筆記　五卷　雜家存一一

包衡　彥平　明

清賞錄　雜家存九

項元汴　子京　明

蕉窗九錄　雜家存七

項穆　德純　明

書法雅言　一卷　藝術二

郁袞　明

革朝遺忠錄　二卷　傳記存三

郁逢慶　叔遇　明

郁氏書畫題跋記　十二卷　藝術二

續題跋記　十二卷

蔣之翹　楚穉　明末

晉書別本　一百卅卷　別史存

屠衡　明

明通紀述遺　十二卷　編年存

卜世昌　明

明通紀述遺　十二卷　編年存

陳藎模　獻可　明

皇極圖韻　一卷　小學存二

元音統韻　廿八卷　小學存二

礄菴稾　一卷　術數存一

釋正勉　明

古今禪藻集　二十八卷　總集四

釋性𣸣　明

古今禪藻集　二十八卷　總集四

譚貞默　梁生　號歸菴　明崇禎戊辰進士

三經見聖編　一百八十卷　四書存

譚子雕蟲　二卷　雜家存五

汪砢玉　寄籍

珊瑚網　四十八卷　藝術二

沈起　仲芳　明諸生

墨耆經學　經總義存

學園集　六卷　續編一卷　別集存八

俞汝言　石古　明諸生

春秋四傳糾正　一卷　春秋四

春秋平義　十二卷　春秋四

懷應聘　莘皋　清初

冰齋文集　四卷　別集存一一

顧仲清　咸三　號松巖　清初

歷代畫家姓氏韻編　七卷　藝術存

徐彬　忠可　清初

金匱要略論注　二十四卷　醫家一

陶圻　甸方　清初

業儒臆說　一卷　儒家存四

王庭　言遠　清順治乙丑進士

理學辨　一卷　儒家存三

漫餘草　一卷　別集存八

仲宏道　開一　清初

增定史韻　四卷　史評存二一

鍾淵映　廣漢　清初

歷代建元考　十卷　政書二一

項惟貞　端伯　清初

燕臺筆錄　一卷　地理存六

周城　石匏　清初

宋東京考　二十卷　地理存六

譚吉璁　舟石　清初

歷代武舉考　一卷　政書存二一

延綏鎮志　六卷　地理存四

沈光曾　清初

安瀾文獻　一卷　地理存四

朱昆田　文盎　清初

三體摭韻　十二卷　類書存三

南北史識小錄　十六卷　史鈔

盛楓　丹山　清初

嘉禾徵獻錄　四十六卷　傳記存五

項玉筍　和父　清初

檇李往哲續編　一卷　傳記存五

通復　文可　清初僧

冬關詩鈔　六卷　別集存八

陳澍　雨叟　清初貢生
蕉雨軒詩餘彙選　八四　詞曲存
淨溥　清初僧
興善寺歷代名賢留題集　總集存四
杜庭珠　清初
唐詩叩彈集十二卷　續集三卷　總集存四
陶煒　賓玉　清初
課業餘談　三卷　雜家存一〇
黃齊賢　敬思　清初
李史類編　十卷　雜家存一〇
項真　不損　清初
無事編　二卷　雜家存一〇
杜臻　肇余　清順治戊戌進士
閩粵巡視紀略　六卷　傳記二
海防述略　地理存四
邵璜　清初
禹貢通解一卷　書存二

李宗渭　秦川　清康熙癸巳舉人
瓦缶集十二卷　別集存一一
高孝本　大立 號青華　清康熙辛未進士
固哉叟詩鈔　八卷　別集存一一
譚瑄　子羽　清康熙乙酉舉人
續刑法敘略　一卷　法家存
陳士鑛　宿峯　清康熙貢生
明江南治水記一卷　地理存四
李良年　武曾　清康熙己未薦試博學鴻詞
折獄巵言一卷　法家存
秋錦山房集二十二卷　別集存一〇
徐嘉炎　華隱　清康熙己未召試博學鴻詞
抱經齋集二十卷　附焚餘草一卷　別集存一〇
虞兆漋　虹升　清康熙諸生
天香樓偶得　十卷　雜家存三
張天柱　孟高 號槃菴　清康熙
進善集　雜家存二

朱彝尊 錫鬯 號竹垞 清康熙舉博學鴻詞

經義考 三百卷 目錄一

韻粹 一百七卷 類書存三

曝書亭集 八十卷 附錄一卷 別集二六

竹垞文類 二十六卷 別集存一〇

洛如詩鈔 六卷 總集存四

明詩綜 一百卷 總集五

詞綜 三十四卷 詞曲存

張 庚 浦山 清初

通鑑綱目釋地糾繆 六卷 補注六卷 編年存

國朝畫徵錄 三卷 藝術存

强恕齋文鈔 五卷 別集存一二

朱建子 長起 彝尊從子 清初

制服圖考 八卷 禮存一

徐庭垣 清初

春秋管窺 十二卷 春秋四

沈廷勸 克齋 康熙時副貢生

諸 錦 襄七 號草廬 清雍正甲辰進士

身易實義 五卷 易存三

毛詩說 二卷 詩存二

補饗禮 一卷 禮二

夏小正詁 一卷 禮存二

絳跗閣詩稿 十一卷 別集存一二

萬光泰 循初 清乾隆庚午舉人

柘枝居士集 十二卷 別集一二

李祖惠 屺望 清乾隆壬申進士

虹舟講義 廿卷 四書存

張仁浹 清乾隆

周易集解增釋 八十卷 易存四

盛世佐 清乾隆

儀禮集編 四十卷 禮二

張時泰 平山 號六可 清

實瓶齋詩集 四卷 別集存一二

李 培 此菴 清

講學 一卷 儒家存四

馮昌臨 與肩 清康熙

易學參説 二卷 易存三

日省編 一卷 儒家存四

李 符 號耕客 清

香草居集 七卷 別集存一〇

王 翃 介夫 清

二槐草存 別集存八

李王埔 肱枕 清

蚓菴瑣語 一卷 小説存二

王 蓍 宓草 清

豆區八友傳 一卷 小説存二

陶 越 艾村 清

過庭紀餘 三卷 小説存一

陳 忱 遐心 清

讀史隨筆 六卷 小説存一

汪文柏 季清 號柯廷 清

杜韓集韻 三卷 類書存三

李繩遠 斯年 清

姓氏譜 六卷 類書存三

李氏類纂 五十卷 同上

尋壑外言 五卷 別集存一〇

澄遠堂三世詩存 八卷 總集存四

高元標 琴山 清

經術要義 四卷 雜家存一卷

孫鍾瑞 子鱗 清

聖學大成 雜家存二

李光暎 子中 清

觀妙齋金石文考略 十六卷 目錄二

金 甌 完城 清

春秋正業經傳删本 十二卷 春秋存二

釋淨溥 清初

興善寺歷代名賢留題集 二卷 總集存四

嘉善縣

陸埰 秀卿 明嘉靖丙戌進士

賁齋雜著 一卷 雜家存四

陸賁齋集 十卷 外集二卷 別集存四

錢士升 抑之 明萬曆丙辰進士第一

周易揆 十二卷 易存二

南宋書 六十卷 別史存

遜國逸書 雜史存三

明表忠記 傳記存四

沈萬鈳 玉台 明萬曆丁酉舉人

詩經類考 三十卷 詩存一

毛尙忠 子亭 號誠菴 明萬曆甲辰進士

四書彙解 十卷 四書存

支大綸 華平 明萬曆甲戌進士

世穆兩朝編年史 六卷 編年存

支子餘集 五十二卷 別集存六

錢繼登 爾先 又字龍門 明萬曆丙辰進士

經世環應編 八卷 雜家存九

袁黃 了凡 明萬曆丙辰進士

皇都水利 一卷 地理存四

祈嗣眞詮 雜家存二

評註八代文宗 八卷 總集存三

錢棻 仲芳 明崇禎壬午舉人

讀易緒言 二卷 易存二

李奇玉 元美 明崇禎戊辰進士

雪園易義 易存二

陳龍正 惕龍 明崇禎甲戌進士

救荒策會 七卷 政書存二

程子詳本 儒家存一

朱廷旦 爾兼 一號旋庵子 明天啓中貢生

攟壁錄 二十四卷 雜家存九

魏學洢 子敬 明

茅簷集 八卷 別集二五

方 澤 云望 號冬谿 明
冬谿集 二卷
李公柱 子喬 明崇禎庚辰進士
學脈正編 五卷 儒家存二
龔在升 聞圃 清順治己亥進士
三才彙編 四十卷 類書存三
陳增新 子更 清順治
柳洲詩集 十卷 總集存四
孫 琮 執升 清初
山曉閣詩 十二卷 別集存一〇
錢以愷 蔗山 清康熙
羅浮外史 地理存五
嶺海見聞 地理存六
葉 鈐 濟夫 清康熙
續小學 六卷 儒家存四
果山修道居誌 道家存
曹庭樞 六薌 清雍正癸卯副榜貢生

謙齋詩稿二卷 補遺一卷 別集存一二
蔡以封 桐川 清乾隆
觀光集 五卷 別集存一二
徐 岳 季方 清
見聞錄 一卷 小說存二
曹庭棟 六吉 清乾隆
易準 四卷 易存四
昏禮通考 二十四卷 禮存三
孝經通釋 十卷 孝經存
逸語 十卷 儒家存四
老老恒言 五卷 雜家存七
琴學內外篇 二卷 藝術存
產鶴亭詩集 七卷 別集存一二
宋百家詩存 二十八卷 總集五
丁嗣徵 集虛 清
雪菴詩存 二卷 別集存一〇

海鹽縣

顧況 通翁 唐至德二年進士

華陽集三卷 附顧非熊詩一卷 子非熊撰

別集三

趙孟堅 宋寶慶二年進士

彝齋文編 四卷 別集十七

許棐 忱父 宋

樵談 一卷 雜家存一

梅屋集 五卷 別集一七

獻醜集 一卷 別集存一

常棠 召仲 號竹窗 宋

澉水志 八卷 地理一

張甯 靖之 號方洲 明景泰甲戌進士

方洲雜言 一卷 小説存一

方洲集 二十六卷 別集二三

奉使錄 二卷 別集存二

徐泰 子元 明弘治甲子舉人

詩談 一卷 詩文評存

徐咸 明正德辛未進士

名臣言行錄前集十二卷 後集十二卷 傳記

存三

錢琦 公良 明正德戊辰進士

錢子測語 二卷 雜家存一

禱雨錄 一卷 雜家存八

東畬集 十四卷 別集存三

董穀 碩甫 明正德丙子舉人

澉浦續志 七卷 地理存二

朱朴 元素 明正德嘉靖間

西村詩集二卷 補遺一卷 別集二五

李璋 政虹 明正德

嗜泉詩存 二卷 別集存三

陳言 獻可 明嘉靖

易疑 三卷 易存一

鄭曉 窒甫 明嘉靖癸未進士
禹貢說 一卷 書存一
禹貢圖說 一卷 同 上
四書講義 四書存
徵吾錄 二卷 別史存
今言 四卷 雜史存二
古言 二卷 雜家存二
端簡文集 十二卷 別集存四
鄭履淳 叔初 明嘉靖壬戌進士
鄭端簡年譜 七卷 傳記存二
衡門集 十五卷 總集存二
董澐 復宗 明嘉靖
董從吾稿 一卷 別集存三
錢薇 懋垣 明嘉靖壬辰進士
承啟堂稿 二十九卷 別集存四
錢芹 懋文 號泮泉 明嘉靖戊戌進士
錢永州集 八卷 別集存四

劉熠 元麗 明嘉靖庚子舉人
同春堂遺稿 四卷 別集存四
彭輅 子殷 明嘉靖丁未進士
彭比部集 八卷 別集存四
馮皋謨 明卿 明嘉靖庚戌進士
豐陽集 十二卷 別集存五
王文祿 世廉 嘉靖辛卯舉人
廉矩 一卷 儒家存二
竹下寤言 二卷 雜家存一
海沂子 五卷 同 上
邱陵學山 雜家存一
文脈 三卷 詩文評存
鄭心材 敬仲 號思泉 明
鄭京兆集 十二卷 別集存五
朱泰貞 道子 明萬曆丙辰進士
禮記意評 四卷 禮存二
陳許廷 嘉茂 明萬曆中諸生

春秋左傳典略　十二卷　春秋存一

錢　陞　元履　明萬曆戊午舉人

壺天玉露　四卷　傳記存四

錢　棻　懋登　明萬曆中貢生

厚語　四卷　雜家存九

湯紹祖　公沭　明萬曆

續文選　三十二卷　總集存三

胡震亨　孝轅　萬曆丁酉舉人

海鹽縣圖經　十六卷　地理存三

讀書雜記　二卷　雜家存五

唐音戊籤二百一卷　閏餘六十四卷　總集

存三

唐音癸籤　三十三卷　詩文評二

唐詩談叢　一卷　詩文評存

姚士粦　叔祥　明萬曆

陸氏易解　一卷　易一

後梁春秋　二卷　載記存

日識仿勝錄　二卷　地理存七

釋斯學　悅支　明

幻華集　二卷　別集存七

仇俊卿　明萬曆

海塘錄　八卷　地理存四

李　確　潛初　明末

平寇志　十二卷　雜史存三

乍浦九山補志　地理存五

九山游草　一卷　別集存八

梅花百詠　一卷　同　上

呂元善　秀可　號湖泮　明天啓中

三遷志　五卷　傳記存一

聖門志　六卷　同　上

朱維陛　明

東方類語　十六卷　傳記存二

陳　恂　子木　明崇禎壬午舉人

餘菴雜錄　三卷　雜家存五

鄭端允 思孟 明
培龔居雜錄 四卷 雜家存九
鍾韶 牙台 明
論雜逸編 三十一卷 儒家存二
吳麟徵 來皐 號磊齋 明天啓壬戌進士
家誡要言 一卷 儒家存二
呂兆祥 明
陋巷志 八卷 傳記存一
宗聖志 十二卷 同上
東野志 四卷 同上
彭孫遹 駿孫 號羨門 清順治己亥進士
松桂堂全集 三十七卷

石門縣

輔廣 漢卿 南宋初
詩童子問 十卷 詩一

南淮集 三卷
延露詞 三卷 別集二六
胡夏客 宣子 清順治中諸生
谷水集 二十二卷 別集存九
馬維翰 墨麟 清康熙辛丑進士
墨麟集 十二卷 別集存一一
吳儀洛 遵程 清
成方切用 十四卷 醫家存
傷寒分經 十卷 醫家存
徐昭華 駱加采妻
徐都講詩 一卷 別集存一〇
鮑恂 仲孚 元至元乙亥進士
學易舉隅 三卷 易存一

俞鎮 伯良 元

學易居筆錄 一卷 雜家存四

張伯淳 師道 元

養蒙集 十卷 别集一九

貝瓊 廷琚 元末

清江詩文集 四十一卷 别集一二一

呂希周 師旦 明嘉靖丙戌進士

東匯詩集 十卷 别集存四

胡其久 明隆慶丁卯舉人

東齋考疑 四卷 傳記存一

范光宙 霖陽 明

史評 十卷 史評存一

汪子祐 受大 別號石西 明

石西集 八卷 别集存五

平湖縣

屠勳 元勳 明成化己丑進士

吳之振 孟舉 清

黃葉村莊詩集 十卷 别集存一〇

宋詩鈔 一百六卷 總集五

勞大輿 宜齋 清順治辛卯舉人

甌江逸志 一卷 地理存六

萬世太平書 十卷 雜家存二

聞鐘集 雜家存二

吳震方 青壇 清康熙己未進士

讀書正音 四卷 小學存一

嶺南雜記 二卷 地理存六

晚樹樓詩稿 四卷 别集存一〇

朱子論定文鈔 總集存四

吳寶芝 清

花木鳥獸集類 三卷 類書二

太和堂集 六卷 别集存二

孫璽 朝柱 明正德戊辰進士
峯溪集 五卷 別集存三
趙漢 鴻逵 明正德辛未進士
漸齋詩草 二卷 別集存三
馮汝弼 子良 明嘉靖壬辰進士
祐山雜説 一卷 小説存二
祐山詩集 十卷
文集 四卷 別集存四
趙伊 新甫 明嘉靖壬辰進士
序芳園稿 二卷 別集存四
屠應埈 明嘉靖丙辰進士
蘭暉堂集 四卷 別集存五
馬維銘 無甫 明萬曆庚辰進士
史書纂略 二百二十卷 史鈔存
趙維寰 無聲 明萬曆庚子舉人
讀史快編 四十四卷 史鈔存
過庭訓 成山 明萬曆甲辰進士
聖學嫡派 四卷 傳記存四

金汝諧 啓宸 明萬曆甲辰進士
歷代名臣芳躅 二卷 傳記存四
陳泰交 長水 明萬曆丁丑進士
尚書注考 一卷
齋志齋集 十卷 別集存七
馬嘉松 曼生 明萬曆末諸生
十可篇 十卷 雜家存九
陸濬源 明末
陸氏世史鈔 六卷 傳記存四
顏茂猷 壯其 又字仲子 明崇禎甲戌特賜進士
迪吉錄 九卷 雜家存九
六經纂要 類書存二
沈瑞鐘 德培 明末
廣易筌 易存二
沈岸登 覃九 號惰耕村叟 清初
黑蝶齋詩鈔 四卷 別集存二
于琳 清初
周易義參 六卷 易存三

陸邦烈 又超 清初

聖門釋非錄 五卷 四書存

陸 棻 義山 清康熙丁未進士

歷朝賦格 十五卷 總集存四

陸隴其 稼書 清康熙庚戌進士

古文尚書考 一卷 書存二一

讀禮志疑 六卷 禮四

松陽講義 十二卷 四書二

四書講義困勉錄 三十七卷 同上

三魚堂四書大全 四十卷 四書存

續困勉錄 六卷 同上

戰國策去毒 二卷 雜史存一

讀朱隨筆 四卷 儒家四

三魚堂賸言 十二卷 同上

松陽抄存 二卷 同上

學術辨 一卷 儒家存三

問學錄 四卷 同上

三魚堂文集 十二卷

外集 六卷

附錄 一卷 別集一二

陸奎勳 坡星 清康熙辛丑進士

陸堂易學 十卷 易存三

今文尚書説 三卷 書存二三

陸堂詩學 十二卷 詩存二

戴記緒言 四卷 禮存二

春秋義存錄 十二卷 春秋義存二一

陸堂詩集 十六卷

文集 二十卷 別集存一一

沈季友 客子 清康熙丁卯副榜貢生

學古堂詩集 六卷 別集存一〇

檇李詩繫 四十二卷 總存五

陸祚蕃 武園 清康熙癸丑進士

粵西偶記 一卷 傳記存六

郭兆奎 清乾隆

心園書經知新 八卷 書存二

心園說　二卷　經濟義存
戈守智　達夫　清乾隆
漢溪書法通解　八卷　藝術存
胡慶豫　謹来　號東坪　清

東坪集　八卷　別集存一一
沈不負　集九　一字大山　清
老雲齋詩刪　十卷　別集存一〇

桐鄉縣

朱輔　季公　宋
溪蠻叢笑　一卷　地理四
程本立　厚道　號巽隱　明洪武
巽隱集　四卷　別集二三
潘鳳梧　明隆慶庚午舉人
治河管見　四卷　地存四
陳其德　太華　明萬曆
垂訓樸語　一卷　雜家存二
陸時雍　仲昭　明崇禎癸酉貢生
古詩鏡三十六卷　唐詩鏡五十四卷　總集四
汪爲熹　若木　清康熙
鄒著雜鈔　十四卷
汪森　晉賢　清初
粵西詩載文載叢載　一百二十卷　總集五

浙江省立圖書館藏書版記

毛春翔

遜清同治初年，太平天國軍事失敗，湘鄉曾文正公既力圖匡復中興，復以導揚文敎爲職志，故兵下安慶，卽謀刊船山遺書；及克復金陵，遂設江南官書局爲大規模刊刻典籍發皇文化之舉。蘇揚武昌，旣競起仿行，我浙亦聞風踵起。於是巡撫馬新貽，徇藩臺楊昌濬臬臺王凱泰之議，疏請開局于省城小營巷之報恩寺，一面遴派篤實紳士如譚廷獻等分司校勘。當時最先刊版者，爲欽定七經及御批通鑑輯覽御選古文淵鑑等書，鋟木之初，並預籌減輕成本便寒士之購求，就原本縮小版式，增多行字。此浙江官書局初設之由來也。嗣以局務增劇，原址湫隘，因徙局中正巷之三忠祠，而以報恩寺爲官書坊。光緒八年，所有版片亦移儲祠中，提調盛康並於祠側聽園，添築屋宇，以息校勘之士(以上略據光緒杭州府志)。

宣統元年，巡撫增韞，適應時勢，奏撥大方伯之浙江藏書樓爲圖書館，以官書局隸之；三月得准，四月實行，於是局麗於館；更名官書印售所，直屬於圖書館坐辦，而仍設提調以司局事。光復以後，改稱附設印行所，官書坊亦易名發行所，並移設于大方伯館旁餘屋，僅紅漆黑字官書坊之市招，成爲本館史料之一矣。

民國二十一年，總館遷設于大學路新築洋樓，孤山分館騰出餘屋頗多，因將三忠祠藏版徙貯于斯，此官書局規制之迭嬗及其局址遷併經過之概略也。官局刻書最盛時，至鳩工達百有餘人，自同治丁卯迄光緒乙酉止，二十年間，先後刊書垂二百種，底本旣愼擇約取，讎校如李蒓客黃玄同譚復堂張大昌輩，又並爲一時績學士，故浙局本之精良，遂蔚爲近代出版史上盛事，雖至今猶爲藝林所豔稱，學人所樂購也。中間復經熱心藏家，陸續捐存，用使館儲書版得臻十六萬餘片之富；在各省舊官書局彫零銷歇之後，尙能藉豐履厚，引之無替，斯則不能不有敝帚自珍私用告慰之感者矣。惟藏版確數多寡，來源如何，種別品質又如何，向未有詳明之統計；爰就調查所得，製爲斯表，想爲關心人士所樂聞，且備異日館史之要刪焉。至官書局辦理經過，有同事張慕騫君撰浙江官書局本末一文在（未刊），茲不更贅云。

左表依書版原編號碼次第排比，其未編號之十三經古注則姑冠于首。每種書版之下，詳記編號塊數（卽片數）頁數（每片不必卽爲二頁）刊刻捐贈或寄存時期，現狀（卽完好與否）以及書版之品質等；另以白（示寄存）黑（示捐贈）兩種三角形冠于上端，以清眉目，其捐贈寄存諸家則別製簡表系之篇末，藉揚高誼，且策來茲云。

⊛十三經古注不列號，梨板，中有補刻白皂板，殘存二千三百六十九塊，清乾隆年覆刻明永懷堂板，（有清諱玄弘缺筆可證，查原本不缺筆，）殘板十之七八霉爛，獨有孝經一種，十八塊，卅五頁，未壞，現尚印售，其餘諸經自民國十七年後卽不印，最近已正式呈准教育廳停印矣。

五經第一號，甲種梨板，一千二百另一塊，二千三百五十六頁，光緒十九年癸巳浙局刻，全部完好。

清御纂七經第二號，乙種梨板，六千一百廿八塊，一萬另六百十頁，同治六年浙局刻，儀禮義疏略有蛀損。

鄭氏佚書第三號，甲種梨板，光緒十四年戊子浙局刻，四百四十一塊，八百十四頁，全部完好。

易憲第四號，白皂板，一百十九塊，二百廿七頁，乾隆八年癸亥刻，蛀損，現尚印售。

尚書考異第五號，乙種梨板，一百十二塊，二百十五頁，光緒十八年壬辰浙局刻，完好。

詩義折中第六號，甲種梨板，二百五十二塊，四百九十八頁，同光間浙局刻（據武陵藏書志，無封面板）完好。

肆獻祼饋食禮第七號，乙種梨板，四十七塊，九十頁，光緒十一年乙酉浙局重刻，完好。

續禮記集說第八號，乙種梨板，一千五百六十塊，三千另四十三頁，光緒廿一年乙未浙局刻，略有蛀損。

夏小正通釋第九號，梨板，廿九塊，五十四頁，光緒丁亥（十三年）浙局刻，完好。

四書集注第十號，甲種梨板，二百卅七塊，四百六十頁，光緒十八年壬辰浙局刻，完好。

▲覆宋淳祐本四書第十一號，甲種梨板，五百八十四塊，一千另四十八頁，民國十四年壽春孫氏小墨妙亭刊於京師，二十三年捐贈本館，板片闊大，質又堅實，爲本館全部藏板冠。

四書反身錄第十二號，甲種梨板，一百五十一塊，二百四十四頁，同光間浙局刻，完好。

論語古訓第十三號，甲種梨板，一百另三塊，一百九十七頁，光緒九年浙局刻，完好。

論語後案第十四號，梨板，四百廿六塊，八百廿八頁，光緒九年浙局刻，完好。

論語集注訓詁考第十五號，梨板，六十四塊，一百廿四頁，光緒十七年浙局刻，完好。

爾雅正郭第十六號，梨板，五十四塊，一百另三頁，光緒十七年辛卯浙局刻，完好。

方言箋疏第十七號，乙種梨板，二百十八塊，四百十九頁，光緒十六年庚寅紅融山房刻，鄭姓售於浙局，完好。

篆文小學問答第十八號，白皂板，四十七塊，九十一頁，宣統元年已酉刻。

小學纂注第十九號，梨板，一百另一塊，一百五十八頁，同治十一年浙局刻，完好。

小學韻語第廿號，梨板，三十四塊，六十頁，同光間浙局刻。

佩文詩韵釋要第廿一號，梨板，四十七塊，九十三頁，光緒壬辰十八年浙局刻，完好。

渊呺存愚第廿二號，乙種梨板，五十一塊，九十六頁，光緒十八年刻，完好。

韻目表第廿三號，乙種梨板，十七塊，三十二頁，民國元年壬子浙館刻，完好。

十三經源流口訣第廿四號，甲種梨板，八塊十四頁，無封面板。

▲易釋第廿五號，梨板，六十九塊，一百卅六頁，光緒十四年戊子黃氏家塾刻。

▲尙書啓幪第廿六號，甲種梨板，一百五十七塊，二百七十八頁，光緒十四年戊子黃氏家塾刻。

▲軍禮司馬法考徵第廿七號，梨板，廿五塊，四十五頁，光緒壬辰十八年黃氏試館刻。

▲禮書通故第廿八號，梨板，一千四百十六塊，二千七百廿一頁，光緒十九年癸巳黃氏試館刻。

春秋釋第廿九號，乙種梨板，四十七塊，一百七十三頁，完好。

大學修身指南圖第卅號，梨板，二塊，乙大張，完好。

藹益中庸直指第卅一號，梨板，十六塊，卅二頁，無封面板。

▲尙書古文疏證第卅二號，乙種梨板，三百七十一塊，六百四十四頁，同治六年汪氏振綺堂刻，民國十一年汪玉年捐贈，蛀蝕不堪，十二年本館補刊三頁，尙印售。

▲左通補釋第卅三號，梨板，四百九十七塊，九百四十二頁，道光九年汪氏振綺堂刻，光緒元年補刻，民國十一年汪玉年捐贈，十二年本館又補刻四頁。

漢後漢書疏證第卅四號，梨板，一千七百廿七塊，三千四百卅二頁，光緒廿六年浙局刻，蛀損，現尙印售。

▲後漢書補逸第卅五號，甲梨板，九十一塊，一百七十四頁，同治七年戊辰孫氏壽松堂刻，民國二十二年孫康侯捐贈，完好。

舊唐書第卅六號，甲種梨板，一九七五塊，三六二四頁，同治十一年浙局刻，完好。

新唐書第卅七號，甲種梨板，一九三三塊，三五五三頁，同治十二年浙局刻，完好。

唐書釋音第三十八號，甲種梨板，四十五塊，八十八頁，完好。

宋史第三十九號，甲種梨板，四千五百五十四塊，八千四百六十四頁，光緒元年浙局刻，完好。

資治通鑑後編第四十號，甲種梨板，一千九百四十八塊，完好。

資治通鑑後編校勘記第四十一號，甲種梨板，二百二十八塊，四百三十九頁。

續資治通鑑長編第四十二號，甲種梨板，五千一百六十三塊，九千八百另二頁，光緒七年浙局刻，完好。

續資治通鑑長編拾補第四十三號，甲種梨板，六百五十八塊，一千二百五十六頁，光緒癸未九年刻，完好。

綱鑑正史約第四十四號，甲種梨板，八百九十三塊，一千七百四十三頁，同治八年浙局重刻，完好。

通鑑輯覽第四十五號，梨板，有紅色套板，二千八百另七塊，五千二百另九頁，套板二千二百五十二塊，浙局重刻。

周季編略第四十六號，梨板，二百三十塊，四百二十八頁，同治十二年浙局刻，完好。
繹史第四十七號，梨板，一千八百四十四塊，三千五百七十二頁，光緒甲辰三十年浙局刻，完好。
平浙紀略第四十八號，梨板，一百七十三塊，二百九十九頁，同治十二年癸酉浙局刻，完好。
上諭內閣第四十九號，梨板，一千九百九十七號，二千三百十四頁，是板久不印售
胡端敏公奏議第五十號，梨板，一百九十三塊，三百六十六頁，清季浙局重刻，完好。
孔孟編年第五十一號，梨板，八十八塊，一百六十七頁，光緒丁亥十三年浙局刻，完好。
文廟通考第五十二號，梨板，一百另二塊，一百九十三頁，同治十一年浙局刻，完好。
先聖生卒年月考第五十三號，三十三塊，六十三頁，光緒十九年浙局刻。
金陀粹編第五十四號，梨板，四百六十九塊，九百另三頁，光緒九年浙局刻，完好。
朱子年譜第五十五號，梨板，二百四十塊，四百另七頁，蛀損。
吳山伍公廟志第五十六號，梨板，七十八塊，一百三十七頁。
岳廟志略第五十七號，梨板，一百六十塊，二百九十九頁，光緒五年，浙局刻。
兩浙名賢錄第五十八號，梨板，一千六百三十八塊，三千二百六十八頁，光緒庚子刻，霉蛀。
理學宗傳第五十九號，梨板，五百四十四塊，一千另四十三頁，光緒六年庚辰浙局刻。
儒林宗派第六十號，梨板，六十八塊，一百三十五頁，宣統三年浙局刻。
越女表微錄第六十一號，梨板，四十一塊，六十九頁。

浙江忠義錄第六十二號，白皂板，一千二百九十三塊，是板霉爛，現已不印售。

浙江通志第六十三號，梨板，四千六百九十八塊，九千二百三十一頁，光緒二十五年已亥浙局刻，完好。

杭州八旗駐防營志略第六十四號，梨板，二百三十九塊，四百六十四頁，浙局刻，完好。

△箬溪藪人徵略第六十五號，甲種梨板，九十七塊，一百五十四頁，民國二十二年十月長興王修寄存。

南湖考第六十六號，梨板，二十六塊，四十九頁，完好。

浙西水利備考第六十七號，梨板，一百八十塊，一百九十五頁，有套板，紅色，在黑板反面，塊數未計。

續浚南湖圖志第六十八號，乙種梨板，三十五塊，六十八頁，完好。

西湖志第六十九號，甲種梨板，一千另四十二塊，一千八百二十九頁，光緒四年浙局刻，完好。

湖山便覽第七十號，梨板，二百六十八塊，五百頁，光緒元年浙局重刻，完好。

兩浙防護錄第七十一號，乙種梨板，一百二十六塊，二百四十一頁，光緒十五年浙局刻，完好。

藩部要略第七十二號，梨板，三百三十八塊，六百四十五頁，光緒十年浙局刻。

日本國志第七十三號，梨板，四百四十二塊，八百六十三頁，光緒二十四年浙局刻，完好。

培遠堂手札節存第七十四號，梨板，七十一塊，一百三十八頁，有紅套板一百三十一塊，光緒已亥二十五年浙局刻，完好。

圖民錄第七十五號，白皂板，六十四塊，一百二十二頁，蛀。

三通第七十六號，梨板，一四六六八塊，二八九六四頁，光緒二十二年丙申浙局刻，有霉爛。

續三通第七十七號，梨板，一二九八七塊，二五二七七頁，光緒十二年浙局刻，續通考光緒十三年刻，有霉爛。

清三通第七十八號，梨板，八五四九塊，一六五一〇頁，光緒八年浙局刻，完好。

通志二十略第七十九號，是板從通志中抽出，間有霉爛。

欽定康濟錄第八十號，梨板，一百九十四塊，二百七十二頁，同治三年刻，完好。

各國通商條約第八十一號，乙種梨板，板片不全，光緒壬寅二十八年刻。

唐鑑第八十二號，梨板，一百七十六塊，三百卅五頁，光緒十八年壬辰浙局刻，完好。

古今儲貳金鑑第八十三號，梨板，八十七塊，一百五十頁，光緒二十一年乙未浙局刻，完好。

文史校讎通義第八十四號，乙種梨板，三百十四塊，三百四十六頁，道光年刻，蛀爛，現尚印售。

▲國語校注本三種第八十五號，梨板，二百二十六塊，四百卅八頁，道光丙午汪氏振綺堂刻，汪玉年捐贈。

▲列女傳校注第八十六號，梨板，八十四塊，一百五十七頁，道光丁卯汪氏振綺堂刻，民國十一年二月汪玉年捐贈，原存八十二塊，十一年六月本館補刻二塊。

▲東軒吟社圖附小傳第八十七號，梨板，卅塊，四十八頁，民國十一年二月汪玉年捐贈。

▲漢書地理志校本第八十八號，梨板，五十一塊，九十九頁，道光戊申汪氏振綺堂刻，民國十一年二月汪玉年捐贈。

▲咸淳臨安志第八十九號，梨板，一千另九塊，一千八百八十六頁，道光庚寅汪氏振接堂刻，民國十一年二月汪玉年捐贈。

▲影宋精刻本乾道臨安志第九十號，白皂板，四十四塊，八十八頁，乾隆甲午刻，霉爛不堪，民國廿二年孫康侯捐贈。

▲北隅掌錄第九十一號，梨板，四十七塊，九十一頁，道光乙巳汪氏振綺堂刻，霉爛，民國十年汪玉年捐贈。

、杭女表微錄第九十七號，乙種梨板，三百七十八塊，七百四十四頁。

湖船錄第九十二號，白皂板，十一塊，二十頁，道光丁未刻，霉爛，汪玉年捐贈。

地理學舉隅第九十三號，梨板，十二塊，廿二頁。

經義攷第九十四號，甲種梨板，二千一百另六塊，四千另四十頁，光緒戊子浙局刻，完好。

小學考第九十五號，甲種梨板，六百卌九塊，一千二百四十四頁，光緒戊子浙局刻完好。

兩浙金石志第九十六號，梨板，四百九十塊，九百六十五頁，光緒十六年浙局刻，完好。

、溫州經籍志第九十八號，甲梨板，六百另三塊，一千一百七十三頁，民國十年浙江圖書館刻。

▲善本書室藏書志第九十九號，梨板，五百四十七塊，一千另六十四頁，光緒辛丑丁氏嘉惠堂刻，

民國廿二年丁氏捐贈。

文瀾閣書目第一百號，梨板，一百八十八塊，三百三十九頁，民國癸亥刻全，完好。

史目表第一百另一號，梨板，二十六塊，五十一頁，民國年浙館刻，完好。

近思錄集註第一百另二號，梨板，一百八十五塊，三百五十八頁，光緒己亥浙局刻。

大學衍義第一百另三號，梨板，四百十六塊，七百七十四頁，同治十一年浙局刻。

繹志第一百另四號，梨板，三百四十九塊，五百九十六頁，同治十一年浙局重刻。

、儒門法語輯要第一百另五號，梨板，四十二塊，七十四頁，光緒十六年庚寅浙局刻，是板因昔年一次印過一萬部，又一次印過五千部，以後又常印不輟，以致字畫磨滅多不可識。

沈端恪公遺書第一百另六號，梨板，七十九塊，一百四十頁。

武經第一百另七號，梨板，四十四塊，八十三頁，光緒十五年浙局刊行。

補注洗冤錄集證第一百另八號，薄梨板，三百八十八塊，三百九十六頁有套板，紅板一百另五塊，藍板八十九塊，黃板十六塊，光緒丁丑(三年)浙局刻行。

明刑管見錄第一百另九號，白皂板，廿三塊，四十七頁，光緒甲辰浙局刊行。

入幕須知五種第一百十號，梨板，一百七十八塊，三百廿三頁，光緒十八年浙局刊行。

蠶桑萃編第一百十一號，梨板，二百五十三塊，四百七十四頁，光緒二十二年浙局刊行。

素問集註第一百十二號，梨板，三百四十三塊，六百八十五頁，光緒庚寅年浙局刻。

素問集解第一百十三號，梨板，三百十六塊，六百廿七頁，光緒丁亥浙局刻。

靈樞集注第一百十四號，梨板，三百八十一塊，七百六十五頁，光緒庚寅浙局刻。

張氏醫通第一百十五號，梨板，一千一百十二塊，二千一百七十七頁，板舊藏繩頭巷胡宅，光緒己亥歸官書局，封面板一塊，官局重刻，其材爲白皂。

溫疫條辨摘要第一百十六號，乙種梨板，四十七塊，七十九頁，光緒己丑刻。

治喉捷要第一百十七號，白皂板十八塊，廿九頁。

經驗簡便良方第一百十八號，白皂板，九塊，十五頁。

算法大成第一百十九號，梨板，二百七十七塊，五百卅三頁，光緒戊戌浙局刊行。

下學弇算術第一百廿號，梨板，六十七塊，光緒年刊，民國二十一年十月項蘭生捐贈。

董公選要覽第一百廿一號，梨板，卅五塊，六十九頁，光緒戊戌年浙局刊行、完好。

漢學商兌第一百廿二號，甲種梨板，九十四塊，一百八十五頁，光緒庚子浙局刻。

十駕齋養新錄第一百廿三號，梨板，三百三十四塊，六百十九頁。

定香亭筆談第一百廿四號，梨板，一百二十六塊，光緒己亥浙局刊行。

五種遺規第一百廿五號，梨板，五百廿二塊，一千另十八頁，光緒乙未浙局刊行。

先政遺規第一百廿八號，梨板，八十六塊，一百六十七頁，光緒十九年浙局刻。

從政遺規第一百廿七號，梨板，一百十九塊，二百卅頁，浙局刻。

武備新書第一百廿八號，梨板，一百十六塊，二百十三頁，浙局刊行。

養蠶新法第一百卅號，白皂板，六塊，十頁，光緒二十八年浙局刊行，是板現已蛀爛。

柞蠶雜誌第一百廿九號，白皂板，九塊，十七頁，蛀損。

聶氏重編家政學第一百卅一號，梨板，六十塊，一百十四頁，光緒卅年浙局刻。

黃氏塾課第一百卅二號，梨板，卅九塊，七十六頁。

子思子輯解第一百卅三號，梨板，八十八塊，一百五十九頁。

、**經訓比義**第一百卅四號，梨板，一百另六塊，一百九十一頁。

▲**玉台畫史**第一百卅五號，梨板，四十四塊，八十三頁，道光丁卯汪氏振綺堂刻，民國十一年汪玉年捐贈

天童直說第一百卅六號，梨板，一百五十五塊，三百頁，完好。

蘇文忠公詩編註集成第一百卅七號，甲種梨板，九百九十九塊，一千九百卅三頁，光緒十四年浙局刻，完好。

誠意伯文集第一百卅八號，梨板，四百廿一塊，七百七十一頁，光緒庚子浙局刻。

王文成公全書第一用卅九號，梨板，一千另九十六塊，二千另五十五頁，同光間浙局刻行。

讀書堂全集第一百四十號，梨板，四百七十塊，八百九十九頁，光緒癸巳浙局刻本。

趙恭毅公賸稿第一百四十一號，梨板，三百另六塊，五百九十八頁，光緒壬辰浙局刻。

趙裘萼公賸稿第一百四十二號，梨板，六十四塊，一百廿二頁，光緒丁卯浙局刻。

白田草堂存稿第一百四十三號，梨板，三百九十七塊，五百八十四頁，蛀爛，現尙印售。

錢南園遺集第一百四十四號，梨板，九十七塊，一百八十七頁，光緒癸巳浙局刻。

▲樊榭山房全集第一百四十五號，梨板，四百四十二塊，八百五十七頁，光緒甲申汪氏振綺堂刻，汪玉年捐贈。

▲道古堂全集第一百四十六號，梨板，七百九十七塊，一千四百八十九頁，民國十一年二月汪玉年捐贈。

△姜先生全集第一百四十七號，甲種梨板，五百四十四塊，一千另八頁，光緒己丑年刻，民國廿一年十月馮慶瑞寄存。

▲借閒生詩詠第一百四十八號，梨板，五十二塊，九十六頁，道光庚子年汪氏振綺堂刻，汪玉年捐贈。

▲二如居贈答詩詞第一百四十九號，梨板，卅六塊，六十六頁，汪玉年捐贈。

▲依舊草堂遺稿第一百五十號，梨板，廿三塊，四十一頁，同治戊辰汪氏振綺堂刻，民國十一年汪玉年捐贈。

▲埶餘存稿第一百五十一號，梨板，卅一塊，五十五頁，同治戊辰汪氏振綺堂刻，汪玉年捐贈。

▲清尊集第一百五十二號，梨板，一百八十三塊，三百四十六頁，民國十一年汪玉年捐贈。

▲琴台合刻第一百五十三號，梨板，八十四塊，一百六十二頁，汪玉年捐贈。

、樊紹述集注第一百五十四號，梨板，四十四塊，七十二頁。

儆居集第一百五十五號，梨板，二百八十五塊，五百卅九頁，光緒十四年刻。

儆季雜著第一百五十六號，梨板，四百四十三塊，七百九十六頁，光緒年刊。

▲唐詩啓蒙第一百五十七號，梨板，二十六塊，四十七頁，光緒戊子刻，汪玉年捐贈。

▲滄江虹月詞第一百五十八號，梨板，卅三塊，六十一頁，嘉慶九年刻，略有蛀損，民十一年汪玉年捐贈。

▲蓮子居詞話第一百五十九號，梨板，五十七塊一百另三頁，道光壬辰刻，略有蛀蝕，汪玉年捐贈。

▲餅笙館修簫譜第一百六十號，梨板，廿八塊，五十二頁，道光癸巳年刻，民國十一年汪玉年捐贈。

韻山堂詩集第一四六十一號，梨板，六十五塊，一百十三頁，光緒十四年浙局刻。

攟雪堂文集第一百六十二號，梨板，八十九塊，一百七十二頁，光緒庚子浙局刻。

、湖唐林館駢體文第一百六十三號，梨板，四十二塊，八十三頁。

沈氏三先生集第一百六十四號，梨板，三百四十三塊，六百五十四頁，光緒丙申浙局刻。

古文淵鑑第一百六十五號，梨板，一三八八塊，二七八四頁，同治十二年浙局刻。

唐宋文醕第一百六十六號，梨板，八百另八塊，一四九六頁，光緒三年浙局刻，有蛀蝕。

唐宋詩醕第一百六十七號，梨板，九百四十四塊，一七九〇頁，光緒七年浙局刻。

兩浙輶軒錄第一百六十八號，梨板，一四五九塊，二七〇三頁，光緒十六年浙局刻。

兩浙輶軒續錄第一百六十九號，梨板，二〇五四塊，三八七〇頁，光緒十七年浙局刻。
台灣雜詠合刻第一百七十號，梨板，廿一塊，卅六頁，光緒辛巳年刻。
漢魏六朝女子文選第一百七十一號，梨板，五十塊，九十二頁。
緝雅堂詩話第一百七十二號，梨板，卅三塊，六十三頁，光緒辛卯刻。
▲杭郡詩正輯第一百七十三號，甲種梨板，六百十二塊，一千一百八十七頁，同治甲戌丁氏刻，民國廿二年十一月丁立方等捐贈。
▲杭郡詩續輯第一百七十四號，梨板，七百五十二塊，一千四百八十四頁，光緒丙子丁氏刻，民國廿二年十一月丁立方等捐贈。
▲杭郡詩三輯第一百七十五號，梨板，二千另三塊，三千七百八十八頁，光緒癸未丁氏刻，民國廿二年十一月丁立方等捐贈，以上三種完好。
▲茶夢盦詩稿第一百七十六號，梨板，一百另五塊，一百九十八頁，民國廿二年十一月丁立方等捐贈。
▲半巖廬遺詩第一百七十七號，梨板，廿四塊，民國二十二年十一月丁立方等捐贈。
▲蘇堤漁唱第一百七十八號，梨板，十七塊，三十三頁，民國二十二年十一月丁立方等捐贈，係西冷五布衣遺書之一。
△松夢詩稿第一百七十九號，梨板，九十二塊，廿二年十一月丁立方等寄存。

△翠螺閣詩稿第一百八十號，梨板，五十塊，廿二年十一月丁立方等寄存。

▲玉川子詩註第一百八十一號，新刻梨板，一百四十一塊，二百七十六頁，民國廿二年十月孫康侯捐贈。

△擇石齋文集第一百八十二號，甲種梨板，一百廿八塊，二百三十二頁，民國廿二年十月王修寄存。

△擇石齋詩集第一百八十三號，甲種梨板，二百九十四塊，五百八十八頁，民國廿二年十月王修寄存。

▲宜堂類編第一百八十四號，梨板，三百七十八塊，丁氏嘉惠堂刻，略有蛀蝕，民廿二年十一月丁立方捐。

▲樊諫議集七家註第一百八十五號，梨板，九十二塊，民國廿三年山陰樊漱圃捐贈。

▲樊紹述遺文第一百八十六號，梨板，四十二塊，民國廿三年山陰樊漱圃捐贈。

▲樊集句讀合刻第一百八十七號，梨板二十三塊，民國廿三年樊漱圃捐贈。

審看擬式第一百八十八號，梨板，六十八塊，光緒間浙局刻。

西泠五布衣遺書不列號，民國廿年十一月杭縣丁立方等捐贈，板已霉爛殘缺，現停印。

勸學篇不列號，板殘，現停印。

二十二子叢書第一號，梨板，三千三百六十塊，六千三百廿七頁，光緒元年浙局付雕，內老子二卷漫滅，民國九年浙江圖書館重雕，莊子十卷亦民國年浙館重雕，荀子補刻數板，黃帝內經修十餘板，其他各種完好。

?邵武徐氏叢書初刻叢書第二號，梨板，八百卅七塊，一千五百六十一頁。

?邵武徐氏叢書二集叢書第三號，梨板，七百五十塊，一千四百卅一頁。

▲金華叢書叢書第四號，甲種梨板，一〇三六四塊，一九八〇二頁，民國廿二年七月胡宗楙捐贈。

▲續金華叢書叢書第五號，甲種梨板，三六一七塊，六五一四頁，胡宗楙捐贈。

▲半厂叢書初編叢書第六號，梨板，七百四十三塊，一千三百卅九頁，光緒年刻，民國五年六月譚鎦捐贈，內西夏紀事本末卅六卷漫漶。

?嘯園叢書叢書第七號，梨小板，二千三百五十二塊，四千二百廿九頁。

▲富陽夏氏叢刻叢書第八號，甲種梨板，一百四十塊，二百六十八頁。

▲武林掌故叢書叢書第九號，梨板，八千四百廿七塊，一萬六千一百另九頁，光緒癸未丁氏嘉惠堂刻，民國廿二年十一月丁立方等捐贈，內有爛板如昭慶律寺志十卷，蛀蝕最烈，無一完板。

▲武林往哲遺著叢書第十號，梨板，三千九百五十三塊，七千五百五十四頁，丁氏嘉惠堂刻，民國二十二年十一月丁立方等捐贈，內有青溪漫稿一種，霉爛不堪。

▲當歸草堂叢書叢書第十一號，梨板，二百七十九塊，五百十四頁，丁氏嘉惠堂刻，民國廿二年十一月丁立方等捐贈，多數蛀爛。

▲當歸草堂醫學叢書叢書第十二號，梨板，四百〇五塊，七百六十七頁，丁氏嘉惠堂刻，民廿二十一月丁立方等捐贈，有蛀爛。

章氏叢書叢書第十三號，甲種梨板，一千塊，一千八百六十七頁，民國六年浙江圖書館刻。

玉海叢書第十四號，梨板，三千九百十二塊，七千五百卅二頁，光緒九年浙江書局重刻，全部完好。

玉海附刻十三種叢書第十五號，梨板，一千一百四十二塊，二千〇卅六頁，光緒年浙江書局重刻，完好。

蓬萊軒地理叢書初集叢書第十六號，梨板，三百四十三塊，六百七十七頁，民國四年浙館刻。

蓬萊軒地理叢書二集叢書第十七號，梨板，二百八十五塊，五百卅八頁，民國年浙館刻。

浙江全省輿圖地圖第一號，梨板乙塊，乙大張，字畫略有糢糊。

浙江省垣城廂總圖地圖第二號，梨板乙塊，乙大張。

浙江省垣城廂分圖地圖第三號，梨板，存六十九塊。

浙江省垣坊巷全圖地圖第四號，梨板乙塊，乙大張，字畫模糊。

浙江省垣水利全圖地圖第五號，梨板乙塊，乙大張。

浙江海塘新圖地圖第六號，梨板乙塊，乙大張。

總計書版共：一六三、六九〇片，殘版與不標號猶未計入。

就中自刻者計：一二二、四八六片。

捐贈者：四〇、一五一片。而自民元以前及民十二至十六年間因館檔未理，無從悉其有亡捐贈者，尚未計入焉。

寄存者：一、〇五三片。

捐贈諸家中尤以錢唐嘉惠堂丁氏之一萬八千七十一片，金華退補齋胡氏之正續金華叢書版一萬三千九百八十一片，以迄汪氏振綺堂之四千一百五十七片爲最鉅，斯則不但本館蒙其惠，實亦學界食其賜而當同聲感泐者也。

所有書版材料，計有梨木與白皂二種，前者質佳値昂，後者反是，惟梨木又自有差別，館藏版片大抵以普通梨木爲多，最優者固少，最下者亦少，若今歲安徽壽春孫氏小墨妙亭新捐贈覆宋淳祐本四書版質之佳，蓋幾乎可稱鎭庫物矣。

木刻書版最難經久，一慮蛀蝕，二患漫滅也；辟蠹雖尙有方，漫漶模糊，則舍求最佳之堅木外，殆無他術，故刊書當以上等梨木爲佳。又印刷尋常多用煤屑代墨，而和以麥粉與膠水，不知麥粉受潮則生蟲，煤屑色淺易落，而氣味亦劣，因陋就簡則可，如欲求精，不宜惜費也。信筆所及，輒漫記于此。茲再將館藏書版歷年得自藏家割愛相畀者簡表于下，以便參觀，誌謝意，並期收勸來之效云爾。

性質	刻家姓氏	片數	入藏年月
捐贈者	杭縣丁氏嘉惠堂	一八、〇七一	民國廿二年七月
	金華胡氏退補齋	一三、九八一	民國廿二年七月
	舊錢唐汪氏振綺堂	四、一五七	民國十一年二月
	黃氏家塾	一、七一七	清光緒十九年左右
	杭縣譚鍾先生	七四三	民國五年六月

	安徽壽春孫氏小墨妙亭	五八四	民國廿四年
	杭縣孫氏壽松堂	二七六	民國廿二年十月
	紹興樊漱圃先生	一五七	民國廿三年
	富陽夏靈峯先生	一四〇	民國　年
	項蘭生先生	六七	民國廿一年十月
讓售者	紅融山房	二一八	清光緒二六年由鄭姓購進
寄存者	慈谿馮慶瑞先生	五四四	民國廿二年十月
	詒莊樓長興王修先生	五一九	民國廿二年十月

編者案：永懷堂十三經古注，據李蓴客謂係同治七年楊昌濬購自蕭山某氏者，越縵堂日記云：「閱局中新補刻永懷堂本十三經注，其板舊在蕭山某氏，去年楊布政購得之者，然拙惡多誤字，蓋卽葛本翻刻，不知出誰手也。板頗漫漶，且有闕失，布政屬局中諸子校補之，而無原刻本可證，因據毛氏注疏本爲之修改，轉失葛氏之眞。」（同治八年九月十六日桃花聖解庵日記第十二冊第四頁）

或以爲此版明人舊刻，昔俞曲園已云然，——春在堂隨筆二第九頁及湖樓筆談二第七頁並云：「永懷堂十三經注乃明崇禎間金千仞蟠葛靖調鼒兩人彙刻，卷首或題明後學金蟠訂，或題明後學葛鼒訂，蓋刻書之貲出其人耳。今其版在浙江書局，余取觀之，其謬誤甚多。……」——今毛君據避清諱玄弘等字，斷爲乾隆覆刻，固不容抹殺，然此或爲歸局前已曾經修版之證耳；暇當再乞毛君詳查，以析此疑。（慕騫附記）

原刊《浙江省圖書館館刊》一九三五年第四卷第三期

書林

別開生面的藏書家與讀者

毛乘雲

我國在晉朝(距今約一七〇〇年),有一位名叫孫蔚的藏書家。他藏有一萬卷左右的書,任人借讀,毫不吝惜。因此,來借讀的人,多至數百。他對此數百讀者,不但歡迎,幷且慷慨解囊,供給衣食住處,務使讀者毫無生活不安之感,明窗淨几,安心閱覽。

唐玄宗時(距今約一二〇〇年〕,有一位藏書家,名叫倪若水,藁城人,曾舉進士,做過尙書右丞,又做過汴州判史。他家藏書至多,有時書架不敷用,卽疊置窗上,甚至於屋內看不見天日,卷冊之多,可想而知。有好學的人來借讀,並不餙詞推却,不過要讀者先送上些徵學金,表示讀書的誠意,方許入室閱覽。

明朝初年,有一位藏書家,東莞人,名叫陳璉。他中過洪武某年舉人,做過南京禮部侍郞,他的藏書處所,叫做萬卷堂。四方學士來借讀的,也和孫蔚一樣,不特書肯借,而且爲讀者置備膳宿,不收費。

以上三位奇藏書家事略,乃從淸初李映碧著:諸史異彙中錄出,譯成語體文,不過潤餙數語,事實並未妄增。孫蔚事,原注出晉書。倪若水事,原注出唐小史。陳璉事,原注出明名山藏。如此的藏書家,試打開中國藏書家考略一看,七百四十一人中,有無足以媲美的第四人?恐怕沒有吧!所以我稱他們爲別開生面的藏書家,而介紹給讀者。我想讀者或者要說現在爲什麽沒有這樣好的藏書家呢!

這裏還有兩位讀者,他們讀書的方式,也值得一記:

一位是北周〔距今約一三〇〇餘年〕的樊深。他是猗氏人。少時讀書很用功,晝夜不倦。後來做了官,每天上衙門,早出晚歸。騎在馬背上,總是手不釋卷,搖頭唸誦。有一回,他讀到極合意的文章突然大聲朗誦,坐下馬受驚狂跳,他因爲不提防,遂翻身落馬,跌折支體。後來,他還是據鞍讀書如舊,並不因支體跌傷而改變他的讀書方式。

一位是南朝〔距今約一三〇〇餘年〕陳後主之弟陳叔陵,他受封始興王。生平酷愛虛名。每當入朝,坐在車中,或騎在馬上,必手執書冊,高聲長誦,洋洋自得,有時故意手舞足蹈,表示對書的親暱,使旁觀者分外讚歎。等到退朝回家,他却閒坐齋中,無所事事,有時感覺無聊,便拿把斧子,扮演沐猴百戲〔卽猢猻戲〕。關上宮門,使妻妾喝彩取樂。

以上兩只故事一見北周書,一見南朝陳書。

雪昆按,別開生面的藏書家,毛先生舉出了前朝的三位藏書家給我們介紹。並且說「試打開中國藏書家考略一看，七百四十一人中，恐怕有無是以媲美的第四人。」可是在此七百四十一人之外，我們却找到了一位現代的藏書家。這人就是浙江臨海的潘升三先生，他家藏書甚富，訂有奇特的「約法三章」，把他摘錄在下面：

1. 任何人不能將藏書出賣；2. 不管他娘的親，爺的眷，一概不准出借；3. 只要到他家裏讀書，不問分見富貴賤，也不必什麼請求介紹，供膳也行，留宿也得。

看了這種奇特的約法，我們能不可以承認。這也是一位別開生面的藏書家嗎？

原刊《圖書展望》一九三五年第一卷第二期

四部非類名

毛乘雲

原刊《圖書展望》一九三五年第一卷第三期

後漢公藏圖籍之分類，悉承劉氏七略舊例，未嘗更變。及曹氏代漢，祕書郎鄭默編校祕書，著中經簿，始創四部名稱。十餘年後，晉祕書監荀勗，又因默簿而重編中經新簿，以甲乙丙丁四部，總統羣書，默之類名，卽勗簿之所因，勗簿之大略，見隋書經籍志序文。其甲部所統者：六藝及小學諸書；乙部則爲古諸子家、近世諸子家、兵書、兵家、術數諸書；丙部錄史記、舊事、皇覽簿、雜事諸書；丁部錄詩賦、圖贊、汲冢書諸書。統觀其類名，大牟仍沿襲七略舊規，而稍增新類名而已。圖書隨時代而日增，類名自亦必隨圖書而增多，此無足異者：其最可注意者，乃甲乙丙丁之數字，此實爲七略分類後之一大進步，實爲劉歆所不能夢見；且爲中國圖書分類史上之一大發見；其與今日全世界所風行之圖書分類記號正相同，其目的在便於檢取，易於整理，此與一八七〇年美國聖得路意斯中學校圖書館館長威廉哈利斯所發表之附記號圖書分類表，其用意毫無殊致，惟默簿之記號，稍嫌簡約，此則大輅椎輪，作始者原當如此也，不足異。鄭默時代當魏晉之交，與威廉哈利斯時代之相去，約千四百餘年，如此長時期，如吾國學者能踵默後，而推演之，則今日杜威分類表當能專美乎？惜唐初脩隋志時，名學者如魏徵李延壽輩皆不明甲乙丙丁數字含義之深遠，效用之偉大，而以無意義字視之，易爲經史子集，遂使後人誤認爲類名，稱之曰四部分類；而于圖書分類記號，遂不復措意。直至今日，學者猶執杜威分類表沾沾自喜，不自知其可羞者，實魏徵等扼吭之故也。而後世學人之具卓識如鄭漁仲者，猶不知默簿之價值，而斤斤以掀起七略四部之爭之狂瀾爲務，眞無謂也！圖書分類自七略直至清季四庫全書總目，特其類名由簡而繁，由疏而密，無大出入，兩派根本不存在，其所事直無意義，其最可深惜者，厥爲永有意義記數之字；而爲學者所忽視，且輕抹之，立經史子集毫無意義之籠統名稱，以迷後人之目，以阻圖書分類進步之一點，殊可惜耳。

讀齊物論記

毛春翔

（一）釋題

莊子內篇，取義命題，題旨既明，文義乃達，記釋題第一：

齊物論題，解者衆矣，唐以前學者，皆主齊物連讀，取萬物齊一之義。如阮嗣宗達莊論云：「今莊周乃齊禍福，而一死生，以天地爲一物，以萬類爲一指；無乃激惑以失眞，而以爲誠是耶」？劉琨答盧諶書曰：「昔在少壯，未嘗檢括，遠慕老莊之齊物，近嘉阮生之放曠」。夏侯湛莊周贊云：「遯時放言，齊物絕尤」；左太冲魏都賦曰：「八極可圍於寸眸，萬物可齊於一朝」；嵇康卜疑集云：「將如莊周之齊物，變化洞達，而放逸乎」？世說新語：「羊孚雅善名理，乃與殷仲堪道齊物」；劉彥和文心雕龍論說篇云：莊周齊物，以論爲名；北齊顏之推家訓云：「莊子齊物，未免乎較量」。北齊書杜弼傳云：「遂得眞元同齊物」；隋王績東皐子集卷（二）答程道生書云：莊周所以齊大小於自適，是謂神而化之」。陸德明釋文自序云：「周著書十餘萬言，以逍遙自然無爲齊物而已」。成玄英疏莊子序云：「既明權實之二智，故能大齊於萬境，故以齊物次之」。白居易詩云：「外身宗老氏，齊物學蒙莊」；又詩云：「莊子齊物同歸一，我道同中有不同」；是皆齊物連讀之證。迄乎趙宋，始有物論連讀一說。困學紀聞卷十云：「齊物論非欲齊物也，蓋謂物論之難齊也；是非毀譽，一付於物，而我無與焉。則物論齊矣」。又云：「張文潛曰：莊子患夫彼是之無窮，而物論之不齊也，而托之於天籟（按張氏此說集中未見）」。林希逸南華口義曰：「物論者，人物之論也，猶言衆論也。齊者，一也，欲合衆論而為一也。戰國之世，學問不同，更相是非，故莊子以為不若是非兩忘，而歸之自然。此其立名之意也」。褚伯秀南華義海纂微曰：「天下物論何由而齊？學者又當究夫性命之精微，以通物理之一致」。又曰：「南華原本究極，主一理以齊天下之物論」。是皆宋人物論連讀之證。然此說初發之者實為程伊川與陳景元。性理會通卷五十七：「問齊物論何如？程子曰：莊子之意，欲齊物理耶？物理從來齊，何待莊子而後齊？欲齊物形耶？物形從來不齊，如何齊得」？陳景元南華章句音義曰：「按公孫龍子六論內有白馬指物二論，乃知漆園稽攷述作，有自來矣」。是莊子立論本旨，兩家已發其蘊矣；王伯厚林鬳齋皆循其旨而詳言之耳。宋人如邵康節（說見皇極經世書），王安石（說見莊子論），王雱（說見南華新傳），陳詳道（說見南華義海纂微），李士表（說見莊列十論），劉震孫（說見南華義海纂微序），皆宗隋唐以前舊說。宋元之交，有羅勉道者，著南華眞經循本，（焦氏莊子翼目錄列在劉須溪校莊子之前，明史藝文志列在陶望齡陸長庚之間，正統道藏列在王雱南華新傳之前，光緒江西通志藝文志據明志著錄，余則據道藏本及焦氏目錄，定為宋元間人），則從新說。其釋題云：「此篇多是闢公孫龍子、如是非彼是，因非因是，非指非馬，堅白同異，皆公孫龍子語」，其說較陳景元為詳。有明一代，如朱得之（莊子通義），陸西星（南華副墨），歸有光（南華評註），張四維（見莊子翼），方虛名（南華旁註），徐常吉（說見莊子故或作徐文長誤），等皆主宋人新說。清初大家如方潛，王夫之，宣穎，亦皆宗新說；而王宣兩家，說尤精闢。王云：「當時之為論者多矣，而尤盛者儒墨也；勿論其當道與否，而要為物論。物論者，形開而接物，以相構者也，弗能齊也。唯任其不齊，而聽其自已。——不立一我之量，而生相對之耦，而惡有不齊之物論乎？此莊子所以陵轢百家，而冒其外者也」。宣云：「天下物論，為何紛紛？倡之者本一好事之徒，偶然著述耳；又有好事之徒，起而勝之，則漸紛矣」。清季若馬其昶，陳壽昌，以及近人胡遠濬，皆從新說。馬敍倫莊子義證則從舊說，太炎先生諸子略說，則以爲齊物之論，與齊觀物論，兩說俱通。其於新舊兩說之外別創新解者，則康乾之際，有屈晦翁。屈氏著南華通，其解題云：「物者彼我，論者是非；喪我物化，道通爲一，則皆齊矣」。是乃以齊物齊論連讀者也。後王先謙莊子集解卽宗其說。綜上三派，皆言之成理持之有故。余於文則取六朝舊讀，於義則取宋人新說。蓋余嘗細玩莊周之書，考周之時代，察名家之說，知周之爲此篇，確爲攻駁惠施公孫龍之說而作也。名家最喜分析名物，入乎豪芒，如公孫龍有白馬非馬，物莫非指，而指非指之說，至爲精微；而周則攻之，以爲非但物莫非指，卽天地亦一指也。非但白馬爲馬，卽萬物亦一馬也。惠施又有大同與小同異，此之謂小同異，萬物畢同畢異，此之謂大同異之說，而周則攻之，以爲天地與我並生，萬物與我爲一，分也者，有不分，辨也者，有不辨，天地萬物，無同無異。一則析之入乎至細，一則齊之入乎大同。一主演繹，一主歸納，一則可稱之爲析物論，則周之說，稱之曰齊物論可矣，正不必以篇中言及儒墨，而致疑于其間也。

（二）分章

言有敍次，故文有章節。章句之學，治義理者鄙之，夫篇章不明，談何義理？故記分章第二：

齊物論郭注成疏，不分章節。陳景元南華眞經章句音義分爲十章 自首至怒者其誰耶，爲第一章；曰齊我大智閑閑至其無辨乎，爲第二章；曰齊智。道惡乎隱，而有眞僞，至無適焉因是已，爲第三章；曰齊是非。夫道未始有封，至此之謂葆光，爲第四章；曰齊道。故昔者堯問于舜，至而況德之進乎日者乎，爲第五章；曰齊治。齧缺問乎王倪，至而況利害之端乎，爲第六章；曰齊物，瞿鵲子問乎長梧子，至旦暮遇之也，爲第七章；曰齊死生。既使我與若辯矣，至寓諸無竟，爲第八章；曰齊同異。罔兩問景，至惡識所以不然，爲第九章曰；齊因。昔者莊周夢爲蝴蝶，至末，爲第十章；曰齊化。王雱南華眞經新傳不分章，林希逸鬳齋口義分爲上下章：自首至其無辨乎，爲上章，道惡乎隱至末章爲下章。褚伯秀南華義海纂微分爲三章。自首至莫若以明爲第一章；以指喻指之非指，至而況德之進乎日者乎爲第二章；齧缺問乎王倪至末爲第三章。元吳澄莊子內篇訂正分爲四章；自首至怒者其誰耶，爲第一章；大知閑閑，至而況德之進乎日者乎，爲第二章；自齧缺問乎王倪至而況利害之端乎，爲第三章；瞿鵲子問乎長梧子至末，爲第四章。羅勉道南華循本分爲三章。自首至旦暮得此其所由以生乎爲第一章；非彼無我，至此之謂葆光，爲第二章；自堯問於舜至末爲第三章。朱得之莊子通義分爲四章：自首至而況德之進乎日者乎爲第一章；包含齊我、齊智、齊是非、齊道、齊治、齊物、齊死生七節。自齧缺問乎王倪，至而況利害之端乎，爲第二章；即齊同異一節。瞿鵲子問長梧子至故寓諸無竟，爲第三章；即齊因一節。罔兩問景至末，爲第四章；即齊化一節。其分章雖與陳景元異，而每章名稱則全剿襲陳書。陸西星南華副墨分爲四章：自首至是之謂兩行，爲第一章；古之人至此之謂葆光，爲第二章；故昔者堯問於舜，至寓諸無竟，爲第三章；罔兩問景至末，爲第四章。焦竑莊子翼分爲十一章，自首至怒者其誰耶，爲第一章；大知閑閑，至可不謂大哀乎，爲第二章；人之生也，至莫若以明，爲第三章；以指喻指至是之謂兩行，爲第四章；古之人至此之謂以明，爲第五章；今且有言於此，至無適焉因是已，爲第六章；夫道未始有封，至而況德之進乎日者乎，爲第七章；齧缺問乎王倪，至而況利害之端乎爲第八章；瞿鵲子問長梧子，至旦暮遇之也，爲第九章；既使我與若辯矣，至寓諸無竟，爲第十章；罔兩問景至末，爲第十一章。宣茂公南華經解分爲六段：自首至亦因是也爲第一段；是亦彼也，至是之謂兩行，爲第二段；夫古之人至無適焉因是已，爲第三段；

末始有封，至此之謂葆光，爲第四段；故昔者堯問於舜，至寓諸無竟，爲第五段；罔兩問景至末，爲第六段。屈晦翁南華通分爲十節：自首至無益損乎其眞，爲第一節；一受其成形，至儒墨之是非，爲第二節；欲是其所非，至無適焉因是已，爲第三節；已而不知其然，至此之謂以明，爲第四節；今且有言於此，至止其所不知，爲第五節；故昔者堯問於舜，至德之進乎日者乎，爲第六節；齧缺問王倪，至而況利害之端乎，爲第七節；瞿鵲子問長梧子，至寓諸無竟爲第八節；罔兩問景，至惡識所以不然，爲第九節；昔者莊周夢爲蝴蝶至末，爲第十節。馬其昶莊子故分爲六章：自首至其無辯乎，爲第一章；解曰：言人生智竅日開，天機日汩，當於萬起萬滅之中，識取眞宰。自道惡乎隱，至莫若以明，爲第二章；解曰：是非不徇衆好，一以道爲樞。自以指喻指，至是之謂兩行，爲第三章；解曰：道本至通，故不拂衆情。自古之人，至此之謂以明，爲第四章；解曰：道本至虛，故不執己見。自今且有言，至而況德之進乎日者乎，爲第五章；解曰：人世是非殽亂，當洞明大本，以應無窮。齧缺問王倪至末，爲第六章；解曰：至人深達造化之原，絕無我相，一切是非利害貴賤生死，不入胸次，忘年忘義，浩然與天地精神往來，而待解人於萬世，若旦暮焉。陳壽昌南華正義分爲七章：自首至此之謂葆光，爲第一章；自堯問舜，至而況德之進乎日者乎，爲第二章；齧缺問王倪，至而況利害之端乎，爲第三章；瞿鵲子問長梧子，至旦暮遇之也，爲第四章；既使我與若辯矣，至寓諸無竟，爲第五章；罔兩問景，至惡識所以不然，爲第六章；莊周夢爲蝴蝶至末，爲第七章，諸家分章各異，故立說分歧；余之私見，以爲自首至此之謂葆光，爲第一章；言人生視聽言動，是非美惡，死生壽夭，易觀如一，無有差別。彼妄析名相，妄生差別，是內明闇滅，外惑用長耳。若虛室生白，則上下洞徹，如庖丁解牛，無有罣礙矣。是爲正破名家之執。自堯問舜，至而況德之進乎日者乎，爲第二章；申毋攖物。齧缺問王倪，至而況利害之端乎，爲第三章；申爭辯之無用。瞿鵲子問長梧子至末，爲第四章，申死生一條，利害一致，物我俱化之意。自第二章至第四章，乃自申己意，先破後立，兩截顯然。

(二)句讀

篇章大較易辨，句讀細微難明，先秦古籍，語多簡奧，句讀易誤，誤則文義乖剌。欲明奧義，先明句讀，記句讀第二：

「勞神明爲一，而不知其同也，謂之朝三」。

諸家注解，自郭子玄以降，皆勞神明爲一斷句，郭注云：「夫達者之於一，豈勞神哉？若勞神明於爲一，不足賴也，與彼不一無以異矣」。呂惠卿解之曰：「道通爲一，若不知其然，勞神明而爲之，乃所以爲不一也」。林疑獨解之曰：「夫神明在身，宜任其自然，今勞而求其爲一，失之遠矣」。陳景元曰：「已而不知其然，無因是之迹也。若勞神明以爲一，則如狙公之役知，以籠羣物」。王雱曰：「故無往而不通，通則得，得則幾矣。若勞神明而爲一，豈知其同哉？故繼以狙公之喻」。林希逸曰：「人有勞苦神明，自爲一偏之說，而不知理本同者，謂之朝三」。羅勉道曰：「凡勞苦其心神，爲此一偏之見者，不知通之爲一者也。朱得之曰：「爲一執滯，昭文、師曠、惠子，勞神爲一之證」。陸長庚曰：「不知無物不然，無物不可，本自同也。故曰：「勞神明爲一，而不知其同也，譬之朝三」。方虛名曰：「道即一也，豈勞神而爲者哉？今勞神明以爲一，則與不一者，亦無以異矣」。王夫之曰：「故用不可執也，執則亦勞神明爲一，而不知通乎大同也」。宣穎曰：「若勞心爲一，不知其同於不一，謂之朝三」。屈復曰：「若勞神明爲一，則是知其然矣，一而知其然，未免生門戶，立意見亦與不一者同失。陳壽昌曰：「若勞役神於爲一，而不識渾同之妙，是猶衆狙之怒朝三也。豈解人哉」？陸樹芝曰：一、執滯也，勞神明而務別是非，則爲執滯，而不知其可通爲一，是衆狙之獨怒夫朝三也」。王先謙曰「若勞神明以求一，而不知其本同也，是囿於目前之一隅，與朝三之說何異乎」？胡遠濬曰：「勞神明爲一，惠子是也。同者謂同於不知其然」。太炎先生曰：「役神明於一義，不悟其所言者，還卽與不解同；故以狙公賦芧爲喻」。解者衆矣，更僕難數，上舉數家，皆人所習知者，其句讀均誤。故其解皆不能歸於至當。一日余方就寢，忽有所悟，蓋一者卽上文復通爲一之一，道通爲一之一，天地一指，萬物一馬之一，亦卽下文萬物與我爲一之一，亦卽齊物論之齊字也、（按通篇婁出一字而絕未見齊字蓋齊卽一之謂也）。「爲一」須連下讀，文義乃通，爲一而不知其同也，猶言明明其爲一物（事），而不知其爲一物、事），是與衆狙不知朝三與暮四無別何異，而猶勞神明以求爭勝，不知己之識已與衆狙等矣。是蓋指惠施公孫龍輩言也。爲一之爲，非作爲之爲，爲猶卽也，等也，與甲等乙、乙等丙之等，爾爲爾、我爲我之爲，同義。而崔譔不得其解，反謂「爲之道勞」斷句，大謬。

「唯其好之也，以異於彼；其好之也，欲以明之彼，非所明而明之，故以堅白之昧終。」

前人皆以唯其好之也讀，以異於彼句，其好之也讀，欲以明之句，彼字連下文讀。自宣茂公始以彼字連上文讀，以「欲以明之彼」斷句。解曰：「自以爲異於人，且欲以曉於人」是也。屈晦翁姚姬傳陸樹芝陳壽昌馬通伯，以及近人胡遠濬，皆從其說。

（四）錯簡

古書錯簡，屢見不鮮，如老子第三十一章，自「夫佳兵者不祥之器，至用兵則貴右」二十九字，爲老子原文，「兵者不祥之器至末」，皆王弼注文，與正文誤合爲一。何琇樵香筆記辨之至審。漢書地理志，魯地下：「東平須昌壽張至當考」十八字，乃注文，誤入正文，顧亭林已辨之矣，至尙書錯簡尤多，玆不具引。蓋古書展轉傳寫，簡錯訛奪，必不能免，妄改古書，固不可，盲從舊讀，以訛傳訛，亦未見其可，苟所見爲不謬，則孰謂王魯齋爲狂妄耶？記錯簡第四：

「自彼則不見，自知則知之。」

按此兩句，卽上文以明兩字注語，而誤入正文者也。蓋以明者，內視之謂也，古有成語：「反聽之謂聰，內視之爲明，自勝之謂强「（史記商君列傳趙良告商君曾引用之），莫若以明，卽用此成語，而取其一明字耳。後人不察，注入自彼兩語，亦取內視之意，傳寫者誤竄入正文，今本又竄入「物無非是之下，則更不可解矣。「物無非彼物無非是」兩句，與「彼出于是是亦因彼」兩句緊接，乃彼是方生之說之成文，莊子引用之耳。與「自彼則不見，自知則知之」兩語何涉？

「亦因是也」「是之謂兩行」

今本「亦因是也」句在「喜怒爲用」之下。「是之謂兩行」句，在「休乎天鈞」下。簡篇舛錯，易置乃通。蓋愚者不知天地與我並生，萬物與我爲一，喜二五之爲多，而惡一十之爲少，猶衆狙喜朝四而惡暮三也。知二而不知一，知分而不知合，是謂兩行。故喜怒爲用之下，次之以「是之謂兩行」乃通。因者順應之意，不作意也。卽上文「聖人不由而照之于天亦因是也」，之因，「適得而幾矣因是已」之因，亦卽下文「無適焉因是已」之因。凡莊子言因，多以之許聖人，亦卽其立說之所宗。如今本「亦因是也」一語，在喜怒爲用之下，則是以因許衆狙矣，而以聖人爲知二而不知一，豈不謬哉？前人不察，而強爲之解曰：「聖人任是非兩行」，曰：「狙公因是因非，因物付物。」不知名實未虧，喜怒爲用者，狙也，非狙公也，更不知是非只可兩消，不能兩行，其它生死、壽夭、美惡，亦然，易觀則相消，決無兩行之理。如可兩行，則莊子齊物之論，爲不通矣。自毀其宗，可乎？

「六合之外，聖人存而不論，六合之內，聖人論而不議。春秋經世，先王之志，聖人議而不辯。」

上舉三十四字，乃「聖人懷之、衆人辯之，以相示也」之注文。儒家者流，妄爲之下者。後世牽莊入儒，以爲莊子陽毀孔子，而實隱尊孔子，卽以此三十四字爲最強之證。王先謙僅疑此春秋非孔子所作之春秋，而未見其爲錯簡。夫儒家動稱先王，漢儒尤喜談春秋大義此類語至多，不勝縷指。莊周斥儒，何至拾腐儒之唾餘，以自亂其書哉」齊物論入此數語，猶唾西施之面，我見猶憐，奈何名世學者，多喜掩面而強爲之解也。

「既使我與若辯矣，至寓諸无竟」。

上舉二百五十一字，今本在「旦暮遇之也」下，乃錯簡。此一大段文字，與齧缺問王倪章「吾惡能知其辯」一段相緊接，「與旦暮遇之也」一段，毫無干涉，齧缺問王倪章，言爭辯是非之無謂，瞿鵲子問長梧子一章，乃申物化之理，揆之文義，灼然可見。

「化聲之相待，至所以窮年也。」

此二十五字，當移至而待彼也邪之下，宋呂吉甫已見及之矣，後人多從其說。

「周與蝴蝶，則必有分矣」。

今本此句在「不知周之夢爲蝴蝶與、蝴蝶之夢爲周與、」兩句下：此亦爲後人妄下之注文，而傳寫誤人正文者也。蓋莊周之意，欲明物化之理，「不知周之夢爲蝴蝶與，蝴蝶之夢爲周與」此已達無可分辨，融合爲一之境。故次之曰「此之謂物化」。今乃曰：「周與蝴蝶，則必有分矣，」寧不大謬？分也者別也，既有別矣，安得下文猶曰：「此之謂物化。」既曰「物化矣」，而猶先之曰，「則必有分」，世有如是不通之文耶？細審之，乃知此爲反莊之腐儒所下注也，其注若曰，汝以爲「不知周之夢爲蝴蝶、蝴蝶之夢爲周與」當其夢也，誠或如是，而不夢之周，與不夢之蝶，固儼然有別也；曷可渾言之曰不知耶？腐儒欲攻物化之理，其義至顯，不可因其文相傳之久，而仍其謬也。

「爲其脗合，置其滑涽，以隸相尊，衆衆役役，聖人愚芚。」

此數語，涽、尊、芚、爲韻，兩句一聯，今「以隸相尊」一聯，僅存一句，另一句脫失，不可攷矣。

（五）釋義

向郭之注，喜談名理，略於攷證；注更須注，故有成玄英之疏。注疏雖有可議，而尙知守其宗，宋明以後，學者或推莊入儒，或挽莊入釋，兩無可取。余媿淺陋，於零文碎句，略具一孔之見，若長篇鉅製，請俟異日，記釋義第五：

齊物論第二，郭注曰：「夫自是而非彼，美己而惡人，物莫不皆然」，陸德明音義曰：「惡烏路反」，按自是非彼，美己惡人，爲偶句，是非美惡，爲對文，惡當讀醜惡之惡，烏各切。是非相背，美惡相反，皆形飾之字，轉用爲動詞。美己者，以己爲美也；惡人者，以人爲醜也，讀爲好惡之惡，則非。

「咸其自取，怒者其誰耶」？

「怒」字下當有「之」字，郭注曰：「物皆自得之耳，誰主怒之使然哉」？可證。王先謙曰：「萬竅怒呺，有使之怒者，而怒者果誰耶？略去之字，義遂隱晦。

「可行已信，而不見其形，有情而無形」。

馬通伯曰：「已與以同」，卓識可佩。惟謂信卽大宗師篇之「有情有信」之信，則不敢苟同。陳壽昌曰：「信、實也」，胡遠濬以爲當從陳說，亦近似耳，未確也。按老子二十一章：「其中有信」，王弼注曰：信、信驗也」，其說至當。本文信字當從王弼說，蓋眞宰之爲物，無象可求，僅可由行事之際，體驗而得。故曰「可行已信」。其句式可轉爲「可信(驗)已(以)行」。可驗之以行事，而不可得其形象，故次之以「有情而無形」。情，卽信也，義同信驗之信。或言情，或言信，爲行文之便耳。

「汝皆說之乎，其有私焉」。

其、猶殆也，其有私焉，從言殆有私焉。焉、疑問之詞也。下文「其有眞君存焉」，義同。言百骸九竅六臟，汝皆說之乎，抑說其一體乎？私者，卽說其一體之謂也。郭注曰：「皆說之，則是有所私也」，殊非。蓋皆說之，無所偏愛，何私之有？

「夫隨其成心而師之，誰獨且無師乎」？

諸家解「成心」，多有未是，余試爲之解曰：心者內因，成者外緣，因與緣會，是謂成心(俗稱成見)。成心非實，境依假立，因與緣離，諸境俱寂。故曰：「未成乎心，而有是非，是今日適越，而昔至也」。可知是非生乎成心。人皆有成心，故是非紛然，欲泯是非，去其成心可矣。成心去，而後眞宰乃現耳。

「故有儒墨之是非，以是其所非，而非其所是，至莫若以明」。

郭注：其指儒墨，是也。明反覆相明之意，則非也。蓋其乃代詞，任代一方，彼以爲非，則此以爲是，此以爲非，而彼以爲是，是非永不能定，欲是非大明，必彼此內省而後可；故曰：「莫若以明」，以明者，內視之謂也。此莊子引用成語。宋崔敦禮有曰：若水之清，明從內生，若谷之虛，響從內與，所以爲視聽之精」（見芻言卷下）；用釋以明二字，至爲恰切。

「道行之而成物謂之而然」。

宣穎曰：「道路也」、「行之而成」。王先謙曰：「孟子所云，用之而成路也」；羅勉道曰：「道本無名，人行之而成道之名，物本無名，人謂之而立物之名」，皆是也。道理之道，本訓路，孟子曰：「義人路也，誰能出不由戶，何莫由斯道也」，可證。物謂之而然之「謂」，卽公孫龍子物莫非指之「指」，皆謂稱物以名也。道本無有，行之而後有大道小徑之分；物本無別，立名而後有長短大小美惡之異。

「道之所以虧，愛之所以成」。

郭注曰：「道虧則情有所偏，而愛有所成」，諸家因之，非是。余謂成者，虧道之謂也，道何由而虧？愛之，所以虧之也。上文「是非之彰也，道之所以虧也，可證。蓋彰明是非，本欲明道也。欲明道者，有愛於道也；而不知道正由我愛之而虧，愛之成於此，而道卽虧之於彼。如影隨形，速於郵傳，欲道之不虧，須是非不彰欲是非俱泯，須無愛於道，此莊子立言之旨也。

「今且有言於此，不知其與是類乎？其與是不類乎？類與不類，相與不類，則與彼無以異矣」。

郭注未明。馬其昶曰：「是者以明，彼者物論」；亦嫌穿鑿。按彼是相對，不必有定指，「則與彼無以異矣」，是省文；原當作「不知其與彼類乎？其與彼不類乎？類與不類，又相與爲類」。大抵相爭必有兩方　而兩方各有

原刊《文瀾學報》一九三七年第三卷第二期

一是（類）一非（不類）存乎其間；言是則俱是，言非則俱非，是非相消，爭於何有？

「弔詭」。

郭注曰：「夫非常之談，故非常人之所知，故謂之弔當卓詭」。陸德明音義曰：「弔，音的，至也；詭，異也」。余謂弔訓至極之至，是也；詭，則當訓祕，言其理至爲隱祕難知也。故下文曰：「萬世之後，而一遇大聖，知其解者，旦暮遇之也」。「弔詭」二字，當爲現成名詞，莊子引用之耳。馬其昶曰：「弔詭即天下篇諔詭可觀之諔詭」，太炎先生從其說。余謂天下篇之「諔詭」，與德充符篇之「諔詭」同義。陸云：「奇異也」，今以弔爲諔，失一義矣。馬叙倫曰：「弔同憰，憰、權詐也，詭變也」，於義尤乖。夫權詐詭變，乃聖人之所痛斥，亦莊子之所排擊不遺餘力者也，既曰權詐詭變，下文更何必曰「萬世之後，而一遇大聖，知其解者旦暮遇之也」耶？權詐詭變之說，常人亦知不欲求其解，而況大聖，既有須俟大聖方能知其解之語，則知弔詭者，決非權詐詭變之說也。

「化聲之相待，若其不相待」。

前人解化聲，僅屈晦翁得其旨，而其言略；于不相待之義未盡；玆更申言之。夫化聲爲言，言是生非，是非無定，隨我見移，言是言非，若相對立；是中有非，非中孕是，是非相待，適以相泯。故曰，相待若其不相待，待、對也。

「和之以天倪，因之以曼衍，所以窮年也」。

倪者，端也，聲在未化之先，謂之天倪；此時是非未現，和之，則是非兩遣矣。和之者，一之之謂也。上文「和之以是非」，即此「和之以天倪」也。如是非既立，誰能和之？「孰是孰非，我與若與人俱不能相知也」，下文已詳言之矣。曼衍之義，宣說是也，窮年即乘化歸盡之意，乃至人之逍遙也。

予欲有言集

論孔子

毛春翔

今年「八二七」孔子誕辰，各地開會紀念，報紙刊文稱述，情形似乎比去年熱鬧。數典不忘祖，追念古聖人，在原則上，無可非議。但孔子究竟是怎樣的一個人，他的學術思想，到底怎麼樣，先把這些問題弄清楚，然後去紀念稱述才有意義，否則有點近乎盲從，盲從是要不得的。二千餘年以來，歷代帝王那一個不尊崇孔子：蒙古人入主中國，封孔子爲大成至聖文宣王。滿洲人打到北京，屁股沒有坐穩，就大封孔子爲大成至聖文宣先師。倭寇在沒有正式同我們開火以前，也就大祭孔子，大敬孔子。七七以後，在淪陷區，更特別崇敬孔子，强迫淪陷區的我們的同胞個個讀孔子的書，學孔子的樣，這是什麼把戲呢？這是侵略者想抬出孔子來爭取順民的心，歸向他，盡忠於他，好好做馴服的奴隸。如果桀驁不馴，不盡忠，不歸順，那便是不敬孔子，不守孔子的教條，大逆不道，殺頭槍斃，侵略者便振振有詞了，殺你還要使你死而無怨，這就是歷代帝王及現在的倭寇崇敬孔子的原因及作用。在這班侵略者的權威之下，是絕對不准議論孔子短長的。在過去同族的帝王統治之下，老百姓也一樣地無權議論孔子的。這是什麼道理呢？不言而喻，老百姓如果認識了孔子究竟是怎樣的一個人，則對孔子的信仰便不免要動搖起來，對孔子的信仰起了動搖，便等於對統治者的信仰起了動搖，那還了得。絕對不許議論，這些禍端便消弭于無形中了。家家戶戶，廳堂當中，設置一個牌位，上書「天地君親師」五個大字，朝夕焚香致敬。「師」便是孔子，「君」夾在中間，上有天地護其首，下有親師護其足，人不肯毀其「親」，毀其「師」，自然也不肯毀其「君」了，這豈不是一個最好沒有的掩護方法麼？這樣巧妙的方法，維持了二千餘年，一直到辛亥革命以後，才被人家識破。五四運動以後，學者更加清醒過來，對孔子要加以重新估量。到十五年大革命的時候，迷信孔子的學者，已經很少很少。倭寇今日還想利用孔子來麻醉淪陷區老百姓，這未免太笨了！不會發生效果的！孔子是中國的孔子，我們中國人自己要先認識孔子，才決定如何尊敬孔子。我們中國人並不是無條件的絕對毀棄孔子的一切也不是無條件的絕對迷信孔子的一切。既不迷信，也不遂棄，我們的行動是有理性的。世界上最無恥最殘忍的倭寇，大可不必再弄過去帝王所玩弄的花樣，今日的中國人，不是前代的中國人了。

孔子的生平及其學術思想到底是怎麼樣的呢？現在據我所知道的簡略地寫一點報告讀者。

孔子的誕辰，左傳不載，據公羊傳載，是魯襄公二十一年十一月庚子。穀梁傳載，與公羊傳同，而無「十有一月」四字。據史記所載，孔子是生於魯襄公二十二年，彼此記載，略有差異，而一般都宗史記定爲魯襄二十二年孔子生，而於月日則宗公羊定爲十一月庚子。今所定八月二十七日者，由推算而得。

據史記，孔子的父親名叫叔梁紇，母親名叫徵在，姓顏。叔梁紇與徵在野合而生孔子。所謂野合者，是說沒有正式結婚的意思。孔子原來是一位私生子，（在周朝，私生子在社會上有地位，這也是社會史上值得注意的一點）。出世三年，父親便死了。葬在什麼地方，孔子不知道，後來孔子之母死，有鄰居老太婆來報告叔梁紇葬在防山，孔子才把他的母親合葬於防。

孔子娶妻，據經傳所載，大約是十九歲的時候。又據檀弓所記，孔子曾經出妻，至於其妻所犯何過，經傳無記載，不可考了。

孔子幼年時代，喜歡與禮，曾經爲陽虎罵過。十七歲時，魯大夫孟釐子很稱贊他知禮，並斷言他將來一定發達。孟釐子死，他的兒子孟懿子及南宮敬叔（即南容）便拜孔子爲師而學禮。

孔子中年時代，適值陽虎專政。陽虎橫暴，孔子不欲仕。後來陽虎失敗逃奔晉國，孔子始出仕，爲中都宰，大約爲魯定公九年，孔子時已五十餘歲。後又轉爲司空，不久又轉爲司寇，不久，又由司寇攝行相事。孔子攝行相事在定公十四年，時孔子已五十六歲。爲相七日而誅少正卯。數月之後，魯國大治，齊人饋女樂，季桓子受之，不理政事，孔子遂辭職。辭職之後，周遊列國，一直到魯哀公十一年，方自衞反魯，時已六十八歲了。反魯之後，雖不做官，而當時魯國有大政，還要問他（季康子欲以田賦曾使冉有訪問仲尼事見左傳），他晚年好像是魯國政府的顧問。哀公十六年，四月已丑卒，年七十三歲。

以上是孔子生平的大略，因手邊缺少參考書，（難爲情得很，手邊連辭源都沒有）恐記憶錯誤，不敢多說。

關於孔子博學的事情，還有幾段可以記載。季桓子鑿井，獲如土缶，其中有羊焉。使問仲尼曰：『吾鑿井而獲狗何也』？對曰：『以丘所聞，羊也，丘聞之，木石之怪曰夔蝄蜽，水之怪曰龍罔象，土之怪曰獖羊』。（國語）

「吳伐越，墮會稽，獲骨焉，節專車。吳子使來好聘，且問之仲尼曰，『敢問骨何爲大』？仲尼曰：『丘聞之，昔禹致羣神于會稽之山，防風氏後至，禹殺而戮之，其骨節專車，此爲大矣』」（國語）

「仲尼在齊，有隼集於齊侯之庭，楛矢貫之，石砮，其長尺有咫。陳惠公使人以隼如仲尼之館，問之。仲尼曰『隼之來也遠矣。此肅愼氏之矢也。昔武王克商，通于九夷八蠻，使各以其方賄來貢，使毋忘職業。于是肅愼氏貢楛矢石砮，其長尺有咫……故分陳以肅愼之矢，君若使有司求諸府，其可得也』。使求，得之金櫝，如之」。（國語）

關於這一類的事情，古書所載尙多，不必多引。

孔子講學始於何年，經傳無記載。據我推測，當在三十歲以後。（三十九歲時向郯子學古官制），周朝自平王東遷以後，王室政令不出國門，所謂「天子失官，學在四夷」，教育無專官，諸侯各自爲政。而當孔子之世，魯國之君，又爲三桓所抑，三桓又爲家臣所抑，當時的政治腐敗已極，什麼制度，都無人過問，所以孔子能以私人資格，出來講學投徒。

孔子講學講什麼呢？詩，禮，樂，三樣而已。弟子進門先學詩，學詩完畢，而後學禮。通禮而後學樂（事見論語）。學詩是講求處世之法，學禮是講求立身之道，學樂是調和性情。孔子曰：『吾自衞反魯然後樂正，雅頌各得其所』，時孔子已六十八歲，晚年才正樂，可見學樂最難。

學的什麼詩呢？那就是「三百篇」。第一部是國風，第二部是小雅，第三部是大雅，第四部是頌。這些詩都可以歌唱的，各各的音調都不同，吳國季札曾經到魯國聽過樂官演奏三百篇全部。他每聽完一國國風，便下評語。左傳所記，可以參看。吳季札到魯國，在孔子之前，所以孔子删詩之說，不足據。

孔門學禮，學的什麼禮呢？據唐朝韓愈的說法，孔門所講習的禮，便是現存的儀禮。據論語鄉黨篇所記孔子視聽言動，韓氏之說，似乎可靠。但周朝一代典制，為當時政治的規範，孔子為大政治家，於此豈有不學之理。不過周朝制度，是否就是現存的周官所記的，那是另一問題，照我現在的學力，還不能說明他，目前只好不說。但我們不妨斷言孔子教他的門徒于儀禮之外，還兼及周朝的制度。甚至於殷禮夏禮都學。顏回有一天問過孔子怎樣治國，孔子告訴他，說：「行夏之時，乘殷之輅，服周之冕，樂則韶舞」。這不但參酌三代，甚至上及堯舜了。可見孔子所學所教的禮，不限於儀禮。

孔子講學的目的何在呢？據我看來，他是想為國家造就有用的人才，同時，他想使學業者都修養成功一個完滿的人格，在社會上作一個最好的人，所謂完滿的人格，便是所謂「仁」。「仁」就是孔子理想上最完滿的人格。達到這個境界，便成功一個毫無瑕疵的好人。「仁」字是從人從上，「上」是古文「上」字，許氏說文謂「二」為一二之「二」謂二人相對，親暱之意，這是錯誤的解釋。表示親愛之意的「仁」字，古字是用「忎」字。後人不用「忎」字而用「仁」字，遂致發生誤解。「仁」字的本義，是「非常之人」的意思。人旁加上字，乃和普通人字分別。所以孔子要表示他理想上的最高的人格就用這個「仁」字。怎樣才能達到這個「仁」的境界呢？那便是「禮」。循禮之途而進，便可達到「仁」的境界。這就孔子回答顏淵問仁的一段話，可以看出來的。深切地了解禮的意義和立禮的根源，並且能實踐，即可到達「仁」的領域。孔子門徒三千，只有顏回一人三月不違仁，其餘日月至焉而已。孔子曰「仁遠乎哉，我欲仁，斯仁至矣」。這就是說仁的境界並不遠，我們想到達便能到達，只要自己有志向去，這是孔子勸勉人的話。孔子自己以此自期，同時又以此勉勵人，所以他一生教人的目的可以說，就是一個「仁」字。

孔子對於政治，主張「道之以德，齊之以禮」，不主張「道之以政，齊之以刑」。他對君臣之道，認為君要使臣以禮，臣要事君以忠。齊景公問政，他回答說：「君君臣臣」。意思是：君要像一個君，臣要像一個臣。季康子問政，他說：「政者正也，子帥以正，孰敢不正」。又曰：「其心正不令而行，其心不正，雖令不從。」這是說為政者先要自己心正，然後才能正人。他對評論時政得失的態度，主張「不在其位，不謀其政」。他對人君治民之道，主張「節用愛人，使民以時」。「民可，使由之：不可，使知之」。

孔子於言行，教人兩個字：一個是「忠」，一個是「恕」。孔子嘗告曾子曰：「吾道一以貫之」。曾子告人曰：「夫子之道，忠恕而已矣」。子貢問「有一言而可以終身行之者乎」？孔子曰：「其恕乎，己所不欲，勿施於人」。忠者就是盡己的心，就是忠實。對人忠實，對己也忠實，便是「忠」。恕就是俗語所謂「將心比心」，推愛己之心愛人，推惡人害己之心而不加害於人，便是恕。孟子所謂「推恩足以保四海，不推恩不足以保妻子，古人所以大過人者，無他焉，善推其所為而已矣」。所謂「推」者便是「恕」。善於利用恕道，便是善推其所為。忠恕二字，約束言行，這是孔子教人的主旨。言行受了忠恕二字的約束，便是言行循禮，言行循禮，便是仁人。所以忠恕二字就是孔子哲學的基本，是學者修養的根本工夫。孔子曰「吾道一以貫之」者，其實就是「仁」字，可以說夫子之道「仁」而已矣。曾子不說「仁」，而說忠恕，那或者是故意說得淺近一點，使人易懂易行，也未可知。

以上把孔子的生平及其學術思想說了一個大概，以蠡測海，自知迂陋，但讀者由此可以得到一個孔子的輪廓，對於孔子是一個怎樣的人以及他的學術思想是什麼的問題，可以得到一個初步的解答以下再來一個檢討，作爲本文的結束：

後世迂儒對於婚姻之事，硬要棒出古禮，主張男女結婚一定要經過「父母之命，媒妁之言」，以爲這古禮是孔子所提倡的，不知孔子本人就是一位私生子，孔子的父親和母親成婚之時，根本上就沒有遵從古禮。書獃子拿古禮來騙人，眞可笑之至！

孔子教人讀的詩，在現在還沒失去牠的文學上的價值，要學詩的自然還可以去讀一讀，但孔子教人學的禮，現在還可以學麼？如果把牠作爲一種古代的制度去研究，那自然可以，但那是專門家的事，不是一般人的事，如果要人人都去與孔子曾經教過他的門徒的禮，那便要成爲笑話了！孔子認定視聽言動一一遵禮做去，便可成爲一個社會上最好的人，那是孔子把人的行爲善惡認定是決定於人的心理作用的緣故，生在二千餘年以後的人，生活改變了，知識進步了，知道孔子這種說法，是不可靠的，古代的禮絕對沒有支配我們現代人的力量。

孔子在政治上所常說的：「其心正不令而行，其心不正雖令不從」，「子帥以正，孰敢不正」，「政者正也」等等的話，和他所主張的言行上的道理一樣，都是認定「心力萬能」。前世讀書人只知說空話，唱高調，而於實際環境忽視無睹，不講對策，大約是受了孔子的唯心的政治論的影響太深的緣故。政治的好壞，果是完全爲心理所支配的麼？這是讀過幾本新書的人就可知道左右政治的力量究竟是什麼，我不用多說了！

孔子提倡忠恕二字，當然是有道理的，但忠恕兩字的背後還有一種很大的左右忠恕的威力存在，孔子並沒有指出，孔子爲什麼指不出忠恕背後的威力呢？這也是孔子太相信心力之强的緣故。孟子勸齊宣生推愛禽獸之心愛百姓，齊宣王說寡人有疾，這個「疾」，就是恕字背後的威力，孟子也沒有看出，所以孔孟一家，成爲道統！

總而言之，我們現在對孔子所應取的態度，是：認定孔子爲中國古代的一位學術思想的權威而不是現代的學術思想的權威，如果要把孔子所說的作爲現代人的座右銘，那便是錯誤！我們現在在思想上已經有　國父所手創的三民主義領導，我們如果眞的要想生存——自由的生存，那末信仰三民主義彀了。在民族復興的長途中，在和倭寇拚死活的時候，不必再抬出封建時代的孔子，動搖一般青年對主義的信仰！

原刊《新文化月刊》一九四〇年第一卷第二期

孔子生年月日考

毛春翔

孔子生年月日，學者聚訟紛紜，迄無定說。茲就余之所知各家之說，分項述之：

（一）魯襄公二十一年公羊傳：（據今通行本）「十有一月庚子孔子生」。主此說者，有後漢何休，（見公羊解詁）賈逵，（見襄三十一年左傳孔疏引文）服虔，（見同上）宋胡安國，（見所著春秋傳）家鉉翁，（見所著春秋詳說）清周照，（見所著春秋集讀）

（二）穀梁傳於襄公二十一年十月後書云：「庚子孔子生」。後儒斷爲十月庚子孔子生，爲穀梁說。從之者，有宋王欽若，（見册府元龜總錄部）劉恕，（見通鑑外紀）洪興祖，（見闕里系譜）黃震，（見日抄）元程登庸，（見年表辨正）明宋濂，（見宋學士集）胡廣，（四書大全）王圻，（見文獻通考學校考）清江永，（見孔子年譜鄉黨圖考）施彥士，（見補史記周世表記年）李鍇，（見所著尙史卷八十一）孔繼汾，（見闕里文獻考）齊召南，（見公羊傳注疏考證）李淳，（見羣經識小）吳英，（見經句說）阮元，（見公羊傳注疏校勘記）蔡孔炘，（見孔子年譜）孔憲璜，（見重修孔氏大宗譜）狄子奇，（見孔子編年）崔述，（見洙泗考信錄卷一）夏炘，（見景紫堂文集）俞樾，（見春在堂全書詁經精舍自課文二）日人蟹江義丸，（見所著孔子研究）宇野哲人。（見所著孔子）

（三）史記孔子世家，魯周公世家，十二諸侯年表，皆云：「魯襄公二十二年，孔子生。」從其說者，有晉杜預，（見左傳襄公三十一年注，又哀公十六年注）苻秦王嘉，（見拾遺記卷三）唐陸德明，（見哀公十六年左氏音義）宋蘇轍，（見所著古史卷三十一孔子列傳）劉安世，（見馬永卿元城語錄卷下）趙明誠，（見金石錄）胡仔，（見孔子編年卷一）鄭樵，（見通志卷八十八孔子列傳）呂祖謙，（見大事記解題）葉大慶，（見考古質疑卷三）陸唐老，（見增節音注資治通鑑）李石，（見續博老志卷二）老氏聖紀圖，（元刊本六子書）元陳繹曾，（見尼山書院碑銘）倪士毅，（見四書輯釋）金履祥，（見通鑑前編卷二）胡炳文，（見四書通卷三）明孔衍植，（見重纂闕里志）陳堯道，（見尊聖集）顧應祥，（見樂代紀要）呂元善，（聖門志）春秋傳說彙纂，山東通志孔子年表，萬斯大禮記偶箋，姜兆錫公穀彙義，馬驌繹史年表，洪若臯釋奠考。

（四）主魯襄公二十二年十一月庚子生者，以史記之年，合公羊之月，其是非暫置不論，姑先列主是說者：在宋有袁樞，（見通鑑紀事本末）朱熹。（見論語集註序說）在元有呂思誠。（見加封啓聖王碑）在明有鄧元錫，（見函史卷七）薛應旂（見甲子彙紀）陳士元。（見論語類考卷六）在淸有歷代紀事年表，（見卷三）陳厚耀，（見春秋戰國異辭卷首上又卷三）張伯行，（見道統錄）蔡鋐榮，（通鑑本末紀要卷二）孔璜，（見孔顏孟三氏志）。

（五）主魯襄公二十二年十月庚子生者，從史記之年，取穀梁之月，此說初見於唐楊炯盈川集卷四，遂州長江縣先聖孔子廟堂碑。宋孔傳撰東家雜記，（卷上）取其說，金孔元措著孔氏祖庭廣記，（琳琅祕室叢書本）又從其說。且以夏正合之。曰：「卽今之八月二十七日」。（見卷八）宋羅泌著路史，亦從孔宗翰家譜，孔傳祖庭記，（卽東家雜記）曰：「今定著八月二十七日，爲先聖孔子生日」。（見路史卷四十三）明彭大翼：山堂肆考；李槃：世史類編；陳禹謨：四書人物考；淸黃宗羲：南雷文約；閻若璩：潛邱劄記；沈德潛：聖門志考略；王棠：知新錄；邵泰衢：史記疑問；乾隆二十八年修淸一統志；張四教：稽古編年；梁玉繩：古今人表考；鄭環：孔子年譜；汪汲：事物原會；孔廣牧：先聖生卒年月日考，和之。

（六）明王圻三才圖會曰：「孔子周靈王二十一年三月初四日午時生」。

（七）宋羅泌路史卷四十三引五行書，曰：「孔子以庚戌年二月二十三日庚子甲申時生」。

（七）郭孔延：史通評釋，曰：「孔子生於魯襄公二十三年，實鄭簡公之十六年也，去鄭穆公七十八年，劉向七錄誤。

（八）錢大昕：十駕齋養心錄：「賈逵注左傳，於襄公二十一年云：「此年仲尼生」。又昭二十四年，服虔注引賈逵說云：「仲尼時年三十五」。是漢儒皆以孔子生在襄公二十一年也。是年經書十月庚辰朔，則十一月無庚子日。予以三統術推之，襄公二十一年十月己卯朔，其月二十二日庚子，是為宣尼生之日。」

（九）成蓉鏡：經義駢枝，曰：「世傳孔子生於魯襄公二十二年十月庚子，為今之八月二十七日。考杜氏春秋長歷，是年十月甲戌朔，二十七日正得庚子，此即孔子家譜祖庭記所本。近黃南雷，閻百詩，據新曆推算，亦為八月二十七日，似可信矣。然以古曆步之，實八月二十八日也。」

右敘九家之說，虛實未定，姑嘗試論之，決其從違。

襄公二十一年十一月無庚子，此由推歷知之，不容置辯。十一月庚子孔子生之說，不待言而知其謬。陸德明音義云：「傳文上有十月庚辰，此亦十月也。一本作十一月庚子，又本無此句。」據此，則唐初公羊傳本，原無「十有一月」四字，陸氏音義，即以此本為據。其有之，或並句亦無之者，俗本也。庚子孔子生，書於「十月庚辰朔，日有食之，曹伯來朝公會晉侯齊侯宋公衞侯鄭伯曹伯莒子邾子於商任」經文之後，公穀皆同。十月庚辰朔，則庚子為二十一日，周正合夏正，倒退兩月，即八月二十一日。如公穀記載可靠，則八月二十一日可定為孔子生日。然致之經傳，公穀之說，似不足信。春秋二百四十二年，（計至哀公十四年）魯歷君十二，於薨無不書，而於生，則舍桓六年「九月丁卯子同生」而外，未見有書之者。子與父生同物，此為記異，乃偶然例外之事。季氏自文子至康子，執魯國之政，春秋未嘗書其生年月日，於季友亦但言「生而有文在其手曰友」。且見之傳，經亦未載。國君不書生年月日，公族大夫不書生年月日，其他無論矣。蓋記死不記生，春秋記事之例如此。公羊僅憑口說流傳，至漢景帝時，公羊壽始與齊人胡母子都著之竹帛，（徐彥疏引戴宏說）穀梁傳武帝時始出，皆漢人之書。其口說傳授，究始於何時，孔子生年月日，傳自何師，莫由考知。而或云，其去孔子時甚近，言必有據，不亦謬乎！司馬遷時，公羊之學已行，而史記孔子世家僅及生年，不及月日，知司馬氏亦不以公羊壽之傳為可信也。

以史記之年，冠穀梁之月，此說不知何由起。元何異孫：十一經問對，引素王世紀云：「孔子生於庚戌年戊子月，庚子日，甲申時」，謬說之起，或由乎是。因其年與史記合，十月二十七日為庚子，又與穀梁合。一人倡之，衆人和之，遂成一說。實則戊子之月，果為何月，甚難定。邵泰衢：史記疑問，引三命會通，作乙酉月。且云：「此確乎不易，惟精曆者知之。」沈德潛：聖門志考略，作丙戌月。無名氏聖蹟圖云：「襄二十一年十月辛亥。按此推算，二十二年十月為癸亥。」鄭環又謂戊子為夏正十一月，則周正明年一月為戊子」。據此推之，則二十二年十月為乙酉，雖與黃宗羲及三命會通合，而與素王世紀異，與沈氏考略亦異。杜氏長歷月無干支，是非仍無由定。孔廣牧謂祖庭廣記卷首所引世本，為家譜原文，今考廣記之文，無世本二字冠孔子生年月日之前。且司馬氏信世本，當據以撰史記，若世本果有孔子生年月日記載，則子世家何不明著孔子生年月日。孔子在魯非公族，而史公特尊之，為立世家，既尊其人，而故略去其誕生月日，豈有此理。以是知世本不記孔子生年月日也。人之生年月日若果斥由他人任意以曆推定，則今日國定八月二十七日孔子誕辰，余不敢可為謬妄。不然，則不敢苟同。

以史記之年，冠公羊之月（據通行本），其謬妄更甚。據杜氏長曆，襄公二十二年十一月甲辰朔，是月祇有庚戌、庚申、庚午，而無庚子，並偶然巧合之事亦無之，豈不更壞於十月庚子之說乎。春秋明明書十月庚辰朔，而錢大昕獨曰，余以三統術推之，十月己卯朔，其月二十二日為庚子。錢氏為名學者，竟作此愚妄之言，可怪也。魯史官記當時之朔，反不若後世人據所謂三統術推算之正確，吾不信也。

自三才圖會以下，不具論。九家之說，要當以史記孔子世家「襄公二十二年而孔子生」「孔子年七十三以魯哀公十六年四月己丑卒」之說為得其實。自孔子至孔忠年歲，皆見世家：「伯魚年五十，子思年六十二，子上年四十七，子家年四十五，子京年四十六，子高年五十一，子慎年五十七，鮒年五十七，鮒弟子襄年五十七，襄子忠年五十七，忠生武，武生延年及安國，安國為今上博士。」遷嘗從安國問古學此年歲記載，疑即求得之於安國。孔武為安國之父，未有年歲，其時必尚在故也。代代相傳，記載必確，世家即據此年歲，及春秋書卒之年，上推，而得襄公二十二年滿七十三歲，斷為孔子生年，得其實矣，豈道聽塗說者可比。至於月日，春秋既無記載，孔氏子孫尚略而不記，後人安從知之。後世學者，必欲求知孔子生之月日，甚至於某時為快者，乃受星命家影響，且為公穀學者所愚耳。古聖人如堯舜禹湯文武周公，為儒家所稱道者，有人知其生年月日乎？不知其生年月日，無害為堯舜禹湯文武周公，則不知孔子生於某月某日，何害於孔子，何必妄為之說以欺人。今之從政者，且明定八月二十七日為孔子誕辰，徒見其可笑而已。

室名索引拾補

毛春翔

曩治簿錄，輒感文人齋號之紛絹，而尋檢爲煩。時或百索始得，或且枉費披翻，勞而尠功，殆無逾此？因就所知，信手掇輯，將爲齋名錄以資稽考，且爲同道者除荊棘而上坦途也。甫積千人，猶待理董，而海寧陳乃乾先生之室名索引，已先我着鞭，以出版聞矣。實獲吾心，亟斥金購之。繙閱一過，覺殊豐備，後來者之緟複工作，可以廢矣。惟余之所得，爲陳書所未收者，亦頗不少，用錄于此，以匡智者千慮之一失；非敢敝帚自珍也。或謂索引再版本已有補編，未獲寓目，不知視此錄如何矣。

一市樓　清海范鹽希仁
一可堂　清海寧許惟楷
八磚書屋　清臨海郭協寅
十印齋　清蔣香生
十三漢鏡齋　清海昌陳均
三立軒　清咸豐黟縣程洪業
二西齋　明嚴蔚
三十六螺書屋　清道光南海羅文俊
三斗錫　清文鼎
小小園　清錢唐吳模
小李山房　清乾嘉山李宏信柯溪
小學樓　清乾隆蕭山王宗炎
小澆花亭　清秀堂葛光泰

小竹里館　德清俞陛雲
小琅嬛書屋　明上虞韓廣業
大來堂　明古吳天啓沈國元
寸心草堂　清李欣榮
六十四硯齋　清海寧陳鱣
六有堂　明崇禎錢唐錢喜起
五雲堂　清王繼香
五百經幢齋　清長洲葉昌熾
仁壽齋　明萬曆金陵書坊
文山紫芷草廬　清錢唐羅以智
日知堂
日及園　清錢唐朱樟
月波樓　清仁和卓天寅

水明樓　清康熙嘉興張劭
水東草堂　寧河王照小航
水月亭　清楓江周錫瓚
白雲齋　明長興姚紹科
世學樓　明會稽紐石谿
世德堂　明萬曆上饒葉錮
介石樓　清秀水沈德鴻
古朗齋　清福上饒王原祁
古香樓　清桐鄉汪文柏
古歡書屋　趙緝寧
四宜草堂　清咸豐朱英
半庵齋　清杭州張之鼐
半耕堂　清同光間殷明亮
石菖山房　清海寧葛繼常
生香館　明末淩弘憲
玄白堂　明梅鼎祚禹金
玉磬齋　明萬曆錫山黃廣
玉雨堂　清仁和韓文綺
玉蕋莊　明末黃子錫
交翠堂　清咸豐常洲蔣仙根

守箴堂　清巢湖程氏
安桂坡館　明嘉靖錫山安國
冰玉堂　明萬曆汝陽傅振商
冰玉堂　明萬曆趙王
冰玉軒　明崇禎濟南王象晉
汲古齋　清雍正於潛孫毓雲
好古齋　明海鹽胡彭述
江城如畫樓　清宣城李之郇伯雨
竹素山房　清嘉慶海鹽吳進
老當益壯齋　清蕭山王端履
自怡悅齋　清道光昭文張大鏞
自得其趣山房　明天啓鄒思明
延喜樓　清梁溪鄒氏
吹侖樓　清同治歙縣汪宗沂
甬州書莊　宋鄞縣張端
心求館　清仁和黃承勳
求已齋　邢贊庭
杜若舟　清仁和卓天寅
希貴堂　明萬曆湯紹祖
希琴齋　清季鄧心茂

我樓　清金華方國泰
秀岩山堂　宋淳祐四年刻禮部韻略
冷月山堂　清滿洲朱亮
知白齋　清金陵嚴長明
鳴野山房　清乾隆山陰沈啓溶
采菽堂　清錢塘陳祚明
兩庚草堂　明嘉靖吳郡袁褧
奇觚廎　清長洲葉昌熾
卷石齋　清湘潭曾紀綱
昌古齋　明餘姚韓來聘
尙白齋　明萬曆周暉吉著金陵瑣事
東白樓　清餘姚景輝
味經書屋　清道光東武劉氏
味經堂　明朱厚煜
長吟閣　明烏程王濟(字伯雨)
松竹草堂　清康熙汪汾
松莊　清滿洲雍正貴昌
松臥居　清吳縣吳翌鳳
枕經樓　清海鹽陳敬簡
東白樓　清餘姚景輝

來鳳軒　明萬曆顧梧芳
欣託齋　清仁和汪曰桂
抱尊廬　清山陰周素人
昌古齋　明餘姚諸來聘
陔華堂　清德清許宗彥
金鑑山房　清平湖韓繼鏞
映雪齋　元明間崐山孫德
邱南池館　清同治雷浚
花厓書屋　元鄞縣應伯震
哂園　清康熙烏程溫臨睿
香夢樓　明海寧周明輔
奕恩堂　明萬曆江旭奇
星鳳閣　趙緝寧
柏香書屋　清乾隆張鳳孫
柏翠山房　清滿洲洞山
拜楓草堂　清黟縣程桂馥月岩
紅藥山房　清海寧馬思贊
紅藕花莊　清同治餘姚朱達泉
思茗齋　清仁和宋咸熙
茗花室　梁鼎芬

臥痴樓　清杭州張之鼐
貞石山房　清江西安福王邦璽
春暉堂　清海寧陳邦彥
郁文堂　清嘉慶丹陽劉奎年
信天書屋　清會稽傅玉露
述經堂　清湘潭曾紀綱
容我讀齋　清汪家政
書留草堂　清蕭山毛奇齡
書巢　清杭州翟灝
書業堂　清嘉慶蘇州趙氏　翻刻汲古閣十七史
桂葉書堂　清嘉慶錢塘陳文述
桂芝館　清萬曆吳興凌迪知
留雲樓　清崇德金鏻
海竹樓　清周恭壽
浣花館　明歸安茅瑞徵
烟雲過眼室　清會稽徐維則
琴趣軒　清乾隆間仁和黃杓（星橋字玉繩）
留燕堂　明葛定遠
茶夢軒　姚夢
草亭　明新昌胡楨

荔水軒　清初侯官林佶
荔香園　清道光番禺潘士成
倦舫　清臨海洪頤煊
耕餘樓　清慈谿馮祖憲
得一居　清慈谿葉元堦
密韻樓　清諸暨蔣汝藻
梅南書屋　明嘉靖光澤王
梅花書屋　清乾隆震澤王學粲
梅花精舍　清乾隆金嘉琰
清吟閣　清瞿世英
清夜齋　清邵陽魏源
清較樓　清餘杭嚴沆
清嘯閣　清杭州金芬諡清
清華堂　清仁和陸爾繩
從好齋　清嘉興戴光曾
琅山仙館　清瑯琊魏琦
雪溪堂　明蘭谿宋震
博古堂　明萬曆周氏刻世說新語
敦說齋　清黃巖李銳
復四山房　清乾隆長白七十一椿園

散木樓　清錢塘奚岡鉄生
硯虹齋　清餘姚鄭雍穀
琳瑯仙館　清光緒合肥劉朝班荷臣
尊德堂　明錢唐淩昱
夢韓堂　清嘉慶錢塘楊祜
畫蘭室　清唐錢潘佩芳
蘂堂　清建寧徐時作
雅趣軒　清仁和黃鐘
貽安堂　清金漸皐
雲莊書莊　元書林之一刻事文類聚
雲輪閣　清江陰繆荃蓀
朝經暮史晝子夜集樓　清海寧朱昌燕
朝陽閣　明黃岩謝鐸
華及堂　清桐鄉汪文桂
華鄂堂　清海寧胡啓龍
雁里草堂　清長洲沈與文
開萬樓　清錢塘汪啓俶
喜聲館　明杭州呂坤
嵩少山房　清山陰吳淞

歲寒堂　清范謹雲
敬竹軒　清錢唐汪師韓
經訓堂　清青浦王昶
經訓堂　清濟陽查子穆
萬卷堂　金人吳承
萬卷樓　明弘治海鹽吳昂
萬卷樓　清武康唐堯臣
萬石山房　明龍溪張燮
萬書樓　明蘭溪陸瑞家
愛蓮西堂　清海甯胡爾滎
解弢館　清孫大綬
道古樓　清海甯馬思贊
鉏經堂　清嘉道休寧朱爲弼
漱石山房　明常山徐洪堤
壽藤草堂　清光緒岑應麟
寥天一齋　清嘉慶間趙席珍
實事求是齋　清休寧汪由敦
槐蔭草堂　清天都黃晟
槐花吟館　清咸豐嘉興竹里王氏
漢讀齋　清蕭山沈豫

傳經堂	清仁和卓天寅
漪香山館	清吳曾祺
綿慶樓	明杭州呂坤
翠娛閣	明錢塘陸雲龍
遜志齋	明寧海方孝孺
蝶隱園	清錢塘何元錫夢花
墨莊	明縉雲王濤
蔭芳園	明天啓呂茂良
儐孺堂	明婁里王志長
嘯客堂	明諸暨朱長庚
嘯雲山房	清光緒合肥劉盛芥
學福齋	吳淩雲
學述史廬	清會稽徐維則
學耨書屋	清曹秋岳
蕈輝堂	清乾隆嘉興黃光煦
靜寄軒	清初侯官林佶
憑山閣	清初婁縣陳枚
履硯齋	清桐鄉汪文柏
曉讀書齋	清洪亮吉
緣督廬	清長洲葉昌熾

樾館	明呂坤
諛聞書屋	清道光婁東顧錫麒
餘庵堂	清滿洲嵩山
蕉雨書屋	清餘姚曹辛
嶽雪樓	清南海孔廣陶
稽瑞樓	清海鹽楊文蓀
謝墩山房	明連江陳第
謌商室	清湘潭曾紀綱
還讀山房	清嘉慶武進薛鎬
還讀我書室	清咸豐胡紹煐
禮耕堂	清嘉慶夏鴻儀
擁書樓	明錢唐江元祚
臨雲閣	明長興姚紹科
蟫隱居	明梅鼎祚禹生
藏修書屋	清同治古岡劉晚榮
簡香齋	清平湖陳廷獻
雙泉草堂	清四明沈氏
雙嘯室	裘冲曼
灌木樓	清金陵鄭簠
濯絳宧	民國江山劉毓盤

澤古齋　清吳陳璜
雙鳳樓　葉靈鳳
懷蔚山房　正定梁橋
藝學軒　清南城曾燠
藝蘭書屋　清嘉慶施紹闇
羅雀山房　清嘉慶合肥吳克俊
難易居齋　清道光饒應坤
寶善堂　明嘉靖吳郡郭雲鵬
寶書堂　明鄞縣范楙柱（案此係范氏專儲御賜圖書集成者）
寶峴樓　明豐坊
寶峴樓　明烏程王濟（字伯雨）
疊翠山房　明萬曆范應期伯楨
聽花樓　清滿洲王敏好古

聽松庵　清金壇王澍
蘭話堂　清閩陳徵芝
讀易草堂　清康熙開廷綸
讀易樓　清王棟
讀禮齋　明萬曆華琪芳
讀有用書齋　清光緒南海馮焌光
讀書樓　清浦江樓上層
讀書樓　宋永嘉薛高
讀書山房　清光緒方戊昌
讀書樓　清嘉善丁桂芳
鑄學齋　清會稽徐維則
觀妙齋　明萬曆馮紹祖繩武
瞿硎石室　清宣城李之郇

陽明先生年譜校記

毛春翔

本館附設印行所木印部有浙江官書局版王文成公全書附錄，陽明先生年譜。善本書庫另藏有明隆慶六年新建謝廷傑本及嘉靖四十三年毛汝騏刻本，取以互校，同異殊多，條記于此，藉諗學者。謝本卽爲局刻所自出，故篇中簡稱原本，毛本則簡稱嘉靖本。

王文成公全書卷三十二 第一頁	次行	附錄一「年譜」 原本年譜下有「一」字
二	六	憲宗成化八年…… 嘉靖本憲上有「明」字
	十一	十有二年丙申先生五歲 嘉靖本無
五	五	是年先生始慕聖學 原本作黑地白字 嘉靖本白地黑字 外作墨圍
六	一	是年爲宋儒格物之學 原本作黑地白字 嘉靖本無此九字
	十六	是年先生學兵法 原本作黑地白字 嘉靖白地黑字外作墨圍
七	四	是年先生談養生 同右
九	二	是年先生漸悟仙釋二氏之非 同右
	九	是年先生門人始進 同右
十	十八	其言君仁臣直 原本同，嘉靖本其作具
十一	十二	夏，赴謫至五唐 原本同，嘉靖本作冬赴龍場
十二	十二	同舉鄉貢 原本同，嘉靖本貢作試
	十六	先生始悟格物致知 原本黑地白字，嘉靖本白地黑字，外加墨圍，先上有是年二字

十三　十　著五經憶說　憶原本作億，嘉靖本作臆

十四　三　民賴以寧　原本同，嘉靖本寧字下尚有「有問仙術者」云云一節

六　是年先生始論知行合一　原本作黑地白字，嘉靖本白地黑字外加墨圍

十六　一　先生三月至廬陵　嘉靖本二月至廬陵另起一目

十　語學者悟入之功　原本黑地白字，嘉靖本無此七字

十七　三　冬十有一月入覲　原本同，嘉靖本作冬入覲

十　論實踐之功　原本黑地白字，嘉靖本無此五字

十八　十四　如班垢駁蝕之鏡　班原本作斑

十二　論晦菴象山之學　原本黑地白字，嘉靖本無此七字

二十　三　有斃力終身　斃原本作弊，按局本弊均誤作斃

二十一　三　是年僚友方獻夫受學　原本黑地白字，嘉靖本無此九字

七　送甘泉奉使安南　原本黑地白字，嘉靖本無此七字

十五　吾從而求口　原本求下乃「之」字

十七　其能有若楊「墨」之爲我者乎　原本墨作氏，嘉靖本亦作楊氏

廿三　十　與徐愛論學　原本黑地白字，嘉靖本無此五字

廿四　十　山田盡龜拆　原本作龜折　嘉靖本作龜裂，按今江淮間天旱田裂曰龜坼，似以作龜拆爲是

廿六　三　白說　嘉靖說作悅

八　王嘉秀蕭惠好談仙佛　嘉靖本王字，上有圈表另起一節

十三　非測憶所及也　憶原本作億

廿七　三　御史楊典　嘉靖本典作璵

廿八　五　毋作非爲　嘉靖本作無輕犯法

卅二　十八　須爲恃背扼吭之策　恃原本嘉靖本均作持

卅九　十六　陞一級　嘉靖本作「陞俸一級」

四十　一　始南稅商貨於折梅亭　折原本作折

四十五　四　先生欲藉珂以給三洲　給原本嘉靖本均作給

四七　三　西路伏起　西原本同，嘉靖本作四

五十　六　抑揚諷通　原本嘉靖本均作「抑揚諷誦」

十五　相傳原非循州龍川雷鄉一州二縣之地後爲賊抑止存龍川一縣　「非」原本同，嘉靖本作「係」，按之文義似應作「係」，「抑」嘉靖本原本均作「據」

五一　六　有托疾避難之嫌　嘉靖本嫌下有「本兵責以大義」一句

五二　一　周魁　原本同，嘉靖本作劉魁，按明儒學案姚江學派僅有劉晴川先生魁而無姓周名魁者自以作劉魁爲是

五三　三　固於諸子平日云說　嘉靖本諸作朱，原本亦誤作諸

五四　一　將無所施其怒矣　嘉靖本矣字下有「聊往數冊」一句

十八　愈省各畏　原本同，嘉靖本作「愈益省畏」

王文成公全書卷三十三第五頁三－四行　先是甯藩世蓄異志至濠奸惡尤甚　嘉靖本作先是「甯藩無世失德至濠奸惡獨甚」

五　十八　家多複壁　壁原本同，嘉靖本作壁

六　五　與秦濼同寢處　濼原本同，嘉靖本作榮

九　一－二　創屋萬餘今其黨各千餘不肯焚矣　原本同，嘉靖本作「創屋萬餘金其黨各千餘

金不肯焚矣」
十四　十四　先生思豫備　原本同，嘉靖本作「先生思豫為備」
廿二　七　來教「訓」某大學古本……　原本同，嘉靖本「訓」作「謂」
廿三　十六　入門之際「使」困以格物一段工夫也　原本同，嘉靖本「使」作「便」
廿九　十　實濠事嗜相邀結　原本同，嘉靖本實字下有「以」字
卅二　十六　是年先生始揭致良知之教　原本黑地白字，嘉靖本作「是年先生始言致良知」外
以墨圍
卅三　七　數百年　原本亦年字絕句，嘉靖本年字下有「來不得出頭露面是何說也」十一字
十　何以為辯　原本同，嘉靖本「辯」作「辨」
卅四　十四　五月集門人于白鹿洞　原本同，嘉靖本作「五月修南昌府志于白鹿洞」
卅五　三　「庚辰春」……　原本庚字上有大墨圈表另起一節
四　方叔口　原本作「方叔賢」
十六　大本一原　原本同，嘉靖本作「大本大原」
卅六　二　不容於不辯　「辯」嘉靖本作「辨」
七—八　心無動靜者也故君子之學其靜也常覺而未嘗無也故常應常寂動靜皆有事焉……
嘉靖本作「心無動靜者也：其靜也：者以言其體也其動也者以言其用也：故
君子之學無間於動靜：其靜也常覺，而未常無也，故常應：其動也常定，而
未常有也，故常寂：常應常寂，動靜皆有事焉」……
卅七　七　復權奸讒嫉　嘉靖本「復」字下有以字
十二　頤遭讒搆朝夕……　嘉靖本作「頤遭讒搆之厄危疑震怨洶洶朝夕」……

三十八　一　與陸澄論養生，京中人回，聞……　原本同，嘉靖本作「與陸澄書曰：京中人回，」……

六—七　後世如白玉蟾邱長春之屬皆是「彼」所稱述以爲祖師者　嘉靖本「彼」字下有「學中」二字

十四　收淚久之　「收」原本嘉靖本均作「抆」

十八　洪獨潛伺動支　「支」嘉靖本「止」

三十九　三　楊珂等……嘉靖本「等」下有「見」字

八　還兼兩京兵部尚書　原本同，嘉靖本「兩」作「南」

四十　一　盈盛之戒　「盛」原本作「成」

王文成公全書卷三十四

第一頁　第三行　嘉靖元年壬午先生五十一歲在越　嘉靖本嘉字上冠以「今上皇帝」四字

三　七　繆乎　原本同，嘉靖「繆」作「謬」

五　十　省試　嘉靖本作會試

六　四　惡得徧語天下士　原本嘉靖本「徧」均作「遍」

十四　請問鄉愿狂者之「辯」　「辯」原本嘉本均作「辨」

八　十二　既改殯郡南石泉山及合葬公開壙有水患　嘉靖本作「至是欲改殯郡南石泉山合葬公壙，比啓土有水患」……

九　二　今觀二氏作用，亦有功于吾身者……　原本同　嘉靖本「功」作「切」

一九　二—三　其末繼以拔本塞源之論　原本「拔本塞源之論」六字黑地白文嘉靖本「繼以拔本塞源之論」八字以墨圍

二十二　十七　竊取先生之近似者　「生」原本同，嘉靖本作「王」

光相橋之東　原本同，嘉靖本東作西

二十三　七　按祠堂位祔之制　原本作黑地白文，嘉靖本作徐愛錄祠堂位祔之制無墨圍

二十二　二　三月與鄒守益書　原本同，嘉靖本三月作正月

良知之外則無知矣　原本同，嘉靖本「則」作「別」

廿七　六　先生答「諭」略曰讀來書……　原本作先生答書略曰讀來諭……嘉靖本與原本同，惟奪略字

三十　一　十一月庚申子正億生　原本同嘉靖本作「十二月，庚申子正億生」　按嘉靖五年十一月無庚申十二月十二日爲庚申應從嘉靖本　又嘉靖本云「蓋是月十有七日也」亦誤

三三　十　恐後爲好事者攙「拾」反失今日裁定之意　「拾」原本同，嘉靖本作「入」

三七　九　甲申渡錢塘　原本同，嘉靖本作「甲午」渡錢塘　按嘉靖六年九月初八日壬午，初十甲申，二十日甲午，廿二日丙申。上文壬午（初八）發越中，下文丙申（廿二）至衢州則初十（甲申）日渡錢塘於理至合，嘉靖本作甲午（二十日）實誤。

三八　九　泮壁環胥「水」　原本嘉靖本均作胥「海」

三九　十三　名山「徧」深歷　徧原本嘉靖本均作「遍」

十八　須得如此大「捕」入方能降我，爾輩安「能」　原本同，嘉靖本「捕」作「力」；「能」作「知」。　按上文「魏良器輩笑曰逋逃主亦來投降乎？堯臣曰……」則作「捕」亦通

五十　三　五月撫新民　原本同，嘉靖本作「五月綏遠人」

五一　十八　該所議欲散撤「顧」倩機快等項　原本同，嘉靖本「顧」作「雇」。

五四　八　東北與牛「埸」仙台……埸原本同，嘉靖本作「賜」

十六　及行大監張賜……　原本同，嘉靖本行字下有「始與」兩字

五五　十七　一月之內　原本同，嘉靖本作「三月之內」

七　園匝其地　原本嘉靖本「匝」均作「困」

五七　八　報後與師合勸　「報」原本同，嘉靖本作「厥」

二　合千萬　「合」原本同，嘉靖本作「若」

五九　十四　與德洪繼書　原本黑地白文

六十　三　誘掖接引之「功」與人爲善之心當不俟多喋也　原本同，嘉靖本「功」作「諒」

六一　七　是月與豹書　原本黑地白文

六二　十七　題詩於壁　原本作黑地白字

六三　一　念言思一詩蒼蒼見葭色　原本同，嘉靖本作「言念思一詩」，又「見」作「兼」

四　道同著形迹　「期無奉初心」　「同」原本同，嘉靖本作「童」；「奉」原本嘉靖本均作「負」，

四—五　又題甘泉居　原本作黑地白字，嘉靖本外作墨圍題字

七　饑食菊坡菊　「食」原本同，嘉靖本作飡

七—八　與德洪繼書　原本黑地白字

六四　十一　十一月乙卯先生卒於南安　原本同，嘉靖本作十一月丁卯　按嘉靖七年十一月廿九日丁卯下文云瞑目而逝二十九日辰時也則爲丁卯無疑蓋乙卯乃十一月十七日也

十八　二十九日辰時也　嘉靖本日字下有「丁卯」二字

原刊《浙江省立圖書館館刊》一九三五年第四卷第五期

六五　二　入南埜驛就中堂沐浴……　嘉靖本驛下有「積」字

七　如南安至南昌　原本同，嘉靖本作「如南康」按上文云「明日輿櫬登舟……至贛……」陽明先生卒於南安，其輿櫬登舟必自南安而至贛後，其所如必爲南康，蓋南康爲由贛至南昌必經之路也。此本與原本作南安均誤，應從嘉靖本改定

六九　七　十一月葬先生於「洪溪」　原本同，嘉靖本作「横溪」

予欲有言集

論我國地方行政制度

毛春翔

我國現行的地方行政制度，據我看來，毛病很多，其最顯著的是省區太廣：卅八行區之中，最小的如浙江省，面積也有十萬一千方公里，比之歐洲小國如比利時荷蘭兩國面積要大三倍。最大的如新疆省，面積竟達一百六十四萬一千五百餘方公里，較之歐洲德意法三國面積的總和，還要大過三十一萬方公里。其他各省的面積，都很大。省區如此之廣，而交通又不便利，如新疆，甘肅，青海，寧夏，西南方面如貴洲，西康等省，都沒有鐵路。公路新近築造，又不普遍。卽江南各省，水陸交通，素稱便利，而僻遠之地，公路亦多未修築，交通依然不便。省之於縣，指揮不靈，省縣之間，隔閡至深，所謂天高皇帝遠，行政效率，自然低降。卽有賢明長官，親臨各縣，省察民衆疾苦，而巡視全省一週，多非半載莫辦，靡費浩大，人力財力均不經濟，且巡視之舉，收效甚微，貓去了，老鼠依舊造反。古代君主五載一巡狩，現在一省主席，五年之中，亦無幾次巡狩可辦，省縣之間，脈絡暢通至難。分區設署，似可補救上述缺陷，但叠床架屋，徒然使行政上長出幾個贅瘤，積極監督的效果未得，而阻滯公事的進行，破壞行政迅速原則的弊病已見；至於多置閒散官僚，虛耗公帑，猶其小焉者也。故分區設署，並非良好制度，並不足以救省區太廣之病。

省區遼闊，除上述弊病外，還有一個最大弊病，就是容易造成割據局面，遠的不必說，就說民元以來的事吧！自民元以來，各省督軍巡按使，各據一省或幾省，視中央若弁髦，視省區爲封邑，發號施令，爲所欲爲，招兵買馬，擴充武力，省可制憲，省自發令，抽捐征稅，惟意所欲，中央如不以爲然，卽聯他省倒中央，中央弄得毫無辦法，政令不出國門，做做傀儡而已。張作霖，吳佩孚，張宗昌，孫傳芳，都是過去卓卓有名的軍閥首腦。這些軍人所以能成爲閥者，並非偶然之事，環境迫之不得不然，世間那有眞正坐懷不亂的柳下惠！孟子說：「地方百里而可以王」，今地方萬里，那有不王之理呢：民十五年，大革命以後，革了不少軍閥的命，我國的政治原可大放光明，但因爲省區依舊未改，軍閥的命根未除，雖然有英明的　領袖，有健全的中樞，而邊遠省份，猶是隱懷異志，不受制節，表面好像是統一了，實際上還是沒有統一。抗戰以來，全國大團結，精誠團結，一致抗倭，造成空前未有的統一局面，這是倭賊侵略所賜，我們不能不感謝侵略之賊，但我們同時又不可忽視還存在浮土底下的，春風吹又生的野草根，一旦得了春風一吹，雨露一潤，又會生長起來的。未雨綢繆，實爲當務之急。據報紙所載，中央設計局業已成立，地方行政制度改革之事，想必爲設計局應做的工作之一，希望設計諸公，對於省區之應如何劃分，如何縮小，詳詳細細研究一番，製成方案，準備施行，將地方行政堆積成山的垃圾，澆上幾箱汽油，燒個乾淨，垃圾是穢物，人人討厭，但垃圾一經變成灰以後，却又是很好的肥料，玫瑰花，薔薇花，馬上會從這肥料撒播過的疏鬆的泥土里長出來的！人沒有不喜歡香的花，嫌惡臭的垃圾，我國行政前途，必然的是光景光彿，決不至於依然是爛脚的鉄拐李：然而我們也不妨先提供一些意見，作設計諸公參考。

關於省區劃分的標準，據說法國有人主張，以省區內各處人民均得於一日之間往返省會一次爲劃分標準。依照這樣的標準劃分省區，則法國交通很便，現有的九十省，將被併爲幾個大省區。這在法國，倒沒有什麼，所成爲問題的，就是交通工具速率不一，居民距離省會有遠近，究竟以何種交通器具的速率和以何處的居民的距離爲準，這是一個須先決的問題，但也是一個不易解決的問題。我國交通不便，在若干省份，無現代交通設備，勢必以人的步行爲準，如此則省區劃分，未免過小，不但理論上難自完其說，即在事實上也萬萬辦不通。所以這個以交通遠近爲劃分省區的標準的辦法，在我國絕對不適用。

我國唐朝初年，劃分省區，完全以自然的界限爲準。如河南道，河東道，河北道以黃河爲劃分標準。如江南東道，江南西道，以長江爲劃分標準。如隴右以隴坻山爲劃分標準。淮南道，嶺南道，劍南道以淮水五嶺劍閣爲劃分標準。元人以唐之河東道爲山西直屬中書省，清人因之稱山西省，以在太行山之西，故稱山西。凡此皆以自然環境爲劃分標準。明清省區大都沿襲元朝舊制，未有若何更動。民國成立以後，猶是蕭規曹隨，毫未加以改革，這是一個重大錯誤。山川自然界限，在現代，已不能作爲劃分省區之唯一標準。現代交通工具進步極速，山川界限，已被打破，失其效力。

有人主張以人口多寡，土地肥瘠，出產豐磽爲劃分省區標準。使各省人口平均起來，不過少，也不過多。土地肥瘠，須盡可能地分配均勻，不過瘠也不過肥，使各省均能仗自力而發展。這個辦法，自然很對，但有所不行者，即爲無法解決各省的爭執。據我看來，將來省區縮小，劃分省市的方法，還是利用原有的道區爲省區最爲簡便而穩妥。例如浙江舊分四道區，將來縮小省區時，浙江可分爲四省，他省可以類推。

以上所述僅說明了一個省區太廣的弊病，此外如省府權限大重，也是地方行政的一個大病，不可不施以刀圭，醫治醫治。

省政府爲一省最高行政機關，是不錯的，但省府的權限太重，流弊滋多，省政府除承轉中央政令及監督各縣行政而外，不宜有其他權限，一切政令發自中央，一切吏治，財政，經濟，交通，教育等等的大權，均須集中于中央，中央發令，省府承轉而已，監督執行而已，考核成績報告中央而已。省以下之主任官吏及其他負責人員，如有違法或瀆職行爲，省府只有警告並呈請中央加以處分之權，而無直接委任或罷免之權。財政稅收，交通管理，教育軍事，皆由中央直轄，省府無自由抽捐收稅之權，無干預交通施設，無編練省軍，無自立教條等等之權。一切地方行政大權收歸中央，地方行政重心移歸縣治，這是民主集中制的辦法。也是一個改良地方行政的最好辦法，同時也是實施民權主義的一個必須有的辦法。

地方政治，實施者是縣治，縣治不得不爲地方行政重心之所寄，中央爲發號施令之中樞，一切地方行政大權，不得不收歸于中央。要地方行政進步，非如此不可。

現在的省府組織分廳分科，過於龐大，開支經費過鉅，殊不經濟。一省之施政大計劃，有中央設計局來規劃，省府之職責，僅爲承轉監督而已，承轉監督，何用如此龐大組織，據我看來，分科已足。

政令承轉，貴乎迅速。省府既非自由發號施令之機關，何用委員制？委員制只適用于行使政權機關，行使治權機關，殊無採用委員制之必要。今之省主席宜改稱省長。統轄省府各科，迅速承轉中央政令，嚴厲督促各縣施行，為省長唯一之職責，原有委員制，應即取消。

我國憲法尚未頒布，省制尚可及時改革，如曰抗戰時期，不宜多所更張，則改革計劃，不妨先定，憲法草案必須先行載入完善的省制，實施時期，自可權變延展。

以上所說的乃省制上層的改革計劃，省之下層機構——縣治，為地方行政重心之所在，地位極為重要，縣政之良窳，可為一省政治好壞之尺標，自縣各級組織綱要及其實施辦法頒布以後，討論此問題的文章發表在報章雜誌中者很多，我現在僅提出兩點改革意見，其他問題，留在日後再說。

（一）縣財政力量的力強：我國縣政陷於半死狀態，各種事業，如教育，實業，衛生，交通，警政等等都無法發展。小學教育經費無法多籌，小學教員的待遇，還比不上富貴人家的老媽子，小學生也須繳納學費，窮苦子弟，無力入學，強迫教育只好托之空言，教員的素質只好聽其低落，這是很可痛心的一件事。實業，為民衆生活改善之所必需，而因經費無着，不能興辦，衛生事業，有關於國民健康極大，而今日一等之縣也不過在縣中心設立一個規模簡陋的衛生院一所，點綴點綴而已，次等之縣，連這種點綴品都沒有。交通事業與其他各項事業都有密切關係，而各縣縣道均無法修築。講到警政，即一等縣也很少有超過二百名警察的！維持治安不彀，敲詐愚民有餘。以上種種，你問他為什麼不發展，不改良呢，回答說，無經費。無經費，經費不彀，為縣政陷于半死狀態中的根本原因，這個根本原因如不想法解決，則整個縣政永無進步希望，整個國家也永遠無進步希望！

依照縣各級組織綱要第十八條規定，縣財政收入為下列各種：

1. 土地稅之一部（在土地法未實施之縣各種屬於縣有之田賦附加全額）
2. 土地陳報後，正附溢額田賦之全部
3. 中央劃撥補助縣地方之印花稅三成
4. 土地改良物稅（在土地法未實施之縣為房捐）
5. 營業稅之一部（在未依營業稅法改定稅率以前為屠宰稅全額，及其他營業稅百分之二十四以上）
6. 縣公產收入
7. 縣公營業收入
8. 其他依法許可之捐稅

以上八項收入最可注意的是第一項，土地稅之收入，照財政原理講起來，應全部作為縣財政收入，取之於其地之民，用之於其地之民，最合乎財政學上征稅的公平原則。這就理論上說，而在實際上，田賦之收入統統劃作縣財政收入，尚恐入不敷出，何論一部分。縣財政收入大宗為田賦，今於此大宗收入僅劃一部分屬之於縣，殊非健全縣治的好辦法。縣為地方政治之基層組織，縣政不健全，省治何能健全，積縣以成省，除縣以外，尚有何地方政治之可言。此理至為淺顯，而人多忽之何也？封建時代，省之長官等於一國之君，一省所有之縣，類同一省長官之食邑，今日之地方行政制度，並非封建制度，有何理由各縣田賦須大部分繳納省庫，今日省營之事業，他日改制之後，統統須歸中央經營，省府不必過問，省府開支，僅為省府職員的俸給，此項俸給，可由中央撥付，省府不必另籌政費，省府既無庸自籌政費，則各縣田賦收入自可完全屬之於縣，歸入縣金庫，作為縣發展各項事業之用。

各縣事業費之支出，應以事業需要為標準，不能因收入不敷，而縮減支出，倘有不足，應由中央補助。縣各級組織綱要第十九條第二項已有規定：「收入不敷之縣，由省庫酌量補助」。縣收入不敷支出，與以補助是對的，而由省庫支給則不對，今後政治必須中央集權（並非極權國家之集權，乃民主的集權），中央既須集中治權，則財政權斷不可分割一部分與省治，各縣經費不敷的補助，以由國庫支給爲宜。

世界文明日益進步，我國當然要迎頭趕上，各縣事業當然要日趨繁複，各種事業規模當然要日益擴大，縣財政支出也當然要日益增加，支出增加，收入也必須增加，這是必然的趨勢，如果縣財政的收入，爲法令所拘束，無伸展力，則縣財政之收支，即不能適應新環境之需要，結果必致阻礙新事業之進展，雖中央可以臨時補助，但全國一千八百五十縣（甘青甯未計），補助之費，大有可觀，中央固可臨時發行公債，以濟其窮，但總不若給縣財政以伸展力爲得計。田賦征收，不易隨便增加，而營業稅，房捐之類可以隨時加征。一縣預算，須經縣參議會審議，縣長斷不敢上下其手，中飽私囊，或任意加征，妄增人民負担。正當用途，加征捐稅，經人民代表機關審議通過，民衆也不敢妄生非議。中央在法令方面，宜賦與縣財政以伸展餘力，俾一縣之事業可以猛力發展，爲國家奠定强固基礎，充實國力。

（二）擴大縣政府組織：地方行政重心既由省治移歸于縣治，則縣政府之組織自必隨之擴大，蓋非此不足以應付繁重之政務也。依據縣各級組織綱要第八條規定：縣政府設民政，財政，教育，建設，軍事，地政，社會各科。在目前，縣政府有以上各科，勉强可以應付，但衛生科極關重要，必須設置，此外交通科，警政科亦不可省。軍事科不若改爲軍訓科，專司國民軍訓事宜。社會科專司戶籍，養老扶幼，救災卹貧之事，縣政府有此一科，確爲行政進步之一特色。

此外各科辦事人員必須增加，各科添設祕書，專司文書事宜。科長使命重大，其職責重在計劃，不在應付簿書，（簿書亦爲一專門技術，政府於此應設短期簿書訓練學校，培養此項人才，）現行縣制，各科無祕書，實爲一大缺點，此亦爲中央政府未嘗特別重視縣治之證。我們不希望地方行政進步則已，如曰希望，則地方行政重心必須歸之于縣，縣政府組織非擴大不可。

過去縣府工作人員，多屬動筆的人才，其他術技人員尙少，將來行政澈底改革之後，術技人員必須多聘。各種事業自設計實施以至考成，處處有賴于專門術技人才。此項人才，一方面由中央盡量培殖，一方面俸給盡量提高，縣政人才乃可充實，各種事業乃可有眞正進步，此爲縣府組織擴大後，不可不特別注意的一點。

縣治已確定爲地方行政的重心，則縣長科長人選標準，必須堤高，非有豐富經驗，特別技能，不予選任。至於縣長科長的資格應如何加以詳細規定，這里恕不詳述。

總上所述，錄其要點有

（一）縮小省區，澈底剷除封建遺制的根苗

（二）削減省府權限，集權于中央，移地方行政重心于縣治

（三）縮小省府組織，汰冗員以節經費。

（四）加强縣財政力量，使縣確實負起爲地方行政重心所應負的重大使命。

（五）擴大縣府組織，增加技術人員，使縣政得充分發展。

（六）廢除行政督察專署

七項。古人有言，「若藥不瞑眩，厥疾弗瘳」。我國地方行政積弊太深，非根本改造，斷不能「起廢疾」。深望地方行政專家們，大家起來，注意這個與復興民族，建新國家有密切關係的問題。

原刊《新文化月刊》一九四〇年第一卷第三期

予欲有言集

論縣政的基礎工作

毛春翔

我於地方行政制度的改革，已一論再論矣。我的論據是建築於最新的經濟機構之上的眞正民主制度，自信論據並沒有錯。現在想再痛快地來談一談縣政的基礎工作。

過去我國的縣政因爲忽略基礎工作，所以縣政變爲刖脚的孫臏，辦理縣政的人因爲誤解治事爲治人，輕視基層工作，所以辦理的人便變成瞎子算命先生。算命先生背着孫臏跑，吃力不討好。跑的格外吃力，被背的也分外勞苦，兩者都不勝其厭倦，在休息的當兒，商量改變辦法，我去醫眼睛，你去裝脚。醫好了眼睛，重見天日；裝好了脚，重行大地，你也輕鬆，我也痛快！醫生在那裏，醫生在廣東中山，醫術精絕，巧奪天工，只要你眞心請教，包管你的病去也無蹤。

先病非醫生，先病是醫生的助手的助手，謹遵　國父之遺教，開下兩個方子，請嘗試之：

(一)戶口調查

(二)經濟調查

戶口調查，過去也有，這是很很平常的工作，以此爲醫縣之病的方，未免近乎滑稽。不，這確實是一個醫方。你們過去雖然辦過這件事，但結果等於未有辦，那是鬧鬧玩笑而已。你們調查戶口的目的，不外乎一是想知道某地有幾個人，二是防某地有歹人潛入犯上作亂，三是想知道某地有多少有選舉資格的人，如此而已，試問辦理地方政務，單知道一地方有幾個人，有什麼用處？歹人面上不漆字，單靠調查戶口，有什麼效果？辦理選舉，土豪劣紳揑造選民是拿手好戲，爲選舉而辦理戶口調查，那眞是一幕滑稽把戲。據我所知道的，調查戶口的最大目的，是在提供辦理地方政務者擬定計劃推行計劃的一個最確實可靠的依據。沒有這個依據，地方政務就無從辦起：開學堂麽？你知道你治下的兒童有多少正在等候入學，有多少兒童想入學而因家庭經濟窘困無力入學，有多少兒童因營養不彀身體孱弱而不能入學，有多少兒童正在商店工場備嘗老板廠主的鞭笞而不許入學？開工廠麽？你知道你治下地方有多少土地可種植棉麻，有多少人需要你所想生產的物品，有多少原料本地不能供給，要仰給於他處，有多少窮民需要你所出產的物品而無力購買，有多少擁有勞動力而無施展的機會的男女工人，會不會你所辦的工廠愈多賺錢愈多而老百性愈苦呢，辦紡織業好呢？還是開鑛更好？開醫院麽？你知道你所管的這個地方有多少病人被摒棄在你醫院之外呻吟著呢？每年有多少進枉死城的嬰兒，產婦，窮漢，老頭呢？

在這個地方，某種病最流行，某種病在某時期最猖獗呢？有多少人迷信神佛巫覡而不相信醫生？這地方有多少醫藥人才，須培植多少醫藥人才？辦兵役麼？你知道你所管的這個地方有多少壯丁？有多少體力不合格，智力不合格，患殘疾，患精神病等等的壯丁？這些問題，要想解決，除了調查戶口調查產業而外，還有別的方法麼？除了依據戶口調查和產業調查的所得而確定施政方針之外，還有別的什麼可以依據的材料麼？

戶口調查，經濟調查為縣政的兩隻脚，這是千眞萬確的道理，不容爭辯，所要從長商議的是調查的方法。

戶口調查的方法，討論的人很多，見於報章雜誌中的論文不少，著成小冊的也有，我因為記憶太壞，看過就忘了，因此，我只好把我個人所想出來的方法提出來，別人的意見，暫且不管。自然我不敢說我想出來的方法最好，但我敢相信，我所想到的方法，還有幾分道理，那是因為我的調查戶口的理論的依據沒有錯的緣故。

我的理論上的依據前面已經說過了幾句，不妨再補充幾句：依據民權民生主義的理論，積極為民衆謀幸福，造成一個最最完滿的無人吃人的現象的社會，這便是我的戶口調查，經濟調查的理論的依據。換言之，我的理論的依據是積極的造福，不是消極的防患，我的立場是勞苦民衆的立場，絕對不是擁護特殊的一類人的利益，將民衆作為剝削的對象的官僚的立場。我為國家，為民族，為賢明的領袖，為忠實於立志創造新中國的精神無限偉大的 孫中山先生——我們的國父，我不能不堅持我的理論上正確的立場。我不能不表明，我不能擁護官僚。

本篇前言，本來說到這裏可以結束了，但我又想起了我國歷史上所記的足以發人深省的循吏的故事，似乎值得提一提，漢書黃霸傳：「霸為縣令時，嘗告吏云，某所有大木，可以為棺，某亭（漢制，十里一亭，亭有長掌捕刼盜賊，漢高祖嘗為泗上亭長）有猪子可以祭。吏如言往審之，果皆如霸言，吏深驚服」。黃霸何以知道某地有大木，某地有猪子呢？這不是從調查得來的麼？某地有一株樹可以做棺材，某地有一個猪可以做祭品，他都曉得，那末他在他所管的地方，他所不曉得的事物，除了某地有一根草枯死了，某人養的一隻鷄偶然不小心跌進糞坑裏溺死了的事情以外，大約是很少很少的吧！黃霸做官心細如此，所以他的治績稱為天下第一。西漢一代二百餘年，像黃霸一樣的官只有六個，眞比中航空獎券還難。可是我們用現代的眼光去看黃霸的治績，便覺得不足驚奇，不但不足驚奇，反而覺得是一件很平常的事，在今日，不要說六個，就是六百個，六千個也辦得到，因為我們有完備的調查方法，只要肯做，人人可以成為黃霸。但倘若用舊的眼光去看黃霸那黃霸眞是一位了不起的好官，值得後官取法，生在今日做了官，如果比不上黃霸，那末這個官便太要不得了。

戶口調的方法，可以分為幾點說明：

（一）調查單位：依據現行制度，以每鄉為一單位，比較便利，各鄉調查完竣，彙集報告於縣政府，縣政府應設一戶籍股，隸於政務科，綜理全縣戶籍調查事宜。

（二）調查人員：每鄉設一文化工作派出所，縣中心區設一文化工作總隊，工作人員多寡須視人口多寡，事務繁簡而定，不能一概而論。文化工作人員，不限男女，以青年為原則，以經過初步的政治軍事訓練的為合格，原有警士絕對不許過問這些事。一鄉之關於戶籍事項，如調查發表報告以及持續調查等等均歸文化工作派出所辦理。

（三）調查對象：以有永久生活根據地者爲限，臨時居住未經落籍之人口不在調查範圍之內。落籍與否，須憑原籍縣政府戶籍股之證明文書認定。未經原籍證明，雖居住數年以上，亦不能認爲落籍。對象確定，則調查便不會重複，而人口確實狀態乃可查出。我這個調查方法，是屬人主義抑或是屬地主義，我不大明白，我只覺得要這樣查，才能查得清楚。有人問客居之人如不查，則其人在住在地勢必得不到當地政府的保護，享不到當地的各種權利這可以麼？回答說，只要轉籍手續不麻煩，打算久住之人，自可轉籍，一轉籍，問題便解決了！

（四）調查時期：有人說戶口調查最好在冬季舉行，因爲此時農事閒空，出門的人很少，調查最便利。我卻以爲不然，戶口調查另有專人負責，查的人不怕麻煩，被查的人還有什麼麻煩可怕，過去農民怕調查戶口，怕的是抽壯丁，怕的是捐款。商民對於調查戶口，抑不是怕而是厭，他們以爲查查有什麼好處，查，是這樣，不查，也是這樣。這些毛病都發生於不了解調查的意義，在調查之前，欠缺宣傳工夫所致。宣傳工夫做得好，任何時期都可查，何必要等待冬天。普通一般人總以爲冬天農民空閑，其實農民在冬天也有冬天的工作，如冬耕，如做其他副業，都是工作，懶惰的終年閑，勤奮的終年忙，以冬天爲農民的空閑期是不正確的看法。

（五）調查經費：調查戶口需要一批鉅額經費，此項經費，應在縣預算臨時支出項下開支，絕對不能臨時捐募，阻礙戶政進行。戶口調查是縣政的基礎工作，其意義至爲重大，此項支出，價值至高，絕不容許吝嗇，需要多少，就要開支多少，絕不容許左刪右減。有人問這一筆錢從那裏來呢？那我的回答已經寫在「論我國地方行政制度」一文裏，可以參看。

（六）調查表格的編製：戶口調查有四個原則必須遵循，否則便不成其爲調查，雖有調查表編成，除了包花米生揩屁股之外，毫無用處。四個原則：是，精確，詳密，分類，持續。

精確的原則，比較抽象，與表格編製的直接關係少，與調查工作實施者的手段的關係密，如前述文化工作人員須經初步的政治經濟訓練以及確定調查對象等；便是求調查精確的一種方法，此外如工作者的態度技能學力經驗等皆與調查精確有密切關係，近來有人編著宣傳術，辯論術等書者，這類作品，我認爲幫助文化工作者的力量極大，負有訓練文化工作人員之責者不可不注意及之。所謂精確者，包括着數的精確，質的精確，總而言之，是包括着被調查的事項的全貌的精確。有一不確，便破壞全體，除覆查之外，無術補救。一目不精確，覆查一目，二目不精確，覆查二目，務達精確之目的而後已。有人主張調查表之填寫應委之於被調查人，被調查人不能填寫，則由甲長代填，這樣查法，我敢斷定，精確的原則要被破壞無餘。徒勞無功，還不如節勞更好！

年青人天眞活潑，多半是正直無私的，如領導的人好，則工作的表現一定比年長的人做得好，尤其是女青年。我所以主張用年青人任文化工作的原因，便是想貫澈精確的原則的緣故。威靈顯赫的甲長，同時又是大半屬於目不識丁的草包，陪伴着嚇跑老百姓靈魂的穿着黃衣或黑衣的某種人，去做調查工作，那是一種最不經濟的最浪費的行爲，精確要變爲精怪，要不得，確實要不得！

客居之人，我主張把他放在調查對象之外，就是防他破壞精確原則之故。但客居之人，住居時間久暫，雖甚差參不齊，但一概置之不理，亦易生弊端，最顯著的就是逃避兵役。補救之法，祇有另製一種「特種戶口調查表」處理之，凡居民未曾經過轉籍手續而立戶的，認為客戶，用特種戶口調查表登記之。其對住在地之權利義務之關係，依法令所定辦理之。

此外如僧，尼出家之人，外國教士，應照客戶一例辦理。其機關中職員，學校中學生，軍隊中士兵官佐，工廠中工人以及其他商店中店員，慈善團體中寄養之人等等雖與客戶有別，而行政機關如欲明瞭其狀況，亦可利用特種調查表，調查登記，惟軍隊中士兵官佐與國防有關，以不查為原則。此外如旅館伙鋪中之旅客，應歸公安機關調查，此項調查性質極為單純，除維持公安以外，無他作用，與戶籍行政機關所處理者性質完全不同，過去負有戶口調查之責者於此未能分別清楚，實為一大缺點。

總結一句話，「精確」二字，為調查戶口所必不可不固執的信條，不破壞此信條的調查方法是好的，苟有些微破壞此信條的調查方法，便是錯誤的不好的方法。這個信條，辦理戶籍行政工作的人員應書諸紳。

編製戶口調查表的第二個原則是詳密。什麼叫作詳密？就是調查表上的項目要十分詳細精密的意思。調查表為什麼要詳細精密呢？這是很明顯的道理，不詳細不精密的便沒有用，詳細的精密的才有用。這個原則是跟着調查戶口的意義而來的，我們為什麼要調查戶口，不是想應用麼？不是想為民衆謀幸福麼？如果查得不詳密，試問民衆幸福何從謀起。單知道有幾個人，幾個男，幾個女，幾多歲，什麼職業等等有什麼用處？譬如種菜，單知道種幾畦菜，什麼菜，什麼樣的菜，於種菜有什麼好處呢？一定要知道什麼菜需要什麼肥料，那幾畦菜長得不好有什麼病，那幾畦菜有害虫發現，應當趕快用什麼藥，那幾畦菜沒有澆水，有點不景氣，應趕快澆水醫治，這樣的查察，於菜的本身才有利。調查戶口也是這樣，什麼樣的人應當用什麼方法去扶持他，教育他，使他成為一個有能力爭存的人，他們的生理上，心理上，社會上的地位，經濟的環境，以及其他種種有缺陷，這等等都要預先查察明白，才能想得出補救的辦法，否則茫茫糊糊地站在高處，看着成千成萬的人在下面鑽動，汽車嗚嗚，縱橫奔馳，馬車橐橐，橫衝直撞，西裝高帽，燙髮高跟，鶉衣百結，囚首垢面，高歌佯狂，號呼乞食，說不盡的各種各樣的悲歡離合的現象，你只能呆着看看而已，你能發生什麼感想，辦法是不要說了。但倘若你能知道各種各樣的現象發生的根源，那你自然而然會想出各種各樣的救濟辦法了，要知道各種各樣的現象的根源，就非詳詳細細精精密密地調查戶口不可。因此，「詳密」二字，便成為戶口調查表編製上的第二信條了。

一九二七年國際統計協會決議關於戶口調查事項僅規定十二項，便有人說，「事實上能夠完全照行的可謂絕無」，這樣少的項目，照行的已經「絕無」，那末，我眞不知道要怎樣簡單的項目，照行的才不至於「絕無」。簡到無可再簡，單到無可再單的時候，便是不要查，子桑伯子的辦法再痛快沒有，可惜中國不是資本主義已經成長的國家，子桑伯子的辦法一時還用不着！

好了，旁的話不要多說，我把所擬定的調查項目寫出來，我相信，我確切相信，中國如果在抗倭戰爭中翻身，我所定出的項目一定辦得通，做得到，項目只會增加，不會減少，有目者請拭以俟之！

戶口調查表項目

1 姓名	2 家庭身份	3 年齡
4 性別	5 身長	6 體重
7 體力	8 目力	9 聽覺、

10肺力　11營養　12疾病
13智力　14婚姻　15配偶年齡差數
16配偶感情如何　17親屬狀態　18衛生設備及習慣
19有何嗜好　20生理上有何缺陷　21性情特點
22作何生業　23每月收入　24每月支出
25家用有無預算　26不動產　27動產
28儲蓄　29有未受過教育　30現受何種教育
31有何技能　32有未受過軍事訓練　33過去經歷
34有何著作　35有何發明　36信仰何種宗教
37有未參加合作社　38入何政黨　39在政治上主張
40住宅構造　41住宅建築材料　42合住或獨居
43自置或租賃　44住宅租金　45居住時間
46與鄰居感情　47對地方有何貢獻　48對地方公益意見
49旅行過何地　50備考

上表所列五十項，我認爲都是應當查明的，有人同我開玩笑，說夫婦性交一日也應當補入，我說人類文明如果到達相當進步的時候，夫婦性交之事，自然可以列入調查項目，譬如夫婦是同床或隔牀，性交有節制或無節制，一週一次或一月一次，與身體健康，生育力強弱都有關係，應當查，不過目前在我們中國，一般人都不肯打破這個祕密，有了花柳病，還要諱疾忌醫，何況要他作性交的報告，辦不通，無可疑的。因此，這一項目，我的調查表上只好暫時從缺。

上項調查表，每人填一張，每戶編一號，歸總於鄉。由鄉歸總於縣政府的戶籍股。未來的縣政府的事情是不容易辦的，即此戶口調查一事，繁複到不可思議，已可見其一斑。不羅致多數技術精熟的人員，縣政一定辦不好，這我上次在「論我國地方行政制度」一文中已經大略說過了的。

項目五十，不是人人都要填滿的，譬如兒童，就有許多項目不要填，其他的人可以類推。臨機應變，責在工作人員，紙上文章，只能說個大概。

戶口調查表編製除了上述二原則之外，還有第三個原則「分類」。調查表分類的目的，是想求其應用靈便。怎樣分類呢？據我個人的意見，以爲應根據已經編成的調查表，把牠分爲七大類：

(一)戶調查表
(二)丁口調查表
(三)健康調查表
(四)教育調查表
(五)嗜好調查表
(六)人才調查表
(七)職業調查表

(一)戶調查表以戶爲主體，目的是想知道某地有幾戶。本來是一戶一號，全鄉有幾號表，即可知道全鄉有幾戶，但是要知道全縣有幾戶，就有點爲難了。我們的調查是以鄉爲單位的，其次是以每一鄉爲起訖，要知道全縣的戶數，必須翻閱全縣各鄉調查表，總起來計算一下，才能知道底細，有了分類的戶調查表，則隨時隨刻都可知道全縣的戶數，計劃政治上經濟上的一切興革的事情的政治工程師，如有時需要知道全縣戶數的話，一査便悉，時間消耗，精力消耗，均甚經濟。一縣如此辦理，一省也如此辦理，則全國最高領袖，隨時隨刻都知道全國的戶的確數了。

戶的調查表應該記載的項目；1.第幾戶2.戶主姓名，3.兒總表第幾號4.立戶年月日5.備考

此項分類表應歸縣政府戶籍股編製，其他各類表亦然。

（二）丁口調查表，編製此類表，目的是想知道全縣人口數目，一翻便悉，不必臨時統計，其用意與戶表同。

此表製法：縱的方面應記項目：1男2女3一歲至五歲4六歲至十歲5十一歲至二十歲6二十一歲至三十歲7三十一歲至四十歲8四十一歲至五十歲9五十一至六十歲10六十一歲至七十11七十一歲以上12合計，橫的方面應記項目爲第幾鄉，全縣有幾鄉，即列幾個項目。最末一行爲全縣丁口合計數。

（三）健康調查表，國民體格日趨惡劣，這是很明顯的現象，有識者多爲寒心，但國民體格究竟惡劣到怎麼樣，在目前，恐怕無人能解答這個問題，一定要調查清楚，分類表編成，才能按表索驥，一覽而得。這個分類表的重要性，無人敢加以否認。

此類表應記的項目，在縱的方面，1身體完全健康的甲字2身體完全健康的乙字3身體完全健康的丙字4身體孱弱的甲字5身體孱弱的乙字6身體孱弱的丙字7肺病的8胃病的9性病的10皮膚病的11沙眼的12營養不良的13不清潔的，14合計。橫的方面的記載與戶表丁口表同，依照鄉的次序，一項一項排過去，譬如身體完全健康的甲字有幾人，即在空格內塡寫幾人，餘類推。最末一行爲合計，看合計行的最下一欄，便可知合於某項標準的人，全縣有幾個，患什麼病的人，全縣有幾個，其作用很大。我國數千年來從未有過這樣的調查表，倘若一旦有人編成這樣的表，在戶籍行政上，可以說，是一個劃時代的進步。

（四）敎育調查表，此類表應記的項目，縱的方面1失學兒童2失學青年3失學壯年4受過小學敎育的5受過中學敎育的6受過大學敎育的7受過外國大學敎育的，8受過中等職業敎育的9受過高等職業敎育的10受過軍事敎育的11受過其他技術訓練的12合計。其他等項與上表同。

（五）嗜好調查表 此類表應有項目縱的方面1吸烟的2飲酒成癖的3賭博爲職業的4吸食毒品的5合計。

嗜好以不良者爲限。凡妨害個人健康，破壞社會幸福的嗜好，我們皆認爲不良的嗜好。

（六）人才調查表 此類表用處頗大，其應記載的項目，在縱的方面1醫藥人才2商業人才3農業人才4交通人才5工業人才6行政人才7敎育人才8外交人才9文化事業人才10特種技術人才11合計。其他橫的方面項目與上表同。

此項人才調查表如果以一鄉爲單位，擴大編製，用場更大。國家需要某種人才多少，現某種人才有多少，不敷用，應訓練多少，某種人才過剩，應將訓練某種人才的餘力移用於訓練他種急需的人才之用。這個人才調查表的作用眞大得可以。現在試問我國在最近究有幾個會開木炭汽車的人才？如果有人回答得出確數，那眞是攷試場中古今罕有的奇跡，這個人就是給他狀元，還嫌賞賜不敷。又現在我國究有幾個醫生以及和全人口的比例如何，有人知道麼？馬馬虎虎活，馬馬虎虎死，在鼓里過日子，鼓皮給敲破，還不肯睜開眼睛的人組成的社會，那里會知道這些呢！到馬馬虎虎不能活，馬馬虎虎不能死的時候，或者會想知道，然而遲了！

（七）職業調查表：此類表縱的項目是1農業自耕農2農業半

自耕農3僱農4佃農5畜牧6機器工業工人7手工業工人8工廠老板9工程師10其他出賣勞動力者11商店店員12商店老板13自由職業者14公務人員15失業者16無業者17合計。其他橫的項目與上同。

此項職業調查表也可以以鄉爲單位，擴大編製，詳細分類。

以上七種分類表不過舉其大概，倘臨時發生需要某種分類表，則可隨時增加種類，適應需要。

戶口調查表的編製上所必須遵守的原則，除了上述三個以外，還有一個必須遵守的原則就是「持續」。人事倏忽變遷，滄海桑田，朝秦暮楚，忽生忽死，飄忽無常，如調查表之編製無持續性，則膠柱鼓瑟，刻舟求劍，過去的調查表，勢將成爲不正確的廢紙，前功盡棄，損失至大。德國五年總調查一次，英美十年總調查一次，終非善法。英美富庶，技術精良，交通便利，文化水準高，不怕損失，不怕麻煩，誠無足怪，我國卻不能東施效顰，在調查未竣事之前，即須準備調查的「持續」，勿使調查工作斷氣，譬如某地人口有異動，某人環境有改變，某戶狀況有變更，則鄉中區的文化工作派出所隨時予以更正，另製新表備查。使社會動態與調查表所記完全相符，始終保持調查表的精確性，這樣才能完成戶口調查的任務。

與戶口調查的持續性最有密切關係的莫過於出生，死亡，和就業的登記，此外如失業，遷移等等也不容忽視。

出生登記表應有的項目1某戶2戶主姓名3出生者與戶主的親屬關係4出生年月日時5生者名6接生方法7嬰兒體重8養育方法，9營養能否充分10產母是否健康11性別12備考。這些都是縱的方面的項目，橫的方面，應以保爲單位，依次排列，每月作一結束，由鄉文化工作派出所製工作報告，報告於縣政府。

死亡登記表應有的項目1某戶2戶主姓名3死亡者名4死亡年月日時5死亡原因6死亡後有無能力埋葬7死亡後有何影響8備考。餘與上表同。

就業登記表應備項目1某戶2姓名3就何業4業務酬報5就業日期6工作時間7備致。餘與上表同。

失業登記表應有項目1某戶2姓名3失業原因4失業後的影響5生活是否需要公家維持6維持生活最低金額7備考。

遷移登記表應有項目1某戶2姓名3遷移何處4遷移原因5有未經辦遷移手續6遷入7遷出8備考。

好了，寫了兩天，才把這編稿了寫成，精神費了許多，厭倦之至，倘若有人費心讀一遍，那就等於給我一份最豐厚不過的稿費，謝謝！未吃先謝，禮乎，曰，禮也，此我之所謂禮也，禮我之禮，於人無尤。倘若有人譏評我這篇東西說「啊，乞丐想坐飛機」，那也聽便！不過乞丐有一天真的坐起飛機來，請譏評者不要咋舌。亂世，想發財的人多，慷慨解囊的人少，我相信不會有很多人給我豐厚的稿費的。我國勇敢者少，鄉愿太多，我相信讀我文者連覆瓿之譏都不會有，五百年後要做揚子雲也恐怕做不成，算了，何必喋喋。

文瀾閣四庫全書戰時播遷紀略

毛春翔

浙江省立圖書館孤山分館所藏文瀾閣四庫全書，民國二十六年避寇遷徙，地經五省，時歷八載，余始終其事，爰紀其略，存閣書一段掌故云爾。

初遷富陽：二十六年七月七日，倭寇在盧溝橋發動侵略戰爭，未幾，滬杭綫，時有敵機肆擾，館長陳叔諒先生恐閣書被炸，即命總務組趕製木箱，準備遷移。七月末，情勢日益惡劣，乃決定遷運日期及地點。日期，定於八月四日。地點，決定富陽魚山石馬村趙宅，乃本館編纂夏君定域向趙君坤良商得同意。八月一日，全館職員麕集孤山分館，點書裝箱，至三日深夜裝竣。計閣書一百四十箱善本書八十八箱，共二百廿八箱。四日晨閣書離館，運往江干裝一大船，余奉命隨書出發，負保管之責。五日午刻，抵達魚山。自江邊至石馬村，計程十五華里，僱工挑運，二人共肩一箱，半日竣事，趙君坤良昆仲，富有資產，待人和善，號召力强，一聲令出，數百挑夫立至，故搬運書箱，毫不費力。

趙君坤良合家居住新建大廈，其舊宅棄置未用，閣書即庋藏其中，余偕工友一人居樓下，樓下正房一間，原作廚房，供宅前店夥用，自書遷入，趙君即令拆灶，余與工友飲食，由新廈供應。其照應周到如此。至待余之厚，更非楮墨所能罄。

旋遷建德：十月杪，敵機轟炸杭垣日益烈，魚山可聞爆炸聲，留杭總館工作人員，悉往蘭谿。富陽鄰杭，魚山安全頓成問題，乃再議遷建德。由總務主任史君美誠出面向趙君坤良及夏君定域懇商借得運費二百數十元，僱工搬運書箱至江邊，裝船上駛。二百餘箱書，一夜搬運竣事。夏君定域趙君傳泉送余至富陽縣城。翌日，夏君還里山，趙君繼續伴余行。越桐廬，至俞趙，船重水急，水手二人，無法上駛，余乃隻身搭乘軍車去建德謁館長叔諒先生，商得浙大同意，由浙大派大卡車一輛，開往俞趙，將書分批運至建德北鄉松陽塢暫存。余因妻孥在江山原籍，乏人照應，乃請假回籍。趙君傳泉回魚山。存建德之書，由虞君佩嵐、汪君開興保管。

三遷龍泉：杭城淪陷，建德震動，館派史君美誠王君文萊至建德，僱民船運書至金華，再覓車轉運龍泉，暫存縣城中心學校，由虞君佩嵐獨任保管之責，汪君開興留建德保管西文書。

部令閣書遷往貴陽：閣書及善本書運抵龍泉，時當廿七年一月底。至三月初，教育部派浙大教授李絜非來浙，商運閣書去貴陽保存。意謂西南僻遠，戰事不至波及，遷書斯土，可高枕無憂，浙人士亦以爲然。浙教廳長初持異議，後亦同意，閣書遷黔之議決，善本仍留龍泉。由龍泉經閩省浦城至江山通公路，由江山入贛至湘省長沙通火車，由長沙經湘北湘西入黔直達貴陽通公路，閣書入黔，取道此線。在龍泉起運之前，余奉史君美誠函召去江山縣城協助運輸。自浦城至江山峽口，險路甚多，運輸車，中有一輛，在離江山峽口不遠處，傾覆，十一箱翻落池中，虞君佩嵐急往附近村莊招僱粗工，入池起箱，另僱他車星夜運達江山縣城。翌晨，幸有太陽，借簟在城隍廟大天井中曝晒，書浸水中久，晒兩日，水漬如故。絜非先生以運輸時間迫促，不容久延，即命裝箱，謂運抵長沙，再從容翻晒，余與佩嵐未有異議。後書安抵貴陽，藏於西門外約一里之遙張家祠堂，夏君定域奉令前往保管，重加曝晒始乾。三千餘冊書，每冊每頁須細心揭開，夏君竭數月之力，始完成此艱鉅工作。

由張家祠遷往地母洞：貴陽僻處萬山之中，人咸以爲安全地帶，不意敵機亦能光臨。二十八年二月四日，敵機十八架襲擊貴陽，自城南開始投彈，至城中心，彈盡，逸去，燬建築物無數，死人數千，張家祠堂在西郊，幸免於難，然地當衝要，雖城太近，敵機難免再來，閣書安全，終屬可慮。由貴州省立圖書館一勤工建議，覓定貴陽北郊距城八里之地母洞，作爲閣書安置之所。洞在高山之巔，高約四五丈，深約七八丈，實爲天造地設書庫，雖附近無居民，荒涼異常，但敵機轟炸，可保無虞。於是呈廳轉部，奉准建屋三楹，遷書其中。招僱工友二名，請警局派警二名駐守洞口？洞口有平地數方丈，另建屋供工警居住，夏君時住山中指揮工警，時住張家祠，便利接洽關於保管事務。

曝書：山洞潮濕，每年秋季必須曝書一次，每日五六箱，貴州多雨，晴天少，每季曝書，輒歷時數月。曝書開始前，函請浙大派教授一人蒞臨指導，成爲定例。曝書竣事，購多量石灰，撒播洞中吸收潮氣。曝書時，啓箱裝箱，翻書點書捆書，工作至爲辛苦，上峯頗知體卹，每季晒書，皆有伙食津貼，數目多寡，臨時核定。

保管員更動：夏君定域於廿九年秋，應浙大聘，任國文系教授，柳君逸厂繼任保管。柳君頗知改進保管方法。當曝書竣事，除撒播石灰外，每箱更置樟腦丸十數顆，防蠹；寫一裝箱單，便利檢點；寬待工友，以安其心；凡此皆足稱道。保管費之請領發放報銷，向歸貴州省立圖書館經管，保管員每月向該館支領薪餉，往往遭遇困難。柳君接事後，乃毅然決然將經費收支事務收回自辦，便利不少。三十年秋，柳君因病堅請辭職，時余適在湘西黔陽任事，叔諒先生自渝函召回館接管閣書，並寄旅費三百元，柳君又匯旅費二百元，催余就道，余乃應命去筑，代柳君負保管責。三十一年一月，教部特派邵鶴亭先生赴黔西調處交大風潮，順便視察地母洞藏庫，垂詢防潮工作在技術上應如何改進，余乃建議將書庫三面間以板壁，在箱底溝中多置白炭，潮氣可以稍斂。邵先生一一採納，報部撥款，將余之建議付諸實施。嗣余又覺每年僅秋季晒書一次，仍不濟事，自三十二年始，春季加晒一次。事出自動，不敢更向部請領津貼，勉從辦公費項下提欵補助工警伙食。黔人質樸，得此少許津貼，亦知感奮，汗流浹背，毫無怨言。

委座關懷閣書：三十二年春，蔣委員長電諭貴州省主席吳鼎昌以『地母洞潮濕，藏書恐霉爛，應另覓安全處所遷藏』。吳主席轉令教廳從速辦理，廳長歐元懷電話要余陪往地母洞察看，經啓數箱檢查，未見霉壞之書，歐廳長認爲滿意，主不遷移。因面諭擬稿，詳敍藏書實況，交省府電覆委座，請准免遷。

許廳長視察藏書：三十二年九月，浙教廳長許紹棣自渝回浙過筑，往地母洞視察藏書，隨取與地面最接近者數箱啓視，情況皆好，許廳長深表滿意。回浙後，匯發獎金三千元，獎勵員工。

添造職員宿舍：三十二年七月，部督學吳學增視察地母洞，回部報告，以爲山上工警四人，力量單薄，又不住洞中，不帶槍械，保管員不常住山上，而居於貴陽城中，張家祠堂，保管殊欠周密云云。不知工警加人，薪餉增加，呈准不易。荒僻山野舊爲匪藪，工警携槍，不但無益，反而有害。洞中即使有屋可住，而火燭堪虞，亦非工警所宜居。張家祠在城郊並非城內，山上舊有保管員住屋，夏君任職時，即已倒塌，迄未修建，保管員即欲山居，亦不能露宿，吳君所云，全無根據。顧余因是亦頗不自安，乃向部建議築室二間於距洞口數十步處，爲保管員住宿之所，未幾，奉准撥款修建泥牆茅棚二間於山巔，修築方成，而黔南告急，不及移居，書已再徙入川矣。

閣書入川：三十三年十一月，敵騎長驅入黔，黔匪響應，筑市人心惶惶不可終日，余叠快函渝方請示，旋得叔諒先生覆書，言正與教部洽商將書遷渝。至十二月四日夜奉張部長道藩通知，言後勤部俞部長已抵筑已令戰區司令部派堅固卡車六輛，儘速運書入川，余得訊喜極，即向公路局探詢消息，得悉卡車六輛，六日晨準赴張家祠報到。竭六七二日之力，僱工數十人，搬運書箱下山，裝車竣，八日晨起程，部派督學楊予秀、陳國禮二人協同運輸。自十二日至二十三日，書車陸續到達重慶青木關。書藏教部部長公館隔壁瓦房中。計屋四大間，東向，在山麓，地勢高燥，藏書適宜。且部長公館置有警衛四人，備有武器，書庫安全，又多得一重保障。

文瀾閣四庫全書保管委員會成立：教育部爲愼重保管閣書起見，特設置保管委員會，聘徐青甫、張宗祥、余紹宋、竺可楨、賀師俊、顧樹森、蔣復璁、陳訓慈八人爲委員，並指定顧樹森、蔣復璁、陳訓慈三人爲常務委員。訂立委員會組織大綱，設置祕書一人，管理員一人，住會，負實際保管之責。余奉派爲祕書，原任職戰指會吳君兼任管理員，時在三十四年二月。

添製書箱：閣書自杭出發時，每箱裝書太多，每逢晒書，裝箱輒感困難，書腦破損甚多，夾板亦多有摘裂者。至是，呈准添製杉木箱十六只，每箱勻出一二十冊，由是，書腦夾板得免毀損。

閣書回浙：三十四年八月，倭寇投降，戰事結束，閣書即議遷回浙。十月十三日奉部令造具庫書遷浙運費預算報核。時因運輸困難，運費無標準，預算編造大不易，擱置未辦。至三十五年二月八日，保管會開會，據部長交下傅孟博先生所擬預算書及運輸應行注意事項，詳加研討，當經議決：閣書回浙以空運爲原則，倘空運不可能，改用車運，水運絕對避免，餘應悉照傅先生所擬辦理，報部候命。延至四月二十五日，始奉准決用車運，即向公路總局租用卡車六輛，取道川南入黔經湘贛入浙。派押運員六人，派警士十人巡官一人護送。保管會奉令後，積極進行，租定車輛，編定概算，計車租共三千一百卌九萬二千五百十八元，押運人員及警士旅費，並搬運辦公獎金等項費用三百廿萬元合共三千四百五十九萬三千五百十八元。押運員六人除余外，餘爲社教司科長徐伯璞科員吳展予祕書組主任黃閣、汪祖惠，浙大教授前保管員夏定域。徐伯璞爲領隊，吳展予爲庶務，余爲出納。

五月十五日由重慶出發，至七月五日抵達杭州，歷時五十餘日，途中艱險之事，困苦之狀，非數紙所能盡。在衡陽遇匪，警士開槍百餘發匪始逸，在邵陽候渡二日夜；在安仁遇一小河，卸書渡河費時一日；在江西永新，余車左輪陷入水坑，幾傾覆；在銀坑宿露天茶棚；在上饒遇罕有大水，公路橋樑沖毀，停留十餘日；在蘭溪過渡，卸書，烈日熏灼一日，皮膚若焦炭；凡此皆爲令人永遠難忘之遭遇。

閣書現狀：閣書運回杭州西湖孤山舊藏書樓以後，教部即撥善後經費一千萬元，作爲修繕之用。現藏書樓朽壞大樑兩根，已加抽換，修理竣工。書廚大銅鎖一百一十只，配裝完成，式樣與戰前所用者無殊。惟重裝五千冊封面，因工程較爲複雜，完工尚須數日。一俟封面配齊，即可定期開放閱覽。

溯咸豐庚申之變，閣書散而復存，閣燬而復建，全賴錢塘先賢丁松生先生倡導之力。此次倭寇入侵，燒殺焚掠，慘酷於洪楊，閣書顛沛流離，奔徙數千里，其艱危亦遠甚於往昔，八載深錮邊陲，卒復完璧歸杭，是誰之力與？曰陳叔諒先生之力居多。凡人事安排，經費請領，防潮設備之改善，員工生活之維持，以及其他有關於閣書之安全者，皆賴先生主持維護於其間，前丁後陳，並垂不朽。而教部主遷書於西南，由浙而黔，由黔而川，更由川而回浙，先後所費數千萬元，保管所需，有求必應；浙大派車救書之危難於俞趙，派人督運於龍泉，指導曝晒於黔中；陳部長立公，朱部長騮公，竺校長舫公，愛護鄉邦文物，比之浙撫譚公鍾麟猶或過之。教部徐黃汪吳諸先生舍棄飛航還都之便利，甘願率眷護書，跼蹐車中，在途五十餘日，雞鳴而起，披星投宿，茹苦含辛，無怨言，其功亦不小也，凡我浙人皆當同聲稱頌。

久荒筆研，所記辭不雅馴，讀者諒之。倘有遺漏，或記憶錯誤，深望處柳夏諸先生糾補。

原刊《圖書展望》一九四七年復刊第三期

圖書分類法

圖書分類法

村島靖雄著
毛春翔譯

開明書店印行

序

昔漢劉子政撰七略，別錄，子駿更撰七略，班固之志藝文，即本乎此，蓋其條流剖別，允爲目錄學之嚆矢，要亦中國圖書分類之濫觴也。其後，魏荀勗中經新簿，上承七略，下開四部；齊王儉依據七略，而有七志；梁阮孝緒斟酌王劉，而有七錄；及至隋志經籍，部錄羣書，以王阮爲不逮，二劉裒前說而歸於四部。自茲相沿，率循四部之分。清代纂修四庫，分羣書爲四部，四十四類，迄於今日，言舊籍之分類者，猶多仍四庫部類之例。其在歐洲，雖亞利斯多德有人類知識三類之分，培根亦曾有學問分三類之說，然其圖書分類之起源，則遠在中國之後。然自十八世紀以後，關於學問與圖書之分類，學者陳說甚多。最近更有以記號代表之分類法，而杜威，卡特，美國國會圖書館分類法爲尤著。吾國因循舊說，稀爲變通，而以新書出版之日夥，感舊法之不盡適用，於是學者採歐美學者之說，而定圖書新分類法者，頗有其人。顧以中西學術統系殊致，新分類法利於容納譯本新書，而於舊籍則常患不易為之部屬。或又自創類號立說，愈紛而分類轉益淆亂，辦理圖書館者往往以圖書之分類編目為難題矣。本書為日本村島靖雄氏所著，乃氏在民國二十一年在日本文部省主辦之圖書館講習班担任「圖書分類法」學程時之講義。村島氏於斯道研究有素，且從事提倡圖書分類之統一。其著此書，於西洋圖書分類法之演變，記述甚備，且備列西名，以備互稽。其於日本，亦溯其分類之淵源，及帝國圖書館與府縣圖書館之分類，足資借鏡。至中國之舊時圖書分類法，在現代圖書館，雖不甚適用。然本書僅列四庫全書之部類，而於四部分類之淵源，略未之及；且僅列入於日本圖書分類一章中，似有缺漏之憾。大抵日本人之為學，創造力稍遜，而整理排比，鈎玄提要，最為特長。故於圖書分類之會萃衆說而較論之，正為彼所優為。方今我國圖書館事業日見進步，而圖書館學之講求亦漸廣，新著出世，時有所聞。而於圖書分類，為圖書館所遇之一重大問題，且又為學者所注意討究者，顧未有一暢論衆說，以資比觀之書，誠不可謂為非憾事。以是益覺村島此書有足以應今日中國之需要。毛君乘雲頗有志於目錄學，近一年來，共事於浙江圖書館。公餘之暇，譯成此書，屬余有所言。余自維於圖書分類，初無研究，惟念中國簿籍之繁，圖書館事業方日與而未有艾，圖書分類所繫，誠非淺鮮；若墨守舊說，既失之固；任取一說，亦失之偏；其未能虛心細察，遽多自作類碼，亦復失之於濫；要當博采衆長，共事研討，則溯述源流，廣陳各說之書，爲現時國內出版界尚罕見者，正爲今日之所需。村島此著，殆足當之。其略於中國之圖書分類，正爲國人所易於求之他書者，要亦未足爲病。至若研討融變，俾我國之圖書分類因折衷諸說而漸臻完密，則所望於海內之學者，當亦毛君譯此書之初旨也。

民國二十三年陳訓慈識於浙江省立圖書館

譯例

一　余譯此書，志在介紹圖書分類常識於我國。有志學習圖書分類之技術者，顧余學淺，譯文錯誤必多，尚祈大雅指正幸甚。

一　書中所附各種西文圖書分類表，原書未譯，茲亦仍之。

一　間有英名應譯出者已譯，並附原文以資對照。

一　書中稱我國者茲悉改稱日本，稱支那者悉改稱中國。

一　美國國會圖書館圖書分類表茲因太繁略去。

一　原書眉端有摘要，茲亦未錄出。

一九三四，三，譯者識。

目次

第一章 序說

一 圖書分類之意義及目的

圖書館之成立，全賴圖書，故圖書之整理排列，在圖書館管理上占極重要之位置。圖書分類云者，卽預定一切圖書之位置，將一切圖書照其位置排列之一種作用，卽圖書整理排列之一種手段。

庋藏圖書之方法，從來在圖書館中所通行者有種種形式，茲列舉其主要者如左：

（一）照圖書收到號次順序排列之方法。

（二）設所謂文學理學宗教等等若干廣大的部門，照各部門配置特別之書架，將圖書照收到順序各排列於適當部門之書架上之方法。

（三）依圖書之大小，設置大小不同之書架，將大小相同之圖書排列於同一架上之方法。

（四）照著者名之ＡＢＣ順序排列之方法。

以上四種方法雖各有其長處但皆非完善的整理方法。

圖書館若依近世的概念言之，則其目的既不在乎圖書之單純的集合，亦非僅選擇圖書而已，乃以促進圖書之最大最善的利用爲目的者。收集公衆所要求的圖書，固爲圖書館之第一重要任務，然現代的圖書館與其說置重於圖書之搜集，毋寧說置重於利用方法之講求。即現代的圖書館與過去的圖書館顯著不同之點在乎此。昔日圖書館長之主要任務是爲圖書之搜集與保存，極言之，彼時所謂圖書館即陳列知識之化石的博物館；現代圖書館則否，是乃灌輸知識於公衆的機關。其所藏之圖書，完全爲利用而搜集而整理。

然則不問圖書整理方法如何，爲公衆及爲公衆之補助者而勞動的圖書館員，檢出人所要求之圖書，必須容易而且迅速，毫無疑義，然上列各種整理方法果適合於此要件否？先就第一種方法言之，此法在藏書之數量少且書架公開之小圖書館中，或能適用，但一旦藏書之數量增加，則檢取所欲得之圖書，必費較多之時間與勞力，是爲顯而易見之事實，故此法之利益，除能將新增圖書聚集於一處外，他無足述者。第二種方法較之第一種似爲稍進步之方法，但各部門圖書增加之後，其排列次序，卽不免雜亂，是其病與第一種不甚相遠。第三種方法只顧書架之節約，圖外觀之雅緻，全不顧慮公衆利用圖書之便宜；世當無進圖書館專爲閱覽裝訂雅緻之圖書者，故此法亦非良法，第四種方法祇適用於各方面皆有著述之人，然此有著者目錄於事已足。

上述四種方法，雖具種種形式，然無一能最容易而且最迅速檢出所得之圖書合乎現代圖書館整理方法之條件者。

大凡進圖書館借閱圖書者，其所要求之圖書，或爲美術、或爲博物、或爲法律等關於一局部者爲最普通；同一人同時要求關於醫學、宗教、法律等等圖書者，乃絕無僅有之事。

依前述之整理法，關於同一問題圖書必不置於同一場所；因此，如欲檢出關於某一人所要求的僅僅數部圖書已需要不少勞力和時間，欲省此時間和勞力之浪費，則舍依據內容分類圖書，將關於同一事項之圖書悉集於一處，更加以系統的排列以外無他法。例如於此有一戶直藏（日本天文學家——譯者註）所著的「月」（明治四十二年發行）必須與關於月一類圖書置於同一架上。關於月一類之圖書，如一觀其內容，則其爲關於較月更大的問題之書，卽爲關於宇宙之構造及作用的學問的天文學之一部分的書，瞭若觀火。故吾人必須將關於月一類之圖書和其他天文學之圖書置於同一場所。又天文學與數學物理學等等補助學科有密接之關係，因此，關於數學、物理學等等圖書，必須設法排置於天文學圖書相近之處。如此明瞭各學科相互之關係，儘可能的照其順序整理圖書，是卽所謂分類作用；其表示各學科相互之關係順位表，卽所謂分類表（Scheme or System of Classification）。此表應如何製成，製成之後，應如何運用，是卽本講義之主眼。

卽圖書分類云者，爲依某系統分別整理其記載事項而行的一種作用；於圖書之檢索，減少時間與勞力且以增進圖書之利用率爲第一目的之一種手段。

二　圖書分類之必要

在書庫不公開之圖書館卽公衆絕對不能進書庫之圖書館中，公衆欲檢索圖書，一依圖書目錄圖書館員機械的將圖書從書庫取出交與閱覽者，故從圖書之內容分類整理，對於公衆無直接之必要。然若已分類整理，則於人所要求之圖書之號次卽有多少誤記，亦能立刻取出其書。又卽遇其人所要求之圖書在貸出中或在製本中不在書庫時，亦能提供適當的代替本。又同一人同時所要求之圖書，大抵是關於同一問題之書，故圖書之出納，亦能容易而且迅速。其在書庫開放之圖書館勿論矣，而況書庫之全部或者一部分開放已成爲現代圖書館之一般的傾向；公衆可直接就書架檢索圖書的今日，內容分類已成爲絕對的必要之事，更不待言矣。且於圖書館規模之大小無關。蓋圖書館之規模雖小，而其藏書必日日增加，使其始不用此法整理，則日後藏書增加，雖欲分類整理，事實上必極感困難。對於舊有藏書重新加以分類整理之如何困難，一觀美國國會圖書館費二十年歲月，擲數十萬元之金錢，尚未完成其業，可知其概矣。

第二章 論理的分類法

分類者乃吾人意識的或無意識的日常繼續不斷而行的一種心理的作用。勃朗(Brown)云：「人類應必要而行種種之分類，是和人類之呼吸同樣自然而且必要」依此言，則其實例到處可見。先就貨幣之計算整理言之，最初從其質分爲紙幣、金幣、銀幣、白銅幣、銅幣；更從其價格將同價額之貨各各統括於一處，然後整理計算之事，任何人亦能優爲之。又試觀水菓鋪，林檎與林檎置於一處，香焦與香焦置於一處；更依其價值之高低而分等排列。凡此皆屬極卑近之例，而分類作用於吾人日常生活有如何重大之關係，即可據此推知。原來分類事物乃人類的本能；無論如何野蠻人亦能區別巖石和植物，更能進一步區分植物爲樹木和草；換言之，無論如何野蠻人亦有將類似或同樣之物與其相異者分離而統括於一處之能力，是乃毫無疑義的事實。同時此作用漸趨於複雜，終至施

7

之於宇宙間之萬物。卽分類云者乃能認識事物之性質，將事物性質相同者聚集於一處之心的作用。

然則，卽同一之事物，於類似或同樣上亦有種種方面分類亦然，亦有種種不同的種類。卽重量或體積既有類似之點面積亦有類似之點；形態上或色彩上更轉而爲空間上之位置，卽地理上；又於時間上之位置卽年代上；又於起原上之位置卽發生上皆得有類似點存在。他如就性質上言之有善有惡；就分量上言之有多有少；就時間上言之有長有短；就位置言之有遠有近之種種分類。凡此莫不從多數之中捕捉其共通點，從其類似之程度而形成之。

此類似點如爲事物之本質時，卽其本質全然相同無少差異時，則此分類稱爲論理的分類，其從某種偶然的特色的類似而分類，則稱爲人爲的分類。

照如此的分類，復依其標準如何發生種種不同的種類。其種類如何？——李加特遜(Richardson)舉出其主要者九種。卽：

（一）Logical Classification（論理的分類），是從最複雜的類似至最簡單的類似，依此類似的程度的分類。

（二）Geometrical Classification（幾何學的分類）是從空間所占的位置的分類。其最普通之形式，是地理的位置是卽從在地球上所占的某位置的分類。

（三）Chronological Classification（年代的分類），是依時間的分類。是卽將存在於某一定之時者括爲一類的分類。其最普通之例是年表。

（四）Genetic Classification（發生的分類），是從起原之類似的分類。

（五）Historical Classification（歷史的分類），總括前三種（二）、（三）（四）的分類，先照地理上，次照年代上，次照發生上整理的分類。

（六）Evolutionary Classification（進化的分類），和（一）論理的分類相反對，是從自最簡單的類似迄最複雜的類似的程度之分類。

以上爲分類之最普通的形式此外尚有三種形式：

（七）Dynamic Classification（以力爲標準的分類）。

（八）Alephabetical Classification（ABC順序的分類），爲人爲的分類之最普通的形式。

（九）Mathematical Classification（數字的分類）依數字記號之順序的分類。

在分類上有以上數種形式，其中（一）和（六）爲自然的分類（Natural Classification），其他稱爲人爲的分類（Artificial Classification）。無論在一般知識的分類上，在圖書的分類上，其最重要者厥爲自然的分類中之論理的分類，人爲的分類不過作爲一種補助而已。故以下僅就論理的分類略加說明。譬如吾人當使用所謂動物植物等名稱時，吾人已豫先決定有某種共通性質的物體之集合的存在。所謂共通的性質者，卽爲有理性、有脊椎、有乳房等等性質之謂；由此概念和外界事物所有之性質是否相一致一點，分爲人、動物、植物、或爲非人、動物、植物。分成爲有此共通性質之集團，是卽所謂分類，例如牛馬象各有不少特異之點，然在有脊椎有乳房是溫血是胎生幾點，彼此皆同。有此類似點，故將馬牛象歸入動物界中之哺乳類內。但同時卽在馬牛象之中，亦有許多的種類，卽馬牛象又各自形成一類。如此分而又分，止於不可再分，是卽所謂分類。吾人稱此多少有共通性質之物體或概念之集團（Group）爲類（Class），將各類適當的集合於一處者，稱爲分類表。然分類表當如何製作？大抵分類表之製作者，先將其所欲處理之物大分爲若干類。例如生物學者先將其所欲處理之生物界，大分爲植物、動物二界；植物學者又將植物分爲顯花植物、隱花植物二大部門；動物學者又將動物分爲脊椎、無脊椎二門；此爲生物學上之分類。但如此分類方法不限於生物學，其他一般知識之分類莫不如此。最初將知識全體大別爲數個部門，例如杜威（Melvil Dewey）將一切知識大別爲九種，卽：

(一)哲學（Philosophy）

(二)宗教（Religion）

(三)社會學（Sociology）

(四)語言學 (Philology)

(五)自然科學 (Natural Science)

(六)應用技術 (Useful Arts)

(七)美術 (Fine Arts)

(八)文學 (Literature)

(九)歷史 (History)。

以上各類互不相犯而各類可分爲最大類，又可分爲次大類，分類表依其製作之目的可順次細分以達其必要之程度。

如此在進行細分上，選定可從之順序及類 (Class) 的法則，應依據所欲分類之物之根本的特質，已言之數矣。例如有花瓶於此，有銀製者，有硝石製者，有陶磁製者，如依其構成材料分類，是所謂論理的分類；若依瓶之大小或形狀分類，是爲人爲的分類，蓋大小或形態乃偶然之特色，非瓶之本質的特色也。

分類之事乃論理學上與哲學上頗重要問題，故自古代希臘以迄今日，學者所編成之分類表極多。此等分類表乃圖書分類表之基礎，茲特舉其重要者二三種於後，以作參考。

在西洋最初討論分類之事而製作分類表者，為有名的亞利士多德（Aristotle, 384–22. B.C.）。彼將人類所有之知識大別為三，更各各細分，即：

- Theoretical Philosophy
  - Physics
  - Mathematics
  - Metaphysics
- Practical Philosophy
  - Ethics
  - Economics
  - Politics
- Productive Philosophy
  - Poetics
  - Rhetoric
  - Arts

於此應注意者，卽將論理學除去一點。據勃朗(Brown)之說，論理學乃一切科學之序論，故亞利士多德略去之。

亞利士多德以後經古代中世有不少哲學者製成種種分類表，今嫌其煩瑣，略而不講。次就一六三三年頃佛朗錫斯・培根(Francis Bacon, 1561-1636)編成的分類表述之。

培根以人類之精神能力爲標準，將一切學問分爲三門。卽：

I. History (Memory)

　Natural History

　　Generations (Astronomy, Physiography, Physics, Biology)

　　Preter-Generations (Monstirs)

　　Arts (No details)

　Civil History

Ecelesiastical (Church, Prophecies, Providence)

Literary (History of Learning)

Civil History, Proper (Memorials, Autiquities, Perfect History, including chronicles of times, Lives of persons……)

Appendices (Orations, Letters,……)

2. Poesy (Imagination)

Narrative

Dramatic

Parabolical (Mythology)

3. Science (Reason)

Philosophy

Natural theology (Diety, Angels, Spirits)

記憶表現於文字者爲歷史，是固明白易曉。但培根之所謂歷史，其意義較吾人之所謂歷史爲廣，蓋包 Natural History 及 Civil History 二者而言也。且前者之意味又較今日之博物學爲廣，天文、理學等固不待言，卽今日之所謂工藝亦包含之。後者亦包含教會、文學、政治之歷史。詩爲想像之產物，固不待言，而不問形式文體如何，凡想像上之作品，均包含於其中。第三門哲學爲最主要之部門。

培根之分類表，從今日觀之，當然爲時代落伍之品。然因彼爲偉大的哲學家，故後起分類表莫不受其影響。今日公表於世的各種分類表，大率以培根分類表爲根柢，稍加洗刷而已。一七六七年，法蘭西哲學家特朗勃爾 (D'Alembert, 1717-83) 所發表之分類表卽其一例。

(I) History
- Sacred History
- Ecclesiastical History
- Civil History
- Natural History

- (II) Philosophy
  - General Metaphysics
  - Science of God
    - a Natural Religion
    - b Revealed Religion
    - c Science of God and Evil
  - Science of man
    - a Universal Pneumatology
    - b Arts of Thinking, Retaining, Communicating (= Logic, Writing, Printing, D clamation……)
    - c Morals(=Ethics, Jurisprudence, Commerce)
  - Sc'ence of Nature
    - a Mathematics
    - b Physics
- (III) Poetry
  - Narrative Poetry
  - Dramatic Poetry
  - Allegorical Poetry
  - Music, Painting Sculpture, Architecture, Engraving

上表不過將培氏表原有位置變更而稍加以說明而已。

其他將培根分類加以多少之變更者尚不少，總稱之爲"Inverted Beconian"。蓋其三大部門培氏表順序爲歷史、詩、哲學；後起者變更位置其次序爲哲學、詩、歷史。

十九世紀公表的法國哲學家奧格斯特孔德（Auguste Comte 1798-1857）之分類表雖極簡單，但給與後起的分類表之影響卻不小。依孔德之說，一切學問可以分爲五個基礎的科學。而五者之順序一定不變。然所謂五種基礎科學者何卽？：

（一）天文學（Astronomy）
（二）物理學（Physics）
（三）化學（Chemistry）
（四）生物學（Biology）
（五）社會學（Sociology）

第一種天文學是最普遍而又最抽象的科學，是關乎與人類相距最遠的現象的一種學問。反之，最後之社會學是一種於人類有最特殊最複雜最具體而且最密切的利害關係的學問。其他三種科學莫不受天文學之影響，同時天文學並未受社會科學之任何影響。

此外，孔氏更加進 Mathematics（數學）而列於首：

1. Inorganic Physics	2. Organic Physics
Mathematics	Chemistry
Astronomy (Celestial Physics)	Biology
Physics (Terrestrial Physics)	Sociology

反對孔德之說之有力的學者是黑貝爾·斯賓塞爾(Herbert Spencer 1820–1903)。

氏將一切科學大別為三：

(一)抽象的科學

(二)抽象的形而下學

(三)形而下學

更將（一）分為論理學、數學二種；將（二）細分為重學、物理學、化學等三種；將（三）細分為天文學、地質學、生物學、心理學、社會學等五種。此種分類實為近代分類與古代分類大異其趣的一個好例。斯賓塞爾排斥前述的孔德所定之順序，以為一切科學互有關係，宛如同一樹木之枝葉。即：

1. Abstract Science
    - Logic
    - Mathematics
        - Geometry of position
        - Indefinite calculus
        - Definite calculus
        - Arithmetic
        - Algebra
        - Calculus of operations
        - Geometry
        - Kinematics
        - Geometry of motion
2. Abstract Concrete Science
    - Mechanics
        - Statics
        - Hydrostatics
        - Dynamics
        - Hydrodynamics

Molecular Mechanics	Astrogeny
Molecular Statics	Solar Mineralogy
Molecular Dynamics	Solar Meteorology
Chemistry	Geogeny
Heat	Mineralogy
Light	Meteorology
Electricity	Geology
Magnetism	Biology
3. Concrete Science	**Morphology**
Astronomy	Physiology
Sidereal	Psychology
Planetary	Sociology

自斯賓塞爾以後，以分類表之名出現於世者，有一八七〇年之培因（Alexander

Bain, 1818-1903) 分類表。其他，威廉·瓦特(Wilhelm Wundt)於一八八九年，斯得拉爾(August Stadler) 於一八九六年公布極精細分類表。此外在最近之分類，有一八九二年之皮阿生 (Pearson) 及一九〇一年之李加特遜 (E. C. Richardson) 分類。茲特揭李加特遜之分類表，以供參考。

1. Hylology
   Mathematics
   Physics
   Chemistry
   Astronomy
   Geology
2. Biology
   Botany
   Zoology
   Physical anthropology?
3. Anthropology
   Psychology (Human)
   Epistemology
   Esthetics
   Useful Arts
   Fine Arts
   Language and Literature
   Ethics?

Sociology (Including History)

4. Theology

Cosmology

Christology

Ecclesiology

Theology proper

自古代希臘至於今日，公表於世之分類表不下百數；此處僅介紹其極主要者之綱領而已。學者如關於分類一事尚欲深加研究，則進讀前面介紹之李加特遜或勃朗之著作可也。然就上舉二三例觀之，則分類恆依其分類之出發點如何而生種種之差異。爲其出發點之最有力的理論有二種：一爲承認超乎自然的神聖的造物主之存在的理論；一爲主張一切知識皆從物質進化的理論。換言之，卽前者以爲心先乎物質而存在，後者以爲物質先乎心而存在；一言以蔽之，卽唯心論和唯物論是也。歐美之唯心論，其基礎在乎舊約聖書創世記之第一章中宇宙開闢之順序之說。依創世記之說，宇宙初爲一混沌體，與此混沌體分離而別有一種超自然之力存在，卽神的存在。此超自然之力從黑闇中生出光明，從水中造成土地，造成植物和動物，又造成男子，最後又造成女子。從此「人」生出

「心」；從「心」生出形成人類之知識的一切源泉。然而反對唯心論者，則以爲此超自然之力，即「神」，乃心的發生物。自亞利士多德始學者，雖皆有唯物的傾向，但於圖書的分類表，多從創世記之說，以神學居首，不可謂非奇異之現象也。

第三章 論理的分類與圖書的分類

圖書分類之目的是極其實際的，原不待言；且其所處理者爲圖書，是有形物，並非思想、概念等等抽象的東西，故嚴密的理論的分類不能照樣適用於圖書的分類，必須施以特別之改變。然此非僅處理圖書如此，凡處理具備形態的物品莫不如此。在圖書之中，如雜誌、隨筆、論文集等，其圖書之標題(Subject)不一，正與巖石由種種元素結成相同。故圖書之分類，與博物館標本之分類無異，皆非科學的，是一種技術。吾人若欲徹底的科學的分類圖書，則非蒸發其圖書而分析其元素不可。蓋單就所謂思想之浮動狀態而施以理論的分類則可能，思想一經結晶於圖書之中，而欲概施以理論的分類則不可能也。由此觀之，圖書之分類，固不能輕視論理的分類，且以之爲根柢，正與當分類礦物標本而分別陳列時，不能輕視科學的順序相同；唯對於一切圖書皆欲用論理的分類，則不免有扞格不通之弊耳。要之，圖書之分類，是一種技術，不是科學；以科學上之順序爲其脊椎，但其順序實需要幾多之變更也。然論理的分類與圖書的分類不同之點何在？試舉例以明之，例如無論何種圖書分類表皆有文學一門，詩歌戲曲之類悉收入於其中，詩歌戲曲本身之標題卽不重視，是爲論理的分類；又如隨筆、雜誌之類，其所記載事項涉及多方面，欲就各記載事項之性質配置圖書，究不可能，對於此類圖書非另設總記 (General Works) 一門以收納之不可，是卽圖書分類之特點。

要之，圖書分類是混用論理的分類和人爲的分類的。然人爲的分類對於論理的分類，引用時，其次序如何？是不可不詳敘圖書分類之種類矣。

先舉李加特遜手定的分類之種類。凡同一之事物，由分類之標準不同而生種種不同之種類；圖書亦然，因所取之標準不同，而有多數之種類。

(一)論理的分類　是乃從圖書之內容類似之程度而聚集於一個系統之下的分類。

(二)依著者名順序的分類　是乃一種將一切圖書依著者姓名分類而依著者名之ABC順序排列的人爲的分類。此法在和漢書中從來不甚通行，唯在歐美圖書館間有採用之者。此分類法對於多方面有著作之人頗爲便利；但從容易而且迅速檢出關於爲圖書分類之大眼目的同一事項及關係事項之圖書一點觀之，則不能謂爲最良之法，但已經依論理的或其他的分類而行分類之後，對於已排架之圖書更適用上法，是現今一般所通行的。

(三)依圖書標題之ABC順序的分類　此法之性質與前同，唯因標題之相互間無連絡，故不妥當。但與前法相同，在一類之中如欲細分，往往使用此法；尤於傳記書類，一般皆用此法。

(四)時代別之分類　是乃從圖書處理時代之前後而分類整理的方法，但圖書館中藏書不能全部適用此法。不過如歷史之特殊類中再分類時使用之而已。

(五)地理的分類　與前法同，雖不能對圖書館全部藏書最先適用此法，但在細分

時，現今任何圖書分類表中莫不採用之、

（六）依圖書之大小的分類　是乃將一切圖書從其大小分類，將同大之圖書統置一處的分類法。是乃舊式的分類法，但在今日爲節約書架起見，亦有採用之者。

（七）從封面紙色的分類　在個人書齋中往往用此法，在圖書館中若欲採用之，則不外爲依顏色表示種類的方法，例如以赤色爲文學，以青色爲醫學，預先決定各類之色，再將一切圖書依其所屬之色改裝而已。

（八）依裝訂的分類　是乃依製本上之體裁，將同種製本之書聚集於一處的方法。區別洋裝圖書與和裝圖書，在我國從前廣行各處。又即同爲洋裝書亦可區別爲皮面的圖書，布面的圖書，粗訂的圖書等等。法帖，畫軸等等亦有區別之必要。

（九）依圖書之體裁（Form）的分類　此種分類風行最早。在一般分類表中，如百科事彙多不與依他種標題分類之圖書，置於一處。此外，如屬於醫學、經濟及其他特殊種類的字彙，在不各各排置於該類而總集於一處作爲字彙整理時，則此種分類便成爲第一之原則。其他雜誌亦同。

(十)依言語的分類　是乃基於著作圖書所使用之語言或國語的分類。在我國的圖書館中，廣行此種分類法。即如先將圖書大別為和漢書、西洋書二種，更將洋書細分為英文書、法文書、德文書等等，是其一例。

此外可作為圖書分類之種類者，尚有三種：

(十一)依出版年代順序或收到順序的分類。

(十二)依圖書之厚薄的分類。

(十三)依圖書之價格的分類。

圖書分類從其所取標準的方法如何，約有以上所舉十三種。在圖書館中，於此十三種類，最先應採用何種而行分類，大抵從其分類整理之目的而生差異。但在此十餘種的分類之中，對於同一之圖書，同時決不能採用二種或二種以上。故吾人當整理圖書時，必須先確定第一之標準，次定第二之標準；依第一標準而行分類之後，更依第二標準而細分；細分之後，更依第三標準而細分。其標準之順序，換言之卽所採用的分類種類之先後，是依分類表之製作者及圖書館之種類、目的等而不同，決不能劃一的。但在普通的公共圖書館，有可從之順位在，卽李加特遜所立之順位也。

李加特遜所定之順位，(一)論理的分類，(二)地理的分類，(三)年代的分類，(四)著者名分類，(五)言語的分類，(六)出版年代順序分類是也。卽在公共圖書館，欲分類圖書，則先從其標題分類，如歷史書理學書等是也(論理的)。其次將如此分類之圖書，如歷史，在適應必要而且可能的時候，可再區分爲法國史、英國史等等(地理的)。其次按其記載年代順序細分爲法國革命史，其他法國史等(年代的)。其處理法國革命史的著作，更可從著者名整理(著者名順序)。更將其翻譯書和原書分置(言語的)。最後卽在同一之圖書，亦可照初版、再版、三版等順序排列(出版年代順序)。又若初版書有二部以上時，可按其收到先後排列。

上述李加特遜手訂之順序，用之於公共圖書館中，不可不謂爲最良之法。然此順序決不可信之以爲是普遍的或確定的順序。依圖書之種類，不能墨守此順序者甚多。例如關於地質之圖書，如日本地質、中國地質固可用地理的分類，但如化學書之類物理科學書籍，便不能分爲法蘭西化學、德意志化學、日本化學、英吉利化學、俄羅斯物理學等等，此理極明，不待煩言而解。又如對於美術書，應以地理的分類居先，抑應以年代的分類居先，即在美術家之間，亦頗有議論。例如關於法國美術的圖書，關於意大利美術的圖書，應各各聚集於一處，更依年代分列耶？又關於文藝復興時代美術的圖書，應聚集於一處，更依國分耶？已成問題。

第四章 分類記號

圖書的分類與論理的分類之異點，卽在參雜種種人爲的分類一點，如前章所述；此外在圖書的分類中需要記號一事，亦爲與論理的分類顯著不同之點。

抑無論在學術上在技術上，對於常用之名詞（Term）或句（Phrase）均各用略語或符號以代表其名詞或句。例如在化學上，原素一名莫不以其名稱之首字或任意作成的符號代表，由此其化合物卽能極簡單地表示出來，同樣圖書分類法之研究者亦作成某種記號以代表門，綱，目等之名稱。

當圖書排架的時候，必須以某種的方法，將圖書整理之基礎標題（Subject）標記於其圖書上。然而例如有機械工學之圖書，若一一書寫蒸汽機關，舶用機關等等機關車於圖書上，則不但極煩雜而且亦極不便。故如附加六二一・一一、六二一・一二、六二一

・一三一類記號以代表各各之標題，則圖書之整理便極圓滑。此類記號卽名爲分類記號 (Notation or Class Mark)。

在分類的理論上，如此記號並非必不可少的，且分類與記號不能混同；然在實際上，如無此種記號，則任何分類表亦不能運用自如。換言之，記號雖只不過爲一種代表各類 (Class) 名稱的符號，但因其爲分類之補助，決不容輕視。

分類記號要不外乎一種符號，所以無論爲○、+△或者數字或者文字或各種混用，均無不可。其專使用文字或專使用數字的記號稱爲純粹的記號 (Pure Notation)；其混用文字和數字或其他符號者，稱爲複合記號 (Mixed Notation)。就理論上言之，兩種記號中之最完全者爲純粹記號。然同在純粹記號中，關於文字和數字的優劣，議論有兩種，孰優孰劣，殊不易斷定；但在今日，在圖書館界，數字的使用較文字爲廣，是乃事實，不容諱言。

總之，無論使用數字，或採用文字，或兩者混用，而優良的分類記號，第一必須單純

(Simple)，其次必須簡潔(Brief)，其次必須伸縮自在(Flexible)。

所謂單純者即指任何人亦能理解其記號之意，就此點言則○、△、十等等不能不認爲無作記號的資格。其次簡潔云者即指將符號盡量縮短之意，即三字比五字容易記憶，比十字更容易記憶。例如：ACF 比 AXTZLY 容易記憶；Z10 比 H2350，Z23 容易記憶。然分類愈分愈細，記號不能隨之而長，若一概謂長的記號不如短的記號亦非中肯之論。製作記號比簡潔尤其重要者，即爲伸縮自在。

製作分類表者，於分類之主要門目付與某種記號。然因已加記號之門目尚須無限細分，故其記號必須與之相應。

例如：杜威(Dewey)分工學(Engineering)爲十目(實則有九)，於主要部門給與620記號，於各綱再加數字如左：

620 Engineering

621 Mechanical

622 Mining

623 Military and Naval

624 Bridge and Roof

625 Railroad and Road

626 Canal

627 River, Harbor

628 Sanitary

629 Other Engineering industries

各綱更各各十分，故其記號再加一個數字。

621 Mechanical Engineering

621.1 Steam Engineering

621.2 Hydraulic Engineering

621.3 Electric Engineering

更細分爲：

621.1 Steam Engineering

621.11 Mechanism of Steam engine, etc

621.12 Marine engine

621.13 Locomotivs

如此每次加一數字，可以無限底和分類之進行相伴。

卡忒氏(Cutter)則以字母代替數字，卽：

A. General works

B. Philosophy

C. Christanity

於最初之分類給與一字；於其中再行細分，再加一字；同樣逐次細分。茲舉一例：

V. Recreative Arts

VI. Racing

VIW. Bicycle racing

依上舉二個簡單的例看來，則數字之記號從一個數字之添加，可應用到十個新綱目；但用字母的記號，每次添加一字，可應用到二十六個新綱目。卽在由三位而成的記號，用數字可應用到一千個類（Class）；而用字母則可應用到一萬七千五百七十六個類（Class）。

凡分類之主要的類（Class），一定不變。但因學術之進步，知識之發達，其細目常因之而生變化。卽從來未嘗存在的新問題一旦發生，分類表對之卽須給與適當的位置；而記號亦必與之相伴，否則其分類表卽歸無用。

在分類記號中，尚有一要件，即容易記憶是也。即某一定的記號，在分類表全體中必須常有同一之意味。例如假定「二」爲英吉利、「三」爲德意志、「四」爲法蘭西的記號；假定「九」表示歷史、「九四」表示歐洲史，則「九四二」即爲英國史、「九四三」即爲德國史「九四四」即爲法國史；同時「五五四」作爲表示歐洲之地質的記號，則若欲表示英吉利之地質，再加「·二」於五五四之後，便得·其形式爲五五四·二。如此記號一經用熟，則一見其記號，即能知其科目。

在分類記號中，尚有其他種種補助記號。此類補助記號添加於分類記號之下，可使分類愈加精細。補助記號有種種，其中最有名的是使用於一九〇五年在不魯舍勒萬國書誌學會（Institute International de Bibliographie），擴張杜威分類表使進一層精細的，於一九〇五年完成出版的分類表中的記號。此類記號大體如左：

（一）表示著者之觀察點的爲　00

（二）表示地理的細分的爲　(2–9)

(三)表示時代的區分的爲 “ ”

(四)表示 Form 的爲 (0)

(五)表示語言的區分的爲 =2–9

此等記號加添於分類記號之終，如（一）項 001, 002, 003, 等添加數字以代表種種觀察點。例如：

(一)003 表示立脚於經濟上的撰述，004表示立脚於應用或利用上的撰述。故673如爲表示講論牧畜之事的圖書的記號，則若加 004 於 673 之下，卽爲表示此書係記述牧畜之應用方面的圖書。

(二)項的數字依地名國名而有一定。例如 4 表示歐洲，42表示英國，44表示法國，又如 5 表示亞洲，52表示日本。可製成一定的表，加添於分類記號之後。例如 385 如爲表示鐵道之記號，則 385(42) 卽爲表示英國之鐵道，385(52) 卽爲表示日本之鐵道。

(三)項以符號 — 表示西曆紀元前，“—127” 卽爲表示紀元前一二七年。其次，“00”

表示第一世紀"01"表示第二世紀，"19"表示第二十世紀。故942如爲表示英國史則942"18"即爲表示第十九世紀之英國史。

（四）項於0之下加自一至九之數字表示通論、論說歷史等等的區別即(01)通論，(09)歷史若定530爲物理學，則530(01)爲物理學通論，530(09)爲物理學歷史。

（五）項加數字於=號之下，以表示圖書著作所用之語言。=2表示英語，=3表示德語，=4表示意語，=956表示日本語。故若830爲德國文學則830=3即爲表示用德語著述的德國文學書，830=956爲表示用日語著述的德國文學書。

第五章 圖書記號

分類圖書，在一類之中有數部圖書時，必須定一順序。定順序的方法有種種。其中最單純的方法是依圖書收到順序的方法。然依此方法不能將關於同一問題的同一著者之著作聚集於一處。比此法稍進步的方法是採取著者名之頭一字，照頭字的順序整理的方法。例如以同類中m一字爲始的著者的圖書，一照收入之順序，寫作 m1, m2. 。此外，有取著者名之最初二字同樣依照着順序排列的方法。一九〇〇年發表的斯丹爾・直斯得 (Stanley Jast) 之記號法即其例也

與此記號法相似的有山口縣立圖書館之圖書記號。此種記號是使用數字代替著者名之首字。著者名以五十音配置，同一類中之同一著者之著述以依十分法在同位置中整理爲目的。ア行著者名以000—099，カ行以100—199，サ行以200—299爲順序，ワ行

900—999，均依收入順序定之。例如在心理學之部，在元良勇次郎著「心理學綱要」最先收到時，給與160—60，其次收到松本孝次郎著「心理學新教科書」時，給與160—61，其次收到源良英著「憤怒及復讎之心理的研究」，則給與160—62，其次收到元良勇次郎著「心理學十回講義」，則不給與160—63而給與160—601，其意即欲將同一著者之著作，不論其收入之先後，而置於同一之處所，以便檢尋。

以上諸法將同類中之圖書悉依著者名順序整理，欲將同一著者之圖書置於一處爲不可能。爲補救此缺點，卡托爾（Cutter）想出有名的著者記號表（Cutter's Author Table）。此表由著者名之頭字與數字相合而成；著者名之頭字爲子音時，付與二個數字；若爲母音或S時，則於最初二字之後加一數字。其數字之用法，若頭字之次字爲ＡＢＣ二十六字母中之前方的字，則數字亦用初位數字；若頭字之次字爲末後字，則其數字亦用後位數。例如：

Abbott＝Ab2, Acland＝Ac6

Cook=C77, Gardiner=G16, Gerry=G36

Shock=Sh8

加添此號於分類記號之次。卽如 Gardiner's History of England，是一部英國史，其著者爲 Gardiner 其分類記號爲 F45，加上著者記號 G16，成爲 F45，G16，是也。如在架上已有 G16，G17，G18 等等書，忽有可以插入其間書發見時則再加添數字於其後，成爲 G16，G161，G162；G17，G171，G172 在 G161 與 G162 之間又有可以插進之書時，則再加數字如 G1611，G1612 是也。餘照此類推。

卡托氏之記號法，是以將同類中之圖書照著者別整理爲目的。此外，同類中之圖書，若照出版年順序整理時，則能知其問題之歷史的發達。在關於科學的圖書，有如古典的種種版本依時代先後整理，均極合適。於是用記號表示年代的種種方法便隨着需要而產生。其中最有名的是皮斯科的年代記號 (Biscoe's Time Numbers)。其記號可以適應從紀元前一千年至紀元二千年出版的圖書之整理。

A B.C.
B 1——999A.D.
C 1000——1499A.D.
D 1500——1599A.D.
E 1600——1699A.D.
F 1700——1799A.D.
G 1800——1809A.D.
H 1810——1819A.D.

如此推進，最後Z從1990至1999。即從A到C，因其間出版圖書少，故以之代表長年代。從D到F各代表一世紀。從G到Z各代表十年此表在實際上適用時，於圖書之出版年代，採用最近年代之記號，再加上其記號所表示的年代部分之省略年數。即：

A333=333B.C,

B450＝450A.D.

C273＝1273A.D.

D12＝1512A.D.

E5＝1815A.D.

以上所述均屬圖書分類之理論方面的事。其次要敍述的是其歷史的方面與實際的方面。今先從歷史方面略述梗概。而在未言之前，不可不注意者，卽圖書分類中書架上的分類與圖書目錄上的分類不可混同。目錄上的分類，因受圖書之形態和其他限制少，故較書架上的分類不僅能在論理上實行分類，而且在兩者之間有種種相異之點。但其根本的原則與在實行上的方法，謂爲大體相同亦無不可。本講義專就書架上的分類略述之。

第六章 圖書分類之歷史的概觀

圖書分類之起源於遠古，與圖書館之起源相同。先就西洋方面考之，亞雪利亞王亞雪爾勃尼勃爾（Assur-bani-pal）之宮殿文庫目錄，刻於素燒版者有二十五個。其中十四個是關於地理著述的目錄，其餘十一個是關於天文著述的目錄。（此文庫一八五〇年從勒牙得（Layard）發掘出來。）此即目錄上之分類；而圖書本身之分類，如詩歌圖書，天文圖書等等置於相異之處之證據亦有之。以後在愛及朴篤的阿爾科汕特利牙朴篤爾馬意斯家（Ptolemios）之有名的圖書館第一代館長加利馬科斯（Callimachus）將一切文獻分爲如左六種：

詩　人（Poets）

立法家（Lawmakers）

哲學家 (Philosophers)

歷史家 (Historians)

雄辯家 (Orators)

雜　家 (Miscellaneous writers)

此等名稱與吾人今日之所謂詩人立法家大異其意義，彼之所謂哲學家，連理學美術亦包含於其中。其後，即在希臘羅馬圖書館中圖書之分類整理，大抵與之相同降及中世紀，在各處僧院及其他圖書館中，雖云概略而分類多已實地施行。更至近代，在一五四八年，瑞士人康爾德凱斯納 (Konrad Gesner 1516-1565) 已有分類表公布於世；此表即被稱為最初的圖書分類表。此表分為二十一門；各門各照系統的順序排列，即：

1. Grammatica et philologica
2. Dialectica
3. Rhetaica
4. Poetica
5. Arithmetica
6. Geometria, Optica, etc

7. Musica
8. Astronomia
9. Astrologia
10. De Divinatione et Magia
11. Geographia
12. Historia
13. De div rsibus artibus illiteratis, mechanicis, etc

14. De Naturali Philosophia
15. Melaphysica et Theologia
16. De Morali Philosophia
17. De Philosophia Aeconomica
18. De re Politica id et Civili ac Militari
19. De Juris prudentia
20. De re Medica
21. De Theologio Christiana

此表卽說明其制定當時之圖書狀況的。似努力使各門互相關聯。單就用拉丁語，有 Philosophia 一字，已有使非常離開的部門密接之嫌。

其次在一六二七年，法國有名的圖書館學者格把利阿爾·納得(Gabriel Naudé, 1600–53)在其所著 Advispour dresser une bibliotheqné 中，揭出分類表。

其要目如後：

Theorogy
M.dicine
Bibliography
Chronology
Geogrophy
History
Military Art
Jurisprudeuce
Council and Canon Law
Philosophy
Politics
Literature

次於納得之分類者，在十九世紀初年，法國有一新分類表出現。此表大體上是基於納得之分類表的。而廣被引用；至於今日，倘使用其種種之變形，是卽巴利由納 (Jacque Charles Brunet, 1780-1867) 的分類，發表於一八一〇年，被稱爲法蘭西式之分類 (French Scheme) 者是也。

Class I Theology
1. Holy scriptures
2. Sacred Philology
3. Liturgies
4. Councils
5. Fatl.ers

6. Collective works of theologians

7. Singular and fanatical sects and opinions

8. Judaism

9. Oriental religions

10. Seism, etc.

Class II Jurisprudence

1. General treatises on law

2. Natural and international law

3. Political law

4. Civil and Criminal law

5. Canon and ecclesiastical law

Class III Science and Arts

1. Dictionaries and encyclopaedias

2. Philosophical sciences

3. Physical and Chemical science

4. Natural sciences

5. Medical sciences

6. Mathematical sciences

7. Mnemonics

8. Fine arts

9. Mechanical arts and trades

10. Gymnastics–Recrective arts and games

Class IV Belles–letters

1. Introductory works

2. Linguistics
3. Rhetoric
4. Poetry
5. Prose fiction
6. Philology
7. Dialogues, etc.
8. Letters
9. Polygraphy
10. Collective works–Miscellanies

Class V History

1. Historical prolego mena
2. Universal history
3. History of religions, etc.
4. Ancient history
5. Modern history
6. Historical paralipomena

此種分類頗似置重於書史學者之要求，但其純然爲人爲的分類，則一望瞭然，不待詳言。

其爲巴利由納分類之變體，且有名者，則有英人湯姆氏哈得威爾黑爾（Thomas Hartwell Horne）的分類表。彼是英國有名的書誌學者。在一八二五年公表 Outlines of the classification of a library。依此書，則黑爾的分類表如左：

Class I. Theology or Religion

1. Introductory Works

2. Natural Religion

3. Revealed Riligion

a. Holy Scriptures

b. Sacred Pnilology

c. Councils and Ecelesiastical Polity

d. Liturgies

e. Fathers and Collected W rks of Theologians

f. Scholastic Divinity

g. Systematic Divinity

h. Moral and Casuistical Divinity

i. Catechetical Div nity

k. Polemical Divinity

l. Pastoral Divinity

m. Hortatory Divinity

n. Mystical and Ascetical Divinity

o. Miscellaneous Treatises

4. History of Religions

Class II Jurisprudence

1. Public Universal Law

2. Ancient Civil and Feudal Law

3. Canon Law

4. British Law

5. Foreign Law

Class III Philosophy

1. Introductory Works—Encyclopaedias, etc.
2. Intellectual Philosophy
3. Moral and Political Philosophy
4. Natural Philosophy
5. Mathematical Philosophy

Class IV Arts and Trades

1. History of Arts
2. Liberal Arts
3. Economical Arts, Trades, & Manufactures
4. Gymnastic and Recreative Arts

Class V History

1. Historical Prolegomena
2. Universal History
3. Particular History
   a. Ancient
   b. Middle Ages
   c. Modern
4. Biographical and Monumental History
5. Historical Extracts and Miscellanies

Class VI Literature

1. Literary History and Biography

2. Polite Literature
   a. Grammar
   b. Philology and Criticism
   c. Rhetoric and Oratory
   d. Poetry
   e. Literary Miscellanies

在英國，此種分類風行一時。此外，在德法意以及其他諸國，亦有種種分類表，茲不贅述。茲所欲略言者，大英博物館之分類而已。西曆一八三六年頃，大英博物館對於其藏書卽施以組織的分類。從其藏書之數量上言之，從其藏書之種類涉及於多方面之點言之，則其圖書分類表，在圖書分類史上，頗占重要的地位。此分類表從蒲朗文的著作可以窺見一斑。卽：

1. Theology
   1. Bibles, Polyglot
   2. Hebrew
   3. Greek
   4. Latin
   5. French, Italian, etc.
   6. German
   7. Dutch and Scandinavian
   8. English
   9. Celtic

10. Slavonic

11. Oriental

12. American, Polynesian, etc.

13. Bible Concordances

14. Bible Commentaries, General

15. Pentateuch

16. Other Historical Books

17. Psalms

18. Prophets and Hagiographa

19. Unfulfilled Paophecy

20. New Testament, General

21. Gospels and Acts

22. Epistles

23–25. Liturgies

26–27. Metrical Psalms, Hymns

28–80. Prayers, Theology, Sermons

81. Mythology

82. Scriptures of the Non–Christian Religions

83. Jewish History

84–99 Church History, General and National

100–102 Missions

103. Religions Fraternities

104. Freemasonry

105. Biography, General Religions

106. Scripture

107–109. Saints, Popes, Cardinals

110–115. Religious, National

116. Juvenile Religious

117. Theological Bibliography

II. Jurisprudence

1. Papal Bulls

2. Councils

3–6. Canon, Ecclesiastical, and Marriage Law

7. Roman Law

8. Mediaeval Jurists

9–28. Law, National, Foreign

29–33. Jurisprudence, Crime, Prisons, Forensic Medicine

34–44. English Law, General and Special

45. Trials

46–48. Law of Ireland, Scotland, Colonies

49–52. Law of United States

53. Law of South America

54–55. Maritime and Military Law

56. Treaties and Conventions

57. International Law

III. Natural History and Medicine

1. Natural History, General

2. Botany

3. Horticulture

4. Agriculture

5. Mineralogy

6. Geology

7. Palaeontology

8. Zoology, General

9. Mammalia

10. Ornithology

11. Herpetology

12. Ichthyology

13. Domestic Animals (with Veterinary Surgery)

14. Entomology

15. Conchology, etc.

16. Dictionareis of Medicine

17–18. Medical Principles and Theses

19. Domestic Medicine

20. Physiology

21. Phrenology, Animal Magnetism, etc.

22. Anatomy

23–24. Pathology, Therapeutics

25. Mineral Waters

26. Surgery

27. Materia Medica

28–36. Diseases, Hospitals, etc.

IV. Archaeology and Arts

1–2. Archaeology

3. Costumes

4. Numismatics

5. Fine Art, General

6–7. Architecture

8. Painting and Engraving

9. Sculpture

10. Music

11. Field Sports

12. Games of Chance

13. Games of Skill

14. Useful Arts

15. Domestic Economy

16–17. Exhibitions, etc.

V. Philosophy

1–24. Politics (National) Political Economy, etc.

25–29. Commerce, Charities, etc.

30–33. Education, Schools, etc.

34. Moral Philosophy

35–37. Marriage, Women, Temperance, etc.

38–39. Metaphysical Philosophy

40. Logic

41. History of Philosophy

42–46. Mathematics: Arithmetic, Geometry, etc.

47. Astronomy

48–50. Astrology, Occult Science, Spiritualism

51. Physics

52. Optics

53. Meteorology

54. Electricity

55. Mechanics

56. Hydrostatics, Hydraulics

5 . Nautical Sciences

58. Arms and Military Engines

59. Military Art

60. Chemistry

61. Spectral Analysis

62. Photography

VI. History

1. Chronology

2. Universal History

3. History, Asia

4. Asia, British India

5. Africa

6–8. Europe, General

9. Byzantine and Ottoman

10–29 Europe, National

30–35. England

36–43. America, U. S., Australia

44–45. Heraldry, Genealogy

46. Pageants, Processions, etc.

VII. Geography

1. Cosmography

2. Ethnology

3. Circumnavigations

4. Voyages in two or more parts of the world

5–39 Travels, by Countries

40. Hydrography

VIII. Biography

1–19. Collective and National

20–22. Epistles

IX. Belles Lettres

1. Classical Polygraphy

2–8. Homer, Greek and Latin Poets and Orators

9–10. Poetry, Italian

17–18. Spanish, Portuguese

19–21. Frensh, Provencal

22–24. German

25–26. Dutch Scandinavian

27–28. Slavonic, Celtic, etc.

29–41. English

42. American

43–58. Drama, National

59. Rhetoric

60–61. Literary Criticism and History

62. Typography

63. Bibliography

64. Catalogues

65–67. Compendiums, Encyclopaedias etc.

68–77. Collected works of Authors, by Nationalities

78. Speeches

79. Fables

80–81. Proverbs, Anecdotes

82. Satire and Facetiae

83. Essays and Sketches

84. Fiction, Collected

85. Folk–Lore, Fairy Tales

86. Early Romances

87. Fiction, Italian

88. Spanish and Portuguese

89. French

90. German

91. Dutch and Scandinavian

92. Slavonic and Hungarian

93. English, Collected

94. Waverley Novels

95. English, Translations
96. English, Early
97. Republications
98. English, General
99. Minor
100. American
101. Tales for Children

X. Philology

1. General Philology
2. Languages Semitic
3. Other Asiatic and African
4. American and Polynesian
5. Chinese and Japanese
6. Greek
7. Latin
8–10. Italian, Spanish, French
11–13. German, Dutch, Scandinavian, Slavonic
14. Celtic
15. English
16. Phonography
17. Books for the Blind

此分類表大體上是根據培根巴利由納的。即僅看其使用於各類中之名辭，亦能令人感到有中世紀的意味。又如第五門的 Philosophy 和培根的所謂 Philosophy 其意味大體相同。Civil Philosophy（經濟，教育，社會等）Mental Philosophy（哲學，論理學等）Natural Philosophy（算術，力學等）不待言卽化學寫眞術亦包含於其中。是不得不謂爲全然古風的整理法。

在德意志，自勒普宜茨（Leibnitz）的分類表發表以來，有愛爾菽（Ersch，1793），普萊以是卡（Preusker, 1830），太奈曼（Thienemann, 1849）的分類表公表於世；多被採用於大學或學會圖書館。茲僅揭出雪來愛爾馬茨爾（Schleiermacher）的分類表（1852）的門名，作爲一例。

I. Encyklopädie, Literärgeschichte, und Bibliographie

II. Vermischte Schriften

III. Sprachen-und Schriftkunde, Philologie

IV. Griechische und Lateinische Litteratur

V. Schöne Wissenschaften in den neuren und orientalischen Sprachen

VI. Schöne Künste

VII. Historischen Wissenschaften

VIII. Mathematische und Physikalische Wissenschaften

IX. Naturgeschichte

X. Medizin

XI. Industrie

XII. Philosophie, Pädagogik

XIII. Theologie

XIV. Jurisprudenz und Staatswissenschaften

看此分類表，即可明瞭自一八五〇年頃，分類表已漸成爲實際的了，且進入細微，其名詞亦成爲近代的了。蓋當時學問之進步，與關於工藝的圖書之激增。對於圖書分類門目設定上給與頗大的影響。加之此時在英美兩國，近代的圖書館運動已興起，圖書館學大大被研究的結果，種種分類表亦已製成。其中最早的是愛德華氏(Edward,1812–26)的分類表。彼是英國近代圖書館運動的先驅者。其分類表亦特以適應公共圖書館之性賓與要求爲目的而編成。是表發表一八五九年，始被採用於孟恰斯德的公共圖書館，後被採用於英國各地的公共圖書館。即：

Class A Theology

1. Holy Scriptures

–1. Complete Texts

–2. Detached Books of O. and N. Tests

–3. Harmonies of O. and N. Tests

–4. Apocryphal Scriptures

–5. Bible Histories

2. Sacred Philology

–1. Introductions to Bible

–2. Commentaries and Paraphrases

–3. Concordances and Dictionaries

–4. Biblical Antiquities

–5. Geography and Natural History of Bible

–6. Connexions of Sacred and Profane History

3. Collective Works of Theologians

4. Dogmatic and Polemic Theology

5. Catechetical Theology

6. Pastoral and Hortatory Theology

7. Mystical Theology

8. Liturgies, Rites, and Ceremonies

9. Judaism

10. Natural Theology

Class B Philosophy

1. General and Collective Works

2. Ethics

3. Metaphysics

Class C History

1. Study of History

2. Universal History and Biography (including General Geography. and Collections of Voyages)

3. Ancient History and Biography

4. History of the Middle Ages

5. General Ecclesiastical History

6. History of Modern Europe, General (including Travel)

7. History of Great Britain and Ireland, General

–1. England, General

–2. Before Conquest

–3. Individual Reigns

–4. United Kingdom, Ecclesiastical History, General

–5. England, Ecclesiastical History, General

–6. Before Reformation

–7. Reformation

–8. Post-Reformation

–9. History of Dissenters, General

–10. History of Dissenters, Denominational

–11. England, Parliamentary History

–12. United kingdom, Naval History (also England)

–13. Military History (also England)

–14. Monetary and Medallic History (also England)

–15. England, Topographical History General

–16. Architectural and Sepulchral Antiquities

–17. County Topography

–18. Travels

–19. United Kingdom, Collective Biography (also England)

–20. Particular Biography (also England)

–21. Peerages, Baronetages, Political Indexes (also England)

–22. State Papers and Records (also England)

–23. Scotland, General History

- –24. Ecclesiastical History
- –25. Military History
- –26. Topographical History
- –27. Travels
- –28. Biography
- –29. State Papers and Records
- –30. Ireland, General History
- –31. Ecclesiastical History
- –32. Military History
- –33. Topographical History
- –34. Travels
- –35. Biography
- –36. State Papers and Records
- –37. Wales, History
- –38. British Colonies, History, General
- –39. American Collective History
- –40. West Indian Collective History
- –41. Australian Collective History
- –42. History of Particular Colonies
- –43. British India, History

8. Europe, Modern History, General

- –1. Belgium and Holland
- –2. Denmark, Sweden, Norway
- –3. France
- –4. Germany
- –5. Greece

–6. Hungary

–7. Italy

–8. Poland

–9. Russia

–10. Switzerland

–11. Turkey

–12. Other Parts of Europe

9. America History, General

–1. United States(since Independence)

–2. Mexico

–3. Hayti

–4. Central and Southern America

10. Africa and Asia, Medern History

Class D Politics and Commerce

1. Politics and Government, General

2. National Constitutions

3. Monarchy, General

–1. Crown of England, Succession and Prerogatives

4. Parliamentary and Representative Assemblies, general

–1. House of Lords

–2. House of Commons Constitution, etc. General

–3. Reform

–4. Bribery at Elections

–5. Ballot and Electoral Reform

–6. Privileges

–7. Internal Economy and Business

–8. Reports and Papers

–9. Foreign Countries, Representative Assemblies

5. Civil Government, General

–1. Civil Service of United kingdom

6. Law, General

7. Laws, Collective, U. K. and England

–1 Laws Commentaries, England

–2. Codsfication,England

–3. Reform, England

–4. Courts of Law England

–5. Scotland, England

–6. Ireland

–7. Wales

–8. Calonial

–9. United States

–10. Foreign Countries

–11. International Law

8. Criminal Law (4 subdivisions)

9. Political Economy: Commerce Pauperism Population etc.–(33 subdivisions)

10. Church Establishments

11. Public Education (3 subdivisions)

12. Army and Navy, Organization, etc.

13. Foreign Policy, Ambassadors and Consuls

14. Political Satires, Liberty of the Press

Class E Sciences and Arts

1. General: Dictionaries, Society Transactions

2. Physical Sciences, General

–1. Physics

–2. Mechanics

–3. Acoustics

–4. Optics

–5. Pneumatices, Electricity Meteorology, etc.

–6. Phesical Astronomy

–7. Chemistry, General

–8. Inorganic

–9. Organic

–10. Analytical

–11. Technical

–12. Society Transactions, Periodicals

–13. Mineralogy and Crystallography

–14. Geology, General

–15. Particular

–16. Societies and Periodicals

–17. Biology, General

–18. Comparative Anatomy and Physiology

–19. Human Anatomy and Physiology

–20. Zoology, General

–21. Particular

–22. Local

–23. Societies and Periodicals

–24. Botany, General

–25. Physiological

–26. Local

–27. Societies and Periodicals

–28. Palaeontology

3. Mathematical Sciences, General

–1. Arithmetic; –2. Algebra; –3. Geometry; Conic Sections, Mensuration;

–4. Trigonometry; –5. Calculus

4. Mechanichl Arts, General

–1. Civil Engineering; –2. Steam Engine; –3. Roads, Railways; –4. Docks, Harbours, Canals, etc.; –5. Field Work; –6. Building; –7. Mining and Metallurgy, Machinery, etc.; –8. Textile Fabrics; –9. Mathmeatcal Instruments, watch and Clockmaking; –10. Typefounding, Printing, Lithography, etc.; –11. Pottery, Ceramics, Glass; –12.

Other Arts and Trades

5. Military and Naval Arts (8 subdivisions)

6. Arts of Design, General

-1. Painting (3 subdivisions); -2. Sculpture; -3. Engraving; -4. Architecture; -5. Landscape Gardening; -6. Photography

7. Arts of Writing, General

-1. Pala ography; -2. Shorthand; -3. Secret Writing

8. Musical and Histrionic Arts, General

-1. Music, General; -2 Music, Theory and Composition; -3. Music, Practical Treaties, Instruments, Voice; -4. Music, History; -5. Histrionic, Art, Histories of the Stage

9. Medical Arts, General

-1. Medicine, Particular Branches; -2. Surgery and Surgical anatomy; -3. Materia Medica and Pharmacy; -4. Dietetics

10. Domestic and Recreative Arts

Class F Literature and Polygraphy

1. History of Literature, General

2. Linguistics, or Philology, General

-1 Particular Languages; -2. Dictionaries, Lexicons, etc.

3. Poetry and Fiction, General Collections and History

–1. National Collections; –2. Classic Greek Poets; –3. Classic Latin Poets; –4. British Poets; –5 Modern Foreign Poets; –6. Early Romantic Fiction; –7. Comic, Pastoral, and Heroic Romance; –8. Dramatic Poetry, Collections of Plays; –9. Collective, Works of Individual Authors; –10. Separate Plays; –11. History of Dramatic Poetry; –12. Modern Tales, Novels and Romances

4. Oratory; Speeches and Treatises on Oratory

5. Essays, Proverbs, Literary Miscellanies

6. Epistolography, or Collections of Letters

7. Bibliography and Literary History of Particular Countries

8. Polygraphy (collections of works in 2 or more classes)

–1. British; –2. Foreign; –3. Encyclopaedias; –4. Reviews, Magazines, etc.

此外尚有梭納沙因氏之分類表 Sonnenshein's Best Booes (1887) 及可因勃朗氏 (Quinn-Broun) 之分類表 (1894) 等。

可因勃朗氏之分類表如左:

Class A Religion and Philosophy

1. Bible (a Texts, b Commentaries, c History, d Aids)

2. Church (a History, b Law, c Liturgy, d Rituals by Sects)

3. Theology (a Natural Theology, b Christianity, c Non Christian Systems, d Mythology, e Popular Beliefs)

4. Philosophy (a Schoo', b Mental Science, c Logic, d M ra' Science)

Class B History, Travel, and Topo-Graphy

a Universal History and Geography, b; Dict onaries; c, Chronology d, Archaeology,(including Numismatics), e; Gazetteers, f, Atlases, etc.

National History and Topography (by countries, subdivided as required) —1. Europe, 2. Asia, 3. Africa, 4. America, 5. Australasia, 6. Polar Regions

Class C Biography

Dictionaries and General Collections (a Peerages, b Army, c Clergy d Law and other lists, e Dignities f Heraldry, g Genealogy and Family History,)

Classes, including Criticism (a Actors b Artists, c Authors, d Clergy and Religious, e Engineers, f Inventors, g Legal, h Monarchs, i Philosphers, j Philanthropists, k Scientists, l Statesmen m Travellers, etc.)

Class D Social Science

1. Society (a Manners and Customs, b Folklore, c Marriage, d Women, e Pauyerism, f Crime, g Sozialism, etc.)
2. Government and Politics (a Public Documents, b Statutes, c Army, d Navy, e Civil Service, etc.)
3. Law (International, English, Colonial, Foreign, Special– as Patent, Commercial, etc.)
4. Political Economy (Taxation, Free Trade, Capitaland Labour, Land, Rent, Statistics)
5. Education
6. Commerce

Class E Science

1. Biology (Evolution, General)

2. Zoology

3. Botany

4. Geology (Palaeontology, Mineralogy and Crystallography)

5. Chemistry

6. Physiography

7. Astronomy

8. Physics

9. Mathematics

Class F Fine and Recreative Arts

1. Architecture

2. Painting

3. Sculpture and Carving

4. Decoration

5. Engraving

6. Music

7. Amusements

8. Sports

Class G Usefal Arts

1. Engineering (St am, Naval, Military Civil, Mining, Railway, Electrical, etc.)

2. Building and Mechan cal Arts

3. Manufactures

4. Agriculture and Gardening

5. Sea and Navigation

6. Health and Medicine

7. Household Arts

Class H Language and Literature

1. Philology

2. Literary History

3. Bibliography

4. Libraries

Class J Poetry and the Drama

1. Poetry (Anthologies, Poets alphabetically, Dramatists alphab tically,

Class D Fiction

1. Collections, Author Alphabet and Anonyma

2. Juvenuile

Class L General Works

1. Encyclopaedias, Directories

2. Miscellanies (Sketches, Essays, Anecdotes, Proverbs)

3. Collected Works

4. Periodicals not in other Classes

第七章 附記號的分類表

圖書排列於書架上之方法有種種，大別之有二：一爲固定排列法(fixed location)，一爲可動排列法(movable, rerative or flexible location)。固定排列法者乃照書架上一定之號次排列圖書之方法也。其圖書之位置絕對固定，不能任意移動。此法自一八五〇年後廣行於歐美圖書館界，其作成圖書分類表者，則自巴利由納始。後此雖有各種分類表公表，但當使圖書適應書架之時，僅就最初分類綱目之數，準備書架，依收到順序，或其他方法排列圖書於書架。故當放置某一類的書架充滿之時，即不得不另外準備對於此類書的書架。故眞正的分類整理，便成爲不可能之事。欲補救此缺點將如何？曰以分類記號付與圖書即可。是名爲可動的排列法。固定排列與分類整理在事實上兩不相容；而在可動的排列則因付與圖書之記號號次並非書架上之記號號次，乃對於其圖書應給與的分類記號，故一類之中圖書增加時，立刻可各各排列於適當場所。架上圖書可依次排列，給與此新增圖書以適當之位置。如此架上圖書可連續的從其標題所列。故欲為圖書之分類整理，分類記號遂成必要。此自一八七〇年後，即為圖書館學者所公認。邇來附分類記號之分類表已有多種製成，而其間無論為純粹記號，為混合記號，皆發源於美國。

最初之分類表是一八七〇年，聖得路意斯中學校圖書館(St. Louis Public School Library)館長威廉哈利斯(William T. Harris)所發表的分類。

1. Science
2. Philosophy in General
3. Philosophies and Philosophers (a Ancient, d Early Christian, e Modern, s Special)
4. Metaphysics (4a Anthropology, 4b Psychology, 4c Logic)
5. Ethics
6. Religion
7. Bible
8. Commentaries
9. Theology, Doctrinal, Dogmatics

10. Devotional, Practical
11. Natural Theology
12. Religious and Ecclesiastical History
13. Modern Systems
14. Judaism
15. Mythology and Folk-Lore
16. Oriental and Pagan Religions
17. Social and Political Sciences
18. Jurisprudence
19. Law
20. International Law
21. Ancient, Feudal, and Civil Law
22. Common Law, Canon Law, Equity
23. Statute Law, Reports and Digests
24. Constitutional Law and History
25. Law Treatises (Criminal, Martial, etc.)
26. Political Science
27. Legislative Bodies and Annals
28. Administration
29. Social Science
30. Economics
31. Education
32. Philology
33. Grammar and Textbooks

34. Dictionaries

Natural Sciences and Useful Arts

35. Natural Science (a Scientific Periodicals)

36. Mathematics in General (a Weights and Measures)

37. Arithmetic

38. Algebra

39. Geometry, Trigonometry, Calculus

40. Engineering (a Railroad Canal, etc. b Bridges and Roofs, d Military and Naval, etc.)

41. Mechanical (Steam Engines, Machinery, etc.)

42. Physics (General and Special)

43. Electricity

44. Chemistry

45. Astronomy

46. Natural History (a Biology, b Evolution c Microscopy, d Collectors' Manuals, e Out-of-doors Books)

47. Physical Geography (a Land b Water, c Atmosphere)

48. Geology

49. Botany

50. Z ology

51. Ethnology

52. Archaeology, Antiquities

53. Medicine

54. Anatomy, Physiology

55. Materia Medica, Pharmacy

56. Pathology, Diseases, Treatment

57. Hygiene (a Food, b Clothing, c Children, d Physical Culture, e Public Health)

58. Amusements, Recreations

59. Useful Arts and Trades (a Exhibitions, b Patents)

60. Military Arts (e Naval Science)

61. Mechanic Arts and Trades (Building, Manufactures, Chemical Technology)

62. Commercial Arts, Business (a Bookkeeping, b Writing, c Printing, etc.)

63. Productive Arts (a Mining, b Agriculture, c Cookery, d Housekeeping, f Furniture, g Needlework)

Art

64. Fine Arts, General

65. Fine Arts, History

a Architecture (5 subdivisions)

b Sculpture (3 subdivisions)

c Drawing (4 subdivisions)

Painting (10 subdivisions)

d Engraving, Lithography, Etching

1. Photography

e Art Works, Collections of Pictures

f Minor Arts, Decorative and Industrial

g Music (11. subdivisions)

66. Poetry and the Drama, History and Criticism (a–w National)

67. English Poetry

68. Foreign Poetry and Drama

69. Prose Fiction

70. Juvenile Literature

71. Literary Miscellany

72. Fables, Anecdotes, etc.

73. Rhetoric Elocution

74. Orations and Speeches

75. Essays

76. Collected Literary Works

77. Literary History and Criticism

78. Bibliography (including Library Economy)

79. History

80. Geography and Travel, General

81. Geography (a Ancient, b Mo ern)
82. Voyages
83. American, Travels (11 subdivisions)
84. Europe, Travels (11 subdivisions)
85. Asia. Travels (6 subdivisions)
86. Africa, Travels (5 subdivisions)
87. Travels in Several Quarters (5 subdivisions)
88. Philosophy of History, Civilization
89. Historical Collections
90. Ancient History
91. History of United States
92. America at Large
93. British
94. Modern Europe
95. Asia
96. Historical Miscellany (a Crusades, b Battles, c Coins, d Costume, e Customs, f Secret Societies)
97. Biography (a Collective, b Individual c Genealogy and Heraldry, d Names)
98. Cyclopedias and Collections
99. Periodicals. Newspapers, Journalism.

哈利斯設定如上百類，卽

1. Science
2. Philosophy

3. History

……;

100 Periodical

給與從一到一百的數字；更對於各類之細分，添加一字母卽：

65. Fine Arts

65a. Architecture

65b. Sculpture

翌年，一八七一年，美人雪華爾（Jacob Schwartz）又發表附記號分類表，名之曰：Munemonic System of Classification。此表於各類之首冠以字母，作爲記號卽。

A. Arts, Fine and Useful

B. Biography

C. Customs

D. Drama and Poetry

E. Europe, History and Travel

F. Fiction

G. Government and Social Science

H. History

J. Jurisprudence

K. Language

L. Literature

M. Mental and Moral Science

N. Natural History

O. Oriental History and Travel

P. Periodicals

R. Reference and Rare Books

S. Science

T. Theology

U. United State History and Travels

V. Voyages and Travels

W. Works Collected

其細分時，再於字母之下加數字，即：

A. Arts, Fine and Useful

A1. Agriculture

A2. Carpentry

A3. Fine Arts, General

A4. Games

A5. Household Science

A6. Music

A7. Painting

A8. Sculpture

A9. Useful Arts

其後，在美國有杜威(Dewey)克忒爾(Cutter)，普爾欽(Perkins)；在德國有哈德伊(Hartiwig)，在英國有勃朗(Brown)等，均費一番苦心之研究，其結果各發表附記號之分類表。其中最有名者爲杜威，克忒爾及美國國會圖書館之分類表。

杜威分類表，乃杜威任紐約厄爾巴圖書館長時，於一八七三年頃草成的。最初適用於馬薩就賽州厄馬斯特（Amherst）大學圖書館，至一八七六年，始公表於世。邇來加以數次之增訂，最近在一九一九年已出版至第十一次。其書名為：Decimal Classification and Relative Index。杜威先將一切圖書分為總記，哲學，宗教，社會，言語，理學，應用技術，美術，文學，歷史十門，付與從0到9記號。各門更細分為十綱，各綱更細分為十目，各目又細分為十節，如是可分至極細類目。無論在如何場合，0的記號總用以表示總記類；其對於目以下之細分，更附以小數點，其記號亦同樣推數。即"512"記號是表示第五門理學中之第一綱數學中之第二目代數學的，代數學無論何時亦保持其"512"之記號。而此種記號應用於書架時，僅依數學之順序，便得如512之代數學在513幾何學之前，在511算術之後，極簡易而且極易記憶。此乃杜威式之長處，無論何人亦不否認。然就另一方面觀察，將各門劃一不二分為十項之事，是極不自然的。大凡所謂學問，其領域有廣狹，欲一一分為十項，是不可能的。其必須分為十門以上者有之，其不能分到十門者亦有之。故此種分類乃陷於將領域廣大之學問勉強緊縮為十項，領域狹者無理擴張為十項之結果。此點乃反對此分類表者之最主要的論據。要之，其組織與記號均屬簡單易記，若用至小數點下二位數，則有十萬類目可用。既有十萬類目可用，則在普通圖書館已敷用。若據勃朗瑪利(Plummer)之說，則在創始時藏書數千册乃至五千册之圖書館，以後每年增加五百册以內圖書，則三位之數已足敷用。

此表之製作者杜威，於其序文中云：「置重實用與經濟；在與此抵觸的場合，則犧牲理論的分類。」此言是不盡然。原來杜威式，其大體的組織，是基於哈利斯分類表者。因爲可爲歷史之材料的社會學與歷史離開太遠，又爲文學之材料的言語學與文學距離亦遠，此在今日觀之，甚爲不自然。對於其所訂正與其第一之目的實用與經濟，不發生何等的影響。故某學者以爲其順序可改作總記，哲學，宗教，理學，工藝，美術，言語，文學，社會，歷史；如此改正，是合理的。其他分類，關於細目亦有種種意見；但因其爲實用的，其記號簡單伸縮自在，關於索引一點亦最優，故就其細目各加以多少之改訂，而廣行於圖書館界。

杜威氏表列舉於下以供參考：

000. General Works

- 010. Bibliography
- 020. Library Economy
- 030. General Cyclopedias
- 040. General Collected Essays
- 050. General Periodicals
- 060. General Societies
- 070. Journalism, Newspapers
- 080. Special Libraries, Polygraphy
- 090. Book Rarities

100. Philosophy

- 110. Metaphysics
- 120. Other Metaphysical Topics
- 130. Mind and Body
- 140. Philosophical Systems
- 150. Mental Faculties, Psychology
- 160. Logic, Dialectics
- 170. Ethics
- 180. Ancient Philosophers
- 190. Modern Philosophers

200. Religion

- 210. Natural Theology
- 220. Bible
- 230. Doctrinal, Dogmatics
- 240. Devotional, Practical
- 250. Homiletic, Pastoral, Parochial

260. Church, Institutions, Work

270. Religious History

280. Christian Churches and Sects

290. Ethnic, Non Christian

300. Sociology

310. Statistics

320. Political Science

330. Political Economy

340. Law

350. Administration

360. Associations and Institutions

370. Education

380. Commerce, Communication

390. Customs, Costumes. Folk-Lore

400. Philology

410. Comparative

420. English

430. German

440. French

450. Italian

460. Spanish

470. Latin

480. Greek

490. Minor Languages

500. Natural Science

510. Mathematics

520. Astronomy
530. Physics
540. Chemistry
550. Geology
560. Palaeontology
570. Biology
580. Botany
590. Zoology

600. Useful Arts
610. Medicine
620. Engineering
630. Agriculture
640. Domestic Economy
650. Communication, Commerce
660. Chemical Technology
670. Manufactures
680. Mechanic T ades
690. Building

700. Fine Arts
710. Landscape Gardening
720. Architecture
730. Sculpture
740. Drawing, Decoration, Design
750. Painting
760. Engraving
770. Photography

780. Music

790. Amusements

800. Literature

810. American

820. English

830. German

840. French

850. Italian

860. Spanish

870. Latin

880. Greek

890. Minor Languages

900. History

910. Geography and Travels

920. Biography

930. Ancient History

940.	Modern	Europe
950.		Asia
960.		Africa
970.		North America
980.		South America
990.		Oceania and Polar Regions

如以 620 Engineering 爲例，更細分之則如下：

620. Engineering

621. Mechanical

621.1 Steam Engineering

621.11 Mechanism of Steam Engine, etc.

621.12 Marine Engines

621.13 Locomotives

621.14 Traction Engines

621.15 Portable Engines

621.16 Stationary Engines

621.17

621.18 Steam Generation, and Transmission

621.19 Steam Boiler and Power Plants

621.2 Hydraulic Engines or Motors

621.3 Electric Engineering

621.4 Air and Gas Engines and othert Motors

621.5 Air Compression or Rebrection

621.6 Blowing and Pumping Engines

621.7 Mills, Factories Engineering Works

621.8 Principles of Mechanism

621.9 Machine Tools

622. Mining

623. Military and Naval

624. Bridges and Roofs

625. Railroad and Road

626. Canal

627. River, Harbor, and General Hydraulic

628. Sanitary ～ 629. Other Engineering Industries

基於杜威的十進法而仿效之者，有伯林斯特大學圖書館(Prinston Univ.Library)。在此圖書館，使用四位數字（大半是採用利加圖的）。

其他最有名的十進分類表，即被稱為 Brussel's expanded decimal 者。是在一八九五年，以豐鄧奴(La Fontaine)阿托爾(Otlet)二人之主唱，在不魯舍拉開第一次萬國圖書館長會議(International Conference of Librarians)。此會議之結果，在不魯舍拉設置以完成用科學方法記錄世界一切文獻的方法為目的的萬國書誌學會(International Institute of Bibliography)。此後每月出一次報告，題為 Bulletin de Bibliographie。此協會之事業，如前述不問言語國界，欲作成一切圖書之目錄，故其規模極大；從而依其事業之性質，詳細的分類表，極為必要，是不待言。於此，此協會種種研究之結果，認為杜威式最適合於其目的而採用之。但在此會中所處理者不是圖書的本身，乃索引或目錄，故比杜威式更精細的分類表遂成為必要。因此，此協會的對於杜威分類表遂加以大改正其內容擴大，同時與之相伴的記號亦被發明。其記號已於分類記號章中略加說明矣。

所謂克氏（Charles A. Cutter）分類表者，是克氏在一八九一年始發表的；在自來的分類中，此表可謂爲最論理的最學術的。其書名是 Expansive Classification Part I: the First six classification。其所以名爲展開的者，因其表在應用時可以任意伸縮，圖書之數少者可施以極概略的分類，當圖書增加時，可漸次施以精密的分類之故也。從而克氏爲達此目的，製成從第一分類表至第七分類表七種分類表。但第七分類表尚未完成，而克氏已歿，現多數專門家正繼承其遺志；其一部分已經出版。此展開法之第一分類如左：

A General Works

B Philosophy and Religeon

E History

H Social Science

L Sciences and Arts

X. Language

Y Literature ～ YF Fiction

因祇有八門，故於藏書之數極少的圖書館，能相適應。在第二分類，A、B不變動，其他各門則各各加以細分；如：

L之 Sciences and Arts 爲

L Physical Sciences	R Useful Arts
M Natural History	V Recreative Arts
Q Medicine	W Fine Arts

已顯著的擴張。以下第三分類，第四分類皆以此方法而擴張。即第二分類之R Useful Arts 在第三分類成爲：

R Useful Arts in General	S之 Engineering and Building 在第四分類成爲：
S Engineering and Building	D Engineering and Building
T Manufactures and Handicrafts	SJ Sanitary Engineering
U Defensive and Preservative Arts	

SL Hydraulic Engineering

ST Transportation in General, Roads

SV Railroads

SZ Aerial Navigation

在第五分類更分爲：

S Engineering

SG Building

S G Building 在第六分類展開而爲：

SG Building

SGB Building Laws

SH Carpentry

SHH Stairs

SI Painting and Glazing

SIV Varnishing and Gilding

SIW Papering

SIX Bell-hanging

此表之大綱如左：

A General Works

AD Dictionaries

AE Encyclopedias

AI Indexs

AM Museums (General)

AP Periodicals (General)

AQ Quotations

AR Reference Books

AS Societies (General)

B Philosophy

  BG Metaphysics

  BH Logic

  BI Psychology

  BM Moral Philosophy

BR Religion

  BS Natural Theology

  BT Religions

  BU Superstitions, Folk-lore

  C Christianity and Judaism

  CA Judaism

  CB Bible

  CC Christianity

  CE Apologetical Theology

  CF Doctrinal Theology

  CK Ethical Theology

  CP Ecclesiastical Polity

  CR Ritual Theology

  CX Pastoral Theology

  D Ecclesiastical History

E Biography

F History (with Local List)

  FF Antiquities

  FN Numismatics

  FS Chivalry

  FV Heraldy

G Geography and Travels (with Local List)

H Social Sciences

HB Statistics

HO Economics, Political Economy

I Demotics, Sociology

IL Education

J Civics, Political Science

K Legislation

KW Woman

KX Societies (Not otherwise provided for)

L Sciences and Arts Together

LA Sciences (Natural)

LB Mathematics

LH Physics or Natural Philosophy

LO Chemistry

LR Astronomy

M Natural History

MB Microscopy

MC Geology

MD Mineralogy

MG Physiography

MQ Paleontology

MV Biology

N Botany

O Zoology

PW Anthropology and Ethnology

Q Medicine

R Useful Arts, Technology

RA Exhibitions

RB Patents

RC Metric Arts

RCZ Extractive and Productive Arts

RD Mining

RF Metallurgy

RG Agriculture

RJ Animaliculture

RQ Chemical Technology

RT Electric Arts

RY Domestic Economy

S Constructive Arts:

SG Engineering

SH Building

SJ Sanitary Engineering

SL Hydraulic Engineering

ST Arts of Transportation

T Fabricative Arts

U Art of War

UN Nautical Arts

V Athletic and Recreative Arts

Fine Arts

VV Music

W Art, Fine Arts

WC Museums, Galleries, etc.

WD Plastic Arts

WE Landscape Gardening

WF Architecture

WJ Sculpture

WL Arts of Design

WM Drawing

WP Painting

WQ Engraving

WR Photography

WS Decorative Arts

Arts of Communication Language

X English Language

XII Language in General

XX Oratory

Y English and American Literature

YD Drama

YF Fiction

YJ Juvenili Literature

YP Poetry

YII Literature in General

Z Book Arts

ZA Authorship

ZD Writing

ZH Printing

ZN Private Libraries

ZP Public Libraries

ZT Bibliography

ZY Literary History

更採N, Botany, 及SG, Building 爲例而展開之則如下：

N Botany

Na Botanical Gardens, Herbaria

Nb Phytology Theoretical Botany

Nc Phytography, Descriptive Botany

Nd Cryptogams

Nr Phanerogams

NW Flowers, Fruit and Coloured Leaves

NX Sylvae

NY Insectivorous and Parasitic Plants

NZ Economic and Medical Botany

SG Building

SCb Building Laws

SH Carpentry

SHh Stairs

SI Painting and Glazing

SIv Varnishing and Gilding

SIw Papering

SIx Bell-hanging

克氏式之分類記號是使用字母的純粹記號。以一字母表示主要的門；對於各門之細目，更加添一字母以別之；故各門共可分爲二十六綱；更遇必要時，此各綱又可各分爲二十六目；在必要的範圍內。依字母一字之加添，無論在何處，均可細分爲二十六項；其整理法一如辭書。此外克氏尚制定使用數字的補助記號，此已在分類記號章中述之矣。最初採用的分類表無論爲第一類或第二類，若因同一部門中之圖書增加至於需要細分時，不及立刻對於全部圖書完全適用第三第四之分類，則僅就方欲細分之綱目順次施行便得。其方法例如將第一分類從第二分類分爲：

E Biography　　G Geography and Travel

F History

則當然殘留於Ｅ的圖書，卽傳記書置於原位，而應屬於Ｆ（歷史）Ｇ（地記旅行）的圖書則取出之，各歸一處，揭置於ＥＦＧ的順序中；同時，對於新編入Ｆ和Ｇ中的圖書之分類記號須加以變更。

此變更不僅施之於該圖書，卽目錄等亦須同時施行。此種訂正頗爲繁瑣，爲防免遺漏誤謬起見，要加以細密的注意。但從來圖書館當其藏書增加改變圖書之整理法時，往往完全放棄舊分類表，更製定新式分類表，藏書全部每一册施行分類之改變。故圖書館改變分類法之事，需要多額之費用與長時間，故大抵皆以此爲難行事業而躊躇而忍耐不取斷行。在一方面圖書又新增加，此難事業遂爲更難之事業矣。如採用克氏的方法，則決無如此的困難。關於圖書之增加改變其分類之事易如反掌，分類絕無困難。

要之，克氏式在記號簡單一點，在索引不充分一點，較之杜威式應讓一步；而在分類的理論上，在細分的方法上，毫無扞格不通之處，實較杜威式爲優。

十進式與展開式爲美人所發明，與之相對立者有英人勃朗創立的件名式(Subject Classification)。

此式勃朗氏在一九〇六年公表于世。此式以可成爲同一件名之圖書悉集於一處爲主眼，故名爲件名式。例如關於心臟的圖書，無論由解剖學上立論，由生理學上立論，或由病理學上立論，皆可集聚於同一處所。

勃朗氏先將人類智識大別爲 Matter and Force, Life, Mind, Record 四種。以 Matter and Force 爲宇宙之原動力；Life 卽由此而生；由 Life 生出 Mind，由Mind 生出 Record；此卽彼之根本原理。於此附加 Generalia 而將各類加以論理學的細分卽：

A Generalia	Matter and Force
B–D Physical Science	
E–F Biological Science	Life
G–H Ethnology and Medicine	
I Economic Biology	
J–K Philosophy and Religion	Mind
L Social and Political Science	
M Language and Literature	
N Literary Forms	Record
O–W History, Geography	
X Biography	

此各門尙可論理的細分，但其中須特別注意者是 A Generalia.

A– Generalia	A4 Mathematics
A0 Generalia	A6 Graphic and Plastic Arts
A1 Education	A9 General Science
B3 Logic	

卽勃朗氏所謂總記門中包含教育，論理，數學，繪畫，彫刻等，彼似以爲以上各門不屬於任何類，是超越一切科學的，是誠不通之論也。論理與數學無論如何是有關於 Mind 的，Graphic and Plastic Arts 等等有關於 Record 亦不待言。關於其他各門亦有種種議論，但名門均可論理的而且極自由的細分，任意達於微細之點。其記號是所謂混合記號：由一字母和數字組成。數字用到三位，故各門均從 000 到 999，分爲一千綱目。茲揭其大綱於左，以供參考：

A– Generalia	A0 Generalia

A1 Education	C0 Electricity
A3 Logic	C1 Optics
A4 Mathematics	C2 Heat
A6 Graphic and Plastic Arts	C3 Acoustics
A9 General Science	C4 Music
B,C,D—Physical Science	C8 Astronomy
B0 Physics, Dynamics	D0 Physiography
B1 Mechanical Engineering	D1 Hydrography Hydrostatics
B2 Civil Engineering	D2 Meteorology. Pnenmatics, Horology
B3 Architecture	D3 Geology, Petrology
B5 Railways, Vehicles	D4 Crystallography Nineralogy
B6 Transport, Shipbuilding, Shipping	D6 Metallurgy, Mining, Metal Trades
B8 Naval and Military Science	D7 Chemistry

D9 Chemical Technology

E,F – Biological Science

E0 Biology

E1 Botany

F0 Zoology

G,H—Ethnology and Medicine

G0 Ethnology

G2 Human Anatomy and Physiology

G3 Pathology

G4 Materia Medica

G5 Therapeutics

G6 Functions, Organs, Osteology

G7 Nervous System

G8 Sensoy System

G9 Respiratory System

H0 Blood and Circulation

H1 Digestive System

H2 Urinary System

H3 Reproductive System

H4 Skin and Hair

HS Parasitical and Infections Diseases

H6 Ambulance, Hospitals, Hygiene

H7 Physical Training and Exercises

H8 Field Sports

H9 Recreative Arts

I –Economic Biology, Domestic Arts

I0 Agriculture, Dairy Farming

I1 Veterinary Medicine

I2 Milling, Gardening, Forestry

I3 Wood Working

I4 Textile Man factures

I5 Clothing, Trades

I6 Costume Jewellery

I7 Vegetable an l Animal Products

I8 Foods and Beverages

I9 Gastronomy, Domestic Economy

J,K—Philosophy and Riligion

J0 Metaphysics

J1 Aesthetics, Psychology

J2 Ethics

J3 Philosophy

J4 Theology

J5 Mythology

J6 Church Doctrines

J8 Church Government

K0 Non-Christian Churches

K1 Christian Churches, Bible

K3 Christology

K4 Early and Eastern Christian Churches

K5 Monachism

K6. Roman Catholicism

K7 Protestantism, Episcopacy

L8 Nonconformist Churches

K9 Presbyterian and Other Churches

L—Social and Political Science

L0 Social Science

L1 Political Economy

L2 Government

L3 Central and Local Administration

L4 Law

L6 Criminology, Pen logy

L7 Cont acts, Property

L8 Commerce and Trade

M—Language and Literature

M0 Language, General

M1 Literature, General

M2 African and Asiatic Language and Literature

M4 European (Latin, etc.) Literature

M5 European (Teutonic, etc.) Literature

M6 American Language

M7 Palaeography, Bibliography

M8 Printing, Bookbindin;

M9 Library Economy

N—Literary Forms

N0 Fiction

N1 Peotry

N2 Drama

N3 Essags and Miscellanca

O,W—History and Geography

O0 Universal History

O1 Archaeology

O2 Universal Geography

O3 Africa

O4 Egypt

O5 East Africa

O6 Central Africa

O7 South Africa

O8 West Africa

O9 Africa Islands

P—Oceania and Asia

P0 Australasia

P1 Polynesia

P2 Malaysia

P29 Asia

P3 Japan

P4 China

P5 India

P88 Afghanistan

P9 Persia

Q/R—Europe (South, Latin, etc)

Q0 Europe General

Q1 Turkey

Q2 Palestine, Arabia

Q3 Greece

Q4 Balkan States

Q5 Italy

R0 France

R6 Spain

R8 Portugal

S,T—Europe (North, Teutonic, Slavonic)

S0 Russia

S3 Austria

S4 Hungary

S5 Switzerland

S6 Germany

T0 Netherlands

T1 Holland

T2 Belgium

T4 Scandinavia

T5 Demmark

T6 Norway

T8 Sweden

U,V—Britis Islands

U0 Ireland

U2 Wales

U3 England

V0 Scotland

V5 United Kingdom

V7 British Empire

W -America

W0 America, General, Canada

W1 United States

W5 Mexico

W6 Central America

W63 West Indies

W7 South America

W9 Polar Regions

X-Biography

X0 Collective and Class Heraldry

X2 Portraits

X3 Individual Biography

如以 A0 Generalia 爲例而細分之，則如下：

A0 Generalia

000 Encyclopaedias, Dictionaries

001 Collections (Polygraphy)

002 Several Authors

003 Single Authors (Collected Works)

(Arrange by Biographical Numbers)

004 Concordances

006 Societies, Associations (Divide by National Nos.)

007 Congresses, Festivals, Eisteddfod, etc., General. (Divide by National Nos.)

008 Exhibitions, Shows (Divide by National Nos.)

009 Museums (divide by National Nos.)

010 Recipes

011 Inventions

012 Patents

013 Specifications (divide by National Nos.)

014 Patent Agents

015 Patent Offices or Departments (divide by National Nos.)

040 Annuals, Year Books

050 Periodicals, General

051 Magazines, General

052 Reviws, General

053 Newspapers, General

060 Chap Books, General

0/0 Broadsides, Leaflets, General

(Note.——all Periodicals from 050 to 070, when on special subjects, must be numbered with their Subject Numbers)

以上所舉分類之外，吾人不能忽略者是美國國會圖書館分類法是也。美國國會圖書館與大英博物館之圖書館，巴黎之國民圖書館爲世界三大圖書館。而美國國會圖書館其建築之壯麗，規模之宏大，舉世無匹。此圖書館所以名之爲國會圖書館者，因其最初爲國會附屬之圖書館故也。其在今日，不僅爲國會之圖書館，而爲內閣直轄之美國唯一之國立圖書館矣。其館長係由大總統直接任免；其經費每年爲一千五百萬圓；主要館員約四百人；藏書約有四百萬册；於普通的圖書館事務之外，尚處理關於版權的事務；且製作標準印刷目錄卡片，廣布於各處圖書館。此大規模的國會圖書館決定對於其全部藏書斷行分類整理，研究古今一切分類法，而樹立新分類法，此即本編所欲敍述之國會圖書館分類，

抑此圖書館，其最初之規模甚小，在一八〇〇年，僅設置於國會議事堂內經一百年之星霜，至一八九七年，卽日本明治三十年，始遷移於今日之宏大壯麗的築建物中。其創立當時之藏書數，不過九百六十四册和地圖九枚而已。其第一任館長約翰·培克來(John Beckley)將此寥寥幾册書依圖書之形式分爲四類：folios, octavos, duodecimos, maps。遞來藏書之數增加至一八一二年，書籍已達三千七十六册，圖表類已達五十三

枚。第二任館長勃托力克·馬克特爾(Patrick Macgruder)將此項書籍分類爲十八門，同類中之圖書更依其形式分但至一八一四年因議事堂罹火災庋藏約四千冊圖書歸於烏有。前大總統温姆士吉佛遜(Thomas Jefferson)捐贈其所藏書約七千冊，遂爲今日國會圖書館之基礎。其圖書之分類，成於捐贈者吉佛遜之手。大體上倣效培根之分類，分爲四十四門。同部門中之圖書照書名之ABC順序排列整理此種分類後任館長米亭(John Silva Meehan)和斯巴富得爾(A. R. Spofford)曾施以多少之改良，直至十九世紀之終尙繼續行之。但至一八九七年三月一日，現今之國會圖書館新建築落成，遷移新居之後，遂立感創立新分類之必要。當時美國各地圖書館正廣行十進分類，而克氏之第六分類表亦已公表，兩者皆附有便利之分類記號，合於理想；故當創新分類時，對此兩種分類究以採用何者爲簡便，頗費斟酌。而該館如完全採用任何一種又爲事實所不許，故遂毅然決然制定新分類表。

總之，國會圖書館所制定之分類表，是基於各種爲知識及圖書之分類編成的分類法而施以訂正擴大而成的。即就現任館長伯特曼（Herbert Putnam）之序文觀之，亦可知本表爲將台馬爾及哀氣斯般叔以及其他現存諸法比較研究結果之產物。序中有云：「本表乃鑑於特殊之事情，察現在及將來藏書之性質，幷考慮其使用之狀況而製成的；同時乃預想在將來歷史，政治，社會等圖書日益加多，對於研究家必更自由開放書庫一點而製成的。」但大體上不過基於克氏之分類而施以多少之改訂而已。而其改訂頗爲人爲的，對於克氏之分類特徵，所謂自然的歷史的兩點，全然漠視。此點伯特曼亦加說明云：「新分類法全不置重所謂圖書標題之學術的次序，而依爲圖書之集合和便宜的順序分類的。」故分類上之各類有ABC記號，依此記號整理以外，無何等論理的順序或關係。從而此分類之任意細分，無一貫的論理上之主義和原則可言，故欲概括說明分類細進的方法爲不可能。欲明究竟，則舍就該館所發行的分類表直接研究外無他法。此分類表裝訂龐大有十數册，厚達一尺以上，欲通覽之頗費時日。若舉一例，則H項社會科學中之一綱J政治學一門已達三百四十頁；其中十九頁爲綱要，其索引在全體二百六十四頁中占五十二頁。此書每頁約有四十項目，故在全體中對於政治學一綱無慮有一萬以上之細目。茲介紹其一端于左：

A General Works, Polygraphy

B Philosophy, Religion

C History—Auxiliary Scinces

D History and Topography (Except America)

EF America

G Geography, Anthropology

H Social Sciences

J Political Sciences

K Law

L Education

M Music

N Fine Arts (Architecture, Graphic Arts)

P Philology (Language and Literature)

Q Science

R Medicine

S Agriculture, Plant and Animal Industry

T Technology

U Military Science

V Naval Science

Z Bibliography and Library Science

J Political Science, Documents

JA General Works

Jc Political Theory: theory of the state

JF Constitutional History and Administration

JK United States

JL British America, Latin America

JN Europe

JQ Africa, Asia, Australia, etc.

JS Local Government

JU Colonies and Immigration

JV Emigration and Immigration

JX International Law

JC Political Theory: theory of the state

21–45	The Primitive State
47–50	The Oriental State
51–89	The Ancient State
101–126	The Mediæval State
131–299	The Modern State
301	Origin of the State
301–323	Nation and Territory
325–347	Nature, Entity, Concept of the State
348–499	Forms of The State
501–628	Special Relations of the State

凡此各類，最後均可任意細分的，茲舉一例如下：

JC 51 Ancient State, General Works

52 History of Theory

55 Special Topics, A–Z

61 Assyro-Babylonian Empire (Code of Hammurabi)

66 Egypt

71 Greece, Contemporary Treatise

Aristotle

.A 4–6 Texts

.A7A–Z Criticism, etc.

72 History, Early Works

73 General History of Institutions

74 History of Theory

75 Special, by Subject, A–Z

77 Political Parties

79 Local, A–Z

81 Rome, Contemporary Treatises

Cicero

.C4–6 Texts

.C7A–Z Criticism, etc.

Plinius Caecilius Secundus

.P4–6 Texts

83 History, General, History of Institutions

84 History of Theory	88 Special by Period. The Republic
85 Special by Subjects A–Z	89 The Empire

此分類之記號，在最初之類用字母一字；在其次一類，更添加一字母；在細分時，用由一爲始的數字。（其數字照算術的讀法）如此二字母和四位數字遂爲記號之最長限度。

T Technology	TC 353 Sea Locks
TA Engineering	355 Docks
1 Periodicals, America and English	357 Piers, etc.
2 French	TH 7561 Steam Heating of Building
3 German	7562 Pocket Books
4 Other	7565 Theory

此外對於同類中之細別，尙有種種記號；但其主要者，是加添於G之地理，H之社會，T之工藝，及U和V之兵事之地名記號。卽表示 Abyssinia 則用 A2，表示 Afghanistan

則用A3，表示 Algeria 則用A4，表示 Argentine Republic，則用A7等記號，打點于分類記號之次而加添之。但此A2，A3，等非如克氏之地名記號爲有一定，故A2既有指阿比西尼亞的意思，亦有指阿拉巴馬的意思，在記憶上頗爲不便。

要之，國會圖書館之分類，在記號及分類之劃一一點，太不費考慮。

第八章　日本圖書之分類

在日本，（案村島氏原著作「我國」茲譯爲供吾中國人之閱覽，故悉行改譯爲日本）古來就圖書之分類試行多少研究之學者，非無其人。但大抵爲部分的研究，卽不然，對於今日之圖書，以古代形式照樣採用，亦爲事實所不許。故日本圖書館在今日而欲舉行圖書館分類整理，勢非重新制定分類表不可。在歐美已有許多優良分類表產生，如照樣採用之，似可大省吾人之勞力，但此事亦有大加考慮之必要：因日本與歐美思想異，學術發達之徑路亦異，故於圖書之種類，在歐美有在日本無者，有之，在歐美多，在日本少者，亦有之，乃當然之事。於此而欲照樣採用歐美之分類表實不可能也。以是之故，吾人必須自爲制定適合日本圖書館之實情的分類表。但欲從事於此，對於日本古來圖書分類之概要，先有知之之必要。

日本最古之圖書目錄，即爲「日本國見在書目錄」。此目乃藤原佐世奉宇多天皇之勅命，探索當時見存書籍，得漢籍千五百七十九部，一萬六千七百卷，編成目錄，於寬平中上之天皇者也。其書目之分類，大體上與隋書經籍志無異，分爲易家，尙書家，詩家，禮家，樂家，春秋家，孝經家，論語家，異說家，小學家，正史家，古史家，雜史家，霸史家，起居注家，舊事家，職官家，儀注家，刑法家，雜傳家，土地家，譜系家，簿錄家，仔家，道家，法家，名家，墨家，縱橫家，雜家，農家，小說家，兵家，天文家，歷數家，五行家，醫方家，楚辭家，別集家，總集家四十項。

與此反對的爲日本人著述之目錄，產生頗晚；永享嘉吉之頃，太史清原業忠奉將軍足利義詮之命，進呈所謂「本朝書籍目錄」。此目所收錄者僅五百部，而分爲神事，帝紀，公事，政要，氏族，地理，類聚，字類，詩家，和歌，和漢，管絃，醫書，陰陽，傳記，官位，雜文，雜抄，假名十九部。其他如塙保己一之「羣書類從」將一千二百七十部之圖書分爲神祇部，帝王部，補任部，系譜部，傳部，官職部，律令部，公事部，裝束部，文筆部，消息部，和歌部，連歌部，物語部，日記部，紀行部，管絃部，蹴鞠部，鷹部，遊戲部，飲食部，合戰部，武家部，釋家部，雜部之二十五部。藤貞井幹於其所著「國朝書目」立四十一門目，卽：正史，編年，雜史，御撰書，幷日次，御記，日次記，政事，禮儀，官位，氏族，八傳，天文，地理，殿舍，鋪設，衣服，飲食，勸戒，故實，類聚，字書，臨池，畫圖，管絃，醫藥，鷹鶻，蹴鞠，薰香，神祇上，神社，舊文，神祇下，神祇雜書，佛書，佛刹，舊文，雜書，文集，詩集，詩文別集，詩文雜書，和歌，連歌，物語幷注。

享和元年，在大阪書肆，以博學有名的尾崎雅嘉，於其三十年來所處理的羣書施以解題而出版。此卽所謂「羣書一覽」是也。將日本書分爲三十四類：國史類，神書類，雜史類，記錄類，有職類，氏族類，字書類，往來類，法帖類，物語類，草子類，日記類，和文類，記書類，撰集類，私撰類，家集類，歌合類，百首類，千首類，類題類，和歌雜類，撰家類，歌學類，詩文類，醫書類，教訓類，釋書類，管絃類，地理類，名所類，隨筆類，雜書類，羣書類從。

中國目錄之學問古來頗盛。從而在圖書分類上，亦有種種學者之意見，漢書藝文志，隋書經籍志其始祖也，後此多數分類法均從此出。在中國固不待言，即在日本亦最廣行者，厥爲四庫全書總目提要之分類法。

四庫者，即指經史子集四部之書庫而言者也。四庫全書爲清乾隆帝所搜集之大業書之名。由從乾隆三十八年迄四十七年之十年間，置四庫全書館，自總裁以下使用三百六十餘人，廣搜國內古書，得一萬二百二十三部十七萬二千六百二十六卷而成者。四庫全書總目提要二百卷，即爲記羣書之目，於各書條下，提其大要而作解題之目錄。此提要先將全書大別爲經，史，子，集四部，更將各部分爲數類，即：

○經部　易類，書類，詩類，禮類，春秋類，孝經類，五經總義類，四書類，樂類，小學類（十類）。

○史部　正史類，編年類，紀事本末類，別史類，雜史類，詔令奏議類，傳記類，史鈔類，載記類，時令類，地理類，職官類，政書類，目錄類，史詳類（十五類）。

○子部　仔家類，兵家類，法家類，農家類，醫家類，天文算法類，術數類，藝術類，譜錄類，雜家類，類書類，小說家類，釋家類，道家類（十四類）。

〇集部　楚辭類，別集類，總集類，詩文評類，詞曲類（五類）。

漢籍之分類，無論在中國日本大抵倣此傳統已久，故在今日之圖書館中，即不能完全採用此種分類，亦爲吾人一般應知之分類，同時如經，史，子，集名稱之意味，苟從事圖書館事務者，尤不可不知，故今基於桂湖邨氏之說，略加以解釋。

先言經，所謂經者，在秦時已有此稱，其本來之意味，是經緯之經；布帛之縱縷謂之經，橫縷謂之緯，經者直通布帛而貫穿本末，聖賢之著述亦貫通古今，示修身齊家治國之大綱，故名之爲經。然以經名特加尊稱之聖賢述作，要以孔子爲中心而定，凡四種：

（一）爲孔子之理想的述作，即世稱周公所作之周禮，儀禮，爾雅。

（二）爲孔子所删定及編述者，即書，詩，禮，樂，易，春秋。

（三）爲孔子嫡派所編輯及傳註者，即論語，春秋左氏傳，孝經。

（四）汲孔子之流者之傳註及述作，即春秋公羊傳，春秋穀梁傳，禮記，大學，中庸，孟子。

稱爲經書者，有以上十八種。其中數部合并時，有三經，四經，五經，七經，九經，十一經，十二經，十三經，四書等等名目。

所謂史者，乃古代侍立天子之左右，記天子之言行者的官名。後世轉爲史官所記載的書名。其中分爲：

（一）正史　是與稗史野乘對立之稱；漢司馬遷作史記，創紀傳體；隋書經籍志始以紀傳體爲正史，以迄今日未改。即堪稱爲正史者，自史記漢書以至明史之二十四史是也。

（二）編年　以年繫月，排比甲子，編纂事蹟者稱爲編年史；其最有名者爲漢荀悅之漢紀三十卷。

（三）紀事本末　總括一事之本末，明治亂之因果者是爲紀事本末。

（四）別史　原可屬於正史，但在二十四史以外，故稱爲別史。

（五）雜史　不屬於正史，編年史，紀事本末之通史，或一家之私記，是爲雜史。

（六）史鈔　和史略相同，有專鈔一史者與合鈔數史者兩種。

（七）載記　是爲記載外國之事，或中國邊境之事，如朝鮮史略吳越春秋。

（八）時令　述四時之氣候，作爲農民日常之寶典，旁記民間之風俗者是也。

子部　是有種種說法：有謂子者乃男子之美稱，或謂係有德者之稱，或謂稱師爲子，傳說不一。要之是不外爲尊稱，堪稱爲子者之著述，原與經同被尊重，自漢以後，乃下經一等，其尊稱語乃變爲書名。

類書　摘錄經史子集中之事物，另成一編，便於檢索者稱爲類書。如古今圖書集成是其最著者也；在日本如故事類苑，廣文庫是也。

集部　是乃輯集一人或數人之文章詩賦之書之總名。其自編或後人追錄一人之述作者稱爲別集，（在日本稱爲家集）其全編或摘錄衆人之詩文者稱爲總集。

以上爲四庫分類之大略也。與本章前半所舉和書相同，在今日之圖書館中，欲照樣採用，爲事實所不許。其在圖書之分類上，大可作爲參考，原不待言。然而日本今日之圖書館，倣效歐美圖書館之制度，未嘗不可，但日本圖書館所處理之圖書種類性質與歐美圖書館所處理者大異其趣，欲生吞活剝歐美之分類法，實不可能。故在日本，不得不制定獨自之分類表；各圖書館咸各自制定分類式，而其中歷史久遠，推行廣遠者，爲帝國圖書館之分類法。

第九章 帝國圖書館之分類

帝國圖書館，在創立當時，將藏書先大別爲和書門，漢書門，洋書門三門；其分類各異：卽和書門依「本朝書目」之舊式分類法；漢書門大體上依「四庫全書總目提要」之分類法；洋書門則分爲：

Philosophy and Theology.
Political and Social Science & Commerce
Education
School Text Books and Miscellaneous
Charts
History and Biography
Geography and Travels
Literature and Languages
Fine Arts
Natural Science and Useful Arts
Dictionaries, Encyclopaedias and Books of Reference

十門；但至明治十七年頃，又改為十八門。此即該館現行分類法之基礎。所謂十八門者，即：哲學及教育，神學，文學，語學，歷史傳記及地誌紀行，政治及社會科學，法律學，數學，理學，博物學，醫學，工學，軍事學，產業，美術，娛樂及體操，字書及百科辭典，雜書及叢書，雜誌，其細分如左：

Class I Philosophy and Education

Div. 1 General and Miscellaneous Works

Div. 2 Psychology

Div. 3 Logic

Div. 4 Ethics

Div. 5 Education

Div. 6 Educational institutions, Reports, etc.

Class II Theology

Div. 1 General and Miscellaneous Works

Div. 2 Buddhism

Div. 3 Christianity

Div. 4 Mohammedanism

Div. 5 Mythology

Class III Literature

Div. 1 General and Miscellaneous Works

Div 2 Poetry and Drama

Div. 3 Essays, Criticism, Orations, etc.

Div. 4 Quotations, Anecdotes, Extracts, etc.

Div. 5 Fiction and Juvenile Literature

Div. 6 Libraries' and Book-Sellers' Catalogues, Reports, etc.

Class IV Philology

Div. 1 General and Miscellaneous Works

Div. 2 Phonography, etc.

Div. 3 Rhetoric and Composition

Div. 4 Grammar

Div. 5 Speller, Primer and Reader

Div. 6 Conversation

Class V History, Biography, Geography and Travels

Div. 1 General and Miscellaneous

Div. 2 History

Div. 3 Biography

Div. 4 Geography

Div. 5 Travels and Voyages

Class VI Political and Social Science

Div. 1 General and Miscellaneous Works

Div. 2 Politics

Div. 3 Political Economy

Div. 4 Social Science

Div. 5 Statistics

Div. 6 Transactions, Reports, etc.

Class VII Jurisprudence

Div. 1 General and Miscellaneous Works

Div. 2 Constitutional and Statute Law

Div. 3 Common Law

Div. 4 Roman and Modern Civil Law

Div. 5 Natural and International Law

Div. 6 Reports

Class VIII Mathematics

Div. 1 General and Miscellaneous Works

Div. 2 Arithmetic

Div. 3 Algebra

Div. 4 Geometry

Div. 5 Trigonometry and Mathematical Tables

Div. 6 Conic Sections and Calculus

Class IX Physical Science

Div. 1 General Miscellaneous Works

Div. 2 Physics

Div. 3 Mechanics

Div. 4 Chemistry

Div. 5 Astronomy

Di . 6 Meteorology and Physical Geography

Class X Natural H'story

Div 1 General and Miscellaneous works

Div. 2 Zoology

Div. 3 Botany

Div. 4 Mineralogy

Div. 5 Geology and Paleontology

Class XI Medical Science

Div. 1 General and Miscellaneous Works

Div. 2 Anatomy and Physiology

Div. 3 Hygiene

Div. 4 Materia Medica and Pharmacy

Div. 5 Pathology and Therapeutics

Div. 6 Surgery and Obstetrics

Div. 7 Veterinery Science

Class XII Engineering

Div. 1 General and Miscellaneous Works

Div. 2 Civil and Mechanical Engineering

Div. 3 Architecture and Building

Div. 4 Mining and Metallurgy

Class XIII Military and Navel Science

Div. 1 General and Miscellaneous Works

Div. 2 Military Science

Div. 3 Naval Science

Class XIV Industrial Arts

Div. 1 General and Miscellaneous Works

Div. 2 Agriculture, Horticulture and Forestry

Div. 3 Poultry, Cattle Feeding, etc.

Div. 4 Manufactures

Div. 5 Commercial Arts
Div. 6 Exhibitions of Art and Industry
Div. 7 Domestic Economy
Class XV Fine Arts, Amusements and Gymnastics
Div. 1 Genera and Miscellaneous Works
Dvi. 2 Drawing and Painting
Div. 3 Sculpture, etc.
Div. 4 Printing and Pyotography
Div. 5 Music
Div. 6 Amusements and Gymna-tics

Class XVI Dictionaries and Encyclopaedias
Div. 1 General and Miscellaneous Works
Div. 2 Philosophy and Education
Div. 3 Theology
Div. 4 History, Biography and Geography
Div. 5 Politics and Jurisprudence
Div. 6 Sciences and Arts
Class XVII Miscellaneous and Collected Works
Class XVIII Periodicals

然此十八門，其後因爲門目過多，當作成閱覽圖書或增加圖書數之統計時，煩瑣不便，乃約爲八門；對於和漢書均能適用。邇來圖書增加，同時分類亦次第微細，但其大綱至今未變所謂八門者，即：

第一門　神書及宗教

第二門　哲學及教育

第三門　文學及語學

第四門　歷史，傳記，地誌，紀行

第五門　國家，法律，經濟，社會，統計

第六門　數學，理學，醫學

第七門　工學，兵學，美術，諸藝，產業

第八門　事彙，叢書，隨筆，雜書，雜誌，新聞紙

此分類創始於帝國圖書館；帝國圖書館在日本所謂近代式圖書館中，起源最古，其後起之各地圖書館管理法，咸取法於該館，即在圖書分類上，亦大都採用其所創始之分類法，或加以多少之改訂。然而帝國圖書館之分類，是圖書目錄上之分類，不載記號，故對

於書架上之整理，不能立刻適用顧十進法在美國誠盛行，爲優良的分類法；而在日本圖書館實不能依樣採用。於此，將帝國圖書館之八門分類，依十進分類法改造之風頗盛；今日各地公共圖書館之分類雖各有多少之出入，但大概均根據此式。明治三十二年，山口縣立圖書館所制定者，卽其一也。此分類，大正八年四月，集議於東京全國府縣立圖書館長會議，當決議府縣立圖書館圖書分類法統一之議時，採用之，作爲標準分類。

第十章 府縣立圖書館之分類

予所假定稱爲府縣立圖書館之分類的分類，即前述之山口縣立圖書館之分類也。

其大體如左：

〇〇〇 總記

〇一〇 書目

〇二〇 事彙

〇三〇 叢書

〇四〇 隨筆

〇五〇 雜誌

〇六〇 新聞

〇七〇 鄉土誌料

〇八〇 少年文學

一〇〇 哲學

一一〇 宗教

一二〇 神書

一三〇 佛教

一四〇 基督教

一五〇 論理學
一六〇 心理學
一七〇 倫理學
一八〇 中國哲學
二〇〇 教育
二一〇 教育學
二二〇 實地教育
二三〇 普通教育
二四〇 師範教育
二五〇 高等教育
二六〇 特殊教育
二七〇 學校衞生，體育，遊戲

二八〇 社會教育
三〇〇 文學語學
三一〇 國文學（案指日本文學）
三二〇 國文（案指日本）
三三〇 漢文學
三四〇 歐美文學
三五〇 小說
三六〇 論說講話
三七〇 語學
三八〇 國語
三九〇 外國語
四〇〇 歷史，傳記，地誌

四一〇 國史（卽日本史）
四二〇 中國史，亞細亞亞美利加諸國史
四三〇 亞細亞亞美利加諸國史
四四〇 歐羅巴諸國史
四五〇 傳記，紀行，
四六〇 地誌
四七〇 本國誌
四八〇 外國誌

五〇〇 法制，經濟
五一〇 國家學
五二〇 法律
五三〇 古代法制
五四〇 經濟
五五〇 財政
五六〇 社會
五七〇 風俗
五八〇 統計

六〇〇 理學，醫學
六一〇 數學，總記
六二〇 數學，各論
六三〇 物理，化學
六四〇 星學，地文
六五〇 博物學
六六〇 動物，植物

六七〇 地質，礦物
六八〇 醫學，總論
六九〇 醫學各論
七〇〇 工學，兵事
七一〇 土木工學
七二〇 機械工學
七三〇 建築學
七四〇 採鑛冶金學
七五〇 造船學
七六〇 航海
七七〇 兵事
七八〇 陸軍海軍

七九〇 古代兵法武藝
八〇〇 美術諸藝
八一〇 書畫
八二〇 雕刻
八三〇 蒔繪漆器
八四〇 製版印刷
八五〇 攝影
八六〇 音樂
八七〇 諸藝遊技
九〇〇 產業，家政
九一〇 農業
九二〇 園藝

九三〇　山林牧畜
九四〇　水產漁業
九五〇　蠶業
九六〇　商業
九七〇　交通
九八〇　工藝
九九〇　家政

此分類（以下簡稱山口）與帝國圖書館之分類（以下簡稱帝國）相比較，則此分類實將帝國之第八門，倣杜威式（以下簡稱D.C.）置於首名之爲總記將帝國之第二門內之哲學與第一門合併，作爲一〇〇；僅提出教育另立一項，作爲二〇〇。其第三門，第四門第五門，第六門則仍舊序，分立三〇〇，四〇〇，五〇〇，六〇〇記號第七門分爲三工學兵事作七〇〇，美術諸藝作爲八〇〇，產業作爲九〇〇。但其細目之設定，頗費相當之苦心。以下就其主要者加以說明。

〇〇〇總記之細分，倣效D.C.而〇一〇書目之細分，則比D.C.更簡單而且便利。關於書目之處理，則將凡有關於專門科學者，統括於此處爲得耶或配屬於各專門科學，此處僅列一般書目爲得耶，頗費斟酌；山口之制定者則取前者，杜威，克氏皆同；唯勃朗採後者。

〇五〇雜誌，在山口，專門雜誌總集於此處；杜威，克氏，勃朗則均配屬於各專門科學；此在理論上言之，自屬適當，但山口之辦法乃基於圖書整理上之實驗者。

一〇〇，乃將帝國之第一門與第二門之哲學合併，改組爲杜威式，前已言之；但其間一二〇與一三〇並未完全應用歐美之分類法；一四〇亦無如歐美分類法同樣微細之必要。關於一五〇．一六〇，亦不勉強採用關於一七〇之倫理學，杜威之分類未嘗不佳，但在山口，則更將一七四之修身教訓事績大體依火瑪細分爲一七四一教育勅語戊申詔書，一七四二教訓一七四三事績一七四四武士道，一七四五報德教，一七四六女訓等。

二〇〇教育，僅於二四〇提出師範教育，其他與帝國無異。

三〇〇是將杜威之四〇〇與八〇〇合併而成者。此部門，在日本圖書館，亦不易完全採用歐美之分類，故山口之分類，大可作吾人之參考。

關於四〇〇歷史，如克氏分為：

F History. Universal History

Periods

F01 Preh storic and Very Early History

F02 Ancient History

F03 Modern History (470 to the Present time)

F04 Medieval History (476—1453)

F05 Crusades (1000–1300)

F06 Renaissance (1450–1550)

Fo7 Modern History (1500–to the Present time)

Countries

F11 to F99 History of Single Places

而山口之四〇一至四〇六恰和此F01至F07相當F11–F99恰和四〇七以下相當。此點極和克氏相似。四五〇之傳記，從帝國大別為叢傳，系譜，各傳；叢傳依地方別分為日本人，中國人，歐美人；系譜分為皇家，姓氏，各家；各傳則依傳主姓之五十音圖順序排列。杜威傳記均照學科分，同一學科中之細分，依地方區分，即：

920 Biography

921 of Philosophy

922 of Theology

923 of Sociology

924 of Philology
825 of Science
926 of Useful Arts
927 of Fine Arts
928 of Literature
929 Genealogy Heraldry

克氏則作:

E. 5 Biographical Dictionaries, not of any
one country or class
E. 9 Collections of lives, general in regard
to both subject and country
E. A to E. Z Collections, limited as to
subject but not as to country
E. 11 to E.99 Collections, limited as to
country but not as to subject

各傳則應用著者名記號於傳主之名而排列。

即傳記之排列，有以上二法，關於其優劣，則有種種之說。例如日蓮上人之傳記；皇國名醫傳，則一望而知其爲佛教家傳記，醫學者傳記；但傳記之大多數，其傳主所屬之科名不易判別者甚多；又同一人而亘數科者亦不少。例如新井白石，爲漢學家，爲歷史家，又爲大政治家，其傳記應如何處置，不能不大感困難。由此言之，克氏式實較杜威式爲優。山口之從克氏式者，其理由恐不外乎此。爲便參考計，再就克氏式傳記之處理，略加說明於下：

克氏式，一人之傳記，則主人公之名應用著者名記號排列；同一人之傳記，在數種場合者，更加添其著者之著者名記號在一書中載二人之傳記者，從最初記載者之名。其有三人以上者，則作爲叢傳另外處理。叢傳有四種（人名字書除外）：

一．Subject and Country 均爲普遍的，例如大町桂月著東西二十四傑。

二．Subject 限定，Country 普遍的，即世界法律家傳記理學家傳記之類是也。此種叢傳，有按照其標題所屬之綱目，而付與分類記號，（例如：法律家傳記爲 KL.3 植物學家爲 N3）與悉統括於 E，更加添其所屬標題之頭字作爲分類記號（例如 E.B 爲植物學家 E.L 爲法律家）之兩種處理法。其中以從第二法爲便。但如美術家叢傳哲學家叢傳名雖爲傳記，實則爲美術史哲學史，以從第一法爲便。

三．Subject 無限制，Country 有限制者，叢傳例如晉李瀚之蒙求，山畸美成之名家略傳之類，使用地名表，再附以 F51, E52, 之分類記號排列。

四. Subject and Country 均有限制者叢傳之處理，大體和（二）之場合相同。

此外五〇〇以下，亦應加以說明，因恐流於冗長，略去不述。但學者如於帝國，杜威及克氏式等，詳加檢討，則所獲者，當非淺尠也。

第十一章　分類表之實地應用

上所述者，乃圖書分類之理論的方面。其次之問題，乃從基於上述之理論而作成之分類表，實際上應如何分類排列圖書，卽分類表之實地應用是也。圖書之分類正和裁判官精查事件之內容，照法律之條文，與以判決相似。圖書館分類組之任務，卽日日就新到之圖書，一一精查其內容，照分類表而與以適當之位置。故分類表制成雖如何精巧，若分類時一誤其適用，則圖書之排列卽亂。然如何方能完全暢行其任務，此則必須有待於從事分類人員之修養。就日日新陳代謝與陳於面前之圖書，一一加以推敲，此乃屬於何種科學的，或關於何項事件的，或立甲書與乙書之差別；或辨認丙書與丁書之類似；皆爲分類上之重要工作。然如關於某書應屬學科之知識，全然缺乏，甚而至於表示圖書內容之書名名詞亦不能解，則必不能完成其工作。此在一般公共圖書館中，尤爲常見之事。故對於分類表之實地應用，須以有素養之人物當其任。茲更就技術方面，略述二三之心得。

當分類圖書時，必須先決定被分類圖書之標題，即以此為分類之基礎。然而此標題應如何決定？大略如次：

（一）從書名決定，因為普通書名乃為表示圖書中所記載之事項而被選定，依書名即能知其標題。例如「近世外交史」「吉田松陰傳」等書名之圖書，就此書名，立刻可知其標題為「外交史」「吉田松陰」。然而書名不必適切表現其內容者亦頗多，若輕率決定書名之標題，則立即陷於謬誤。例如福田德三著「黎明錄」，僅觀書名，暫時不與以內容之判斷；如神津禎幹之翁草，如僅觀書名而決定其標題，則必配置於植物學中，未免滑稽，故書名之次宜

（二）通覽目次。目次乃察出其正確標題之最良嚮導者。即如前述之黎明錄，一看其目次，即知其為關於時事問題之論文集。即依書名與目次，大抵即可判明其標題。但在缺少目次場合（寫本類殊多），或僅有書名與目次，尚不能判別之場合，則

（三）誦閱卷端之註，

（四）或誦其序跋而窺察著者之態度，補正其標題。

執以上四條之手續，尚不能決定時，則調查

（五）參考書，卽可信賴之書目，人名辭典等；若仍不明時，則

（六）通讀其書而後決定。但卽使如此，尚有不明時，若恐為一部分事而使全部事務發生滯閡，則可擱置一邊，處理其次圖書，以待後日之精查。若經精查尚不明白，則質問

（七）專門家而決定其標題。但專門家未必通覽圖書之處理法，故於其言之採用，應大加注意。

如此，標題既決定，其次乃就分類表檢索標題，其分類記號若認為不適合時，則搜求包含其標題最狹義之分類綱目，給與分類記號，但於此亦須加以種種之注意。卽參考杜威和世牙斯之說，訂立規則。

（一）以實用（Practical usefulness）為宗旨，卽圖書一切必須排置於最便利於

讀者之場所。徒然草，枕草紙，爲純然隨筆；但因其文學上之價值偉大，爲國文學研究上必要之圖書，故排置於國文學中，其一例也。

（二）分類圖書，先從標題，固不待言；但有同一標題者，則應從其形式（form）分類。但總記，紀文學書等以形式爲最先者，不在此限。例如「日本數學史」「日本醫學史」應各排置於數學醫學部門。但小說詩歌則不依其標題，而統括於詩歌小說中。杜威和克氏於同一標題中依形式分類，常有一定。

Dewey

.1 Philosophy

.2 Compends

.3 Dictionaries

.4 Essays

.5 Periodicals

.6 Societies

.7 Study and Teaching

.8 Collective Works

.9 History

Cutter

.1 Theory of the Subject

.2 Bibliography of the Subject

.3 Biography of the Subject

.4 History of the Subject
.5 Dictionaries of the Subject
.6 Hand-books, etc., of the Subject
.7 Periodicals Limited to the Subject
.8 Societies Devoted to the Subject
.9 Collections of Works on the Subject by Several Authors

（三）圖書應排置於最狹義的分類綱目（Most specific heading）中。卽關於刑法的圖書，應排置於刑法分類綱目中，不應排置於法律綱目中。

（四）應考察圖書之顯著的傾向，或著述之目的。例如關於温泉之圖書，以其成分爲內容者，則置之於醫學中，以勝地引導等爲內容者，則置之於地誌中。此看其序文目次等，大抵卽可明白。

（五）同一之圖書有二個或二個以上之標題者，應從其可認爲最主要之標題分類。認爲互有輕重時，則從最初之標題；更應參照其他之標題。例如田尻稻次郎著「財政與金融」，若目田利助著「電燈及電氣鐵道」

(六)考察圖書之傾向或著述之目的，同時應考慮圖書之性質及特色，求其最自然，而置於最有用之位置。此在特殊圖書館中，頗爲適當。衞生法令，教育法令等，在一般圖書館，則置之於衞生教育部門中，而在法律專門圖書館，則置之於法令中但此不過(一)項適用。

(七)處理同一事項之三方面以上之圖書，不應依其最主要方面之標題，應依其事項之標題。例如同一圖書中，記載力學，光學，音學雖缺電氣，磁氣，其他物理學上重要之部分，亦可排入物理學總記。

(八)對於分類稍有可疑之圖書，既給與一定之位置，則其次收入與之相似之圖書，亦應給與同一之分類記號。蓋著者考察分類者之立場而從事著述，乃必無之事，故無論在如何分類表中，有時亦頗難看出應給與某圖書之正當位置也。故於此際，既給與某圖書一定之位置，以後收入相似之圖書，自應亦給與同一之位置，以期分類之統一。例如關於旅館之圖書，入政家，入紀行，或入交通，均無不可，但一經決定入何項，則以後收入此類書，必須置於同一處所。

（九）制作分類索引，以便於後來將同一標題之圖書配置於一處。

大凡人類之記憶有限且不精碻。而況分類係工作者有更換時，因前任者與後任者分類上之意見相左，其排列卽不免有支離滅裂之虞。爲防止此弊病，索引是非常必要之物。杜威之分類所以廣行於世界各處，其最大之原因卽爲其有精密之索引。

（十）叢書類，卽將種種圖書集於一系統之下者，總括之而爲一部圖書；或從第三項配置於最狹義標題中，或從其數個標題中之最重要標題而分類，或將其拆散各册認爲單行書而分類。如「日本經濟叢書」「國史大系」屬於專門學科圖書，各配置於其學科中，固不待言；但如「百家說林」，其大部分由隨筆而成，寧作爲隨筆而處理。尤其如圖書刊行會本，大日本文明協會本，拘泥於製本上之體裁等，以之爲叢書而總括之，無甯拆開各册處理，較有實用也。

第十二章　書架上之排列與函架目錄

圖書分類決定之後，其次卽須排列於書架以供閱覽。因此，於圖書一定之場所，（普通標題紙之右肩洋書左肩）記入分類記號與書籍號次，（合倂之稱爲請求號次（Call Number）。尤須貼附記載同一請求號次之小紙片於其圖書之一定場所。如此，一切圖書先須依分類號次次依書籍號次，整列架上。但因實際上之必要，此順序不能守正碻之位置者，往往有之。卽在書庫公開之圖書館，閱覽者多之部門，置於廣大場所，雖閱覽者多數聚集於此處，亦不至混雜；閱覽者少之部門不得不置於一隅。又書庫不公開之圖書館，對於要求多者之部門，不得不置於出納室之左近。此外尙有足以紛亂分類排列之劃一者，是爲圖書大小之不同。無論如何置重於內容分類，而欲全然輕視圖書之大小，實際上爲不可能之事。因此，多數圖書館施行所謂並行分類（Parallel Classification）。卽先從圖書之大小，大別爲大，中，小（若爲洋書則爲 Octavos and Smaller works, Quartos, Folios）各就同大之圖書施以內容之分類。其方法假定將書架分爲七段；收小者於上四段，收中者於次之二段，收大者於最下一段，此三種各持有獨立之請號次；全部中首爲小，次爲中，其次爲大，大中小全然個別分離，而加以分類。

如此任從何種分類，一切圖書於分類記號之次，卽依書籍號次排列整理於書架。依排列不變之順序而編成之目錄，稱爲函架目錄。此種目錄遂成爲新到圖書記上請求號次之唯一參考，又爲檢點圖書之際之流水賬；有羅次列夫式與克特式二種。其樣式及記入法等等，在日本尙無一定之規則，各館自立規條；但記入分類記號，書籍號次，著者名，書名，收入號次及收入日期等，各館皆同。

民國廿三年十一月初版發行

實價大洋四角五分（實價不折不扣 外埠酌加寄費）

“圖書分類法”

有著作權不准翻印

著者 村島靖雄
譯者 毛春翔
發行者 上海福州路開明書店 章錫琛
印刷者 上海梧州路三九〇號 美成印刷公司

總發行所 上海福州路二七八 電報掛號七〇五四 開明書店

分發行所 廣州惠愛東路 漢口中山路 南京太平路 長沙南陽街 北平楊梅竹斜街 開明書店分店

毛春翔先生年譜簡編

徐忠友

一八九八年十月八日，先生出生於浙江省江山縣（現爲江山市）城關鎮（現爲須江鎮）市心街買茶場對面的一個地方官員家庭。

一九一二年十二月，先生進入江山縣立小學讀書，在校學習成績優异。

一九一五年十二月，先生小學畢業後，考入杭州私立安定中學繼續學習。

一九一六年，先生從杭州轉入衢州省立第八中學讀書。

一九一九年五月，五四運動爆發後，先生參加了學校的罷課。

一九二〇年春，先生初中畢業後，於同年七月考入浙江法政專門學校。

一九二四年上半年，先生從浙江法政專門學校政治經濟本科畢業。

一九二四年下半年，先生回到江山老家，在縣私立江山志澄初級中學（現爲江山市第二中學）任國文教員。

一九二五年五月三十日，上海發生了震驚中外的『五卅慘案』後，先生迅速在學校組織了『國貨維持會』，起草印發了宣言，親自率領愛國師生和青年店員宣傳查禁英、日洋貨，以聲援上海等地的『五卅運動』。

一九二五年六月，先生與江山文明坊做麵條的姑娘何文香結婚。

一九二六年夏天，先生與江山老鄉祝雅存等本商量好前往廣東黃埔軍校，準備投筆從戎，出發前因妻子何文香突發急病，最終没能成行。

一九二六年八月十八日，先生的大兒子毛念慈在江山出世。

一九二六年十月，先生與毛鵬仙、朱曜西、何炯等人籌組國民黨江山縣黨部（左派），他擔任工商部長一職。隨後，辭去志澄初級中學教師一職。

一九二七年二月，由戴岳任師長、肖勁光任政委的北伐軍第二軍六師抵達江山，先生與毛鵬仙、朱曜西、何炯等組成的國民黨江山縣黨部（左派），在江山縣城的江西會館召開上千名群衆參加的歡迎大會。此後，先生即被推選爲『審判土豪劣紳委員會』主席，並在江山城隍廟内主持了國民黨江山縣黨部（左派）召集有千人參加的公審大會，根據民衆意見，命令農民自衛軍將鄭光德等六名土豪劣紳押在江山縣中心街道上遊行示衆半天，然後關進了監獄。

一九二七年初春，先生經時任國民黨浙江省黨部農運指導員的中共地下黨員姜天巢介紹，加入了中國共産黨。

一九二七年四月，蔣介石在上海發動『四一二』事變，先生爲躲避特務追殺，與當時在衢州的中共特派員傅連璋步行五百多里路到達南昌。

一九二七年六月，先生所在的江西省農會被當地軍閥王鈞用武力强行解散，先生衹好悄悄返回江山。

一九二七年八月，先生不幸被捕，並於同年九月被押到杭州西子湖畔的陸軍監獄。

一九二九年五月，先生經其宗親、浙江省立醫院院長毛咸先生出面，先將他保外就醫。又由另一位宗親毛彦文女士（後爲北洋政府内閣前總理熊希齡的夫人）等人營救出獄。再由同宗同鄉且在蔡元培先生任院長的國民政府大學院任秘書長的毛常先生介紹，到江西省上饒中學擔任教員。

一九三〇年五月，先生應國民黨縣黨部執行委員徐連溪（化名左達）聘請，回江山主編《江山日報》。因該報發表《怪米》一文，針砭時任江山縣長米星如不顧群衆死活，不僅報社被米星如查封，米還派了縣大隊警員去先生家中抓他，先生從窗户跳出，逃離江山，經杭州、上海，與妻子一起乘火車到達北平。

一九三一年，先生在北平師範大學當旁聽生，二兒子毛念平（後於二十世紀五十年代意外去世）出生。在這裏，他遇到了在北大圖書館當館長（後成爲國學大師）的清漾毛氏宗親毛子水先生。

一九三二年春，先生經毛子水先生介紹，到國立北平圖書館工作，從此開始走上保護和研究圖書古籍之路。

一九三三年七月，先生經同鄉同學、時任浙江省教育廳廳長陳布雷的得意門生王學素先生推薦，從北平調回浙江省立圖書館任善本編目員兼孤山分館主任幹事。

一九三七年七月七日，盧溝橋事變爆發後，毛先生配合陳訓慈館長籌備文瀾閣《四庫全書》搬遷準備工作。

一九三七年八月一日，在陳訓慈館長的指揮下，先生與其他浙江圖書館職員，將浙江圖書館孤山分館的孤山紅樓上的九十四個書櫥中的閣書、善本三萬六千三百一十八册搬出。

一九三七年八月三日夜，先生與其他浙江圖書館職員將三萬六千三百一十八册閣書、善本全部裝進二百二十八個書箱。

一九三七年八月四日早上，裝着二百二十八個書箱的幾輛車子駛向錢塘江畔的江干碼頭，先生及同事又將一箱箱的閣書搬上了停在那裏的運書船。

一九三七年八月五日中午，毛春翔先生等押運的《四庫全書》船抵達富陽縣漁山，在天黑前雇人把書全部搬進趙坤良的趙家老宅中存放起來。毛春翔和葉守榮負責閣書的保衛工作。

一九三七年十一月二十五日，因日寇逼近杭州，根據陳訓慈館長的指示，毛春翔先生雇工搬運書箱至江邊，裝船沿富春江駛往建德。但是，他們到達桐廬七里瀧後，由於這一段江面水流湍急，加上船又重，無法逆流而上。隨船押運的毛春翔便下船，在路邊搭上一輛軍車，去找已先到達建德的陳訓慈館長想辦法。陳訓慈向浙江大學校長竺可楨教授求援，竺校長便從用於浙江大學西遷中的車輛中擠出一輛大卡車趕往七里瀧，用三天時間將二百二十八箱庫書運抵建德緒塘的方麗齋先生家中。

一九三七年十二月，因要照顧妻子、兒女，毛春翔先生離開建德回到江山。

一九三八年三月，《四庫全書》從龍泉縣用車經鄰近的福建省浦城縣，再沿江浦公路折回江山縣。不料在運書車隊到峽口過江山江（也稱須江）時，其中有一車書十一箱不幸翻到了江水之中。虞佩嵐等急忙趕到附近的峽口村，雇村民很快將十一隻書箱打撈了上來。但這些書若不及時曬乾，就會『結餅』或霉爛。因此，他們便雇車連夜運往江山縣城。先生聞訊協助虞佩嵐等向江山市民借來竹簟，在江山縣城隍廟的天井裏曬書，三天後又幫助將二百二十八箱書運到江山火車站裝上火車，再經江西、湖南運往貴州。

一九四一年秋，在貴陽地母洞負責看管《四庫全書》的柳逸廠因病辭職，陳訓慈決定由先生擔任保管負責人。先生當時因受地下黨員、湖南黔陽縣縣長、江山同鄉何烱先生之邀，在黔陽縣教育科任科長兼軍法承審員，接到陳訓慈館長親筆信和寄上的三百元旅費後，他便向何烱縣長辭職，趕往貴陽地母洞守護《四庫全書》。

一九四三年春，蔣介石電諭貴州省主席吴鼎昌：『地母洞潮濕，藏書恐霉爛，應另覓安全處所遷藏。』吴鼎昌趕緊派人前往地母洞察看，負責接待的毛春翔先生接連打開幾箱書，未見霉壞，吴鼎昌就據實報告給蔣介石，請准免遷。

一九四三年九月，先生負責接待前來地母洞視察藏書的浙江省教育廳廳長許紹棣，許紹棣隨意抽取幾箱書打開看後，對先生等認真護書感到滿意，後來還給守書人員發了三千元獎金。

一九四四年十一月，貴州告急。先生趕緊向在重慶的陳訓慈館長請示遷書，馬上得到陳訓慈的回復，説正與教育部商洽將書遷往重慶。

一九四四年十二月四日夜，毛春翔先生接到國民黨組織委員會委員張道藩的通知，説已令戰區司令部派堅固卡車六輛，盡速運書入渝。

一九四四年十二月六日，六輛卡車準時赴張家祠裝書，先生很快雇工數十人，搬運書箱下山並裝車。十二月八日清晨，運書車隊出發。五天後，《四庫全書》全部運抵重慶青木關，秘藏於重慶丁家灣時任教育部部長陳立夫公館隔壁的四間大瓦房中。

一九四五年八月，日本天皇宣佈無條件投降，先生配合陳訓慈館長籌備將《四庫全書》運回浙江事宜。

一九四六年五月十五日，《四庫全書》由租用公路總局的六輛卡車載運，離開重慶青木關。押運員有教育部徐伯璞科長、毛春翔、夏定域等。

一九四六年七月五日，歷盡百般風險和千辛萬苦，《四庫全書》被運回浙江圖書館。

一九四七年，先生擔任浙江圖書館特藏部主任，專門負責《四庫全書》等古籍善本的保護和研究工作，在退休前的近三十年間，他分别編寫或出版有《論語類編通義》十卷（手稿本）、《齊物論校讀記》《浙江先哲遺書目録》《文瀾閣書目》六卷(稿本和印本)、《浙江省大事記》《浙江通志》(從夏禹至清初間)等專著。還譯有日文《圖書分類法》一書,由開明書店出版。

一九四九年二月四日,先生的小兒子毛念誠在杭州出世。

一九六二年十月,毛春翔《古書版本常談》一書,由中華書局出版,全書分爲二十章,共有七萬字,還配有四十三幅版樣照片,介紹了多個朝代的古籍善本中的代表作。此後,該書還在香港和上海多家出版社出版或再版。

一九六五年,先生從浙江圖書館退休。

一九六八年六月,因『文革』,先生被造反派遣送回原籍江山。

一九六九年,先生又被造反派揪回杭州,把他打成叛徒、特務,多次受到批鬥,導致中風。

一九七〇年,身患重病的先生被送回江山。

一九七三年三月,先生因病在老家江山逝世。

一九七六年十月,粉碎『四人幫』後,先生被平反並恢復名譽。

斯人已逝，音容猶在

——回憶我的父親毛春翔先生

小時候，我家住在西湖邊的哈同花園，當時那裏是文化局的宿舍，裏面有浙江大學、省圖書館、博物館等單位的員工。房子很簡陋，原本是個大亭子，用木板隔成了很多個房間（亭子現在還在）。父親住在那裏很高興，他説這裏躺在床上就能看見西湖。當時我還小，心想西湖有什麽好看的。父親在西湖邊釣過魚，釣到一條大魚，馬上又放生了，因爲當時不准釣了，以後再没釣過。

那時候陳訓慈先生經常來家裏拜訪父親，每次都要帶點小點心給我，至今我對麻酥糖還記憶猶新。後來哈同花園改造成公園，我們搬到了青白山居。住房依然簡陋，是地下室，很潮濕。每天還要上下一百多級臺階。但是有一個好處，就是看西湖更方便了，居高臨下，簡直是一目瞭然。父親愛看西湖，算是大慰平生了吧。

我有幸在青白山居看到館員曬《四庫全書》。當時條件所限，衹能把書放在太陽下曬。《四庫全書》存放在大書櫃裏，櫃門刻着『欽定四庫全書』幾個字。當時青白山居是存放《四庫全書》的庫房，下面還有個博物館的庫房，裏面放着太平天國的大炮。

再後來，領導照顧我父親年紀大了，青白山居上下不便，於是搬到下面的平房。住在夏定域先生隔壁，兩家共用一個院子，院子裏一家搭一個厨房，中間還剩一塊空地。二十世紀六十年代初食品匱乏時期，我們還種了菜，養了兔子。那時候孤山有果子狸，有天果子狸把一隻兔子叼到房頂上，我用竹竿把兔子打了下來。夏先生和我父親交情很好，『文革』時期父母親被遣送回原籍，我把父親的一部書稿（《論語類編通義》）放在夏先生厨房的角落裏，後來再取回保存下來。我很看重書稿，印象中父親總是在寫啊寫的，那可是他的心血。

父親帶我到張宗祥館長家看過病。張館長不僅學問好，還懂醫術。我對張館長的席夢思床還有印象，當年這種床很少，很稀奇。父親帶我到篆刻家韓登安先生家拜過師，學書法篆刻。記得韓先生家有一幅小女孩吹蒲公英的畫，是一位畫家的原作。韓先生刻印的刀是工人朋友用白鋼做的。可惜『文革』馬上開始了，所以我一天也没學成。

聽父親説，他早年是熱血青年，參加革命，顛沛流離，還坐過牢，是圖書館使他安静下來。從此埋頭故紙堆中，潛心學問，不問政治了。工作之餘，晚上他還要看看書，有一部厚厚的《辭海》是他經常翻的。那是百科全書，爲了補充知識，不斷學習吧。

父親還有個朋友徐敏惠先生。他是本館的會計，書法相當好，在我看來他是真正的書法家。我們兩家關係很好。『文革』時期，父親原本已經遣送回原籍，後又被造反派揪回杭州，關在仁和路圖書館宿舍的一間小黑屋裏。當時叫『牛棚』，現在來説就是非法拘禁了。父親年紀大了，身體又不好，有一天我去看他，他身上披着的棉衣掉了也不知道。現在想起這些事還是很心酸。徐敏惠伯伯一家就住在仁和路宿舍，他的小女兒徐由由每天晚上偷偷地把一壺熱水放在我父親住的牛棚裏。在我家患難之時，不怕受牽連，出手相助。雖説衹是一壺熱水，已經够我感激一輩子了。

後來轉到大學路圖書館牛棚，情況更糟糕了，連探視都不准了。每天勞動、批鬥，一點人格尊嚴都没有。有一次同爲『牛鬼』的一個同事告發他用開水洗碗，於是他衹好把洗碗水喝掉。後來父親中風了，造反派通知我們家屬時，他已經在醫院搶救了。出院後一直癱瘓在床，終老在家鄉。

聽我哥説過，父親是個性情中人。解放前有次有客來訪，父親熱情招待他。後來送客至中山公園汽車站，臨上車時那人掏錢給我父親，大概算是飯錢，因爲當時大家經濟都不好，父親把錢摔到地下，拂袖而去。他的性格可見一斑。

抗戰時期在重慶，蔣介石接見過我父親，戴笠還請他出來做事，他都婉言謝絶了。他其實就是一個清高的知識分子。八十年代沈醉先生在回憶録中寫到這件事，我還給沈醉先生去了信並得到回信證實此事。

父親很愛家，他曾經説過，晚上一家人在一起的時候，是最好的時光。

毛念誠

二〇一六年三月七日

毛春翔文集

中

毛春翔◎著
浙江圖書館◎編
童聖江◎主編

國家圖書館出版社

中册目録

共三冊

陽閣汲書舘 孫星衍

論語類編通義

上冊

一九五七年十一月重裝

毛春翔時在孤山

原稿三十二萬七千餘字 此係清稿 存二十五萬八千
四百八十字 卷首自序未計

論語類編通義自序

余既為斯編撰十叙言、弁於每卷之首、明一篇之大義、亦復総為之序、所以究斯學演变之迹、發類編[redacted]通義之旨、根衣挈領、所不容已也、

論語立名之始、在漢人之書見之凡三處、礼記坊記云、子曰、君子弛其親之過、而敬其美、論語曰、三年無改於父之道、可謂孝矣」此為第一見、王充論衡正説篇曰、「漢武帝發取孔壁古文、至宣帝下太常博士、時尚称書難曉、名之曰傳、後更隷寫以傳誦、初孔子孫安國、以教魯人扶卿、官至荊州刺史、始曰論語、此為第二見、[redacted]趙岐孟子題辭云、孝文皇帝欲廣遊學之路、論語孟子皆置博士、後罷傳記博士、独立五經而已」此為第三見、[redacted]考史漢、孝文本好刑名之言、及至孝景、不任儒者、而竇太后又好黄老之術、故諸博士具官待問、未有進者」(史記儒林傳)「文帝時、明堂太学猶未興」(前漢紀)此可證文帝時未立何經博士、何况傳記、「博士為秦官、掌通古今、秩比六百石、員多至數十人」(漢書百官表)漢承

之、文帝時博士未嘗無之、唐六典（二十）引漢官儀云、文帝博士七十餘人、為待詔博士、所謂具官待問是也、有非常之事、則問博士、有問則對、曰進、無問則居、曰待、文帝十五年使博士刺六經中、作王制、謀議巡狩封禪事（郊祀志）又後元年詔曰、間者數年比不登、其與丞相列侯吏二千石博士議之、有可以佐百姓者、無有所隱、（漢書本紀）又十五年春黃龍見於成紀、上召公孫臣為博士、從土德也、（漢紀）據此、則儒林傳具官待問、未有進者、亦不盡然、惟傳記博士、文帝時無之、可斷言也、後漢書翟酺傳、孝文始置五經博士、云々、據北宋重刊景祐本、[illegible]五作一、南宋嘉定戊辰蔡琪刊本亦作一經、或五或一、未定之、實則于班書無據、作五非、作一亦非、漢之五經博士、實始立于武帝建元五年、旋為博士置弟子五十人、復其身、（史記武紀、儒林傳）前乎此、博士無弟子、[illegible]亦可證文景之世、無經傳博士、趙岐在夾室中、撰孟子題詞、大抵但憑劉歆之說、劉歆移讓太常博士書、有云、漢興、至孝文皇帝、天下衆書、往々頗出、皆諸子傳說、猶廣立于學官、為置博士、劉氏之言、有所為而發、故誇其詞以聳聽聞、使文帝世、果有為諸子傳說立學官之事、則史記班書安有不紀之理、[redacted]文帝之世、既未嘗立論語孟子博士、則[redacted]不待言矣、趙岐之言不足信、

魯扶卿傳魯論、(漢書藝文志)未聞傳古論、古論至東漢馬融方為训說、在西京之世、傳授不明、王充之說亦不足為據[redacted]

先秦[redacted]兩漢之書、據余所知、引論語文者、如荀子勸學、呂覽劝学、新語思務慎微、孝行、賈誼陳政事疏[redacted]術事、道基諸篇、引文屢見、而未出論語字、惟坊記明表論語之名、戴記雜撰輯于孝宣之後、而其文皆甚古、其始不可得而原、而謂論語之名、初見于斯、當無不可、(藝文志曰、魯恭王壞孔子宅、欲以廣其宮、得古文尚書及禮記論語、孝經、凡數十篇、許慎說文解字序曰、魯恭王壞孔子宅、而得禮記、尚書、春秋、論語、孝經、此皆[redacted]追述之辭、非壞壁時即有此稱、未足為據、

以為[redacted]禮記孝經三書為記論語則非追述之辭

2

論語立名、何所取義、皇侃論語義疏序云、繞此論字、大判有三途、第一、捨字制
音、呼之為倫、一、捨音依字、而號曰論、一云、論倫二稱、義無異也、捨字從音為倫、
說者乃衆、的可見者、不出四家、一云、倫者、次也、言此書事義相生、首末相次也、
二云、倫者、理也、言此書之中、蘊含萬理也、三云、倫者、綸也、言此書經綸今古也、
四云、倫者、輪也、言此書義旨周倫、圓轉無窮、如事輪也、第二捨音依字為論者、
言此書出自門徒、必先詳論、人人僉允、然後乃記、記必已論、故曰論也、第三云
倫論無異者、蓋是楚夏音殊、南北異語耳、南人呼倫事為論事、北士呼論事為
倫事、音字雖不同、而義趣猶一也、南北語異如何、似未詳師說、不取、今亦捨之、
而從音依字二途並錄、以會成一義、何者、今字作論者、明此書之出、不專一人、
妙通深遠、非論不暢、而音作倫者、明此書義含妙理、經綸今古、自首至尾、輪環
不窮、依字則證事立文、取音則據理為義、義文兩立、理事雙該、圓通之教、如或
應示、語者、論難答述之謂也、毛詩傳云、直言曰言、論難曰語、鄭注周禮云、發端

3

曰言、[redacted]答述曰語、今此書既是論難答述之事、宜以論為其名、故名為論語也、邢
昺疏序、大旨亦取皇序、按許氏說文解字、論、議也、語、論也、言字下曰、直言曰言、
論難曰語、是則論之本義為議、語有論難之義、依字明義可矣、何用義文而立
理事双該、夫博学、審問、慎思、明辨、篤行、為学者升堂入室必踐之迹、審問明辨、
即論議也、二十篇、以論議之文為多、名從其多、故總號論語、藝文志曰、論語者、
孔子應答弟子時人及弟子相共言、而接聞於夫子之語也、所謂應答、相共言、
接聞、簡言之、即論難也、班志釋論語之義至確、其曰論、曰綸、曰理、曰次、皆造字
穿鑿傅會、若曰聖人之言、圓轉無窮、故曰論、則荒誕不經之文、不得名為論[redacted]而
於儒者勁敵莊周之文、將何以处之、彼固有以論名篇者矣、若曰蘊含萬理、則孔子
嘗曰吾道一以貫之、既告曾子、又語子貢、將何以解之、理之所貴者一、所病者
萬、蘊含萬理、意在美之、実則毀之、何渠而有此擬詞、其曰經綸世務、經綸今古、
謂聖人之意有在是者可也、若以經綸即為論議、烏乎可、董仲舒為西京大儒、而

其論議災異、其徒呂步舒謂爲大愚、則其論不足以言經論明矣、然其文之見
於書者、猶是論也、其曰篇章有序、故曰次、此書事義相生、首末相次、故曰次、尤
爲贅說、二十篇記者非一人、纂輯不出一手、故古魯編次不同、齊古篇目有異、
今乃謂篇章有序、是何言與、凡此傅會之說、一掃而空之可也、皇氏未審而著
于序、吝乎枝離、故會成一義、終不可能、徒繁其枝葉而已、
論語作者、說者異詞、歸納之得三家、劉向別錄、班固藝文志、王充論衡正說、王
肅家語後序、梁劉勰文心雕龍論說篇、皆謂二十篇之文、爲孔子弟子所記、此
其一、鄭玄曰「論語仲弓子游子夏等撰定」（見任典雅文引）、晉傅元傅子曰「昔仲尼既沒、仲弓之
徒追論夫子之言、謂之論語」、此指明其人、又其一、皇疏序引論語通曰「論語者、
是孔子沒後七十弟子之門徒共所撰錄也」、此又其一、凡此三家、立說皆由推
測而得、而論語通之說較近乎理、夫秦禁偶語詩書、雜燒六國載籍、楚漢紛爭、兵戈
連年、直至孝惠、方除挾書之律、文帝好刑名、景帝尚黃老、論語之學、漢初未聞

4

有大師、孝武以後傳者始見於史、學統中絕百餘年、經文撰錄果出誰手、無信史可據、經稱有子曾子閔子冉子、此非同門口氣、子張篇記及子夏之門人問交於子張、更可証經文非門弟子所纂輯、必欲指名其人、若柳子厚指名樂正子春、子思（見柳州文集論語辯）但見其鑿空虛造、勞筆墨而已、戰國季世之書、若孟子、荀子、呂覽、皆嘗引及論語之文、論語之成書在戰國之初、似可無疑、論語之學、在漢世[redacted]有三[redacted]派、曰魯論、曰齊論、曰古論、據漢書藝文志、傳魯論者常山都尉龔奮、長信少府夏[redacted]后勝、丞相韋賢、魯扶卿、前將軍蕭望之、安昌侯張禹、皆名家、張氏最後、而行于世、傳齊論者、昌邑中尉王吉、少府宋畸、御史大夫貢禹、尚書令五鹿充宗、膠東庸生、唯王陽名家、（吉字子陽）據何晏論語集解序、古論惟孔安國為之訓說、而世不傳、此可疑也、孔安國若果為古論撰訓說、則至何晏之世、何至不傳、且班志何至一字未及、此可疑也、王充謂安國傳之魯扶卿、始稱論語、班氏能讀內府書、斷不至并此而忽之、王說未足為據、惟何序謂

至順帝時、南郡太守馬融亦為之訓說、不誣也、

張禹本受齊論于王陽庸生、後以魯扶卿夏后勝蕭望之韋玄成皆說論語、篇第或異、乃采獲所安、刪齊論問王知道、從魯論二十篇為定、號張侯論、（按漢書張禹傳及隋志傳文有未明精為正其序）禹為成帝師、河平四年、代王商為丞相、封安昌侯、受寵貴顯、又享高年、歷事三君、書又後出、故為世所貴、包咸周生章句出其學、遂顯於東京之世、鄭玄師事馬融、從包周之本、考齊驗古、惟是是從、不稍偏執、破今古學之成見、彙為一家之言、其書出、三論為一、齊魯之學、合於張禹、三論之說、折衷於鄭玄、（集注者詆有是說）兩漢論語之學、大略如是、

魏何晏撰論語集解、於漢取包周馬鄭四家、於魏取陳羣王肅周生烈三家、又益之以孔安國注、稱八家注、惟何序既言孔之訓說世不傳、又安從錄得其注、此大可疑、且孔注文淺俗、多矛盾、大不類西漢人文字、（余於章句中屢有駁斥

詳不詳論）八家之注、謂之為七家可也、

集解因采衆說、故其書大行於世、梁陳之時、雖鄭何並立於國學、而鄭甚微、周

齊鄭學獨立、至隋、何鄭並行、鄭學盛於人間、說見隋志、北人質朴、尚鄭學、北史

儒林傳序「鄭玄並為衆經注解、易、詩、書、礼、論語、孝經、大行河北、諸學徒莫不通

講論語孝經」、亦足為証、南人誇誕、重集解、故皇侃撰疏以集解為據、南北好尚

有異、故鄭何得並盛於人間、

隋劉炫有論語述義十卷、見隋志、但其書不傳、邢昺疏於顏淵問仁章引及一

條、他無所見、其書如何、不可得知、唐置五經博士、論語孝經不立學官、附於中

經而已（見唐書百官志）中經者周礼、儀礼、毛詩、是則唐人似猶以傳視論語

也、故唐代論語之學獨微、唐人之作、見唐書藝文志者、僅王勃次論語十卷、賈公

彥論語疏十五卷、韓愈注論語十卷、張籍論語注辨二卷而已、且其書皆不傳、

韓李筆解二卷、陸德明釋文一卷、馬總論語樞要十卷見宋志、筆解為偽書、樞

要未見可稱道者、釋文一卷耳、鄖何之書、雖猶存唐志、已在若存若亡之列、迨
乎宋代、鄖書已不著錄於國史志矣、鄭學蓋亡於宋也、迨真宗咸平二年、邢昺
奉詔改定舊疏、頒列學官、於是皇疏所存江熙集解晉人十三家之說、又蕩焉
無存、至陳振孫撰書錄解題、皇疏即未見錄、蓋其書時已亡佚矣、然漢魏八家
之注、猶存邢疏、及伊洛之說出、邢疏又微、漢魏舊注、幾乎熄矣、宋志著錄論語
一類、所收宋人之作、凡五十有八家、可稱繁富、但卓然傳誦於後世者、不過朱
子一家而已、朱子釋禮、曰「天理之節文、人事之儀則」、(禮之用章)釋仁、曰「仁
者心之全德」(顏淵問仁章)「仁者、心之德愛之理」、(君子務本章)確乎洞
見(論語)聖經之旨、發前人所未發、其說大行於後代、非偶然也、明高氏、清初毛闓二
家、嘗為說以攻之、徒為雜零狗碎之考證、未足以損朱學之毫末、清代自毛闓
以下、治斯學者、眾常州一派、奉公羊家最不喜公羊、媢其鑿也、惡人及烏、誦
其書、未有所取、劉寶楠正義、雜鈔眾說、無斷制、其為書之體、有類作史之長編、

此皆論語範圍以
外議論似可節

未有可采，独偃師武億，為羣経義証，其說之精者，足破千載之惑，間有取焉。休
寧戴東原為乾隆时大師（程子），今人推遹稱之為有清一代唯一之大哲，今觀其系
善，有何謂礼，條理之秩然有序，其著也。何謂義，條理之截然不可亂，其著也。之
言，亦有可議之處。夫秩然有序，世截然不可亂，義有別，字深言之，礼為天理節
言之礼為人則，礼無不宜，故人則亦謂之儀則，儀者宜也，義亦宜也，義儀者飾
而礼則為名，名飾不容对立，理義可以連文，孔门之教，一礼而已，其言義者爾
飾詞也，非義世礼有別，大哲於此，竟未（嘗）審，由是知考証固有利於経義，但有时
亦足自閉聰明，戴氏為此謬論，他可知矣，故余於清人之書，多不甚重之。
讀古人書，貴乎明其條理，識其旨要，不独論語為然，欲識旨要，條理不可不先
明，欲明條理，類例不可不詳，論語為語錄体，類例之立，為（必）不可少，蓄此念久矣。
民國十三年秋，尝试為之，成稿二册，分類凡十，近乎雜，未善也，稿為友人毛君（士）
無止取去，日久亦遂忘之，民十五年，年少志銳，参加革命，在原籍组党，伸侧目，

十六年秋，被拘囹圄，與世隔絕，[redacted]十八年夏出獄，為生活奔走，讀書之事中輟。十九年初夏，鄉人堅邀主辦江山日報，發刊三日，因痛罵縣長米星如，報館被封，住宅被圍，幸天祐，得脫，株連及於妻子，妻亦倖免，遂相偕逃亡海上，旋即同往北平，朋友畏之，不敢與近，生計乃大窘。未幾，鄉前輩毛子水先生薦介于袁守和，[redacted]在北平圖書館得一枝棲，于是決意讀書，不敢預聞革命之事。二十二年，返浙，得管文瀾閣書，並任編輯，兼領善本書目，事忙，未暇理舊業。二十六年，抗倭戰爭起，挾閣書奔避富陽，又趨建德，畏奔徙之苦，辭職回籍，魚脫于淵，又苦無他書可讀，乃重理論語舊業。三十年冬，回館，接管文瀾書於貴陽，寓處多藏書，事閒，得悠忘披覽，筆記成十一冊，統計得千餘條，分類排比，日寫一千四五百字，義有未安，假寐求之，思之有得，乃下筆。如是者三年，初稿乃成，計卷十，得字三十[redacted]二萬七千餘，訂四厚冊。數載用心，粗有所獲，[redacted]是以自慰，未敢以示人。

論語分類研究，據余所知，當以唐王勃為最早。楊炯盈川集（卷三）王勃集序有云：「

是编次论语，各以群分，穷源造极，为之诂训，仰贯一以知归，希体二而致远，为
言式序。大义昭然，可证。今其书销已佚，而其分类研讨之旨，可于杨氏叙语窥
见其略。[redacted]肃代时，有陈皖著论语品类七卷，已佚。宋朱舜臣与朱子同
时，著家塾编次论语五卷，已佚。元程复心摭四书章图道德性命仁义，各以类
从，赵孟頫为之序，云：「古今类书多矣，其用不过为词章而已，其于道德仁义无
有也。程子白首穷经，于朱子之学，贯穿精熟，类而为书，其有补于理学甚大。」岂
今类书所能望也。（以上均见经义考。四书章图旧刊本，余于去岁二月在厂
整理没收陈群书时曾见之，今不知归何所）程氏取论语之文，各以类从，其
意在究明道德仁义，与类书彙辞便检览用意大不侔，而赵序竟以类书为观，
失其旨矣。朱公迁四书通旨，取四书之文，以类编之，凡为门九十有八，曰天，曰
天地，曰命，曰性，曰仁，曰义，曰礼，曰智，曰信，曰仁义，曰仁义礼智，曰仁智，曰礼义，
曰智仁礼，曰智仁勇，曰道德，繁赜不可胜记，斯乃所谓类书，供词章家之用者

也。明陳士元論語解二十卷，為類十有八，目四百九十四，見經義考。或稱論語類考，見四庫著錄，是為考究典故之書，與薛應旂四書人物考類[redacted]。沈懋孝著論語類求，其自序云："學六籍者，宜以魯論為衡，必類求其故，然後六籍可論，百家之統紀可一。"（序文見經義考）羅喻義著論語分篇二卷，其序云："論語二十篇，其別為二分，前十篇聖賢分門宗言，終之以時，易之道也；後十篇帝王分門宗言，[redacted]（用）終之以中，書之道也。一者顯諸仁，一者藏諸用，一者可與立，一者可與權"云云。（見經義考）夫顏淵問仁，仲弓問仁，皆在後十篇；大哉堯之為君，舜有臣五人而天下治，而吾與聞並皆在上十篇，聖賢帝王豈能以上下篇截為二哉。姜君緩郎告余曰：人分類研究論語者，據所見亦有數家，[redacted]（章問）其書（須以）不在所見，誤矣。邢人書祇有侯諧與日麥之論語分類研究，始於（初）唐代，有述作，而（祇為）僅知類求大義者（之方），因書大半不傳，無由知其詳。茲略敘其源流，明此体例起源頗遠耳。

顛倒既立，章句有所歸，乃進而求通其微言大義。余為此書之旨在乎是。若夫專事章句，破碎大道，余所不為；墨守舊說，奉為圭臬，泯滅性靈，或先有成見，倒亂是非，兼立門戶，余皆不取。丹徒柳翼謀先生嘗在貴陽語余（見余稿）云：讀書在求真用。斯言也，余服膺而弗敢忘。先生自言信而好古，於聖人之書不敢懷疑，余則主春秋非孔子作，易則不以數，與先生之教有違，而自比於汝安則為之之義，姑暫存己說。

一九四七年（民國三十六年）十月重鈔　春鞠

自漢以來學者作注[illegible]書殊多[illegible]

△詩相傳述者[illegible]

[illegible]

論語類編通義目録

一

一九六一年八月校阅一次

一九六〇年校阅 時年六十有三 春翔在 硯山

論語類編通義卷一

江山毛春翔輯 三十五年十月回浙重鈔時在西湖孤山

論學

斯編分類凡十；曰論學，曰論教，曰論詩，曰論禮樂，曰論仁，曰論道，曰論言行，曰論政，曰紀事，曰編餘。每篇一卷，綜為十卷。類編通義之旨，詳於總序，今茲所述，發論學之義耳。

授之為教，受之為學，論其事則一，究其術則異，分立兩篇，理或宜然。上施下效，見於許書；先覺後覺，載於孟子；若論專師，則教應先乎學；禮聞來學，不聞往教，知之則鳴，不憤不啟；若論其事，則宜先學而後教。論語二十篇，學而居首，有以也。夫即因舊次，首標論學。

孔門弟子之所學者，果何物耶？余嘗三復論語，知孔子之所教，弟子之所學者，詩，禮，樂，三者而已，外此無他學。詩以興其志，以厚其趣，以博其知；禮以定其志，以約其知，以立其身；樂以和其情，以舒其意，以成其德；三者備，乃為完人。完人

學習意义
學習內容
學習目的
學習方法
學習態度
判

1

者，仁人也。仁人之高標，乃孔學之極致，故曰：「興於詩，立於禮，成於樂。」荀子勸學有曰：「其數始乎誦詩，終乎讀禮；其義則始乎爲士，終乎爲聖人。」（今本荀子誦詩作誦經，楊倞注曰：「經，詩書也。」案注誤。經字當是後人妄改，蓋以詩書爲經與禮對立，則禮非經耶？禮之稱經，見隱七年左傳「繼好息民，謂之禮經」，荀子大畧亦有禮經之稱，則經之稱不可與禮對立明矣。且以其爲誦，故曰誦；以其爲禮，故曰讀。義至顯，迂儒不解，但知詩書爲經，而不知禮亦爲經，遂妄改古書耳）。荀子尊孔子爲戰國大儒，去古未遠，故其言儒者施教之序，與語悉合。至其言「學至乎禮而止」，不及樂者，或以詩該樂故也。

史記孔子世家曰：「孔子以詩書禮樂教，弟子蓋三千焉」，於詩禮樂之中，多出一書，與語中孔子自言教條不合。然語中亦嘗有「書云高宗諒陰」，又有「書云孝乎惟孝」云云，是孔子確然教及書矣。而教條中無之，何也？余嘗反復思之，一日恍然有悟，曰：書蓋統於禮學之中矣。書者，蓋爲文字著於竹帛者之通稱，如虞書，

30×24=720字

2

夏書，商書，（墨子七患稱殷書）周書，均以時代為別，皆通稱也。又如周官外史掌三皇五帝之書，左傳所載魯之儒書，鄭之鄭書，墨子明鬼下稱詩大雅為周書，秦策于太公陰符之謀，亦稱書，尹文大道之「四子讀書」，呂覽察微之「荊威王學書於沈尹華」，韓非喻老之「王壽負書」，此其所云書，皆通名也。通名取諸形式，科目必據內容」，故孔子教條不及書。若史公所稱之書，與語中書云之書為同物，則「書云孝乎惟孝」云云，是言孝友之道與政通；「高宗諒陰」云云，是言人君處喪之禮，皆不離乎禮。論其名為書，究其實為禮。史公稱書與語中書云皆取其通名耳。左傳昭二年「晉韓宣子聘魯，觀書於太史氏，見易象與魯春秋，曰周禮盡在魯矣」。曰觀書，用通稱；曰易象，曰魯春秋，用專名；曰（周）禮者，則言（及）其實矣。易象與魯春秋可稱（為）禮，則唐虞三代之書，記載嘉謨嘉猷者，自亦可稱之為禮書明矣。故語中雖及書，而教條不出書。自史記以詩書與禮樂對稱，後儒不察，遂以書與禮對立，而目禮為禮節，以大小戴書當之，大背孔子之教，而不自覺，所謂小人儒者，此類是也。元袁俊翁曰：「詩以道人之性情，禮以節人之性情，樂以養人之性情，至於書則記前代帝王之政事，無與於學者存心養性之方，故聖人於此不及書」；（四書節疑與於詩章解）清閻若璩曰：「學詩樂而期於性情和平，學書而期於善政[redacted]官民，學禮而務於節文，得中是即求仁之事也」；（見潛邱劄記）劉寶楠曰：「孔子之教不及書者，書言政事，成德之後自學之也」；大顏淵問為邦，子路問政，子貢問政，仲弓問政，此皆論政事[redacted]，可證孔門弟子，並非專學養恐性之方，若後世之道士，置政事於不問者，袁氏之說，誣妄明矣。閻氏長於考辨經義，而於此乃將書與禮對立，可怪也。至劉氏之說，直是三家村老學究叙高頭講章，以欺童子，[redacted]蓋為可笑。「夫為政以德」，「道之以德」，「為國以禮」，「不能以禮讓為國，如禮何」，孔子嘗言之矣，學書即學禮，學禮即學為政，二十篇中，[redacted]似不勝舉，孰謂成德之後自學之。且詩亦嘗道政事，子曰：「誦詩三百，使於四方，不能專對，雖多亦奚以為」，又曰：「小子何莫學夫詩，邇之事父，遠之事君」，可證。果如劉氏之說，則

3

孔門之於詩，亦將於成德之後自學之，然孔子固曰，「小子何莫學夫詩矣」，以此知劉
氏之說為妄。書統於禮，識者蓋亦罕矣。列三家之說，特備伋目。
語中嘗一引及恒卦爻辭，是孔子時卦爻辭已具。又考之左傳，亦嘗載及易卦
爻辭，襄九年傳，且引及隨卦文言，即今附載于乾卦之後者，是由可證春秋時
易之經文已備。然孔子有未以易教弟子，頗成問題。今考之二十篇，弟子無問
易者；孟子最尊信孔子，而七篇之中，引詩三十五，引書二十九，未嘗一語及易，
可證孔子未嘗以易教門弟子。教條未出書，今知孔子之教有書而統於禮者，
證較多。易亦歸稱禮書，教條可不出，然其證尠，未可與書等視。「五十以學易」古
魯有異文，尚待論定。荀子雖嘗言太一（禮論）而非相、大略，又引及卦爻辭，亦僅
足以證易之存在，未足以明孔門有易教。自史記世家有「孔子晚而喜易，讀易
韋編三絕，序彖繫象說卦文言」，及儒林傳之「孔子傳商瞿傳易，六世至齊田何
而漢興」之說，後儒乃謂孔門有易教。夫十翼非孔子作，可視為定說，史記所據

傳說不可靠。傳易商瞿一事，宋葉石林據論語不見商瞿，而辨其妄。近人錢穆亦以史記傳易之說為可疑（諸子繫年考辨）是誠可疑也。夫易設卦定文，繫辭備占吉凶，在春秋之世，其為用只此而已。左氏傳可証。傳有筮短龜長之言，知龜卜起源甚古，筮為後起者。卦象為人為預設之兆，龜兆生於不可知之數，筮卜似有連帶關係；設卦觀象，疑即由三兆之法蛻變而來；其言吉凶，大抵憑已往經驗，（周礼太卜可証）未必可靠。孔子之於事，喜斷之以理，遇大變，喜託之于命，有病不禱，此在二十篇中可覆按也。託之於不可知之數，而曰吉或凶，吉則趨，凶則避，此肉食者鄙之所好，尚禮之孔子，必不好也。孔門無易教，夫何疑焉！易之由占筮之書，進而為哲理之書，此為戰國季世之事。（觀孟子不言易，荀子始論及太乙可知）觀繫辭稱「太極」，稱乾坤之德為「易簡」，曰「易簡而天下之理得」，又曰「黃帝堯舜垂衣裳而天下治，蓋取諸乾坤」，（易簡之德）又曰「夫易旡思也，旡為也」，此其為說與道家極相近，故以易為儒書，不若謂為道書更切。後世儒生，以

无不當作旡

孔子之前儒有道不分家

自此以下一段抄刪，因柳翼謀先生見此大不以爲然，[illegible]從先生之意刪此段

4

史記一言，遂以爲偽書，且置之於羣經之首，牽強傅會，殊不足據。「孔子作春秋始見於孟子。孟子曰：「世衰道微，邪說暴行有作，臣弒其君者有之，子弒其父者有之，孔子懼，作春秋。春秋，天子之事也，是故孔子曰：知我者其惟春秋乎，罪我者其惟春秋乎。」（滕文公）又曰：「王者之迹熄而詩亡，詩亡然後春秋作。晉之乘，楚之檮杌，魯之春秋，一也。其事則齊桓晉文，其文則史，孔子曰：其義則丘竊取之矣。」（離婁）考孟子之世，上距孔子之卒不過百餘歲，時之相去若斯其近，而孟子又不輕信前人傳說，嘗曰：「盡信書不如無書，吾於武成取二三策而已。」於孔子在衛主癰疽，於齊主侍人瘠環，作爲好事者所爲，則其所信以爲真者，如孔子作春秋之事，似不容後人置疑矣。余嘗再三思之，覺孔子作春秋之傳說，亦猶主癰疽主侍人瘠環之類，不可靠，同爲好事者傳說，孟子斥彼而信此者，蓋彼有傷於孔子[redacted]（萬章上：若孔子主癰疽與侍人瘠環，何以爲孔子）不得不斥，此乃有利於孔子[redacted]，不可不信耳。吾人於此不可不辨。

「述而不作」蓋「有不知而作之者，我無是也」，此孔子所自言。所謂作者，制作也。制禮作樂，以經邦國，以糾萬民，王者之事也。述者，傳述先聖之教，以詔後學，此為師者之事也。孔子之時，述作之大分若此。孔子嘗為人師，故曰「述而不作」，一則以袪魯君臣之疑，一則以告弟子，不可妄作，以陷於罪耳。若云「作春秋」，且曰「使乱臣賊子懼」，則是孔子自違其教矣，當無此理，此其一。春秋者，天子之事也。王者之迹息，而後魯乃有春秋，則魯之有春秋，亦出於僭也。而謂以禮為教之孔子，乃敢違禮，以當天子之位，以作春秋，學魯君臣之僭，禮當無此理，此其二。史官紀事，據实而書，文之所載，與事之可見者，若合符節，此即所謂史法也。例如齊之崔杼弒君，晉之趙盾弒君，狐筴紀之是也。史官秉筆直書，豪無寬假，虛者不欲構之使实，实者不欲掩之使虛，事之足以為訓戒可以為諷者，人讀之當自知之，無用曲筆作意曰，如此可使乱臣賊子懼也。孟子曰，孔子成春秋而乱臣賊子懼，誣也。崔杼弒君，史既書之矣，陳恆又弒君，乱臣固不懼也。

5

魯桓弑隱公矣，公子慶父又弑閔公，賊子固不懼也。由此觀之，所謂使亂臣賊子懼者，豈非虛言耶。孔子何為甘冒僭妄之失，而樂為此具文，此其三。仁者不憂，以其循禮而行，自信無過故也。既作春秋，又憂後世之罪我，此何說也？既有可憂，又無實益，此常人之所不欲為，而謂孔子為之，其誰信之，此其四。孔子而果作春秋，論語二十篇宜有一言及之。今考二十篇，一萬五千七百字，無一字及之，何也？史記世家云：「孔子作春秋，筆則筆，削則削，游夏之徒不能贊一詞。」夫游夏之徒，既親見其師作春秋，同門宜有辯說，而論語中竟不及之，何也？此其五。墨子明鬼，載周之春秋，燕之春秋，宋之春秋，齊之春秋，而不及孔子所作之春秋。墨子最崇王公大人，最不滿孔子之教，孔子而果作春秋，墨子必藉之以大加詆毀無疑矣，而墨子之非儒，不及此，何也？此其六。韓非儲內，引及桃左春秋，亦不言孔子作春秋。莊子天運言「治春秋」，荀子勸學云「述春秋之教」而已，皆不言作，言作者孟子一家而已，史記特據以為書耳。諸家不載，論語不道，孟子一家獨傳之，未可以為信矣。此其七。又考之傳，齊太史書「崔杼弒其君」一語，死史官三人。（襄二十五年）晉董狐書趙盾弒其君，盾以為誣。（宣二年）當時史官在權臣之下，遇事直書至難。魯桓公弒隱公，史書曰「壬午公薨」，不敢直書弒。羽父無論矣，即所謂賊者，亦不敢書。公子慶父弒閔公，史書曰「秋八月辛丑公薨」，又不敢直書弒。賊公之賊名卜齮，使賊之人為慶父，均不敢直書其名，即弒字亦不敢出，而曰薨。文十八年，襄仲詐以君命殺惠伯，春秋不書，杜注「史畏襄仲，不敢書殺惠伯」，魯之史官，有紀事之責者，尚畏死若此，直書史文之難，可知矣。孔子在衛，非召不敢返，返魯，魯又不用。時季康子執政，覦其違周公之舊典，以田賦，其專恣可知。孔子既非史官，又為不用之舊臣，當此之時，而謂能秉筆作春秋，使亂臣賊子懼，其誰信之。孔子返魯時，年六十八，老矣。魯既不用孔子，亦不求仕，季氏欲以田賦，使冉求問之再三，孔子不荅，其無意過問國事明甚。國事既不欲問，而肯作春秋乎？此其八。又據公羊家言，今之春秋，即孔子所修之春秋，

6

其說可信耶、不足信也。隱閔二公之弒，此何等事，春秋若爲(果)孔子所修，則宜直書某某弒君矣。而曰公薨，何哉？爲亂臣賊子隱弒君之罪，而曰欲使亂臣賊子[redacted]

此何說也。

隱四年「翬帥師」，公羊家曰「不書公子，貶也」，曷爲貶？與弒公也。然閔二年，書曰「公子慶父出奔莒」，出奔莒事在弒閔之後，此誠可大貶，而特貶矣，而稱之爲公子，不知公羊家將何以解之？孔子修春秋，當不至糊塗若此。穀梁傳曰「出絕之也」，以出爲貶。然則僖二十四年「天王出居於鄭」，亦爲貶(耶)天王，避王子帶之難，離國非有可貶者在，而出奔也，知天王出居，非貶，因是可知出奔皆亦非貶。同爲弒君之人，同爲公子，一貶而一不貶，不公若是，知公羊家所稱已修春秋，妄言也。此其九。按史記、公穀二傳，孔子作春秋，上至隱公元年，下迄哀公十四年，但今所見之春秋，實止於哀公十六年[redacted]「夏四月己丑，孔丘卒」，書於十六年。自作之春秋，自書其卒，有是理乎？顏之推云：此乃後人羼入，非本文（顏氏家訓）。夫羼之者誰耶？不能道其實，則其說爲極明矣。春秋本文明明止於哀之十六，而公穀二傳，偏欲止於十四，截去二年，何也？蓋欲明春秋為孔子所修，自修之書不得自記卒年，故去其二耳。削足適屨者，此之謂也。十五六年之文今尚在，公穀二家尚有何辭以自解免，[redacted]此其十。葉適曰：「孔子之於春秋，蓋修而不作。」（習學記言）夫修而不作，公羊家之言也。莊七年夏四月辛卯，夜恒星不見，星隕如雨，公羊傳曰：「如雨者何？如雨者，非雨也，非雨則曷為謂之如雨？不修春秋曰：『雨星不及地尺而復。』君子修之曰：『星隕如雨。』」據此則修與作無以異也。而王應麟曰：「韓宣子所見魯之春秋，即公羊傳所云不修春秋也。」（困學紀聞）此乃阿附公羊謬說，不足道也。夫星隕如雨，雨星不及地尺而復，此明為兩事，或為他國同時所記，或為魯國異時所書，皆不可考，而謂為即不修春秋，舍王伯厚而外，其誰信之？此其十一。凡此十一事，或據理，或據傳，亦足以証孔子之不作春秋矣。易與春秋，孔子不以教，言與立成而不舉易與春秋，其故可知也。後世所稱六經之教，未得其實。敘論學第一。

①

子曰：學而時習之，不亦說乎！有朋自遠方來，不亦樂乎！人不知，而不慍，不亦君子乎！（學而篇）

論語二十篇，「子曰」開端者凡三百四十章。稱「孔子曰」者三十九章。其稱「子曰」者，出乎弟子所記。稱「孔子曰」者，出乎他人。弟子通稱孔子為夫子，單稱子者，要皆尊親之意。顧亭林曰：「魯自僖之以後，執政之卿稱子，其後匹夫而為學者所宗，亦得稱子，如老子、孔子。」（日知錄卷四）其說是也。馬融謂：「子，男子之通稱。」則非通稱之子，不專屬於男，女子亦得稱子。周官媒氏：「凡嫁子娶妻，入幣純帛無過五兩。」詩考槃：「齊侯之子，衛侯之妻。」論語：「以其子妻之。」皆可證。惟墨子書有「子墨子」，公羊傳有「子沈子」、「子公羊子」、「子司馬子」、「子北宮子」，孟子呼其門人樂正子春為「子」，列禦寇書有「子列子」，氏下有子，又冠以子，不知何所取義。何休註公羊曰：「子冠氏上者，著其為師也。」然國語吳使王孫雄行成於越，范蠡不許，雄呼曰：「子范子，子范子！」王孫雄未嘗師蠡也。（例

此章三节縱的表
又是孙人勤学分析
起来有之又一是学習
方法二是学習态度（也概二兩节）（第三节）
注中述学
孔子為魯司寇，其內人稱為
之由子曰夫子從人從先後
為師者之道稱而某者
原女皆非

見四書賸言）此又當作何解。程大昌曰：「子列子者，猶言汝之列子，蓋宗而親之之辭也」，是亦肊說，不足為據。孟子去孔子百有餘歲，而以子呼門人，世變何其速耶！或者又有據孝經字仲尼而子曾子、子思字其祖而謂稱字尊於稱子，（見四書釋地三續）此說大不通也。論語「叔孫武叔毀仲尼」，曰：「子貢賢於仲尼」，「陳子禽謂子貢曰：子為恭也，仲尼豈賢于子乎」，如仲尼之稱尊於稱子，則既毀之，而又尊其稱，何哉？且字既尊於子，則論語所載，何不稱仲尼曰，而作子曰，或作孔子曰；弟子見孔子，何不呼仲尼，而呼子或夫子乎？以是知字不尊于子也。古者君前臣名，父前子名，（曲禮）君前不敢稱子，（日知錄引）「男子二十冠而字」，（曲礼）鄭註：「敬其名也」。則是字賤于名，名賤于子，失而謂字尊於子，非謬說耶！且孟子之字，後世不傳，見趙岐序，若果字尊于子，乃至失其傳乎！且公孫丑之徒，亦以夫子稱孟子，與論語孔子門人稱孔子者同，則字尊於子之說，於孟子且難通。作孝經者，稱「仲尼居，曾子侍」，余嘗疑其人為曾子之門徒，知有其本

此章學字若從說文，則未注可通。若就於論語本書解之，則讀書明理也。子語曰：何晏論書並作為學。予祕

8

師，而不知有其師之師者；或為曾子之後人，但知諱其祖名，而不知諱其祖之師之字者；此曷足為據。中庸蓋輯於漢儒，若果為子思所作，則孫有字祖之理乎？此可反證中庸非子思作。考之論語，孔子呼弟子名，弟子互稱字，師前呼朋輩名稱，謂之礼，見於語者如是，學者何不察此耶？

學者效也。（尚書大傳洛誥）學，斆一字而異文，覺悟也。（說文解字）學，覺也。（白虎通辟雍篇）。朱子集註「學之為言效也，後覺者必效先覺之所為，乃可以明善」。說本大傳。劉宗周曰：「漢儒訓學為覺，非也。學所以求覺也」（論語學案）毛西河曰：「學之言效，從來無此解。學者業道之名，賈誼新書引逸禮，小學業小道，大學業大道，皆以道言，若汎訓作效，與工師授受何異。且效亦何可時習」（論語稽求篇）翔按西河之說非也。學之言效，大傳已言之，許書釋斆字亦曰「上所施下所效也」，安得云從來無此解。古說義不稱師，名之曰叛，背叛之人，賢主勿納之於朝，君子不與交」（呂覽）據此，

則古之學者必有師，說義稱師，非效而何。夫效而後有覺，訓學為覺者，就其果
言之，非謂學者不效也。劉氏非亦漢儒，亦宋未備。今遂學義從朱註。黄式三曰：
學謂讀書，王氏及程子說同，朱子訓學為效者，統解學字於第一學字之中，如
孰為好學，弟子不能學，顏學學道，必訓為效而始通，其引程子說學為讀書，時（論語後案）
習為既讀而時思繹，則此章之正解。翔按：如黄氏之說，則學有效與讀書兩義，（註非也。）
既飯不離碗，言食可矣，何必言一碗兩碗也。
習，說文曰：「鳥數飛也。」朱子註曰：「學之不已，如鳥數飛也，」是從說文。鄭玄註禮記
中庸「溫故知新」曰：「謂故學之熟矣，後時習之謂之溫」（後疑為復之壞字，但宋
本禮記及今通行本十三經註疏皆作後，姑從之）管子弟子職：「朝益暮習，小
心翼翼」，呂覽博志：「孔丘墨翟晝日諷誦習業」，大戴禮曾子立事篇：「君子既學矣，
患其不博，既博矣，患其不習」，據此知習與學有別，習者溫故之謂也。學不離師，
故曰「故學」，曰「朝益」，習不去業（說文業大板也，禮記曲禮請業則起注，業謂篇

卷）故曰「習業」，曰「修業不息板」。（弟子職）學，為求知；習，為求熟。故曰「數飛」，曰「時習」。學習之義，大畧不外此矣。

說為悅之借字，喜也。論語凡悅皆作說，漢書猶沿用之，高紀「王大說」，師古曰：「說讀若悅」（可证。爾雅釋詁已有悅字，而漢書猶以說代，知其為假用古字）。又兑亦可借為悅，尚書說命，禮記樂記引作兑，可证。~~「不亦說乎」上下不~~平對稱，而成歎美之語，下二句同。

「有朋自遠方來」，今所傳論語如此，所謂魯論是也。古論語則作「朋友自遠方來」（見馬國翰輯本），白虎通（辟雍篇）引文與古論同。據陸德明釋文，又有作「友朋自遠方來」者。余嘗考之論語中言朋友者凡八見，單舉友言者五見，其他經傳所見多矣，莫不先朋而後友，其作友朋者僅一見於逸周書而已。陸氏所見或本不足據也。古論作「朋友」，不如作「有朋」（魯論）為長，故鄭氏於此不取古以改魯。蒼頡篇曰：「同門曰朋，同志曰友。」包咸章句曰：「同門曰朋。」~~白虎通曰朋者黨~~

臧庸拜經日記：朋，最作「有朋來」，欲何據，樸田本相傳舊遂以為（？）。改據當是何人以傳舊本來可釋論也。

也，友者有也」。周礼大司徒鄭注「同師曰朋，同志曰友」。或曰同門，或曰同師，一也。同師稱朋，同志稱友，此乃舊說，各家皆同。說文解字朋，古文鳳字，象形。鳳飛，羣鳥從以萬數，故以為朋黨字」。夫羣鳥之從鳳，猶羣弟子之從師，故曰「同門曰朋」。學而時習，有朋遠來，皆就師門共學言之，故單舉朋，不及友，故曰作「有朋」者，于義為長。朱子曰「同類曰朋」，毛西河駁之，曰「朱註作同類，他無可考，惟孟子有云聖人與我同類者，然是凡人泛稱，非朋矣」（論語稽求篇）。夫同類範圍太廣，離師門遠甚，西河駁之是也。「朱註引程子曰以善及人而信從者衆，故可樂」。劉寶楠據史記「弟子彌衆至自遠方」一語，而謂朋即弟子，皆非也。夫服於孔門之朋，其為弟子固也，然樂其來自遠方者，指同門學人言，非孔子自言有此樂也。此章之說，皆於勸學，與吾十有五而志於學章異趣。如程子劉寶楠之說，樂者說者皆為孔子，於理不適。且人不知而不慍為君子，孔子以君子自稱，何以為孔子。嘗見陸隴其松陽講義，焦袁熹此木軒四

10

書說，皆推演程義。張曰：「以同善為樂，是聖賢大公無我之心，不是樂其有習之助。」焦曰：「學益進，習益熟，悅益深，則信從者自眾。」皆以說者樂者屬孔子，更顯所謂以訛傳訛者，此類是也。

君子一詞，在論語中有二義：一指有官守者言，一指成德者言。與成德者對之小人，為壞人；與有官守者對之小人，為平民。其大別如此。此章之君子，一則言學而時習，再則言有朋遠來，三則言人不知而不慍，則其為成德之君子無疑矣。

慍，何注曰：「怒也。」鄭注曰：「怨也。」按說文曰：「慍，怨也。」蒼頡篇：「慍，恨也。」（一切經音義引）詩毛傳（邶風柏舟）曰：「慍，怒也。」合而觀之，何從詩傳，鄭許義洽，餘一恨義。說文：「怨，恚也。」「恚，恨也。」是怨與恨義近，故怨恨可連文。又云：「怒，恚也。」是怒與恚與恨義並通，皆與說樂為對文。陳仲魚以為鄭訓怨義為長，不知怒與恨又有何短？樂君子誨人不倦，何怒之有？毛西河論語稽求篇亦曰：「學必閒而後語，惟

有能問而後語之，語之而不知，雖舍之可也」。（引學記）此人不知而不慍之

謂注稱不慍者，非指教者，乃指學者言也。學而時習，有朋遠來，非明証耶？

解者于此多忽之何也。

子曰：「弟子入則孝，出則弟，謹而信，汎愛衆，而親仁，行有餘力，則以學文。」（學而篇）

對父言謂之子，對兄言謂之弟，弟子者幼少之稱。呂覽勸學：「曾子曰，君子行

於道路，其有父者可知也，其有師者可知也」，此言事師猶事父也；春秋繁露，

于十五：「孝經之言曰，事父孝，故事天明」，事天與事父同禮也」。據此則事師猶

事父，事父猶事天，父師天三者同尊；對父單稱子，對天稱天子，對師則稱曰

子，其為幼少之義則一也。論語古注集箋引雷次宗曰：「學生事師，雖無服，有

父兄之恩，故稱弟子」，其說是也。善事父母為孝，善事兄長為弟，此朱子之說

也。漢劉熙釋名：「孝，好也；愛好父母，如所悅好也」；大戴禮盛德篇：「凡不孝，生於

不仁愛也」，此以愛好為孝，其範圍狹，以善事為孝，所包者多，當從朱注。

入孝出弟，出入謂內外言之。弟，皇侃義疏本作悌，按弟為悌之借字，犹說之借為悅也。

謹，說文訓慎，慎言慎行，則寡尤寡悔，故言行以慎為貴。

信，「言合於意也」，（墨子經上）言合於意，則其言出乎衷可知，故信又可訓誠。（爾雅釋詁誠信也說文信誠也）誠者，不欺之謂也。如實之謂也。故誠信異名而同實。有子曰：「信近於義，言可復也」；左傳：「信不由衷，質無益也」；孟子曰：「大人者，言不必信，行不必果，惟義所在」；（離婁下）此之所謂信，乃約信之信，非誠信之信。要約有由乎誠，有出乎詐者，故曰必近乎義，乃可復；出乎衷，不保質；義所不在，言不必信。若夫誠信之信，即義也，確乎不可拔。此章信字，指誠信之信言也。

11

「汎者，任風波自縱之謂也」，（說文解字）引申其義，為廣為遠，汎愛眾者，愛人愛物也。老吾老，不及人之老；幼吾幼，不及人之幼，非真愛也，有私焉。必推愛乃為真愛，故曰汎愛衆。

親仁者，友其士之仁者之謂也。孟子曰：「一鄉之善士，斯友一鄉之善士。」（萬章下）所謂士之仁者，亦善士而已。若夫全德之人，孔子且謙不敢當，為弟子者將何由以親之哉。

學文之文，自來皆宗馬鄭之說。馬融曰：「文者，古之遺文也。」鄭玄曰：「文，道藝也。」朱子集注合而言之，曰：「文，謂詩書六藝之文。」趙順孫四書纂疏引語録曰：「詩書是大概說，六藝是礼樂射御書數，皆未得其實。」夫射御書數，據礼記內則，非同時習者。（內則十年出就外傅，學書計；十有三年學樂……成童學射御；二十而冠，始學礼）礼樂則更後，此章所謂文者，不得以六藝實之。詩書亦猶籠統，此馬鄭之說同樣錯誤。余按：據孔子教學程序，此章所稱之文，乃三百篇也。「小子何莫學夫詩」可證。若夫書，則統于礼，非初學所能及。孝弟謹信，愛衆，皆為初步做人道理，重在行其所當然而不必知其所以然。學詩則以廣其識，明其所以然，明其理耳。

清姚立方以為：「文即字，並非詩書六藝之文，言弟子稍閒，使習字耳。」引閻君（四書賸言卷一）

董川　②

12

「偽孔教六書為訓。夫據周官以解論語，罔若以語訓語之為確。鄙宋人又有以文作動字說者，曰以學文者以學而文之也」（戴震石鼓論語問答引）此說之不通，不待辯。

子夏曰：「賢賢易色，事父母能竭其力，事君能致其身，與朋友交言而有信，雖曰未學，吾必謂之學矣。」（學而篇）

「子夏，孔子弟子，卜商。少孔子四十四歲」。（史記弟子列傳）「子夏，溫國卜商」。（孔子弟子目錄鄭注）「卜商，衛人」。（家語弟子解）史記索隱曰「溫國，今河內溫縣，元屬衛。」

「賢賢易色」一語，自來有三種不同解說：以「好色之心好賢」，此孔注也。朱子集註本之。曰「賢人之賢，而易其好色之心，好善有誠也」，此其一。「尊重賢人，則改易其平常之色，更起莊敬之容也」，此皇侃義疏，黃式三論語後案宗之。此其二。清陽湖劉申受曰：「賢賢易色，明夫婦之倫也。毛詩序云：周南召南，正始之道，王化之基，是以關雎樂得淑女以配君子，憂在進賢，不淫其色，哀窈窕思賢才，而無傷善之心焉，是關雎之義也」，此賢賢易色之切證，非虛指好善有誠者也。見宋翔鳳樸學齋札記。宋氏論語說義，即用其說。常熟陳祖范曰：「此主夫婦一倫言：賢賢如關雎之窈窕淑女、君子好逑」，車舝之「辰彼碩女、令德來教」，易色如所謂情欲之感，無介乎容儀，宴私之意，不形乎動靜，在婦為嫁德，不嫁容，在夫為好德，非好色也」。（經咫）潘維城論語古注集箋取其說。此其三。孔注皇疏義，雖可通，不若劉陳之說之切確（經齋）。蓋此章言夫婦父子君臣朋友四倫者也，非泛說好賢。去近人以，而取負解，劉陳之說，為不可易。易字不讀入聲，當從漢書李尋傳師古注訓輕略，讀去聲。王念孫廣雅疏證釋易為如，引此文為證，云：「賢賢易色，猶言好德如好色也」，是孔注之旨，無新義。

竭，盡也。竭力，猶言盡力。事父母能竭其力，則所養無缺，子夏蓋猶以能養為

為什么要学

13

孝也。致，犹委也。致其身者，忘其私也。言而有信之信，當訓為信之信，復言也。

~~「雖曰未學，吾必謂之學矣」，未詳講之。~~

子曰：君子不重，則不威；學，則不固；主忠信，無友不如己者；過，則勿憚改。（學而篇）

「重字從壬，東聲，厚也。」（說文）「壬之言任也」，（月令注）任者，任載之意。土任萬物，以其厚也，故曰，重厚也，此其本義。輕者浮，重者沈，沈靜者不動如山，儼然人望而畏之，故重亦可訓威，（漢書汲黯傳注）亦可訓尊，（禮記祭統注）此為引申之義。此章不重則不威，取引申之義，謂自尊也。「君子正其衣冠，尊其瞻視，儼然人望而畏之，斯不亦威而不猛乎」可證。

固，孔注訓蔽，集解引又一說曰，言人不敦重，既無威，學不能堅固，識其義理，朱注從後一說，訓固為堅固。而沈濤論語孔注辨偽，謂孔解為紫陽集注之所本，則誣朱子且誣孔注矣。沈曰，固當訓陋，禮記曲禮注，廣雅釋言，皆云固，陋也，此蓋言學則可免固陋之譏，亦說與江聲論語竢質同。江氏曰：「固鄙

此章之義如此

陋也，鄙陋，則不莊重，學則可以救其鄙陋，斯不固矣。不擬則莊重，莊重則威

余按君子不重則不威，學則不固，分兩截，曰君子不重則不威，曰學則不固，文義甚明

嚴矣。此說審之文義，亦可通也。蓋主不字讀氣一貫，不固不威皆由不重而

固者，毋固毋我之固，陋也，執一不通之謂也。君子不學則不免固，學則可免固，如朱子之訓解，

采朱注是也。荀子勸學：「小人之學，入乎耳，出乎口，口耳之間，則四寸耳」，學在

即集解所引之又一說，適與原意相反。若江氏之說，連及上截亦誤。重威言其容儀，陪襯

四寸之間，植根不固[redacted]亦不能此章固為訓守固

下，呵若江氏之說，乃以陪客為大賓矣，此已甚然。

一九五一年一月九日改定，時方嚴寒，呵凍書此。

此章之義，頁百，再改

主忠信三句，毛西河以為本子罕篇文，而複簡于此者，（論語稽求篇）江聲亦曰：「主忠信以下，別為一章，子罕篇所記乃其全文」（論語竢質）按子罕篇在後，自可云重出，安得指重出者為全文，而謂先見者為複簡耶？惟謂此數語為別一章，證之子罕篇重出者，說似可信。主者，親也，此鄭注。依鄭注則主忠信者，親近忠信之人也，與親仁、友其士之仁者同義。朱注不從鄭，自為說曰：「學者必以忠信為主，人不忠信，則事皆無實，為善則難，為惡則易」，其說似本禮器「忠信之人可以學禮」一語。細審文義，鄭注為長。蓋主忠信與

14

友不如己者，語氣一貫，若從朱注，則分為兩截，于文義有礙。無友不如己者，釋文毋本亦作無，按無可通毋，為禁止之辭。按說文毋止之也，其字从女，內有一畫，象姦之形，禁止之令勿姦，則毋為正字，無為借字。要之本義為有無之無。此章讀無為毋，與讀為有無之無，義大相遠。讀為毋者，以友為動詞，徐幹中論曰：「君子不友不如己者，非羞彼而大我也，不如己者須己而植者也，然則扶人不暇，將誰相我哉？孔子曰：居而得賢友，福之次也。」此以友為動詞之說也。[illegible]晉蔡謨論語注，庾翼論語釋，朱子集注，皆同讀為有無之無，則以友為名詞，此為余一人之私言也。余以為無友不如己者，乃指視凡友無不勝己者之謂，賢者無論矣，即不賢，所謂不如己者，亦必有一長足可取，他山之石，可以攻玉，即以其為石而賤棄之，以能問於不能，以多問於寡，有若無，實若虛，聖門有此人矣。曾子之言[illegible]以能問不能，以多問於寡，此即視凡友無不勝己之確証也，謹之至也。[illegible]

[illegible]

虧盈而流謙，鬼神禍盈而福謙，人道惡盈而好謙，謙尊而光，卑而不可踰」，謹守（惡）（衣此則）

變盈，何至扶人不暇，將何相救哉」。中論詳矣，然此理在孔門，子夏竟不能悟，

何性條備謙解。

憚，鄭注「難也」，據此，則過勿憚改者，勿以改過為難之謂也。改過必須先知過，自知其過至難，故子路聞有過則喜，禹聞善言則拜。孔門惟顏子不貳過，子路喜聞過，不貳者少，喜聞者亦寡，故孔子有此言也。又曰「過而不改，是為過矣」，其誨人之懇切如此，可知知過難，改過亦不易。

子曰：「君子食無求飽，居無求安，敏於事而慎於言，就有道而正焉，可謂好學也已。」（學而篇）

無，猶不也。儀禮公食大夫禮，賈公彥疏引作「食不求飽」，漢書谷永傳，引亦作「居不求安，食不求飽」，可證。敏，說文曰「疾也」。就，廣雅釋詁「歸也」，小爾雅廣詁「因也」。有道，孔注謂「有道德者也」，朱子集注從之。正，孔注謂「問事是非」。

次第
助字

15

「可謂好學也已」，皇疏本作「可謂好學也已矣」。漢石經作「已矣」，而無也字。按已為終語之詞，則與矣字同義。連言之則曰「已矣」，「始可與言詩已矣」是也（見經傳釋詞卷一）。「也」猶者也，雍也篇「今也則亡」，子罕篇「今也純」，也字皆與者字同（經傳釋詞卷四）。「可謂好學也已」，猶言「可謂好學者矣」，已字不必連言也字為不可少，皇本、漢石經皆非也。

子曰：吾十有五，而志于學；三十，而立；四十，而不惑；五十，而知天命；六十，而耳順；七十，而從心所欲，不踰矩。（為政篇）

有，猶又也。有又古同聲，故又字或通作有（經傳釋詞卷三）。十有五，即十又五。

于，漢石經作乎，皇疏本、白通通辟雍篇引，俱作於。翟灝四書考異曰：此經自引詩書文外，例用於字，今此独变体為于，疑属乎字傳寫誤。按于猶乎也，其在句中者為常語。呂覽審應：「先王聖于」，高注，于，乎也；列子黄帝：今女之鄙至此乎，釋文：「乎本又作于」；莊子人間世：「且幾有翦乎」，釋文：「乎崔本作于」，可證並非傳寫有誤。

此章乃孔子自述其為學進境之大略，年歲原可不必拘泥。朱子集註，據白虎通，以為古者十五而入大學，此失之拘。十五入大學，為太子之禮（黃式三說）孔子非貴族，不得行此禮。又尚書大傳：「使王太子、王子羣后之子以至大夫元士之嫡子，二十入大學」，漢人傳說不一，其實不易闢之可也。

「志者，心之所之也」（說文）今段注說文解字，作「志，意也」，不作心之所之。而識字下，注云：「志者心之所之」，是猶引用舊文。朱注自是本說文。徐幹曰：「志者，學之師也；才者，學之徒也；學者不患才之不贍，而患志之不立，是以為之億兆，而成之者無幾，故君子必立其志。」（中論治學篇）老子道經：「自勝者強，強行者有志」，此皆言為學須立志也。孟子曰：「今夫奕之為數，小數也，不專心致志，則不得也。奕秋，通國之善奕者，使奕秋誨二人奕，其一人專心致志，惟奕

16

秋之為聽，一人雖聽之，一心以為有鴻鵠將至，思援弓繳而射之，雖與之俱學，勿若之矣。（學）管子內業：「思之思之，又重思之，思之而不通，鬼神將通之，非鬼神之力也，精氣之極也。」荀子勸學：「鍥而不舍，金石可鏤。」墨子尚同：「志不強者智不達。」此皆言立志貴乎專致也。呂覽博志曰：「蓋聞孔丘、墨翟晝日諷誦習業，夜親見文王、周公旦而問焉，用志如此其精也，何事而不達，何為而不成。」此則為學專心致志之實例也。孔子以天縱之資，十五志乎學，五十乃知天命，此雖約計之詞，亦可知知天命之不易。中下之資，立志不早，尚有聞天道之時耶！

孔子此時所學何物，據其用以教人者推之，當為詩。按禮記內則：「十三學樂誦詩舞勺。」十三至十五相距兩年，詩學蓋猶未畢也。朱注：「此所謂學，即大學之道。」朱子既主十五入大學之說，則作此語固宜。余今以詩實之，以論語有證，禮記亦有證。不敢苟從籠統之說。

三十而立，立於禮也。子曰立於禮，又曰不學禮無以立，可知。大戴禮無貌不敬，不敬無禮，無禮不立，亦可知。據禮記內則二十，冠而學禮，則至三十而立，學禮十年矣。聖人學禮，何至十年乃立？三十云者，亦舉其大數而言之耳。求鞠亂曲三者立於禮也，曲禮三十曰壯，有室。君子惟明禮乃可以居室，夫言立（論語發義）於禮者是也。而拘泥於三十之字，此其短也，且誤解居室之義，必明禮而後可居室，則有室者寡矣。引曲禮以證，何若引內則更為切當。朱子論語或問曰：或問所謂立者，何謂也？曰：自立志乎學，積十五年進修持守之功，而其所立之地，確然堅固，物莫能搖也。程子呂氏之說得之，至於張子范氏必以禮言，則少拘矣。鞠按朱註失之泛，張范以禮言，正合立於禮之旨，安得云少拘。魏何晏注曰：有所成立也。亦是泛說。皇疏曰：古人三年明一藝，三十而五經立，通五經之業，所以成立也。夫三十而五經立，此乃班固藝文志之言，孔子之時，亦有所謂五經之名耶？是亦不思而已矣。

17

「四十而不惑」，朱註：「於事物之所當然，皆無所疑」，是從孔注，亦通。夫礼者，理也。明理，故不惑。惑者，乱也。（説文）

「五十而知天命」，天命難言。孟子曰：「莫之為而為者，天也；莫之致而致者，命也」；（萬章）列子曰：「生生死死，非我非物，皆命也，智之所無可奈何」；（力命）楊子告楊布曰：「古人有言，吾嘗識之，将以告若。不知所以然而然，命也；今昏昏昧昧，紛紛若若，随所為，随所不為，日去日来，孰知其故，皆命也」；（力命）列子之説，与孟子合，用釋此章也，天命，可無遺憾。又語［考之］[illegible]子謂顔淵曰：「用之則行，舍之則藏，惟我与爾有是夫」，此言用舍聽之天命也。子曰：「富而可求也，雖執鞭之士，吾亦為之，如不可求，從吾所好」，此言貧富由天命，不可強求也。子曰：「天生徳於予，桓魋其如予何」，此言已之徳由天命，他人不能奪。子曰：「不怨天，不尤人，下学而上達，知我者其天乎」，此言盡其在我者，表不怨困不尤君。子有三畏：畏天命，畏大人，畏聖人之言」，此言不敢与天命争也。道之将行也

歟，命也，道之將廢也與，命也，公伯寮其如命何」，此言道之行廢，非已所能為
力。凡此所言天命，雖非如孟子列子明釋天命之意，而細審之，亦可悟此章天命之大旨矣。
「耳順」鄭康成曰：「聞其言而知其微旨也」，朱注曰：「聲入心通，無所違逆，知之之
至，不思而得也」，此蓋從鄭注，而推演其說者。晉繆播論語旨解，（馬輯本）曰：「耳
順者，廢聽之謂也。朗然自玄悟，不復役而後得，所謂不識不知，順帝之則也」，是
則晉人之耳順，非孔子之耳順也。韓李筆解曰：「耳當為尔，猶言如此也」，夫耳
順與從心為對文，先言耳順，後言從心，其序如此，安得改耳為尔？筆解好生
異說，不足取。當從鄭注。
「從心所欲」自來有兩說，馬融曰：「矩，法也，從心所欲，無非法者」。皇疏曰：「從，放也，
雖復放縱心意，而不踰越於法度也」。是讀從為縱，此一說也。唐柳宗元、宋王
安石、黃伯思，皆取此說。（柳州文集與楊誨之書、臨川集進戒疏、東觀餘論）
而蘇轍古史孔子傳上、樓鑰攻媿集、王若虛誤謬雜辨上引文，亦俱作「縱」，是則不

18

但從舊說，且進而改經文矣。釋文於從字無音釋，知其讀如字，為隨從之從，朱注從之。從如字，隨也；矩，法度之器，所以為方者也；隨其心之所欲，而自不過於法度。論語或問曰：「以理言之，有心於縱，豈聖人與天為一，從容中道之謂哉」。此朱子申言其讀從不讀縱之理由也。此又一說也。翟灝曰：「讀從不可為訓，集註所以特正其音，而曰從如字」（四書考異）。劉寶楠正義亦從朱注，讀從。以上兩說，究以何說為長？余嘗反復思之，覺從心所欲，與隨心所欲，意義並無若何大異之處。翟氏謂「讀縱不可為訓，聖人無少縱時」（考异），实失之拘。縱心所欲，而不踰矩，有何不可為訓之處。如謂縱心所欲必踰矩，隨心所欲，可不踰矩，則聲色貨利，何一非隨心所欲所得之物？曰隨，曰縱，有何別。惟不踰矩，縱心可，隨心亦可，故曰義無大异。而就文詞言之，讀縱語氣較強。清焦袁熹於列子黃帝篇：「從心之所念，從口之所言，橫心之所念，橫口之所言」，以為縱橫对舉，是讀從為縱。論語從心所欲，亦當依此音，不必以

方法

縱誤為嫌。夫讀縱為縱，始見皇疏，原為舊說，故唐宋人多從之。且有直改經文者。曰，舊注如此可矣，何必遠引列子。大抵焦氏未見皇疏，乃引列子為說耳。

~~（焦氏書唐迎時人書時皇撫本古法）~~

子曰「學而不思，則[redacted]罔，思而不學則殆。」（為政篇）

罔，說文曰「网或加亡」，是罔為网之或体。釋文曰「罔本又作冈」。漢包咸注曰「學而不尋思其義理，則罔然無所得也」，刘氏正義引礼記少儀鄭注「罔罔無知之貌」，以証包注罔然為無知。朱注「不求諸心，故昏而無得」，是朱子訓罔為昏，昏猶無知也，猶本包注為說。黄式三論語後案曰「學而不思，則罔者，循诵習傳，思未[redacted]深，所學亦淺，無益於身也」，是則訓罔為淺。明薛瑄曰，「讀書惟精心尋思，於心身事物，反覆考驗其理，則知聖賢之書皆有用也。若徒為口耳文辭之資，所謂買櫝還珠，此戒罔者也」（讀書錄）此以罔為迷罔之罔，細審文義，此說為確。蓋學者，焉有不知思者，惟思之患，不精耳；故

19

中庸曰「慎思之」，管子曰「思之思之，又重思之」，呂覽言孔丘、墨翟晝日諷誦習，夢文王周公旦而問焉，此思之至精者也。思之精，則所學通；不然，則所學迷。理解不確，以之為說，則迷古人；以之為教，則迷後生；以之為用，則迷己身；豈特昏罔無得而已。薛氏「精心尋思」一語至確，買櫝還珠之喻至妙。「思而不學則殆」，學不離思，思亦不能離學，此言不學者，謂不博學耳，非謂不事乎學也。韓詩外傳卷六引子曰「不學而好思，雖知不廣矣」，廣即博也。雖知不廣，即謂不博學耳。故中庸曰「博學之」，語曰「博學於文，約之以禮，亦可以弗畔矣夫」，子夏曰「博學而篤志，切問而近思」，孟子曰「博學而詳說之」（離婁下），記曰「博習親師」（學記）。學之貴博，古聖賢言之詳矣。思之至精，而不求博識，則所得者猶未真也。以之為說，則僞；以之為教，則謬；以之為用，則戾；僞說謬教乖行，賊人賊己，故曰殆。殆，危也。何晏訓殆為疲怠之怠，曰「不學而思，終卒不得，使人精神疲怠」，非也。夫學而不思，精神不疲怠耶？孔子何不曰學而不思則

方法

怠，而曰則罔耶？罔之與殆，皆為譬人語，若解為罔罔無知，精神疲怠則譬誡之義不存，孔子何必為此言也，以是知此章舊說不足取。

子曰：「攻乎異端，斯害也已。」（為政篇）

此章之義，異說紛紜，馬鄭之說不可考，集解載何晏曰：「攻，治也；善道有統，故殊塗而同歸，異端不同歸者也。」此以攻訓治。攷之段注說文解字，是為引伸之義，與考工記攻木攻皮攻金之攻同義。以異端與善道對，則異端者不善道也，此為最舊之說之見於今者。朱註引范氏曰：「攻，專治也；異端非聖人之道，而別為一端，如楊墨是也；專治而欲精之，為害甚矣。」是本何說，而以楊墨明異端，則大謬。孔子之時，並無楊墨。後漢書范升傳，引此章文，李賢注曰：「攻，猶習也；異端，謂奇技也。」許宗何說，而釋異端為奇技，不知何據。考公羊傳文十二年：「惟一介斷斷焉無他技。」何休注：「他技，奇巧異端也。」引此章文以証，或為李注之所本。以上諸說，訓攻之義同，釋異端則歧異，而大旨不甚相遠。宋孫奕示見崙攻，如攻人之惡之攻，已止也，謂攻其異端，使吾道明，則異端之害人也止；此以攻訓攻擊之攻。按說文，攻從攴，從工，攴，擊也，工聲，是攻訓攻擊之攻，為其本義。此就字義言之。若攷其說之由來，則張橫渠已有此說，楊龜山、謝良佐皆宗之。（見朱子論語或問）然楊謝諸子，雖訓攻為攻擊之攻，而以已為語已詞，以為異端可聽其自生自滅，不必攻擊，攻擊反受其害，此則為與孫氏之說不同之處。考之孟子「吾為此懼，閑先聖之道，距楊墨，放淫詞，能距楊墨者，聖人之徒也」之言，則孫奭攻其異端，使吾道明，實本孟子而為說者也。訓攻為攻擊之攻，特起新說，當首推張子，而主向異端進攻，以衛吾道者，則為孫奭。明儒陳耀文，采孫氏之說，而怪朱子何以不從孫而從范。（經典稽疑）夫朱子不取攻擊之說，已見論語或問，陳氏宜見之而怪之，何也？夫為學貴專心致志，孟子既言之矣，既有宗師，大端已立，下學上達，條理井然，循序求之，斯立斯達。若更旁務他求，則用志已紛，神無由凝，學烏乎有成，故曰，攻乎異端，斯害也已，此孔子戒門人心毋旁馳之意。端，頭也，既攻冒此端，又攻他一端，則統緒已亂，學失其宗，必至皓首無成，故曰斯害也已。害者，妨害己之正業也。樊遲學乎孔子之門，而問為農為圃，子張求聞道，而學干祿，皆攻乎異端之實例也。孔子皆糾正之。此章語，固為一般言，而推其所以言之之由，或即為樊遲子張之失而發，未可知。子夏曰，雖小道必有可觀者，為致遠恐泥，是以君子弗為也；中庸引孔子曰，素隱行怪，（藝文志神仙家敘引此文素作索）後世有述焉，吾弗為之矣；小道，隱怪，其所學殊涂，即此章所謂異端也。諸家之說，以何晏之注為近是。孫奕一派之說，固以釋孟子之學可通，以釋論語不可通。橫渠一派議論，於孟子之說，固已牴牾，於孔子之教，無論矣。使孔子之時，果有異學如楊墨者，則觀孔子之為人，與傳所載其行事，如夾谷之會，據禮抗爭，不畏強禦，（誅少正卯或疑其不實姑不具論）其必不與異學妥協，而云可不必攻，姑存而無害，斯豈所謂知言者哉！

忠度

21

宋鄭汝諧曰：「聖人之所辨者，疑似而已，若異端之於吾道，如白黑，如東西，人皆知之，何必攻也；」（論語意原）蔡節曰：「吾道既明，異端自息，不此之務，而徒與之角，斯為吾道之害也已」；（論語集說）明章純說（四書留書），與鄭、蔡同，皆宗張楊謝之說者也。其諸說皆為以異端為異學，不必再辨。清焦袁熹、仲孫奕之說，曰：「觀孔子責原壤之辭，嚴厲如此，謂聖人不攻異端，可乎？此駁張子一派之說，頗有力。但以原壤之為人為異端，於孫氏之說無益於孔子之教無補於此章之義，猶昧而未明也。解經義以此則為可！

子曰：「由，誨女知之乎？知之為知之，不知為不知，是知也。」（為政篇）

由，孔子弟子。仲由，字子路。史記仲尼弟子列傳，作卞人，少孔子九歲。集解引尸子曰：「子路，卞之野人。」司馬貞索隱，引家語，亦云子路卞人。明翻宋版家語，卞作弁。按卞弁可通用。語，亦莊子、漢書東方朔傳，作弁嚴子，可證。誨，說文曰：「曉教也。」論語，凡汝皆作女，皇侃本、高麗本皆改作汝。按漢書地理志：「女陰」，師

一 方法

古注曰：「女，讀曰汝，」是汝本作女，加水旁者，為後起之字，用作第二人稱之代詞，取義未詳。

~~「誨女知之乎，」猶言誨女，女知之乎，舊說有誤。~~

「知之為知之」兩句，中兩「為」字，舊訓「曰」。荀子子道篇，記子路初見孔子，事孔子誨之，有曰：「故君子知之曰知之，不知曰不知，言之要也，」可證。知之曰知之不知曰不知，所謂誠意是也。誠意者，無自欺也。知或不知，惟己自知之，故為學以誠意為先。

子張學干祿，子曰：「多聞闕疑，慎言其餘，則寡尤；多見闕殆，慎行其餘，則寡悔，言寡尤，行寡悔，祿在其中矣。」（為政篇）

「顓孫師，陳人，字子張，少孔子四十八歲。」（史記仲尼弟子列傳）家語弟子解所記與史記同。司馬貞索隱曰：「鄭玄目錄，顓孫師，陽城人，陽城屬陳，」錢坫論語後錄曰：「子張為陳公子顓孫之後。顓孫自齊來奔，故魯人，亦得指為

22

陳人也。

「學干祿」，史記弟子傳作「問干祿」。元胡炳文四書通：「日本文無問字，意編者因夫子救子張之失，故先之以此五字，以見夫子爲子孫干祿發」。經解集錄（未詳何人撰，見四書精義引）引趙鹿泉曰：「學干祿當從史記作問干祿。大雅：『干祿百福』，『干祿豈弟』，蓋疑而問也。論語學字乃問字之誤」。俶師武億羣經義證曰：「考中庸『好學近乎智』，漢書公孫宏傳『好學』作『好問』，說苑建本篇引亦作『好問』。疑學問古皆同用。」翔按學問連文爲常見之詞，（孟子學問之道無他，論衡量知人未學問，問孔學問之法）曰學曰問，散言之亦無大別。惟此章作學作問，意義大有出入。學干祿，見得子張有熱中之態，問干祿則僅爲欲知干祿之義，且足以見子張蓋有疑於士而干祿爲非之意。一學一問，人品大異。就孔子答語察之，似作問干祿更好。惟一作問，一作學，當是古魯異文，遽指爲字誤，亦恐近乎魯莽，兩存之可耳。

勤字

干，求也。禄有二義，詩大雅旱麓：「干禄豈弟」，假樂：「受禄于天」，「干禄百福」，商頌玄
鳥：「百禄是荷」，皆指予之福言，說文曰：「禄，福也」，是也。此其一。周礼，大宰之職
以八柄詔王馭羣臣：一曰爵，以馭其貴；二曰禄，以馭其富。礼記王者之制禄
爵，「王制」曲礼：「士曰不禄」，皆指人君所予之食言，位定而後禄之，注曰：「共之以
常食」是也。此其二。此章干禄之禄，固非子有作問作学之異，竟是天共之福，
而其所指，人君之禄，未易斷言。言寡尤，行寡悔，而曰「禄在其中」，則此禄乃天共之
福，較為確切。若指為人君之禄，則言行無尤悔者未必即得君禄，抑且有因言
義行端而遭誅殺，失君之禄者矣，安得即曰「禄在其中」。雖未道其私禍福不
虛擬，乃可曰「禄在其中矣」，故曰訓禄為福，更切。因古書屢闕，碓訟難得其文，
難定，欲惟我獨是斷言其義，近乎滅裂，似可不必。
尤，包注曰：「過也」。殆，包注曰：「危也」。王引之經義述聞曰：「殆，猶疑也」，非是。
子貢問曰：「孔文子何以謂之文也？」子曰：「敏而好學，不恥下問，是以謂之文也」。

23

「端木賜，字子貢，衛人。」（家語弟子解）「端木賜，衛人，字子貢，少孔子三十一歲。」（史記仲尼弟子列傳）

孔文子，衛卿，孔圉也。娶大子蒯聵之姊，生悝。（左傳及史記集解引服虔注）亦稱仲叔圉，（論語朱注）亦稱叔圉。（此章孔注）文，謚也。周書謚法解：「謚者，行之迹也，號者，功之表也。」勤學好問曰文。唐張守節曰：「周代君王并取作謚，故全寫一篇，以傳後學。」（史記正義）

哀公十一年，左傳：「孔文子使疾（大叔疾）出其妻，而妻之。疾使人誘其初妻之娣，寘於犁，而為之一宮，如二妻。文子怒，欲攻之，仲尼止之，遂奪其妻。疾出奔。立遺，使室孔姞。」其行事之專橫如此。子貢此問，是否因此事而疑其謚文之不當；或因孔子對康子之語，而疑文子之謚蓋得之於善治賓客，未可知也。孔子於哀公十一年返魯，始得見季康子，孔文子之卒不見於傳，考之十五年子路死孔悝之難，則文子之卒當在十二年至十四年之間，子貢此問當

劝学 ③

在文子卒後立謚時也。

「何以謂之文也」也，當讀為耶，疑問詞也。顏氏家訓「北人呼邪為也，」蓋同音通用之字。矣，亦可代耶，作疑問詞。（另詳拙作矣也耶三字通用例证一文）

敏，孔注「識之疾也。」下問，孔注：「問在己下者也。」按說文訓敏為疾，廣韻訓聰識之疾，即聰也。疾有行疾，識疾，敏於行，行疾也；敏而好學，識疾也。說文单訓疾，該而義。俞氏羣經平議云：「下問非必以貴下賤之謂，凡以能問不能，以多問於寡，皆是。」此廣下問之義，与孔注不背。

又「何以謂之文也」一句，翟灝考异曰：「足利本無也字。」按此也字為疑問詞，不可省，足利本或傳寫誤欺。

子曰：「十室之邑，必有忠信如丘者焉，不如丘之好學也！」（公冶長）

爾雅釋言：「里，邑也。」郝懿行疏曰：「說文曰：邑，國也。釋名云：邑，俋也，邑人聚會之稱也。」小司徒注：「四井為邑，方二里。」初學記引尚書大傳：「五里為邑。」管子小匡篇六軌為邑，不同者，以周礼九夫為井，準之，四井則三十六家，以管子五家為軌計之，六軌三十家，故齊語云制鄙三十家為邑也。然論語又云十室之邑，千室之邑，蓋邑為通名，大不過千室，小不過十家，其中容有畸零，十出千舉成數耳。鞠按莊二十八年左傳凡邑有宗庙先君之主曰都，無曰邑，邑曰築，都曰城。是都邑之別，在有無庙主，而不在戶之多少。十室之邑，與周礼管子皆不合，揆之於常理，當無如是之小之邑。蓋公冶長篇千室之邑，就實情言之；此章十室之邑，為假設之辭，言即使有如此小邑，亦必有忠信之人，猶言三家村老學究，豈真有三家之村哉，亦言其小耳，此為修辭妙處，不必以古制繩之。

此章焉字，漢人舊說不詳，晉衛瓘論語集注焉於虔反，為下句首，（見釋文）曰：焉，安也，言十室之邑雖小，必有忠信如我者也，安不如我之好學也。（見邢疏引）朱子以為如此讀，不成文理。（朱子文集答都昌縣學諸生）故

集註爲字屬上句。宋劉敞七經小傳、錢時融堂四書管見、陳祥道論語全解、
蔡節論語集説，皆以爲連上句讀。元明以來學者從衛氏讀初者，余未之見。
毛西河曰：「衛氏讀此以者字斷句，此亦偶然如是，原不是句，後見監本北史，
蘇綽爲周文帝作六條詔，引此句亦無爲字。及視他本又不然。此不知監本
偶遺，抑他本增入，不可考矣。」（論語稽求篇）西河最喜駁朱子集注，於此無駁，且云者字斷
原不是句，可知西河亦不主衛氏讀法也。余往日喜衛氏説，近頃反覆思之，
始覺衛氏之説，終不可從。蓋如以爲字屬下，則此章之言，全爲稱許十室之
邑忠信之人，且能好學。人字無所指，虛讚其人好學，必非此章之義。如以爲
字連上，則此章全爲鼓勵門人好學而發。「夫子循循然善誘人」，此之謂也。子
曰：「學而不厭，誨人不倦，何有於我哉。」葉公問孔子於子路，子路不对。子曰：「女
奚不曰，其爲人也，發憤忘食，樂以忘憂，不知老之將至云爾。」又曰：「我非生而
知之（者），好古，敏以求之者也。」此皆爲孔子自言好學之詞。爲人師，而自言好學，

助字

25

即所以為教也、豈自誉哉。孔門自顏回卒後、孔子嘆未聞有好学者。子貢請息、孔子以死喻息警之；冉求自称力不足、孔子責其自畫。賢智如子貢冉求、亦不好学、可知知之不難、好之為難、樂之尤難。門人之中、知好之者少、知樂之者尤少、為師者自言好学以鼓勵之、亦事之所恒有者、正不必曲解。以札経截為字宜連上句讀、不無疑也。（顏師古注漢書武紀引文為字亦連上句讀）

高麗本学下有者字、劉敞七経小傳亦同。（文瀾閣四庫全書本）按者猶也也。（説詳經傳釋詞卷九）大抵高麗本原有者字、而無也字、後人不明兩字通用之義、又誤加也字耳。者也連文、在此章不可通。

哀公問：「弟子孰為好学？」孔子对曰：「有顏回者、好学、不遷怒、不貳過、不幸短命死矣！今也則亡、未聞好学者也！」（雍也篇）

史記仲尼弟子列傳：「顏回者、魯人也、字子淵、少孔子三十歲。」家语弟子解：「顏回魯人，年二十九而髮白，三十一早死。」關於顏回年歲，後篇紀事詳之，家語所云「三十一早死」不確。

論衡問孔篇，兩引此文，一則顏回者之下無「好學」二字，餘無異。一則作「哀公問孔子孰為好學，孔子對曰，有顏回者好學，今也則亡，不遷怒，不貳過」文多異。皇疏本問下有「曰」字，高麗本同。

「不遷怒」，何晏解曰：「遷者，移也；怒當其理，不移易也。」朱注曰：「怒於甲者，不移於乙。」「不貳過」，何曰：「有不善未嘗復行也；」朱注：「過於前（者），不復於後」，義與何説無異。（貳耳肆切音二寘韵）「今也則亡」，釋文曰：「本或無亡字，即連下句讀」，按陸氏所見他本無亡字，義亦通。但據論衡兩引文，皆有亡字，則漢時舊本如此，經文未可妄刪也。如哀公問，據論衡引，亦無曰字，皇本高麗本增曰字，亦非。曾子曰：「昔者吾友，犯而不校」，馬融曰：「友謂顏淵」也；又大戴禮衛將軍文子：「子貢曰：夙興夜寐，諷誦崇禮，行不貳過，稱言不苟，是顏子之行也」，據此則所

26

勤學

謂不遷怒者，怒之於心，不遷之於人之謂也。慍，藏于心；怒，見於外。說文字義，形聲別旨，意旨不得不嚴定各別之界說。若通常語言，慍怒不嫌渾言。怒，不必使人見其色，存之於心，亦怒也。何由知其然？由犯而不校知之。夫橫逆之來，即聖賢或不免怒，然怒之發也，即不當理，亦何至於移怒甲，乙無過也，而遷於乙，此常人亦不至如此，而謂賢者乃如此乎？人之所難能者，即不加怒於人耳。何朱兩家之說，皆有可議之處。顏回事多不可考，孔子稱其怒不遷，今據犯而不校一語，訓其義為不加怒於人，似可無遺憾。

子曰：「知之者不如好之者，好之者不如樂之者。」（雍也篇）

包咸曰：「學問，知之者不如好之者篤，好之者又不如樂之者深也。」（集解）據此，則三之（字）謂學問也。宋尹焞曰：「知之者，知有此道也。」（朱注引）學者求聞道，尹說亦通。張栻書曰：「樂原於好，好原於知，以用功之節次言，真知自好，真好自樂，以究竟言，而不如以品言」（論語後案引）說義至確。

方法

子曰：「君子，博学於文，約之以礼，亦可以弗畔矣夫！」（雍也篇）

唐初傳本或無君子二字，見陸氏釋文。

博学於文之文（朱子論語或問引）朱子集注不取其說，而曰「君子学欲其博，故於文無不考」，於文字不欲實指，似非是。又於礼文之別無辨，孔子語意不明，注猶不注。余以為文即詩也，此於論語本書有說。詩之為用甚廣，「可以興，可以觀，可以群，可以怨，邇之事父，遠之事君，多識於鳥獸草木之名」，自本身之志行推之，以及鳥獸草木，可謂包羅萬有，故孔門之学，以此為始。包備並載！礼自有文理之別，但既曰「約之以礼」，則文理皆概括於其中矣。礼文之文，不得與詩混。張子之說，的有未合。而朱子一生治論語，猶[redacted]以籠統其說，所不解也。孔門之学先詩後礼，此章正是以明其故，何可忽之。劉逢祿論語述何曰：「文，六藝之文，礼，貫乎六藝」，换五経六藝為文，論衡已有此說，（見佚文篇）劉氏是否本此未可知。但漢仔

丙五一年月十九日刪一句

77

如有博學於文云云，則劉氏之釋義為至當。今論語所載為孔子語，則劉氏六藝為文之說，不足取矣。

孔門之學，以禮為中心，論禮樂篇當詳說之。此處可言其略。「禮者，理也。」（禮記仲尼燕居引孔子語，又家語卷六。）又「禮者，履也。」（仲尼燕居又見易說卦韓康伯注）「履者履理也。」詩云「周道如砥，其直如矢，君子所履，小人所視，」小人不知理，故徒視而已。君子博學於文，故知理。知理，而履之，故曰約之以禮也。以禮約所學之文，則文皆在禮約束之中，而文乃不虛，學乃得其實用、

子曰「詩三百，一言以蔽之，曰思無邪」（為政篇）此即為以禮約文之實證。何義門讀書記曰「約，漢人讀曰要」按漢書禮樂志「明德鄉治本約」師古曰「約讀曰要」，何氏所云讀曰要，不知是否本此。要約之約，與約束之約，意旨無大差異，皆有約束之義。說文曰「約，纏束也」，此為本義。約束、約信、約省、窮約、要約，皆為引伸之義。此章之約，當訓約束，與折衷義同。毛西河曰「約之，即約

此文也。之者，此也，是也。（論語稽求篇）但謂「與顏淵曰博我以文，約我以禮，不同，」則非也。博我以文，「猶言使我博學於文；約我以禮，」猶言使我約之以禮；兩章之義正同。「亦可以弗畔矣夫」集解引鄭曰：「弗畔，不違道也，」是也。考後漢書范升傳，升奏光武帝曰：「孔子曰，博學約之，弗畔矣夫。夫學而不約，必畔道也。」范在鄭前，鄭注或即本此。宋儒程朱張南軒等解說，不與鄭違。惟陳祥道獨主李翱筆解，持異說。筆解曰：「畔當讀如偏畔之畔，弗偏則得中道。」陳氏論語全解曰：「博學於文，則無不該；約之以禮，則有所執。無不該則所知者詳；有所執則所趨者中，斯亦可以弗畔矣；畔則有見乎四旁之地，弗畔則趨中可知，此所謂一貫也；」背畔之叛，讀為偏畔之畔，故與鄭違，索隱行怪，不足道也。~~韓愈李翱所著~~韓李筆解一書，喜搜異說，以衒奇，不類韓李之作。張氏書目答問定之為偽書，是也。陳氏黨王安石，安石說經，創造新義，務異先儒，一時成為風氣。陳氏深染其習。其所作禮書，搪擊鄭學甚力。其於論語持異說，自無足怪。不知真理

28

所在，非千数萬蟻所能搖撼，徒見其不自量而已！

矣夫之夫，為歎詞。（[illegible]）

冉求曰：「非不説子之道，力不足也。」子曰：「力不足者，中道而廢，今女畫！」（雍也篇）

史記弟子列傳：「冉求字子有，少孔子二十九歲。」家語：「冉求仲弓之族。」鄭玄弟子目録：「冉有，魯人。」

同門記事稱字，不舉名，此書名者，為例外。憲問恥，或者以為憲所自記，此則名氏俱出，當非冉求所自記。門人不敬子路，犹稱字，此則無不敬之文，反書名，是為例不純者，姑不置辨。

「中道而廢」，鄭注已佚。今禮記表記，鄭注犹存，可拾補。表記載孔子曰：「鄉道而行，中道而廢，忘身之老也，不知年數之不足也，俛焉日有孳孳，斃而後已。」鄭注曰：「廢，喻力極罷頓，不能復行則止也。」據此，則廢者，止息之意，非不欲再進，因力—罷頓，暫息，以俟力復再進，故曰「斃而後已」。罷與斃不同，罷猶可再進，不患力不足，自言力不足，而不欲學，則非廢而為畫。畫者，止也。自止而不欲再進，是畫與斃無異，非力不足也。「力不足也」，後書光武紀，太子報桓榮引也，「作者」拙者，猶也也。惡利口之覆邦家者，皇侃本「者」作「也」，可證。疑漢時舊本有「作也」「作者」之異文，後書引（衍），因原作者非任意改經文也。「又非不說子之道」，高麗本「道」下有「也」字，此「也」字之有無於文義無關，可置不論。

子曰：「述而不作，信而好古，竊比於我老彭。」（述而篇）

此孔子自言治學態度，詔門人也。禮記樂記：「故知禮樂之情者能作，識禮樂之文者能述。」鄭注：「述，謂訓其義也。」據此，則傳授古訓，而闡明其義，為述。鄭注：「好述古事，義失之狹。」作，造也。必識禮樂之情，而後能作。可知作者須自出己意，其事至難，故曰「作者之謂聖」（樂記）。孔子自言述而不作，意在戒門人妄有所作。「老彭」，鄭注：「老，老聃；彭，彭祖。」（釋文）「老聃，周之太史，未知所出」（禮記曾子

29

問禮）此以老彭為兩人。包咸曰：「老彭，殷賢大夫也」；此以老彭為一人。漢人舊說，今所見者，如是。魏王弼云：「老是老聃，彭是彭祖，」（論語釋疑）是從鄭注。言人之說不可從。後世注家，或從鄭，或從包，大抵不出此二途。按孔子之先為宋人，又嘗曰：「予殷人也」，（史記世家）老彭既為殷賢大夫，故曰老彭，[illegible]包注或即據我字為說。又史記、家語、禮記曾子問，皆記孔子問禮於老聃事。疑謂老彭為老聃，亦無不可。彭聃同音通借。春秋時人名，三傳所載，音同字異者屢見不尠。隱元年公羊傳「紀履緰來逆女」，左傳作「紀裂繻」；三年公羊傳「尹氏卒」，左傳尹作君；左傳「衛州吁弒其君」，穀梁傳作「衛祝吁」；其例不勝舉。又按史記老莊列傳「老聃」，或謂即老儋，儋與聃亦同音字。儋之為聃，猶彭之為聃，猶尹之為君，履之為裂，州之為祝，是為嫌名。鄭分為二人，非也。包注合之為一人，近是，究其實亦非也。孔子既問禮於老聃，則聃為當時之大賢可知。且稱老，則其人必年長於孔子，又可知。孔子敬其人，視其

人，故曰我老彭。若老彭雖亦為賢大夫，而其人不著（大戴禮虞戴德篇）。謂老彭即老聃，似更為
近理。且老聃為周守藏室史，史官主述古事，與述而不作之旨亦合。若殷之老
彭，未聞其為史官，求証述而不作，殊嫌無據。以老彭為老聃，較為有據。
「述而不作」之旨，余既述之于上矣。覺尚有餘義未盡，請補記之。「子張問十世可知
也，子曰，殷因於夏禮，所損益可知也，周因於殷禮，所損益可知也，其或繼周
者，雖百世可知也」；「顏淵問為邦，子曰、行夏之時，乘殷之輅，服周之冕，樂則韶武，
放鄭聲，遠佞人，鄭聲淫，佞人殆」；夫前後相因，即述而不作也。但有所損益，損
者，去其不合；益者，增其時宜，一去一增，非作耶？夏制之良，不止時；殷制之美，
不止路，而猶取時取路，則所損者多矣。為邦之事，不止時，路，冕，樂，則所益者
亦多矣。多損多益，孔子豈真述而不作哉！蓋有所益，亦有所損。知所損，然後
知所益。能作，必先能述，不能述而作，是為妄作，「蓋有不知而作之者」是也。聖
人不妄作，故曰「述而不作」。

30

子曰：「默而識之，学而不厭，誨人不倦，何有於我哉！」（述而篇）

子曰：「德之不修，学之不講，聞義不能徙，不善不能改，是吾憂也！」（述而篇）

識字有兩音：一音志，記也；一音式，知識也。朱子于此章識字讀志音。「何有於我哉」，謙詞，朱注是也。集解鄭注：「人無有是行於我，我獨有之也」，非是。「聞義不能徙」，物観七經攷文補遺，足利本高麗本徙俱作從，非是。徙義崇德也，可證。作從者，形似而誤。德之不修，故聞義不能徙；学之不講，故不善不能改。修德為立身，講学為修德，故四者以講学為本。此講学並非講學授徒，標榜門戶之謂，即「学而時習之」之学也。「是吾憂也」，警門人語。

子曰：「志於道，據於德，依於仁，游於藝。」（述而篇）

「興於詩，立於礼，成於樂」，為具体說法。此章則為抽象說法，皆為指示門人為学之途徑與方針者也。

何謂道？老子道經曰：「道之為物，惟恍惟忽。忽兮恍兮，其中有像；恍兮忽兮，其中有物；窈兮冥兮，其中有精；其精甚真，其中有信。」又曰：「有物混成，先天地生，寂兮寥兮，獨立而不改，周行而不殆，可以為天下母。吾不知其名，字之曰道，強為之名曰大。道大，天大，地大，王亦大。人法地，地法天，天法道，道法自然。」以自然為宗，此老子之道也。墨子法儀曰：「法不仁，不可以為法，莫若法天。天之行廣而無私，其施厚而不德，其明久而不衰，故聖人法之。天之所欲為之，天所不欲則止。天欲人相愛相利，不欲人相惡相賊也。何以知其然？以其兼而愛之，兼而利之，兼而有之，兼而食之也。國無小大，皆天之邑；人無長幼貴賤，皆天之臣也。」此以天為法，墨子之道也。顏淵問仁，子曰：「克己復禮為仁。」仲弓問仁，子曰：「出門如見大賓，使民如承大祭。」子張問仁，子曰：「言忠信，行篤敬。」此以禮為術，以仁為歸，孔子之道也。古人繼往開來，立說教人，各有所見，各奉所宗，其所宗者，即其所謂道也。後學北面受業，志在聞道，故曰「志於道」。何晏曰：「道不可體，故志之而已。」（集解）王弼曰：「道者，無之稱也，無不通也，無不由也」（論語釋疑）何王兩家皆崇尚黄老，故以虛無為道。實則老子自言「其中有精，其精甚真，其中有信」，虛無豈無物之謂哉！既曰無体，何由志之？既曰無矣，何通何由？其說直不可通。朱子以人倫日用之間所當行者，釋道，亦未盡然。

「德」說文作悳，曰：「外得於人，内得於己也。」段注曰：「俗字假德為之。」德，升也，古字或假得為之。何晏注此章曰：「德有成形，故可據。」朱子曰：「德者，得也，得其道於心，而不失之謂也。」劉寶楠曰：「少儀：士依於德，鄭注：德，三德也，一曰至德，二曰敏德，三曰孝德，此本周官之文，鄭依用之，論語此文義當同也。」翔按：何氏於德之義無說明，而曰「有形，故可據」，不知德之形圓耶，方耶，美耶，醜耶，何其謬也！朱子以得道為德，是矣，然亦嫌蹈空。劉氏以鄭注少儀引周礼師氏文，即謂論語此文義當同，殊屬武斷。古經傳言德者多矣。書皋陶謨：「亦行有九德，寬而栗，柔而立，愿而恭，亂而敬，擾而毅，直而溫，簡而廉，剛而塞，彊而義。」又曰：「日宣三德，曰嚴祇敬六德；」商書：「咸有一德。」曰：「啟迪有命，眷求一德。」洪範：「三德，一曰正直，二剛克，三曰柔克。」此見於書者，有九德、六德、三德、一德。又周官大司徒：「以鄉三物教萬民，而賓興之，一曰六德，智仁信義忠和。」此見於礼制者，亦有六德。同是言德，不取書之九德、六德、三德、一德，又不取大司徒之六德，獨取師氏三德之文何哉？師氏三德教國子。少儀「士依於德」，士非國子，鄭氏引注已推不倫，而劉氏以為義同論語，不更乖謬耶？德訓得，其所得者為何物，當視其所学者為何事，非可以空言釋也。孔門学者学詩、学礼樂，則其所得者宜為詩礼樂。詩三百盡於「思無邪」，則学詩猶学礼也。博学反約，仍歸於礼樂（礼節）和，礼樂猶唇齒，故所謂德者，礼樂而已。書之所謂九德、六德、三德、一德，大司徒之六德，師氏之三德，皆函於礼樂之中。據於德者，即據此也，可無疑矣。據者，弗失之謂也。「三月不違仁」，不違者，即據之固也。或言據，或言不違，其義則同。

32

仁者，全德之人之謂也。孔子施教，其旨在斯，論仁篇當詳述之。有德可據，其
學之始基已立。由是而上達，止於至善，不離乎德，不離乎德，即依於仁。[redacted]
[redacted]就學之果言則曰據於德，就學之全功言又曰依於仁。
此意，細味自得之。[redacted]何注曰：「功施於人，故可依也。」此以博施濟衆爲仁，孔
子曰：「堯舜其猶病諸」，何氏可謂未讀論語！

「游於藝」，何晏曰：「藝，六藝也，不足據依，故曰游。」朱註：「藝則禮樂之文，射御書數
之法，皆至理所寓，[redacted]日用所不可闕者，朝夕游焉，以博其義理之趣，則應務
有餘，而心亦無所放矣。」是皆何注同。考鄭玄注禮記少儀「問道藝」曰：「藝，六藝，」
注「依於德，游於藝」亦曰：「藝，六藝也。」「一曰五禮，（吉凶軍賓嘉）二曰六樂，
（雲門大咸大韶大夏大濩大武）三曰五射，（白矢參連剡注襄尺井儀）
四曰五御，（鳴和鸞逐水曲過君表舞交衢逐禽左）五曰六書，（象形會意轉注處事假借諧聲）
六曰九數，」（方田粟米差分少廣商功均輸方程贏不足旁要）注周官宮正「會其什伍而教之

通藝　又曰藝，謂礼樂射御書數，皆根源於周官大司徒及保氏之文。

夫五礼六樂，自屬藝能範圍，然大韶之樂，孔子至齊始聞之，則他人聞之者尚寡矣。鄭注六樂云云，未必可此。竊以為論語游於藝之藝，即為詩礼之文之著於簡牘者，與夫鐘鼓琴瑟之音，勺象之舞，射御之術。而詩礼之文為藝之家，高者。求為全德之人，必以此為津逮。鐘鼓琴瑟以娛情，勺象博其趣，射御習武事，皆其小焉者也。藝之數不必六，習之者不必全。而詩礼之文，在所必學。此考之論語本書可知也。學記曰：「君子之於學也，藏焉，修焉，息焉，游焉。」鄭注曰：「藏，懷抱之；修，習也；息，謂作勞休止之為息；游，謂閒暇無事之謂游。」此不过分析其義而言之，如此。究其實，藏修息游，何可截然分為四段也。藏修息游，皆為學之事。藏不必抱，修不必诵，息不必止，游不必閒暇游蕩，游亦即藏修與游殆大有分別。也。例如今日学生之旅行、体操，皆為課業之一，在古書中，

33

勸學

亦有「游心於六藝之文」「游心於堅白同異之間」（莊子駢拇）之語，亦可證游非必閒暇無事之遊。後世學者多有未明游字之義，而輕視藝事者，此大惑也。不知舍詩、禮之藝，安有仁可依、德可據。據德、依仁，即為游藝之果。游藝為最具体功夫，豈可賤藝事哉！游，唐石經作遊，遊、游二字通用。

子曰：「加我數年，五十以學易，可以無大過矣。」（述而篇）

史記孔子世家：「孔子曰：『假我數年，若是，我於易則彬彬矣。』」風俗通窮通卷引「孔子曰：『假我數年』」，加均作假。朱子集註曰：「元城劉忠定公（劉安世）有書言（劉集）自言嘗讀他論，加作假。」按史記、風俗通所據者當為古論，所見本當是後人擬史記、風俗通改字。加為減之反，假為借之義，加、假音同，加我、假我，義不相遠，故鄭不擬古以改書。或曰，加借為假，字當作假，或曰，作假者聲近而誤，謂其字不當作假，皆陋儒之說也。

五十有解為五十歲者，何晏集解、陳祥道論語全解、田藝衡留青日札、惠棟九經古義，陳鱣論語古訓，戴望論語注，劉寶楠論語正義，皆是也。有讀作五或十者，四書答難持此說。（四書精義纂箋引，作者未詳）有以五十為卒字者，劉忠定見有或本如此，朱子從之。鄭汝諧論語意原主闕疑。錢時四書管見但言五十字誤，未有別解。以上三說，主五十為五十歲者。或擬五十而知天命之語，以為易言天命，以知命之年讀至命之書，故可以無大過。或擬易乾鑿度五十究作十翼。或且附會大衍之數五十之說，迷罔甚矣。甚至有謂孔子言此時為四十七歲。有林春溥者，據史記「孔子四十七歲，以陽虎叛，不仕，退修詩書禮樂，弟子彌衆」云云，而謂其說非妄。（錢穆先秦諸子繫年考辨）按史記言「孔子晚而喜易」，五十，非晚年也。且五十學易，四十七時即作加我數年之請，於理亦難通。此說直不足采也。朱子從劉忠定所見本，以為「五十為卒字之誤，今史記所載假我數年云云，亦無五十字，是時孔子年近七十矣，五十字誤無疑」。按朱子主改文以明經旨，自未可厚非。但五十字並非絕不可解者，或五或十，正合数年之意。古書論語简意會，可得其義。四書客難之説，余以為最為明確。

學易之易，魯論作亦，鄭玄從古論作易（釋文），今本論語是也。惠棟九經古義據外黄令高彪碑"恬虚守約，五十以斆"，此從魯論，亦字連下讀。經史記孔子晚年喜易，讀易韦編三絶，不可紊。周易一書，論語中雖曾引及恆卦文辞，而未出易曰二字，孟子七篇絶未道及易書，知易書在春秋季世在儒家之学中毫無地位。秦人焚書，不去醫药卜筮種樹之書，易為卜筮之事，故傳者不絶（藝文志）。以此益知易在秦以前非儒者之寶典。自漢田何傳易至於京焦，入禨祥，宋陳邵言造化，謂擬數推算，何以前知。王弼盡黜象數，言義理，謂易道廣大，無所不包。兩派各趨其癖，於是易之一書遂為學者所重視，周易躋入哲学之林，实為漢以後事。此章易字當從魯論作亦，連下文讀。

節[illegible]

子曰：「我非生而知之者，好古，敏以求之者也！」（述而篇）

集解，鄭曰：「言此者，勉勸人於學也」，是也。朱子曰：「生而知之者，氣質清明，義理昭著，不待學而知也。」按孔子嘗曰：「生而知之者上也，學而知之者次也，困而學之，又其次也」，中庸亦曰：「或生而知之，或學而知之，或困而知之，及其知之一也」，據此，則人之天資，自有此三等。而生知、學知，所知者，理義也，朱注亦是。

「敏以求之者也」，皇侃本，「以」上有「而」字。按「而猶以也。」易繫辭「上古結繩而治」，論衡齊世篇引，「而」作「以」。左傳「和」，諸戎狄以正諸華，晉語「以」作「而」，皆可證。疑皇本本作「而」，後人據別本改為「以」，傳寫者遂「而」「以」並存，不知其不通也。

子曰：「三人行，必有我師焉，擇其善者而從之，其不善者而改之。」（述而篇）

「三人行」，皇侃本，高麗本，及唐石經（羣書治要），俱作「我三人行」。晁公武郡齋讀書志曰：「蜀石經亦有我字」，此舊本有我字者也。何晏注此章曰：「言我三人行」，王肅論語注：子曰：「我三人行，必得我師」，僖二十七年穀梁傳范甯注：「我三人行必有我

35

師」。此魏晉人注，以有我字本為拙者也。漢書武帝紀：元朔二年詔曰：「三人並行，厥有我師。」史记世家：「三人行，必得我師。」潛夫論引文同，皆無我字。釋文曰：「我三人行，一本無我字。」則是自漢以逮唐初，又有無我字本。此亦古魯異文，皆鄭注已無考，審之文義，以無我字本為長，故今日有我字本難得見之矣。

「必有我師」或作「必得我師」，兩義俱通。[redacted]

「三人行」，按漢武帝元朔詔，行為行走之行。朱子曰：「三人同行，其一我也」，亦以行走之行釋之。按此行當為行事之行。[redacted]行事之際，乃有可從之善，可改之惡可見。若行於道路，安得見其善或不善。又三人者，亦隨舉之數，论語舉三數為例者多，拘則泥矣。朱子曰：「彼二人者，一善一惡，我從其善，而改其惡」，失之太拘。此章之意，蓋云學者能辨善惡，則無處無師。取善棄惡，德業可日進。三人，猶言十室之邑。十室言其邑之至小，三人言其人之至少，增強語氣，勵門人勤學。刻舟膠柱，則不通矣。

「其不善者而改之」，中有兩字須解釋。自來注家多忽之。其一，為改字：字書於改字只有更之一義。夫過之在己者，去之，可曰改。若人之不善，不取，可矣，何言乎改。此改字當引伸更改之義，訓棄，訓去。見不善如探湯，則避而遠之，避而遠之，猶去之棄之也。一為而字，此而字當訓則。而改之，猶言則改之。而可訓則，有證可舉：莊子逍遙遊：「亦若是則已矣」，唐李得一本則作而。論語：「刑罰不中，則民無所措手足」，漢書薛宣傳引，作「而民無所措手足」。此外例證尚有，不具引。

[illegible]

子曰：「蓋有不知而作之者，我無是也。多聞，擇其善者而從之；多見而識之，知之次也。」（述而篇）

集解包注：「時人多有穿鑿妄作篇籍者，故云然也。」朱子從其說，而以「不知其理」四字代包氏之穿鑿。

「多見而識之」，漢書地理志引，作「多聞而志之」，師古曰：「志，記也。」字亦作識。

内篇

36

子曰：「興於詩，立於礼，成於樂。」（泰伯篇）

此章在論学篇中最為重要。由是可覘知孔門弟子之所学者為何物也。

何謂興？包咸曰：「興，起也。」朱子曰：「興，起也。」是從包注。孔注曰：「興，引譬連類也。」礼記学記：「不興其藝，不能樂学。」鄭注曰：「興之言喜也，歆也。」陳同甫曰：「孔子以礼教人，猶必以詩感動其善意，動盪其血脈，然後與礼相入。」（此本軒四書說引）戴溪曰：「有得於詩，則能興善心。」謂其有感發處也。按感動、感發，猶起也。抑「起予者商也，始可與言詩已矣」一語，則此興字當訓起，而今釋為引譬連類，以此興彼，乃就詩之六義言之，用之於此章，不切。鄭注亦然。詩之所畜，至為繁富，且其文又為韻語，協乎天籟，人樂誦之，初入門者好学誦詩之心，可由是而興起，其教甚大。孔門以詩為首之教，絕非偶然。

礼者，理也，為立身之本，故曰立。「不学礼，無以立。」「三十而立」，義與此同也。

「成於樂，」孔注：「樂，所以成性也。」朱注：「樂，可以養人之性情，而蕩滌其邪穢，故學者之終，所以至於義精仁熟，而自和順於道德者，必於此而得之，是學之成也。」余則以為成者，成詩之美，成禮之盛也。「關雎之亂，洋洋乎盈耳哉！」關雎，詩也；洋洋乎盈耳者，樂也。詩美矣，成為樂，更美。循理而行，不違天節，[redacted]可矣。披之以樂，以章天和，泰而不驕，威而不猛，斯造其極。始之以詩，繼之以禮，終之以樂，立教之旨，[redacted]不難知也。

子曰：三年學，不至於穀，不易得也。」（泰伯篇）

此章至與穀兩字，義難明。集解孔注：「穀，善也。言人三歲學，不至於善，不可得，言必無也，所以勸人於學也。」釋文：「穀，公豆反。孔云：善也。」（按爾雅釋詁：綝、穀、攻穀，善也。郝疏：曰穀，張弓之善也。射必至於穀，猶學必至於善，故穀有善義。穀穀古音同。按此則穀穀同，音義皆訓善）張栻曰：「穀者，取其成實之意，故以訓善焉。善者，實也。三年學矣，而不至於穀，善之難得也。如此，然則不可致以自強乎！」（癸巳論語解）蘇轍曰：「穀，善也。善之成而可用，如苗之實而可食也；盡其心力於學，三年而不見其成功者，世無有也。」（論語拾遺）錢時曰：「穀，學之成實時也。」（融堂四書管見）是皆本孔注，訓穀為善之說也。是為一派。釋文：「鄭注：穀，祿也。」晉孫綽曰：「穀，祿也。」（論語孫氏集解）朱子曰：「穀，祿也；」又曰：「孔氏、范氏以善為穀，惟楊氏以穀為祿，楊氏近之。」（論語或問）孫奇逢曰：「至穀之念，從未入學而已然矣，不是為穀，誰肯向學？不易得也，誠哉，不易得也！」（四書近指）焦袁熹曰：「學所以得祿，故三年學不動心於利祿，為不易得；非謂學至三年，學已大成，而久處困約，無感憤不平之意為不易得也。」論心術隱微，則三年為久；論學術工夫，則三年算不得久。是皆宗鄭注為說者也。是又為一派。兩派之說，皆有難通之處。訓穀為善，則「不易得也」一句甚難索解。訓穀為祿，則「至」字不得解。朱注：「至疑當作志，為學之久而不求祿，如此之人，不易得也。」又或問：「楊說，若易『至』為『志』，則文意曉然矣」云云。」夫改經文，通經義，非不可為，但無証以明之，不足以服人，徒滋惑耳。余於此章，往年，主闕疑。頃讀孟子，覺孟子中有可以釋此章之義者，雖未達心安理得之境，而較之彀善彀祿之說，則精勝。孟子告子上「羿之教人射，必志於彀，學者亦必志於彀。」又盡心下「羿不為拙射變其彀率，君子引而不發，躍如也，中道而立，能者從之。」夫教者志於彀，學者志於彀，彀率不可變，能者從之，則所謂彀率者，即教者之程式也，猶大匠之規矩。教者必以正，正即規矩，即程式，即仁彀率也。換言之，即所謂道也。志於彀，即志於道，此就初入門者言。今三年學之，已非志道階段，已達據德時矣。故曰至，而不曰志。至者，達其彀率之謂也。有志於彀之時，必有至於彀之日，學之三年宜至於彀，而有不至者，此必下愚。下愚不移。上智少，下愚亦不多見，故曰不易得。學者但患無志於彀，不患不至於彀也。此勉門向學，且有戒勿躁進之意存焉。如是解釋，經字可不改，穀讀為彀，穀彀同音，尔雅皆訓善，義則亦通。論語作穀，當非形似致誤，自覺尚待當理，幸讀者更詳之。

勤学

子曰：篤信好学，守死善道；危邦不入，乱邦不居；天下有道則見，無道則隱；邦有道，貧且賤焉，耻也；邦無道，富且貴焉，耻也。（泰伯篇）

篤信兩句，古注不详。邢疏：篤信好学，言厚於诚信，而好学問也。守死善道，守節至死，不離善道也。朱注：篤，厚而力也。不篤信則不能好学；不守死則不能以善其道，守死者篤信之效，善道者，好学之功。邢疏以善道為名词，朱注以善為動词，較勝。蓋善道與好学為对文，善惡之善可转為動词，训好。曲礼：入國不馳，注：馳，善躐人也，疏：善，好也，車馳則好行躐人也，是其证。

勤学

子曰：学如不及，猶恐失之。（泰伯篇）

何晏曰：学自外入，至熟乃可長久，如不及猶恐失之，當其語意，蓋以不及為不熟也。邢疏：勤学汲汲，如不及，猶恐失之也，何况怠惰而不汲汲者乎！疏與注旨不合，而釋義勝注多矣。兹即以此為定说，不復及他家。

子在川上，曰：逝者如斯夫，不舍晝夜！（子罕篇）

此处另有排版

38

集解鄭注，逝往也，言孔往者如川之流也。朱注天地之化，往者過，來者續，無一息之停，乃道体之本然也。復引程子曰此道体也，天運而不已，日往則月来，寒往則暑来，水流而不息，物生而不窮，皆與道為体。按鄭注無所發明，程朱道体之說，恐亦未得孔子之意。孟子離婁徐子曰，仲尼亟稱於水，曰水哉水哉，何取於水也。孟子曰原泉混混，不舍晝夜，盈科而後進，放乎四海，有本者如是，是之取尔。苟為無本，七八月之間雨集，溝澮皆盈，其涸也，可立而待也。故聲聞過情，君子恥之。按此則孔子之稱水逝者如斯，不舍晝夜者，謂其有本也。孟子之言較近乎理。[illegible]又有子曰君子務本，本立而道生，孝弟也者，其為仁之本與[illegible]此以孝弟為本，與孟子真實為本之說，似二而實一也。孝弟不過為較具体說法耳。

子曰，譬如為山，未成一簣，止，吾止也。譬如平地，雖覆一簣，進，吾往也。（子罕篇）

集解包注，簣土籠也。書旅獒正義引鄭注，簣盛土籠也。漢書禮樂志以漢書

39

班固傳注，引文簣皆作匲。又漢書王莽傳「成在一匲」，匲亦從匚。（音方）說

文竹部有籠而無簣，匚部有匲字，解曰「匣也」，匣字下解曰「匲也」，是匲匣爲互訓

字。匚爲受物之器，則匲匣皆爲受物之器矣。考竹部簋、𥲤、籩三字古文作匩

匭、匲，皆從匚，則匲實爲簣之古文。說文通訓定聲引漢書何武師丹傳贊，以

簣障江河，以証簣蕢通用。但論語荷蕢之蕢，皇疏曰「織草爲之」，自與從竹者

不同。尚書旅獒「爲山九仞，功虧一簣」，從竹作簣，則是漢時有簣字，說文偶遺

之耳。

未成一簣，言爲山之未成者，尚差一簣耳。故曰「止，吾止也」。平地，削之使低窪，

傾覆也。雖覆一簣，言補平之，僅傾覆一簣土，故曰「進，吾往也」。未成者差一簣，

不可止。僅覆一簣，未竟者尚多，不可不進。或止或進，他人不能強，故曰吾止

吾進。勉人爲學之意，殷切如此。「爲仁由己，而由人乎哉」，義與此相發。

子曰：苗而不秀者，有矣夫；秀而不實者，有矣夫！（子罕篇）

説文：「草生於田者，穀曰苗」；凡草初生，亦曰苗；詩魏風：「無食我苗」，鄭箋：「苗，嘉穀也」；按上章云「無食我黍」，「無食我麥」，此言「無食我苗」，故鄭云，苗嘉穀也，此許氏解字，「穀曰苗」合。朱注：「穀之始生曰苗」，亦本許氏。

秀者，說文曰：「上諱」，於義無說。尔雅釋草云：「木謂之花，草謂之榮，不榮而實謂之秀」；（段注說文引作木謂之榮草謂花，恐有誤）郝疏曰：「不榮而實謂之秀者，詩：『四月秀葽』，『實發實秀』，是也。然詩又云：『黍稷方華』，是華秀通名矣。」鞠按禾黍之花皆不美，不榮而實，蓋言其華不美而結實，非謂亡結實也。自苗而秀而實，穀物生長之序如是。詩王風黍離，初言「彼稷之苗」，次言「彼稷之穗」，終言「彼稷之實」。鄭箋：「穗，秀也」，可証。史記宋世家：「乃作麥秀之詩，以歌詠之，其詩曰：麥秀漸漸兮，禾黍油油」，此之言秀，即詩之穗也。說文：「穗，禾成秀也」，可証。朱注：「吐華曰秀，成穀曰實」，不知本何書，或義從經傳，而說則自為之也。

此章為譬喻之詞。翟灝曰：「牟融理惑論云：顏淵有不幸短命之記，苗而不秀

之喩。禰衡顔子碑云、亞聖德蹈高蹤、秀不實、振芳風。李軌法言注云、仲尼悼
顔淵苗而不秀、子雲傷童烏育而不苗。文心雕龍云、苗而不秀、千古斯慟。而
世說新語謂王戎之子萬子有大成之風、苗而不秀。梁書徐勉因子悱卒爲
答喩云、秀而不實、尼父爲之歎息。亦借顔子以言其短折之可惜。自漢迄齊
梁、相沿如此。當時必因有依據。按皇侃云、又爲歎顔淵爲譬也。邢疏云、此章
亦以顔淵早卒、孔子痛惜之、爲之作譬也。是則注疏家亦如此說、不止牟融
李軌等輩爲然矣。若言依據、大抵此章與上章子謂顔淵惜乎吾見其進未
見其止相連、解者遂連類及之。又以顔淵短命、有似秀而不實、益信其說之
有徵。一說既出、衆遂和之耳。實則顔淵之學、何止秀而不實。觀其問仁問爲
邦、不貳過、不遷怒、一簞食一瓢飲、人不堪其憂、回也不改其樂、其學問已登
堂入室矣。子曰、用之則行、舍之則藏、唯我與爾有是夫。是孔子已許顔淵與
己同德。秀而不實者、能得師如是之稱許耶。顔淵在孔門、如尚爲秀而不實、

則孔門弟子無一成材，何解者不思之甚也！朱子註此章，不取前人喻顏子之說，是也，惟無辨正。余今為說以足之，非敢為僭也，疾固也。

穀物自初生以至成熟，有三段迹象可見，人之為學自初學以迄大成，亦有三層序次可尋，故借以為喻。欲學者篤信好學，毋半途中輟，功虧一簣，是此章之旨也。

劝学

子曰：後生可畏，焉知來者之不如今也？四十五十而無聞焉，斯亦不足畏也已。（子罕篇）

集解何晏曰：「後生謂年少也。」邢疏：「年少之人，足以積學成德，誠可畏也。」朱注：「年富力强，其勢可畏。」語較邢疏為精。蓋可畏者其勢耳，非真可畏，下文「斯亦不足畏也」也可証。

四十五十而無聞之「無聞」，邢疏以「令名無聞」釋之。朱子以「老而無聞」解之。大戴礼曾子立事篇：「三十四十之間，而無藝，即無藝矣。五十而不以善聞，則不聞矣。」是否即本此章之義，未可知。而今日研究論語章句，引用之以釋此章，

41

當無不可。夫聞與達異，「質直而好義，察言而觀色，慮以下人」，以得衆譽，是達也。「色取仁而行違，居之不疑」，以邀令名，是聞也。孔子告子張之詞，而分析其義如此。邢疏所謂「令名無聞，未見其爲非無實之聞」，朱子所稱「老而無聞」，義更晦。且五十曰艾，而非老，曰「老而無聞」，亦非是。惟大戴記「不以善聞」一語，用釋此章聞字，深得孔子之意，蓋以善聞，即爲有實之聞，非「色取仁而行違者」之比。有實之聞，即達也。孔子告子張，取達而棄聞，以是知此章之聞爲之達而非虛譽。

子曰：「可與共學，未可與適道；可與適道，未可與立；可與立，未可與權。」（子罕篇）韓李筆解曰：「學而之道，豈猶不能立耶，吾謂正文傳寫錯倒，當云『可與共學，未可與立；可與適道，未可與權』。」翟灝四書考異曰：「毛詩、綿篇正義，説苑權謀篇，牟融理惑論，三國魏武帝紀注，北周書文護傳論引文，皆作孔子曰：『可與適道，未可與權』，與筆解合。」余按此章文字並無錯倒，淮南汎論訓引文可證。

汎論訓引，「故孔子曰，可以共學矣，而未可以適道也，可與適道，未可以立也，可以立，未可與權」。又三國志吳志，虞翻傳注，引孔子曰，「可與共學，未可與適道，亦可祇」。毛詩正義，說苑等書，引文，任意割裂，未足為據。惟唐文粹馮用之權論引，作「孔子曰，可與共學，未可與立，可與立，未可與適道，可與適道，未可與權」，似唐時果有如此本子。但與筆解亦未全合。意者筆解正由馮用之此文而襲正文錯倒之說，故意開鑿其詞，裝為未見此文者，以掩飾其妄託韓李之醜耳。即唐時果有如是傳本，亦必為僞撰筆解者之同行所改作。皇邢二疏所傳舊本，尚在，並與今本同。經文無錯倒，可無疑。適道當在立道之前。[redacted]

[redacted]適往也，未知能立與否。立則祇其地，而有站足處矣。為學之序如此，何倒之有。

舊本，此章與下章「唐棣之花」連為一章，朱子以為誤，是也。劉寶楠正義，仍從旧讀，是見注疏家之可憐矣。

「未可與權」，何謂權，難言也！茲試先舉旧說之著者，而以鄙見為斷，有當與否，未

42

敢自必。春秋，桓十一年鄭莊公卒，九月宋人執鄭祭仲，公羊傳曰：「仲者何，鄭相也，何以不名，賢也，（按左傳杜注祭氏仲名足，公羊異）何賢乎祭仲，以為知權也，宋人謂之曰，為我出忽而立突，祭仲不從其言，則君必死，國必亡，從其言，則君可以生易死，國可以存易亡，少遼緩之，則突可故出，而忽可故入，然後有鄭國，古人之有權者，祭仲之權是也，權者何，權者反於經，然後有善者也，權之所設，舍死亡無所設，行權有道，自貶損以行權，不害人以行權，殺人以自生，亡人以自存，君子不為也」。此以反經為權，最初見於經書者也。董子春秋繁露竹林云：「凡人之有為也，前枉而後義，謂之中權，雖不成，春秋善之，魯隱公、鄭祭仲是也」。玉英云：「夫權雖反經，亦必在可以然之域，春秋有經禮，變禮，為如安性平心者，經禮也，至有於性雖不安，於心雖不平，於道無以易之，此變禮也，明乎經變之事，然後知輕重之分，可與適權矣」。按此之所謂「必在可以然之域」，即公羊「有善」之謂，此之所謂「變禮」，即「反經」「於道無以易」。

即「合道」之謂。淮南汎論訓云：「故溺則捽父，祝則名君，勢不得不然也，此權之所設也。故孔子曰：可以共學矣，而未可以適道也；可與適道，未可以立也；可以立，未可與權。權者聖人之所獨見者，故忤而後合者，謂之知道；合而後舛者，謂之不知權。」公羊反經有善之說，以釋春秋之義；董子反經必在可以然之域，以釋公羊之說者。淮南汎論始以「忤而後合」釋論語此章之權字。忤而後合猶反於經然後有善之謂。今此章周馬鄭之注已佚，不可考。晉韓康伯注易繫辭「巽以行權」曰：「權，反經而合道，必合乎巽順而後可以行權也。」「反經合道」四字，始見於此。疑即為引論語舊注而注易者。蓋「反經合道」乃由「反於經然後有善」、「反經必在可以然之域」、「權者忤而後合」諸說蛻變而來。劉子新論卷八明權曰：「權者，反於經，而合於道；反於義，而後有善。若唐棣之華，反而更合也。夫有道則無權，道失則權作。」「反經合道」與韓康伯注甚合。南北朝以前舊說大略如是。此說唐人已有非之者：陸贄論替換李楚琳狀有曰：「以

43

反道為權，任數為智，君上行之必失衆，臣下行之必陷身，歷代之所以多喪亂而長奸邪，由此誤也」。此乃論事及之。若釋論語而改旧說，自當以宋程子為代表。程子曰：「漢儒以反經合道為權，故有權变權術之論，皆非也。權只是經也。自漢以下，無人識權字」（見朱子集註）自此說出，後儒鮮有不遵之者。明人高拱獨持异議，語頗激而冗端，茲節録之。其說曰：「聞自漢以來無人識權字，然乎？曰：詎止漢人，即宋人亦未識得。蓋皆以為常則守經，變則行權，故其為言且閒且舍，而不得其理也。經者稱之衡，权者称之錘，往來兩中，變通而不窮，無常無变，無大無小，常相為用，而不得以相離。若謂常則守經，变則行權，是常則專衡而不用權，變則專用錘而不用衡也，而可乎！程子曰：權即是經，自漢以來無人識得權字。夫謂權不離經則可，而曰權即是經，是曰權即是衡也。此朱子所以又有經權亦當有辨之說」。（問辨録）清人陸隴其又駁高氏曰：「中立之說，亦本大全潛室陳氏。若發解執中無權之權，則通。

彼權字可以衡字對說。此權字即兼衡字在內、故程子以二字總說。程朱蓋以立[redacted]為守經、權為達變、其義甚精、若如中玄之說、不知立是個衡物。若仍說守經、不識為子莫之執中矣、（論語集義困勉錄）翻捜綜觀諸說、程子權只是經一語、權有故弄玄虛、頗難棄解之処。陸氏權、為達變之寶、已將程說修正。高氏以衡錘喻經權、錯解經為道、未得其實。尚以為孟子說經權最精。曰、男女授受不親、禮也、嫂溺援之以手者、權也、（離婁上 ）夫男女授受不親禮也之禮、即所謂經禮是也。人事至繁、經禮不能備舉、拘於禮文、嫂溺旁觀、是即子莫之執中、道之弃也。凡事之於經、無拔而於理不遠者、是之謂權、經常不變之經、理也、反經合道之經、禮文也、不容渾、董子淮南言之詳矣、而程子謂自漢以来無人識得權字、宜乎高氏誤之。經權之義之所以難明者、不在文字上、而在學力上。不明理甚精者、不能行權。立者、明理矣、然不精熟、僅日月至焉者、猶未足與言權也。故權在立後、知權則從心所欲不踰矩

樹德 ○

節用中子

44

矣。

季康子問：「弟子孰為好學？」孔子對曰：「有顏回者，好學，不幸短命死矣，今也則亡。」

季康子，季桓子庶子也。哀公三年季桓子卒，康子即位。孔子於哀公十一年反魯。伯魚卒時，孔子年六十九歲。顏淵死於伯魚之後，則此問當在孔子七十以後。

子路使子羔為費宰。子曰：「賊夫人之子。」子路曰：「有民人焉，有社稷焉，何必讀書然後為學。」子曰：「是故惡夫佞者。」（先進篇）

子羔，孔子弟子，高柴也，少孔子三十歲。（史記弟子列傳）高柴，齊人，高氏之別族，字子羔，少孔子四十歲。長不過六尺，狀貌甚惡。（家語）子羔，衛人。（鄭玄孔子弟子目錄）

費音祕。魯僖公元年左傳：「賜季友汶陽之田及費。」定公元年傳：「昔成季友桓之季子也，有大功於魯，受費以為上卿。」按此是費為季氏私邑。又按左傳定公十二年、仲由為季氏宰、將墮三都。於是叔孫氏墮郈、季氏將墮費、公山不狃叔孫輒帥費人以襲魯、費人北、遂墮費。子路使子羔為費宰、當在是時。時孔子年五十四、（但史記叙墮費于定公十四年時孔子年五十六）子羔少孔三十歲、則是時子羔年方二十四。（若據家語子羔年方十四歲、無論以何不能為宰、家語不足據）其學猶未能立、而使之為大邑宰、猶未能操刀而使之割、是害之也。故曰、賊夫人之子、[redacted]向來注家多謂猶信彼人之子。近時[redacted]友毛人君奇止、[redacted]彼亦方治論語甚勤、謂余曰、之子子字、乃學之壞字、賊夫人之學、而後何必讀書然後為學一語乃有著落、其解精闢無倫、當從之。

有社稷焉、費邑安有社稷、大抵費為魯三都之一、凡邑有先君之廟曰都。（莊二十八年左傳）則費邑有魯先君宗廟之主、又祭義、建國之神位、右社稷而左宗廟、費邑既有宗廟、必有社稷。故曰、有民人焉、有社稷焉。社、土神也。稷、穀神也。重農之世、社稷至尊、故與宗廟並立左右。

八

45

佞者,禦人以口給之謂也。義見《雍也》「仁而不佞」章。
前人於「學而時習之」「學」字,有以讀書解之者,引此章「何必讀書然後為學」為
証。實則此為最狹義解釋。學何止讀書而已,讀書立其大本也。大本既立,然
後左右逢原,到處是學。學至乎沒而後止。若大本未立,而欲以民人之事、社
稷之守為學,則本末倒置,鮮不僨事,故曰「是故惡夫佞者」。
劉寶楠《正義》曰:「《史記·弟子傳》作『為費郈宰』,《論衡·藝增篇》亦作『郈宰』。戴望謂《史
記》『費』字後人所增。張守節《正義》引《括地志》,釋郈在鄆城宿縣,未言費所在,知
所見本無費字。子路以墮郈後,不可無良宰,故欲任子羔治之。戴說頗近理。
然《論語集解》亦不釋郈,則包、周、馬、鄭所據本皆作費,豈當時已文誤莫之能
正耶!所當闕疑,各就文解之也。」余按《論衡·程材篇》引,作「費宰」,與今本《論語》同。
一書引兩,而有費、郈之異,則漢時已有兩種本子可知。《論語》有三論異文,作
費作郈,此必古魯或齊魯異文,非文字有誤,乃所據傳說不同。古魯異文多

矣、何独於此而疑其文误。今集解虽尚存包注、但注文未及貢宰、未可遽断其本即作貢而非郈。至史记弟子傳作貢郈宰、此显然不通。一人安得同时為兩邑宰、如有一字為增、戴氏疑之是也。然必謂郈而非貢、亦嫌武断。(今馬国翰輯古論語作貢郈宰是從史记，史记文误，未足為據)

樊遲請學稼、子曰：「吾不如老農！」請學為圃、子曰：「吾不如老圃！」樊遲出、子曰：「小人哉樊須也！上好礼則民莫敢不敬，上好義則民莫敢不服，上好信則民莫敢不用情；夫如是則四方之民襁負其子而至矣，焉用稼？」(子路篇)

史記仲尼弟子列傳：「樊須字子遲，少孔子三十六歲。」家語弟子解：「樊須魯人，字子遲，少孔子四十六歲。」鄭玄弟子目録：「樊遲齊人。」据哀公十一年左傳：「冉求帥左師，管周父御，樊遲為右。」杜注：「樊遲魯人。」是從家語。又据左傳季孫曰：「須也弱。」若從礼記曲礼：「二十曰弱冠。」則是时樊遲年不过二十左右。孔子於哀公十一年反魯，即冉求敗齊師之年，則樊遲從孔子問學當在哀十一年

46

之後。其年歲猶甚少也。故有學稼學圃之問。又孔子返魯时、年六十八歲[redacted]
时樊遲之年僅二十歲、則少孔子四十八歲。然季釋所謂弱者、未必即為二十歲、則
家語少四十六歲之說可疑。若依史記、則樊遲在哀十一年為三十二歲、[redacted]
[redacted]不可謂弱、史記不足據。

稼、馬融曰：「樹五穀曰稼。」周礼：「稻人掌稼下地。」鄭注曰：「以水澤之地種穀也。」謂
之稼者、有似嫁女相生。說文曰：「在野曰稼。」集人解稼字、大体相同。
圃、馬融曰：「樹菜蔬曰圃。」周礼：「場人掌園之場圃、而樹之[redacted]果蓏（音裸。草實曰
蓏）珍異之物、以時斂而藏之。」是馬說與周礼合也。說文曰：「種菜曰圃。」是許
說與馬氏同也。

稼圃之事、皆農人為之。農人者、小民也。小民即小人。孟子曰：「然則治天下獨
可耕且為與、有大人之事、有小人之事。或勞心、或勞力。勞心者治人、勞力者
治於人。治於人者食人、治人者食於人。」（滕文公）趙岐注曰：「小人之事、謂農工商也。」

小人即小民也。周書無逸「懷保小民，惠鮮鰥寡」，漢書谷永傳引作「懷保小人
惠于鰥寡」，是又為小人即小民之證。又小人即野人，孟子曰：「無君子莫治野
人，無野人莫養君子。」（滕文公上）養，猶食也。小人勞力，食君，即野人養君子。
「小人哉樊須也」，與「野哉由也」同義，皆指小民言也。
礼離義而言，則礼者理也。礼記仲尼燕居：「子曰，禮也者，理也，君子無理不動」，可
證。呂覽論威曰：「義也者，萬事之紀也，君臣上下親疏之所由起也。」韓非子解
老曰：「義者，君臣上下之事，父子貴賤之差也。」兩家釋義，大體相合。礼記曲礼：
「夫礼者，所以定親疏，決嫌疑，別同異，明是非也。君臣上下父子兄弟非礼不
定。」據此則礼與義無別，礼猶義也。又曲礼：「礼從宜」，韓非解老：「義者，謂其宜也，
宜而為之，故曰上義為之而以有為也」（　　）是又為礼即義之
證。礼與義同時並舉，則礼與義有別。礼為聖人所制文礼，所謂「經礼三百，
曲礼三千」（礼器）是也。而義當訓理，理，猶宜也。又可訓為正，春秋繁露仁

47

義茍義之為言、我也、以義正我、義之法在正我、不在正人、是其證也。有成文之
礼、有無文之礼、義者、即無文之礼也。上好礼之礼、即成文之礼。民莫敢不敬、
即遵礼之謂。曲礼第一句、即曰「毋不敬」、敬之於礼、猶形之於影、離敬即非礼、
猶離[redacted]形即無影也。故曰「不敢不敬」。[redacted]上好義之義、理也、以理制事、則民
服、服者、服於理也。信者、誠也。情者、實也。民莫敢不用情者、[redacted]言民亦信也。于
好礼則民亦遵礼、上好義則民服于義、上好信則民亦好信、所謂君子之德
風、小人之德草、草上之風必偃是也。
襁、史記弟子傳裴駰集解引包咸曰「負子之器曰襁」、説文曰「襁、負兒衣」、邢疏
引博物志云「襁、織縷為之、廣八尺、長丈二、以約小兒於背」、然襁之大小、廣狹、
包氏許氏皆未言、而晉張華獨言之、或晉時之襁如此、漢時未必然也。而孔
子之時、襁之制作如何、更不何考矣。惟包氏謂之器、許氏謂之衣、從衣者不可
謂之器、疑包氏有誤。今貴州婦人、襁負小兒從事農作者、到處可見、猶存古

風。江浙一帶、罕有。又嘗見以篾簍背負小兒者、忘其地名、是謂負兒之器矣。但其物為竹製、其字當從竹、不當從衣作襁也。

孔門不講農圃之學、則其稼穡之事、皆民自為之、其技之低劣、可以想見。惟於此有一疑問在、虞書有曰「帝曰棄、黎民阻飢、汝后稷播時百穀」、據此、則舜時已有農官、教民播種百穀矣。而孔子乃祖述堯舜者也、在理言之、亦當稍習農事、使後生小子知稼穡之艱難、而竟因樊遲之問、斥之為小人、此何故也。又孔子嘗曰「久矣吾不復夢見周公」、呂覽亦曰「孔丘墨翟晝日諷誦習業、夜夢文王周公而問焉」、則孔子之於周公、可謂信之篤矣。然而周公所作之周禮、地官有圃人、掌牧百獸、有場人、掌國之場圃、而樹之果蓏珍異之物、以時斂而藏之、有舍人、以歲時縣穜稑之種、（先種後熟謂之穜、後種先熟謂之稑、音直祿反）以共王后之春獻種、有倉人、掌粟入之藏、辨九穀之物、以待邦用、又有司稼、掌巡邦野之稼、而辨穜稑之種、周知其名、與其所宜地、

48

以為法、而縣於邑閭、比閭人、場人、舍人、倉人、司稼皆農官也、而司稼且須教農人耕種之法、明示其法于邑閭、使農民皆知之。由已能以法示人、知其當學為稼為圃也、是必有師矣。周公之時、既有農學之師。孔子之時、亦當有之。孔子信周公篤、必恪守遺制、向農官問學、且以之為教矣。然而孔子既斥樊遲為小人、則其未嘗以農為教可知也。夢見周公者、當如是耶？其故又安在、曰、虞書云云、出於古文、其事難信。周室班爵祿之制、孟子祇聞其略、而周官一書、敘一朝典制、至為詳密、此必在孟子之後大賢理想之作無疑矣。孔子之時、實無其書。孔子不請農圃之學、時勢使然。在今日研讀孔子之書、固未責孔子輕視農事、亦未可擬古文書及周官而譏孔子不宗堯舜周公也。

○

子曰、南人有言曰、人而無恆、不可以作巫醫。善夫！不恆其德、或承之羞。子曰、不占而已矣！（子路篇）

南人、集解孔注、南國之人也。恆、鄭注、言巫醫不能治無常之人、是訓恆為常。

周易恒卦彖辭曰「恒久也」，鄭玄亦曰「恒久也」，象曰「恒久也」，孟子梁惠王「無恒產而有恒心者，惟士為能」，趙岐注「恒，常也」，說文曰「恒，常也」，或訓久，或訓常，皆漢時旧義。詩周頌思文「陳常於時夏」，鄭箋「是故陳其久常之功，於是夏而歌之」，是久常（鄭）也。

巫醫　說文曰「巫，祝也，女能事無形以舞降神者也，象人兩袖舞形，古者巫咸初作巫。在男曰覡，在女曰巫」。段注「此析言之耳，統言之則周礼男亦曰巫，女非不可曰覡也」（按段說按周礼春官

醫　說文曰「治病工也」

不可以作巫醫　按鄭注作訓治，言巫醫不能治無常之人，義曲。

人而兩句，乃南人之言，孔子引之而贊其善，大抵勉人為學當有恒之意。礼記緇衣引（此）巫醫作「卜筮」，金樓子卷四引亦作「卜筮」，按鄭注此章明言巫醫，從鄭可也。毛西河曰「前後所引，皆卜筮之事，故曰不占而已矣。不占正言不可

49

為卜筮也，則似巫醫為卜筮之誤。（論語稽求篇）按此說非也。不占而已矣，言不恒其德，或承之以羞者，可不占而知也。是為不可為卜筮之言。本恒二句，恒卦九三爻辭，不恒之不可，爻辭甚為明白，何待占而知其吉凶，故曰不占而已矣。朱子論語或問以為不占而已矣之義，諸家之說皆不通，不若闕之，以俟知者。余以為無疑可闕。不恒以下，圖當另為一章，故重出子曰二字，不知何時與人而無恒并為一章。

「君子無終食之間違仁，造次必於是，顛沛必於是」，此言為仁必以恒。子曰：「回也其心三月不違仁，其餘則日月至焉而已矣」，此嘉顏子為學有恒，日月至焉者，正坐無恒之病。冉求歎力不足，孔子曰：「今女畫」，畫者自止，不欲再進，即無恒之謂也。此數章皆可補此章之義。易恒卦彖曰：「天地之道，恒久而不已也，日月得天而能久照，四時變化而能久成，聖人久於其道而天下化成，觀其所恒，而天地萬物之情可見矣。」恒之義大，學者當三復斯言。

子曰：「古之學者為己，今之學者為人。」（憲問篇）

此章兩者字，為詞也。古之學者為己，猶言古人之為學也為己。下句義明。者字如作代詞用，則學者為一名詞，為己為人，空洞無實，頗難索解。以者為虛字，則為己為人者，指所學言也，所學為己，所學為人，義乃暢通。

前人釋此章，大体無殊。孔注：「為己，履道而行之；為人，徒能言之也。」北堂書鈔引新序云：「齊王問墨子曰：『古之學者為己，今之學者為人，何如？』對曰：『古之學者，得一善言，附之己身；今之學者，得一善言，務以悅人。』」顏氏家訓曰：「古之學者為己，以補不足也；今之學者為人，但能說之也。」程子曰：「為己，欲得之於己；為人，欲得之於人。」（論語集解引）朱注引下句，作「欲見知於人。」毛西河曰：「為己者，因心以合道；為人者，憑譽以顯物。謂譽人揚物，皆知名之事。而彼以譽人，而曰為人，此以受人譽，而仍是為己。毫釐千里，識者審之。」諸家皆以實踐為為己，徒說為為人，那是，而實未盡也。夫為者治也，不讀去聲，為己猶

50

言治已、治已者、即修身也、身修而後乃可言家齊國治。為人猶言治人、治人即導民、其身不正、雖令不從、[redacted] 此理甚淺、而數千年未真明此理者罕見、不惟後世為然、即古代亦莫不如此、故孔子有此言也。

子曰：「莫我知也夫！」子貢曰：「何為其莫知子也？」子曰：「不怨天、不尤人、下學而上達。知我者其天乎！」（憲問篇）

「莫我知也夫」、猶言、莫知我也夫、莫無也。（韵會）夫、歎詞。「人不知而不慍」、「不患人之不己知、患不知人也」、「不患莫己知、求為可知也」、此孔子之教、且屢言之。此章孔子乃自歎莫己知、此何謂者、於此有說焉。考之二十篇中、或曰「子奚不為政」、「達巷黨人曰、大哉孔子、博學而無所成名」、此或人不知孔子。葉公問孔子於子路、子路不對、「衛公朝問於子貢曰、仲尼焉學」、「叔孫武叔語大夫於朝曰、子貢賢於仲尼」、「陳子禽謂子貢曰、子為恭也、仲尼豈賢於子乎」、微生畝謂孔子曰、丘何為是栖栖者與、無乃為佞乎」、此當時士大夫與隱者不知孔

乎。然若輩無知之徒、知孔子、無益於孔子、不知孔子、無損於孔子、孔子所不

屑較也。惟是學而不厭、誨人不倦、而有不知師之弟子、斯誠（何歎）者也。冉有（但）夫子

為衛君乎、在陳絕糧、子路慍見曰、君子亦有窮乎、子見南子、子路不說、公山

弗擾以費畔、召子欲往、子路又不說、子曰賜也、女以予為多學而識之者與、

子曰二三子以我為隱乎、吾無行而不與二三子者是丘也、是皆為弟子不

知師之明證。他人不知孔子、所不知者為虛名。弟子不知師、所不知者為實

學。不知師之實學、則不知好學、不知好學、則為師者[redacted]。誨人不倦、

豈非徒勞乎。故於此而深致歎、欲就子貢之穎悟、而發門人之惑、是此章之

大旨也。

何為其莫知子也、為、猶謂也。其語助詞、無義。凡可去之於義無傷者、皆為語

助詞、也、疑問詞也。凡也字煞句、句首以何字或豈字起者、皆屬疑問詞、與耶字

義同。

「下學而上達」集解孔注「下學人事上知天命也」朱子論語或問「問程子以爲下學人事便是上達天理何耶曰學者學夫人事形而下者也而其事之理則固天之理也形而上者也學是事而通其理即夫形而下者而得其形而上者非達天理而何哉」按程說與孔注同說義亦通顧余猶有說焉孔門之學以誦詩讀禮爲事即下學也由詩以達禮由禮以成仁由仁以達天與天地參即上達也由下而上由顯之微由粗之精上下洞徹所謂一以貫之者此之謂也

知我唯天故不怨天有道自樂故不尤人道之不明於世仁者之事未盡故歎

51 子曰賜也女以予爲多學而識之者與對曰然非與曰非也予一以貫之（衛靈公篇）

集解何曰善有元事有會天下殊塗而同歸百致而一慮知其元則衆善舉

矣、故不待多学、[redacted]以知之也」、此本易文言「元善之長」一語、而釋「一以貫之」之
義者也。雖勉強可通、終嫌疏闊。夫孔門之学、先之以詩、继之以礼、襍之以楽、
凡興觀羣怨君臣父子草木鳥獸蟲魚存乎詩。五音六律干戚羽旄存於楽。
天理之條行、人事之儀則、朝聘宴享之序、冠婚喪祭之文、皆存乎礼。学之部
門、可謂富矣。故須多学而識。然其部門雖多、並非雜然俱呈、不相統属者。詩
礼楽、蓋為統一之體、所謂者、即孔子之道也、上下洞徹、下学上達、有條不紊、
故曰「予一以貫之」。何氏謂不待多学、一以知之者、乃学老荘者皮毛之説、孔
学不如是也。「博学於文」「博我以文」「博学詳説」「博学審問」「博習親師」云云、皆為
孔門重博学之証。孰謂不待多学而能一以知之耶！孔子語子貢但知「博学
於文」、不知「約之以礼」、故發其惑、而以一貫之礼教之也。此告曾子者亦同。
[redacted]後儒有分别其義解之者、謂告曾子者明道体、告子貢者明治学之術、拘
墟之見、余所不取。

○

子曰：吾猶及史之闕文也，有馬者借人乘之，今亡已夫。（衛靈公篇）

集解包注：古之史於書字有疑則闕之，以待知者也。有馬者不能調良則借人使乘習之。孔子自謂及見其人如此，至今無有矣。言此者，以俗多穿鑿也。此以史闕文、馬借人為兩事，以今亡已夫（為指）有馬借人（乘之）之人，其鄙陋殊為（可）笑。宋陳祥道論語全解、鄭汝諧論語意原、張栻癸巳論語解、朱子論語集注引楊氏說，清劉宗周論語學案、孫奇逢四書近指、焦袁熹此木軒四書說，皆本包氏而致誤。劉寶楠正義引宋翔鳳論語發微云：周禮保氏教之六藝，四曰五馭，五曰六書。御與書同在六藝，皆國子之所當教。有馬借人乘習，則皆期於善御，亦六藝之一，弟子之事，而保氏之所教也。五馭之目為鳴和鸞、逐水曲、過君表、舞交衢、逐禽左。乘之者習此者也，有一定之法，非可用其私，故車能同軌。六書之目為指事、象形、諧聲、轉注、假借。闕文者，所不知者也，有一定之法，非可意更正文，故能書同文。此直為（周禮）保氏（作）文，邢昺注論語

52

劉氏之

吳明陳耀文（經典稽疑）引宋劉安世說、独得此章真諦、其言曰、有馬者借人乘之、便是史之闕文、夫有馬者借人乘、非難事、史且載之、如是闕文、及如見之、謂聖人在衰世、猶及見此等史存、而不敢闕、亦忠厚之至、後世見此語、頗無謂、遂從而削去之、故聖人歎曰、今亡矣夫、蓋歎此句之不存也、余於數年前即有此說、蓋就文義推勘即得、不難解也、即是劉氏之說、尚須修正、夫謂史之闕文、即指有馬者借人乘之一語而言、者、因其言首尾不具故也、劉氏以為有馬借人乘非難事、史且載之、不確、史官係何記此事、因文闕、其故無由推知、今亡矣夫、非指定語、蓋言往常所及見之闕文簡策、今日或已散失之矣、劉氏謂後世見此語、頗無謂、遂削而去之、將今亡矣夫、作昔亡讀、非也、且及一人之身、不過數十年之事、不能用後世字眼、凡此細節、亦不可不辨、又

此章大旨、言嘆簡策日就湮沒、時人不愛惜遺籍之意、劉說未及此旨

子曰、吾嘗終日不食、終夜不寢、以思、無益、不如學也、（衛靈公篇）

53

荀子勸学篇曰：「吾尝终日而思矣，不如须臾之所学也」，大戴礼劝学篇、文选
荀子同。而以孔子曰三字冠之，是否傳論语者有異文，不可敚矣。王符潛夫
論讃学篇，引此章与下章耕也餒在其中連读，似并兩章為一章。今考集
解，此章与漢人旧说，又似原亦作一章读，细審文義，兩章不類，以分读為得。
故邢疏分兩章疏释。

孔子尝言：「学而不思則罔」，未尝废思也。此言「终日不食，终夜不寝，以思，无益」，昔
是為思而不学者言也。思而不学則殆，故曰「不如学」。学与思為对文，則学者
即子路所谓「何必读書，然後為学」之学。大抵為学必須先下苦工夫、多读書，
此為聖人教人之至意，古今不易之法，学者所不可忽者也。（衛灵公篇）

子曰：「君子谋道不谋食。耕也，餒在其中矣；学也，禄在其中矣。君子憂道不憂貧。」
集解：鄭曰：「餒，餓也。言人雖念耕而不学，故飢餓；学則得禄，雖不耕而不餒。此
劝人学。」按此章大旨，劝人好学，鄭说是也。耕為得食，而未必得食；学非（为）干禄，

而能得禄。上句為下句襯託語。意在勸学者不必急于利禄之干求。

孔子曰、生而知之者、上也。学而知之者、次也。困而学之、又其次也。困而不学、民斯為下矣。(季氏篇)

集解孔曰、困、有所不通也。按中庸曰、或生而知之、或学而知之、或困而知之、及其知之一也。或安而行之、或利而行之、或勉強而行之、及其成功一也。為孔子答哀公問政語。当此章文字異、義則同。又按中庸天下之達道五、所以行之者三、曰、君臣也、父子也、夫婦也、昆弟也、朋友也。五者天下之達道也。知仁勇三者、天下之達徳也。所以行之者一也。使之以生知[illegible]学知云、則知之学之諸之字、指達道而言者也。

陳亢問於伯魚曰、子亦有異聞乎。対曰、未也。嘗独立。鯉趨而過庭。曰、学詩乎。対曰、未也。不学詩無以言。鯉退而学詩。他日、又独立。鯉趨而過庭。曰、学礼乎。対曰、未也。不學礼、無以立。鯉退而学礼。聞斯二者。陳亢退而喜曰、問一得三。聞詩聞

54

礼又聞君子之遠其子也。（季氏篇）
鄭注、子禽問於子貢曰章、曰子禽、弟子陳亢也。此章及子張篇之陳子禽、云
注、檀弓陳子車死於衛、其妻與其家大夫謀殉葬、定而后陳子亢至、曰殉葬
非礼也。鄭注子亢、子車弟、孔子弟子。家語弟子解陳亢陳人、字子亢、一字子
禽、少孔子四十歲。史記弟子列傳無記載。漢書古今人表、有陳亢有陳子禽、
列中中、又有陳子亢、列於中下、是分為三人。按論語中、子禽陳亢陳子禽、凡
三見。問於子貢者二、一稱子禽、一稱陳子禽。當是一人。問於伯魚之陳亢、或
即檀弓之陳（子）亢、人表分為三人、恐非是。而家語并三人為一人、更謬。問於子
貢之子禽陳子禽、觀其言、大類一人。此章之陳亢、自喜聞詩聞礼、又聞君子
之遠其子、與曰殉葬非礼也之陳亢歟。分之為人歟為合理而有據。
許氏說文伉字曰、論語有陳伉、許書所引為古論、則古論作伉、今作亢者、張
包周本也。窃以為當從說文作伉、子亢其字也。

曲礼：“遭先生於道，趋而進，正立拱手，先生與之言則對，不與之言則趋而退。”則趋為示敬之皃。古人過喬木則趋。（見說苑）亦示敬長老之意。伯魚過庭而趋，敬其父也。孔當如是。釋名云：“兩脚進曰行，徐行曰步，疾行曰趋，疾趋曰走。”爾雅釋宫：“門外謂之趋，中庭謂之走，[redacted]”

[redacted]與爾雅牴牾。[redacted]爾雅先言門外，再言中庭，顯係誤倒，當作中庭謂之趋，門外謂之走，正其誤倒，乃與論語趋而過庭合，與釋名亦合。

又聞君子之遠其子也，可以孟子離婁篇“古者易子而教之，父子之間不責善，責善則離，離則不祥莫大焉”一段語釋之。

子曰：“由也，女聞六言六蔽矣乎？”對曰：“未也。”“居，吾語女。好仁不好學，其蔽也愚；好知不好學，其蔽也蕩；好信不好學，其蔽也賊；好直不好學，其蔽也絞；好勇不好學，其蔽也亂；好剛不好學，其蔽也狂。”（陽貨篇）

翔按：據“勇而無礼則亂，直而無礼則絞”，知此章所云學者，學礼也。明礼則無六者之蔽矣。

好仁（此仁為恵之借字）愛也而不知礼、則并有仁名且從之矣、故曰愚。

好知而不知礼、則小德出入、大德踰閑、故曰蕩。

信、要約也、好信而不知礼、則周鄭交質、賊義、故曰賊。

好直而不知礼、則以訐為直、故曰絞、絞、馬曰刺也、（刺刀部六畫）鄭曰急也、當從馬注。

君子有勇而無義為乱、義即礼也。不好學、則不知義、故乱。

剛、強斷也。（説文）剛強不屈、不知礼則純陽用事、任意陵人、是以謂之狂也。

子路好勇、甚恐為乱、恐狂。六蔽最後及勇、恐剛有以夫。

55 子曰、道聽而塗說、德之棄也。（陽貨篇）

聽平去兩聲、義同、馬融曰、聞之於道路、則傳而說之也（集解）按說文、首所行道也、爾雅釋宮、一達謂之道路、又云路、旅、塗也、據此、則道塗猶道路也。

故馬氏并言之。夫學必有師，習必有業。兌命曰學於古訓乃有獲，念始終典
于學，厥德修罔覺」若道路傳說，非學也。故無德（所得）故曰、德之棄也。
子曰飽食終日，無所用心，難矣哉！不有博奕者乎，為之猶賢乎已（陽貨篇）
孟子告子篇：公都子問曰，鈞是人也，或為大人，或為小人，何也。孟子曰：從
其大体為大人，從其小体為小人」曰，鈞是人也，或從其大体，或從其小体，何
也」曰，耳目之官不思而蔽於物，物交物，則引之而已矣。心之官則思，思則得
之，不思則不得也」據此，則無所用心者，即不用思慮之謂也。不思不得，故曰
「難矣哉」言難有得也。矣哉為歎詞，連言之深歎之也。
博戲之博，說文作簙，曰局戲也，六箸十二棊也」段注古戲不得其實」古者
烏曹作簙。揚子方言簙謂之蔽，或謂之箘。秦晉之間謂之簙，吳楚之間謂之
蔽」家語曰君子不博」去竹作博，共語同，則簙博二字通用。奕，方言圍棊謂之
奕，自關而東，齊魯之間皆謂之奕」襄二十五年左傳：今甯子視君不如奕棋」

56

杜注、奕圍棋也。孔疏曰：棋、所執之子、故云、奕者舉棋不定、不勝其耦、按奕博
皆為遊戲之事、雖小技、觀孟子奕秋誨二人奕云云、亦須專心致志、乃能通
其術。故其事雖小、而為之者、則較飽食終日無所用心者為賢也。
不有、有也、不乎対猜、為語詞之美、史記殷本紀、紂曰、我生不有命在天乎、句
法與此同、猶賢乎已、朱注、已、止也、是也。

子夏曰雖小道、必有可觀者焉、致遠恐泥、是以君子不為也。（子張篇）

漢書藝文志小説家引此文、作孔子曰、師古注亦曰、論語載孔子之言、漢志
不知何所本、顏注亦曰孔子之言、不可解也、後漢書蔡邕傳注、引鄭曰、小道、如
今諸子書也、集解何注曰、小道謂異端也、按孔子之時、尚無後世所見諸子
書。而樹立戸門、排斥他家為邪説、乃戰國風氣、鄭何兩家之説、皆未是也。朱
子曰、小道如農圃醫卜之屬。按子夏云曰、百工居肆、以成其事、君子學以致
其道、此小道當是指百工藝事而言、醫卜不在百工之内、（考工記攻木之

五七、攻金之工六、攻皮之工五、設色之工五、刮摩之工五、搏埴之工二、）朱
注恐亦看未確。
子夏曰：日知其所亡，月無忘其所能，可謂好學也已矣。（子張篇）
日知其所亡者，正業也。月無忘其所能，居學也。勤修正業，則日有所就；居習
旧業，則月有所將。學問由積累而成，非朝夕孳孳，必無成就。亡字本義為逃，
引伸之則謂死為亡，亦假為有無之無，双聲相借也。（說文段注）此章亡
字為無之借字。
子夏曰：博學而篤志，切問而近思，仁在其中矣。（子張篇）
博學篤志，集解孔曰：廣學而厚識之也。讀志為識，非也。識志二字雖通，但此
志字不讀記識之識，當訓志向之志。如為記識之識，當用識字（値），不用志字。以
破全書記事之例。朱注引程子曰：志不篤則不能力行。蘇氏曰：博學而志不
（篤則大而無成，皆讀如字是也。

57

切之本義為以刀斷物，今用為密切之意。礼記学記曰：「善問者，如攻堅木，先其易者，後其節目，及其久也，相説以解。」夫攻堅必先易而後難，先易即切問也。思問不離所学，是之謂切問而近思。中庸言審問，而不曰切問；言慎思，而不曰近思，何也？蓋彼之所言，乃將学問思辨行五者連貫言之，問隨所学，[illegible]思隨所問，辨隨所思，行隨所辨，已切矣，已近矣，不必再言切再言近也。今為泛説，故曰切曰近。

「仁在其中矣」，仁者全德之人也，学者学為全德之人，故曰，仁在其中。(詳見論仁篇)

子夏曰：「百工居肆以成其事，君子学以致其道。」(子張篇)

集解、包注：「言百工處其肆，則事成，猶君子学，以立其道。」按考工記：「審曲面勢，以飭五材，以辨民器，謂之百工。」凡攻木之工七，攻金之工六，攻皮之工五，設色之工五，刮摩之工五，搏埴之工二。六工之數凡三十，皆就王職而言，若細分，當不止百，言百者亦舉其大數而已。地官司市：「以陳肆辨物而平市」，鄭注

「陳，猶列也，謂物，物異肆也。」漢書刑法志：「開市肆以通之。」師古曰：「肆，列也。」晉崔豹古今注：「肆，所以陳貨鬻之物也。」此皆言商人所居之處曰肆。百工所居之處，亦稱肆者，肆，舍也，謂止舍處也。（見小雅大東「跂彼織女，終日七襄」箋語）與商人之肆異。左傳襄十四年：「工執藝事以諫」，則此章所云「以成其事」者，成其藝事也。

致，說文曰：「送詣也。」則致道者，猶言達其道也。包氏以立其道釋之，亦通。

子夏曰：仕而優則學，學而優則仕。（子張篇）

仕，說文曰：「學也。」段注訓仕為入官，此今義也。古者宦訓仕，仕訓學。余按許氏又釋仕字之形云：「從人，士聲。」此又從古訓釋之也。若從後起之義釋之，則士不止取聲，又取其義，成會意字。何以言之？蓋士者事也。（詳書及白虎通、毛詩傳皆如此訓釋）仕從士，故其義亦為事。詩大雅文王有聲篇：「武王豈不仕？」傳曰：「仕，事也。」可證。此章若從許，取古訓，則士而優，學而優，兩無別矣。仕當訓事

58

乃適其士事也，仕亦事也，士與仕無別與？曰：否。士者從學，志在修己，其事屬於己，其字爲推十合一。仕者從事，意在政事，其事屬於人，故其字從士旁人。此其所以爲別也。爲己之事，故推十而合於一；爲人之事，故以士旁人。制造文字，皆有物義存焉。優者，有餘力也。（集解馬注）

玉篇引此章，兩句誤倒。朱子文集：程允夫問子夏之言，似爲時而發，雖反覆相因，而各有所指，不知此説是否？答曰：舊亦嘗疑兩句次序顛倒，今云各有所指，甚佳。

衛公孫朝問於子貢曰：「仲尼焉學？」子貢曰：「文武之道，未墜於地，在人。賢者識其大者，不賢者識其小者，莫不有文武之道焉。夫子焉不學？而亦何常師之有！」（子張篇）

衛公孫朝，左傳未見，漢書古今人表列於下中，與叔孫武叔並格。集解馬曰：「衛大夫也。」對子貢稱孔子而呼仲尼，是亦壞事侯之類，不知禮者。爲大夫而不明稱謂之禮，封建制度之醜惡，由是亦足見其一斑。所謂「肉食者鄙」，此類是也。
孔子學文王周公、「文王既没文不在茲乎」「久矣吾不復夢見周公」、是其証。子
貢所謂「文武之道未墜於地」、即「文不在茲乎」之意。
識、漢石經作志。漢書劉歆傳引、亦作志。孟子公孫丑「尹士章」、趙岐注「賢者志其
大者、不賢者志其小者」、亦讀識為志。朱注、識音志。是諸家皆讀識為記識之
志。並宋王楙「野客叢書」有云「識字多音、今人多讀如字」、是宋時讀識為式音
者、亦大有其人。實則文武之道、重識不重記、且言大者小者、若云記、何有大
小之異。惟其知之也、乃有知大知小之分、因才有高下不同故也。讀為知識
之識更好。漢儒於章句、重師授、不敢自生意見。唐時注疏家、猶沿此風、不敢
擅反舊説、即師傳有誤、寧承誤。其實何必然。如此章、正不必因漢石經作志、
而即讀識為志也。

論語類編通義卷二

毛春翔学

論教

據舜典，敷布五教之權，掌於司徒。周官：「司徒掌邦教，佐王安擾邦國。」教官之屬，有小司徒、鄉師、鄉老、州長、黨正、族師、閭胥，皆卿大夫士之職。孔子在魯，非顯族。在定公之前，又未嘗為閭胥族師黨正之官。安得聚徒講学？據礼記、学記、鄭注：「古者，仕焉而已者，歸教於閭里，朝夕坐門，門側謂之塾。」孔子年五十以前，未嘗仕，當無歸教閭里之事。而史記称其弟子彌衆，[illegible]何也？意者，春秋之世，古制廢墮，肉食者鄙，具官而已。蓋僖子不能相郊勞之礼，魯昭公不知少皞氏以鳥名官之義，貴族沒落，數典忘祖，於是乎出類拔萃之士，遂一躍而為人師與？又孔子年少好学，十七歲即見称於孟僖子。（左傳昭七年及史記世家均有記載）

其聚徒講学，此亦其一因與？

據史記世家，南宮敬叔為言於魯君，與孔子適周，問礼於老聃，返魯，弟子稍益進焉。其事序於孔子年十七之後、三十之前。則是孔子施教在三十之前也。但孔子自言「三十而立」，三十之前已猶未立，安能立人，故知弟子稍益進焉之事，史遷紀事，失其序矣。且孟僖子卒於昭公二十四年，孟懿子、南宮敬叔從孔子問学，當在昭二十四年僖子卒以後，時孔子年三十四歲。然左傳於昭之二十年又載「宗魯死於衛，琴張將往弔之，仲尼曰：齊豹之盜，而孟縶之賊，女何弔焉」。杜注「琴張，字子開，名牢，孔子弟子」。家語「琴牢字子開，一字張，衛人」。史記弟子傳及鄭玄弟子目錄不載，論語中有牢曰「子云吾不試，故藝」，是則琴張確為孔子弟子，而其師事孔子，當在昭之二十年以前，時孔子未滿三十。此亦可疑。孔子施教究始於何年，未易定也。

孔子以詩禮樂教弟子，余前已言之矣。惟論語中，有「子以四教：文、行、忠、信」，又有「德行：顏淵、閔子騫、冉伯牛、仲弓。言語：宰我、子貢。政事：冉有、季路。文学：子游、子夏」云云，不可不辨。夫詩禮樂之教，乃孔子所自言，且屢言之，自必可信。

2

文行忠信，雖亦為弟子所記，但其言有疵，不甚可信。蓋行者所包至廣，忠信為
行之分上事，不得與行並立而為三。文之所蓄尤雜，忠信之理，均存乎文中，不
得與文分離而為四。此必記者失辭也。儒者之業，以博學始，以篤行終。今於文
行之外，標立忠信，則所謂文者，何文也？所謂行者，何行也？邢疏曰：「文者，謂先王
之遺文，行，謂德行，在心為德，施之為行，中心無隱，謂之忠，人言不欺，謂之信，此
四者有形質，故可舉以教也」。夫忠信亦有形質邪，何物像也？忠信如有形質，則
形而上者謂之道，作何解？夫忠者心之中也，信者心之實也，此非心之德邪？人
言不欺為守約信之信，而非誠信之信，邢氏之疏，真可謂之疏矣。離文與行，忠
信無所依，四教之說，不可通也。朱注引程子曰：「教人以學文修行而存忠信也」，
竊程子之意，似欲以文行統攝忠信，若以文行統攝忠信，於理可通，然依文明
言四教，四者不可合而為二。此記者之隨[於文]，不必強為之合。於義又不必強[俗?]之解。
「德行顏淵閔子騫」云云，鄭玄以之與上章「從我於陳蔡者」云云合為一章，皇侃

卷二

義疏別爲一章。据此章於顏回諸賢皆稱字、而不名、顯非孔子語。鄭氏以合於前章非是。當從皇疏別出一章。德行言語政事文學所謂四科之教者、是亦記者所造、以品評諸賢者、並非孔子之教、設有此四科也。且傳稱子游長於禮、所謂禮者、孔學之中心。子游旣長於禮、可謂其短於德行耶。不當待兼以完、則長於言語者、必長於文學、子貢豈短於文者耶。爲國以禮、冉有季路亦必不弱于文也。四科之目、殊嫌籠統。不若大戴禮衛將軍文子篇記子貢詳述顏淵等十（其旨則未爲仁人。）士之德之爲詳密。孔門之教、其物有三、其則則一、其倫有五、其紀一貫、不明乎是、而截之爲四、而曰某也長於某、此小人儒之所爲、可笑之甚者也。

以上四端、爲研讀論語者所當討究、茲僅述其大略。他如施教之方、詳於章句、立教之旨、存乎經文、細讀當自知之、不復贅陳於此矣。敘論教第二。

子曰、溫故而知新、可以爲師矣。（爲政篇）

集解、孔曰、溫尋也、尋繹故者、又知新者、可以爲師也。鄭注中庸云、溫讀如燖
溫之溫、謂故學之熟矣、後（疑爲復字刑誤）時習之謂之溫。邢疏左傳哀
十二年、公會吳於槖皐、大宰嚭請尋盟、子貢對曰、盟可尋也、亦可寒也、賈逵
注云、尋溫也、是尋爲溫、言人舊學之已精熟、在後更習之、猶若溫燖故食也。

按孔注以溫爲尋繹非是。尋爲燖之借字、鄭注是也。左傳尋與寒爲对文、則
尋猶溫也、故賈注尋溫也。燖或作燅、儀礼有司徹乃燅尸俎、注燅溫也、又作
燂、礼記内則五日則燂湯請浴、注燂溫也、是也。孔注不明假借之義、訓爲尋
繹之尋。人云孔注出後人僞託、似不誣也。漢書百官公卿表署脩溫故知新之
義、師古曰、溫猶厚也、言厚蓄故事、多識於新、則可爲師。此解更謬、不足取。夫
溫故而知新者、言溫習舊業而能有新知也。而當讀爲能知新由於溫故、與
日知其所亡之知不同。日知其所亡之知、受之於師。溫故而知新之知、由於

巻二

自得。新知、能自得之、則其知也無窮、其所以為教者亦日新、而月異、故曰、可以為師矣。宋儒如朱子、張南軒、錢時、王伯厚、皆如是說。惟陳祥道獨從孔注、非異解。

子在陳、曰、歸與、歸與、吾黨之小子狂簡、斐然成章、不知所以裁之。(公冶長篇)

史記世家魯哀公三年、孔子年六十矣、魯桓釐廟燔、孔子在陳聞之曰、災必於桓釐廟乎。已而果然。桓子卒、康子使使召冉求。冉求將行、孔子曰、魯人召求、非小用之、將大用也。是日孔子曰、歸乎歸乎、吾黨之小子狂簡、斐然成章、吾不知所以裁之。左傳於此無記載。孟子盡心篇(盡心下)所有記述、而文字多異。歸與、與猶乎也、故史記作乎。孟子作盍歸乎來。盍、何不也。來為句末語助詞、無義。盍歸乎來、言何不歸來。是孟子亦作乎、與史記同。

吾黨之黨、舊注無釋。人之過也、各於其黨、孔注、黨、類也。朱注從之。荀子非相篇、順禮義、黨學者、楊倞注、黨、親比也。曰類曰親比、義近。此黨字訓類為是。

4

狂簡：孔注：簡，大也。狂簡者，進取于大道，妄穿鑿以成文章，不知所以裁制，我當歸而裁制之耳。遂歸。（按遂歸二字不通，孔子於是時未嘗歸，不過思歸耳）[illegible]

[illegible]盡心下：吾黨之士狂簡。朱注謂志大而畧於事，與孔注少異，而皆未得其意。蓋狂者進取（孟子），簡爲僩之借字，大也。大者，志大也。銳意進取而志大，謂之狂簡。

不知所以裁之，當從孔注。史記出「吾」字，非是。蓋惟因其不知所以裁之，故思歸而裁之。孔子言此，思歸之情至切。出一吾字，則歸與歸與，使奄々無生氣矣。自孫奕，裁下有也字，今本無之，無之是也。

子曰：中人以上，可以語上也；中人以下，不可以語上也。（雍也篇）

集解：王肅曰：上謂上智之人所知也。兩舉中人，以其可上可下也。邢疏：此言授學之法，當稱其才識也。人之才識，凡有九等，謂上上、上中、上下、中上、中中、

卷二

中下、下上、下中、下下也。上上則聖人、下下則愚人、皆不可移。中人謂第五中

中之人以上、謂上中上下中上之人、以其才識優長、可以告語上智之所知。

以下謂中下下上下中之人、以其才識暗劣、故不可以告語上知之所知也。」

按漢書古今人表、列九等之序、以次古人。其叙曰、可與為善、不可與為惡、是

謂上智。可與為惡、不可與為善、是謂下愚。可與為善、可與為惡、是謂中人。云

云、邢疏大抵即本此以釋此章、恐不可易。孔子曰、生而知之者上也、學而知

之者次也、困而學之又其次也、困而不學、民斯為下矣。是分知愚賢不肖為四

等。此章中人以上、中人以下、只有三等。或四或三、皆就才識言之、可不拘也。

拘則泥矣。[redacted]長善而救其失、道而弗牽、強而弗抑、開而弗達、因才施教、

以成其德、是此章之義。[redacted]

子曰、自行束脩以上、吾未嘗無誨焉。（述而篇）

束脩二字有兩義。後漢書延篤傳注引鄭曰、束脩謂年十五以上也。此以束

脩為束帯脩飾之義。後書伏湛傳、湛自行束脩、訖無毀玷。隸釋謁者景君墓
表、惟君束脩仁知、幽州刺史朱龜碑、仁義成於束脩、孝弟根其本性、皆以束
脩表年、此鄭義同。又後漢馬援杜詩二傳、亦以束脩為年十五、（此為一義。）漢人之說本
我如是集解孔曰、言人能奉禮、自行束脩以上、則皆教誨之也。皇疏曰束脩、
十束脯也。古者、相見必執物為贄、贄至也、表已來至也。人君用玉、卿羔、大夫
雁、士雉、庶人執鶩、工商執雞、其或束脩壺酒一犬、悉不得無也。束脩是贄之
至輕者也、[redacted]
自皇疏盛行以後、（此又一義。）漢人之說便（前一）
微。北史儒林傳、樂遜（自王侯以下並束脩行弟子禮）劉焯（又畫手財不
行束脩者未嘗有所教誨）兩傳、皆以束脩為贄。邢疏曰傳言束脩者、皆謂
十脡脯也。杜預曰、古之大夫束脩之問不出竟、少儀曰、其以乘壺酒束脩一
犬賜人、穀梁傳曰束脩之問、不行竟中、是知古者持束脩以為禮、邢承皇疏、

卷二

5

朱注又從邢疏。漢人旧說，人多莫知之矣。明高拱曰：束脩未詳，不可強解。若以執贄相見，則斷乎不然。聖人教人之心無窮，豈待執贄以來而始教（問辨錄）。此明人之反皇疏而又不敢張漢幟者也。清初黃生[redacted]義府，主漢人旧說，引桓寬鹽鐵論（亍）：余自結髮束脩，年十三，幸得宿衛，為証，[redacted]余接束[redacted]常脩飾，與十束脯，而義皆可通。高氏以為，斷斷乎不然者，誤以孔子（附）之束脩為後世之束脩故也。後世之束脩，教者賴此以活。孔子時之束脩，乃幼少者見長者必持之礼物，所載在礼，不重在養。礼雜者，其人微賤。微賤者之教之，此即有教無類之证也。且句中有衍字，十束脯之說，實較漢人之說為長。孔廣森經學卮言曰：當以十脡脯為正解，是也。

誨，魯論作悔。鄭從古論作誨。（釋文）按魯論傳授較古，多用借字，作悔者是假借。古論後出，多用當時通行字。鄭從古者，用本字也。

子曰：不憤不啟，不悱不發。舉一隅不以三隅反，則不復也。

6

集解鄭曰：孔子與人言，必待其人心憤憤口悱悱乃（乃猶而也）後啟發為
之說也。如此則識思之深也。說則舉一隅以示之，其人不思其類，則不復重
教之也。皇疏：憤，謂學者之心思義未得，而憤憤然也。啟，開也。悱者，謂學者之
口欲有所諮，而未能宣，悱悱然也。發，發明也。朱注：憤者，心求通而未得之意。
悱者，口欲言而未能之貌。蓋本皇疏。
蜀石經舉一隅下有「而示之」三字。皇疏本同。文選西京賦注引文與皇本同。
邢疏本無「而示之」三字，與今通行本同。而本皆可通，各存其舊可也。不必改此
論就彼
學記曰：善待問者如撞鐘，叩之以小者則小鳴，叩之以大者則大鳴，待其從
容，然後盡其聲。可用以釋此章憤悱啟發之義。又道而弗牽，開而弗達，亦可
用釋舉一隅不以三隅反則不復也。數語。復，告也，白也。讀入聲。孟子梁惠王
篇有復於王者曰。趙注：復，白也。是其証。此章則不復也，言則不告也。鄭注讀去
聲，復，再也。非經義，亦可通。

述二

子曰：二三子以我為隱乎？吾無隱乎爾。吾無行而不與二三子者，是丘也。（述而篇）

集解包曰：二三子，謂諸弟子也。聖人智廣道深，弟子學之不能及，以為有所隱匿，故解之也。按包說是也。但余尚有說焉。孔子教人，「不憤不啟，不悱不發，舉一隅而不能以三隅反，則不復」教。或啟或發，皆有待於弟子之情悱。舉一以示，賴乎弟子之三反。憤悱者少，舉一反三者寡，則為師者幾乎無言矣。默爾而息，類乎隱匿。故弟子有此疑，而孔子乃有此解。智廣道深之說，似嫌不切。

「以我為隱乎」，皇本作「以我為隱子乎」，多一子字。邢本無之。無之者是也。上既言二三子，更何必再出一子字，雖古本如此，亦不可從。

「吾無行而不與二三子者是丘也」，皇本「行」上有「所」字。集解包曰：「我所為無不與爾共之者是丘也。」則包氏所據本有所字。皇本蓋承舊文也。皇疏：「行，猶為也。」是也。與，皇、邢兩疏皆作與爾共之之與解。蓋釋舊注，不得不爾。余以為此與字當訓為謀，去聲，言我無行而不為二三子計也。吾無行之「吾」字，似贅。下既有丘字何必再出吾字。

子以四教：文、行、忠、信。（述而篇）

說已詳本篇敘中。朱注，行讀去聲。按行字動詞讀平聲，名詞讀去聲，此章行字是名詞，讀去聲是也。但三人行、吾無行，亦皆為名詞，朱注無音，未詳故。

互鄉難與言，童子見，門人惑。子曰：與其進也，不與其退也，唯何甚。人潔己以進，與其潔也，不保其往也。（述而篇）

互鄉，鄉名也。（集解鄭注）難與言，鄭注：其鄉人言語自專，不達時宜。童子，皇疏曰：年十九以下未冠者也。琳公曰：此八字通為一句，言此鄉有一童子難與言，自非一鄉皆專惡也。按難與言云者，當是謂此鄉人鄙野不明理，與之言善不入，非謂專惡。專惡有意為惡，鄙野不明理，謂之愚可也，謂之專則不可。琳公讀法不足取，且語中亦無此句法。

卷二

「與其進，不與其退，」兩與字與「吾與點也」之與同義，許也，從也。言其進而求教，則教之耳。其退也，不循教則聽之可也。唯，皇疏曰：語助也。按唯可訓獨，唯何甚猶言獨何甚也。

人潔己以進三句，重複言之，以解門人之惑。不保其往，重言不與其退之意。「往猶去也，不保其去後之行也」（集解鄭注）皇疏引顧歡曰：往，謂前日之行也。夫人之為行，未必可一，或有始無終，或先迷後得，故教誨之道，潔則與之，往日非我所保也。按此說適與鄭說相反，鄭說是也。孔子先言不與其退，再言不保其往，曰退曰往，明指事後者言，非謂往日也。朱注：疑此章有錯簡，人潔至往也十四字，當在與其進也之前，往前日也。言人潔己而來，但許其能自潔耳，固不能保其前日所為之善惡也。唯字上下疑又有闕文，大抵亦不為已甚之意。按朱子以為有錯簡者，非也。與其進也，簡言之，人潔己云云，稍詳言之。其序井然，無錯簡。或問曰：舊說不保其往，為往日之事，此於文義為詳，但文勢差例耳。知朱子錯簡之說，即從皇侃所引顧氏說而來。朱子亦不免為南蘅人所惑，解經可為難矣。

子曰：吾有知乎哉？無知也。有鄙夫問於我，空空如也，我叩其兩端而竭焉。（子罕第九）

皇疏引繆協云：夫名由跡生，故知從事顯，無為寂然，何知之有？唯其無也，故能無所不應。雖鄙夫誠問，必為盡其本末也。此說於解吾有知乎二句至確，但於空空如也一句未明。空空，鄭云：悾悾，誠慤也（釋文）。皇疏：空空，無識也。邢疏：空空，虛心也。邢訓與鄭義近。夫問者為鄙夫，答者為聖人，且須叩其兩端，則此空空云者，乃言鄙夫不知問之云。以訓無識為詳，然有首句吾有知乎哉云云，則空空如也，不獨問者為然矣，即孔子自身亦茫然無所知，故須叩其事之本末。竭字亦含兩義，一為竭盡其事之底蘊，一為竭誠告之。

8

〇子曰：鳳鳥不至，河不出圖，吾已矣夫！（子罕第九）

此章舊說或以為孔子傷時無明君，故有此歎。或以為鳳鳥河圖皆聖王之

卷二

瑞今無此瑞吾已矣夫皆非也此一章蓋言文化之所由起教之所由興讚
美圖書者也漢書董仲舒對策引此章作鳳鳥不至河不出圖董子語今學
則作鳳鳥河圖者魯論之文也以此反證史記則史記世家所引作河不出
圖洛不出書者古論之文也史遷少習古文（漢書司馬遷傳）又嘗從安國
問故遷書載堯典禹貢洪範微子金縢諸篇多古文說（漢書儒林傳）則
其所引論語為古論似可斷言今所傳孔注作鳳鳥河圖為偽作不足為據
習魯論者以鳳鳥河圖為祥瑞此見注疏習古論者以河圖洛書為何物不
可考矣余嘗反復思之覺此章之文魯論為傳訛不可信古論為傳真確乎
不可易夫爰居為海中大鳥樊光（　　）以為似鳳凰（左傳杜注）魯
臧文仲見之以為神命國人祀之孔子以為不智今乃自歎鳳鳥不至時然
明王不世已之言大相剌謬耶此必無之事也易繫辭漢人皆言為孔子所
作此可以為據矣繫辭曰河出圖洛出書聖人則之則之者以為法也未嘗

9

言凰鳥至而至人則之。蓋凰鳥不過為鳥類中之特異者耳、何則？鳥、龍為鱗虫之長（説文），麟為毛虫之長（大戴礼），龜為甲虫之長（韻会），凰為羽虫之長（大戴礼），故麟、凰、龜、龍称為四靈（礼運），故凰與麟、龜、龍並称可也，而與河圖洛書併舉則為比擬不倫。夫河出龍圖，洛出龜書，出孝經緯、援神契，以龍龜並言，則凰鳥亦不得比附，明矣。以凰鳥為瑞應者，始見於董子對策曰：孔子自悲可致此物，而身卑賤不得致也。董子好言災异，故有此説。災异之反為祥瑞，故好言災异者必樂道祥瑞，其迷信之深，陷於大愚而不自知。流風所扇，成哀之世，讖緯家言隨之大興，荒唐無稽之説侵入六經。河圖洛書原非神怪之語，一入緯書，便成龍馬負圖、洛龜負書，於圖添龍，於書增龜，聖言遂成神話。論語素王受命讖曰：河授圖，天下歸心。尚書中候握河紀曰：伏羲氏有天下，龍馬負圖出於河。易稽覽圖曰：天之將降瑞應，河水清三日，青三日，青变為赤，赤变為黑，黑变為黄，各各三日，河中水安，井天乃

卷二

[redacted]清、明图乃見。易乾鑿度曰：仲尼偶筮其命、得旅、泣曰：天也命也、鳳鳥不来、河無图至、嗚呼、天命之也、嘆訖、而後息志、此類神话多、不一一引、要之言符瑞者、為讖緯家專門之学。其始祖則為董仲舒、劉向之徒、聰明太過、变為大愚者也。傳會論者為讖緯家言所惑。以朱子大才、猶未能辨其妄、其他無論矣。今案史記載有古[redacted]文、孔子之言、犹得辨正。夫河图洛書乃中國文物之原泉、河洛之間、有图書、乃有三代之文化、使當日無河图洛書、則有周一代郁郁之文安從見之、吾今日亦無由以為教矣。故曰：吾已矣夫。已者止也、無所用其心之謂也。佚居而無教、則人皆與禽獸等矣、尚何所用其心乎。中國文字始於象形、（許書首指事、次象形、非也。當從漢書藝文志、首象形、次指事、指事者抽象其進化當後於象形）日月山水草木鳥獸蟲魚、皆象形造字、（天高地廣其形難測、故天地字屬會意）所謂河图者、皆象形文字也。綴文字以成語、著語言以成書、故曰書者著也。故图書雖為两名、而实為一物。河图

黃宗羲圖學辨惑云：河圖洛書乃地理方冊，山川之險要，戶版之數，其五、其六等所載，授祥之制度，若禹貢、王會之類，後者皆為神奇，愈作怪妄，愈失真矣云云。……為想像之辭。其論曾此章之義不誤。

10

洛書乃我國文化之母，聖人施教於斯，是賴。河者，指黃河流域言；洛者，指洛水流域言。河洛之間乃中夏之地，為文化發祥之區（史記封禪書：昔三代之君皆在河洛之間，可证）。圖書之始出於斯土，不亦宜乎。漢承秦絕學之餘，古籍大半毀滅，老師宿仔不能明其說，後之妄人造為讖緯，遂以河為河水，洛為洛水，又疑河洛之水安從出圖書，又造龍馬負圖、洛龜負書之說，史事變為神話，妄言惑人，大可惡也。今捃史傳以正其謬。

顏淵喟然歎曰：仰之彌高，鑽之彌堅，瞻之在前，忽焉在後。夫子循循然善誘人，博我以文，約我以禮，欲罷不能，既竭吾才，如有所立卓爾，雖欲從之，末由也已。（子罕篇）

喟，說文曰：大息也。然，為狀事之詞。彌，益也。說文弓部無此字，其益字之義，何自而來，難考矣。循循然，集解：何曰：次序貌也。史記世家亦作循循然善誘人。惟三國志步騭傳引作夫子恂恂然善誘人，趙岐孟子章句、明堂章旨引同。又後漢書趙壹傳，壹報皇甫規書：失恂恂善誘之德。皆與集解不同，此必古

書二

魯異文而孰為古孰為魯拟皇侃序言集解是拟魯論則作循々者是魯論文作恂恂者是古論文也陳仲魚拟後書趙壹傳注引文與集解異即斷為鄭注魯論之文恐未是孔子於鄉黨恂恂如也鄭注恭順貌王肅注溫恭貌此章恂恂當從王注恭順[redacted]對上溫恭對下循々猶恂々何注次序貌未次序何貌之有望文生義強為之說不足道也罷止也卓說文曰高也卓尔猶言卓然（經傳釋詞卷七）

此章文字疑有誤倒嘆曰下宜接夫子循循然善誘人至既竭吾才[redacted]止承之仰之彌高至忽焉在後句再承之以如有所立卓尔至末文理乃通既竭吾才以仰之鑽之而瞻之[redacted]在前又忽然在後故曰如有所立卓尔欲從末由嘆道高不可[redacted]及既者盡也若照原序則如有所立卓尔一句極難解釋讀者細[redacted]審原文當知吾言不謬

子曰法語之言能無從乎改之為貴巽與之言能無說乎繹之為貴說而不繹

11

從而不改，吾未如之何也已矣！法之本字作灋，隸省作法。說文曰：灋，刑也，平之如水，从水；廌所以觸不直者去之，从廌去。謂平之如水，則法者平也；又曰觸不直者去之，則法者直也。合而言之，法者公平正直之謂也。法語之言，公平正直之言也。公平正直之言，能不從乎？學者，學為善者也，公平正直之言，焉有不從之理？然而貌從心違，猶不從也，以改之為貴。改之者，言改已不平不直之行，從法語也。

巽者，馬融曰：恭也，謂恭遜謹敬之言也（集解）。朱注：巽言者，婉而導之也。按巽卦之象，一陰在兩陽之下，以柔順剛者也，故彖辭曰：柔皆順乎剛，是以小亨。馬曰恭，朱曰婉，皆取義于順。順人之意而為言，是為巽與之言。順人之意，然不逆人之耳，故可說。然其為言若止於可說而已，則阿好之言也。阿好之言，無益而有害。若不僅說耳而已，且有深意存焉，則非阿其所好者矣。故於巽與之言，以尋繹其意為貴。

卷二

此章之義，邢疏以為貴行，余獨據「吾末如之何也已矣」一語，歸入論教篇，以為此章乃孔子教門人聽言之法。法語巽言，一逆一順，一直一曲，為師者或用直斥，或用婉導，其術無定，學者宜從則改，說則繹，德乃日進。不然則為師者無能為力矣，故曰「吾末如之何也已矣」。末，無也。如之何，猶言奈之何。如，奈也。（經傳釋詞卷七）

子路問：「聞斯行諸？」子曰：「有父兄在，如之何其聞斯行之？」冉有問：「聞斯行諸？」子曰：「聞斯行之。」公西華曰：「由也問聞斯行諸，子曰『有父兄在』；求也問聞斯行諸，子曰『聞斯行之』。赤也惑，敢問。」子曰：「求也退，故進之；由也兼人，故退之。」（先進篇）

邢疏曰：「此章論施與之禮，并孔子聞同答異之意也。」據邢氏施與之禮之言，乃按包注振窮救乏之事為說者也，非也。其言聞同答異則是也。余入此章於論教，即取聞同答異之意，讀此可知孔子教人之法。

「聞斯行諸」，包注曰：「振窮救乏之事也。」（集解）按聞字所指甚廣，何從知其

12

為振窮救乏之事，錢大昕引檀弓「未仕者不敢稅人，如稅人，則以父兄之命」（稅若
又引白虎通云「朋友之道，親存不得行者二，不得許友以身，不得專通財之
恩，友饑則白之於父兄，父兄許之則稱父兄與之，不聽則止，故論語曰，有父
兄在，如之何其聞斯行之也，以為皇侃之說蓋出於此（見潛研堂文集）
恐未必然也，大抵傳論語者，有此一說，張禹取之，而皇侃傳述之耳。朱注引
張敬夫曰「聞義固當勇為，然有父兄在，則有不可得而專者，若不稟命而行，
則反傷於義矣」張氏以聞為聞義是也，聞義不能徙，是吾憂也，孔子嘗言之
矣，此為最佳詁，擬聞義當行，何須問父兄，蓋子路勇於行，孔子欲抑之使慎
行，故曰有父兄在，冉求怯於行，故曰，聞斯行之。性急者遇事疏於考慮，性緩
者遇事套三思，一退一進，因才施教，可為後世法者也。
諸為之乎二字之合音，急言之為諸，緩言為之乎。（經傳釋詞卷九）
公西華，名赤，字子華，少孔子四十二歲。（史記仲尼弟子列傳）鄭玄弟子

卷二

目録、公西華魯人家語弟子解与史記同

公西華問諸、稱由也求也乃師前称名之義。子貢問師與商也孰賢、子貢曰、「賜也何敢望回」義與此同。礼記曲礼曰、父前子名、君前臣名。鄭注曰、对至尊無大小皆相名。夫師與君親同尊、事師猶事父（呂覧劝学）故於礼雖無師前弟子名之文、而君前父前称名、亦得通用之於师也。

「聞斯行諸」諸、斯字皆训則、斯則也。常語（经传释词卷七）

兼说文曰、并也、从手禾、兼持二禾也。邢疏以勝尚人釋之、朱注本邢疏、皆一尚字曰兼人、謂勝人也、皆取兼并之義

子曰、不得中行而與之、必也狂狷乎、狂者進取、狷者有所不為也。（子路篇）邢疏以為此章孔子疾时人不纯一也、非也。此章蓋與子在陳章同為、樂育英才之意。孟子尝舉孔子不得中道而與之、必也狂狷乎、読以答萬章之孔子在陳何思魯之狂士、之問可知

13

中行，即中道也。孟子曰：孔子豈不欲中道哉，不可必得，故思其次也。可証。包注：中行，行能得其中者。其説膚淺。皇疏曰：二人雖不得中道，而能各任天然，不為欺詐。故孔子曰：既不得中道而與之，而得此二人，亦好。踈勝注多矣。又中行者，中庸也。後漢書獨行傳引孔子曰：與其不得中庸，必也狂狷乎。又云：狂者進取，狷者有所不為也。又漢書楊王孫等傳贊師古注曰：中行，中庸也。可証。

狷，説文曰：褊急也（據大徐本）。獧，説文曰：疾跳也，一曰：急也。是二字義同音亦同，可通用。故孟子用獧。陳仲魚曰：狷俗字，當從孟子作獧。據二字並見説文，何正何俗，殊費解也。

狂者進取二句，唐李賢注後漢書獨行傳曰：此是録論語者因夫子之言而釋狂狷之人也。是以此二句為非孔子語，於古訓無據，不可靠也。師也過，有類乎狂；商也不及，有似乎狷。求也退，狷也；由也兼人，其狂乎。顏淵曰：舜何人也，予何人也，有為者亦若是（孟子滕文公）。是則顏淵亦孔子之所謂狂者

卷二

矣。謂孔子之徒非狂即狷可也。非狂非狷是為鄉愿。非之無舉也，刺之無刺也，同乎流俗，合乎汙世，居之似忠信，行之似廉潔，衆皆悅之，自以為是，而不可與入堯舜之道，故孔子曰，過我門而不入我室，我不憾焉者，其惟鄉愿乎！鄉愿，德之賊也。（孟子盡心）然則孔子所不屑教誨者，鄉愿而已矣。

「而與之」與字，義同於可與共學可與適道之與。

闕黨童子將命，或問之曰，益者與？子曰，吾見其居於位也，見其與先生並行也，非求益者也，欲速成者也。（憲問篇）

闕黨，漢書古今人表作厥黨。將命，集解馬融曰，傳賓主之語出入也。按孺悲欲見孔子，孔子辭以疾，將命者出戶，鄭注將命傳辭者（文選恩舊賦注）邢疏，將猶奉也。奉命傳辭與馬說合。

或問之曰，皇邢兩疏皆或問孔子（曰）云云，是之者孔子也。觀下文子曰云云，疏是也。論語中此例殊少見，但有原思為之宰與此章兩見而已。東多二字

14

句通用，左傳介之推，呂覽作介子推，論語孟之反，莊子作孟子反（）
句讀
益者與，擬下文「非求益者也」句，此益字上亦當有求字[redacted]
禮記玉藻「童子無事則立於主人之北、南面」（此擬宋十行本。今通行本禮記
文亦如此。惟瀟芬樓景印宋本岳南字。阮校儀礼卷四十一既夕疏[redacted]
云、論語憲問童子將命、先生並行注引玉藻無事則立主人之南、北面與今
玉藻文適相反。揆之事理，當以作立於主人之北、南面為是。）今位 居於位則非
立可知。居者憑几而坐也。（說文段注）其字原作尻。又礼記檀弓童子隅
坐執燭。是童子亦可坐也。但其坐為隅坐，隅者角也，其無正位又可知。
曲礼從於先生，鄭注：先生，老人教學者。有酒食先生饌，馬融曰：先生謂父兄
也。此章包注：先生，成人也。劉寶楠釋之曰：尔雅釋親：男子先生為兄，後生為
弟。兄既先生，故稱先生。注以成人解之者，正以先生先比童子而生，皆為成

卷二

人也。包曰成人，邢曰先生即兄成人，豈專指兄哉。此先生自指尊者而言焉，鄭之注是也。礼、王制「父之齒隨行、兄之齒雁行」、童子於先生當隨行。今是童子與先生並行、是以長者自居矣、故曰欲速成者也。為学不許躐等、童子欲速成、使之將命、意在抑之使知速成不可能耳。孔門教規於此亦可覷知其概。余故以之入論教篇。

子曰：不曰、如之何、如之何者、吾末如之何也已矣。（衛霊公篇）

集解、孔注曰：不曰如之何、如之何者、猶言不曰奈是何也、按如奈也、如之何、猶言奈此何、孔注是也。連言之、其意甚切。所謂憤者悱者之發於言者如是也。顏子在孔門為羣弟子之首、猶苦孔子欲從末由。其他仰之不見、鑽之不入者必多矣。而不曰、奈此何、奈此何、則其人之怠於学可知。自暴者不可與有言也、自弃者、不可與有為也。故曰吾末如之何也已矣、言吾亦無能為力已矣、歎詞。

15

聖人為師，成德自易，然不憤不悱，則亦不啟不發，與不學等耳。讀此章，知聖人教人懇切之意，又知學問當自鑽研得之。

子曰：有教無類。（衛靈公篇）

集解，馬融曰：言人在見教，無有種類。按人在見教，恐有誤字。無有種類，釋無類是也。皇邢二疏，又以貴賤解之，恐未是。無類猶言不問何等人，似可不必以貴賤限之。自行束脩以上，吾未嘗無誨焉。與其進也，不與其退也。有鄙夫問於我，空空如也，我叩其兩端而竭焉。斯皆有教無類之明証。然孟子盡心篇曰：孔子曰，過我門而不入我室，我不憾焉者，其惟鄉愿乎。是則孔子亦（有）嘗不屑教誨者矣，豈真有教無類哉。孟子亦然。孟子曰：予所不屑之教誨也者，是亦教誨之而已矣。是亦有教無類之意也。然孟子嘗拒曹交受業於門，所謂是亦教誨之而已矣者，亦未必然也。然則孔孟欺人與？曰：非也。蓋有教無類者，聖賢存心如此。鄉愿曹交，自絕於人者也。既已自絕於人，教無由施

卷二

教善由施，故不廢教誨之。甚過在鄉愿與曹交，孔孟豈欺人哉。

子曰：性相近也，習相遠也。（陽貨篇）

子曰：惟上知與下愚不移。（仝上）

此亦論教之言也。習於惡則惡，習於善則善，得良師而受教焉，可知趨善而避惡，不為大賢，亦可不失為謹飭之士，教育之功偉矣哉！上知不待教，下愚不可教。不待教者不易得，不可教者亦罕見，教之所施，其唯中資之人乎！

據論衡本性篇，自周世碩迄乎劉歆，論性者有八家。(1)周世碩以為人性有善有惡，舉人之善性，養而致之則善長，性惡養而致之則惡長，如此則性各有陰陽，善惡在所養焉。故世子作養性書一篇。（漢書藝文志儒家世子二十一篇，注曰名碩，陳人也，七十子之弟子）(2)宓子賤、漆雕開、公孫尼子之徒，亦論情性，與世子相出入，皆言性有善有惡。（藝文志儒家宓子十六篇，漆雕子十六篇，公孫尼子二十八篇，注曰七十子之弟子）(3)孟子作性善之

16

篇，以為人性皆善，及其不善，物亂之也。若孟子之言，人幼小時無有不善也。紂而

為孩子之時，微子即知其不善。羊舌食我之生，叔姬曰：豺狼之聲，非是莫滅

羊舌氏。後羊舌氏果由食我滅。孟子之言，未得其實。(4)告子與孟子同時，其

論性，無善惡之分，譬諸湍水，決之東則東，決之西則西，水無分於東西，猶性

之無分於善惡。告子之以決水喻性者，徒為中人言。不指極善極惡也。孔子曰：

「惟上知與下愚不移」，故知告子之言，未得其實也。（告子藝文志不著錄，其

言見孟子。）(5)荀子反孟子，作性惡之篇，以為人性惡，其善者偽也。性惡者，

以為人生皆得惡性也。偽者，長大之後勉使為善也。若荀卿之言，人幼小時無

有善也。稷為兒，以種樹為戲；孔子能行，以俎豆為弄。石生而堅，蘭生而香，稟

善氣，長大成就。故種樹為唐司馬，俎豆之弄為周聖師。故孫卿之言，未為得

實。(6)陸賈曰：「天地生人也，以禮義之性，人能察己所以受命，則順之，之謂道。」

夫性善者，不待察而自善；性惡者，雖能察，猶背禮義。故陸賈之言，未為得實。

卷二

(7) 董仲舒覽孟荀之書、作情性之說、曰天之大經、一陰一陽、人之大經、一情一性。性生於陽、情生於陰、陽氣仁、曰性善者是見其陽也、謂惡者是見其陰也。夫人情性、同生於陰陽、其生於陰陽者、有渥有泊。玉生於石、有純有駁、情性於陰陽、安能純善。仲舒之言、未為得實。(8) 劉子政曰、性生而然者也、在於身而不發、情接於物而然者也、出形於外、形外則謂之陽、不發則謂之陰。夫子政之言、乃謂情為陽、性為陰也。惻隱不忍、仁之氣也、卑謙辭讓、性之發也。故惻隱卑謙、形出於外、謂性在內、不與物接、恐非其實。自孟子以下、論情性竟無定是、唯世碩公孫尼子之徒、頗得其正。由此言之、事易知、道難論也。云云、余按論衡所舉諸家之說、言性有善惡者皆非也。何也、以其言性而牽及善惡故也。言性之理、而牽及善惡、猶治絲而棼之也。其言愈繁甚亂彌甚。若石之性堅、土之性軟、牛之性馴、虎之性猛、狐之性狡、將謂性堅者善乎、則土為不善矣。將謂性馴者善乎、則猛狡者豈虎狐所自為之者乎。猛者狡者、豈於

17

天賦、堅者、輭者、何莫非天賦也。不猛不足以為虎。不狡不足以為狐。狐不知狡之為不善、猶虎不知猛之為惡也。人之性好生而惡死、趨利而避害、親其所私、疏其所遠。聖人不作、孰知所惡有甚於死者、孰知以義為利也、更孰知親親而仁民、仁民而愛物之理哉。性者生之質、先天而有之者也。統率性者、道也。修道之謂教。故善惡生乎教、屬於後天者也。言性而及善惡、是先天後天渾也。性之理安從而明之。受之於天者、因時因地之不同、不能無少差異。然而趨利避害、好生惡死、親親疏遠、好佚惡勞、大體則同。故曰性相近也。孔子之言、得其真矣。己好利、而不欲奪人之利、己好生而不欲傷人之生、知愛己之所私、而不欲殘人之所親、己好佚、而不欲人獨任其勞者、教之致也。率教者、為賢為能、不率教者、為頑為蠢、賢能者之於頑蠢、相去遠矣。此教之效也。習之異也。故曰習相遠也。有教、而後有善惡、此超乎性矣。虎猛矣、而為魔術者、可使之馴如牛。石堅矣、為石工者、可碎之、使之輭如土。使之馴、使之輭、者魔術之力、泥工之巧也。豈虎與石之性哉！質可変、而性可改。因其可変可改、而謂性有善悪、是為不知本之論。有聖人者出、聰明睿智、知前知後、知来知未、審料辨善察古明今、於是示人以視聴言動之規範、曰人當如是如是、而受教者、亦但知以聖人之言、為行動之圭臬而已、不自知其性之善悪也。儒者不知修明其教、而斷斷争辯性之善悪、此後世之所以言論紛紛、而道愈晦、而人之惑深甚也。孔子曰、性相近也、習相遠也、未言善悪、後儒何不察此耶。

子曰、古者民有三疾、今也或是之亡也。古之狂也肆、今之狂也蕩。古之矜也廉、今之矜也忿戾。古之愚也直、今之愚也詐而已矣。（陽貨篇）

学記曰、教也者、長善而救其失者也。此章言人之疾者也。知其疾之所在、則知所以為教矣。故以之入論教篇。

（[illegible]）今也、也、猶者也、下諸也字均同。（経伝釈詞巻の）云、為無之借字。

15

狂、小篆從犬、作㹮，古文從心、作㤮，段注說文曰：此字當從古文、小篆改從犬、非也。按吳大澂說文古籀補㹮陳侯因𬶍釋作狂，是則狂從犬，其來甚古，不得謂為非𡉚。說文曰：草木妄生也，从屮在土上，讀若皇。所謂妄生者，言甚氣暴、生無倫次也。是狂从𡉚、不但取聲，兼取其義。從犬者，謂犬之狂者也，用之於人，則為借用。故古文又有從心者，蓋則狂之發也，皆為心氣妄生，從心旁者，亦未見其即為指人言也。今通行大篆則從犬旁，可矣。肆者，說文曰：極陳也。禮表記：君子莊敬日強，安肆日偷。鄭注：肆猶放恣也。集解包咸曰：肆，極意敢言也。狂者志高，言大無所畏懼，故放恣，故極意敢言，當從包、鄭。蕩者，集解孔曰：無所據也。按左傳莊四年，楚武王伐隨，將齊，入告夫人鄧曼曰：余心蕩。杜注：蕩，動散也。[redacted]是心蕩即心動散也。狂者心無所主，惧忘其害，忽好蕩而止，是亦心動散也，故曰蕩。本從左傳杜注（与孔注敢言不同。）

矜者，自賢曰矜。（見書大禹謨孔傳）僖九年，公羊傳曰：矜之者何？猶曰莫

卷二

若矜也。何休注曰：色自美大之貌。廉，說文曰：仄也。段注曰：廉之言，斂也。堂之邊曰廉。天子之堂九尺，諸侯七尺，大夫五尺，士三尺，堂邊皆如其高。賈子曰，廉遠地，則堂高，廉近地，則堂卑，是也。堂邊有隅有稜，故曰廉。廉，隅也。又曰廉，稜也。今之算法，謂邊曰廉，謂角曰隅。按書皐陶謨簡而廉，孔傳：性簡大而有廉隅。禮記儒行：砥厲廉隅。（砥音脂，又音旨）皆廉隅連文。論語舉一隅，皇疏曰：隅，角也。是廉隅者，邊角也。凡物有邊有角者，皆得引用。其用之於人何所取義，書孔傳、禮鄭注皆未詳釋。以義推之，廉隅二字用之於人事者，取有分際之意。堂有廉而後堂與堂外隙地之界乃定。廉之內，堂之所有，廉之外，則非堂所得過問。人亦猶是也。人有廉而後人己之界分明。廉之內，我所有也。廉之外，則非我所得強而有之矣。故不侵奪分外之財，謂之廉。守其界限，不侵陵人，亦謂之廉。矜者自高而卑人，其患在侵陵人。而古之矜者，猶能守其廉隅，是其疾未深也。今之矜也忿戾。忿，恨也，怒也。戾，乖也，罪也。自高自大至

19

於怨人恨人，違礼觸罪，而不知悔。（謚法不悔前過曰戾）其疾深矣。康魯論作䟽，古論作[illegible]廉，鄭從古。（釋文）按魯作䟽用借字也。孔子喜狂人而教育之，則狂者非疾，狷者有所不為，矜者自高，矜之與狷近也，亦不得謂之疾。曰肆曰廉曰直亦非病也，而謂之三疾何也？蓋在古人視之，狂肆矜廉愚直皆為疾，孔子蓋仿述古人之意耳。曰蕩曰忿戾曰詐，是乃所謂疾也。古人之疾非真疾，可教也。今人之疾入於膏肓，良醫束手。以古覩今，孔子之為此言，蓋冀弟子反省改過，而日遷於善也。

子曰：予欲無言。子貢曰：子如不言，則小子何述焉？子曰：天何言哉！四時行焉，百物生焉，天何言哉！（陽貨篇）

釋文，鄭曰：魯讀天為夫，今從古。按夫猶彼也，讀天為夫，義亦通。鄭從[illegible][古]者，以天字義更顯耳。翟灝考異曰：兩天何言哉義有別，上一句似從魯論所傳為勝，真贅說也！兩天字有異哉！或均作夫，或均作天，皆可通。斷無一作夫，一又

卷二

作天義更勝之理。論語重言之例、非無之如天獻之天獻之不曰如之何、如之何君子義以為質云云、又曰君子哉皆重言之、以示深切之意、何獨於此章而疑其非耶。

子游曰子夏之門人小子當洒埽應對進退則可矣、抑末也、本之則無如之何！子夏聞之曰噫言游過矣君子之道孰先傳焉孰後倦焉譬諸草木區以別矣、君子之道焉可誣也、有始有卒者其唯聖人乎（子張篇）

史記弟子列傳言偃吳人字子游少孔子四十五歲、索隱曰家語云魯人、按偃仕魯為武城宰耳、今吳郡有言偃冢、作吳郡人為是、游漢石經作斿、乃隸省文、

門人小子集解包注、即弟子也。洒說文曰滌也、从水西聲、古文以為灑埽字、

△ 段注先礼切、洒灑本殊義而双聲、故相假、凡假借多疊韵或双聲也、毛詩洒埽四見、傳云、洒灑也、鄭注周礼隸僕、韋注國語、皆同、皆釋段借之例、灑說文

20

申、洗也、从水麗聲、段注、山豉切、音变為所蟹切、是洒灑二字、段皆讀為洗、
律曬者、音变也。埽除塵垢、洒滌器皿、实為兩事、非如今人解释以水潑地
為洒、懼塵揚先洒而後埽之謂也。埽、說文曰、弃也、从土从帚、廣雅释詁、埽、除
也。按說文手部無掃字、今所傳皇疏本作掃、释文曰、掃今埽字、據說文掃实
為后起俗字。

本之則無、之為語助词、猶言本則無。

倦、毛西河曰、倦即古券字、傳與券皆古印契傳信之物、一如教者學者兩相
印契、故借其名曰傳曰券、券即傳也。說文徐注曰、今用傳字、無復作券、可驗
也。倦即券也。周礼考工記、輈人、左不券、後鄭注謂券字即今倦字、可驗也。先
傳後券、兩俱借義、虛实相离、了無犄蹠、而旧註失者解作厭倦之倦、夫教不
倦、而可倦乎。拨先傳後倦之義、僅仔已不曉。集解包曰、言先傳大業者必先
（論語稽求篇）
厭倦、故我門人先教以小事、後將教以大道也。馬融曰、言大道與小道殊異、

卷二

譬如草木異類區别，言学當以次也。皆失之。孰先傳焉，言孰者當先傳授也。孰後倦焉，言孰者當後傳授也。西河之説是也。学之先後至為明白，猶草木之有别，豈可誣哉。誣者，言先後倒置也。

「有始有卒」，即有本有末，亦即有下有上。卒本於始，末長於本，上立乎下。由始至終，由本至末，由下而上，学問之道如斯而已。始乎為士，終乎為聖人，如斯而已。洒埽應对進退之節，即立身之本，安得謂之末哉。子游在孔门號稍知礼，檀弓所記可证。今识子夏之教失先後之序，何哉。大抵子夏為人過於拘謹。（商也不及可证）其為教也，但知使人習洒埽應对進退之節，而忽視詩礼之文，其弊也將使人知其然，而不知其所以然，故子游识之耳。欲言則学詩，欲立則学礼，此孔子之教也。離詩與礼，而言與立，是猶漢之徐生，善為容，而不知礼書，有類乎俳優，故子游识其不知本。

「其唯聖人乎」，董子对策引作「其唯君子乎」，若論文義，用「君子」二字更勝。

論語類編通義卷三

毛春翔學

論詩

孔門之教，先之以詩，故以論詩次論教。

據左傳魯襄公二十九年，吳季札請觀於周樂。使工為之歌周南、召南，為之歌邶、鄘、衛，為之歌王，歌鄭，歌齊，歌豳，歌秦，歌魏，歌唐，歌陳，自鄶以下無譏焉。鄶之下為曹，合之為十五國，與後世所傳毛詩國風十五數合。其序次除豳、秦稍參差外，餘又悉同。又續為之歌小雅、大雅，歌頌，亦與毛詩悉合。時孔子甫八歲，則是詩之名篇序次定於孔子之前，孔子之時，不過傳習之而已。自司馬遷作孔子世家，言古者詩三千餘篇，及至孔子，去其重，取其可施於禮義，上采契、后稷，中述殷周之盛，至幽厲之缺，始於衽席，故曰關雎之亂以為風始，鹿鳴為小雅始，文王為大雅始，清廟為頌始。三百五篇孔子皆弦歌之，以求合韶武雅頌之音。禮樂自此可得而述，以備王道，成六藝。於是乃有孔子刪詩之說。漢書藝文志

曰：孔子纯取周诗，上采殷，下取鲁，凡三百五篇。是秉史记之说者也。今所传家
语卷九，亦有删诗述书之言。漢人述诗，大抵如此。宋葉水心習学記言卷十三，
有云：诗三百，孔子举其在者也。後人矜夸，謂孔子自删為三百篇，大妄也。清王
士禛池北偶談云：孔子但正樂，使各得其所，未尝删诗。自衛反魯云云，可見且
一則曰诗三百，再則曰誦诗三百，家語对哀公問亦曰臣聞誦诗三百，不可以
一獻。知古诗本来三百篇，非孔子删定。又列國卿大夫賦诗，皆在三百篇中，其
非夫子手删可知。江永鄉党圖考云：據夫子未尝删诗，诗亦自有淫聲，而世
家云，古者诗三千餘篇，孔子去其重，取可施於礼義，三百五篇，孔子皆弦歌之，
以求合韶武雅頌之音，此史遷妄說。先儒大多以為漢世近古傳說，此較可靠，
故主删诗之說者多，疑而非之者，若宋之葉，清之王、江者至少也。朱子作诗经
集傳，亦從史遷删诗之說。王柏作诗疑有云：夫子生於魯襄公二十二年，吳季
札觀樂于襄二十九年，夫子才八歲，雅頌正當龐雜之時，左氏載季子之辭皆

又

與今詩合，此舉固微有先後。然使夫子未刪之詩果如季札之所稱，正不必為夫
子之刪，正如今日之詩矣。甚矣，左氏之誣，其誑我哉！勇於疑古者，不敢疑漢人
刪詩傳說，反以左氏為誣，則其他篤信朱子者無論矣。余於此，亦頗究心，然終
以為孔子刪詩之說不足信。左傳所載季札觀樂，未及篇數，誠然，猶未足以証
明古詩三千餘篇之訛傳。但論語詩三百、誦詩三百，孔子之所自言者，不可以
証明孔子之時，古詩之存者之實數耶！孔子曰：述而不作，信而好古，如孔子果
有刪詩述書定禮理樂之事，則述而不作為不實，論語可疑矣。左氏誣誑，論語
不實，獨漢人傳說為可信，豈有此理哉！論衡正說篇曰：儒者說五經，多失其實。
前儒不見本末，空生虛說。後儒信前師之言，隨舊述故，滑習辭語，苟為一師之
學。趨為師教授，汲汲競進，不暇留精用心，考實根核。故虛說傳而不絕，實事沒
而不見。五經並失其實，漢人評論漢人如此。則馬遷古詩三千餘篇，孔子去其
重，云云，蓋亦不見本末，空生虛說之類也。夫古詩既有三千餘篇，孔子僅取三

卷三

百五篇，則刪棄者多矣。今考左傳引詩一百八十餘處，而注稱逸詩者凡十。其莊二十二年引逸詩「翹翹車乘，招我以弓，豈不欲往，畏我友朋」；成九引「雖有絲麻，無棄菅蒯，雖有姬姜，無棄蕉萃，凡百君子，莫不代匱」；襄五引「周道挺挺，我心扃扃，諸事不令，集人來定」；襄八引「俟河之清，人壽幾何」；襄二十七引「何以恤我，我其收之」；襄三十引「淑慎爾止，無載爾偽」；昭四引「禮義不愆，何恤於人言」，皆斷章碎句，當為三百篇中所原有者。經秦火，諸儒傳授誦說者遺逸之也。故杜注左傳，稱之為逸詩。如論語「子夏曰，巧笑倩兮，美目盼兮，素以為絢兮」，傳詩者失「素以為絢兮」一句，後人遂謂此句為逸詩。夫孔子之所教，子夏之所受者，亦刪餘之詩耶！子夏之所受者，非刪餘之詩，則杜注所引之詩稱逸者，安得云孔子刪餘之詩乎！其為後世誦說遺逸，無疑矣。僖二十三晉文公賦河水，昭二十五，昭子賦新宮，襄二十六國子賦轡之柔矣，皆不見於漢人所傳之詩，是皆與「素以為絢兮」一例，傳之者失之也，決非孔子刪棄之詩。孔子不刪詩也。漢人訛傳，

3

不足信，傳聖人之事，尚有於理不合，於傳無徵者，雖在孟子之世，尤為近古，亦不足信，而況漢初乎。

三百篇始之以風，次之以雅，終之以頌，四詩果作於何時，此為論語之所未言，而為研習論語者所不可不討究之問題也。據鄭氏詩譜及六藝論，詩之作也，始於唐虞之世。蓋以虞書有「詩言志，歌詠言」之文，而云然也。然虞書曰若稽古帝舜曰重華」，則虞書之作，必非在虞舜之時，其時代殊難考之。據時代未定之書，而言詩之起原，其不可恃也明甚。夫謳歌之興，藉語言動作，不賴文字。言堯舜之世有謳歌，可信。若夫詩，則賴文字以傳，其寫作必在文字之用漸備之時。今人言文化史者以為我國文字制作，周初始備，則詩之興，其昉於商周之際乎。三百篇之作，據鄭氏詩譜，以商頌為最古，次為二南，又次為大雅鹿鳴文王之屬，而周魯兩頌之作，實在其後。變風繼二南，變雅繼鹿鳴文王之屬，而以陳靈公之詩為在最後。然據今人考證結果，商頌實為宋詩。

考三

其証有三：殷武之卒章曰：“陟彼景山，松柏丸丸”，商自盤庚至帝乙居殷墟，紂都朝歌，皆在河北，則造高宗寢廟，不得遠伐河南景山之木，惟宋居商丘，距景山一百數十里，又周圍數百里內別無名山，則伐景山之木以造宗廟，於事為宜，此商頌當為宋詩、不為商詩之一証也。自其文辭觀之，則殷墟卜辭中所纪祭祀與制度文物，於商頌中無一可尋，其所見之人地名，與殷時之稱不類，而反與周时之稱相類。（此其二）所用之成語，並不與周初類，而與宗周中葉以後類（此其三）以上為王國維說，見觀堂集林二。按史記宋微子世家，太史公亦以商頌為正考父所作，追道契湯高宗，殷所以興也。是商頌在三百篇中非最古之詩，鄭氏詩譜未得其實。二南之作，又在雅頌之後。雅頌之中，又以周頌創作為最早，其时約當西曆纪元前十一世纪。雅之興起後於頌，大雅又先小雅，其时約起於西周中年，而止於平王之世。此乃今人之說，大致可信者也。

秦并六國，尚愚民政策，始皇可李斯之奏，焚詩書，偶語詩書者棄市，詩

4

遭浩劫。楚漢逐鹿，項籍入咸陽，火燒三月，於是私藏者焚於秦，公藏者燬於項，詩書殆盡。掌古者書籍稀少，誦讀者多能背誦。雖在嚴刑峻禁之下，詩書傳誦猶未絕。漢興，申公傳詩。因其為魯人，故稱其所傳之詩為魯詩。申公傳詩重訓詁，不作傳，疑者則闕弗傳。其弟子以瑕丘江公為最著，能盡傳申公之學，徒衆最盛。東漢之初，有包咸傳魯詩。永平初，任城魏應習魯詩，為博士。（明帝以後無從攷）

孝景時，有齊人轅固生，亦以治詩聞。以其為齊人，故號其所傳之詩為齊詩。景帝以廉直拜為清河太傅。武帝初即位，以賢良徵。時固已九十餘矣。薛人公孫弘亦徵，側目而視固。固曰：「公孫子，務正學以言，無曲學以阿世。」自是齊人言詩，皆本轅固生也。昌邑太傅夏侯始昌最明。又蜀郡任末、廣漢景鸞皆以明習齊詩教授、著述。

燕人韓嬰，景帝時，為常山太傅。推詩之意，而作內外傳。其言頗與齊魯間殊，然

考三

称韩诗燕趙間言诗者由韩生昌邑中尉王吉傳韩诗東漢犍为杜抚會稽澹
台敬伯鉅鹿韩伯高治韩诗最知名抚定韩诗章句其所作诗題約義通學者
傳之曰杜君注

魯國毛亨亦傳诗作訓詁傳以授趙國毛萇時人謂亨为大毛公萇为小毛公
以诗为其所傳故名其诗曰毛诗即吾人今日所傳誦之三百篇也萇为河間
獻王博士授同國貫長卿長卿授阿武令解延年延年授徐敖敖授九江陳侠
为新莽講學大夫由是言毛诗者本之徐敖東漢之初九江謝曼卿善毛诗授
東海衛宏宏作毛诗序世祖以为議郎後鄭衆賈逵亦傳毛诗馬融作毛诗傳鄭
玄作毛诗箋齊魯韩诗皆为今文惟毛诗为古文西京之世重今文故毛诗直
至哀帝之世始立學官東京之世學者好古文故三家诗衰毛诗特盛齊诗亡
於魏魯诗亡於西晋韩诗亡於宋政和建炎間其外傳至今尚存自魏晋以来
迄乎宋毛诗鄭箋大行自朱子诗集傳出學者又罕有留鄭箋者矣清仟重

5

漢學，齊、魯、韓、三家詩，頗有治之者。如嚴可均輯韓詩、薛君章句，范家相輯三家詩拾遺；馮登府：三家詩異文疏証；陳壽祺：三家詩遺說，其著例也。清季學者，以為古文經皆劉歆偽造。余於此未有討究，未敢詳辨。惟毛詩雖為古文，而傳者遠在劉歆之前。他經即有可疑，而毛詩則斷無可疑之處。今毛詩鄭箋猶存，學者細研其說，是非不難辨也。門戶之見，可不必存。大抵詩人寫詩，多有深意存焉。就詩解詩，人可各持一說。故漢世傳詩，有四家流別。判其優劣，自當以於事理最洽其真實者為勝，何家可不問也。即一家之中，亦有優劣，何可拘限持矛以拒人。人如能知學術無畛之義，則四家詩古今文之爭可以息矣。叙論詩第三。

人含情性，性主情僕，性以制義，情以暢術。性闇而情害，則君令有時而不諱。情木而性昵，則神昏而體羸，卒潰而變亂。僕衰其家，承平之世，君不失柄，臣不汙術。君依臣，学勞而有功。孔門詩教為古來所有功也。今人未為學，但求溫飽，不習修養，孔子之教，可不講也。他日能暖飽饜足，自拔於泥塗，求知孔子之

卷三

適，則十百篇或尚可[illegible]誦也。噫！敘論詩第十子貢曰：「貧而無諂，富而無驕，何如？」子曰：「可也，未若貧而樂，富而好禮者也。」子貢曰：「詩云：『如切如磋，如琢如磨』，其斯之謂與？」子曰：「賜也，始可與言詩已矣！告諸往而知來者。」（學而篇）

諂，說文曰：「同讇，省。諛也。」諛，說文曰：「諂也。」是諂諛兩字可互訓。莊子漁父篇：「希意道言謂之諂，不擇是非而言謂之諛。」此章皇疏引范甯曰：「不以正道求人為諂。」邢疏云：「佞說為諂，敖逸為驕。」以上諸說，自以漁父篇義為勝，諂諛略有分別。

△「貧而無怨難」，故曰「未若貧而樂」；「富而無驕易」，故曰「未若富而好禮」。無，猶不也。

貧而樂，史記弟子傳作「貧而樂道」，多一道字。集解鄭注：「樂謂志於道，不以貧賤為憂苦也。」是鄭注本原無道字。又孔注曰：「能貧而樂道，富而好禮者，能自切磋琢磨者也。」是孔注本有道字。校道字之或有或無，自是古魯異文，兩義俱通，可不置辯。唐石經於樂字下旁增一道字，甚無謂。邢疏依鄭注去道

日本吳山本作貧而樂道

6

卷三

字、是也。

如切如磋云云、衛詩瞻彼淇奧之首章也。爾雅釋器云、骨謂之切、象謂之磋、玉謂之琢、石謂之磨。釋訓云、如切如磋者道學也、如琢如磨者自脩也。論衡量知篇、切磋琢磨乃成寶器。此章子貢引詩取義、量知篇言得之。骨玉質美、切磋之琢磨之、更美。貧不諂、富不驕、美矣、而樂、而好禮、則更美。取義精進。故借詩以喻。以其義切、故孔子曰、賜也可與言詩。

淇奧大詩、毛詩序以為美衛武公之德者也。恐未必然。詩人之言辭約意深、最不易猜、相與莫逆以解是為得之。必欲指實有類高叟之為詩、君子不取。春秋時列國卿大夫遇宴會往々賦詩示志、大都斷章取義。子貢引如切之類取義於斷章。

告諸往而知來者、朱注、往者其已言者、來者其所未言者也。得之。華十陽

往者能以三隅反、是知來者、子貢可謂善學詩者歟。

7

子曰、詩三百、一言以蔽之曰、思無邪。（為政篇）

今所傳之詩、三百五篇、此言三百者舉其大数耳。

「一言以蔽之」、詩関雎章句、孔疏云、句、則古者謂之為言、論語云、詩三百、一言以蔽之、曰思無邪、則以思無邪一句為一言、左氏由臣之業在揚之水卒章之四言（定十年　）趙簡子稱子大叔遺我以九言（　）皆以一句為一言、秦漢以来、衆儒各為訓詁、乃有句稱、論語注云、此种於其野之句、米也、句必連字而言、句者局也、連字分疆、所以局言者也、按句者、止也、言以遂意為止、故古人謂之一言、後世謂之一句、中之字撤在十五篇羔羊者千字如郡文（小雅初文）如晉肇禋（周頌維清）五字者如泣風十月蟋蟀入我床下是也、論語定公問一言而可以興邦有諸、孔子対曰、人之言曰、為君難、為臣不易、如知為君之難也、不幾乎一言而興邦乎、是亦以一句為一言之例也、

卷三

蔽之、淫猶蕩也。鄭曰：塞也。（釋文）

思無邪、魯頌駉篇之卒章一句也。全篇分四章、首章言思無疆、思馬斯臧、二章言思無期、思馬斯才、三章言思無斁、思馬斯作、卒章曰、思無邪、思馬斯徂、詩之大意、言牧馬者、他無所思、惟思馬臧、馬才、馬作、馬徂、以窺其意、似以牧馬喻民、此章截取一句、亦是斷章取義、思無邪、思慮不入於邪之謂也。無猶不也。心正而后身修、身修而后家齊、家齊而后國治、國治而后天下平。思無邪一語、實為孔治根源、故孔子特標此一語、以為學詩者法、所謂約之以禮者、此之謂也。

子夏曰：巧笑倩兮、美目盼兮、素以為絢兮、何謂也。子曰：繪事後素。曰：禮後乎。子曰：起予者商也、始可與言詩已矣。（八佾篇）

集解、馬融曰：倩、笑貌、盼、動目貌、絢、文貌也。此上二句、在衛風碩人之二章、其下一句逸也。按馬云逸者、乃謂漢世傳誦之詩、無此句也、非謂孔子刪棄之

8

詩、揆之情理、師既刪棄之弟子戱不敢復業以為閒也。碩人一篇、四章每章七句、皆四字一句。章句之學、肪始於漢孔子之時無有也。每章字數、許儒口誦傳授、亦必有失真之處。不然、四章二十八句、不應素以為絢兮一句、獨多出一字。先秦典籍、既經六國諸侯之削棄、復遭秦人之焚燬、漢初詩書僅賴口傳、自有失真之处。一字之差、寔足怪。

倩、說文曰：「人美字也。」段注曰：「依韻會本訂。」師古注朱邑傳曰：「倩、士之美稱也。」蓋本說文。毛詩傳曰：「倩、好口輔。」按倩之義為美、馬與許同、毛曰好口輔者、大抵因巧笑之美、推想而得之也。

盼、皇疏引馬說與毛詩說異。毛曰：「盼、黑白分。」與說文同。說文曰：「盼、白黑分也。」詩曰：「美目盼兮。」釋文曰：「盼普莧反、又匹簡反。」是旧本盼、又有作盻者。今考史記弟子傳、亦作盻。按阮氏十三經校勘記、宋小字本、相台本同作盻。唐石經作盼、汲古本同。按盻、說文曰：「恨視也。」段注：「胡計反。」音義與盼全異。又美目而

卷三

恨視於詩意而非。旧本作盼者，必為形誤。

「繪事後素」集解鄭曰「繪，畫文也。凡畫繪先布衆采，然後以素分其間，以成其文，喻美女雖有倩盼美質，亦須礼以成也。」又孔曰「子夏聞而解，知以素喻礼。」孔鄭兩家皆以畫繪采色為先於素；朱子據考工記「凡畫繪之事後素功」一語，謂「後素功者，乃以粉地為質，而後施五采，猶人之有美質，然後可加文飾。」論語或問，亦曰：白之受采，見於礼書（甘受和，白受采，出礼記礼器篇），最為明証，因為舍此而必為異說，以強通之耶。据朱說是也。素以為絢兮，是以素為美也。素為衆采之基，施素而後衆采乃益顯其美。「巧笑倩兮，美目盼兮」，皆天生美質，不待人力而後美者也。有此美質，則五采文繡，不被於体，不減其美。礼文之於人也，亦然，升降揖讓進退應對諸儀容，皆為外表，堯舜能為此，桀紂亦能為此。堯舜桀紂名分也，然其為人則有別，堯舜桀紂之不可同日而語者，在德不在礼文。「溫良者，仁之本。礼節者，仁之貌」（仔行）貌依乎本，

9

故曰「礼後也」。

繪、考工記作繢。鄭司農注、引論語亦作繢。文選夏侯常侍誄注、唐崔鏐北嶽碑引文、俱作繢。釋文曰「繪本文作繢」。按作繪者、古論也。作繢者、魯論也。說文曰「繪、會五采繡也」。虞書「山龍華蟲作繪」、論語曰「繪事後素」。說文所引書皆論語、皆為古文。

「起予者」、史記弟子傳無此三字。漢石經有之、而無者字。集解包曰「言子夏能發明我意、可與共言詩」。朱子曰「起、猶發也」。從包注、是也。

子曰「關雎樂而不淫、哀而不傷」(八佾篇)

關雎之詩、為周南首篇。毛詩原分為三章、一章四句、二章各八句。鄭玄分之為五章、每章四句。朱注分為三章、從毛之舊也。

毛詩小序曰「關雎、后妃之德也。風之始也。所以風天下、而正夫婦也。故用之鄉人焉(二南為鄉樂見儀礼)用之邦國焉」。大序曰「關雎、樂得淑女、以配君子憂在進賢，不淫其色，哀窈窕，思賢才，而無傷善之心焉，是關雎之義也。
小序於后妃無所指，大序亦泛言淑女配君子，大小序究為何人所作，姑不
具論。而如此說關雎，並無不通之處。而為正義者曰：二南之風，實文王之化，
而美后妃之德者，則所謂后妃者，似以為文王之后妃矣。此則不通之甚。不
及樂得淑女以配君子遠甚。蓋初言「窈窕淑女，君子好逑」，繼言「窈窕淑女，寤
寐求之」，終言「窈窕淑女，琴瑟友之，鐘鼓樂之」，細味詩意，實為初婚時歌詩。二
南之詩皆為樂歌，關雎一篇，其用之於舉行婚禮之時者乎。夫婦為人倫之
始，故關雎置於二南之首。
孔子於關雎在語中凡兩及之，「師摯之始，關雎之亂，洋洋乎盈耳哉」，是就歌
唱之時音調之美言之。此章「樂而不淫，哀而不傷」，乃就詩之辭意言之。（宋
楊簡謂此乃論關雎之音，見駁於四書管見，非也）琴瑟友之，鐘鼓樂之，其
情摯，故曰樂而不淫。悠悠哉，輾轉反側，其極也，不過寢臥不安，未至呼嗟詬

10

啐，故曰哀而不傷，哀而不傷鄭箋（毛詩序哀窈窕思賢才句）哀蓋字之誤

也，當為衷，衷謂中心恕之，無傷善之心，謂好逑也。但注論語此章仍不以衷

為義。其荅劉琰（此從考异之瀾閣四庫全書本琰作拔）云：論語注，人間

行久，義或宜然，故不復定，以遺後（鄭志上）。余按哀與樂為對文，哀傷淫

樂為對句，未可云義或宜然，惟詩序哀窈窕，鄭疑當作衷，為字之誤，確也。

子曰：興於詩，立於禮，成於樂。（泰伯篇）

說已見論學篇，以其及詩，故重出于此。

子曰：衣敝縕袍，與衣狐貉者立，而不恥者，其由也與！不忮不求，何用不臧。子路

終身誦之。子曰：是道也，何足以臧。（子罕篇）

袍，釋名云：丈夫著，下至跗（音膚，足背）者也。縕，旧絮也（禮玉藻縕為袍

注）。左傳僖十年，敝於韓，杜注：敝，敗也。說文曰：敝，敗衣也。衣讀平聲，名詞，去

聲為動詞，此章衣動詞，當讀去聲。貉借為貈，下各切，說文：貈，似狐，善睡獸也。

卷三

論語狐貈之厚以居今論語鄉黨作貉蓋魯論文也此章古論亦必作貈陳
仲魚古訓曰按說文啇作狐貈是也貉說文曰豸種也段注貉之古音下各
切貈讀貉之古音亦非貈之本音按段借字罕有不同音者貉貈古音必同
而段云下各切非貈之本音所不解也恥辱也而不恥者言不以為恥辱也
不忮不求二句在詩邶風雄雉于飛之末章注忮害也臧善也鄭箋云君
子之行不疾害不求備於一人其行何用為不善今集解引馬曰忮害也臧
善也與詩注同又曰不忮害不貪求何用為不善疾貪惡忮害之詩也按鄭
云不求備於一人不若傳不貪求為得詩意且與此章引詩之意切合
「子路終身誦之一語疑有誤字當云終日誦之蓋子路得師獎譽喜誦詩句
孔子恐其以此自足故又曰是道也何足以臧若子路終身誦之則於事理
難通矣
「唐棣之華偏其反而豈不爾思室是遠而」子曰未之思也夫何遠之有」（子罕篇）

11

此章旧本如皇疏邢疏皆以之与可与共学章連讀，集解何注：賦此詩以言
権道反而後至於大順，思其人而不得見者，其室遠也，以言思権而不得見
者，其道遠也，云云。辜鴻傅會頗為可笑，宋人多非之。戴溪曰：此与前段絕不
相連，全不干権事（石鼓論語荅問）。朱子論語或問曰：凡係之上章者皆
失之，其与張敬夫論癸巳論語說曰：此蓋逸詩，論語此下別為一章，不連上
文，范氏、蘇氏已如此說（朱子文集）。又語錄云：唐棣以下，初不与上面說
権処合，緣漢儒合上文為一章，誤認偏其反而，為反経合道，所以錯了。按漢
人讀法錯誤顯然，不待繁言。元何异孫謂此章上下文意不接，不可強解，謂
之闕文，或者脫簡在他篇，又無可考（十一経问对）。余按此章文字与不
恆其德，或承之羞，子曰：不占而已矣，相似，彼引易，此引詩，其不同者耳。引易
而斷之曰不占而已矣，此引詩而斷之未之思也夫，何遠之有。彼重者恆，此
重者思，又其不同者。而論文体則同，似無闕文，何說未安也。

唐棣之華四句集解何曰逸詩也。按所謂逸詩者，謂漢人不傳之詩也。而後
儒即指為孔子删餘之詩，厚誣聖人，不足取也。（史记世家古者詩三千餘
篇及至孔子去其重取其施於礼義者三百五篇。此語大數劉向校書口氣
疑係後人竄改非史记本文）。石鼓論詩卷问曰：唐棣四句，是逸詩中不合
於聖人者，聖人删之，曾有此語，門弟子記之於此耳。困学纪闻卷七致書謂
偏其反而即詩常棣篇，孔子删而不取，文卷三朱子發曰詩篇中删章者如
唐棣之華，偏其反而，豈不尔思，室是遠而之類，是也，皆為謬說，不待深辨。
唐棣，後世注家多據尔雅释木唐棣栘、常棣棣之文，而認唐棣常棣為二物、
且有認唐棣常棣常棣為三物者（宋王觀國学林）。按詩小雅常棣之華注：
常棣，棣也，子如櫻桃可食。秦風山有苞棣注：棣，唐棣也。召南何彼穠矣唐棣
之華注：唐棣，栘也。如非後人據尔雅改毛傳，則毛詩與尔雅合，然秦風苞棣、
何以知其為唐棣，而非常棣，如以為唐棣生於山，詩云山有苞棣，故知其為

12

唐棣，则常棣之華，诗未尝言其生於城市，此可疑也。且尔雅郭注唐棣似白楊，常棣今山中有棣樹，子如櫻桃可食，是則常棣乃真生於山中者。山有苞棣之棣，安知其非為常棣，而诗注棣唐棣也，似唐棣常棣可通言也。然召南「唐棣之華」，又曰唐棣栘也，是則不可解也。毛诗陸疏唐棣奥李也，一名雀梅，亦曰車下李，所在山中皆有，其花或白或赤，六月中成实，大如李子，可食，未言似白楊。郭注不知何本。召南诗曰何彼襛矣，花如桃李，其花如桃李，則陸疏实大如李子可食可信也。説文棣字下曰白棣也，栘字下曰常棣也。段注唐世常同音，盖谓其華赤者為唐棣，華白者為棣，一類而錯舉，故許云栘棠棣也，棣白棣也，改唐為棠，改常為白，以棠对白，則棠為赤可知，皆即今郁李之類，有子可食者，小雅常棣論語逸诗唐棣实一物也。郭注唐棣似白楊，白楊大樹也，古今注云，栘楊亦曰栘柳，亦曰蒲柳，圓葉弱蒂，微風善摇，此正今日之白楊樹，安得有韡韡（音伟盛也）偏反之華耶。段氏之説為得其实。

卷二

矣。春秋繁露竹林第三篇引此章文，唐作棠。文選廣絶交論引亦作棠。說文：
「栘，棠棣也。」文選甘泉賦注引尔雅作棠棣栘也，與說文合。藝文類聚引詩「何
彼襛矣，棠棣之華」，亦作棠。大抵棠、唐兩字同音通用。郝疏謂唐為棠之借字，
恐未必然。而王觀國學林謂尔雅郭注誤，唐、棠、常為三物。又云玉篇廣韻亦謂
為三物，則可笑之甚者也。今檢尔雅郭注，並無棠字，則玉篇廣韻云云，不必
再考證矣。詩小雅「裳裳者華」，朱子集傳董氏曰：裳古本作常，常棣也。據此，則
裳之與常，正如棠之與唐，同音通用字也。
「偏其反而」，而為句絶之詞，無義，見漢書韋賢傳注。偏與翩通，易泰卦「
翩翩不富以其鄰」，釋文出篇篇云：子夏傳作翩翩，古文作偏偏，是其證。詩小
雅角弓云：「騂騂角弓，翩其反矣。」注：「翩然而反。」朱傳：「翩，反貌。」蓋翩其反矣，義與
翩其反而同也。在角弓狀弓之張弛貌，在唐棣則為狀花之裊娜態，花之態
美，故曰：豈不尔思。但彼此間有距離，又曰：室是遠而。此是寓意之詩，花果用

13

以比何物不可強說孔子但取思以勵学而不思者耳。未之思也釋文曰未或作末者非一讀以夫字屬上句按夫字屬上屬下皆可通。屬上為歎詞其逝者如斯夫之夫同屬下則為發語詞其左傳桓十三年夫固謂君訓眾而好鎮撫之之夫同。若在句中發語詞

子曰誦詩三百授之以政不達使於四方不能專对雖多亦奚以為（子路篇）

說文曰誦諷也又曰諷誦也是誦諷為互訓。案周礼大司樂興道諷誦言語鄭注倍文曰諷以聲節之曰誦依鄭注諷誦微有分別倍背同詩重音律聲有高低清濁以聲節之乃顯其美故凡詩多稱誦書稱讀讀者段注說文曰籀書也謂抽繹其義也。按墨子公孟篇詩有誦詩弦詩歌詩舞詩之別近人胡懷琛曰誦詩者循其文字而誦之也歌詩其聲有抑揚徐疾之分也不能被之管弦謂之歌詩能被之管弦謂之弦詩被之管弦而又佐以動作者為舞詩。今三百篇中孰為誦詩孰為歌詩孰為弦詩孰為舞詩則以原文殘

卷二

闕無從一一指明矣（中国文学辨正）余按以聲節之為誦則歌者猶誦也。墨子誦詩歌詩之分，恐非如胡氏所辨正者。又弦詩舞詩，亦就其用時言之，非弦詩不可為舞詩也。史記世家三百五篇孔子皆弦歌之以求合韶武雅頌之音，則三百五篇皆弦歌詩也。其中當有舞詩在，若云舞詩有音而無詞，則可稱為舞樂，不得稱舞詩矣。

三百篇中或言事父，或言事君，或言及朋友，或男女之事，大半不出人倫範圍，故誦詩可以知政，達者通也，不達者不通為政之理也。春秋時列國卿大夫于宴享朝聘之時賦詩見意，其所賦之詩皆為三百篇中所有者。人人自幼誦習，故賦詩者之意，聞之者即能辨之，例見左傳，亦多間有賦及為今詩所無者，如河水、轡之柔兮、新宮之類，為後世傳誦者所遺，說已見上。

專對者，集解何曰，專猶獨也。閻若璩四書釋地又續曰，專擅也。即公羊聘禮、大夫受命不受辭，出竟有可以安社稷利國家者，則專之可也（公羊莊十九年）

之専。按闕說是也。使於四方之専对、當有二：一為賦詩見意，一為对敵國或
王詢問、皆非事先所能預擬、必須平日誦習諳貫、方能應付裕如。故詩学之
通與否、亦可於出使他方應对時覘之。應对失宜、是為不能専对、有辱使命、
是即於詩学猶未通也。雖多何用。奚、疑詞、猶何也。以、用也。為、語助詞、無義。亦奚
以為、猶言亦何用也。（經傳釋詞卷二）

陳亢問於伯魚曰：子亦有異聞乎？对曰：未也。嘗独立、鯉趋而過庭、曰：学詩乎？对
曰：未也。不学詩無以言。鯉退而学詩。他日又独立、鯉趋而過庭、曰：学礼乎？对曰：
未也。不学礼無以立。鯉退而学礼。聞斯二者。陳亢退而喜曰：問一得三、聞詩聞
礼、又聞君子之遠其子也。（季氏篇）

說詳論学篇、重出於此。

14 子曰：小子、何莫学夫詩？詩可以興、可以觀、可以羣、可以怨、邇之事父、遠之事君、
多識於鳥獸草木之名。（陽貨篇）

卷三

小子集解包曰門人也

興者集解孔曰引譬連類也。皇疏興謂譬喻也言若能學詩詩可以令人能譬喻也朱子曰興感發志意也按朱說得之矣僞孔注非也劉寶楠且引周官大師教六詩云云以證僞孔注曰毛詩傳言興者百十有六而不及賦比者每此意也是或爲賤宋而尊漢之故而爲此護孔之說不知學問之道惟是是求實皆不可變章句不可泥無旨主一家之學不立章句枝葉何必問門户（朱子之說深得孔子之意不可易也何必依人門户而棄真理耶）子曰興於詩包曰興起也言修身當先學詩也江熙曰覽古人之志可起發其志也此章興字義正如此。

可以觀朱子曰考見得失也集解鄭曰可以觀風俗之盛衰也按鄭說純爲客觀蓋取禮記王制命大師陳詩以觀民風之意朱說專就學者本身言之於義較切學記曰相觀之謂摩摩者切磋之意擇善而從不善則去以詩爲鑑是即考見得失之意也。

15

「可以羣」朱子曰、和而不流也、是也。然不若曰、和而不同也。三百篇中、如關雎、
卷耳之於夫婦、凱風蓼莪之於父母、常棣之華之於兄弟、伐木丁丁之於朋
友、鹿鳴白駒之於賓客、文王之敬君、四牡之忠君、節彼南山之諫君、六月采
芑之為國忘身、皆言處羣之道、誦詩者、雖有不為之感動者也。門人小子欲知
事父母事君敬賓客愛朋友友兄弟和夫婦之道、誦詩可矣。
「可以怨」怨、恚恨也、如小弁之怨父母、北山之怨王事、(此從孟子)皆怨誹
而不亂、此詩人之情深厚、可以取則者也、孟子之時有高子者、以小弁之詩
怨、為小人之詩、孟子曰、小弁之怨、親親也、親親仁也。(告子)孟子知怨誹
之旨。此章可以怨、即以孟子此言釋之可也。朱注怨而不怒非也、說文怨恚
也、恚恨也、恨怨也、怒恚也、五篇恨怒也、怨恚恨怒義同也、怒不必形之於色。
怨者易為亂、春秋所紀子弒父臣弒君、兄弟相殘、朋友攻伐之事、鮮有不起
於怨者。怨毒之於[redacted]人、可畏也至矣!怨矣而不為亂、斯為可貴。

巻二 一

此章歷舉興觀羣怨事父事君以至草木鳥獸之名，三百篇可謂包羅萬有，故詩之性質爲綜合，禮之性質近乎專門。博學於文即學詩，約之以禮即反說約也。孔門教旨如是，孟子亦嘗言之矣。

子謂伯魚曰：女爲周南召南矣乎？人而不爲周南召南，其猶正墻面而立也與？（陽貨篇）

詩三百，此言周南召南者，舉其始以概其餘也。伯魚答陳亢之問，曰：嘗獨立，鯉趨而過庭，曰：學詩乎？對曰：未也。不學詩無以言。鯉退而學詩。此章易詩爲周南召南，易無以言爲正墻面而立，辭雖有異而意則無異也。此正是過庭之訓，一事而兩見耳。皇邢兩疏亦如此說，朱注大略從皇疏。

閻若璩四書釋地又續曰：南，樂名，詩所謂以雅以南是也，非南國諸侯之謂。此論發於程大昌，大昌生平論事多異，此却正。余按沈适（仁宗嘉祐進士）夢溪筆談卷三亦有周南召南樂名也之言，前乎程大昌，閻謂發於程大昌，未確。宋黃朝英靖康緗素雜記曰：沈存中筆談云周南召南樂名，漢書王莽傳，

16

「申屠建嘗事崔發為詩」，師古曰，「就發學詩也」，然則召中之說，非徒意明矣。」按此，則以二南為樂名，宋人已有異議矣。日知錄卷三周南召南南也，非風也。豳亦謂之雅頌（見注疏周禮籥章）而非風也。南豳雅頌為四詩，而列國之風附焉。此詩之本序是則顧亭林亦主南為樂而非風之說，與閻同也。今考之經傳，此說未盡然。禮記文王世子胥鼓南，鄭注按周禮旄人指南為南夷之樂，非是。胥鼓南，自是二南之南，若為夷樂，經文必出夷字，以與二南別。儀禮燕禮，遂歌鄉樂周南關雎葛覃卷耳召南鵲巢采蘩采蘋，又升歌鹿鳴，下管新宮，笙入三成，遂合鄉樂。儀禮鄉射乃合樂周南關雎葛覃卷耳召南鵲巢采蘩采蘋。詩小雅鼓鐘：鼓鐘欽欽，鼓瑟鼓琴，笙磬同音，以雅以南，以籥不僭。二南之詩為樂歌，固無可疑，然即以此而謂二南為樂名，與雅頌並立為三，而將十三國詩剔出，作為附庸，則烏乎可哉！邶鄘衛王鄭齊諸詩皆以國名詩。周南召南不應獨異。周之先，公劉居邠。大王去邠，居於岐山之陽。文

卷三

王居豐。武王克商、定都於鎬。鎬與豐相去二十五里、皆在陝西。平王東遷王城。敬王又遷成周。皆今河南洛陽地。周召二公初封之處、今難考实、大抵不出今河南竟。其南為江漢之域。汝水亦在河南南部。今召南之詩有「江之汜」、周南之詩有漢之廣矣、不可泳思、江之永矣、不可方思、遵彼汝墳、伐其條枚」之句、知其詩出於江漢流域、皆在周召封地之南。其時江漢流域無封國之著者。故即以周南召南名之。江漢之地、後為楚所有。故所謂周南召南者、實可謂之楚風也。楚風而不以楚名者、因楚在東周之前、实為芝麻之國。至春秋之世、始蠶食江漢之間諸小國、成為大國。二南之詩、作於何时、今亦難一一考定。據何彼襛兮、是平王时詩、大抵非一時之作。然其作也、皆在楚強盛之前可斷言也。且楚為異姓、又封於蠻夷之區、中國諸侯多輕之。錄諸國之詩、獨江漢之間所獲、終不以楚名、其故在是歟。北人剛強、私其所好。南人柔弱、文其所長也。十五區域之詩、以二南為最美、非偶然事。後屈原作離騷、繼三

17

百篇、宏博雅麗、為辭賦宗。文学為楚人特長、益可知矣。以其詩最美、故周人
樂歌多用之。後儒因是而指南為樂名、而非風、实為誤解。周礼大宗伯、大師
教六詩、曰風、曰賦、曰比、曰興、曰雅、曰頌、是詩之教、掌於樂官。樂官所掌者、皆
音樂之事、風雅頌皆為樂歌明矣。又礼記樂記、師乙謂子貢曰、寛而静、柔而
正者宜歌頌、廣大而静、疎達而信者、宜歌大雅、恭倹而好礼者宜歌小雅、正
直而静、廉而謙者、宜歌風、肆直而慈愛者、宜歌商、温良而能斷者、宜歌齊、言
風不言南、可知南在風詩之中、不得独為樂、而他皆為風也。且南既為樂名、
何必冠以周召。既有周召之称、則謂南為楚之風、與他國詩皆為歌詩、不更
勝南為樂名之説耶。

南容三復白圭、孔子以其兄之子妻之、（先進篇）
論語中、南容兩見、南宮适一見。史記弟子列傳、作南宮适、字子容。集解、孔曰、
容、魯人。索隱曰、家語作南宮縚。按其人是孟僖子之子仲孫閲也。蓋居南宮、

卷三

因姓爲公冶長篇集解王肅曰南容弟子南宮縚魯人也字子容世家語合
今本家語爲王肅所纂輯其合宜也縚與韜同說文有韜無縚縚說文蓋作
絛也絛訓編緒韜爲劍衣俱出說文韜既訓劍衣弢又可訓藏括有包括之
△義與韜義近适訓疾蓋适之爲括猶縚之爲韜皆段借字家語禮記
與作縚者用借字也其既作縚又或作括者用借義也猶田常或作陳恆陳
爲借音恆爲借義崔子魯論作高子高亦爲借義古人姓名段借多取同音
字取義者罕見陳恆田常崔子高子南宮括南宮縚爲罕見之例以上說明
南宮縚南宮括爲一人至司馬貞謂南宮縚即仲孫閱是本禮記檀弓鄭注
孔穎達曰知孟僖子之子南宮閱者左傳昭七年孟僖子將卒召其大夫云
屬閱與何忌於夫子以事仲尼以南宮爲氏故世本云仲孫貜生南宮縚是
也按此是鄭注又本世本今考之傳世本非也孟僖子之子名説或作閱不
應又作縚也說與閱同音段借縚之與説何所取義說文以縚帛韜髮爲纚

纚冠，織也。段注引士冠礼注曰：纚長一尺六寸，足以韜髮而結之矣。夫韜髮
整冠有正容之義，故字子容。若說之於韜，風馬牛不相及。一人兩名，音義俱
非。借段古書上未見其例，世本不足據。且南宮之為氏，不始於南宮适。按古
今人表與召忽同時有南宮萬、南宮牛，索隱以為居南宮，故以南宮為氏，亦
非。惟論語於公冶長、司馬牛皆用二字以表氏，獨於南宮适者稱南容，可疑。
又論語紀事於弟子多稱字，而於南宮适稱名，亦難索解。
白圭之玷二句見詩大雅抑篇。圭，古文作珪，瑞玉也（說文）。玷，缺也（毛
詩注）。鄭箋云：玉之缺尚可磨鑢而平，人君政教一失，誰能反覆之。按抑詩
第五章云：質爾人民，謹爾侯度，用戒不虞。慎爾出話，敬爾威儀，無不柔嘉。白
圭之玷，尚可磨也；斯言之玷，不可為也。故鄭有人君云云。南容三復白圭，是
取慎言之意。易繫傳曰：君子居其室，出其言善，則千里之外應之，況其邇者
乎。居其室，出其言不善，則千里之外違之，況其邇者乎。言出乎身，加乎民，行

注中述字礼 查大戴
中樞白圭不斷大傳？
礼將軍文子篇史記
仲尼弟子列傳俱作
白圭之玷當是詩語
替字服之玷二字耳

15

卌七三

發乎邇見乎遠言行君子之樞機樞機之發榮辱之主也言行君子之所以
動天地也可不慎乎大抵古人言修身以慎言慎行為主老子知者不言言
者不知信言不美美言不信大巧若拙大辯若訥論語中如君子欲訥于言
「敏於事而慎於言多聞闕疑慎言其餘仁者其言也訒木訥近仁等用語皆
戒人勿雜言妄語以損其德之意此白圭之玷云云用意同也南容知三復
白圭之句則其知慎言也可知故曰邦有道不廢邦無道免於刑戮惟口興
戎知慎言者君子也邦有道不棄君子故不廢聰明深察而近於死者好議
人者也博辯廣大危其身者發人之惡者也（世家老子告孔子語）知慎
言則不議人不發人之惡故可免刑戮
「子謂南容此南容三復白圭實為一事而分記兩處觀以其兄之子妻之兩
見可知
女子亦稱子說已見第一篇序妻字原為平聲名詞妻者齊也由名詞轉為

19

動詞、讀去聲。妻之者、以其子嫁之也。按家語叔梁紇娶施氏生九女、而無子。
其妾生孟皮。孟皮字伯尼、又求婚於顏氏生孔子。是孔子之兄孟皮也。
齊景公有馬千駟、死之日、民無德而稱焉、伯夷叔齊餓於首陽之下、民到於今
稱之。誠不以富、亦祇以異、其斯之謂與。(季氏篇)
誠不以富二句、今本論語在顏淵篇子張問崇德辨惑章。宋程伊川曰、二句
本不在是處也。之後、乃在齊景公有馬千駟之上、文誤也。今從其說、移置於
其斯之謂與上。與左傳引詩之例合。
駟、謂馬也。千駟、馬四千匹也。齊為千乘之國。故曰、有馬千駟。伯夷叔齊、孤竹
君之二子。讓位適周。武王伐紂、叩馬而諫。武王既誅紂、義不食周粟、餓死於
首陽山。(山西蒲坂縣)子貢曰、伯夷叔齊何人也。子曰、古之賢人也。曰、怨
乎。曰、求仁而得仁、又何怨。不降其志、不辱其身、伯夷叔齊與。論語屢稱道之。
誠不以富、亦祇以異、二句在詩小雅我行其野之末章。我行其野、似為棄婦

卷三

怨夫之作。末章曰：我行其野，言采其葍（音福）不思舊姻，求尔新特，诚不以富，亦祇以異。葍，惡菜也。特，匹也。言尔不思舊人，而求新匹，非為新人之富，而為新人之有異於故耳。論語取此二句，斷章取義，意取身死民懷，不在富貴尊榮，而在德之特異。诚不以上，當有子曰：詩云四字，今無之者，傳者失之也。

論詩之篇止於此。詩三百，一言以蔽之，曰思無邪，論詩之全体也。關雎樂而不淫，哀而不傷，論詩之一体也。誦詩三百，授之以政，不達云云，論詩之為用也。小子何莫学夫詩，不学詩無以言，言詩内含之富麗，勸人学也。讀此寥寥數章，孔門詩教亦可以知其概矣。

論語類編通義卷四

毛春翔

論礼楽

孔門之教，先之以詩，次之以礼，成之以楽。礼楽關係尤密，「先進於礼楽」、「礼楽不興」、「礼云礼云」、「楽云楽云」、「礼楽征伐」、「如其礼楽」，皆礼楽連言。蓋二者並行，合為一体，礼楽之事，不可分也。故以論礼楽次論詩。礼與楽不分篇

礼楽一体，就理言之，礼異楽同，礼敬楽和，就其質言之，亦可分別而論之也。茲先言礼。

礼者，孔教之中心。「三十輻共一轂」，礼其轂也。百川朝宗於海，礼者其孔學之海歟！自秦漢以降，二千餘年，學者衆矣，而識孔門之礼之情者，殊尠。今將明礼之義，與同志共商榷之。

孔門礼學，余經數年研究，以為當析為三部述之：一為礼之本義；二為礼制；三礼儀。

1/20

卷四

六韜
太公對文王曰：礼者天理之粉澤

礼之本義云者，非謂礼字之本義，乃指礼樂之礼之本義言也。礼字之本義為事神致福（說文），礼樂之礼之本義，則礼者理也，義也，宜也，履也。（易坤卦鄭注履讀為礼可証）礼、理、履均同音，義宜之於礼，音亦近。或言礼，或言理，或言義，或言履，字雖不同，其義則一。理者，說文曰「治玉也」。鄭注樂記曰「理，分也」。分者，說文曰「別也，从八刀，刀所以別物也」。以刀分別物為理，是猶治玉之義也。韓非解老曰「凡理者，方圓短長粗靡堅脆之分也，故理定而後可得道也。凡物之有形者易裁也。有長短大小方圓堅脆輕重白黑之謂理，理定而物易割也」。以分、剖判為理，古義蓋如此。許曰治玉者，以理從玉故也。就古義言之，則凡長短大小方圓堅脆輕重白黑分別之，即謂之理。物之有長短大小方圓堅脆輕重白黑之異者，不止乎玉。許說義狹，韓非之說義廣。今說理之義，當從韓非。理既有分別之義，故有條而不紊者，謂之有條理。由是推之，肌膚之在体，縱橫有序者，謂之肌理，骨節大小依序排列，肉之肥瘦依次揍合者，謂之腠理。父生之，母養之，師敎之孝父母，敬師長，報恩之義，不得不然，是謂人理。就其必然而言之，謂之天理。更由是推之，使雜然無序者歸於有序，謂之處理。人群相處，使強者屈，弱者伸，扶愚而抑智，賢者有所養，富者知所施，各循其分而不亂，各盡其力而不犯，使幼有所長，壯有所用，老有所歸，是之謂政理。人之生也，各欲遂其生，既欲遂其生，不害人之生；既欲豐其財，不奪人之財；既欲智，不樂人之愚；既欲強，不樂人之弱，是之謂循理。人道大矣，順之者謂之循理，逆之者謂背理。順理者得生，逆理者得死，生死人之大分，可於理之順逆判之。人生於理，長於理，而終於理。若於不知理，困於不從理，刑戮於毀理，理之於人，蓋尤切於衣食矣。造次違理則忿爭興，忿爭興則不得安，不得安則生事妨，而身受其害。人之賴理以生也，蓋尤切於衣食矣。理者天秩也，天地亦在理中，而況人乎？此之所謂理，即孔子之所謂禮，乃禮之本義也。禮記仲尼燕居子曰：禮也者，理也。君子無理不動。是其證。

禮緯含文嘉：禮有三起，禮理起於太乙，禮事起於燧皇，禮名起於黃帝。

禮記禮運：是故夫禮必本於大一。疏：大一者，謂天地未分混沌之元氣也。

莊子天地：主之以太乙。成玄英疏：太者廣大之名，一言大道曠蕩，無不制圍括囊萬有，通而為一，故謂之太一。

说文曰礼履也。吕览孝行曰礼者履此者也。[redacted]易序卦物畜然后有礼，故受之以履，是为礼即履之证。

贾谊新书卷八曰德生理，理立则有适宜之谓义，义者理也。故曰义者德之理也。礼记丧服四制曰理者义也。白虎通三纲六纪曰纲者经也，纪者理也，大者为纲，小者为纪，所以张理上下整齐。吕览论威曰义也者万事之纪也，君臣上下亲疏之所由起也，治乱安危过胜之所在也。礼运曰何谓人义，父慈子孝，兄良弟弟，夫义妇听，长惠幼顺，君仁臣忠，十者谓之十义。左传昭二十七年晏婴曰礼之可以为国也久矣，与天地并。君令臣共，父慈子孝，兄爱弟敬，夫和妻柔，姑慈妇听，礼也。隐三年石碏曰君义臣行，父慈子孝，兄爱弟敬，所谓六顺也。上举诸说，皆古训之可考者。新书之义者理也，即可证义者礼也之义，其他诸说，皆足以证义与礼无别。礼义连文，语中未见。礼义杂出，並举往往见之。单出义字，其例不胜。礼与义並见一处者，义即礼之第一义，谓理也。礼论礼制，或为礼仪，义字単出，則為礼之第一義，無論矣。在他書，間有義理或理義連言者，如呂覧勧学曰：「人君人親不得其所欲，人臣人子不得其所願，此由於不知理義」，「徒曰：王者有暨乎義理也，亡者有暨乎暴慢也」。明理曰：「故至乱之化，君臣相賊，長少相殺，父子相忍，兄弟相誣，知交相倒，夫妻相冒，日以相危，失人之紀心，若禽獣，長邪苟利，不知義理」。孟子告子曰：「心之所同然者何也，謂理也，義也。聖人先得我心之所同然耳。故義理之悦我心，猶芻豢之悦我口」。管子七法曰：「成功之事，必順乎理義」。此之所謂理義，複文也，理義無辨，理礼一名。[redacted]

[redacted]人熟聞礼儀之称，礼制之言，浅者習於文飾，智者進言制度，而於礼之第一義，多忽視之。論語之書能存孔子之道，不明詩礼之教，闇然本章、職此故耳。

礼者，理也，義也，宜也，履也，此就純理言之。拠此理論，有所興正，有所創制者，（手文）之以為治国之綱紀者，謂之礼制。礼制在論語中，単称礼，如夏礼，殷礼是也。

以…の

左傳稱周制為周禮，見閔元。（齊桓）公曰：魯可取乎？（仲孫湫）對曰：不可，猶秉
周禮。周禮所以本也。又稱禮經，見隱七年。凡諸侯同盟，於是稱名，故薨則赴以
名，告終稱嗣也，以繼好息民，謂之禮經。杜注：周公所制禮經也。又襄二十年叔
向曰：會朝，禮之經也。昭十五年曰：禮，王之大經也。曰會朝禮之經，禮王之大經，
是稱經者，言其綱要也。漢書藝文志序及禮緯稽命徵俱曰「禮經三百」，禮篇謂
之「經禮三百」。中庸則曰「禮儀三百」。論衡謝短篇則稱「古禮三百」。藝文志著錄者，
有「周官經」。史記周本紀、魯世家並言周公作周官，或稱周官經，或稱周官，異名
同實。周代制作，以為經邦治民之具者，據論語夏禮殷禮云云，當稱周禮。今所
傳周官，當據禮篇稱經禮，以與儀禮別。蓋周禮總稱也，經禮、儀禮別稱也，總別
不容混。禮儀與威儀無以異，禮儀三百、威儀三千，其名不可通。三代之制，須標
代號。論衡「古禮三百」，正名定義，亦在擯棄之列。
夏殷二朝制度，據論語所記，孔子雖能言，而杞宋之獻不足徵，實未由周監於

4.

二代，郁郁其文，孔子親見而喜之，曰：「吾從周。」然一代典制，語中所見，亦止寥寥
数則，且語簡，其詳不可得窺。季氏八佾舞於庭，孔子曰：「是可忍，孰不可忍。」讀此，
但知季氏舞佾為僭礼，而何者　應舞八佾，則語中不詳；三家者以雍徹，亦然。
林放問礼之本，子曰：「礼與其奢也寧儉，喪（無）與其易也寧戚。」由此言亦但知周人尚
文（太）過，礼尚奢，喪尚易，失其本而已。射不主皮，言射礼；告朔之餼羊，言告朔之
礼。君娶於吳為同姓，言娶妻不娶同姓之礼；麻冕礼也，言冠冕之礼；拜下礼也，
言揖讓之礼。高宗諒陰，言人君處喪之礼；宰我問三年之喪，言一般處喪之礼。
一鱗半爪，一代典制之可見（於語）者，如是而已矣。礼学為孔教中心，周礼又為孔子
所喜，而論語記述簡略如是，何也？曰：典制原於理，理為礼之第一義。典制因時
損益，理則與天地萬物相終始。與天地萬物相終始者詳之，因時損益者略之，
不亦宜乎。然則理之見於語者，何指也？曰：語中之言理者，佔十之七八。凡言人
之行宜如此（々々）者，理也，即礼也。其言不宜如彼如彼者，非理也，即非礼也。語中不

表の

出理、而出義、義即理也。說已詳於前矣。在語中、理義之大要、可以一言蔽之、曰、「忠恕」是也。凡一切善言善行、名目繁多、皆不離乎忠恕。「夫子之道、忠恕而已矣」曾子之言、得其實矣。夫、忠者、敬也。盡心曰忠。此見於說文者也。「中心曰忠」「中下從心」謂言出於心、皆有忠實也」此見於周官司徒賈疏。事上竭誠為忠」見於伊訓孔傳「無私忠也」見左傳成九年。以上諸說、[redacted]皆古義。「己所不欲、勿施於人」為恕。此孔子自釋其義如是、不待引經據典矣。內盡其心、以求善。推己及人、以行善。內外盡之、人事畢矣。故曰、忠恕為禮之核心。明乎忠恕之理、則於禮之第一義諦、可無遺憾。仲弓問仁、子曰、「出門如見大賓、使民如承大祭。己所不欲、勿施於人。」見大賓、承大祭、必盡其心、忠也。己所不欲、勿施於人、恕也。顏淵問仁、子曰、「克己復禮、為仁」。以忠恕告仲弓、其語詳。以禮告顏子、其語簡。詳簡有異、其義則一。子張問行、子曰、「言忠信、行篤敬、雖蠻貊之邦行矣。言不忠信、行不篤敬、雖州里行乎哉」。子貢問、「有一言而可以終身行之者乎」。子曰、「其恕乎」。以忠告子張、以恕告子貢，其答異，其理則一也。真忠矣，不得不恕；真恕矣，豈得不忠乎！孝人母，忠也。念父母之劬勞，不由不孝，恕也。慈子女，忠也。念幼少之可憫，不得不慈，恕也。忠君上，忠也。念王事之靡盬，衆庶不粒食，不由不忠，恕也。礼羣臣，忠也。念魴魚之赬尾，公侯之干城，不由不礼，恕也。父子君臣之義如是，他可知矣。孔門礼教，旨在於斯，典章制度基立於斯，威儀三千原出於斯，循末探本，惟斯為要。論語詳於斯而略於彼，重其本也。後世飽學之士以為周官六篇立制詳密，為國必行此制，是未讀子張問十世章之過也。顏淵問為邦，孔子不曰行周官，而曰「行夏之時，乘殷之路，服周之冕，樂則韶武，放鄭聲，遠佞人」，何哉？是即損益之意也。制有因革，理不可易。孔門礼教，兩言盡之。篤信周官，失之迂腐；詆毀孔教，失之狂妄。循流探源，推陳出新，天縱之資，今後或有其人。

礼者，理也，義也，猶父母也。礼者，制度也，是猶子也。礼者，礼儀也，是猶子之子也。理義不明，則制度不立；制度不立，則儀則不生。故言礼者，以明旨為首要，以制為次要，以動作威儀為末事。威儀必本於典制，典制必本於理義。違乎義理之典制必革，反乎典制之儀則必易。故典制代有損益，而儀則時有更易，以其行之久而敝也。百姓日用而不知，士大夫數典而忘祖，但知儀容之為礼，不識典制為何物，頑固保守，愚腐可笑，而或者以礼為詬病，并孔門之教而弃之，所謂打倒孔家店者，亦未免失之於偏，于孔門礼教之義，或有未審，于忠恕之理，容有未明，而遽言打，不几乎秦始皇之焚坑乎。

有周建邦，設礼之綱三百，立礼之目三千，所謂「礼経三百，威儀三千」，是也。人事至繁，立制致密，故條目多至三千。春秋戰國之世，諸侯欲闢土地，以富其國，改軍制，增官職，制之不便者，削而去之（形見孟子左傳）（子産范宣子並鑄刑書）亦是一例三百之綱壞，三千之目更不堪問。今所傳儀礼十七篇，得之於秦火之餘，是否皆為三千條目中所有者，不可考矣。今所傳大、小戴礼記，為漢二戴所輯，大戴礼，據鄭玄六藝論，原有八十五篇，唐司馬貞曰，「其四十七篇亡，三十八篇」，小

6

戴礼，今所傳者四十九篇。二戴之礼，实為礼経之傳，猶後世之注疏。特其引披
者博，且為先秦旧説，故後世多重之。於儀礼、礼記、古礼儀之大概情形，尚可考
見也。今随録礼記数則，以為例。凡行容惕惕，（音傷直疾皃）廟中齊齊，朝廷
濟濟翔翔，君子之容舒遲，見所尊者齊遬。足容重，手容恭，目容端，口容止，聲容
静，頭容直，氣容肅，立容德，色容莊。（礼記玉藻）天子視不上於袷，（音劫交
領也）不下于帶。國君綏視，（音妥下于心也）大夫衡視，士視五步。凡視上
于面則敖，下於帶則憂，傾則姦。（曲礼下）毋側聽，毋噭（音叫）應，毋淫視，毋
怠荒，遊毋倨，（慢也）立毋跛，（音彼義反又波我反偏也）坐毋箕，（展兩足狀
如箕）寢毋伏，斂髮毋髢，（音替 髲也）冠毋免，勞毋袒，暑毋褰裳。侍坐于長者，屨
不上于堂。解屨不敢當階。就屨跪而舉之，屏於側。向長者而屨，跪而遷屨，俯而
納屨。席南向北向，以西方為上；東向西向，以南方為上。若非飲食之客，則布席，
席間函丈。（曲礼）此類儀則，春秋时人極重之，且有以之斷人之生死者，如定

老の

十五，邾隱公来朝，子貢觀焉。邾子执玉高，其容仰，公受玉卑，其容俯。子貢曰：以礼觀之，二君皆有死亡焉。高仰，驕也，卑俯，替也。驕近乱，替近疾。君為主，其先亡乎！然亦有甚輕之者，且詆之為非礼。如昭五年左傳：公如晉，自郊勞至於贈賄，無失礼。晉侯謂女叔齊曰：魯侯不亦善於礼乎！对曰：是儀也，不可謂礼。昭二十五年左傳：子大叔見趙簡子，簡子問揖讓周旋之礼焉。对曰：是儀也，非礼也。是也。夫礼由儀而顯，而曰是儀也，非礼也，何也？蓋時君重礼文太過，而行事多反不遵義理，女叔齊、子大叔欲矯其枉，故曰是儀非礼，非真謂儀為非礼，疾時君忘礼儀之本原耳。謝儀本乎制，制本乎理，斯可以言儀。漢文帝時，徐生以容為礼官大夫，其孫襄嗣官，天姿善為容，不能通礼經，（史记儒林傳）斯誠可笑之甚者。

語中言礼儀者，萃於鄉党一篇，間有欄入他篇者；他書言礼者，甚為庞雜，惟論語條理最明，而尤以言礼之第一義者為至精至密，有志明古礼說者，余以為

7

當於語中求之。語中所出義字，即用以代第一義之礼。其與樂並言者，則礼為礼儀。他書有單出礼，大都為義理之礼，有與仁連文作仁義者，則義即礼也。管子「礼義廉恥，是為四維」，礼指第三義礼儀言。又「倉廩實而知礼節」，礼亦指第三義言也。隨文書之，不難辨。徐君慶譽往年在貴陽閱余此稿，謂余曰：依君之言，則礼義廉恥缺一儀字矣。余曰：非也。礼義連文，礼謂礼儀，義謂理，四字成句，無傷也。若以礼僅只有礼儀或礼節一義，則欲領悟二十篇中礼之含義，恐不可能。徐君欽之，今並著之於此。

以上叙礼之義竟。外此尚有一義不可不明者，即礼與仁之關係是也。礼學為孔教之中心，余既言之矣。余之為此言，乃根據論語本書，非虛言也。然孔教何以以礼為中心？曰：孔門教學，以仁為目標，以礼為工夫。仁者何？全德之人也。全德之人，是為完人，亦曰成人。既為完人，咒為成人，聖人為教之旨，乃達德者何？德者得也。凡為仁人所必須具備之條件，均得之，無纖毫遺憾，是為全德。然此

者の

全德之德、果何物耶？果何由而得之耶？曰、全德之德、礼也。由学礼而得之。颜渊問仁、仲弓問仁、皆可证、無可疑也。故仁之实、礼也。無礼、不成仁，無仁、礼亦無所依。礼教即仁教也。忠恕為礼之大要，学為仁人者明忠恕之旨，可謂得其要領矣。故曰：「強恕而行，求仁莫近焉」。（孟子盡心）「忠恕違道不遠」（中庸）。礼為仁之階梯，忠恕為礼之核心，礼与仁之関係如是。余之為此说也，非好為高論，實由深味孔子之言而得之也。不雜佛老之見，亦未攀附他人。後有好孔学而不存成見者，其或不以余言為妄诞与！

礼与楽関係至密，余於礼已詳述之矣。請再言楽。楽者何？楽者，楽也。情舒意暢，欲遂為楽。楽有此功效，故曰：楽者，楽也。楽之原為情，礼之原為性。情由感物而見，性由成体而生。故性主而情從，且能命從，從能奉且主。從相得，則所寄以存者受其惠。主從相惡，則安宅化為戰場，相与俱盡。情性之大較如是。若論其原，則太極渾然一物，兩儀分判，性情乃可得而言。若謂截然而作事，固然大錯，而強

S

合之形似不分則天地混沌萬物雲氣莫得而言矣。是亦大謬。天地既判，萬物
既生，不能須臾去理，不能頃刻去樂。理者生之路，樂者之趣也。理之與樂，兩[illegible]
[illegible]一体而[illegible]也。其異何如是
而不可分，似離而[redacted]合，似合而[redacted]離，玄妙難測，識之者其維君子乎。
人樂而有辭可聞者謂之歌，人樂而有作可見者謂之舞，歌與舞合，謂之劇，劇者，
雜而多也。歌而有節，舞而有容，人之聲與物之聲合而成音，音節合而成樂，
狀其態然也，其實即樂之至也。樂之至，至於至不能制，謂之淫，其樂謂淫樂，其
聲謂之淫聲，聖人之所惡也，惡其害理也。大樂與天地同和，斯為得之和，則中，
中者天下之大本也。致中和，然後天地位焉，萬物育焉。天地位，萬物育，樂之用
豈不大哉。古之人有非樂者，是不識生理之謬說也。在孔門，詩禮樂並峙，立教之
旨，得天地之心。顧其理難言，二十篇中但見取瑟而歌，由之瑟奚為於丘之門，
鼓瑟稀，子在齊聞韶，三月不知肉味，子語魯大師樂，樂云樂云，鐘鼓云乎哉云
云，弟子無聞樂之理者，樂之理甚難言也。吾自衛反魯，然後樂正，雅頌各得其

巻り

所、時弟子老且死矣，老且死，樂始正，則門人前此不聞樂之理，其故可知矣。

暴秦焚書，而二世好樂，趙高曰：五帝三王樂各殊名，示不相襲，朝廷下至人民，得以接歡喜，合殷勤，非此和悅不通，解澤不流（史記樂書）。則詩書為灰，而樂固無恙也。漢興，言六藝者，惟樂無書，制氏為樂官，但能紀其鏗鏘鼓舞，而不能言其義。武帝時，河間獻王與毛生等，采周官及諸子言樂事者，作樂記（今人以樂記為公孫尼子所作），樂乃有書。劉向校書，得二十三篇，今礼記中存其一篇。先秦言樂理者，萃於此。後有精於此道者，發其幽微，擴為巨著，裨益後學，莫厚乎之。今講二十篇，所領悟而得者略如右，俟識者正。

叙論礼樂第四

有子曰：礼之用，和為貴。先王之道斯為美，小大由之。有所不行，知和而和，不以

礼節之，亦不可行也。（學而篇）

知和蔽而和不以礼節之句，復集解作知礼節

若詩云節莫若樂，節樂莫若礼，又內此曰莫若敬，守敬莫若靜

〔集解〕礼之用以敬為貴，以和為貴者，樂之用也。此云礼之用和為貴者，疑是變樂

〔疏〕礼者礼儀，如冠昏喪祭朝覲聘享之礼，皆有儀式，舉行儀式之時即礼之用也。和者謂樂也。皇侃疏曰

〔集〕字為歌，注此章曰：知礼貴和，則其字之誤，漢時已然。夫既言礼之用和

言和見樂功也，是也。舉行儀式之時用樂以和其情，以樂表見其哀樂之情，礼之用乃著。

〔集〕又言不以礼節之亦不可行，文理難通。樂記云：故礼以道其志，樂以和其

聲。又云：礼節民心，樂和民聲。大樂與天地同和，大礼與天地同節。和故百物

不失，節故祀天祭地。又云：樂者，天地之和；礼者，天地之序。和故百物皆化，序

故羣物皆別。于樂無不言和，于礼無不言節。此礼樂記與其言證虞書曰

舜曰：契，百姓不親，五品不遜，女作司徒，敬敷五教，在寬。又曰：詩言志，歌永言，聲依

永，律和聲，八音克諧，無相奪倫，神人以和。礼之用為節，礼勝則離，久則不祥

敬由在寬，樂之用為和，故曰克諧，曰無相奪倫，神人以和。此以書、礼之文

此章礼之用（和為貴）是指樂言也。後儒於此章解義多不通。劉寶楠

邇周書中度訓

礼非樂不履

太明武解

夫礼非樂不竟

本典解

奏發心爭樂奏

舜作紀礼奏敘

以現和礼樂咒和

其上乃不危

皇疏又疏

又疏一書南宋已佚

又疏以和，此節之和

卷の

正義甚至謂此章之旨所以發明夫子中庸之義也庸用也堯咨舜舜咨禹
云允執其中孟子言湯執中執中即用中用中即中庸之倒文夫子本之故
言中庸之德子思本之乃作中庸而有子於此章已明言之可謂駭人之論
如有子此言和為中和之和則和者絶無病何必又曰以禮節之須以禮節
之和乃可暢行而無敝則其所言和為貴之和非中和之和也可知矣此其
一孔子之中庸之為德其至矣乎一語何由知其發於有子此言之後如云根
據論語編次則論語編次原無據時之先後排列不足為據此其二允執其
中一語出上文人心道心云云十六字出梅賾所上僞古文閻若璩已詳辨
之矣孟子之言孔子有子所不及見即周官大司樂六德中和祗庸孝友云
云是否確為周公之言學者尚無定論而執此謂孔子子思言中庸作中庸
悉本此章和字豈非可駭怪之論耶此其三舍此章禮或樂不言而專論中庸於疏釋
章句之義亦不合劉氏博学此章釋義不通如此可怪也~~此非其所自為因其晚年著書不詳~~

邢疏曰礼之用至斯為美此一截也小大由之至不行又一截也如知和至不可行也又一截也集注明引樂記八字於注下而分節以小大由之屬先王句不矛盾耶（論語稽求篇）按朱子章句雖與馬注皇疏本不合但截斷子小大由之未嘗有誤。程子引礼勝則離說明和為貴小大由之之義而以樂勝則流說有所不行云云之旨朱子特從程氏若謂程朱未審礼之用為和用之誤則可若謂句讀有誤則西河如此截法余未敢以為然也

10

有子曰信近於義言可復也恭近於礼遠耻辱也因不失其親亦可宗也（學而篇）

「信近於義」之信與孟子言不必信之信同為指約信之信而言者。即左傳君子曰信不由中之信、詩衛風信誓旦旦之信、約信之信有義有不義。如周鄭交質周天子為諸侯與王鄭諸侯也而與天子交質當非周礼所許故曰不義。又蒲人止孔子曰苟無適衛吾出子與之盟出孔子東門。孔子遂適衛。子貢曰盟可負耶。孔子曰要盟也神不聽。（史記世家）要盟亦為不義之約

老の

信其言可不踐也必其近乎義者乃可復曾子立事篇曰久而復之可以知
其信矣復者踐其言也僖九年左傳荀息曰吾與先君言矣不可以貳能欲
復言而愛身乎杜注復言言可復也是也何晏釋復為反覆之覆曰義不必
信信不必義以其言可反覆故曰近於義也大謬何氏被刑其以此乎釋文
曰復本亦作覆是唐人傳本竟有改作覆者今文瀾閣本唐趙蕤長短經卷
八國有孔子曰信近於義言可覆也即作覆與釋文或本合非也周密齊東
野語曰復音房六切復歸之復也論語言可復也克己復禮是也一去一復
猶一往一來周氏之說與說文訓義合昔日之約猶去也往也今日踐約猶
復也來也如此訓釋乃得經旨
或曰誠如所言信為約信之信則人而無信不知其可也何謂也曰人而無
信不知其可之信乃誠信之信非約信之信也哀十六年左傳葉公曰周仁
之謂信復言非信也知信有周仁之信復言之信之別周仁之信誠信也復

11

言之信有義不義非即信也故曰非信信者誠也誠者信也見尔雅說文並是古義誠信之信是其本義爲至高無上之德礼之端倪也夫子之道忠恕而已矣忠恕者誠而已矣約信之信與人約誠信之信與天約與天約者與理約也故曰誠者天之道也思誠者人之道也（孟子）思誠者即與天約而踐其實之謂也與天約與理約安有不義之約哉期乎方寸之間故曰信而不曰約信與人約者期乎事左右事者豈邪一人之心哉有力存焉事約於力力約於人故曰約信不得單稱信單稱信者省文也隨文稱之可矣信之成乎心者曰誠成乎人與人之間者曰約約之成合乎理者曰義其成基於力者曰不義合乎理者可踐也基於力者可不踐也斯其大較也若周鄭之交質若蒲人之要盟約成乎力之例也若士匄之侵齊（左傳襄十九年）若尾生之抱梁約非成乎力者非其類也而古注及後世注家多引以爲例失其旨矣而朱子以爲凡言必踐不踐非信約信之始必求其近乎義焉則其言無不

卷四

可踐而無背信之失（見論語或問）是於人事之繁複紛紜有未明也夫
蒲人之要盟孔子能違之乎鄭伯侵王周人能止其暴戾乎要盟不得不立
文質不得不作孔子與周室即欲求其近乎義焉亦何從而求之宋與遼盟
與金盟又與元盟而卒亡於元者何也迫於力也迫乎刀者無義之可言朱
子為大儒知數通達而亦為此迂腐之言可怪也必如朱子之言則孔子背
蒲人之盟將何以解之約信之信誠信之信終不可不分判而觀之明矣君
子所能自主者誠信也若約信之信則操之在我者不敢不勉操之在人者
不可得強聽之於人而已矣
恭者礼之容也說文曰肅也曲礼注曰在心曰敬在貌曰恭故經傳常以恭
敬並言礼之貌有節所謂礼節者是也節之立也過者謂之史不及者謂之
野皆於礼有違恭之過也為諂諂則辱合乎礼則可免恥辱也孔子曰恭而
無礼則勞不言諂者婉也曾子曰脅肩諂笑病於夏畦（孟子滕文公）病

12

於夏畦勞之甚矣。言勞謟在其中婉而達也。

固不失其親亦可宗也、句義難明、自來解者多強(㑹)之說、余主闕疑。

遠近本為飾詞讀上聲、轉為動詞讀去聲、此章兩近字讀去聲。

孟懿子問孝、子曰、無違。樊遲御、子告之曰、孟孫問孝於我、我對曰無違。樊遲曰、何謂也。子曰、生事之以禮、死葬之以禮、祭之以禮（為政篇）

問孝本屬言行範圍、因言及事親之禮、故收入此篇。

此章記事恐有誤、考左傳、孟僖子卒於昭公二十四年、孟懿子卒於哀公十四年、樊遲見於哀公十一年、季孫曰、須也弱、杜注、二十曰弱冠、則是時樊遲之年二十左右也。家語曰、樊遲少孔子四十六歲、哀公十一年、孔子年六十八、遲年二十二、故曰須也弱。家語此傳合論遲之年、當以此為據。孔子去魯、後人多謂在定公十三年初（余另有說在紀事篇、十三年初不可靠）、是時樊遲僅七歲。孟懿子之問如在孔子去魯之前、則樊遲未能御。如在孔子

老の

反曾之後則樊遲誠能御而孟懿子則將死矣是時僖子卒已三十餘年生
事祭葬之事已畢孔子何用告之而懿子亦何必犹以孝為問耶即使懿子
之母在而已嗣位已三十餘年年事已高宜知事母之礼矣何必問也問孝
當在幼少之時將死之人犹問孝不近人情孟懿子問孝當在昭二十四年
以前故孔子告之生事祭葬之礼但是時樊遲未生也御者必非樊遲記者
失實自來解者於此多不重視余亦特拟傳以明其誤
事視之礼論語所記至少故知其詳自当求之礼記諸篇茲不復詳列
又生事祭葬之礼皆有定制此章礼字实兼經礼儀礼而言之者也
子張問十世可知也子曰殷因於夏礼所損益可知也周因於殷礼所損益可
知也其或继周者雖百世可知也（為政篇）
世字有三義說文曰三十年為一世蓋因其字从三十故也此其一論語曰
祿之去公室五世矣政逮於大夫三世矣宣三年左傳王孫滿曰卜世三十

13

卜年七百，秦并六国，自号始皇，子称二世，是以一人之终始为一世，此其二。此章闻十世之世，观孔子答语，是以一代为一世，即一姓之终始为一世，此其三。许书说字形，释之夫一人之终始，一姓之终始，不云三十年，许义不能通於此章。

闻十世可知也，也字，暨孔文子何以谓之文也，也字同义，疑问词也。

夏礼、殷礼、周礼，皆指礼制而言。一代典制，绝非凭空创立，莫不由因革而成。商君书曰：三代不同道而王，汤武之王，不循礼而兴，帝王不相复，何礼之循。此商君欲变法，故作骂人之论耳。创立制度，有损有益，损者去也，去其不可复行者也。益者，增也，增其美者也。商君但见宜损而不见不宜损者，此其蔽也。前代典制，岂能尽去。李斯师商君之术，劝始皇焚诗书，禁民是古非今，欲尽去前代典制。然其规制之大端，为废封建、立郡县，而郡县之制，秦以前已有之。秦制较之往古，诚可云略异，不得云创始，昭昭然矣。凡文物制度之沿进、何非其鬼而祭之諂也？八佾舞庭之家亦僭之，章時言僭禮，故鄭注不誤。

猶江河之流，無分今故之水。商君李斯極忘反古，不終朝露沒，以其昧於損益之義故也。後世不乏商君李斯之類，讀此章當翻然悔悟矣。

子曰：非其鬼而祭之，諂也。見義不為，無勇也。（為政篇）

爾雅釋言：鬼之為言歸也。郭注引尸子：古者謂死人為歸人。據此則鬼者謂死人也。故先祖亦謂之鬼。左傳文二年夏父弗忌為宗伯，尊僖公，且明見曰：吾見新鬼大，故鬼小。杜注：新鬼僖公，故鬼閔公（按僖公兄，閔公弟）。是其證。亦可稱神。僖十年左傳（太子申生曰）：曰將以晉畀秦，秦將祀余。對曰（狐突）：臣聞之，神不歆非類，民不祀非族。君祀無乃殄乎？是其祀。此章非其鬼之鬼，自是指先祖言者。諂者諛也。范甯曰：不以正道求人為諂。此章則以非禮之祭求媚於鬼為諂，皆為諂諛引伸之義。非其鬼而祭之有二義：一為非其所當祭之鬼而祭之，為諂媚其鬼以求福，集解鄭注如此說。一為祭時所用之禮樂，非祭其鬼所當用，而僭用之以媚之，謂之諂。此余一人之私言也。余按下章「八佾舞於庭」「三家者以雍徹」云云、知之。祭時舞八佾于庭、歌雍詩徹祭、為天子祭祖之礼。三桓卿也、祭祖廟而僭用之、非諂事鬼以求福而何?若夫桓公自是三家之祖、即使私立桓廟可議、而祭之則不可謂為不宜。孫祭祖、其誰祭之?若泛言之、則祭所不當祭之山川神祇者有之矣。未聞有祭所不當祭之鬼者也。以是知鄭注非確解。

「見義不為無勇也」義者、理也、即礼也。不曰礼而曰義、蓋變文耳。見義不為、與上段緊接、何晏集解於前段引鄭注、於此段不引鄭、而引孔注曰「義者、所宜為也、而不能為、是無勇也」。所不解也。非其鬼而祭之為不義、如不知其不義而為之、是諂也。如明知其不義而不知止、是無勇也。進而為之、是為止而不為、亦為也。知礼之不可僭、而不知止、是見義不為無勇也之義、緊接上段何注不連貫、說之失其旨。孔注望文生義、直可謂不知所云。

14

孔子謂季氏「八佾舞於庭、是可忍也、孰不可忍也!」(八佾篇)

者の

舞佾之制，略見於三傳。周礼大司樂記六樂，舞師教六舞，而不及八佾。左傳、衆仲對隱公之問羽數，但言天子用八，諸侯用六，大夫四，士二。公羊傳曰：天子八佾，諸公六，諸侯四。穀梁傳曰：舞夏天子八佾，諸公六佾，諸侯四佾。皆甚簡略。其釋佾為列，及詳每列人數，乃後起之說，可兼並存，不敢必也。論語此章，馬融注曰：佾，列也。天子八佾，諸侯六，卿大夫四，士二。八人為列，八八六十四人也。何休注公羊曰：佾，列也。八八六十四人，法八風；六人為列，六六三十六人，法六律；四人為列，四四十六人，法四時。馬、何為同时人，何為今文學，馬則古學大师，其說當有所本。其說佾列也同，八八六十四人亦同，是今古學于天子八佾之舞無異說也。惟馬僅言及天子，而不及諸侯。諸侯以下，馬說不詳。何氏以為列數減二，則羽數亦必減二，故言六佾三十六人，四佾十六人。杜注左傳取何說。服虔則以為用六為六八四十八人，大夫四為四八三十二人，士二為二八十六人。（見孔穎達疏引）服氏亦當有據。就是孰

15

非不易考定。惟杜注脱取何說於此，而其注襄十一年女樂十八，又曰十六人，前後未能一致。要舞佾之制，可由經傳窺知其概。或主何，或主服，均無不可。季氏為魯卿，為桓之後，其祖廟不宜舞八佾，顯然可見，故孔子非之。

忍者，說文曰：能也。段注：凡敢於行曰能，今俗所謂能幹也；敢於止亦曰能，今俗所謂能耐也。能耐本一字。忍之義亦兼行止，敢於殺人謂之忍，俗所謂忍害也；敢於不殺人亦謂之忍，俗所謂忍耐也。其為能一也。按段釋許義至精。今此章忍字亦具兩義。八佾大禮，今季氏僭用之，是目無君。此而忍耐不加誅，則尚有何事不可忍耐耶？極言季氏之當誅，為魯君言也。（書某處常說諸有曰是而可忍孰不可懷即取此義）魯祭周公之廟，有八佾之舞，今季氏敢用其禮於私家之庭，此事敢忍為之，則尚有何事不敢為之耶？極言其君心害理，將無所不為。此為季氏言也。兩說俱可通，然此所謂季氏，果為誰？而其時魯為何君？集解引馬融曰：季桓子也。余嘗考之傳，知馬說非是。季氏者，季平子季孫意如也。其君則為魯昭公。昭二十五年左傳、

考の

將禘於襄公，萬者二人，其衆萬於季氏。臧孫曰：此之謂不能庸先君之廟。（萬舞也，執干戚而舞，謂之萬舞）[人疑当作八]大夫遂怨平子。公羊傳曰：昭公將弒季氏，告子家駒曰：季氏爲無道，僭於公室久矣，吾欲弒之，何如？以公羊傳、左傳並觀，則論語八佾舞於季氏，爲即此時事明矣。時季平子執魯國之政，而昭公即於季氏舞佾後伐平子，敗而奔齊，卒死於外。公羊所記公欲弒季氏之由，爲僭於公室；左傳所記公伐季氏，亦因歛雜而八佾舞於襄廟僅二人，臧孫怨罵大夫，遂怨要爲主因之一。以傳證經，此季氏爲季平子，確無可疑，而是可忍孰不可忍，孔子實隱爲昭公言，因昭公不能有忍而討伐季氏，且不惜敗而出奔，以是知之。

三家者以雍徹。子曰：相維辟公，天子穆穆，奚取於三家之堂。（八佾篇）

集解馬融曰：三家謂仲孫、叔孫、季孫也。按三家同爲魯桓之後，故亦稱三桓。桓公嫡子爲莊公，庶子有慶父、叔牙、季友。慶父亦稱仲慶父，故其子孫稱仲

16

孫、叔孫、季孫，皆以字為氏。以字為氏之義，見隱十年傳"仲孫氏"，後更稱孟氏。其曰家者，桓二年左傳：師服曰："天子建國，諸侯立家，卿置側室，大夫有貳宗。"杜注："卿大夫稱家臣。"是立家者猶天子封建諸侯也。三家論次，仲孫為長，季孫為末；論官則季孫世為魯上卿，仲孫、叔孫為副。是因季友賢而季文子行父有大功於魯故也。

雍為周頌篇名。其詩共十六句，首四句云："有來雍雍，至止肅肅，相維辟公，天子穆穆。"注："雍雍，和也；肅肅，敬也；相，助祭；辟公，諸侯；穆穆，深遠，天子之容。"雍徹者，歌雍詩以徹去祭饌也。在祭禮中，此當為節目中之最後者。案周禮春官樂師有"及徹，帥學士而歌徹"之文，不曰歌雍而曰歌徹者，大抵徹祭之時不必皆為歌雍，禮此文泛言，故曰歌徹耳。鄭注禮云"徹者歌雍"，當是據此章為說。徹，釋文："撤，本或作徹。"按說文曰："徹，發也。"段注："引伸為凡發去之偁，與勶別。徹，通也；勶謂除去。若禮之有司徹、卷徹重席，其字當作勶，不訓通。"或作撤乃徹之俗也。是徹為本字，撤為借字，撒為俗字。

子曰：人而不仁，如礼何？人而不仁，如樂何？（八佾篇）

此章云云，亦為三家僭用礼樂發也。而可訓如，見經傳釋詞卷七。此章兩而字當訓如，言人如不仁也，如礼何，如樂何，兩如字猶奈也，說見前顏孔子之意。所謂惟仁人可用礼樂，非仁人而用礼樂，則徒具形式而已。此不仁非謂不愛。不仁者猶言不明理，理為礼之原，故云不明理即非仁人，非仁人故不知礼樂，不知礼樂而用之，其如礼樂何哉。

林放問礼之本。子曰：大哉問！礼，與其奢也，寧儉；喪，與其易也，寧戚。（八佾篇）

林放，史記弟子列傳、家語弟子解、鄭玄弟子目錄俱不載，惟集解載鄭玄曰林放，魯人也而已。

本者，礼之所以生也。時人多知礼之末，鮮有知其本者，故孔子大其問。

奢，說文曰：張也。儉，說文曰：約也。奢之流弊為不遜，儉之流弊為固陋，兩者皆

17

非中道也不遜則犯人犯人則爭爭則亂爭之與亂礼之大禁也固則不過
拘執少文而已不犯人而為爭亂也故曰與其奢也寧儉礼之本為理義奢
侈儉約亦就理義言之周人文華過實八佾舞於庭祭以雍徹皆好文太甚
不自知其僭礼所謂奢則不遜是也救时之獘亦不得不如言之
喪與其易也寧戚易即奢也戚即儉也奢也寧儉儱侗言之喪易寧戚舉例
言之礼之具体者以喪祭為大而人之真情多於喪祭中見之故特就喪礼
明奢不如儉之旨易者舊注訓和易於義難通朱子訓易為治是也礼記檀
弓易墓非古也鄭注易謂芟治草木又曰古不修墓鄭注修猶治也易墓修
墓義並同處理喪事為易訓治者得之矣喪以哀戚為貴不以文備為重文
有不備無傷於礼戚有不見則近乎禽獸矣孟子之母喪充虞敦匠事以為
木若以美然疑其奢問孟子孟子曰吾聞之君子不以天下儉其親與孔子
此言正洽人欲之流也趨於奢猶火就燥水流溼戰国之世尚文之風過於

注の

春秋讓孟子此言，可以知其概矣。

宋俞琰書齋夜話曰：易字疑是具字，檀弓云：喪具，君子恥具。具與易蓋相似也。按此說非也。具者有其物而已，未見其奢。治則不僅具備，而更求其美。易與具雖相似，而義有別。檀弓所云具者，言預備也。未死而預喪具，君子弗為，故曰恥具。

季氏旅於泰山。子謂冉有曰：女弗能救與？對曰：不能。子曰：嗚呼！曾謂泰山不如林放乎。（八佾篇）

旅，集解馬融曰：旅，祭名也。禮，諸侯祭山川在其封內者也。今陪臣祭泰山，非禮也。按洪武正韻曰：旅，祀山川名，經典通作旅，傳寫誤耳。又郎瑛七修類稿亦曰：祭名之旅，從示旅，酬之旅，從方。今坊刻論語皆作旅於泰山，蓋因增韻中誤起，遂傳寫為一。今考之說文，上二說皆非是。說文示部無旅字，㫃部有旅字，曰：軍之五百人為旅。段注：引伸為凡眾之稱。小雅：旅力方剛。傳曰：旅，眾也。又

18

引伸之義爲陳。小雅（賓之初筵）殽核維旅，傳曰旅陳也。又古段爲盧弓之盧
俗乃製𢆉字。云之段引小雅毛傳以証旅有陳義，正與周官大宗伯國有大
故則旅上帝及四望鄭注旅陳也，陳其祭事以祈焉，禮不如祀之備之說合。
蓋祭山川名爲旅者，正取其陳祭之義。字作旅者不誤也。其從示作祣者，乃
後起俗字。觀說文示部無其字可知。又觀俗以𢆉代盧，更可知祣之旅，猶𢆉
之爲盧也。蓋盧弓爲黑弓，故𢆉從玄。玄爲黑色，造字者取義于玄可知也。說
文凡祭祀字多從示，𦙶後人以旅既爲祭名，則其字亦宜從示作祣。于是乎
祣字作矣。俗字之起也，其途徑大抵如是。而正韻數稿反以旅爲俟字以祣
爲正字，可謂顛之倒之矣。

擬禮記王制，天子祭天地，諸侯祭社稷，大夫祭五祀（司命中霤門行厲）
天子祭天下名山大川，五嶽視三公，四瀆視諸侯（視者比也，鄭注謂其牲
幣粢盛籩豆爵獻之數，非謂尊卑）。諸侯祭名山大川之在其地者。鄭注蓋

考の

從王制。王制作於漢文帝时諸博士（後漢盧植說）其言古禮當有所本、
擬之以論語于義當不背也。
冉求之仕季氏，擬左傳當在哀公之世、季康子时。此章所云季氏其康子乎、
林放嘗問禮之本，是為知禮者。泰山為五嶽之一，其山有靈亦當如林放之知
禮也、不享季氏之祭祀，故曰曾謂泰山不如林放乎，言增乃也。

文中子中說
似譯問君子有爭乎
子曰見利爭讓，聞義爭
為，有不善爭改

據論語、

子曰：君子無所爭，必也射乎，揖讓而升，下而飲，其爭也君子（八佾篇）
禮之大敵為爭，君子明禮，故無所爭。射以中的為能、為榮，以不中的為不能
為辱，故射者爭中，以其爭中，故曰必也射乎，言射乃爭也。然其所爭者中的、
非好勇鬥狠，雖爭猶不失為君子，此禮之大分也。不明乎此，則可由爭中的
進而爭利爭位爭國，鬥爭殺傷，世無寧日。又不明乎此而絕對，則亦可由不
爭而至於奄奄無生氣，無以自樹立於人間，毒蛇猛獸驟至，束手待斃而
已。依違之間不能審變，能辨之者為君子，不能者為小人。

19

此章所言之射，未詳為何射。朱子以為大射，劉寶楠正義亦云此文指大射。今考之儀礼大射郷射，皆有勝者皆袒（左免衣也）決（鉤弦之具）遂（射鞲也，鞲臂衣）執張弓，不勝者皆襲，説決拾（射鞲）卻左手右加弛弓於其上，遂以執弣（弓把中也）。勝者先升，升堂少右，不勝者進北面坐取豐上之觶，興少退立卒觶，進坐奠于豐下，興揖，不勝者先降，與升飲者相左交於階前，相揖，適次釋弓襲反位之文，僅拱揖讓而升下而飲，斷為大射未見其可信。

礼記射義曰：射者進退周旋必中礼，内志正，外体直，然後持弓矢審固，持弓矢審固，然後可以言中，此可以觀德行矣。又曰：射者仁之道也，求正諸己，己正而后發，發而不中，則不怨勝己者，反求諸己而已矣。細味其言，習射含有二義：君子之為射也，非己爭，自強之謂也，故不勝不怨勝己者，此其一；志正体直然後能中，則君子之為射也，求進德也，豈但習藝而已，此其二。射有此

老の

二義故列為六藝之一古之学人莫不習之

子曰夏礼吾能言之杞不足徵也殷礼吾能言之宋不足徵也文献不足故也足則吾能徵之矣（八佾篇）

此章文字見礼運者略有不同礼運言偃復問曰夫子之極言礼也可得而聞与孔子曰我欲観夏道是故之杞而不足徵也吾得夏時焉我欲観殷道是故之宋而不足徵也吾得坤乾焉坤乾之義夏時之等吾以是観之又見史記世家者亦有異文世家夏礼吾能言之杞不足徵也殷礼吾能言之宋不足徵也足則吾能徵之矣又見家語巻一文字全与（見）礼運者同此家語所襲礼運無疑拠礼運此章云云乃答言偃之詞拠世家則為孔子序書傳時語各拠所聞傳説有異年代久遠無可考矣

夏殷之礼吾能言之而杞宋文献不足徵則所能言者乃得之於傳聞者也所聞無徵不足拠此章之旨与史記所叙同礼運吾欲観夏道則与能言

20

若果趣而曰不足徵何哉必先有所知而後求徵小戴所記不若論語所紀

近乎情理

徵集解包注成也朱注证也指朱注是也左傳昭三十年且徵過也杜注徵

明也[redacted]又傳定公元年士伯怒謂韓簡子曰薛徵于人宋徵于鬼宋

罪大矣杜注取证于鬼神是明猶证也傳聞不可靠故求证非所知有不全

欲求其全也包注非是宋程子從包注朱子論語或問曰程子蓋從古注其

意則曰無以证成吾言云尔加一证字其有意修正程说[redacted]可知矣

中庸子曰吾説夏礼杞不足徵也吾學殷礼有宋存焉不言宋不足徵其語

異元朱公遷曰以二代之礼言之則杞宋皆可歎对时王之礼言之則夫子

殷人也不忍言宋之不足徵(論語通旨)按此说非也孔子即欲為殷讳何

必為宋讳中庸為小戴礼之一篇所记與礼運者不同可知傳说各执一词

疑莫能明遂並存之耳

考り

杞，閻若璩四書釋地又續曰：「周武王初封東婁公之杞，即今開封杞縣，索隱曰：『至春秋時杞已遷東國』。隱四年莒人伐杞，取牟婁。桓二年七月，杞侯來朝，九月，伐杞，入之。此今之莒州及曲阜相鄰也。可知建桓六年淳于公即任所稱州公者，其國亡，杞以并之。杜元凱曰：『遷都于淳于』。僖十四年杞避淮夷，諸侯為城緣陵。杜曰：『又遷于緣陵』。襄二十九年晉合諸侯以城杞，即昭元年祁午數趙文子之功云『城淳于』者。杜曰：『杞又遷于淳于』。淳于在今青州安邱縣東北三十里，其遺址宛然。緣陵，杜注：『杞邑』。臣瓚曰：『漢北海之營陵縣』。春秋時謂之緣陵。以余考之，殆今昌樂縣東南五十里營邱城是。」蓋杞當春秋時去初封已千有餘里，而顛沛流離，賴人之力以圖存。史記一則「杞小微，其事不足稱述」，再則「杞微甚，不足數也」。故知杞文獻無徵。明陳士元論語類考曰：「杞國姒姓，伯爵。湯放桀，封少康之後杞，分派于曹東之樓，是為東樓，西樓公。武王克商，求禹後，得東樓公，而封於杞，即今開封府杞縣。」

21

宋、史記、微子世家云：微子啟者、殷帝乙之首子、而紂之庶兄也、武王封紂子武庚祿父、以續殷祀、周既誅武庚、乃命微子啟代殷後、奉其先祀、國於宋、論語類考曰：即開封府歸德州、今改為歸德府、余按孔子於哀公三年嘗一至宋、與弟子習禮大樹下、時宋桓魋欲殺孔子、拔其樹、孔子微服去、曰天生德於予、桓魋其如予何、桓魋至哀十八年猶見於傳、故孔子自桓魋伐樹後、未再至宋、即宋文獻猶有足徵者、亦未由之宋徵之矣、而況宋無人耶、杞不足徵、宋不足徵、不待視往而知之也、宋王楙野客叢書曰：杞禮運之杞之宋之文、知論語夏禮吾能言、殷禮吾能言、蓋當於言字斷句、之字各連下為句、余今考之史傳、知禮運之文不足據、王氏之說不足採、

文獻、集解鄭曰：獻、賢也、朱注宗之、程子以法度釋獻字之義、蓋以獻通為憲也、朱子曰：此或有所考、今不能知、（或問）余按獻、說文曰：宗廟犬名、羹獻、犬肥者以獻、此釋獻之本義也、鄭注、論語鄭注、獻猶賢也、獻得訓賢者、

老の

周礼注献读为仪是以伏生尚书民仪有十夫古文尚书作民献（大诰）咎繇谟古文万邦黎献汉孔庙碑费凤碑斥彰长田君碑皆用黎仪皆用伏生尚书也今按献释文書何以集韵作鱼羁切音宜是献又有两音皆由古文尚书读仪为献而来仪者宜也法也献既可读作仪则献自亦可训宜训法矣故又有献可训宪之一说文与献为对文献训法则文献者文法也文之义狭矣夫文由人立亦由人传以献为贤人文义较自以郑义为长郑训献为贤或另有所本似未可直指为本古文尚书献贤同音义或出于假借马端临文献通考自序引古经史谓之文参以唐宋以来诸贤之奏疏诸儒之议论谓之献故名之文献通考是则隐从程义者也

子曰禘自既灌而往者吾不欲观之矣或问禘之说子曰不知也知其说者之於天下也其如示诸斯乎指其掌（八佾篇）

朱子论语或问曰或问先儒禘礼之说多矣独取赵氏何也曰先儒以禘为

22

合祭於大廟、上及其祖之所自出、而下及毀廟未毀廟之主，祫則合祭於大
廟、而不及祖之所自出也。惟趙伯循（唐趙匡，啖助高弟，明春秋）引曾子問、春秋傳以明祫之為
合，如諸儒之說，禘則直祭禘則直祭其祖之所自出，而以其祖配之，但設兩
位，而不及群廟之主，為其尊遠，不敢褻也。此說最為得之。余按集注又載趙
伯循曰：成王以周公有大勳勞，賜魯重祭，故得禘於周公之廟，以文王為所自
出之帝，而周公配之，然非禮矣之云。既為成王所賜，安得謂為非禮，殊不可
解。困學紀聞曰：劉敞春秋意林云：魯有天子之禮樂，殆周之末王賜之，非成
王也。魯惠公使宰讓請郊廟之禮，天子使史角往，止之，後在魯，實始為墨翟
之學，使成王之世魯已郊矣，則惠公奚請？惠公事見呂氏春秋仲春紀，以是
始發此論，石林、止齋皆因之。魯得行天子之禮，此說為可據。趙氏之說，朱引
注于經者，非是。請儒胡培翬撰禘祫問答，其略曰：禘之義詳於禮記、大傳、喪
服小記，祫之義詳於春秋公羊傳。大傳曰：禮，不王不禘，王者禘其祖之所自

出，以其祖配之。所謂祖，始祖也。王者立七廟，祭始祖以下，又推而上之，以及
於始祖所自出，故其祭爲特大，而諸侯不得干焉。公羊傳曰：「大祫者何？合祭
也。毀廟之主陳於太祖，未毀廟之主皆升，合食於太祖。」蓋時祭各於其廟，又
不及毀廟；祫則已毀未毀廟之主皆聚食於太祖廟，故其祭特取義於合。說
文曰：「祫，大合祭先祖親疏遠近。」是也。大傳言禘其祖之所自出，此其義之著
於經而各異也。「三年一祫，五年一禘」，禮緯、何休公羊、許慎說文皆如此說，蓋
必有所受之也。周禮宗廟之祭有六，禘祫爲殷祭，禴（同礿）烝嘗爲時祭。
殷祭以禘爲大，時祭以嘗爲大。馬端臨曰：「成王當日，止許以郊禘之禮祭祀
周公，未嘗許其遂行郊禘之禮，後來乃至禘嚳郊稷，祀天配祖，一一用天子
之制，所謂竊竊不戰遂至斬關者也。」今以春秋詩禮諸經考之，馬氏之言爲
得其實。據明堂位云：「命魯公世世祀周公以天子之禮樂。」又云：「季夏之月，以
禘禮祀周公於大廟。」夫云以禘禮祀周公于大廟，而不言禘其祖之所自出，

23

可見当时所用禘礼，未尝以配祖之祭，行於周公庙也。所谓禘礼者，即牲用
白牡，尊用犠象之属。祭统云：夫大尝禘，升歌清庙，下而管象（X）朱干
玉戚，以舞大武，八佾以舞大夏，此天子之乐也。康周公，故以赐鲁，是成王所
赐，止禘礼禘乐，而未尝以配祖之大祭赐鲁明矣。云云。读此於禘祫之義，可
以知其概矣。

灌者，周礼大宗伯，郑注：祼之言灌，灌以鬱鬯，谓始献尸求神时也。祭必先灌，
乃後荐腥荐熟。

拟经传所记，禘为大祭，鲁惟周公之庙，可用禘祭之礼乐，其他诸公之庙不
得用。但昭二十五年左传，将禘于襄公，万者二人，其衆万於季氏，襄公之庙
非大庙也，而亦用禘祭之礼乐，此即所谓非礼也。其此章孔子但言自既灌
而往，不欲观，未言其不宜用，則此禘似为禘周公之庙，仅具形式，祭如不在，
故不欲观。若为襄公之庙，何待既灌之後，始不欲观之哉。

老の一

祭如在，祭神如神在。子曰：吾不與祭，如不祭。（八佾篇）

宋陳善捫蝨新語曰：論語中有用古語而為說者，如祭如在二句，正是古語。子曰云云，乃孔子因之有感發而為是說也。按此說近似乎理，但余細審祭如在二句，似為吾不與祭之義句下脫文。子曰吾不與祭如不祭，當為另一章，後人因義切遂并之為一章耳。

祭如在者，祭鬼也，與下句祭神對稱，不言鬼者，省文也。禮記祭義曰：孝子之祭也，盡其愨而愨焉，盡其信而信焉，盡其敬而敬焉，盡其禮而不過失焉。進退必敬，如親聽命，則或使之也。祭統曰：身致其誠信，誠信之謂盡，盡之謂敬，敬盡然後可以事神明，此祭之道也。此可說明祭如在二句之義。

與，許也。祭如不祭，則大不敬，故曰吾不與也。此與暴虎馮河，死而無悔者，吾不與也之與同義。彼置句末，易曉；此置句首，且祭字連文，義易混，故解者多失之。頃讀武億羣經義證云：愚謂當以與字斷，祭如不祭，義自豁然矣。與，許也。

24

武氏先我而言之我御也我師也若集解包注孔子或出或病而不自親祭使攝者爲之故不致敬於心與不祭等也此說不近情理病不能祭何必攝明知如不祭何必使人攝既使人攝何必言情理難通包注非是也舊唐書馬周傳引文與作預從包注且改任文可謂謬妄已極

王孫賈問曰與其媚於奧寧媚於竈何謂也子曰不然獲罪於天無所禱也（八佾篇）

憲問篇仲叔圉治賓客王孫賈治軍旅祝鮀治宗廟夫如是奚其喪是王孫賈在衛亦稱能臣其職位當爲司馬周禮司馬掌軍政

媚者謂媚使人悅也與其媚於奧二句當爲時俗之言王孫賈引之以問故曰何謂也五經異義曰大戴記禮器云灶者老婦之祭謹按月令孟夏之月其祀灶五祀之神王者所祭非老婦也鄭駁曰王爲羣姓立七祀一曰司命主督察王命也二曰中霤主堂室居處三曰門四曰戶主出入五曰國門主道路六曰大厲主殺七曰灶主飲食也灶神祝融是老婦奧釋文曰鄭云西

南隅。按《曲礼》：为人子者，居不主奥。郑注：不敢当其尊处。室中西南隅曰奥。据此，灶与奥之义，可得而言矣。奥者，一家之主所居处也；灶者，一家之主妇所主处也。故其神为老妇。孔子居卫，时其君为卫灵公，君夫人为南子。南子有宠，王孙贾所称之灶，其借喻南子者与？自来解者，于此二句，纷纷推测，有谓奥喻近臣，灶喻执政，贾以自比，欲使孔子昵之，故微以世俗之言感动之。此集解载孔注也。有谓奥有常尊，而非祭之主；灶虽卑贱，而当时用事。喻自结于君，不如阿附权臣也。贾，卫之权臣，故以讽孔子。此朱注也。有谓时人之语，谓媚其君者，将顺于朝廷之上，不若逢迎于燕退之时。此顾亭林之说也。有谓奥灶本一神，时人以灶设主，主者神之所栖，视媚之为福也；奥则迎尸祭之。尸者，人所象似，非神所凭，媚之或无益也。贾仕卫，有媚于卫君，故引人言以自解，且疑夫子尽礼亦是媚。此刘宝楠之说也。皆于理难通。夫奥灶为一家之两大，而奥为主，犹一国君后为两大，而君为尊。敬奥，常也。因卫君好色，

35

寵愛南子，招搖過市，故任事者多阿附南子。時人見狀感喟，故有媚灶媚奧之言，以譏刺之。王孫賈聞而疑，乃有此問。孔子曰：獲罪於天，無所禱也。言媚灶媚奧皆非，得罪於人，猶能倖免，得罪于天，非媚所能得脫。用不用命也。君子知命，何用媚為。

予曰：周監於二代，郁郁乎文哉，吾從周（八佾篇）

爾雅釋詁：監，視也。則監於二代，即視二代典制而損益之之謂也。察民之情，因事之宜，當損則損，當益則益，文章制度，於是乎大備於前矣，故曰郁郁乎文哉。中庸：吾學周禮，今用之，吾從周。彼為時制之故而從之，此因其文備而從之，從之一也，其情則異矣。

郁郁古論作彧彧，見汗簡引文。說文彧字下曰：有彣彰也（段注本）。是作彧者，古文；郁為地名，漢時右扶風有郁夷（說文）。今語用郁者，段借也。史記五帝本紀：其文郁郁。亦用借字。魯論多用段借字，此亦一例。

卷の

林放問礼之本子曰礼與其奢也寧儉又曰麻冕礼也今也純儉吾從衆夫主儉者即不主文而此章則盛称周之文且曰吾從周者何也蓋文倫礼器倫理不違熙熙攘攘太平之治也文物典則礼之數五彩交彰礼之表耳悦聲目悦色自然之理文求其倫進化之途当如是顧求倫太過有二敝生一為虚偽失礼之本二為財匱失礼之意救時之敝又不得不主儉奢也寧儉儉吾從衆救時敝也非欲毀弃文彩若墨子老子之不知礼者之所為前後合視孔子之言並不矛盾。

子入大庙每事問或曰孰謂鄹人之子知礼乎入大庙每事問子聞之曰是礼也(八佾篇)

尔雅釋宮宮謂之室室謂之宮是宮室無別据考工記匠人云室中度以几宮中度以尋則宮室大小有異也釋宮又云室有東西廂曰庙許氏說文曰庙尊先祖貌也从广朝聲古文段注曰古文從苗為形聲字從广(音掩)

26

朝謂居之與朝廷同尊者，為會言。劉熙《釋名》云：「廟，貌也，先祖容貌所在也。」《禮
記·祭法》鄭注：「廟之言貌也，宗廟者，先祖之尊貌也。」據上列諸說，知廟即室之
較為完美者，即為祀先祖之所。「古者神不為廟，為神立廟者，始於三代以後」
（段玉裁說）
文十三年《公羊傳》曰：「周公稱大廟，魯公稱世室，羣公稱宮。世室，世世不毀也。
周公何以稱大廟於魯？封魯公以為周公也。周公拜乎前，魯公拜乎後，生以養周公，死以
為周公主。」《穀梁傳》曰：「周公曰大廟，伯禽曰大室，羣公曰宮。」《穀》之說，今以為
此入大廟者，以入周公之廟也。
據孔子入大廟，究在何時？朱子以為在始仕時也。何以知之？以或人稱鄹人
之子，知其為少賤時。（《論語或問》）閻若璩《四書釋地》曰：「朱注是也。鄹人之
子，乃孔子少賤時之稱。孔子年二十為委吏，二十一為乘田。夫委吏若周官
之委人，共祭祀之薪蒸木材；乘田若周官之牛人、羊人，非無與於廟事，其祿
在羣有司之列可知。惟當祭時，不得參與，子入廟當是隔日宿齋時，若正祭，

老の

雍雍肅肅，無容得無事閒也。余按閻廣朱子之說，其言可擬也。

每事問、每，說文曰：艸盛上出也。段注引伸為盛。今俗言每每者，不一端之辭，皆盛也。余按增韻曰：每，常也，各也。三蒼曰：每，非一定之辭。枚，字說文曰：幹也，從木支，可為杖也。段注引伸為銜枚之枚，為枚數之枚。大禹謨：枚卜功臣。孔傳：枚謂歷卜之。是每為不定之詞，俗言每每猶言常常也；而枚則有个个之意、件件之義。每事問者，件件問也，則每當為枚之借字，與枚卜功臣之枚同義。如訓每為常，則常事問，于詞不順。

鄹人之子，鄹，左傳作郰，史記作陬，張守節正義引括地志作鄒，說文曰：郰，魯下邑，孔子之鄉。又鄒字下曰：魯縣，古邾婁國，帝顓頊之後所封。則鄒與郰非一地，正義引鄒非是。說文段注曰：郰人之子，孔子弟子為師諱紇也。孔子之父、魯人以郰人紇呼之，如周禮之鄉以州名，縣以邑名。非郰為所治邑，郰大夫之文，始見於王肅私定家語，而孔氏論語注，乃肅肇僞托者。余按段氏以為說

27

非郰邑大夫、不必然、左傳襄十年、縣門發、郰人紇抉之、以出門者、（段說即
本此文）則紇嘗預於晉魯會師攻偪（音福）陽之役矣、傳著其名、非微
者可知、又襄十七年左傳、齊侯伐我北鄙、高厚圍臧紇於防、師自陽關逆臧
孫、至於旅松、郰叔紇臧疇臧賈帥甲三百宵伐齊師、送之而[redacted]復、齊師去之、
夫臧賈乃臧孫紇之兄、臧氏為公子彄之後、彄為魯孝公之子、惠公之弟、隱公之
叔父也、在魯為公族、而郰叔紇帥甲三百、以援防、二賈隸焉、其地位豈在一
邑之宰之下、郰且稱郰叔、不曰郰人、雖傳無為郰大夫之明文、而由其帥甲
三百推之、其非為微者、可斷言也、孔子生於襄之二十二年、則紇之顯名於
魯、在生孔子之前六年、至孔子時入大廟問禮、則紇之地位當益高矣、故孔子
之知禮之名、能上聞於孟僖子、[redacted]紇之為郰邑大夫之傳說、當可一筆抹之也、
此章或者猶稱郰人之子、必其出於無知鄉人教禮位止者、可知也、[redacted]記
者據實而書、似非為紇諱、

考の

子曰：射不主皮，為力不同科，古之道也。（八佾篇）

集解：馬曰：射有五善：一曰和志，体和也；二曰和容，有容儀也；三曰主皮，能中質也；四曰和頌，合雅頌；五曰興武，與舞同也。天子有三侯，以熊虎豹皮為之。言射者不但以中皮為善，亦兼取和容也。按馬注乃引周官地官鄉大夫之文，而稍異。周礼原文曰：退而以鄉射之礼五物詢衆庶：一曰和，二曰容，三曰主皮，四曰和容，五曰興舞。鄭注曰：和，載六德；容包六行；庶民無射礼，因田獵分禽，則有主皮。主皮者，張皮射之，無侯也。余按儀礼鄉射礼有礼射不主皮之文，馬氏不引此，而引周官者，蓋為信古文，不信今文之故。不知主皮之義，亦以周官明，而不主皮之義，則非引儀礼以証之不明也。蓋射有大射、賓射、燕射，是謂礼射。礼射者，貴其容体比於礼，其節比於楽，不待中為備也。（儀礼鄭注）射以中為能者，武射也。此章射不主皮，指礼射言。朱子取儀礼釋之，是也。毛西河曰：射不主皮一句，係周時礼文，夫子誦而釋之。儀礼引入鄉射

28

礼。其原文云：礼射不主皮，貫革則專取遠革，是武射，亦名試弓習武之射。此
並非主皮不主皮可得言者。主皮者力射也，矢至於皮，非力不能，故孟子曰：
「其至尔力也」（萬章下）。不主皮者，礼射也，其容体比於礼，其節比於樂，雖
發而不中，而不止於祈中者，以為礼也。力射與礼射截然二等，故夫子解之
曰：礼射不主皮者，謂與力射不同等故耳（論語稽求篇）。余按儀礼鄉射
原文礼射不主皮，主皮之射者，勝者又射，不勝者降，是射有主皮之射與不
主皮之射二種，不得謂並非主皮不主皮可得言者。礼射重儀容，不尚力，是
矣。不尚力，故曰為力不同科，此即釋不主皮之故，西河釋以力射，未見其可
也。
主皮主當是注之假借字（朱駿聲云：主可借為注，引詩大田箋：主，雨于古
田為訛）。主皮猶言注皮，屬矢于弦為注，見襄二十三年杜注：屬矢于弦，則
將發射矣，將發射，視注的，故曰注皮。礼射不主皮，則其為布侯也明矣。

右の

子貢欲去告朔之餼羊、子曰、賜也、尔愛其羊、我愛其礼。（八佾篇）

告字、拠説文段注、古沃切、音轉古到切、許氏止云从口从牛、未言某聲、此章漢人有注而無音、周礼春官大史「頒告朔于邦國」、鄭司農注云、頒讀為班、班、布也、於告不曰讀為某、知告朔之告、漢人讀本音也、（拠段注、布為本音。）詩大雅既醉「令終有淑、公尸嘉告」、後人音古沃反、則為協音之故、似未可執此以為告朔之告當讀為告[redacted]也、

告朔之礼、周官礼記略有記載、春秋三傳亦有論及、較此章為詳、周官春官：大史「正歳年以序事、頒之於官府及都鄙、頒告朔于邦國」、鄭注、天子頒朔於諸侯、諸侯藏之祖廟、至朔朝於廟、告而受行之、鄭司農云、以十二月朔布告天下諸侯、故春秋傳曰、不書日、官失之也、礼記玉藻「玄端聴朔於南門之外、皮弁以日視朝」、諸侯「玄端以祭、裨冕（袞冕以下之連称）以朝、皮弁以聴朔於大廟、朝服以日視（朝）於内朝」、鄭注、南門、國門也、明堂在國之陽、每月就其時之堂而聴朔焉、凡聴朔必

219

以特牲告其帝及神，配以文王武王，於二祀及二郊法，知告朔之義，爲正歲年以序事也。考定每月某日爲朔，是爲正歲年，某月應行何事，爲序事。所謂序事，大抵以農事爲最要。歲時更易，節氣變動，關係於農事最密。民以食爲天，故國以農爲本。歲序不知，節氣莫辨，則農事將無所施，而國亦將不國，故尚書堯典命官施政，以定歲授時爲先。告者，布告也。在上者言之謂之告，在受者言之謂之聽，又謂之視。告朔之詞，一見周官，再見於禮，三見於文六年左傳。聽朔僅見之於玉藻，視朔見於春秋文十六年。曰告，曰聽，曰視，皆就一事言之也。賈公彥周官大史疏曰：此經及論語稱告朔，玉藻謂之聽朔，春秋謂之視朔，所從言之異耳，是也。毛西河以聽朔、視朔爲聽政、視朝，截然二事，非也。

天子聽朔，祭廟用特牲。特牲者，牛也。諸侯聽朔，朝廟用餼羊。就論語此章，知之餼羊者，鄭注曰：牲生曰餼（集解）。生者，熟對，則餼者非熟之薦也。

子貢欲去告朔餼羊，則其时仕魯無疑也。然究在何时，不易考定。春秋二百四十二年，魯十二公，僅文公时一見於六年閏月不告月，再見于十六年，公四不視朔，其外無見（僖公五年視朔見於左傳，經文不載）。若謂文公不視朔以後，告朔之礼即廢，則文公之前，春秋未嘗書告朔，將何以解之？蓋視朔為例行之事，可不必每次書也。閏月不告朔、四不視朔，一則為非每年有之，一則為久不行，非習見者，故書之。今但知子貢欲去餼羊告朔之礼，廢已久，究自何时始，不可考矣。

子曰：事君盡礼，人以為謟也。（八佾篇）

鄉党篇：君在，踧踖如也，與與如也。君召使擯，色勃如也，足躩如也。趨進，翼如也。入公门，鞠躬如也，如不容。過位，色勃如也，足躩如也，其言似不足者。屏氣似不息者，凡此種種，皆时人所不欲行，孔子独行之，故議之為謟。又拜下，礼也。今拜乎上，泰也。雖違衆，吾從下。違衆独拜乎下，故人又議之為謟。夫礼文

30

從宜、聚非永久不變而藏于内之盡忠致敬之心、見之於外之恭順遜讓之
容、不可变也。孔子以為盡礼、时人則以為謟、能辨礼之與謟、可少愧悔之失。
定公問：君使臣、臣事君、如之何。孔子對曰：君使臣以礼、臣事君以忠。（八佾篇）
據孟子、孔子嘗為委吏、嘗為乘田吏。閻若璩以為二十歲為委吏、二十一歲
為乘田吏。（四書釋地）不知何據。史記世家、平子代立、孔子貧且賤、及長、
嘗為季氏史、嘗為司職吏、由是為司空、已而去魯、斥乎齊、逐乎宋衛、困於陳
蔡之間、於是反魯。此段所叙孔子一生事迹、年歲、更不易考矣。據論語陽貨曰、欲見孔子章
日月逝矣、歲不我與。孔子曰：諾、吾將仕矣。則孔子在定公之前、實未嘗仕。孟子
記述亦不可靠。陽虎於定七八年出奔、定七十年、孔子相（儐也）定公、與齊
侯會[redacted]於夾谷。孔子之出仕、當在定九年十年之間。史記叙孔子為中都宰、
在定十年之前、當可據也。古者不為臣、不見定公。此問當在孔子始仕時也。
君使臣以礼、礼者、理義也。臣事君以忠、忠者、亦理義也。就君言、謂之礼、就臣言

老の

謂之忠其實一理而已一礼而已故曰君臣義義者礼也

哀公問社於宰我宰我对曰夏后氏以松殷人以柏周人以栗曰使民戰栗子聞之曰成事不説遂事不諫既往不咎（八佾篇）

問社古論文也魯論作問主（据公羊文二年徐彦疏又据釋文鄭本作主云云）鄭玄曰主田主謂社也（釋文）文二年作僖公主公羊傳曰主者曷用虞主用桑練主用栗用栗者藏主也何休注曰主狀正方穿中央達四方天子長尺二寸諸〔侯〕長尺夏后氏以松殷人以柏周人以栗松猶容也想見其容貌而事之主人正之意也柏迫也親而不遠主地正之意也栗猶戰栗謹敬貌主天正之意也徐彦疏曰出論語而鄭注云謂社主正以古文論語哀公問社於宰我故也今文論語無社字是以何氏以為廟主耳左傳社注曰「主者殷人以柏周人以栗三年喪終則遷入于廟孔疏曰論語哀公問主於宰我宰我对曰夏后氏以松殷人以柏周人以栗先儒旧解或有以為宗廟

栗主　旧中述四字
穀梁傳文公二年正义
糜信引衛次仲云
宗廟主皆用栗
右主八寸左主七寸
廣厚三寸右主謂
父左主謂母　是乃挍也

31

主者、故杜依用之。杜何兩家皆主今文論語、而釋主為廟主。鄭玄與何休反、
故曰、主田主、何以知其為田主、大抵據古論社字為說。清儒臧在東曰、「元以
為田主、合之古論、主字非單矣、鄭君雖注魯論、而從古義、可見鄭學之宏通。」
此蓋與正同者、不可索也。今古文字異、多出假借、然此社之於主、絕非假借、
社為社主、主為主、各據傳聞著之者也、未可併為一談。鄭曰田主、社非即田主、安
見其宏通。今文家廟主之說、亦自有依據。哀公三年、桓僖廟災、為魯之大故、
既燬當復作主、而問孔門之賢者、事理容或有之。若社主之問、記之於傳、絕懵
不及問主之較為有據。五經異義、許叔重曰、論語所云、謂社主也。鄭氏無駁、
是許與鄭同也。夫古文既出社字、解者自必曲為之說、亦無足怪。余於此、主從
今文家言、各是其是、亦是解決此重大案之妙法也。
夏后氏　昭二十八年、左傳、務婁、引逸詩曰、「我無所監、夏后及商。」定四年、祝
佗曰、周公相王室、以尹天下、分魯公以大路、大旂、夏后氏之璜、封父之繁弱、

巻の

（下也）國語周語下「賜姓曰姒氏曰有夏」韋注「封之於夏」晉語上「有虞氏禘黃帝而祖顓頊郊堯而宗舜，夏后氏禘黃帝而祖顓頊郊鯀而宗禹，商人禘舜而祖契郊冥而宗湯，周人禘嚳而郊稷祖文王而宗武王」據此左國皆以夏后氏為一代名，夏后及商自是二代并稱，夏后氏郊鯀而宗禹，則其非夏禹一人之私號可知。既非一人之私號，則其與有虞氏同為一代之號又可知矣。夏后氏之璜，亦云夏代所傳之寶玉，非謂夏禹之璜也。惟正名定義，宜稱有夏氏，其稱夏后者，據國語知非原有之號，后者，君也，詩有夏后之稱，後人或即據以改稱，非正也。商周二代何以不稱氏而單稱人，蓋虞夏皆受禪，受禪故賜姓氏，商周由篡奪，篡奪則無賜姓賜氏之事，故二代稱人。以上據左國所紀釋夏后氏之義，此外經傳所紀不可悉數，大抵取義不出左國範圍。茲擇要錄之以資參證。墨子耕柱「九鼎既成，遷于三國，夏后氏失之，殷人受之，殷人失之，周人受之」孟子公孫丑「夏后殷周之盛，地未有過千里者也」滕

32

文公夋后氏五十而貢殷人七十而助周人百畝而徹萬章夋后殷周繼韓
非五蠹今有構木鑽燧于夋后氏之世者必為鯀禹笑矣呂氏春秋音初夋
氏孔甲田於萯山尚書大傳夋傳有虞氏官五十夋后百殷二百周三百又
湯誓夋人飲酒醉者持不醉者相和而歌曰盍歸於亳又诰夋后氏迎于布
廷殷人迎于堂周人迎于庐史記世家夋人殯于東階周人于
西階殷人兩楹間說文夓字下曰怒皃也周書曰有夋氏之民叨夓或稱夋
后或稱夋人或稱夋后氏或稱有夋氏皆與殷人周人對稱其為一代總稱
無疑而正名要旨以說文所引周書有夋氏之稱為合理明邵寶曰孔子（簡端錄）
周人也其先殷人也稱夋以后殷周以人此春秋之法萬世之公論按此說
非也夋后氏之稱不始于孔子此章之文乃後人所記劉寶
楠曰夋稱后者以揖讓受於君故稱后殷稱人者以行仁義人所歸往（正義
引白虎通）此說太除夋以揖讓稱后舜何以不稱虞后氏殷周為人所歸
老の

往舜堯何不稱唐人虞人而曰陶唐氏有虞氏耶意后之稱今可考見者當以逸詩為最古而以周書之稱有扈國氏為最合于理拟史記夏本紀禹之後有扈氏是乃由一代之名而变為一家之氏姓也

使民戰栗栗質堅而实有刺使人畏由畏生敬庙主宜敬用栗之取義當在乎是故曰使民戰栗民猶人也曰者宰我傳前人之言明用栗之義宋龔昱樂菴語錄云栗下又加一曰字即知非宰我對哀公之辞乃哀公自言也非是

成事不説三句頗難索解若三句針对用松用柏用栗言則云不说不諫意謂過去之事不必言猶可強通而曰不咎者何也用栗之取義宰我並非錯对何咎之有不可解也姑闕之

子曰管仲之器小哉或曰管仲儉乎曰管氏有三归官事不攝焉得儉然則管仲知礼乎曰邦君樹塞门管氏亦樹塞门邦君為两君之好有反坫管氏亦有

33

反坫、管氏而知礼、孰不知礼。（八佾篇）

器、説文曰皿也、象器之口、犬所以守之。段注皿部皿飯食之用器也、木部曰、有所盛曰器、無所盛曰械。據此則器者取其能盛之意、其所盛多者為大器、少者為小器。器之盛物、猶人之供役、故人之有才能為王事奔走者亦称器。子貢問曰賜也何如、子曰女器也、曰何器也、曰瑚璉也、瑚璉為宗廟黍稷之器、而飾以玉、器之貴重而華美者、此以器比人之才能之实例也。管子小匡篇施伯謂魯侯曰、管仲者天下之賢人也、大器也。又為以器喻才之一例。若大戴礼、天下器也、今人之置器、置諸安處則安、置諸危處則危、是以器喻國家。與左傳成二年、惟名與器不可以假人義同。

管仲相桓公霸諸侯、一匡天下、孔子嘗稱許之矣、曰、如其仁、如其仁、微管仲、吾其被髮左衽矣。而此章則目為小器、且譏其不知礼、大可疑也。聖人評論前賢不能先後矛盾若是。清袁枚以為譏管仲者為魯人所傳論語、称管仲

老の

若為齊人所傳論語齊人知有管仲晏子而已矣魯人不喜管仲故改議焉（見小倉山房集）此從孟子子誠齊人也知有管仲晏子而已矣云云斷為齊魯兩論文字有異亦自有理但余以為謂為齊魯異文不若目之為學派有異而生愛憎而有此矛盾之記載為切近事實司馬遷作管晏列傳於器小之言已感疑義若當時僅齊論有此而魯論無之則馬遷何不假兩論異文解之其所以疑莫能明者即因齊魯皆有此矛盾之記載莫得判其是非故也考孟子公孫丑或問乎曾西曰吾子與子路孰賢曾西蹵然曰吾先子之所畏也曰然則吾子與管仲孰賢曾西艴然不悅曰爾何曾比予於管仲管仲得君如彼其專也行乎國政如彼其久也功烈如彼其卑也爾何曾比予於是據此知曾西輕管仲猶敝屣也曾西曾子之孫其教自有所受之意者曾子一派學者不喜管仲孟子自稱私淑于孔子之徒傳言孟子受業於子思之門人而子思受業於曾子蓋為一派之學故孟子亦不喜管仲甚至謂仲尼

34

之徒、奚道桓文之事者。不但管仲為所賤視、即齊桓晉文之業孔子嘗親評
述之者亦欲輕々抹煞。所謂变本加厲、此之謂也。由此觀之此章記述其出
於曾子之徒乎。曾子之徒、記述傳聞未加明辨、遂與他人所記者矛盾、斯乃
學派有異、非齊魯人好惡之必有異也。桓公在當时最為知禮、襄王賜胙、以
耄年而下拜登受、可謂敬王矣。較之晉文公請隧使天王狩於河陽、楚莊王
陳兵周郊、問鼎之大小輕重者相去遠矣。故孔子賛之曰、正而不譎。管仲嘗
平戎於王、王以上卿之禮饗之、管仲辭受下卿之禮而還（僖十二年左傳）
春秋之世列國大夫無及管仲者。孔子曰如其仁、如其仁、宜也。忽又曰管仲
之器小哉、管氏而知禮、孰不知禮、聖人褒貶何至乖謬乃爾。此必曾氏之徒
子思之儒傳述之訛也。春秋繁露曰、齊桓仗賢相之能、用大國之資、矜功自
足而不修德、故曰管仲之器小哉。法言或問齊得夷吾而霸、仲尼曰器小、請
問大器。曰大器其猶規矩準繩乎、先自治而後治人、謂之大器。斯嘗宗述孟

子之說者非通論也

三歸自來解三歸者有四說一以三歸為娶三姓女一以三歸為台名一以三歸為地名一以三歸為家有三處集解包注三歸者娶三姓女也婦人謂嫁曰歸此第一說也說苑善說篇桓公謂管仲政卒歸子矣政之所不及唯子是匡仲故築三歸之台以自傷於民此第二說也以三歸為地名見管子輕重篇以三歸為家有三處者乃俞樾所創說也俞氏據韓非子外儲說曰仲父出朱蓋青衣置鼓而歸庭有陳鼎家有三歸云云曰先云置鼓而歸後云家有三歸是所謂歸者即以管仲言謂自朝而歸其家有三處也家有三處則鐘鼓帷帳不移而具故足見其奢據此說非也朱蓋二句言其侍衛之盛庭有二句言其官邸之美據此而謂家有三處實難理解且韓非外儲又曰「管仲相齊曰臣貴矣然而臣貧桓公曰使子有三歸之家曰臣富矣然而臣卑桓公使立於高國之上曰臣尊矣然而臣疏乃立為仲父管仲而果如此」

35

則其人卑污已甚烏足以稱霸耶且管且卑且疏此至不肖者亦不敢言而
況管仲其傳說之妄豈待辨哉俞氏拙此類不可崇記載推論其結論亦自
不足為拙以三歸為地名劉寶楠已有駁議以三歸為娶三姓女不足以成
管仲之奢惟以三歸為台一說較近乎理然此台並非據台之台借登眺者乃
藏財之府庫也與散鹿台之財之台同也此說係師武億羣經義証曰台
為府庫之屬古以藏泉布管子三至篇請散棧台之錢散諸誠陽鹿台之布散
諸濟陰是齊舊有二台以為儲藏之所泉志載布文有齊歸化三字者疑即
為三歸所斂之貨此說甚精三歸之解當以此為最可信或者讀歸為餽祭
之餽以三歸為牛羊豕之祭者不值一辨不復贅列
官事不攝攝者說文曰引持也此為本義集解包氏訓兼引伸之義也葵丘
之會盟詞四命曰士無世官官事不攝是官事不攝不但孫人重之且欲他
國效之非秕政也韓非子難一曰明主之道一人不兼官一官不兼事是官

老の

事不攝不但非秕政且為明主之道矣。孔子非之何也。曰此亦傳者失其實也。魯人貧祿尠不給官事以兼攝為便因國以譏管仲之僭耳。孔子當不至有是言。

「邦君樹塞门」尔雅釋宮門屏之間謂之宁屏謂之樹郭注小墻當门中邢疏「曲礼云天子當宁而立」正義引李巡曰門屏之間謂正门内兩塾間名曰宁孫炎曰門内屏外人君視朝所宁立處也屏者說文云屏蔽也釋名云屏自障屏也一切經音義廿引蒼頡篇云屏墻也是屏以土為墻即今之照壁故論語皇侃疏云今黄閣用板為鄣古者未必用板或用土御覽一百八十五引舍人曰以垣當門蔽為樹據此則樹塞门者以樹塞门之謂也樹以土為之猶今之照壁。然樹字從木以土為之者而以從木之字名之何也。蓋樹者木生植之總名（說文）凡草木之生殖向上故樹字有立義屏用以障蔽而謂之樹者取樹立之義耳。

35

反坫尔雅釋宫垝謂之坫郭注垝釋文本又作庋按庋閣也置也礼坫有五明堂位云反坫出尊此反爵之坫也又云崇坫康圭此亢圭之坫也二坫皆在兩楹之間既夕記云設棜於東堂下南順齊于坫士冠礼云執以待于西坫南鄭注坫在堂角此二坫皆在堂之東西隅内則説閣之制云士於坫一此庋食之坫近於庖厨當在室之東北隅尔雅垝謂之坫實兼諸義而言按此坫者庋置酒器食物及圭玉之所也反爵也爵奠之則謂之反坫倫兩君爲好會時飲宴之用鄭注與鄭同爲好會其獻酢之礼更壽壽畢各反壽于坫上

子語魯大師樂曰樂其可知也始作翕如也從之純如也皦如也繹如也以成（八佾篇）

此章漢魏旧注存鄭何兩家何釋大師及始作以下鄭釋始作以下全章之義不明自宋以来釋此章未見有不誤者其致誤之由有三一釋語爲告二釋也爲語止詞三不明省文之義由一二兩誤遂以始作翕如以下爲孔子告

巻の

魯大師之語。朱子曰：語，告也。時音樂廢缺，故孔子教之（集注）論語或問：
味其語勢，蓋將正樂而語之之辭耳。趙順孫纂疏：胡氏曰、不待其問而告之
也。（錢時）四書發明：語，告也，將以樂語大師，言其旨亦易曉云耳。夫子自衛反魯之
時乎。（黃仲元）四書講稿：語大師樂，雅頌得所，關雎之亂，不淫不傷，三百一言曰思無
邪，此正刪詩時語。（元朱公遷）四書通旨：愚謂此言正樂之道。劉宗周曰：館師張宇侗嘗
謂余樂其可知一章，謂翕如以下具元亨利貞四氣之妙，分明天地氣象。翕
非合也，蓋貞下起元，陽氣始動，而尚多服翕之意，於時為春；從之則始為亨
矣，盛夏長養，形形色色盡呈於兩間，而無所雜者，純如是也。從此則為利，秋
氣始肅，大小各正者，皦如之謂也。從此則為貞，玄冬用事，收藏復命，復種來
春發生之意，相禪而不窮者，繹如之意也。其說甚善。蓋夫子就樂中看出許
多大道理，故以之語大師；若僅就音響間摘其節奏條理，則大師固已知之，
乃煩聖人奏技乎？陸隴其四書講義困勉錄曰：張侗初曰、大師樂官，豈不知樂、

36

只是聖人神遊其際想像其自然節奏耳義門讀書記曰此是正樂之本體
論此則無殘缺失次矣甚義熹曰語魯大師樂猶以音節言蓋聖人以所得
者語之以相印可亦如耕問奴織問婢之意耳觀樂其可知句當識此意自
朱子遂專持初說者衆矣以訛傳訛不自知其說之不通也語告也出廣韻
自是一義但語字不止此一義劉熙釋名語敘也敘己所欲說也說文曰語
論也語既有敘論二義則二人相與談敘亦謂語也子語魯太師樂者言孔子
與大師談樂耳何告焉後儒以孔子為聖人無所不知明明為語樂亦變而
為告樂矣不問而告謂之教聖人教矣欲崇聖人反以誣聖人抑亦何樂而
為此崇也人不問而突告之樂是如何如何且被告者為樂官世有如是荒
謬之人耶按之情理亦必無此事乃謂聖人而亦為此不近情理之事何其
愚也也為語已詞為常語亦可為疑問詞子張問十世可知也子貢問孔文
子何以謂之文也也皆為疑詞此章其字起也字然雖無問字亦可知其

卷の

為疑問語讀者竟不察可怪也樂其可知也猶言樂其可知耶此孔子問語
至為明白子入大廟每事問此章問樂其在入大廟之時乎此為少時事並非
聖人凡事皆有告而無問也始作翕如以下乃大師答語曰字省略凡兩人
叙設問答易明者曰字往往省略如曰賜也亦有惡乎惡徼以為智者云云
乎字下省曰字食夫稻衣夫錦於女安乎曰安女安則為之女安上省曰字
曰由也女聞六言六蔽矣乎對曰未也居吾語女居上省曰字不學詩無以
言不學禮無以立不字上曰字皆略是其例
在周禮春官大師為下大夫凡二人其下有少師上士四人瞽矇上瞽四十
人中瞽百人下瞽百有六十人眡瞭三百人府四人史八人胥十有二人徒
百有二十人大師之上有大司樂其職為中大夫較大師高一級大師非樂
官之長乃樂工之長也孟子梁惠王下景公悅召大師曰為我作君臣相悅
之樂蓋徵招角招是也其詩曰畜君何尤則大師又掌製樂之事非專為鼓樂

37

之工矣。又礼記註云瞽矇也大師也、不以詔、是以飲之、則晋亦有大師、此亦魯
国也。或周官所紀為天子官制、列国但有大師主楽、而無大司楽、故斉景公
命大師製楽歌。此又周官大師之下有小師、大小对文、大当读如字
始作翕如。集解、何曰五音始奏、翕如盛也。周礼大司楽疏鄭曰始作謂金奏
時聞金声、皆翕如。翕如変動之貌。按何説是也。尔雅釈詁、翕合也。衆声並作
故曰翕。翕則盛、故曰何説是也。鄭云、始作謂金奏。此劉熙釈名、柷以作楽、敔
以止楽。不合且云[illegible]変動之貌、乃指聞者而言。此大師言楽作翕如、旨亦背。
御覧引、時聞金奏以下本無鄭云字様、指為鄭玄者乃陳仲魚也（古訓）
陳校其説、此集解異即鄭、以為鄭注、似有未合。従讀縦、何曰五音既発、放縦尽
其声。純純如、和諧也。是也。皦如、何曰音節分明也。是凡鼓楽、始作声、緩衆声
並陳、故曰翕。及縦之、則声氣而促、以衆音和諧、音節分明為貴、故翕如之後
継之以純如、皦如、繹如。説文曰、抽絲也。是則繹如者、不断之意、状楽之終曰繹

巻の

如其猶言餘音繞樑三日不絕之云也

大師掌樂作樂之狀知之甚審何待孔子告孫字個以為此中有大道理存焉引元亨利貞天地四時之氣以訛樂官不知故孔子告之云音樂之理與四氣相應樂官即有不知尔必先問聖人豈容不待問而突如俱來告之之理史記世家敘此事於雅頌各得其所之前且有去語魯大師樂曰字則是史遷亦以始作以下為孔子語謬說之傳或即始於此後儒踵其誤耳今為正之以告來者

子謂韶盡美矣又盡善也謂武盡美矣未盡善也（八佾篇）

周礼大司樂以樂舞教國子舞雲門大卷大咸大磬大夏大濩大武鄭注六代之樂黃帝曰雲門大卷大咸咸池堯樂也大磬（阮氏校勘記云漢讀考云經典舜樂字皆作韶說文音部韶或作䪨或作䪫籀文作磬从殸召聲是則周礼為古文段借字）舜樂大夏禹樂也大濩湯樂大武武王樂也左傳襄

38

二十九年，季札觀樂，見舞大武者，曰：美哉，周之盛也，其若此乎。見舞韶濩者，曰：聖人之弘也，而猶有慚德，聖人之難也。見舞大夏者，曰：美哉，勤而不德，非禹其誰能修之。見舞韶箾者，曰：德至矣哉，大矣，如天之無不幬也，如地之無不載也，雖甚盛德，其蔑以加於此矣，觀止矣。孔子於周樂，譏其未盡善，皆季札異，而於舜樂，而無異辭。

美，說文曰：美，甘也，从羊大。羊在六畜，主給膳也。美與善同意。按此，則美善無別，而孔子曰盡美未盡善，似美善有別。其別果安在？經文簡難言矣。朱注：美者，聲容之盛；善者，美之實也。舜紹堯致治，武王伐紂救民，其功一也。然舜之德，性之也；武王之德，反之也。又以征誅得天下，故其實有不同者。程子曰：成湯放桀，惟有慚德；武王亦然，故未盡善。（集注）朱注亦是臆度之辭。然舍此臆度之辭外，更無他辭解釋，從朱注可矣。

子曰：居上不寬，為禮不敬，臨喪不哀，吾何以觀之哉！（八佾篇）

差の

堯曰篇寬則得衆則不寬則不得衆矣居上位而不得衆則危禮之文以敬為主為禮不敬則怠慢而招辱喪貴戚臨喪不哀則其人為不誠可知矣故曰吾何以觀之哉言其人無足觀也寬敬哀不但為為政者之大端抑亦為為人之大端大端不立其細者無足道也禮文雖為禮之節末但其原出於理人之明於理者莫不表見於禮節為禮不敬即其人不明理明理者無不敬也未可以其為末而小之禮節條目隨時升降隨俗轉移而行此禮節之心圓顱方趾所同也行不篤敬不行乎州里古人所棄亦今人之所不容可不慎哉

子曰能以禮讓為國乎何有不能以禮讓為國如禮何（里仁篇）

此章禮字指理義言禮之第一義也荀子禮論云禮起于何也曰人生而有欲欲而不得則不能無求求而無度量分界則不能不爭爭則亂亂則窮先王惡其亂也故制禮義以分之以養人之欲給人之求使欲必不窮乎物物必不屈於欲兩者相持以長是禮之所起也禮記禮運曰何謂人情喜怒哀懼愛

39

惡故七者弗學而能何謂人義父慈子孝兄良弟弟夫義婦聽長惠幼順君
仁臣忠十者謂之人義講信修睦謂之人利爭奪相殺謂之人患故聖人之
所以治人七情修十義講信修睦尚辭讓去爭奪舍禮何以治之荀子言禮
之起原為防爭記言禮之用為去爭皆就禮制禮節言也究其實而家皆有
所未盡夫禮者理也理者不亂之謂也不爭不亂故禮之本義即為不爭不
爭即讓也禮制禮節原於理故言制言節者主讓荀子禮記特就其見於外
者言之余則推及其原明禮之大義以見禮之用之大制度節文萬變不
離其宗廢禮讓為國之言永無扞格不通之病
何之有者何注言不難也是也如禮何猶言奈禮何
子曰觚不觚觚哉觚哉（雍也篇）
集解馬曰觚禮器也一升曰爵二升曰觚毛西河曰禮器有爵散觶角諸
酒器名而皆有取義故韓嬰作詩說有云一升曰爵爵盡也二升曰觚觚者

少也。三升曰觶，觶者適也。四升曰角，角者觸也。五升曰散，散訕也。今名雖爲觚，而飲常不寡，實則不副，何以稱名，故曰觚哉觚哉。

子在齊聞韶，三月不知肉味，曰不圖爲樂之至於斯也。（述而篇）

史記世家作學之三月，儒林傳引文又無學之二字，大抵傳述文字有異，史遷未暇詳考，遂並存之耳。今但據本文釋之，不復爲之考辨。

三月二字，程子改爲音字，彼以一日聞樂而三月忘味，聖人不當凝滯如此故爾。然以史記考之，則習之三月而忘肉味也。既有音又自有三月字，則非合爲之誤矣。故范氏猶引史文爲正（論語或問）。癸巳論語解：三月之久，猶忘味焉，則繫於不化矣。故程子以三月爲音字，聖人之心不如是其固也。十一經問對一說，三月爲音字，此義爲長，學之二字可無也。四書辨疑（陳天祥）以三月二字併一，却爲韋張聞韶下亦不須史有音字。王滹南曰：或言月爲日之誤字，皆可不必，當闕之。翟灝考異：趙希弁讀書附志云：韓李筆解以三月爲

40

音字，毛氏稽求篇亦云三月為音字誤，本退之說，程子遵之，今檢韓李本書
未見此條。余按程主三月為音字，無論是否本筆解，俱不可從，史記雖出音
字，又有三月字，史文不可妄改，則程子之說無據，或問辨之是也。
為樂，劉寶楠正義引包慎言溫故錄云：媯，陳姓，夫子蓋知齊之將為陳氏，故
聞樂而深痛大公丁公之不血食也，而辨之曰：此就釋文所載或本為義，咸
痛之言，與上文不貫，似非是也。按劉氏駁正是也。韶樂魯亦有之，季札曾親
聞之，時孔子方當幼年，齊魯鄰邦，或由魯入齊，或齊本有之，未易定也。若謂
公子完奔齊，齊始有媯樂，孔子乃同媯樂之至於斯，斯難置信，且改為樂為媯樂，
讚美之言全無，作異論者亦徒見其心勞而支拙，何樂而為之哉。
陳司敗問昭公知禮乎？孔子曰：知禮。孔子退，揖巫馬期而進之，曰：吾聞君子不
黨，君子亦黨乎？君取於吳為同姓，謂之吳孟子。君而知禮，孰不知禮？巫馬期以
告。子曰：丘也幸，苟有過，人必知之。（述而篇）

巻の

集解孔注司敗官名陳大夫也釋文鄭曰司敗人名齊大夫也余按文十
年左傳子西曰臣歸死於司敗也杜注陳楚名司寇為司敗孔疏司敗主刑
之官司寇是也論語有陳司敗知陳楚同此名也又定三年左傳唐成公如
楚有兩肅爽馬子常欲之弗與亦三年止之唐人或相與謀請代先從者許
之許之飲先從者酒醉之竊馬而獻之子常子常歸唐侯自拘於司敗杜注
竊馬者自拘是主刑之官唐亦名為司敗周禮司寇鄭注寇害也天子立司
寇使掌邦刑說文敗毀也從攴貝段注會意貝亦聲是則寇敗義同也陳楚
唐名司寇為司敗之由難言矣明陳士元論語類考以為陳改司寇為司敗
避太子御寇之諱猶晉以僖侯改司徒為中軍宋以武公改司空為司城夫
晉宋之事於傳有徵（桓六左傳）而陳改司敗於傳無據陳士元之說恐
不可靠且陳既殺太子御寇（莊二十二）何諱焉且楚唐二國何所諱
蓋知陳說之不足信鄭注未詳所據

41

昭五年左傳：公如晉，自郊勞至於贈賄，無失禮。晉侯謂女叔齊曰：魯侯不亦
善於禮乎？對曰：魯侯焉知禮？政令在家，不能取也。有子家羈，弗能用也。奸大
國之盟，陵虐小國，利人之難，不知其私。屑屑焉習儀以亟，言善於禮，不亦遠
乎？據此，昭公蓋嫻習禮儀者也，故人稱為知禮。陳司敗疑之，故舉取同姓為
衡斷。昭公為不知禮。左傳僖二十三年叔詹曰：男女同姓，其生不蕃。晉語：同姓
不昏，懼不殖也。傳與語合。晉語又曰：同姓則同德，同德則同心，同心則同志，
同志雖遠，男女不相及，畏黷故也。黷則生怨，怨亂育災，災育滅姓，是故取妻
避同姓，畏亂災也。此為同姓不昏之由見於內外傳者也。禮曲禮：取妻不取
同姓，故買妾不知其姓則卜之。鄭注：為其近於禽獸。此同姓不昏之見於禮
者。惟周禮媒氏未見有禁取同姓之文，所不解也。
昭公取吳女事，於哀公十二年夏五月甲辰孟子卒，三傳文見之。傳曰：昭公
取於吳，故不書姓。公羊傳曰：孟子者何？昭公之夫人也。其稱孟子何？諱取同

巻の

姓蓋吳女也穀梁傳曰春秋書卒不稱吳孟子而陳司敗謂之吳孟子者或
時人傳言如是疑吳字着識之也（吳浩十三經義疑有此說）
史記弟子列傳巫馬施字子旗少孔子三十歲家語巫馬期陳人字子期少
孔子三十歲鄭玄弟子目錄巫馬旗魯人按說文曰施旗旖施也晉欒施字
子旗知施者旗也又鄭有豐施字子旗（昭十六年）姓名字當從史記今
通行本論語作期者用借字也（期旗疊韻段注）
孔子嘗曰君子羣而不黨陳司敗曰吾聞君子不黨或即因孔子之言以譏
孔子

子曰奢則不孫儉則固與其不孫也寧固（述而篇）
奢說文曰張也張廣雅曰大也是張大為奢大抵遇事過事鋪張為奢踰制
為僭孫為遜之借字遜順也遜行而遜廢（說文段注）奢始陵人故曰則
不孫則猶即也言其必然之結果故曰則固說文曰四塞也从囗古聲按四

塞則無一面之通可知。儉者徒知自守、毫無順俗之意、故曰固。由儉之固、亦有必然之勢、故亦曰則固。語曰、夫人性陵上、不可蓋也。求蓋人、其抑滋甚。故聖人貴讓。不孫求蓋人也。人不欲受其蓋、則爭奪相殺之事生。倹者固守、無蓋人之心、可免於患。故曰與其不孫也寧固。林放問礼之本子曰、寧倹。又曰、今也純、倹吾從衆。知孔子於礼主倹、納墨子非儒奢、以為三年之喪偽哀以謾親、娶妻親迎、繁飾礼楽以淫人。今考之語、墨者之言誣也。抑墨者所非之儒、乃戦国之儒、非非孔子。孔子固明々主倹也。作始者創為義説、末流漸失其真、不独儒家為然。藝文志敘諸子九家、流㣲甚晰、可取徴。後世儒者崇推本孔子、則於礼可無違失。若孟子曰、君子不以天下倹其親、已失孔子表章其爲也寧戚之旨、不可不察。

子曰、恭而無礼則労、慎而無礼則葸、勇而無礼則乱、直而無礼則絞。（泰伯篇）

恭説文曰肅也、敬説文曰肅也、是恭敬二字義同。然樊遅問仁、子曰、居處恭、

者の

執事敬。又曰貌思恭，事思敬。是恭敬二字並非無別，於貌言恭，於事言敬，其大較也。左傳僖三十三年：夫敬，德之輿也。書洪範：貌曰恭。禮玉藻：手容恭。釋名：恭，拱也，自拱持也。亦皆以恭狀貌，以敬歸心。此恭敬二字分析言之，其義如是。

此章諸禮字並指理言，禮之第一義也。恭而無禮，為足恭，故曰勞。慎，謹也，過於謹則事事畏葸。葸，畏懼之貌也。勇者敢為，不知禮則為亂。子曰：君子有勇而無義為亂（義即禮也）。是勇而無禮者。好勇不好學，其蔽也亂；好勇疾貧，亂也。皆以亂為勇而無禮之果，若有必然之勢者。好直不好學，其蔽也絞。此章直而無禮則絞，實為一律而異文。絞，馬曰：絞，刺也（集解）。鄭曰：絞，急也（釋文）。皇疏：直若有禮則自行不邪曲，若不得禮，對面譏刺人之非，必致怨恨也。皇疏馬注義通，鄭說似非是。但絞何以訓刺者？說文：絞，縊也。左傳哀三年：若其有罪，絞縊以戮。杜注：絞，所以縊人物。此絞為刑具之說也。桉說文曰：

43

木囚也。易噬嗑屨校滅趾，孔疏謂桎其行，即械也。是校亦刑具也。此絞與校為同類之物，可取證於文字者也。而不校，邑注：校，報也。校為刑具，引伸其義為報，報猶對也。則馬云校，對也，亦為引伸之義可知矣

子曰：興於詩，立於禮，成於樂。（泰伯篇）

正見論學篇

子曰：師摯之始，關雎之亂，洋洋乎盈耳哉（泰伯篇）

集解鄭注：師摯，魯大師之名也。始猶首也。周道既衰微，鄭衛之音作，正樂廢而失節，魯大師摯識關雎之聲，而首理其亂者，洋洋乎盈耳哉，聽而美之也。劉寶楠正義曰：先從叔丹徒君駢枝曰：始者，樂之始；亂者，樂之終。樂記曰：始奏以文，復亂以武；又曰：再始以著往，復亂以飭歸，皆以始亂對舉，其義可見。凡樂之大節，有歌有笙，有間有合，是為一成。始於升歌，終於合樂。是故升歌謂之始，合樂謂之亂。周禮大師職：大祭祀，帥瞽登歌；儀禮燕射及大射，皆大師

亂

巻の

升歌執事為大師是以不師執事之始也按劉氏雅樂始章之義是也然句讀終

未為明皝師摯之始下有脫文鄭注始字下達一理字郷此八字為一句未（義亦未明）

見其可通

子曰麻冕禮也今也純儉吾從衆拜下禮也今拜乎上泰也雖違衆吾從下（子罕篇）

集解孔注冕緇布冠也古者績麻三十升布為之純絲也絲易成故從儉也

鄭注績麻三十升以為冕（見詩葛覃正義）純讀為緇（見詩都人士正義）

黑繒也（見釋文）按廣韻布八十縷為升則三十升者二千四百縷也說

文幅布帛廣也段注凡布帛廣二尺二寸據此二千四百縷横列其廣二尺

二寸細密可知矣

純說文曰絲也論語曰今也純儉世孔注同鄭曰黑繒按繒說文曰帛也帛

說文曰繒也是繒即帛又說文緇帛黑色鄭曰純讀為緇者儀禮士冠禮賈

疏曰古緇紂二字並行若據布為色者則為緇據帛為色者則為紂但緇布

44

之緇，多在本字，不誤，紂帛之紂，如媒氏純帛，祭統純服，論語今也純，儉，則多誤為純，據此，則此章純字當作紂，麻冕緇布冠，紂為黑繒冠也，孔子以麻冕為不儉，以紂冕為儉，此可疑也，孔注以為絲易成，故從儉，此以工省言之，未必然，麻冕用三升布，工誠鉅矣，但紂冕未詳其果為幾綫，繒為帛之總稱，單言繒，不知其為粗或細也，帛賤於布，殊難索解，帛粗而布細，則帛可賤於布，就情理推之，不得不如此說，抑余有說焉，當否未敢自信，魯地屬禹貢徐州蒙羽之野（見魯頌譜孔疏），禹貢海岱及淮惟徐州，厥篚玄纖縞，注，纖縞皆繒也，據此，知魯地盛產繒也，又濟河惟兗州，桑土既蠶，厥貢漆絲，厥篚織文，兗徐鄰境，亦可証魯地多絲織物，若漆枲（音葸麻也）絺紵，貢者為豫州物，以少為貴，魯地少產麻布，故反以絲為賤也，

拜下禮也，集解，王肅曰，臣之與君行禮者，下拜，然後升成禮，時臣驕泰，故於上拜也，今從下，禮之恭也，按周禮春官，大祝辨九拜，一曰稽首，二曰頓首，三

書の

曰空首四曰振動五曰吉拜六曰凶拜七曰奇拜八曰褒拜九曰肅拜以享右
祭祀鄭注稽首拜頭至地也頓首拜頭叩地也空首拜頭至手所謂拜手也吉
拜拜而後稽顙凶拜稽顙而後拜杜子春云振讀爲振鐸之振動爲哀慟之
慟奇讀爲奇偶之奇謂先屈一膝今雅拜是也或云奇讀爲倚倚拜謂持節持
戟拜身倚之以拜鄭大夫云動讀爲董振董以兩手相擊也奇拜謂一拜也
褒讀爲報報拜再拜是也鄭司農云褒拜今時持節拜是也肅拜但俯下手
今時揖是也介者不拜賈公彥疏曰四種是正拜五者逐事生名還依四種正
拜而爲之也余按九拜之中無下拜上拜知下拜上拜爲概括之稱非九拜
所專名異僖九年左傳王使宰孔賜齊侯胙曰天子有事于文武使孔賜
伯舅胙齊侯將下拜孔曰且有後命天子使孔曰以伯舅耋老加勞賜一級
無下拜對曰天威不違顏咫尺小白余敢貪天子之命無下拜恐隕越于下
以遺天子羞敢不下拜下拜登受杜注拜堂下受胙於堂上 僖二十三年他

曰、公（秦穆公）享之、（公子重耳）子犯曰吾不如衰之文也請使衰從
公子賦河水公賦六月趙衰曰重耳拜賜公子降拜稽首公降一级而辞焉
衰曰君称所以佐天子者命重耳重耳敢不拜杜注下階一级辞公子稽首
文三年公如晋及晋侯盟晋侯享公賦菁菁者莪莊叔以公降拜曰小国受
命於大国敢不慎儀晋侯降辞登成拜公賦嘉樂由此三例可知拜下較拜
上為尊敬下者堂下上者堂上也
泰集解王肅曰時臣驕泰是釋泰為驕段注説文泰字曰引伸為泰侈如左
傳之汰侈西京賦之心奓体泰是也汰即泰之隸省叚驕泰猶泰侈恣意而
行不守礼法泰也与泰然自得之泰有別
顔淵喟然嘆曰仰之弥高鑽之弥堅瞻之在前忽焉在後夫子循循然善誘人
博我以文約我以礼欲罷不能既竭吾才如有所立卓尔雖欲從之末由也已
已見論教篇以其中有博文約礼云云故又錄入於此篇以資參証。（子罕篇）

莪の

子曰、吾自衛反魯、然後樂正、雅頌各得其所。（子罕篇）

集解、鄭曰、反魯、魯哀公十一年冬也。樂正、鄭曰、是時道衰樂廢、夫子來還、乃正之也。是鄭以樂正者孔子正之、蓋當時魯國舍孔子外、無有能正樂者、故鄭云然、以理度之、鄭說是也。

正樂即爲雅頌得所、自來說者衆、茲錄其說之近理者。宋鄭汝諧論語意原、云夫子未正樂之前、鄭衛之音皆雜於其間、而雅頌始亂。反魯之後、始語魯大師樂、曰各得其所、清黄生義府亦持鄭衛之音亂樂之說。劉氏正義引包慎言敏甫文鈔曰、論語雅頌以音言、非以詩言也。樂正、而律與度協、聲與律諧、鄭衛不得而亂之、故曰得所。毛西河曰、正樂、正雅頌之入樂部者、部者所也。如鹿鳴一詩、奏於鄉飲酒禮、則鄉飲酒禮其所也。此必當時專定一書、合統諸節、且正其出入。如後漢樂錄名色、而今不傳矣。云云。按三百篇皆可弦歌、而實用之於禮者、如西河之所謂所者、爲數甚少。今就周官大司樂樂師、

46

儀礼鄉飲酒、鄉射所奏之樂、如騶虞、采蘩、采蘋、鹿鳴、四牡、皇皇者華、關雎、葛覃、卷耳、鵲巢、清廟、雍、[redacted]采蘩數首、某詩用於某所、樂工斷不致誤、雅頌之詞、如有錯落、而正之、是謂正詩、非正樂、雅頌之所施有誤、而正之、是謂正禮、更非正樂、惟歌雅歌頌之音節誤失其本音、不合本來節拍、是為雅頌失所、失所者、言失其本來面目也。凡樂歌之音律節拍有譜而無詞者、最易致誤、同一歌詞、可用不同之譜唱出、古人質樸、音平而和、人文漸進、乃有煩手淫聲、大概孔子未正之前、雅頌多為淫聲所亂、雅者不雅、頌失其容、故曰失所、今正之、故曰得[redacted]所、鄭注、譜、黄生、包慎言諸説近之、毛西河之説近似而非真也。

子曰、先進於礼樂、野人也、後進於礼樂、君子也、如用之、則吾從先進。(先進篇)

釋文包注、先進後進、謂士先後輩也、礼樂因世損益、後進於礼樂、得時之中、斯君子矣、先進有古風、斯野人也。釋文、鄭曰、先進後進謂學也。陳仲魚古訓曰、先進後進、鄭訓學之先後、與包謂士先後輩相合。按陳説非也、包謂士先

意の

後輩乃朱子所宗。鄭説学之先後，乃後世謂先進為先及門弟子，如子路諸人；後進謂子游、子西華諸人，如劉逢禄論語述何之數之所本也。程子於君子野人解釋與邑異，其所見超乎邑鄭之上，當為定説。其言曰：「先進於礼樂，文質得宜，今反謂之質朴，而以為野人；後進之於礼樂，文過其質，今反謂之君子。蓋周末文勝，故时人之言如此，不自知其過於文也」（朱注引）。此説可謂獨得孔子立言之意。蓋先進後進，當無確指，大抵先進乃时人視為樸陋無文者，後進乃时人視為文彩得宜者。孔子寧從先進，即礼與其奢也寧儉之意。知先進後進二句為时人言者，因有「如用之則吾從先進」數語知之。孔子嘗曰：郁郁乎文哉，吾從周。則孔子非不好文者，今乃曰吾寧從野人，何哉？知此所稱野人非孔子自言，乃时人言也。民國二十八年余在關时，曹聚仁君曾忽談及論語，曰今人不識民族主義，孔子早已知之。先進乃殷人，後進乃周人，孔子殷人，故於礼樂寧從朴陋之先進。孔子蓋富於民族思想者

47

余々是亦可備一說

子張問曰書云高宗諒陰三年不言何謂也子曰何必高宗古之人皆然君薨
百官總己以聽於冢宰三年（憲問篇）

今所傳古文尚書說命上王宅憂亮陰三祀既免喪其惟弗言羣臣咸諫於
王曰嗚呼知之曰明哲明哲實作則天子惟君萬邦百官承式王言惟作命
不言臣下罔攸稟令王庸作書以誥曰以台正於四方台恐德弗類茲故弗
言恭默思道夢帝賚予良弼其代予言又今古文皆有之無逸篇其在高宗
時舊勞於外爰曁小人作其即位乃或亮陰三年不言其惟不言言乃雍尚
書大傳無逸書曰高宗梁闇三年不言何謂梁闇也傳曰高宗居倚廬三年
不言百官總己以聽于冢宰而莫之違此之謂梁闇子張曰何謂也孔子曰
古者君薨王世子聽於冢宰三年不敢服先王服履先王之位而聽焉國該
楚語昔殷武丁能聳其德至於神明以入於河自河徂亳於是乎三年默以

巻の

思道卿士患之曰王以出令也若不言是無所稟令也武丁於是乎作書曰以余正四方余恐德之不類茲故不言呂氏春秋審應覽人主之言不可不慎高宗天子也即位諒闇三年不言卿大夫恐懼患之高宗乃言曰以余一人正四方余惟恐言之不類也茲故不言禮記檀弓子張問曰書云高宗三年不言言乃讙有諸仲尼曰胡為其不然也古者天子崩王世子聽於冢宰三年坊記云高宗云三年其惟不言言乃讙以上所列諸書之文多異詞合而觀之說命上楚語呂覽為一系無逸檀弓坊記為一系惟大傳之文雖未與諸書合而義則相近也說命一系說義與語遠語謂古之人皆然君薨百官總己以聽於冢宰三年則是梁闇三年不言乃常禮也而說命一系則謂百官恐懼咸諫於王一若高宗梁闇三年不言為非常見之事故曰與語遠無逸一系一云乃或亮陰一無亮陰字夫居喪大禮豈可云或也檀弓坊記僅著三年不言而不及亮陰皆傳述失真不足為據

48

「諒陰」二字諸書記載有異文。說命作「亮陰」，書大傳作「梁闇」，呂覽作「諒闇」，徐幹
中論作「亮陰」，禮記喪服四制引書作「諒闇」，白虎通作「諒闇」，論衡儒增作「諒陰」，
漢書五行志作「涼陰」，王吉傳作「諒闇」，師丹傳作「諒闇」，三國志吳志張紘傳作
「諒闇」，文選王僧達祭顏光祿文作「涼陰」，公羊傳文九年注引作「涼闇」，音義曰：
「涼音亮，又音良；闇如字，又音陰。」趙宧光說文長箋引書作「諒籥」，又引作「諒瘖」。
諒字有亮、涼、凉、諒、梁六形，陰有闇、籥、瘖四形，究當以何字爲正字？據毛詩商
頌譜正義引鄭氏無逸注：「諒闇轉作梁闇，楣謂之梁，闇，廬也。」又禮記喪服四
制鄭注：「諒古作梁，楣謂之梁，闇讀如鶉鵪之鵪。闇謂廬也，廬有梁者，所謂柱
楣也。」擬此 則梁闇是正字，謂凶廬也。其他皆爲假借之字。陰，說文曰：「闇也。侌聲。」闇，
說文曰：「閉門也。音聲。」是陰闇古音義並同，故可通借。後世闇聲轉烏紺切，兩
音分離，通借之義遂晦。高宗諒陰，言高宗居凶廬也。易言之，即高宗居喪也。
此章孔注：「諒，信也；陰，默也。」（集解）直不知所云，不足道也。又按鄭曰：「諒古

作栗所謂古者當是古文古論語蓋作畀也孔注古論今乃作誄是亦孔注偽作之一證栗

三年不言非不說話也乃不問政事也此揔百官總己以聽於冢宰三年一語知之又史記殷本紀三年不言政事決定於冢宰以觀國風亦可證冢宰明陳士元類考殷制建官先六大一曰大宰無冢宰之名杜佑通典云大宰於殷為六大於周為六卿亦曰冢宰蓋武王始改殷官大宰為冢宰矣高宗殷君孔子曰聽於冢宰者舉周官之名耳冢宰大宰周通稱也其說甚辨

百官總己以聽於冢宰朱注總己謂總攝己職按此語晦呂覽審應覽高誘注引作百官總己聽於冢宰無以字白虎通爵篇兩引此句亦皆無以字後漢書陳元傳引亦無以字則古本有無以字者可知百官總己聽於冢宰如以己為己私之己則己者指百官言總己猶言總合己衆集解馬曰己百官也是也如以己為以則義更顯總以聽於冢宰言百官皆聽命于冢宰也

漢書平帝紀大司馬莽秉政百官總己以聽於莽師古曰聚束曰總此釋總
字之義本說文是也

子曰上好禮則民易使也（憲問篇）

集解何曰民莫敢不敬故易使也是也然孔子又曰小人學道則易使也所
謂道者禮樂也上好禮民亦知好禮故易使又子曰其身正不令而行亦可
引釋此章

49 子曰禮云禮云玉帛云乎哉樂云樂云鐘鼓云乎哉（陽貨篇）

集解鄭注玉璋圭之屬也帛束帛之屬也言禮非但崇此玉帛而已所貴者
貴其安上治民也又馬融曰樂之所貴者移風易俗也非謂鐘鼓而已也御
覽（五百二十の）引鄭注與馬說同馬鄭擬孝經為說義自可通然安上治民移風易俗乃
就禮樂之常理言之此章云云蓋別有所為而發如八佾舞於庭三家以雍
徹季氏旅於泰山之類皆違背禮樂之事就其形式言之未嘗無玉帛鐘鼓

考の

而就其實質言之則用非所宜雖有玉帛鐘鼓其如礼樂何哉！礼樂之用自
有定制不得妄用孔子深惡僭礼故為此言議之
舜典五玉三帛注五玉五等諸侯所執者即五瑞也三帛者諸侯世子執纁
公之孤執玄附庸之君執黃（纁淺絳之色）周官春官大宗伯以玉作六
瑞以等邦國王執鎮圭（鎮安也圭長一尺二寸）公執桓圭（圭長九寸
雙植謂之桓）侯執信圭伯執躬圭（信當作身身圭躬圭皆象人形長皆
七寸）子執穀璧男執蒲璧（長皆五寸）孤執皮帛卿執羔大夫執雁士執
雉庶人執鶩工商執雞 又典瑞云王晉（同搢）大圭（長三尺）執鎮圭繅藉五采五
就（一帀為一就）以朝日公執桓圭侯執信圭伯執躬圭繅皆三采三
就子執穀璧男執蒲璧繅皆二采二就以朝覲宗遇會同於王（春曰朝夏
曰宗秋曰覲冬曰遇時見曰會殷見曰同）諸侯相見亦如之四圭有邸（本
也）以祀天旅上帝兩圭有邸以祀地旅四望裸圭有瓚（圭頭有器可以挹

鬯裸祭謂之瓚）以肆先王以裸賓客圭璧以祀日月星辰璋邸射（音夜
亦切剡也）以祀山川以造贈賓客穀圭以和難以聘女琬圭以治德以結好
大祭祀大旅凡賓客之事共其玉器而奉之玉帛之礼之見於書及礼者摘
錄數則以見古礼之一斑。

陳亢問於伯魚章已見上論學篇（季氏篇）

宰我問三年之喪期已久矣君子（三年）不為礼礼必壞三年不為樂樂必崩旧穀既
没新穀既升鑽燧改火期可已矣子曰食夫稻衣夫錦於女安乎曰安女安則
為之夫君子之居喪食旨不甘聞樂不樂居處不安故不為也今女安則為之
宰我出子曰予之不仁也子生三年然後免於父母之懷夫三年之喪天下之
通喪也予也有三年之愛於其父母乎（陽貨篇）

史記弟子列傳宰予字子我為臨淄大夫與田常作亂以夷其族孔子恥之
家語弟子解宰予字子我魯人鄭玄弟子目錄宰我魯人按史記以宰我為

卷の

田常所殺非也。呂覽慎勢：齊簡公有臣曰諸御鞅，諫於簡公曰：陳成常與宰予之二臣者甚相憎也，臣恐其相攻，願君之去其一人也。居無幾何，陳成常果攻宰予於庭。或即為史記之所本。考之左傳哀十四年：齊簡公之在魯也，闞止有寵焉。及即位，使為政。陳成子憚之，驟顧諸朝。諸御鞅言於公曰：陳闞不可並也，君其擇焉。弗聽。子我夕（杜注：夕視事），陳逆殺人，逢之，遂執以入。陳氏方睦，使疾，而遺之潘沐，備酒肉焉，饗守囚者，醉而殺之，而逃。子我盟諸陳于陳宗。五月壬申，成子兄弟四乘如公。子我在幄，出逆之，遂入，閉門。侍人禦之，子行（陳逆）殺侍人。子我歸，屬徒攻闈與大門，皆不勝，乃出。陳氏追之，失道於弇中（音淹，狹路曰弇），適豐丘。豐丘人執之以告，殺諸郭關。此則田常為亂，其所殺者乃闞止，非宰予。闞止亦字子我，遂致誤耳。此事前人亦多有辨之者。

孔學之中心為禮，而五禮之中莫重乎喪禮。曾子曰：吾聞諸夫子，人未有自致者必也親喪乎。林放問礼之本，子曰：喪與其易也寧戚。夫人事萬端而自致盡其心者唯喪礼。孔教特重在是可知矣。荀子礼論云：礼有三本：天地者，生之本；先祖者，類之本；君師者，治之本。無天地焉生？無祖先惡出？無君師惡治？故礼上事天下事地，尊祖先而隆君師，是礼之三本也。儒門特重喪礼，荀子此言亦可以明之。蓋報本之義當如是也。

喪者，鄭注儀礼喪服云：不忍言死而言喪。喪者，弃亡之詞，若全存於彼焉，已亡之耳。依鄭注，喪當讀去聲，然喪礼之喪，今讀平聲。

三年之喪，父母之喪也。然據儀礼喪服，父母之喪有異。父喪三年斬衰；父卒為母喪三年疏衰裳齊而不斷；如父在，為母服喪期（喪服小記：期之喪二年也）。其服疏衰裳齊。夫父母之恩並重，而服喪有三年、二年之差，斬衰齊衰之異，於理義大不通也。傳礼者解之曰：何以期也？屈也。至尊在，不敢伸其私恩也。父必三年然後娶，達子之志也。（儀礼喪服傳）夫屈母而尊父，傳礼者之説如是子曰子生三年然後免於父母之懐予也有三年之愛於其父母乎父母並言孔子之时丧礼恐不若後世尊父屈母之背理也儀礼傳於秦焚絶学之餘未可盡信唐武后定■父母之丧皆為三年明初定制父母之丧皆斬衰三年清沿明制雖與儀礼違而與人理合與此章之旨亦不背也

父母之丧何以極於三年荀子礼論云称情而立文三年之丧二十五月而畢哀痛未盡思慕未忘然而礼以是斷之者豈不以送死有已復生有節哉礼记三年問曰三年者称情而立文所以為至痛極也斬衰苴杖居倚廬食粥寢苫枕塊所以為至痛飾也三年之丧二十五月而畢哀痛未盡思慕未忘然而服以是斷之者豈不以送死有已復生有節也哉然則何以至期也曰天地則已易矣四时則已変矣其在天地之中者莫不更始焉以是象之也然則何以三年也曰加隆焉爾也焉（所以也）使倍之故再期也四九

月以下何也？由焉使弗及也。故三年以為隆，緦小功以為殺，期九月以為間。上取象於天，下取法於地，中取則於人，人之所以群居和壹之理盡矣。故三年之喪，人道之至文者也。夫是之謂至隆，是百王之所同，古今之所壹也。未有知其所由來者也。按此諸說，知古人定三年之喪之所本，一為稱情立文以為節，一為加隆焉爾，一為報三年懷抱之恩。三者之中，要當以報恩之義為最。加隆焉爾之說，與宰我期可已矣之言相去不遠。宰我主止於期，猶無偽飾，故曰安。若加隆焉爾，則偽矣。[illegible]偽託為三年，其實期而已矣。故曰相去不遠。

期已久矣。禮記喪服小記云：再期之喪，三年也；期之喪，二年也；九月七月之喪，三時也；五月之喪，二時也；三月之喪，一時也。又禮記雜記云：期之喪，十一月而練，十三月而祥，十五月而禫，是二年之喪實則十五月至十三月而祥，喪期已滿，實為一年之服也。故曰舊穀既沒，新穀既升，鑽燧改火，期可已案期者周年之謂也（期音基易繫辭朱注朞周一歲也）期之喪二年者，以其十五月而禫，禫者除服之祭名，時及第二年初，故曰二年，猶三年之喪二十五月而畢，時及第三年之初，故號稱三年，實無三足年，顧林亭曰今人三年之喪有過於古人者三事，礼記三年問曰，三年之喪二十五月而畢，杜氏曰祥而縞，是月禫，徙月樂，王肅云是祥之月而禫，禫之明月可以樂矣，鄭玄則謂二十四月再期，其月餘日不數，為二十五月，中月而禫，則空月為二十七月，出月禫祭為二十七月，與王肅異，今從鄭氏之說，三年之喪二十七月，其過於古人一也，儀礼喪服，期者父在為母，今從武后之制，亦服三年之服，其過於古人二也，喪服篇又曰，不杖麻屨者，婦為舅姑，傳曰，何以期也，從服也，今從後唐之制，婦為舅姑亦服三年，其過於古人三也，皆後儒所不敢議，余按三年之喪二十五月而畢，初見荀子禮論，荀子去古未遠，其言當可素，而鄭玄讀礼記間傳中月而禫之中為間，遂謂二十七月而喪除，與荀

子不合。顏氏以為過是也。武后定制無可非議，余已言之。後唐定制婦為舅
姑亦服三年，揆之夫妻敵体之義，其制亦未可非。
曲礼：鄰有喪，舂不相；里有殯，不巷歌。適墓不歌，哭日不歌，居喪不言樂。㭜弓
魯人有朝祥而暮歌者，子路笑之。曾子問：曾子問曰：三年之喪弔乎？孔子曰
三年之喪，練不羣立，不旅行，君子礼以飾情，三年之喪而弔哭，不亦虛乎？凡
此皆足证居喪不為（值）礼樂之事。故曰：三年不為礼，礼必壞；三年不為樂，樂必
崩。崩猶壞也。史記封禪書引文壞作廢，崩作壞。
鑽燧改火。鑽者，鑽木取火。燧，取火之具，亦作鐩。上古之人鑽木取火，四時用木有異，春用榆柳，夏用棗杏，秋取柞楢，冬用槐檀，一年四季鑽之已遍，故曰改火。季夏取桑柘。
孟子滕文公：諸侯之礼，吾未之学也。雖然，吾嘗聞之矣。三年之喪，齊疏之服，
飦粥之食，自天子達於庶人，三代共之。孔子曰：君薨，聽於冢宰，歠粥，面深墨
按：疏者，粗也；飦，糜也。疏服飦粥，乃居喪者之服食。故曰：食夫稻，衣夫錦，於女
安乎？稻，說文曰：稌也。詩言有芑穀，即今南方所食之米。尔雅：蘪稿米粒如霜，
一名稌。有黏有不黏，今人以黏為糯，不黏為秔。按稻性宜水，在南方不為美。

573

老の

食為粥亦以稻米北方氣候高燥宜麥以麥為常食以米為美食孔子北人故以稻與錦並言今北人喜食小米粥然則所謂飯粥者其以米為之者與哀公十二年左傳魯公孫有山氏曰粱則無矣粗則有之正義曰食以稻粱為貴故以粱表精亦足以證稻為美食

錦劉熙釋名云錦金也作之用功重其價如金故字從金帛說文錦字收在帛部曰襄邑織文也（此段注本）段注凡為織者先染其絲乃織之則成文矣許以漢法釋古謂若今之襄邑織文即經典之織文也左傳襄三十一年子產曰子有美錦不使人學製焉可知錦為華貴之品居喪者絕不許服也孔子以此問之而宰我竟曰安則其視三年之喪宜改為期年者其意至堅而魯人少有行三年之喪者（孟子滕文公）又可藉是知其大概孟子盡心篇齊宣王欲短喪公孫丑曰為朞之喪猶愈於已乎王子有其母死其傅為之請數月之喪據此知齊人之短喪且不及期較之宰我所謂每況愈下是也

54

子游曰：喪致乎哀而止（子張篇）

致、說文曰送詣也、禮記禮器有放而不致也、疏曰致極也、此章致字亦取極義、孔子曰喪與其易也寧戚、戚猶哀也、子游此言、蓋即述此義、貌以表心服以表貌（賈公彥儀禮喪服疏）有貌而後有文、故喪表以哀戚為主

曾子曰：吾聞諸夫子、人未有自致者也、必也親喪乎（子張篇）

史記、弟子傳曾參、南武城人、字子輿、少孔子四十六歲、因孔子以為能通孝道、故授之業、作孝經、死於魯、又曾蒧字皙、裴駰集解蒧音點、孔安國曰皙曾參父、家語弟子解曾參、南武城人、字子輿、少孔子四十六歲、按許氏說文森字下曰、木多貌、從林從木、讀若曾參之參、是許讀所今切也、不讀倉含切、子張問行、子曰、立則見參於前、朱子讀七南反、釋為參廁之參、然擬讀會參者甚立之貌、則參於前之參、所今切、與曾參音同、甚立於前者、猶言忠信篤敬甚立於前、曾子取名參、亦是此意、蓋取義於敬、敬為禮之輿、故字子輿、

考の

魯有北南二武城襄十九年左傳[redacted]穆叔歸曰齊猶未也不可以不懼乃城武城杜注泰山南武城縣按魯在齊南此當為北武城又哀八年傳初武城人或有因於吳境田焉拘鄫人之漚菅者曰何故使吾水滋及吳師至拘者道之伐武城克之按魯南與吳接壤此當為南武城

史又言曾子作孝經今所傳孝經開首言仲尼居曾子侍自作之書不應自稱曾子此必非曾子所作之孝經漢書藝文志載孝經十一家未載曾子作之孝經疑史遷信訛傳妄去其事

自致集解馬曰言人雖未能自致盡於他事至於親喪必自致盡按孟子滕文公親喪固所自盡也焉注自致盡其用孟子文[redacted]致可訓極盡亦極也意子自盡即此章自致自者有出乎自然毫不干他人事之意盡者盡其心猶言致乎哀父母之喪哀痛哭泣不待教擗踴之服飦粥之食因情以立文以為過哀者節[redacted]耳非為不哀者功也自致之事不可功

六一年九月廿三日重閱至此、翔、

共三冊

論語類編通義

中冊

毛春翔時在浙江圖書館

六一年中秋开始删改

論語類編通義卷五

毛春翔学

論仁

孔門之学，以洒埽應对進退之節為始基（據子夏之门人章）進而学詩，再進而学礼（據陳亢問於伯魚章）学至乎礼而止（據同上章又荀子勸学）洒埽應对進退習儀也，诵詩博習文也，讀礼求明理也，合而言之，皆学為仁人之事也。故孔门之学，可稱之為仁学。仁者孔学之所止也（依於仁，仁者安仁，仁者人之安宅，皆可证）自始基上達，而詩而礼，而仁，條理通貫，系统秩然若目，其之態於有目共睹，有志者可階而升，故曰：予一以貫之，又曰：吾道一以貫之，一貫者，上下洞徹，了無隔閡，下学上達，道無旁出，始於習儀，終於為仁人，本末而所以成。詩学廣大，礼学精微，詩以涵養，礼以約束，学者朝夕孳孳，惟斯是研者，夫仁則具名而已矣。

古时字少，或借音以明義，或引伸以廣義，寫音別義，義乃豁然。論语仁字含有

文中文中說礼樂之日非又之辨未請之然實標觀微之正前後之仁解之王者遠之更加之以寫圖中之以礼樂方證誠人矣

又須查說苑辨

1 第

看四

教義習儒業者，多故以一義盡之，穿鑿傅會，曰章學每，孔學為之晦昧不明，可
勝浩嘆。仁字之見於古書者，如荀子議兵：仁者愛人，愛人所以惡人之害之也。
孟子離婁：仁者愛人，仁之實，事親是也。告子：惻隱之心，仁也。盡心：親親，仁也。仁
者無不愛也，急親賢之為務。家語卷一：夫溫良者，仁之本；智者知人，仁者愛人。禮
記表記：四制，恩者，仁也。大戴禮盛德：凡不孝生於不仁愛也。定五年傳：乘人之
約，非仁也。國語周語下：仁者，文之愛也；義者，文之制也。晉語：驪姬曰：吾聞之外
人之言曰：為仁與為國不同，愛親之謂仁，為國者利國之謂仁。韓非解老：仁者，
謂其中心欣然愛人也。內儲說：成驩謂齊宣王曰：王太仁，太不忍人。呂覽愛類：
仁於他物，不仁於人，不得為仁。仁也者，仁乎其類者也。墨子經上：仁，体愛也。義，
利也。易繫辭：安土敦乎仁，故能愛。周禮大司徒：以鄉三物教萬民而賓興之：一
曰六德：知、仁、聖、義、忠、和。鄧析：仁愛人以及物。荀悅申鑒：仁者內不傷性，外不傷
物。春秋繁露：何謂仁？仁者憯（慘痛）怛愛人，謹翕不爭。白虎通三綱六紀：仁者，

仁之古文(从千心)忎字，讀書仍古來已近年安徽壽縣朱家集出土楚器，其文有楚王忎肯乃考古文釋文曰熊肯文字乃是忎字，即忎字不割

不忎也，施生愛人也。許氏說文：仁，親也，从人二。鄭注中庸曰：仁者人也，注：人也，讀如相人偶之人。人偶猶言尔我親密之詞。獨則無偶，偶則相親，故其字从人二。(困学紀聞卷五朱文公問呂成公(呂祖謙)相人偶此句不知出何書，疏中亦不說破，呂答未見。)又說文古文仁从忎，又古文仁或从尸。劉熙釋名釋言：仁，忍也，好生惡殺，善含忍也。上舉諸書訓仁為愛，皆古義。按說文仁之古文為忎，親愛之義當從此字得之。千字篆文從人一(許氏以為从人十省，非也)，忎(忎字从人一心)者，猶言人皆有此一心也。孩提之童無不知愛其親(孟子盡心)，惻隱之心人皆有之(告子上)，無不知愛人，皆有之，是即忎之義也。千心合文，義訓親愛，就六書中言之為會意字。後轉為从人二，或从尸二，其含義已不止一親愛矣。孟子盡心：仁也者，人也，合而言之道也。(韓詩外傳作道有四磏(音廉)[illegible]下有聖仁者，有智人者，有德人者，有磏仁者，仁磏則其德不[illegible]。)春秋繁露說仁義法曰：仁之為言人也，義之為言我也。禮記中庸：仁者人也。表記：仁有三與仁

同功而異情。與仁同功，其仁未可知也。與仁同過，然後其仁可知也。仁者，人也。
道者，義也。厚於仁者薄於義，親而不尊；厚於義者薄於仁，尊而不親。易繫辭：天地
之大德曰生，聖人之大寶曰位。何以守位？曰人。何以聚人？曰財。理財正辭，禁民
為非曰義。朱注云：曰人之人，今本作仁，呂氏從古，蓋所謂非衆罔與守邦。又釋名
釋形体：人，仁也，仁生物也。是皆訓仁為人，此一義也。論語微子：去之，箕子為之
奴，比干諫而死。孔子曰：殷有三仁焉。子路曰：桓公殺公子糾，召忽死之，管仲不
死，未仁乎？子曰：桓公九合諸侯，不以兵車，管仲之力也。如其仁，如其仁。家語卷
二子路問曰：管仲之為人何如？子曰：仁也。論語子貢曰：管仲非仁者與？桓公殺
公子糾，不能死，又相之。子曰：管仲相桓公，霸諸侯，一匡天下，民到於今受其賜。
微管仲，吾其被髮左衽矣。或問管仲，曰：人也，奪伯氏駢邑三百，飯疏食，沒齒無
怨言。子貢曰：伯夷叔齊何人也？曰：古之賢人也。曰：怨乎？曰：求仁而得仁，又何怨。
凡此之所謂仁，如以常人之人釋之，於義難通，如以親愛之意釋之，亦未見其

可通也。知此仁字，别具一義，蓋微子、箕子、比干、伯夷、叔齊之流，所謂天下皆醉，而我独醒者，所謂出乎其類，拔乎其萃者。管仲以其君霸，其功業之偉，春秋之世，実無其匹，皆非常之人也。以其為非常之人，故称之為仁人。仁字从人从二，此即其義也。說文未言从二之義，以其解曰親也，故注者即以相人偶釋之，而以二為一二之二。按古文上字作二，仁字实為人旁上，非从二也。人旁上，其取義即為非常之人。故伯夷、叔齊、微子、箕子、比干皆得称為仁人，此又一義也。論語：唯仁者能好人，能惡人。苟志於仁矣，無惡也。君子去仁，惡乎成名？君子無終食之間違仁，造次必於是，顛沛必於是。我未見好仁者、惡不仁者。好仁者無以上之。惡不仁者，其為人也，不使不仁者加乎其身。有能一日用其力於仁矣乎？我未見力不足者。回也其心三月不違仁，其餘則日月至焉而已矣。仁遠乎哉？我欲仁，斯仁至矣。曾子曰：士不可以不弘毅，任重而道遠。仁以為己任，不亦重乎？死而後已，不亦遠乎？顏淵問仁。子曰：克己復礼為仁。一日克己復礼，天

補記　參說
子路問曰管仲何如人也子曰大人也
子訊大人何[illegible]
之人

下歸仁焉、為仁由己、而由人乎哉、顏淵曰、請問其目、子曰、非礼勿視、非礼勿聽、
非礼勿言、非礼勿動、仲弓問仁、子曰、出門如見大賓、使民如承大祭、己所不欲、
勿施於人、在邦無怨、在家無怨、司馬牛問仁、子曰、仁者其言也訒、曾子曰、君子
以文會友、以友輔仁、子貢問為仁、子曰、工欲善其事、必先利其器、居是邦也、事
其大夫之賢者、友其士之仁者、當仁不讓於師、曾子曰、吾友張也為難能也、然
而未仁、堂堂乎張也、難與並為仁矣、凡此之所謂仁者、又別有一義、與前舉數
義皆不類也、何以知之、夫仁者愛人、而此曰惟仁者能愛人、仁者人也、而此曰
苟志於仁無惡也、殷有三仁、於管仲則曰如其仁、如其仁、而此則曰克己復礼
為仁、曰苟志於仁矣無惡也、又曰三月不違仁、難與並為仁、所指各異、以是知
其與前舉數義不類、然則此數仁字、何所取義、曰其惟全德之人乎、德者得也、
學詩知人事之繁博、學礼識人事之精要、繁博者去其渣滓、取其精醇、精要者洞
其根源、明其條理、凡高明之所覆、博厚之所載、其為有秋於群生者、莫不擇善

莊子德充符：孔子曰：夫無趾，兀者也，猶務學以復補前行之惡，而況全德之人乎！

仲尼曰：形全猶足以務（為），而況全德之人乎。

又天地

雖以天下譽之，得其所謂，謷然不顧；以天下非之，失其所謂，儻然不受。天下之非譽無益損焉，是謂全德之人哉。

（呂覽本生）若此人者，不言而信，不謀而當，不慮而得，精通乎天地，神覆乎宇宙，其于物無不受也，無不裹也，若天地然……此之謂全德之人。

（淮南子原道）是故……夫至（至）夫天而恨乎人……者，旗（謂）全德之（全人）

而固執之，是為全德之人。孔子誨人不倦，弟子學之不厭者，其唯此乎。學為全德之人，故曰為仁。曰君子無終食之間違仁，造次必於是，顛沛必（於）是。顏淵問仁，告之以克己復禮；仲弓問仁，告之以敬恕。敬與恕即禮也，詩與禮皆為學為全德之人之功夫，言禮詩在其中。教者重在功夫，學者亦重在功夫。學之不講，德之不修，徒言德則無益於學，故孔子罕言仁。此義沈晦久矣，自來解者惟朱子識之。朱子注曰：仁者愛之理，心之德。（其為仁之本與注）仁者心之全德。（顏淵問仁注）此實為前人所未發，有功於孔學甚大。惟仁者人也，仁字從人從二，其義不能爭（新）人。余蘇所謂全德之人，似較朱子之說為圓到。全德之人一詞，首見呂覽（卷一本生篇），金據子本之，創為全德者一篇，惟其含義與論語不殊也。全德之人，在論語中或稱為仁人（志士仁人無求生以害仁），或稱為成人（子路問成人）。夫無求生以害仁，有殺身以成仁，此之所謂仁者，蓋視度之恋常人之人，非常之人之謂。觀此蓋孔子所教迷執之完人也。故子路問成人，孝成人之德有五：曰智，曰廉，曰勇，曰藝，曰礼樂。意謂必須具備此種種之德乃可稱為成人也。此豈仁愛一義所能概括之哉？余故曰：仁者，全德之人也。綜上所述，仁之義有四：曰親愛，曰人，曰非常之人，曰全德之人。訓非常之人乃其本義，訓親愛訓人者乃假借，訓為全德之人者乃孔門所独有之解釋，他家不能混也。此細味二十篇當自得之，絶非余之穿鑿。蓋非門户之見所能一指蔽天。明乎此義，論語二十篇語及仁者乃可暢通，孔子之教之旨乃可瞭如指掌。

古恁字廢而不用已久，代之以仁。仁字乃多一親愛之義，以其義古，故古書訓仁為親愛者多，訓仁為人、為非常之人者少，其訓為全德之人者惟於語中見之。夫親愛屬乎情，情發乎心，故恁字從心。若夫仁不從心，而亦訓為親愛者，知其為假借字。所謂相人偶者，乃後人用以釋説文者，非許氏原有此解也。仁字行，恁字廢，解者不知親愛之義之所由来，遂謂仁从人旁二人偶，猶言爾我親密

6件

之詞，不知人相偶未必即互相親密，夫婦親密矣，而反目仳離者往往有之，可知親愛之
根原為心，非人偶也。相人偶一語，不知出何書，朱子不知，呂成公亦不知
其説之始，自鄭注許注以前，是亦旧説，然未可即視為用
釋仁者親也之義，而無憾，段注引文未可兼也，説親愛之義，必據忎字言之於
通，字雖廢棄不用，而依文立訓，則不得不引用之，以明會意之義，學者但知有
仁，而不知有忎，但知仁為親愛，而不知仁有本義，更不知論語中仁字有特殊
意義，遂使孔門釋仁字之教，沈薶千載，可歎也夫。今考之經傳，稽之字書，明仁有四義，
至於學為仁人之方，有秩然不紊之序，在詳於章句，茲不復贅。敘論仁第五。

有子曰其為人也孝弟而好犯上者鮮矣不好犯上而好作亂者未之有也君子務本本立而道生孝弟也者其為仁之本與（學而篇）

務廣韻曰事務也專力也

其為仁之本與 潘維城論語古注集箋曰寶應朱彬經傳考證云仁即人也論語觀過斯知仁矣後漢書吳祐傳引作人矣無求生以害仁唐石經仁作人元和江聲論語竢質亦云仁當讀為人古字仁人通其為人之本正應章首其為人也孝弟句不知六書假借之法徒泥仁為仁義字紛紛訴說無當也劉氏正義曰宋氏翔鳳鄭注輯本為仁作為人云言人有本性則成功立行也余按後漢書延篤傳引文仁亦作人宋陳善捫蝨新語云古人多假借用字論語中如孝弟也者其為仁之本與又曰觀過斯知仁矣又曰井有仁焉竊謂此仁字皆當作人明王恕石渠意見曰為仁之仁當作人蓋承上文其為人也孝弟而言孝弟乃是為人之本是則前乎朱彬江聲已有仁當作人之

說矣。且王恕之言，昔江聲全合。反復玩味，王氏江氏二家之說，確乎不可易。（此章文字欠覽）為仁之仁當作人，且有後書引文為據，蓋有子立言之意，着重孝弟二字，故歸本於孝弟，故再作君子務本云云耳。前言其為人（供）言為人相愛，不得以仁為（作）顏淵問仁之仁，橫生曲解。余向（往）程朱說義，今乃知其非。舊稿尚有千餘字，今悉刪却，斬去許多葛藤，亦一快事也。

孝弟居十義之首，為六順（禮運）之二，行義之最要者。禮運之文，石碏之言，要之對可覆按也。故曰為人之本。人之最親近者為父母兄長，親愛之心，必於此始。然後推之以及疏遠，其序為必然。哉若不孝不弟之人，而能愛人愛物，亦哉。若不真孝不真弟之人，而能愛人愛物，[illegible]愛自孝弟始，可無疑也。

禮運：父慈子孝，兄良弟弟，夫義婦聽，長惠幼順，君仁臣忠，十者謂之人義。

左傳隱三年：君義臣行，父慈子孝，兄愛弟敬，所謂六順也。

皇疏孔上作孔云云，語自有病，應另作文批判。余此書為通義，可置勿論。

6

子曰：巧言令色，鮮矣仁。（學而篇）

皇侃本作鮮矣有仁。包注：巧言，好其言語；令色，善其顏色，皆欲人悅之，少能

第五

有仁也朱注好其言善其色致飾於外務以悦人則人欲肆而本心之德亡矣程子曰知巧言令色之非仁則知仁矣於仁字之義皆未明也蘇轍論語拾遺曰仁者直道而行無求於人望之儼然即之也温聽其言也厲而何巧言令色之有彼為是者直務外不仁耳故曰巧言令色鮮矣仁此說近之蓋此章仁字乃依於仁顏淵問仁之仁鮮矣仁者言寡事言語顏色功夫不能為仁人也學為仁人不能不就礼之分上用功惟儀是務而不[redacted]擇礼之源是為善矣不可言仁矣

子曰人而不仁如礼何人而不仁如樂何（八佾篇）

已見礼樂篇

子曰里仁為美擇不處仁焉得知（里仁篇）

集解鄭曰里者民之所居居於仁者之里是為善也求[redacted]居而不處仁者之里不得為有智袍云求居則擇者取選擇之義文選張衡思玄賦匪仁里其焉

7

宅兮、注引論語里仁為美宅不處仁焉得知、是以擇為宅蒙得論語釋言曰：以擇為宅則里猶宅也蓋古文云然惠棟九經古義云按釋名云宅擇也擇吉處而營之是宅有擇義或古文作宅訓為擇亦通余按孟子公孫丑引孔子曰里仁為美擇不處仁焉得知亦作擇此字自當以鄭注為定即古文作宅、亦是求居之義惠氏之說是也。

朱子論語或問曰程伯子、張子及范、謝、楊氏、多從孟子、呂、周、尹氏又兼兩意以里仁為譬喻之言 按以里仁為譬喻之言深得孔子之意 仁遠乎哉我欲仁斯仁至矣亦是假設之詞 孟子甚離仁人之安宅義人之正路也 曠安宅而弗居舍正路而不由哀哉亦用譬喻其意更切

子

曰不仁者不可以久處約不可以長處樂仁者安仁知者利仁（里仁篇）

不仁者不知禮之謂也約如飯疏食飲水如一箪食一瓢飲之類不明理者不耐久處困約或不免受嗟來之食不善久處安樂或不免放辟邪侈明理

者事事心安理得，处安宅而不迁，择仁里而不移。

仁者知者非截然两种人，就其果言谓之安仁，就其行言谓之利仁。安仁者，以仁为安；利仁者，以仁为利也。如作两种人看，有类腰斩，断乎不可。

子曰：唯仁者能好人，能恶人。（里仁篇）

集解孔注：唯仁者能审人之好恶也。非也。此当从朱注。朱子曰：盖无私心，然后好恶当于理，程子所谓得其公正是也。所谓无私心者，即明理也。天地万物各有存在之理，洞知其所以然，则无所用其好恶矣。世人喜用情，故曰能，意谓唯仁者僅能此耳，非谓仁者好用情也，必不得已而用，则好恶恰当于理。

子曰：苟志于仁矣，无恶也。（里仁篇）

集解孔注：苟，诚也。言诚能志于仁者，则其余无恶也。此说未洞澈，此当从张栻《癸巳论语解》。张氏曰：志于仁则无不善。至雖朱注，必无为恶之事，非也。谢良佐读恶去声（见论语或问），苏轼亦读恶去声（见论语拾遗），其说不能通也。

8

此章之義、就余所見、孟云苟能立志為仁、即無有不好、所謂循循然善誘人者、即此數語也。

子曰富與貴是人之所欲也、不以其道得之、不處也、貧與賤是人之所惡也、不以其道得之不去也、君子去仁惡乎成名、君子無終食之間違仁、造次必於是、顛沛必於是（里仁篇）

在封建之世、位高則貴、位低為賤、位失則貧、故曰喪欲速貧、喪者失位也、周禮太宰祿位以馭其士、孟子告子上、趙孟之所貴、趙孟能賤之、皆足以証士之貴非己所能自主、故貧賤亦有不以其道而得之者、賢者非（依）即貴、而不肯者或處高位故也、賢而在下位、不卑小官、官小祿薄、貧而甘之、此君子之行也、此章上截之義、惡以為好此。

「君子去仁」去者、離去也。仁者、在德之人也。為孔學之最高目標。惡乎成名、惡同烏、平聲、惡乎猶言何所（經傳釋詞）成名者、成君子之名也、終食之間、時之至暫、顛沛原離患難之際、（造）次急遽之時、能不違仁、則執之

卷の一

固矣。

子曰：我未見好仁者、惡不仁者。好仁者無以尚之；惡不仁者，其為仁矣，不使不仁者加乎其身。有能一日用其力於仁矣乎？我未見力不足者。蓋有之矣，我未之見也。（里仁篇）

尚：無上而加也。仁為最高，故曰無以上之。

惡不仁者、不使不仁者，兩者指事言，非謂不仁之人。集解孔注言：惡不仁者，能使不仁者不加非義於己，不如好仁者無以尚之為優，非也。朱注：惡不仁者，真知不仁之可惡，故其所以為仁者，必能絕去不仁之事，而不使少有及於其身，是也。當從朱注。

惡不仁者、好仁者，正反之辭，非為有兩種人也。好仁謂篤志於仁，惡不仁謂致力於仁。孔注視為兩等人，亦誤。

「其為仁矣」之矣，當讀為也。矣、也一聲之轉。（經傳釋詞卷四）金復祥箋注

9

考証云：此矣字不是句絶，是引下文之詞，故朱子作者字說，按者猶也也（経傳釋詞巻の）如作实字則深。三國志顧歡傳引即作甚爲仁也可证。

有能一日用其力於仁矣乎，皇本仁下有者字，當是衍上文來，亦可通，今本無之，無之者更好。

蓋有之矣，皇本高麗本矣作乎，按矣字當讀爲耶，疑問詞，矣也耶三字用作疑問詞可通用（经傳釋詞巻の）皇本高麗本易以乎字，義雖通而失古辭之義，不若不改之爲愈。

子曰：人之過也，各於其黨，觀過斯知仁矣。（里仁篇）

此章之義，往日所錄諸說，如集解孔注、皇疏引殷仲堪說、朱注及所引程子

△說，（我同引劉侍讀說）陳祥道全解、蔡節集說，皆無是處。自着解亦未是，亦悉刪却，重爲說以明之。蓋人之過也之過，並過失之過，乃過從之過。

此友人毛君起無止新創之說，至確不易，今從之。黨者鄉黨之黨，非黨類之黨。

亦非朋党之党。斯知仁矣。仁者人也。後漢書吴祐傳引仁作人可证。陸采冶城客論云斯知仁矣。仁是人字。以字音段误（見明陳耀文经典稽疑引）按陆以仁是人字是也。而以为字音段误则非。仁可借为人。論衡問孔視過斯知仁矣亦作仁。豈論衡亦以音段误耶。

或曰雍也仁而不佞。子曰焉用佞。禦人以口給。屢憎於人。不知其仁焉用佞（公冶長篇）

史记弟子傳冉雍字仲弓。家語弟子解冉雍字仲弓伯牛之宗族生於不肖之父以德行著。鄭玄弟子目録仲弓魯人。

礼記仲尼燕居恭而不中礼謂之給。此章孔注佞者口辭捷給是佞者恭而不中礼之謂。

「不知其仁」唐石经仁字磬改作人。按或曰仁而不佞孔子曰不知其仁針鋒相對。改作人非也。或者所謂雍也仁或係傳述他人譽雍之言。而不佞乃或者主觀之見。以何者為仁。或者不知也。故有仁而不佞之言。

10

孟武伯問子路仁乎。子曰不知也。又問。子曰由也千乘之國。可使治其賦也。不知其仁也。求也何如。子曰求也千室之邑。百乘之家。可使為之宰也。不知其仁也。赤也何如。子曰赤也束帶立於朝。可使與賓客言也。不知其仁也。（公冶長篇）

據左傳孟僖子生仲孫何忌即孟懿子。懿子生孟孺子洩。即孟武伯。懿子卒於哀公十四年。懿子卒。武伯嗣。孔子於哀公十一年返魯。此章武伯之問當在十一年之後。其時子路仕於衛。冉求仕魯。武伯安知孔門之所謂仁。故曰不知也。蓋婉言謝之。又問則不得不以各人之才告之矣。

賦。釋文鄭曰。軍賦也。陳氏古訓云。釋文又引梁武帝云。賦。魯論作傳。賦傳同音。故魯論借用。鄭訓軍賦與孔訓兵賦同。是鄭從古作賦。余按。漢書刑法志曰。殷周以兵定天下矣。天下既定。戢藏干戈。教以文德。而猶立司馬之官。設六軍之衆。因井田而制軍賦。地方一里為井。井十為通。通十為成。成方十里。成十為終。終十為同。同方百里。同十為封。封十為畿。畿方千里。有稅有賦。稅

術道ア路

以足食賦以足兵故四井為邑四邑為邱邱十六井有戎馬一匹牛三頭四
邱為甸甸六十四井也有戎馬四匹兵車一乘牛十二頭甲士三人卒七十
二人干戈備具是謂乘馬之法一同百里提封萬井除山川沈斥城池邑居
園囿術路三千六百井定出賦六千四百井戎馬四百匹兵車百乘此卿大
夫采地之大者也（師古曰采官也因官食地故曰采地）是謂百乘之家
一封三百一十六里提封十萬井定出賦六萬四千井戎馬四千匹兵車千
乘此諸侯之大者也是謂千乘之國天子畿方千里提封百萬井定出賦六
十（四）萬井戎馬四萬匹兵車萬乘故稱萬乘之主戎馬車徒干戈素具春振旅
以搜夏拔舍以苗秋治兵以獮冬大閱以狩皆於農隙以講事焉五國為屬
屬有長十國為連連有帥三十國為卒卒（有）正二百一十國為州州有牧連帥
比年簡車卒正三年簡徒群牧五載大簡車徒此先王為國立武足兵之大
略也又曰魯成公作邱甲哀公用田賦搜狩治兵之事皆失其正春秋書而

11

識之以存王道。於是亟動，百姓罷敝，無伏節死難之誼。孔子傷焉，曰：以不教民戰，是謂棄之。故稱子路曰：由也，千乘之國，可使治其賦也。而子路亦曰：千乘之國，攝乎大國之間，加之以師旅，因之以饑饉，由也為之，比及三年，可使有勇且知方也。治其賦兵教以禮義之謂也。按班氏此言，知治賦即治軍也。胡渭禹貢錐指曰：周時軍旅之征謂之賦。周禮大司馬注：賦，給軍用也。小司馬注：賦謂出車徒，給繇役也。左傳魯賦八百乘，邾賦六百乘，皆軍賦也。說義簡明之至。

宰，集解孔注：家臣也。按說文：宰，官稱。五篇：宰，治也。周禮天官有冢宰、大宰、少宰，地官有里宰，掌比其邑之衆寡與其六畜兵器。詩小雅谷風：諸宰君婦。注：諸宰，家宰也。大概治官皆可曰宰，視其官之大小及其所掌之事，或所治之邑，加字以別之，如武城宰、費宰、莒父宰，知其為一邑宰。此云百乘之家，故孔曰家臣。邑者，釋名云：人聚會之稱。

卷四

家。集解孔注：卿大夫称家。按天子建国，诸侯立家，卿置侧室，大夫有贰宗（左传桓二年）。孔曰：卿大夫称家者，於義亦通。

史记弟子列传：公西赤字子華，少孔子四十二歲。家语弟子解：公西赤，鲁人，字子華，少孔子四十二歲。郑玄弟子目録：公西華，鲁人。

子張問令尹子文三仕為令尹，無喜色，三已之，無愠色，舊令尹之政，必以告新令尹，何如？子曰：忠矣。曰：仁矣乎？曰：未知，焉得仁。崔子弑齊君，陳文子有馬十乘，棄而違之，至於他邦，則曰：猶吾大夫崔子也。違之，之一邦，則又曰：猶吾大夫崔子也。違之，何如？子曰：清矣。曰：仁矣乎？曰：未知，焉得仁。（公冶長）

春秋之世，列國置官，称號不一。如齊有大行、大司田、大司馬、大司理、大諫（管子小匡），而以相為首（齊桓公使管仲相）。鲁有司徒、司馬、司空、司寇，而以司徒為首，季氏為之。宋有右師、左師、司馬、司徒、司城（宋以武公廢司空）、司寇，而以右師為首。（文七年）晋自獻公作二軍，自将上軍，太子申生将

12

下軍。（閔元）文公蒐於被廬，作三軍，而以中軍為尊，中軍之帥稱元帥。（僖
二十七）若楚則有令尹、右尹、大司馬、右司馬、左司馬、莫敖、箴尹、連尹、廄尹、
而以令尹為首長。（襄十年）楚靈王元年以薳罷為令尹，薳啟疆為大宰，
（昭元）是大宰為令尹之僚
令尹子文鬬穀於菟也。若敖氏娶於䢵，生鬬伯比。若敖卒，從其母畜於䢵，淫
於䢵子之女，生子文。䢵夫人使棄諸夢中，虎乳之。䢵子田，見之，懼而歸，以告，
遂使收之。楚人謂乳穀，謂虎於菟，故命之曰鬬穀於菟。（宣四年）魯莊公
三十年，楚成王八年，公子元被殺，子文繼為令尹，自毀其家以紓楚國之難。
成王三十五年，子文使子玉為令尹，計子文為令尹二十八年，其間是否三
仕三已，傳無記載，莫能詳矣。子文為令尹之年距孔子之生八十餘年，子張少
孔四十八歲，其聞此事時當在孔子晚年，上距子文事百餘年矣。孟子距孔
子百餘歲，而當時傳述孔子事已多有不可靠者，則孔子之時傳子文事烏

能免訛傳，即虎乳一事，已難置信，其為令尹三仕三已，恐亦虎乳之類也。孔子答子張問，於史实未[redacted]加辨正，所謂姑妄聽之耳。注中述学曰：「子文三仕三已，史記管仲三仕三已，不必其果為三也。三者，虛數也。」按三思之類，可以虛擬視之，若此者，視為訛傳可矣。荀子堯問、莊子田子方、呂氏春秋知分、淮南道應、史記鄒陽傳、循吏傳，又皆以三仕三已為孫叔敖事。按孫叔敖為令尹在魯宣十一年，傳曰令尹蔿艾獵是也。上距子文為令尹適四十年，其事較近孔門談論，此事不無有誤，子文變為孫叔敖，此又必因世之訛傳也。所謂以訛傳訛者，此類是也。閻若璩四書釋地又續曰：孫叔敖死於楚莊王時，得為令尹七八年，莊王之賢，豈肯暫已叔敖，是莊子、荀子所記，不係子文事，傳訛而為叔敖，其說是也。全祖望經史問答述及子文為令尹事，年代錯誤，劉氏正義已有駁正，茲不贅。

崔子者，崔杼也。釋文：鄭注云：魯讀崔為高，今從古。按春秋經傳皆作崔杼。漢

13

書古今人表亦作崔杼。崔字說文训高大。魯論作高者，同義叚借，猶陳恒作田常。恒說文训常，鄭從古者據經傳文耳。宋翔鳳論語說義曰：論衡别通篇仕宦為吏亦得高官，將相長吏猶吾大夫高子也，安能别之。此據魯論，魯讀崔為高。案他國不必皆如崔杼之弒君，當以高子為是。高固為世相卿，當先討賊而不能。陳文子有馬十乘，下大夫之禄也，力不能討，故之他邦以求為君討賊，而去一處者，如魯之三家也。故曰猶吾大夫高子。崔杼既是，不當稱以吾大夫。按此說非也。鄭讀从古崔子者，釋文在首句

下文即同此。宋以為當作高子者，單指下文猶吾大夫崔子也之崔子，而因此與魯論讀崔為高不相應也。依宋氏之說弒君者仍作崔子，下文當作高子，而魯論實非如是讀，故曰其說非也。且陳文子之之他邦，若果為欲借他國之力以討賊，則孔子當曰忠矣，而曰清矣，何也。清者不立於惡人之朝，不與惡人言之謂也。崔杼弒君，不與同朝，故曰清矣。齊之高國，雖為命卿，而在當时，

卷五

亦無討賊之力。襄十九年傳：齊崔杼殺高厚於灑藍而兼其室。書曰：齊殺其大夫，從君於昏也。觀於此事，高氏尚有討賊之力耶？既無討賊之力，而曰當先討賊，而不能，未免昧於事實。且春秋之世，弒君多矣，而討賊之事罕見，蓋君昏以亂，臣子弒之，雖為背逆，而咎由自取，非為國死，如齊君光者，實為己死，討賊不足以言。晏子曰：君為社稷死則死之，為社稷亡則亡之，若為己死而為己亡，非其私暱，誰敢任之。今宋氏猶責高國不能討賊，實好為異論之過。無足取也。且賊臣書名，春秋紀事之例如是。陳文子之言，論語紀之，未可以實衣紀事例繩之。依宋氏之說，陳文子當曰：猶吾崔杼也，於文理通乎？且考之傳，崔杼於襄二十五弒君，二十七年因四子互相殘殺，家毀自縊死，慶封當國。襄二十八年，莊公之私暱盧蒲癸、王何作難，殺慶舍，慶繩、慶氏敗，封奔吳。於是齊人乃敢求崔子之屍而戮之，則是所謂賊臣者，景公且不敢討，而任其自滅，而況無關之高氏耶？宋氏論今文學，名甚著，說滑不純，惟好辨之不自

14

知其言之冗長也

襄二十三年左傳陳文子見崔武子云云。杜注：文子，陳完之孫須無。襄二十五傳曰：崔子將娶棠姜，筮之，遇困之大過，史皆曰吉。示陳文子，文子曰：夫從風，風隕妻，不可娶也。及崔杼弒君，僅晏子枕尸股而哭，文子無動靜。襄二十七傳：宋向戌倡弭兵，齊人難之，陳文子曰：晉楚許之，我焉得已。且人曰弭兵，而我弗許，則固攜吾民矣，將焉用之。齊人許之。襄二十八年傳：盧蒲癸將殺慶氏，陳文子謂桓子曰：禍將作矣，吾其何得。對曰：得慶氏之木百車於莊。文子曰：可，慎守也已。據傳所載，陳文子並無有馬十乘棄而違之之事。崔杼弒君在襄二十五年五月，向戌弭兵在二十七年初，此一年有半之時，亦難有之一邦違之、又之一邦違之之事。陳文子果有出亡之事，傳當載之，今傳未及其事，可疑。據論語，陳文子為人，有類伯夷之清、陳仲子之廉。然伯夷為人，不與惡人同朝，不與惡人言（孟子公孫丑上），陳文子則嘗與崔杼同朝，且為釋娶棠

善之辭。盧蒲癸將作難、又曰吾見何得、清者固如是乎。孔子曰清矣、亦就所
聞答之。其事異、與三仕三已同、爲不可兼、不足信。
未知焉得仁、釋文、知如字、鄭音智、下同。漢書古今人表敘引亦讀知爲智。師
古曰、言智者雖能利物、猶不及仁者所濟遠也。論衡問孔問曰、「子文舉子玉、
不知人也。智與仁不相干也。有不智之性、何妨爲仁人之行。五常之道、仁義
禮智信也。五者不相須而成、有智人、有仁人者、有禮人、有義人者、人有信者
未必智、智者未必仁、仁者未必禮、禮者未必義。子文智蔽於子玉、其仁何毀、
謂仁焉得不可。」併辭中論智行曰、「或曰、然則仲尼曰『未知焉得仁』、乃高仁邪、
何謂也。對曰、仁固大也、仲尼此亦有所激然、非專小智之謂也。」據此是漢人
多讀知爲智。細究之、皆非也。夫子文舉子玉以敗國、固屬不智、而陳文子有
何不智、但解其一、未足以解其二、其說之不通可知矣。皇疏載李充云、「陳文
子所之無可驗、稱其亂、不如甯子之能愚、蘧生之可卷、未可爲智也。」按孔子

15

稱之（因文子之行）曰清，而李充反曰不智，顯與經文違忤，自發議論，則可解經而反經意（無此）例。宋翔鳳曰：論衡多引今文家說，此蓋魯論家所傳，與鄭讀知為智之所本也（古注集箋）。鄭讀不知果何據，即本今文家言，亦是不通。釋文「知」如字是也。集解但闡其忠事，未知其仁也。得之為安也（廣韻）。為得仁者，猶言安從得仁也。

此章之仁，余以為當是「如其仁，如其仁」歟，有三仁之仁同義，乃仁之通訓。與顏淵問仁、仲弓問仁之仁大異其趣，彼乃孔門特有之義條，不能適用於時賢令尹子文、陳文子之功業，猶未達至高之境，與曾仲不可同日語，故曰：未知，何從得仁之名。朱子以仁者心之德，而天之理，自非至誠盡性，通貫全體，如天地一元之氣，化育流行，無少間息，不足以名之云云。釋此章仁字，實以為未當也。

子曰：回也，其心三月不違仁，其餘則日月至焉而已矣。（雍也篇）

朱注三月言其久仁者心之德心不違仁者無私欲而有其德也日月至焉者或日一至焉或月一至焉能造其域而不能久也程子曰三月天道小变之節言其久也過此則聖人矣不違仁只是無纖毫私欲少有私欲便是不仁張子曰始學之要當知三月不違與日月至焉內外賓主之辨使心意勉勉循循而不能已過此幾非在我者（云云）或問所載語較詳大旨同也竊以為尚有未安夫為仁之功夫在乎明理不違仁即不違理不違理者善推其所為而已矣欲無私無公推則公不推便是私知推與否關於智而推與否轉乎至誠與敬之本身無（问）也為仁須憑智以辨理不可在敬之與私上討出息程朱大師當是受禪家影響以克治私欲為工夫至於私欲如何克法未言也何不曰明理便是不違仁明理便是克私之方明理（何）導人入勝只是（教人）克私學者將若無下手處此竊之所未安者也張子內外賓主之說嫌晦如西銘亦然說理（信）如日月之經天人人曉之為上張子自已領悟境界不肯說出（明白）此

16

其短也

樊遲問知子曰務民之義敬鬼神而遠之可謂知矣問仁曰仁者先難而後獲可謂仁矣（雍也篇）

樊遲在孔門為後進弟子其追隨孔子至多不過六年而論語二十篇中遲事凡六見三問仁二問知一而再再而三為學之勤門弟子中罕見顏淵篇問仁子曰愛人問知子曰知人此章問仁問知答語較前精進子路篇問仁子曰居處恭執事敬與人忠雖之夷狄不可棄也直與答仲弓問仁者無異其為仁之進境歷歷可見其學力不在仲弓下又可知也

「務民之義」義者宜也務者促疾其事孟子曰得其民有道得其心斯得其民矣得其心有道所欲與之聚之所惡勿施（離婁上）可用以釋此句之義

「先難而後獲」集解孔注「先勞苦而後得功所以為仁也」語略 朱注「先其事之所難而後其效之所得仁者之心也此必因樊遲之失而告之」程子

曰先[redacted]難者克己也以所難爲先而不計所獲仁也按先爲其難以獲爲
後獲朱之說較顯惟朱子以爲必因樊遲之失而告之恐有未是蓋樊遲好
問前問仁子曰愛人又問仁乃告之曰先難後獲意謂工夫自有步驟始用
功學之於學可也不必急於獲是乃罷弛之詞非因其失而寓責備之意
子曰知者樂水仁者樂山知者動仁者靜知者樂仁者壽（雍也篇）
樂字之本音爲岳（廣韻）此章樂水樂山之樂據釋文讀五孝反音樂
使人悅樂故樂又可讀爲快樂之樂言淺由悅樂轉爲喜好讀去聲[redacted]
[redacted]
此章仁者之仁當訓仁厚其本字爲忎
尚書大傳畧說子張曰仁者何以樂于山也孔子曰夫山者嵬然嵬然高者
則何樂焉夫山草木生焉鳥獸蕃焉財用殖焉生財用而無私焉四方皆代
焉每無私予焉出雲風以通乎天地之間陰陽和合雨露之澤萬物以成百

丶、代 △（代或作伐）

17

姑以譬此仁者之所以樂於山者也。孟子離婁徐子曰仲尼亟稱於水曰水哉水哉何取於水也。孟子曰原泉混混不舍晝夜盈科而後進放乎四海有本者是是之取爾。仁知者樂山樂水此兩說足以明之。後儒於此多肌說無足取

宰我問曰仁者雖告之曰井有仁焉其從之也。子曰何為其然也。君子可逝也、不可陷也可欺也不可罔也（雍也篇）

井有仁焉皇侃本作井有仁者焉朱子論語或問曰諸家有以為井有仁人、當往救之者則凡人墜井亦所當救不必仁人也有以為仁人在井當往從之者豈有仁人無故入井而吾又何為從之哉有以為赴井可以為仁者則又不待往而後知其詐也惟以為入井救人可以為仁者為近之若吳氏以為仁當作人者則亦或有此理而未敢以為必然也。按朱子舉四說而從第四說則仁當作人無疑矣故集註云劉聘君（勉之）曰有仁之仁當作人今從之此乃云未敢以為必然者蓋或問作於前集註成於後故也張南

蘐園

軒本仁遂改作人陳祥道論語全解亦然（陳在張前陳信斯以張尊二程蓋
偶合耳詎非勦襲）以仁為人以從為救余以為於義未安有人墜井此亦
人事所常有以此為告不可云罔下井從人而自陷於死地此自罔非人罔
之也天下焉有如此大愚有人墜井而往救之常人亦能不必仁者入井救人
常人不為而謂仁者愚至於此乎朱註所取之說於經旨猶未通也愚謂此
句當從皇本作井有仁者焉較合經意意謂井有仁者居焉故續之曰其從
之也從之而居非救其墜井非居所故曰不可陷不可罔朱子所舉前二說
是也後儒未審古本且以常理推測而竟忽忘孔子曰不可陷不可罔仁語朱
子曰意有仁人無故入井而拯又何為而從之哉是明證也若井可入仁人
有故入井拯又可從則孔子不曰何為其然也矣不曰不可陷不可罔矣。宰
我之問驟看之似甚可笑細察之詰有一雖字[illegible]知為假設之詞若作實看便
錯吾友毛君無止曰此井字當作阱牢獄也並非水井水井安可居人說亦

18

有理，但井可為阱，未見記載，未敢從之。

逝者，往也（集解包注）。罔者，誣也（罔之生也幸而免何注）。誣，說文大徐（鉉）曰：以無為有也。表記：受祿不誣。注：不信曰誣。按不信猶不實，猶言不實，是為誣，與欺字雖難分辨。朱子曰：欺者，謂誑之以理之所有；罔者，謂昧之以理之所無。如此分別，雖未知其何所而然，於此章之義可通，姑從之。

子貢曰：如有博施於民而能濟眾，何如？可謂仁乎？子曰：何事於仁，必也聖乎！堯舜其猶病諸。夫仁者，己欲立而立人，己欲達而達人。能近取譬，可謂仁之方也已。（雍也篇）

何事於仁，事為也，為與有通，見經傳釋詞卷三。何事猶言何有，何有於仁，言仁不足論也。

論語中聖與仁分為二等，若聖與仁，則吾豈敢，與此章必也聖乎是其著例。

惟聖與仁究有何別？書洪範：睿作聖。傳曰：於事無不通謂之聖。孟子盡心篇

卷五

充實之謂美，充實而有光輝之謂大，大而化之之謂聖，聖而不可知之之謂神。[illegible]書傳以聖為極，而孟子則以神為極，其無極而太極乎。古之君王如堯舜禹湯文武皆為帝王中之最賢者，以其為羣倫之首，故後世稱之曰聖人。

仁為全德之人，德無不備，亦足以稱聖，而曰何事於仁，必也聖乎，何也？大抵帝王稱聖，以聰明睿知，且事功大也。全德之人，德全而事功未必即大，故聖仁之別當在事功上分。若言其德，別無上下。子貢之博施濟衆，即就事功上言，故孔子曰必也聖乎。聖君之事，亦不必毫無遺憾，盡天下之人民之衆，欲人人視其視，言其言，內無怨婦，外無曠夫，衣足暖，無饑殍，設何容易，而況堯有九年之水，湯有七年之旱，其時水淹餓斃，當不勝計，故曰堯舜其猶病諸。病者，苦也。左傳襄二十四年范宣子為政，諸侯之幣重，鄭人病之。病之者，以為苦也。言堯舜於博施濟衆之事，猶苦不能博不能濟也。

己欲立而立人，己欲達而達人，恕也。為仁之方，恕而已矣。恕而已矣。（仲弓

19

問仁章更詳之）博施濟衆，乃聖君賢相分上事，論為仁而及此，殊不切實。
為仁，但求心德之全耳。譬乎近，為近立達，在乎本身，推之在乎本心，近在咫
尺，何必遠及博施濟衆之事乎。此章大旨，愚以為如是，吾友無止於此章有
新說，余未能領悟，姑存舊稿，俟賢者論定焉。
冉有曰：夫子為衛君乎？子貢曰：诺，吾將問之。入曰：伯夷叔齊何人也？曰：古之賢
人也。曰：怨乎？曰：求仁而得仁，又何怨？出曰：夫子不為也。（述而篇）
左傳定公十四年：衛侯為夫人南子召宋朝，會於洮。大子蒯聵獻盂於齊，過
宋野，野人歌之曰：既定爾婁豬，盍歸吾艾豭。（婁豬求子豬，豭牡豬也）大子
羞之，謂戲陽速曰：從我而朝少君，少君見我，我顧，乃殺之。速曰：诺。乃朝夫人，
夫人見大子，大子三顧，速不進。夫人見其色，啼而走，曰：蒯聵將殺余。公執其
手以登臺。大子奔宋，盡逐其黨。哀公二年傳曰：初，衛侯遊於郊，子南僕。公曰：
余無子，將立女。不对。他日又謂之，对曰：郢不足以辱社稷，君其改圖。君夫人

在堂三揖在下（杜注三揖卿大夫士也）君命祇辱。夏衛靈公卒。夫人曰命公子郢為大子君命也。對曰郢異於他子。且君沒於吾手若有之郢必聞之。且亡人之子輒在。乃立輒。又傳曰六月乙酉晉趙鞅納衛大子于戚。宵迷。陽虎曰右河而南必至焉。使大子絻（音問）八人衰絰偽自衛逆者告於門哭而入遂居之。哀三年經曰春齊國夏衛石曼姑帥師圍戚。哀公十五年傳曰衛孔圉娶大子蒯聵之姊生悝。孔氏之豎渾良夫長而美。孔文子卒。通於內。大子在戚。孔姬使之焉。大子與之言曰苟使我入獲國服冕乘軒（左傳閨二服虔注車有藩曰軒。説文作轓比新大夫以上乘車）三死無與。與之盟為請於伯姬。閏月良夫與大子入舍於孔氏之外圃。昏二人蒙衣而乘。寺人羅御如孔氏。孔氏之老欒寧問之。稱姻妾以告。遂入適伯姬氏。既食孔伯姬杖戈而先。大子與五人介。輿豭從之。迫孔悝於廁強盟之。遂劫以登臺。欒寧將飲酒炙未熟。聞亂。使告季子。召獲駕乘車。行爵食炙。奉衛侯輒來奔。（召獲衛大夫）以上所

20

紀，乃衛太子蒯聵得罪出奔，至復國時事。此章之衛君，與子路曰衛君待子為政之衛君，同為出公輒也。輒為世子蒯聵之子，蒯聵出亡于晉，靈公卒，輒嗣位。晉人納蒯聵於戚，輒復使石曼姑會齊師圍之。父子爭國，倫紀已絕，君子所不齒也。觀春秋書曰：衛世子蒯聵出奔宋。又書曰：晉趙鞅帥師納衛世子蒯聵于戚。三書曰：十有六年正月己卯，衛世子蒯聵自戚入於衛，衛侯輒來奔。三書世子，可知史官紀事，於蒯聵未有貶意。衛靈公謂子南曰：余無子，是靈公已不認蒯聵為子，而史官猶三書曰衛世子，是史官始終認蒯聵為靈公之世子也。據春秋紀事之意，靈公卒，蒯聵當嗣位，輒不當立也。孔子不直衛輒，亦兩見於語，一曰必也正名乎，一曰求仁而得仁，又何怨，皆示誅輒之意。伯夷叔齊兄弟讓國，一以父命不可違而逃，一以兄賢其位不可奪而逃。其心皆不敢違天理，故曰求仁而得仁。孔子既稱許伯夷叔齊（兄弟）讓國，則其於衛輒與父爭國之深惡痛絕可知矣。故子貢曰：夫子不為衛君也。為，助也。

（集韻鄧陸）讀去聲

公穀兩家於輒拒父事，直輒而斥蒯聵。公羊曰：曷為不言入於衛？父有子，子不得有父也。穀梁曰：輒不受父之命，受之王父也。信父而辭王父，則是不尊王父也。其弗受，以尊王父也。（宋劉敞、程子皆有駁）夫言子不得有父，是何言也。輒之立，非靈公之命，安得云受之王父？贅儒瞎說，可笑。余於公穀最不喜之，以其言多背理故也。

按史記世家季桓子卒，康子嗣，召冉求，事在哀公三年，衛靈公卒於哀公二年，時孔子去衛如陳。冉求奉召時，當亦在陳也。衛輒嗣位，蒯聵入戚，事皆在哀二年夏。冉求此問，當發於奉召返魯之時。推其意，當是夫子如欲為衛，則正即留衛，否則返魯後，問夫子隱不直輒，乃使返魯無猜，如是，未知有當于理否？崔述曰：此章問答當在孔子返衛之初，近人錢穆曰：此章在孔子去衛之前也。春秋哀二年夏，衛靈公卒。六月乙酉，趙鞅納衛太子於戚，子父相抵之形已成。時孔

21

子猶未去衛、二子之問如此、最切情事。則孔子去衛當在此年六月後也。按史記世家明日與孔子語見蜚雁，仰視之色不在孔子，孔子遂行（索隱曰此哀公二年也）復如陳。夏衛靈公卒，立孫輒，則是去衛在靈公卒之前，錢氏以為在六月後，或別有所本。若校史記，則孔子去衛在是年四月之前。又據史記，冉求于哀公三年返時孔子在陳，明年自陳遷蔡，明年自蔡如葉。又返于蔡。吳伐陳，楚救陳，使人聘孔子。陳蔡大夫阻之。孔子在陳蔡之間絕糧，于是使子貢至楚，昭王興師迎之，然後免。是時昭王卒于是。孔子自楚返乎衛，是歲哀公六年也。冉求返魯已四年矣，安有問為衛君之事，崔氏不知何據而云然。若據史記，崔氏不得有此言也。

子曰：仁遠乎哉，我欲仁，斯仁至矣（述而篇）

斯，猶則也，常語。（經傳釋詞卷八）孔子謂顏淵曰：「為仁由己，而由人乎哉。」由己，故不遠。我欲之即至也。朱子曰：「仁者，心之德，非在外也。反而求之則即此而在矣夫豈遠哉余向以為朱子此説是也今細味其言尚有未安處性即理理即天此宋儒一貫説法以仁為固有之德本孟子「惻隠之心人皆有之之言」實則孔子之言不若是也。為仁須自己致力、自己体驗古人之嘉言懿行須体貼到自己身上来處處不忘己時時着力于己之視聴言動涵養日久不自知此心也與天地同流[redacted]是此章之義也非心[redacted]已有早是德反而求之即得如此説法是禪家明心見性頓悟之教非孔子之教也。孔教平易可作、一深玄物事味便不是孔子之教。愚見如是俟以質者正之。

子曰若聖與仁則吾豈敢抑為之不厭誨人不倦則可謂云爾已矣。公西華曰「正惟弟子不能學也」(述而篇)

正惟之正古論文魯論作誠鄭從古作正(釋文)馬融曰正如所言弟子猶不能學況仁聖乎(集解)是鄭從古者從其師説也惟可訓為(玉篇)正「惟猶言即為」

92

云尔已矣。經傳釋詞卷三曰：云尔，語已詞也。今考之皇疏，學而不厭，又教而不倦，乃可自謂如此耳。是何云尔爲如此，訓已矣爲耳。王氏説雖非專釋此章，但其云尔一条，未出如此一義。若從其説，則云尔已矣全無義，當無如是句法。

今從皇疏。

子曰：君子篤於親，則民興於仁；故舊不遺，則民不偷。（泰伯篇）

包注：興，起也。（集解）偷，薄也。（皇疏） 仁爲忎之借字，親愛也，親愛則情厚，故仁又可訓作厚。

君子之德風，小人之德草，草上之風必偃。慎終追遠，民德歸厚矣。與此義同也。

朱子集注：吴氏（吴棫）曰：君子以下當自爲一章，乃曾子之言也。愚按此一節與上文（恭而無礼則勞之四句）不相蒙，而與首篇慎終追遠之意相類，吴説近是。余按吴氏以爲君子以下當自爲一章，朱子從其説，今亦從之。惟吴氏以爲乃曾子之言，恐未必然。

曾子曰：士不可以不弘毅任重而道遠仁以為己任不亦重乎死而後已不亦遠乎（泰伯篇）

集解包注弘大也毅強而能決斷也按為学以〔須先〕立志志須大故曰弘為之須力故曰毅無終食之間違仁造次必於是顛沛必於是是之謂毅一箪食一瓢飲在陋巷人不堪其憂回也不改其樂是之謂毅

士皇疏通為丈夫也非也說文曰士事也孔子曰推十合一為士段注学者由博返約故云推十合一是也此士指学者言

死而後已者言学至乎沒而後止也

此章仁字與顏淵問仁之仁同義

子曰好勇疾貧亂也人而不仁疾之已甚亂也（泰伯篇）

勇而無礼則亂好勇不好学其蔽也亂君子有勇而無義為亂好勇而疾貧是不好学不知礼之道也人而不仁是不明理疾之甚則為亂孟子曰仲尼

不為已甚者（離婁下）是惡其為亂也。

子罕言利與命與仁（子罕篇）

集解何曰罕者希也利者義之和也命天之命也仁者行之盛也寡能及之故希言也按利者義之和也一語出易乾卦文言乃利之本義許氏說文即引易此語以釋利字夫利既為義之和則利者萬物所賴以生者而孔子曰君子喻於義小人喻於利何也小人但知益生之利而不知利出於義之和故為別之和者中也廣韵不堅不柔為和諡法不剛不柔為和在剛柔之間非中而何凡以義折中之謂之義之和折中於義則無偏私爭奪之事可免故曰利也反之害也古人造字皆有深意利出乎義義猶母也利猶子也義孔子所常言凡教門弟子言行之宜如何如何者皆義也即礼也若明言利則甚少見故曰罕言

真德秀叙陳孜論語發微曰夫子之所罕言者仁之体而已若求仁之方為

仁之要則舉凡二十篇之中莫非是也朱子論語或問曰命者天之令也然人當修己以俟之然後可以定命仁者性之德也然必忠篤敬克己復礼然後能至三者皆理之正聖人所不能不言而其憂深慮遠則又不可以多言也故罕言之以上二說是也史繩祖學齋佔畢曰魯論開卷言仁凡五十三條張南軒已集為洙泗言仁斷之曰言矣命亦言之非一蓋所罕言者猶利而已當以此句作一義曰命曰仁皆平日所與此句別作一義與者許也論語中與字自作兩義如吾與點也吾無行而不與二三子又與其進也不與其退皆其比也此說驟開之頗有理細究之未安也八字一句忽被截為兩段一為罕言一為常言似無此句法若果利為罕言仁與命為常言則記者但曰子罕言利可矣何必縷之以兩與字而連及命與仁

子曰知者不惑仁者不憂勇者不懼（子罕篇）

此章知仁勇言三條也非謂有截然不同之三等人也皇疏此章談人性分

不同也非是朱子曰明足以燭理故不惑理足以勝私故不憂氣足以配道
義故不懼此學之序也是也蓋為學之功頼乎知學而时習頼乎勇通天地萬
物必並之理成為仁人矣知以知之勇以行之仁以蓄之其間自序存焉故
曰此學之序也錢时融堂四書管見曰知所以致知也勇所以力行也知則
仁矣仁則勇矣三者只一事戴溪石鼓論語答問曰理明故不惑心靜故不
憂氣定故不懼大旨與朱子之說合劉宗周論語學案曰知之真切篤實處
即是仁仁之靈覺明瑩處即是知知仁之全体不息處即是勇議論最為精
闢
陳祥道論語全解曰知者不惑亦有時而惑易曰或躍在淵是也仁者不憂
亦有時而憂莊子曰仁人多憂是也勇者不懼亦有時而懼孔子曰臨事而
懼是也此謬說也以知仁勇分作三種人其除一或躍在淵无咎豈惑耶文
言曰上下无常非為邪也進退无恒非離羣也君子進德修業欲及時也故

无咎並則或躍在淵非惑矣李鼎祚周易集解引崔憬干寶荀爽之說無有
言惑者陳氏此說與卦詞不洽其證二以莊子之言証論語此章比擬不倫其
證三（莊子毀仁義）臨事而懼慎也非畏懼其證四其說本不足道所以
録之而駁之者欲後之人不為其說所惑故也

顏淵問仁子曰克己復禮為仁一日克己復禮天下歸仁焉為仁由己而由人
乎哉顏淵曰請問其目子曰非禮勿視非禮勿聽非禮勿言非禮勿動顏淵曰
回雖不敏請事斯語矣（顏淵篇）

此章為論仁篇中最重要之一章亦為二十篇中最重要之一章此章之義
通則於仁之義通而於論語之大義亦無不通矣。

問仁、四書攷異曰孟子萬章上章句引論語作問為仁余按問仁、問為仁、義
並通也

克、皇本作尅、按尅與剋同、爾雅釋詁剋勝也。又勝克也。是尅、剋、克義並同。憲

問恥章克伐怨欲不行焉馬融注克好勝人也訓克為勝與尔雅合此章克己馬注克己約身也又出一義學者於此頗有爭辯皇疏𪋫猶約者復猶反也言若能自約儉己身反於禮中則為仁也于時為奢泰過禮故云禮也邢昺疏引劉炫說云克訓勝也己謂身也身有嗜欲當以禮義齊之嗜欲與禮義戰使禮義勝其嗜欲身得歸復於禮如是乃為仁也復反也言情為嗜欲所逼己離禮而更歸復之今刊定云克訓勝己謂身也謂能勝去嗜欲反復於禮也按此邢疏主劉炫說也乚錢小停卷下克勝也勝己而反於禮是為仁此中道也論語全解己物之敵也勝己之私謂之克禮性所有也克己而趨焉謂之復論語意原力勝之之謂克中於理之謂禮人之一心私欲為熾惟用力克去之則無一不中乎理復者反其初也三家皆宗劉炫說鄭汝諧之說較精論語或問問克之為勝何也曰此說自劉炫發之其說曰克己復禮謂能勝去嗜欲反復于禮也炫言如此章句之學及此者亦已鮮矣毛西

河稽求篇馬融以約身爲克己從来說如此惟劉炫曰克者勝也己者私也
言勝己之私也此本揚子雲勝己之私之謂克語夫子是語本引成語春秋
左傳昭十二年楚王聞祈招（音韶）之詩不能自克以及於難夫子聞之曰
古也有志克己復礼仁也據此則克己復礼本属成語克者約也抑也己者
自也何嘗有己身私欲重敘戰勝之說惟西河宗馬注細究之自以馬說爲
近乎經旨約者纏束也見許書顏淵曰夫子博我以文約我以礼孟子曰博
學而詳說之將以反說約也約字皆取纏束之義馬注克己約身也意亦如此
皇疏以儉約撿之誤也約我以礼正與克己復礼对照馬注或即由約我以礼
語悟得約束己身復歸於礼與克勝私欲復反於礼義有别憲問章曰克伐怨
欲不行焉可以爲仁矣子曰可以爲難矣仁則吾不知也然欲不行孔子以
爲難又曰仁則吾不知則爲仁不在去欲可知矣荀子礼論人生而有欲欲而
不得則不能無求求而無度量分界則不能不爭樂記曰人生而靜天之性

26

也，感於物而動，性之欲也。漢書·禮樂志曰：「人函天地陰陽之氣，有喜怒哀樂之情。天稟其性而不能節也，聖人能為之節而不能絕也。故象天地而制禮樂，所以通神明，立人倫，正情性，節萬事者也。」據此則人欲與生命俱來，理義與人欲並存，有生即有欲，有欲即有禮，欲之於禮，托体乎一，其情如手足之於頭目，如唇之於齒，兩者同時而生，相扶而行，安有互相戰爭之事。劉氏之說，不可靠也。夫欲必出於公，推之即為大無私，安得有大。詩云「雨我公田，乃及我私」，愛大愛私，此詩人志量之至也。今欲扶大而絕私，猶塞其原泉而欲其流之暢也。其惑孫甚。宋人有常言存天理去人欲，不知天理即在人欲之中，人欲去，天理亦隨之而去矣。以天理人欲分為相反之兩面，猶劉炫以嗜欲與禮義對立宣戰，其謬等也。克己復禮，從馬注可矣。克己約束身心也。復禮者循理也。見理不明，因身與理分家，克約之則身復與理同居。此以顏子約我以禮之言証之可知。遺憾陳蘭甫東塾讀書記云：朱注、戴東原孟子字義疏証、駁之。朱注實有未安，不如馬注解克己為約身也。陸隴其《困勉錄》引王陽明曰：克有掃除廓清之意，皆以克己為勝己。余今從漢人舊說。凡言勝嗜欲、去私欲之論，皆擯棄之。竊窺孔子之教，無去欲之說。荀子言養人之欲（《禮論》），孟子言寡欲（《盡心下》），儒家正統之說，皆不主去欲。宋儒尊孟，而又不忍割棄禪家之說，而主去所不能也。孔孟之訓，理見乎推，知恕之義，可謂仁矣，何必執去私欲存天理之說也。

天下歸仁。稽求曰：歸仁即稱仁，與上句為仁為字同。先教諭云：天下歸仁，極其闊大，要之只是稱名之義，其說是也。後漢書王莽傳贊：宗族稱孝，師友歸仁，亦取稱仁之義。

孔子之教，以仁為歸，以明禮為工夫。禮者，理也，明禮即循理也。視聽言動皆循乎理，久久不違，從心所欲而無踰矩之行，即為仁人矣。故仁為空之名，明禮其工夫也。此章以禮為為仁之目，即為最有力之證。故曰：此章為論仁篇中

27

最重要之一章，亦为二十篇中最重要之一章。夫理何从出？学者或将有疑于斯。理盖由推而出也，学者勿疑。何谓推？推己之心以及人，谓之推；推人之心以及己，亦谓之推。推人之事以及物，推今以及古，推今以及方来，由远推近，由上推下，可放诸四海而皆准，皆推也。孟子曰：古之人所以大过人者，无他焉，善推其所为而已矣（梁惠王上）。斯言尽之。然则人何以知推？曰：中庸曰：唯天下至诚为能尽其性，能尽其性则能尽人之性，能尽人之性则能尽物之性，能尽物之性则可以赞天地之化育，可以赞天地之化育则可与天地参矣。此言推由至诚也。惟至诚为能推。然则何以能至诚？曰：孟子曰：不明乎善，不诚其身矣（离娄上）。此言诚由明善，明善即明理，惟理为至善故也（中庸亦有本明乎善不诚乎身之言）。既言理由推而出，推赖至诚，至诚又赖明理，理果而在？曰：求明理者修己也，推理而理见者修己以及人也。不推则理隐，非谓理绝。理自存在，且无不在，求之即得，推之即见，舍之则隐。曰：然则人何

诚者实也，实者物也。不诚无物，诚则有物矣。

以无为有，不诚；以有为无，不诚；以黑为白，以白为黑，不诚。一切还其所固有者则诚矣。诚则恕矣。

恕则视听言动皆循理矣。从心所欲而无违理者，则为仁人矣。仁人者，全德之人也。孔学之精神在此

以能明善曰、人有目能見、有耳能聽、或蔽其目或塞其耳、則不見美醜、不聞鐘鼓之聲矣、毋蔽其目、毋塞其耳、雖云不能明善也、孔教之精神在是、學者苟有志於斯、則毋蔽塞其耳目可矣、

仲弓問仁、子曰、出門如見大賓、使民如承大祭、己所不欲、勿施於人、在邦無怨、在家無怨、仲弓曰、雍雖不敏、請事斯語矣（顏淵篇）

「出門如見大賓恭也、如承大祭敬也、己所不欲勿施於人恕也、說文恭者肅也、忠敬也、敬肅也、玉篇敬恭也、據此則恭敬即忠也、如見大賓如承大祭忠之謂也、忠而能恕、故承之以己所不欲勿施於人、恕者推理之謂也、余於上章亦言之矣、在大學謂之絜矩之道、大學曰、上老老而民興孝、上長長而民興悌、上恤孤而民不倍、是以君子有絜矩之道、所惡於上毋以使下、所惡於下毋以事上、所惡於前毋以先後、所惡於後毋以從前、所惡於右毋以交於左、所惡於左毋以交於右、此之謂絜矩之道、朱子曰、絜度也是也、度猶推也、矩、

28

法也猶理也孟子梁惠王老吾老以及人之老幼吾幼以及人之幼天下可運於掌推恩足以保四海不推恩無以保妻子梁惠王下樂民之樂者民亦樂其樂憂民之憂者民亦憂其憂離婁上得其民有道得其心斯得其民矣得其心有道所欲與之聚之所惡勿施是也（此）皆言恕道而應用之於政治者也公孫丑上惻隱之心仁之端羞惡之心義之端辭讓之心禮之端是非之心智之端人之有是四端猶其有四體也凡有四端於我者知皆擴而充之矣若火之始然泉之始達苟能充之足以保四海苟不充之不足以事父母盡心下曰人能充無欲害人之心而仁不可勝用也人能充無穿窬之心而義不可勝用也人能充無受爾汝之實（人所輕賤之稱）無所往而不為義也此亦明忠恕之理數切於身心者也。忠恕猶太極之陰陽誠者天之道也誠猶太極之全体靜者為忠動則為恕動者陽靜者陰也陽動陰變而萬物化生故動者生之東動而後能感感而後有推受之應故恕道為大推者使之動也故曰恕者

夫欲害人範圍至廣，舉己所不欲勿施于人一語以明恕義，雖或未足包括字富

問一切事物而或有所遺者亦宜寡矣。由欲之一字觀之，可推之于無所不欲無盡，己所不欲勿施于人為反推

己之所欲施于人，推由人以及物，由物以及事，是為義推。謂此三推，列于恕字之用，可表之遺

參看の一

誠。己欲立而立人，己欲達而達人，是為正推。不欲人之加諸我者，吾亦欲無加諸人，是為反推。

推也許為初學易曉計姑創立名目以明其意推之一曰正推己所不欲勿施於人是也推之二曰反推人所不欲勿施是也由己及人為正由人及己為反己之所欲施之於人為正中之正人之所欲施之於己為反中之正正推違理無害於人正中之正違理則害生矣故誠者為太極之全体學者不於此求消息不易了悟此理也天下之人皆有己也皆己則人盡矣故孔子但言己所不欲勿施于人推之三曰類推由己及人由人及物由物及事是為類推類推之所及天地萬物形上形下盡矣若果周易為明人事之理而作則三百八十四卦之類推之亦範此

推之，亦愛人之家，己之國可愛，人之國亦可愛，推之極，則世界一家，所謂大道之行也，天下為公是也。

司馬牛問仁子曰仁者其言也訒曰其言也訒斯謂之仁矣乎子曰為之難言之得無訒乎（顏淵篇）

史記仲尼弟子列傳司馬耕字子牛集解孔安國曰宋人索隱家語云宋人字子牛孔安國亦云宋人弟子司馬犁也牛是桓魋之弟以魋為宋司馬故

29

牛遂以司馬為氏也。按宋桓公之後，公子肸，字向父，其後以字為氏。（通志氏族略）向氏出桓公，故亦稱桓氏。哀十四年左傳：向魋奔衛，向巢來奔，宋公使止之，曰：寡人與子有言矣，不可以絕向氏之祀。辭曰：臣之罪大，盡滅桓氏可也。據此知向氏與桓氏一族也，故向魋亦稱桓魋。（哀十三年左傳：宋向魋救其師，鄭子賸使徇其師曰：得桓魋者有賞。）惟司馬牛，向氏之族，桓魋之弟，而又以司馬為氏，殊難索解。索隱以為以其兄魋為司馬，遂以為氏，則斷乎非是。考諸傳，子孫或以其祖之字為氏者有之矣，其或以官或以邑為族之稱，且皆稟之於君（見隱八年左傳），未聞弟有兄之官為氏者。且據左傳哀十四年所記，司馬牛痛惡桓魋之為人，至於不與共國而居（傳：牛先適齊，向魋以又奔齊，牛遂去齊適吳），而謂肯以魋之官為氏乎？又傳：宋景公與皇野謀去桓魋，曰：余長魋也，今將禍余，請即救。司馬子仲曰：有臣不順，神之所惡也，而況人乎？敢不承命。據此，則皇野亦稱司馬子仲，且與桓魋同時。同時不容有兩人為司馬官向氏出自桓公自桓而襄而成而昭而景五世矣牛之先或有為司馬者牛之以司馬為氏者是取其先人官称而其所以去向氏之號而改称司馬氏者其即為痛恨當桓魋之言也

訒說文曰頓也段注頓之言鈍也訥說文曰言難也段注此訒義同。君子欲訥於言包注訥遲鈍也釋文鄭曰訒不忍言也不忍言此難言義亦同子曰古者言之不出恥躬之不逮也（里仁）又曰君子欲訥于言而敏于行（里仁）剛毅木訥近仁（子路）皆示門人為仁之功夫也君子言之必可行也不可行者不言則言寡矣寡言而敏行是為為仁之方。

△樊遲問仁子曰愛人問知子曰知人樊遲未達子曰舉直措諸枉能使枉者直。樊遲退見子夏曰鄉也吾見於夫子而問知子曰舉直措諸枉能使枉者直何謂也子夏曰富哉言乎舜有天下選於衆舉皋陶不仁者遠矣湯有天下選於衆舉伊尹不仁者遠矣（顏淵篇）

30

仁者愛人，其本字為忎，此就文字言之。仁為全德之人，此就孔門教義言之。
愛為德之至美者，人莫不知愛其身，而有不知愛其親者，不知推之道也。推
之則愛人矣。故曰仁者愛人，此孔子教樊遲推愛也，即恕道也。
問知，子曰知人者，即子貢問為仁，子曰工欲善其事，必先利其器，居是邦也，
事其大夫之賢者，友其士之仁者之謂也。曾子曰以文會友，以友輔仁，亦此
義也。直者謂知理者，枉者謂不知理者，置直者於枉者中，則枉者亦漸知理
而為直者矣。學記曰相觀之謂摩，仁之係蓋由觀摩而得，有朋自遠方
來，不亦樂乎，樂其有觀摩之道也。知足以知人，勇足以行義，造次必於是，顛
沛必於是，終焉有不全之理。知、勇成仁，取友為急，此孔子告樊遲知人之旨
也。樊遲未達，而問子夏，子夏亦未達，而以舜湯舉賢為喻，失其旨矣。樊遲之
問為修己之事，孔子之答自亦不外修及治人之方。舉賢遠佞為政治上事，
去取友切磋之義甚遠。且措直於枉，能使枉直，亦就同門問業、或普通交際

言之若論同朝則古今歷史班班可考者忠鯁者去奸佞者留比比皆是輩賢而不仁者遠鮮有關焉蓋利害關頭勢不相讓而忠鯁者直諫奸佞者巧令直諫不敵巧令故直者常敗而枉者常勝其同門同業者絕不相數孔子誊諸斷非就以事華實而言此蓋衰世開其數子夏誤解而曰篤哉言乎真可笑之甚

鄉為嚮之借字漢書周勃傳東向坐責之師古曰鄉讀曰嚮其北也

曾子曰君子以文會友以友輔仁（顏淵篇）

集解孔注友以文德合也友有相切磋之道所以輔成己之仁也此說至確友其士之仁借蓋謂此也

樊遲問仁子曰居處恭執事敬與人忠雖之夷狄不可棄也（子路篇）

樊遲又問仁可知前所問猶未達也居處恭執事敬與人忠未及恕者先盡其在我者耳忠矣未有不恕也不知忠而言恕雖子貢之賢孔子猶正之曰

31

賜也非尔所及也。

子曰：剛毅木訥近仁（子路篇）

集解王肅曰剛無欲也毅果敢也木質樸也訥遲鈍也有此四者近於仁也。

按剛者說文曰強斷也孟子曰強恕而行求仁莫近焉（盡心上）易曰天行健，君子以自強不息中庸曰故君子和而不流強哉矯中立而不倚強哉矯國有道不變塞焉強哉矯國無道至死不變強哉矯論語謂之剛周易孟子中庸謂之強一也說文曰強斷者蓋剛之古訓如是為之難故孟子曰強恕而行四時寒暑往來不変君子以為法故知自強義之所在強立而不反是之謂剛王肅以無欲為剛大抵据棖也慾焉得剛一語為說然彼言多欲者不能剛非謂剛者即無欲也無欲不成人不剛不足以制欲謂欲受制於剛則可，謂剛者無欲不可通也

毅說文曰妄怒也一曰有決也此言毅字自足取有決之義。

木者樸書周勃傳勃為人木彊敦厚師古曰木謂質樸」與王肅此注合大抵

剛毅者謂勇於行木訥者謂寡於於言

憲問恥子曰邦有道穀邦無道穀恥也克伐怨欲不行焉可以為仁矣子曰可

以為難矣仁則吾不知也（憲問第十四）

史記弟子列傳原憲字子思集解鄭玄曰魯人索隱家語云宋人少孔子三

十六歲按原思為之宰包咸注孔子為魯司寇以原憲為家邑宰考孔子為

司寇擬史記世家在定公十一年時孔子五十三歲原思方十七歲年少未

必能為宰家語記年歲殆有誤

此章書原憲名且省原字或謂乃憲所自記以他章記事之例核之或者之

說似可信但孔子呼弟子名此通例也而於閔損則曰孝哉閔子騫猶呼其

字此何說也蓋二十篇中記事自亂其例者亦有之憲問恥亦為例外之一

耳。是否為憲所自記無關宏旨[illegible]不復詳考

32

恥。説文曰：辱也。廣韻曰：慙也。子曰：士志於道，而恥惡衣惡食者，未足與議也。（里仁）

又曰：古者言之不出，恥躬之不逮也。[redacted]子曰：巧言令色足恭，左丘明恥之，丘亦恥之。[redacted]（公冶長）君子恥其言而過其行。（憲問）聖人之於恥，蓋甚重之。知恥然後可以入於善故也。原憲此問，孔子告之以邦有道穀，邦無道穀，恥也。何也？蓋憲之為人，似有慕於伯夷之清者。原思為之宰，與之粟九百，辭。史記弟子列傳：孔子卒，原憲遂亡在草澤中。皆可証。故孔子告之邦有道穀非恥也。救其偏，不得不若是云尔。

克伐怨欲，集解馬曰：克，好勝人；伐，自伐其功；怨，忌小怨也；欲，貪欲。按克訓好勝，為通訓。伐者，自伐其善。故子所謂願無伐善是也。非自伐其功。克伐怨欲人之通病，明理則克可化而為克己，伐可（而）安為願無伐善，怨（則怨）悱而不亂，欲（則欲）仁而得仁。（我欲仁，斯仁至矣）今曰不行焉，是欲回塞也。回塞則理無由而入，雖欲不行，不可得矣。（故曰可以為難矣）憲之為人，陰盛而陽衰，故自役於蓬蒿之中，無益於

教

可以為仁矣矣讀為耶疑問詞可以為難矣猶言可謂難矣可以為仁矣猶言可謂仁矣者可訓謂以讀詞

子曰君子而不仁者有矣夫未有小人而仁者也（憲問篇）

元袁俊翁四書節疑曰君子而不仁初非實有是事此設言以警人故其詞疑論者固未可因其設言之詞而致疑於其平日正言之詞也許謙讀四書叢說曰君子固志於仁然仁以全体言存於心無一毫之私應於事無不當於理方得其全君子之心有一毫不在則非全体之仁所謂不仁者指一事而言也　朱子曰君子志於仁矣然毫忽之間心不在焉則未免為不仁也說皆未安依袁氏之說凡君子必仁許宗朱子言君子志於仁是矣而曰或有一时不仁此皆朱子毫忽之间心不在焉等也如君子必仁則君子即仁人矣而或孔子君子不重則不威學則不固過則勿憚改何也君子方志於仁則

33

其尚未成為仁人可知也。而曰毫忽之間心不在焉、未免為不仁、何說也、而曰指一事而言、皆是肌說、未中於旨。子曰：君子食無求飽、居無求安、敏於事而慎於言、就有道而正焉、可謂好學也已。荀子勸學曰：學惡乎始、惡乎終、其義則始乎為士、終乎為聖人。君子蓋士類也。君子去仁惡乎成名、君子蓋學為仁人者明矣、非即仁人也。夫心不在焉為不誠、仁為具名、正心誠意為功夫。心正意誠者為之至熟者也、安有毫忽之間心又不在焉者。心或至於不在、則其為之猶未熟[redacted]夫未至耳、猶不失為君子。君子學為仁人、而功虧一簣者有之、此乃所謂君子而不仁者有矣夫也。然且下一[redacted]夫字為疑詞。小人背道而馳、必不能成為仁人、故曰未有小人而仁者也。此章大旨如是。

子路問成人。子曰：若臧武仲之知、公綽之不欲、卞莊子之勇、冉求之藝、文之以礼樂、亦可以為成人矣。曰：今之成人者何必然？見利思義、見危授命、久要不忘平生之言、亦可以為成人矣！（宪问篇）

錢时敏堂答見云成人成就為人也非是朱註成人猶言全人是也全人者、

全德之人即仁人管子指言信之者仁也不可欺者智也既仁且智是為成

人昭二十五年左傳子大叔曰礼者上下之紀天地之経緯也民之所以生

也是以先王尚之故人之能自曲直以赴礼者謂之成人家語卷五顔淵問

成人之行子曰達乎情性之[redacted]理通乎物類之変知幽明之故覩游氣之原、

若此可謂成人矣又加之以仁義礼楽成人之行也[redacted]

[redacted]集衆善以成至善合諸德以成全德是謂成人、

諸家所記義皆同也

襄二十二年左傳臧武仲如晋雨過御叔御叔在其邑将飲酒曰焉用聖人、

我将飲酒而已雨行何以聖為抵此則武仲在当时有聖人之誉故引之以

明智

孟公綽集解馬融曰魯大夫也孟公綽為趙魏老則優集解孔注公綽魯大夫

345

夫也。襄二十五，左傳孟公綽曰：崔杼將有大志。杜注：公綽，魯大夫。三注皆同。于傳有校其為魯大夫無疑，其為人何如，傳但記其論崔杼一語而已。

卞莊子，釋文鄭曰：秦大夫。集解周生烈曰：卞邑大夫也。陳仲魚古訓曰：荀子大略篇云：齊人欲伐魯，忌卞莊子，不敢過卞。韓詩外傳十云：魯興師，卞莊子請行。新序八云：齊與魯戰，卞莊子請行。後漢班固傳、崔駰傳皆作卞嚴，注以為魯人。卞邑，今山東兗州府泗水縣東，是魯地，且武仲、公綽、冉求皆魯人，當如周生烈注，余按陳說是也。

雍也篇子曰：求也藝。集解孔注：藝，多才能也。是也。蓋冉求長於理財，又長於治軍。先進篇季氏富於周公，而求也為之聚斂而附益之。孟子離婁亦言冉求為季氏宰，賦粟倍他日。先進冉求又嘗自言求也為之，比及三年，可使足民。此皆為冉求長於理財之証。哀十一年左傳齊國書帥師伐魯，季氏之甲七千，冉有以武城人三百為己徒卒。及戰，師入齊軍，冉有用矛於齊師。

故能入其軍。孔子曰：義也。此又為冉求云於從軍之証。一人而兼數長技，故

曰求也藝。

樂記曰：知禮樂之情者能作，識禮樂之文者能述。作者之謂聖，述者之謂明。

可知制禮作樂之事至難，必其智足以知禮樂之情，勇足以行禮樂之實，藝

足以成禮樂之文，乃可完成其事。孔門之教以此為重，故終之以文之以禮

樂。

首出子曰二字，下文又出一曰字，自來解者未見有能明之者。石鼓論語（宋戴溪）下

面曰字是子路說，非夫子再言也。蓋子路平日于聖人前每任意自說。論語（鄭汝諧）

意原以何必然三字觀之，必子路之言也。朱注復加曰字者，既答而復言也。

皇侃曰：曰者，謂也。句之所說是說古之成人，若今之成人亦不必然也。邢昺

曰：夫子向言成人者，是古之成人，又言今之成人不必能備如此也。文選曹

植責躬詩注引子曰：見危授命，亦可以為成人矣。沈約別范安詩注引子

35

曰久要不忘平生之言皆以下半為孔子語朱注引胡氏曰今之成人以下乃子路之言趙順孫四書纂疏視何必然三字似以前說為疑三者又皆子路所能胡氏疑其為子路言義門讀書記曰按從聞編云胡氏之說較近然有一疑子路之言如此夫子何以無言陳天祥四書辨疑曰兩說皆不可取此一節與上文只為一段讀曰字衍翟灝考異曰經傳中同一段言別起曰字往往有之不必定謂之衍是皆有類盲者捫象無足取也山井鼎七經孟子考文問成人下子曰子字古本無之足利本同高麗本同成人下亦無子字頃在滬瀆見日本影印唐人卷子本問成人下確無子字考文所稱古本或即卷子本曰上去一子字全章之義通矣子路問成人曰若臧武仲之知云云至亦可以為成人矣為上截子路發問曰今之成人者何必然云云至末乃孔子答語為下截文義至顯無用爭辯無用捫象矣亦何以為成人矣在上截者矣字讀為耶疑問詞也與憲問恥章可以為仁矣矣字同例後

人不明矣耶。音轉之義，於問成人下，補一子字，遂使全章文字不通。唯此子字

六朝时已有之

徐從楨四書質疑曰：此章疑有錯簡。當云：子路問成人，子曰：見利思義，見危授命，久要不忘平生之言，亦（原注：亦字疑衍）可以為成人矣。曰（原注：曰字疑衍）今之成人者何必然？若（原注：若字頂今字而言）臧武仲之知，公綽之不欲，卞莊子之勇，冉求之藝，文之以禮樂，亦可以為成人矣。蓋臧武仲、公綽、卞莊子、冉求在當时皆能各成一行之名，然非文之以禮樂，則臧武仲雖知而有要君之事，公綽雖不欲而不可為滕薛大夫，卞莊子雖勇而君子譏其小節，雖具於孝未純（原注：見韓詩外傳），冉求雖藝而以為季氏聚斂，開罪聖人，故文之以禮樂乃可以為成人也云云。說義亦佳，但嫌無據耳。

見利思義，不妄取。見危授命，不忘君。久要不忘平生之言，守約信。三者子路已能之。子曰，衣敝縕袍，與衣狐貉者立而不恥者，其由也與。一證，哀十五年左傳，季子曰，食焉不避其難。又謂公孫敢曰，利其祿，必救其患。遂纓將死，曰君子死冠不免，結纓而死。二證，哀十四年傳，小邾射以句繹來奔，曰使季路要我，吾無盟矣。三證，子路於三者能之，而自疑學猶未至，故問孔子，告之曰，今之成人者何必然云云，蓋慰勉之也。

子路曰，桓公殺公子糾，召忽死之，管仲不死，曰，未仁乎。子曰，桓公九合諸侯，不以兵車，管仲之力也。如其仁，如其仁。（憲問篇）

四書辨疑曰，曰未仁乎，曰字羨文是也。上文既有曰，不必重出。

莊八年傳，襄公立，無常，鮑叔牙曰，君使民慢，亂將作矣。奉公子小白出奔莒。亂作，管夷吾召忽奉公子糾來奔。九年春，齊人殺無知。夏，公伐齊，納子糾，齊小白入於齊。秋九月，齊人取子糾殺之。傳曰，鮑叔帥師來言曰，子糾親也，請

說苑善說

子路問於孔子曰，管仲何如人也。子曰，大人也。

36

卷五

君討之管召讎也請受而甘心焉乃殺子糾於生竇召忽死之管仲請囚鮑叔受之及堂阜而稅之歸而以告曰管夷吾治於高傒使相可也公從之此桓公殺公子糾召忽死管仲不死史實之見於春秋傳者也子路疑管仲不死子糾之難是見危而不授命非仁人之行故曰未仁乎

九合諸侯朱子論語或問曰九之為糾何也曰春秋傳展喜犒師之詞云爾說者不考其然乃直以為九會諸侯至數桓公之會不止於九則又因不以兵車之文而為之說曰衣裳之会九耳其餘則兵車之會也自公穀以來皆為是說亦可謂鑿之甚矣集注曰九春秋傳作糾督也古字通用而河指求篇曰九是九數其下章一匡天下一數作對余按九合諸侯朱注恐有未是說文糾繩三合也史記屈賈列傳何異糾纆索隱通俗文云合繩曰糾博雅釗峯釋文訓察玉篇訓告惟廣韻訓督為朱注所本夫合繩曰糾則糾有集合之意此當為本義糾合諸侯當訓集不當訓督展喜犒師之言意不在數故

37

言糾古書所載，拟余所見者言之，舍屢喜之言外，未見有作糾者。管子小匡九合諸侯一匡天下，戒篇又曰三匡天子九合諸侯，呂覧勿躬曰十年九合諸侯一匡天下，又貴信曰夫九合之而合，一匡之而聽，管仲可謂能因物矣。韓非子十過曰昔齊桓公九合諸合一匡天下為五伯長，難二昔者齊桓公九合諸侯一匡天下，戰国策齊策曰先君桓公九合諸侯一匡天下，國語齊語兵車之屬六，乘車之會三，賈誼新書春六九合諸侯，春十桓公得管仲九合諸侯一匡天下，徐幹中論智行篇桓公有九合諸侯一匡天下之功，仲尼稱之，論衡書虛九合諸侯一匡天下，效力桓公九合諸侯一匡天下，管仲之力也。史記齊世家九合諸侯一匡天下，皆数字对举，九之非糾明矣。雖然，齊桓會諸侯，拟傳實不止九，諸家無定說矣。如朱子所言，今考之春秋傳，桓公會諸侯自魯莊十三年始，至僖公十六年冬止，凡十有六次（共左傳不合），拟穀梁傳衣裳之會十有一，兵車之會四，合之凡十有五，國語韋注兵車之會六，乘車之會三與穀梁又不合史记兵車之会三乘車之會六與國語韋注又不合與九合諸侯不以兵車之言又不合范甯注穀梁衣裳之會十一云鄭不取北杏及陽穀為九會皇侃疏此章亦云鄭不取北杏及陽穀此與春秋繁露又大不合董子以陽穀之會遠國之君畢至為召遠不以使之效（見精華篇）穀梁楊士勛疏曰貫與陽穀二會管仲不欲故去之自外惟九合也鄭玄釋廢疾云自柯之明年葵丘以前去貫與陽穀固已九合矣此與范注皇侃疏又不合九會諸侯先儒未有定說竊以為在當時必有載書可據今則文不備九會之實無由取証但因難以取証即謂九為糾之借字其義為督亦未可也九之為糾于傳有據固也但九一对文其証更多孤不敵衆九為讀如字無疑矣兵車之會不在九合之内此章已明言之管子小匡國語齊語史记齊世家以兵車之會與乘車之會湊合為九與語不合亦可疑。

如其仁如其仁集解孔注誰如管仲之仁朱子集注言誰如其仁是從孔注。

38

按如猶即也。徐紹楨四書質疑曰：子路問管仲非仁乎，此乃桓公九合諸侯、不以兵車皆管仲之力、即其仁耳、史記淮南王傳臣如徵膠東王不如常山王不学至同言至即常山王也漢書作不即常山王是其證說義至確不易（徐說疑從經傳釋詞摘取）又朱注管仲雖未得為仁人而其利澤及人則有仁之功矣余按孔子許管仲以仁自是就事功上說但朱注嫌晦蓋仁之通訓為非常之人、若就事功言管仲足當仁人之稱而無愧若就全德之人言之管仲則未也。評論前賢只能就通訓言之。此旨子路所未達、故告之曰、如其仁、如其仁。說苑善說篇子路問於孔子曰管仲何如人也、子曰大人也、所謂大人者、即非常之人。仁之通訓為非常之人、此亦是一證。

子貢曰：管仲非仁者與、桓公殺公子糾、不能死、又相之。子曰：管仲相桓公、霸諸侯、一匡天下、民到於今受其賜、微管仲吾其被髮左衽矣、豈若匹夫匹婦之為諒也、自經於溝瀆而莫之知也。（憲問篇）

子貢此問，意與子路同，皆執師門教條，見危授命一語，疑管仲之非仁。

霸之正字當從雨從西（三百五）者，俗寫也。邢疏引鄭玄云，天子衰，諸侯興，故曰霸。霸者，把也，言把持王者之政教，故其字或作伯，或作霸也。（亦見春秋傳成二年孔疏）黄氏日抄云，註云霸與伯同，（朱子注）愚言諸侯之長為伯，指其定位而名，王政不綱，而諸侯之長自整齊其諸侯，則伯聲轉而為霸，乃有為之稱也。正音為靜字，轉音為動字。按黄說是也。凡義變聲隨之，於伯轉為霸為段借。

微音同非，訓會曰非，又曰無也。故微訓非，又訓無。

左衽，皇疏，衣前從右來向左也。邢疏，衽謂衣衿，衣衿向左謂之左衽。按衽者襟也，（通志六書略）襟者禁也，交於前所以禁禦風寒也。（釋名）

諒字向來解者多誤，今當正其義。解者讀小信也。夫信者誠也，（說文）安有大小之可言，事有大小，信無大小，智有上智有小慧，勇有大勇有小勇，若夫信則信而已矣，未可以大小言也。中庸曰：誠者天之道也，誠之者人之道也。孟子離婁上：誠者天之道也，思誠者人之道也。思誠而能誠則人道即天道矣。豈有大誠小誠之別，若無大誠小誠之別，則信亦必無大信小信之分矣。且言信有大小，流弊至大，必不在焉而曰此小信也，不足論，小信不備則大信亦將不論，必至倍信而去之。諒蓋為倞之借字，其義為爭。禮記郊特牲：祊之為倞也。鄭注：倞猶索也。倞或為諒。此證可借為倞之鐵証也。倞，說文曰：彊也。集韻：渠映切，音競；正韻：力仗切，音諒。禮記郊特牲注：倞音諒，是倞有兩音。諒只有一音。諒借為倞，按同音假借之理，則倞當讀力仗切。說文訓倞為彊，鄭玄訓為索，索猶爭也。倞雖有兩音，而義則為爭競。大雅桑柔：秉心無競。抑篇：無競維人。傳皆訓競為彊，此非取義於君子自強不息之強，詩以為戒，知競非彊健之強，而為爭彊之彊，即爭競之競，競逐之競。爾雅釋言：競、逐，彊也，是也。詩篇兩倞字，後人改為競字（見康熙字典）。朱子注大雅桑柔

曰競爭也至確周頌烈文無競維人些不顯維德為对句且每句皆倒文正
言之為維人無競維德丕顯言人不宜爭競而維德當大顯之是尚德不尚
爭之意[redacted]爭競爭強可
以言為固兇奮不顧身出死力而為之乃見其爭競也若信者中心誠敬也
何為爲匹夫匹婦好勝爭強不勝則憤至於自經於溝瀆者有之故曰為諒
為諒猶言爭勝也經朱子曰縊也說文曰縊經也釋名曰懸繩曰縊縊阨也
阨其頸者為朱注所本
溝說文曰水瀆廣四尺深四尺瀆說文曰溝也是溝瀆無別
子曰志士仁人無求生以害仁有殺身以成仁（衛靈公篇）
孟子盡心上王子墊問曰士何事孟子曰尚志曰何謂尚志曰仁義而已矣
告子下君子之事君也務引其君以當道志於仁而已滕文公下萬章下志
士不忘在溝壑勇士不忘喪其元荀子劝学是故權利不能傾也羣衆不能

40

移也。天下不能蕩也。生乎由是，死乎由是，夫是之謂德操。德操然後能定，能定然後能應。能定能應，夫是之謂成人。然孟子則志士者，志乎仁義之士也。志乎仁義，則以仁義爲身，填溝壑所不計也。然荀子言志堅定，如泰山不可動搖，如百川之奔大海，不達不止，斯爲仁人之操。合兩家之說，足明斯章之義。求生以害仁，則失其德操，非志士仁人矣。焦循曰：殺身，不盡刀鋸鼎鑊也。舜勤衆事而野死，冥勤其事而水死，爲民禦大災、捍大患，所謂仁也。以死勤事，即是殺身成仁。按此說亦可通，惟於此章之義不切。此章蓋言志士仁人志志堅定，即殺身亦不改其操耳，非謂必殺其身乃成其爲志士仁人。且云無求生以害仁，與以死勤事義亦不洽。

無求生以害仁，唐石經作害人，此與易繫辭何以守位曰仁同，爲後人所改。在易當作人，而改作仁；此當作仁，而改作人，皆妄人爲之也。無猶不也。

子貢問爲仁。子曰：工欲善其事，必先利其器。居是邦也，事其大夫之賢者，友其

士之仁者（衛靈公篇）

為仁，皇疏：問為仁之法也，是也。事賢友仁可得觀摩之益，士之仁者大抵指好仁者言。

子曰：知及之，仁不能守之，雖得之必失之。知及之，仁能守之，不莊以蒞之，則民不敬。知及之，仁能守之，莊以蒞之，動之不以禮，未善也。（衛靈公篇）

及之守之諸之字，集解包注以為指治官言，皇疏引李充、顏特進說咸本包注。朱注分之為兩截，知及之仁守之為一截，指為為學之事，莊蒞之動之以禮為一截，指為為官之事，而皆本之程子（見論語或問）。毛氏稽求篇反朱子之說，仍宗包注。錢時融堂管見持說特異，曰：及言至也，知及之者，覺此本心之謂也，覺則至矣，故曰知及。守此知而不失謂之仁。錢氏之學出於楊慈湖，慈湖之學出於陸象山，其學惟憑心悟，故有此說，於此章之義不洽也。朱子本程分兩截說之於理亦難通。此章大旨當從包氏舊說。仁守之者言以

41

成德之行守其位也顏子不違仁言堅守其德此言仁守則指以德守位言
也學而成仁德全於己知及仁守德及於人聖人之學兼内外言之存乎内
者謂之忠發乎外者謂之恕孔學之精神即在乎是道之以德即仁能守之
守者非全無事之謂以德導民即以仁守位既言導民豈徒固守之謂哉
莊以蒞之禮之文動之以禮禮者理也理為禮文之原為禮制之本動之之
範圍太廣故就理言之蒞之之範圍狹故就儀言之各有所施不可不審
蒞或作涖或作莅臨也釋文又音類莊以蒞之漢紀孝元帝紀論引莊作嚴此
荀悅避明帝諱也不敬漢紀引作不禁翟晴江曰蜀引文變下敬字為禁
與嚴字相應當時各家師授文每不同此或其本有如是来必為記憶誤按
以敬為禁自是侍本異文禁禮記緇衣禁人以言注禁猶謹也大雅常武既孝之立
敬既戒鄭箋敬之言警也釋名釋言語敬警也玉篇謹敬也淮南汎論訓禁
注禁戒也左傳宣十二年軍衛不徹警也疏戒之至也是敬禁義通漢紀作

卷3

棄仍取敬謹之義不取禁止之義釋為禁止義難通

子曰民之於仁也甚於水火水火吾見蹈而死者矣未見蹈仁而死者也（衛靈公篇）

孟子離婁上仁人之安宅也義人之正路也曠安宅而弗居舍正路而不由哀哉告子上仁人心也義人路也舍其路而弗由放其心而不知求哀哉取諭其諸果而勉人為仁用意同也人皆可以為堯舜以人皆有智慧故也故云言人民猶人也

子曰當仁不讓於師（衛靈公篇）

讓之本義為責讓轉為謙讓左傳文元年卑讓德之基也襄十三年傳君子以讓礼之主也曲礼君子恭敬撙節退讓以明礼皆取謙讓之義讓則不爭礼以爭為大戒故曰讓德之基礼之主也當任也當仁猶言為仁師之朝夕詔於弟子者正為此為仁之一事既何讓之有何讓之有

子張問仁於孔子孔子曰能行五者於天下為仁矣請問之曰恭寬信敏惠恭

刳言枯

42

則不侮寬則得衆信則人任焉敏則有功惠則足以使人。
恭寬信敏惠若以一字括之則礼而已矣。昔顏子只一字昔仲弓樊遲子張
則列舉條目。於此亦足以見孔門弟子学力之深淺。
微子去之箕子為之奴比干諫而死孔子曰殷有三仁焉（微子篇）
集解馬注微箕二國名子爵也微子紂之庶兄箕子比干紂之諸父也微子
見紂無道早去之箕子佯狂為奴比干以諫而見殺史記宋微子世家微子
開者殷帝乙之首子而帝紂之庶兄也紂既立不明淫亂於政微子數諫不
聽遂亡箕子者紂親戚也紂始為象箸箕子歎曰彼為象箸必為玉桮為桮
則必思遠方珍怪之物輿馬宮室之漸自此始矣不可振也乃被髮佯狂而
為奴王子比干者亦紂之親戚也見箕子諫不聽而為奴則曰君有過而不
以死爭則百姓何辜乃直言諫紂紂曰吾聞聖人之心有七竅信有諸乎乃
遂殺王子比干刳視其心索隱開者避景帝諱呂氏春秋云生微子時母猶

卷五

為妾，及為妃而生紂，故微子為紂同母庶兄。司馬彪曰：箕子名胥餘，馬融[redacted]王肅以箕子為紂之諸父，服虔、杜預以為紂之庶兄。

三仁焉，集解：馬曰：仁者愛人，三人行各異而同稱仁，以其俱在憂亂寧民也。

余按此稱三仁，與稱管仲如其仁如其仁同義，皆為非常之人。四書考異引張存中稚借移言曰：或謂仁即井有仁焉之仁，當作人，夫子言殷有三人，如此，非也。史記宋世家、後漢劉陶傳注、梁書王亮傳論引皆作三仁，他書引文亦未見有作人者。

子夏曰：博學而篤志，切問而近思，仁在其中矣。（子張篇）

四書考異曰：後漢書章帝紀、正經義從引此作孔子語。按雖小道必有可觀、漢書藝文志、及東平王思傳師古注引皆作孔子語；君子信而後勞其民，蘇文忠集上神宗書、楊時荊州語錄引亦皆作孔子語。大抵記憶未確，未足為據。

集解：——切問於己所學而未悟之事，近思者，近思於己所能達之事也，若

413

泛問所未學遠思所未達則於所學者不精於所思者不解也是也說文切刌也刌說文曰切也切刌為轉注字廣韵切割也玉篇刌切斷也凡以刀切物則刀必與物接故可引伸其義為密切。

中庸言為學之階段有五曰學問思辨行此章僅言其三曰學問思不及中庸之完備思而不辨則理難明學問貴明辨猶鑄金貴精鍊也。

孔門之學學為仁人學為仁人則志於仁問為仁思為仁志學問思不離乎仁故曰仁在其中矣。

子游曰吾友張也為難能也然而未仁。（子張篇）

史記弟子列傳子游少孔子四十五歲子張少孔子四十八歲子夏少孔四十四歲曾子少孔子四十六歲皆孔門後進弟子子游未嘗問仁子張則嘗問仁問明問行二十篇中子游僅一次問孝而已論好學子游不及子張此章評子張之言大抵在初學時未足為定評也子曰師也過又曰師也辟曾

卷五

子曰：堂堂乎張也。以子張為人氣象闊大，不肯同於儕輩，故曰為難能也。言其志行高不易及之也。未仁者，未成為仁人也。大戴礼衛將軍文子篇子貢評子張曰：業功不伐，貴位不善，不侮可侮，不佚可佚，不敖無告，是顓孫之行也。孔子曰：其不伐則猶可能也，其不弊百姓則仁也。如大戴礼為可據，則孔子嘗以仁許子張矣。而子游則曰未仁，知其為初学語。

曾子曰：堂堂乎張也，難與並為仁矣。（子張篇）

曾子以子張難與並為仁，此或非虛。志行高氣象大者，不免乎狂，尊賢容衆，嘉善而矜不能，正是自己寫照。大有吾人莫敢仰視之概，故曰難與共学。堂堂乎張，朱所謂容儀盛而仁道薄也。此言殊難索解。仁道但當言明不明，不當言薄。孔門弟子為学即為仁，難與並為仁即言難與共学，何必言仁道厚與薄也。

論語類編通義卷六

毛春翔学

論道

自論学造乎論仁、孔門之学畢矣、後有論道何也。蓋道者、總称其術者也。道猶大海、有大海為百川之總匯、萬流乃得安集、学之條目雜出、得道乃有所歸、故道者百慮之歸宿也。有始有卒、下学上達、千枝萬葉、秩然有序、惰者不得中道而廢、躁者不敢躐等以進、知二知十、滿腹而退、處安宅、是即所謂道也。

道之義廣大無涯、今試論之、未知有當学否也。說文、道、所行道也、一達謂之道、爾雅釋宮、一達謂之道路、二達謂之歧旁、劉熙釋名釋道路、道蹈也、此道字之義之見於字書者、皆明其本義、謂道路也、一達而無歧旁者謂之道、蓋指大路言也。又釋名釋言、道、導也、所以通導萬物也、此則為引伸之義矣、達者通也、一達謂之道、故曰通導萬物、揚子法言卷四、或問道、曰道也者通也、無不通也、中庸、天下之達道五、達道猶言通道、此訓道為通之說也、詩小雅大東、周道如砥其直如矢君子所履小人所視周道者大道如砥言其平如矢言其直大道平直君子所履此直言道路也猶取本義然承之曰小人所視則又為譬喩之辭蓋道以平直小人亦履不曰履而曰視知其為譬喩從通達引出平直二義又從平直引出履視二義此道字之義漸趨繁多之迹之見於詩者也韓非揚榷曰勿變勿易與二俱行行之不已是謂履理也解老又曰故理定而後可得道也詩曰履道韓曰履理且曰行之不已則履理猶履道也

蓋大道通達平直大地之有大道猶人身之有肌理故履道亦可謂為履理故大道亦可稱之為道理就人之行走言之謂之道路就人之行事言之謂之道理由形下蛻變而為形上周道必通必達故雖遠必至為周道必平必直故雖高不危焉雖高不危雖遠必至故人人可行故人之行事規矩遂名之曰道理智者知之愚者昧焉韓非解老曰今衆人之所以欲成功而反為敗者生於不知道理不知道理猶言不知規矩準繩故為之而不成

敗亂乃然之語乎

修訂稿本

附二

礼記、表記曰、道者義也、故道理亦称義理、或倒文称為理義、呂覧、功名曰、人君人親不詳其所欲、人臣人子不詳其所願、此由於不知理義、不知理義生於不学、新序曰、世之所不足者理義也、所有餘者妄苟也、管子七法、成功之事、必順于理義、故不理不勝天下、不義不勝人、其例也、由道諸轉為道理（就文字言之）、其演变之迹、以上所述、具其大略。

先秦兩漢之書、又有称道術者、莊子天下篇、不侈於後世、不靡於萬物、不暉於度数、以繩墨自矯、而備世之急、古之道術有在於是者、墨翟禽滑釐聞其風而悦之、韓非難言篇、故文王説紂、因之翼侯炙、鬼侯腊、（中略）此十數人者、皆世之仁賢忠良、有道術之士也、荀子非十二子、未標道術之名、其文辞係御世天下篇同也。漢書藝文志、諸子十家其可観者九家而已、方今去聖久遠、道術廃缺、無所更索、彼九家者、不猶愈於野乎、又曰、道之乱也、患出於小人、而強欲知天道者、壊大以為小、削遠以為近、是以道術破碎而難知也、夏侯勝傳、宣帝

程旨天

説、有倫天地之礼廣道術之路。語李尋傳云宜少抑外親舉有德行道術通明
之士、充倫天官。師古於道術二字無比、就荘子韓非之言觀之、道術者、蓋為一
家之学之総称、道為本体、術則所以成其体者也。
夫道路人人所共行、道理亦人人所當共守、道理者、双一而已。別言道術、通言
道理、義非相遠、而古人之言道術者、多総岐何也、蓋形而下者易見、形而上者
難知。以其難知、故仁者見之謂之仁、智者見之謂之智、道随人異、術随道轉。人
皆曰余聖、莫知烏之雌雄、此言道術者之所以衆也。今於戦国諸子、不敢多所
論列、惟就儒家之宗、孔子之言道之見於語者、略申其説、以納前五篇之論。
孔子之道、以余観之、蓋以礼為術、以仁為皈者也。此其体也。修身植其基、治国
展其才、此其用也。博学於文、廣識培才、約之以礼、排沙簡金、従横馳騁、不離矩
中、而居処安宅、此其学之序也。下学上達、無二達之岐、畫一以貫之、引而不發、
躍如也。
中道而立、能者從之、聖墻数仞、窃窺其宗廟之美、百官之富、如斯而已。

何謂礼？礼者，理也。何謂理？忠恕是也。何謂忠恕？在内曰忠，推之為恕，合而為誠。
誠者，如實而已矣。存者為誠，不存者不可得而言，故誠無對。誠生萬物，以其
能生也，故知其能動。物由動生，故物亦能動。動有内外，内動謂之忠，外動謂之
恕。動無不宜謂之理。理者，理路也。動必有路，有路而後足有所施。此皆必然相
継而生者，天地萬物所（所能藉以）在之規轍也。分之條目多，合之則一誠而已矣。古書中
發明（揮）此理（最為透徹者，其唯）為大學中庸（乎！），千言萬語，兩篇盡之，余可無言矣。
莊子天下篇於其認為裂碎道術者皆有評詞，獨不敢非議孔子。司馬論六家
要旨，推崇道家，而宗之福。風氣固如是，無足怪。而其所致譏者，亦僅指名儒家，
未嘗敢正言譏孔子也。班固（謂）儒之道為最高，可謂知本矣。道墨皆有所偏，
惟儒得其中和，行之萬世無流弊。今之自命專家博識有名於時（者）多不知孔子，
而韓之蠢妄，詆聖人，不自量而已。西人不知孔子，而其行（往往）與孔子之教合。
東人尤甚，其国富民康，豈偶然事？学人不用心学習，自棄瓌寶，拾人糟粕。

老大

男窃笑而良人方施施自外来骄其妻妾岂不可哀也哉余为所编为纯学术研究与时事不相干於时人不敢讥评今於论道偶有感触连类及之读吾书者勿以是而感不快所祷也所望也叙论道第六

有子曰：君子務本，本立而道生。孝弟也者，其為仁之本與！（學而篇）

已見論仁篇。此言孝弟為仁之本，是道生於孝弟。孝弟者，內動出天地之德，合其外動自不出天地之德，禮運置之於十義之首，有以也。

子曰：朝聞道，夕死可矣！（里仁篇）

集解：何曰：言將至死不聞世之有道也。皇疏：欒肇曰：道所以濟民，聖人存身，為行道也。濟民以道，非為濟身也。故云：誠令道朝聞於世，雖夕死可也。傷道不行，且明己憂世不為身也。朱子曰：道者，君臣父子夫婦昆弟朋友當然之實理也。苟得聞之，則生順死安，無復遺恨矣。衆迥眼德新編曰：此言處世之道也。余按此淺視乎孔子之道矣。謂孔子猶未聞生順死安之道，此何說也。欒氏之言是謂道聞於人，亦可通，然不若不聞世之有道之說為深合經意。何氏他說多不洽，此則雅佳，真所謂千慮一得。齊人饋女樂，季桓子受之，三日不朝，孔子行。子言衛靈公之無道也。齊景公曰：吾老矣，不能用也。孔子行。

此皆見之於經者齊魯衛皆無有道之君臣至於宋為桓司馬所困在陳蔡之間絕糧將適晉之聞竇鳴犢舜華之死至河而返將適楚之亦不能用至匡畏於匡至蒲拘於蒲環顧各國竟無有一國之君臣明於道者故有此嘆

朝聞夕死言其聞之難

邦有道邦無道君為邦之主如有道無道知其指君言也此章同例

子曰士志於道而恥惡衣惡食者未足與議也（里仁篇）

士貧非恥士而不明道乃為恥以可恥為非恥以非恥為恥此衆人之行故曰未足與議 議說文曰語也

子曰參乎吾道一以貫之曾子曰唯子出門人問曰何謂也曾子曰夫子之道忠恕而已矣（里仁篇）

此章在論道篇中為最要之一章此章義明其辭可迎刃而解

吾道一以貫之一語自漢以來說者紛紛尚無定論今依次舉其要者皇疏

貫者猶統也譬如以繩穿物有貫統也孔子謂曾子曰吾教化之道唯用一
道以貫統天下萬理也故王弼曰貫猶統也夫事有歸理有會故得其歸事
雖殷大可以一名舉總其會理雖博可以至約窮也譬猶以君御民執一統
衆之道也此後論語注家舊之說漢人之說皆解未收朱注引程子曰忠恕
一以貫之忠者天道恕者人道忠者體恕者用大本達道也朱子自注曰夫
子之一理渾然而泛應曲當譬則天地之至誠無息萬物各得其所也至誠
無息道之體萬殊之所以一本也萬物各得其所道之用也一本之所以萬
殊也以此觀之一貫之實可知矣論語或問朱子又曰孔子若曰吾之所謂
道者雖有精粗大小內外本末之殊然其所以為道者則一而已矣此為忠
恕體用一貫之說黃氏日抄曰諸儒疑一貫之道大而忠恕不足以當之至
有天人體用等辨愈紛淆不若平心只味本文元許謙讀四書叢說曰一理
貫萬事固是說事物雖衆只是一箇道理此言吾道一以貫之只就聖人應

事处说须要体认得圣人之心全是理行出处全是道理如是方是吾道一以贯之若只说万理一原都只是论造化云尔此章恐不相似明高攀龙辨录曰夫子所谓一者即学者之忠恕是也忠恕而天下之道贯之毛氏四书賸言曰一贯忠恕是尧舜禹汤以来圣贤相传之道夫子明言一贯曾子明言忠恕而已矣一贯者只此一串之道也而已矣者更无他道也圣贤无异学千圣百王无异道夫子曾子与门人无异心乃谓一贯之道借尽己推己之目以着明之曾有丝毫见道者而肯作如是语乎无论夫子一生只此忠恕论语二十篇只此忠恕即大学中庸孟子亦只此忠恕也大学以明德新民为一贯中庸以成己成物为一贯内圣外王天道人道并无二致而又歧其说曰忠是天道恕是人道又曰忠恕违道不远则非一贯直千头万绪流散漫矣余按若论事物形态诚然千差万别而道理岂有万数夫二达谓之歧旁三达谓之剧旁周道则一达而已行者可万不同而道终不随人而

6

萬变此理至显，墨子所谓人各一義者，即指岐旁剔旁言也，非谓用道。墨子所谓天下百姓皆上同於天者，即指用道言也。天一而已，故理亦无二。皇疏拟王弼言一道贯统天下萬理之说，非也。既言忠恕一贯，又分天人，又言体用，程子之说非浅学所能解。其以至诚无息、萬物得所释忠恕，以至诚为体、得所为用，犹程子说也。西河之说畅通矣。抑余更有说焉，孔子曰吾道一以贯之，则先圣百王之道所勿及也。其平日教门弟子以诗礼乐，又言孝弟忠信、汎爱亲仁，又言言忠信、行笃敬，问孝一也，所答异词；问仁一也，闻亦各别；问政一也，为说多异。所教之数，多方登圣人之堂，自非颜子上智，必将如河伯之骛海，手足无所措。子贡在圣门称达，亦以孔子之道为多学而识之，以是知圣门弟子识师之道者至寡。弟子尚不知师之道，他人无论矣。然道之行，岂不难哉。弟子必不可不知师之道，师必不可不以道之全体语弟子，故告曾子吾道一以贯之，意谓吾之所教者虽若多方，然非乱杂无章、繁然无统。

者盖上下洞徹毫無隔閡下学上達循序漸進無有不能通不能至者也黄
東發云只就本文玩之意或即在是貫說文曰錢貝之毌也毌說文曰穿物
持之也从一橫田田象寶貨之形夫貫雖有貫穿之義但其為橫通與上下
一貫之義不合此章貫字其正字當為丨字丨說文曰下上通也由下而上
通曰丨適與下学上達之義合後世作貫者殆借也失下上通之義一以貫
之之旨遂晦而不知若其字作丨則可了卻許多轇轕一以丨之言道体通
達而已非曰也有一物以貫穿之道為一家之学由術而成由術而顯離術
無由成其道離術無由知其道忠恕道之術也内可体之於心外可驗之於
人可体可驗致力有处而後乃可言学学矣而後乃可言進既進矣而後乃
可言達既達矣而後乃知夫子之道蓋一貫也中道並無歧旁更無迷途由
忠恕行可漸至其巔也曾子曰夫子之道忠恕而已矣者蓋謂由忠恕行可
明夫子之道耳非謂忠恕乃一物可將道貫穿起來術精道自見何必穿也

7

今西人言學自綜而分自始而終自簡而繁自微而顯皆條理井然首尾一貫國人嘗稱之曰是有系統是所謂某某學也誠然誠然孔子曰吾道一以貫之亦自言其學有系統而已與雜學而無統者有別觀告子貢以一貫與多學而識之對稱更可知矣元何異孫以為告曾子一貫以理言告子貢一貫以學言（十一經問對）夫學之外有理理之外又有學此何異孫一人之言也謂孔子之教學與理分為兩段吾不信也清儒王念孫曰一以貫之即一以行之荀子王制云為之貫之貫亦為也後漢書光武十王傳云奉承貫行貫亦行也爾雅貫事也事與行義相近故事謂之貫亦謂之服行謂之服亦謂之貫矣（廣雅疏證）阮元曰吾道一以貫之此言孔子之道皆於行事見之非徒以文學為教也一與壹同後漢馮緄傳淮南說山訓管子心術篇皆訓一為專大戴衛將軍荀子勸學臣道後漢書順帝紀皆訓一為皆荀子大略左昭二十六穀梁僖九年禮記表記大學皆訓一為專一以貫之猶言壹

是皆以行事為教也。弟子不知所行為何事、故曾子曰、夫子之道忠恕而已
矣。又云子貢之一貫亦當訓為行事、此夫子恐子貢但以多識學聖人、而不
於行事學聖人也。（擎經室集）劉寶楠曰、上兩說甚合經旨。（正義）余按此
乃小學家說經義支離破碎者類也。曰一以行之釋得一貫字、一字猶未明。
孔子之言重在一字、所重者輕、所輕者重、輕重倒之、何由合經旨。文教與行
事在孔門原不分離。不學詩無以言、不學禮無以立、可证學詩為能言、學禮
為求立、而謂文教與行事背耶。後世功名之士以聖人之學問經傳為攫取
富貴之具、行與學遠、如漢之戴聖其明驗也。阮氏以後世浮士之行推論孔子之
教、宜其誤也。劉氏以為甚合經旨、豈由衷之言耶。
門人問曰、皇疏門人者曾子弟子也、不解孔子之言、故問於曾子耶。疏從之、
朱注未及。按疏非也。曾子少孔子四十六歲、孔子返魯年六十八、曾子受業、
若在返魯後、其時年僅二十餘歲、師尚在、未必有門人。此門人必非曾子之

门人乃孔子之门人，孔子门人，何不指名，曰後進者未顯名，無名可指故耳。

子曰：道不行，乘桴浮於海，從我者其由與。子路聞之喜。子曰：由也好勇過我，無所取材。（公冶篇）

集解馬曰：桴，編竹木也，大者曰筏，小者曰桴。按說文：桴，楣棟也。爾雅釋宮：棟謂之桴。是則桴之本義為屋棟，編竹木為桴者，廣其義耳。說文羌字下曰：孔子曰：道不行，欲之九夷，乘桴浮於海，有以也。許書引論語必出論語二字，引論語逸文必出逸論語三字，其非引論語原文則出孔子曰三字，此稱孔子曰，非引原文，故多欲之九夷一句。

子路好勇，故曰從我者其由與。

好勇過我，無所取材。釋文曰：過我絕句，一讀過字絕句。集解鄭曰：子路信夫子欲行，故言好勇過我也。無所取材者，言無所取桴材也，以子路不解微言，故戲之耳。一曰：子路聞夫子欲乘桴浮海，便喜，不復顧望，故夫子歎其勇曰過我無所復取哉言唯取於己也古字哉材同耳按此漢人於此二句有兩說細按之兩說皆有未安材蓋為裁之借字國語鄭語材兆物注裁也晉語官師之所材也注古裁字魯語若能不材於人注讀若裁是其證（見說文通訓定聲引）裁者度也遇事思量謂之裁暴虎馮河死而無悔者其失在不知裁不知裁則災逮夫身故孔子曰吾不與也必也臨事而懼好謀而成者也臨事知懼則慎好謀而成則審慎審者即裁之謂也好勇過我誇其勇無所取材則道其短語云與子行三軍則誰與正同乘桴浮海雖屬戲言而其獎進子路之意至切此則非戲言矣讀過我絕句是也過字絕句似無此句法鄭以材為桴材上言子路下忽轉一意通常語言亦無此說法以材為裁語益順朱注讀材與裁同是也劉敞七經小傳蘇轍論語拾遺錢時管見皆從鄭李塨論語傳注毛氏稽求篇亦從鄭劉氏正義亦然余今從朱注而廣其說自信不深乘桴浮海為一時語子路聞之喜又為一時語記者合而書之材非

梓材明甚。

子貢曰夫子之文章可得而聞也夫子之言性與天道不可得而聞也。（公冶長篇）

文說文曰錯畫也彣說文曰䰌也段注遺畫者文之本義彣彰者彣之本義義不同也有部曰䰌有彣彰也是則有彣彰謂之彣凡言文章皆當作彣彰作文章者省也。

朱注文章德之見乎外者威儀文辭皆是也高拱問辨錄曰夫子之文章夫子之雅言也如詩書執禮是也於威儀何與且威儀何以言聞按此說是也。然聞亦非聽而聞其聲之前是言文章猶在可得見而知也此觀下文便知。

性與天道集解性者人所受以生者也天道者元亨日新之道也深微故不可得而聞此說未明。朱子曰性者人所受之天理天道者天理自然之本體其実一理也余按朱注性相近章曰此所謂性兼氣質而言者也引程子曰此言氣質之性非言性之本体若言其本体則性即是理理無不善孟子之言性善是也，何相近之有哉。集注此章不同。蓋分性為二：一是本性，性即天理；一是氣質之性，有善惡，其旨難明。今於性相近章，但記其相近而已，於程朱之說，未敢有所論列。頃見高拱問辨錄，有駁程朱之說，其言頗辨，曰：人只是一個性，所謂兼氣質而言，又有何所謂性者不兼氣質而言乎？張子曰：善反之則天地之性存焉，氣質之性，君子有弗性焉。人只是一個性，又有何者是天地之性乎？且氣質非得天地之者乎？此因孔子言性相近，孟子言性善，二說微有不同，後儒欲比而同之，故言性近則不同孟子，故曰有氣質之性，以求合夫子性相近之說；欲言性善則不同孔子之旨，故曰有天地之性，此性之本也，以求合孟子性善之說。其意固善，然終不能使孔孟之說歸於大同也。氣具於理，氣即是理，理具於氣，理即是氣，原非二物，不可分也。明道先生有言：性即氣，氣即性，善固性也，惡亦不可不謂之性。有合孔子之旨，學者只求諸明道先生，則知孔子之說矣。高氏此說甚辨，可資參記。

10

子曰，性相近也，習相遠也。孔子明言性矣。子貢曰，不可得聞何也。天道亦常
言。五十而知天命（為政），獲罪於天無所禱也（八佾），予所否者天厭
之天厭之（雍也），天生德於予桓魋其如予何（述而），巍巍乎惟天為
大惟堯則之（泰伯）。此例尚多，不必枚舉。子貢曰不可得聞何也。皇疏引
或云，此是孔子死後子貢之言也。故太史叔明云，文章者六籍也，曰說言吐
性與天道蘊藉之深，止乎身者難繼，故不可得而聞也。此說得之矣。今何晏
集解本此句明作不可得而聞也已矣。已矣為歎詞，此後不可得聞，故歎。集
解何注棄已矣二字，經旨遂晦。史記世家作弗可得聞也已。漢書眭兩夏侯傳
贊引作不可得而聞已矣。又外戚傳注師古引文亦作不可得而聞也已矣。
匡謬正俗卷一引文亦作不可得而聞已矣，一作也已，二作已矣，一作也已
矣，皆不離矣字。矣為歎詞，古本皆有之，不知何時被妄人刪去，獨剩一也字，遂
使子貢之言，核之論語竟不可通。幸古本尚存，且有古書引文作證，經旨仍得明。

讀古書必須有善本於前益信文章不與人共存亡言說則人亡與俱亡故曰不可得而聞也已矣皇侃不主此說以為何注不如此且云死後之言不可得聞不獨聖人凡人皆如此任注必以何說為歸是何言與正惟死後無言可聞凡聖皆同子貢乃有此歎若云凡聖皆同子貢即可不必有此歎則皇侃之父死皇侃可不哭凡為人父者皆有死何必哭豈有此理史記世家孔子葬魯城北泗上弟子皆服三年三年心喪畢相訣而去則哭各復盡哀或復留唯子貢廬於冢上凡六年然後去據此則孔子沒後弟子惟子貢不忍去耳廬於墓竟達六年之久其敬師之心可謂至矣盡矣思念師不可得見乃有夫子之言性與天道不可得而聞也已矣之歎不亦宜乎

子曰誰能出不由戶何莫由斯道也（雍也篇）

戶說文曰護也半門曰戶象形門說文曰聞也從二戶象形據此則戶者門之半也明魏校六書精蘊曰凡室之口曰戶堂之口曰門內曰戶外曰門單

11

扉曰戶双扉曰門戶門之別字書之說大抵如斯按此章出由戶莫由斯道則是戶門譯言道者大路也出門即行道而莫由斯道者何也此為譬喻之詞聖人使人学道循道之心至切於此可見水火吾見蹈而死者矣未見蹈仁而死者也義與此同彼言仁此云道仁即道也（在中）道猶宇宙仁則天地萬物也

子曰齊一變至於魯魯一變至於道（雍也篇）

集解包注言齊魯有周公太公之餘化太公大賢周公聖人今其政教雖衰若有明君興之者齊可使如魯魯可使如大道行之時也朱注孔子之時齊齊俗急功利喜夸詐乃霸政之餘習魯則重礼教崇信義猶有先王之遺風焉但人亡政息不能無廢墜尔道則先王之道也言二國政俗有美惡故其變而之道有難易余按齊一變至於魯則齊不如魯可知魯一變至於道則魯亦為無道之國又可知也包注按周公太公為說不若朱注據當时而論

政治言之為切。

何謂变，說文曰变更也，小爾雅变易也，廣韻变化也，通也，此变字之義之見於字書者。易繫辭曰：是故闔戶謂之坤，闢戶謂之乾，一闔一闢謂之变，往来不窮謂之通，見乃謂之象，形乃謂之器，制而用之謂之法，利用出入，民咸用之謂之神。是故天生萬物，聖人則之；天地变化，聖人效之。此言天地变化而生形器，聖人則之效之而制礼法也。坤不合乾不闢則不变，不变則不通，而象器亦無由見，聖人無所則效，道烏由生。形器生於乾坤之变化，有物乃有則，故物與則皆生乎变也。又曰：神農氏沒，黃帝堯舜氏作，通其变，使民不倦，神而化之，使民宜之。易窮則变，变則通，通則久。此言堯舜秉治天下由乎通变，变乃通，通乃久也。使民不倦，是乾道也；使民宜之，是坤道也。坤乾闔闢，萬物資生，生生不息，轉变無窮，故曰久也。此变化之理見於易者[redacted]而更易化通之說實由易書纂取。孔子曰：殷因於夏礼，所損益可知也，周因於殷礼，所損益可知也。損益，即通其変之謂也。通其変而後使民不倦，変而化之，而後使民宜之。此殷周之創制，皆易象変化之理合，而孔子曾言之而著於論語者。此章云云，乃孔子哀齊魯無識通変之理之人，而深致慨歎之辞也。

子曰：志於道，拠於徳，依於仁，游於藝。（述而篇）

已見論学篇。

子曰：篤信好学，守死善道。危邦不入，乱邦不居。天下有道則見，無道則隠。邦有道，貧且賤焉，恥也；邦無道，富且貴焉，恥也！（泰伯篇）

已見論学篇。

子曰：可与共学，未可与適道；可与適道，未可与立；可与立，未可与権。（子罕篇）

已見論学篇。

子曰：君子道者三，我無能焉：仁者不憂，知者不惑，勇者不懼。子貢曰：夫子自道

也。（子罕篇）

知仁勇之義。論仁篇已具大略。在中庸謂之三達德。此言君子之道三。蓋就其統一之体言之。謂之道。就其成此統一之体者言之。則謂之德。

仁者、知者、勇者，三者字當讀為也。助詞。非代詞。如作代詞，則仁者知者勇者為三種人，于義乖矣。

自道之道，朱子訓為言，曰猶云謙詞。蓋從皇疏。

公伯寮愬子路於季孫，子服景伯以告，曰：夫子固有惑志於公伯寮，吾力猶能肆諸市朝。子曰：道之將行也與，命也！道之將廢也與，命也！公伯寮其如命何！（憲問篇）

說文寮字下曰：論語有公伯寮，是古論作寮。唐元度九經字樣穴部寮寮云「公伯寮本上從穴，下從火，上說文，下隸省」，則今本作寮者，隸書省文也。史記弟子傳公伯繚字子周。索隱：馬融云魯人。家語無公伯繚，而有申繚子周。譙周云疑公伯繚是讒愬之人，孔子不責而云其如命何，非弟子之流也。今亦列比七十二賢之數，蓋太史公誤。且繚亦作遼也。按作繚者，當是魯論文。

說文曰纏也、鞠偏曰繞也、如子周字為雅、則名繚為正、索訓穿當是借字、進
周以為公伯寮不應在弟子列、太史公誤、近是。
愬、說文訴字下曰告也、論語訴子路於季孫、是則古論作訴、今作愬者當是
魯論。說文又曰訴或從言朔、或從朔心、是訴謝愬為通用字、史記弟子傳作
愬、其今古論語合。論衡累害篇又作遡、是訴又可作遡也、集解馬曰愬譖也、
其說文訓告、毀皇跡又訓為讒、莊子漁父篇好言人之惡謂之讒、如單舉告
以明愬義、義不明、以讒譖為訓、則愬之義乃明、故馬云譖也。
子服景伯、集解馬曰子服何忌也、據左傳、子服景伯子服何也。（哀三年八
年傳）馬注、忌字衍、昭十六年傳季平子如晉葬昭公、平子曰、子服回之言
猶信、子服氏有子哉、據此則子服為氏、景伯謚、何名也。
肆、鄭玄云有罪既刑陳其尸曰肆、（集解）
市朝、禮記檀弓下君之臣不免於罪、則將肆諸市朝、鄭注大夫以上於朝、士

以下曰市拠此大夫与士行刑之処不同也。但王制又云爵人於朝与士共之。刑人於市与衆棄之。所謂人者自非準指士言則鄭注大夫士有别与王制不合也。又周礼小司寇凡王之同族有罪不即市天官甸師云王之同姓有罪則死刑焉又秋官掌囚云及刑殺告刑於王奉而適朝士加明梏以適市而刑殺之凡有爵者与王之同族奉而適甸師氏以待刑殺掌戮云凡殺人者踣（下僵也）諸市肆之三日刑盬於市唯王之同族与有爵者殺之於甸師氏。拠此則大夫刑於甸師氏非刑之於朝士将刑市先適朝皆与鄭比徼有不合。国語魯語大者陳之原野小者致之市朝又与周礼不合。周礼云肆諸朝之文。大抵国語拠當時事実書之故与周礼不合。春秋之世固有刑大夫於朝之事矣。襄二十二楚殺令尹子南於朝三日棄疾請尸王許之是也。此章肆諸市朝既言市又言朝何也。四書釋地云孟嘗君傳馮驩先言朝趋市者又言日暮之後過市朝者以市之行列有如朝位故云市朝若闇

14

氏之說則帝朝猶言帝也。

夫子固有惑志於公伯寮朱注如此斷句。何晏集解於志字斷句，寮下增也字於公伯寮也五字連下文讀。史記弟子傳志字下揷注是亦以志字斷句。大抵漢世讀法相傳如是。集注讀法亦通。

「道」之將行也與命也二句史記弟子傳無也與二字。

子路遇丈人章道之不行已知之矣是雖孔子去魯後之言。此章言道之行或廢皆有命存焉命者天命也非人力所能強故曰公伯寮其如命何是在未去魯時言之。孟子梁惠王章句下曰：行或使之止或尼之行止非人力所能[redacted]也吾之不遇魯侯天也臧氏之子焉能使予不遇哉與此章之意正同。聖賢之於遇合皆諉之天命何也。曰聖人之道惟禮是尚。禮之大禁爲爭。若與道之行不惜出手力爭則公伯寮可能肆諸市朝而季氏之惑將由何衍以爭之。或者公伯寮未肆諸市朝而子路已見逐矣。爭之禍烈若火之燎

紀六

於秉執臣賊子篡奪相殺轢轉而不休者，正由忽爭十分敬之事奪之事，於禮為大敵。聖人豈肯為之。不然，世人爭競故託之天命耳。此聖人知命，世庸人所持宿命論不同。聖人知命，其所擬者為禮；庸人宿命，其所擬者為不可知之數。一徵於理，一徵於鬼神，未可同日語也。孔子曰，天之未喪斯文也，匡人其如予何。又曰，道之不行，乘桴浮於海。其極溺救焚之心，無時或已。宿命論者，有如是之精神耶。

子曰：賢者避世，其次避地，其次避色，其次避言。子曰：作者七人矣。（憲問篇）

辟，皇本高麗本俱作避，今從之。說文：辟，法也；避，回也。辟世辟地字當作避，作辟者，段借。辟又可借為闢（漢書文紀），又可借為譬（漢書礼樂志），又可借為僻（漢書平紀），又可借為壁（漢書地理志），其借為避者，經傳中常見之。

辟世，謂隱居不仕者。微子篇：桀溺曰，且而與其從辟人之士也，豈若從辟世

15

之士哉，桀溺隱以辟世之士自許。辟世者，不致之一邦，又之一邦，自食其力，以終其天年。子曰：鳥獸不可與同羣，吾非斯人之徒與而誰與，天下有道，丘不與易也。子路曰：君子之仕也，行其義也。不仕無義，是孔子不以辟世之士為然。此曰賢者辟世何也，蓋辟世之士，孔子雖不以為然，要亦賢者耳。「齊人歸女樂，季桓子受之，三日不朝，孔子行，是辟地也。史記世家：靈公問兵陳，孔子曰：俎豆之事則嘗聞之，軍旅之事未之學也。明日與孔子語，見蜚雁，仰視之，色不在孔子，孔子遂行，此辟色也。齊景公曰：吾老矣，不能用也，孔子行，此辟言也。此章非孔子自道，上列諸例，證其義耳，但辟世辟地辟色辟言，各有所指，究指何人，[redacted]無庸妄猜。辟色辟言，說謂之辟人，故桀溺以辟人與辟世對稱。

人有賢不賢，此地無賢，彼或有之，去此而適彼，去不賢而適賢，可也。此跡彼或不親，去疏而就親，此不義，彼義，去不義而就義，可也。有所辟，有所就，去

卷六

在救世、心不違仁、孔子之道可貴者在此。若夫辟世、則視舉世無一可與
適道者[redacted]近乎過激、故孟子曰、伯夷隘、君子不為也。
作者七人、集解包注、作、為也、為之者七人、謂長沮、桀溺、丈人、石門、荷蕢、儀封
人、楚狂接輿也。皇疏引王弼曰、七人者、伯夷、叔齊、虞仲、夷逸、朱張、柳下惠、少
連、又引鄭玄曰、伯夷、叔齊、虞仲辟世者、荷蓧、長沮、桀溺辟地者、柳下惠、少連
辟色者、荷蕢、楚狂接輿辟言者也、七當為十字之誤。朱注、七人不可知其誰
何、必求其人以實之、則鑿矣、是也、王鄭之說近乎鑿。
此章有歎乎道不行、乘桴浮於海、及子欲居九夷、故編入論道[redacted]
子路宿於石門。晨門曰、奚自、子路曰、自孔氏。曰、是知其不可而為之者與。（憲問篇）
宿、說文曰、止也。段注、凡止曰宿、夜止、其一端也、毛傳、一宿曰宿、再宿曰信
自、由也、從也。
石門、陳氏古訓云、後漢張晧、王龔傳論注、蔡邕傳注、引鄭玄曰、石門、魯城外

16

門也。皇疏云：石門地名也。四書釋地云：太平寰宇記云：古魯城凡七門，次南第二門名石門。鄭玄所不能定者，宋樂史能實指何門，亦可疑也。晨與宿為對文。晨門曰者，晨興門者閽也。晨字直讀，舊注者以晨門為閽者，非是。周官天官敘官疏曰：晨時啟門，論語謂之晨人。晨門轉為晨人，蓋誤。武億群經義證云：門者多舉昏為言，此作晨記者，以子路宿於石門，故特書晨，對宿字為文。此說至確。

知其不可而為之，言知道不行，而猶不欲棄道徇人也。此章原為紀事，以其有此一語，乃入之斯篇。

子曰：人能宏（弘）道，非道弘人。（衛靈公篇）

董仲舒對策引弘人下有也字。

道由人創，注疏曰人能弘道，弘大也。蓋謂至道弗不為人所知其善也，故曰非道弘人。孔子此言，

集解何曰：材大者道隨大，材小者道隨小，故不能弘人也。朱注引張子：

旨在勉人學道。

人能盡性，人能弘道也。性不能檢其心，非道弘人也。

（衛靈公篇）

子曰：君子謀道不謀食，耕也餒在其中矣，学也祿在其中矣，君子憂道不憂貧。

謀者，說文曰：慮難曰謀。君子以明道自任，故朝夕孳孳以慮而求之者道也，非為謀食也。若耕為求得食而未必即得食，若学非為求祿而祿却在其中。專心為学可矣，何必學稼。此章之义如是。

餒，集解：鄭曰：餓也。說文：餒，飢也。段注：各本篆作餧，解作委聲，非也。今正。攷論語音義曰：餒，奴罪反。說文：魚敗曰餒，本又作餧，字書同。尔雅音義亦云：餒，奴罪反。說文：魚敗曰餒。字書作餧，別字。於說文則陸所據說文从安明矣。若五經文字曰：餧，飢也。經典相承，別作餒為飢餒，以餧為餵餉字。蓋張時說文已改從委聲，與陸所據說文不同，故其字各異。餧為餵餉俗字，許艸部作萎。段據張氏音義以明餒不誤，作餧者非。陳仲魚古訓又據一切經音義引文作餧，以為作餧者是，作餒者俗字也。按一切經音義亦採於唐初，其所引論語自為六朝旧本，陳氏以為根據，亦甚可靠。梁顧野王玉篇餧字下曰：飢也，一曰

魚敗曰餒，即說文文也。張氏音義本又作餧，與玉篇引文合，可知說文作餧，

六朝時已然。餒飢，餧餓，飢猶餓也，二字通。

子曰：道不同，不相為謀。（衛靈公篇）

鹽鐵論憂邊章引孔子曰：不通於論者，難與言治，道不同者不相與謀。為作

與，按作與是也。為可訓與，管子戒篇：自妄之身之不為人持接也，尹知章注：為

猶與也，是其証。不相為謀，猶言不相與謀也。朱注為讀去聲，非是。

道不同者，言所持道術不同，即修身齊家治國平天下所持宗旨不同，旨異

議必乖，謀無所成，故不與謀。詩小雅小旻：如彼築室于道謀，是用不潰於成。

鄭箋：如當路築室，得人而與之謀所為，路人之意不同，故不得遂成也。此見

於詩者可証。衛靈公問陳於孔子，孔子曰：俎豆之事則嘗聞之矣，軍旅之事，

未之學也。明日遂行。此見於語者亦可証。孟子曰：君子引而不發，躍如也，中

道而立，能者從之。天下有道，以道殉身，天下無道，以身殉道，未聞以道殉乎

共八

人者也。不以道殉人，即此章之旨。用之則行，道同可共謀也；舍之則藏，道不
同不相共謀也。君子出處去就，絲毫不能通融。
子曰：賜也，女以予為多學而識之者與？對曰：然，非與？曰：非也，予一以貫之。
已見論學篇。一貫之旨，已詳參乎吾道一以貫之章。（衛靈公篇）
或謂告曾子者以道言，此章則就學言，非也。學者學道，離道無學，學無道非
二物。告子貢者言及學，明學道之要；告曾子，但明道体，不及學者，略也。凡経師
之指數而後明者，皆學也。學無道[redacted]（誤衍）切之為兩段，為異說者未之思耳。
子之武城，聞弦歌之聲。夫子莞尔而笑曰：割鷄焉用牛刀！子游對曰：昔者偃也
聞諸夫子曰：君子學道則愛人，小人學道則易使也。子曰：二三子！偃之言是也，
前言戲之耳。（陽貨篇）
「子游為武城宰，子曰：女得人焉尔乎？曰：有澹台滅明者，行不用径」，又澹台
滅明，南武城人，以是此武城為南武城。

18

琴瑟為弦樂，鼓樂歌詩，謂之弦歌。樂記：昔者舜作五弦之琴，以歌南風。又云：律和五聲，弦歌詩頌。史記世家：三百五篇孔子皆弦歌之。可證。弦，張參五經文字云：琴瑟弦亦用此字，作絃者非。博雅云：凡弓弩琴瑟弦皆從弓。按今皇本從糸旁，當是後人改從俗字。

莞爾，釋文：莧爾本今作莞。是舊本作莧不作莞也。陳氏古訓曰：易夬九五云莧陸夬夬。虞翻曰：莧，說也。讀如夫子莧爾而笑之莧。是漢時作莧。莧、莞形近，今本俱誤作莞矣。余按：莧，說文曰：莧，菜也。从草見聲。莞，說文曰：艸也，可作席。萈，說文曰：山羊細角者。讀若丸。寬字从此。據此則作莧者借字，正字作萈。萈音與莞同。說文萈字下未引論語，不知壁中古文作何字。萈訓山羊細角，[illegible]莞是作席之草，何由而得笑貌之義？疑二字皆是假借。陳氏謂當作萈，作莞者誤，非是。江聲論語竢質曰：莧訓喜說者，借義也。是也。然借作何字，江氏則未明言。余意當是睆之借字。睆可訓美好，見檀弓華而睆，大夫之簀與。注又

卷六

見詩邶風睍睆黃鳥注凡人喜悅則其貌和好，故由美好之貌引申而得喜悅之義。睍音莞，故可借譬說，如是俱通人心之。

子之武城聞弦歌之聲，夫子莞尔而笑，夫子二字，贊吾友毛起舍止兄以爲子之武城當作子游之武城，聞當作問，蓋初之宦而有問也，如是則夫子二字不贊，然子游所問者爲弦歌之聲，亦可疑。

長沮桀溺耦而耕，孔子過之，使子路問津焉。長沮曰：夫執輿者爲誰？子路曰：爲孔丘。曰：是魯孔丘與？曰：是也。曰：是知津矣。問於桀溺，桀溺曰：子爲誰？曰：爲仲由。曰：是魯孔丘之徒與？對曰：然。曰：滔滔者天下皆是也，而誰以易之？且而與其從辟人之士也，豈若從辟世之士哉？耰而不輟。子路行以告，夫子憮然曰：鳥獸不可與同群，吾非斯人之徒與而誰與？天下有道，丘不與易也。（微子篇）

此章雖屬紀事，而默出道字，與論道同係密切，故分入此編。

集解：鄭曰：長沮桀溺，隱者也。金履祥集註考證曰：長沮桀溺，名皆從水，子路

19

問津一時何從詢其姓名諒以其物色名之如荷蕢晨門荷蓧丈人之類蓋
二人其一人長而沮如其一人桀然高大而涅足因以名之按此說近之
耦而耕集解鄭曰耜廣五寸二耜為耦說文耦（耕）廣五寸為伐二伐為耦段注
考工記匠人耜廣五寸二耜為耦一耦之伐廣尺深尺謂之甽注古者耜一
金兩人併發之其壟中曰甽甽上曰伐伐之言發也今之耜歧頭兩金象古
之耦也（許）說此記文辭異義同耕即耜謂犂之金其廣五寸也長沮桀溺耦而
耕此兩人併發之證引伸為凡人偶之稱余按從段氏此注是長沮桀溺二
人併發一耜也古[redacted]有牛耕何也（司馬耕字子牛可證）二人併發一耜左傳襄二十九射者三耦
注二人為耦是則二人並射亦稱耦二人並射非執一弓則二人並耕亦不
必共執一耜矣黃式三論語後案曰此經有兩問兩答未必並發一尺內之
土也是也
津鄭曰濟渡處也

卷六

夫執輿者爲誰，論語後案曰夫彼也是也。輿，漢石經作車，九經古義曰詩出
車（小雅鹿鳴之什）我出我車，荀子引作輿，下章出車彭彭，史記引作輿，
陳氏古訓曰輿車通用。按皇疏以執輿釋執轡，御馬索也，執輿猶言執御，
御通馭，子適衛，冉有僕，注冉有御也，樊遲御，御猶僕也。孔子出，皆弟子爲御，
時使子路問津，故自執御。
是知津矣，長沮以爲孔子自能知津，不待告問，津有深意，而告者亦有深意
焉。
滔滔，集解孔注：滔滔者周流之貌也，言當今天下治亂同，空舍此適彼，故曰
誰以易之也。陳氏古訓曰釋文云：滔滔，鄭本作悠悠。孔子世家云悠悠者天
下皆是也。晉紀總序云：悠悠風塵，注並引孔曰悠悠者周流之貌也。知鄭與
古論同也。今本皆作滔滔，豈何晏從魯論，因改從之。朱注曰滔滔，流而不反
之意，言天下皆亂，將誰與變易之。余按：詩衛風載驅：汶水滔滔，傳滔滔流貌。

20

說文：滔，水漫漫大貌。悠悠，詩鄘風載馳：驅馬悠悠。注：遠貌。狀水之詞，以滔滔為切子路問津，故曰滔滔者天下皆是也。言天下之水同，無人能易其狀，見自謝之何待告也。此言有寓意，孔注朱注皆道其實意，更愚以為寓意可不必明釋。

耰，說文耒部無此字，木部有櫌字，解曰：摩田器也，从木憂聲。論語曰：櫌而不輟。徐鍇繫傳曰：謂布種後以此器摩之，使土開發處復合，以覆種也。據此，則古論作櫌，不作耰也。漢石經亦作櫌，當以從木旁者為正。其義當從小徐注。

憮，廣雅云：失意貌。三蒼云：怪愕之詞。據此章，憮然為不快之貌。廣雅、三蒼二義皆通。

吾非斯人之徒與而誰與，兩與字，與鳥獸不可與同群之與字同義，皆是與處之意。釋文：徒與而誰與，與並如字，又並音餘。按三國志管寧傳引與下有哉字，七經攷文曰：一本誰與下有之字。則讀如字可以無疑矣。斯人猶言於

第六

民此蓋爲桀溺辟世辟人二語而發。人主有賢不肖，賢者道之所在，不肖者
道之所棄，天下之廣，豈無一賢主哉。故曰天下有道，丘不與易也。言天下不
至竟無一有道之君，丘不敢因世亂而易其操也。易乾卦文言子曰：龍德而
隱者也，不易乎世。王注：不爲世俗所移易也。可证此章之易爲移易之易。與，
猶以也。詩召南江有汜之子歸不我與，朱注：與，猶以也，是也。
劉敞七經小傳曰：桀溺本謂孔子皇皇者欲以(已)易人耳，故曰而誰以易之。孔
子更自謂以天下無道故欲易之耳，假令天下有道，皇皇求易之乎。朱注曰：
天下若已平治，則我無用變易之，正爲天下無道，故欲以道易之耳。此兩說
細究之，於義猶未安也。桀溺滔滔而語，其意蓋謂天下綿綿與水之永遠淪
々相同，人無術使水逆流，猶天下亂無術使之治也，於世抱悲觀，故其辟(人)世
不仕。孔子此言乃譏辟人辟世而發，言天下終不至永無有道之君，吾決不
改易所守而辟世也。若依劉朱之說，則天下有道孔子可不仕也，豈無是理

81

子路從而後，遇丈人，以杖荷蓧。子路問曰：子見夫子乎？丈人曰：四体不勤，五穀不分，孰為夫子？植其杖而芸。子路拱而立。止子路宿，殺雞為黍而食之，見其二子焉。明日，子路行以告。子曰：隱者也。使子路反見之，至則行矣。子路曰：不仕無義。長幼之節，不可廢也；君臣之義，如之何其廢之？欲潔其身，而亂大倫。君子之仕也，行其義也。道之不行，已知之矣。（微子篇）

此章亦為紀事，而雜有論道之語，與上章同，故並列一篇。

丈人，集解包曰：老者也。皇疏：丈人者，長宿之稱也。

蓧，史記世家集解包曰：竹器名也。何晏論語集解引包注：蓧从竹作篠，曰：篠，竹器名也。一注兩引，字義有異，可疑。說文莜字下曰：蕓田器，从艸，攸聲。論語曰：以杖荷莜。梁顧野王■玉篇引論語與說文同。據此則古論莜不從竹。文說文曰：筱，箭屬，小竹也。段注：今字作篠，是則作篠者亦今字也。釋文：蓧本又作條，又作莜，未出篠字，知陸氏之前無从竹作篠者。今皇疏作篠，及所引包

注是後人妄改不可從也

四体不勤孟子離婁上士庶人不仁不保四体趙注四体身之四肢

五穀周礼天官疾醫鄭注五穀者麻黍稷麦豆也孟子滕文公上趙注五穀謂稻黍稷麦菽也大戴礼曾子天圓北周盧辯注五穀黍稷麻麦菽也說皆（署有墨跡）孟子告子下夫貉五穀不生惟黍生之是黍在五穀之列而鄭盧趙注皆及黍又與孟子不合劉氏正義從程瑤田說曰五穀者禾黍稷稻麦也（程氏有通藝錄九穀考） 按芝麻又名脂麻漢張騫至大宛（青駕元詢）始得其種雖可食而非常食之品不應在五穀之列稷與黍一類而種黏者謂之黍不黏者為稷稷可作飯黍可釀酒稷之與黍猶糯稻與秔稻也以性不同分為二名耳以之為五穀之二亦未見其當菽為豆類之總稱是盧鄭之注同趙注以稻為麻稻為正食趙注為當禾詩豳風七月十月納禾稼黍稷重穋禾麻菽麦孔疏禾是大名非徒黍稷重穋四種其餘稻秫菰粱皆名禾麻

22

麻、共菽麦則無禾稱，故於麻麦之上更言禾，以總諸禾也。陳奐毛詩傳疏謂"禾稼之禾即今小米，禾、麻、菽、麦判然四物，孔疏非是"。按陳氏以禾為小米，劉氏正義取程瑤田說以禾黍稷稻麦為五穀，其所稱之禾大抵即指小米言也。要之五穀之名未有定說，五穀不分非戲言也。分，釋文包云如字，鄭云扶問反。按包注丈人云"不勤勞四体，不分殖五穀，誰為夫子而索之耶"，此解非也。依包說則是丈人罵子路矣，見面即罵，賢者必不出此。四体不勤，五穀不分，蓋丈人自道也。其辭切直而稍寓諷刺之意。分，辨也。左傳成十八年"周子（晋悼公）有兄而無慧，不能辨菽麦"，杜注"菽，大豆，豆麦殊形易別，故以為癡之候"。辨，別，猶分也。

植其杖而芸。漢石經作"置其杖而芸"。說文曰"植或作㯰"。詩商頌那"置我鞉鼓"，鄭箋"置讀曰植"，是植置通用字也。行時以杖荷蓧，芸時則置杖，故曰植其杖。江永羣經補義云"今人耘田必扶杖乃能用足，則植杖正所以耘"。按孔注

卷六

植僻也、故江氏有此說。古人之芸、未必即此、今同、執今例古、恐不可。案莜爲

草器、芸當用莜、杖無所用之。

見其二子。見去聲。說文、視也。爲他動詞。此章見字自動、義爲使人見、亦去聲。

說文無現字。左傳文元年、王使內使叔服來會葬、公孫敖聞其能相人也、見

其二子焉。文與語同、音義見賢遍反。

子路曰、不仕無義。朱子曰、福州有國初時寫本、路下有反子二字、以此爲子

路反而夫子言之也。未知是否。蘇濂（明）石渠意見補闕曰、路下有反子二字、爲

是不然。子路不見隱者而回、向何人述夫子之志而言之如此。按蘇氏說近

理。朱子所稱國初寫本、或正以是而增入反子二字、雖未足爲據、亦可以備

一說。

逸民伯夷、叔齊、虞仲、夷逸、朱張、柳下惠、少連。子曰、不降其志、不辱其身、伯夷叔

齊與。謂柳下惠少連、降志辱身矣、言中倫、行中慮、其斯而已矣。謂虞仲夷逸隱

23

居國放言，身中清，廢中權。我則異於是，無可無不可！（微子第十八）

集解：何曰：逸民者，節行超逸者也。朱注：逸，遺逸；民者，無位之稱。按柳下惠嘗
為士師，非無位者，朱注恐非是。民猶人也，當以何注為是。
自伯夷以下，集解包注：七人皆逸民之賢者。漢書地理志：虞仲夷逸，隱居放
言。師古曰：夷逸亦竄於蠻夷而遁逸也。是師古不以夷逸為人名。古今人表
無夷逸，則班氏亦不以夷逸為人名，師古蓋據此也。朱張見於人表，是班氏
謂為人名。釋文：鄭作侏張，音陟留反。潘氏集箋：宋翔鳳云：鄭本為侏張，知非
人姓名，故鄭作者七人注，殊不舉夷逸、侏張。郝敬曰：朱當作譸，書云：譸張為
幻，即陽狂也。曰逸民，曰夷逸，曰朱張，三者品其目；夷、齊、仲、惠、連五者舉其人
也。此說當得鄭義。包氏以逸民為七人，當是今文家說；鄭君以為五人，當是
古文家說。人表不列夷逸而列朱張，則不合於古今文者也。少連見禮記雜
記。余按雜記稱少連善居喪，三日不怠，三月不懈，朞悲哀，三年憂，是少連蓋以

考六

礼自守者，與陽狂者適相反。且言中倫，行中慮，亦大異於不守礼法者之所為。柳下惠不羞汙君，不卑小官，進不隱賢，必以其道，遺佚而不怨，阨窮而不憫（公孫丑上）。柳下惠不以三公易其介（盡心上）。柳下惠聖之和者也（萬章下）。柳下惠為士師，三黜。人曰：子未可以去乎？曰：直道而事人，焉往而不三黜？枉道而事人，何必去父母之邦（微子篇）。如是之人，所謂知命之君子，安得以陽狂之稱加之？宋都兩家之說未得其實。古文家言不可靠。朱子曰：夷逸朱張不見經傳。據夷逸識朱張，則人表載之矣。七人者有事可徵者五，有名可見者一，其一全無考。今文家言亦有遺憾，理難通，不若從說不足，今姑從今文家言。

倫，說文曰：輩也。一曰道也。此章皆作倫道也，理也。

慮，說文曰：謀思也。行中慮，即行中思，其不妄行可知。

放言，集解包注：放，置也。不復言世務。按放亦可訓假，仕於朝則言惟謹，廢於

74

野，無言責，可放言，意此不復言世務，恐未得佳旨。

廢中權，謂虞仲讓季歷而奔吳，其自廢於道無遠。

無可無不可者，無固無我無適無莫之謂也。聖人知權實行去不中理，故無偏執之患。正言為可，反言為不可，有可即有不可，有不可即有可，無可乃無不可矣。無可無不可，惟人是從，惟依是依，惟利是圖，惟害是避，此鄉愿也，孔子所深惡者也。無可無不可，歸之於理，惟理是從，此聖人（孔子）之無可無不可也。

史記周本紀：太伯卒，無子，弟仲雍立，是為吳仲雍。武王克殷，封周章弟虞仲於周之北，故夏墟，是為虞仲，列為諸侯。葉隱云：左傳云：太伯、虞仲，太王之昭。則虞仲是太王之子必也。論語稱虞仲、夷逸，是仲雍稱虞仲。今周章之弟亦稱虞仲者，蓋周章之弟字仲，始封于虞，故曰虞仲，則仲雍本字仲，亦始為虞之始祖，故後代亦稱虞仲，祖與孫同號也。

卷六

子張曰執德不弘信道不篤焉能為有焉能為亡（子張篇）

德者得也故言執

焉能為有焉為亡為當訓曰或訓謂為有者謂之有也為亡者謂之亡也謂之有者謂之有道也謂之亡者謂之無道也執德弘信道篤而後乃可言有道亡道也所執之德不弘則所見之道小信之不篤則將見許行而大悦之尚是豈言道之有亡耶

子夏曰雖小道必有可觀者焉致遠恐泥是以君子不為也（子張篇）

已見論學篇子夏此言亦執德宜弘之意也

子夏曰百工居肆以成其事君子學以致其道（子張篇）

已見論學篇

衛公孫朝問於子貢曰仲尼焉學云々

已見論學篇

1

毛春翔稿 三十五年一月三日在杭州孤山

論語類編通義卷七

論言行

易乾卦文言曰君子學以聚之問以辨之寬以居之仁以行之中庸曰博學之審問之慎思之明辨之篤行之易道其四礼举其五而其以学為始以行為終則一學矣继之以行行矣必賴乎学学之与行猶狼狽也学而不能行是学未成不學而行是為盲行故君子之学不中道而廢君子之行不挾邪亂群精義入神利用安身君子之学行如是而已矣

孔門之学曰詩曰礼曰樂依乎仁而歸宿乎道孔門之行曰誠意正心修身齊家治國平天下求道其理謂之学施其所学謂之行詩礼樂為所教通者誠正修齊治平為所教施者孔門之教之始終條理發窺之所見如是自論学迄乎論道下学上達属乎学言行政治則屬乎行故以言行次論道自論道以上譬之体言行政治則体之用也体用之說存乎周易所由來舊矣易孔疏云鄭康成

卷七

?

釋易之三義曰易一名而含三義易簡一也變易二也不易三也故繫辭云乾坤其易之蘊耶又云易之門戶耶又云夫乾確然示人易矣夫坤隤然示人簡矣易則易知簡則易從此言易簡之法則也又云為道也屢遷變動不居周流六虛上下無常剛柔相易不可為典要唯變所適此言順時變易出入移動者也又云天尊地卑[redacted]乾坤定矣卑高以陳貴賤位矣動靜有常剛柔斷矣此言其張設布列不易者也此雖未出体用字而其義可見也蓋不易者体變易者用易簡者法則也体用兼[redacted]偏大易之道体用相依孔門之[redacted]教斯偏於欲先体後用之微言在是

大學曰古之欲明明德於天下者先治其國欲治其國者先齊其家欲齊其家者先修其身欲修其身者先正其心欲正其心者先誠其意欲誠其意者先致其知致知在格物以格物致知為始以治國平天下為終此大學之教也格物致知詩教誠意正心禮教學以樹其基[redacted]修身齊家屬事竟行治國平天下屬

2

乎政治行以驗其所學。[redacted]其序井然。余既以言行政治屬乎行，亦又先言行[redacted]

後政治者，道大學之教也。

求通其理謂之學，施其所學謂之行。孔門之學曰詩曰禮曰樂，則所謂行者，詩之用、禮之用、樂之用也。

詩之用何若？曰興觀群怨、事父事君、多識草木鳥獸之名是也。興觀群怨，懲雅情地。事父事君、收穫理智、多識草本鳥獸之名，以盡貫歎。天地闢合，萬物以生，人物之際、天地之心存焉。能盡物之性，可以贊天地之化育，與天地參，此詩之用也。情馴則理張，智博則理純，馴情博智以扶理，此詩之用也。

禮之用何若？曰禮之用以立身也。物之生也，皆有一定之理，以為立之具。順之則生，違之則死。生死亦大矣，於此判之。[redacted]周流亦虛無不在也，不舍晝夜，無不行也。洞察其全体，乃盡其用。

詩中有禮、詩教存禮教；禮中亦有詩、禮教亦含詩教。渾之為一物，剖之乃分兩

在也

料猶情性一体、侻乎太极、极(太)動、[illegible]情性(乃)可得而驗也。粗者但見其情、情之精者、
乃見其理。欲探其精、乃别而言之耳。
樂之用何若。曰、樂之用、和而已矣。太極不動(則)兩儀不分。物之生也以動。動之而
有節、發乎聲而中律、是謂之樂。樂者鼓其情、化其濁而存其清者也。鬱者導之、
塞者啟之、過者退之、退者推之、野者文之、文者(過)抑之、故曰和而已矣。近乎死者、
生之、近乎狂者、馴之、羅者懸之、怨者安之、哀者蕩之、勞者勞之、使無偏倚、故曰
和而已矣。
博之以詩、約之以礼、和之以樂、驗之於言、見之於行、復天命之性、見天地之心、
復天地之和、觀萬物之情、博習以見其全、言行以成其全、孔子之教旨在于斯。
叙言行第七。

有子曰：其為人也，孝弟而好犯上者，鮮矣。不好犯上，而好作亂者，未之有也。（學而篇）

已見論仁篇，意有未盡，再補述之。

說文曰：孝，善事父母者，從老省，從子，子承老也。釋名曰：孝，好也。愛好父母，如所悅好也。孝經說曰：孝，畜也，畜，養也。禮記祭統曰：孝者，畜也，順於道不逆於理，是之謂畜。以上數說，以許說為勝。

弟、悌皆去聲，說文曰：弟，韋束之次第也。尔雅釋親：男子先生為兄，後生為弟，亦取次第之義。大徐本說文新附字有悌字，解曰：善兄弟也。此兼上下言之，誤也，宜曰：善事兄長。

犯，說文曰：侵也。朱駿聲曰：字本言犬犯人，轉注為凡干陵違逆之偁。周禮大司馬：犯令陵政則杜之。注：犯令者，違命也。據此，則犯為侵陵之義。侵奪陵虐，與孝親弟長適相反也。惟有子此言，不善讀之，有大流弊。犯上作亂，固為禮之大敵，但只知犯上為非，而不知犯下亦非，是為一孔之見。湯放桀，武王伐紂，非犯上耶！湯武王為不孝不弟之人哉？桀紂先犯下也，為民賊，為獨夫，不成其為上。湯武放之、伐之，不可謂為犯上。後世君主一味責其下，以犯上作亂為大禁，有子此言，或有大影響。有子似夫子，貌類而已。其言多不純可據。

子曰：巧言令色，鮮矣仁！（學而篇）

已見論仁篇。

曾子曰：吾日三省吾身：為人謀而不忠乎？與朋友交而不信乎？傳不習乎？（學而篇）

說文曰：省，視也。爾雅釋詁：省，察也。此章三省吾身，省訓察。鄭注思察己之所行也是也。三者，如三思而後行、三復白圭之類，言其行之數，不必即為三次。此章明舉三事，是三者實指，言每日以此三事省察己身也。國語魯語：士朝而受業，晝而講貫，夕而習復，夜而計過，無憾焉而後即安。夜而計過，亦三省之意也。

傳，釋文：鄭曰：魯讀傳為專，今從古。清臧庸曰：魯讀傳為專者，釋文條例引云：

4

其始書之也，倉卒無其字，或以音類比方假借為之，趣於近之而已。受之者非一邦之人，人用其鄉，同言異字，同字異言，于斯遂生矣。此傳字從專字得聲，魯論省用作專，鄭以古論作傳，于義益明，故從之。徐養原論語魯讀考曰：說文專，六寸簿也，有所聞見，輒疏記之以備忘，暇則筆之于書，時時省覽，所謂習也。或疑專為傳省文，非也。古文省，今文繁，古文多段借，今文多本字，今古論作傳，魯論作專，其非同字明矣。今按段注說文曰：六寸簿，蓋笏也。釋名：笏，忽也。君有命則書其上，備忽忘也。徐廣車服儀制曰：古者貴賤皆執笏，即今手版也。說文繫傳簿文簿也。徐此以專為記事之簿，當是從小徐說。其段注不合。[redacted]又謂古文多段借，今文多本字，此則全未考鄭從古作某之例，全是張[redacted]學，同岂張□所能爭勝。傳專音同，明是今文段借，古文用本字，而強曰非同字明矣。如此漢學家真所謂自鄶以下者。古論晚出，段寫當時通行字，故用本字多。魯論早出，倉卒無其字，段音為之，故多段借字。

傳、說文曰遽也。驛遽曰傳。是傳有傳授之義。周礼夏官訓方氏誦四方之傳道、注傳說往古之事也。是傳授之物、亦為傳也。此由動字轉為靜字、例與書字同。說文書著也。此為動字轉為五經六籍經名、則為靜字矣。傳之動字、讀平聲、靜字讀去聲。朱注讀平聲、非也。傳授何可習。必其為傳授之物、乃何時習。

子曰、弟子入則孝、出則弟、謹而信、汎愛衆、而親仁、行有餘力、則以学文。（学而篇）

已見論学篇。

行有餘力者、為之熟、若無事然之謂也。孟子曰、禹之行水也、行其所無事也、（離婁下）夫仁亦在乎熟之而已矣、（告子上）行其所無事、即為之熟、而所謂行有餘力也。

子夏曰、賢賢易色、事父母能竭其力、事君能致其身、與朋友交、言而有信、雖曰未学、吾必謂之学矣。（学而篇）

已見論學篇。

子曰：君子不重則不威，學則不固。主忠信，無友不如己者，過則勿憚改。（學而篇）

已見論學篇。

子曰：父在觀其志，父沒觀其行，三年無改於父之道，可謂孝矣。（學而篇）

集解：孔注：父在，子不得自專，故觀其志。父歿，乃觀其行也。朱注從之。曲禮：父母在，不許友以死，不有私財，或為孔注之所本。

「三年無改於父之道，可謂孝矣」，集解：孔注：孝子在喪，哀慕猶若父在，無所改於父之道也。皇疏：設問曰：若父政善，則不改為可；若父政惡，惡教傷民，寧可不改乎？答曰：本不論父政之善惡，自論孝子之心耳。若人君風政之惡，則冢宰自行政；若卿大夫之心惡，則其家相邑宰自行事，無關子孝子也。歐陽修曰：「衰麻之服，祭祀之禮，哭泣之節，哀思之心，所謂三年而無改也。若世其世，守其宗廟，遵其教詔，雖終其身不改可也。國家之利害，社稷之大計，有不俟三年者矣。何概云三年無改耶。朱子曰：為人子者，本以守父之道，不忍有改為之心，至有所遇之不同，則隨其輕重而以義制之耳。三年而改者，言其有終而言也。其不可改者，則終身不改，固不待言；其可以待三年者，則又非常之變，亦不可以預言矣。善讀者推類而求之，或終身不改，或三年而改，甚或不得已不待三年而改，要其所遇如何，但不忍之心，則不可無耳。（或問）集注引尹氏曰：如其道，雖終身不改可也；如其非道，何待三年。然則三年無改者，孝子之心有所不忍故也。葉水心曰：此當以三年無改為句，終三年之間而不改，其在喪之意，則於事父之道可謂之孝。（習學記言）戴溪曰：夫子兩言三年無改于父之道，蓋有見而云，非為匹夫學人發此論也。諸儒論議紛紛，以余觀之，皆未得其實。孝經曾子曰：敢問子從父令，可謂孝乎？子曰：是何言與！是何言與！父有爭子，則身不陷於不義。故當不義，則子不可不爭之於父。曲禮下：子之事親也，三諫而不聽，則號泣而隨之。語亦曰：事父母幾諫，

6

見志不從，又敬不違，勞而不怨。按此，則父毋在，見不義猶不敢不諫，而況其沒後乎？若一味三年不改于父之道，則將何辨以解孝經、禮記？若不待三年而改，又將何辭以解此章？上列諸說，皆不足以釋之。余嘗三復思之，覺此章文字原是兩章，觀其行以上為一章，三年以下又為一章，里仁篇重出文可證。漢世張禹，據齊魯為一，鄭玄又以齊古讀正，此其間既有併合之事，則於經文能無所損益？而析此以入於彼之事，斷不能免。此章益合兩章為之者也。里仁篇原有之一章來刪，正章其未刪，今日猶乃取證此章之誤合。曾子曰：吾聞諸夫子，孟莊子之孝也，其他可能也；其不改父之臣與父之政，是難能也。（子張）　按此知此章之言，正為孟莊子而發。三年上，當有[redacted]脫文。孟獻子與季文子並相魯，號稱賢者。莊子不改其父獻子之臣與政者，正以其臣賢[redacted]政善，且是能善繼父志，故孔子稱之。諸儒偶[redacted]有所忽，以為三年云云，泛指一般人說，宜乎其說之難通，戴震、朱子亦嘗疑及，有所為而言，而未嘗指

卷七

明其故、又未審兩字之謀合、今為明之、學者可以無惑矣。

子曰、君子食無求飽、居無求安、敏於事而慎於言、就有道而正焉、可謂好學也已。（學而篇）

已見論學篇、聖人言學、即及行、可知學行固併之義。

子貢曰、貧而無諂、富而無驕、何如、子曰、可也、未若貧而樂、富而好禮者也。子貢曰、詩云、如切如磋、如琢如磨、其斯之謂與、子曰、賜也、始可與言詩已矣、告諸往而知來者。（學而篇）

已見論詩篇、此即詩之用也。

子曰、不患人之不己知、患不知人也。（學而篇）

說文曰、患憂也。已知、為倒文。鶴鳴於九皋、聲聞於天、（小雅鶴鳴）何患人不知。君子進德修業、必先知人、不知人、而師友之識足患也。

子曰、詩三百、一言以蔽之、曰思無邪。

7

已見論诗篇。此言诗之用，犹言行之最重要之「一事也。邪之反為正，行之動為思。思無邪，則言行必出於正矣。诚正治平皆種因于此一语。三百篇所以至博，执此一语以求其用，則學诗為不虛勞。

孟懿子問孝。子曰：無違。樊遲御，子告之曰：孟孫問孝於我，我對曰無違。樊遲曰：何謂也？子曰：生事之以禮，死葬之以禮，祭之以禮。（為政篇）

已見論禮篇。此言孝父母，禮之用也。

孟武伯問孝。子曰：父母唯其疾之憂。（為政篇）

集解：馬曰：武伯，懿子之子仲孫彘也。武，謚也。言孝子不妄為非，唯有疾病，然後使父母之憂耳。此說非也。且後一句使父母之憂耳，恐有脫字。考之左傳，孟懿子卒于哀公十四年，哀公十一年武伯猶稱孺子，知其年尚幼。孔子於哀十一年反魯。武伯此問當在哀十一年後，其时懿子將死矣。此章言唯其疾之憂，則武伯問時懿子或已在老病中，故劝其以父母之疾為憂。武伯

免 古同 喪服
去冠括髮

之為人如何？按左傳哀十一年，魯與齊戰，武伯帥右師，戰後曰：我不如顏羽，
而賢於邴洩。子羽銳敏，我不欲戰而能默，洩曰驅之。又十四年傳曰：孟孺子洩
將圉馬於成，成宰公孫宿不受，曰：孟孫為成之病，不圉馬焉。孺子怒，襲成，從
者不得入，乃反。成有司使，孺子鞭之。八月辛丑，孟懿子卒，成人奔喪，弗內，袒
免哭於衢，聽共，弗許，懼，不歸。又十七年傳曰：公會齊侯，盟於蒙，孟武伯相。齊
侯稽首，公拜。齊人怒，武伯曰：非天子，寡君無所稽首。武伯問於高柴曰：諸侯
盟，誰執牛耳？季羔曰：鄫衍之役，吳公子姑曹；發陽之役，衛石魋。武伯曰：然則
彘也。又二十一年傳曰：公及齊侯、邾子盟於顧。齊人責稽首。由此數事觀之，
武伯蓋一狂妄人也。戰敗而猶自伐其能；父將死，而狀欲圉馬於私邑，忘父之
命，既不許圉馬於成，而怒成宰，鞭成使；至於父死，不許成人奔喪，甚至不許其於
衢；齊侯稽首而不知相公答禮，以致齊人來責稽首尊命；不知羞而欲爭
執牛耳。其人蓋肉食者鄙之流，不以父母之疾為意者也，而猶問孝於孔子。

8

孔子曰父母唯其疾之憂，言謂但能憂父母之疾即孝，蓋諷之也。馬注不本於傳而又倒言之，非是。朱子亦未詳考註說，曲而不達。釋經有傳可據而棄之，唯空言是尚，焉乎可？何異棟曰：程子以為此人多憂，夫子因其問孝勉其多憂矣。蓋惟父母之疾為可憂耳，深得聖人之言（十二條問對）。今考之傳，程注非也。安從深得聖人之意。論衡問孔：武伯善憂父母，故曰唯其疾之憂。程說蓋本此，皆憑空之說，不足取。

子游問孝。子曰：今之孝者，是謂能養，至於犬馬，皆能有養，不敬，何以別乎（另紙面）

集解包注：犬以守禦，馬以代勞，能養人者也。一曰：人之所養，乃能至於犬馬，不敬則無以別。孟子曰：養而不愛，豕畜之也；愛而不敬，獸畜之也。按至於犬馬皆能有養，意義不分明，故漢人即有兩說。一謂犬馬養人，若人之養父母；一謂人養父母，又養犬馬，若養父母不敬，則無以別。兩說皆能言之成理。故包注並[redacted]存之，朱子取後一說。稽求篇曰：唐[redacted]李嶠為獨孤氏請陪祔陵令葬母表云犬馬含識烏鳥有情寧懷反哺豈曰能養則在唐時皆以犬馬比人子以能養晉束皙補亡詩云嗷嗷林烏受哺於此養隆敬薄惟禽之似晉時未嘗一用說而朱子忽遵之而斥親以犬馬之名尊經無敬與坊記子云小人皆能養其親不敬何以辨此正與皆能有養同一語氣然則夫子此言夫子已自注之矣人不解經亦嘗通經盡取坊記一再讀之據此說全是強詞奪理犬馬養人原不知敬人養父母而不敬至多子同犬馬於父母無傷未足以起人之孝思惟云人養犬馬以共守禦若養父母而不敬與犬馬無異乃深深警人足以興起人之孝思此乃言語擒縱法並不斥父母以犬馬之名強辨求勝徒見技窮而已西河之說間有足取若此數辨說集中無之可也朱子深於禮學坊記之文尚未一再讀耶為此言徒見其拗雅可笑耳

孝經曰君子之事親也居則致其敬養則致其樂病則致其憂喪則致其哀；

9

祭則致其嚴，五者備矣，然後能事親。事親之道，此為備矣。

是謂能養。經傳釋詞卷九：是猶祇也。論語為政篇"是謂能養"，言祇謂能養也。是與祇同義，故薛綜注東京賦云：祇，是也。

子夏問孝。子曰：色難。有事，弟子服其勞；有酒食，先生饌，曾是以為孝乎？（為政篇）

弟子对父兄言，弟子入則孝，出則弟。皇疏：弟子猶子弟也。是也。先生謂父兄也。韓詩外傳卷八：曾子有過，曾晳引杖擊之，仆地，有間乃蘇，起曰：先生得無病乎？是為稱父為先生之證。

色難有兩說：一謂承迎父母顏色乃為難（集解包注）；一謂和顏悅色乃為難（詩凱風正義引鄭注）。一以為父母之色，一以為人子之色，經文太簡，故說者兩歧。禮記祭義曰：孝子之有深愛者必有和氣，有和氣者必有愉色，有愉色者必有婉容。據此則色難者，謂有婉容愉色之難也。換言之，即有深愛難也。有事服勞，酒食先生，皆以弟子為主動，此色難亦不例外。

饌鄭玄作餕音俊曰食餘曰餕（釋文）馬融曰饌飲食也（集解）是馬鄭所據經文不同段注說文饌字曰馬注者古論鄭注者校周之本以齊古讀正凡五十事其讀正者皆曰魯讀為某今從古此不云今從古則是從魯論作餕者按段說是也餕饌二字孰短孰長陳氏古訓云餕有食餘句後進之意故或者亦以為孝饌止為飲食不如餕義為長故鄭從魯不從古此說恐非饌與服為對文皆為動字服者弟子饌者先生若以為食餘則餕為靜字於文不偶於理亦猶曲此當從古

酒食之食靜字讀入聲朱注讀嗣音非是

曾音增平聲曾是乃是也則是也曾是以為孝乎馬注女則謂此為孝乎今本論語馬注脫則字據釋文及邢疏補（經傳釋詞卷九）

子曰視其所以觀其所由察其所安人焉廋哉人焉廋哉（為政篇）

以字當從朱注為也由從也亦當從朱聽其言即視其所以也而觀其行即

10

觀其所由也。食夫稻，衣夫錦，於女安乎，以察其所安也。由，猶今人言機動。無心為惡，則其由也可原；存心為惡，至死不變，是為安於為惡；存心為善，至死不變，是為安於為善。察其所安，觀人之術盡矣。

子曰：君子不器。（為政篇）

集解：包注：器者，各周其用，至於君子無所不施也。朱注本其說而略潤色之，曰：器者各適其用而不能相通，成德之士，體無不具，故用無不周，非特一材一藝而已。此說未達。易繫辭曰：一陰一陽之謂道；見乃謂之象，形乃謂之器。是器由象形，形由象，象由乎道。道之於器，非截然兩物，由微之著，其歷程有此稱也。道與器實為一體，不知器之用無由明道之體，明乎道體乃能盡器之用。賤器即所以毀道，明道即所以成器。君子之學貴始也，求之於器，由器上達以明道，所謂下學而上達是也。君子不器者，言君子之學不止於器之謂也。若謂為器物之器，則子貢非君子矣。於理通乎！

子貢問君子。子曰：先行其言而後從之。（爲政篇）
此章讀法有二：一爲先行斷句，宋沈括夢溪筆談劇說，程子[redacted]注之，金氏集注
考證從之；一爲先行其言斷句，朱子主之。論義無大差別，皆謂先行後言。但
就文理審之，言字斷句，則而後從之四字不成語，行字斷句，則其言而後從之
文從理順，從字有着落，之字有所指，爲求心安理得，從沈括讀法。
子曰：君子周而不比，小人比而不周。（爲政篇）
說文：周，密也。左傳昭二十年晏子曰：出入周疏，以相濟也。杜注：周，密也。襄
二十七年：受地必周。杜注：周，密也。文十八年：頑嚚不友，是與比周。杜注：周，密
也。管子樞言篇：先王貴周，周者不出於口，不見於色，一龍一蛇，一日五
化之謂周。房注：深密不測，故周也。此訓周爲密之例也。說文曰：比，密也。二人
爲從，反從爲比。古文比從二大。段注：大，人也。戰國策秦策：天下有比志。鮑注：
比，密也。詩周頌良耜：其比如櫛。朱注：櫛，言密也。此訓比爲密之例也。左傳哀

11

十六年：周仁之謂信，杜注：周，親也。禮記・緇衣：大臣不治，而邇臣比矣，鄭注：比，私相親也。陸音義：比，親也。易序卦：眾必有所比，故受之以比，韓康伯注：必相親比而後得寧也。皆訓比為親。比與周同也。離騷：雖不周於今之人兮，王注：周，合也。禮記・樂記：鄭衛之音，亂世之音也，比於慢矣，鄭注：比，猶同也。呂覽：類固相召，氣同則合，聲比則應，比猶同也。玉篇：合，同也。是離騷之周猶樂記、呂覽之比，周與比皆有親同二義，二字猶一字，故比周連文，古書中屢見之。左傳昭二十年：禎薦不友，是與比周。管子立政篇曰：群徒比周之說勝，則賢不肖不分。法法篇曰：行邪者久而不革，則群臣比周，群臣比周則蔽美揚惡，蔽美揚惡，則內亂自此生矣。荀子儒效篇：比周而譽俞少，鄙爭而名俞辱。強國篇曰：不比周，不朋黨，倜然莫不明通而公也。韓非・孤憤：朋黨比周以弊主，言曲以便私者，必信重于人矣。此例多不勝枚舉，皆以朋比為黨之意。漢人猶常用之。漢書谷永傳，永疏有曰：無用比周之虛譽。師丹傳，哀帝：毋兒毋有

朕疾比周之徒，虛偽壞化。又劉向上封事有曰：「昔孔子與顏淵子貢更相稱
譽，不為朋黨；禹稷與皋陶傳相汲引，不為比周。何則？忠於為國無邪心也。」春
秋繁露五十八「朋黨比周以蔽主明」，韓詩外傳卷一「原憲曰：若夫希世而行，
比周而友，學以為人，教以為己，憲不忍為也。」中論譴交「謂偶時之說，結比周
之黨」，其引用比周二字，義皆無別。而此章比周顯然有別。其別安在？別在幾
微，賢者能辨之。鄭注曰：「忠信為周，阿黨為比。」此其別也。忠信為周一語初見
國語魯語下：「晉悼公享魯叔孫豹，樂及鹿鳴之三，而後拜樂三。悼公使行人
問焉，對曰：臣聞之，咨才為諏，咨事為謀，咨義為度，咨親為詢，忠信為周。（按
鹿鳴之三為皇皇者華，中有周爰咨諏、周爰咨謀、周爰咨度、周爰咨詢四句。
故叔孫豹云）」臣聞之，則此語來源甚古可知。毛傳忠信為周，當是本叔孫
豹說。鄭注論語引用之，高誘注呂覽知度引子華子曰：「群眾不周而務成一
義。」亦引用之。阿黨為比，未見古有成語，惟周書酆保解有「比黨不揀[illegible]」。

知鄭何所本

12

致仕，強國亦朋党比周，連文成句。家語卷一：詭比（論）之民有比黨而危之書。洪範人無有比德，孔傳以朋党釋比字，則比者党也。於古書亦有擬阿亦比也，見昭二十五年傳杜注。鄭注當是自綴成句，非用成語。韋昭注國語魯語曰：阿党為比，與鄭注同。比周之義曰親曰密曰合曰同，無異而有忠信阿党之分，此其同中之異也。差以毫釐，失之千里，聖人於此教人審察幾微，令比而適周也。一念而誠則為周，一念而偽則為比；誠則公，公生明；偽則私，私則闇。故釋子於此以公私釋之。君子非不親密，而固執忠信；小人親密矣，惟私利是圖，至同流異耳。

子張學干祿。子曰：多聞闕疑，慎言其餘，則寡尤；多見闕殆，慎行其餘，則寡悔。言寡尤，行寡悔，祿在其中矣。（為政篇）

已見論學篇，以其與言行關係密切，故又錄入此章。

子曰：人而無信，不知其可也。大車無輗，小車無軏，其何以行之哉！（為政篇）

卷七

信者，誠也。見說文。中庸曰：自誠明謂之性，自明誠謂之教。誠則明矣，明則誠矣。誠者物之終始，不誠無物。是故誠之為貴。人而無信，如大車之無輗，小車之無軏，不可行也。不可行則聚字死矣。不誠無物，此之謂也。人但知氣絕之死，而鮮知氣不絕之死。不誠無物之義，識之者亦罕矣。

人而無信，而猶如也，若也，無不也。

大車，牛車也。小車，馬車也。（集解包注）

輗者，大車轅端橫木以縛軛者。（包氏說）江都凌曙曰：凡車所以駕牛馬者，大車謂之轅，小車謂之輈。大車兩轅而直，牛在中間，兩轅之端橫一木謂之鬲，鬲與衡皆謂之軛。其上皆為烏啄以駕牛之頸，謂之軥。鬲衡與轅輈不相屬，別有木以關之。關鬲者謂之輗，關衡者謂之軏。（四書典故覈）余按古車制，僅憑文字，不易明。凌煥古今車制圖考未之見，姑先以此說定之。軏字本作軏，肓月隸省作軏。（五經文字）

子曰：君子無適也，無莫也，義之與比。（里仁篇）

集解何曰：無適無莫，無所貪慕也。皇疏引范甯云：適莫猶厚薄也。釋文曰：適，鄭本作敵，莫，鄭音慕（陳氏古訓論語音始於晉徐邈，此音非鄭本文）。惠氏九經古義引禮記雜記鄭注適讀為敵，是鄭據此則鄭以適為敵，說曲與方說皇侃皆不切經旨。朱注讀適為丁歷反，曰專主也，引春秋傳吾誰適從為證，据傳吾誰適從，當讀釋音，往也，歸也，不讀的音。此章文字，余以為適當訓從，訓歸，莫訓不。無適無莫，猶言無可無不可。朱注引謝氏說是也。無可無不可，權之以義，惟義是從，比，從也。

子曰：君子懷德，小人懷土；君子懷刑，小人懷惠。（里仁篇）

說文：懷，念思也。集解孔注：懷，安也。當從說文。土者，孔注重遷也，亦非。耕稼之事，不離乎土。小人習知農事，故懷土。君子指有位者言，小人平民也。君子習聞仁義之說，故懷德。（君子脩己以敬，脩己以安百姓，是懷德之證也。）小人世為農事，故但知懷土（依土為生，視土若命），君子以犯刑為辱，小人以德惠為念，因地位不同，各有所懷。君子而不懷德，不懷刑，則無德而遭戮辱。小人而不懷土，不懷惠，則將捐瘠而死矣。

子曰：放於利而行，多怨。（里仁篇）

放，說文曰：逐也。左傳昭十六年：獄之放紛，杜注：放，縱也。魏張揖博雅訓安、梁，顧野王玉篇訓散，宋毛晃增韻訓肆，皆讀去聲。周禮天官食醫：凡君子之食恒放焉，鄭注：放，依也。讀上聲。孔注此章曰：放，依也。朱注從之，引程曰：欲利于己，必害於人，故多怨。按有利於己，未必即有害於人，利己利人之事多矣。程說不適也。此放字當從說文訓釋。放於利者，追逐利也。追逐者，爭奪之謂也。爭利，強者狡者多得，弱者愚者少得，勢所必然。得利愈多，則怨之者愈多，身為怨府。若依者，未見其為爭也。利本以厚生，依之有何不可，惟爭逐之，乃為害耳。孟子曰：王亦曰仁義而已矣，何必曰利。此孟子拙於辭也。仁義非利耶？行仁義可以王，利國之大，孰有過於此者。而曰何必曰利，將仁義與利劈

14

為兩段，若水火之不相容，不善說辭，宜瘀果之君，不納其言。宋儒信孟子，（司馬光一派除外）以利為蛇蝎，釋此章故字，不從許而取孔注，偏見為患，足使泰山在前而不見，可不畏哉。

子曰：不患無位，患所以立，不患莫己知，求為可知也。（里仁篇）

位者，即周禮天官祿位以馭其士之位也。有位則得祿，得祿則可以養其身，故士思欲得位。然得位必須有質行，故士以修己為貴，不以無位為患。賢而無位，即君之恥，賢而在下位，卿大夫之恥，己無些也。君子砥勵廉隅，非為得位，故盡其性，而與天地合其德耳。孔子為此言，蓋是為患無位者發。或曰古文淨秋館位作立，此不患無位，古文孟亦作立，不患無立，患所以立，不患莫己知，求為可知，辭例也。以義亦通，惟說文稍紆曲耳。

子曰：君子喻於義，小人喻於利。（里仁篇）

喻，曉也。義利之辨，至為不易。頃讀象山學案，象山先生白鹿洞講義，以此章命題，曰：竊謂學者於此，當辨其志。人之所喻於所習，所習由其所志。志乎義，則其所習必在于義，所習在于義，斯喻于義矣。志乎利，則其所習必在于利，所習在於利，斯喻于利矣故学者之志不可不辨也又尝见刘蕺山论语学案引张敬夫之言曰无所为而为之谓義有所[redacted]為而为之谓利義利之辨此可谓晰矣然此皆就主观言之若就客观推勘则真晓義者義即利也真晓利者利即義也義利无辨此言君子喻於義者志在明義小人喻於利者志在求利而但识者有此不同故義利乃有别

子曰見賢思齊焉見不賢而内自省也（里仁篇）

齊者平也平者同高也此言進德修業以事师择友为急

子曰事父母幾諫見志不從又敬不違勞而不怨（里仁篇）

此言孝道也

幾者微也旧说多谓微微纳谏与极谏为对此与事不洽说義未明盖谏者因为劝人去過從善极者极陳利害言之盡谓之切也微者非谓微微纳谏、盖谓就其過之将萌之时而谏之非谓不可极陈利害也父子至親朝夕相

15

處故能見幾之動，若君臣較為疏遠，無由見其幾微，必其過著而後知之，而後諫。故與父子間係異，故聖人特於事父母言幾諫，於與臣事君不同。

禮記內則：父母有過，下氣怡色柔聲以諫。解者多引之以證幾諫之義，實則下氣怡色柔聲言其容之恭，就理推之，諫君亦宜如是，即規友亦當如此。諫君於友豈可暴氣厲色粗聲哉？用此以釋幾諫，于義不洽。子於父諫不入，不得棄父而去；臣於君諫不聽，可拂袖而去，此其異也。其容宜恭無異，然則幾諫者，為見機動而諫，於言或可不合矣。

皇疏以檀弓有事親有隱而無犯，事君有犯而無隱之言，疑傳與任遠近。余按：隱與暴為對，犯與順為對。不面數其過為隱，不曲從其非為犯。隱非不諫，犯非批逆鱗，不可不辨。惟孟子曰：父子之間不責善，責善則離，離則不祥莫大焉。（離婁下）與此章異，與內則亦異。又與孝經父有爭子，則身不陷於不義，從父之令，又焉得為孝乎之語不合。孟子至信孔子，何其言不悖與孔子之教遠忘者，孟子幼年喪父，以為吾〔父為〕故，其書盛稱大舜五十猶慕父母為大孝，過重父母恩情，遂有父子不責善之言與！抑戰國之世，兵爭日亟，人心偷薄，不患無證父攘羊之子，而患無篤孝愛父之子，故為此說以矯之與！

子曰：父母在，不遠遊，遊必有方。（里仁篇）

集解：鄭曰：方，猶常也。按曲禮為人子者，出必告，反必面，所遊必有常，此當為鄭注所本，朱子訓方為方向之方，亦通。蓋常者常處也，遊有定向，亦謂常處也。

子曰：父母之年，不可不知也，一則以喜，一則以懼。（里仁篇）

集解：孔曰：見其壽考則喜，見其衰老則懼也，是也。

子曰：古者言之不出，恥躬之不逮也。（里仁篇）

集解：包曰：古人之言，不妄出口者，為恥其身行之將不及也，是也。皇疏本〔行所待〕，經文作古之者言之不妄出也之字，義妄字增入，顯然可見。如經文原有妄字，

16

包氏何必注。

子曰：以約失之者鮮矣。（里仁篇）

集解：孔曰：俱不得中也。奢則驕溢招禍，儉約則無憂患也。朱注引謝氏義（説），與孔注異。同按：孔注俱字似脫奢儉二字，當補。此章約字，以余觀之，乃博文約禮之約，非儉約之約。孔子嘗曰：奢則不孫，儉則固，與其不孫也，寧固。孔注即勤此說，此豈失之者鮮矣之謂哉。孔門之教最重約字，於為學則博之以詩，學成則約之以禮。約猶束也，指學詩說，以禮束之，然後為學之旨不失。下學上達，條理井然。若泛濫無歸，何能上達。三百篇人事幾無不備，忠臣孝子之行，勞人思婦之情，隱居放言之樂，男女愛戀之私，昏君亂臣之荒淫，逐臣棄婦之怨恩，莫不有之。如此範圍廣大之書，若不約之以禮，則學之氣極為害滋甚。故曰：詩三百，一言以蔽之，曰思無邪。此即以禮約詩之實例也。以禮約之，則去取有宗旨，而刻待人之意，皆有可取，不至以其辭害其意矣。為學之要莫大乎是。戰國之世，有縱橫家者，其學以詭說為高，其病即在不知約之以禮，故其學雖博，歸於無用。孟子七篇，觀其說齊梁，與諸子辯駁，頗類縱橫，然其學歸本於孔子，故不入縱橫而為儒者正宗。學貴知要，此章可細玩味也。

子曰：君子欲訥於言而敏於行。（里仁篇）

訥，說文曰：難言也。集解包曰：訥，遲鈍也。曰難言，曰遲鈍，義近。

子曰：德不孤，必有鄰。（里仁篇）

集解何曰：方以類聚，同志相求，故必有鄰，是以不孤也。皇疏言人有德者，此人非孤然，而必有善鄰里故也。魯無君子者，子賤斯焉取斯乎。朱注：鄰猶親也。德不孤立，必以類應，故有德者必有其類從之，如居之有鄰也。按何注本易乾卦文言，而易氣為志，又方以類聚，本繫辭。朱注大旨與何同，皇疏望文生義，失注意，三家之說皆非也。德者非謂有德之人，乃指德之本身言也。子

17

曰由知德者鮮矣可證中庸之爲德也其至矣乎民鮮能久矣亦可證知德者鮮民鮮能久矣則德不幾乎孤立而無伴乎然鮮之云者非謂絕無也世終不之篤信好學守死善道之人德豈終無伴哉必有鄰也此言有不勝慨嘆之意也由知德者鮮矣可連爲一章

子游曰事君數斯辱矣朋友數斯疏矣（里仁篇）

數字常用者有四音計數之數讀上聲是爲動字數學之數讀去聲是爲靜字煩數之數音朔入聲數罟之數音促入聲皆餘字集解孔注數速數之數是故爾雅釋詁數疾也之義當讀爲朔朱注引程子云數煩數也胡氏曰事君諫不行則當去導友善不納則當止至於煩瀆則言者輕聽者厭是求榮而反辱求親而反疏也是本孔注劉氏正義曰先兄五河君經義說畧辨之云數當爲數君友之過漢書項籍傳陳餘傳司馬相如傳下主父偃傳注並云數責也儒行其過失可微辨而不可面數也謂不可面相責讓也俞樾群

卷七

任平議読同是读数為上聲釋文鄭世主反謂数己之功勞也梁武帝音色具反鄭讀上聲梁武讀去聲鄭義過於君而聞於友梁武義不可曉儀觀諸家自青以煩数之說為勝如柳下惠為士師三去三去則必有三来令尹子文三仕為令尹三仕與三去同是亦数也一諫不聽再諫再諫不聽三諫一功不從再功再功不從三功一而再再而三不憚煩如是之[redacted]其受辱[redacted]與疏[redacted]速也必矣一諫不聽来必即辱一功不從来必即疏劉氏正義之說不若胡氏為得經旨也

子曰吾未見剛者或對曰申棖子曰棖也慾焉得剛（公冶長篇）

集解包曰申棖魯人陆氏釋文曰申棖鄭康成云蓋孔子弟子申續按家語云魯申子續字子周是家語與鄭法合申棖即申續但史記弟子傳作申党字周後漢王政碑有羔羊之節無申棠之欲文作申棠既曰無申棠之欲則其引用論語可知既曰申党字周與家語字周合是申棠申党即家語申續論

18

读申棖也。一人之名有如许差异，其例少见。棠、党、棖为同韵字，谓之谐声，犹
可说（曝书亭集卷五十六载高邮夏洪基以棠棖为谐字）。若续之与棖，果
何取义，不可解也。且史记弟子传云，自子石以右三十五人，显有年名及受
业闻见于书传；其四十有二人，无年及不见书传者纪于左。申党即见纪于
四十二人中者。夫申棖见论语，史公乌有不知之理，然竟置之于不见于书
传者之列，何也？申党非申棖与？则申棖岂著于三十五人中矣，而又无之，何
也。自唐开元以来，孔庙祀先贤皆有申党、申棖二人。至明嘉靖九年，张璁始
议黜去一人。论者以为然。以余观之，张璁之议固未可非。然谓史公不读论
语，当无是理。今但信孔门弟子有申棖，余置不论。
刚，说文曰：强断也。按强断似是直训。毅字盖刚者强也，毅者快也，强而快，积
健为雄，天德也，故曰未见。
有人有情，有情有欲。刚者之不能无欲，犹乾之不得不为万物所资始也。而

曰棖也慾，焉得剛，何也，蓋棖也慾，言其人多嗜欲，多嗜欲者情盛，情盛則理衰，即強亦難於斷，故曰焉得剛。擇善而固執之，至死不變，是剛者之行也。說文欲字下段注曰：古有欲字，無慾字，後人分別之，製慾字，殊乖古義，論語申棖之欲，克伐怨欲之欲，一從心一不從心，可徵改古者之未能畫一矣，此說是也。今經文仍照錄舊本。

子貢曰：我不欲人之加諸我也，吾亦欲無加諸人。子曰：賜也，非爾所及也。（公冶長）

集解馬曰：加，陵也，是也。然非陵辱之陵，陵猶上也，草上之風必偃，上者施於其上也，此加字為施之之意。

子貢所言者恕道也，言行之要惟此一字耳，而曰非爾所及，何也，疑此為姑抑子貢之詞，善於言者病在不善於行，言之易為之難也，先行其言而後從之，亦是抑詞，抑之即所以勉之也。朱注引程子曰：我不欲人之加諸我，吾亦欲無加諸人，仁也；施諸己而不願，亦勿施於人，恕也。夫同為恕道，一則謂之

19

仁、一則謂之恕、是亦生董長樹之類與、仁為定名、忠恕為功夫之所在、學者致力之處也。仁恕對立、誤破論語、亦無法證實其言、大質而為此説、真難索解。

子曰、巧言令色足恭、左丘明恥之、丘亦恥之。匿怨而友其人、左丘明恥之、丘亦恥之。（公冶長篇）

此章左丘明與足恭頗難説、詳確實單據此章、知孔子之時或前乎孔子、有一左丘明、其為人甚為孔子所稱許、無何難決之問題。惟後世學者將此之左丘明與作春秋傳之左氏合為一人、問題乃生、迄無定説。史記十二諸侯年表序云、孔子論史記、次春秋、魯君子左丘明懼弟子各有安其意、失其真、故具論其語、成左氏春秋。漢書藝文志、左氏傳三十卷、下注、左丘明、魯太史。叙曰、仲尼思存前聖之業、以魯周公之國、禮文備物、史官有法、故與左丘明觀其史記……丘明恐弟子各安其意、以失其真、故論本事而作傳、明夫子不以空言说经也。史漢所纪大体同也，皆言左丘明作春秋传。所异者，一称鲁君子，一称鲁太史耳。然史漢未尝言论语之左丘明，即作春秋传之左丘明。至何晏集解録孔注始曰：左丘明鲁太史也。于是作春秋传之左氏与孔子所称之左丘明乃合为一人。而皇疏且曰：左丘明受经于仲尼者也。勤鬻杜预春秋经传集解序杜氏云云，自是本史漢之文而加以润色者也。窃此章左丘明耻之，丘亦耻之之言，左丘明乃为前辈之贤者。前辈贤者乃为此辈所定之书作传，于情理難通。春秋纪事之文至简，此人需数百言者彼只一句。此非好为简，乃当时风气如此。若左传之文至简者亦比春秋经文为繁。其长篇有达二千字以上者，如晋楚邲之戰是也。他如鄢陵之戰、秦晋韩之戰、晋齐鞌之戰皆在千字以上，与春秋較，相去远矣。左傳叙戰事特详，戰国人尚戰術，其为戰国时作亦明甚。乃综合诸国之纪而为之者也。孔子时之左丘明安能为此。许氏说文序称春秋左氏，漢书蓺文志称左氏傳三十卷。

20

同称左氏，盖為屋壁之書之旧称。按韓非子内儲說：左氏為衛嗣君之邑，則傳之左氏，或即衛人。衛嗣君以左氏與魏，左氏又為魏邑，魏為晉三家之一，故左氏亦可称為晉人，但知其為某地之人，而不詳其姓氏，即称之為左氏。此余假定之說，未敢自以為是，若以人名實之，無確証，似可不必。

足恭二字，問題在足字。釋文：足，將樹反，又如字。是唐以前即有兩種的釋讀。如字者，為手足之足；讀將樹反者，去聲，廣韵曰：添物也，是為滿足之足，物有所不備而使之備，謂之足。子曰：足食足兵，民信之矣。足食足兵者，使食使兵充足也，為動字。皇疏引繆協曰：足恭者，以恭足於人意，而不合於禮度，斯皆適人之適，而曲媚於物也，是讀去聲之例。集解孔注：足恭，便辟貌，邢疏：此讀足如字，謂便習盤辟其足以為恭也，是讀如字之例。朱子集注讀去聲，曰：足，過也。劉氏七經小傳曰：表記云：子曰：君子不失足於人，足者足恭也，是讀本音。顏師古注漢書景十三王傳亦用孔注，曰：足恭，便辟貌。劉氏正義引臧庸

拜經日記云爾雅釋訓蘧篨口柔也戚施面柔也夸毗體柔也李巡注巧言
好辭以口饒人是爲口柔和顏悅色以誘人是爲面柔屈己卑身求得於人
曰體柔論語友便辟馬融曰便辟巧避人忌以求容媚者然則便辟爲體柔
體柔爲足恭面柔爲令色口柔爲巧言斷斷然矣翟灝考異曰孔氏以尚書
（冏命巧言令色便辟）論語互訓大戴（曾子立事篇足恭而口聖君子弗
與也）以足恭口聖爲对表記又云君子不失足於人不失色於人不失口於人
失足於人是恭也足恭之字直讀無疑但經文太簡說者遂（各）逞肊見莫衷一
是以今观之讀去聲者近之~~而未確~~讀入聲者斷乎非是夫足容重口容止
色容莊皆爲美容所謂礼貌者是也毫無可非大哉礼不失足於人即謂足
容不可不重不失色於人即謂色容不可不莊不失口於人即謂口容不可
不止不失者不失礼容之謂也安得牽附于巧言令色足恭而謂足恭爲求
媚於人然則足容重耶此未之深思之過也馬融注友便辟曰巧避人忌

21

三十五年一月十日写至此，距起稿于三十三年六月二日，草了此篇三历寒暑，先此志住

以求容媚，所谓容者，非单谓足，可知也。李巡注尔雅[redacted]体柔曰：屈己卑身求得于人，所谓足者，亦岂仅足耶？而戚氏阮为章附且云：断乎然矣，恐未必断断然也。夫恭者孰为得宜，孰为过分，亦不易辨。朱注训足为过，亦非也。此章巧言令色足恭三事一贯，不可分裁。有巧言矣，又随之以令色；巧言令色矣，又足之以恭。是为巧言令色足恭。令者，善也。单言令色，尚可非似巧言，合之便见其为伪善。恭者，肃也。恭寓信敬意，以恭居首，可知恭非不善也。惟随巧言令色之后，便见其为伪恭，丑态毕露，足为读者添足之足，似可无疑。

子曰：已矣乎，吾未见能见其过而内自讼者也。（公冶长篇）

揆诸文，讼，争也，则内自讼，犹内自争也。内者，当是指内心，言之内自争，必由自觉，自觉其过，则过必改。然情胜理微者，虽自觉，犹未必即改，故至于讼。讼而断之以毅，乃可超然于过之外，故曰刚毅木讷近仁。

子谓子夏曰：女为君子儒，无为小人儒。（雍也篇）

先九

说文曰：「儒者、柔也。」郑氏三礼目録曰：「儒之言優也、柔也。」（礼记儒行正義引）

「儒之言優也、和也。」（陸氏音義引）皇疏曰：「儒者、濡也、夫習学事久、則濡潤身中、故謂久習者為儒也。」儒行正義亦載有是說、皆未足以明儒者之儒義。

朱子曰：「儒者、学者之称。」是本皇疏。夫道家、墨家為儒者之二大敵、学道学墨、亦為学者、而不得称儒、知朱注非也。先秦学派、据経傳所載、儒家為最先起、其学宗堯舜、禹湯、文武、周公之道、至孔子集其大成。後起墨子、雖亦尚堯舜、而尚質重儉約、與儒家尚文重周制者有別。道家則崇黄帝、而宗老子。三家学術、大異其趣。然則儒[redacted]者乃祖述堯舜、憲章文武一派学者之称也、明矣。顏師古注漢書司馬相如傳曰：「儒者、有道術者之称。」亦非。[redacted]莊子天下篇於儒墨名道諸家、皆称道術、單出道術二字、未足以[redacted]区儒道墨名諸家之名。

「君子儒、小人儒」、何晏集解馬曰：「君子為儒、將以明道、小人為儒、則矜其名也。」程子曰：「君子儒為己、小人儒為人。」謝氏曰：「子夏文学雖有餘、然意其大者遠

22

者或昧焉故夫子語之以此。（朱注引）諸說以謝氏說近之。蓋子夏為人、
規模狹隘子曰商也不及可證孔門弟子之著者皆嘗問仁獨子夏祇問詩
問孝為菩文章問政而已未嘗問仁其後自為教但知教門人灑掃應對進
退之節問友則曰可者與之不可者拒之皆足以證其學失之拘虛知弟子
莫若師矣故孔子誡之曰毋為小人儒曾子曰士不可以不宏毅即小人儒
之反言也宏者指其規模毅者言其能力宏毅者君子儒也贊說如是儒賢
者正之

無為小人儒高驁常無行毋是也無為借字毋為正字

子曰孟之反不伐奔而殿將入門策其馬曰非敢後也馬不進也（雍也篇）
孟之反集解孔曰魯大夫孟之側左傳孟之側杜注孟氏族也字反漢書人
表作孟之反與語同莊子大宗師作孟子反此則與介之推介子推同子或
作之遠人焉叙倫曰孟之反即孟子所見之牧皮

左傳哀十一年齊伐魯魯人禦之冉求帥左師孟孺子洩帥右師左師入齊師
右師奔齊人從之孟之側後入以為殿抽矢策其馬曰馬不進也文字異讀
稍有出入大意同也據傳孔子於此役於公為與其嬖僮汪錡皆死曰能執
干戈以衛社稷可無殤也（孔疏年十九至十六為長殤十五至十二為中
殤十一至八歲為下殤不滿八歲以下皆為無服之殤其於服也長殤中殤
降成人一等下殤降二等此汪錡是長殤也时人疑其當降服又葬殤之礼
亦異成人故弓問人以殷人之棺槨葬長殤以夏后氏之堲周葬中殤下殤
以有虞氏之瓦棺葬無服之殤）於冉求用矛於齊師曰義也於孟之側奔
而殿無誇論語此章可補傳闕
伐者誇功曰伐人奔而己在後是較先奔者為勝而不欲顯己之勇著人之
怯故曰不伐
殿者策馬曰殿在軍後者也前曰啟後曰殿

子曰：不有祝鮀之佞，而有宋朝之美，難乎免於今之世矣！（雍也篇）

佞，說文曰巧讇高材也。祝鮀，左傳定四年及漢書人表皆作佗，佗名，祝官稱也。按傳佗蓋長於辭辯之人。周礼春官大祝下大夫二人，衛為諸侯之國，當是一人。又大祝掌六祝之辭，以事鬼神示，祈福祥，求永貞。一曰順祝（順豐年）二曰年祝（求永貞）三曰吉祝（祈福祥）四曰化祝（弭兵災）五曰瑞祝（逆時雨寧風旱）六曰筴祝（遠罪疾）大祝既掌六祝之辭，則其人非有才辯不勝任也。

而有宋朝之美，而猶與也。（經傳釋詞卷七）宋朝，宋公子，名朝，出奔仕衛。淫亂，懼罪奔晉。昭二十一年，歸宋，以其為衛大夫，故又稱衛公子朝。歸宋後，至定十四年，衛靈公為南子召之，朝復適衛。

佞與美俱備，則事人君可保祿位，不然，憂患難免。春秋之世，風氣如此，孔子言此，蓋有不勝慨歎之意。或曰：雍也仁而不佞，亦為時人重佞之証。孔子憤然責之一曰焉用佞再曰焉用佞惡佞深矣子路使子羔為費宰又曰是故惡夫佞者巧言際人所好為佞雖辨求勝亦為佞然之佞者傷人以口給之謂也佞之反為訥剛毅木訥近仁君子欲訥於言而敏於行彼以正言勸勉此則反言以為誡

漢書人表置祝鮀於中上宋朝於下下相去太遠拙孔子此言祝鮀其中下之人矣

子曰質勝文則野文勝質則史文質彬彬然後君子（雍也篇）

野粗略也（先進章鄭注）史集解包曰文多而質少也皇疏史者史記史書也史書多虛華無實妄語欺詐据此說非也後世史書雖多不實不盡亦不至如皇說之甚未可以此為例包注亦是望文生義不足採惟宋劉敞之說得經旨劉曰史祝史也習於儀貌而不任情實（七經小傳）儀禮聘禮辭多則史少則不達鄭注史策祝也賈疏尚書金縢云史乃策祝是策書祝辭故

辭無則文史桓六年左傳祝史矯舉以祭皆足以證刘說之確蓋祝史薦辭
爲君祈福必溢君之美而不敢言君之惡言惡神不福善則神福之祝辭不
得不爾亦非爲畏君而誣鬼神故言之無實歸之於祝史
質者實也文之所傳也無質則無文質勝則粗野文勝則虛美二者得中是
爲彬彬彬彬說文作份曰文質備也古文作彬从彡林論語文質份份擬此則
作份者古論也作彬者魯論也
殷尚質周尚文非好尚有異蓋文明日進其勢不得不然春秋之世文明必
更盛於東遷之前文盛則質微虛者益虛僞者益僞聖人有憂之乃主殺文
以扶質循天理也禮與其奢也寧儉喪與其易也寧戚儉則固與其不孫也
寧固如用之則吾從先進皆欲抑文而扶質一抑一扶然後文質彬彬後墨
者攻儒道家持說[illegible]皆以文勝爲攻擊之的不知孔子久已憂之矣文勝
蓋僞者之適人智日啟人欲日熾其勢不可遏救其弊務有扶質

子曰：人之生也直，罔之生也幸而免！（雍也篇）

生者，馬融以為是人生於世之生（集解）鄭玄以為是始生之生（詩檜
風隰有萇楚正義引）朱注引程子曰生理本直细究之馬說為長孔子此
言重在直罔二字言人之所以能生者全賴直道斯民也三代之所以直道
而行也（衛靈公）可證其有不依直道而行亦能生者幸而免於罪戾耳始生本直出
孟子大人者不失其赤子之心者也（離婁下）生理本直本孟子道性善亦可曲通不
如馬說之為直截了當

子曰：中庸之為德也，其至矣乎！民鮮久矣！（雍也篇）

中庸曰中庸其至矣乎民鮮能久矣下截多一能字上截脫之為德三字疑
傳誦失其真子曰由知德者鮮矣此本鮮字含知能二義
中庸之為德則德者即中庸也中庸為一詞程子曰不偏之謂中不易之謂
庸训释極是礼记中庸正義引鄭氏三礼目録云中庸者以其记中和之為

25

用也。庸，用也。非是。（析一詞而為二）君子中庸，小人反中庸。鄭注：庸，常也。詳之，中庸即中常。易乾卦文言曰：庸言之信，庸行之謹。九家易曰：庸，常也。常者不易，中者不倚。程說[redacted]（為不可易）德以中常為教，事以中常為勝，人以中常獲安，小人何以反中常，曰識之者鮮耳。德實非中常，行實非中常，而示人曰此中庸之道也，世有其人矣[redacted]孔子之時亦不乏數此（之）人，故嘆曰：（民）鮮（久）矣。鮮者，鮮有識其理之謂（者）也。

子謂顏淵曰：用之則行，舍之則藏，惟吾與爾有是夫！子路曰：子行三軍，則誰與？子曰：暴虎馮河，死而無悔者，吾不與也。必也臨事而懼，好謀而成者也。（述而篇）

用行舍藏，即無可無不可之義。惟吾與爾，與及也。皇疏引江熙說，讀與為許，非是。

三軍者，周禮夏官司馬序官：凡制軍，萬二千五百人為軍，王六軍，大國三軍，次國二軍，小國一軍。行三軍，行猶為也。集解孔注是也。

卷七

暴虎馮河、出詩小雅、小旻之末章。詩曰：不敢暴虎、不敢馮河、人知其一、莫知其他、戰戰兢兢、如臨深淵、如履薄冰。毛傳：馮、陵也、徒涉曰馮河、徒搏曰暴虎。音義：馮、符冰反。正義引爾雅釋訓云：馮河、徒涉也。李巡曰：無舟而渡水曰徒涉。爾雅郝疏云：暴者、搏也。搏、暴古音相近。匡謬正俗云：暴有薄音是也。小旻詩傳用爾雅文。馮者、淜之段借也。說文：淜、無舟渡河也。玉篇：徒涉曰淜、今作馮。詩小旻傳曰：徒涉曰馮河。正義引李巡注與說文合。此馮字正解、毛傳以陵爲訓、未免望文生義。

子曰：富而可求也、雖執鞭之士、吾亦爲之。如不可求、從吾所好。（述而篇）

富而可求、而猶如也。史記伯夷列傳引作富貴如可求、可證。又集解引鄭注曰：富貴不可求而得者。亦富貴連文、與史記合。疑此本脫一貴字。

執鞭之士、集解引鄭曰：雖執鞭賤職、我亦爲之。陳仲魚古訓曰：秋官條狼氏云：下士掌執鞭以趨。注引此經以證云：言士之賤者也。此注賤職與之合。

26

子曰：飯疏食飲水，曲肱而枕之，樂亦在其中矣。不義而富且貴，於我如浮雲。

飯名词读去聲，動词读上聲。飯疏食言食疏食也。飯是動词。疏，皇本作蔬。释文：疏本或作蔬。按疏亦可训麤。疏食，麤食也。说文無蔬字，今本尔雅释天：蔬不熟為饉。周礼大宰注引尔雅作疏。大抵蔬菜之蔬為後起字。此章疏當训粗。疏食為名词。食當读本音，入聲。朱注读去聲，作餵飼之飼，非也。飲水動词在上，飯疏食亦為一例。動词在首，且飼是他動，以物飼人，此乃自食，非餵人，自無读飼之理。

枕字名词读上聲，動词读去聲。曲肱而枕之，枕動词也。

如浮雲，皇疏言浮雲自在天，與我何関。如不義之富貴，與我亦不相関也。又浮雲儵（同倏）聚欻（音洫）散，不可為常。如不義之富貴，聚散俄頃，如浮雲也。朱注则以為視之輕如浮雲。按浮與沈為对文，重者沈而輕者浮。雲輕，故浮。浮雲自是喻輕之意，朱注得之。

[illegible]

不義而富且貴，富與貴連言，亦足以記上章數一貴字。

子曰：聖人吾不得而見之矣，得見君子者斯可矣。子曰：善人吾不得而見之矣，得見有恆者斯可矣。亡而為有，虛而為盈，約而為泰，難乎有恆矣。」（述而篇）

朱子集註：子曰善人，子曰二字疑衍文。按今所傳皇本，亦有子曰字，此蓋是漢世傳習者以其語氣一貫，遂併二章為一章，又不敢輕刪經文，故後世傳本仍有子曰字，似非衍文。又案亡而為有云云，據釋文云舊為別章，今宜與前章合，是唐初傳本尚未並立為一章。今審其語意，確是另有所指。釋文云宜與前章合者，大抵因有難乎有恆一句與得見有恆者斯可矣句相近之故，亦是勉強牽合。

亡而為有云云，諸而字皆訓以。有亡、盈虛、泰約，皆為對稱之辭。約者，儉也。泰者，侈也。浮夸之人，其行如此，不實焉能有恆。有恆者，造次必於是，顛沛必於是，立則見其參於前，在輿則見其倚於衡，晝習業，夜夢周公，旦而問焉，鍥

27

而不舍，金石可鏤也。

子曰：文莫吾猶人也，躬行君子，則吾未之有得。（述而篇）

集解：何曰：莫，無也。文無者，猶俗言文不也。文不吾猶人也者，言凡文皆不勝於人也。論語欒氏釋疑曰：燕齊謂勉強為文莫。（楊升庵丹鉛錄引）說皆非是也。朱注：莫，疑詞。猶人，言不能過人，而尚可以及之。得之。然莫為疑詞，

何（有）按：蓋莫可訓無，而無字有或然之一義。儀禮士喪禮筮宅辭曰：哀子某為其父某甫筮宅，度茲幽宅兆基，無有後艱。鄭注：得無後將有艱難乎。又卜葬日辭曰：哀子某來日卜葬其父某甫，考降無有近悔。鄭注曰：得無近於咎悔者乎。得無者，或然之辭也。此為莫為疑詞之證。莫既為疑詞，則其下也字當讀為邪。然吾猶人，直說，此用疑詞者，謙也。未之有得，亦為謙詞。

孔門之教重躬行實踐，非徒誦文言。後世學人，徒事為文，誦說明禮之戴聖，且為貪官，他無論矣。宋儒如胡瑗、徐積、程朱之徒，學皆篤實，猶存孔門遺教，識

書人之好高騖談空論，非聖無法無天，於台籍極，可悲可痛！

子曰：君子坦蕩蕩，小人長戚戚。（述而篇）

集解鄭曰：坦蕩蕩，寬廣貌也。長戚戚，多憂懼貌也。又釋文鄭曰：讀（魯）坦蕩為坦湯，今從古。

徐紹楨四書質疑曰：吳橋劉氏恩濤為余言，坦蓋恒字之誤，此說是也。恒蕩蕩正與下文長戚戚一例，坦恒二字形近，因傳寫誤恒作坦，而今已無善本訂之矣。

曾子有疾，孟敬子問之。曾子言曰：鳥之將死，其鳴也哀；人之將死，其言也善。君子所貴乎道者三：動容貌，斯遠暴慢矣；正顏色，斯近信矣；出辭氣，斯遠鄙倍矣；籩豆之事，則有司存。（泰伯篇）

「所貴乎道者三」，集解鄭曰：此道謂禮也。動容貌，能濟濟蹌蹌，則人不敢暴慢之也。正顏色，能矜莊嚴栗，則人不敢欺詐之也。出辭氣，能順而說，則無惡戾

28

之言入於耳也。此說以暴慢信鄙倍指人言，非也。此就正身言，斯猶則也，皆實指上文。正為整之借字，禮記曲禮正尔容，正為整齊之整（說文通訓定聲）可證。信為皆之借字（說文通訓定聲）鄙背也，不通也。

籩豆禮器也。尔雅釋器：木豆謂之豆，竹豆謂之籩，瓦豆謂之登。說文曰：豆古食肉器也。

司者主也（玉篇）有為助詞（經傳釋詞）此言所貴之道正身可勉為政之事務之於人。

曾子曰：以能問於不能，以多問於寡，有若無，實若虛，犯而不校，昔者吾友嘗從事於斯矣（泰伯篇）

校，集解包曰：報也。吾友，集解馬曰：謂顏淵也。以能問于不能，以多問于寡，謙讓之至也。謙受益。

曾子曰：可以託六尺之孤，可以寄百里之命，臨大節而不可奪也，君子人與？君子人也！（泰伯篇）

託，說文曰：寄也。人部侂字下曰：寄也。玉篇引此章，託字作侂，侂、可託二字音義
並同。從手旁作托者，皆拓音義同，皆託是。今人於託托多渾用，且非是。文康
熙字典，託字下曰：說文論語可以侂六尺之孤。今檢各家說文皆無此文，惟
玉篇引論語可以侂六尺之孤，字典蓋誤以玉篇為說文也。
六尺之孤，集解孔安國曰：謂幼少之君也。
寄百里之命，禮記王制：天子之田方千里，公侯田方百里，伯七十里，子男五
十里。孟子亦曰：天子之制地方千里，公侯皆方百里，伯七十里，子男五十里；
又曰：大國地方百里，次國地方七十里，小國地方五十里（萬章下）。此蓋
是古制。春秋之世，魯地不止百里，季氏之費，孟氏之成，一邑之地或亦當百
里，曾子此言當為家大夫言也。
臨大節而不可奪也。也當讀為者，代詞。臨大節而不可奪者，謂當艱危之際，祇知有國，不知有己，雖死不變節也。
子曰：如有周公之才之美，使驕且吝，其餘不足觀也已。（泰伯第八）

29

驕，說文曰：「馬高六尺為驕。詩曰：我馬維驕。一曰野馬。」段注曰：「凡驕恣之義當
是由此引伸，旁義行而本義廢矣。」
吝，說文曰：「恨也。」皇疏吝作悋，曰：「假令設有其驕悋之鄙也。」是皇訓吝為鄙
吝之吝，朱注吝，鄙嗇也，是則兼鄙吝吝嗇二義為何也。大抵人之行，以驕吝
為大戒，驕者則拒賢陵物，好名好利之心熾盛，終至無所不為，以滅其身，周
公聖人，以周公為喻，可知孔子惡驕吝之深。

子曰：狂而不直，侗而不愿，悾悾而不信，吾不知之矣。（泰伯篇）

狂者宜直，直而不直，則蕩而已矣。侗，集解孔注：「未成器之人。」書顧命「在後之侗」，
孔傳「在文武後之侗稚」，成王自称。訓侗為侗稚，與此章孔注大体相同。侗者，
年幼未有智識之人也。未有知識之人應謹愿，而不謹愿，則虛妄而已矣。悾
悾，集解孔注：「愨愨也。」愨，說文曰：「謹也。」容愨謹愿之人宜誠實，而不誠實，則是鄉
愿而已矣。狂而蕩，侗而妄，悾悾而不誠實，均為下下之人，故曰：吾不知之矣。

老七

言不敢自有完问也。

子曰：出则事公卿，入则事父兄，丧事不敢不勉，不为酒困，何有于我哉！（子罕篇）

集解：马曰：困，乱也。

子曰：吾未见好德如好色者也。（子罕篇）

史记、世家：卫灵公与夫人同车，使孔子为次乘，招摇市过之。孔子云：吾未见好德如好色者也。于是丑之，去卫。按史记是孔子此言为卫灵公发也。然灵公宠南子，知敬孔子而不能用，是固好色不好德。然君子居人之国，不非其大夫（　）而况国君乎？此章恐未必为灵公发也。

子曰：三军可夺帅也，匹夫不可夺志也。（子罕篇）

此勉人立志也。夺三军之帅至难，而犹夺之；夺匹夫之志至易，而竟不可夺。是匹夫之志重于三军之帅矣。犹师以众，众可散；志以身，身可杀，而不可尋。故志不可夺。然志不立，不足以言夺，故为学以立志为先。

30

子曰：歲寒，然後知松柏之後凋也。（子罕篇）

釋文：彫，依字當作凋，是舊本原作彫，今所傳皇本作凋，當是後人改字。今朱子集注本亦作彫。說文曰：彫，琢文也。段注：琢，治玉也。玉部有琱，亦治玉也。凡琱琢之成文曰彫，故字從彡。今則彫雕行而琱廢矣。按雕，說文曰：鷻也。而爾雅則謂玉謂之雕，是雕可借用為琱，爾雅已然。凋，說文曰：半傷也。而左傳昭八年師曠曰：今宮室崇侈，民力彫盡。杜注：彫，傷也。荀子子道篇：勞苦彫萃。楊注：彫，傷也。是彫可借為凋，其原亦古。歲寒，草木零落，而松柏凋而不枯，以喻臨難乃見節義也。莊子讓王篇：天寒既至，霜雪既降，吾是以知松柏之茂也。陳蔡之隘（同阨），於丘其幸乎！是此章之言，乃在陳絕糧，子路慍見時發也。蓋未必歟。

子張問善人之道。子曰：不踐迹，亦不入於室。（先進篇）

集解孔注：踐，循也。言善人不但追循舊迹而已，亦多少能創業，然亦不能入於聖人之奧室也此以不踐迹為踐迹而又謂不能入於聖人之室說頗乖深此章因善人之義未明故不踐迹二句解者各持一說莫衷一是鄙作善人為邦百年曰善人居中不踐迹不入室也是鄙以兩不字為既不為彼亦不為此也未知何如皇疏曰迹舊迹也言善人之道亦當別宜創建善事不得唯依循前人舊迹而已此說與諸家違忤且未得經旨朱子論語或問曰此文間奧有不可知者今考衆說唯張子及程子循途守轍之說為善或以為善人不循轍迹則亦不能至於聖或以為不循善人之迹則亦不能至其閫奧也或以為不踐為惡之迹或以為不踐古人已成之迹凡此數說皆有所未安以程張之說為正耳陸象山曰善人不拘形著迹然亦未能造閫奧下象山語錄似即朱子所指之第四說劉敞曰迹若禮樂法制也為不踐則亦不能入於室矣（七經小傳） 按程張循途守轍之說兩不字反說未善也劉說得之矣子曰由也升堂矣未入於室也升堂未入於室即善人是也升

31

堂入室喻入德之深淺耳。淺，淺也。（說文）行也。（玉篇）堂上謂之行（爾雅）由堂入室必行進也。逕，步也。（說文）踐逕者，即由堂入室由必由之路而進之謂也。不由步趾，安從入室。善人已升堂，教入室必須踐逕，此章之義也。堂逕室皆為比況之字，若以實字易之，則逕者禮而已矣，室者仁而已矣，堂者詩而已矣。道詩可謂已升堂，學禮是為踐逕，道禮則為入室而為仁人。剌教言禮樂法制，法制二字當刪。

踐逕者，實踐其所學之謂也。此

子曰：論篤是與，君子者乎，色莊者乎。（先進篇）

皇疏以此章與上章合為一章，曰此亦答善人之道也。依此說則論語中數章可并為一章者衆矣，皇說不可從也。子曰：始吾於人也，聽其言而信其行；今吾於人也，聽其言而觀其行。又曰：巽與之言，能無說乎，繹之為貴。義與此章互發。論篤是與，與，許也，即聽言信行不可兼也。論篤而能踐逕，是為君子，不然則[illegible]君子而已。

子路問聞斯行諸，子曰：有父兄在，如之何其聞斯行之。冉有問聞斯行諸，子曰：

聞[redacted]斯行之。公西華曰：由也問聞斯行諸，子曰有父兄在；求也問聞斯行諸，子

曰[redacted]、聞斯行之。赤也惑，敢問。子曰：求也退，故進之；由也兼人，故退之。（先進篇）

已見論教篇。兼人者，性其不慎〔过勇于行〕。退者，性其昧於義〔怯于行〕。聞斯行諸〔者〕，當是指善言〔闻〕、

或指聞師教。

司馬牛問君子。子曰：君子不憂不懼。曰：不憂不懼，斯謂之君子矣乎？子曰：內省

不疚，夫何憂何懼！（顏淵篇）

集解包曰：疚，病也。內省無罪惡，無所憂懼也。按君子盡其在我者，盡其心也。

孟子曰：盡其心者，知其性也；知其性則知天矣。存其心，養其性，所以事天也。〔心地光明，何憂何懼。〕

殀壽不貳，修身以俟之，所以立命也。故知立命者為君子。子曰不知命無以

為君子。君子居易以俟命〔易平常也〕，而已矣。拔樹於宋，削跡於衛，陳蔡絕糧，在匡被困、

至人內省不疚，故處之泰然。嗚呼，若柏繼者，無時無其人，生於昏闇之世，而

故無外來之憂患，其唯鄉愿乎！鄉愿不可為，則內省不疚，自〔足以〕樂，豈與，何憂何

32

怪！

司馬牛憂曰人皆有兄弟我獨無子夏曰商聞之矣死生有命富貴在天君子敬而無失與人恭而有礼四海之内皆兄弟也君子何患乎無兄弟也（顔淵篇）

司馬牛有兄曰桓魋此云無者何謂也蓋桓魋乃盜跖之流嘗欲殺孔子[redacted]故曰無兄弟有若無者深惡痛絶之也。

死生有命富貴在天二語不善讀之流弊於大人之生莫能推究其所以生之理若有所命之故曰天命性與生俱来故曰天命之謂性生由乎命故死亦似由乎命但存其理可耳若言行以此為把柄則謬矣富貴不義不処不義而富且貴於我如浮雲非謂富貴亦由天所命也大抵子夏有子之言皆有可議之處

此可疑而不論

子張問明子曰浸潤之譖膚受之愬不行焉可謂明也已矣浸潤之譖膚受之愬不行焉可謂遠也已矣（顔淵篇）

老七

譖，正義側禁切。說文：愬也。玉篇：譖也。浸猶潤也。集解鄭曰：譖人之言，如水之浸潤，以漸成人之禍。膚受之愬，集解馬曰：皮膚外語，非其內實也。按浸潤之譖，其進也漸，使人受之而不覺，即此是也。膚受之愬，利害切身，使人信之而不疑，馬曰皮膚外語，非是也。不易覺者而能覺，不得不信者而竟能不信，斯乃可稱為明，為遠。遠者言明之極致耳。吾友毛君吾止言子張問明，而答語重一段言及遠，似問明下尚有一遠字，說亦有理，惜無証以明之。

棘子成曰：君子質而已矣，何以文為？子貢曰：惜乎夫子之說君子也，駟不及舌！文猶質也，質猶文也，虎豹之鞟，猶犬羊之鞟。（顏淵篇）

棘子成，集解鄭曰：舊說衛大夫。覘子貢稱之曰夫子，其人為大夫之流可信。惟其人是否為衛大夫，因傳未見，難言，姑鄭說之舊說。

惜乎夫子之說君子也，十三字作一句讀，謂其論君子尊主質，不合。（說見閻若璩四書釋地三續，張惟適說，今從之）

33

質猶文也之下，鄭汝諧曰雖有闕文（論語意原）。今細按之，鄭說非是。蓋子貢之意謂文質相依為命，不能獨存，故曰文猶質，質猶文，質猶文一句為重言，可省而不省者，張其語氣耳。

虎豹之鞟猶犬羊之鞟，此引以証文質不可分之意。皮去毛為鞟，虎豹之鞟為虎豹之文所依以存，犬羊之鞟亦為犬羊之文所賴以見。人但知虎豹之文與犬羊異，而不知質與文相依為命，虎豹與犬羊同也。經文太簡，意晦，說者多未得其實，今俱不引，特自為說以明之。文勝質則史，質勝文則野，文質彬彬然後君子，此孔子之言也。棘子成或未之聞，抑其人好清靜，惡煩文，故有何以文為之言，隱有非儒之意，其墨學之萌芽乎？原壤夷俟見於論語，母死孔子助之沐椁，原壤登木而歌曰：貍首之斑然，執女手之卷然，見於檀弓，與莊子妻死鼓盆而歌無異，斯亦道家之先河也。墨道二家於論語中已見種子，特其端倪猶未顯明耳。

老又

子張問崇德辨惑。子曰：主忠信，徙義，崇德也。愛之欲其生，惡之欲其死，既欲其生，又欲其死，是惑也。（顏淵篇）

子曰：片言可以折獄者，其由也與。（顏淵篇）

集解孔曰：片猶偏也。聽訟必須兩辭以定是非，偏信一言以折獄者，唯子路可也。皇疏引孫綽云：謂子路心高而言信，未嘗文過以自衛，聽訟者便宜以子路單辭為正，不待對驗而後分明也。非謂子路聞人片言而便能斷獄也。按：偏信一言以斷獄，有是理與？孔注誤矣。如孫氏之說，則是人聽子路之訟，非子路聽人訟歟？與經旨遠。折獄者，斷獄也。其由也與，言唯子路能以片言斷獄也。經言至明，何用曲解？且以片言為單詞，不若朱子以片言為半言為得。經旨片，說文曰：判木也。周禮媒氏掌萬民之判，鄭注：判，半也。片字篆文作片，其形為木字之一半，故曰判木，是為象形字。半言實詞之至少也。子路正直人，重其直，不敢欺，故斷獄不待繁辭以解。襄十四年左傳小邾射以句繹

34

來奔曰使季路要我吾無盟矣使子路子路辭季康子使冉有謂之曰千乘
之國不信其盟而信子之言子何辱焉對曰魯有事於小邾不敢問故死其
城下可也彼不臣而濟其言是義之也由弗能此可證子路之言為諸侯聽
訟之事小於要盟片言可以折獄非虛矣
折獄釋文鄭曰魯讀折為制今從古按折斷也制裁也兩義俱通陳氏古訓
引臧在東曰鄭以折訓為斷義益明是以從古按易豐卦象辭豐君子以折
獄致刑亦作折從古且有易為證非僅義益明
子曰君子成人之美不成人之惡小人反是（顏淵篇）
子張問士何如斯可謂之達矣子曰何哉爾所謂達者子張對曰在邦必聞在
家必聞子曰是聞也非達也夫達也者質直而好義察言而觀色慮以下人在
邦必達在家必達夫聞也者色取仁而行違居之不疑在邦必聞在家必聞（顏淵篇）
質直而好義云云集解馬曰常有謙退之志察言語見顏色知其所欲其念

處常欲以下人也

色取仁而行違云々集解馬曰此言佞人也佞人假仁之色行之則違安居

其偽而不自疑者也

皇疏引繆協云聞者達之名達者聞之實殉為名者衆體實者寡故利名者飾

偽敦實者歸真（按此說以聞達為名實之相依然旨若如此有其名而無其

此說是也

實為聞反之以為達耳

樊遲從遊於舞雩之下曰敢問崇德修慝辨惑子曰善哉問先事後得非崇德

與攻其惡無攻人之惡非修慝與一朝之忿忘其身以及其親非惑與（新關節）

集解包曰舞雩之處有壇墠（善）樹木故其下可遊也慝惡也修治也

按樊遲問仁子曰仁者先難而後獲此問崇德曰先事後得可知為仁即修

德先事後得即先難而後獲

子貢問友子曰忠告而善道之不可則止無自辱焉

35

告朱注读入声。按告本去声、动词，此忠告之告读去声可矣。道朱注读去声是也。然道为名词读上声，为动词读去声。此章善道之道原是动词，当曰借字导，不必言去声。

二十篇中论交朋友者凡十四章。有朋自远方来不亦乐乎，此言学不可无友相切磋也。与朋友交而不信乎（与朋友交言而有信），此言交友以信为主。无友不如己者，此言处以下人谦之至，以广友道也。朋友数斯疏矣，是即忠告善道之义。晏平仲善与人交，久而敬之，此言以敬辅友道也。匿怨而友其人，左丘明耻之，丘亦耻之，愿车马衣裘与朋友共，敝之而无憾，朋友信之，君子以文会友，以友辅仁，朋友切切偲偲，兄弟怡怡，事其大夫之贤者，友其士之仁者，益者三友，损者三友，君子尊贤而容众，嘉善而矜不能，言交友之道备矣。学问之道，赖己之努力者半，赖师友之助者亦半，知敬师亲友乃可以言学

曾子曰君子以文会友以友辅仁（颜渊篇）

卷七

已見論仁篇

子謂衛公子荊善居室始有曰苟合矣少有曰苟完矣富有曰苟美矣(子路篇)

衛公子荊見左傳襄二十九年吳季札稱之爲君子翟氏考异曰金文淳蛾術編云春秋宋魯亦有公子荊哀公庶子也論語記孔子稱公子荊語特加衛字嫌與魯公子荊同故別白之耳

苟誠也始有曰誠合矣蓋謂可以足爲安也少有曰誠完矣蓋謂可以足爲足也富有曰誠美矣蓋謂無以復加也其心不在居室之美備故孔子稱之

葉公語孔子曰吾黨有直躬者其父攘羊而子證之孔子曰吾黨之直者異於是父爲子隱子爲父隱直在其中矣(子路篇)

左傳定五年葉公諸梁之弟后臧從其母於吳不待而歸葉公終不正視杜注諸梁司馬沈尹戌之子葉公子高也史記孔子世家孔子於哀公六年自蔡如葉葉公子高哀公六年猶在知此葉公即葉公子高沈諸梁也沈爲其父

36

沈尹戌之邑，葉為其自身所食之邑，以邑為氏，或冠以沈，或冠以葉，傳文互
用之。葉，旧音攝，今人於姓仍讀本音。
直躬，釋文：鄭曰：直人名弓。陳氏古训曰：韓非五蠹云：楚之有直躬，其父攘羊
而謁之吏，令尹曰：殺之。以為直於君而屈於父，執而罪之。呂氏春秋當務云：
楚有直躬者，其父竊羊而謁之上，上執而將誅之。直躬者請代，將誅，告吏曰：父
竊羊而謁之，不亦信乎？父將誅而代之，不亦孝乎？荆王乃不誅。孔子曰：異哉
直躬之為信也，一父而再取名焉。故直躬之信不若無信。又淮南氾論訓云：
直躬其父攘羊而子證之。高注：直人躬，楚葉縣人也。躬蓋名其人，必素以直
稱者，故稱直躬。雖同作躬，而皆以為人名。故鄭擬之孔，以古弓字从身，訓為
直身，蓋失之鑿矣。今按陳氏之說非也。鄭本作弓，弓未見有借為躬者，故鄭
謂為人名，而訓直為直人。錦非並覺大抵本之譌說，因[redacted]失其名，乃以
直躬稱之耳。若淮南引文，與諸同，高注本鄭，失之。使直躬果為人名，則其下

花七

文不礙再出子字其下文曰其子證之皆知直躬非人名孔子曰吾黨之直者
異於是猶言知直者即當於直躬孔注曰直躬直身而行也是也注書固不可
望文生義但有時拘經文證之得義更精此類是也徐幹中論云葉公之黨
其父攘羊而子證之叔以為直也不出直躬字知中論亦不以直躬為人名也
其父攘羊而子證之果有是事耶曰此隱語耳絕非真有其事何由知其為
隱語可以傳證之哀十六年左傳楚太子建奔鄭（事實在昭二十年），鄭
人甚善之又適晋與晋人謀襲鄭乃求復焉鄭人復之如初晋人使諜於子
木（大子建）請行而期焉子木暴虐於其私邑邑人訴之鄭人省之得晋
諜焉遂殺子木其子曰勝在吳子西欲召之葉公曰吾聞勝也詐而亂無乃
害乎子西曰吾聞勝也信而勇不為不利舍諸邊境使衛藩焉葉公曰周仁
之謂信率義之謂勇吾聞勝也好復言而求死士殆有私乎復言非信也期
死非勇也子必悔之弗從召之使處吳境為白公請伐鄭子西曰楚未節也

37

不然，吾不忘也。他日又请，许之。未起师，晋人伐郑，楚救之，与之盟。胜怒曰：郑人在此，雠不远矣。胜自厉剑，子期之子平见之，曰：王孙何自厉也？曰：胜以直闻，不告女，庸为直乎？将以杀尔父。平以告子西，子西曰：胜如卵，余翼而长之。楚国第，我死，令尹、司马非胜而谁？胜闻之曰：令尹之狂也，得死乃非我。（后白公胜果杀令尹子西、司马子期，为乱，叶公自叶入平之）据此，是白公之死，死于忘恩负义。其为晋谋袭郑已有数，乎攘人之羊，而其子白公胜不知其父之不义，而为伐郑之故，竟迁怨于令尹而为乱，此若异证父攘羊且自称以直闻，故叶公以直躬称之。孔子自蔡之叶在哀公六年，时白公犹未为乱，而「求死士，殆有私乎」，叶公已明言之矣，遂知其将为乱于楚。遇孔子，乃以证父攘羊设隐语为问。解者以真有其事视之，误矣。孔子曰：子为父隐，父为子隐，直在其中，则孔子不直证父攘羊之言可知，是证己之不满白公之为人，为不谅。

子贡问曰：何如斯可谓之士矣？子曰：行己有耻，使于四方，不辱君命，可谓士矣。曰：敢问其次。曰：宗族称孝焉，乡党称弟焉。曰：敢问其次。曰：言必信，行必果，硁硁然小人哉！抑亦可以为次矣。曰：今之从政者何如？子曰：噫！斗筲之人，何足算也。（子路篇）

何如斯可谓之士矣，矣当读为耶，疑词。

行己，犹言立身行事。有耻，与无耻为对，不知耻为无耻，则知耻者为有耻矣。

言必信，复言也。行必果，期死也。硁硁，郑曰：小人之貌也。（集解）皇疏：小人为恶坚执难化。据此言小人，言其器局小，非谓为恶之小人。可以抑亦可以为次矣一读，邢之疏非是。

斗筲，集解郑云：筲，竹器，容斗二升。算，数也。斗筲言其器局小也。原言之当不识大体。（从此删）何足算也，言不足道也。筲[illegible]

子曰：君子和而不同，小人同而不和。（子路篇）

君子周而不比，故和而不同；小人比而不周，故同而不和。

38

子贡问曰：乡人皆好之，何如？子曰：未可也。乡人皆恶之，何如？子曰：未可也。不如乡人之善者好之，其不善者恶之。（子路篇）

善者知善故善者好之，其人必善；恶者不知善故恶者恶之，其人未必即恶。乡人未必皆为善人，亦未必皆为恶人，皆好之，皆恶之，未足为据，故曰众恶之必察焉，众好之必察之（卫灵公）

子曰：君子易事而难说也。说之不以道，不说也；及其使人也，器之。小人难事而易说也。说之虽不以道，说也；及其使人也，求备焉。（子路篇）

说为悦之借字，易为去声。器之，集解孔曰度才而任官也，是也。君子小人即好人与坏人

子曰：君子泰而不骄，小人骄而不泰。 子路篇

泰者通也，通达故自得其乐，见之于外者其色怡怡然；骄者恣肆也，恣肆故陵人，见于外者其色骄骄然。泰与骄，威与猛，周与比，和与同，惟识者能辨之。

子路问曰：何如斯可谓之士矣？子曰：切切偲偲，怡怡如也，可谓士矣。朋友切切

偲偲兄弟怡怡（子路篇）

集解馬曰切切偲偲相切責之貌怡怡和順之貌也

怡怡如也如猶然也子貢問士子路問士答語各別蓋士行甚廣各就所短告之耳

子曰士而懷居不足以為士矣（憲問篇）

皇疏懷居猶居求安也君子居無求安士也若懷居非為士矣是也

子曰邦有道危言危行邦無道危行言孫（憲問篇）

後漢書第五倫傳注引鄭曰危猶高也許氏說文曰危在高而懼也鄭許義合高言高行在俗之表為俗所忌而招禍患然在治世可借以厲俗人主重之故鮮憂患若在亂世則鮮有不被中傷者故處亂世當言孫孫為愻之借字借作遜遜行而愻虞愻順也（說文段注）婉順而違是為言孫之義非曲徇人意冀取悅於人之謂也

39

錢坫論語後錄引孫星衍曰廣雅危正也釋此爲長按此義與鄭說較正見其短正言正行有何患即在亂世亦可行惟高言高行不同流俗爲可憂且言孫非正耶

子曰有德者必有言有言者不必有德仁者必有勇勇者不必有仁(憲問篇)

言中倫爲有言非詭辯也見危授命爲有勇非好勇鬬很也

子曰愛之能勿勞乎忠焉能勿誨乎(憲問篇)

此章愛勞忠誨果指何種人言未易明也集解孔注言人有所愛必欲勞來之有所忠必欲教誨之朱注引蘇氏曰愛而勿勞禽犢之愛也忠而勿誨婦寺之忠也愛而知勞之則其爲愛也深矣忠而知誨則其爲忠也大矣王引之經義述聞云呂氏春秋高注勞勉也勉與誨義相近故勞誨並稱鹽鐵論授時篇知言之於百姓若慈父之於子也忠焉能勿誨乎愛之而勿勞乎而與論語意通白虎通義臣所以諫君之義何盡忠納誠也論之能勿勞乎忠

焉能勿誨乎？上列諸說，以白虎通說為近理。忠者，不必專為臣對君，忠於其職守亦得稱為忠也。若愛民而勞民，是乃真愛民；為忠於其職守而誨民，是為真忠。

子曰：貧而無怨難，富而無驕易。（憲問第十四）

無猶不也。易讀去声。

子問公叔文子於公明賈曰：信乎？夫子不言、不笑、不取乎？公明賈對曰：以告者過也。夫子時然後言，人不厭其言；樂然後笑，人不厭其笑；義然後取，人不厭其取。子曰：其然，豈其然乎？（憲問第十四）

礼記檀弓上：公叔文子升於瑕丘，蘧伯玉從。鄭注：二子，衛大夫。文子，獻公之孫，名拔。正義：世本云：獻公生成子當，當生文子拔，拔生朱，為公叔氏。襄二十九年左傳作公叔發，拔、發音同，不知誰為段借字也。公明賈疑即文子之子公叔朱（左傳作公叔戍）。明賈當是朱之字。爾雅釋天：夏為朱明。注：氣赤而

4.0

光明」朱含光明之義，故曰明貫。定公十四年，春，叔戍奔魯，時文子已卒。（卒于定十三年）據史記時孔子尚未去魯，此年之間當是發於公叔戍初立為時，因孔子聞公叔文子賢，故問之。公叔文子，吳季札適衛時稱之為君子。定公六年魯侵鄭，往返不假道於衛，衛侯怒，使彌子瑕追之。時公叔文子已老，輦而如公，諫止之。定十三年傳又追記公叔文子事。史鰌謂文子曰：「富而不驕者鮮，吾唯子之見。」禮記檀弓：公叔文子卒，其子戍請謚，君曰：昔者，衛國凶饑，夫子為粥與國之餓者，是不亦惠乎？昔者衛國有難，夫子以其死衛寡人，不亦貞乎？夫子聽衛國之政，脩其班制，以與四鄰交，衛國之社稷不辱，不亦文乎？故謂夫子貞惠文子。今經傳所記，觀之其人蓋為衛大夫之賢者。

「豈其然乎」論衡儒增、知實引皆作「豈其然乎？豈其然乎」，重句。

子曰：其言之不怍，則為之也難。（憲問篇）卷七

集解馬曰作慙也

則爲之也難皇本作則其爲之難大言不慚則亦徒有其言而已孟子曰人之易其言也無責耳矣可引釋此章

子曰君子上達小人下達（憲問篇）

萬物之生皆向上達即橫生者首亦向上伸也死則向下達耳小人日趨死（爲惡）亡之路故曰下達君子崇德日趨生理之途故曰上達

子曰君子恥其言而過其行（憲問篇）

皇本高麗本作恥其言之過其行今邢疏本作而過其行阮元校勘記據潛夫論交際篇引文而作之斷爲字當作之今注疏本乃後人依朱文公本校改非邢氏之舊此恐不然咸平（宋真宗）二年詔昺改定舊疏頒學官是爲宋代官書學子奉爲定本朱子注論語必據邢本今邢本作而正是朱子所本反謂後人據朱文公本校改邢疏是倒果爲因之說未是也

41

「恥其言而過其行」而猶乃也。（説見經傳釋詞卷七）言行宜相顧，今乃言過其行，是言之不怍也，故君子恥之。而作之者疑彼邪人，改字，朱子皆兩截釋之，自是錯解。

子曰：不患人之不己知，患其不能也。（憲問篇）

子曰：不逆詐，不億不信，抑亦先覺者，是賢乎。（憲問篇）

逆，宜戟切，疑入聲。説文曰：逆，迎也。關東曰逆，關西曰迎。段注：逆迎雙聲二字通用。如禹貢逆河，今文尚書作迎河。今人假以為順屰之屰，逆行而屰廢矣。億，於力切，入聲。説文：億，安也。段注：晉語：億寧百神，注：億，安也。吳語：億負衆庶（雷）注：億，安也。左傳：不能供億，曰心億則樂，杜注皆曰安也。此億字之本義，今則本義廢矣。或假為萬意字，或假為意字，如論語不億不信、億則屢中是也。如段説，此章億字為意之借字，當讀去聲。

「抑亦先覺者，是賢乎」朱注：言雖不逆不億，而於人之情偽自然先覺，乃為賢。

也，得其旨矣。

子曰：驥不稱其力，稱其德也。（憲問篇）

驥，說文曰：千里馬，孫陽所相者。徐曰：孫陽即伯樂。

或曰：以德報怨，何如？子曰：何以報德？以直報怨，以德報德。（憲問篇）

老子德經曰：為無為，事無事，味無味，大小多少，報怨以德。與此章言反。說苑權謀篇孔子曰：聖人報怨以德。禮記表記子曰：以德報怨，則寬仁之身也；以怨報德，則刑戮之民也。又與此章反。此當是剿句，小戴集古傳記，察之未審，為道書所惑，而致深說也。集注老氏曰：觀此章之答，則知表記所為夫子之言者，蓋失其傳也，是也。翟晴江曰：論語二十篇無及老聃一事，惟或人若此語為問，而夫子深不謂然，即此可破學於老聃之浮說矣。據此說非也。語中無斥老子之說者，正足以證老子書後於論語。今所傳道德經中，多有見於他書所引稱為黃帝之說者，故漢初稱其學派為黃老。書由雜鈔而成，斷非

42

老聃所著。翟氏認道德經為老子所自著，謬也。

子路問君子。子曰：修己以敬。曰：如斯而已乎？曰：修己以安人。曰：如斯而已乎？曰：修己以安百姓。修己以安百姓，堯舜其猶病諸。（憲問篇）

修己，修德也。修，治也。病，苦也。以不能安百姓為苦也。

子曰：由，知德者鮮矣。（衛靈公）

德不孤，必有鄰。與此章似是同時語。

子張問行。子曰：言忠信，行篤敬，雖蠻貊之邦行矣；言不忠信，行不篤敬，雖州里行乎哉？立則見其參於前也，在輿則見其倚於衡也，夫然後行。子張書諸紳。（衛靈公）

行猶言出遊，非指言行事之行，故曰蠻貊之邦行矣，州里行乎哉。

禮王制：南方曰蠻。說文曰：蠻，南蠻。貊，莫白切。說文曰：貉，北方人。貉讀莫白切。

貉為貊之本字。

州里、集解鄭曰萬二千五百家爲州、五家爲鄰、五鄰爲里。

參音森、韻會云蓋立貌。衡、集解包曰軛也。淩曙四書典故覈曰大車兩轅而直牛在中間、兩轅之端、横一木謂之鬲、鬲與衡皆謂之軛、通名之鬲、亦曰衡。

紳、說文曰大帶也。博雅紳束也。按博雅云云明大帶所以名紳之意耳。書諸紳示不忘也。古人爲學篤實如此。

子曰、可與言而不與之言、失人、不可與言而與之言、失言、知者不失人、亦不失言。（衛靈公）

敬求不失言、當三復此章。

子曰、人無遠慮、必有近憂。（衛靈公）

無猶不也。

子曰、已矣乎、吾未見好德如好色者也。（衛靈公十七）

色不限於女色、男亦有色、宋朝可證。不限於人之色、凡足以娛目者皆色也。

已矣乎者、重歎之也。

43

子曰：躬自厚而薄責於人，則遠怨矣！

説文曰：躳，身也。集解孔曰：自責己厚，責人薄，所以遠怨咎也。是也。然厚字之義廣，朝夕諷誦習業，時時提醒自己，勿稍懈怠，亦是厚也。德由薄積而浸厚，厚積其德，亦躬自厚也。

子曰：群居終日，言不及義，好行小慧，難矣哉！（衛靈公）

小慧，釋文：鄭曰：魯讀慧為惠，今從古。按惠慧音同通借，魯用借字，古用本字。本字義明，故鄭從古。説文曰：惠，仁也。書皋陶謨安民則惠，蔡傳：惠，仁之愛也。慧，説文曰：儇也。徐曰：儇，敏也。二字本義各别。好行小慧，自是取慧敏之意，後漢孔融傳：將不早惠乎？注惠作慧。漢書昌邑王傳：清狂不惠。師古曰：心不慧。兩漢書猶沿用借字，非謂惠慧義通。徐養原魯讀考謂惠慧通用至唐猶然，非也。凡義同者為通用字，義不同而音同為借字。徐氏豈不知此理，特一時蔽於今學成見，而不自覺其言之失耳。

光弌

難矣哉，謂進德難也。

子曰：君子義以爲質，礼以行之，孫以出之，信以成之。君子哉！（衛靈公）

釋文曰：義以爲質，一本作君子義以爲質。據此則旧本有無君子二字者。阮氏校勘記云：按文義君子二字不當有，孝經三才章疏引亦無君子字。經義雜記（臧琳）云：有者係衍文，蓋先說義以爲質四句，然後言君子哉，明不當先言君子也。按此說非也。釋文所舉無君子字者，正是後人疑其衍文而刪之者。今皇本、邢本皆有此二字，可證此爲重言，非衍文。易乾卦文言：其唯聖人乎！知進退存亡而不失其正者，其唯聖人乎！是爲重言之例。禹吾無間然矣。又曰：禹吾無間然矣。賢哉回也！又曰：賢哉回也。皆爲一章中重言。此章句法正同。

義礼並出，則義者理也，礼者礼儀也，信者實也。

子曰：君子病無能焉，不病人之不己知也。（衛靈公）

44

病者若也。又可训恨。文八年左傳閻職曰：與刖其父而弗能病者何如。杜注：言不以父刖為病恨是也。人有疾病莫不苦痛，以為恨曰苦曰恨皆為引伸之義。

已知為衛文。此言人當自強，他人之知或不知，不足較也。求虛名，不如求實學。

子曰：君子疾沒世而名不稱焉。（衛靈公）

集解何曰：疾猶病也。是也。

稱有平去二聲。銓衡之稱，稱頌之稱皆平聲，名實相副之稱讀去聲。按漢人所引如法言問神篇君子病沒世而無名，中論考偽篇仲尼惡沒世而名不稱，皆讀平聲，言沒後而名不見稱於人，君子疾之。皇邢兩疏及朱注皆作如是解。惟陽明傳習錄曰：稱字當讀去聲，亦聲聞過情君子恥之之意。錢大昕養新錄曰：聖人以名立教，未嘗惡人之好名也。孟子曰：令聞廣譽施於身。令聞廣譽非名而何？惟聲聞過情，斯君子恥之耳。皆以名實相副釋此稱字。余則以為聖人斷不教人好名，重沒世之名，即所以勉人重視現世之實，篤志，

此稱字當讀平聲

卷七

昔儒張南軒曰，終其身而無實之可名，君子疾諸。（論語解）深得經旨。

子曰：君子求諸己，小人求諸人。（衛靈公）

子曰：君子矜而不爭，群而不黨。（衛靈公）

矜者莊正望之儼然，不知者以為好爭，而實則其接人也溫，不爭也。

子曰：君子不以言舉人，不以人廢言。（衛靈公）

聽其言而觀其行，故不以言舉人。我言維服，勿以為笑。先民有言，詢於芻蕘。（大雅板）故不以廢言。

子貢問曰：有一言而可以終身行之者乎？子曰：其恕乎。己所不欲，勿施於人。（衛靈公）

義詳問仁篇。

子曰：吾之於人也，誰毀誰譽？如有所譽者，其有所試矣。斯民也，三代之所以直道而行也。（衛靈公）

集解包曰：所譽輒試以事，不空譽而已矣。

45

三代集解馬曰：夏商周也。用民如此，無所阿私，所以云直道而行也。以用民释以字非是。朱注以直道而行指民言，是也，而又謂斯民者今此之人也，亦非。民猶人也，言謂斯人在盛世之时皆循直道而行，吾今亦如此無所阿私。三代是否指夏商周言，未易定。夏商周之民風未必能有如是之美。且孔子周时人也，周时之民風如何，於三百篇中國風觀之，未見其淳樸。此三代二字實與古字相當。

子曰：巧言亂德，小不忍則亂大謀。（衛靈公）

巧言為孔子所痛惡，知巧言亂德則當慎言。一朝之忿忘其身以及其親，非惑與？知小忿宜忍則當慎行。慎言慎行，此章之義也。

子曰：眾惡之必察焉，眾好之必察焉。（衛靈公）

眾惡之其人未必即惡，必察之而後知；眾好之其人未必即善，必察之而後悉。義與子貢問曰鄉人皆好之何如章同，可相參。

楚人

子曰過而不改是謂過矣

謂猶為也為平聲

子曰君子不可小知而可大受也小人不可大受而可小知也（衛靈公）

朱注知我知之受彼所受竊以為未安受說文曰相付也段注受者自此言受者自彼言其為相付一也是受兼授義受者說文曰上下相付也上下相付則受有授予之義明矣此章受字當訓授予之義知我知之受亦我授予之也若依朱注於而可大受句可通於不可大受句即不通也若訓授予之授兩句皆通君子不可以小才知而可以大任授之小人不可以大任授之而可以小才知之於君子當捨小而任大於小人當捨大而任小此章之義也

子曰君子貞而不諒（衛靈公）

集解孔曰貞正也諒信也按貞訓正見易師卦彖辭諒訓信見說文皆為

4-6

古義孔注於訓詁自是有據，但以此說此章義則不通也。其說曰君子之人正其道耳，不必有信也。此何說也？信在道外耶？則所道者何道也？若謂此章所謂諒者為要盟之信，則未有據。若謂誠信之信，則信即道也，何可不必有信？孟子曰君子不諒，惡乎執？言君子唯信是執，而此曰君子可不必有信，其說之不通明矣。唐趙蕤長短經曰：孔子曰君子貞而不諒。又曰：信近乎義，言可復也。由是言之，唯義（所在）不必信也。增一義字，視孔注猶勝，然謬說非此一義字所能掩。錢時融堂書見曰：諒者，守小信而不知變，兄不能正也。是以諒為小信，襲皇疏之謬說者也。夫信有大小，其界限不知由何而定。朱子曰：諒者不擇是非而必於信。是（即）錢氏之說（之所本）。張南軒論語解、戴溪石鼓論語答問與錢朱合也。降元明至清為注疏家，於此未見有確解。即乾嘉以後，如劉氏正義、潘氏集箋，網羅衆說，猶隨舊注，未有新義。此章諒字乃倞字之段借，諸儒所未審也。諒可借為倞，禮記郊特牲：祊之為言倞也。鄭注：倞猶審也，倞或為諒，其明證

卷七

也詩大雅蕩之什桑柔君子實維秉心無競（其兩切）按開元五經文字競
本作倞則倞又與競通競訓爭競爭彊爭逐而按說文倞之本義亦為彊鄭
曰倞之為言彊也與爭逐義近君子貞而不諒諒讀為倞爭也守正不阿者
無與人不合不合瀕於爭而能不爭斯乃所謂君子人也周而不比和而不
同泰而不驕威而不猛周比泰驕威猛義之不同在幾微之間君子惟能辨
其幾微之間為此而不為彼乃成其為君子貞倞亦然學為仁人者當於此
等字眼處心辨之

子曰辭達而已矣（衛靈公）
辭以達意為上文采次之子曰為命裨諶草創之世叔討論之行人子羽修
飾之東里子產潤色之所謂草創討論即辭欲達意修飾潤色則辭欲其有
文也襄二十五左傳鄭子產獻捷於晉戎服將事晉人問陳之罪對曰昔虞
閼父為周陶正云云士莊伯不能詰復於趙文子文子曰其辭順犯順不祥

47

乃交之仲尼曰志有之言以足志文以足言不言誰知其志言之無文行而不遠晉為伯鄭入陳非文辭不為功慎辭哉言須有文此明言之貌謂辭可無華耶嘗見不善為文者輒[redacted]曰辭達而已矣[redacted]若辭可不必文故為說[redacted]詳之

師冕見及階子曰階也及席子曰席也皆坐子告之曰某在斯某在斯師冕出子張問曰與師言之道與子曰然固相師之道也（衛靈公）

周礼春官大師下大夫二人小師上士四人瞽矇上瞽四十人中瞽百人下瞽百有六十人鄭注凡樂之歌必使瞽矇為焉命其賢知者以為大師小師晉杜蒯云曠大師也然此師冕乃瞽者故及階則曰階也及席則曰席也坐定又告之曰某在斯某在斯重言之者以坐者多於此也

相[redacted]集解馬曰尊也釋文鄭曰扶也尊不必扶扶則尊在其中瞽者必扶鄭義為長

卷七

諒作信解為
詹聞聲先生批

子曰：益者三友，損者三友。友直，友諒，友多聞，益矣。友便辟，友善柔，友便佞，損矣。
便辟，集解馬曰：巧避人所忌以求容媚者也。善柔，馬曰：面柔者也。便佞，說文
曰：便，巧言也。論語曰：友諞佞。按：便，習也。便辟者，習於邪也。辟者，邪也。礼玉藻
是以非辟之心無自入也。注：辟本又作僻。便辟與友直為对，直者正直，辟者
邪辟。（信也，信者誠也）諒者不阿，善柔者順承，亦是对文。多聞者博習，佞者徒尚口說，便佞，習
於佞也。說文論語曰友諞佞，論便當是通用字。

子曰：益者三樂，損者三樂。樂節礼樂，樂道人之善，樂多賢友，益矣。樂驕樂，樂佚
遊，樂宴樂，損矣。（季氏篇）

節，制也。易頤卦象曰：山下有雷，頤。君子以慎言語，節飲食。注：節，裁制。節礼樂，
言以礼樂為裁制也。三樂之樂，諸樂字皆讀去声，音教，愛好也。

孔子曰：侍於君子有三愆：言未及之而言謂之躁，言及之而不言謂之隱，未見
顏色而言謂之瞽。（季氏篇）

45

懲，籀文作懲，說文曰：過也。躁，釋名曰：燥也，物燥乃動而飛揚，擬此，則躁者安動也。易繫辭曰：躁人之辭多，辭多故言未及之即言，不敬之甚，故爲三愆之首。

子曰：君子有三戒：少之時，血氣未定，戒之在色；及其壯也，血氣方剛，戒之在鬭；及其老也，血氣既衰，戒之在得。（季氏篇）

說文曰：戒，警也。易繫辭曰：聖人以此齋戒。韓康伯曰：洗心曰齋，防患曰戒。得者甚解，孔曰：貪得。盈也，盈則溢，爲壯年之象，故壯者氣盛好鬭；虛則受益，老年之象，故老者氣衰貪得。好色則好德之心微，故宜戒；好鬭忘其身以及其親；貪得不知足，辱及其身，皆宜戒。

（于義未安。得者自得、自足、自滿、自大也。書，大高謨：不自滿假。符：滿）

（盈、假，大也。疏曰：言己無所不知，是爲自滿；言己無所不能，是爲自大。年老之人，血氣既衰，体弱氣餒，）

（佳：晏子所獲，而自滿假，是當引以爲戒。）

孔子曰：君子有三畏：畏天命，畏大人，畏聖人之言。小人不知天命而不畏也，狎大人，侮聖人之言。（季氏篇）

說文：畏，惡也，从由虎省。（由敷勿切，鬼頭也）鬼頭而虎爪，可畏也。按畏又
可訓怪。見鬼頭而虎爪者，當先怪而後生惡，是身見之也。此章畏字自是畏
怪之義。
大人，集解：孟子曰：天子諸侯為政教者是也。孟子曰：惟大人為能格君心之非。
（離婁上）此指大臣言。又曰：說大人則藐之，勿視其巍巍然。（盡心下）此
指諸侯言。又曰：居仁由義，大人之事備矣（盡心上）。有大人者，正己而物
正者也（盡心上）。非禮之禮，非義之義，大人勿為。大人者，不失其赤子之
心者也（離婁下）。此則指有位有德者言也。大抵孟子之意，在位必須有
德，方足當大人之名，若小人在位，則小人而已矣。此章大人亦當是指在位
而有德者言。若小人而當大人之位，則君子亦不畏也。彼以其富，我以吾仁，
彼以其爵，我以吾義，吾何慊乎哉。
狎，說文曰：犬可習也。此為本義。禮記曲禮：君子狎而敬之。注：狎，近也。書：泰誓：

49

狎侮五常傳輕狎五常皆為引伸之義。此狎大人亦是輕侮之言。

孔子曰君子有九思視思明聽思聰色思溫貌思恭言思忠事思敬疑思問忿思難見得思義（季氏篇）

難去聲患也。

孔子曰見善如不及見不善如探湯吾見其人矣吾聞其語矣隱居以求其志，行義以達其道吾聞其語矣未見其人也（季氏篇）

齊景公有馬千駟死之日民無德而稱焉伯夷叔齊餓於首陽之下民到於今稱之誠不以富亦祇以異其斯之謂與（季氏篇）

已見論詩篇。

子曰色厲而內荏譬諸小人其猶穿窬之盜也與（陽貨篇）

厲嚴也。（說文）荏柔也。（集解孔注）穿通也（說文）窬空中也（說文）

穿窬猶言穿空墻也。暮夜穿窬為盜，白晝見人，人不知其為盜也，猶以人視之色厲内荏者，其穿窬之盜歟。而人懾其深威，猶尊之敬之，此世之所以不治也。春秋之世，貴族世襲為卿，多不知學，不知義，徒有其表，不知為政，亡國敗家之多不絕，如孔子有此歎。

子曰：鄉原，德之賊也。（陽貨篇）

孟子曰：孔子曰：過我門而不入我室，我不憾焉者，其惟鄉原乎！鄉原，德之賊也。曰：何如斯可謂之鄉原矣？（萬章問）曰：何以是嘐嘐也？言不顧行，行不顧言，則曰古之人古之人。行何為踽踽涼涼？生斯世也，為斯世也，善斯可矣。閹然媚於世者，是鄉原也。萬章曰：一鄉皆稱原人焉，無所往而不為原人，孔子以為德之賊，何哉？曰：非之無舉也，刺之無刺也，同乎流俗，合乎汙世，居之似忠信，行之似廉潔，眾皆悅之，自以為是，而不可與入堯舜之道，故曰德之賊也。（盡心下）（盡心章句下）

原為愿之借字，愿說文曰：謹也，善也。與孟子居之似忠信云云義正合。

德之賊，孟子言之詳矣。雖[redacted]然余猶有說以足之。易坤卦文言曰：坤至柔而動也剛，至靜而德方，曰君子敬以直內，義以方外，敬義立而德不孤，剛故敬以直內，方故義以方外。坤柔有剛存焉，靜有方存焉。鄉原知柔而不知剛，以純柔為美德，自以為成其德，不知已自毀其德，賊已賊人，故曰德之賊，賊害也。

擬此、如

子曰：鄙夫可與事君也與哉！其未得之也，患得之；既得之，患失之。苟患失之，無所不至矣。（陽貨篇）

可與事君也與哉，猶言可以事君也與哉，與猶以也。（經傳釋詞卷一）

患得之，集解何曰：患得之者，患不能得之也，楚俗言。按集解是也，然謂楚俗言恐非。孔子弟子之著者無楚人，僅有任不齊，未見於論語，記者未必採其方言也。得與失為對文，下文有患失之，則上文之患得之為患不得而欲得之之言，至明顯。後人引經，如潛夫論愛日篇、蘇軾上神宗書、韓愈王承福傳，皆除一不字，惟人誤解耳。四書辨疑以為今無不字者蓋闕文也，非是。

子曰：古者民有三疾，今也或是之亡也。古之狂也肆，今之狂也蕩；古之矜也廉，

今之矜也忿戾，古之愚也直，今之愚也詐而已矣！（陽貨篇）

已見論教篇

子曰：惡紫之奪朱也，惡鄭聲之亂雅樂也，惡利口之覆邦家者。（陽貨篇）

朱正色，紫間色。覆敗也。邦家者，者猶也也。三句一例，皇侃本者即作也，可证。

子曰：予欲無言。子貢曰：子如不言，則小子何述焉？子曰：天何言哉？四時行焉，百物生焉，天何言哉！（陽貨篇）

已見論教篇

子路曰：君子尚勇乎？子曰：君子義以為上。君子有勇而無義為亂，小人有勇而無義為盜。（陽貨篇）

義，理也，禮也。

子貢曰：君子亦有惡乎？子曰：有惡。惡稱人之惡者，惡居下流而訕上者，惡勇而無禮者，惡果敢而窒者。曰：賜也亦有惡乎？惡徼以為智者，惡不孫以為勇者，惡

51

訐[redacted]以為直者（陽貨篇）

惟仁者能好人能惡人，故君子亦有惡也。訕，謗也。窒，塞也。（集解引馬曰）釋文：鄭曰，魯讀窒為室，今從古。按魯作室者，叚借也。徼，釋文：鄭本作絞，按作絞者，陳氏古訓以為與泰伯篇直而無禮則絞之絞同，訓切也。然非。此絞之取為徼，紛爭言。（史記平原君傳）徼可借為繳（說文通訓定聲）作絞者，當為繳之借字，繳（有纏繞不清之意）爭紛言有數求智，而實非智，所謂小慧者近之。

訐，說文：面相斥罪相告訐也。（賜也亦有惡乎下面有一曰字。）

子曰：惟女子與小人為難養也，近之則不孫，遠之則怨。（陽貨篇）

近遠皆去聲，孫為遜之借字，去聲。

女子小人若泛言之，則文王之母女子也，穆姜女子也，即孔子之母何莫非女子，聖人（孔子）亦謗其母耶？當無此理。女子與小人並言，且曰為難養也，則其言乃有所指明矣。蓋指僕妾言也。孟子曰：以順為正者，妾婦之道也。僕妾在當時社会无地位，圣贤亦贱视之，时代使然，无足怪也。

子曰：年四十而见恶焉，其终也已。（阳货篇）

恶，旧注皆读去声，为好恶之恶，非也。当读如字，为善恶之恶。见恶，犹言有恶。年四十，当已成德，而犹有恶行，则日月逝矣，终无成德之日可知。故曰其终也已。若见恶于人，则其人之贤否未可知也。乡人皆恶之未可也，乡人皆好之未可也，不如乡人之善者好之，其不善者恶之。孔子尝以此告子贡矣。可知见恶于人，贤者亦未能免，即孔子本人之事亦可讥。求无恶行，学者之事，可自勉。求不见恶于人，是乡原之事，君子耻之。君子但求身无恶行，不见恶于天地鬼神耳。

子张曰：士见危致命，见得思义，祭思敬，丧思哀，其可已矣。（子张篇）

致，说文曰：送诣也。则致命犹言送命也。宪问篇言授命，此言致命，其义则一。

子夏之门人问交于子张。子张曰：子夏云何？对曰：子夏曰：可者与之，其不可者

52

拒之。子張曰：異乎吾所聞，君子尊賢而容衆，嘉善而矜不能。我之大賢與，於人何所不容；我之不賢與，人將拒我，如之何其拒人也。（子張篇）

集解包曰：交友當如子夏，汎交當如子張。皇疏引曰：子夏所云，倫黨之交；子張所云，尊卑之交也。王肅曰：子夏所云，敵体之交；子張所云，覆蓋之交也。余按此皆為调和兩說之言，亦說也（未見其是也）。考之孔子之言，知子張之說為是，子夏之說非。無友不如己者，謙以自持。三人行，必有我師焉，擇其善者而從之，其不善者而改之，從善改過，善惡皆我師，何拒之有。忠告而善道之，不可則止，何拒之有。子張就不背師教，子夏規模小，又不善學論交，而曰拒人，得毋為小人儒乎！

子夏曰：小人之過也必文。（子張篇）

文者，飾也。有過而不知，則為愚；知而不改，則愚而固；知過而不改，而又文飾之以欺人，則為小人之尤。智足以飾非者矣，愚者可化，固者可破，惟小人之尤，教化刑罰無所用之。子夏所稱之小人，即為此。數堯舜為君，孔子為師，亦無術以感化之人言可知也。

子夏曰君子有三變望之儼然即之也溫聽其言也厲。（子張篇）
儼釋文曰本或作嚴音同按今皇本即作嚴兩字通用君子尊其瞻視儼然人望而畏之皇本儼不作嚴可证爾雅釋詁儼敬也厲集解鄭曰厲正也。三變者即容貌言君子待人接物一心而已矣一理而已矣何三變之有。孔子溫良恭儉讓在子貢視之有此分別孔子自處泰然不自知其是溫良恭儉讓也子夏此言不善体會之有流弊。

子夏曰大德不踰閑小德出入可也。（子張篇）
窺子夏之言此德字指事言然事者德之著者也滴水可以成渠星火可以燎原豈可以其小而輕忽之子夏此言揚抑其詞不可爲训。

子貢曰紂之不善不如是之甚也是以君子惡居下流天下之惡皆歸焉。（子張篇）

子貢曰君子之過也如日月之食焉過也人皆見之更也人皆仰之。（子張篇）

53

食，皇本、高麗本皆作飭。按春秋日月食皆作食，食飭二字通用。

曾子曰：吾聞諸夫子，孟莊子之孝也，其他可能也，其不改父之臣與父之政，是難能也。（子張篇）

孟莊子，魯大夫仲孫速，獻子之子也。三年無改於父之道，可謂孝矣，當是為孟莊子而發，前已論及。

一九六一年十月十九日校畢　春翔記

卷七

毛春翔文集

上

毛春翔◎著
浙江圖書館◎編
童聖江◎主編

國家圖書館出版社

圖書在版編目(CIP)數據

毛春翔文集:全三册 / 毛春翔著;浙江圖書館編.-- 北京:國家圖書館出版社,2016.9

ISBN 978 - 7 - 5013 - 5887 - 8

Ⅰ.①毛… Ⅱ.①毛… ②浙… Ⅲ.①圖書館學—文集 Ⅳ.①G250 - 53

中國版本圖書館 CIP 數據核字(2016)第 151656 號

書　　名	毛春翔文集(全三册)
著　　者	毛春翔　著　浙江圖書館　編
責任編輯	鄧詠秋
助理編輯	王錦錦
封面設計	程言工作室
出　　版	國家圖書館出版社(100034　北京市西城區文津街 7 號) (原書目文獻出版社　北京圖書館出版社)
發　　行	010 - 66114536　66126153　66151313　66175620 66121706(傳真)　66126156(門市部)
E - mail	nlcpress@ nlc. cn(郵購)
Website	www. nlcpress. com→投稿中心
經　　銷	新華書店
印　　裝	北京華藝齋古籍印務有限公司
版　　次	2016 年 9 月第 1 版　2016 年 9 月第 1 次印刷
開　　本	787 × 1092(毫米)　1/16
印　　張	99
書　　號	ISBN 978 - 7 - 5013 - 5887 - 8
定　　價	980.00 圓

青年毛春翔

毛春翔與妻子何文香、大兒子毛念慈攝于北京(1933 年)

毛春翔夫婦與女兒毛念瑾、小兒子毛念誠攝于杭州(1956 年)

毛春翔(左二)與同事在貴州地母洞文瀾閣《四庫全書》保護現場

序

我與毛春翔先生不曾謀面，但他在我心中卻始終被奉爲前輩師長，此蓋與我本人的志趣有關。我讀大學時，就喜歡書史和版本之學。喜歡書史，那是因爲我聽過劉國鈞先生的書史講座，覺得十分有趣；而暗嗜版本學，便與毛春翔先生有關了。那時的北大中文系古典文獻專業，四年級時要寫學年論文，我的論文題目就是《三蘇文集的版本》，現在想來真是初生的牛犢不怕虎，無知即無畏。由於有此之好，一九五八年劉國鈞先生在高等教育出版社出版的《中國書史簡編》、一九六一年在中國青年出版社出版的《中國書的故事》，一九六二年毛春翔先生在中華書局出版的《古書版本常談》，便成了我經常帶在身邊屢翻不厭的讀物。即便是到農村參加四清運動，這三本小書也始終沒有離開過我。毫不誇張地說，它們是其後我與古籍伴終生的媒介，是我進入古書版本目録學領域的初期導航。到我畢業的一九六五年，先生以六十七歲高齡退休。直到爲編輯《中國古籍善本書目》一書，想徵求先生意見時，先生又已駕鶴作古，所以始終未能謀面，親聆教誨。遺憾！

先生謝世四十三年後，浙江圖書館徐曉軍館長告訴我該館欲搜集整理編輯出版《毛春翔文集》，囑我爲之撰寫序文。我雖性鈍筆拙，但不願違命推辭，理由就是想借此向先生鞠躬致敬，表達我來遲了的敬意。我本人致力於古書版本之學已逾五十年，如果說還算有點成績，則啓昧開蒙之功實始自春翔先生足下。待先生文稿擺在案頭，通覽先生長篇短什，非但撫物思人，更覺先生乃我們圖書館人的楷模。而文集所收，竊意有如下特點。

特點之一是幹本職、寫本職。圖書館人的天職，就是整理文獻，揭示館藏，承傳文明，服務社會。先生以不間斷的努力，早在半個世紀前就爲我們做出了表率。且看《浙江省金石待訪目録》《整理嘉業藏書樓藏書工作總結報告》《浙江省立圖書館善本書目甲編》《四庫著録浙江先哲書目》《文瀾閣四庫全書戰時播遷紀略》等等，都是在職人寫在職事，這是圖書館人能做出點成績的必由之路，圖書館的後繼者可引爲借鏡。

特點之二是百尺竿頭更進一步。先生並未以著録編目爲人生的終極，而是進一步挖掘自己的潛力，向更寬廣的學術領域前行。文稿中之《論語類編通義》《古書版本常談》，顯然是先生的兩部力作。我說過一句不太好聽的話，如果衹停留在著録、分類、編目上，那最多不過是一位編目匠，尚不是一位學人。要想成爲學人，就要有研究能力和研究成果。而要有研究成果，就要有必要的精力和時間，大概就是在這個問題上，不少圖書館人找到了不求上進的藉口。圖書館的職業特點是坐班，上班就得幹活與服務，不像大學和科研單位，其天職就是教學與科研，容易出成果。圖書館人沒有這樣的條件，沒有時間搞出成果。有這樣的事實，但不存在這樣的邏輯。這就要看個人的境界了。毛春翔先生選擇的境界，是將自己置身於讀者學人的角度，從嚴從深要求自己，著書立說，從而提高自己的服務能力，拓寬自己的服務平臺，做更高境界的圖書館人。譬如他的《古書版本常談》就突破了圖書館人狹窄的服務範疇，爲更多有這方面志趣的人服務。這更是我們圖書館人應努力追求的境界。

特點之三是不急功近利。文稿中有一些是未經發表的油印本，諸如《版本略說》（初稿），就是浙江省文藝幹校的油印本；《浙江省金石待訪目録》，是部手抄本；《浙江省立圖書館善本書目甲編》，也衹是該館的鉛印本。這固然與當時的社會風尚有關，但與本人持重老成，不急功近利有關。這一點，也很值得我們圖書館人引爲借鏡。

文稿中影響較大的還是《古書版本常談》。此書不是鴻篇巨製，也不是探幽發微、學術性極強的理論著述，但書內所講到的內容，如《什麼叫作版本》《什麼叫作善本》《我們爲什麼要研究版本》《我國雕版印書始於何時》《唐五代刻本》《宋刻本》《遼金刻本》等等，幾乎每個問題都是初學者心裏所想的問題。而讀了之後，不但可以得到知識的滿足，在某些問題上也會湧動進一步探討的漣漪，我本人在研讀及成長過程中就有着深刻的體會。比如以『三性原則』來概括善本的《善本淺論》一文，就是在毛先生書中獲得啓發寫出來的。一部書，不但能給人以知識，還能給人以啓發，這也是一種成功。前賢雖已去，後人且追思，九泉若有知，一首唱和詩。是爲序。

李致忠

二〇一六年六月十五日於北京

總目録

上册

著作

中册

下册

論文

譯著

附録

上册目録

著作

古書版本常談

毛春翔著

古書版本常談

毛春翔著

中華書局

封面插圖：

　　古代的木活字工場制造“木子”（活字坯子）圖——採自《武英殿聚珍版程式》

古書版本常談

毛春翔著

*

中華書局上海編輯所編輯

（上海紹興路7號）

中華書局出版

（北京復興門外翠微路2號）

北京市書刊出版業營業許可證出字第17號

上海新華印刷廠印刷

新華書店上海發行所發行　各地新華書店經售

*

787×1092毫米1/32・3 11/16印張・14 插頁・65,000字

1962年10月第1版

1962年10月上海第1次印刷

印數：1—9,000　　定價：(7) 0.60元

統一書號：17018.512　62.10.滬型

古書版本常談目錄

圖版目錄

古書版本常談

什麽叫作『版本』？

書之稱本，始於漢劉向。劉向別錄云：『一人讀書，校其上下，得謬誤，爲校。一人持本，一人讀書，若怨家相對，爲讐。』這裏所謂持本，卽持書本的意思。到南北朝，顔之推著了一部家訓，其中有一篇書證篇，舉了許多本子，有：江南本、河北本、俗本、江南舊本、江南古本、江南書本等等，書之稱本，便很通俗了。顔氏所舉的許多本，都是寫本。寫本或稱舊本，唐太宗貞觀四年敕：『經籍訛舛，今後並以六朝舊本爲證』（見宋孔平仲談苑），可證。寫本之外，還有碑本。宋張世南的遊宦紀聞，記永福縣羅漢寺篆書云：『余嘗見碑本，字勢夭矯，洒落奇妙』，可證。碑本亦稱石本，見米芾的海岳題跋。石本、碑本，我們現在亦叫拓本。自中唐發明雕版印書以後，又有版本的名稱。此在宋人書中，往往見之，那時所謂版本，是指由雕版印刷而成的書說的。如：海岳題跋卷一云：『唐僧懷素自敍，杭州沈氏嘗刻板本』，葉夢得石林燕語云：『版本初不是正，不無訛誤。世既一以版本爲正，而藏本日亡，其訛謬遂不可正，甚可惜也』，云云；齊民要術，宋紹興甲子葛祐之序云：『此書乃天聖中，崇文院版本，非朝廷要人，不可得』，王明淸揮麈錄云：『蜀中始有版本』，陸游老學庵筆記云：『尹少稷日能誦麻沙版本書厚一寸』，朱熹上蔡語錄跋云：『熹初到括蒼，得吳任臣寫本一篇，後得吳中版本一篇』，云云；諸如此類，屈指難數，都是指印本書說的。印本書由墨印成，故又稱墨本，見齊民要術葛祐之序。版本原來的含義，如此而已。

事物是發展的，由小到大，由簡到繁，由淺到深，莫不如此；又是彼此互相關聯的，由甲和乙相關，又由乙和丙相關，而甲乙丙彼此又都互相關聯，誰也不能單獨存在和發展。版本和寫本、新版本和舊版本、新寫本和舊寫本，彼此都互相關聯、相互依存、互相提攜而發展，長短相補，正譌相切磋。由此種種，版本含義，便由單一變爲複雜，由一小圈子變爲一大圈子，由淺澗變爲深潭，由極凡庸的名詞，變爲一種極複雜而高深的學問了。由許多本子錯綜複雜的關係，產生校讐；由校讐產生善本；爲了追求善本，版本學便應運而生。此時版本二字的含義，和原來的意義，有本質上的區別。原來是單純的一種書本子的名稱，現在一變而爲一種學問的術語。上舉標題『什麼叫作版本』，便是指版本學說的，取其發展以後的意義，而不取其原始的單純的意義。

版本學所涉及的範圍很廣，舉凡寫本、歷代刊本、歷代傳錄本、批校本、稿本，以及每一書的雕版源流、傳抄源流，孰爲善本、孰爲劣本、孰爲原刻、孰爲翻刻，以至印紙墨色、字體刀法、藏書印記、版式行款、裝潢式樣等等，都在版本學的研究範圍之内，内容可謂豐富之至，彼此又皆互相關聯，缺一不可。竭一己之力，鑽研摸索，直至頭童齒豁，終老不能竟其學。二十餘年來，我時常望洋興歎，畏難麽？我又並未知難而退，前進麽？又很遲緩，這是由於根柢淺薄，精力不强，耕耘不勤，收穫自歉。後來同志，年富力强，耐心研究，持之不懈，應用毛主席的『在戰略上藐視敵人，在戰術上重視敵人』這句格言，必有好收穫。

版本學是目録學的一部分，因此研究版本，又不得不連帶研究目録編製的方法。要懂得目録如何編製，又不得不進一步研究目録學史。目録如何編製的問題解決，又不得不去研究善本書目的體例應如何寫定。要解決這一問題，便要參考各家善本書目，取長棄短，參以己見，寫定更完善的體例。這雖是研究版本連帶所及的問題，而從整個處理古書問題上説，這又是一個必須解決的問題。

什麽叫作『善本』？

『什麽叫作「善本」？』這個問題，久已存在。我個人在二十多年以前到浙江圖書館即從事編輯善本書目，那時我對古書版本這門學問，可以説一無所知，未能操刀而割，至爲可笑。後來經過一段較長時間，我對『善本』這一名稱，也漸漸懷疑起來。那時浙館藏舊刊本，爲數不多，每天觸手的，都是些明萬曆以後刻本。從外貌看去，紙墨旣劣，刀法又笨拙異常；從內容看去，任意删略舊文，如：凌稚隆的漢書評林。脱文訛字，目不暇接，如：萬曆本太平御覽、胡文煥的格致叢書、何允中的漢魏叢書、陳眉公的祕笈等等，以及其他坊刻總集、類書之類，指不勝屈。這一大批書，論時代是明刻，距今三百多年，論內容，的確不足以稱『善』；而我却不得不把它編入善本書目。這樣的違心之事，做了好多年，直到現在，還未完全改過來，精神上實在不愉快。究竟什麼叫作『善本』？這個問題，我想應該把它弄弄明白，免得一直模糊下去。

什麼叫作『善本』？據我所知，漢朝人已經說到。漢書河間獻王傳有云：『從民間得「善書」，必爲好寫與之，留其眞。』這裏所謂『善書』，卽『善本』，因爲那時未有印本，所以不叫『善本』，而叫『善書』。宋人『穆伯長好學古文，始得韓柳善本，欲二家集行於世，乃自鏤版，鬻於相國寺』（見朱弁曲洧舊聞）。這裏單稱『善本』，還沒有說明其所以爲善的根據。『宋次道（卽宋敏求）家藏書，皆校讐三五遍，世之藏書，以次道家爲「善本」』（見曲洧舊聞）。『唐以前，凡書籍皆寫本，未有模印之法，人以藏書爲貴。書不多有，而藏者精於讐對，故往往皆有「善本」』（見葉夢得石林燕語）。宋『慶曆間四庫書搜補校正，皆爲「善本」』（見周煇淸波雜志）。『通鑑紀事本末一書，『趙與篙以爲嚴陵字小且訛，於是精加讐校，易爲大字，成爲天下之「善本」』（見元延祐六年陳良弼序）。戰國策宋李文叔序云：『今國策宜有善本傳于世，而舛錯不可疾讀。』顏氏家訓宋沈揆序云：『揆家有閩本，嘗苦篇中字譌難讀，顧無善本可讎。』以上是宋人對善本的看法，歸結一句話：凡書籍必須精加讐校，方爲『善本』；否則便是『俗本』、『劣本』。陳振孫書錄解題卷八有云：『元和姓纂，絕無善本。頃在莆田，以數本參校，僅得七八。後又以蜀本校，互有得失，然粗完整矣。』『宋嘉祐四年，仁宗謂輔臣曰：宋、齊、梁、陳、後魏、北齊、北周書，罕有善本，可委編校官精加校勘。』（見江少虞事實類苑）這兩個例，也是說明書必精校，方爲『善本』。此外明清兩代，有名的學者，對『善本』的界說，大都和宋人相同，不必多舉例了。我們如果以這一點，卽：精加讐校，無脫文、無訛舛，作爲衡量標準，那末在今日所能見到的舊書，可以稱爲『善本』的，就很少了。浙館所藏五千多部善本，怕有一半要被剔除，這怎麼辦呢？我以爲衡量標準，理應從嚴；但也不必過嚴。清張之洞的說法，我認爲比較合理。他說：『「善本」非紙白版新之謂，謂其爲前輩通人用古刻數本，精校細勘，不譌不缺之本也，「善本」之義有三：一曰「足本」（無缺卷、未删削），二曰「精本」（精校精注），三曰「舊本」（舊刻、舊抄）。』張氏訂出這三條作爲善本標準，我認爲是比較妥當的。他這三條，可注意的是舊本問題。所謂『舊本』，舊到何時呢？卽以何時起至何時止爲舊本呢？清代藏書家所出書目，多以明嘉靖爲斷，萬曆以後所出書，選取非常嚴格，這是對的。宋元舊刻，在今天，誰也不會說不是善本；問題是在明刻。明刻，我們應當有所選擇，斷不可認爲凡是明刻，都是善本，和對待宋元本一樣。書籍不比古董，不能單以時代舊爲準。時代舊，不過是構成善本條件之一而已，還要看看其他各方面情況。最主要的是：是否經過精加讐校這一點，這是關於張氏所提的三點中的一點。再講到『足本』、『精本』二點，張氏未有較詳的說明。據我的認識，應該是指『舊本』而言；不然，『善本』含義，依然未弄明白。錢唐丁氏善本書室藏書志編輯條例，列舉四點：『一曰「舊刻」：宋元遺刊，日遠日鮮，幸傳至今，固宜球圖視之。二曰「精本」：朱氏一朝，自萬曆後，剞劂固屬草草；然近溯嘉靖以前，刻書多翻宋槧，正統、成化，刻印尤精，足本孤本，所在皆是。今搜集自洪武迄嘉靖，萃其遺帙，擇其最佳者，甄別而取之，萬曆以後，間附數部，要皆雕刻既工，世鮮傳本者，始行入錄。三曰「舊抄」：前明姑蘇叢書堂吳氏、四明天一閣范氏，二家之書，半係抄本。至國朝小山堂趙氏、知不足齋鮑氏、振綺堂汪氏，多影抄宋元精本，筆墨精妙，遠過明抄。寒家所藏，將及萬卷，擇其尤異，始著於編。四曰「舊校」：校勘之學，至乾嘉而極精。出仁和盧抱經、吳縣黃蕘圃、陽湖孫星衍之手者，尤校讐精審，朱墨爛然，爲藝林至寶。補脫文，正誤字，有功於後學不淺。』丁氏四例，略足本，而特標舊校，於精本，特指明刊，實較張氏所標三義，更爲精到。足本似可包括在精本之內，不必另立一幟。肯定善本含義，我以爲丁氏四例足以盡之。惟丁氏精本一條，斷於明代。在今天看來，清代極有名的精寫刻本，亦應包括在內。

書籍之傳寫刊刻，脫文譌字，總難免。前人說校書如掃落葉，旋掃旋生。刻一書或抄一書，欲一字不誤、一文不脫，可謂萬難之事。後世刊本不必說，卽宋刊也不免有錯，浙館所藏宋刊名臣碑傳琬琰集，脫文時見可證。版本之善或不善，乃從比較而來。我們不宜過於苛求，亦不可過於寬縱：無使舊刻之稍有瑕疵者，擯而不得躋身於善本隊伍，亦無使坊刻濫惡之本，廁足於善本行列，精心鑒別，期歸於至當可也。善本之名，肯定可用。至於書目好壞，是編者學力有淺深，與善本本身無關。我個人意見如是，待專家指正。

我們爲什麼要研究版本？

我們圖書館工作者處理古書，只要見書編目，分類排架，供讀者閱讀便得了，何必還要研究版本呢？有這樣想法的人可能是有的，我認爲我們不應作如是想。古書流傳到今天，刊本如宋元本、明本，雖不多見，但也有不少存留下來；抄本如宋元抄，那是太少，但明抄還不算很少：這類書，人多認爲至寶。圖書館爲藏書之府，這類書多少總有一些，既有其書，便不能不加以處理，要加以處理，便不可不懂得版本；不懂版本，如何去辨識孰爲宋刊、孰爲元刊，那是宋抄、那是元明抄呢？如以宋元舊刻，和清刻作同樣處理，並列一架，這與有人焉，將宋版書册作夾花樣用，一樣可笑。彼不識字，不足怪，而圖書館工作者却萬萬不可如此做，使人民珍貴財產，受到重大損失；對圖書版本，總不可不稍費心力，去研究研究。懂得的自然以愈多愈好、愈精愈妙；但學問一事，總是由日積月累而豐富起來的，一步登天之事是沒有的，圖書館從業人員不應作如是想。

我們整理古書，審別版本好壞，對讀者選讀古書大有關係。我這裏舉兩個例，來說明這一問題。遠在宋朝，有一位教官，出題考試生徒，題爲：『乾爲金，坤亦爲金，何也？』參加考試的生徒，大家面面相覷，不能下筆。後來有人懷疑教官此題，怕是出於麻沙本周易，監本不如此，起立質問。那教官立卽檢查原書，果然是麻沙本錯了一個字，原是『坤爲釜』，釜字脫了上面兩點，變爲金字，鬧了一場笑話（見石林燕語）。『又嘗有秋試，問：「井卦何以無彖？」』（見同上）易經六十四卦，每卦皆有彖辭，彖者斷也，斷一卦之吉凶，井卦無彖，亦是麻沙本脫文。試官誤讀誤書，竟以出題，又鬧了一場笑話。又明初有一名醫叫戴元禮，嘗到南京，見一醫家，求診的病人很多。元禮以爲這一定是神醫，天天去那醫家門口看看。偶然見一求藥的病人已出門外，那醫師追出門去，告訴那病人，煎藥時，一定要放一塊錫下去同煎。元禮聽了，很覺奇怪，從未有以錫入煎劑的，遂問那醫師。醫師說，這是古方，元禮求得其書，乃是餳字，急爲改正（見陸深儼山外集）。餳卽糖，食旁誤作金旁，又少一筆，變爲錫字。由於醫師不講版本，沿用誤書開方，鬧一笑話。教官、醫師，不懂版本，貽誤後學，害人生命，不過是舉例說說。若推而廣之，讀書不知版本，爲劣本所誤，關係並不算小（一九六一年六月十日文匯報載郭紹虞先生的『試測滄浪詩話的本來面貌』一文講到版本的重要性，可以參看）。圖書館收藏古書，如不講版本，勢必使讀者時讀誤書，其害非淺。我們要研究版本，主要原因在此。

古書傳刻或傳抄，脫文訛字，勢所難免，要靠專家校正補完，方可誦讀，隨舉數例，可見一斑。如：王充論衡累害一篇，明刊本都脫去一頁，而元刊十二行本，此頁不脫。劉勰文心雕龍，這是一部文學理論名著，在我國是數一數二的好書，而元代一刻、明代弘治一刻、嘉靖三刻、萬曆一刻，其中隱秀一篇皆缺，明錢允治得宋本，方爲補足。清秦氏石硯齋刻鬼谷子，從道藏本出，經名校勘家盧文弨爲校一過，後盧氏得錢遵王手抄本對校，乃知道藏本之訛脫不可勝計，內揵一篇脫去正文、注文達四百十二字之多，乃亟爲補正。王國維得明抄本張說之文集二十五卷，對校明嘉靖刻本，嘉靖本脫去二葉，卷二十三內脫文一篇，又脫落一行凡十處，改正訛字，不能悉計。明刻監本二十一史、十三經，脫誤甚多，日知錄卷十八中有譏評文字。明刻雖遠比不上宋元，而嘉靖刻本，猶爲藏書家所珍視。浙館現藏嘉靖本約三百五十餘部，論數量不爲少矣，而孰知嘉靖本有出於清代精刊之下者。如：嘉靖刊本國語國策，遠不如黃丕烈校刊明道本國語、仿剡川姚氏本國策；嘉靖本齊民要術，據黃蕘圃說：『刻者自謂獲古善本重刻，今取校宋刻，竟無一合者，不知善本果云何也！』如此之類，不勝枚舉。我們如對版本一無所知，則對現存古書，就很難處理得當。

版本不可不研究，已如上述；至於如何研究版本，即研究方法問題，也應該提出來談一談。據我的經驗，這一問題，說起來很簡單，做起來却很煩難，實在是因爲書太多，研究範圍太廣的緣故。簡單云者，是說研究必須從師，而師只有兩個：一是活的師，一是死的師，活的師是現存的專家，死的師是書本。從事研究要找老師，只有這樣兩個，不是很簡單麽？但活的師，也不一定在眼前，也只能偶然碰到，請教一番。在圖書館工作，不能負笈遠遊拜老師；即在館内，有老師可拜，而老師自有工作背在身上，不能像學校裏上課一樣，先生講，學生聽，也不過遇到什麽問題，隨時談談而已。死的老師，那就不勝其多。凡是有關版本的書，或專書，或非專書，都應該閱讀研究。專書，如：各家題跋，各種書目；非專書，如：各家雜記之類，其中有的僅有數條可取，有的完全沒有，未翻閱之先，茫無所知，既閱之後，有所見，隨手札記，以備檢查，這樣的書多得很，十年看不盡。說寫本，有唐以前寫的，有宋抄、元抄、明抄，明抄之中，有吳抄、有葉抄、有其他抄本；說刊本，有宋刊、有元刊、有明初刊、有嘉隆以後刊，有内府刊、有書院刊、有各家刊、有坊刊，有浙本、有蜀本、有建本，名目不勝其繁。就一書而論，有字體、紙色、墨色、白口、黑口、雙邊、單邊、行款、牌記、序跋、扉頁、書名等等，名目亦很多。這些都是要研究的，不管你方法如何好，總要積以歲月，才能粗知大概，你說複雜不複雜！近幾十年來，有人搞出書影。書影是影印各種善本的樣張，每種印一頁，或兩頁，加以說明。看見書影，好像看見原書一樣，字體板式行款，一一如原物，一點不走樣，對研究版本，確有幫助。初學從這裏入手也很好。但書影有一個最大缺點，即紙墨無法照樣仿造。辨古書版本，最重要的就是墨色紙張，這兩樣沒有見到，光看書影，是不彀的。解放後，有蘇州文學山房明刻集錦編行，將明板書，每種抽一二葉，也有說明，幫助研究。這樣搞，把原書本來面目，一一保留下來，比書影好得多多。初學如能很細心的一種一種看過，記得，對明版書可以窺見一斑了，這是講明版。宋元板書，因爲書太貴，以葉論價，書又少見，要搞集錦，事不易辦。前年浙館館長張閬聲老先生出示小百宋一廛書葉，即是宋版集錦，每書收一頁至三五頁，共一百零一頁，大可作爲我們研究之資，其有功於版本學之研究甚大。所可惜的有兩點：一是未撰說明，一是書頁都裱褙過了。古書尤其是宋元版書，一經裱糊，墨色走樣，紙的簾紋，就很難辨。若當初不裱，加以上等連史襯紙，裝訂成册，便好極了。日本人有專搜朝鮮活字版書頁的，便是裝貼成册而不裱的，且有說明；不過也有缺點，它是黏在空白册內的，容易脫掉。元版書頁集錦，如果要搞，如北京館、上海館是有可能的。這些啞吧老師，應該培養幾個，教教後輩。有人說集錦好是好，但審定如若錯了，怎麼辨呢？我說無妨，啞吧不說話，一切聽任我們擺布。審定錯了，學者經驗積多了，能力加強了，日後可以改正它，有何關係？所患者，是這類材料太少，只要有得搞出來，不怕他審定錯。

這不說話的老師，在國內幾個主要圖書館說來，現所收貯的，都有好幾千種。青年人有志研究，也彀看看了。書籍浩如烟海，看不盡，讀不完；但舉一反三，找出規律，也不必看完讀盡，才算精通。懂得多少，算多少，學問是日積月累，積起來的，不要有一步登天之想好了。

我國雕版印書始於何時？

我國雕版印書，始於何時？這一問題，自來參加討論的學者很多。這是一個有關版本學的重大問題，我們應該好好地辯論一下。有人說，我國雕印書籍，始於隋朝（第六世紀末）。這一說，發端於明陸深，他說：『隋文帝開皇十三年十二月八日勅：「廢像遺經，悉令雕撰」，此卽印書之始，又在馮瀛王之先矣。』（見河汾燕閒錄卷上）廢像遺經，乃是兩件東西，一雕一撰，又是兩件事，文義至爲明顯。像，是佛像，要雕的；遺經，是佛經，要撰的。撰不一定是出乎自著，翻譯傳寫，皆可稱撰。撰者，述也，所謂：『述而不作』，是也。陸深把兩件東西，混爲一談，說到雕撰，就以爲是雕版印佛經，而不知佛像只能是雕，而不能旣雕又撰的，這是陸深誤解文義，妄生謬說。讀書人誤解古書文義，是平常事，其情猶有可原；後來竟有人把『撰』字改爲『版』字，說是『廢像遺經，悉令雕版』，其意以爲雕撰意義不明，作雕版意乃明明白白，隋朝雕印佛經，可以毫無疑義。殊不知佛經可以雕版，佛像却是要雕造的，決不是雕版。因隋以前，北周武帝大毁佛教，經像被燬無遺，隋文帝承北周之後，乃大興佛教，雕佛像，撰遺經，大建寺廟。若佛像雕版，乃成版畫；寺廟所供的是佛像，是立體的，非版畫。悉令雕刻版畫，與當時實際情況不符合，是錯誤的。改撰字爲版字的是誰？據我所知，是明人胡應麟，見少室山房筆叢卷四，他而且說：『徧綜前論，則雕本肇自隋時，行於唐世，擴於五代，精於宋人，此余參酌諸家，確然可信者也』，云云。後來方以智著通雅，談刻書，引河汾燕閒錄亦作雕版，與胡應麟同，清初王士禎著池北偶談，引文和通雅相同，日本人島田翰著古文舊書考，以及近人講中國印刷術的，引文皆作『悉令雕版』，可能是上胡應麟的當。今考儼山外集原書，明明作雕撰，不作雕版。陸深所引開皇十三年十二月八日勅，正史不見，惟隋費長房所著歷代三寶記，有此勑文。今考各種版本的佛經，如宋刊磧砂藏，近刻頻伽藏，日本大正藏等等，皆作雕撰，無有作雕版的。任意改字，強令古書合乎己意，這種作風，可謂壞極。島田翰又據顏氏家訓書證篇說到江南書本，謂：『書本乃對墨本而言，則北齊時，已知雕版矣』，云云，此說未見有人附議，不加討論。謂刻書始於隋時，附和者衆，從事斯學者，不可以無言。據隋書經籍志：『隋開皇元年，普詔天下，任聽出家，營造經像，而京師及幷州、相州、洛州等諸大都邑，並官寫一切經，置於寺內，而又別寫藏於祕閣。天下之人，從風而靡，競相景慕，民間佛經多於六朝數十百倍』，如果隋朝已知刊刻佛經，則相距不過十二年，爲時至近，何必令官寫一切經送佛寺？一版雕成，千百部馬上風行全國，宣揚佛教，這辦法是最好的了；而於十二年前一無所知，十二年後忽然下令全國，要雕印佛經，世事那有這樣突如其來的？以是知隋時尚未有雕印佛經之事。惟唐道宣著的續高僧傳卷三慧淨傳中有：『然則我淨受於薰修，慧定成於繕刻？答曰：新故相傳，假薰修以成淨，美惡更代，非繕刻而難功』語，這裏所謂『繕刻』，似是刻經，但其語意甚晦。慧淨是隋唐之交的人，我以爲此繕刻之刻，乃刻石，如房山石經之類，房山石經卽造始於隋時，或卽指此而言，並非雕版。我國佛經刻石，據葉昌熾考證，始於北齊天保二年，距隋朝開國，不過七十八年。在此期間，石刻佛經漸多，而以房山石刻爲最繁多，未聞有雕板者。又續高僧傳載釋吉藏、神照、法常諸傳，皆言寫經造像，未見有言及雕印佛經事；又隋初搜訪遺逸，得書三萬餘卷，煬帝命寫五十副本，藏嘉則殿，如果此時已知雕印書籍，何必寫如此多的副本？卽此一點，已足說明隋時未有雕版印書之事。北京開過一次中國印本書籍展覽會，有目錄說明云：『現在所知道的最早的印刷物，是第六世紀末年刻的一張殘片，乃二十多年以前新疆出土的，上有：「……官私……延昌三十四年甲寅……家有惡狗，行人愼之」殘文兩行。延昌三十四年，當隋開皇十四年。這一殘片，現存英國。英人說，殘文係雕版印刷的。』這個材料，我未敢遽信。『家有惡狗，行人愼之』，好像是門口豎的一塊牌子，警告行人的。寥寥幾個字，而且沒有幾家用得着，何必雕印？英人說是雕印的，因未見原物，未敢相信。

唐初有沒有刻書的事情呢？據唐馮贄著的雲仙雜記卷五云：『玄奘以回鋒紙，印普賢像，施於四衆，每歲五馱無餘。』據此記載，則玄奘已知雕版印像，時當唐初。既知雕版印像，當知雕版印經，則雕印書籍之事，在唐初已經有了。但一經查考，知雲仙雜記（一作雲仙散錄）一書，乃宋王銍僞作（說見宋張邦基：墨莊漫錄）。書既僞造，則其所記之事，自屬模糊影響之談，道聽途說，不足爲據了。玄奘既不印像，亦不印經，可以肯定。

自唐太宗至玄宗，八十餘年，時間不算短，而玄宗時，兩京藏四部書，時稱極盛，皆出於抄寫，未聞有刊刻的。開元釋教錄所收佛經至多，也都是抄寫的。每經抄寫用紙幾張，都有記載。據新唐書經籍志：『玄宗時，太府月給蜀郡麻紙五千番，季給上谷墨三百三十六丸，歲給河間、景城、清河、博平四郡兔一千五百皮，爲筆材，兩都各聚書四部，以甲乙丙丁爲次，列經史子集四庫』，這是記唐玄宗時抄書之事的，可證此時尚未知印書。全唐文卷三十二有一篇標題『刊廣濟方詔』，是唐玄宗下的一篇詔書，看標題令人狂喜，以爲此乃玄宗刻醫書之證，一讀詔書，大失所望。詔云：『朕以所撰廣濟方，救人疾患，頒行已久，計傳習亦多，猶慮單貧之家，未能繕寫，閭閻之內，或有不知，宜令郡縣長官，就廣濟方中，逐要於大版上件錄，當村坊要路牓示，仍委採訪使勾當，無令脫錯』，讀此詔，可知玄宗非常關心廣濟方，而曰繕寫、曰件錄，則非刻印甚明。清人編全唐文，妄造題目，可笑之至。又玄宗最重視道德經、孝經，爲之注，亦有頒行詔，云：『仍令集賢院具寫，送付所司，頒行中外』，而不知刻印傳播，其他可知矣。是唐玄宗時，尙未知刻書。有唐一代，據我所知，刻書掌故，最早見的，是在中唐之世，有例可舉的，是馮宿請禁印時憲書疏，見全唐文卷六百二十四。疏云：『準勑禁斷印曆日版。（曆日，我們現在叫作日曆。）劍南兩川及淮南道，皆以板印曆日鬻於市，每歲司天台未奏頒下新曆，其印曆已滿天下，有乖敬授之道』。考馮宿於大和九年，出爲劍南東川節度使、檢校禮部尙書，此疏當在是年上。因考舊唐書文宗紀，大和九年十二月丁丑『勑諸道府不得私置曆日版』，與宿此疏相應，以是知之，這是最爲明確的材料。曆日雖非可讀之書，而爲勞動人民迫切需要之物，有關於農事甚大，論其功效，實比經史爲大，而且曆日篇幅不多，數版可盡，需要量旣極大，而刻印又容易，故曆日刻印，當爲印本書之鼻祖。惟唐人印曆日，究始於何時，難以肯定。據劉夢得集卷十六謝賜曆日表，有：『賜臣貞元十七年新曆一軸』語，這新曆，照理推測，一定是印刷的。因爲賞賜羣臣，及頒行全國各道府，需要量極大，抄寫費時，雕印迅速，以此推斷，當無不可。但論事物原始，出於推論，終嫌不宜。文宗之世，猶是中唐，卽貞元之世，亦是中唐，因此謂我國刻書之業，興於中唐，當八世紀後期，是顚撲不破的結論。

唐司空表聖集卷九有『爲東都敬愛寺講律僧惠確化募雕刻律疏』云：『今者以日光舊疏……自洛城罔遇時交，乃焚印本，漸虞散失，欲更雕鎪』，云云，這裏所謂『洛城罔遇、乃焚印本』，是指唐武宗毀佛教而言的。會昌時全國拆寺四千五百餘所，還俗僧尼二百六萬零五百人，銅像鐘磬納官鑄錢，鐵像置農器，佛教被毀殆盡，故云『罔遇時交』，人無敢讀佛書，故焚印本耳。武宗在位止六年（據孫可之集武宗毀佛事在會昌元年卽開始了），在武宗之世焚印本，則其書刻印，必在武宗之前可知，此亦中唐印書之好證據。至晚唐懿宗、僖宗之世，刻書之事漸多，今有實物存在可證的有三件：一是咸通九年（八六八）四月十五日王玠爲二親敬造普施的金剛經，二是僖宗乾符四年（八七七）刻的曆書，三是中和二年（八八二）刻的曆書。以上三寶，皆是淸光緒季年在我國敦煌發見的，被英法人掠奪而去。金剛經現存英國倫敦博物院，二曆書或言存法國巴黎圖書館。此三寶沉埋敦煌，不知多少年，宋人未見過，故宋代學者言刻書，往往推至後唐長興三年（九三二）馮道刊刻五經始。其實馮道上奏請刻經書的奏章中，已有『嘗見吳蜀之人，鬻印板文字，色類絕多，終無經典』（見册府元龜六百零八卷），說『色類絕多』，可見已很發達了。此與柳玭訓序可以互證，柳云：『中和三年（八八三）癸卯夏，鑾輿在蜀之三年也。余爲中書舍人，閱書於重城之東南。其書多陰陽雜記占夢相宅之流，又有字書小學，率雕版印紙，浸染不可曉』（舊五代史唐明宗紀注引），柳玭、馮道時代相去不過三四十年，馮所說的蜀人刻書，卽柳在成都所見之書，可以無疑，皆是晚唐之事。而由是可知就時代言，我國刻書始於中唐；而就地方言，則爲吳蜀。馮道所言之吳，卽馮宿所指之淮南道；柳言成都，卽馮宿所云劍南兩川之地：梟觀三人之說，可以斷言，我國最早刻書之地是吳蜀。吳包括今之浙西，蜀是四川，此兩處是我國刻書之業之發祥地，地方富庶，人口叢集，文化水準高，刻印書籍，條件俱備，印書之事，應運而生，亦是事物發展規律如此，無足異也。

論刻書原始問題，涉及範圍頗廣，難以盡言，茲僅據我所知道的，大略述之如右：

一九三六年出版的金溟若君著的印刷術說有『開元雜報，現存七葉，存於江陵楊氏』，又有『永徽六年（六五五）刻阿毘達磨大毗婆娑論，日本人藏』，以爲是我國最古的印刷物。開元雜報沒有說出印刷年代，江陵楊氏，又不知何人，未見原物，眞僞莫辨。至於阿毘達磨大毗婆娑論，有二百卷，考之開元釋教錄卷第八上，乃『五百大阿羅漢造，顯慶元年（六五六）七月廿七日於慈恩寺翻經院開始翻譯，至四年七月三日畢』。此項記載，甚爲可靠。永徽六年，前乎顯慶一年，四年之後譯成之書，而在四年之前發刻，當無此理。這很明顯，某些日人妄說，不足爲據。某些日人頗喜作假書，據日人島田翰說：『大阪有西村某者，嘗贋作三種書：延喜十三年（九一三，後梁乾化三年）本文選；唐天祐二年本陶淵明歸去來辭，卷尾號「大唐天祐二年秋九月八日餘杭龍興寺沙門光遠刊行」是也；而其一則余忘之矣。明治二十一年，淸傅雲龍得文選於陳衡山所，驚喜，刻入籑喜廬叢書中。黎蒓齋制跋，嘖嘖言其可信，且以此爲唐世槧本之證，而不知其出於西村之手也。紙用寫經故紙，字樣用寫經舊字，活字排印，雖巧妙足以欺人，而其紙墨之間，猶

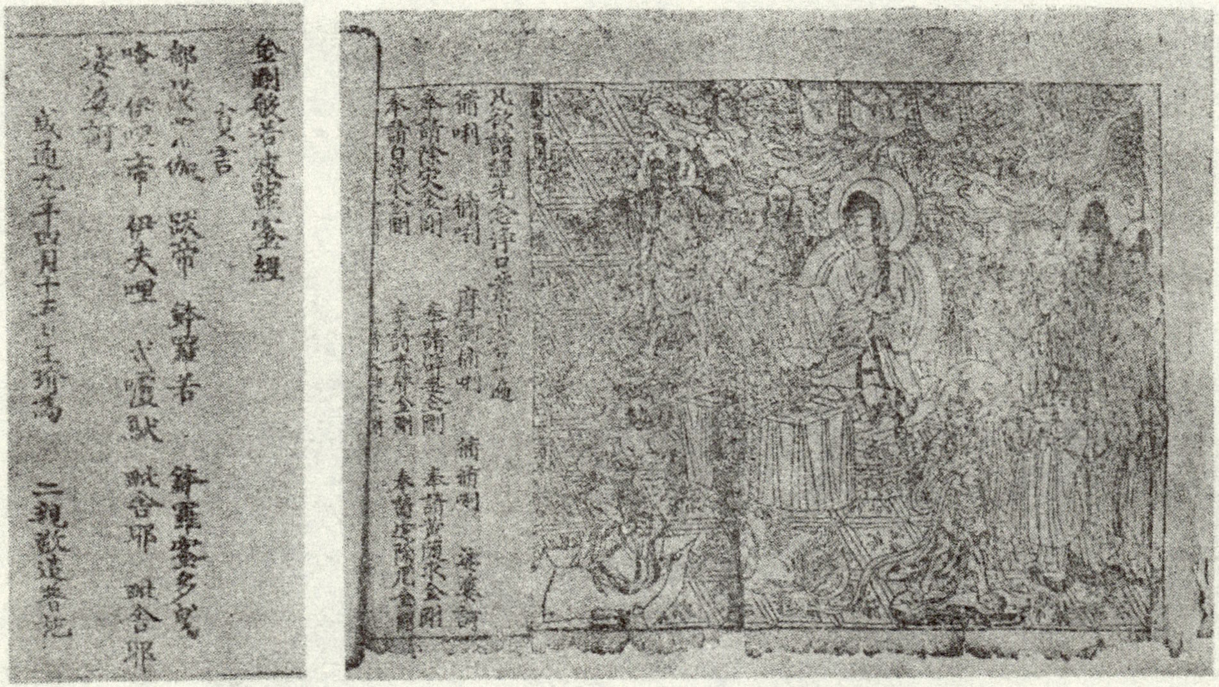

唐咸通九年(868)刻本《金剛經》

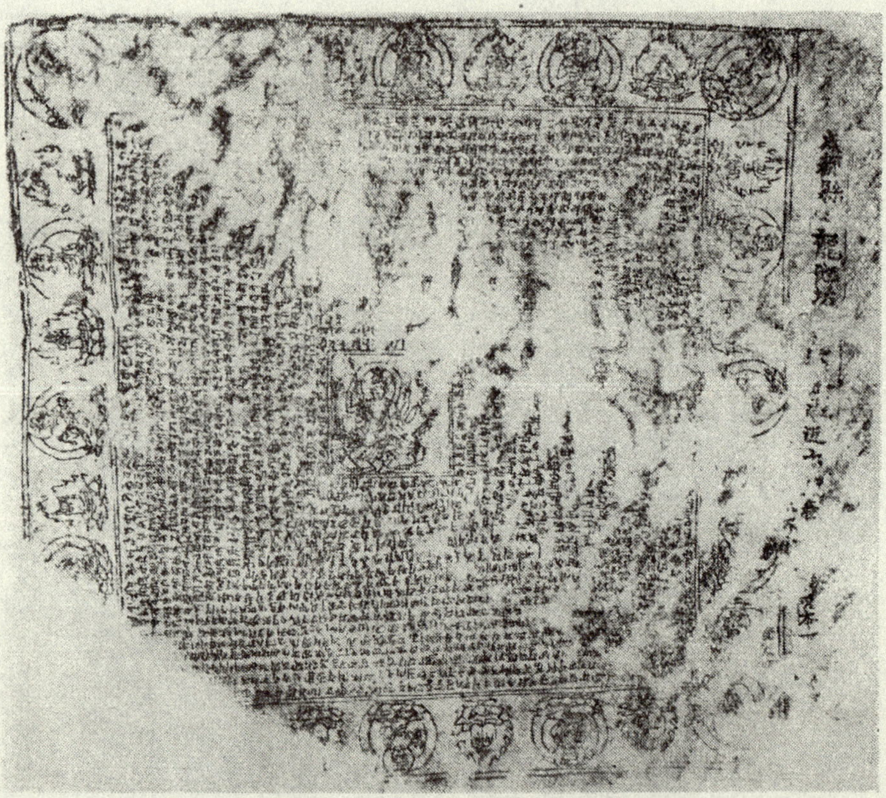

唐成都府卞家刻本《陀羅尼經咒》

（四川省博物館藏）

不難判知其爲僞。』所謂永徽六年刻的阿毗達磨大毗婆娑論，亦是唐天祐二年本陶淵明歸去來辭之類也。金君所引材料，於刻書年代所關甚鉅，不可不辨。

唐、五代刻本

唐人刻書，初見於中唐之世，上面已經說過了。到今天，還有實物存在的，有咸通刻的金剛經，首爲佛說法圖。圖之左方有『咸通九年四月十五日王玠爲二親敬造普施』題字一行，這題字格式，與北魏造像相同，可知其刻經用意，淵源於北魏造像。據鄭振鐸、向達等說，此經雕鐫甚佳，妙相莊嚴，線條細而有力，實是很成熟的作品，已具宋代版畫規模，經文字體，渾厚勁拔，其全經用紙七張綴合而成，高一英尺，長十六英尺，是卷子形式。除此經外，尚有一九四四年成都市內唐墓發見的，唐成都府卞家刻的陀羅尼經咒。據成都稱府在肅宗至德二年，其印本當在咸通之前。乾符四年、中和三年刻的曆日，均爲英法文化間諜斯坦因、伯希和和寫經一同捆載而去。尚有周易、古文尚書、毛詩、論語、孝經、春秋正義等書，同時被劫，現藏法國巴黎圖書館。這些無價之寶，不知何年才能返回祖國。此外但有記載，而無實物傳下來的：唐文宗時劍南、淮南刻的曆日，宣宗大中年間紇干泉在江右刻的劉弘傳，咸通六年日本和尚宗睿帶回日本去的唐韻、玉篇，所謂西川印子也。紇干泉事見唐范攄著的雲溪友議卷下：『紇干尚書泉（此據四庫本，或本作紇干衆），苦求龍虎之丹，十五餘稔。及鎮江右，乃大延方術之士，作劉弘傳，雕印數千本，以寄中朝，及四海精心燒鍊者。』考紇干泉大中年間（唐宣宗）爲江西觀察使，印刻劉弘傳，當在是時。一印數千本，可見此時人已知充分利用印刷術，以傳播其所欲流布的書籍，印書之業，已達相當旺盛境地。唐語林載：『僖宗入蜀，太史曆本不及江東，而市有印貨者，差互朔望，貨者各徵節候，因爭執，里人拘而送公』云云，按僖宗入蜀，道路梗阻，故太史曆書不頒發江東；而此物民間需要甚切，因而私印售者甚多，因爲多，所以各家印的，朔望有不相合者，發生爭執。可知此時江東印刷業已極盛，其雕印範圍亦很廣，馮道所謂『色類絕多』者是也。柳玭在蜀中所見，名目亦繁，惟彼處印紙不很好耳。四川、江東，印書之業，在晚唐已盛，惟不刻經史大書。此其故，我認爲逃不出經濟學上的供求原理。經史大書，無人購買，故無人印賣。曆書人人必需，故人多印賣。其他小書，爲農民所需要者，價亦不大，銷路廣，故印刻的也就不少了。

五代刻書，始於後唐長興三年（六三二），據舊五代史後唐明宗紀：『長興三年二月辛未中書奏請依石經文字刻九經印版，從之』，這是我國雕印經書之始。又宋王溥五代會要云：『後唐長興三年二月中書門下奏請依石經文字刻九經印板。勑令國子監集博士儒徒，將西京石經本，各以所業本經句度，鈔寫，仔細看讀，然後僱召能雕字匠人，刻印板，廣頒天下。其年四月勑差太子賓客馬縞、太常丞陳觀、太常博士段顒路航、尚書屯田員外郎田敏充詳勘官，兼委國子監於諸色選人中，召能書人，端楷寫出，旋付匠人雕刻。』所謂中書奏請、中書門下奏請，卽指馮道、李愚等說的。 時馮道爲宰相。 册府元龜六百八卷所載，與此大同小異。 據此記載，可知五代刻經書，是根據開成石經的。 其刊刻非常審慎，未刻之前，先將石經抄出校勘，校勘人又皆爲所業專經之士；初步校勘之後，又設詳校官五人，皆當時有名學者；校勘的實無譌，乃召選能書人端楷寫樣，付匠雕刻。校勘既期精審，雕鏤又務請能手，故五代官刊九經，爲數雖屬不多，而校刊之方，可爲宋人楷模，洵足重視。九經印本，自長興三年開始刊刻，至後漢乾祐元年（九四八），尙有公羊、穀梁、周禮、儀禮四經未刻，直至後周廣順三年（九五三）六月，九經始成。 尙書左丞判國子監事田敏始進印板九經書，及五經文字、九經字樣各二部，共一百卅册，歷時凡二十二年。 費時如此之久，其精校精寫精刻精印，可想而知。 後周顯德二年（九五五），國子監祭酒尹拙又准勑校刊經典釋文。 由兵部尙書張昭、太常卿田敏詳校。 與此同時，蜀中有毋昭裔亦從事刻書。據十國春秋毋昭裔傳：『蜀中自唐末以來，學校廢絕。 昭裔出私財營學宮，立橫舍，且請後主（後蜀孟昶）鏤板，印九經，由是文學復盛。 又令門人孫逢吉、勾中正書文選、初學記、白氏六帖，鏤板行之』； 王明清揮麈錄云：『毋昭裔貧時，嘗借文選於交遊間，其人有難色，發憤曰：異日若貴，當板以鏤之，遺學者。 後仕蜀爲宰相，遂踐其言』； 蜀中刻經書，自毋昭裔始。 後來宋人刻書之業大盛，受昭裔影響不小。 惟王明清揮麈錄說：『唐平蜀，明宗命太學博士李鶚書五經，倣其製作，刊板於國子監』，此大不確。昭裔爲相，在後蜀孟昶時，已在後漢之世。明宗未曾平蜀，平蜀者，趙宋也。宋平蜀，昭裔子守素，將書板迻至中朝，諸書遂大行於世，非後唐明宗也。因王士禎居易錄引揮麈錄此段記載，未加辨正，故贅言於此。

五代私人刻書，除毋昭裔外，尚有一著稱於世者和凝。凝在後唐之世，卽爲翰林學士，晉初，爲端明殿學士，兼判度支，後晉天福五年，爲相，後周顯德二年，卒。凝生平爲文章，長於短歌豔曲，有集百卷，自篆於板，模印數百帙，分惠於人（見五代會要）。自著、自刻、自篆於板，可謂三絕。自篆者，自己謄寫上板也。凝所刻書，除自著集外，尚有顏氏家訓，見宋刻沈揆序。此外，如黃伯思東觀餘論跋何水部集云：『天福本，但有詩二卷』；由此可見，五代刻書，在官刻僅有九經、經典釋文之類，而私刻則有總集、別集、類書、小說之類，刻書之業，已甚爲普遍。

五代刻書，流傳甚少，眞所謂鳳毛麟角。年代久遠，固爲主要原因，而其時戰亂頻仍，亦是原因之一。五十餘年之間，轉了五個朝代，兵火迭起，書籍極易毀滅。邵博聞見後錄云：『余曾大父遺書，皆長興刻本，委於兵火，僅存儀禮一部』，可證。到南宋之世，五代印本，已不多有。陳振孫書錄解題云：『九經字様一卷，往宰南城，出謁，有持故紙鬻於道者，得此書，乃古京本，五代開運丙午（九四六）所刻，遂爲家藏書籍之最古者』，陳氏藏書至富，僅此一卷，爲五代刊本，其罕祕可想而知。清光緒季年，我國敦煌發見的五代印本，有唐韻、切韻二書，皆細書小板，現藏巴黎圖書館；天福十五年(九五〇)刻的金剛經，亦存巴黎圖書館；此外尚有印板的佛像，如：觀世音菩薩像、地藏菩薩像、賢劫千佛像、大聖毗沙門天王像、千臂千眼觀音像等等，都爲巴黎圖書館所有。我國寶物，藏在海外，不知何年能返回祖國。

一九二四年八月二十七日杭州雷峯塔忽然倒塌，發現經卷，乃吳越國王錢俶刻的陀羅尼經，時在宋太祖開寶八年，論時代，已入宋朝，而其時錢氏猶未納土，視作五代刊物亦可。經卷長七尺六寸，高二寸五分，卷端題曰：『天下兵馬大元帥吳越國王錢俶造此經八萬四千卷捨入西關磚塔永充供養』，經文共二百七十一行，每行十字，皮紙印，墨色淡，而無香氣。因經卷塞在磚空內，年久受潮，不免霉爛，首尾完具中無破空的少極。浙館所藏一卷，首尾皆有缺佚；惟浙江博物館藏的一卷，首有佛說法圖及錢俶題字。五代刊印經卷，總算還有存在的。前年龍泉古塔拆毁，發見經卷，大部分被燬，一小部分保存下來。其中有一卷是刻印的，因爲是殘卷，長度不可知，其高則比雷峯塔經卷高出約二倍半，字大如青錢，歐體，刀法鈍拙，每行字數二十至二十三四，多少不一，黃紙印。專家鑑定，認爲唐代刊本，在雷峯塔經卷之前；我也有這樣的看法，因其爲卷子本，每行字數又很不規則，其刻印年代，至遲當在五代。

宋刻本

宋承五季亂離之後，書籍印板不多（容齋隨筆卷七）。至宋太宗淳化五年，距開國已有三十餘年，經部之書，如：公羊、穀梁、周禮、儀禮、論語、孝經、爾雅等書注疏，猶未刊印。兼判國子監李至上書申請，始令崔頤等校刊（宋史李至傳）。史記、前後漢書，亦於是年選官分校，遣內侍齋本，就杭州鏤版（江少虞事實類苑卷卅一）。孟子一書，直至眞宗之世，因孫奭之請，方才鏤版（金陵遺事）。刻書之事，至眞宗時方盛。『景德二年（一〇〇五）五月戊申眞宗到國子監，看閱書庫，問祭酒邢昺：現有書版幾何？昺對曰：國初不及四千，今十餘萬，經史正義皆具，書版大備』（羣書考索後集卷二十六）。四十餘年之間，書版增至數十倍，發展很快。唐人文集，此時也有人刊印，如穆伯長之刻韓柳集是也。凡刻書之先，必須精加校讎。宋初官刻書，於校讎極爲重視。凡一書校勘既畢，送覆勘官，覆勘既畢，送主判管閣官，覆加點校，經過三道手續，可謂愼之又愼矣（事實類苑）。校勘之事，屬國子監；刻書之事，亦屬國子監管領。據羅璧識遺說：『在治平（一〇六四）以前，猶禁擅鐫，必須申請國子監。至熙寧（一〇六八）以後，方盡弛此禁。』擅刻之禁一弛，則私刻坊刻，風起雲湧，大有助於刻書業之進展。由江河彙爲大海，刻書之事，遍及全國。凡書之爲人需要、有利可圖者，坊賈卽廣爲搜訪雕印，所謂建本遍天下，其盛況空前，數

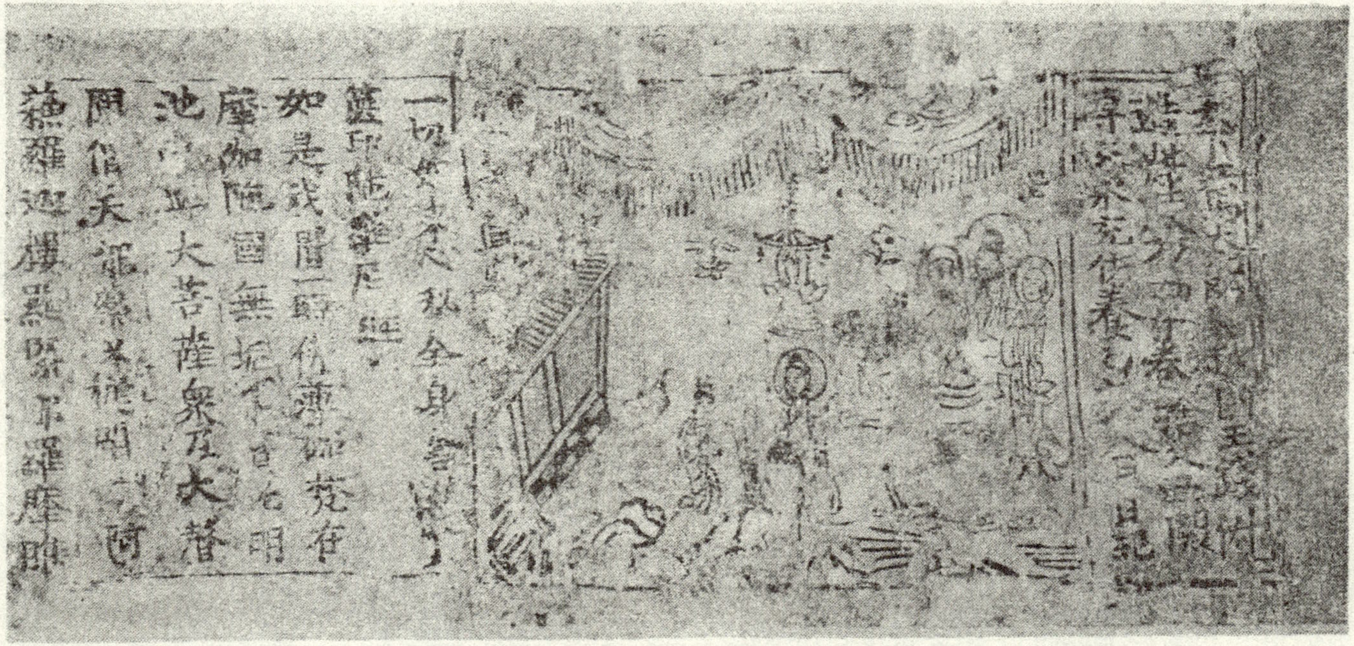

北宋開寶八年(975)吳越國王錢俶刻本《一切如來心秘全身舍利寶篋印陀羅尼經》

(浙江博物館藏)

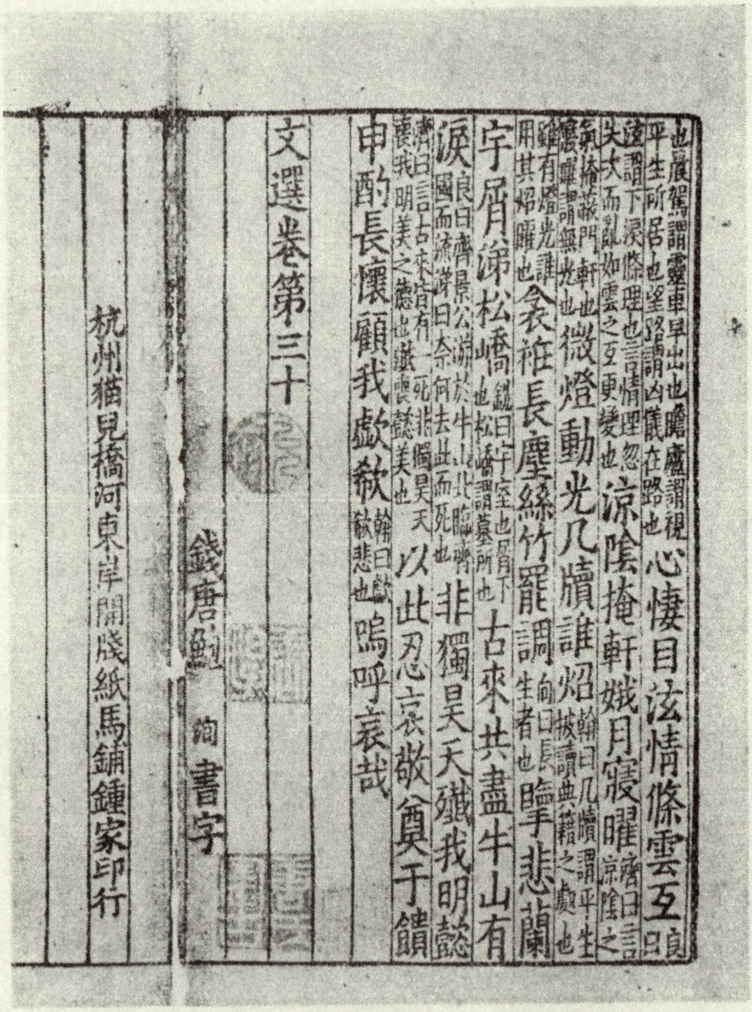
良曰巖駕謂靈車早出也瞻廬謂視平生所居也望路謂凶儀在路也心悽目泫情條雲互良曰言逵謂下淚條理也言情理忽失之大而亂如雲之互更變也涼陰掩軒娥月寢曜濟曰言涼陰之氣掩蔽門軒也娥月謂懷輝謂無光也微燈動光几牘誰炤翰曰几牘謂平生披讀典籍之處也雖有燈光誰用其炤曜也衾袵長塵絲竹罷調向曰長生者也暉手悲蘭宇屑涕松嶠銑曰宇室也屑下也松嶠謂墓所也古來共盡牛山有淚良曰齊景公游於牛山北臨齊國而流涕曰奈何去此而死也非獨昊天殲我明懿濟曰言古來皆有一死非獨昊天喪我明美之德也懿美也以此忍哀敬奠于饋中酌長懷顧我歔欷翰曰歔欷悲也嗚呼哀哉

文選卷第三十

錢唐鮑洵書字

杭州猫兒橋河東岸開牋紙馬鋪鍾家印行

宋杭州貓兒橋開牋紙馬鋪鍾家刻本《文選五臣注》

（北京圖書館藏）

量之多，不可悉計。今北宋刻的書，流傳較少。南宋刻的，尤其是建本，流傳較多，時代較近故也。

宋刻本，就地方而言，杭州刻的最精，蜀刻次之，建刻最下。那時所謂國子監本，絕大部分是杭州刻的。就人而言，有官刻、私刻、坊刻三種。中央官刻書，以國子監爲首。地方官刻書，我想先談談公使庫本。公使庫者，猶今之招待所。宋太祖開國之後，旣廢除藩鎮，命士人典掌州事，於是置公使庫，招待來往官吏。據說承平時，士大夫進京，不帶糧食，節儉的還有餘錢以還家，不過歸途待遇稍差而已（揮麈錄）。公使庫既爲招待所性質，必有一筆經費。經費有積餘，則用以刻書。庫內設有印書局，專管刻書事宜，見司馬温公集舊抄本卷末題記云：『泉州公使庫印書局淳熙十年正月內印造到』云云。

公使庫刻的書很多。書林清話所載的，卽有蘇州公使庫、吉州公使庫、明州公使庫、阮州公使庫、舒州公使庫、撫州公使庫、台州公使庫、信州公使庫、泉州公使庫、鄂州公使庫十個。每一公使庫，都刻有幾種書，其中以撫州公使庫刻的鄭注禮記爲最有名，而且現在還有傳本。當然，這不過是舉例說說。當時刻的書，何止幾種？而公使庫也決不止這十個。除了公使庫以外，尚有各路茶鹽司、漕司、提刑司等等機關，有州軍學，有郡齋、郡庠、縣齋、縣學，又有各處書院，皆嘗從事刻書。書院本，如婺州麗澤書院，以及象山書院，詠澤書院、龍溪書院、竹溪書院、環溪書院、建寧府建安書院、吉州鷺洲書院等等是也。

兩宋私家刻書，據天祿琳琅書目茶晏詩：『趙韓陳岳廖余汪』七家爲最。趙者，巨州守長沙趙淇；韓者，臨邛韓醇；陳者，陳解元起（陳氏應列坊刻）；岳者，岳珂；廖者，廖瑩中；余者，建安勤有堂余氏；汪乃新安汪綱。據葉德輝書林清話所錄，則有岳氏之相台家塾、廖瑩中之世綵堂、蜀廣都費氏進修堂、臨安進士孟琪、建邑王氏世翰堂、建安蔡子文東塾之敬室、瞿源蔡潛道宅墨寶堂、清渭何通直宅萬卷堂、麻沙鎮水南劉仲吉宅、麻沙鎮南齋虞千里、建溪三峯蔡夢弼傅卿家塾、吳興施元之三巨坐嘯齋、錦谿張監稅宅、武谿游孝恭德棻登俊齋、建安陳彥甫家塾、梅山蔡建侯行父家塾、建安黃善夫宗仁家塾之敬室、建安劉元起家塾之敬室、建安魏仲舉家塾、建安魏仲立宅、吉州周少傅府、祝太傅宅、建安虞氏家塾、眉山程舍人宅、姑蘇鄭定、錢唐王叔邊家、婺州義烏酥溪蔣宅崇知齋、婺州東陽胡倉王宅桂堂、劉氏學禮堂、隱士王氏取瑟堂、畢萬裔宅富學堂、茶陵譚叔端等三十二家。其中尤以岳珂、廖瑩中、廣都費氏、吳興施元之、黃善夫、魏仲舉、程舍人諸家爲著。岳刻相台五經，至清代尚有存者，清內府仿刻行世。廖刻韓柳集，今尚有存者（北京圖書館藏有廖氏世綵堂韓柳集刊於咸淳年，柳集且有朱彝尊跋）。明萬曆東吳徐時泰東雅堂翻韓集，嘉靖吳人郭雲鵬濟美堂翻柳集，今存者尚多。兩家翻本皆精美，廖刻面貌猶可窺見一二。蜀廣都費氏刻資治通鑑，世稱龍爪本。廣都縣明嘉靖二十五年改爲雙流縣，屬成都府。在宋時，尙有一著名的刻昭明文選的裴氏，淸話未收。裴刻文選，有明嘉靖袁氏嘉趣堂翻版，闊板大字，雕鐫極精，前人多誤認爲眞宋版，見袁刻亦可窺見裴刻之精。廣都以產紙著名於時，有唐一代，中央用紙，多取給於此。蜀中刻書用紙，亦多仰資於此，故其地刻書之業亦盛。若吳興施元之，在南宋乾道七年，知衢州。其在衢所刻書，有蘇頌的新儀象法要三卷，蘇舜欽的滄浪集十五卷（見池北偶談）。黃善夫刻的史記正義一百三十卷，魏仲舉刻韓柳集、程舍人刻東都事略，皆極有名。宋世私家刻書，斷不止上舉數家，不過示例而已。

宋代坊刻之書，舉所知者，列表於左，以便查考。

黃三八郎書鋪	建寧府
一經堂	建寧書鋪蔡琪
月厓書堂	武夷詹光祖
陳八郎書鋪	建寧府
羣玉堂	建安江仲達
建安堂	麻沙坊（見織餘瑣述，紹興庚申刻雲麓漫鈔）
尹家書籍鋪	臨安太廟前
郭宅□鋪	杭州錢唐門裏車橋南大街

雙桂堂　金華

崔氏書肆　西蜀

書隱齋　咸陽

博濟堂　汾陽

裴斐軒

傳檙書堂　葛氏

種德堂　閩山阮仲猷

開經書鋪　杭州衆安橋南街東賈官人宅

陳解元書籍鋪　臨安府棚北大街睦親坊南（睦親坊卽今之弼教坊）

張官人宅文籍鋪

杭州貓兒橋（今稱平津橋）河東岸開牋紙馬鋪鍾家（南宋初年刻文選五臣註）

宋代書坊，據所知，略如上表。大抵以建陽麻沙、崇化兩坊爲最盛。麻沙刻書，我想在下面評論時再詳說。坊刻旨在謀利，利于易刻速售。易刻，則木必柔；速售，則必草率。木柔，則易磨滅；草率，則多譌奪。故坊刻本往往校勘不精，避諱不嚴，於紙墨不甚措意，較之官刻，相差很遠。然在今日，建本亦稀矣。前代勞動者血汗結晶，我們還是極重視它。

宋板書的樣子，究竟怎麽樣的，能否一見便認識它？青年人往往有這樣一個問題提出。凡物總有一些特點可以憑藉而認識它，宋板書也不例外，青年人提出問題，是有理由的。但我們單憑那些特點去認識宋板，還是不彀的，還應該進一步多看各家題跋書目，多看眞宋板，多作筆記。一書到手，要細心研究，彙看各方面情況，才能作出決定；而這個決定，是否完全可靠，還要打問號的。凡是研究一種學問，決不許鹵莽滅裂；多看多問，精心體察，是必要的。

宋板書的特點有：（一）紙質白而硬。（二）板心有刻工姓名、大小字數。（三）古卷子之制，界闌必用烏絲，故刻本之近於古者，亦多四周單邊。（四）卷末大名必間一款記之。（五）卷末有字數。（六）大題在下，小名在上。（七）序經相接，乃是卷子之遺意，尤不易得。（可參考日人島田翰著古文舊書考）黄蕘圃跋姚少監集引明葉盛的水東日記云：『宋時所刻書，其匡廓中摺行上下，不留黑牌。首則刻工私記字數，次書名，次卷第數目，其末則刻工姓名，以及字總數。余所見當時印本書如此。浦宗源家，有司馬温公傳家集，行款皆然，又潔白厚紙印，乃知古書不惟雕鏤不苟，雖模印亦不苟也。』明崑山張應文的清祕藏有云：『藏書者貴宋刻，大都書寫肥瘦有則，佳者絕有歐柳筆法，紙質瑩潔，墨色青純，爲可愛耳。若夫格用單邊，間多諱字，雖辨證之一端，然非考據要訣也。』明謝肇淛五雜俎有云：『凡宋刻有肥瘦兩種，肥者學顏，瘦者學歐。行款疏密，任意不一，而字勢皆生動。箋古色而極薄，不蛀。』明高濂遵生八牋有云：

『宋人之書，紙堅刻軟，字畫如寫。格用單邊，間多諱字。用墨稀薄，雖着水濕，燥無湮跡。開卷一種書香，自生異味。』清孫從添藏書記要云：『南北宋刻本，紙質羅紋不同，字畫刻手古勁而雅，墨氣香淡，紙色蒼潤，展卷便有驚人之處。所謂墨香紙潤，秀雅古勁，宋刻之妙盡之矣。』近人況卜娛織餘瑣述有云：『宋元版書，書名在魚尾下。明刻本，書名在魚尾上。反是者，殆不經見。』以上是前人的經驗之談，把它歸納起來，參以己見，分爲數項說明：

一、版式：在未談宋版特點之前，我覺得有先講書版形式的必要。據我所知，書版四周圍以黑線，叫作版匡，亦叫作邊欄。四周單線，叫作四周單邊。由四周單邊，發展到左右雙邊，又稱左右雙夾線，俗稱文武邊。由左右雙邊，進而爲四周雙邊。一版的中心，叫作版心，或叫版口，又稱書口，或中摺行。版心有魚尾，魚尾有單有雙，雙者有順魚尾、對魚尾。魚尾上下到版匡爲止，這空格叫作象鼻。象鼻空白叫作白口；有一細墨線的叫作細黑口，或小黑口；墨線粗的叫大黑口，或寬黑口；墨線特別粗的叫闊黑口。版心中間一段通常記書名卷數頁數的，叫作花口。一版兩面，每面四周雕刻花紋的，叫作花邊。明富春堂刻的管鮑分金記就是這樣搞的。版面分行的墨線，唐人叫作邊準，宋人叫作界行（見宋程大昌演繁露）。古人於絹素上用烏絲或朱絲織成界行，叫作烏絲欄、朱絲欄（通雅卷三十一），後世藏書家對抄本書之界行叫烏絲欄者，沿用舊稱也。版匡之外，在左上角或右上角刻一小長方匡，叫作書耳。書耳上刻些什麽字，沒有一定。

宋咸淳(1265—1274)
廖氏世綵堂刻本《昌黎先生集》
——北京圖書館藏

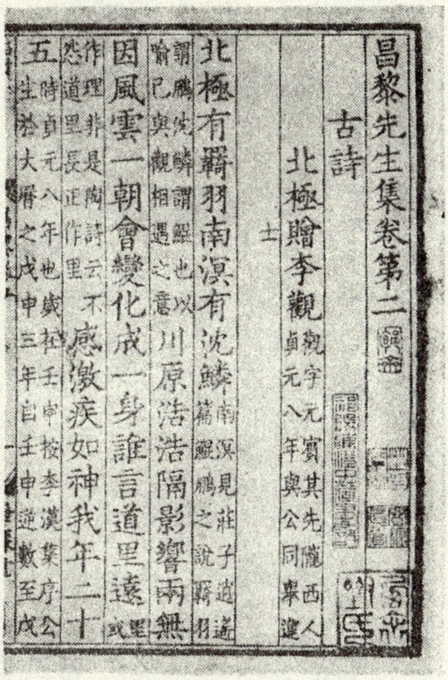
昌黎先生集卷第二
古詩
北極贈李觀 觀字元賓其先隴西人貞元八年與公同舉進士
北極有羇羽南溟有沈鱗 南溟見莊子逍遙篇鯤鵬之說羇羽謂鵬沈鱗謂鯤也以喻已與觀相遇之意 川原浩浩隔影響兩無因風雲一朝會變化成一身誰言道里遠 或作里道作理非是陶詩云不恐道里長正作里 感激疾如神我年二十五 時貞元八年也歲在壬申按李漢集序公生於大曆之戊申三年自壬申逆數至戊

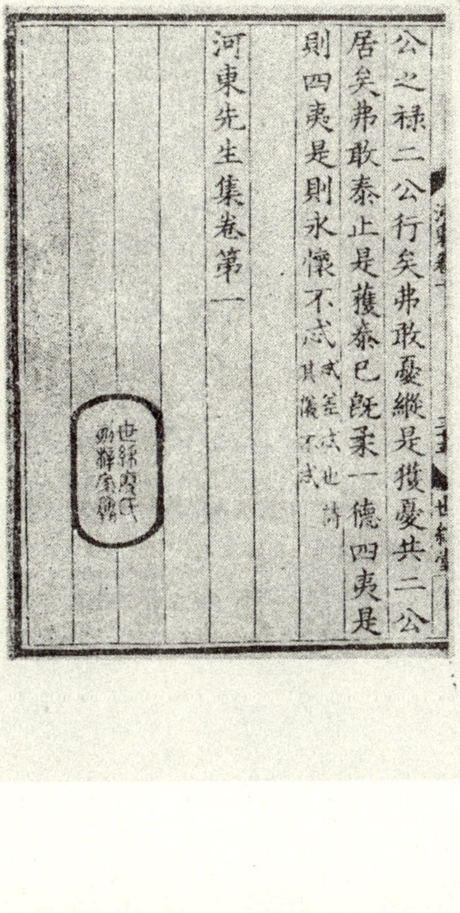
公之祿二公行矣弗敢憂纖是獲憂共二公居矣弗敢泰止是獲泰已既柔一德四夷是則四夷是則永懷不忒 忒差也詩式其儀不忒
河東先生集卷第一

宋咸淳(1265—1274)
廖氏世綵堂刻本《河東先生集》
——北京圖書館藏

宋黃善夫家塾刻本
《史記集解索隱正義》
——北京圖書館藏

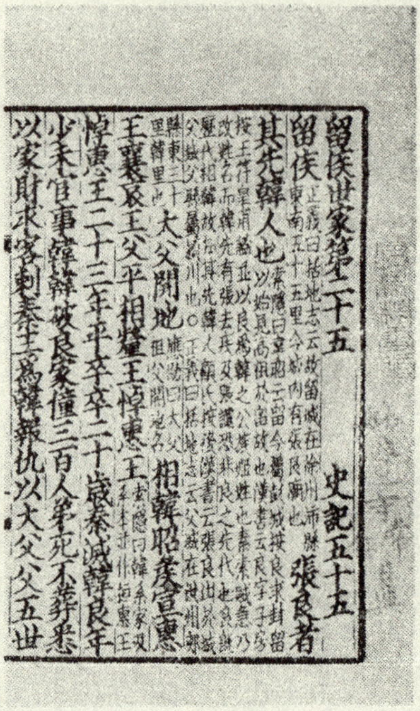
留侯世家第二十五　史記五十五

留侯張良者其先韓人也大父開地相韓昭侯宣惠王襄哀王父平相釐王悼惠王悼惠王二十三年平卒卒二十歲秦滅韓良年少未宦事韓韓破良家僮三百人弟死不葬悉以家財求客刺秦王為韓報仇以大父父五世

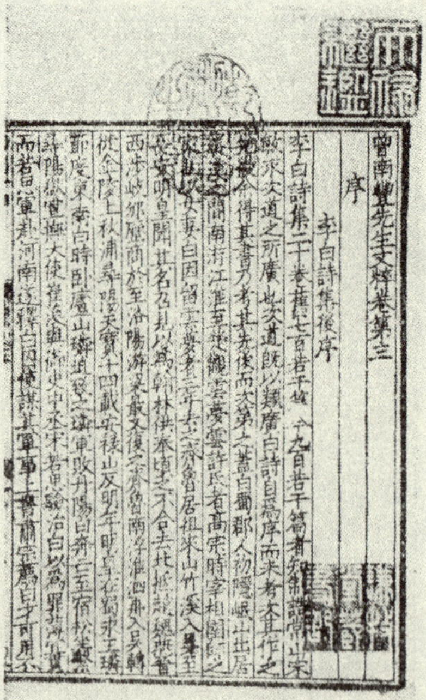
曾南豐先生文粹卷第三

序

李白詩集後序

李白詩集二十卷舊七百七十六篇今千有一篇雜著六十篇者知制誥常山宋敏求字次道之所廣也次道既以類廣白詩自為序而未考次其作之先後余得其書乃考其先後而次第之蓋白蜀郡人初隱岷山出居襄漢南游江淮至楚觀雲夢雲夢許氏者高宗時宰相圉師之家也以女妻白因留雲夢者三年去之齊魯居徂徠山竹溪入吳至長安明皇聞其名召見以為翰林供奉頃之不合去北抵趙魏燕晉西涉岐邠歷商於至洛陽游梁最久復之齊魯南浮淮泗入吳轉徙金陵上秋浦潯陽天寶十四載安祿山反明年明皇在蜀永王璘節度東南白時臥廬山璘迫致之璘軍敗丹陽白奔亡至宿松坐繫潯陽獄宣撫大使崔渙與御史中丞宋若思驗治白以為罪薄宜貰而若思軍赴河南遂釋白囚使謀其軍事上書肅宗薦白才可用不

宋刻本《曾南豐先生文粹》
——北京圖書館藏

宋刻多白口單邊，版心上記字數，下記刻工姓名，書名在上魚尾下，卷末大名僅間一行，或三四行，卷末有記大小字總數的，有不記的。官刻本，大都在卷末記校勘人銜名，以左爲上。銜名有初校、覆校、最後校三截，如：宋元祐元年杭州鏤版的資治通鑑，首列校對者某某，次列校定者某某，最後列主校者某某是也。書之大名在首行下方，小名在上方，序文目錄和書中正文不分開，連接下去，如：宋刻白氏長慶集、臨川王先生文集、劉夢得文集，皆如此。在宋刻中，這一格式是最特殊的，所以不常見。

南北宋，自開國至亡國，共歷三百十餘年。年代如此之久，刻書風氣，自有變化。所謂白口單邊，乃初見形式；後起的，都是左右雙邊，四周雙邊的也有，南宋刻的黑口的也有，要在隨時留意辨之而已。

二、行款：宋刻較舊的，每行字數往往多寡不一，是倣古卷子本體式。日本早稻田大學藏六朝人寫本禮記，每行二十八九字至三十字不等，狩谷望之藏古寫禮記單疏殘卷，每行二十六七字可證。此外宋刻每行字數，和每版行數相等的也有，如每版二十行，則每行二十字，惟不多見，亦非重要特點。

三、字體：宋版字體有肥瘦兩種，瘦者學歐柳，張應文所謂『有歐柳筆法』，孫從添所謂『秀雅古勁』是也。肥者學顏，氣魄雄偉，而不笨拙，謝肇淛所謂『筆勢生動』是也。學歐柳而生硬，便如枯柴，如明嘉靖本往往如是，剛勁而生動，是爲宋刻妙處。刻書有好手寫，又要有好手刻，合之乃爲兩美，孫從添所謂『刻手古勁』是也。張菊生先生所謂『審別宋版，祇看刀法』，亦是此意。

四、墨色：宋刻書，墨色香淡，是孫從添說的。我所見宋刻書，嗅之，果然有一股清香氣味。高濂所說『用墨稀薄』，卽淡之謂也。張應文說『墨色青純』，亦是香淡之意。惟北宋刻的兩漢書，據傳說，墨如點漆，與衆不同，應作例外看。印書有用墨煤，和之以麪粉膠水，以代替墨汁者，穢濁不堪。此法大概始於明萬曆以後，坊賈逐利，爲減輕成本計而想出此法，宋人印書，未聞有用此法者。

五、紙色：島田翰所謂『白而硬』，黃蕘圃所謂『潔白厚紙』，張應文所謂『紙質瑩潔』，謝肇淛所謂『箋古色而極薄』，高濂所謂『紙堅刻軟』，孫從添說，紙質羅紋不同，紙色蒼潤，皆據所見而言。實則紙之色類繁多，難以悉舉，但知其大概，隨時留心記之而已。宋刻流傳至今者，以建本爲多，因當時建本遍天下，印本多，流傳自多。建本多是用竹紙印的，因閩北盛產竹紙之故。宋世竹紙，簾紋很闊，一般是兩指寬，也有超過兩指的。明代竹紙，簾紋止一指寬，與宋紙全不相似。

據紙色辨印本時代，原是一個最好辨法；所苦的是所見不多，掌握不易。惟宋刻有以已經用過的紙背面印的，因爲皮紙厚實，反面可印，而且宋時皮紙兩面一樣光潔。這樣的紙印的書，對我們鑒別宋板，大有幫助，如：洪氏集驗方五卷，以淳熙七年官册紙背印刷；宋刻戰國策，紙背有寶慶字，見至順本吳師道序；治平類編四十卷，印紙皆爲元符二年及崇寧五年公私文牘故紙，見張萱疑耀卷三；北山小集四十卷，印紙皆爲乾道六年簿籍，有歸安、烏程等縣印記；蘆川詞二卷，係宋時收糧案牘廢紙印，見黄蕘圃藏書題跋；今北京圖書館藏有宋聶崇義的三禮圖集註三十卷，宋淳熙二年鎮江府學刻本，公文紙印。

六、牌記：上舉諸家之説，未及牌記，實則碑記是鑒別舊刻的最好證據。宋刻除官刊本外，私刻坊刻，多有牌記，亦叫墨圍，記刻書者堂名人名，年月或有或無，詳略不一。一見牌記，再看其他各點相合，即可審定其爲何本。惟須謹防假牌記，因這證據最容易使人相信，故作假的牌記騙人的也就更多了。審別板本，僅據一點，極易上作僞者圈套，不可不愼。

七、諱字：宋刻書，多有諱字，尤其是官刻本，避諱極嚴，坊刻每多忽略。宋太祖名匡胤，太宗名匡義，後更名炅，眞宗名恆，仁宗名禎，英宗名曙，英宗父濮安懿王名允讓，神宗名頊，哲宗名煦，徽宗名佶，欽宗名桓，這是北宋的諱字；南宋高宗名構，孝宗名昚，光宗名惇，寧宗名擴，理宗名昀，度宗名禥，恭帝名㬎：凡胤、炅、恆、禎、曙、讓、頊、煦、佶、桓、構、愼、惇、擴、昀、禥、㬎諸字，皆須缺末筆，以示避皇帝諱。又上舉十七字，同音字，謂之嫌名，亦須缺筆避諱。宋諱特別嚴格。又宋太祖的高祖父名朓，曾祖父名珽，祖父名敬，父名弘殷，凡朓、珽、敬、弘殷諸字，及嫌名，皆須缺筆。又有玄朗、軒轅諸字，及其嫌名，與上同例。玄朗爲趙氏始祖，見李燾通鑑長編載大中祥符時一段神話；軒轅爲黃帝名號，必須避諱，見大中祥符七年六月己卯詔。諱者，隱也，避也。古時人死之後，其子孫爲敬其祖先之故，不願別人叫其祖先名字，故謂之諱。故古人有入竟問禁、入門問諱之禮（禮記曲禮上）。皇帝之諱尤嚴。缺筆大抵表示不成字，是隱諱之意。據程大昌演繁露說：『本朝著令，則分名諱爲二：正對時君之名，則命爲御名；若先朝帝名，即改名爲諱，是爲廟諱』，宋人避諱制度見此。例如南宋高宗名構，若書刻在高宗時，則遇構字，改刻御名二小字，或作今上御名四小字；若書刻在高宗旣死之後，則構字缺末筆，所謂廟諱是也。此例，宋板書往往見之，程大昌之言不誣也。但是雖著爲令，而刻書者，多不大遵守。孝宗時刻的書，仍舊愼字缺筆，不作御名二小字的例，屢見不鮮。鐵琴銅劍樓書目所載宋版書，我曾經查過，此例見到不少。由此可見名諱分別之律，執行並不是很認眞的。此外，是避外戚諱。宋代十七個皇帝，外戚不計其數，其中避諱的，據我所知只有一個，即宋仁宗的母后劉太后的父親，名通，通字避諱。祖名慶，慶字避諱。劉太后爲人很專橫，她要全國人給她的祖父父親避諱（俗傳狸貓換太子，卽演劉太后故事），日本高山寺藏齊民要術卷五、卷八二卷，通字缺筆，卽避劉太后父親諱。諱字缺筆是通例，但也有改字的，如宋淳祐刻的四書：大學『先愼乎德』、論語『愼終追遠』兩愼字，皆改爲謹字；『般禮吾能言之』，般字改爲商字；『揖讓而升』，讓字改爲遜字，例見經籍跋文。這種改字是錯誤的。避諱通例，詩書不諱，今改經文，與通例牴牾。

八、裝潢： 宋刻書的裝潢，是蝴蝶裝，簡稱蝶裝。凡書一版印刷下來，卽爲一葉，將書葉反摺（有字的一面向裏故叫反摺），版心向裏，四周向外，摺疊起來，而以糊黏其腦，再用禙紙包裝起來，便成一册書。這種裝潢，目的在保護版心，卽書腦，四周外向，卽有鼠嚙，僅四周傷損，而版心可不受損傷，翻閱時，像蝴蝶，故叫蝶裝。浙館收藏的通鑑紀事本末宋嚴陵小字本，卽爲黄綾包背蝶裝。明代內府藏書，宋人諸集，十之八九皆爲蝶裝宋板（見謝肇淛五雜組）。蝶裝用糊黏其腦，容易懂得。另有一種用線縫的，見張邦基的墨莊漫錄引王洙說：『作册，黏葉爲上，日久脫爛，苟不逸去，尋其次第，可以抄錄；若縫繢，歲久斷絕，卽難次第』，語甚簡略，頗難理會。據我推想，大概書葉反摺，必須黏腦，成爲蝶裝；若縫繢，則書葉必須順摺，版心向外，如今之線裝書樣式。除此兩種形式之外，更無其他縫繢之法。線縫書，線斷，書葉散了，卽難次第拼攏；蝶裝，卽脫落，猶在一裱紙之內，尋其次第，比較省事，故王洙說『作册黏葉爲上』。宋三館（昭文、史館、集賢院）藏書，無論黄本（黄紙寫的），白本（白紙寫的），皆爲黏葉，卽蝶裝（見通雅卷三十二引宋王洙、張子賢說）。

說到宋人蝶裝，就要連帶說到唐人旋風裝。旋風裝，由卷子變化而來，卷子本卷舒很不方便，因此，唐人於時常翻閱之書，改用旋風裝。旋風裝的做法，國內學人，罕有說得明白的。日本人島田翰自言見過這種裝潢，是取卷子摺疊成册，兩折一張褾紙，黏於册的首尾即成，翻閱時，宛轉如旋風，故叫旋風裝。摺疊時，像一册書，拉起來，像一囊子，因首尾黏於褾紙，故兩不相離。我們翻書時，叫逐葉翻過去，宋人叫逐旋，見宋呂希哲的呂氏雜記，所謂逐旋，猶沿唐人舊稱。我們看書，說看了一葉，宋人說看了一版，因爲蝶裝書一翻開卽是一版，和我們現在的線裝書不同。

以上八點，是宋版書的特點之顯著者，據我所知的，拉雜談談，此外不具論。

宋刻書，在明末，卽以葉論價，汲古閣主人毛晉『性嗜卷軸，榜於門曰：有以宋刻本至者，門內主人計葉酬錢，每葉出二百；有以舊抄本至者，每頁出四十』(見汲古閣主人小傳)。至淸嘉、道之世，價益高，黃蕘圃書跋有云：『聞無錫浦姓書估，持殘宋本孟東野集，索値，每頁原銀二兩』，駭人聽聞如此。究竟宋刻好在何處，討論一番，我認爲是有必要的。

宋人許宋刻，以余所知，如葉夢得石林燕語云：『今天下印書，以杭州爲上，蜀次之，福建最下。京師比歲印板，殆不減杭州，而紙不佳。蜀與福建，多以柔木爲之，取其易成而速售，故不能工。福建本幾遍天下，正以其易成故也』，這是就地方而論，品其甲乙，以杭州爲上，建刻爲下。近人對宋浙刻本說是：『浙本字體方正，刀法圓潤，在宋本中，實居首位。宋國子監刻書若七經正義、若史漢三史、若南北朝七史、若資治通鑑、若諸醫書，皆下杭州鏤版。北宋監本刊於杭州者，殆居大半。』（王國維說）由此，可知杭刻不但寫刻精工，而數量亦很多。王國維有兩浙古刊本考，臚列書名甚多，可證。『醫方一字差誤，其害匪輕，故以宋刻爲善』（明高深甫語），宋刻醫書，多出於杭，是亦杭本可貴之一證。宋王明清投轄錄載：『近歲淮西路漕司下諸州，分開聖惠方，而舒州匠以左食錢不以時得，不勝憤躁，凡用藥物，故意令誤』，若此等醫書，害人眞不淺。周密癸辛雜識云：『廖羣玉諸書，九經本最佳，凡以數十種比較，百餘人校正而後成。以撫州萆草紙油煙墨印造，其裝褫至以泥金爲籤，然或者惜其删落經註，反不若韓柳文爲精妙』。廖氏刊本出於杭，極有名，故說宋刻以杭刻爲最，正確可信。宋刻並非無處不善、無書不佳，時至今日，以其傳本太少，故不論何地刻，何種書，人皆以拱璧視之，以葉論價。抗日戰爭前，浙館收購宋刻名臣碑傳琬琰集，是建本，葉石林所稱宋刻最下之本，而每葉價達銀元五枚，亦以其流傳太少之故。物以少爲貴，近乎收購古董了；是又不然，建本在宋刻最下，而比以後刊本，又爲最上矣，與古董不可並論。

明高深甫說：『宋版書刻，以活襯竹紙爲佳，而蠶繭紙、鵠白紙、藤紙固美，而所遺不廣，若糊褙宋書，則不佳矣』，這是以宋刻印紙裝潢評優劣，是重外觀，鑒賞家的說法。明胡應麟說：『今書貴宋槧，以無訛字故。今所見宋本，訛字不少，以非所習不論』，此以宋刻內容評優劣，實是中肯之論，而以『非所習不論』一語了之，則非。清王士禎說：『今人但貴宋槧本，顧宋槧亦多訛舛，但從善本可耳』（居易錄），此論與胡應麟相仿，不免苛察。清陸貽典說得好，他說：『古今書籍，宋版不必盡是，時刻不必盡非，然較是非以爲常，宋刻之非者居二三，時刻之是者無六七，則寧從其舊也』，此論眞是透闢之至。黃蕘圃、顧千里爲清代嘉、道之際精通版本學大家。黃氏以爲書以愈舊愈佳，卽最先刻者爲佳，說明刻不如元刻，元刻不如宋刻，歷舉諸證，以明其說之不謬，爲節省篇幅計，不多引文。顧千里甚至說：『宋本書，無字處亦好』，無字空白，有何好處？這裏自有道理。顧氏所見韓非子景宋抄本第十卷第七葉原缺，而趙文敏本有此一葉，是據道藏本補寫。何以知之？因計算行數字數，所補之葉，不足數，以是知之。因此顧氏斷定此葉文字，必非宋刻之舊，乃說『宋版無字處亦好』。顧氏力主『書以彌古爲彌善』，與黃氏同。平心而論，書經三寫，以帝爲虎，書經三刻，亦必以魯爲魚，宋刻，卽建本亦非元明兩刻所能及。有人舉元刻之極精者，與宋刻之下者相比，謂元刻勝宋刻，這是以一點概全面之論，不足取。日本人河田熊論宋刻之可貴有三點：『一、印本書，至宋而漸精工；二、古來所傳抄經傳，審覈不苟，足以觀古書本眞，宋刻尙存其典型，當共貴重；三、明以後輾轉抄寫，或坊刻濫有改增，不免訛舛錯脫，非宋刻無可以訂正』，此說是很對的。唐人舊本，宋世尙多有存者，刻本據舊本校刊，最爲接近原書本來面目，最爲可靠。唐太宗時，書本文字有異同時，以六朝舊本爲正。宋時刊書校讐，以唐人舊本爲準，此乃必然之勢。宋刻之可貴，其接近舊本這一點爲最主要；其他刊刻精工，校讐精審，猶其次也。近人有謂宋刻精美，可以作爲藝術品來欣賞，此說我不敢苟同。古書有用的，卽好好地利用，認爲無用，置之可也，今天不用，明天說不定有用，夏葛冬裘，各有時用，將宋刊作爲藝術品來欣賞，那是藝術家的看法。

宋刻建本，在當時人不加重視，而在今天，亦以葉論價，書以舊刻爲貴，無庸置疑。所謂建本，卽指福建建陽縣的麻沙書坊刻的書而言的。建陽有麻沙、崇化兩個市鎮，都以刻書著稱於世，崇化名稍微。此兩鎮居民，多以刻書爲業。宋世稱爲圖書之府（見方輿勝覽），所刻之書至多，所謂『行四方者，無遠不至』（見朱熹建陽縣學藏書記）。兩處刻書，多出劉剡校正（剡號仁齋，崇化人，博學不仕），見嘉靖建陽縣志。福建多榕樹，所謂柔木易刻，當卽指此；閩北盛產紙，構成刻書的兩大要件。宋大儒楊時，是浦城人，繼統洛學，門徒甚衆。浦城與建陽是鄰縣，影響所及，文風自振，刻書之又一條件也具備。麻沙、崇化刻書之盛，決非偶然的事。麻沙坊燬於元季，崇化尚存（見嘉靖建陽縣志）。至明弘治十二年，麻沙又被火，古今書板，蕩爲灰燼。正德、嘉靖間，又漸興起。嘉靖五年，以建陽書板，字多訛謬，遣翰林侍讀汪佃去建陽，任校刊之責（見梁章鉅歸田瑣記）。麻沙掌故，我所知者，僅此而已。

麻沙本書，有特殊風格：其字畫起筆、轉筆、止筆，都帶有稜角，比他處刻的顯然不同；印紙多是竹紙，亦有黄粗皮紙印的。不但宋麻沙本如此，元麻沙本亦如此，今浙館所藏宋元本，大都是麻沙本，可證。

遼、金刻本

遼刻的書，傳本極少。當宋太宗至道三年，即遼聖宗統和十五年，有幽州僧行均，著龍龕手鏡成，那時遼國書禁甚嚴，『有將書傳入中國者，法皆死』，直至宋神宗熙寧時，才有人偷偷地傳入中國，爲傅欽之所得。後來蒲宗孟帥浙西時，乃取以鏤版，爲避宋太祖祖父嫌名，改鏡爲鑑，是書今有傳本。除此書外，未聞有他書傳入中國。

遼刻大藏經，稱契丹藏，很有名。始刊於遼興宗時，當宋仁宗之世。書亦無傳，但知其爲梵夾本，每版幾行、每行幾字、每面幾行，均未詳。佛典泛論引東文選所載宓庵丹本大藏慶讚疏云：『帙簡部輕，函未盈於二百，紙薄字密，册不滿於一千』，其情況大略如此。後高麗刻大藏經，即由契丹藏出。今高麗藏尚有存者，根據高麗藏，亦可略知契丹藏的梗概。

金刻本流傳於世的比遼刻的多，因金人無禁書出國之律。但金刻書，從前輩記載，亦只知其大概情況而已。就地方說，金刻的中心地區止有平水縣一處。平水在今山西境内，據説其地當在今新絳縣境，地頗偏僻，兵事難以波及，故有坊刻行世。平水書坊著稱於世的，有晦明軒，

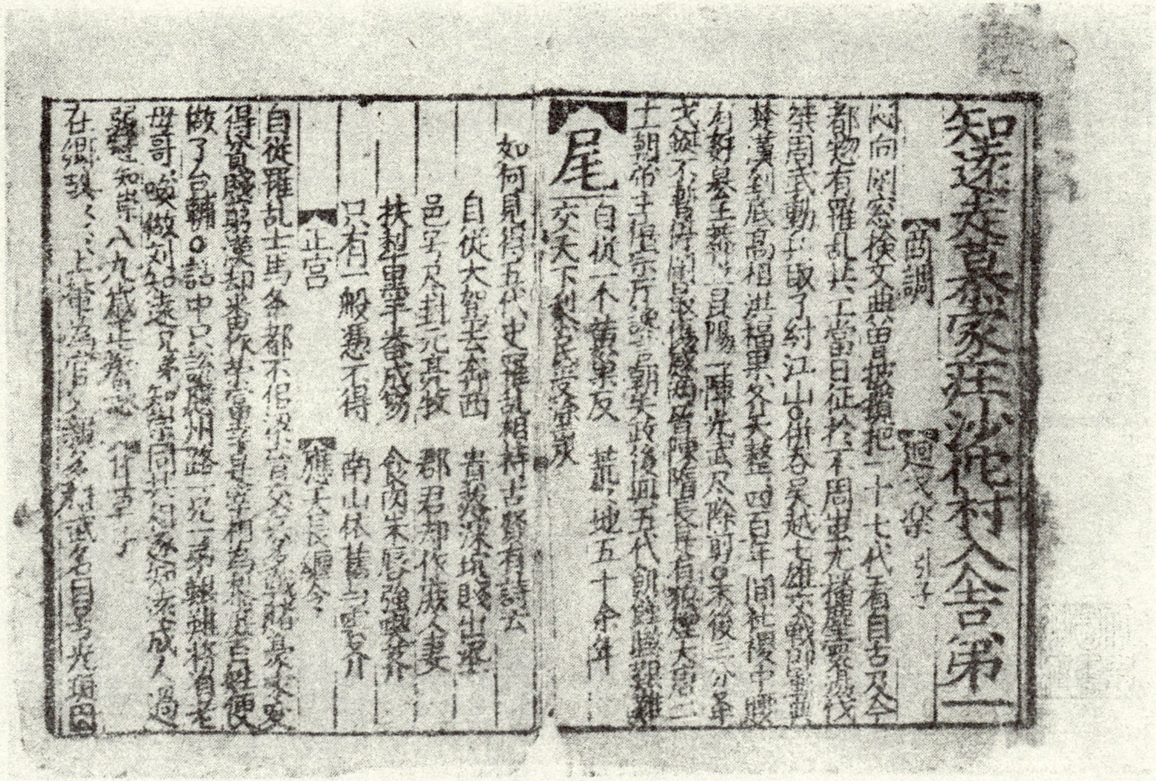

金刻本《劉知遠諸宮調》

（蘇聯國家對外文化聯絡委員會移贈，北京圖書館藏）

金刻本《壬辰重改證呂太尉經進莊子全解》
——北京圖書館藏

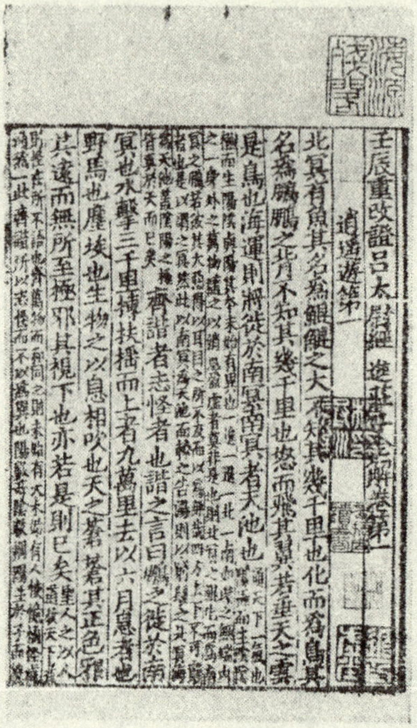
壬辰重改證呂太尉經進莊子全解卷第一
逍遙遊第一
北冥有魚其名為鯤鯤之大不知其幾千里也化而為鳥其
名為鵬鵬之背不知其幾千里也怒而飛其翼若垂天之雲
是鳥也海運則將徙於南冥南冥者天池也
齊諧者志怪者也諧之言曰鵬之徙於南
冥也水擊三千里摶扶搖而上者九萬里去以六月息者也
野馬也塵埃也生物之以息相吹也天之蒼蒼其正色邪
其遠而無所至極邪其視下也亦若是則已矣

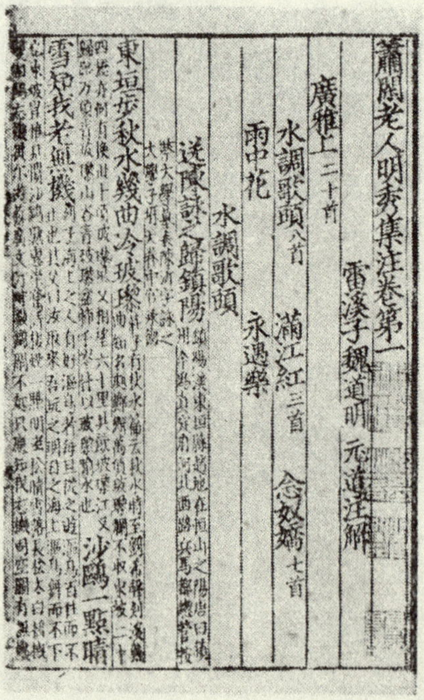
蕭閑老人明秀集注卷第一
雷溪子魏道明元道注解
廣雅上 二十首
水調歌頭 六首　滿江紅 三首　念奴嬌 七首
雨中花　永遇樂
水調歌頭
送陳詠之歸鎮陽
東垣步秋水幾曲冷玻瓈
雪印我老無機　沙鷗一點晴

金刻本《蕭閑老人明秀集注》
——北京圖書館藏

曾在泰和甲子，當南宋寧宗嘉泰四年（一二〇四），刻經史證類大觀本草三十卷，泰和丙寅，當宋寧宗開禧二年（一二〇六），刻丹淵集四十卷、拾遺二卷、附錄一卷，宋文同著；又有中和軒，正大戊子，當南宋理宗紹定五年（一二三二），刻道德寶章一卷。此外金刻有孔氏祖庭廣記（見錢氏曝書雜記）、李賀歌詩編四卷、元好問編中州集十卷，見黃蕘圃書跋；吳兢貞觀政要，見天祿琳琅書目；北京圖書館藏有周禮註十二卷，釋音一卷，新修累音引證羣籍玉篇三十卷，壬辰重改證呂太尉經進莊子全解十卷，宋呂惠卿撰，棲霞長春子丘神仙磻溪集三卷，金丘處機撰，南豐曾子固先生集三十四卷，劉知遠十二卷（蘇聯國家對外文化聯絡委員會移贈）。

元刻本

『元人刻書，並由中書省牒下諸路刊行』（見天祿琳琅書目），『元人刻書，必經中書省看過，下所司，乃許刻印』（見明陸容菽園雜記），此制與宋治平以前刻書必先經國子監審核相似。開國之初，制度往往如此。據元刻資治通鑑王磐序：『京師刱立興文署，署置令丞，並校理四員，咸給廩祿，召工剡刻諸經子史板，布天下，以資治通鑑爲起端之首』，由此，知元初刻書之事，由興文署掌握。其地方刻書，多由書院領其事，因元時州縣皆有學田，以供師生廩餼，餘款悉用以刻書，書院由山長主管。顧亭林謂書院刻書有三善：山長無所事，而勤於校讐，一也；不惜費，而工精，二也；板不儲官，而易印行，三也（日知錄）。刻書要校讎、要經費、要易於流通，三條件書院皆備，故其刻本頗精，爲後人所稱道。又元代全國書院有一百二十個，故所刻之書亦多，茲舉其著者列後：

興賢書院（廬陵）　廣信書院
宗文書院　梅溪書院
圓沙書院　西湖書院
蒼岩書院　武溪書院（廬陵）
龜山書院　建安書院（建寧）
屏山書院　豫章書院（沙陽）
南山書院　臨汝書院（撫州路）
桂山書院（茶陵）　梅隱書院
雪窗書院

書院刻書，當不止此，茲據書林清話所收的，抄列於右，以作參考。有名爲書院，而實爲私刻者，如：

方回虛谷書院

茶陵陳仁子古迂書院　　詹氏建陽書院

潘屏山圭山書院　　平江路天心橋南劉氏梅谿書院

鄭玉師山書院

此外各路儒學刻書亦盛，其書口多有記載，茲不臚列其名。其他私刻坊刻甚多，舉其著者，列表於左，以便參考：

平陽府梁宅　　平水許宅

建安鄭明德宅　　陳忠甫宅

花谿沈氏家塾　　雲坡家塾

安成郡彭寅翁崇道精舍　　虞氏南谿精舍

平水曹氏進德齋　　存存齋

孫存吾如山家塾益友書堂　　孝永堂

平水高昂霄尊賢堂　　范氏歲寒堂

復古堂　　叢桂堂

嚴氏存耕堂　　平陽司家頤眞堂

唐氏齊芳堂　　汪氏誠意齋集書堂

麻沙劉通判宅仰高堂
崇川書府
溪山道人田紫芝英淑
雲衢張氏
建安蔡氏
建安詹璟
龍山趙氏國寶
西園精舍（明初猶存）
劉錦文日新堂　三桂堂
平陽張存惠堂
建安陳氏餘慶堂
建安同文堂
麻沙萬卷堂
雲衢會文堂
德星堂

精一書舍
商山書塾
平陽道參幕段君子成
盱南孫氏
建安劉承甫
劉震卿
劉君佐翠岩精舍（至明代猶存）
梅軒蔡氏（明弘治猶存）
高氏日新堂
燕山竇氏活濟堂
建安朱氏與耕堂
建安萬卷堂
董氏萬卷堂
積慶堂
萬玉堂

胡氏古林書堂　日新書堂
梅隱書堂　妃僊陳氏書堂
葉曾南阜書堂　敏德書堂
李氏建安書堂　富沙碧灣吳氏德新書堂
桃谿居敬書堂　廬陵泰宇書堂
積德書堂　雙桂書堂
一山書堂　妃僊興慶書堂
秀岩書堂　雲莊書堂
麻沙劉氏南澗書堂　三巨石林葉敦
書市劉衡甫　聞德坊周家書肆
建陽劉氏書肆　建陽書林劉克常
建安虞氏務本書堂　建安鄭天澤宗文書堂（明代猶存）
楊氏清江書堂（明代猶存）　葉氏廣勤堂（明代猶存）
建安吳氏友于堂

以上所列私刻坊刻，僅據葉氏清話錄入，間亦有爲我補入的，不過窺豹一斑，當時私刻坊刻必不止此數。

元刻最顯著的特點有二：一是黑口，二是趙吳興（孟頫）字體。書之黑口，起於南宋之世，如宋刻琴趣外篇，卽細黑口，可證。書之黑口，卽一版中線，摺書時，可據中線摺之，由此可證線裝起於南宋之世。後來用大黑口，意義全失。元刻黑口，是就一般情況而言，並非元刻卽無白口，如元刻玉海卽是白口，可證。趙體字秀逸，柔軟之姿，具有剛勁之氣，甚覺可愛。元板除黑口字體之外，板心也有上記字數，下記刻工姓名的，也有不記的，並非主要特點。

元刻印紙，常用者，是竹紙，比宋紙稍黑（見五雜組），皮紙則極薄而粗黃（見浙館藏玉海）。但也有極好的，如：馬祖常石田集，其印紙潔白如玉，而又堅韌；范文正公事迹，元延祐刊本，紙堅白而極薄；杭州大學藏的玉海，紙潔白可愛，錢泰吉曝書雜記說：『玉海元板初印者，白紙甚厚，允爲玉海所見本之冠』，杭大藏本，當是初印。宋版書常有以紙背印的，元版書亦然，元刻增修互註禮部韻略，其印紙卽爲元時戶口册，載有『湖州路某縣某人云，宋民戶，至元某年歸順』字樣，見滂喜齋藏書記。此種紙背印的書，不但可藉以證定其刊刻時代，而且可知其爲某處刊本，如禮部韻略印紙爲湖州戶口册，可知其書刊於湖州，藏書家稱之爲官庫本是也。

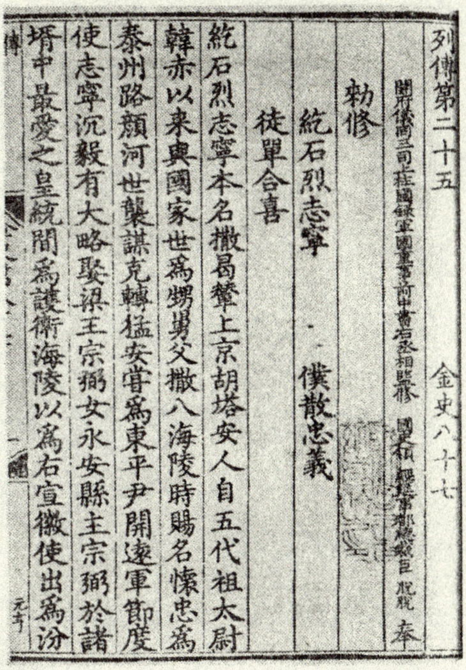

列傳第二十五　金史八十七

開府儀同三司上柱國錄軍國重事中書右丞相監修國史領經筵事都總裁臣脫脫奉

勅修

紇石烈志寧　僕散忠義

徒單合喜

紇石烈志寧本名撒曷輦上京胡塔安人自五代祖太尉韓赤以來與國家世為甥舅父撒八海陵時賜名懷忠為泰州路顏河世襲謀克轉猛安嘗為東平尹開遠軍節度使志寧沉毅有大略娶梁王宗弼女永安縣主宗弼於諸壻中最愛之皇統間為護衛海陵以為右宣徽使出為汾

元至正五年(1345)江浙等處行中書省刻本《金史》

——北京圖書館藏

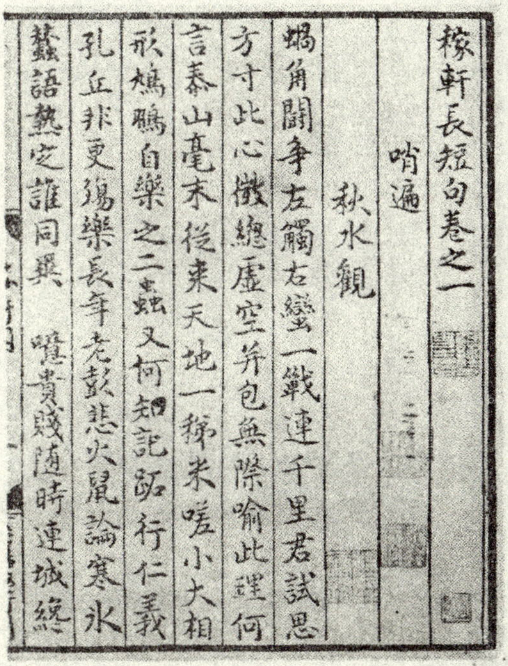

稼軒長短句卷之一

哨遍

秋水觀

蝸角鬬爭左觸右蠻一戰連千里君試思方寸此心微總虛空并包無際喻此理何言泰山毫末從來天地一稊米嗟小大相形鳩鵬自樂之二蟲又何知記跖行仁義孔丘非更殤樂長年老彭悲火鼠論寒冰蠶語熱定誰同異　噫貴賤隨時連城纔

元大德三年(1299)廣信書院刻本《稼軒長短句》

——北京圖書館藏

元天曆三年(1330)廣勤書堂刻本《新刊王氏脉經》

——北京圖書館藏

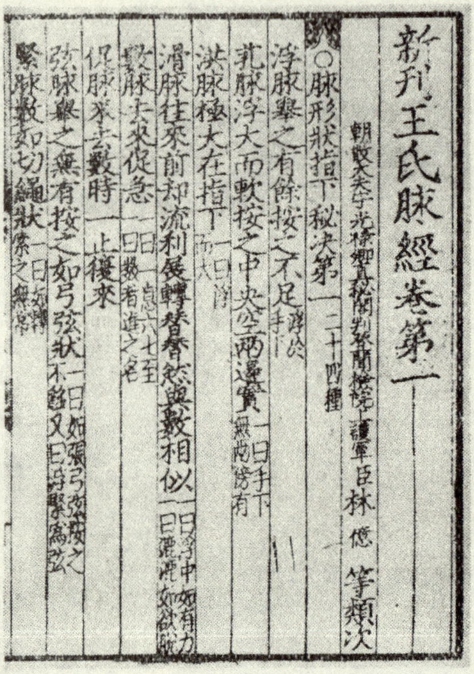
新刊王氏脉經卷第一
朝散大夫守光祿卿直秘閣判登聞檢院上護軍臣林億等類次
○脉形狀指下秘決第一 二十四種
浮脉舉之有餘按之不足 浮於手下
芤脉浮大而軟按之中央空兩邊實 一曰手下無中央兩邊有
洪脉極大在指下 一曰浮而大
滑脉往來前却流利展轉替替然與數相似 一曰浮中如有力 一曰漉漉如欲脫
數脉去來促急 一曰一息六七至 一曰數者進之名
促脉來去數時一止復來
弦脉舉之無有按之如弓弦狀 一曰如張弓弦按之不移 又曰浮緊爲弦
緊脉數如切繩狀 一曰如轉索之無常

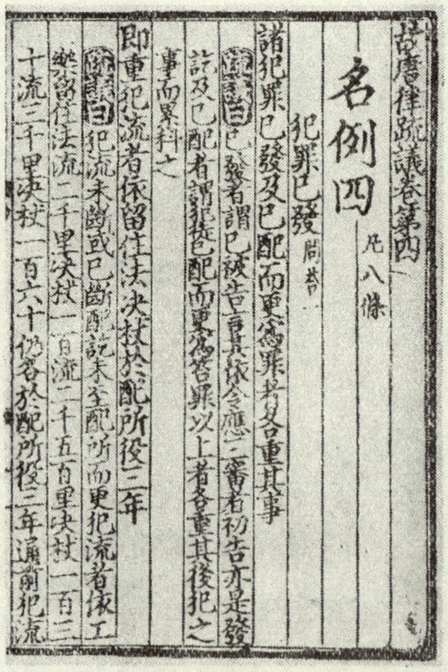
故唐律疏議卷第四
名例四 凡八條
犯罪已發 問答一
諸犯罪已發及已配而更爲罪者各重其事
疏議曰已發者謂已被告言其依令應三審者初告亦是發
訖及已配者謂犯配而更爲笞罪以上者各重其後犯之
事而累科之
即重犯流者依留住法決杖於配所役三年
疏議曰犯流未斷或已斷配訖未至配所而更犯流者依工
樂留住法流二千里決杖一百流二千五百里決杖一百三
十流三千里決杖一百六十仍各於配所役三年通前犯流

元至正(1341–1367)余志安勤有堂刻本《故唐律疏議》

——北京圖書館藏

元版書，明高濂斥之曰：『用墨穢濁』，其實也有好的，不可一概而論，如范文正公事迹，墨如點漆，可證。

元版書無諱字，此與宋刻不相同，也是不甚重要特點之一。

元代私刻坊刻，大都有牌記，此大有助於版本之審定；但翻本照様刻牌記的也有，不可不注意。

明刻本

有明一代，官刻之書，如內府刻的、各直省刻的，見於周弘祖古今書刻中者很多，惜僅舉書名，無刊刻年代。內府刻書，由司禮監領其事。司禮監，爲明初設置的十二監之一，其地位爲最高，在十二監中，爲第一署，其首長與首揆相等。司禮監設有漢經廠、番經廠、道經廠（見野獲編）。漢經廠，專刻本國四部書籍，番經廠所刻，當是佛經之類，道經廠所刻，當是道藏，因此後人稱其所刻本爲經廠本。經廠本多是黑口、白紙、趙體字，很容易辨別，形式頗爲美觀，惜校讐不精，後人不甚重視。此外各部院，及南北國子監，亦有刻，而尤以南京國子監刻的爲最多。各直省所刻，以蘇州府刻的爲最多，淮安府次之。各省中，惟福建有書坊，坊刻之書，四部皆備，其數量比蘇州多兩倍不止。此書坊卽指建陽麻沙、崇化兩坊而言，坊賈射利，人人能刻、能印、能賣，所以多耳，多而不精，後人亦不甚愛惜。藩府刊刻亦盛，而古今書刻中所記，有弋陽王府、淮府、益府、楚府、吉府、遼府、汝府、趙府、德府、魯府、代府、秦府、韓府、慶府、蜀府，凡十五府。上海圖書館藏有潞藩刻的琴譜、棋譜。此外私刻坊刻多不勝舉。

明刻就一般情況而言，則從成化、弘治，上溯至洪武，在此時期的刻本，猶承元時風氣，多是黑口趙體字。前人說：『書籍明刻而可與宋元並者，惟明初黑口本爲然』，又說：『明刻黑口宋人集，世以爲珍』（見黃蕘圃書跋），可見此時刻印甚佳，但經廠本怕要除外吧！自正德、嘉靖以降，黑口本絕無僅有，一般都是白口；而字體亦一變而爲方體字，僵硬呆滯，劣者猶如枯柴，很不美觀，萬曆以後，字體又一變而爲橫輕直重，頗類顏體字，其氣派與嘉靖本又全不相似，天啓、崇禎，字體又一變而爲狹長的横輕直重的字樣，氣派更小，刻書雖是小事，亦足以見其國勢日蹙，漸趨於衰亡的樣子。此就江南刻書情況而言；若北方則不如此。山西刻的，刀法笨拙異常（據所見而言）；陝西刻的，有一種用很多古體字的，所見有許宗魯本，其僵硬之態，眞如斬釘截鐵，粗野之極；惟濟南刻的，見到幾種嘉靖本，如田經校刻的黃帝內經猶有元人氣息。

上面說的是就匠體字而言，若名家寫刻本，則大不相同。有趙、有歐、有顏，各就專長，手寫上板。若萬曆年新安汪一鸞刻的淮南鴻烈解，寫顏體；趙秉忠琪山集寫歐體，帶有北魏字體；四明萬表的玩鹿亭稿寫趙體：皆精美絕倫。又有文徵明手書文溫州集，書雖未見，而藏書家見過的，都認爲至寶。惟此類寫刻本，總是占少數。

明人印書紙，據胡應麟說：『以永豐綿紙爲上，常山柬紙次之，順昌紙又次之，福建紙最下。綿貴其白且堅，柬貴其潤且厚，順昌堅不如綿，厚不如柬，直以價廉取稱，大率閩越燕吳所用刷書之紙，不出此數者。燕中有一種紙，理粗質擁腫，而最弱，久則爛，更在順昌下，惟燕中刷書則用之。』按永豐縣在江西，明人印書綿紙，原來取給於此。綿紙有極白而極薄的，有極白而厚實的，有粗而黃的，品類不一，其價高，坊刻罕有用者。竹紙價低，亦有高下：一種竹紙質極細而緊密，極細故潤，緊密故堅，這是上品；一種質粗而鬆，爲下品。其簾寬一指，或不到一指。萬曆以後印的書，以竹紙爲最常見，嘉靖以前印的，綿紙爲多，故明板書人多重視綿紙印的。

明人印書，用墨佳者罕見。萬曆以後（據張冷僧先生說自萬曆始），多用煤和以麵粉，以代墨汁，（明萬曆刻本南京禮部編定印藏經號簿，首列條約，中有一條云：『作料：烟煤五隻，銀壹兩；麵伍百斤，銀叁兩。』這是明萬曆時用煤、麵調和印書之確證。）取其價廉，成本輕。這種代用墨水，烟煤易於脫落，書葉成爲大花臉，明季刊本，往往見之，醜惡異常，令人一見生厭。惟萬曆年徽板書，墨色有極精者，如所見淮南鴻烈解、程幼博墨苑、方于魯墨譜之類，眞所謂墨色青純，可愛之至。

明刊本，若就地方而言，則蘇浙皖閩爲刊刻中心地。明胡應麟說：『余所見當今刻書，蘇常爲上，金陵次之，杭又次之。近湖刻歙刻驟精，遂與蘇常爭價。蜀本行世甚寡，閩本最下。』『今杭本亦用白楊木，他方或用烏皂板，皆易就之故也。』『吳會金陵，刻書最多。海內商賈所資，二方十七，閩中十三，燕越勿與。』『凡刻之地有三，吳越閩。其精吳爲最，其多閩爲最，越皆次之。其直重，吳爲最，其直輕，閩爲最，越皆次之。』謝肇淛說：『今杭刻不足稱矣。金陵吳興新安三地，剞劂之精，不下宋板。楚蜀之刻，皆尋常耳。閩建陽有書坊，出書最多，而版紙俱最濫惡，蓋徒爲射利計，非以傳世也。近來吳興金陵，漸漸陷此病矣。』看上舉兩說，可知明刻以吳中刻本爲最精，閩本最下。徽州吳興乃後起之秀，豈但與蘇常爭價，實已超越蘇常。蘇常精刻，多在嘉靖之世，萬曆間，已讓位於吳興、新安了。有明一代，杭州刻書之業，凋弊不堪，無足稱述。徽多鉅商，饒於財，收書刻書，條件優越，故刻書有特別精美者，爲他處所不及。

嘉靖之世，吳中刻書最精，這與刻工技術精巧分不開的。吳中刻書技工，如姑蘇章仕、吳曜、吳時用、黃周賢、黃金賢，都是有名的寫刻能手。黃周賢金賢刻的書，天祿琳琅書目後編誤認爲宋刻，其雕鏤之精可知。徽州名刻工尤多，如黃鋑，號秀野，刻寂光鏡，黃應泰、黃應瑞，刻古今女範、大雅堂雜劇圖，黃應光刻集樂府先春、琵琶記、元曲選圖，黃鏻刻養正圖解、程氏墨苑，黃一楷刻北西廂，黃一彬刻青樓韻語、西廂五劇，黃應組刻坐隱圖卷、人鏡陽秋，汪忠信刻海內奇觀，汪文宧刻仙佛奇蹤，汪士珩刻唐詩畫譜，黃子立刻陳章侯博古葉子，這些都是徽派名家。

明代藩府刻書，上面已經提到過，茲據葉氏書林清話，補錄寧藩、肅藩、唐府、晉府（寶賢堂，亦稱志道堂，亦稱虛益堂，又稱養德書院）、周藩、徽藩（崇德書院，崇古書院嘉靖間刻錦繡萬花谷）、瀋藩、伊府、魯府（敏學書院，亦稱承訓書院）、趙府（居敬堂，亦稱味經堂）、遼藩（寶訓堂，亦稱梅南書屋）、德藩（最樂軒）、潞藩。各藩府堂名甚爲重要，古今書刻不載，清話間有記錄，而遼藩梅南書屋亦未錄入，茲爲補記。梅南書屋刻的東垣十書，黑口綿紙，極精美。

明人刻書，人多以爲太濫，有非議，其實精刻亦不少，茲記其家數於左：

豐城游明大昇（翻刻元中統本史記集解索隱一百三十卷）

吳郡沈與文辨之野竹齋（刻韓詩外傳。又沈刻書亦有題繁露堂者，見書林清話）

鳳陽郭勛（刻元次山集、白樂天文集、三國志演義等）

崑山葉盛菉竹堂（刻雲仙雜記）

江陰涂禎（刻鹽鐵論極有名）

錫山安國桂坡館（活字排印顏魯公集、初學記極有名）

震澤王延喆恩褒四世之堂（刻史記極有名）

吳郡金李澤遠堂（刻國語韋昭解二十一卷）

吳郡袁褧嘉趣堂（刻文選極有名）
吳郡顧春世德堂（刻六子全書）
澶淵晁瑮寶文堂（刻昭德新編、具茨集、晁氏客語、法藏碎金等）
南平游居敬（刻韓、柳集）
餘姚聞人詮（刻舊唐書，有名）
金台汪諒（刻史記索隱正義）
福建汪文盛（刻前後漢書）
蘇獻可通津草堂（刻王充論衡）
東吳郭雲鵬濟美堂（刻柳集）
俞憲鴸鳴館（刻西溪叢語）
東吳徐時泰東雅堂（刻韓集）
嘉禾項篤壽萬卷堂（刻鄭端簡奏議）
嘉禾項德棻宛委堂（刻陸友仁研北雜識）
浙江馬元調寶儉堂（刻元氏長慶集、白氏長慶集）
鄧渼文遠堂（刻唐文粹）

明嘉靖十四年(1535)
蘇獻可通津草堂刻本《詩外傳》
——北京圖書館藏

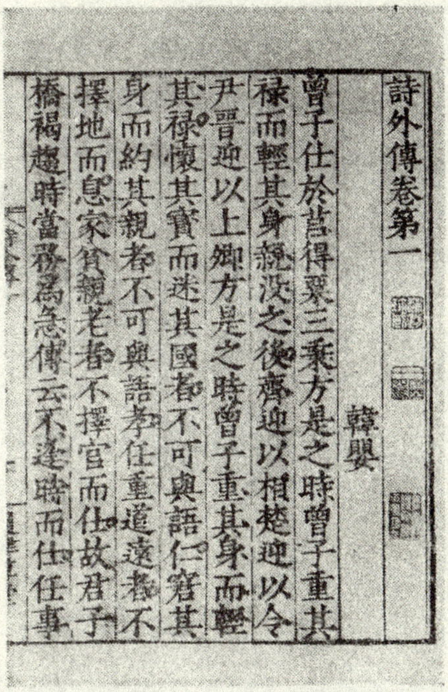
詩外傳卷第一
韓嬰
曾子仕於莒得粟三秉方是之時曾子重其
祿而輕其身親沒之後齊迎以相楚迎以令
尹晉迎以上卿方是之時曾子重其身而輕
其祿懷其寶而迷其國者不可與語仁窮其
身而約其親者不可與語孝任重道遠者不
擇地而息家貧親老者不擇官而仕故君子
橋褐趨時當務為急傳云不逢時而仕任事

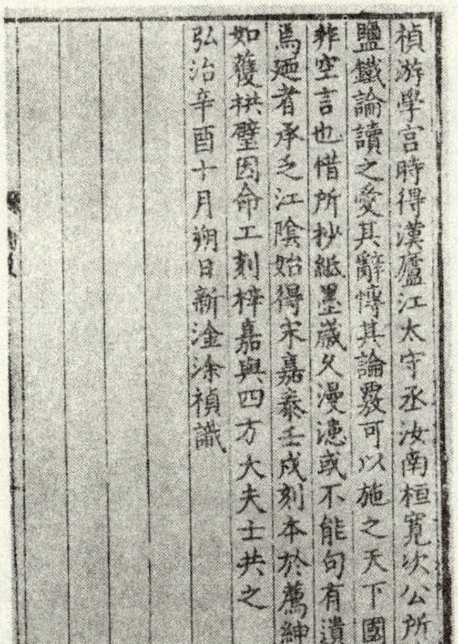
禎游學宮時得漢廬江太守丞汝南桓寬次公所著
鹽鐵論讀之愛其辭博其論覈可以施之天下國家
非空言也惜所抄紙墨歲久漫漶或不能句有遺恨
焉廼者承乏江陰始得宋嘉泰壬戌刻本於薦紳家
如獲拱璧因命工刻梓嘉與四方大夫士共之
弘治辛酉十月朔日新淦涂禎識

明弘治十四年(1501)
涂禎刻本《鹽鐵論》
——北京圖書館藏

明隆慶五年(1571)葉氏菉竹堂刻本《雲仙雜記》
——北京圖書館藏

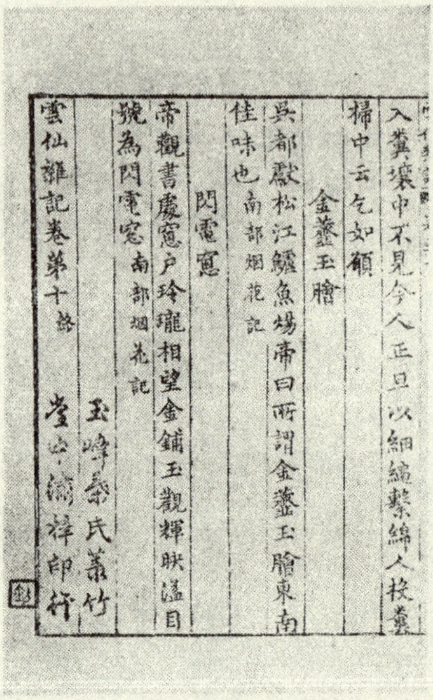
入囊褱中不見令人正旦以細綿繫綿人挍囊
掃中云乞如願
金虀玉膾
吳郡獻松江鱸魚煬帝曰所謂金虀玉膾東南
佳味也 南部烟花記
閃電窓
帝觀書處窓戶玲瓏相望金鋪玉觀輝映溢目
號為閃電窓 南部烟花記
玉峰葉氏菉竹
雲仙雜記卷第十 終 堂[illegible]繡梓印行

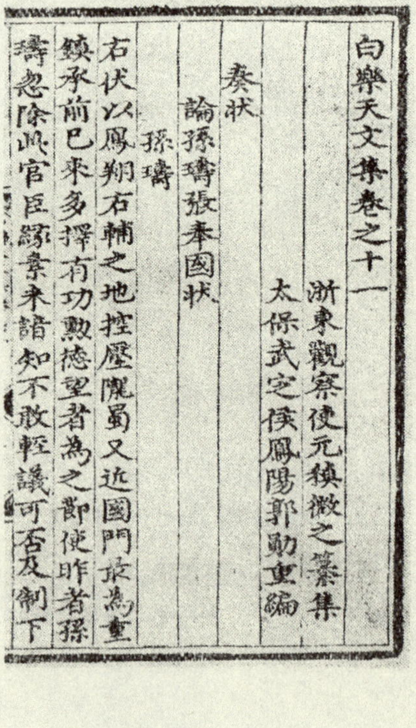
白樂天文集卷之十一
浙東觀察使元稹微之纂集
太保武定侯鳳陽郭勛重編
奏狀
論孫璹張奉國狀
孫璹
右伏以鳳翔右輔之地控壓隴蜀又近國門故為重
鎮承前已來多擇有功勳德望者為之節使昨者孫
璹忽除此官臣緣素未諳知不敢輕議可否及制下

明正德十四年(1519)郭勛刻本《白樂天文集》
——北京圖書館藏

高承埏稽古堂（刻劉賓客佳話、劇談錄、雲仙散錄）
吳氏西爽堂（刻晉書、三國志）
萬玉堂（刻太玄經）
吳郡杜詩（刻鮑彪戰國策注）
元和吳元恭（刻爾雅）
顧元慶四十家文房小說
胡維新兩京遺編
關中許宗魯宜靜書堂（刻國語，多古字）
薛來芙蓉泉書屋（刻韓詩外傳）

上舉諸家刻書，知名於世，錄之以備參考。因所見不廣，漏略必多，續有所見，再補。

明代罕見難得之書，錄出以備採訪：

黑口板天順本丹崖集、大明一統志，明刻山窗餘話，明正統本九靈山房集，明刻周職方詩文集，正統本後漢書，正統周仲英重編高啓缶鳴集，正統己未本十九史略詳解，弘治刊本葬書釋注，成化己丑本靈棋經，顧氏文房小說完本，正德盧江刻、嘉靖己卯重刻浮溪文粹，成化本武溪集，天順本藏春集，成化本匆軒集，崑山葉文莊公集，有彩色圖程氏墨苑，上面所錄，亦僅據所知錄之備考，明刻罕見書，豈止這幾種而已。

明人私刻坊刻書至多，私刻者除上舉諸家精刻者外，補記於左方，亦有助於鑒別。

紫陽書院　義陽書院
無錫崇正書院　廣東崇正書院
九峯書院　芸窗書院
鰲峯書院　籍山書院
正學書院　東林書院
龍川書院　建溪精舍
詹氏進德精舍　鳳山精舍
南星精舍　崦西精舍
古杭勤德書堂　遵正書堂
廣成書堂　書林魏氏仁實書堂
歙西鮑氏耕讀書堂　玉峯書堂
鴿陽書堂　羅氏竹坪書堂
崇仁書堂　劉氏明德書堂

劉氏文明書堂
陳氏存德書堂
崇文書堂
吳氏玉融書堂
前山書屋
九洲書屋
善敬堂
葉氏南山堂
皇甫氏世業堂
南康府六老堂
雷氏文會堂
張之象漪蘭堂
陳奇泉積善堂
吳公宏寶古堂
周氏博古堂

集賢書堂
錫山秦氏繡石書堂
新賢書堂
南星書屋
義烏沈氏楚山書屋
梁氏安定堂
鰲峯熊宗立種德堂
書林劉宗器安正堂或作安正書堂（刻書頗多）
贛州府清獻堂
書林葉一蘭作德堂
浙江葉寶山堂
寶雲堂
徐守銘寧壽堂
新都吳氏樹滋堂
董氏萬卷堂

書林龍田劉氏喬山堂
葉益蓀春晝堂
熊氏衞生堂
雙柏堂
豫章王氏夫容館
潘元度玉峯青霞館
淸眞館
顧起經奇字齋
純白齋
泊如齋
眞如齋
雙甕齋
金陵文林閣
單恂淨名齋
霏玉齋

海虞三槐堂
新都吳繼仕熙春堂
明德堂
如隱堂（刻洛陽伽藍記極有名）
翠岩館
辨疑館
書戶劉洪愼獨齋（刻書頗多）
楊氏歸仁齋亦稱淸白堂
武林馮紹祖觀妙齋
豫章璩之璞燕石齋
喬可傳寄寄齋
金陵奎壁齋
金陵富春堂
歙岩鎭汪濟川主一齋
徐婧萬竹山房

江夏黃氏浮玉山房
武林馮念祖臥龍山房
玉蘭草堂
書林余氏
書林童文舉
書林詹氏
藍山書舍（洪武）
維楊資政左室
太元書室
顧汝達萬玉樓
東里董氏茭門別墅
吳興花林東海居士茅一相文霞閣
衆芳書齋
揚州陳大科
金陵周對峯

喬世寧小丘山房
椒郡伍氏龍池草堂
書林劉寬
書林龔氏
書林董思泉
國子監前趙鋪
劉氏博濟藥室
蔣德盛武林書室
尹耕療鶴亭
贛郡蕭氏古翰樓
龍邱桐源舒伯仁梁溪寓舍
吳郡顧凝遠詩瘦閣
三衢近峯夏相
金陵王舉直
沈啓南

上舉私刻坊刻名目，限於聞見，以後有見卽補，以備查考。

有明一代，二百七十餘年，所刻之書極多，古今書刻所錄，猶其少焉者也。書籍是傳播文化工具，書種不可使絕，刻書多，是大好事，任何人不能加以非議。但多而不精，缺點存在，亦應提出批評，引起後人注意，對學術研究，是有好處的。批評明刻，諸說紛紜，我這裏引幾家比較有代表性的議論，以見一斑。明郎瑛說：『我朝太平日久，舊書多出，此大幸也；惜爲福建書坊所壞。蓋閩專以貨利爲計，但遇各省所刻好書，聞價高，卽便翻刻。卷數目錄相同，而於篇中多所減去，使人不知，故一部止貨半部之價，人爭購之。近徽州刻山海經，亦效閩之書坊，只爲省工本耳。』（見七修類稿）郎氏此說，批評建陽坊刻。建陽有麻沙坊、崇化坊，專以刻書爲業，前面已說過。建本之不善，衆所公認，脫訛時見，自宋以來卽如此，明刻更壞；但若謂建刻莫不任意減省篇中文字，那也不見得是事實。且坊賈圖利，節省工本，偷工減料，凡書商莫不如此，不獨建陽爲然，郎氏獨怪建刻，亦非公平之論。要之明代坊刻濫惡，我們應該知道，其中卽有佳者，亦屬罕有。

顧亭林有云：『聞之先人，自嘉靖以前，書之鋟本，雖不精工，而其所不能通之處，注之曰疑。今之鋟本加精，而疑者不復注，且徑改之矣。』（見音學五書）又云：『萬曆間人，多好改竄古書，人心之邪，風氣之變，自此而始。』『山東人刻金石錄，於李易安後序紹興二年玄黓歲壯月朔，不知牡月之出於爾雅：八月爲牡月，而改爲牡丹。萬曆以來所刻之書，多牡丹之類也。』（見日知錄卷十八）顧氏特斥萬曆本之不知妄作，郎瑛七修類稿亦有相似之說。郎氏云：『東坡跋和靖詩集：「詩如東野不言寒，書似西台差少骨」，西台乃南唐李建中，今因不知李而改爲西施，謬解遠矣。』牡丹、西施兩例，經郎顧二家指出，對我們研究明刻，幫助很大。萬曆以後刊校古籍，確有此病，已成公論。不過顧亭林對嘉靖以前刻本，無貶詞；其實嘉靖本也有很壞的。據王靜安先生說：嘉靖刻的張說之文集，脫去二頁，卷二十三內，脫文一篇，又脫落一行者幾十處，悉據明抄本校正。王端履重論文齋筆錄有云：『成化刊本周禮句解，於經文任意删節』，可見嘉靖以前刻書，也有和萬曆一樣缺點。黃蕘圃、顧千里兩家，對明板的批評頗深切。黃氏云：『明人喜刻書，而又不肯守其舊，故所刻往往戾於古。如此書（提刑洗寃錄），能翻刻之，可謂善矣；而必欲改其卷第，添設條目何耶？』顧跋廣弘明集云：『明中葉以後刻書，無不肊改。此吳中珩本，以梵夾勘之，乖錯極多』；又跋蔡中郎集云：『天聖癸亥歐靜輯本十卷、六十四篇，今爲六卷、九十二篇，全屬嘉靖時俞憲、喬世寧所改，明代人往往少學而好妄作，宜其無足據也。』黃顧乃版本學大家，見聞極廣，其所指出的明刻瑕疵，確係實情。但凡事總不免有缺陷，因其缺陷而抹煞其優點，是不對的。明刻精品亦不少，上面列舉許多家數，如：袁刻文選、王刻史記、趙刻玉台新詠，人多誤認爲宋版；它如弘治本鹽鐵論、陸刻史通、顧氏文房小說、華氏安氏活字本，並著稱於世；安氏桂坡館活字板顔魯公集、初學記，在今日，其價之高，不下宋版：此猶在正嘉時代。若明初黑口本，與宋元本並駕齊驅，甚爲名貴。從全面看來，明人刻書，還是好處多，壞處少。卽如萬曆本，清代學者多鄙薄之，但徽版雕鏤精美，校讐精審者，未嘗不有，我上面已有提及。徽刻版畫、雕印之精，獨步一時，至今人爭寶之。它如私家自刻詩文集，校勘寫刻，都不肯苟且。只是坊刻射利之書，大多數確實要不得，然亦有佳者，趙萬里先生告訴我，金陵富春堂刻的戲曲，都是很好的，可證。我們對宋元版書，有見必收，對明版書，要加以選擇，丁氏書志之例，我認爲正確可從。不過，時至今日，明季刻本亦已稀少，凡有所遇，仍不應輕易忽視。

清代精刊本

清代刊本，我平日注意比較少，知道的不多。據孫奇逢日譜所載，清康熙初年，私人刻書有禁，而且很嚴。封建皇朝開國之初，多是如此，無足怪。後來何時解禁，未詳。三百年來，刻書之多，超乎前代，而且考證校讐之學，至乾嘉而極盛，校刻之書，多精審可靠。只因時代較近，傳本易得，收藏家多忽之。再過數百年，其價必甚高，可以預測。今但據所知，舉其精刻，以作參考，不加論列：

秦刻九經（巾箱本不分卷，每經以葉計，清初無錫秦鏷刻）

趙懷玉校刻韓詩外傳

士禮居黃氏叢書

張敦仁刻儀禮注疏顧廣圻校補缺疏（傳本不多）

張敦仁仿宋淳熙四年撫州公庫本禮記

顧廣圻仿明吳元恭本爾雅註疏

臧鏞堂仿元雪窗書院本爾雅註疏

張士俊澤存堂刻小學五種（玉篇、廣韻、佩觿、字鑑、羣經音辨）

清乾隆四年初印二十三史（史記五帝本紀末一頁不漫漶者）

胡克家翻元板資治通鑑

李錫麟惜陰軒依元版重刊戰國策

孫星衍刊晏子春秋（顧千里校）

顧抱沖仿宋刊古列女傳

康熙地圖三十三頁

乾隆十三排地圖（以上二圖，皆爲內府銅版精印，流傳甚少）

全椒吳氏仿宋本韓非子

抱經堂叢書十八種

鮑氏知不足齋叢書

張海鵬學津討源

墨海金壺

陸鍾輝水雲漁屋刻笠澤叢書

顧氏碧筠草堂刻笠澤叢書

秦恩復校刻駱丞集(顧千里校)

孫星衍刻顏魯公集

項氏玉淵堂刻韋蘇州集

陳弘謀刻司馬文正公傳家集

上舉精本，不過就一般聞名的說說，見聞所限，必不能備。其次爲清代有名的寫刻本，據所知列表於左：

張力臣寫刻顧氏音學五書

倪霱寫刻明文在

林佶寫刻漁洋精華錄

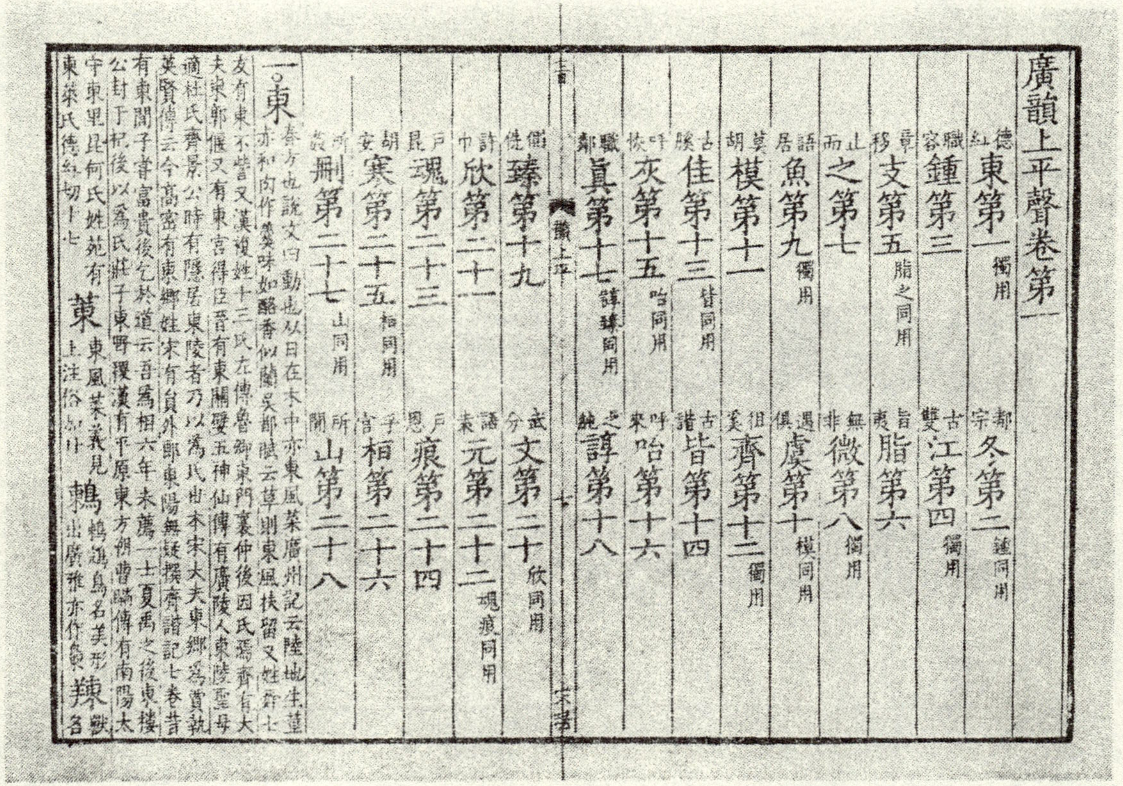

廣韻上平聲卷第一

東德紅第一獨用　冬都宗第二鍾同用
鍾職容第三　江古雙第四獨用
支章移第五脂之同用　脂旨夷第六
之止而第七　微無非第八獨用
魚語居第九獨用　虞遇俱第十模同用
模莫胡第十一　齊徂奚第十二獨用
佳古膎第十三皆同用　皆古諧第十四
灰呼恢第十五咍同用　咍呼來第十六
眞職鄰第十七諄臻同用　諄之純第十八
臻側詵第十九　文武分第二十欣同用
欣許斤第二十一　元語袁第二十二魂痕同用
魂戶昆第二十三　痕戶恩第二十四
寒胡安第二十五桓同用　桓胡官第二十六
刪所姦第二十七山同用　山所閒第二十八

一東　春方也說文曰動也从日在木中亦東風菜廣州記云陸地生莖赤和肉作羹味如酪香似蘭吳都賦云草則東風扶留又姓舜七友有東不訾又漢複姓十三氏左傳魯卿東門襄仲後因氏焉齊有大夫東郭偃又有東宮得臣晉有東關嬖五神仙傳有廣陵人東陵聖母適杜氏齊景公時有隱居東陵者乃以爲氏世本宋大夫東鄉爲賈執英賢傳云今高密有東鄉姓宋有貟外郎東陽無疑撰齊諧記七卷昔有東閭子嘗富貴後乞於道云吾爲相六年未薦一士夏禹之後東樓公封于杞後以爲氏莊子東野稷漢有平原東方朔曹瞞傳有南陽太守東里昆何氏姓苑有東萊氏德紅切十七　菄東風菜義見上注俗加艸　鶇鶇鵍鳥名美形出廣雅亦作鶇　䍶獸名

清康熙四十三年(1704)張氏澤存堂刻本《廣韻》

(北京圖書館藏)

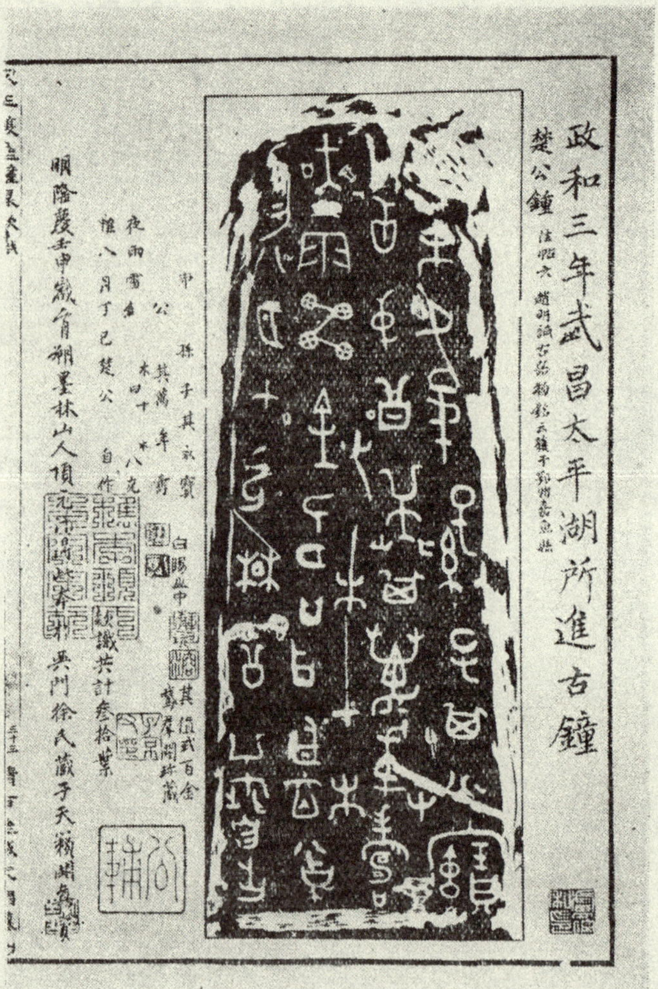

清嘉慶七年(1802)阮元刻本《鐘鼎款識》

(北京圖書館藏)

堯峯文抄

午亭文編

王儀子鴻寫刻漁洋詩續集

許翰屏寫刻胡刻文選

長洲李福寫刻士禮居明道本國語

吳縣陸損之寫刻黄丕烈的隸釋刊誤

黄丕烈寫刻季滄葦書目

余集寫刻周密志雅堂雜抄

元好問續夷堅志

孫承澤庚子銷夏記

鄭燮自寫刻板橋集

金農自寫刻冬心集

以上所舉，是寫刻本之著名者，遺漏自屬不少。如碧筠草堂刻笠澤叢書，寫刻極佳，而不知寫者姓名，只得從缺。據徐康前塵夢影錄説：『乾嘉時，有許翰屏，以書法擅名。當時刻書之家，均延其寫様，如：士禮居黄氏、享帚樓秦氏、平津館孫氏、藝芸書舍汪氏，以及張古餘等所刻影宋本，皆爲翰屏手書。』若此者，更爲罕見。

鄭西諦先生著劫中得書記，其中有一篇，列舉清代難得之書多種，今照錄備訪：

沈欽韓的幼學堂集

何紹基的東洲草堂文抄

許印林的攀古小廬文（僅一册，刊於光緒年，日本嘗覆印之。原本附有續編，尤稱珍奇，爲價幾等於清季宋板書）

王宗炎的晚聞居士集道光原刻本

丁壽昌的睦州存稿

馮偉的仲廉文抄

蔣學傭的樗庵存稿（嘉慶刊本）

倪模的迂存遺文（光緒刊本）

張鑑的冬青館集（道光原刻本）

程瑤田的通藝錄

沈彤的果堂集

趙坦的保甓齋集

趙一清的東潛文稿
邵晉涵的南江文抄
沈豫的芙村文抄
金鶚的求古錄禮說
法式善的存素堂集
趙繩祖的琴士文抄
胡慶善的新城伯子集
彭元瑞的恩餘堂輯稿
黃汝成的袖海樓雜著
沈大成的學福齋集
洪朴洪榜的二洪遺稿
魯九皋的山木居士集
盛大士的藴情閣集

巾箱本

書之本子很小的，叫巾箱本，今人叫袖珍本。此制於正史首見於南史齊衡陽王鈞傳，傳云：『鈞嘗手自細書五經爲一卷，置於巾箱中，以備遺忘，曰：「巾箱中有五經，於檢閱既易，且一更手寫，則永不忘。」諸王聞而爭效爲巾箱五經，巾箱五經自此始也。』或引晉葛洪西京雜記序云：『劉歆漢書一百卷，今抄出爲二卷，以補漢書之闕。爾後洪家遭火，書籍都盡，此二卷在洪巾箱中，常以自隨，故得猶在』云云，以爲巾箱書實始見於此；實則西京雜記，不知何人所作，謂葛洪作者，唐人之說，恐不足信。不過衡陽王時，止說置巾箱中，爲巾箱五經，而無本字，至宋始稱巾箱本，加本字，說見戴埴鼠璞。南宋之世，巾箱本無所不備，寧宗嘉定間，從學官楊璘之奏，焚燬小板，後又盛行。元明罕見。清代巾箱本之小，小到長工部尺一寸八分，寬一寸一分，見乾隆時姚培謙刻的世說；書品過小，字不及蠅頭大，有損目力，除科場夾帶外，無它意義。

我嘗疑巾箱究竟是什麽東西，古人帽子稱巾，手帕亦稱巾，這巾箱是帽箱，還是手巾箱，應考明白。後見天中記中引異苑云：『晉武帝太康末，每聞手巾箱中有鼓吹鞞角之音，帝是歲崩，天下大亂』云云，乃知巾箱者，手巾箱也。蓋古人頗重手巾，故以小箱盛之。六朝時，書皆手卷，體積既小，故可置巾箱中。所謂巾箱者，大抵指很小的箱而言，其形制與手巾箱相似而已，非必書與手巾雜置一箱。古人重巾故事不少見：『王莽斥出王閎，太后憐之，閎伏泣失聲，太后親以手巾拭閎淚』（見漢名臣奏議）；『孫權克荊州，將吏悉皆歸附，而潘濬涕泣交橫。權慰勞與語，使人以手巾拭其面』（江表傳）；古人手巾不離手，於此可知，而巾箱是很小的箱，亦可藉此知道。衡陽王置書於巾箱中，據我查考結果，是和手巾箱形制相似的小箱。

活字本

我國活字版印書，始於宋仁宗之世（一〇四一——一〇四八，慶曆年間），爲勞動人民畢昇所創造。宋沈括夢溪筆談卷十八有詳細記載云：『慶曆中，有布衣畢昇，爲活板。其法：用膠泥刻字，薄如錢唇。每字爲一印，火燒令堅。先設一鐵板，其上以松脂和紙灰之類冒之。欲印，則以一鐵範置鐵板上，布字印，滿一鐵範爲一板，持就火煬之，藥稍鎔，則以一平板按其面，則字平如砥。若止印三二本，未爲簡易；若印數十百千本，則極爲神速。常作二鐵板，一板印刷，一板已自布字，此印者纔畢，則第二板已具，更互用之，瞬息可就。每一字皆有數印，如之也等字，每字有二十餘印，以備一板內有重複者。不用，則以紙貼之，每韻爲一貼，木格貯之。有奇字素無備者，旋刻之，以草火燒，瞬可就。不以木爲之者，木理有疏密，沾水則高下不平，兼與藥相黏，不可取；不若燔土，用訖再火，令藥鎔，以手拂之，其印自落，終不沾汙。昇死，其印爲予羣從所得，至今寶藏之。』據此，知我國初創活字者爲畢昇，其字用泥製，不用木而用泥者，乃因木有伸縮性，且與藥黏牢，一板用畢，木字卽不能脫，不能重排，用泥可免此病，這是活字板草創的形製。泥活字印書極少見。頃在嘉興圖書館見有清黃爵滋著仙屏書屋初集道光丙午涇縣翟西園先生泥字排印本，書凡十六卷，五册。

到元朝，王楨改用木活字，不用藥，而以板作印盔，削竹片爲界行，排字成行，而以竹片夾之。盔字旣滿，用木榍榍之，使堅牢，字皆不動，然後用墨刷印之。其詳見王楨農書附錄造活字印書法一文。據王楨說，尙有錫活字，以鐵條貫之，作行，嵌於盔內，但難於使墨，率多印壞，所以不能久行。

宋活字板書，有范祖禹的帝學一書傳下來，爲繆藝風所藏，見藝風藏書續記卷二。乃南宋嘉定十四年（一二三一）所造木活字。書後載有印書緣起，書中『宋』字、『玉音』字，皆抬頭。據此，則木活字南宋已有，惟其制不詳。

明代自弘治以後，銅活字盛行，亦有用鉛活字的（見金台紀聞），而最著名的，有錫山華氏蘭雪堂、會通館，安氏桂坡館，及建業張氏三家。華氏年代較早，大抵在弘治、正德間，其書卽已風行全國。安氏印書，則在嘉靖之世。華氏蘭雪堂爲華堅華鏡，會通館爲華燧華煜。蘭雪堂印書，舉其著者，有：春秋繁露十卷、藝文類聚一百卷、蔡中郎集十卷、元氏長慶集六十卷、白氏長慶

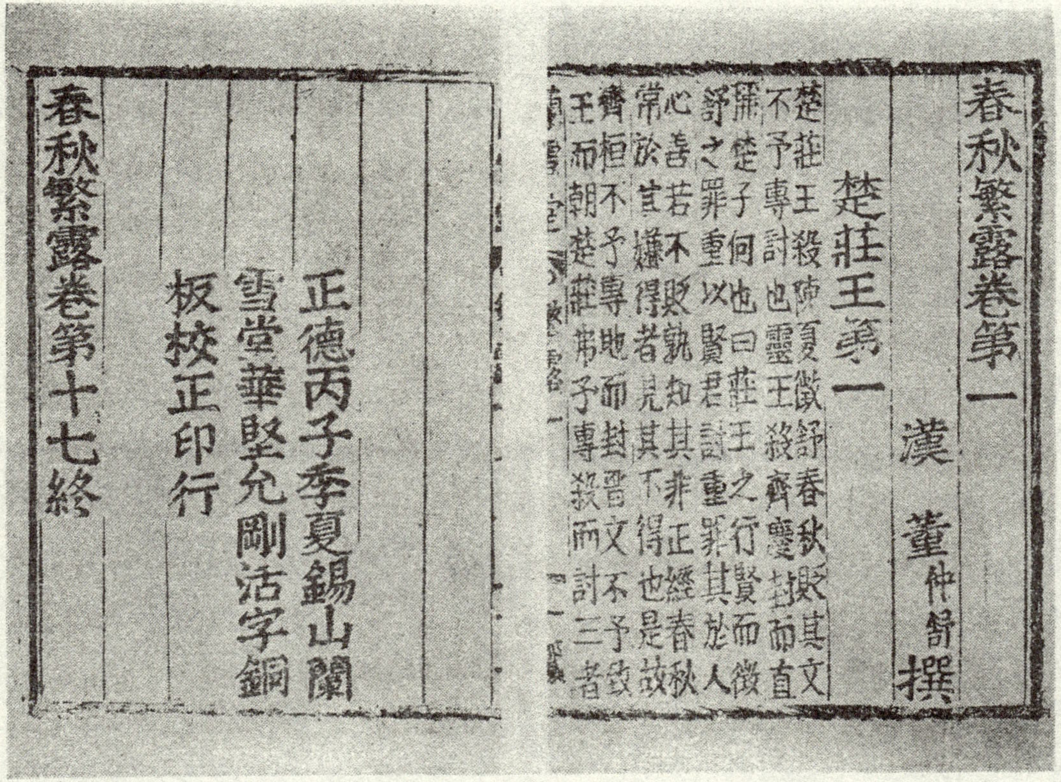
春秋繁露卷第一
漢 董仲舒撰
楚莊王第一
楚莊王殺陳夏徵舒春秋貶其文
不予專討也靈王殺齊慶封而直
稱楚子何也曰莊王之行賢而徵
舒之罪重以賢君討重罪其於人
心善若不貶孰知其非正經春秋
常於嫌得者見其不得也是故
齊桓不予專地而封晉文不予致
王而朝楚莊弗予專殺而討三者

正德丙子季夏錫山蘭
雪堂華堅允剛活字銅
板校正印行
春秋繁露卷第十七終

明正德十一年(1516)華堅蘭雪堂銅活字印本《春秋繁露》

(北京圖書館藏)

明麗澤堂活字印本《璧水羣英待問會元》
——南京圖書館藏

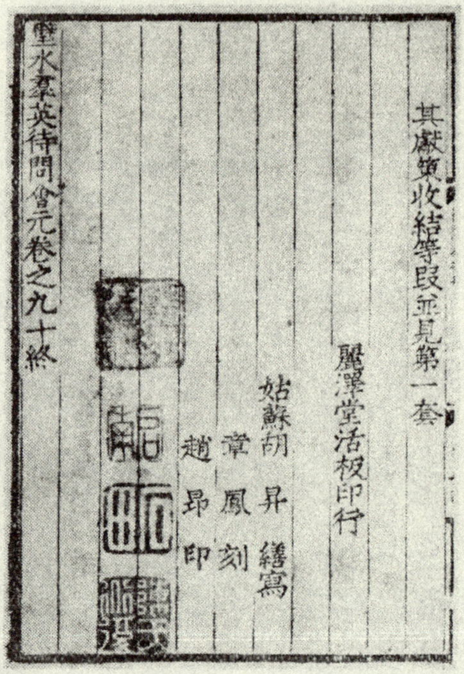
其獻策收結等段並見第一套
麗澤堂活板印行
姑蘇胡昇繕寫
章鳳刻
趙昂印
璧水羣英待問會元卷之九十終

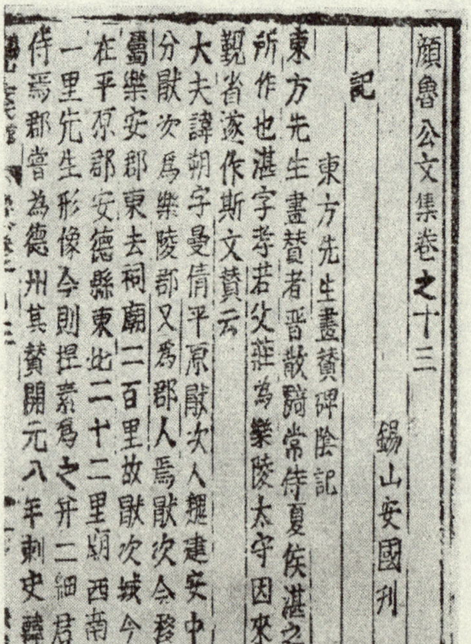
顏魯公文集卷之十三
記　錫山安國刊
東方先生畫贊碑陰記
東方先生畫贊者晉散騎常侍夏侯湛之
所作也湛字孝若父莊為樂陵太守因來
覲省遂作斯文贊云
大夫諱朔字曼倩平原厭次人魏建安中
分厭次為樂陵郡又為郡人焉厭次今移
屬樂安郡東去祠廟二百里故厭次城今
在平原郡安德縣東北二十二里廟西南
一里先生形像今則捏素為之并二細君
侍焉郡嘗為德州其贊開元八年刺史韓

明嘉靖(1522–1566)安國安氏館銅活字印本《顏魯公文集》
——北京圖書館藏

集十卷；會通館印的，有：容齋隨筆、古今合璧事類、文苑英華纂要、文苑英華辨證、錦繡萬花谷、諸臣奏議；又有華珵印的渭南文集、百川學海等。

錫山安氏桂坡館印的，有初學記三十卷、顏魯公集十五卷、魏鶴山大全集一百九卷，所印書不及華氏之多，而世多珍之。初學記一書，今世所常見的，是嘉靖刻本，活字初學記，未之見也。顏魯公集，民國初年王靜安先生在北平見到過，據說索價甚昂，今北京圖書館藏有三部。此外五川精舍銅活字本王岐公宮詞，五雲溪館玉台新詠，芝城銅活字藍印墨子，萬曆間周光宙太平御覽等，今尚有傳本。清代銅字活字本以雍正四年印的古今圖書集成爲最鉅，全書一萬卷，五千册。

活字板印書，一次印畢，即行拆板。昔人又不知製造紙型，故活字板書，流傳不會很多，因此人多重之。我們搞圖書館工作的，更應該重視它。

活字板名稱，淸高宗以爲不雅，改稱聚珍板。四庫全書纂修告成後，將難得之書，活板印行一百多種，稱武英殿聚珍板書。福建翻刻一百四十八種，廣東翻刻同。浙江翻刻三十九種，江西翻刻五十四種，這兩省刻的，都是袖珍本，其行格字數皆依原板，每半頁九行、行二十一字。浙刻，左右雙邊，江西刻的，僅粗線一條；浙江刻板口寬，江西刻板口很窄，蘇州翻二十六種，亦是袖珍本，四周雙邊，版匡比浙刻高一字。各省翻刻，每一書末尾，皆有校刊人銜名。亦有脫去銜名的。如無銜名，卽據版式區別。

套印本

套印本者，一書之印刷，不止一次。第一次刷黑的，第二次卽套印紅的，是爲兩色套印。黑的是正文，紅的是圈點或批語，同樣板，要刻兩塊。若三色、四色、五色，同樣板就要刻三塊、四塊、或五塊。因此套印本書，花費很大，頗不經濟。

木刻套印本，淵源於兩色寫本。兩色寫本，在唐朝卽有之，宋初亦有之。據我所知，唐劉禹錫有言：『神農本經以硃書，名醫別錄以墨書，傳寫旣久，硃墨錯亂，遂令後人以爲非神農書』。這段話見元王好古湯液本草跋。又宋太宗淳化五年，翰林學士張泊獻重修太祖紀一卷，以硃墨雜書，凡躬承聖問及史官採摭事，卽以硃別之，這段記載，見宋周煇清波雜誌：這是寫書。此外還有彩畫的書，如：三輔黃圖，宋人有以彩色畫的，每一宮殿，繪一圖，極精妙；又有出相彩畫本草一書，極奇，這兩段記載見宋周密癸辛雜識。硃墨寫書，止有兩色，而彩畫必不止兩色，後世五顏六色的板畫，大概卽淵源於此種彩色畫。

套印本書，前人皆以爲始於明萬曆間吳興閔凌兩家印本。近年發見一部元至元六年（一三四〇）中興路，卽湖北江陵縣，無聞和尙印的金剛經，經文用紅色、注文用黑色，兩色套印本。

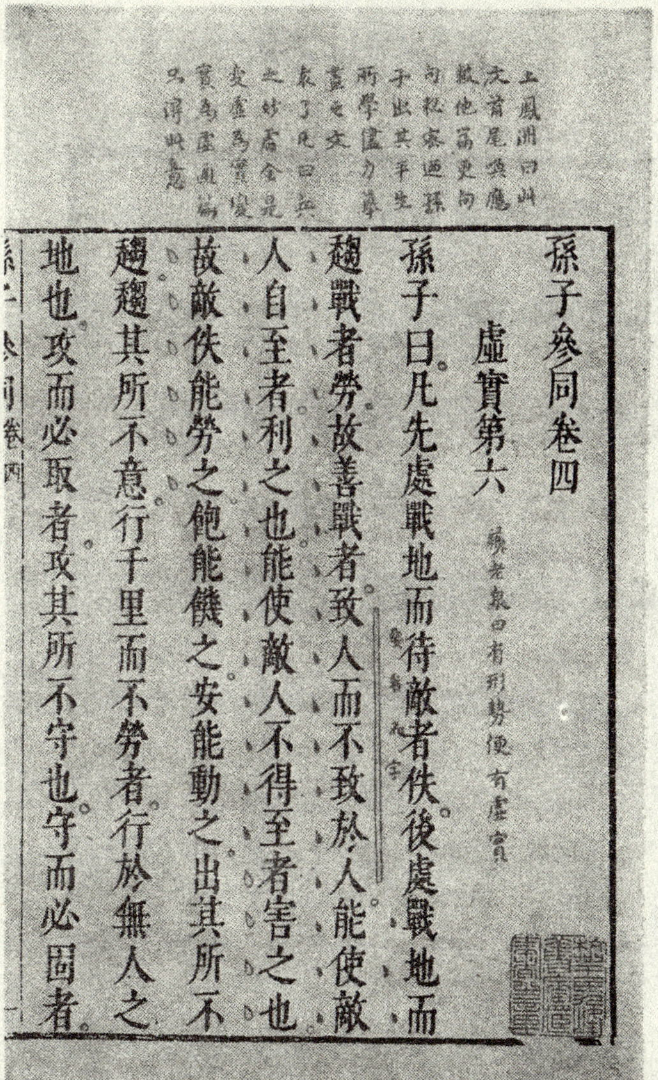

孫子參同卷四

虛實第六　蘇老泉曰有形勢便有虛實

孫子曰凡先處戰地而待敵者佚後處戰地而趨戰者勞故善戰者致人而不致於人能使敵人自至者利之也能使敵人不得至者害之也故敵佚能勞之飽能饑之安能動之出其所不趨趨其所不意行千里而不勞者行於無人之地也攻而必取者攻其所不守也守而必固者

明萬曆四十八年(1620)閔于忱松筠館刻套印本《孫子參同》

(北京圖書館藏)

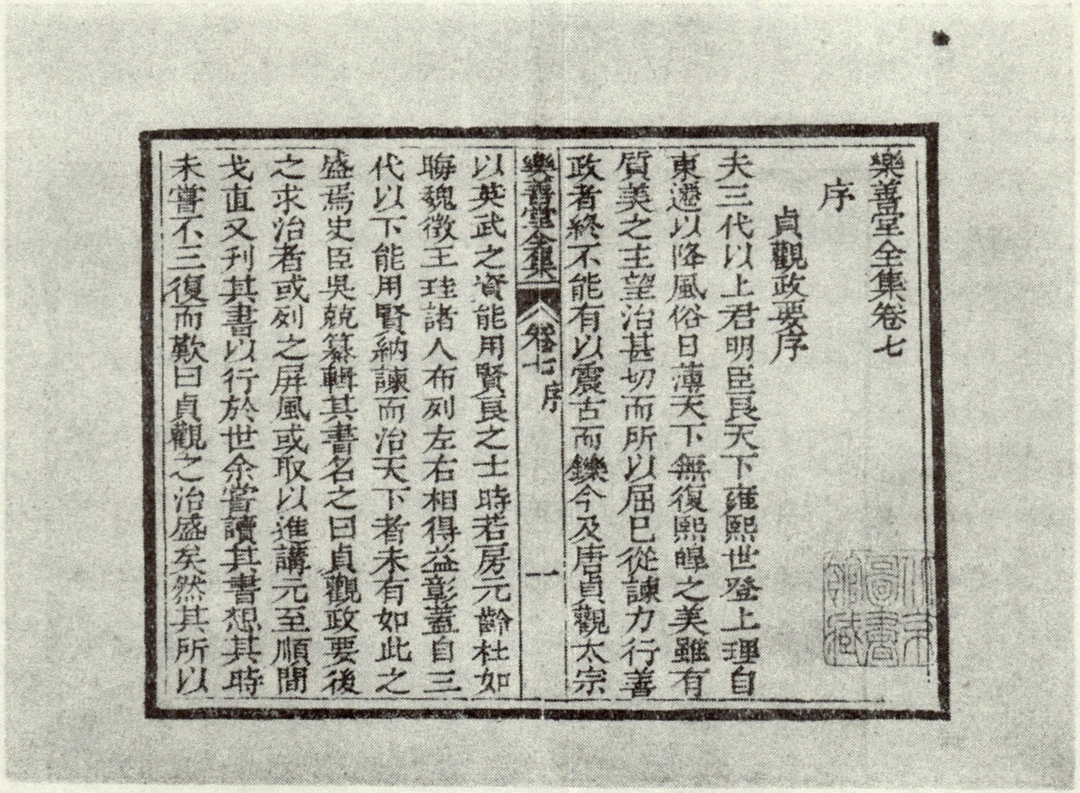
樂善堂全集卷七

序

貞觀政要序

夫三代以上君明臣良天下蒸熙世登上理自東遷以降風俗日薄天下無復熙皞之美雖有質美之主望治甚切而所以屈已從諫力行善政者終不能有以震古而鑠今及唐貞觀太宗

樂善堂全集　卷七　序　一

以英武之資能用賢良之士時若房元齡杜如晦魏徵王珪諸人布列左右相得益彰蓋自三代以下能用賢納諫而治天下者未有如此之盛焉史臣吳兢纂輯其書名之曰貞觀政要後之求治者或刻之屏風或取以進講元至順間戈直又刊其書以行於世余嘗讀其書想其時未嘗不三復而歎曰貞觀之治盛矣然其所以

清乾隆元年（1736）內府刻巾箱本《樂善堂全集》

（北京圖書館藏）

因此知道，我國套印本書，元代卽已有之，比萬曆年早二百數十年。這是根據現存的材料說的，可能還有更早的套印本，我們沒有發見罷了。

我們今天常見的套印本，絕大多數是明萬曆間，吳興閔、凌兩家印本。這兩家專搞這一套，故印本很多，流傳下來的亦多。套印本便於誦習，顏色又美觀，銷路之暢，可想而知。閔家著名者，有閔齊伋、閔昭明；凌家著名的，有凌濛初、凌瀛初、凌汝亨。兩家之書，據當時謝肇淛批評，閔家較優，凌家病在急於成書，又慳於倩人編摩，訛脫自然就更多了。除了閔、凌兩家之外，坊刻套印，亦間有之，紙墨粗敝，不足道矣。閔、凌兩家書，一般都是二色的，三色的也有。四色、五色的，清代印本亦少見。清內府印的古文淵鑑，止有四色。

套印本書，有圈點評語，初學得之，確屬便利。但刻印工本太大，工本大，書價高，學者購讀亦較難，這是它的缺點。又套印書，往往都是白文，注文省略，亦是一病。

明人套印書，最有意思的，是胡正言的箋譜、十竹齋畫譜二書，刻在明崇禎年間，都是五色套印，非常精美。其印刷法，有所謂『餖板』『拱花』：餖板者，是各個小塊板拼湊印的；拱花是凸板。這兩種板，都能分陰陽濃淡，印時用手指，不用刷。有用餖板不用拱花，如芥子園畫譜是也。

書帕本

明人有這樣一種風氣，凡做外官的，任滿入朝，或臨時派遣出巡公幹官員，回朝，大都要帶點書帕，餽送長官，這書大都是餽送者自刻，因此便叫書帕本。帕者，手帕也。一般規矩，致送一書一帕（見日知錄卷十八）；也有送一書二帕的，見耿定向的先正遺風卷下云：『梁材爲杭州守，會入覲，止具一書二帕，以贄京貴。』但也有不送書的，如李東陽門下士興化太守某人，入京覲見時，止送兩帕四扇，東陽收扇還帕，是也。有人誤解以爲帕是包書用的，不知帕亦是禮物之一，不作包書之用。先正遺風有這樣一段掌故說：『趙司城，一日過魯學士鐸，魯公曰：公何之？司城曰：憶今日爲西涯先生（卽李東陽）誕辰，將往壽也。魯公曰：吾當與公偕，公以何物爲贄？司城曰：帕二方也。魯公曰：吾贄亦應如之。入啓笥，索帕，無有』，以帕二方作爲致送宰相誕辰禮物，可知帕非賤物，和今人看法，大不同也。

書帕本，因爲照例餽送之物，刻者既不經意，收者亦不重視，故書帕本鮮有佳者（大意見金台紀聞）。但亦有取前人所刻之版，剷去姓名，改刻自己姓名，充作新刻的書，如莫如士的韓、柳集，卽是如此搞的。據日知錄注文，這種送書帕風氣，自萬曆以後，改用白金。此注如確，則萬曆以後，卽無書帕本了。

抄本

以上所說的各本，都是指刊本說的，現在要說的是抄本。一書形成，不外乎抄、印兩種，故印本、抄本，成爲版本學的二大流別。凡抄本、寫本、謄寫、謄錄、抄寫、抄錄、摹寫等等，名稱有異，而意義無何分別，今從俗以抄本標題。

未有印本書之前，學者誦習，多出自己抄錄；卽有抄書出售者，爲數不能多也。漢桓譚新論說梁子初、楊子林所寫書，有萬卷之多，到了白首，還是抄寫，像這樣的勤學者，不多見；其次爲南齊沈驎士，年過八十，手寫細書滿數十篋；梁袁峻自己寫書，有日課，每日寫五十紙；金樓子細書經史、莊、老、離騷等書，六百三十四卷，放巾箱中：這段古人抄書掌故，見困學紀聞卷八。其寫書發賣者，有梁陶弘景的父親貞寶，家貧，以寫經爲業。所寫的字，和蕭思話、羊欣所書相似，一紙書價四十（見六研齋筆記）。晉朝藏書，有緗素書、白縑楷書、黃紙楷書、白絹行書、二尺竹牒楷書、白練絹楷書，藏書之所，置楷書人員，自晉朝始。這段記載，見宋高似孫緯略卷八。晉建國在公元二六五年，距今一千七百年，那時寫書字體有二：曰楷書、曰行書，寫書材料有絲織品、有紙、也有竹片，緯略所記，是根據晉中經簿，自屬可靠。黃紙者，係用黃檗染成，齊民要術載有製法，黃檗極苦，可以辟蠹。

自唐以前的寫本，至今日猶有保存的，當以公元二九八年，西晉元康六年寫的佛經殘卷爲最古的卷子本。此卷子佛經，乃清末日本人在我國新疆吐魯番盜掘古物時發見的，現藏日本。其次爲後涼麟嘉五年（三九三年）經卷，現藏上海博物館。自敦煌運回北京的卷子本，其中最古的是北魏太安四年（四五八）七月三日寫的戒緣經卷下一卷，而比現存巴黎圖書館的北魏興安三年（四五四）的大慈如來告疏，還要遲四年。此外北魏寫本，巴黎還藏有二種：一是孝經，北魏和平二年（四六一）寫的；一是佛說灌頂章句拔除過罪生死得度經，北魏大和十一年（四八七）寫的。南北朝陳朝，有智者大師，居天台山慧明寺，手寫方等陀羅尼經四卷，前三卷久亡，第四卷至清初潘耒游天台，猶及見之，說筆法精勁，神彩奕奕（見居易錄），現在不知尙存否。

唐人寫經，敦煌發見的約二萬卷，英法兩國劫去的約一萬多卷，尙有八千多卷歸北京圖書館收藏。北京館在抗日戰爭前，闢唐人寫經室，有專人從事整理，編有目錄印行。這種寫經，浙館亦藏有黃麻紙寫者四卷，有年代的僅一卷，乃唐高宗永徽二年寫的大般涅槃經第四十卷。這種黃麻紙，亦叫硬黃紙。這種紙染過黃檗後，再加蠟，可使澤瑩而脂，可支千年（見洞天清錄）。古文舊書考說：『大唐書儀云：寫以黃紙，略以鉛闌』，浙館藏的四卷，都是鉛畫界闌。寫經字體，大致相似，叫作經生體（六研齋筆記）；其人叫寫經手（宋曾慥類苑），據我研究結果，寫經手是專門寫經出售的人，和陶弘景的父親相像。浙館藏的永徽二年經卷末尾署名，字體完全和經文不一樣，經文寫得很好，而署名的字極爲笨拙，顯然是買經的人自己簽題的。而題名格式用語，和北魏造像一樣，如永徽寫經末題：『永徽二年淸信佛弟子吳其仁上爲已亡父母，下及已身眷屬，敬寫涅槃經一部』，北魏造像題字，大都如此，所不同者，一是造佛像，一是寫佛經而已。寫經紙，據浙館藏經卷，每紙長市尺一尺四寸五分，高八寸，一卷經由數紙連綴而成。據分甘餘話載，唐杜牧之著張好好詩幷序眞蹟，紙高一尺一寸，長六尺四寸，可見紙的高和長，也不能一概而論。

以上說唐以前寫本，至於宋元抄本，在今天來說極其名貴。此種抄本，至淸代還存在的，據藏書家記載，爲數不多。桐鄉藏書家金德輿（乾隆時人），其所藏多宋元精抄本（見黃蕘圃書跋）。錢竹汀日記抄云：『陳雲濤招同汪竹書、張秋濤觀宋抄司馬温公集註揚子太玄，凡六卷』，瞿氏書目亦載有是書，說是宋抄，不知是否卽錢竹汀所見之書。錢泰吉曝書雜記云：『天文會元占，常熟張芙川處藏有北宋抄本。』黃蕘圃云：『捫蝨新語，述古堂所藏，向有二本，一是宋抄本，不分卷帙』；又黃跋云：『楊太后宮詞，汲古閣藏本，紙係宋時呈狀廢紙，有官印朱痕可證。』前年我去北京圖書館，見到一部南宋孝宗時內府寫本，因在書庫，未及記下，日久，書名也忘記了。

元人抄本，只在黃蕘圃書跋中，見到幾種。黃跋云：『此策選的係元人錄本，余向得刑統賦疏，筆墨紙質，與此正同』；『刑統賦疏，書僅五十頁，審係元人抄本』；『俞貞木手抄龔璛子敬詩一册，余得諸友人張秋塘』；『翰林珠玉，元抄本，虞集撰』，寥寥幾種而已。

宋元抄本，流傳極少。明抄流傳的較多，因時代較近故也。明名家抄本，名目繁多，爲便於參考計，把它列成一表如左：

朱存理（字性甫）抄本（以下抄本二字略）

錢穀（字叔寶）懸磬室

錢允治（字功甫，叔寶子）

以上朱、錢兩家，皆吳縣人，手抄本最多，爲錢謙益所得。絳雲樓燬後，傳本難得見到了。

吳寬（號匏庵，成化八年狀元）叢書堂

柳僉（字大中，吳人，生當武宗之世，別號味茶居士）淸遠樓

吳岫（字方山）

孫岫

王世貞（字元美）

葉盛（謚文莊）菉竹堂

明山陰祁氏淡生堂鈔本《對床夜語》

——上海圖書館藏

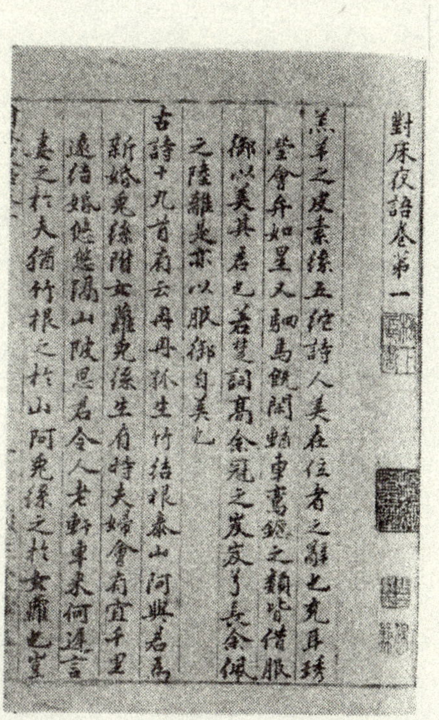
對床夜語卷第一

羔羊之皮素絲五紽詩人美在位者之雅也充耳琇
瑩會弁如星又駟馬飫閑輶車鸞鑣之類皆借服
御以美其君也若楚詞高余冠之岌岌兮長余佩
之陸離是亦以服御自美也
古詩十九首有云冉冉孤生竹結根泰山阿與君為
新婚兔絲附女蘿兔絲生有時夫婦會有宜千里
遠結婚悠悠隔山陂思君令人老軒車來何遲言
妻之於夫猶竹根之於山阿兔絲之於女蘿也豈

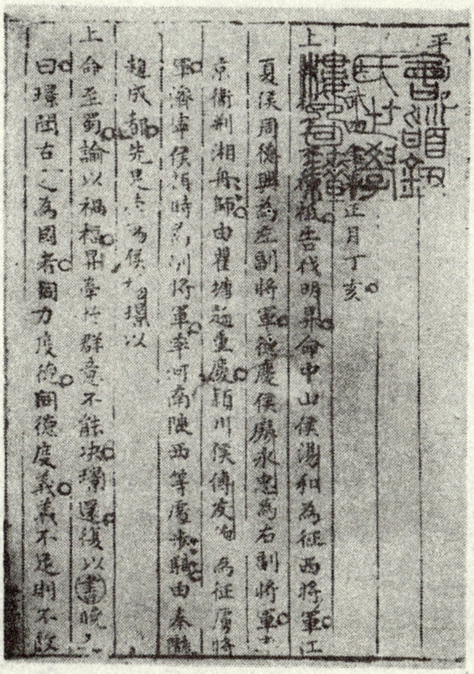
正月丁亥
上……命中山侯湯和為征西將軍江
夏侯周德興為左副將軍德慶侯廖永忠為右副將軍率
京衛荊湘舟師由瞿塘趨重慶潁川侯傅友德為征虜將
軍濟寧侯顧時為左副將軍率河南陝西等處步騎由秦隴
趨成都先是
上命至蜀諭以禍福昇年少群意不能決璽還復以書曉之
曰環聞古之為國者開力度德同德度義義不足則不敢

明會稽鈕氏世學樓鈔本《平蜀記》

——上海圖書館藏

明清之際虞山毛氏汲古閣影宋精寫本《極玄集》
——上海圖書館藏

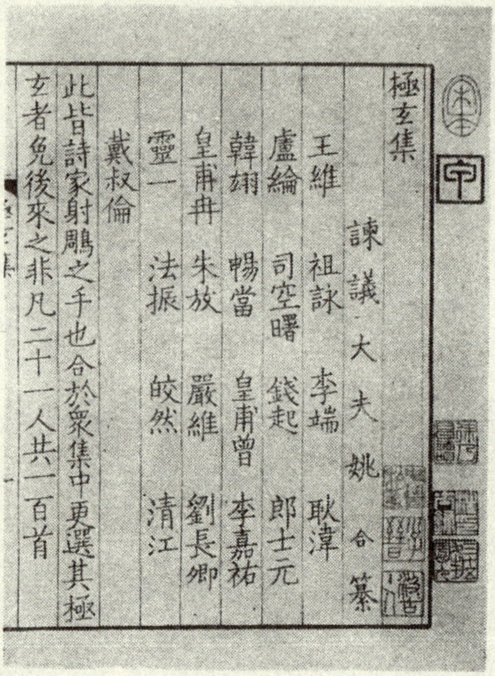
極玄集
諫議大夫姚合纂
王維　祖詠　李端　耿湋
盧綸　司空曙　錢起　郎士元
韓翃　暢當　皇甫曾　李嘉祐
皇甫冉　朱放　嚴維　劉長卿
靈一　法振　皎然　清江
戴叔倫
此皆詩家射鵰之手也合於衆集中更選其極
玄者免後來之非凡二十一人共一百首

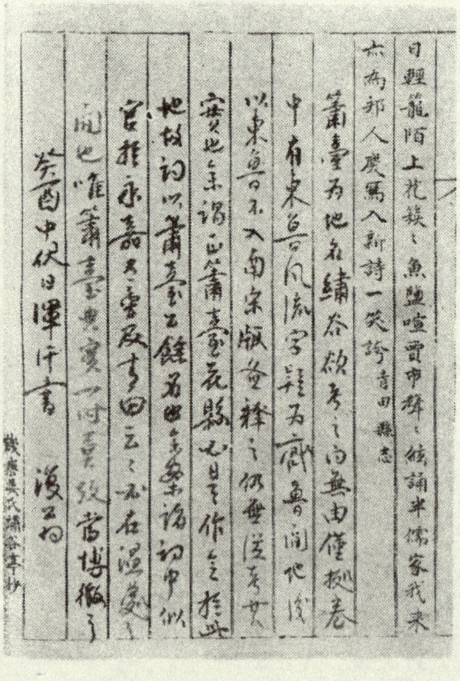
日暮龍陌上花簇簇魚鹽喧賈市聲聲絃誦半儒家我來
亦為郡人慶為入新詩一笑許青田縣志
蕭臺為地名繡谷欲考之而無由僅擬卷
中有東甌風流字疑為甌粵間地及
以東甌不入南宋版無釋之似無從考其
實地矣謂此蕭臺是縣之且是作之於此
地故詞以蕭臺名餘名由詞集詞中似
宦推永嘉又查及青田云云不在溫處之
間也唯蕭臺典實一時未致當博徵之
癸酉中伏日㢘仟書　復翁
錢唐吳氏繡谷亭鈔

清錢唐吳氏繡谷亭鈔本《蕭臺公餘詞》（有黃丕烈手跋）
——上海圖書館藏

陳第（字季立，連江人）世善堂
項元汴（字子京）
趙琦美（用賢子，號淸常道人）脈望館
葉樹廉（字石君）歸來草堂、樸學齋
王寵（字履吉，號雅宜山人）
文徵明（號衡山）玉蘭堂
陸師道
徐霖（號九峯道人，或呼爲髯仙）
祝允明（號枝山）
沈周（號石田）
王賓
王穉登（字伯穀）
史鑑（字明古）
邢參
楊儀（字夢羽）萬卷樓、七檜山房

楊循吉
陳繼儒（號眉公）
李日華（字君實）
顧元慶（字大有）
都穆（字元敬）
董其昌
趙宧光（字凡夫）小宛堂
趙均（宧光子）
文彭（字壽承，號三橋）
沈節夫（字以安）玩易樓
范欽天一閣
范大徹臥雲山房
焦竑（字弱侯，號澹園）
桑悅（字民懌）
孫艾（號西川翁）

以上諸家，皆有抄本流傳。

馮舒（字已蒼，號默庵，別號孱守居士，又號癸巳老人）

馮班（字定遠，號二癡）

馮彥遠（字知十）

毛晉（字子晉）汲古閣

陸貽典（字敕先，號覿庵）

毛扆（字斧季）

以上各家抄本，皆從好底本抄錄，而以汲古閣影宋抄本爲古今絕作，無論字畫、紙張、界闌，皆精絕。

周榮起（號硯農，汲古閣刻書多其校正）

徐𤊹（字興公）紅雨樓

謝肇淛（字在杭）小草齋

王肯堂（字宇泰）鬱岡齋

沈與文（字辨之）野竹齋

姚咨（字舜咨，號茶夢主人，又號皇象山人）茶夢齋

秦四麟(號酉巖)致爽閣
祁承㸁(字爾光)淡生堂
錢謙益(號牧齋)絳雲樓
錢謙貞(字履之)竹深堂

以上是明人抄本之有名者。

錢曾(字遵王)述古堂
曹溶(號倦圃)靜惕堂
徐乾學傳是樓
惠定宇紅豆齋
趙昱小山堂
吳焯(號尺鳧)繡谷亭
朱彝尊曝書亭
鮑廷博知不足齋
吳騫拜經樓

以上是淸人抄本，難以盡錄，錄其知名者數家。

書籍流傳，自來都是抄寫的，自唐中世發明雕版印書以後，刻本漸盛，抄本漸衰。抄書費時，傳播難廣，書易失傳，既有刻本，得書容易，書之流布，無遠勿屆，書之壽命，可以久長，這是刻本勝抄本之處。但世上書籍太多了，不見得凡書都有印本，其無印本之書，如宋王禹偁小畜集之類，明代無刻，全仗抄本延其命脈，抄本之不可廢，其理甚爲明白。宋元印本，迭經兵火，時遭焚劫，其流傳日益稀少，傳刻則費工多，化錢亦多，抄錄較易着手，故前代藏書名家，遇一罕見之書，卽命工抄寫，珍重藏弆，或自行抄錄，並加校讐，如上面所列舉各家抄本，大半都是這樣搞起來的。這類抄本，價値甚高，卽所謂延續古書之續命湯也，不可不珍重視之。但世上有一種窮極無聊之人，謀生乏術，以抄書販賣爲謀利手段，借錄比較少見的書，以期速售獲利，紙張既劣，又不校對，訛字滿紙，如此抄本，不足重。又有三家村老學究，無錢買書，很平常的書，也要抄錄。又有一種人，喜歡著作，而根底不充，學力淺薄，東抄西襲，塗寫滿紙，既無條理，亦無書名，簡直不成東西，論其形式，亦爲抄本，觀其裝訂成册，儼然已成一書，這樣的抄本，毫無價値，採訪者不可不稍加留意。明胡應麟說：『凡書市中無刻本，則抄本價十倍；刻本一出，則抄本咸廢不售矣』，卽指藉以牟利的抄本說的。若名家抄本，何至於如此。徐興公說：『余嘗披覽抄本書，十訛二三，難以句讀，令人燥熱』，也是指惡抄說的。

宋佚名人著的楓窗小牘，有一段記載說：『余家藏春秋繁露，中缺兩紙。比從藏書家借對，缺紙皆然，卽館閣訂本，亦復如此。後從相國寺資聖門買得抄本，兩紙俱全，此時歡喜，如得重寶』，這是獲得至佳舊抄本了，這抄本可能是唐人傳下來的。葉夢得所謂『舊本日亡』之本，價重連城，藏書家莫不寶愛之。

淸代極有名的版本學大家黃蕘圃，最重舊抄本。他說：『大凡書籍安得盡有宋刻而讀之，無宋刻，則舊抄本貴矣。舊抄而出自名家所藏，則尤貴矣。如此集（李羣玉詩集）予藏舊抄本有三：一葉氏抄本，一馮氏抄本，一毛氏抄本，就此三本核之，似馮本較勝，因有缺處獨全也。』又說：『澠水燕談錄首册、及中册上半、下册末一葉，俱柳大中抄，卽此可斷爲殘本，然殘本已勝稗海本，知舊抄書最爲可寶也。』又說：『勿以世有刻本，而薄抄本。』黃氏之說，極堪重視，書雖有刻本，而抄本可資以校讎，決不可因有刻而廢抄，問題是在善擇，若不問美醜，見抄卽收，一味盲撞，則大不可也。

稿本

稿本，是書籍最原始的形態，最可寶愛，尤其是名家的手稿本如：明『嘉靖間錫山呂氏所藏朱子論語先進一篇註稿眞蹟，凡二十五章，裝成四十二幅，筆勢迅疾，而遒勁如屈鐵。其塗竄處，與今本不同』（見養吉齋叢錄），見其稿，如見其人，快何如之！若論校讎，這又是最可靠的依

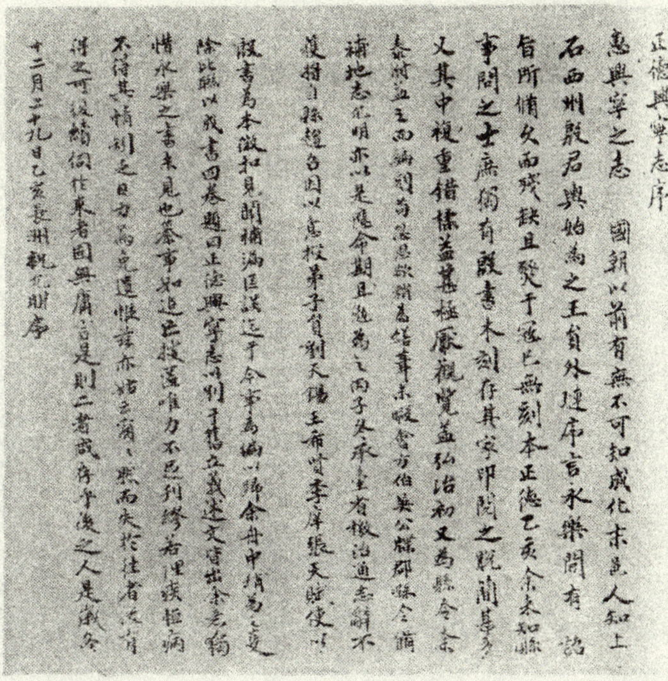

明祝允明撰《正德興寧志》稿本

——蘇州市文物保管委員會藏

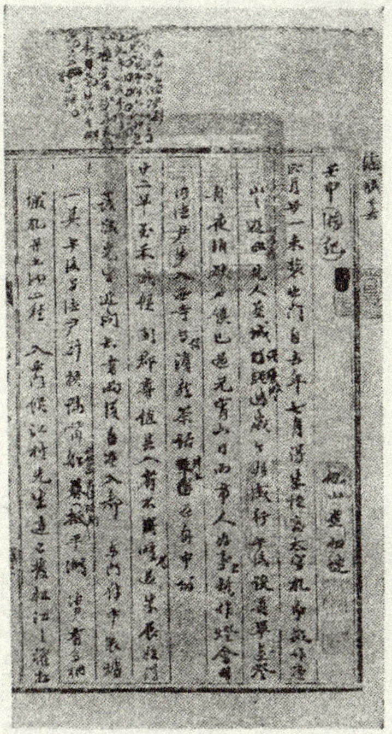

清查嗣璉撰《壬申紀游》稿本

——浙江圖書館藏

清顧千里撰《釋梧溪集訂譌》稿本

——上海圖書館藏

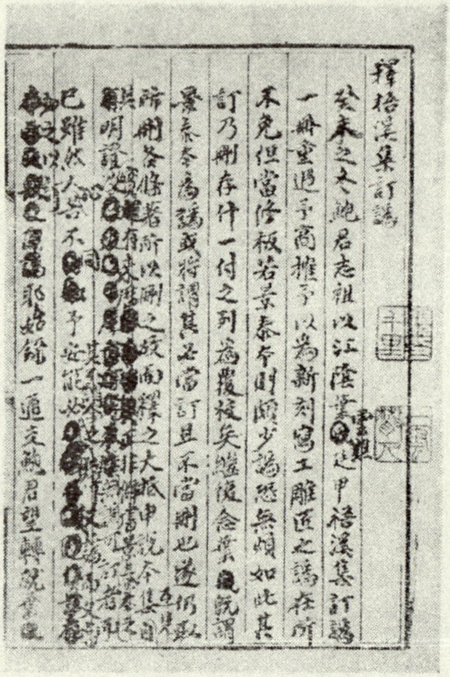

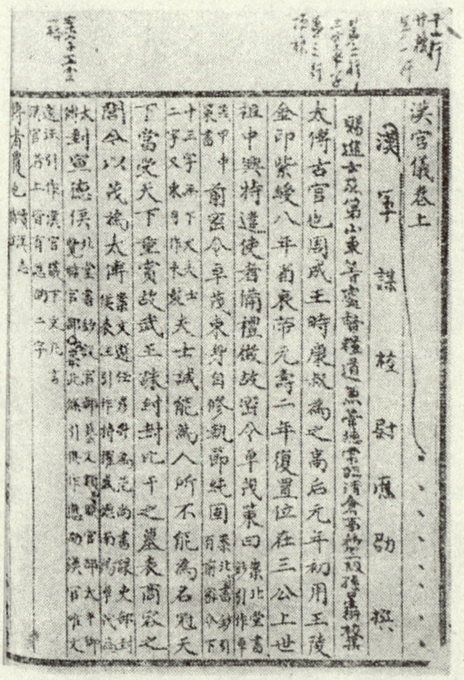

清孫星衍校集《漢官儀》稿本

——上海圖書館藏

據。其非名家，或不成家的手稿，收藏與否，尚須斟酌，不能認爲凡稿本皆善。

手稿之外，又有清稿本。清稿本，必須有著者印記爲憑，否則除著者筆蹟可以爲證外，別無他法可以證實，只能作爲傳抄本看待。

浙館所藏稿本，最名貴的，有查初白（愼行字，初名嗣璉）壬申記遊詩稿、吳農祥梧園集、汪輝祖龍莊詩稿三書，開卷不忍釋手。

校本

我們研究板本，其目的在求得善本，以爲研究古書之資。書籍流傳，或寫或刻，總不免有譌奪，以此取證，不但無益，而且有害，故書籍無論刊本寫本，必校讐無譌奪乃可讀。無譌文奪句之本，我們稱之曰善本。這種善本，在未刻之先經過精心校讐，已刻之後又經名手校過，最爲可靠。若抄本，其底本已經精校，已抄之後，又彙集別本精校，就成爲善而又善之本。故名家手校之本，在善本中，所佔地位甚高，我們收藏舊本，對此宜特加注意。

國語魯語：『閔馬父曰：昔正考父校商之名頌於周太師』，此爲校書之例之最初見於記載者。正考父，卽孔子的始祖。孔子删詩書，定禮樂，亦必經過一番校讐工作，否則删定就無從下手。劉向別錄云：『讐校，一人讀書，校其上下，得謬誤，爲校；一人持本，一人讀書，若怨家相對，曰讎』，此釋校讎之義如是。漢書藝文志：『劉向校經傳、諸子、詩賦，步兵校尉任宏校兵書，侍醫李柱國校方技，太史令尹咸校數術』，此乃西漢時校書實例。劉向校書如何校法，我們一讀管子別錄，就可知其大略。別錄云：『臣向言：所校讎中管子書三百八十九篇、大中大夫卜圭書二十七篇、臣富參書四十一篇、射聲校尉立書十一篇、太史書九十六篇，凡中外書五百六十四篇，以校，除重複四百八十四篇，定著八十六篇，殺青，而書可繕寫也。』據此可知校書必先彙集衆本，除其重複，最後殺青、繕寫，成爲定本，至於校得謬誤，即包括於其中矣。後漢書鄧皇后紀：『博選諸儒劉珍等五十餘人，詣東觀，讎校傳記』，此乃東漢校書實例。由此可知，古人於書籍校讎，甚爲重視。至於名義，曰校讎、曰讎校、曰校勘、曰校對，名雖不同，而義實同也。

古人著書，語言甚簡，其用語意義，不易懂得，且古字多假借，歷朝制度，又時有變遷，不懂古語，不解假借、不明制度沿變之迹，欲事校讎，難矣哉！故顏之推曰：『讀天下書未徧，不得妄下雌黃』（雌黃是黃色顏料，古人寫書用黃紙，有誤字，即用雌黃滅之，便無痕迹），可見校書之難。校書難處，總起來說，我以爲：一是多聞博識難；二是多得見舊本難。如：宋宋景文校兩漢書，用十三本校（石林燕語）；廖瑩中刻九經，用數十種本校，百餘人校正（癸辛雜識）；岳珂刻九經，引用本子有二十三種：曰唐石刻本，晉天福銅版本，京師大字舊本，紹興初監本，監中現行本，蜀大字舊本，蜀學重刊大字本、中字本、又中字有句讀附音本，潭州舊本，撫州舊本，建大字本（俗謂無比九經），俞韶卿家本，又中字凡四本，婺州舊本，興國于氏本，建余仁仲本，越中舊本，注疏，蜀注疏；宋姚寬校刊戰國策，用孫固、孫覺、錢藻、曾鞏、劉敞、蘇頌各本，又集賢院本，共七本校；宋王伯厚注急就篇，所據校之本，有碑本、顏本、李本、越本、黄本，共五家本校；清顧千里校抱朴子凡十四次，據校之本，其多可想而知；黄蕘圃刻明道本國語，陸敕先校一次，惠松崖校五次，黄氏自校一次，顧千里又校多次；朝鮮刻大藏經，在宋太宗末年，據校之本，有國前本，國後本，國本，中本，丹本，東本，北本，舊宋本等八種本：以上各家所刻之書，世皆稱善本。其所以獲得善本稱號，因所據校之本多故也。這是多見舊本難之實例。

唐韓愈之子，名『昶』，嘗爲集賢校理，史傳中有説金根處，皆肊斷之，曰：豈其誤與？必金銀車也。悉改根字爲銀字』（宋黄朝英靖康緗素雜記卷十）。按：『金根，車名，殷名乘根，秦改曰金根』（見後漢輿服志），金根者，以金爲飾也。韓昶不通古代制度，乃有亂改古書之病。『唐書沈香亭子，本作子亭。子亭者，小亭也。柳公權傳：「嘗夜召對子亭，燭窮而語未盡」，是也。今本誤改作亭子，失其義矣。如此之類，不可詳舉。夫校讐之事，豈復容易，雖老於文學者，猶或有遺忘，而乃使不學者任之，眞可歎也！』（見畏壘齋筆記卷四）明楊慎有云：『廣文選：中山王文木賦，乃以文爲中山王名，而題作木賦；宋王微詠賦，乃誤王爲玉，而題云宋玉微詠賦，不知王微乃南宋人，史具有姓名；阮步兵碑，乃東平太守嵇叔良撰，而妄改作叔夜，不知叔夜之死，先阮也。凡前人著述，如此類者甚多，宜加考正，不應草草讀過』（見清初周召的餘生草引）。容齋隨筆四筆卷三有云：『曾紘所書陶淵明讀山海經詩：「形夭無千歲，猛志固常在」，取山海經參校，則云：「刑天，獸名也，口中好銜干戚而舞」，乃知「刑天舞干戚」，故與下文相應，五字皆訛。』顏氏家訓云：『江南有一權貴，讀誤本蜀都賦。蹲鴟，「芋」也，乃爲「羊」字。人饋羊肉，答書云：「損惠蹲鴟」，擧朝驚駭，不解字義。後尋迹，方知如此』。以上是多聞博識難之實例。難，確實是難，但我們不應怕難，愈難，愈要猛鑽。校讐，是學者專家之事，也是我們研究版本學者之事。版本和校讐有不可分離的關係。離開校讐而言板本，乃是鑒賞家。我們是圖書館工作者，圖書館是爲學者專家收集資料之所，要所收集的資料，達到正確的標準，就應該精心選擇、精加校讐，方算盡職。不能說，懂板本，可以不懂校讐。清人黄蕘圃鑒别舊板書能力極強，而後人有的說他是鑒賞家，這雖是過苛的批評，而板本學家不可不通校讐，總是一般所承認的。孫從添藏書紀要再三說校本書重要，並說：『古今收藏書籍之人，不校者多，校者甚少。惟葉石君所藏書，皆手筆校正，臨宋本、影宋本，俱借善本改正，博學好古，稱爲第一。葉氏之書，至今爲寶。』孫氏此言，不是虛美，葉氏所爲，可作我們的榜樣。

校勘古書，要講究方法，否則愈校愈壞，不如不校。顧千里跋文苑英華辨證云：『余性素好鉛槧，從事稍久，始悟書籍之訛，實由於校，據其所知，改所不知，通人類然，流俗無論矣。』『書籍

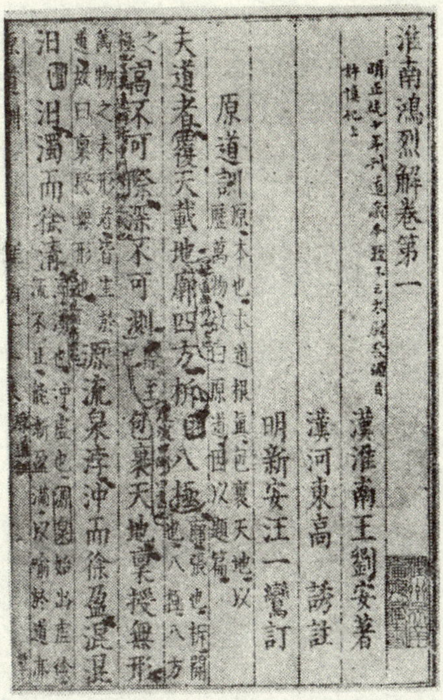

淮南鴻烈解卷第一

漢淮南王劉安著

漢河東高　誘註

明新安汪一鸞訂

原道訓

夫道者覆天載地廓四方柝八極

清錢大昕手校《淮南鴻烈解》(底本明新安汪一鸞刻本)

——上海圖書館藏

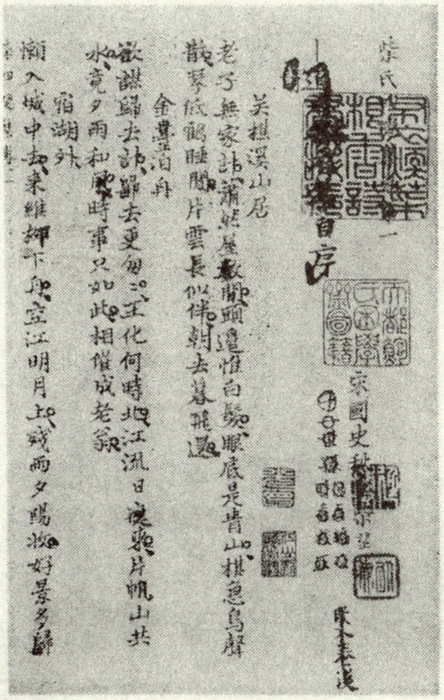

柴氏

清鮑廷博手校《柴氏四隱集》(底本舊寫本)

——上海圖書館藏

清黄丕烈手校《讀書敏求記》(底本清乾隆沈氏刊本)

——上海圖書館藏

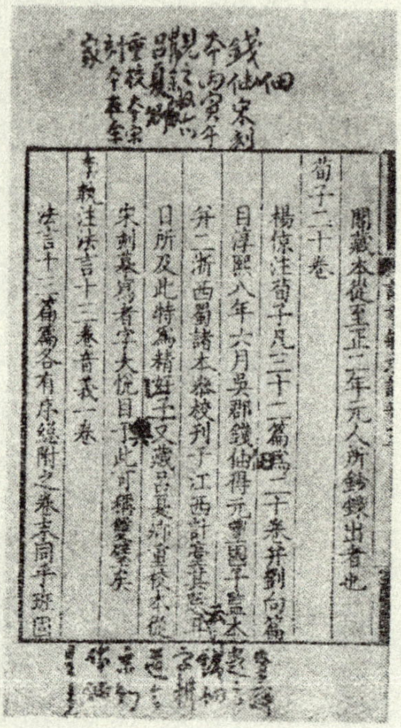

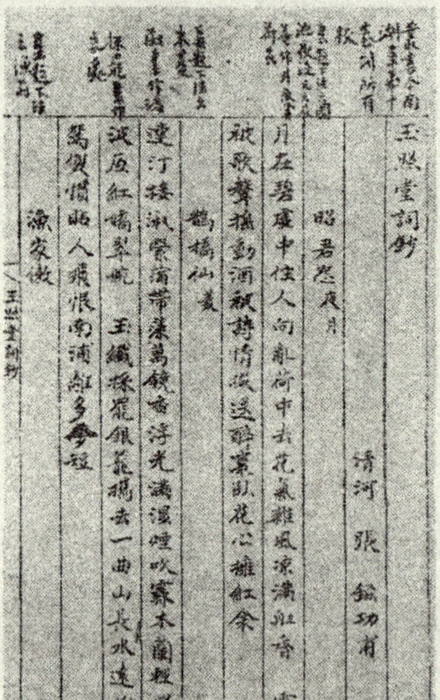

清黄丕烈手校《玉照堂詞鈔》(底本清錢唐吳氏繡谷亭鈔本)

——上海圖書館藏

之訛，實由於校』，極言校書之弊，不是說書可不校。宋彭叔夏說：『嘗聞太師益公之言曰：「校書之法：實事是正，多聞缺疑。」叔夏年十二三歲時，手校太祖實錄，中有云：「興衰治□之源」，缺一字，意是治亂，後得善本，乃是「治忽」。三折肱爲良醫，信知書不可以意輕改。』這裏所謂『實事是正，多聞缺疑』、『書不可以意輕改』，卽是校書的根本法，一有違反，便陷謬誤。讀書人一知半解，最容易犯輕改古書之病，如上舉之例，韓昶卽其明證。彭叔夏疑治□之源，爲治亂，不知其爲治忽，幸未輕改，否則便犯錯誤。校書未見善本，萬不可憑一己之見，亂改古書；卽幸而猜中，也不可爲訓。自來學者專家，莫有不反對擅改古書。蘇黃題跋云：『近世人輕以意改書，遂使古書日就譌舛，深可忿嫉。莊子云：「用志不紛，乃疑于神」，今四方本，皆作凝。陶淵明詩：「採菊東籬下，悠然見南山」，今皆作望南山。』錢謙益跋文中子云：『此爲宋刻善本；今世行本出安陽崔氏者，經其刊定，駁亂失次，不復可觀。今人好以己意改竄古書，雖賢者不免，可歎也！』湧幢小品云：『刻書以宋板爲據，無可議矣，仍訛習舛，猶可言也；以意更改，害將何極？』日本人島田翰云：『舊本之存，謹勿改之。宋元之舊刻，覆之，勿校改其一字。昔時皇國之刊板，皆取源於宋元本，雖其顯然訛脫，亦不敢校改，是有大過於明清所爲者。』以上各例，都說不得輕改古書，是爲校書不易之法。而日本人守規矩更嚴。明人刻書，最喜擅改古書，其見識於島田翰宜也。清季仁和許增刻唐文粹，其凡例有云：『校讐之學二塗：一是求古，一是求是。

求古者，取宋元舊本，一一覆寫，期於毫髮無遺，並舊本顯然謬誤，及俗書國聖之類，亦必沿襲，以存其眞。求是者，尋求原本，搜採羣籍，舍短從長，拾遺補缺，以正未刻之前寫官之誤，既刻之後槧工之失，求心所安，以公同好。今刻此本，略依求是之例，知不免爲求古者所譏。』許氏此說，值得討論一下。所謂求是求古二塗，實際情況，確有此二法。但求古雖失之拘，而無流弊；求是名雖好聽，其流弊却無窮。明人往往以己意校改古書，何嘗不是說求是？而其結果，適得其反，求是變成求誤。因此，我認爲自問無甚把握，還是求古穩妥。必欲塗改，美其名曰求是，則用細注表校語，原文切勿抹去，任讀者自擇。既合求是之旨，又不背求古之法，兩方顧到，比較完善。

此外，校讎之法，有一點我認爲很重要，不可不說的，卽專家校專業之書是也。這是漢劉向傳下來的好方法，上面說過了的。劉向校書，自校經傳、諸子、詩賦，這是他自己的專業；至於兵書、方技、術數，非其所長，則請步兵校尉任宏校兵書，侍醫李柱國校方技、太史令尹咸校數術，各就專業校讎，自比外行人校好得多。劉向校書，在漢成帝河平三年，卽紀元前二十六年，距今將近二千年，我國學者卽創立校書良法，後世學者數典忘祖，不知遵此良法，而好師心自用，甚可惋惜。宋哲宗時，祕書監王欽臣奏，差眞靖大師陳景元校黃本道書，范祖禹反對，以謂：『諸子百家、神仙道釋，蓋以備篇籍、廣異聞，以示藏書之富。不必使方外之士讎校，以崇長異學。今

明山陰藏書家祁承㸁手寫題跋：《對床夜語》

——上海圖書館藏

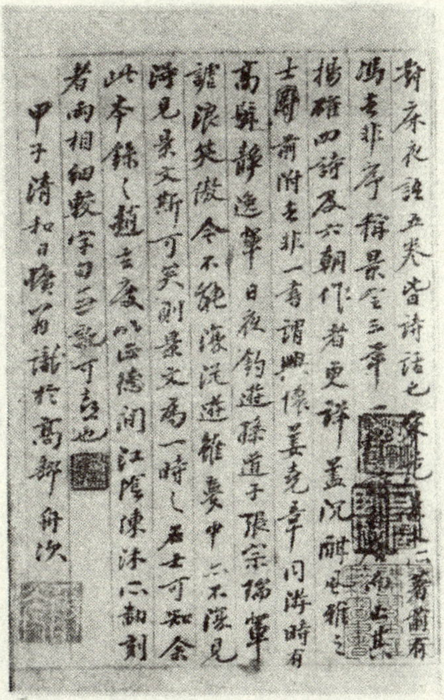

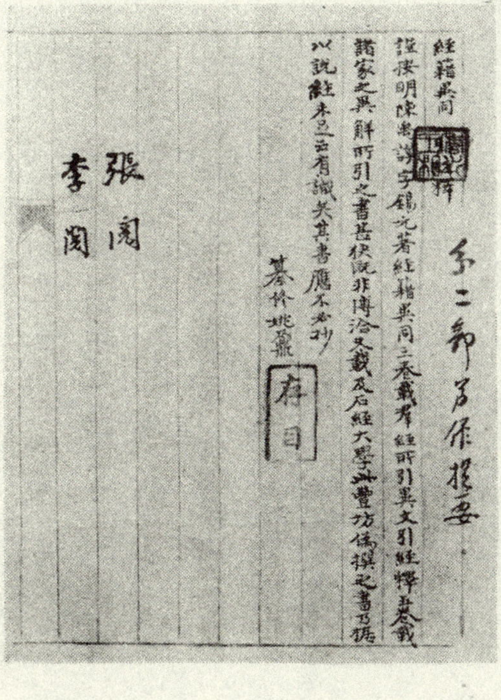

清四庫全書館臣姚鼐簽寫提要：《經籍異同》

——上海圖書館藏

清海寧藏書家陳鱣手校書並題跋：《斜川詩集》校正爲《龍州詩集》

——上海圖書館藏

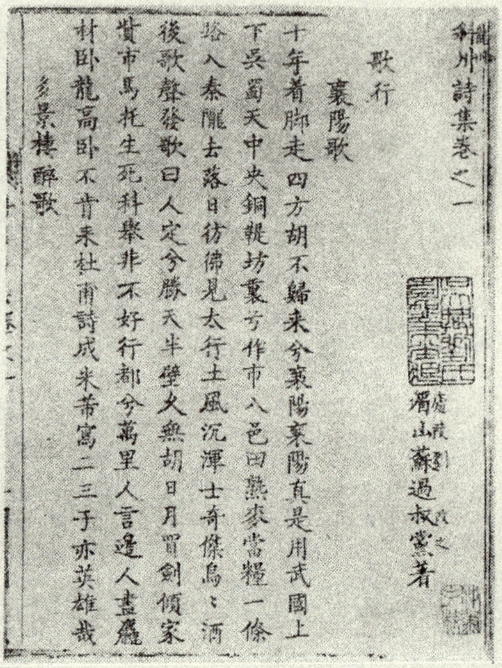

斜川詩集卷之一

眉山蘇過叔黨著

歌行

襄陽歌

十年着脚走四方胡不歸来兮襄陽襄陽真是用武國上下呉蜀天中央銅鞮坊裏兮作市八邑田熟麥當糧一條路入秦隴去落日彷彿見太行土風沉渾士奇傑烏乙酒後歌聲發歌曰人定兮勝天半壁久無胡日月冒劍傾家貲市馬托生死科舉非不好行都兮萬里人言邊人盡麤材臥龍高臥不肯来杜甫詩成米芾寫二三子亦英雄哉

多景樓醉歌

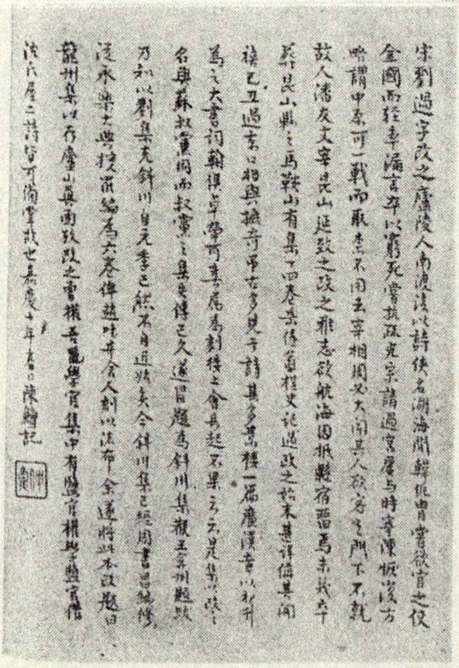

宋劉過字改之廬陵人南渡後以詩俠名湖海間韓侂胄嘗欲官之仗全國而[illegible]言卒以窮死嘗叩闕光宗請過宮屢與時宰陳恢復方略謂中原可一戰而取志不用去辛相聞又大喜其人致客之門下不就故人潘友文宰昆山延致之改之飛志欲航海困抵縣宿留焉未幾卒葬昆山縣之馬鞍山有集十四卷吳縣程史記過改之於本集詳備其間稱乙丑過京口相與撫奇弔古多見于詩其多景樓一篇[illegible]以刊為之大書詞翰俱卓犖可喜屈為刻樓上會其起不果云云是集以改之名與蘇叔黨同而叔黨之集失傳已久遂冒題為斜川集[illegible]題跋乃知以劉集充斜川自元季已然不自近始矣今斜川集已經閣書目編錄從永樂大典校錄編為六卷俾茲刊并會人刻以流布余遂將此本改題曰龍州集以存廬山真面改之之曾[illegible]

[illegible]二詩皆可備掌故也嘉慶十年春日陳鱣記

館閣之書，下至稗官小說，無所不有；既使景元校道書，則他日僧校釋書、醫官校醫書、陰陽卜相之人校技術，其餘各委本色，皆可同此例，豈祖宗設館之意哉？』遂罷景元（見宋韓淲澗泉日記）。

請名道士校道書，這是最好的方法，而范祖禹却不以爲然，而又說不出反對的理由，僅以『豈祖宗設館之意哉』一語，來壓服人，其態度很壞。各委本色校書，此正劉向創始的好方法，范祖禹以偏見阻止，可謂不智。學術門類至多，豈一人之力所能盡通？書籍汗牛充棟，豈一人所能盡讀？端賴分工合作，各就性之所近，專攻一點，各就己之特長，合校羣籍，此乃不二法門，非一二人偏見所能阻也。

以上所論，是就校讎古書發議，研究校本，不可不明此理。校讎之理既明，乃可進一步審別校本之善或不善，收藏校本，乃比較有把握，泛論校讎，並非題外文章。要辨別校本之可靠與否，要看校書之人，是否專家。若爲韓昶一流人，就不可靠；若爲有名的專家，就很可靠，其所校之書，皆爲至寶，若明葉石君之流是也。明人若葉石君之流不多見，至清朝，校勘名家就多了。因爲清代學者，崇尚考證之學，故校讎名家甚多。如：何焯、惠棟、盧文弨、全祖望、沈廷芳、戴震、丁杰、姚範、錢大昕、錢東垣、彭元瑞、謝墉、周永年、李文藻、孫星衍、孔繼涵、王念孫、阮元、顧廣圻、鮑廷博、黃丕烈、秦恩復、趙懷玉、張敦仁、羅士琳、吳騫、陳鱣、錢泰吉、汪遠孫、曾釗。他如錢曾、宋賓王、吳翌鳳等等，都是校書有名的，經過他們校過的書，都是善本。清代校譬家決不止此數，其他有名學者，還很多，隨時注意可也。上舉人名，是根據書目答問寫下來的，我補進二三人而已。如：王引之、丁晏、段玉裁、姚覲元、戴望、洪頤煊、孫詒讓、俞樾、陳壽祺、陳景雲等等，近人如朱孝臧、王國維等，多不勝數，皆是大名鼎鼎的學者，所校之書，皆極可靠，應當有見必收，收必珍藏。

名家校書，以原校爲佳，他人錄校次之。錄校之書，有時所錄不止一家，丹黃紛披，分辨費力。有時有校、有批，校是正其謬誤，批是批評文章，好的也有，但主要的是校，不是批，因此我標題校本，而不作批校本。

名家手校本，有印記爲憑，便佳。其無印記者，須看筆跡；如其人手書之字，素未見過，則筆跡卽難辨認，此時止有請教前輩，解決問題。名人印記亦有用別號小印，這須隨時留意。爲防假印記，則自來印譜，也須多看。篆刻印章，各時有各時風格，看多了，也辨得出眞假。

佛經版本

圖書館藏書，各方面都有，我們圖書館工作者，對各方面的書，都應該注意。佛教大藏經、道教道藏的版本，也應該知道一些；否則倘遇宋元藏經，瞠目不識，使至寶等於廢紙，豈不可惜！

自東漢明帝永平十年（六七），佛教傳入中國以後，很受國人歡迎。至南北朝時，造像譯經，風起雲湧，佛教大盛。隋煬帝『大業中，佛經譯成漢文的，已達六千一百九十八卷。隋文帝享國二十四年，寫經四十六藏，達十三萬卷；修治舊經四百部，修治舊象一百五十萬；緇譯道僧二十四人，所書經論，垂五百卷』（見玉芝堂談薈卷十五）。

佛經雕版，究始於何時？我在上面已經說過，始於中唐之世，惟彼時雕版印刷的是另種佛經，如金剛經及律疏等等而已。雕印全藏，當以宋開寶四年（九七一）刻的大藏爲最早。

一、宋太祖開國之後，即命張從信往益州雕版，至宋太宗太平興國八年（九八三），竣工。這部經是卷子本，每版二十五行、每行十四五字不等。全藏共五千零四十八卷，一千七十六部，四百八十函。全藏已佚，僅有單本流傳，聞葉恭綽藏有大集經第四十三卷，及中論第二卷幾葉。

二、崇寧萬壽大藏，北宋元豐三年（一〇八〇）開始雕板，至政和二年（一一一二）竣工，是梵夾本（梵夾本，應作梵筴本。筴和策字同。夾則爲夾持之義，如指貝葉經言，似尚有可說，因貝葉經兩端有厚竹片夾持之，但中國書都有底有面，兩較厚的紙夾起來的，難道可叫什麼夾本麼？即古代簡策，也有贅簡，贅簡當有兩片前後夾持，而我們但聞有簡策，或簡册之稱，未見有稱簡夾的。至於我國雕印紙本佛經，形如後世摺子，更無夾持之義，應稱梵筴本），佛經至是始由卷子而爲梵筴（宋人著的楓窗小牘卷下有云：『乾德四年三月，遣僧行勤一百五十七人訪經西域，興國五年，天竺僧息災與施護，各持梵筴來獻』，是爲梵筴的出典）。全藏共六千四百三十四卷，五百八十函。每版三十行、每行十七字、半頁六行。刊於福州東禪寺，主其事者爲沖眞、普明、咸暉等。今故宮博物院存有零本。

三、毗盧大藏（毗盧是佛眞身之稱），政和三年始工，至乾道八年（一一七二）竣工，刊於福州開元禪寺。全藏共六千一百十七卷，五百六十七函，每版三十行、每行十七字、每半頁六行，梵筴本。主持其事者，爲本明、宗鑑、行崇、了一、蔡俊臣、陳詢、劉漸、馮檝等。聞徐乃昌、丁福保均有殘本。

四、思溪圓覺藏，梵筴本，半頁六行，每版三十行、每行十七字。全藏共五千四百八十卷，五百四十八函。湖州思溪圓覺禪院刊板。王永從及弟姪眷屬，又沙門宗鑑、淨梵、懷琛等主其事。始工於紹興二年（一一三二），何時竣工未詳。葉恭綽藏有殘本。

五、思溪資福藏，梵筴本，每版三十行、每行十七字、每半頁六行，全藏共五千七百四十卷，五百九十九函。安吉州思溪法寶資福禪院開雕。自淳熙二年（一一七五）始工，竣工何時不詳。我國現存一部，計四千餘卷，亦不全，向藏北京松坡圖書館，乃楊守敬自日本購回之物。據宋周密的齊東野語，改湖州爲安吉州，乃寶慶元年（一二二五）事，則是經竣工當在理宗之世，歷時五十多年。

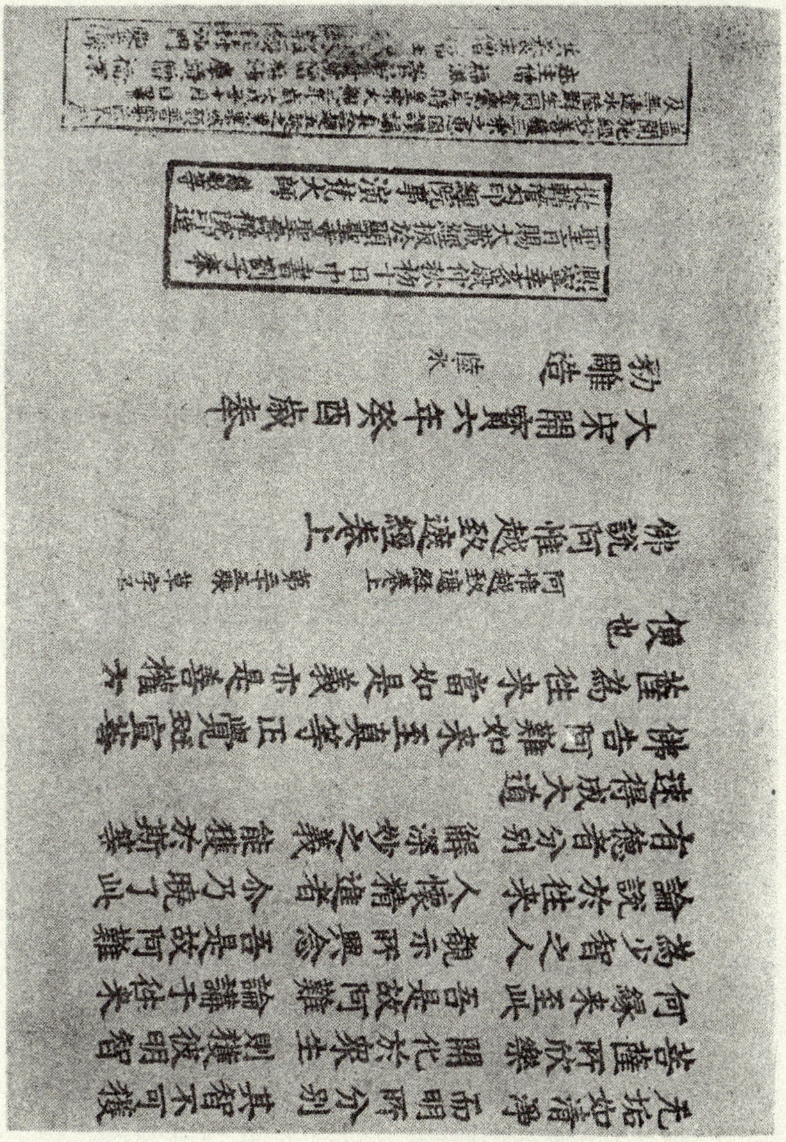

北宋開寶六年（973）刻大觀二年（1108）印本《大藏》：《佛説阿惟越致遮經》

（北京圖書館藏）

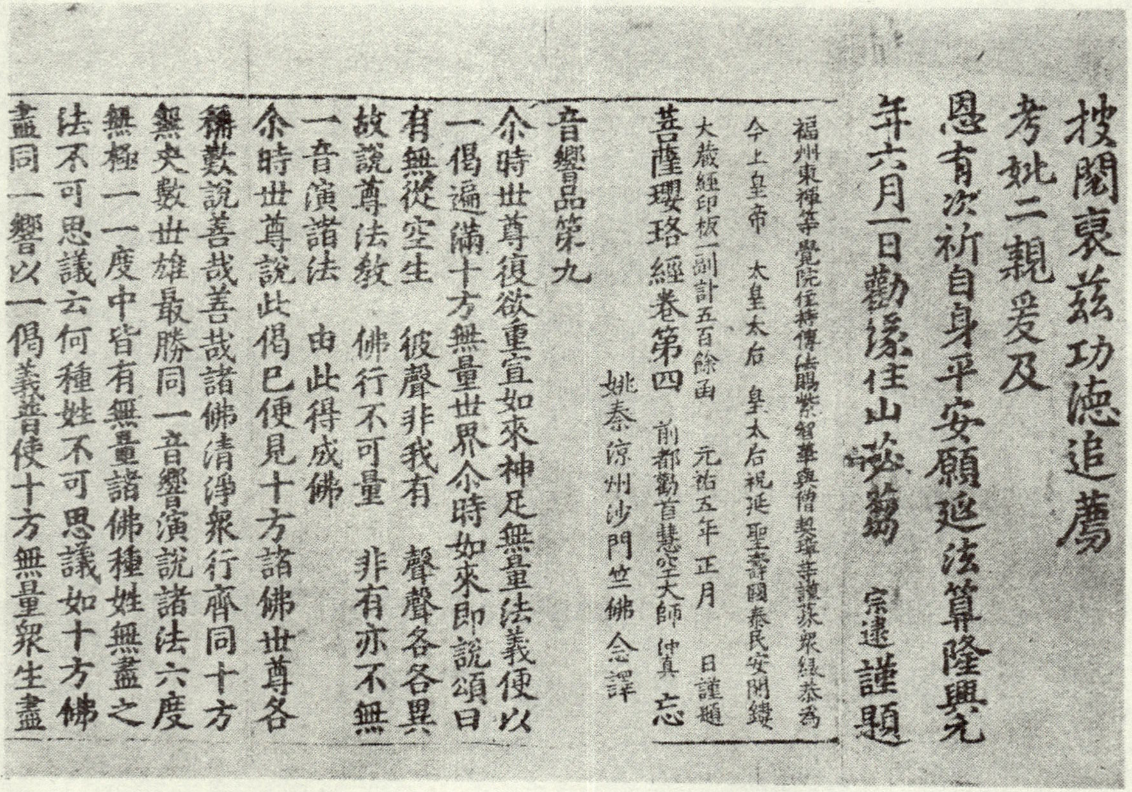
披閱東茲功德追薦
考妣二親爰及
恩育次祈自身平安願延法算隆興元
年六月一日勸緣住山苾蒭 宗遠謹題
福州東禪等覺院住持傳法賜紫智華與僧契璋等謹募衆緣恭為
今上皇帝 太皇太后 皇太后祝延聖壽國泰民安開鏤
大藏經印板一副計五百餘函 元祐五年正月 日謹題
菩薩瓔珞經卷第四 前都勸首慧空大師 仲真 忘
姚秦涼州沙門竺佛念譯
音響品第九
尒時世尊復欲重宣如來神足無量法義便以
一偈遍滿十方無量世界尒時如來即說頌曰
有無從空生 彼聲非我有 聲聲各各異
故說尊法教 佛行不可量 非有亦不無
一音演諸法 由此得成佛
尒時世尊說此偈已便見十方諸佛世尊各
稱歎說善哉善哉諸佛清淨衆行齊同十方
無央數世雄最勝同一音響演說諸法六度
無極一一度中皆有無量諸佛種姓無盡之
法不可思議云何種姓不可思議如十方佛
盡同一響以一偈義普使十方無量衆生盡

北宋元祐五年(1090)福州東禪等覺院刻《萬壽大藏》:《菩薩瓔珞經》

(北京圖書館藏)

六、磧砂藏，梵筴本，半葉六行、每版三十行、每行十七字，五百九十函，六千三百六十二卷，平江府磧砂延聖院大藏經局開版。藏主法忠，功德主淸圭，又沙門德璋、志淸、慧琚、慧朗、志明、志蓮、志昌、行一、惟總、曇瑞、惟吉等。宋紹定四年（一二三一）始工，至元至治二年（一三二二）畢工，歷時九十一年。陝西西安開元、臥龍兩寺，今尙存全藏十分之八。抗日戰爭前影印，改爲線裝本。

七、普寧藏，梵筴本，半葉六行、每版三十行、每行十七字，五百五十八函，六千零十卷。杭州路餘杭縣南山大普寧寺主持刊刻，釋道安、如一、崇善、如賢等管領其事，元至元六年（一二六九）開雕。康有爲藏有一千二百餘册，後售於王綬珊，今不知在何處。

以上是宋元刻藏經。

八、明南藏，梵筴本，半葉六行、每版三十行、每行十七字，六百三十六函，六千三百三十一卷、一千六百十部，明太祖敕修，洪武五年（一二七二）集大德於蔣山校刊，何時竣工未詳。其後板藏大報恩寺，歷年續有刊補，成化年、萬曆年均有之，聞山東圖書館藏有數部，浙江圖書館藏有殘本數百册。

九、明北藏，梵筴本，半葉五行、每版二十五行、每行十七字，六百三十七函，六千三百六十七卷，一千六百十五部，明成祖敕修，自永樂八年（一四一〇）開雕，到正統五年（一四四一）竣工，版藏內庫。萬曆十二年，續刊四百十卷。聞鎮江超岸寺，南通狼山廣教寺，均有全藏。去年，浙館自蘭溪接收一部。每册封面底葉，皆用不同的織錦包裝，每册織錦花樣顏色多不同，甚爲美觀。因庋藏櫥架書庫皆成問題，至今尙未整理。

十、徑山藏，方册本，半葉十行、每行二十字，六百七十八函，六千九百五十六卷。在餘杭徑山寺雕版印刷，故稱徑山藏。在嘉興楞嚴寺裝訂發售，故亦稱嘉興藏。紫柏禪師創刊於萬曆十七年（一五八九）時在北方清涼山，後移至餘杭，直至清康熙十六年（一六七七）正藏方告完成。佛經自崇寧萬壽大藏至明南北藏，皆爲梵筴本，紫柏禪師以爲梵筴本閱讀不便，改爲綫裝方册本，故佛教大藏方册本，始於徑山藏。

以上是明刻藏經。

十一、龍藏，梵筴本，半頁五行，每版二十五行、每行十五字，七百十八函，七千一百六十八卷，一千六百六十二部，清雍正十三年敕刻，乾隆初年竣工，前年，浙江圖書館在蕭山接收一部，凡三十大櫥，旋卽運藏南潯嘉業堂。

清刻漢文大藏經，僅此一藏而已，今版猶在北京，傳本尙多。

道藏版本

道書薈萃成藏，始自六朝。唐開元中，列其書爲藏目，曰三洞瓊綱，總三千七百四十四卷（玉芝堂談薈），其後殘缺。宋初遣官校定，得七千餘卷，徐鉉讐校，去其重複，得三千七百三十卷。大中祥符中，命王欽若依照舊目刊補，洞眞部六百廿卷、洞玄部一千零十三卷、洞神部一百七十二卷、太眞部一千四百七十卷、太平部一百九十二卷、太淸部五百七十六卷、正一部三百七十卷（胡氏筆叢），凡四千四百十三卷。宋祥興二年，元滅宋，大興梵教，滅道教，十月二十日，盡焚道藏經書（明陸容：菽園雜記）。至明正統十年，重輯全藏，萬曆三十五年，又輯續藏，共五百二十函，五千四百八十五册。其板傳至淸朝，藏於大光明殿，日有缺損。光緒庚子年，八國聯軍侵入北京，存版盡燬，傳本罕見。抗戰前，商務印書館覓得北京白雲觀藏本，爲之影印行世，今影印本亦不多見。

如何鑒別版本？

鑒別古書板本，和鑒別古器物、古書畫一樣，是很難的一件事。要有豐富的經驗、敏銳的眼力、很細的心、很強的記憶力，才能應付裕如；倘經驗不豐，加之粗心暴氣、主觀武斷，少有不錯誤的。我中年以後，始從事斯學，學力淺薄，經驗既少，記憶力又差，而竟提出如何鑒別版本的問題，發揮議論，可謂不自量力。但在黨和毛主席正確領導之下，沒有克服不了的困難；因此我大膽地把問題提出來，就我現有的水平，發表我個人的意見。雖然一知半解，而對年青人來說，可能也有些幫助；如有錯誤，我應負責改正。

解決鑒別版本問題，我想把它分項來說：一是唐人寫本，二是宋刊，三是元刊，四是明刊，五是舊抄，六是稿本，七其它。這樣一分，眉目比較清楚。

唐寫本傳下來的多是寫經，寫經都是手卷。浙館在解放後，收得五卷，四卷是黃麻紙的，一卷是白麻紙的。寫經字體有特殊風格，和宋元本全不相似，非歐非柳，剛勁古樸，看過幾卷，就知道了。寫經紙是麻紙，大概出自四川廣都。唐人用紙，民間情況不知道，若中央政府用紙，都取給於廣都。麻紙有二種：一是黃麻，一是白麻，都有羅紋的。黃麻是用黃檗染過，上面已經說過，用以辟蠹，千年不壞，白麻較差。欲辨紙色，必須目見，如字體，也須看過才能知道。經卷多是很長的，由好幾張紙連綴起來的。若經文很短，一紙可了，自不必連接幾紙。所謂經卷者，都是佛經。唐人寫經，和北魏造像用意一樣，都是祈福的。

據元人陸友研北雜志所載，有韓愈的家集，是繭紙寫的，正書，而且有韓愈親手改定的字，藏長安安信之家。據此，我們知道唐人寫書，也有用繭紙寫的，不一定是麻紙。

五代印本，我只見過雷峯塔經卷。這經卷的詳細情況，上面已經介紹過了；要防的是假造的僞物。這種假貨，時有碰到，一看紙色便知。假的紙色是薰黃的，其色死；眞的紙色微黃而潤。總之，看過眞的，假的容易辨。

鑒別宋版書，要彙合各種條件來看，單憑一種，或幾種，是靠不住的。淸人孫從添說：『鑒別宋刻，須看紙色羅紋、墨氣、字畫、行款、忌諱字、單邊，末後卷數不刻末行，隨文隔行刻，又須眞本對勘乃定。近又將新翻宋刻，去其年月，染紙色，或將舊紙印本，僞作宋刻，甚多。若果南北宋刻本，紙質羅紋不同，字畫刻手，古勁而雅，墨氣香淡，紙色蒼潤，展卷便有驚人之處。所謂墨香紙潤，秀雅古勁，宋刻之妙盡之矣。』這說法，詳細是詳細了，但少見宋版書的人，看了這段議論，還是不明不白。宋刻不一定都是羅紋紙，墨氣也不一定都是香淡，墨如點漆的也有。如北宋刻的兩漢書，字畫行款，仿造甚工的，很難分辨；如王刻史記、袁刻文選、趙刻玉台新詠，人家往往當作眞宋本。至於忌諱字，翻刻的也可照樣刻下來，明張志淳的南園漫錄說：『元滅宋後，刻諸史，如殷敬恆構之類，皆諱，又如恆字省下一畫，至今不改』，可證。至於單邊雙邊，更難一概而論。前人多說宋刻單邊白口，不知宋刻雙邊的也有，不但左右雙邊的很多，即四周雙邊的也有。如南宋刻的南華眞經、珞琭子三命消息賦，都是四周雙邊；宋刻趙注孟子，左右雙邊；宋刻名公書判淸明集、梅花喜神譜，都是四周雙邊。至於黑口，南宋刻的，不少黑口的，如琴趣外篇、劉夢得集。宋蜀刻大字本山谷内集註，尤延之刻文選，廖刻河東集，都是黑口單邊或四周雙邊。說到末後卷數，即標記書名的一行，隔行刻，這一點比較可靠，但元刊也有這樣的格式。孫氏所謂墨香紙潤，秀雅古勁，總不免攏統一點，初學僅據此兩語，無法進行鑒別。又有一說，宋刻書每行字數和每頁行數相同，如每行二十四字，則每頁即爲二十四行，此說見重論文齋筆錄卷五。這一說，被王宗炎駁倒了。王氏舉了宋刻儀禮：每頁二十八行、每行二十四字，宋刻漢書：每頁二十八行、每行二十四字，宋刻史記：每頁二十六行、每行二十五字，反駁每頁行數適如每行字數之說，甚爲正確。鑒別宋刻，牌記最爲可靠了，然而翻版也有照樣刻的，如五峯閣翻的東都事略，也有『眉山程舍人宅刊行，已申上司，不許覆板』兩行牌記。宋刻最普通的板式，是板心上記字數，下記刻工姓名，書中多諱字，而五峯閣刻的一一照樣刻。此在老眼，一看紙色便知是翻雕，但初學遇此，就不免要被騙了。鑒別宋刻，我始終認爲要每一特點都要注意到，一點對了，再看另一點，另一點對了，更看其他各點，各點都對頭，再參考名家書跋，才能作出最後決定。例如字體刀法對了，看紙色，如果竹紙印的，其簾紋是否有兩指寬；如爲羅紋紙印的更好；若爲皮紙印的，看紙是否厚實；若是紙背印的，那就最爲可靠了；又據明陳繼儒太平淸話說：『宋紙於明處望之，無簾痕』，是辨宋紙之一法。墨色是否香淡，一聞便悉；墨如點漆的，總是極少遇到的。字體刀法紙張墨色都對了，再看板式行款；又都對了，再看前後序跋，及有無牌記，或校勘銜名，有無前人藏書印記等等。這樣一步一步的審閲之後，再參考前人書目題跋，乃下斷語，大概不會錯了。日本人僞作的延喜十三年本文選、唐天祐二年本歸去來辭，紙用寫經故紙、字樣集寫經舊字、活字排印，做得很巧妙，我國傅雲龍黎庶昌都被他騙過（古文舊書考）。我以爲卽據活字排印一點，亦可判知其僞；因活字發明在宋仁宗時，唐人尙未知活字印書法。傅雲龍一見寫經紙，經生體字，便驚喜欲狂，宜乎被騙。單憑一點或幾點，審別舊刻，鮮有不被騙的。黄蕘圃看的宋本多了，嘗自命爲老眼，但有時也不免錯。如云：『宋本從無闊黑口者』，及見宋刻新定嚴州續志，板口闊而黑，疑非宋槧，後與顧千里仔細研究，乃肯定爲宋板，說：『余所藏中興館閣續錄，有咸淳時補板，皆似此紙墨款式，間有闊黑口者，可知宋刻書，非必白口或細黑口也。蓋古書甚富，人所見未必能盡，欲執一二種以定之，何能無誤耶？』據此可知白口黑口不能作爲宋元刊本之唯一區別點。

宋版書，有以紙背印的，前輩審別宋版，往往賴此審定。黄蕘圃跋北山小集，有云：『書友胡益謙持北山小集示余，欲一決其爲宋版與否。余開卷，指示紙背曰：此書宋刻宋印，子不知宋本，獨不見其紙爲宋時册子乎？』錢大昕跋宋刻漢書云：『南宋大字板兩漢書，有元人重修之板，其紙背多爲洪武中廢册，知爲明初印本也。』凡紙背印的書，其印紙是審定版本最好的證據，最爲可靠。宋時紙厚實，而又兩面光滑，皆可印書。元版書亦有之，見滂喜齋藏書記：增修禮部韻略。此外辨別宋版，亦有據卷數者，如黃蕘圃跋淮南子云：『淮南有二本：一爲二十一卷，出宋本，一爲二十八卷，出道藏；至二十卷者，流俗本也』，知宋刻淮南子爲二十一卷。亦有單以刻工名字相同，而定版刻年代者。如某書已經審定爲宋刊，另有一書其版心刻工姓名，多與已審定者相同，卽可據此審定其書亦爲宋版，而且是同時刻的。例如洪氏集驗方宋刻本刻工姓名有黃憲、毛用等人，傷寒要旨一書，也有黃憲、毛用等名，卽可證定其亦爲宋刻，且爲同時刻（見蕘圃題跋）。遇到這樣的情況，審別版本，亦頗省事。但宋刻書差不多都有刻工姓名，（仿刻本少有），很難記得，如能將已見的宋版書刻工，做成索引，那檢查就便利了。

宋刻書有元人序，須細心研究。如文苑英華纂要八十四卷，宋刻，張氏愛日精廬藏書志，因是書有元趙文序，遂定爲元刊，其實書中諱字甚多，元人序乃後加，非元刻也。又書估往往抽去序跋，以元版充宋版者，不可不謹防。如海源閣藏大戴禮記，紙極薄而有羅紋，四周邊闌極粗，左右雙邊，板心上記大小字數，下記刻工姓名，惟宋諱敦愼讓敬皆不缺筆，字係趙體，傅沅叔先生審定爲宋刊，且云：『最爲罕祕，恐世無二本。』一九五八年十月，我到北京，看到是書，審其字體，疑非宋刊。老友陳君恩惠示我另一部同樣書，核對，則另一部前有元至正甲午劉眞刻於嘉興路儒學序。海源閣藏本，此序已佚，遂誤定爲宋本，可知學問之事，眞是無窮無盡。傅先生爲國內大名家，亦不免爲書估所愚，何況我們後生小子，更應十分細心，不可稍涉粗率，陷於謬誤。又如朱子大全一書，我初遇見時，審其字體版式紙色，疑爲元刊，而苦無確證。後承趙斐雲先生指點，是書乃明初刊本，書估往往將序跋割去，冒充元槧，我乃恍然大悟。我所見本，首册爲補寫本，紙薰得焦黄，販賣者有意作僞，幾爲所愚。又如袁刻文選，寧波蔡氏墨海樓藏本，缺卷四十一至五十，凡十卷，書估改補卷數，將卷五十一至六十改爲四十一至五十，充足本，又將袁氏牌記悉行割去，在書口上方，補上『淳祐三年善本校刊』兩行小字，篆書，充宋刊本。蔡氏作宋本購進，後轉歸李氏萱蔭樓，又作宋本，什襲珍藏。殘本充足本，明版充宋版。一書兩作假，而購者竟辨不出，作僞之巧妙如是。蔡氏墨海樓藏風俗通義應劭序首行題：『大德新刊校正風俗通義序』又有李果前序題：『大德丁未中和節』蔡氏卽據此審定爲元版。不知是書實爲明刊，審其字體刀法，以及李果序字作隸體，且多古字，很容易看出是明人刻本，不能單憑序文年代。明人序文，一經書友抽去，卽爲所愚，不可不愼。

我嘗謂我們學習舊書版本，做舊書生意的人，就是我們最好的老師。這老師教育很嚴，時常出難題目考我們，企圖我們交白卷，我們要十分當心，免交白卷。

明清本子，往往有藍或黑的大宋體字的扉頁書名，印書人叫作頭版。這頭版也頗重要，也往往爲書商割去，冒充宋或元版的。有一部詩人玉屑，乃清初印本，蔡氏墨海樓作爲元刊收進，與袁刻文選同樣珍視，同置一箱。不知是書首有扉頁，題：『處順堂藏版』，且有『重刊元本』字樣，蔡氏所收，失此扉頁，遂爲人欺，且以欺人，誠爲可笑。如此之例，多不勝舉。

鑒別宋刊本，如遇宋諱，有『今上御名』四字者，或作『御名』二字者，大概不會假，可徑審定爲宋刊。惟這樣的宋版書，極爲少見，翻完一部鐵琴銅劍樓書目，如此書不過幾種而已。

鑒別元刊本，比較容易，但亦易與明初刊本相混，亦須細心鑒別，多看多問，自有好處，決非如孫從添說的：『元刻不用對勘，其字脚、行款、黑口，一見便知。』元刻黑口，是最常見的形式，但白口的並非沒有，如上面提到過的王應麟著的玉海卽是白口。又如草堂雅集見藝風藏書續記，五代史記（見同上），翰苑英華、中州集（見同上）都是元刊白口單邊或雙邊。又大元一統志，元官刊大字本，亦是白口，見文祿堂訪書記；至正金陵新志元奉元路學古書院刊本，白口（見同上）。元刻字體，的確都是趙體字，但明初刊本，亦是趙體字，如何分別，就有問題了。主要的是看序跋，序跋若爲書商割去，則查各家書目題跋。一書序跋被割去，別家藏本，不見得都被割去。元末明初，時代銜接，刻書風氣未變，審辨很不容易。別家藏本，留有序跋，則題識必提到，參考所及，問題卽可解決。近時所出書目，大都僅記書名、卷數、著者、版本，其他特點，多不記出，甚爲簡略，對我們鑒別版本，幫助很少。止有善本書志，記載詳明，幫助很大。學習鑒別舊版書，對此類書志，不可不多看。多看多記，甚爲重要。至於紙墨亦須注意，有時也有幫助。對於已經審定的元版書，有元刻元印的，牢記紙色，亦是佐證之一。總之，單憑字體審定元版，不可靠的。

元書院刻本、坊刻本，多有牌記。牌記往往無年代，則查上面列舉的表，可以查出。表有遺漏，自已有所見，則補入，以備查考。

明版，上面已經説過，現在談談鑒別問題。在明版，好像比鑒別宋元版要容易得多。只看字體紙張，卽可決定其爲明版，但這是就一般情况而言。若進一步肯定它是原版，還是翻版，遇有黑口大字本，只知它是成、弘以前刻本，要肯定它刻在何時，若無序跋作證，便爲難了。又若單憑字體，也是不彀的，南北刻書，風格不同，不能一概而論。其次明人翻宋，如袁刻文選等等，人多誤認爲宋版。錢泰吉曝書雜記云：『章如愚山堂考索，當時以爲元刻，實則明正德時愼獨齋本也。』愼獨齋爲建陽名書坊之一，所刻山堂考索，並不甚佳，而且有牌記，人猶誤認爲元刊，可見鑒別明版，也不是很容易的事。唐李嶠集，明嘉靖甲寅江夏黄氏浮玉山房二十六家唐詩本，寫刻人原題『姑蘇吳時用書，黄周賢金賢刻』二行，天祿琳琅書目後編誤以爲宋刻，鹵莽從事，往往有此錯誤。

明刻原版翻版，最爲難辨，若未見過原版，卽無從知道。如陳耀文的天中記，傳本不少，而原刻極罕見。浙館藏有幾部，都是翻版。原版書中標題，黑地白字；翻版，僅外作墨圍。又有萬曆本國語，卷端題張一鯤、李時成閱，郭子章、周光鎬校，而後有跋，乃吳汝成爲重刻張一鯤本而作，倘此跋不存，見者必不知爲吳汝成刻本。明馮紹祖校刻楚辭章句，原刻版心下方有『杭州郁文瑞書』六字，翻版沒有此六字。萬曆本龍谿王先生語錄卷一第一頁，板心下方題：『秣陵楊應時書，梅仕見刻』，翻版照樣刻下，經核對，則翻板板匡高半字，而刀法笨拙異常，若不經意地草草看過，卽作原板看了。又弘治本鹽鐵論，十行二十字，極有名，有幾種翻板。原板錯幣篇有一句『水衡三官作』，正、嘉間刻本作『水衡二官作』，葉德輝却以正嘉本爲弘治原本，藏園羣書題記有長跋，說明此事。葉氏爲板本學名家，而對弘治本鹽鐵論眞本，竟分辨不清，可見鑒別明板也非很容易的事。

明板書字體，嘉靖、萬曆，截然不同，這是就江南本說的；若北方刻本，則不相類。如嘉靖初年，山東濟南刻的黃帝內經，書中無刻版年代，僅卷端有『歷城教諭田經校刊』一行，字作趙體，很像元板樣子；若書商挖去田經一行，冒充元刊，很容易被瞞過。後經查山東志書，知田經任歷城教諭，在明嘉靖初年，刻書時代乃定；論其字體，校之江南嘉靖本字體，相去甚遠。又如祝允明懷星堂集，萬曆三十七年刻，字體風格，極類嘉靖本，若抽去前序，則皮相之談者，必以爲嘉靖刻，同爲江南本，也有這樣情況。又葉子奇草木子，正德刊本，董傳性詩史，萬曆本，字體皆與常見嘉靖本同。這類刊本，如有遇見，不可不愼爲區別。

通常審別宋版書，總要查諱字，因宋刻避諱很嚴，不但眞名要諱，嫌名也要諱。明嘉靖丙午，武進蔣孝刻的陶靖節集，殷敬匡缺末筆，而且每卷末記字數，也和宋刊相同，若憑諱字定板本，卽要以明刻爲宋刻了。遇此等書，不可不愼。

總之，鑒別刊本之爲宋爲元或明，首先要知宋元明版的特點，門路搠清，事乃可辦。各朝刻書特點，不止一個，彙集各方面情况，進行鑒別，作出決定，雖不中不遠矣。粗心暴氣，使不得，主觀武斷，更要不得，要細心參考研究。一九六一年夏天，我到寧波，協助天一閣主辦的清查朱氏別宥齋、馮氏伏跗室藏書工作。在朱家，遇見殘本荆陀猝編，朱氏原目作宋版，我則斷爲元西湖書院刻本。前有陳基序，朱氏藏本序已失去，遂誤認爲宋刻本。又有巾箱本禮記集說，朱氏定爲元刻本，我審定爲明嘉靖本，紙墨刀法無一驚人之處，卷數又與元刊不合，後經查考，確係明刊。

鑒別刊本，大非易事；多積經驗，是不二法門，勉之而已。

關於抄本書的鑒別，宋抄曾在北京圖書館見到一種，元抄未見；明抄見過多種，可以談談。明抄知名的，很容易辨。如前面已經說過的名家抄本，都有標記，如：版心有『叢書堂』三字者，卽吳匏庵抄本；有『賜書樓』三字的，便是葉氏菉竹堂抄本；有『玉蘭堂錄』四字者，卽文衡山抄本；有『鬱岡齋藏書』五字的，便是王肯堂抄本；有『吳縣野竹家沈辨之制』九字的，便是沈與文抄本；有『七檜山房』字樣的，便是楊夢羽抄本，也有作『萬卷樓雜錄』字樣的；此外如：姚舜咨抄本，板心有『茶夢齋抄』四字；秦酉巖抄本，板心有『致爽閣』三字，或『玄覽中區』四字，或『又玄齋』三字，或『玄齋』二字；祁承㸁抄本，有『淡生堂抄本』五字；毛子晉抄本，板心有『汲古閣』三字，闌外有『毛氏正本，汲古閣藏』八字；謝肇淛抄本，有『小草齋抄本』五字；馮彥遠抄本，版心有『馮彥遠藏本』五字；馮定遠抄本，格闌外有『馮氏藏本』四字；錢牧齋抄本，板心有『絳雲樓』三字；葉石君抄本，孫從添稱之爲至寶的，板匡外有『樸學齋』三字。這些都是明人有名的抄本；二馮與錢，已到清初，作清人亦可。清人抄本，有可記者，如：錢曾抄本，格闌外有『虞山錢遵王述古堂藏書』十字，或無虞山二字；錢謙貞抄本，板心有『竹深堂』三字；徐乾學抄本，板心有『傳是樓』三字；朱彝尊、鮑廷博、吳騫、汪小米抄本，皆毛泰紙，無格闌。上舉諸家抄本，皆爲名家，其書甚可寶愛。其無名抄本，識別較難。惟明抄，大多是藍格棉紙，抄寫粗率，字畫方勁，和清人抄本稍有區別。萬一辨不出，即定爲舊抄可也。藏書家書目，記錄板本，有此一例。

抄本書，總以校過的爲佳。抄而不校，終難稱善。鑒別高下，以此爲準。

我所見過的明抄，要當以汲古閣抄本爲最精妙，眞是名不虛傳。一九五八年，我在北京圖書館見到兩種：一是西崑酬唱集，每面十二行、行二十字，紙潔白如玉，墨光如漆，界闌如髮，邊闌如帶，無粗細、無濃淡，字作宋體，精美絕倫；一是汗簡，稍差一點。此二書汲古閣出售的祕本書目，未載。汲古閣抄本，人稱『毛抄』，在明抄中，最爲人所重視。

鑒別稿本，原稿必有塗改，鑒別容易，一見便知；清稿本，就困難了。清稿本，必須以印記為憑，印記或用姓名，或用別號，或用齋名，其例不一。一九六〇年，浙館收到一部殘本抄本書，收購時，憑卷端『律詩』二字作為書名；不知律詩二字，僅僅是書中詩的分體的標題，而不是書名。此書的書名是陶庵集，全書有二十二卷，浙館只購得殘本一冊。著者為明末極有名的抗清殉國的英雄黃淳耀，而書中題名為黃金耀，是年輕時的名字。後更名淳耀。淳耀，知道的人多，金耀，知道的就不多了。他號陶庵，書中有陶庵二字陰文印記，故審定為清稿本。又如明岳凌霄著的綠蘿堂詩草二冊，書中無著者姓名，只鈐有印記二方：一『廣霞』二字，一『凌霄私印』四字。因著者曾官寧國，查寧國府志職官表，有岳凌霄其人，因此著者姓名，乃得肯定；又和書中印記對勘，知道是書為清稿本，紙墨極舊，古香古色，至為可愛。有知其為手稿，而書中無姓名，那就為難了，要費工夫查考。若預先知道某人筆迹，則也容易解決；但著者千千萬萬，安能盡知其筆迹？遇此類書，編目問題，只得徐圖解決。

此外鑒別佛經，也是一個需要解決的問題。遇宋元刊本佛經，除核對行款以外，須查明當時主持刻經人姓名，有無相合者，又看字畫刀法，大致可以肯定係屬何時印本。開寶大藏為卷子本，猶承唐末五代風氣。至元豐三年刻的崇寧萬壽大藏，始改為梵筴本。因此，我認為近時宋塔出土的佛經，若為梵筴本，而未記明刻印年代的，即難審定其為開、寶以前刊本。明刊南北藏經，以及清雍正末年刻的龍藏，這三部藏經，傳本還不少，尤其是龍藏，更多流傳，必須分別清楚。南藏字體，寫歐體，剛勁有力，每版三十行、每行十七字，一面六行，一版經文，剛好分五面（佛經版式和普通書不同，它是梵筴本式。印版橫式很長，版高不及闊的一半。面與面之間，距離很寬。一版刷下來，可分摺好幾頁。每頁末端都留有空紙，以便連綴成册）。北藏字體，寫趙體，顯然有區別，而北藏每版二十五行、每行十七字、每面五行，也顯然和南藏不同。遇有單本，一見便知。其有民間私刻單部之經，既非南藏，又非北藏，只看經後題名，決定爲某人刊版。清刻龍藏，和北藏相比，每版行數相同，每面行數也同，字體又同。所不同的，只是每行字數：北藏行十七字，龍藏行十五字，字較大而已。據此一點，卽可判知其爲何藏。

佛經還有一種貝葉經，浙館藏有二夾：一夾三百二十片，一夾二百二十六片，都是巴利文寫的。印度經典，有梵文的，是出北印度；有巴利文的，出南印度。今錫蘭及緬甸暹羅（卽泰國）等國的經典，大都是巴利文的。這是據其形狀，知其爲巴利文，而文字還未認識，故其經名還定不下來。貝葉的形式，闊以寸計，而長則以尺計，有長有短，有闊有狹，不一定，爲一種樹葉。樹名貝多羅，簡稱貝葉，有作多羅樹葉的，見續高僧傳；有作貝多葉的，見孫光憲北夢瑣言、張世南遊宦紀聞；其稱貝葉經者，見續高僧傳、玄奘傳、册府元龜卷五十二。貝葉經，是用鐵筆寫的。據遊宦紀聞卷三：『古城國於顯德（後周年號）五年，遣使貢猛火油八十四瓶，薔薇水十五瓶，其表以貝多葉書之，香木爲函』，可見貝多葉用以代紙，不一定寫經。此種貝葉經，聞印度今亦很少見了，甚爲名貴。

又鑒別佛經，還有一條，補記於此。據日本圖書寮漢籍善本書目載宋福州開元禪寺刻的佛經（卽毗盧大藏，已見上），如阿毗達磨大毗婆娑論，紹興戊辰年刻，紙背捺有『開元經局染黃紙』大方印，阿毗達磨俱舍釋論紙背也有這樣的大方印，這是宋刻宋印的大好證據。

統一書号：17018·512

定价： 0.60 元

版本略説

毛春翔初稿

版本略說

毛春翔初稿

浙江省文艺干校印

版本略說

毛春翔 初稿

第一 明義

版本二字原來的意義，是指印本書而言，印本書是由雕版刷印而成，故其書本，稱為版本。宋八書中，這类名称常見：如宋紹興四年，耿延禧刻戰國策序：『念國策未有版本，乃取家藏所藏抄寫之。』王明清的揮麈錄說：『蜀中始有版本之。』齊民要術有紹興甲子葛祐之序：『此書乃天聖中崇文院版本，非朝廷要人不可得之。』朱熹的上蔡語錄跋：『熹初到括蒼得吳任臣寫本一篇，後得吳中版本一篇之。』其例不勝枚举，這里所謂版本，都是指印本而言的。未有印本以前，書籍悉由抄寫，如顏氏家訓中所举的江南本，河北本，俗本，江南舊本，江南古本，江南書本；优池筆記中所称六朝舊本；石林燕語中所称藏本：都是指寫本而言。版本寫本是对立的名称，書籍的構成，總起來說，不外乎兩種方法，一是寫、一是印。手寫的叫做寫本，印刷的叫作版本。而在今天，版本二字已不止是印本書的名称，而是一种研究古書本子的学问的名称了。

書籍是傳遞智識傳授經驗的工具，因此必須力求正確，如果傳寫或傳刻錯了字脫了文，那原來的意思便要傳錯，以訛傳訛，非常害事。因此，讀書或校書，便不得不追求真本，擯斥偽本，為了追求真本，擯斥偽本，便不得不講求辨別真偽本的方法，為了懂得辨別真偽本的方法，具備辨別真偽本的本領，于是版本学就应运而生。

遠在一千九百八十多年以前，汉朝劉向校書就引了許多本子，有中古文，中書，太史書，目向書，臣參書等等本子，校一書，引用許多本子，孰真孰偽，要辨別出來，若不懂書本的好坏，便辨別不清，書就校不成，因此，我以為在劉向时，辨別書本好坏的学问，已经存在了。南北朝时，顏之推校書，也引了許多本子，如江南本，河北本，江南舊本，書本等等。唐太宗貞觀四年勅經籍訛舛，令后並以六朝舊本為証之（見談苑），事在劉向之后，而遠在有印本之前，可見研究書本的学问，今並不是产生在有印本之后。因此，這门学问，應該名之曰書本学。我们今天研究書本子，标题不用書本，而用版本，這是因為版本二字已经很通俗的缘故。一提起版本二字，人家便知道這是研究書本的学问的专稱，它的本来的意義，反而不知道了。

其次還有一点，應該說明的，宋葉夢得有云：『古既一以版本為正，而藏本日亡，其訛謬遂不可正，甚可惜也﹂。這里所謂版本，就是印本，藏本就是写本。一以版本为正，可見印本数量之多，地位之高，权威之大，遠遠超过写本，藏本日亡。可見写本日益稀少，由大国变为附庸了。"讹谬，遂不可正"。可見写本虽日益稀少，地位日益微弱，而它对校勘古書的作用依然存在，不可废棄，我们根据叶氏這段話，可以得出這样一个结論，即印本書为我们研究書本的最大的對象而不是唯一的对象，写本書也在我们研究范围之内，因为印本書为我们研究的最大對象，而名其学为版本学，自亦不无道理。

研究版本的方法：我个人的意見，以为不能仅作总合的表面的研究，如果版如何如何的，元版如如何的笼统研究，這样研究的结果，只能獲得一些一般的常识，而不能解决实际上所常碰到的困难问題，要能解决实际上的困难问題，必须作个别研究，所謂个别研究，就是説要從一部一部書去研究，研究一部，解决一部，日積月累，懂得的日益加多，知識日漸丰富，這样的收獲，終得真收穫。过去的，現在的所謂版本專家，都是從這样地刻苦钻研而獲得專家称号的，据説現在北京有一位经营舊書业的前辈孙殿起先生精通版本学，他的每一门类，都能記上千种以上書的本子，這就是个别研究的结果，這方法值得我们学習。

其次，研究古書版本，还有一个方法，应该説一説的，那便是校勘，校勘是最切实可靠的方法，一書的版本真正好坏，必须经过校勘，才能肯定，前代藏書家，不少精通校勘的人，他们经过精校，肯定下来許多善本，告訴我们，使我们不劳而獲，是很幸运的，但書籍千千万万，断非少数人所能悉校，版本的荒地，一望无垠，正需要我们去垦荒。

第二 考原

我国写本書的起原，我不想去考究，我想考的，是印本書的起原，我国雕版印書，究竟始于何时，這一问題，到現在还未得到很完满的答案，明朝陆深根据隋文帝开皇十三年（五九三年）十二月八日勅："废像遗经，悉令雕撰"一語，便肯定説，我国雕版印書，始于隋朝，日人島田翰又据陆深語，改"雕撰"为"雕版"；又据顏氏家訓中"江南書本"一語，謂書本即印本，中國雕版印書，始于六朝，島田翰這一説，我想不必去深辨，惟印書是否始于隋朝一説，应该辨明，陆深所举的隋文帝勅，初見于隋費長房所著的历代三宝紀，我国磧砂藏经，频伽藏经，日本的大正藏经，所收的历代三宝紀，都作"悉令雕撰"，不作"雕版"，即明版的陆深書的河汾燕間录，亦作"

隋　明　事　業　的

一篇："明张鼎思的《琅琊代醉编》引文亦作"雕撰"；止有明胡应麟著的《少室山房笔丛》引陆深语作"雕版"。王士祯的《池北偶谈》引文亦作"雕版"。岛田翰引文，可能是根据胡氏笔丛，或池北偶谈，一字之差，遂将我国刻书事业提早将近二百年，读古书不可不讲版本，这也是一个很好的证据。"雕废像遗经，悉令雕撰"者，雕，是雕佛像，撰是撰经书，撰不一定是创书，翻译也是撰，佛经以雕撰为雕印佛经，显然是误解，据隋书经籍志载："开皇元年，高祖普诏天下，任听出家，仍令计口出钱，营造经像，而京师及并州相州洛州等诸大都邑，并官写一切经，置于寺内，而又别写藏于秘阁"，所谓"营造经像"与"废像遗经，悉令雕撰"，语意正同，费长房所引的与隋书经籍志所载的是同一件事，见于两处记载，尚难考实，但这不能作为印书的起原的根据是可以肯定的，修志而载，明文说：官写一切经，置于寺内，别写"藏于秘阁"，没有说雕印，隋炀帝是一个最好事的人，又最爱好书籍，他能开通运河，难道不能雕版印书么？既然开皇年间，人们已知道雕版印书，那末炀帝嘉则殿藏书，为什么要写五十副本，积至三十多万卷呢？抄写艰难，刷印便利，便利的办法不用，而要用艰难的办法，去写五十副本，炀帝不会如此笨吧！很明显，那时还没有雕版印书这回事，所以嘉则殿藏书，数量要多，也只有钞写之一法，隋文帝要恢复佛教，流通佛经，也只有官写之一法。除此之外，更无别法，印本书始于隋朝一说，和始于六朝之说，同样不能成立。殿本旧五代史，唐明宗纪注引唐柳玭训序："中和三年癸卯夏，銮舆在蜀之三年也，余为中书舍人。旬休，阅书于重城之东南，其书多阴阳杂记、占梦、相宅、九宫五纬之流，又有字书小学，率雕版，浸染不可晓。"（中和三年，即公历八八三年，黄巢起义，攻陷长安，唐僖宗逃奔成都，故曰銮舆在蜀）九宫者，易乾凿度曰："太一取其数，以行九宫"，郑玄注曰："太一者，北辰神名也，下行八卦之宫，每四乃还于中央，中央者北辰之所居，故曰九宫"，五纬者即五星，金木水火土五行星也，以人生之辰，所值星位，言禄命，大概这类书，为当时人民所欢迎，故有雕版印卖者。向来谈刻书原始的，多引此一段，以证唐末刻书已盛行于蜀，这是很可靠的证据，还有人引后唐长兴三年，宰相冯道奏刻九经印版云："尝见吴蜀之人，鬻印版文字，色类绝多，推不及经典"以证唐末刻书，不止四川有之，江南也有，苏南浙西，统可称吴，而且色类绝多，则其名目，怕不止柳玭所举的那几种，宋彭乘著墨客挥犀，有一段记刻书的说："唐僖宗入蜀时，太史历本，不及江东，而市有印货者，每差互朔望，货者各征节候，因争执，里人拘而送公"，这也是唐末江南刻历书之证，唐末刻书，其时在僖宗，其地有吴蜀，可以无疑了。

清光绪二十五年（一八九九年），英人斯坦因偷进我国甘肃敦煌，掠夺去很多古代传下来书，写本占绝大多数，印本也有，即唐咸通九年（八六八年）四月十五日王玠刻的金刚经，是卷子本。

当时印佛书早

卷头刻有佛说法图，刻得非常精美，字体也浑厚劲拔，和北宋本一样，现藏英国伦敦博物院。这是现存的我国最古的也是世界最古的印本书，比中和三年早十六年。这是有实物为证，考定刻书年代，此外，没有实物作证，而可以推定其约略年代的，是在懿宗之前三十多年，我国即有印本书了。如唐司空图《司空表圣集》其中有一篇，为东都敬爱寺讲律僧惠確化募雕刻律疏文，中有"自洛城罔遇时交，乃焚印本，渐渐散失，教典雕镂之籍"，所谓"洛城罔遇时交，乃焚印本"，是指武宗毁佛教时事。武宗毁佛教，事在会昌五年（八四五年）。当时，全国拆寺四千五百余所，还俗僧尼二十六万五百人，铜像钟磬纳官铸钱，铁像置农器。时值大毁佛教，故曰"罔遇时交"，"不敢私藏"，乃焚印本，足证武宗之前，律疏即有印版。其次，唐文宗大和九年十二月曾下诏，"其诸道府不得私置历日版"，又可知前乎武宗，已有人印卖历本了。据明赵釴著的古今原始，历书：宋始令太官撰日历，日历之名，始见于此。此说如确，则印卖历书，当始于德宗之世。历书为农家必不可少之书，使用范围极广，雕版刷印，简易，一帋即可印成，私人不能撰拟，必须由中央颁发，而需用数量太多，势不能悉由中央发给，必须各地就地刷印，由此种种因缘，印卖历书之事，当起于颁发历书之时，似可断言（但或者要问，德宗之前，未颁日历，农民耕种依据什么，这问题，我想这里不作回答，概时文物，想必已有，后世亦必有，形式或必差同）。就由历书而书，印本时代，可推至德宗之世，唐人刻的历书今尚存于世的有乾符四年（八七七）历书，中和二年（八八二）历书存于英国博物院。此外有人引唐元稹撰白居易集序："缮写模勒，衒卖于市井"一语，以为穆宗长庆间，已有印本书，王静安先生亦相信此说，我以为此说不确，因元稹自注云："杭越间，多作碑，模勒乐天及余杂诗，卖于市肆中"。（杭越杭守白氏长庆集唐文粹俱作"勒"，一概云作碑，）则与刻石经无异，与雕版有别，所以说此说不确。唐书陈子昂传，武后奇其才，召见金华殿，又别传云："太后居摄，览其书，而壮之，召见问状，时[illegible]中传写其书，市肆闾巷，吟讽相属，乃至转相货鬻，飞驰远迩"。前云"传写其书"，后云"转相货鬻"，则所货鬻者，出乎传写，非由雕印可知，初唐有陈子昂，中唐有白居易，人们深爱其文，转相货鬻，情况相似，而皆非雕版印卖则同。

据新唐书艺文志所载，唐玄宗时，"太府月给蜀郡麻纸五千番，季给上谷墨三百三十六丸，岁给河间、清河、博平四郡兔千五百皮，为笔材。两都各聚书四部，以甲乙丙丁为次"，旧唐书经籍志又云："凡四部库书，两京各一本，共一十二万五千九百六十卷，皆以益州麻纸写"。这是说明唐玄宗时写书情况，其次，开元释教录所载的经，一千七百十六部，合五千四十八卷，四百八十帙，完全出于抄写，先有一种印成的，某经书写用纸几张，目录上皆有记载，这是说唐玄宗时

陀

佛经也还未有印板，因此，我以为根据现有的材料，我国雕版印书事业，最早不能推到唐玄宗时。我们只能说，雕版印书，始于中唐（自唐代宗大历年至文宗大和年为中唐）。据说日本孝谦天皇所印陀罗尼经，在宝龟元年，当唐代宗大历六年，比咸通年刻的金刚经早约一百年。此事我颇以为疑，日本人亦颇工于作伪。日人岛田翰说：『今世所传经籍墨版，盖莫古于孝谦本尔雅乃缺民字本左氏传，大阪有西村某者，尝赝作三种之书，延喜十三年本文选，唐天祐二年本渊明归去来辞，题尾为大唐天祐二年秋九月八日余杭龙兴寺沙门光远刊行，是也。而其一则余忘之矣。明治二十一年，清傅云龙得文选于陈衡山所，惊喜，刻入纂喜庐从书中。黎莼斋制跋，傅云龙作序，啧啧言其可信，且以此为唐世墨本之证。而不知其出于西村某之手，纸用宫奴纸，字样经旧写，活字排印者也，要均妙以欺人，而其纸墨之间，犹不难判知其为伪。』这是日人伪造唐代古书之证，孝谦天皇所印陀罗尼经，可能是妄人伪造。观『今世所传经籍墨版盖莫古于孝谦本尔雅』一语，则岛田翰亦不相信孝谦天皇时印的陀罗尼经为真可知矣。

第三史話

考原已说过大概，现在接续谈谈雕版印书的历史，从五代开始。

(1) 五代刊本

我国雕版印书，始于中唐，而盛行于五代。旧五代史唐书明宗纪：『长兴三年（九三二年）二月辛未，中书奏请依石经文字，刻九经印板。从之。』这是我国官刻经书之始。宋王溥的五代会要云：『后唐长兴三年二月，中书门下奏请依石经文字，刻九经印板，敕令国子监集博士儒徒，将西京石经本，各以所业本经，句度钞写，仔细看读，然后雇召能雕字匠人，刻印版，广颁天下。其年四月，敕差太子宾客马缟，太常丞陈观，太常博士段颙，路航，尚书屯田员外郎田敏，充详勘官。兼委国子监于诸色选人中，召能书人，端楷写出，旋付匠人雕刻。』从这段记载，可以看出①五代雕印经书，是根据石经本的，②在未付雕之前，先将石经文字抄出校读，③详勘官有五人，④详校完毕，然后召能书人，端楷写出上版雕刻，其刊刻可谓慎重之至。据五代会要：『汉乾祐元年（九四八）闰五月，国子监奏，见在雕印版九经，内有周礼、仪礼、公羊、穀梁四经，未有印本，今欲集学官校勘四经文字，镂版。』从之。又：『周广顺三年（九五三）六月，尚书左丞兼判国子监事田敏，進印板九经書，五经文字，九经字样各二部，一百三十冊，自其三年至廣順三年，凡二十二年，九经刊刻竣事，費时如許之久，其精校精寫精刻，可想而知，显德二年（九五五），國子监祭酒尹拙又准勅校刊经典释文，兵部尚書張昭，太常卿田敏詳校，其校刊詳慎，和雕九经一样。

以上是説官刻本，至于私刻本，亦有值得大書一筆的：十国春秋：毋昭裔传，“蜀土自唐末以來，学校廢绝，昭裔出私财营学宫，立黌舍，且請后主鏤版印九经，由是文学复盛，又令门人孫逢吉，句中正書文選，初学記，白氏六帖，鏤版行之，后其子守素，赍至中朝，諸書遂大彰于世，旧五代史：和凝傳：“平生为文章，長于短歌艳曲，有集百卷，自篆于版，模印数百帙，分惠于人”，貫休，禪月集，有王衍乾德五年曇域后序，称檢孤稿草，及暗記憶者，約一千首，雕刻成部这是五代私人印書最著者。和凝所作，今僅传宫詞，疑獄集，而貫休的禪月集二十卷，今尚有传本，不过都是后来翻刻的，不是五代原刻。

五代刻本，在南宋时，传本已极少，陳振孫，書录解題云：“九经字样一卷，往年曲城，出謁、右樽故紙堆中得於道者，得此書，乃古京本，五代开运丙午（九四六年）所刻，遂为家藏書籍之最古者其書罕見，可知，清光緒季年英人斯坦因，法人伯希和相继到我国甘肃敦煌，携去不少极其名貴的古書，其中有唐韵，切韵二种，为五代细書小版，現藏巴黎图書館。天福十五年（九五〇年）刻的全剛經，亦存巴黎图書館，此外尚有雕版印的佛像如观世音菩薩像，地藏菩薩像，大聖毗沙门天王像，千臂千眼观音像，都藏巴黎图書館，因为没有见到实物，光的一般情况，无從談起。

（乙）宋刊本

五代刊本，根據我所有的材料，談了一个大概情况，現在我先来談一談宋刊本的几个特点：

（一）版式：白口单边，版心上記字数，下記刻工姓名，版匡外，间有書耳，日人島田翰說：“古卷子之制，界闌必用烏絲，古刻本之近于古者，亦多四周单边。所謂白口单边，并非說一切宋版，都是如此，南宋刻本，左右双边的，并不是少見的，而且細黑口的也有，如宋刻秀趣外編，刘夢得集，都是細黑口，刻本之近于古者，亦多四周单边，这話說得很好，”亦多。云者，可知不是完全如此。

（二）行款：①每行字数，多寡不一，如北宋刻公羊傳，每版三十行，每行二十三至二十八字，这是仿前代卷子本格式的。日本早稲田大学，藏六朝人書礼記卷子本，每行二十八九字至三十字，日人狩谷望之所藏古鈔礼記单疏残卷，每行二十六七字。②小题在上，大题在下。③卷末一行标書名卷数的，不刻在每版最末一行，而刻在正文末行后之第二三行

(三)字体：多是欧体，颜体不多，介乎颜柳之间者亦有，欧体瘦，颜体肥，故又有人说宋刻字体，有肥瘦二体，学写欧体字容易如枯柴，宋刻本欧体字，方正中有流利之趣，刀法亦圆润可喜，毫无笨拙之态。

(四)墨色：宋刻书"墨气香淡"，这是清人孙从添说的，但宋刻本之最有名的北宋版两汉书，"墨如点漆"，例外者亦有之。

(五)印色：宋刻书"纸色苍润"，这又是孙从添说的，前辈又告诉我们说，宋印书竹纸纹阔约两指，也有以印背印的，因宋印厚实坚致，故印亦甚美观，印背间有印记。

(六)牌记：宋人私刻坊刻书多有牌记，亦叫墨图，这是审定宋刻的好证据，但要防书贾作伪刻补，后人仿刻照刻牌记的亦有，须把各种条件合拢来看。

(七)讳字：这也是辨别宋刻的重要条件，宋朝避讳制度，据程大昌的演繁露说："本朝著令，则分名讳为二：正对时君之名，则命为御名，若先朝帝名，即改名为讳，是为庙讳也，分名讳为二。"譬如宋高宗名构，书中如遇到构字，即改刻四个小字"今上御名"，或二字"御名"。碰到这种情况，我们就知道这书是宋高宗时刻的，如果构字只缺末笔，就知道这书刻在宋高宗之后，死者之名曰讳，讳者，隐也，避也，古时，人死之后，其子孙为敬其祖先之故，不愿别人叫他祖先的名字，故谓之讳，故有入门问讳之礼，皇帝之讳，尤其尊严，缺笔表示尊敬之意。宋讳玄朗，是赵氏始祖，见李焘通鉴长编载大中祥符时一段神话，其次，讳黄帝名号轩辕，见大中祥符七年六月己卯诏。此外，太祖名匡胤；太宗名光义，改名炅；真宗名恒；仁宗名祯；英宗名曙；神宗名顼；哲宗名煦；徽宗名佶；钦宗名桓；南宋高宗名构；孝宗名眘；光宗名惇；宁宗名扩；理宗名，贵诚，度宗名禥；这些名字都要缺笔，此外还要讳嫌名，声音相同的字，叫作嫌名，后世翻宋版的，恒字往往照样缺笔，不足为凭。

上举宋版书的九个特点，是根据前人的说法，大略谈谈，审别宋版，若单凭一个特点，是不够的。须将各个条件，总合起来看，庶可免妄断之病，据版本学名家孙从添的说法，总合各个条件看，还不够，"须将真本对勘乃妥"。所谓真本，就是真宋本，是专家们根据多方面的材料，多年的经验，审定的宋本，我们从事研究宋版，应该把过去和现在的专家们十分审慎地肯定下来的真宋版书，做成目录，把每一书的情况，详详细细地记载下来，以作对勘之用。

据章如愚山堂考索记载：宋初刻书并不很多，印版不满四千，到真宗景德二年（一〇〇五），增加到十余万，主要的是经史两部书，自宋开国以来，不过四十余年，书版增加二三十倍，发展非常迅速而且这是就国子监藏版而言，开宝大藏并不计算在内，又据罗泌识遗载："英宗治平（一〇六七年以前，刻书必须经过国子监批准，神宗熙宁（一〇六八年）以后，始解此禁。解禁以后，私刻坊刻亦然如风起云涌，尤其是坊刻。如建宁府黄三八郎书铺乾道元年刻韩非子二十卷；五年刻重修广韵五卷。建宁书铺蔡琪一经堂嘉定元年刻汉书一百二十卷；后汉书一百二十卷。武夷詹光祖，月崖书屋，刻资治通鉴纲目五十九卷，崇川，余氏刻扬子法言十卷，建宁府陈八郎书铺刻贾谊新书十卷。建安，江仲达，群玉堂，刻回澜文鉴十五卷，后集八卷，杭州大隐坊，政和八年刻南阳活人书十八卷，临安府太庙前，尹家书籍铺刻钓矶立谈一卷；渑水燕谈录十卷；北户录三卷；茅亭客话十卷；却扫编三卷；续幽怪录四卷；箧中集一卷；曲洧旧闻十卷；述异记二卷。杭州钱塘门里车桥南大街，郭宅纸铺刻寒山拾得诗一卷。金华，双桂堂，景定二年刻宋伯仁，梅花喜神谱二卷。江西临江府，新喻，吾氏刻增广太平惠民和剂局方十卷，西蜀崔氏书肆，王秀，南华真经注二十卷；附拾遗一卷。南剑州雕匠叶昌，绍兴三十一年刻程俱，班左诲蒙三卷，咸阳书隐斋，咸元三年，刻国朝二百家名贤文粹一百九十七卷。山西汾阳博济堂，庆元元年刻十便良方四十卷，菉斐轩，刻词林要韵一卷。萬氏传经书堂，绍兴三年刻温公书仪十卷，闽山阮仲猷，种德堂，淳熙三年，刻春秋经传集解三十卷。此外，如建安余氏勤有堂，临安陈解元书籍铺刻书甚多，兹不具录。

宋代私家刻书最著者如岳珂刻九经三传；廖莹中，世綵堂刻五经，韩柳集，至今为人传诵。此外，如蜀，广都，费氏进修堂，刻大字本资治通鉴二百九十四卷，世称为龙爪本，临安进士孟琪宝元三年，刻姚铉，文粹一百卷。建邑王氏世翰堂，嘉祐二年刻史记索隐三十卷。建安蔡子文，东塾之敬堂，治平三年刻邵子，击壤集十五卷，寇宅，寇约宣和元年刻寇宗奭，本草衍义二十卷，瞿源蔡潜道宅墨宝堂，绍兴二十二年刻管子二十四卷，清漪，何通直宅，万卷堂，绍兴二十五年刻汉隽七册，麻沙镇刘仲吉宅，绍兴三十年刻新唐书二百二十五卷。麻沙镇南斋，虞千里，乾道五年，刻王先生十七史蒙求十六卷。建溪三峰蔡梦弼傅卿家塾，乾道七年，刻史记一百三十卷。吴兴施元之三衢坐啸斋，乾道八年刻苏颂新仪像法要三卷。锦溪张监税宅，淳熙元年刻桓宽盐铁论十卷（明弘治涂祯刻本，即从此本出）武谿，游孝恭，德業登俊斋，淳熙三年刻蜀本三苏文粹大十二卷。吉州，東园，刘宅，梅溪书院，淳熙十四年，刻王庭珪，卢溪先生集五十卷。建安陈彦甫家塾，庆元二年，刻叶棻、圣宋名贤四六丛珠一百卷。梅山蔡建侯行父家塾庆元三年刻陆状元集百家注资治通鉴详节一百二十卷。建安黄善夫，家塾之敬室刻史记正义一百三十卷；庆元元年，刻前汉书一百二十卷。建安魏仲举家塾庆元六年，刻五百家注音辩昌黎先生文集四十卷外集十卷，别集一卷，论语笔解十卷；五百家注音辩唐柳先生文集二十一卷附录二卷，外集二卷，新编外集一卷，龙城录二卷，此外私家刻书尚多，从略。

宋刻书若就地方而言，则宋，叶梦得《石林燕语》中有记载说：“今天下印书以杭州为上，蜀本次之，福建最下，京师比岁印版，殆不减杭州，而纸不佳，蜀与福建，多以柔木为之，取其易成而速售，故不能工，福建本几遍天下，正以其易成故也。”王国维《两浙古刊本考序》云：“宋有天下，南并吴越，国子监刻书若《七经正义》，若《史》《汉》三史，若南北朝七史，若唐书，若资治通鉴，若诸医书，皆下杭州镂版，北宋监本，刊于杭者，殆居大半。”浙江刻书，除杭州外，其他如嘉兴，湖州，绍兴，宁波，台州，温州，金华，衢州，严州，处州皆有刊本，杭州是刻书的中心，南北宋都以杭州刊本为第一，蜀中刻书，大概以成都为中心，眉山亦有刻，虽不及杭本之精，而雕版印书，唐朝已有之，历史很长，福建刻书，以建阳为中心，刻的最多，而最不精，因建刻多出于书坊，书坊刻书，旨在图利，校雠不精，利在速售，故刊印皆不能工，宋人评建刻，多加丑诋，如《石林燕语》卷八有云：“尝有教官出易题，‘乾为金，坤亦为金何也’，举子不能晓，是出题时，偶检福建本‘坤为釜’，釜字，忘其两点也，又尝有秋试‘问井卦何以无彖’，亦是福建本所遗”。宋，张淏《云谷杂记》卷三有云：“近时闽中书肆刻书，往往擅加改易，其类甚多，不胜悉说，今姑取一二言之，睦州，宣和中，始改为严州，今所刊《元丰九域志》，乃径易睦州为严州，又《广韵》‘桐’字下注云‘桐庐县在严州’，然易去旧字，殊失本书之旨。”这类批评，不胜枚录，即此可见一斑，京本即河南开封刊本，因其为首都，首都刻书，不难雇工于杭州于四川，雕镂可求精善，而纸不佳，是为美中不足。

(3) 元刻本

元承宋刻，而其特点有些不同。

(一)版式：前人说元版黑口双边，这是就一般情况说的，黑口有细黑口，有大黑口，双边也有四周双边，左右双边之别，若就个别情况而言，元刻白口的也有，正如宋刻也有细黑口的一样，如庆元路刻的《玉海》就是白口可证，至于版心上记字数，下记刻工姓名，和宋版相同。

(二)字体：元版书字体，多作赵松雪体，圆活秀丽，或又叫作软体字。

(三)元版书无讳字

(四)纸墨：元版书，纸时用竹，视宋纸稍黑（见谢肇淛《五杂组》），元刻字画不分粗细，用墨秽浊（见高濂《燕闲清赏笺》）。

(五)牌记：和宋版书一样，私刻家刻多有牌记，但贾人往往伪造牌记，须细心分辨。

元版書和明初至成化为止的本子，因为字体相像，极容易混淆不清：須看序跋牌記，又須參考名家題跋，方能決定。

元代私刻坊刻書很多，茲擇要列表于下：

平陽府梁宅元貞二年刻論語注疏二十卷有牌記。

平水許宅大德十年刻重修政和经史証类备用本草三十卷。

建安鄭明德宅天曆元年刻陳澔禮記集說十六卷。

陳忠甫宅天曆三年刻楚辭朱子集注八卷辨証二卷后語六卷。

花谿沈氏家塾后至元五年刻趙孟頫松雪斎集十卷外集一卷附录一卷。

古迂陳氏家塾刻尹文子二卷

雲坡家塾無年号刻类編層瀾文選前集十卷后集十卷續集十卷別集十卷。

安成郡彭寅翁崇道精舍無年号刻史記集解索隱正義一百三十卷有牌記。

蘭氏南谿精舍明復斎至正五年刻書集传鄒季友音釋六卷至正十一年刻春秋諸传会通二十卷有牌記

平水曹氏進德斎大德三年刻巾箱本爾雅郭璞注三卷。

存存斎至正八年俞琰自刻周易集說十卷，

懋存吾如山家塾益友書堂至元六年刻范德机詩集七卷 有牌記。

孝永堂大德八年刻傷寒論注解十卷

平水高昇實尊賢堂皇慶二年刻河汾諸老詩集八卷。

范氏歲寒堂天曆元年刻范文正集二十卷別集四卷元统二年刻政府奏議二卷。

復古堂后至元三年二月刻李長吉歌詩四卷外集一卷。

叢桂堂至正二十二年刻陳桱通鑑續編二十四卷。

嚴氏存耕堂無年号刻和济局方图注本草藥性歌括总論四卷。

平陽司家頤真堂無年号新刊御藥院方十一卷。

廣氏齐芳堂無年号刻金履祥尚書表注二卷。

江氏誠意斎集書堂無年号刻增刊校正王状元集註分类东坡先生詩集三十二卷紀年录一卷

余彦国励賢堂無年号刻新編类要图注本草四十二卷序例五卷目录一卷。

麻沙刘通判宅仰高堂無年号刻纂图分门类題註荀子二十卷。

精一書舍延祐四年傅实夫刻孔子家語三卷。

熊禾武夷書堂至元二十六年刻胡方平易学啟蒙通釋二卷。

崇川書府至正十一年刻李廉春秋諸傳會通二十四卷 有牌記。

商山書塾至正二十四年刻趙汸春秋屬辭十八卷，春秋左傳補注十卷，春秋師說三卷。

溪山道人田紫芝英叔至元卅年刻山海經十卷，至治元年刻四書疑节十二卷。

平陽道參幕段君子成中統二年，刻史記集解附索隱一百三十卷。

雲衢張氏至治三年刻宋季三朝政要六卷，刘时举续宋中兴编年資治通鑑十五卷，李焘续宋编年資治通鑑十八卷。

建安詹璟至正九年刻趙居信蜀汗本末三卷

刘衆卿大德十年刻汗書一百二十卷

刘君佐翠岩精舍延祐元年刻周易傳義十卷泰定四年刻胡一桂朱子詩集傳附录纂疏二十卷至正十四年刻董鼎尚書輯录纂注六卷，至正十六年刻大廣益会玉篇三十卷

西園精舍至正二十四年刻元仇舜臣，詩苑珠叢三十卷，

梅軒蔡氏至元六年刻元，嚴毅，增修詩学集成押韵渊海二十卷

以上共元时私家刻本

刘錦文日新堂至元四年刻俞皋，春秋集傳釋義大成十二卷，至元六年刻揭曼碩詩三卷，刻伯生詩續编三卷，至正六年刻漢唐事箋对策机要前集十二卷后集八卷，至正七年刻朱倬，詩经疑问七卷，附录一卷，至正八年刻汪克寬，春秋胡氏傳纂疏三十卷，至正己丑刻元赵麟太平金鏡策八卷，至正十二年，刻刘瑾，诗传通释二十卷，至正十六年刻新增説文韵府群玉二十卷，至正癸五（已入明洪武六年）刻春秋金鎖匙一卷，

高氏日新堂無年号刻增廣太平惠民和剂局方十卷。

平陽張存惠堂至元初刻經史証类大观本草三十卷，

燕山竇氏活济堂至大四年新刊黄帝明堂鍼灸经一卷仿寒百証经络圖九卷，鍼灸四書八卷。

建安陳氏余慶堂皇慶元年刻宋季三朝政要五卷附錄一卷。

建安朱氏与耕堂無年号刻大廣益会玉篇三十卷，

建安同文堂至正十一年刻四書经疑问对八卷。

建安萬卷堂無年号刻王状元集百家注分类东坡先生诗二十五卷附东坡记年录一卷。

麻沙萬卷堂延祐元年刻孟子集注十四卷

童氏萬卷堂無年号刻唐国史補三卷，刻陸平集二十卷。

雲衢会文堂無年号刻集千家註批点杜工部诗集二十卷文集二卷附录一卷

积庆堂至正八年刻集千家注分类杜工部诗集二十五卷

德星堂至正十一年刻重刊明本書集傳附音释六卷.

萬玉堂至元五年刻分类補注李太白诗二十五卷.

胡氏古林書堂至元十六年刻新刊補注釋文黄帝内经素问十二卷刻新刊黄帝灵枢经十二卷，刻增廣太平惠民和济局方十卷指南总論三卷图经本草一卷

日新書堂至元十八年刻五百家注音辩昌黎先生文集四十卷，至正元年刻朱子成書十卷，至正十五年刻增修五注礼部韵略五卷，至正十七年刻明州本排字九经直音二卷

梅隐書堂至元二十四年刻明州本排字九经直音二卷

妃仙陳氏書堂無年号刻刘河间伤寒直格三卷后集一卷續集一卷别集一卷

葉曾南阜書堂延祐七年刻東坡乐府二卷

敏德書堂泰定三年刻元，朱祖義．直音傍訓周易句解十卷.

李氏建安書堂后至元二年刻皇元风雅前集六卷后集六卷.

富沙碧湾吴氏德新書堂后至元三年刻四書章图纂釋二十卷

桃谿居敬書堂至正二年刻董楷，周易程朱先生傳義附录十七卷.

廬陵泰宇書堂至正三年刻增修妙选群英草堂詩餘二卷.

积德書堂至正九年刻伊川易解六卷繫辞精義二卷

双桂書堂至正十一年刻詩集傳音释二十卷

一山書堂至正十二年文場备用排字礼部韵注五卷

妃仙興慶書堂至正二十一年刻毛晃增修五注礼部韵略五卷.

秀岩書堂无年号刻增修五注礼部韵略五卷.

雲坡書堂无年号刻古今事文类聚前后续别新外六集

琳溪刘氏南涧書堂无年号刻書集傳六卷，刻論语集注十卷.

三衢石林葉敦至正三年刻新刊冷斋夜话十卷.

書市刘衡甫至正九年刻刘槇，联新事备詩学大成三十卷.

閩德坊周家書肆元初刻李心傳丙子学易编一卷

建阳刘氏書肆至正二十三年刻楚国文憲公雪楼程先生文集三十卷附录一卷

建安虞氏务本書堂至元十八年刻趙子昂詩集七卷，泰定四年刻元，萧镒，新编四書待问二十二卷

至正六年刻周易程朱传义十四卷，附吕祖谦音训；元时朱氏集传八卷，又刻增刊校正王状元集注分类东坡先生诗二十五卷。

建安郑天泽宗文书堂至顺元年刻刘因静修集二十二卷，补遗二卷。

以上是元时坊刻本，这里不过举其著者，和私家刻本一样。

（4）明刻本

明刻本，就一般情况而言，则成化弘治以前刻本，犹承元时风气，多是黑口赵体字，黄荛圃跋周职方诗文集云：「向闻钱听默言：书籍明刻而可与宋元本埒者，惟明初黑口版为然」，故藏书家多珍之。又黄跋武溪集云：「明刻黑口宋人集，世以为珍」。明刻黑口本，人多重视，黄、钱二家之说可证。正德嘉靖以降，黑口本绝无仅有，都是白口，而字体亦变为一种仿宋字，方整而呆滞，为老如枯柴，极不美观。万历以后，字体又变，成一种横轻直重类颜体字，与嘉靖本气派完全不同，天启崇祯本尤不雅观。万历本字尚大方，至启崇祯本，字狭长，气派甚小。

明人印书纸，据胡应麟说：「以永丰绵纸为上，常山柬纸次之，顺昌纸又次之，福建竹纸最下。绵贵其白且坚，柬贵其润且厚，顺昌坚不如绵，厚不如柬，直以价廉取称，大率闽越燕吴所用刷书纸，不出此数者，燕中有一种纸，理粗，质拥历，而最弱，久则烂，更在顺昌下，惟燕中刷书则用之」。永丰县在江西，明人印书的绵纸，取给于江西，此纸最好，明人已指出而且要白且坚，白而且坚的绵纸印的书，不假究何时，不过自嘉靖以前，绵纸印的多，有洁白厚实的，有洁白而极薄的，有黄而厚的，形形色色，各样都有，万历以后印的书，以竹纸为多，绵纸比较少见，竹纸也有分量重的，有分量轻的，分量重的好，轻的不佳。

明人刻书，就字而论，大别之有两种，一种是名手写样上版的，叫作写刻本，一种是刻书匠写样上版的，叫做匠体字，大概方整呆滞的横轻直重的是匠体字，反之，是名手写的字，写刊匠体亦不限时代，写刊总比匠体精美，若论书价，写刊要高得多。

明刻本若就地方而言，则苏浙闽三省为刊刻的中心地，胡应麟说：「余所见当今刻书苏常为上，金陵次之，杭又次之，近湖刻歙刻骤精，遂与苏常争价。蜀本行世甚寡，闽本最下，诸方与宋世同」。又说：「今杭本雕刻时义，亦用白杨木，他方或用乌桕版，皆易就之故也」。又说：「吴会金陵，刻本最多，钜帙类书，咸会萃焉，海内商贾所资，二方十七，闽中十三，燕越勿与，凡刻之地有三，吴、越、闽，蜀本宋最称善，近世甚希，燕粤秦楚，今皆有刻，类自可观，而不若三方之盛，其精吴为最，其多闽为最，越皆次之，其直重吴为最，其直轻闽为最，越皆次之」。谢肇淛说：「今杭

—13—

刻不足称矣．金陵、新安、吴兴三地，剞劂之精，不下宋版，楚蜀之刻，皆寻常耳，闽建阳有书坊，出书最多，而版帋俱最滥恶，盖徒为射利计，非以传世也．近来吴兴金陵渐渐临此病矣"．胡、谢，都是万历时人．时代比较早的有田汝成，田氏说："今杭刻全不佳，国初蜀尚有版，差胜建刻，今建本益下，去永乐宣德间，又不远矣，唯今日苏刻稍工"．胡、谢、田三家，皆称苏刻最好，杭刻不足称，建本更坏，金陵、吴兴、歙县都是后起的，大抵在嘉靖时，苏刻最盛，万历年间，苏刻稍衰，金陵、徽州、吴兴起而代之．其中以徽版为最精妙，徽多巨商，富于财，收书刻书，条件优越，故刻书有特别精美者．他处不及，我们平常说嘉靖本如何如何，万历如何如何，都是指江南刻本而言，北方刻本，不皆如是。

闽中建阳刻书，自宋以来称盛。多而不佳，亦自宋以来如此．至明弘治十二年，建阳大火，书坊被焚，古今书版，荡为灰烬，后虽旗鼓重整，势亦稍衰．嘉靖初年，曾因建阳刻书，字多讹舛，从巡按御史杨瑞，提学副使邵锐请求，设官专于建阳，派翰林侍读汪佃去建阳，监刻书籍．

明刻本，若就刻的精粗而言，则嘉靖为盛世，刻的自然较精，万历以后为衰世，刻的自然不及嘉靖，就一般风气而言，则明人刻书，校雠不精，喜改古书，其例不胜枚举，学者亦多有论及，顾亭林说："万历中北监本十三经二十一史校勘不精，讹舛弥甚，且有不知而妄改者也"．清吴宝芝重刻瀛奎律髓记言云："尝阅丹铅总录，谓苏杭坊刻，作伪射利，始于嘉靖之季，如取王涯之诗，以益右丞，割张籍之卷，以入他集之类"．顾千里跋弘明集云："明中叶以后刻书，无不肊改，此吴中对本，以荛夫勘之，乖错极多"．黄荛圃跋蔡中郎集云："蔡集以宋天圣年间，欧静所辑本为最古，第一卷首篇郴太尉碑，十卷六十四篇，明嘉靖俞宪，乔世宁本，六卷，九十三篇，明代人往往好学而好妄作，宜其无实据也"．叶德辉论明书帖本有云："昔人因刻一书而书亡者，明人固不得辞其咎矣"．刻书原意是怕书亡，今因刻书反而使书亡者，极言其刊刻恶劣，妄改古书，使古书本来面目亡失，古书等于消灭，评语至为深刻，古书非真因刻而亡也．

明人刻书，妄改妄删，固是事实，但精刻本亦不少，如

冯氏诗纪，焦氏类林，新安所刻庄、骚，皆极精工，讹舛绝少．

文温州集，其子文徵明手书以付剞劂，明人集中，最为珍贵．

顾氏文房小说，汲古阁毛氏已视为珍本，以黄荛圃见闻之广，犹叹"高力士传竟无其书，安得尽有顾刻之四十种耶"，其书之佳，而其传本之少，可想而知．

甘复，山窗余稿，黄荛圃云从未得见其书．

宋遗民录，汲古阁影写明刻本．

山外明人精刻之書，向有藏書家所珍賞者，如

宋城，游明，大昇翻刻元中統本史記集解索隱一百三十卷，刻宋史全文續資治通鑑三十六卷附宋季朝事實二卷。

吳郡沈辨之，野竹齋刻韓詩外傳十卷，刻畫鑒一卷

昆山，葉氏菉竹堂刻雲仙雜記十卷，隆慶六年刻陶穀，清异錄二卷。

江陰，涂禎私治十四年刻鹽鐵論十卷，鹽鐵論以此本為最佳，

震澤，王延喆 恩褒四世之堂嘉靖六年刻史記集解索隱正義一百三十卷，人多誤認為宋刻。

吳郡，金李，澤遠堂嘉靖七年刻國語韋昭解二十一卷。

吳门，龔雷嘉靖七年刻鮑彪校註戰國策十卷

吳郡，袁褧嘉趣堂嘉靖十二年刻大戴礼記十三卷，嘉靖十四年刻世說新語三卷，嘉靖二十八年，

據宋，廣都，裴氏本，刻六家文選六十卷，人多誤認為宋刻。

顧春，世德堂嘉靖十二年刻六子全書（老子道德經二卷，南华真經十卷冲虛至德真經八卷荀子二十卷揚子法言十卷中說十卷），嘉靖十三年刻王子年拾遺記十卷

濟洲，晁瑮，宝文堂嘉靖十三年刻昭德新編三卷，晁冲之具茨集一卷，嘉靖二十五年刻晁說之晁氏客語一卷，晁氏付语一卷，晁迥道院集要三卷，法藏碎金十卷。

南平，游居敬，嘉靖十五年刻韓文四十卷外集十卷集傳遺文二卷柳文四十五卷別集二卷外集二卷

附录一卷

餘姚，聞人詮嘉靖十八年刻舊唐書二百卷，又刻周礼，儀礼，礼記

金臺，汪諒嘉靖四年刻史記索隱正義一百三十卷

福建，汪文盛嘉靖二十八年刻前漢書一百二十卷，后汉書一百二十卷，五代史記七十四卷。

苏獻可，通津草堂嘉靖三十八年刻王充論衡三十卷，韓詩外傳十卷。

東吳，郭雲鵬濟美堂嘉靖二十二年刻分类補注李太白詩集三卷，嘉靖三十八年刻曹子建集十卷，河東先生集四十五卷外集二卷，附录二卷集傳一卷后序一卷，歐陽先生文粹二十卷補遺十卷

俞憲鴨鳴館嘉靖二十七年刻西漢哉語三卷

东吳徐氏嘉靖間仿宋刻仪礼注十七卷

东吳，徐時泰东雅堂刻世綵堂本韓昌黎集四十卷外集十卷。

嘉禾項篤壽萬卷堂隆慶四年刻鄭端簡奏議十四卷，东观餘論三卷。

嘉禾项德棻宛委堂刻元陆友仁研北杂志二卷，避暑录话四卷

马元调，宝俭堂万历三十四年刻元氏长庆集六十卷白氏长庆集七十一卷，此书传本不少，

郑溪，文远堂万历四十五年刻渑燕谈十六卷，续六卷，唐文粹一百卷王祯，农书三十六卷，

高承埏稽古堂刻刘宾客嘉话录一卷，剧谈录二卷，云仙散录十卷，隋唐佳话三卷，南部新书十卷

友会丛谈十卷

吴氏西爽堂刻晋书一百三十卷，三国志六十五卷（西爽堂吴氏即吴琯刻古今逸史）

吴郡杜诗刻鲍彪战国策校注十卷

胡维新刻两京遗编

程荣刻汉魏丛书

明人精刻之本，兹举其著者，如上几家，每家之中，举其所知，并非只有此数，其他精刻之书尚多，不具录。

(5) 抄本

钦孙从添，藏书纪要云："抄录之书，比之刊刻者，更贵且重，书籍中之秘本为当世所罕见者，非抄录则不可得，故未有藏书之家而不奉之为至宝者，宋人抄本最少，字画墨气古雅，纸色罗纹旧式，方为真本，若宋纸而非宋字，宋款而非宋印，即系伪本，元人抄本亦然。明人抄本吴门，朱性甫，钱叔宝子允治手抄本最富，后归钱牧斋绛云焚后，仅见一二矣。吴宽，柳佥，吴岫，孙岫，大仓，王元美，昆山，叶文庄，连江，陈氏；嘉兴，项子京，虞山，赵清常；洞庭，叶石君，诸家抄本俱好而多，但要完全校正题跋者，方为珍重，王雅宜，文待诏，陆师道，徐髯翁，祝京兆，沈石田，王宠，王稚登，史鉴，邢参，杨仪，杨循吉，陈眉公，李日华，顾元庆，都穆，俞贞木，董文敏，赵凡夫，文三桥，湖州，沈氏；宁波，范氏，吴氏，金陵，焦氏，桑悦，孙西川，皆有抄本甚精，新抄冯巳苍，冯定远，毛子晋，马人伯，陆勅先，钱遵王，毛斧季各家俱从好底本抄录，惟汲古阁影宋精抄古今绝作，字画，纸张，乌丝，图章，追摹宋刻，为近世无有能继其作者，所抄甚少，吴匏庵抄本，用红印格，其手书者佳，吴岫、孙岫抄用绿印格，甚有奇书，惜不多见，叶文庄抄本，用绿黑二色格，校对有跋者少，未对草率者多，间有元刻本者亦精"。叶德辉，书林清话云："明以来抄本书，最为藏书家所秘宝者，曰吴抄，长洲吴匏庵宽丛书堂抄本也。曰叶抄，叶文庄赐书楼抄本也。曰文抄，长洲文衡山徵明玉兰堂抄本也。曰王抄，金坛王宇泰肯堂郁冈斋抄本也，曰沈抄，吴县沈辨之与文野竹斋抄本也。曰杨抄，常熟杨梦

羽仪也于山房抄本也。曰姚抄，无锡姚舜咨咨茶梦斋抄本也。曰秦抄，常熟秦酉岩四麟致爽阁抄本也。曰祁抄，山阴祁尔光承㸁淡生堂抄本也。曰毛抄，常熟毛子晋晋汲古阁抄本也。曰谢抄，长乐谢肇淛在杭小草斋抄本也。曰冯抄，常熟冯己苍舒，冯定远班，冯彦渊知十兄弟一家抄本也。曰钱抄，常熟钱牧斋谦益绛云楼抄本，谦益从子钱遵王曾述古堂抄本，合之谦益从弟谦贞竹深堂抄本，皆谓之钱抄也。

吴枕庵钞本，版心有藏书堂三字。叶文庄抄本，版心有赐书楼三字。文衡山抄本，格阑外有玉兰堂录四字。王宇泰抄本，版心有郁冈斋藏书五字。沈辨之抄本，格阑外有吴县野竹家沈辨之制九字。杨梦羽抄本，版心有嘉靖乙未七桧山房八字。亦有版心作万卷楼杂录五字者。姚舜咨抄本，版心有茶梦斋钞四字。秦酉岩抄本，版心有致爽阁三字，或玄览中区四字，或又玄斋三字，或玄斋二字。祁尔光抄本，版心有淡生堂抄本五字。毛子晋抄本，版心有汲古阁三字，格阑外有毛氏正本，汲古阁藏八字，谢肇淛抄本，版心有小草斋抄本五字，冯彦渊抄本，格阑外有冯彦渊藏本五字。冯定远钞本，格阑外有冯氏藏本四字，钱牧斋抄本版心有绛云楼三字，钱遵王钞本，格阑外有虞山钱遵王述古堂藏书十字或钱遵王述古堂藏书八字。钱履之抄本，版心有竹深堂三字，叶石君抄本，板匡外有朴学斋三字，曹洁躬抄本，版心有槜李曹氏倦圃藏书八字。徐建庵抄也，版心有传是楼三字，惠定宇抄本，格阑外有红豆斋藏书抄本七字。赵功千抄本，格阑外有小山堂抄本五字，吴尺凫钞本，版心有瓶谷亭三字。朱竹垞，吴槎客，鲍以文，汪小米四家抄本，皆毛泰纸無格阑。

以上两家所举出的抄本，都是很有名的抄本，如有所见，便是至宝。此外散见各家题跋中者还不少，不能一一表出。宋抄元抄，宝中之宝，极难见到，旧抄虽不知名，亦当珍重。新抄价值稍低，但亦必为传本不多之书，亦不可轻视也。抄书工费浩大，如传本多，谁肯致力。三家村老学究，因迷恋古文，罕见之书，亦喜抄写，是例外，此类抄本，可以不存，抄本到手，不难审辨，往时同志们对已有刊本的抄本，视同粪土，这是不对的，「书籍即有刊本，抄本亦不可轻弃」，这是卢抱经告诉学者的话，我们应该细心体会。

(6) 校本

书籍無論刊本写本，都以校过为佳，抱朴子说："书经三写，鲁成鱼，帝成虎"，这是說写本，若論刊本，則"刻一番错一番"（涌幢小品卷十五），顾千里校刻抱朴子，校过十四次，据說尚不敢保証無舛誤，可見校刻一書，欲求无一字伪脱，是很难办到的事，而况明人刻書，喜欢妄加删

— 17 —

叙朝

改，這种刊本，如不经精校，難称善本，孫從添說："所以書籍不論鈔刻好歹，凡有校过之書，皆为至宝"。又說："古今收藏書籍之人，不校者多，校者甚少，惟葉石君所藏書籍，皆手筆校正。臨宋本，影宋抄，俱借善本改正，博古好学，称为第一，葉氏之書，至今为宝"。孫氏特称葉石林，其实明代藏書名家者，多精校讐，经过他们校过的書，都是至宝，汲古閣抄本，所以称为"古今绝作者"，即因精校之故，校本价值之高，我想不必再談下去了。现在所要討論的是那一种人校的書才算善本。

我们可以肯定的說，要博学好古，多見古本，心细如髮的人，才能校得出善本，否则便要愈校愈错，正如明秀人刻書而書亡一样，唐，韓愈子韓昶校書，見史传有金根車，以为误，悉改根字为銀字，原来不错，校改反而错了，唐書，"沈香亭子"，本作"子亭"，子亭是小亭，原不错，后人改为亭子便错了，不明制度，不諳掌故的人，不能校書。宋景文校漢書用十三本校，中間有脱两行者，"战国策，姚宽后序云："宣和間，得館中孫固，孫觉，錢藻，曾鞏，刘敞，蘇頌，集賢院共七本校，晚得晁以道本並校之，所得十二篇"，莊子"用志不分乃凝于神"，四川旧本作"疑"，后人改作"凝"便错了，陶渊明詩"丹步候五十"，廬山東林旧本作"五日"，五日不误，改为五十便错了，盧文弨跋石研斋刻鬼谷子云："江都秦太史敦夫曾依道藏本繕梓，为校一过，今年始見錢遵王手鈔本，乃知藏本伪脱，不可勝計，内揵篇内，至脱去正文注文四百十有二字，余亟借以補正之，憶若無此本，不即以藏本为善本哉"。南宮紀談云："漢武元朔詔曰："夫刑罰所以防奸也"，内長文所以見愛也"，内長文三字不可解，近見一士人言，前輩校正本乃以"内"为"而"，"長"为"肆"，"文"为"故"，"而肆赦所以見愛"，于其下文，尤为貫穿"。郎博，聞見后录云："陶渊明山海经詩云"形夭无千岁"，盖校本之误，乃"形夭舞干戚"耳。"山海经，海中有獸名形夭，每出水，必衔干戚而舞"。由上举諸例，可見校書必多見旧本，乃能校得正确，有旧本，亦不能輕改，还須细心研究。校書实为至难之事，大抵明代藏書名家已見前面抄本，書一节的，手校之書，都屬可貴，其次清代校勘名家如何焯，惠棟，盧文弨，全祖望，沈廷芳，戴震，丁杰，姚范，錢大昕，錢東垣，彭元瑞，鮑儒，周永年，李文藻，孫星衍，孔繼涵，王念孫，阮元，顧廣圻，鮑廷博，黄丕烈，秦恩復，趙懷玉，張敦仁，罗士琳，吴騫，陳鱣，錢泰吉，汪远孫，曾釗，宋宾王，錢曾，蔣詩校的書都是善本，此外还有，吳翌鳳，校書亦很有名，

校本有原校臨校之分。原校价值高，臨校价值低，但作用是一样的。如宋刊本，影宋刊本，而貌不同，内容是一样的，原校須有印記手蹟为憑，印記容或假冒，筆蹟可以参证，欲辨原校臨校，最好是辨筆蹟，欲辨筆蹟，就要多看，臨校即是过錄，有无印記，无关宏旨，间有隐居好学

之士，虽无声名，如有手校之书，亦愿珍视，許增，唐文粹缀言云：「校雠之学二途：一曰求古，一曰求是，求古者，致宋元旧本一一具实，期于毫发无遗，并旧本显然讹误及错书如国，至之类，亦必沿袭，以存其真。求是者，尋求原本，搜採群籍，舍短從長，拾遺補闕，以正未刻以前写官之误，既刻之后梨工之失，求心所安，以公同好，分刊此本，略依求是之例，如不免为求古者所讥，不遑恤也。」我以为求是求古，须看情况而定，求是，容易误改古本，其事难，求古照样临下，其事较易，如自信没有什么把握，还是求古较好，至于收藏书籍，求古临校的好，求是细心校雠的也是好，凡是校过的书，都好，这类校本，很少碰到，大家如有所见，切勿错过。

（丁）其他：

（一）活字本：刊印书籍，有印版，有活字印版，我已说过大概情况了，活字版亦颇重要，应该谈一谈，宋，岳珂九经三传沿革例载有后晋天福铜板本，是印板或是活字，岳氏未有说明，近人长沙，叶德辉以为可能即铜活字。我国活版印书似即始于五代，这是一种假定说法，很难成立，我国最早活字版创始于劳动人民毕昇，宋沈括梦溪笔谈卷十八有详细记载云：「庆历中，有布衣毕昇为活版，其法用胶泥刻字，薄如钱唇，每字为一印，火烧令坚，先设一铁版，其上以松脂和纸灰之类冒之，欲印，则以一铁范置铁版上，布字印，满铁范为一版，持就火炀之，药稍镕，则以一平版按其面，则字平如砥，若止印二三本，未为简易，若印数十百千本，则极为神速，常作二铁版，一版刷印，一版已自布字，此印者纔毕，则第二版已具，更互用之，瞬息可就，每一字，皆有数印，如之也等字，每字有二十余印，以备一版内有重复者，不用则以纸贴之，每韵为一贴，木格贮之，有奇字素无备者，旋刻之，以草火烧，瞬可就，不以木为之者，木理有疏密，沾水则高下不平，兼与药相沾，不可取，不若燔土，用讫再火，令药镕，以手拂之，其印自落，终不沾污，昇死后，其印为予群从所得，至今宝藏之。」从这段记载，知我国最早活版创于宋仁宗庆历年间（一〇四一——一〇四八）是泥活字，不用木而用泥，是因制板的方法，用药黏，木和药黏，拿不下来，用泥，则可拿下来重排，即此可知其制板方法尚未尽善，如果不用药，则木刻活字更好，为什么不用木，泥活字不免有裂纹，木活字可免此病，所谓沾水高下不平，则木板刷印亦沾水，未闻有高下不平之事，毕昇发明活字，在有木刻印板之后，如果那时以前已有人发明铜活字印书，则毕昇活字，当用木而不用泥字了，即此可证五代铜版本是印版，而不是活字。活字印书是毕昇发明的。

—19—

泥活字之后，有木活字，泥活字制版用药黏，木活字制版不用药，以版木作印匣，削竹片为

— 20 —

行，排字作行，削成竹片夹之，匾字既满，用木榍榍之，使坚牢，字皆不动，然后用墨刷印之。缪艺风藏有宋范祖禹，帝学八卷，宋活字本，未有印书缘起，为嘉定十四年（一二三一）季发望日青社齐砺书。书中宋字，玉音字抬头，宋代活版极少见。

元，王桢有造活字印书法一篇，附在他自著农书之后。王桢造木活字，原是想印他的农书，后来农书有人替他刊版，未排印，他做的一副活字，仅印过旌德县志一百部，据说，不一月而百部齐成，据王桢说，当时还有〃注锡作字，以铁条贯之作行，嵌于匾内，界行印书，但难于使墨，率多印坏，所以不能久行〃。

明代铜活字版风行一时，最着者为锡山，华氏兰雪堂，会通馆；安氏桂坡馆；建业张氏。活版排印，不能如刻印之多，故流传不多，藏书家多比之宋椠，名抄，争相宝尚。兰雪堂为华坚，华镜，会通馆华燧，华堪，兰雪堂印行的有春秋繁露十七卷；艺文类聚一百卷；蔡中郎文集，元氏长庆集，白氏长庆集等々，会通馆印行者，有容斋随笔，古今合璧事类，文苑英华辨证，锦绣万花谷等书。华珵印行百川学海亦很有名，安国亦无锡人，以活字铜版印吴中水利通志，颜鲁公集，初学记诸书，华氏年代较早，印书在弘治正德年，安氏印书在嘉靖年。黄荛圃跋开元天宝遗事云〃古书自宋元版刻而外，其最可信者莫如铜版活字本，盖所据皆旧本，而刻亦在先也，诸书中，有会通馆兰雪堂，锡山安氏馆等名目，皆活字本也，此建业张氏本仅见是书〃。据黄氏此说，活字版价值之高，可以想见而我们常见的安桂坡馆木刻初学记，可以肯定非安氏原本，乃后人翻本。建业张氏不知名，所印书极少。

清乾隆皇帝以为活字版，活字之名不雅，改称聚珍版，故清代的聚珍版即活字版，有武英殿聚珍版丛书。

(二)套印本

套印本，是简称，应叫颜色套印本，有红黑二色的，就是二色套印本，三色的叫三色套印本，也有四色的五色的，六色七色的，没有听到人家说过，套版书，刻书工本很大，如二色套的，就要刻同样版两副，一副是原书一副是套色的批点之类的版，黑的印过一套，再印红的一套。雕版印工就要加倍，如果是五色套印，那一部书就要刻五副版，也有偷工节省的，遇某一套止是眉批，止刻一条小版，不刻大版，这样，版片是少了许多，而印刷工夫，要多费间，节省工本有限得很。

我们以前只知套版印书，始于明代万历年间，吴兴，闵氏凌氏套印书，不多年以前，发现一部元后至元六年（一三四〇）中兴路，即湖北江陵县，印的无闻和尚注的金刚经。经文用红色，注文用黑色，两色套印本，這才知道我国套版書，在元朝末年，已經有了，並不是明万曆年间才有。書籍雕版，是從写本演变而来，套印本也不例外，也是从彩色写本嬗变而来的，据宋，周煇，清波杂志說：「淳化五年，翰林学士張洎献重修太祖紀一卷，以朱墨杂書，凡躬承聖问，及史官採摭事，即以朱别之」。又湯液本草，元，王好古跋：「刘禹锡云：『神农本经以朱書，名医别录以墨書，传写既久，朱墨錯乱，遂令后人以为非神农書』」。又癸辛杂識云：「先子向寓杭，收拾奇書，太庙前，尹家書肆中，有彩色画三輔黄图一部，每一宫殿，绘画成图，极精妙可喜，酬价不登，竟为巨人，朱望湖去至元斥賣内府故書于廣济庫，有出相彩畫本草一部，极奇，不知归之何人，此皆書中之奇品也」。这些都可以証明写本也有彩色的，从写本的彩色，转变到印本的彩色，不是很自然的事么？

明代套印本以吴兴闵凌两家刻印的最多，闵家有闵齐伋闵昭明，凌家有凌汝亨，凌濛初，凌瀛初等，刻書在万曆直到明末为止，刻的書很多，我想名目可以不举，据谢肇淛說：「凌氏諸刻，急于成書射利，又慳于倩人缮摹，其间亥豕相望，何怪其然」。则凌刻並不佳，又套印書多无注，所重的是圈点批語，其用意似在供给習作文章者读本之用，对学术研究，无甚作用。

明代套印本值得大書大書一筆的是胡正言的箋譜，十竹斋画譜二書，胡正言是山东海阳人，刻書是在明崇祯年间，箋譜画譜都是五色套印，非常精美，有所謂「餖版」，「拱花」注，餖版者是各个小块版，印的时候要拼凑起印的，印了一色再换一块，又印一色，拱花者是凸版，分明阳凉凑，据内行人說，当时胡氏的画譜，箋譜，印工都是以十个指头印成的，所謂拱花餖板，不能用刷子印，只能用指头印，而且印的时候，要非常細心，一版印成，要化很多工夫，胡正言刻印两譜，地点是南京。清初康熙敕撰的劝善金科，諸目連救母事，亦为五色套印本，箋譜，郑振铎有翻印本，也很精美，十竹斋画譜，翻印很多，真的少見，劝善金科未見过。

(三)巾箱本即小本書，今亦謂之袖珍本，明陸深，伊山外集卷十六云：「蕭齊，衡陽王鈞，好学尝手写五经，置巾箱中，謂之巾箱五經，宋传学宏詞科，許士子将書入試，故巾箱版行，其書甚多，此就書的形式大小言，有此一个名目。巾有手巾头巾之分，此巾箱是手巾箱，或头巾箱，前人記載，未有註明，据明陳耀文，天中記引異苑云：「晋武帝太康末，每闻手巾箱中，有鼓吹鞞角之音，帝是岁崩，天下大乱也」，则巾箱乃手巾箱也，古人頗重手巾，故以小箱盛之，六朝时，書籍皆为手卷，衡阳王鈞手写五經，是手卷，其手卷必很小，故可置之巾箱中，关于手巾故事，这里再录几节：「王莽斥出王閎，太后憐之，閎伏泣失声，太后親自以手巾拭閎淚」。（見汉名臣奏議）。「孫权克荆州，将吏悉皆归附，而潘濬涕泣交横，权慰劳与语，使人以手巾拭其面」（江表传）

藏 白

書

，古人巾不离手，書此两节，亦足証明。巾箱本書，便于携帶而已，他无足奇，宋刊五經白文，字小至每半頁二十行，板式又小，又有宋刻九經的文，半頁十四行，版之大小，与奉刻九經巾箱本略同，这是旧刻的巾箱本，清乾隆年间刻的古香斋五經白文巾箱本亦很有名。清高宗为太子时，居重華宮，前为崇敬殿，殿内曰樂善堂，堂后为重華宮，東室为芝蘭室，東庑为葆中殿，殿内为古香斋，斋成图書集成，所谓古香者即此，見吳振棫养吉斋从録。

(四)書帕本：明时官吏，奉使出差回京，必刻一書，以一書一帕相餽贈，其書，因即謂之書帕本，出差时间短暫，刊刻必不能精，故其价值甚低，書与帕，是两种餽送的東西，送書○連手帕，故曰書帕，如果解释为以帕包書就错了，送帕不必連書，可以和别的東西同送，如明，耿定向的先正遺風載：李文正公，東阳有清譽，一日有丹化守，公门下士，以覲事至京，緘两帕四扇，令從吏饋公，公取扇，而归其帕，这是送帕和扇，而無書的例証，又同書載：梁司徒公材，卒身清苦自持。为杭州守，会入覲，止具一書二帕，以贄京貴，这又說明所送的不必一書一帕，二帕亦可以。

(五)旋風裝，這是講書的裝潢，唐朝人的書籍裝潢，有旋風裝，亦叫旋風叶，日人島田翰說得頗詳細，其說云：何謂旋風叶，予狀及見旧鈔本論語及醍醐杂事記，所謂旋風葉裝也，旋風葉者，蓋出于卷子之变，夫卷子之成，每讀一書，檢一事，紬閱展舒，甚为煩數，于是后世取卷子摺叠成册，两折一表褾八同樣、纸，際黏其首尾于褾纸，猶宋槧藏經，而其制微異，其翻飞之状，宛轉如旋風，而兩兩尚不相离，則又似囊子，故皇国謂之囊草子也。关于旋風叶装的說明，这一說最詳细了，宋朝罗泌，說遺也有說到，很简单，原文如下：唐人作册，亦不能线缝，只叠帋成卷，后以幅帋概黏之。不及島田翰說得明白。

旋風裝是由卷子摺叠起来的，后来的印版書就不能这样装了，宋人裝潢書册叫作蝶裝，

(六)蝶裝：蝶者，取其形式如蝶，故曰蝶装，蝶装之書，今多有之，浙江图書館藏宋，庐陵小字本函鑑紙事本末，就是黄绫色背蝶装，其装式是四周外向，版心在内，上下叶左右两边黏牢，版心也要糊黏，書一翻开，就是一版，○过一版，再翻一版，故宋人叫一張書，不叫一葉，而叫一版，道山清話載：上閱彭年見何書，春秋廿阳，即令秘阁取此書，既至，彭年令于第几版尋檢，果得之，上极喜也。湘山野録載：餘杭有熙万卷者，喜閱唐韵，諸生常窃笑之，一日出題曰枫为琥珀賦，其韵曰脂入于地，千載成琥珀，諸生不喻，因請之，师曰，諸君笑老僧酷嗜唐韵，兹事在東字韵第三版，請詳閱之，是其証，这样装潢有什么好处？据說可防虫鼠伤書，即有鼠啮，止能伤書四周，而不会伤及書身。

着

第四 佛經版本

(1) 开宝大藏：开宝四年（九七一）宋太祖命张从信往益州雕版至宋太宗太平兴国八年（九八三）竣工，是卷子本，半叶五行，每版二十五行，每行十四、五字不等，全藏四百八十函，五千〇四十八卷，一千七十六部。益州即今成都。大藏雕版，以此为最早，全藏久佚，止有单本流传，宣[illegible]叶恭绰藏有大集经第四十三卷，及中論第二卷裁叶。

(2) 雷峰塔经卷：这一卷陀罗尼经虽为另种，而其刊版年代仅后于开宝大藏四年，也是一种非常珍贵的古刻藏经，一九二四年八月二十七日，雷峰塔倒，经卷发现，塔以砖砌成，砖的一端有孔，经卷即藏孔中，经卷長七尺六寸，阔二寸五分，卷端题曰：天下兵马大元帅吴越国王钱俶[illegible]此经八万四千卷，舍入西关砖塔永充供养乙。经文共二百七十一行，每行十字，因经卷价值颇高，假造不少，真的纸色润而墨淡，间或中有折破孔，假的纸色焦黑而脆，墨浓，无折破孔。

(3) 崇宁万寿大藏：为梵夹本，刊本梵夹本佛经以此为最早，半叶六行，每版三十行，每行十七字，五百八十函，六千四百三十四卷，福州东禅寺主持刊版，冲真、普明、咸晖等僧书，[illegible]元丰三年（一〇八〇）开始刊刻，至政和二年（一一一二）竣工，今故宫博物院存有另本。

几佛经板片和普通印本书不同，普通书本，或蝴蝶装，或线装，版面至宽，决不会超过版的高几倍，书叶对折起来，总是带长方形的，佛经是梵夹装，每版可以很长，超过版的宽几倍，如宝藏半叶五行而每版有二十五行，即一版有五个半叶，普通书册，一版止有两个半叶，此崇宁半叶六行，每版三十行，即每版有五个半叶，一版几行，看纸的接缝便知：因为梵夹本，版长以减少粘接的工夫。装潢不同，版式因之亦同，不过太長是办不到的，不但印刷不便，纸也成题，因此，几种佛经梵夹本的長度差不多都相同的。以上两藏及雷峰塔经卷是北宋版。

(4) 毗盧大藏：毗盧为佛真身之称，刊于福州开元禅寺，本明、宗鉴、行崇、了一、蔡俊臣、陈询、刘渐、冯檝等主办，政和二年（一一一二）始工，至乾道八年（一一七二）竣工，闻徐乃昌、丁福保均有残本，梵夹本，半叶六行，每版三十行，每行十七字，五百六十七函，六千一百十卷这是南北宋刊本。

(5) 思溪圆觉藏：梵夹本，半叶六行，每版三十行，每行十七字，五百四十八函，五千四百十卷，湖州思溪圆觉禅院刊版，王永从与弟侄及眷属又湖门宗鉴、净梵、怀琛等主持其事。绍[illegible]二年（一一三二）开工，闻徐乃昌，叶恭绰均有残本。

(6)思溪資福藏：梵夹本。半葉六行，每版三十行，每行十七字，五百九十九函，五千七百十卷，安吉州思溪法宝資福禅寺开雕，自淳熙二年（一一七五）始工，竣工何时不詳，我国现存一部，計四十餘卷，亦不全，闻藏北京㊍城图書館，乃楊守敬自日本购回之物，据考，周密《齐東野語》，改湖州为安吉州，乃宝庆元年（一二二五）事，此淳熙二年开雕之思溪資福藏，即称安吉州，頗有可疑之处。以上是南宋刊藏經。

(7)磧砂藏：梵夹，半葉六行，每版三十行，每行十七字，五百九十函，六千三百六十二卷，平江府磧砂延聖院設大藏經局寫書，藏主法忠，功德主清圭，又沙门德璋、志清、慧悲、慧朗、清表、志明、志遵、志昌，行一，惟懋、蹇瑞、惟吉等，宋㊗定四年（一二三一）开雕，至元，至治二年（一三二二）毕工，計九十一年，陕西、西安开元、卧龙两寺尚有㊎藏十分之八。抗日戰争前，影印，改为线装本。

(8)普寧藏：梵夹本，半葉六行，每版三十行，每行十七字，五百五十八函，六千零十卷，杭州路，餘杭縣南山大普寧寺主持刊刻，釋道安，如一，崇喜，如賢等掌管其事，自元至元六年（一二六九）开雕，康有为藏有一千二百余册，后售于王寿珊，今不知在何处。

(9)明南藏：梵夹本，半葉六行，每版三十行，每行十七字，六百三十六函，六千三百三十一卷，一千六百十部，明太祖勅修，洪武五年（一二七二）集大德于㊑山校刊，何时竣工未詳，其白版藏大报恩寺，历年續有刊補，成化年万历年均有之，闻山東济南图書館藏有四部，今浙江图書館藏殘本數百冊。

(10)明北藏：梵夹本，半葉六行，每版二十五行，每行十七字，六百三十七函，六千三百六十七卷，一千六百十五部，明成祖勅修，自永樂八年（一四一〇）开工，到正统五年（一四四一竣工，版藏内庫，万曆十二年，續刊四百十卷，闻江苏南通，狼山，廣教寺，鎮江，超岸寺，以有全藏，明刻佛經南北藏均在明初刊版，两藏的分别点，在每版行數的多寡，南藏每版三十行北藏每版二十五行，其餘各点皆同。

(11)徑山藏：方冊本，半葉十行，每行二十字，六百七十八函，六千九百五十六卷，綜校經寺刊版，嘉兴楞严寺发售，故亦称嘉兴藏，紫柏禅师创刻于万历十七年（一五八九），直到康熙十六年（一六七七）正藏方告完成，續刻續藏未詳，佛經自崇寧万寿大藏直至明代南北藏都是梵夹本，明万曆年间，紫柏大師，以为梵夹本閲讀不便，创线装方冊本，故佛大藏經方冊，始于徑山藏，即嘉兴藏。

(12)龙藏：梵夹本，半叶五行，每版二十五行，每行十七字，七百十八函，七千一百六十八卷一千六百六十二部，清雍正十三年（一七三五）敕刊，乾隆三年竣工，浙江图书馆藏有一部。龙藏每版行数，每行字数，皆与明北藏相同，而不同的一点，龙藏每半叶五行，北藏每半叶六行，记得这一点，则龙藏北藏就分辨得清楚。

何以名之曰龙藏？仁王护国般若波罗经疏，崇祯甲申，沙门元贤序，有"晦[illegible]大行于世，但秘之龙藏而已"之语。"佛学大辞典："龙藏：龙宫之宝藏也，龙宫，龙王之宫殿，在大海之底，海龙王经，请佛品，说："海龙王请灵鹫山，闻佛说法，信心欢喜，欲请佛至大海龙宫供养，佛许之，龙王即入大海，化作宫殿，佛与诸比丘菩萨共涉宝阶，入龙宫，受诸龙供养，为说大法。"由此可知，龙藏者，即龙宫宝藏之意。

解放以来，旧刊佛经，时有发见，如果不加考究，将宋元旧椠，作为废纸烧弃，岂不可惜，因此，我感觉到有详述佛经版本，告诉同志们的必要，希望大家对此稍加留意，祖先遗产，不当是什么书，总以珍视为宜。

道藏一书，亦甚重要，但此书现尚存于世的，止有北京白云观所藏的明正统本全藏一部，商务印书馆，已影印行世，这影印本，也不多见，如有发现，我想大家一定会看出是影印本，会加以重视，此外，各考家谈到的道藏版本，能够知道一些也好，不知道也无碍，因此，关于这一部分，我决定不谈了。

第五　结论

旧书编目，最难解决的一项，即是版本，一部书的版本，包括时地人三项，刻书时，刻书人，刻书人，这三项能够完全具备的，在古书中，很少碰到，或者只知道刻书时，而不知道刻书地和人，或者只知道刻书人，而不知道地和时，或者只知道刻书人和时而不知道刻书地，像这种情况，编目时碰到了，怎么办呢？这里，我想将前人著录例找出来看看，作为参考，前人著录版本有这样一些例可举：①宋刊本，元刊本，明刊本，宋抄本，元抄本，明抄本，这是只知时而不知道地和人的例，②旧抄本，抄本，这是时地人都不能肯定的例，③影宋抄本，影元抄本，影明抄本，这是影抄的例，也有作影抄宋本，影抄元本的，④校宋本，校元本，这是据宋本校或据元本校过的书的著录例，原书的刊刻时代，或抄写时代，或抄写人，可记可不记，⑤校本，这是不知道据何本校的例，⑥宋活字本，元活字本，明活字本，这是止知道是活字本而且知道时代，但不能肯定它是泥活字，还是铜活字的（还是木活字）例。如果能肯定是泥还是铜还是木活字，那便要注明是泥或是铜或是木活字本。如果知道人和地，那便要更详细地注明。⑦手稿本，抄稿本，这是稿本著录例。著者手写的是稿本，别人传录原稿，是抄稿本。⑧宋刊残本，元刊残本，这是残本著录例。也有不标出残字的。⑨套印本，必须标出几色套印，有二色的有三色，有四色的，有五色的，刻书的人和地，如果都知道，那便要详细注明。上举的宋刊，元刊，明刊，都一样，如果能知道刻的人刻的地，便都要详细记出，⑩巾箱本书的形式特殊也必须注出。

鉴别古书版本，方法有二：一是凭自己的经验，二是参考各家书目，比较起来，还是后者重要，我想编一部善本参考书目，多年以来，始终未编出，原因是少有空余时间，今后如果时间许可，我终想把它编成，现在先举几种我们常用的参考书于下：

邵懿辰的四库书目标注

莫友芝的郘亭知见传本书目

丁氏善本书室藏书志

瞿氏铁琴铜剑楼书目

吴寿旸拜经楼藏书题跋记

张金吾爱日精庐藏书志

陆心源皕宋楼藏书记

缪荃孙艺风堂藏书记

黄荛圃藏书题跋记

傅增湘藏园群书题记

北京图书馆善本书目

王文进文禄堂访书记

孙殿起贩书偶记

以上各书，常置案头备查，遇有比较困难问题，就要动手翻阅各家书目和题记，解决问题，

此外，有空的时间，要多看各家题跋，多做笔记，这也是一个好方法，至于参观大图书馆所藏善本，对于提高业务水平，是有很大的帮助的，但此事要看环境许可不许可，没有什么把握，完了，

浙江省金石待訪目錄

2145242

浙江省金石待訪目錄

一、杭州府屬

陳閎中使印

乾隆杭州府志閎中使墓在於潛縣東

後周顯德六年從吳越王俶之請升湖州為宣德軍以王弟偡為節度使

吳越宣德軍節度使印

樊榭山房續集庚子寓鳳凰山葫蘆井畔人家出觀銅印一紐縱廣二寸許文曰宣德軍節度使之印小篆乃淘井時所得

宋紹興璽

皇朝文獻通考　王禮考　順治二年錢唐縣丞黃日昌子禧光進玉璽一文曰紹興之寶

理宗押

杭郡詩續輯注押凡二文同一塔經連印七級汪氏得之楝市一段經吳氏得之淀溪

岳飛印

陸以湉冷廬雜識嘉慶戊寅歲山陰李孝信以所藏宋岳忠武銅印歸於棲霞嶺王祠中為王二十世孫春先守之金檀段讓作記摹刊祠壁印準今尺一寸六分有奇厚三分異文曰武勝定國軍節度使開府儀同三司湖北京西路宣撫使兼營田大使岳飛印陰文凡五行行六字共三十字上有銀嵌敕賜二字

陽平治都功印

七修類稿印文雲篆玉質寬厚潤朝捷礦賜　光緒十年出土北關門外接待寺

一

雲樓銅印

雲樓法象 嘉靖中頒 文曰秉教伽持之印

宋高宗御書石經

錢唐縣志 紹興二年宋高宗御書孝經詩書春秋左傳論語孟子中庸大學樂記儒行經解五篇內有憲聖代書 詔刻石太學 孝宗建閣藏之曰光堯石經之閣 元取石築塔中唐致遠力護持之 已大半散失 明宣德中御史吳訥收集僅得百片 置郡學大成殿後兩廡 今獨存武林石刻記 春秋三十二碑 尚書六碑 易經二碑 詩經十碑 論語七碑 孟子十一碑 禮記惟中庸一碑 康熙杭州府志載 宣統楊一清記其石數云 易二 書七 詩十 春秋四十有八 論孟中庸十九 左左傳亡其十六 書經亦亡其一 樊玉海 高宗十三年三月出御書左氏春秋宣示館職 六月出御書周易尚書刊石殖學 十四年出御書尚書 十月出御書毛詩 十六年五月又出御書春秋左傳又書論語孟子 皆刊石立於太學

理宗御書家語

咸淳志 嘉熙四年守臣趙與懽跋

損益二卦彖辭

丁敬武林石刻記 在南屏山函居洞摩崖 縱七尺八寸 橫四尺三寸 隸書四行 字可徑尺 西湖志 字徑六寸 兩浙金石志 字徑七寸餘

艮卦六五爻辭

武林石刻記 在淨慈寺摩崖 縱四尺 橫三尺 隸書 字徑八寸 西湖志 在函居洞 字徑六寸 兩浙金

石志在淨慈寺以字徑七寸餘

家人卦 武林石刻記在南屏興教寺以摩崖縱七尺四寸橫六尺三寸隸書十二行行十七字徑五寸餘司馬溫公書

樂記 武林石刻記在家人卦後摩崖縱八尺橫五尺隸十行行二十字徑五寸餘司馬溫公書

中庸 武林石刻記在樂記以摩崖縱八尺橫六尺隸書十行行二十字字徑五寸餘司馬溫公書

友傳晏子語 武林石刻記晏子曰君令而不違至禮之善物也共五十字在太子灣摩崖縱九尺六寸橫六尺五寸隸書五行行十字大一徑尺

金鐵彝器

吳龍井鐵牌 萬曆志正統十三年龍井得鐵牌十五面銀一條上鑿吳赤烏年號

宋孝建鼎 西湖志舊在三茅寧壽觀宋孝建元年作腹內有銘四十一字從其中賜於觀見咸淳志

梁貞明鐵鍋 乾隆志在淨慈寺 西湖志梁貞明二年鑄

唐澄清觀鐘 錢唐縣志在三茅觀本唐時常州澄清觀女冠王玉仙所造河東薛洪為銘凡六十一字從其間獲於大

二

湖後賜三茅觀見咸淳志

賜彭城郡王金書鐵券

錢唐縣志 唐昭宗乾寧四年賜彭城郡王錢鏐鐵券文凡三百三十三字文用金錯明洪武二年大封功臣詔取為式仍給還 兩浙金石志 形如覆瓦長一尺八寸三分闊一尺一寸厚一分五厘重一百三十二兩正書二十七行今藏臨海錢氏

吳越王鐵幢

徐一夔鐵幢辨 幢制首圓如杵徑七八寸首出土三尺餘餘皆陷土故老自初置幢時錢王慮潮溢幢用鐵輪護銅幢趾以鐵組貫幢鎔且維縋石樁趾以寓土築塘故幢首出土宋淳祐間趙安撫作亭覆幢今平為民居而鐵幢之首嶄然出霍地可驗幢本有三一在舊候潮門衛軍南小巷今巷名鐵幢一在白鶴橋門外皆湮塞僅存在利涉橋者若而表衛亦湮塞矣

投龍簡

兩浙金石志 至正三年簡高六寸廣五寸以銀為之四周以龍雲為飾 正書十行 國初土人發於太湖包山下

金塗塔

兩浙金石志 塔高六寸三分重三十七兩四版合成外俱綫梵夾故事塔內正書吳越王錢弘俶敬造八萬四千寶塔乙卯歲記下有人字保字皆銅質 張廷濟又於武林市中得鐵塔歸謝氏繡帳

南漢乾和鐘

朱緒曾金石志 在海寧莊府君廟 鑄款如編鐘款云 乾和十三年乙卯歲有鑄重二十五斤臨泉會鄉倪云云

計三十七字考乾和乃南漢紀年十三年為周顯德二年此泉寺當在嶺南此鐘嘉慶二十四年道士姚桃根得於武林不知何時自粵至杭也

元豐鐵碑

萬曆志正統十二年龍井得鐵碑二十四面金銀各一錠上鑿有大宋元豐年號

餘杭至道宮鐵鍋

餘杭縣志 宋崇寧間物 有歲月款識

至德壇銅器

兩浙金石志 蓋長方皆雷紋左右獸面上作水波梅花十六朵每瓣穿孔出氣似今薰爐狀其底有銘文云紹興二年大寧殿臣蘇漢臣監督姜氏鑄至德壇用五行之四方至德壇在吳山今藏錢唐丁氏

上天竺鳴陽樓鐘

西湖志 舊在寺左鐘樓刻紹興七年鑄賜住持慧如賢領明成化間徙懸鎮海樓見乾隆志

紹興丙寅賜秦檜銅豆

兩浙金石志 豆得之武林 高三寸口徑五寸九分深一寸七分口旁有篆銘二十九字二行文云維紹興丙寅三月乙丑帝命作豆賜師臣檜宗廟以薦蘋蘩臨惟享永世用享

新城耿東刻漏銘

東置

新城縣志 舊在縣署 乾道三年鑄銘六十二字款七十九字即襄陵蔡莊監造陳峴書款

報國寺鐘

郭畀客杭日記 報國寺金銅鐘上鑄淳熙改元曾覿篆銘

三

岳珂銅爵　岳元聲精忠類編　岳珂於嘉泰四年鑄奉祀忠武祭器　宋之遺埋土中　是爵蓋祭器中之一也　兩浙金石志曰

高五寸六分　深二寸七分　口徑長四寸五分　闊二寸二分　腹容の合　重五百十の

鋬腹内鑄篆書忠精報國の字　腹外左側鋬耳有小印曰岳珂監造

亦篆書　昔藏桐鄉張氏　今歸西湖岳廟

元聲乃明季書生

岳忠武家廟銅豆　精忠類編　寶慶三年　篆銘十一字

洞霄宮曹炳遠銅鐘　咸淳志　曹炳遠新鑄鐘記　紹定己丑

端月有旨命鑄　仲秋己未造成

開寶仁王寺鐘

仙林寺晨昏禁鐘　錢唐縣志　理宗御製銘　淳祐六年賜寺中

文二十四句　九十六字

景定三年賜賈似道祭器　錢唐縣志　景定三年鑄　凡の十七字

咸淳志　劉克莊撰銘

臨安府銅鑄牌　孔行素至正雜記　宋銅鑄牌　長二寸有奇

闊寸大小各不同　皆鐫臨安府字　而背鑄錢貫文

以上兩浙金石志所有の銘

賢吾銅の象尊　兩浙金石志　陽文篆書八字　文曰　宋西府作賢吾尊

[illegible]　仁和王嵩高藏

玉清昭應宫金牌

新纂（杭州府志）光緒十三年夏餘杭洞霄道士蔣永林於舊殿址掘土得金牌一重一兩六錢長三寸五分闊一寸強一面永鎮福地熟五字一面兩行玉清昭應宫成天尊萬壽金寶十二字字為三分餘四旁鐫龍文案財以石匣上鐫元代浮牌後鎮於宫顛末旁有牌鏤於明亦載浮牌後埋以鎮之玉清昭應宫專祥符二年七月玉皇殿賜名故洞霄碑有云在真宗皇帝時始制詔改宫名碑銘亦云在宋祥符帝賜帛書迺作昭應比隆河圖盖洞霄宫昊天殿建於紹興二十五年改列玉清昭應宫殆即昊天殿之別稱與惟牌上無年月日敘於宋末

元宗陽宫銅鐘

兩浙金石志在杭州宗陽宫篆書十四行行五字文云延祐乙卯五月十九日文云杜道堅範銅千二百斤作商子癸鼎一臺二承籙昊天寶殿

銅權識七種

兩浙金石志一面文延祐四二年背文人四一面文延祐二年一面文延祐四年背文杭州路一面文延祐五年背文杭州路一面文延祐六年背文杭州路一面文泰定元年背文王七此官司所須敘書跋記多如今之營造法碼子必由部頒給也

西天元興寺銅鐘

兩浙金石志在萬松嶺烏龍廟中文二十三行二百十二字篆上下有楷書字一周至正十八年鑄西天元興寺在吴山西南清平山此鐘為元僧心哥古喜依仁造刺題記至正十六年達魯特睦爾重建元興寺事詳樊榭外集

四

明淨慈寺銅鐘

九字

武林金石記 正書 翰林院承旨宋濂造 洪武十一年冬十一月庚寅杭之淨慈報恩禪寺共二百有

海寧城隍廟鐘

朱緒曾金石志 廟祀宋金壇令羅俊邑之錢塘人 廟惡古鐘 明建文元年造

明倫堂鐘

錢唐物志 教授尹如忱撰銘 武林訪碑錄 杭州府學鐘銘 正書 天順元年

鎮海樓鐘

未詳鑄鐘年月

錢唐物志 陳玉撰銘 乾隆志引西湖志上天竺鳴陽樓鐘明成化間徙於鎮海樓此又稱鎮海樓鐘陳玉撰銘

永安寺鐘

餘杭物志 三茅時正撰銘

聖水寺鐘

雲居聖水寺志 宏治十六年僧文曉道清募鑄

賜昌化伯金書鐵券

昌化物志 嘉靖初賜襲封昌化伯邵禧

聖因寺鐘

高啟堂集 萬曆戊寅年鑄

安隱寺鐘

安隱寺志 萬曆二十二年閏九月鑄 東江某有鑄鐵鐘詩

儒學祭器樂器

錢唐縣志 樂器古黝無款識 彝器上刻萬曆甲辰婺源樂師滕中字程律重造

鳳林寺鐘

萬修董課鈔 天啓六年鑄

淨土院鐵鐘

富陽縣志 淨土院一名靈泉寺 寺有古鐵鐘 附志作鐵幢 多列先達姓氏 見舊志

按鐘已毀

妙庭觀銅牌

富陽縣志 紹興五初道士董元行掘地得銅牌 有二十字云 我有蟠桃樹 千年一度生 是誰來竊去 須問董

漢武字畫精楷 其陰有王母乘鳳鸞有雲氣

歷代詔勅告諭刻石

吳山汪華廟歷代封誥

碑凡六層 載於石刻記 唐武德四年九月奉敕歸唐表 楷書十七行 字徑四分

宋太宗御製戒石銘

咸淳志 黃庭堅書 紹聖二年六月 行書郡陸學題

天聖八年靈隱寺中書門下省牒

兩浙金石志 共二十二行 前一行楷書大字聖旨 小楷七行 牒部大字十行 正書 中書門下之印凡二

五

高麗寺劄付碑陰記 兩浙金石志在清雲寺正書十六行行三十字 元至正八年

慧因寺尚書省牒 慧因寺志崇寧三年跋賜晉水淨源爲崇教大師

高宗紹興恤刑手詔 咸淳志在都堂 紹興三年翰林學士綦崇禮書

幸學箴詔 咸淳志紹興十四年刻石在太學 跋語謂淳咸 世以秦檜爲跋以人惡而去之

親耕籍田詔 咸淳志紹興十六年知臨安府臣張澄謹書其下 鐫石置廳事

御札石刻 中興聖傳記 咸淳志在御史臺 一紹興二十五年詔議臺諫勵侍御史湯鵬舉記 一紹興三十年御札從降神宗訓書御史 又紹興二十五年御札一刻在諫垣右正言張揚記

戒飭民間醫藥詔 咸淳志紹興二十五年守臣曹泳跋

放生池戒烹宰詔 咸淳志守臣趙與籌記其下

戒飭大理寺詔 咸淳志在大理寺雲章亭 紹興二十五年

頒降鑄錢式御札 咸淳志在户部贍軍庫 權侍郎林覺記 紹興二十七年

8

戒飭士風驕惰手詔

咸淳志在都堂紹興二十九年左僕射湯思退記

禁約苞苴手詔

咸淳志紹興二十九年左僕射湯思退記亦刻石都堂

賜岳飛手詔

兩浙金石志在七石紹興三年擒寇促覲札計六十五字
行書字徑寸六分　三年趣進兵申諭計四十字皆飭備札
計六十二字字徑寸二分餘行書十行　六年發行杖兵墨續記又
札計五十六字年月既字十六字共十行草書　按此札金陀粹編未載兼附
錄出孫家所賜御札附此札于末又七朝珂序錄釋　校本存之也　七年出師行
邊防備上流札計九十九字字徑寸三分行書六行　十一年令以兵至江州札
計八十七字字徑寸行書九行　十一年嘉獎合兵破敵計札二百四十一字
行書字徑一寸共二十六行　均在岳廟

皋蘇廟尚書省牒

海昌備志紹興十一年　前一行四字行書徑四寸
禮部准狀正書八行行二十七字字徑三分牒勅
行書五行字徑五分年月行書列銜行書徑四寸照文正書十行行二十
字字徑三分列銜四行字徑三分

三茅觀尚書省牒

武林石刻記紹興二十年牒摩崖縱一尺四寸橫
四尺二寸　兩浙金石志在紫陽山七寶峰第一段
二十一字正書小楷第二段二十字行書大字六行第三段年月九字正書小楷
第四段簽名三十六字行書大字末題嘉靖十八年重修十四字正書徑一寸

勅賜靜照堂額牒

艮山小志紹興二十三年在皋亭山月明院

六

追復岳忠武少保兩鎮并賜謚告詞　明隆慶三年立石

兩浙金石志在忠烈廟
咸熙臣書正書二十八行行五十九字字徑寸此明時修廟追刻詔誥于石也
一追復少保兩鎮誥紹興三十二年　一追封鄂王告嘉泰四年　一賜謚告詞
寶慶元年

勅賜開化寺尚書省牒　武林石刻記在六和塔碑額八分書
三行行二字徑三寸　凡四層第一層前一行
四字行書徑三寸　勅十一行行二十四字字徑五分　牒五行行書字徑三寸二分
第二層左行隆興二年付僧智曇云牒年月一行字徑寸五分　列銜行行三
行字徑三寸　第三層乾道元年七月付僧智曇勅付十一行字徑五
分末六行字徑一寸　第四列乾道元年八月臨安府牒十行行書字徑五分

洞霄宮殘牒　餘杭縣志　嘉慶甲子建文昌閣鋤地得之石高二尺許大半
殘缺僅存五行何不錄據洞霄志定為乾道二年牒

孝宗獎諭獄空詔　咸淳志

戒飭士大夫手詔　咸淳志　乾道六年六月臣虞允文書立石

幸學詔　咸淳志　淳熙四年參政龔茂良書跋

飭漕臣裕民力手詔　咸淳志　淳熙六年右丞相趙雄書跋

詔大臣精擇監司郡守　咸淳志　淳熙九年右丞相王淮等跋　皆刻石都堂

賑荒獎諭詔　咸淳志　淳熙十五年守臣韓彥質記

光宗獎諭獄空詔　咸淳志　紹熙三年守臣袁說友跋

寧宗獎諭獄空詔　咸淳志　慶元五年守臣朱晞顏跋

韋等詔　咸淳志　嘉泰三年参知政事許及之等跋

免兩浙身丁錢手詔　咸淳志　開禧二年参知政事張岩等記

理宗諭內外學官詔　咸淳志　寶慶三年國子祭酒周直方等跋

獎諭獄空詔　咸淳志　紹定元年守臣袁韶書

刊守臣十二條　咸淳志　理宗御製　守臣趙立夫立石　摹本在下

戒飭三衙諸閫詔　咸淳志　端平二年守臣顏頤仲跋

韋學詔　咸淳志　淳祐九年右丞相史嵩之跋

七

聖節戒勅 高宗御筆 咸淳志 淳祐八年守臣趙與籌跋
西湖志 白堤 石函橋 德生堂

賜丞相謝方叔手詔 咸淳志 淳祐十二年

戒飭僥倖姑息之弊手詔 咸淳志 淳祐十二年左丞相謝方叔跋記

銓用勳舊戒飭贓吏手詔 咸淳志 淳祐四年右丞相程元鳳跋

更學令御札 咸淳志 景定元年國子祭酒江萬里跋

嚴戒監司郡守勅貪手詔 咸淳志 景定二年右丞相賈似道跋記

杭州府學岳忠武廟勅牒舊碑 西湖金石志

岳忠武王廟宋代歷朝勅牒 武林石刻記 淳祐寶祐加封
土地勅牒 景定元年勅封
西湖金石志 德祐元年

忠顯廟碑 景定二年忠顯廟告勅碑
忠祐廟勅封告批碑在岳祠

封張憲等為侯勅文暨寧宗國子監詔旨 錢唐縣志俱
理宗御書

營壇廟尚書省牒 西湖志 大字草書 碣有行春尚書省三大字
共五十四書正字二十餘行共二百餘字

龍華寺管業公碑　兩浙金石志 在龍華寺功九四列
皆復德　淳祐十年

城東慈雲院甲乙傳流住持部授府帖　武林石刻記 碑高四尺二寸廣
一尺三寸上層刻第六之四年行在尚
書禮部帖 下層刻第六之五年 臨安府帖篆刻五行十五字 楷依正書上
合十九行下層二十二字行 東坡雜記云四圖刻後極細微如髮絲

度宗題嚴資語　咸淳志　景定五年 守臣趙與訔書

論量星語　咸淳志 咸淳元年 右丞相賈似道跋

章峯語　咸淳志 咸淳三年 右丞相賈似道跋

御製明照大禪師勅　昌化縣龍居山志 咸淳四年

奘諭獄空語　咸淳志 咸淳五年 守臣潛說友跋

龍巖明照禪師語　昌化縣龍居山志 咸淳七年

蔣侯封勅牒　廣福廟志 咸淳四年在葛橋廣福蔣侯廟

元世祖御頒戒石銘　錢唐縣志 銘云 天有昭鑒國有明法示
昌宋謹以申刑罰至元廿年頒

八

至聖大成殿加號聖旨　武林石刻記 大德十一年加號孔子大成至聖文宣王詔 至元二年西湖書院山長陳洪跋 碑高五尺廣三尺 上層刻詔旨隸書十三行字徑五寸 下層刻陳跋楷書十七行字徑五分 在杭州府學

承天靈應觀甲乙住持劄付碑　武林石刻記 上截聖旨 後截付 廣永年 兩浙金石志 在吳山 刻於張天雨所撰觀記碑陰 正書凡三列 上列四十四行 中列十六行 下列十七行 書附元段光遠人等及張天雨史某仁詩三首

五朝制令　錢唐縣志 錄深 刻石在棲霞山

明太祖遣還武肅王鐵券詔碑　武林訪碑 洪武二年

靈衛廟正祀典名號劄付　武林石刻記 洪武七年劄付 石縱乙尺五寸 橫一尺七寸 正書二十行 字數不等 可五六分 劄付一行字徑八寸

善颯靈劄付　武林訪碑錄 洪武二十四年 郡守題

仁王講寺劄付　武林碑目 洪武三十年刻 武林訪碑錄 即景泰二年寺記碑陰

英宗靈芝寺敕諭　武林訪碑錄 正統十一年 敕賜靈芝寺僧智德

三茅觀敕書　武林訪碑録 天順二年 又附刻張三丰供狀

于忠肅廟歷朝敕諭疏文　武林訪碑録成化二年諭祭于少保碑　行人司馬暟在三台山墓後于少保文　嘉靖三年　嘉靖十四年諭祭于少保文　嘉靖十四年請復祭葬疏碑　嘉靖十五年欽降祭文

德勝諸碑事例聖旨碑　嘉靖仁和初先德勝諸園永昌公安の牆供奉聖旨備載各例 此の壩埂敕于侯武穆其各例聖旨刻在嘉靖六年

世宗御製正孔祀典說　武林訪碑録嘉靖九年奉旨刊布在錢塘縣學

禁侵占湖田碑　嘉靖四十四年立石

高儀諭敕碑文　武林碑目嘉靖二十四年四十五年隆慶六年三通

禁沿西湖蓄魚種菱碑　萬曆二十九年立石

建欏木營洛文碑　武林訪碑録 嘉靖四十二年

靈隱山禁采石示碑　武林訪碑録 萬曆二十四年

九

鍾忠惠公祠告諭碑　武林訪碑錄　萬曆二十七年

張忠宣公祠告諭碑　武林訪碑錄　天啓五年

呂化戒石銘　呂化戒志　徐奕撰　無年月

宋宮殿碑記

高宗御製損齋記　咸淳志　紹興二十八年內出御製記札損齋　記石於東閣壁后

選德殿記　咸淳志　孝宗建　以為射殿　詔學士周必大為記并書

理宗御製復古殿記　咸淳志　高宗建　理宗重修　御製記又詩

理宗御製緝熙殿記　咸淳志　理宗闢舊講殿為之　御製記

度宗御製熙明殿記　咸淳志　今上即東宮　新益堂故建　以為講讀之所　御製記

歷代官署學校碑記

唐臨安主簿宅記　寶刻叢編　唐陳芭八分書　徐篆額　天寶五年

東安鎮新築羅城記　咸淳志 新城郭因山為城大順二年杜稜築羅隱撰記乾寧五年

宋南新縣記　成化志 太平興國八年知臨安縣事盧之翰撰記

南新巡檢司記　成化府志 知臨安縣事盧之翰撰

太學御書石刻　兩浙金石志 在仁和儒學 草書六行十二字 經四字 極肥滿 前有皇帝二十三字 末知杭帝書

餘杭重建廟學記　咸淳志 乾道三年令宰得一重建自為記

鹽官重建公学記　成化志 康定元年蔣夔撰 朱書篆立石

浙西廣訪司照磨所明照樓記　仁和縣志 張近撰

◯ 重建州治雙門記　西湖志 在和寧門內 至和二年蔡襄撰

◯ 遷仁和學石經記　錢唐縣志 楊一清撰

州署有美堂記　成化志 嘉祐二年 歐陽修撰 蔡襄書

清暑堂記　咸淳志 治平三年郡守蔡襄建自為記并書

十

方晓軒記　錢塘县志　陳祚撰

杭州監酒廳記　咸淳志 吕吉甫撰　吉甫惠卿字 其監酒
能畜兵神宗以為初登第時

杭州重建廟學記　長興叢 元祐元年知州
蒲宗孟建 沈括撰記

左藏庫碑記　仁和縣志在
清湖橋之唐

鹽官重修鼓樓記　海寧州志 紹興元年 嘗若汀蜀山
葛勝彼倫撰

昌化縣廳壁記　咸淳志 紹興三年
令黄彝撰

富陽重修縣學記　富陽縣志 紹興三年
縣丞趙師煩撰記

鹽官縣學碑　海昌備志 紹興五年 胡理撰記 喻樗篆額
令刁雍書 正書二十七行 行七十四字 篆額六字

司天社稷壇記碑陰

新城縣重建學記　新城縣志 紹興十五年 令陸之演建 陳清撰
記

臨安縣學記　咸淳志 紹興十六年 令王傅重建 陳觀為記

六部架阁库记 咸淳志 在天水院 樊周常芸撰 作于十六年

读易堂记 咸淳志 在府署 旧名吏隐堂 隆兴元年陈敷文辞 改今名 张孝祥书 葛立方记

简乐堂记铭 咸淳志 在府署 淳熙元年郡守胡与可为堂 西日 简乐薛元鼎记

求潜重建丞厅记 咸淳志 淳熙四年 娄机修 李樊撰

三菊铭 咸淳新志 一赵孟頫书 在旧广济司理所 一杜本书 在旧行省中书理问所

昌化县改建庙学记 咸淳志 淳熙七年令钱致建 陈居仁记

盐官县令陈申建狱屋记 海昌备志 淳熙十一年莫光朝撰

盐官县御高台记 海宁县志 淳熙十一年陈申撰

仁和县务仪堂记 咸淳志 淳熙十一年令陈辈建 倪思撰记

安抚司干办公事厅莫能名斋记 咸淳志 淳熙十二年杨 简记淳祐辛卯王恩

重刊冯平识

十一

鹽官縣重修綠綫堂記　海寧外志 康熙十二年 陳中撰 并書丹

聚星亭記　咸淳志 在縣學時中齋 黃由撰 紹熙四年

於潛縣衮繡堂記　咸淳志 令胡文炳撰 淳祐通志 慶元中葉衡之相時作

仁和縣安敬堂記　咸淳志 嘉泰二年 姜夔撰

於潛重建尉司記　咸淳志 開禧初尉馬遠重建 金炳衡撰

仁和縣廟學記　歙南文集 開禧二年 令謝廷玉重修 陸游撰記

昌化縣驛新亭記　咸淳志 開禧三年 徐錄撰

於潛重建主簿廳記　咸淳志 開禧三年 邵未重建 王日益撰

富陽縣重建縣廳記　成化志 嘉定三年 謝去言撰

中和堂記　咸淳志 在府署 嘉定六年 趙時侃建 李塾記

臨安府學碑記　咸淳志 嘉定十年 楊簡撰

重建錢唐尉司署記　咸淳志 寶慶三年袁肅撰

於潛縣重建縣衙記　洺水集 寶慶三年程珌撰

於潛縣此君軒記　咸淳志 寶慶三年洪咨夔撰

重修大理寺之廳事記　咸淳志 紹定二年[illegible]撰

臨安府重建當直司記　咸淳志 紹定二年徐[illegible]撰

重修立禮齋記　咸淳志 在太學 秦鳳撰 紹定三年

仁和縣令胡臣卿重建縣署記　咸淳志 紹定五年喬行簡撰

於潛居密心樓記　咸淳志 紹定五年洪咨夔撰

餘杭重建縣治記　咸淳志 紹定六年洪咨夔撰

新建大宗正司記　咸淳志 在天慶坊 紹定六年[illegible]撰 又明年春 彌建 端平元年趙[illegible]記

錢唐縣學記　咸淳志 嘉熙四年建 吳淵撰記 又嘉熙三年陳善記 又嘉熙三 五年袁甫撰記

十二

十二年重建尊經閣奎文閣記　又萬曆三十五年重建先師廟聶心湯記

富陽重建縣獄記　富陽縣志　景定四年令趙汝崖撰

鹽官南路鹽官署記　海甯縣志　淳祐中應繇撰

豐儲倉記　咸淳志　林應辰撰　咸淳二年

咸淳倉記　咸淳志　馮夢得撰　咸淳五年

府署見廳壁記　咸淳志　馮夢得撰　咸淳五年

轉運使寄收庫記　咸淳志　咸淳八年潛說友撰

新城縣新建譙樓記　新城縣志　咸淳八年許自撰

元江浙行中書省新署記　康熙志　至順壬申柳貫撰　成化志　至正四年新省署造記　歐陽玄撰　浙江通志　至元二十九年史弼重新省署　閻復撰記

杭州路重建總管府記　松鄉文集　大德三年　任士林撰　至正十二年重修記　劉基撰　萬曆志

鹽官州治記　嘉靖海寧縣志　延祐二年　方回撰

西湖書院貢仕堂記　仁和縣志　薛寬撰

鹽官捕盜司記　成化志　元統三年　完者溥化撰　邵宋之亨　胝錄

杭州路重建廟學碑　黃文獻集　杭州路修學碑道紀　至正七年黃溍撰　武林石刻記　王大本為文　康里慶童書　周伯琦篆額　至正十五年　碑高六尺四寸　廣三尺八寸　楷書三十行　每行三十一字　字徑一寸二分　又至正二十四年杭州路重建廟學碑　孟昉撰　林鏞書　惠王海牙篆額　碑高六尺　廣三尺二寸　楷書二十七行　行四十八字　字徑一寸

儒學先師廟工畢文　仁和縣志　趙妃撰

杭州路重修仁和縣記　夷白齋集　至正二十年　陳基撰

尊經閣碑　天下金石志　旱巙穫　趙孟頫書　以下年月無詳

宣聖書院碑　天下金石志　周伯琦

重建察院記　成化志　周伯琦撰

十三

重建鼓樓記 成化志 楊惠撰

臨安重建縣治記 萬曆志 洪武元年 韋思恭撰

餘杭重建縣治記 成化志 洪武三年 滿永明撰

府治思政堂記 萬曆志 洪武十五年 徐一夔撰

餘杭重修廟學記 餘杭縣志 洪武十六年 徐一夔撰 知縣史平遠立

錢唐縣樂清軒記 [illegible] 洪武二十四年 徐一夔撰

重修按察使司署記 成化志 洪武二十九年 王純撰 成化十二年 丙申重修 袁時正撰

重修文廟暨祭器禮樂全書記 錢唐縣志 李旻撰 又 胡濙撰

杭州府重修廟學記 武林訪碑錄 宣德八年 魏驥撰 成均七

撰 學貢書 李文篆 王直書篆 景泰七年重修廟學記 陳循撰 弘治十年 李旻記 弘治十三年 趙寬記 玄

治六年 楊守阯記 嘉靖二十三年 馮夢禎記 萬曆四十年重修廟學

碑 袁崇標 許克祚書 康熙志 吳[illegible] 張[illegible]印 何[illegible]重記 學使

黃明俊撰并書

海寧重修廟學記　海寧州志 天啓六年 學士 劉時 撰 沈宙光
楷篆　成化六年重修 訓導袁述彰撰記
宋濂書 周洪篆　正德九年重修 祝萃撰記 姚鵬書 童佑篆
隆慶二年何董鎔撰記

重建貢院記　成化志 商輅文 汪琰書 夏時正篆額　成化十年
嘉靖仁和府志 重修碑記 唐龍撰　重修貢院
記 嘉靖四年 王守仁撰　重修貢院記 嘉靖二十五年 江曉撰

重修鎮海樓記　萬曆志 商輅撰 又胡宗憲撰

布政使署來雀亭記　萬曆志 成化十一年 楊文懿撰

餘杭治重建聚奎堂記　餘杭志 成化十一年 戚英撰

按察司署同心堂記　萬曆志 宏治四年 吳伯通撰 楊璲
書 王華篆　邢潜跋 正德十六年 李昆
撰并書

杭州府學復建尊經閣記　武林訪碑錄 宏治六年 吳伯通撰
周仲宇書 王華篆 武林石刻記
正德十二年 尊經閣藏書碑 西面刻 楊撰 碑高五尺七寸 廣二尺
五寸 分書 十七行 行四十八字 字徑一寸　尊經閣書目碑 碑高四尺二寸

十四

廣二尺四寸 小字楷書大六分 列作五層

北新關公廨堂記　仁和縣志 李旻撰 宏治十年

巡鹽察院重修公署記　錢塘縣志 宏治十年 葉寬撰

重修杭州府治記　宏治七年 楊孟瑛撰

織染局碑記　在湧金門內 江曉撰 宏治年

布政使司重修公署記　錢塘縣志 正德元年 楊循吉撰

重建浙西道記　仁和縣志 李昌文撰

鹽運使司重修公署記　萬曆志 正德二年 楊孟瑛撰

布政使司署建樂藏樓記　錢塘縣志 嘉靖元年 唐龍撰

按察司署真息軒記　武林石碣録 嘉靖七年 陳如山代 又柔嘉傳記

修政西湖新閘記　嘉靖 仁和縣志 金璐撰 嘉靖十年

於潛遷建縣學記 於潛志 嘉靖壬年 訓導呂忠撰記 又萬曆丁丑薛曄記

重修北新關記 北新關志 嘉靖十六年 謝嵩撰 新碑增拜 建修樓記 宣楠撰

巡按察院公署記 嚴州府志 嘉靖元年 應禔撰

府署重建親賢館記 萬曆志 嘉靖二十年 吳鼎撰

布政使司署阜民樓記 萬曆志 嘉靖二十五年 羅銑撰

重修演武場碑文 武林訪碑錄 嘉靖二十五年 章僑撰 重修教場記 嘉靖三十七年 葉照撰

新城築城記 新城縣志 嘉靖三十五年 張袞撰

富陽縣儒學記 富陽志 嘉靖四十二年 周美撰 知縣謝中立石 又萬曆四年 周美撰記 知縣李登立石 又萬曆十三年 張瀚撰記 知縣費九皋立石 三碑俱在學宮

捷學書院碑記 仁和志 趙寬撰

重建尊經閣碑記 昌化志 戴冕撰

十五

改建儒學碑記　昌化志　鄭墉撰

建儒學秀峰塔碑記　昌化志　林霖林培撰

重修文廟碑記　昌化志　趙鴻猷撰

改建儒學門碑記　昌化志　蔡世源撰

海寧置學田記　海寧志　嘉靖四十二年董穀撰

建耀木營碑記　武林訪碑録　嘉靖四十二年

改建船厰記　仁和志　孔天胤撰

存心堂碑記　嘉靖仁和縣志　盛端明撰

臨安重建譙樓記　嘉靖臨安縣志　盛[illegible]撰

廣西水利通判廳記　據搨刻　隆慶辛未周詩撰　馮焕書

浙江開府鎮東樓記　碑存舊志失載　萬曆十二年巡撫浙江興撫張佳允撰

昌化縣重建城樓記　昌化志　鄧紳撰　萬曆十三年

昌化重建縣署記　昌化志　章光昇撰　萬曆十七年

昌化譙樓記　昌化縣志　錢鐵撰

新城建西常平倉碑記　新城志　萬曆二十五年秦懋義記

海寧學重建尊經閣碑　海昌備志　萬曆二十七年　柳希点撰　柳對芳書　王士本篆

運學附郡貲宮碑記　武林訪碑錄　崇禎九年　失書撰人姓名

壁記題名記　文苑英華　永泰元年　李華撰

唐杭州刺史廳壁記　文苑英華　李紀撰

浙西觀察判官廳壁記　咸淳志　袁說友撰　張孝祥撰　紹興三年

宋文思院提轄官題名記　海昌備志　宋趙安撫題名記　石殘缺　失撰人名

趙安撫使題名碑　海寧志續　題名記　紹興九年　張九成撰

十六

奠

并書　臨安備志云：三廳題名記，嘉定十年趙崇暉撰　又監
倉廳題名記　開禧丁卯朱鎔撰　又納廳題名記　慶元三年王
埴撰并書　催煎廳題名記　淳熙十六年陸籥撰并書　又
南頭場題名記　錢淳祐五年陸桂撰　又元帥府廳題名
記　至正二十二年徐中撰　褚奐書　郭新何黑識書

館閣續題名記　咸淳志　洪适撰　紹興二十年　在御書道山堂石
石刻之右

六部長貳郎官題名記　咸淳志　邊知白撰　紹興十五年
又施隱舒撰　淳熙八年

諫院題名記　咸淳志　巫伋撰　紹興十九年　謝諤續記　淳熙
十五年

司農寺題名記　咸淳志在保民坊　林次膺撰　紹興二十四年
又光繼續記　淳熙三年

禮部長貳題名記　咸淳志　洪遵撰　紹興二十七年　又郎
官題名記　紹興三十年　又續記　黃疇
若撰　開禧丁卯

兩浙轉運使題名記　咸淳志　紹興三十二年陸游撰　淳祐
中續記己未王良撰　萬曆志嘉靖
二十六年續題名記　許穀撰

臨安府通判北廳東廳題名記
咸淳志乾道元年吳堅撰 續記吳森撰 又王佖撰 咸淳志嘉泰元年趙師石撰 續記姚若撰

中書門下後省題名記
咸淳志曾逮撰乾道二年 淳熙九年施師點續題

太學崇化堂題名記
咸淳志劉季裴撰 吳似良書乾道二年

玉牒所宗正寺題名記
咸淳志乾道三年劉季裴撰 王佐續記淳熙十三年

仁和縣治廳壁記
咸淳志 紹興五年秀何俯撰

富陽縣廳壁記
成化志 乾道三年陸楠撰

將作監題名記
咸淳志在保民坊 孫祖壽撰 薛覬續記乾道五年 辛鍊續記淳熙十四年

太常寺題名記
咸淳志在坊欽賢坊 黃鈞撰 張栻書乾道七年

官告院題名記
咸淳志在部門內北 吳似良撰乾道七年

六部架閣題名記
咸淳志 袁說友撰 乾道八年 又續記陳撥撰 嘉定之初元

吏部長貳題名記　咸淳志 韓元吉撰 乾道九年

軍器監題名記　咸淳志 在保民坊 王逨撰 淳熙三年

兵部長貳題名記　咸淳志 周必大撰　又郎官題名記 皆淳熙三年

國史院監修提舉題名序　咸淳志 李燾撰 在御書閣墨石刻之左 當在淳熙四年

刑部長貳題名記　咸淳志 齊慶胄撰 淳熙六年　又郎官題名記 范成大撰 淳熙十一年

大魁光齋記　咸淳志 在貢院 時中齋 程宏圖撰 淳熙八年 擢第而還同舍生日光齋 是日設席于風雲慶會之閣 三大魁實與焉 三大魁者 王佐 詹騤 黃由也

吏部郎官題名記　咸淳志 詹儀之撰 淳熙八年

工部長貳題名記　咸淳志 李昌圖撰 淳熙十年　又郎官題名記 高文虎撰 慶元四年

大理寺題名記　咸淳志 程宏圖撰 淳熙十一年

檢正左右司郎官題名記　咸淳志 在諸院之右 陳居仁撰 淳熙十二年

榷貨務都茶場提轄官題名記

咸淳志在通江橋東呂
宗吏撰 淳熙十二年

富陽儒學題名碑記

富陽縣志 淳熙十二年葉正則撰

承旨檢詳編修題名記

咸淳志在都省院 楊萬里撰
淳熙十三年 續題名記胡榘撰

嘉定六年

都進奏院題名記

咸淳志在朝天門外 不書作者姓氏
淳熙十三年

諸司糧料院題名記

咸淳志在漾沙坑 謝諤撰 淳熙十
三年

御史臺題名記

咸淳志在清河坊 [illegible]撰 淳熙十四年

諸司審計司題名記

咸淳志在保民坊 吳博古撰 淳熙
十五年

諸軍審計司題名記

咸淳志在保民坊 吳博古撰 淳熙
十四年

穀令所題名記

咸淳志在侍郎橋南陳居仁撰 淳熙十五年

太府寺題名記

咸淳志在保民坊 耿秉撰 又鄭湜後記
紹熙元年

左藏庫提轄官題名記 咸淳志 在清湖橋西 鄒公(?)默(?)撰 紹熙改元

六部架閣題名記 咸淳志 李大異撰 紹熙二年 又陳峻(?)後記 慶元四年

錢唐縣丞廳壁記 咸淳志 何異 紹熙二年 樓鑰為壁記

登聞檢院題名記 咸淳志 在豐豫門外 張叔椿撰 慶元二年

雜買務雜賣場提轄官題名記 咸淳志 在通江橋東 [illegible]泳撰 慶元二年

進士題名記 咸淳志 在宗學北以 高文虎 吳仁傑撰 慶元二年

釋褐題名記 咸淳志 在崇化堂以 吳仁傑撰 慶元三年

臨安府教授西廳題名記 咸淳志 楊萬里撰 慶元四年

登聞鼓院題名記 咸淳志 在豐豫門外 趙善括撰 慶元五年

錢唐尉司廳壁記 咸淳志 嘉泰二年 葉(?)庭(?)撰

富陽主簿廳題名記 咸淳臨安志(?) 嘉泰四年 [illegible]撰 范之柔(?)集(?)有(?)

武學前廊題名記 咸淳志 在武學三禮堂 嚴用山宗 嘉定五年

三省樞密院監門題名記 咸淳志 在大門南 任希夷撰 嘉定六年

大宗正題名記 咸淳志 真德秀撰 嘉定六年

三省樞密院架閣題名記 咸淳志 在制敕院後 婁更生撰 嘉定九年

轉運司主管帳司廳壁記 咸淳志 李沖撰 嘉定十年

武學登科題名記 咸淳志 在前洋街太學之東 袁燮撰 嘉定十年

臨安府城南廂廳壁記 咸淳志 在嘉會門外 鄭湜撰 嘉定十一年 趙[illegible][illegible]記 [illegible][illegible]六年

宗學建學官題名記 咸淳志 在睦親坊 應鏞撰 嘉定十三年

宗學教授題名記 咸淳志 在宗學中 撰 嘉定十六年 又宗學登科題名記 周直方 登科續題名記 趙夢杭撰

寶祐七年 兩優釋褐題名記 胡淵撰 寶祐二年 又前廊題名記 袁甫撰 紹定三年

於潛縣學登科續題名記 咸淳志 洪咨夔撰 紹定元年

十九

[illegible][illegible][illegible]院題名碑　咸淳志 隆興初 洪[illegible]撰

[illegible][illegible][illegible]丞續題名記　咸淳志 洪[illegible]撰

臨安府丞題名記　嘉靖仁和縣志 洪[illegible]撰 隆興中

封樁庫[illegible][illegible]題名記　咸淳志 在三省大門內 趙必[illegible]撰 紹定六年

太學持志齋壁記　咸淳志 周直方撰 端平二年

浙西安撫司主管機宜文字廳壁記　咸淳志 端平三年 湯中撰

宰輔題名記　咸淳志 在太學紀化齋宰輔亭 鄭[illegible]撰 嘉熙三年

倫魁題名記　咸淳志 在紀化齋倫魁亭 鄭[illegible]撰 嘉熙三年

[illegible]錄直學學諭教諭題名記　咸淳志 鄭起潛撰 淳祐四年

安撫司僉廳壁記　咸淳志 淳祐十二年 趙與[illegible]撰 淳祐[illegible] 第[illegible][illegible]王應鳳撰

元肅政廉訪司題名碑　成化志 至元三十年 方回撰

浙江中書省題名 成化志 後至元二年 陳旅撰 又至正六年 黃溍撰

江南行御史臺題名碑 成化志 至正十五年 王大本撰

鹽官州題名記 海昌備志 至正二十八年 錢中撰

明按察使司題名碑 萬曆志 成化五年 劉鈇撰 成化十年續題名記 彭時撰 正德丙子 楊□按察司題名碑 撰人失考 嘉靖二十一年續題名記 張邦奇撰 萬曆十五年續記 范濤撰 萬曆四十七年續記 李□勉撰

仁和縣學科目題名記 嘉靖杭州志 劉□撰 成化初續記 張儁撰 嘉靖二十二年

海寧學歲貢題名記 海昌備志 成化七年 方菁撰 達欽書 邑畫四象

布政使司題名記 萬曆志 成化十一年 夏時正撰

南關工部分司題名碑 嘉靖仁和縣志 李旻撰 萬曆□年

錢塘縣學科第題名記 康熙志 萬曆二年 李旻撰

杭州府學科第題名碑 康熙志 萬曆十年 李旻撰 程敏政

二十

仁和縣學題名記　嘉靖府志　正德初李璽撰

仁和縣儒學題名碑記　嘉靖府志　正德八年令楊應奎刊石[illegible]　[illegible]首撰記

北新關題名碑記　北新鈔關志　何[illegible]撰　嘉靖初　[illegible]紀江　茅甸撰　嘉靖三十六年　又陳紀羅桐撰

又高賁撰　俱見仁和縣志

臨安縣題名碑記　嘉靖府志　李義壯撰　嘉靖初

新城縣科貢題名碑　新城縣志　在縣學　杜應貞撰　嘉靖十四年

昌化科貢題名碑　昌化縣志　朱雅元撰

海寧縣令題名記　海昌備志　嘉靖二十年　高尚志撰　此志參書

塘棲鎮通判廳壁記　武林梅舊錄　隆慶四年周詩撰

添設總捕水利廳題名記　唐棲志　隆慶五年羅星撰

巡按都察院題名碑　錢塘縣志　萬曆五年張栻撰

粮儲道署題名碑 廣輿志萬曆廿七年郡守[illegible]撰 續紀萬曆四十七年李茂元撰

織造府題名碑 武林府碑録萬曆四十八年孫[illegible]書之

摩崖立石題名 寶刻叢編分書 景定二年十二月

唐韋同游留春題名 武林石刻記在飛來峰 天寶六載正月 行書大字徑七寸

監察御史源少良諸人題名 兩浙金石志在下天竺 計三十字 五行正書字徑一寸二分

蕭悅諸人題名 西湖志在下天竺摩崖 兩浙金石志文四行左行正書徑寸餘 蔡濟倉子等人磨去

沈岫定山題名 宣卿西識吳興沈岫□元二年正月廿四日題十三字正書左行三行首行四字下兩行二行各四字字徑寸五分 閩廣書吳良子田在慶鎮設人下今獨往與

王瀲諸人題名 武林石刻記在飛來峰 永貞元年冬季隸書二寸 横一尺八寸書

李幼清定山題名 定鄉子錢塘 雲泉山水洞

二十一

武備衛空山題名

空鄉雙娥山識　在雲亭水樂洞

李東菊空山題名

鄭放元空山題名

空鄉中識　首行六字　次行五字　三行八字

書行空字下闕　大字徑二寸　小字四分之一

盧鎮諸人空山題名

空鄉中識　首行七字　次行九字　三行七字

書行二字　大字徑二寸　月日字差小

烏重儒題名

武林石刻記　在乳泉中岩壁　縱一尺二寸　橫寸五

分　寶慶二年六月　摩崖　正書三行　左行

徑寸餘　兩浙金石志　在龍泓洞口　計二十二字

諸葛鑑元吳山青衣洞題名

橫一尺一寸　下書七行書　字徑一寸五分

武林石刻記　咸淳五年六月

大字摩崖　行七寸五分

南嶽道士邢口題名

兩浙金石志　在吳山青衣洞　八分書七

行　徑寸餘　三十五字　咸淳五年

李口擇從人空山題名

空鄉中識　正書三行　凡二十一字　在雲亭水

山水洞　皇宋御史李口擇提刑兼史曹

空口試大理寺直王口所移官檢法應代亦言為庚新　兩浙金

石志　字徑一寸五分

吳越國王錢鏐題名
書在南郡天真寺磨崖
化間石壁文四行 正書徑三寸餘 凡二十九字
寶刻叢編 梁龍德元年十月一日
天下都元帥吳越國王錢鏐建置正
兩浙金石志 在西湖天真寺後吳

吳越國王成宗安陵題名
寶刻叢編 年月未詳

吳越烟霞洞石壁題名

宋內供奉郝璿題名
武林石刻記 在飛來峰太平興國
三年十二月磨崖 行五寸 字下橫一
正二寸 正書 方寸餘
璿作郝濤 今石已泐
兩浙金石志 在煙霞洞 計四十七字 郝

節推王眺遠洪人題名
橫六寸 正書字方寸餘
兩浙金石志 共四行 計三十字
武林石刻記 在飛來峰太平興國
三年十二月磨崖 高一尺三寸 下

觀察判官劉口題名
三下 正書 字大寸餘
兩浙金石志 字二十一
武林石刻記 在飛來峰太平興國
四年四月磨崖 高一尺二寸 橫六寸

釋自用洪人游天竺靈隱寺題名
兩浙金石志 咸平二年二月
在飛來峰磨崖

二十二

查仲道周世科題名

兩浙金石志 在青林洞摩崖 正書二行
字徑四寸 此題無年月 按崇寧元年查
宣尚書侍題名有後百有四年題 此刻當在咸年二年故列於此 舊志
列四人有昭司曹山周人孔庭訓 個詳石刻非所書 而曰孔明人 俱載稅
舊志合特正之 按咸又載查仲道字文夫宣州人嘉靖二年任杭州
知府 查仲[illegible]氏俱同

張文昌諸人靈隱題名

兩浙金石志 在勸經臺摩崖正書四行
字徑寸 景祐三年正月前御史知杭州光
祿寺丞張文昌前越州蕭山尉鄭知白

張文昌題名

兩浙金石志 景祐三年仲春摩崖 正書三行 字徑
一寸餘

許道學定山題名

定鄉小識 在雲泉山水洞内 景祐四年 正書
右行 分三行 敘書 首行七字 次行五字 末行
四字 書法秀峻似虞永興

司馬池諸人題名

石紀計卅五字

武林石刻記 在龍井康定元年中秋摩崖縱
三尺八寸 橫一尺八寸 五下 正書五行 字徑三寸 兩浙金

張若谷裴從革題名

武林石刻記 在南屏山康定元年巳暮春
摩崖 縱三尺 橫一尺七寸 正書五行 字徑

三寸五分

太常寺太祝張奎題名　武林石刻記在郭婆井寶元二年正書摩崖高一尺九寸廣一尺八寸　正書四行字徑三寸許

鄭戩蔡襄題名　計廿七字　武林石刻記在南屏山慶曆元年辛巳十二月摩崖高一尺七寸廣三尺　正書十一行字徑寸

計七十三字

鄭民彝諸人題名　兩浙金石志　在南屏山　正書五行字徑一寸慶曆二年壬午正月十九日摩崖計四十五字武林石刻記作鄭民瞻計四十五字

蔣溫雅彝欽楊混題名　武林石刻記　在南屏山　慶曆二年八月六日倩仲題摩崖高二尺一寸廣一尺六寸正書四行字徑四寸　倩仲彝欽别字　兩浙金石全

道卿諸人功臣山題名　兩浙金石志　在臨安縣　功臣山陀龍題名摩崖正書五行字徑三寸右讀

有旁題兩行字徑一寸慶曆甲申

李心謹諸人題名　西湖志　在飛來峰慶曆六年七月十二日　兩浙金石志摩崖正書四行字徑二寸計九字　靈隱

寺志在石澗　乾隆志六年作二年

蔡穎元定之山題名

定鄉小識在雲泉水洞右右崖字寫題名

嘯中七六字左行二行大徑二寸許　楷隸

華田數字在皇祐元年九月此刻書亦其時所作

錢德乾二之題名

武林石刻記在龍華寺峯　此安錢范前

陶俗孫日遊皇祐二年六月一日摩崖

隸正二行楷正四寸五分正書二十字　[illegible]右款大二寸齋之[illegible]

保[illegible]當作曾

浦延熙題名

武林石刻記在南屏山皇祐元年卯季秋摩崖隸

二尺七寸楷正七寸五分八分書三行徑二寸

石景衡杜僎題名

武林石刻記在龍華寺峯　字二寸楷二寸

正書六字大四寸左行　西湖志在青林洞

陳述古題名

西湖金石志在錢塘大滌洞口摩崖正書三行　字徑三

寸餘左行　西湖五方陳子孫張璹遘題名　正書

列字從　字皇祐元年也

陳㮚古題名

西湖金石志在錢塘大滌洞内　丙申三月二十日摩崖

正書三行　字徑二寸餘計二十六字　丙申即宋嘉祐元年　九月改元嘉祐

陸藻古題名

西湖金石志在錢塘大滌洞内摩崖正書三行字徑二寸

計十二字正書丙申三月二十日

富城諸人題名

餘杭縣志正書十行　字徑四寸　在大滌洞内陳東題

名三尺四寸　嘉祐癸卯四月十三日

韓常祖諸人題名 西湖金石志：在烟霞[嶺]大[隱]洞內，摩崖，正書六行，字徑一寸，計十二字。嘉祐八年首夏。

沈遼王伯虎題名 武林石刻記：在飛來峰，癸卯重午，[行]書，字徑六寸，正書字大一寸三分。西湖金石志：在青林洞，計大字之一，在吳[?]山，計十四字，皆題癸卯重午。

孔文仲諸人題名 西湖金石志：在烟霞[嶺]大[隱]洞內，摩崖，正書十行，字徑四寸。嘉祐癸卯。

李宏飛來峰題名 武林石刻記：在飛來峰，治平甲辰三月七日。楚郡李宏[寶]之邀男[楠][?]春[?][?][?]，[縱]一尺四寸，橫七寸，正書，字徑一寸三分，三行，計二十一字。

豫覺諸人靈隱題名 西湖金石志：在龍泓洞，摩崖，正書二行，字徑二寸；題字正書三行，字徑一寸五分。[?]甲十一月。熙寧乙卯。

祖無擇芸山慈巖院題名 西湖金石志：在[?][?]山，摩崖，篆書二行，字徑七寸。熙寧乙酉[夏]秋，計二十字。武林石刻記：縱三尺三寸，八分書四行，字徑八寸。

鄭獬水樂洞題名 西湖金石志：在水樂洞，摩崖，正書五行，字徑二寸。熙寧二年[?][?]，計三十三字。

二十四

沈立五人題名　西湖金石志在青林洞摩崖　正書三行字徑二寸熙寧四年辛亥　計二十一字

蘇頌四人題名　西湖金石志在龍泓洞摩崖　正書二行字徑一寸　熙寧壬子二月六日計二十七字　靈隱寺志龍泓
外有蘇頌等四人題名此猶實

陳襄諸人題名　西湖志在石屋洞　熙寧六年二月二十日　正書摩崖　西湖金石志四行字徑二寸餘　計二十五字

王廷老六人石屋洞題名　西湖金石志　正書六行字徑二寸左行　熙寧癸丑七月　計四十四字　此當一題也
又熙寧八年王廷老石屋洞題名　正書九行字徑一寸餘　此六人前二題也　計四十三字

王廷老諸人水樂洞題名　西湖金石志在水樂洞摩崖　正書五行字徑二寸　熙寧癸丑七月

陳襄竹閣題名　西湖志舊在廣化寺內　熙寧七年立石　咸淳四年重立

蘇軾定山慧嚴院題名　西湖金石志摩崖　正書四行　無年月　按年譜熙寧七年正月
出風水洞有詩題壁　題名當即是時　又熙寧七年八月十三日
同和佛日寺題壁卅五字　淳熙五年三月刻石　見咸淳志

林逋蘇軾題名　西湖志在雪化洞

曾元翰石屋洞题名

两浙金石志 在洞内摩崖 正书五行 字径一寸 计二十五字 熙宁甲寅十月

鲁元翰佛手岩题名

两浙金石志 在岩上摩崖 正书四行 字径一寸余 计二十字 熙宁甲寅十月

晁端彦等天竺题名

两浙金石志 正书四行 字径三寸 计十七字 熙宁七年十一月

张规馀杭大涤洞题名

两浙金石志 在洞内摩崖 正书三行 字径一寸 熙宁甲寅十二月

王廷老诸人南屏山题名

两浙金石志 摩崖 正书二行 字径一寸 熙宁八年四月 计四十三字

曾元翰南屏山题名

两浙金石志 正书二行 字径二寸 熙宁乙卯仲冬

晁端彦灵隐题名

两浙金石志 在北高峰洞摩崖 正书四行 字径三寸左行 熙宁八年七月 计十二字

又一在玉乳洞摩崖 正书 晁美叔游四字 楷刻 字径五寸 左行

晁端彦南屏山题名

两浙金石志 正书 字径二寸

杨绘四人灵鹫寺题名

宣卿 小蒋 熙宁七年 杨绘 鲁有开 陈舜俞 苏轼书 凡十五字

杨绘四人下天竺题名

宣城山蒋 杨绘元素 鲁有开元翰 陈舜俞令举 苏轼子瞻同游 熙宁七年九月二十日

二十五

凡二九字　柳咸淳志此乃重黎寺題名　元卿不識誤分為二
又誤七年為九年

翟子崟六人題名

武林石刻記在飛來峰　熙寧丁巳六月廿
崖　闊二尺二寸　橫二尺一寸　正書大五二寸　靈隱
寺志龍泓洞內　係思退　來蘇子密　熙寧四年

子勉題名

武林石刻記在飛來峰　熙寧乙巳下元日　翠崖　闊二尺
三寸　橫七尺三寸　子勉題三字　正書　徑五寸　年月行書
徑一寸三分　子勉出守當塗也　西湖金石志在龍泓洞

曾潛夫五人題名

武林石刻記在飛來峰　闊四尺三寸　橫九寸　正書
字大四寸　西湖金石志在玉井洞　正書一行十二字
壬辰月日　潛夫以丙辰丁巳花朝　二題名　故附熙寧末

趙孫韜光庵題名

咸淳志在法安院　元豐二年乙未二月十二日
凡三十八字

趙孫鄭丙庵題名

四明資崇院

咸淳志在普圓院　南陽七姓孫政　二十
日元豐己未仲春二十三日壬戌　計五十三字

趙孫法雨院題名

咸淳志趙閱道謁法雨禪老　己未二月二十
三日　凡三十字

李瑈山人題名 武林石刻記在飛來峯 元至正三年三月四日摩崖 徑七寸橫三尺正書五行右起 行書大三寸 年月以下一寸五分 西湖金石志在龍泓洞 計二十六字

楊景賢七人題名 武林石刻記在飛來峯 元至正己未七月十二日摩崖徑一尺五寸 橫三尺五寸 楷書七行橫列字大四分 年月二行分徑二寸 西湖金石志在龍泓洞 計三十一字 重陽等志 皆菲陸鉞 計八人三十二字

胡宗師鄭景周題名 武林石刻記在飛來峯 元至正二年七月十五日摩崖 徑八寸五分 橫七尺五分 正書字大二寸 年月略小 字行左起 西湖金石志在青林洞 計十七字

雲岡曉題名 西湖志在靈隱山石衢 元至正二年七月二十二日 計十三字

排衙石刻落題名 西湖金石志在鳳凰山 正書摩崖三行 行六字 毛滂有排衙筆記 元至正己未歲除之日

彥舟五人題名 西湖金石志在龍泓洞摩崖 正書三行字徑三寸 題字四行字徑一寸 元至正癸亥六仲夏 計二十三字

二十六

陶摶題名　两浙金石志　在三生石摩崖　正楷一行　計十八字

蘇軾等人輪光庵題名　元祐四年十一月二十一日

二十字　咸淳志在法安院　蘇軾偕僧楊傑
王瑜元祐五年二月二日同遊輪光紀

蘇軾等人龍井題名　咸淳志元祐庚午二月蘇軾張璹王瑜周
燾凡六人書　又云蘇軾錢勰以下共六人柳莊
同過龍井辯才元祐六年正月

蘇軾等人龍華寺題名　武林石刻記在寺後元祐五年庚午
二月二日摩崖隸楷二尺三寸正書
五行字徑三寸正下　两浙金石志　蘇軾王瑜楊傑張璹同遊凡
二十五字

蘇軾四人大麥嶺題名　两浙金石志在嶺上摩崖正書
四行字徑一寸左行　不書年月同遊
之与龍華題名同

蘇軾佛手岩題名　錢唐縣志　在烟霞洞上

林處三人烟霞洞題名　两浙金石志　林處杜祖蕭賁李野楊
暇耕道元祐七年四月日同遊烟霞洞佛手岩
摩崖　正書北行　字徑一寸共二十八字

秦觀遊龍井題名　西湖志在龍井　秦觀從辯才通判杭州
題名前有參寥時

鄒志完陳瑩中題名　咸淳志在相和佛日寺　從生而子題
壁　淳祐己酉刻石

將茂先宗山遊巖院題名　武林石刻記在蓮雲菴心印銘側遠年續圖

錢信仲題名　武林石刻記之刻仲完　西湖金石志在南屏石龍院摩崖
正書一行字徑二寸計十四字

錢倩仲瑧葉何題名　西湖金石志在南屏山摩崖小楷六行
辛巳仲冬十六日之題名為日後所刻

蔣之奇穎叔書題名　錢唐舊志在龍泓洞　之奇字穎叔
杭州　題名前有自時

瑞君卿諸人題名　西湖金石志在吳山武藏廟摩崖　正書六行
字徑三寸大字康定元年　袁君卿張國字

王競五人題名　武林石刻記在飛來峰　寶和元年三月摩崖
崖作一匹字樓一匹二寸正書文紀左題此名
字大三寸年月字一寸五下　西湖金石志在靈隱洞山

路公弼七人題名　武林石刻記在靈隱寶和五年四月摩崖縱
八匹横三匹四行字徑五分題八字字長一尺廣

五寸餘　兩浙金石志在下天竺摩崖計卅二字

德甫述孫子中佛子岩題名　兩浙金石志摩崖正書橫列字徑二寸

有名無下岩字又有落石岩在佛子岩右　條題字正書四行字徑一寸烟霞洞

其人但無三針十日未詳何時　德甫等字皆未詳

子固子堅正叔大麦嶺題名　兩浙金石志摩崖三行字徑

寸子固等姓未詳其人

道宗周臨行甫靈隱題名　兩浙金石志在青林洞

癸巳正月三日三日去年　摩崖正書六行字徑一寸半

直翁の人題名　武林石刻記在飛來峰鐫三寸橫六字正書字

大一寸摩崖題　兩浙金石志在青林洞正書六行

直翁翼之林夫君甫同遊十字　未詳年月附此宋末

陳古題名　兩浙志在靈山隱　靈隱寺志陳古年甫同往南遊六字

胡庭諸人靈隱題名　兩浙金石志在青林洞摩崖正書

四行字徑一寸餘計卅六字　建炎戊申

張文蔚三月諸人題名　武林石刻記在飛來峰建炎三年三月摩崖高一尺八

寸廣二尺一寸正書大三寸餘字行右數

連道善諸人伏犀泉題名　兩浙金石志　摩崖高一尺五寸　五行　字徑三寸　計二十字　慶元三年閏月

石觀音院題名　兩浙金石志　摩崖高二尺七寸　十行　行字不等　徑五分　紹興四年田宗仲書　又摩崖高一尺三寸　三行　行三字不等　字徑一寸　景定三年　九月

尹惠明諸人題名　武林石刻記　在烟霞洞　紹興四年十月　摩崖　縱一尺二寸　橫九寸　八寸　五行　字徑一寸五分　西湖志　錯

朱茂儒所書　容齋　按甲午　紹興八年　伍十年　真　此作晴真　亦明

吳橃諸人題名　武林石刻記　在飛來峰　紹興壬戌　摩崖　縱四尺七寸　橫二尺　正書　八行　字大寸　兩浙金石志　在下　高三　計六十四字

大滌洞趙彥膚四人題名　餘杭縣志　在大滌洞內　摩崖　同遊四人　題二十字　正書　五行　左行　字徑三寸　紹興二十七年二月十六日

趙伯衛定山題名　定鄉小識　紹興己卯九月十七日　摩崖　正書　六行　字徑寸餘

林景度六人題名　武林石刻記　在雲居山　紹興辛卯八月　摩崖　縱一尺五寸　橫二尺三寸　正書　六行　字徑三寸　西湖志　在龍井　凡三十一字

周諸人鳳凰山題名　兩浙金石志　淳熙甲午　在排衙石　崖　行書　七行　字徑寸　計五十六字

淳熙丁酉題名　定鄉小識　在雲居鳳山　水洞　行書　摩崖　五行　二八字　漫滅　蒐　丁酉為淳熙四年　按兩浙金石志　有李直題名　不云所在　與淳熙丁酉季夏二十有五日何伯忠刻　計四十字　對因同　又何伯忠題名　作淳熙丁酉十月六日　行書　六行　字徑一寸　計五十二字　不云所在　今附錄于此

二十八

范至能九人题名

至能范成大也计三十二字

武林石刻记在龙华寺后淳熙戊戌季秋摩崖

修一尺八寸横二尺五寸 正书七行 字径三寸　两浙金石志

韩元吉跋东坡佛日寺题名

颍川韩元吉跋东坡佛日寺题名淳熙五年三月十日

仁和县志有东坡并潜若刻古佛日静慧

寺题名刻名无年月　[illegible]手纪补遗

周子充九人题名

两浙金石志在龙华寺后淳熙己亥季春摩崖

正书七行四十字字径三寸　武林石刻记修一尺二寸横

二尺五寸　子充必大字九人皆有字也

王齐吕诸人届程题名

武林石刻记在龙华寺后淳熙八年闰月摩

崖 修二尺二寸横二尺三寸 正书六行 字径二寸五分

两浙金石志 正书七行 字径寸 计五十一字

董燧诸人届程题名

武林石刻记在龙华寺后淳熙十年三月摩崖

修一尺八寸横二尺九寸正书九行字径二寸计五十字

又淳熙丙午届程题名 正书七行 字径三寸 计五十七字　又淳熙丁未书

书届程题名 修二尺七寸横二尺七寸正书九行每行八字末行七字字径三寸

施十宣黎题名

余杭县志在元同桥左阙淳熙甲辰重九日 正书

十六字

王大通題名

西湖志在風篁嶺治平丁未十月題摩崖正書字徑四寸　西湖金石志

隸書二行字徑三寸計一十六字

京鏜龍井寺齋閣六次題名

武林石刻記淳熙五年冬至摩崖正書

四行字徑二寸五分題在上層計二十三字

又慶元元年季秋正書三行字徑二寸餘計十七字　又二年重陽書祀正書二

行字徑二寸餘計二十二字　又三年書祀正書二行字徑二寸餘計十七字　又五

年四月正書二行字徑二寸餘計十六字　又六年季冬祀高禖正書四行

字徑二寸餘計二十字均在寺後摩崖

何澹龍井寺題名

武林石刻記慶元二年春分正書四行字徑一寸計

三十三字　又三年春分正書三行字徑一寸餘計

二十六字　又五年春分正書三行字徑一寸餘計二十四字　又嘉泰元年計

二十九字均在寺後摩崖

謝深甫龍井寺齋閣五次題名

兩浙金石志在何澹題名之後　武林

石刻記慶元四年九月祀上帝正書

四行字徑一寸計三十二字　又六年四月書祀正書四行字徑一寸餘計二十二字

又五月禱雨祀上帝正書二行字徑一寸計十五字　又嘉泰元年書祀正書

二行字徑一寸計十五字　又五月禱雨正書二行字徑一寸計十七字均在寺

後摩崖

許及之龍井寺齋閣二次題名

兩浙金石志在京鏜題名左下

武林石刻記慶元元年四月冬至祀上帝

摩崖八分書六行徑二寸題在下層計二十六字　又五年九月祀上帝摩崖

八分書五行字徑二寸計二十三字　乾隆失載第二次

二十九

趙周尹玲瓏山題名　兩浙金石志　在臨安縣玲瓏山西北摩崖
分書共十一行　字徑三寸　計五十三字　慶元六年
肩吾跋今趙周尹旧志失載　又楊棟等詩

袁說友龍華寺齋宿二次題名　兩浙金石志　在陳自强題名之
下　武林石刻記　慶元六年八月
摩崖　縱二尺九寸　横一尺二寸　八分書四行　字徑五寸　計二十三字　言有僧宝
嚴題十五字　正書七字　徑一寸　又嘉泰二年九月摩崖　正書四行　字徑一寸　二十七字

陳自强龍華寺齋宿五次題名　兩浙金石志　在謝深甫題名之後
武林石刻記　慶元六年冬至祀上
帝　正書三行　字徑一寸　二十字　題在上層　又嘉泰二年四月雩祀　正書三行
字徑一寸　二十八字　題在中層　又開禧元年九月祀上帝　正書三行　字徑一
寸　在錢象祖題名之後　二十二字　又二年夏至雩祀　正書二行　字徑一寸
十七字　又三年正月上辛　祈穀　正書三行　字徑一寸　計二十字　題在下層

費士寅龍華寺齋宿題名　兩浙金石志　在袁說友題名之後
武林石刻記　嘉泰癸亥四月雩祀
正書四行　字徑一寸　二十字

張巖龍華寺齋宿題名　兩浙金石志　在費士寅題名之後　正書
三行　字徑一寸　開禧元年二月祀高禖　三十字

錢象祖龍華寺齋宿題名　兩浙金石志　在張巖題名之後　正書
四行　字徑一寸　開禧元年四月雩祀　三十六字

李賀龍華寺齋宿題名

兩浙金石志 於佛日院開禧題名之後 正書四行 字徑一寸 開禧二年長至日 祀上帝 二十八字

李仁本六人玲瓏山題名

兩浙金石志 在臨安玲瓏山九折岩摩崖 正書六行 字徑寸 嘉定壬申八月十日 二十七字

沈鈺四人玲瓏山題名

兩浙金石志 正書六行 字徑三寸 嘉定甲戌仲春 三十六字

趙時保施羅漢寺題名

兩浙金石志 在寺後摩崖 正書八行 字徑二寸餘 三行以下皆泐 嘉定乙[illegible]人日

陳之純玲瓏山題名

兩浙金石志 在臨安玲瓏山九折岩摩崖 正書七行 字徑二寸餘 嘉泰乙亥九月 四十五字 按乙亥爲嘉定八年 嘉泰有癸亥無乙亥 嘉泰當係嘉定之誤

李伯和諸人鳳凰山題名

兩浙金石志 摩崖 正書七行（八） 字徑三寸 嘉定丙子九日 計一百六字

胡榘三茅觀題名

兩浙金石志 在觀後摩崖 正書六行 二十二字 字徑二寸五分 嘉定十年六月 七十五字

邱叔賈似道題名

咸淳志 在龍井 乙未臘月 西湖志 附在風篁嶺 今

正書

諸年二月

賈似道十人隆平寺題名

咸淳志 嘉熙戊戌元日 登隆平寺 ……煙雲

同上 十十一字

黄文勝鳳皇山禱雨題名

淳祐乙巳

兩浙金石志 摩崖行書六行 字徑二寸

二十

李良六人題名

武林石刻記 在天竺 淳祐丁未三秋二日 磨崖 縱一尺一寸 橫二尺三寸 正書十行 字徑二寸 西湖志 在翻經台

張德興諸人題名

武林石刻記 在飛來峰半山 寶祐丙申中伏後一日 磨崖 縱七寸五分 橫一尺二寸 正書 字徑一寸五分 西湖志 在龍泓洞 行書 字徑一寸 計二十七字

吳璞諸人二次題名

武林石刻記 在天竺 淳祐庚戌 磨崖 正書五行 字徑四寸 又淳祐壬子春仲 磨崖 縱一尺六寸 橫二尺四寸 正書五行 字徑四寸 西湖志 在三生石 兩刻約二十六字

大滌洞殘題名

西湖志 在洞內 磨崖 正書三行 字徑二寸 休淳祐辛亥十二月 張口來遊

陳詩諸人題名

西湖志 在飛來峰半山 磨崖 正書六行 下半殘 餘字徑二寸 寶祐乙卯

姚原道與弟姪題名

武林石刻記 在石屋洞 西石壁 季秋 磨崖 縱二尺 橫八寸 正書四行 字徑一寸五分 西湖志 為寶祐四年

釋常照題名

西湖志 在石觀音院 磨崖 正書三行 行字不甚 徑寸 計二十七字 景定壬戌前九月初二日 又景定壬戌上巳 陳呂偕韓東澤 僧口口遊 正書六行 行三字 徑七寸三分 不詳所在 附此

賈似道題名

咸淳志 在風篁嶺 龍井寺 乙未 凡卅一字 高閣道咸淳元年也 四十一字 按乙未為端平二年

潜説友龍泓洞題名

柳葉篆字徑八寸 年月正書

兩浙金石志 潜説友君高文六字古篆書二行
字徑五寸咸淳乙丑閏月望題八字正書行一寸 西湖志

賈似道諸人題名

錢唐縣志在龍泓洞咸淳丁卯七月廿八日 兩浙金石志正
書六行 字徑四寸 計四十九字

賈似道顯慶寺題名

咸淳志在小麦嶺 咸淳三年 九月二十四日 賈似道
省先塋 凡五十二字

賈似道諸人石屋洞題名

武林石刻記咸淳三年 九月十四日於崖 縱二尺橫
一尺三寸 分正書四行 字大一寸五分 計三十九字

兩浙金石志 末有此壁刻名四十字中有安撫鶴山安國等八姓 正書凡九十字

咸淳己巳同銓題名

兩浙金石志 右碑在西湖北山智果寺側 凡八十人 三月
二十日敘拜於望歡樓 遂登三石于江湖偉觀

潜説友石屋洞題名

武林石刻記 縱二尺二寸 横一尺二寸 正書四行
字徑二寸 咸淳七年五月 記十九字

咸淳壬申口班題名

兩浙金石志 右碑在西湖北山智果寺 凡二十一
員 又二員 八年六月初五日 玉牒官 徐昇刊

上二刻嘉慶元年二月同邑何夢華搜得手拓其文

杜忠鳳皇山題名

兩浙金石志 止歲著雍攝提格 月在大梁 其日己未
正書四行 字徑三寸 祥興元年戊寅

三十一

高不倚諸人題名 両浙金石志摩崖隸書六行行十字字徑二寸 不言所在

李濤時題名 両浙金石志摩崖楷書二行四字徑二寸不言所在

玉乳洞題名 錢唐縣志存數字

元方遲諸人玲瓏山題名 両浙金石志在石門下至元甲申摩崖 正書九行字徑二寸計七十九字

釋教都總統題名 両浙金石志至元二十四年十一月三日在飛來峯摩崖在王庭書龍泓洞三字之左 西湖志謂作書龍泓洞其異名係靈隱寺志之誤

趙文昌玲瓏山題名 両浙金石志至元丁亥冬十一月朔日濟南趙文昌明叔題凡十八字在九折岩上摩崖正書三行 字徑三寸許 玲瓏山志未載

方天麟諸人玲瓏山題名并詩 両浙金石志在九折岩題字上右摩崖 正書十六行字徑二寸大徳四年庚子暮秋之初凡八十三字又七律一首五十六字下有小字二行不可識

李侗諸人題名 武林石刻記在石屋洞皇慶壬子九月摩崖縱一尺四寸横一尺二寸行草七行字大一寸六下凡五十七字

「李倜游人题名

武林石刻记 在石屋洞」

王達游人题名

武林石刻记 在天竺三生石 至正五年二月 摩崖 纵一尺三寸 横一尺二寸 四行 行七字 字径二寸许 两浙志存六字 精 两浙志称七二十六

楊瑀张翥游人题名

武林石刻记 在天竺 至正六年九月 摩崖 纵一尺五寸 横一尺八寸五分 正书七行 字径寸 两浙志

在翻经石 三十六字

趙賁翁游人题名

武林石刻记 在天竺 至正六年丙戌九月 摩崖 纵一尺五寸 横一尺八寸 正书七行 字径二寸许 行书左题 两浙金

石志 在灵隐三生石 计三十二字

施据诸人石屋洞题名

两浙金石志 至正戊子四月望 摩崖 书三行 字径一寸 计二十一字

兀氏也先帖木霻隠题名

两浙金石志 在烟霞洞 摩崖 正书三行 字径二寸 至正庚寅 计十八字

觀森特题名

武林石刻记 在飞来峰 至正七 至正庚寅六 摩崖 纵一尺一寸 横十寸五分 字径一寸

「閻之完住游人题名」

两浙金石志

阁字下石刻作二小点在左 乃叠文也 两浙志作之字误

中書省掾事官嗃尔吉納珠游人题名

武林石刻记 在天竺 至正十年仲冬 摩崖 纵一尺 横一尺五寸 正书六行 字径

三十二

一寸三分　楷多字迹陈师闵宣位　正书六行年月并同题名者美而
刻一在天竺一在香严

沈嘉八人题名
武林石刻记在石屋洞　高正尺五寸　宽寿摩崖纸
横五九寸　正书六行　字径一寸

[illegible]著诸人题名
六字隶书陈嘉时书
武林石屋洞刻记在石屋洞　高五尺十四寸二尺六寸
[illegible]摩崖　阔八寸　横九寸三分　正书七行　字径寸余　计五十

杨杰米吕班石屋洞题名
武林石刻记　高正寸　寿摩崖纸
八寸五分　横四寸　正书六行　字径六分　计二十七字　高正

赵文昌题名
杭州府志在钱塘石屋摩崖　右行十四字　正书
十七行

周伯琦诸人题名
武林石刻记在天竺　正书　戊[illegible]二行　摩崖　纸二尺
一寸　横二尺五寸　篆书九行　字径二寸五分　两[illegible]
金石志在三生石　楷书九行　字径二寸　计七十五字

黄溍南山题名
吴兴艺文志补　乾隆志の碑记俱稍此

玉林帖木儿题名
两浙金石志在飞来峰摩崖　二行　字径二寸
计十二字

愚道诸人题名
武林石刻记在象鼻峰　楷书正月　摩崖　行书四行
字径二寸

江畔陳直題名 靈隱寺志 在理公岩 正德十五年八月 計三十字

廣濟庵題名 唐棲志 在長橋庵

邵啟紀題名 靈隱寺志 在理公岩洞內 嘉靖二年 金奉 又邵啟紀九字

薛東洲詩人題名 靈隱寺志 在青林洞口 嘉靖壬辰 言行狀 計二十四字

朱袞題名 西湖志 在飛來峯 正德字從正 餘 袞河南人 嘉靖中浙江布政使

姜其昌李流芳題名 錢唐縣志 在勝果寺石壁

安國七遊題名 靈隱寺志 飛來洞內有錫山安國七遊於此八字 無年月

安國八遊題名 兩浙金石志 在石屋洞 又宋雲(仙迹)題名中

霍鞱李元陽題名 在石屋洞 無年月

題字

桂潛石 桂山秦篆 天下金石志 刷蘇元石 在桂潛物

五十三

吴栗山刻字

西湖志旧在栗山上刻云黄武二年此岁秋中平有二日字犹存记云刻在石梓咸淳志云石在

唐紫微山刻字

咸淳志山在富安县东北六十里半山有镌紫微山三字

吴越浚金池刻石

海昌备志径七寸楷书隶书作封辨记三石此石录言得雪果引西湖水为池吴越王元瓘书三字刻石志其旁

宋仁宗飞白石刻

草书志杭州府仔字天下升平四民清七飞白字石刻宋仁宗御书两浙金石志在仁和仔字七字黄刻字径四寸余款署庆历八年四月二十六日蔡正书皇廿九四字

瑞藤洞题字

武林石刻记在千佛岩皇祐元年己卯九月刻于崖阔二尺一寸横一尺五寸下书字为青度支员外郎苏舜元立石在长高寸许两浙金石志在石龙院题字系刻两行宋史文苑传苏舜元字才翁舜钦兄

云泉灵洞篆

两浙金石志在云居山风水洞王子祯书康定元年中篆题崖所字径三尺

小隐山

南阳府志在小隐山石壁宝祐间勒

云泉二篆

武林石刻记在慈云岭镌崖径七尺横五尺字篆书大三尺三寸首行三行楷元历中三字可辨元居中字正未郑州人康定元年以将仕郎任唐州令又飞来峰脱依字寺门庆历八年吴常赞元居中书见两浙金石志称吴择所题名

佛法僧

武林石刻記 在慈雲嶺 吳寶正二年十一月刊 石闊七尺 橫三尺 正書 智崖

佛字高廣大 法僧二字差小 徑二尺

九折巖

兩浙金石志 在臨安縣玲瓏山 巖上字徑一尺五寸 款東坡居士

十二字各徑四寸

醉眠石

兩浙金石志 明郎全鑑棲碑記云 玲瓏山西峰 峭崎壁空 如上往右行 石極卧如榻 鐫醉眠石三字 乃坡公筆 話上題九折

巖三字 亦坡公筆

歲寒崖

西湖志 在孤山巖 又前人云 唐年書 字四寸 老廣成子徑寸二分

第六十四 相傳東坡書 乾隆志 據西湖志作歲寒岩 誤

兩浙金石志 徑作居 歲寒崖三字以篆書 橫列 字徑

字 搜石刻路記

一尺四寸 又都書 至列六行 字徑寸

東坡林

昌化縣志 在治平寺後 蘇文忠公手書

東坡泉

昌化縣志 在縣南雙峯之西 蘇文忠公手書

登雲

新城縣志 在照明山 靈峰亭下 蘇軾書

出雲

某縣志 蘇軾書 在瑞石山東偏

第一山

武林石刻記 在紫陽山 米芾書 智崖 石高五尺四寸 橫二尺五寸 行書

第字高三尺一寸 廣一尺六寸 一字高五寸 廣二尺 山字高一尺一寸 廣二尺

三十四

米芾书三字各长二寸 旁有万历四年刻二字大二寸　西湖金石志 草书刻
字在盱眙都梁山亦有此刻 明万历钱塘令聂心汤重摹
此石字可证广陵州人 万历二年任

方井　西湖志 井在栖霞岭下 米芾书

琴台二字　西湖志在家人郭 行书字径三尺米芾书正书摩崖
西湖金石志字径二尺款字径二寸此刻年月磨元周昌
款下有琴台二字 为宋李所刊

宝路　天下金石志 参寥子书在大觉院

隐秀斋　钱唐杭志 苏轼书 绍圣四年刻石 赵令畤书在下
在通判北厅

慧日峰　西湖金石志在西湖慧日峰摩崖 字径一尺四寸 款字正书
径一寸　绍兴二十七年丁丑定僧立石

高宗御书玉堂　西湖志在学士院 学士周麟之刻石 有跋见
咸淳志

御书忠实　西湖金石志在胜果寺后山摩崖 正书 横列 字径二尺四寸
旧本有影 今剥蚀难辨

御书石屋酒税处　西湖志在陶宗祠

勝果 西湖志在勝果寺巖後立石礙下 鐫書字徑三尺今已宋淳熙
十三年歲次四月甲子重建 正書 兩浙金石志 宋款在右 右款大元
至元二十年 五月戊寅住持復新建 字徑一尺餘

鳳山 武林石刻記 在鳳凰山頂 王大通郭淳熙丁未春摩崖
四大楷九寸 款書二字平列 徑三尺五寸 左年月右題名字大五寸
今已 兩浙金石志

清虛洞天 定鄉小識 在吳山仙人洞內 傳照三年五月癸巳刻篆
書 徑尺餘 右題銜十字一行 正書 武林石刻記 徑三尺
四字 楷九寸

忠愛 錢唐縣志 米芾書 刻石儒學

忠孝 兩浙金石志 在西湖岳廟 正書 徑二尺五寸 米芾書 五款
字正書 徑二寸 係人摹刻 無年月

佛 武林石刻記 正書 徑五尺 款字 款書三行 右云 慶元丙辰三月
八日 招提吳安錢唐景明款名書 東此立大字刻石 右云 宗之
淨律建 今亡 兩浙金石志 在 蘇首年

寧宗御書紫微閣 咸淳志 在中書門中 以前 慶元五年 六月

三十五

御書摛文堂　咸淳志在學士院書賜學士高文虎度宗六月一日

理宗御書昭勳崇德之閣　咸淳志寶慶二年四月書

御書經武之閣　咸淳志在殿前司

御書易庵　咸淳志刻石慧因院

太學御書　兩浙金石志在仁和縣學大門內大成之殿大成殿門二刻正書字徑一尺中有復古殿三字咸淳志寶祐六年理宗御書大成殿壽皇聖製二篇今石此二石疑即當時之一並所大成至元廿四年加封孔子至聖詔石在正殿之西　按咸淳志則有先聖殿在通賢門外宣和中康誠建降御書殿榜曰大成之殿是此字正書恭上石始年中高宗理宗也

御書洞天福地　兩浙金石志於錢塘杭州玉清宮正書字徑一尺二寸中印二璽不可辨洞霄圖志云淳祐二年寫

御書見滄　武林石刻記在鳳凰山之玉皇寺摩崖徑二尺字橫一尺七寸正書字徑一尺下有一印方二寸四下字不可辨

御書進思　咸淳志在都亭驛東侍郎宅進思其果存也未印當書陪鄰館　景定三年

御書道山堂　咸淳志在秘閣之後　景定四年書

石渠　咸淳志 道山堂之前为石渠 据其上二方为小亭 有米芾书石渠二大字

刻李阳冰道山篆　咸淳志在道山堂下与米芾书皆石刻

三生石　西湖志 在下天竺中峰上 篆书摩崖 武林石刻记 字径六寸 两浙金石志 张大光书 柳楷重摹 封在随州 宋咸淳五月与

杭州景

少林　武林石刻记 在南高峰山麓崖 正书二字八尺 横列 款攻媿二字 正书字径一尺 攻媿楼钥别号也

饒雲窩　两浙金石志 在天龙寺后石洞上方摩崖 八分书 字径寻 乾隆志引石佛记 饒作澆

天龍寺光明石　两浙金石志 在寺后石壁摩崖 正书二行 上二刻 皆無年月 見宗淹石佛記

心即用爱人視民如傷　西湖志 在宝石山 正书字径二尺余 题款 相传为贾似道书 萬曆志 在南高峰下 两浙金石志 勒于摩崖 字径寻

劉公泉　宋提举常平劉常書 見萬曆志

龍泓洞　武林石刻记 金华王庭书 字大七寸 正书 磨灭署名 字径一寸 径二尺八寸 横一尺六寸 庭贾似道客也 见两浙金石志

蒼苔題　武林石刻记 在南屏摩崖 径三尺二寸 横一尺八寸 正书 径一尺

自此以下無年月可稽

三十六

并月不傳世

卧雲二字 武林石刻紀 摩崖 縱二尺七寸 橫二尺七寸 隸書 徑一尺一寸 在天竺山

戴嵩神運石 武林石刻紀 在龍井摩崖 縱二尺餘 橫二尺 隸書 字徑八九寸 下有玉泓池三字 亦摩崖 大字徑五寸 池字廣五九寸 右山 有南山道人李徒建 玉丁卯運此石就之 三行 字徑三寸

躍雲 武林石刻紀 在鳳凰山摩崖 縱二尺八寸 橫六寸 篆書 字徑五寸

閑襟 武林石刻紀 摩崖 縱二尺 橫一尺一寸 隸書 字徑八寸

卧醉 聖果寺志 在寺右 郭公泉下石

桂岩 聖果寺志 在將軍池上

燕巖 武林石刻紀 在山石屋 八分書 徑三寸

雪巖 武林石刻紀 在山石屋 正書 徑一寸

雲居 西湖志 在寺中 趙孟頫書

天然洞天　武林石刻記在山石底　篆書　徑三寸

廣莫子　武林石刻記在山石之底　隸書徑一寸　按西湖金石志以天然附
三篆字為廣莫子所書　字徑二寸餘　款字隸書字徑七分　莫維
賢字景行築別業于雲際　若有廣莫子號　即其人也

山舟　紫年紀　在紫陽山水石泉亭上　貫雲石書

吳山福地青衣洞天十方大重陽菴　西湖金石志　在吳山紫陽庵
菴始石洞成　元大德間重
東嘉師北方村為題字　一曰吳山福地四字　一曰青衣洞天四字　皆正書　徑六寸
曰十方大重陽菴六字　正書二行　字徑一尺　款三行　一行廿九字　一行廿字　一行大字皆是

理公岩　西湖金石志　在財神洞內摩崖篆書　楷列七　徑八寸　款字楷　逍書之
字正書　字徑一寸　通字宗正　至正間人
武林石刻記　在天竺山門　書　徑七寸　闊二尺一寸　楷九寸

款寶臺

吳山第一泉　康熙志　明崇禎七年參政徐年立石

景南一程　武林訪碑錄　在寶石山　正書　字徑二尺　無款　或傳為明人書

吳山第一峯　西湖志　在七寶山

三十七

天竺芙蓉　西湖志在理公塔

南屏　钱唐县志　明正德中刑部主事方思道石刻　楷书径尺余

石屋　武林石刻记　在石屋洞内　方思道书

玉乳洞　西湖志　在洞内　方豪书

金光洞　西湖志　在洞内　方豪书

射旭洞　西湖志　在洞口　方豪书

太虚一点　宝卿口识　在云居山水洞上石崖　万历二十七年九月九日楚郢周人冯沐书　四字横列洞上　右镌大字左旁别一行　冯沐楚陵人也

近在钱唐县学

寿星石　西湖志　在二老山寿星崖　字径一尺二寸　右三行明万历甲午春日盛时泰隶　右旁瑶海王宗遂题　陈禹谟识　廿二

十一字　字径三寸许

涌泉　西湖志　在青衣洞　彭岸书

歲寒松竹　西湖志　在吳山寶成寺　吳東升書

玉岑　西湖志　在玉岑　許棨書　摩崖

盡忠報國　西湖志　在岳廟　蕭自洪孫書

吳山東南第一程　武林玄妙觀志　在吳山紫陽峯下摩崖　楷書徑六寸　字法近道威

臥龍淵　唐棲志　在超山上　摩崖　行書三大字　字徑尺餘　無款
海雲洞三字　東西相對　中隔一石　無年月

海雲洞　唐棲志　三字大徑尺餘　摩崖　郡守三山趙[illegible]書

雲壑　元妙觀志　在蓮池石壁上

古石佛院　錢塘縣志　在大佛寺　施[illegible]書

青霞洞　元妙觀志　隸書字徑六寸　明有款已漫滅

尚綱中巖　武林石刻記　在龍井摩崖　正書二行　平列　字徑九寸　左有二月十五五字　右有辛卯題三字

雲窩　西湖志　在石屋　摩崖　縱一尺　橫六尺　篆書徑五寸

三十八

聪峰　西湖志　在南山小麓　摩崖

清響　西湖志　在水樂洞　蔣亨吉居書　勤先生摩崖　跋六寸　横二尺六寸　縱五尺五寸　正書

滄海螺杯　武林訪碑錄　在水樂洞內　字徑二尺餘　正書

未嘉　西湖志　在宝石山　孫克弘書

紫陽洞天　武林碑目　篆書　在紫陽山　吳讚書

太平尖石篆　昌化縣志　在縣西北太平尖孤峰陡險石間有篆文古蹟

祠廟寺観碑記　宝刻叢編　于僧翰書　按潤州有尊勝經　于僧翰書　咸通五年　則此亦唐刻也　無地

唐皋亭神祠碑　碑自作牛僧孺書

郭侯廟碑　唐興志　咸通六年　褚孫慶撰　在富陽

馬大仙廟碑　金石時地考　在富陽

梁新建錢唐湖廣潤龍王廟碑

寶刻叢編 錢塘記新書叙 貞明二年丙子四月十五日庚午建 咸淳志 嘉澤廟 錢氏表封廣潤龍王 政載貞明二年記文 即此碑也

吳越錢武肅王廟碑

嘉靖仁和縣志 丞相皮光業撰 碑在錢湖門外方家峪 祠前有吳越碑 極高大 題曰[illegible]錢武肅之碑 字畫刻劃 又咸淳臨安志

宋新城杉溪廟碑

成化志 宣德四年教正[illegible]楊鐵撰

海寧禹秦二王廟記

海寧縣志 景祐四年 楊贊寧撰 楊贊寧於至道二年 此為是記 年月 記撰人年月 與景祐乃是祐之[illegible]

吳山忠清廟記

咸淳志 皇祐元年 王安石撰 嘉熙四年守趙與懽重立石 又重建忠清廟記 嘉祐八年王安國撰 又嘉熙庚子忠清廟新建英衛閣記 趙與懽撰

餘杭靈衛王廟記

咸淳志 令虞大亮撰

鹽官白馬廟記

嘉靖海寧縣志 縣令劉[illegible]撰

三十九

餘杭太平靈衛王廟碑　咸淳志　熙寧六年　屈大亮撰

表忠觀碑　成化志　蘇軾撰

按是碑凡四刻　一落大字本　乃初刻在熙寧十年

一為大字本　明嘉靖間郡守陳柯重摹刻　其在郡學者為小

字本　則正德間以據宋延佐自仁和移學稽丞　楊少師一清記之言表

忠觀舊碑十有四從子橋半泊此之倫[redacted]　一為[redacted]清乾隆

癸酉重摹初刻大字本

黃官郡社稷壇記　咸淳志　政和二年　令歐陽珣撰

惠應廟記　周邦撰　咸淳志　政和五年乙未十一月十二日丙辰　左承奉郎

江漲橋靈惠廟記　咸淳志　紹興九年　馮穎纔贊撰記　成化志　在北新橋東

新城廣利廟記　新城縣志　隆興元年　劉度撰　趙耘書并篆　又明重建記　陳南金撰

平濟廟記　嘉靖仁和縣志　李文蔚撰　在廟下隄

廣惠廟記　咸淳志　慶元二年丙辰　錢唐主簿趙師白撰　又慶元丁巳　監潭州南嶽廟　求梓撰

新城耿侍郎廟記　成化志　慶元三年　邑人平棐撰

真官重修婆廟記　海寧州志　慶元二年鍾安某撰　元至正
十二年重修祀傳　趙書　錢惟善撰
明嘉靖十年重修婆廟　諸理堂記　周沐書　嘉靖元年重修
婆廟並協忠門記　邵名孫撰　萬曆三年重修雙廟記　沈友
仔撰　又祭雙廟樂章碑

張緒王蔭勳廟碑　咸淳志　在清河坊　慶元間曾孫錄築以
高宗御書祐勳顯名大忠遂撰碑

順濟廟碑　咸淳志　嘉泰二年李兄撰　神林濟名傳与爪
濟聖妃廟神莆田林氏女里田人舍一祀

忠旌廟記　咸淳志　嘉泰三年葉亢　尚書黃由撰　又吳攀錢
康熙志重修記　呂安撰

會靈廟記　咸淳志　直寶文閣　李璧撰并書　開禧元年

崔府君祠顯應觀碑記　咸淳志　在湯鎮門外　嘉定三年樓
鑰撰　奉宗題額　崔府君祠
詔元大德三年　靈惠齊聖廣祐王崔府君廟碑　王祐淵撰刻
趙書　何華祖　監刻

海寧社稷壇記　海寧州志　嘉定九年　陳青撰

重建襲忠衍福寺記　蕭陵志　嘉定十四年吳適記　元至正
六年宋文質記　又鄭元祐記　明

四十

五義記　又名瑞記

咸淳志　陸雲撰　嘉定十一年

富陽縣社稷壇記

咸淳志　在縣廟前　程侍郎程珌撰　嘉定十六年癸未

三賢堂記

祀白樂天蘇東坡林和靖　咸淳志　中書舍人王塈撰　寶慶二年　安撫袁韶

水仙王廟記

東坡自有記

先賢堂記

咸淳志　中書舍人王塈撰　寶慶二年　又見咸淳卷三九

首府尹袁韶撰

臨平山重修東嶽廟記

西湖志　在府內　寶慶三年丁亥刻

萬撰

旌[illegible]張文忠公祠記

咸淳志　尹有成撰　紹定二年

順濟聖妃廟記

咸淳志　在艮山門外　丁伯桂撰　紹定三年

新城翊應將軍廟記

新城縣志　嘉熙四年　庚子　江鎮撰

金龍二太尉廟碑

武林石刻記　鄭子文撰　彭龜書　淳祐元年

中刻有記　碑高三尺八寸　廣一尺七寸　篆額書字

徑三寸　武林訪碑錄　明成化十二年重修記云　碑已不存　項譚書　咸淳

碑陰字見碑　莫淳　錄　正書　寶祐十二年　重建上有碑　趙寬撰　楊俊書

靈雲廟殘碑　樊榭山房集　淳祐七年

靈衛廟記　乾隆志　淳祐七年　鄭子文撰

昭節廟記　咸淳志　在保民坊　廟舊記唐陳二神　寶祐乙卯洪濤撰

新城輔德廟記　新城縣志　寶祐二年　方回記

於潛勅賜靈濟山廟記　於潛縣志　寶祐五年　將作序程記

臨平山白龍王廟記　臨平小志　寶祐六年立　僅八十餘字可讀　其文為謝諸所撰也

寶所道冢廟題記　西溪金石志略　寶祐六年　在靈鷲山岩石房屋字徑五寸深寸餘　計五十四字

顯祐廟識文　咸淳志　咸淳三年　潛說友撰

仰山二王廟記　咸淳三年　林希逸撰

顯功廟記　咸淳志　咸淳四年　潛說友撰　在臨安府治外

仁和重建社稷壇記　咸淳志　知仁和縣　郭應酉撰　咸淳五年

四十一

於潛皇甫祠記　於潛縣志　吳彥撰　咸淳六年

鹽官東嶽行祠記　海寧州志　邑人傅可遠撰

鹽官陳君生祠記　海寧州志　黃日進撰

元新城輔德廟記　新城縣志　至元十六年方回撰　張淳書　唐帝袁公墓

艮山土神廟碑　樊榭山房集　山在城東北　有元艮山土神廟碑高丈二尺　大德丁未仇遠撰任子昭書古杭陳德彝記并書
艮山雜誌　登園有墨蹟　紀大林艮山廟碑詩

周氏世德記　西湖志　舊在南高峰　王安石撰并題額

海寧明倫古廟記　海寧州志　教授孫因撰　濟陽初等年楷書　宋末

海寧嵓巖峰勞將軍祠記　海寧州志　潘元延撰　至順元年

嘉靖仁和縣志　鄉進士葉森撰　元統初

顯忠廟記

新城東嶽行祠碑　新城縣志　至元五年十一月　蘭陵方穀壽撰　又明萬曆二年重建方廣記

海寧曹將軍祠碑記　海寧州志　至順元年盧美選記

新城三皇廟記　成化志　教授方德麟撰　至正元年

海寧三皇廟記　成化志　黃溍撰　至正初

硤山巢居閣記　成化志　江浙儒學提舉長沙李祁撰　至正五年

又重建記　明彥時正

樊女廟記　乾隆志　至正年　楊維禎撰

海寧廣福廟記　嘉靖海寧縣志　一、唐右仁撰　一、知州趙劉構撰　至正年

明化院顯德忠惠王祠碑　倪本誠撰　殷天祐書　正書　至正五年

昭貺神廟記　西湖志　在三郎廟下　鄉貢進士龔維肅撰　金華吳肅書　吳興趙奕篆額　至正二十五年　錢唐宋尹恂有建

主石　兩浙金石志　正書十七行行四十二字　額已失

天妃廟記　成化志　周伯琦撰　許從宗撰

重建岳鄂王忠烈廟碑　西湖志　舊在北山岳廟　鄭元祐撰　武林訪碑錄　明敕賜宋岳少保武穆王忠烈

四十二

廟碑 天順三年三月 又正統四年重修武穆岳鄂王廟碑 王景章撰 世鍾書 又重修祠碑 姚夔撰 正德十五年重修碑記 邵寶撰文 又嘉靖己未重修鄂國武穆王重修祠記 金琪撰 張襄書 呂希周篆 嘉靖間岳廟新建忠孝祠碑記 徐階撰 李春芳書 萬曆三十六年岳廟繼忠侯祠碑 李養質撰 張國賓書 天啓甲子岳廟增建五祠記 沈淮書撰 崇禎丁丑重修岳武穆王廟碑 左佩玹撰

淮安忠武王廟碑記 嘉靖仁和縣志 翰林院承旨劉敏中撰

廣福廟碑記 嘉靖仁和縣志 集賢院侍講天台周榮仁撰 又明[illegible]夔撰 又重修記 翰林學士承旨晉寧張翥撰

明富陽重建城隍廟記 富陽縣志 吳元年六月[illegible]任學副攝縣事葉廣居撰 明正德間重修布政左參政上虞孫居傑撰

海寧天妃廟記 海寧縣志 教授徐德炎撰 洪武初年

鄉賢祠記 武林訪碑錄 洪武十三年 薛一夔撰 正書

貴龍廟記 乾隆元陳斗七年薛一夔撰

海寧重修靈順行祠記 海寧縣志 洪武十一年許德棠撰

鳳山靈應廟記 西湖志曰在本廟中 洪武中杭州府儒學教授錢一夔撰

新城旌德祠記 新城縣志 洪武十七年 李之翰撰

東平忠靖王廟記 萬曆錢塘縣志 左布政使王鈍撰 洪武三十年 又重修記 蔡常撰

蔣侯廣福廟記 宏治吉封辛酉 盧襄撰 嘉靖十四年乙未 重建碑記 洪宗撰 李本書 嘉靖四十年

辛酉廣福廟三殿靈應記 郁信五中周倫撰

千勝將軍廟記 成化志 府訓導何敬撰 府學生紫東書 建文元年歲人叶梅府學生劉聲件武季身也

潮王廟記 成化志 釋本誠撰 在仁和縣一都

通聖廟碑記 嘉靖仁和縣志 安慶府推官邑人姚喜撰 永樂二十一年

富陽嚴先生祠堂記 富陽縣志 宣德十年仁和訓導夏瑞大年記 邑人夏彥方立石 又重修記 黃晉 二九年知縣任才錦撰

新城許女祠記 新城縣志 天順六年 魏驥撰

四十二

玄妙觀建文昌閣記　玄妙觀志言聲撰　未詳何年

餘杭雍熙初碑　餘杭縣志　成化五年鄒霙撰

重修白馬神廟記　武林訪碑錄　成化九年李旻撰　錢鉞書　又重建碑記　陳公文之　[illegible]年五月　胡[illegible]

採藝堂纂　林鳳書　成化二十一年重修　沈友儒記

餘杭惠澤祠碑　乾隆志　成化二十三年十月鄒韓撰　又嚴沆撰　又鼓樓記

助聖廟碑記　嘉靖仁和縣志　廣西參政里人朱鏞撰記　成化十四年　又武林訪碑錄　諸葛祠碑　[illegible]錢秀[illegible]撰　鄒[illegible]書

吳山城隍廟重修記　吳山城隍廟志　杭州府知府楊繼宗撰　成化十八年　又重修杭郡城隍廟志　附楊繼宗撰

採[illegible]天[illegible]年　又重修城隍廟碑　浙江驛傳道[illegible]撰　陳[illegible]書

郭[illegible]天順六年

蘇勝灣天妃宮碑　嘉靖仁和縣志　浙江按察司副使吳文元撰　成化二十口年　又毛鉉記　見艮山雜志

東嶽行祠記　成化志　邑人[illegible]撰　未詳年月

唐鄴侯新祠記　嘉靖仁和縣志　郡人鄧林撰

于少保旌忠祠碑 武林访碑录在三台山宏治元年张宁撰祁铭罗篆并隶书碑阴于冕跋 嘉靖二十六年季[illegible]旌忠祠碑张鏊撰王文禄书篆

惠泽祠记 徐西志 郭韶撰 孙冕书 宏治二年

余杭四贤祠记 余杭县志 正德初[illegible][illegible][illegible]撰

张烈文侯祠记 武林访碑录 正德五年二月唐皋撰 张鏊写 书郎铭篆

忠烈侯祠碑记 嘉靖仁和县志 福建副使里人姚云衣撰 又正德十五年唐东参政郭灵襄撰

海宁重建城隍庙记 [illegible]志 正德九年邑人李良撰

拱宸侯王公祠记 嘉靖仁和县志 提学副使刘瑞撰 正德十三年

余杭正儒祠记 余杭县志 嘉靖二十年黄向著撰

通圣庙碑记 [illegible]陵志 明姚[illegible]撰

萧郡侯祠碑 嘉靖仁和县志 尚宝少卿徐江山撰 嘉靖二十年又里人吴良撰

四十四

楊侯祠記　嘉靖仁和縣志　陳一夔撰　嘉靖二十四年立石

壽春巷新建閩王祠記　湖西志　張寰撰　萬曆志　嘉靖二十六年

通元觀重建羅射君祠記　武林訪碑錄　嘉靖二十七年　沈友何撰　徐鑾書　孫壽芳篆

海寧政仁祠記　海寧縣志　嘉靖二十六年呂希周撰

海寧周宣靈王廟記　海寧州志　嘉靖辛卯　邑人沈友何撰

忠節祠記　萬曆錢塘縣志　呂本撰　萬曆二年

西溪重修東嶽行宮碑記　西溪贅隱志　嘉靖四十一年　郎瑛撰　武林訪碑錄　陳洪書

新城杜將軍廟記　乾隆志　嘉靖間方豪撰

海寧許侯廟碑　海寧州志　歸安茅坤撰　又許侯故廟碑　邑人談遷撰

新城城隍廟祀田記　新城縣志　隆慶二年方鏖撰

重建吳山三官廟記　武林訪碑錄　隆慶六年季秋　邵璋撰　保安書　張瑾篆　又重修記　萬曆三

十六年中元翁宣撰 金學曾書 張稚先篆 又中興三夜殿記
萬曆四十二年仲冬王在晉撰 釋自寄書 三高宮摩崖記 萬曆
十三年乙酉閏九月沈友仔撰 胡果書 胡孝篆

兩浙名賢祠記

萬曆錢唐縣志 陳懷撰 隆慶六年

新城杜公祠記

新城縣志 萬曆元年方應選撰

顯應惠順天聖夫人祠碑

武林訪碑錄 萬曆元年鄧□撰
張集義書 何大化篆

西湖靈濟寺祠記

武林訪碑錄 萬曆二年四月沈友仔撰

褒忠祠記

萬曆錢唐縣志 呂本撰 萬曆二年

吳山江東廟記

續通志 韋三聘撰 王世懋書 川書 萬曆三年

海寧靜安廟廣靈陵侯靈應記

海寧州志 萬曆六年沈友仔撰

武林訪碑錄 萬曆七年沈友高撰 胡孝書

通玄觀道文昌祠記

海寧張真廟記

海寧州志 萬曆十年沈友仔撰 葉國書

四十五

永福祠记　乾隆志　万历十三年　张瀚撰

薛君生祠记　武林访碑录　在仙林寺　万历十三年沈友仁撰　文玉　书文泉

忠孝祠碑记　乾隆志　无年月　李春芳撰

天竺庙记　万历钱塘县志　郡丞翁汝撰

西湖龙王庙香火田园碑　武林访碑录　万历十六年

钱忠懿王西湖祠堂碑　武林访碑录　万历二十五年　倪元瓛撰　严敦书

重修白沙庙碑记　武林访碑录　万历二十九年　陶允读撰　吕焕篆　杨廷谔书

洞霄宫朱文公祠记　余杭县志　万历三十年　马烨撰

重修梅岭白岳鄂王祠碑　武林访碑录　万历三十一年　范涞撰　安继辰篆　朱正色书

吴王越国旧王寺祠记　海宁县志　旧道方小撰　盛子继书　以青　万历三十年

重立武安君祠记　海宁县志　刘永祚撰　正书　万历三十年

忠孝祠記　武林訪碑錄　萬曆二十六年　李茂質撰　張國憲書

葛相公廟碑記　無年月　撰人

馬勝廟記　萬曆錢塘縣志　萬曆三十八年　屠隆撰

朱行人祠記　錢塘縣志　孫鑛撰　武林文獻此記作鄭圭代撰
字樊只見祀作方孫毅改為冊萬曆卅九年

西湖關王廟募疏跋　浙西志　萬曆某某書刊書　萬曆四十五年　武林訪碑錄　天啓二年　黃某書撰　朱某鐘書
按浙通志不誤　武林訪碑錄所載天啓二年　當為另一碑也

張南軒先生祠堂記　錢塘縣志　吳太沖撰

葉王廟護閣記　錢塘縣志　王叔杲撰　萬曆年

孤山棲霞祠記　錢塘縣志　吳瞻祖撰　瞻祖萬曆二十六年進士

侍御葉七公名臣祠記　武林訪碑錄　萬曆中　錢某撰

金龍四大王廟碑記　錢塘縣志　吳溥熙撰　溥熙萬曆十一年進士

四十六

吳山神禹廟記　錢唐縣志　虞淳熙撰

海寧黃尚書祠記　海寧縣志　萬曆間邑人朱嘉徵撰

勳賢寺祠記　萬曆錢唐縣志　陶望齡撰

錢王祠記　萬曆錢唐縣志　陶望齡撰

英衛兆侯廟碑記　康熙志　卓爾康撰

通聖觀功德祠碑　[illegible]通志　淩登瀛閣書刻石　萬曆二年

關壯繆侯廟碑記　康熙志　[illegible]撰

吳山重建[illegible]祠記　錢唐縣志　陳[illegible]撰

餘杭[illegible]山作[illegible]碑　餘杭縣志　崇禎七年[illegible]撰

餘杭重建洞霄宮龍王祠碑記　餘杭縣志　崇禎七年　吳衛青撰

[illegible]忠烈祠碑　錢塘志　崇禎[illegible]年　黃道周撰

真武廟碑記
崑山 謝緒在廟 姚來望書 禪院蔣明上剝
篆額真武廟碑の大字 至明記 又無溪道士篆
中一行書于宋代此碑 殆元明間物也 年月無考
以下寺觀

唐高陽續峰院記
姜瑞志 在高陽 柳公權書

錦綉靈嚴寺記
錦綉縣志 歐陽詢書撰

天寧寺碑
天下金石志 蘇遯撰 蘇倪八分書 篆額龍元外

龍興寺碑
宣和 葉渢重書 楊撰 李潍八分書 篆額龍門外
天下金石志 張說撰 盧藏用八分書 篆額龍門外
俗道記寺為碣以 唐建 絕勝 在祥符寺 禪符寺即龍興寺
大中祥符間改額 王象之 案 故稱宋時寺名 又字記 臨平
鎮龍興院碑 盧重詢書 篆龍門外

勅書崇極宮碑
元 杭觀書 唐香巖撰 并書 在莊池東岸下
黄山西之邑 陳若巨石 唐尉氏 蒼稽 蜥蜴碑
繼書四面為天寶間人 而崇極之書 西方亭時 乃 以人稱為 鐘師碑 其不
是從若是 故臣之蜥蜴碑記所見正德(?) 是武肅真聖碑 即此也

錦綉天柱觀碑
宣和 從備 吳筠撰 書苗 縣毀割(?) 大歷五年
立 州道志 見天柱宮 春文碑 光地三年 吳越王
四十七

錢塘之三

徑山大覺禪師國一影堂記　宣和以西　唐羅元錫撰　華士誌之七
貞元九年六月八日立　在餘杭

嵩嶽大師影堂記　吳地記　稱日在雲林寺

龍興寺華嚴經社石記　輿地紀勝　寶曆三年　杭州刺史白
居易撰　僧南操立

餘杭神仙觀記　咸淳志　盧君宣撰　郁文則書　大和九年

天竺靈隱二寺記　西湖志　舊在下天竺寺　唐陸羽撰　僧道式書

吳越真聖觀記　咸淳志　景福二年淮南節度使錢鏐
文今在天慶觀　咸淳志　宋宣和年間兵
按羅隱所撰　仿宋詩刻記文　宋　識真聖觀記
至元記　程隱撰
錢鏐南記　洪遵撰　按咸淳志云　觀內舊有歐陽公小篆秋聲賦
唐羅隱詩刻及洪遵篇撰　錢鏐城南半紀　以上去聖觀未詳
之作觀志　元氏德重刊　鄭虎臣撰記

臨安吳王寺記　輿地紀勝　在臨安縣寺　咸淳志　吳越天寶中建
吳王院　宋治平中改賜額　景祐平二年吳越改
元天寶　此觀自是二年改元寶大　天寶元年改元寶正　為寶正三年
子元瓘立　石佚　附元

臨安新建功臣禪院記

浙江通志 [illegible] 吳越王記

[illegible]

保俶塔記

西湖志 [illegible] 吳延爽記 [illegible]

[illegible] 保俶塔 [illegible] 土中

雷峯塔記

咸淳志 [illegible] 一名黃妃塔

靈峯院記

咸淳志 保俶塔 [illegible] 院 有靈峯院記 封山記

水樂寺記

浙通志 [illegible] 石

西關淨化院碑

西湖志 [illegible] 水樂寺 [illegible]

[illegible]

淨化禪院新建之記 [illegible]

西湖志 [illegible]

[illegible]

理公碑石刻

宋靈隱寺碑

[illegible] 靈隱寺 [illegible]

武林 [illegible] 明重建靈隱寺碑 [illegible]

[illegible]

[illegible]

[illegible]

蕭山夢筆橋記
天聖四年三月

之十八

昭慶寺白蓮社記　咸淳志 孫何撰咸平四年

臨安（徑山）海會寺記　咸淳志 蔡齊撰天聖五年

鹽官重修志願寺碑銘并序　海寧州志 景祐四年正月
通慧大師贊寧撰
海昌備志贊寧至道二年卒 詳見四庫全書筍譜提要 景祐四年
則贊寧殁已三十餘年 惠力寺志作祥符四年 亦誤 安知非此立碑年
月非撰碑年月 不得以贊寧先殁為疑 祥符四年或亦重書重鐫者
西湖志海寧為嘉泰二王兩記同

鹽官重建上方記　海寧州志 慶歷六年三月 祖方李肩撰 在惠力寺

下天竺靈山教寺記　咸淳志 胡宿撰　又記 政和元年 張丑撰

臨安雙林院記　咸淳志 治平四年

新城古塔記　新城縣志 釋明本撰 令葛臣卿書 治平四年

鹽官新寺碑記　海寧州志 蘇軾撰　熙寧四年通判杭州
七年卸任 此十六年至元祐四年為守 此殆為通判時作

鹽官安國寺建大悲閣記　海昌備志 蘇軾撰 熙寧八年　又元張
宪祖刻智閣重摹記 至正三年　又明董

穀重修安國寺記 嘉靖十□年 □撰 通志 明重建海寧東
坡大悲閣記 沈暕撰 正書 嘉靖十六年 又萬曆志 萬曆二十九年
重建記 陳函郭撰 顧仁復中書

大慈山修塔記

西湖金石志 在覺苑寺 正書 九年 □利□題 正七
二十行十三字

於潛長樂寺記

成化志 正書 丙辰 李□□□文 任房書 楊儒
□鄭剡

鹽官慶善寺天台教院記

成化志 元豐元年 冉從蔚□撰

淨慈寺證戒光記

淨慈寺志 元豐元年 靜法其守一撰 米芾
書 辯才元淨立石

慈嚴院記

咸淳志 曾旼撰 元豐元年

西陵法惠院雪齋記

咸淳志 元豐三年四月 秦觀撰

鹽官安國寺法界相碑

成化志 元豐三年 天台□□ 釋元照撰

於潛西資閣記

成化志 元豐六年 住道潛撰 晁□之書

龍井山方圓庵記

上天竺山記 元豐六年 慧日峯守一撰 米芾書
西湖金石志 行書二十五行 十字不等 明萬曆

の十九

丁酉胡口重刻并跋　按胡澄武進人萬曆二十年壬辰仁和知縣
然處當是匿字

龍井延恩衍慶院記　咸淳志在風篁嶺　楊傑撰　元豐八年

鹽官覺王寺結大界碑　海寧州志　元豐九年僧惟肅撰
元豐九年當作元祐元年

龍井山壽聖院訥齋記　成化志　元祐元年主客郎中楊傑撰
按咸淳志訥齋在天竺之南山秦觀名之曰訥齋米芾載為之記楊傑撰成化志誤

慧因寺高麗僉議捨大藏經記　慧因寺志　元祐元年闕口口撰
金珣書　又教藏記元祐元年
章衡撰　唐之問書　文勛篆額　蒲宗孟立石

新城寧國院記　新城縣志　元祐元年　釋元照撰　令宋汎　主簿鄒璞
等立石

鹽官重修童兒塔記　海昌外志　元祐三年五月望日章瑋撰
海寧州志重作紹興九年葉九成撰

富陽妙庭觀碑　成化志　元祐四年杭州觀察判官歐陽經撰

新城善向院多寶佛塔記　咸淳志　元祐八年周惠撰　沙門道潛書
成化志　廖正一篆額

臨安淨土院釋迦殿記

兩浙金石志 紹興二年卯超撰 駱商書
正書 刻於臨安普光大師塔銘之陰

上天竺靈感觀音殿碑

咸淳志 紹興止代陳軒撰 紹興四年
又內翰洪邁撰寺碑 高宗時 又靈隱
道稱田記 至正二十二年 元重修觀音殿記 黃溍撰 至正二年
上天竺志 明重修殿碑 趙賓撰 重建上天竺正殿碑 江闓撰 上天
竺香山大士殿記 方伯劉以庭撰 上天竺藏經閣記 袁州李陽玉撰
上天竺寺建鐘樓記 高擎撰 上天竺寺興年獻殿碑 虞淳熙撰
上天竺白衣觀院記 洪瞻祖撰 上天竺住持聚石碑記 宋開慶元年
主乙丙湖志 張居氏住持聚石 皇慶二年立之上天竺志

慧雲寺普會寶塔記

兩浙金石志 元符二年正月十五日西七
十一行 行字不等 據今在龍興寺藏東
朝記云 馮謹施 今石文作 清信弟子 馮謹施淨財 善陶宰 不知樊樹何故
此另塔也 三面塑佛 一面記文 石高三尺五寸 接稽皇

天竺寺大悲成道碑

兩浙金石志 元符二年六月立 正書 三十三行
重立 重在寺中 今爲石工移之 位置附學記
正書 僅存碑之傳三千字 行六十字 餘文二十七行 以贊及年月八行 皆作行書 蓋
但皆有闕文 影刻附不止一碑 蓋因前元符二年仲冬晦日 余出寺將之
語未列姓氏 不知爲何人所書

慧因寺華嚴閣記

慧因寺志 建中靖國元年 蔣之奇撰

五十

臨安太平萬壽禪院莊田記

莊田碑記 吳用先撰 萬曆 年

咸淳志 崇寧間 住持僧蒙序撰

又明陳慶撰 見徑山志 又請復

鹽官壽聖院記

海寧州志 大觀三年 鹽官張綱撰

富陽丹霞觀記

富陽縣志 胡銓撰 宣和元年

於潛縣平寺重建佛殿記

咸淳志 程北山俱撰 宣和七年

靈隱山資聖院殿記

咸淳志 靖康元年正月 朝奉大夫

直秘閣許當功書

淨業庵碑

艮山新志 即開化寺 宋張資撰 無年月 又明萬曆四

十六年 俞之瑛撰

新城寶乘寺經閣記

咸淳志 大學錄 孫邦撰 淳熙二年正月

大雄院庫堂記

富陽縣志 紹興二年 孝政樓鑰撰

上天竺天台教寺十六觀音堂記

嘉定元年 樓鑰撰

上天竺志 宋丞相李綱撰

咸淳志 李綱 十六觀音堂記

鹽官惠力寺舍利衆善記　成化志　闕人名撰　海昌藝文志編
紹興十六年

鹽官瑞應觀音院記　成化志　闕人名撰

鹽官靈池寺重建大殿記　成化志　闕人名撰　紹興二十三年

富陽大雄寺記　咸淳志　富山在縣西南五十餘里有寺號大雄院
周紫芝作記
楊書思撰　紹興五年

石龍院建庚申勝會記　西湖志　在石龍院千佛殿　紹興二十七年
摩崖　西湖金石志　正書八行　行字不等

淨慈寺五百羅漢殿記　咸淳志　曹勛撰　紹興二十八年　淨慈寺
志　明李達記　陳安撰

富陽大智寺明覺記　成化志　紹興三十年　錢端孝撰　胡大年書

影應觀碑　咸淳志　嘉定三年　樓鑰撰　章良能篆額

吳山通玄觀記　武林舊碑錄　明成化二十年孟冬重新記　李宗撰
李昱書　陳珂篆

龍興千佛寺記　咸淳志　紹定二年　程珌撰

龍華寶乘禪寺甘露薦嚴碑　西湖遊覽志　在龍華寺　刻石
劉昌撰　丙子識

五十一

高麗慧因寺碑　天下金石志　周密記云　宋高宗書　據漢隱居文
楚石標書在亂峯岸此寺

高麗寺碑　天下金石志　宋御書碑　石在府城西

六和塔記　咸淳志　曹勛撰　隆興元年　六和塔殘甃在石約一尺二寸四分
高一尺二尺　見宋刻之武林石刻記

慧宮南禪福嚴院記　咸淳志　乾道五年　僧了心撰
海寧志　乾道二年　李從撰

南高峯塔記　咸淳志　王中書希呂撰　乾道八年　此塔在西湖之陰今存

普向院記　城書內院內名舊地

石龍淨勝院捨田記　西湖志　在石龍院旁　淳熙七年　武林石刻記作嵩
書之十一行　行字徑一寸

興福院碑　兩浙金石志　淳熙八年　劉莊士撰　周郅書　刻永堅篆　在杭城
北興福寺中　正書二十四行　行四十九字　字徑六分　篆額八字

臨安府徑山圓覺閣記　咸淳志　淳熙十年　張掄撰

中天竺天寧萬壽永祚禪寺慧嚴閣記　咸淳志　王信撰　淳熙十四年

廣壽慧雲禪寺碑　慧雲寺志　淳熙十四年　楊宅建廣壽
慧雲禪寺勅文碑　張綸撰并書

武林石刻记碑高五尺二寸广二尺四寸行书二十五行行四十六字字径寸
慧云寺碑一名张家寺碑 治平元年史浩撰 楼钥书并题款 西溪金
石志景定三年壬戌九月奉常董刻 张樗跋 在县山门内白泽池 碑高五尺
广二尺六寸 楷书十七行行三十九字字径一寸 后跋下截五十四行 字径五分 碑
刻正书四行 广寿慧云寺之碑八字径五分

净相院记　咸淳志 倪思撰 治平二年

千佛阁记　西湖志 治平三年 慧此逢撰

吴山三茅宁寿观记　咸淳志 庆元初中大夫陈孙为记碑 成化志
之纲记 锡林宣生郭文原撰 文明书
武林访碑录 附祝万林
寿光大宫阁记 高翰撰 成化九年
记嘉靖二十八年季冬林应禧撰

四圣延祥观记　咸淳志 庆元四年 张崇懿撰

上天竺山复庵记　咸淳志 嘉泰二年 陈谦撰

余杭重建洞霄宫记　咸淳志 嘉泰三年 陆游撰 又宫教书记
吴泳撰 又洞霄宫植桧龙田记 洪咨夔
撰 智理宗时 余杭县志 洞霄宫碑记 彦新改为家铭篆撰 明
王达重建洞霄宫记 洪武十二年

五十二

鍾山興聖萬壽禪寺碑　萬曆志 在餘姚縣鍾山興聖寺宋孝宗御書碑 陸正之二…作　又慶元間重建 吳詠撰

至治二年 戴正之 七十二字 趙篇後記 嘉泰三年

開元宮清風堂記　嘉靖仁和縣志 楊寅斯撰 歐陽元復記

靈芝崇福寺記　成化志 何澄撰 嘉泰二年 又紹定元年 樓鑰白蓮記 鄭清之撰 成化二年 范復記

何欽撰

大滌山演教堂記　成化舊志 吳詠撰 刻石 舊青宮

於潛接待院重建釋迦像記　成化志 嘉泰三年 戴[illegible]撰

臨安東山增院環翠閣記　成化志 嘉泰四年 俞烈撰　又東山 婁安岩堂記 洪咨夔撰

檀越施田記　成化志 洪咨夔撰

新城寶乘寺法堂記　成化舊志 張邦撰

於潛無明智寺記　成化志 李茂撰

祐潛崇壽院敕額跋

咸淳志 開禧三年令王日益撰

新城慧照院石塑靈山游記

咸淳志 鄭德之撰 嘉定九年

重建淨慈山報恩光孝禪寺記

咸淳志 嘉定十五年程珌撰 元至正五年六月虞集撰

慈雲嶺欽福院記

咸淳志 嘉定十七年程珌撰

餘杭化城接待寺記

餘杭縣志 嘉定六年楊汝明撰

天竺廣大靈感觀音殿記

咸淳志 理宗御製

水樂淨緣觀記

咸淳志 寶慶二年程珌撰

勝相寺記

武林梵志 紹定二年程珌撰

崇福院記

咸淳志 紹定五年從事郎建李心傳記

廣化院白雲竹閣記

咸淳志 紹定中吏部員外郎鄭清之記

保壽院記

咸淳志 端平二年趙汝讜撰

五十三

径山重建能仁禅寺记　咸淳志　嘉熙元年　吴泳撰

重修灵鹫兴圣寺记　咸淳志　嘉熙四年　楼扶撰

天庆观记　咸淳淳祐二年　宣[illegible]叔撰

大仁院佛阁记　咸淳志　陈宜中撰　淳祐五年　十二年　郑清撰重修记　印石见寺　明成化

慧因院楼赐田山劄文碑　[illegible]志　赵文杰撰

玉泉净空院南山若者记　咸淳志　周楪撰　淳祐十二年

重建南宝仁王寺记　章岍篆　咸淳志　从祀仁建淳祐年　武林访碑录　月重建记　嘉泰二年十月　[illegible]撰　张大年书

法雨院佛殿记　咸淳志　陈元满撰　宝祐二年

寿圣接待寺记　咸淳志　宝祐中　黄云贞撰

重建广严院记　咸淳志　王应凤撰　景定二年　修堂重建

重建福全禪院記 咸淳志 徐琛撰

南禪資福院建大殿記 安劉撰 咸淳志 景定三年 安劉撰 又龍田記六

祇山寺記 新唐縣志 林希逸 景定之間

海寧安國寺轉輪經藏記 海寧州志 傅達子撰

徑山千佛閣記 徑山志 李邴撰

臨安永昌院記 萬曆志 鄧志佳撰

普濟寺記 嘉靖仁和縣志 孫作之撰

永隆院記 咸淳志 林希逸撰 咸淳元年

崇恩演經禪寺碑 咸淳志 咸淳六年 馮夢得撰 崇恩寺記 黃溍撰 至正五年 元南天竺

壽聖禪院記 咸淳志 林希逸撰 天下金石志 陳瓘撰

元承天靈應觀碑 萬曆志 元元之二年 任士林撰 西湖志 在三天竺 至正三年 九月張天雨撰 任如一書 吳貞方篆額 任桂奉承年

五十四

第三石 武林石刻記 碑高四尺九寸 廣二尺 正書九行行四十二字 徑六分

天清宮記

萬曆志 在青芝塢 任士林撰 至正十四年

海會寺記

海寧州志 史弼撰 至元二十四年 康熙志明書
杭郡進士任可撰

仙林大慈恩普濟講寺記

武林訪碑錄 大德六年十月 金應桂
書 貢汝舟撰 又仙林寺戒壇記 至
正十二年 王禕撰 明宏治十三年重修碑 孫輝撰 毛智篆 張東書

佑聖觀碑

天下金石志 戴表元撰 趙孟頫書 又任士林佑聖觀元
武殿記 大德八年 續通志 重建佑聖觀元武殿記 元明
善撰 趙孟頫書并篆 武林石刻碑記 碑高六尺 廣三尺二寸 正書卅一行
行五十二字 武林訪碑錄 佑聖觀安晚軒記 元統三年 馮莊撰書 趙世
延篆額 武林石刻記 碑高四尺一寸 廣二尺 楷書三十一行 行卅五字
武林訪碑錄 明宏治十四年重修佑聖觀記 倪閣撰 錢鉞書 李旻篆
又宏治辛酉何達觀記 孫撰 劉正書 鄒宗篆 又正德十二年何建記
邵瓊撰 劉正書 張詩篆 萬曆十七年重修碑記 張翰撰 陳善書
江鐸篆 天啓四年佑聖觀建天王殿碑記 凌登名撰 嚴訥書
崇禎乙亥佑聖觀同帝殿備修碑 朱京吳撰并篆 許鳴世書 明佑
聖觀重修藥樓捐施題名記 萬曆十七年立 已上武林訪碑錄

開元宮碑　仁和縣志翰林學士虞集撰　又開元宮清風堂記楊載撰　又清風堂後記歐陽玄撰　又竹青堂記張伯淳撰

宗陽宮碑　錢唐縣志大德八年任士林撰

西天目山獅子正宗禪院碑　西天目志延祐□年趙孟頫奉勅撰并書

海寧州智度記　海寧縣志至治二年知州張光祖撰　明吳驥二年重修記吳寬撰

富陽普潤蘭若記　成化志至治三年王澤達并撰記

空慧禪寺記　武林訪碑錄在大慈山至治三年立試林石刻記西七二十行行四十字行二分西十六行餘正勁　西慈志空慧寺內西七二十行行四十三字篆額八分

龍山淨明寺記　成化志泰定四年黃溍撰

龍翔宮記　成化志一陸旅撰元統中一楊維楨　袁請仁和縣志明宋濂　龍翔宮記葉廣歷撰

重修龍興祥符戒壇寺碑記　成化志後至元四年黃溍撰

太平廣福寺碑記　臨安備志至正三年沈夢麟撰

重建昭化寺碑记　嘉靖仁和县志　钱天祐撰

重修福田寺碑　仁和县志　无年月　赵[illegible]撰

大报恩寺记　成化志　黄溍撰　至正十四年

重修吴山玉德观记　元杭郡志　元至正二十二年　宋授之撰　浙通志　明重修玉德观记　史桂芳撰并书　正书　万历三十一年

旌忠观记　乾隆志　无年月　黄由撰

慈因院广王诗疏碑　万历志　广王浮撰　赵孟頫书

昭安善庆福田寺记　浙通志　万元亨撰　赵孟頫书　又明成化中重修记　江西行省提举赵四撰

大涤山重建白鹿山房记　成化志　钱庵叶林撰　胡石大涤山

洞霄宫集虚书院记　成化志　邓心牧撰

大涤山超然馆记　成化志　邓心牧撰

昌化紫薇道院記　成化志王宸午撰　乾隆志作於潛

雲居寺三佛泉記　錢唐縣志鄭文原撰

餘杭南山普寧禄寺刊大藏經板記　成化志逕山住持妙高撰

法雨寺佛殿記　成化志陳天麟撰　未詳年月

明重建智果院記　成化志徐一夔撰

虎跑定慧禄寺碑記　虎跑寺志　宋濂撰　當在洪武初年　又徐一夔重建大慈定慧禪寺記　當在洪武十七年　又陳珂大慈山虎跑定慧禪寺記　當在正德七年

天龍寺石佛記　成化志　宋濂撰　未詳年月

重建智果院記　成化志徐一夔撰　洪武初

洞霄宮新規碑　成化志徐一夔撰　洪武十一年

佛慧寺碑記　嘉靖仁和縣志　洪武二十四年鄭雲撰

寶梵寺記　武林梵志　永樂元年　三衣元吉撰

餘杭法喜寺記　成化志　永樂十八年　僧心泰撰

餘杭福嚴寺記　成化志　永樂九年　僧心泰撰

富陽[illegible]法相寺佛殿記　富陽縣志　正統四年　陳祝撰

開元寺記　武林訪碑錄　正統五年　胡濙撰　黃采書　黃養正篆
續通志　開元寺碑陰　施恩正書　嘉靖二十五年

七寶山定水寺碑　武林訪碑錄　正統八年　胡濙撰　王英書

昌化治平寺碑　浙江通志　胡濙撰

重建聖果寺碑記　聖果寺志　正統九年　苗衷撰　朱孔暘書　程南雲篆

重建青衣童子亭記　武林訪碑錄　在雲居山　正統十年　陳贄撰　蔣暉書　[illegible]恩誠篆

百法寺海寧朱公捨田記　武林訪碑錄　正統十二年　蕭鎡撰

紫陽道院記　萬曆志　景泰二年　孫大年撰
又重修紫陽菴記　馮夢禎撰　萬曆二十口撰

慧安寺記 錢唐縣志 于謙撰

旌德觀重建先賢祠記 成化舊志 夏時正撰 商良書 杜謙篆 刻

重修明因寺碑 咸平記 天順元年 胡濙撰 黄宗書 倪謙篆

潮鳴寺碑 續通志 鄭曾子撰 葉澤書 天順六年 仁和縣志 季倪
碑孫東撰並額書篆額 二十年

天長寺重建記 成化志 天順六年 夏時正撰

重建韜光菴記 萬曆志 夏時正撰

悟空寺記 錢唐縣志 夏時正撰

重建妙行寺碑記 仁和倪文撰 萬曆年
浙江通志 夏時正撰 正德五年 徐奇書 杭竹溪若碑集東仍碑 重修大雄寶殿碑

重建菩提寺碑記 嘉靖仁和縣志 倪謙書撰

三茅觀王皇閣記 武林訪碑錄 成化中商輅撰 止存篆書碑額
浙江通志 三茅觀大殿記 嘉靖壬辰道士柳右方撰

五十七

重陽菴記　武林訪碑錄　成化十年李瑞撰

敕賜寶極觀碑　武林訪碑錄　成化十八年彭華撰　陳詡書朱
鏞篆額　仁和縣志倪謙撰　又李旻記　廖道南撰

重修洞真觀記　嘉靖仁和縣志　項麒撰

重修純陽菴記　嘉靖仁和縣志　項麒撰

重建香積寺記　成化志　黃瑾撰

重建鐵佛普明寺記　成化志　徐溥撰

海寧安國寺淨土懺室記　成化志　倪岳撰

菩提慧明寺碑　成化志　倪明東撰

重建吳山海會寺記　續通志　李旻文撰　錢鉞書　正書　嘉靖五年
武林訪碑錄　嘉靖十年　海會寺重建觀
音巖記　葉貢撰　林廷選書并篆　成化志　徐善　海會寺觀音像感
應碑　何子安撰　明海會寺檀越題名　嘉靖十四年立　見武林訪碑
錄

重建雲居聖水寺記　續通志　沈徵撰　胡纘欽正書　沈原篆額　嘉靖八年

重修淨慈禪寺碑　武林訪碑錄　嘉靖十七年江瀾撰　許論書　莫立之篆額　又萬曆甲申重修記　沈友仁書

重修大相國寺記　錢唐縣志　虞淳熙撰

重建長明教寺碑　武林訪碑錄　嘉靖十七年嚴訥撰　又萬曆二年八月翁汝進撰

昌化重新普濟禪寺戲碑　龍唐山志　正德元年　金孝德記

重建寶奎寺記　續通志　洪鐘撰　陳良器書　正七　鄭雲篆額　正德十年

元妙觀碑　正德中鄭雲撰　（正備）

重修大佛寺記　錢唐縣志　鄭雲撰

錢唐縣志　鄭雲撰

重修天真寺緣記　續浙志　嘉靖八年　邵銳記　作君碑立卷

盼息碑記

重建相國寺記　錢唐縣志　洪鍾撰　萬曆元年　又重修記　王雲浮正撰

五十八

新城普照院記　新城縣志　嘉靖五年吳源撰

淨慈寺房岸亭記　武林諸御錄　嘉靖十三年瑩山璽玉撰

海寧重修安國寺大雄寶殿碑　海寧縣志　嘉靖十六年　華敷撰

仁和東嶽中興觀重建記　錢塘通志　江曉撰　江曉書　嘉靖二十一年

永壽庵重建天王殿記　宗卿中誠在王安寺　嘉靖三十年　書人　撰

重建昭慶寺碑　昭慶寺志　嘉靖三十五年　徐渭代胡宗憲撰　又萬曆四十年張瀚撰　又萬曆四十八年朱光
袾撰　錢塘縣志　手續碑序淨撰

鳳凰山觀音洞小庵記　武林諸御錄（記音洞小庵記）　嘉靖三十七年王議撰　即鶴書舟家　錢塘縣志　在鳳凰山

仙林寺彌勒亭記　武林諸御錄　嘉靖四十二年　釋崇撰　舟書　又重建仙林寺佛殿記　沈有行撰　胡來書　嚴用和
萬曆十二年

法華庵記　錢唐縣志　馮夢禎撰

重修定香寺碑記 武林訪碑錄 嘉靖四十四年張稽撰

重修長春菴碑記 嘉靖仁和縣志 吳檟撰

重修海寧惠力寺記 海寧州志 隆慶四年沈子任撰 又
隆慶五年吳子進撰 華園書

重修法相定光菴記 錢唐縣志 法相院記 古楷撰 武林訪碑
錄 萬曆元年沈子任撰 盛世臣書并篆
萬曆丙午重修定光菴古蹟碑 陸長庚撰 許光祚書 洪瞻祖
篆 天啓五年重修古定光菴記 黃汝亨撰并書 武林梵志 法相寺
記 王穀祥撰

重建龍山九曜寺記 武林訪碑錄 在吉祥水寬菴龍山修萬曆
二年馮皐謨撰 黃應奎書 徐立伸篆

雲棲禪寺碑 武林訪碑錄 萬曆六年釋袾宏撰 雲衢小志 雲
棲蘭若記 馮夢禎撰 萬曆三十二年九月重修碑
董其昌撰并書 陸樹聲篆額 萬曆三十七年復古雲棲寺記 釋
袾宏撰 萬曆三十七年六月雲棲禪寺法堂記 陶望齡撰 崇旅
十五年雲棲寺免差役碑 劉夢謙撰 王道焜書 黃賓亮以篆
又免役記 王穉登撰 又徐日葛撰

淨安寺碑記 武林梵志 錢唐令聶心湯撰 萬曆庚戌

五十九

重修慈嚴寺碑　武林訪碑錄　萬曆八年　許子良撰　金學曾書　沈瑞麟篆

重修奉真道院記　塘棲志　萬曆九年　卓明卿撰

重修玉泉山神霄雷院碑記　武林訪碑錄　萬曆十二年　趙嘉元撰并書篆　又王穉登記不知何年

大善寺新建禪堂碑記　塘棲志　萬曆十一年　金學曾書　卓明卿記

龍井寺復前朝賜田記　錢唐縣志　馮夢禎撰

重復慧雲禪寺建寶義張公祠碑　武林梵志　吳用先撰

法華庵記　錢唐縣志　馮夢禎撰

崇惠寺眺盧閣記　海寧縣志　胡濙撰

新修觀音堂記　新城縣志　萬曆二十九年　方廣撰

東蓮寺碑　錢唐縣志　萬曆二十五年　張心渦撰

重建梵天講寺碑　武林訪碑錄　萬曆三十七年　沈應文撰　張偕玉篆

○

重興菁林嶺廣化禪寺碑　武林梵志　丁心湯撰　萬曆三十四年

古延壽院更名蓮居記　武林訪碑錄　萬曆三十九年吳用先撰　許光祚書　虞淳熙篆　又萬曆癸丑

樂復撰　李流芳書　又杭州土橋蓮居菴碑記　崇禎乙亥　許邦湯撰　馮時可書　三碑咸豐間為寺　庚辛兵中燬　有拓本藏丁氏

重修三一菴記　武林訪碑錄　萬曆辛亥　張瀚撰　沈友行書

重建昌化菴記　武林訪碑錄　萬曆四十年二月沈應文撰　王國禎書

重建慈光寺碑　武林梵志　萬曆壬子　吳用先撰　錢象坤　金學曾撰　許光祚書

古淨因寺記　武林訪碑錄　萬曆四十年　陳萬言行書　虞淳熙撰　黃汝亨篆

光孝寺記　武林梵志　聞啓祥撰

重建金剛寺記　錢塘縣志　沈友仔撰

南山重修六通寺記　萬曆錢塘縣志　虞淳熙撰　又傅岩撰

九曲真覺院記　艮山雜誌　周之鏞撰

六十

月明禪院碑　武林梵志　吴之鯨撰

般若院契心堂記　錢唐縣志　吴太沖撰

餘杭重建真寂禪院記　餘杭志　天啓元年　朱國禎撰

復古法華寺碑記　武林梵刹志　天聖二年　吴彦賓撰　俞時篤書并篆　又崇禎十年　復古法華寺修佛殿記　錢士升撰　釋圓琮書

海潮寺福聚社放生約　浙通志　李可道撰　郭雲龍行書　天啓六年

重修普光院記　錢唐縣志　葛寅亮撰

古辯利講院碑記　錢唐縣志　吴太沖撰　崇禎五年

永慶寺重修戒壇記　錢唐縣志　吴太沖撰

重修復天池寺記　武林梵刹志　崇禎六年　龐承寵撰　唐世濟篆　陳祖范書

於潛新祥塔記　於潛縣志　倪文煜山　崇禎六年

重建戒壇院碑記　海寧州志　崇禎八年　吳本泰撰

太蘊林碑　西溪梵隱志　崇禎九年　吳本泰撰

海寧慶善講寺碑記　海寧州志　崇禎十年　吳本泰撰　檀周嘉書

紀功碑石

晉關內侯廣昌長暨遜碑　寶刻叢編　咸和中湖州刺史孔彭立在餘杭

郭文碑　寶刻叢編　咸和中湖州刺史孔彭立在臨安

任道真題李滂碣　輿地紀勝　舊在祥符寺

梁關內侯盛綏遠碑　寶刻叢編　天監中孫綏撰袁程皮役的人　立碑在餘杭

陳餘杭令劉先蔡德政碑　寶刻叢編　在縣門內　名已磨滅

唐於潛令丁明府德政頌　寶刻叢編　唐殷亮撰并書　名君表　廣德二年三月九日立

餘杭令陳先升德政碑　寶刻叢編　李紓撰　上元二年立石

六十一

餘杭令歸姚碑　餘杭縣志　元至正中立

餘杭令李復碑　東坡碑目　大曆四年立　秘七印縣志文

吳越王三功碑　東坡紀勝　在臨安縣　龍元三年立

淨明院功業碑　東坡紀勝　在臨安縣　武肅王書

宋周氏世德碑　西湖志　舊在崇覺寺　王安石撰

慶元寶籍碑　西湖志　舊在尚書省　慶元三年立　置籍九五九人

元閑邪家傳　藩通志　周馳撰　趙孟頫書　在臨安

武林弭災記　武林石刻記　碑額篆書　楊維禎撰　陳遘書　班惟志篆額　至元三年十二月記　碑高四尺五寸　廣二尺二寸

行楷書十二行，行廿二字，字徑一寸二分

富陽令李賢吉恩碑　富陽縣志　碑在縣治　大德八年立　教諭章暐撰文

江浙平章三旦八公德政碑　吳興藝文志補　楊維禎撰　今在杭州鎮東樓下

夏仲兴德政碑　高阳县志泰定二年立　旧志元末碑仆榛莽　间明正统中知州吴堂访得之置厅事壁剥又残

阙石刻目录

鲜于府君碑　天下金石志周砥撰　赵孟頫书　在杨氏居址

克复昱岭关碑记　昌化县志至正十六年为淮东宣慰副使董搏霄立　又昱岭关铭　王祎撰

江浙行省参知政事董搏霄颂德碑　成化志至正十二年立　除杭县东二里部伍桥

海宁州安民碑　海宁州志至正十九年同知杭州路总管贾受任撰　行省左右司都事王伯敬书　在学宫土地祠

明钱塘令吴侯疏凿仁岸记　吴衡庙志礼部祠祭司主事海宁徐霓撰　嘉靖十四年五月立

柏山当侯遗爱碑　上天竺山志　山阴诸大绶撰

训导李完碑　海昌备志在海宁县学明伦堂　题数学李默斋先生去思碑八字　嘉靖二十一年教谕谢德聪撰　训导殷逊篆　会书姓稽名

函军阮公功德碑　武林访碑录隆庆四年五月　又阮忠宣祠　碑为嘉靖三十九年李春芳撰

教諭周懃碑

范景穎陸懷偉書丹

海昌備志在海寧縣學明倫堂 劉鼒周濤泉

先生去思碑八字隆慶八年歸安茅坤撰內生陳

教諭鄭日休碑

海昌備志在海寧縣學明倫堂 劉鼒篆鄭舒軒

先生去思碑八字 萬曆九年江西撫州府知府

居守撰 教諭徐雲衢篆額 訓導孫灣書丹

戡定吳越紀功碑

武林訪碑錄 萬曆十一年癸未九月張藕撰

陳善書 沈惟篆額

龐公遺愛碑

萬曆錢唐縣志 萬曆十二年 武林訪碑錄 陳惟善書

教諭張學易碑

海昌備志在海寧縣學明倫堂 劉鼒篆張玩

元先生去思碑八字 萬曆十三年乙酉居守撰

教諭張維哲篆額 訓導陳鍈書

平西夏頌碑

舊志在鹽捕廳 萬曆二十一年癸巳浙江布

政使郭一鄂時刻 澤成立石 記平寧夏 教將 吳承

恩刻東陽 孔子

教諭張維哲碑

海昌備志在海寧縣學明倫堂 劉鼒篆新 陳乃集先

生去思碑八字 萬曆二十一年 右庶子 馮夢禎撰

教諭康岳公篆 刘華羅應芳書

高陽令竇朴去思碑

高陽縣志明嘉靖二十□年立石 按此碑在
觀山第一樓前今石猶存惟没泥中

巡按御史葉公德政碑

武餘詩碑張萬曆三十年壬亭閣中
楊墨應明書 在北關文昌閣

侍御張公去思碑

山石今半没泥中

高陽縣志 明嘉靖十六年立石 蔡亭豪撰文
錦衣衛吳口書 守備司馬相篆 按此碑今在北

教諭姜尚賓碑

邑教諭常東王書

海昌備志在海寧學明倫堂 彭篆 肖谷姜先生
去思碑八字萬曆四十年知縣陳楊明撰記以篆

高陽令李思啟去思碑

高陽縣志 碑今在縣署 萬曆三年立
海寧備志萬曆四十年長寺樑畫志立 舊孔明屯

陳侯德政碑

在縣署内

刘華李瑞碑

華州李貞書

海昌備志在海寧縣學明倫堂彭篆 雲[illegible]李先生
去思碑八字萬曆四十年 祝以幽撰 教諭常東王篆刊

六十三

教諭常來王碑　海昌備志在海寧學明倫堂篆額金天常先生去思碑八字　萬曆四十二年祝以豳撰　教諭陳邦訓篆
訓導陳毅佐書

方侯去思碑　海寧州志　萬曆四十二年許令典撰　教諭陳邦訓書
方侯名聞臨湖人

王公良逸事碑銘　嘉靖仁和縣志　楊學含子蔡懋撰

周公貽思碑　嘉靖仁和縣志　江曉撰

謝公彬之去思碑　嘉靖仁和縣志　傅佩撰

訓導陳工理碑　海昌備志在海寧學明倫堂刻篆陳自玉先生去思碑八字　天啓八年祝以豳撰　陳祖范篆額　陳鼎
新書

昌化方侯振繳漕鏹惠政碑記　昌化縣志　邑令談宮諾撰

教諭閔自崖碑　海昌備志在海寧縣學明倫堂刻篆額閔先生去思碑六字　崇禎十二年吳太沖撰　明綱書

浙江按察使軒楊二公娯朱行實記　仁和縣志　在按察司

兩浙督府李公鄭園戡亂碑　武林訪碑錄　杜浚採

昌化邑侯顧僮服碑記　昌化縣志　祁彪佳採

昌化邑侯馬逢伯去思碑　昌化縣志　賈可訓輯　採入參攷

昌化唐侯去思碑記　昌化縣志　黃恩沛採

昌化君師基去思碑　昌化縣志　徐步煒採

左揆召平寇袁虞岡碑　武林訪碑錄　在吳山　嘉靖甲申四月　葛山亭堯採　吳古仲書　□作楷書

墓誌碑碣

晉孝婦嚴氏碣　宋刻從佃咸康六年三花餘杭

唐敕賜荊州都督許遠神道碑　海寧州志　大曆二年　柳澤撰　杜確撰墓銘

秦州戍紀府左果毅張公墓誌銘　海寧州志　貞元元年五月　空花皇堰村

于府君墓誌銘　樊榭訪碑刻　徑三寸半　于君名昌嶠　貞元年人　乾隆間青芝（枝）塢人掘土得之

六十四

處士朱陽墓誌銘 新篁 永貞元年葬海寧黃山 朱書撰人姓名 正書十三行 字徑五分 乾隆十三年出土

和州刺史淩準墓誌銘 墓地碑自在新城鄉 柳宗元撰 吉元和元年

葛仁泰墓誌銘 海寧州志 元和二年十月

舒論墓誌銘 海昌備志 元和九年十月葬於硤石南四里

富士鍾離府君墓誌 室朝請郎沈節正書 會昌三年十二月 主在硤北

包公張夫人墓誌 硤川金石志 會昌二年十一月 正書十五行 字徑五分 乾隆癸丑年硤川人掘地得之

周文遂墓誌銘 硤川金石志 大中二年十月 正書文十五行 字徑四分 海昌覽勝 按陸氏子 御氏非守地 外掘地得磚兩方其下藍石板是鏟之 乃磚得字跡約厚寸餘 四圍一尺寺

陸孫夫人墓誌銘 數節仍漫不全 硤川金石志 大中四年九月 正書十五行 字徑四分 高陽人掘土得之 錢唐嚴杰拓

戚夫人沈氏墓誌銘 海寧州志 大中六年

處士吳興姚澥墓誌銘 寶刻叢編 大中八年九月蔡鍊危

郭寗墓誌 寶刻叢編 復齋碑錄 逢緣書 大中中立

處士梅公墓誌銘 海昌備志 咸通四年十二月立于昌亭鄉

馬公張夫人墓誌銘 兩浙金石記 咸通四年李直撰并 刻字錢修千六海寧安國寺修治塔得之

贈禮部尚書諡文諸無量神道碑 嘉隆志 蔣熙撰

鄭府君墓誌銘 海寧州志 咸通十五年

吳越民部尚書吳鈞神道碑 浙江采集 在仁和臨平鎮 羅隱撰

羅給諫墓誌 輿地碑目 在新城縣 開平四年正月沈崧撰

吳越錢武肅王神道碑 寶刻叢編 楊凝式撰 錢棐先書 郭在徽篆額 長興五年正月立 在臨安縣

吳越錢文穆王神道碑 潛研堂金石文字目 天福八年四月立 前半剝蝕無一字 惟首行題大晉

六十五

故魏下安马都元帅守西书十二字，而名字尤大，径三寸余，载于正文义夫三
倍。此碑乃此武世以文字可证共十之七八，铭词独高妙。两浙金石志在西湖
州因山钱文穆墓道前，文五十二行，行书径寸，和凝撰，椎合狗书并篆
刻。武林访碑录：文穆王墓碑，明嘉靖甲午南京为玄司卿吴柄书，
六世孙进士钱德洪重立。

宋太子宾客致仕西京谢涛墓志铭神道碑　碑范仲淹撰　乾隆志墓志铭欧阳修撰神道

知制诰谢绛墓志铭　乾隆志欧阳修撰

殿中侍御史同中书门下平章事李昭度墓志铭　乾隆志范仲淹撰

大中大夫尚书礼部侍郎李宗礼墓志铭　乾隆志蔡[illegible]崔撰

泗洲参军蒲通远墓铭　归安府志在旧寺宫钱易撰

胡公及夫人陈郡君墓志　胡公墓志在龙井二碑范仲淹撰

周府君墓志铭　海宁府志元祐四年周[illegible]仁撰

崖高孙太君吴氏墓志　宣卿小识　政和六年四月薛日印拓张阁

村民锄钮地得之　明正书六百八十三字　道光中出南乡墓

前高翁志　碑佚　仅存篆额　靖咸

太尉锡公裔神道碑额　手闻生员胡云　由龙山移至学宫

刻为宋故太尉若荣锡公神道之碑十二字　篆书　今在崖圣庙东

席地仅存上截七字　公裔字子辰　高宗荐郎节属庆远军节度使乾

道二年卒　赠太尉谥乃荣　其墓不知在何所

丛冢碑　海宁州志　庆元元年十月　叶廷年拓

宁远新冢碑　武林石刻记　篆书　王分记　陈一新书　嘉定元

年九月立　碑高四尺二寸八分　上层刻记　楷书十九行　行二十

五字　字径一寸　下层修目三截　楷书二十行　行十三字　字径四分　西湖宝石志

隶书宁远记三字　西湖志　在宝稷山　刘克庄撰　淳祐三年十二月

孙花翁墓志　杭城新志　宝祐乙卯十一月　叶直之题　篆何光孙

周禄君墓志铭　书楼钥撰　葬于杭乡方寺神名宣所　周宫寿子

西湖志　旧在墓前　咸淳四年　董嘉王庭书　立石　武林

和靖先生墓碣　访碑录　武林　洪武四年闰九月　重修林逋墓记　知府李遂撰

六十六

昌化邵令岭墓誌 成化□年 鄭環撰 昌化志

益王祠道碑 西湖志 旧在時思薦福寺傍 葛棠撰

章祖義胥護墓誌銘 昌化縣志

元渭處士神道碑 天下金石志 趙孟頫書 在杭州

廣州路總管牛舍剌爾墓碣 兩浙金石志 在南屏山 葛元孝立 甲子四年廿三行無款

竹隱鄭處士墓碣 兩浙金石志 鄭元祐撰 在西湖青芝塢 周伯琦篆書 有元竹隱鄭處士墓 二行字 徑五寸 鄭□正書 徑一寸

施□墓誌 西湖志 旧在靈鷲山岩 即施梅川 薛□□誌 李□□□ 周草窗篆蓋

張憲墓碑 西湖志 旧在仙姑山墓上 元杭州路總管□思忠立 石 思忠書 正書 二十一行 徑

處士朱清墓誌 富陽縣志 黃溍撰

宣翔將軍嚴昆墓誌 [illegible] 餘杭縣志 在仇山 凡九字

明孫處士葬誌　新城縣志　洪武二十三年徐一夔撰

貴陽馬驥墓表　海寧州志　洪武二十二年徐一夔撰

新城周孝墓誌銘　新城縣志　明洪武甲子年宋濂撰徐一夔補遺

禮部侍郎蔣良夫墓表　武林文獻　楊榮撰　陳度書　胡濙篆　刻宣德六年

安定蜀王胡士墓誌銘　艮山雜誌　明永樂十七年三友菁撰

祁母劉夫人墓誌銘　武林訪碑錄　在佛牙鳴　宣德九年二月　陳璉撰姚肇書周鏞篆

司直郎蔣士合葬墓表　武林文獻　在仙芝山　正統六年　楊士奇撰

刑部侍郎楊昇墓表　武林文獻　楊士奇撰　在孤家原

鄒文敏神道碑墓誌銘　餘杭縣志　楊士奇撰　子鄒翰立石

于公墓表　武林訪碑錄　正統十年王直撰王瑄書陳謙篆孫子蘆立石在三台山

臬僉王琦墓表　武林文獻　景泰丙子　鄭厚撰　在伍公山

六十七

敕賜宋岳武穆王墓碑　武林訪碑録　天順三年立

肅愍于公神道碑　武林訪碑録　偶岳侯林亭七律諧篆
諭祭于少保碑　成化二年　行人司馬璲撰
重修于忠肅墓記　萬曆丁巳仲夏
諭祭于少保文　宏治十四年
府佐(?)伴撰　參之中書　均在三台山

徐(?)貞襄公神道碑　刻
武林訪碑録　成化九年　倪岳撰書并篆

南京大理寺卿夏時正神道碑銘　宏治十五年　楊守阯撰

刑部尚書陸(?)鏜墓表　武林文獻　在東穆塢蓬萊山　陳珂撰
刑部尚書華昶篆　獻　嘉靖二年

胡氏趙少家山祖墓田記　良山雜志　嘉靖三年　東(?)宇胡世寧撰

昌化伯邵公神道碑　武林文獻　在青芝塢　嘉靖六年立石

贈少保兵部尚書謚端敏胡世寧神道碑銘　許相卿撰

吳氏少塋表　武林文獻　嘉靖中　吳鼎撰

廣西布政使許應元墓誌　武林訪碑録　隆慶丁卯　侯一元撰
邵(?)楷書　張衡篆　在青龍山

宋贈少保忠勇李寶神道碑　在六六青橋八盤嶺二居滕盛宗採

四川按察使陳公神道碑　武林文獻　萬曆二年吳道採　陳以嘉書

杜里馬三才墓表　武林文獻　萬曆八年萬坤採

副都御史陳柳菴墓表　武林文獻　王世貞撰　沈瑞臨篆　江簡書　萬曆九年　在荊山

工部侍郎方公墓志銘　新城縣志　萬曆十二年　王世貞撰　在天柱山

重修輔文侯牛皋墓碑　金鼓舊志在栖霞山麓　萬曆三十六年　陳如晦陳大綬重修採記

洪襄惠墓志銘　萬曆三十一年　王守仁採　許志作萬曆十二年　翰林王守仁卒於嘉靖初年　此云萬曆二十一年王守仁採大誤　嘉隆杭州府志[illegible]此　萬曆三十一年當是許志稱重書碑文之時　王守仁採之字當書於萬曆九年之上　光緒志編者手忙腳亂以致誤耳

處士許洛泉墓道碑　海寧州志　萬曆四十二年吳思國採

昌化王順孫墓碑　昌化新志　邑令萬崇採　又明孫修北岸道左　許元仲有王順孫墓祖母靈石刻

六十八

龍游王簿郁一元及孺人張氏墓表　武林文獻　萬曆四十三年吳騰撰　在吳亭山

張烈婦佩蘭碑銘　塘棲志卓人月撰

雜録　山水持陟泉井銘記

東井孫文度鐫石銘　輿地紀勝　在富陽縣之雞籠山　咸淳舊志在赤松山石上　昔僅有義熙八年三月壬辰朔九月庚戌處以前清朝鄉孫安里何處之字景弥二十八字　唐長安二年汴州司功參軍韋兆章因尋訪古跡重鐫為碑　富陽志作韋書

赤松子銘　輿地碑目引晏殊類要云唐人刻

青山銘　集古錄目　唐杭州刺史盧元輔撰　錢唐縣丞王遹　青山有子胥廟故以為名　碑以元和十年十一月立

冷泉亭記　西湖志舊在冷泉上　長慶三年八月刺史白居易撰

錢唐湖石函記　西湖志舊在石函橋側　長慶四年三月白居易撰

杭州南亭記　見樊川集　杜牧撰

天目山銘　諸碑稱　在於潛縣　天目山上

杜稜築城記

臺北故宮博物院藏大元年拓隱文

吳越開慈雲嶺記

後高碑額篆書　吳越開平之歲吳建龍山
五周闕之年開慈雲嶺吳建于吳貞
明五年開嶺于唐舊志二年碑在慈雲嶺　乾隆志　謂開慈雲
嶺下南有通達西關城字台殿水閣字藍房舍用紀年月甲申歲六月十
五日吳越國王記三十一字建號吳越開之歲十八字共四十九字記七行行
在今杭州聖中字畫剝蝕舊志錄廿八字及立碑嶺上者誤　永祐重刻
記文八行字徑三寸二分每行八字

六十九

整理嘉業藏書樓藏書工作總報告

一九五一、一〇、於南潯

我們於本年七月初七日奉派前往吳興南潯鎮劉氏嘉業藏書樓整理藏書迄今三個多月整理工作始告完成茲謹將嘉業樓概況工作經過及藏書內容扼要報告於左：

一 嘉業藏書樓概況

嘉業藏書樓簡稱嘉業樓（當地人止知道藏書樓不知有什么嘉業樓）或稱嘉業堂（見書樓周圍鐵欄干上鑄字）建築在田野中聽說是一九二四年建造成功的離鎮一里許樓的周圍係一大花園花園的周圍有小溪環繞花園大門朝東門上鑄有藏書樓三大字門臨小溪架大石橋通到園的面積据劉氏自記云東边

①

南至北五十丈五尺（以營造尺計算）西边南至北五十二丈九尺。南边東至西廿六丈四尺，北边東至西廿五丈三尺。中間即自花園的大門至西边河沿止卅丈二尺。全面積有幾何方丈，尚待計算，因為我們不懂算法。嘉業樓落在園中，靠近北面。大門上刻有嘉業藏書樓五大字。北距小溪五丈，前面距荷花池七丈二尺。池之南西東三面尚有空地甚廣，花木極多。大抵荷花池適當園的中心。池之周圍有假山纏繞，奇形怪狀的大小頑石不勝其數。池旁有亭三個，鼎足而立。南面一個與書樓正對，建築較佳。兩边的兩個已經快要倒了。南亭近旁有一塊阮元藏过嘯石。中腰有一小孔，吹之能發大聲如牛鳴，取名嘯石、大约是這個緣故。亭東近旁有假山石室。室外有石橋曲折通南亭。橋上有鉄製花欄，藤花蔭覆，從观全園風景确实不錯。想當年經營煞費苦心。

嘉業樓面積東西闊十丈六尺，南北深十五丈九尺（亦係据劉氏自記）南北七開間，東西廂六開間，中間一大天井，鋪以水泥，大抵作晒書用。樓上下兩層，共有五十二間。建築形式半中半西。所用木料全是極结实的雜木。樓之四周墻基約五六尺高，皆用花鋼石砌，坚固異常，白蟻不能繁殖。樓上地板以及门窗户牖隔壁木板是雜木、無一用松杉者。红漆飛光，燦爛奪目。其藏書之箱六百數十，大橱八十，皆為珍貴木料製成。现樓中除藏書外尚有木刻書板數萬片，係從隔壁平房中搬移过来的。擬俟當書整理結束后即着

(2)

清點，此外樓中尚存傢具若干、各色各樣、名目繁多，十之九為紅木製，餘為雜木製。擬俟被清理完後加以清查。綜觀藏書樓情況，簡直沒有足以令人不愜意的地方，換句話說是無有不好。現藏樓中書籍雜誌碑帖及劉氏自刻印售之書十四萬數十冊（抗戰以前不止此數，宋元明板以及其他好書均被劉氏賣去。現尚有許多楠木紅木紫檀製的空書匣藏在書樓的天花板上）毫不覺擁擠。據我們估計樓中可藏三十至四十萬冊書，還有餘屋可供他用。這樣的藏書好建築在浙西一帶，恐怕找不出第二個了。

與藏書樓隔一山角道有平房二十三間，劉氏自名抗昔居。亦在花園範圍之内往日原係書樓職員及印書工匠食息工作的處所，其餘用以庋藏書板。現在此平房連同現房二間在内皆為撥輯傷員同志借用作療養所。内住傷員約七十餘人。原藏書板悉被搬入書樓，亂堆在正廳及兩廂，次序紛亂，日後清理大費手脚。花園東邊過一條橋就是所謂小蓮莊，亦是一大花園，範圍比藏書樓大。其中最大的建築是劉氏祠堂，其規模格式與杭州西湖中劉莊相似。祠堂東南角有洋房一幢，外觀極好，據說這裏可容幾百人居住，若劃歸藏書樓管理，那規模真大了，可說是一專科學校。現該處為傷員同志作療養所。以上敍嘉業樓概況說完了，下面再說說我們工作時經過大概情形。

(3)

二 整理工作經过情形

整理嘉業樓藏書工作，由浙江省立圖書館、省立嘉興圖書館共同担任。省館派兩人，嘉興館派四人，兩個干部，兩個工友。省館兩人係臨時調派，嘉興館四人係專任，並有臨時預算，預定四個月，整個的工作在名義上由省館領導，其实大家一樣的工作着，我們從沒有感到什么領導不領導，有事大家商量，决定就做，沒有推諉，大家很愉快地融洽地共同工作着，逐步前進沒有任何障碍，在工作進程中大家都很健康，沒有一個人生病停止工作過，這一点是值得欣慰的。

我們初到的時候，大家開了一個會，這個會收獲很好，訂出一個工作計劃；一個編造清冊條例；及工作人員應遵守的規則。（另外錄出附在後面）計劃；凡例訂立以後，工作有了依據，至七月十五日我們乃正式開始編造清冊。在此以前一星期作了許多準備工作，如打掃房舍，整頓書根，布置寢室，購置用品，裝配各書箱鑰匙，鑵銅匣關鎖等等瑣碎碎相當累人。準備完成，才踏進正式工作階段。

工作人員分為兩組，省館兩人為甲組，嘉興館兩人為乙組。清冊亦照樣分為兩組，因編造清冊同時不需要四人動手，一人看書審定板本，一人登錄便夠了。兩組之分，定為事實上不得不然的辦法。每書編號，每冊一號，因分兩組，不能一貫到底而有兩個起迄的數字。這全是為求工作進行得快而生出的弊病，亦是無可奈何之事。

我們工作開始一二日後即發見樓中藏書凡十冊以上的均無第一冊。首冊

④

以上的連首尾兩冊都沒有，不知何故。過了幾天，又發見樓主劉翰怡先生致其家中照應書籍的人一封親筆函，函中有「速將所有藏書首冊提出，使前途得之亦歸無用，此事愈快愈妙」之語。（此函前曾由劉子亞同志送文獻廳集同志看過）乃知各書所缺之首冊係劉氏派人提去，而且是有計劃的行動。於是乃將此情形向省館報告，后呈准派劉子亞同志去滬向劉氏本人交涉，劉氏見事已至此，不能再事掩飾，乃告子亞同志所有提去之書，尚存於南潯老屋三層角樓中，並未運滬云云。子亞同志獲得此滿結果，即由滬趕來南潯，告訴我們同往劉宅登三層角樓察看，果見存書甚多。即僱人搬運，移儲藏書樓。計有壹百拾伍蔴袋，由嘉興館吳蕩汀、沈啓文兩同志從事清點，數日方畢。其中頭本有一千三百卅三冊。其非頭本而為完整的比較名貴的書為數亦不少。一是清初刊的地方志書，一是印得很早的武英殿聚珍板叢書。此項首冊雖經挑出而欲將每一冊插入原書恢復舊觀，在目前事實上不許可。因數目太多，一千餘种書散置六百數十箱及八十大櫥中，手持頭本找原書為非常費時之事，覓一書恐非數小時不办，時間太不經濟，祇可俟將來分類編目時，持原書覓頭本，乃唾手可得。因此我們決定在编造清冊時，缺的書還是讓它缺，在备考欄注明缺某冊或缺幾冊，而將收回的頭本并作一類錄在清冊末尾，大略把它分分類，以便檢索。至於完整之書，毫無問題，登錄入冊。

自七月十五日開始工作以来，中間除了整理頭本稍费意外的時間外，無任何阻碍，一直顺利進行。至最近止費時三個月，當書清冊全部完竣。計甲组寫三百另七頁，乙组寫三百九十八頁，（甲组人员因回館一月餘日故少寫）兩共柒百零五頁，装訂兩厚册，合計得書壹萬弍千叁百陸拾柒部，拾壹萬弍千柒百柒拾肆册，這是我們所要整理的主要对像的總結數目。此外尚有雜誌弍百弍拾弍种，叁千叁百零壹册，碑帖弍拾九包，壹千捌百弍拾玖份。又肆百拾柒种，陸百玖拾玖册。又有劉氏自刻印售書存伍仟叁百弍拾玖部弍萬柒千伍百叁拾柒册。

三、嘉業樓藏書内容

嘉業樓现存書籍總册數及部數，我們已經知道，但它的内容究

竟如何？我們有知道它的大概情形的必要，茲就靖冊所記約略加以分
析，得出下列三個特点：
一、地方志書。嘉業樓所藏志書之多，一向有名，我國曾有人將各處收
藏志書多寡，作一統計，連美國國會圖書館也計算在內，共有十家。
收藏最多的是北京圖書館，有三千六百多種，占第一位，美國只占第
八位，藏有一千數百種。嘉業樓占第十位，有一千另幾種。私家收藏
在國際上占一席地，確是難能可貴。今經相當細心的檢查，知道嘉業
樓現存志書共有壹千壹百貳拾叁部，明刊志書未見。即清初康、雍、乾三
朝志書數十部，都是後來在劉宅三層角樓中檢出來的。我們懷疑明
刊不應沒有。其次劉氏所藏志書全國各省皆有，獨缺西南雲貴廣西

(6)

三省及東北數省。又浙江省各縣志亦多不全，我們更加懷疑，因此追查劉氏舊編方志草目，乃知此缺之書係被劉氏運滬保存了。草目中凡是運滬的書，即在書名下打一朱印滬字，至於何時運去不暇詳考。祗知道凡是明代志書以及西南三省東北數省的志書均已運去上海罷了。浙江一省被運走的有四十三部，其他各省被運走的共有貳百叁拾陸部。

（另開一簡目附后）

二、抄本書、嘉業樓現存抄本書多是第二三流的東西，第一流的抄本未見。檢查清冊，抄本書共有五百八十六部。四千五百九十三冊。其中以宋會要一書著名海內。在昔影印本未出以前，此抄本人咸以稀有珍品目之，今影印本已出其價值不免稍貶。且據聞此葉佑文先生說，此本編者不題宋史前後劉裂刪削偽誤之處不知凡幾。且有許多處被割去的原稿，不知何故，今之影印本有許多空白，就是這個緣故。此外以宋元明人集占十之七八，自板本通行，昔人抄書非罕見之書或僅見孤本不抄，故藏書家多重抄本。今嘉業樓現有的雖無前代或乾嘉間名抄，而能積冊四千以上，不可謂非藏書中特點之一。查抗戰之前嘉業樓藏書十六萬餘冊，除今此存的十一萬二千多冊，此差約三萬八千冊，這三萬八千冊書，當中一定有名貴抄本在內。嘉業樓非無珍秘抄本書，所以斷言。不過書已不在，說也無益。凡物聚散不常，原無足怪，而自我得之，自我失之，不能不為劉氏痛惜。

三、禁書、晚近禁書刊行，為數之多，指不勝屈，大抵好的多，壞的少，著人

⑦

集刊各書彙為一編，其大旨是存佚，因孤本流傳或寥[illegible]星少冊最易散失。把它聚成一編，易於保存，故藏書家多重視之。嘉業樓現存叢書有三百四十種。近代刊外的比較有名的差不多都有、其數量雖比不上北京圖書館，而在江南一隅，或可首屈一指。一私家藏書樓藏有若此成就真值得傲睨一時。在叢書中，我們認為最不易得的，是浙贛兩省翻刻的武英殿聚珍板叢書。浙省翻的向僅見零本幾種，贛省的簡直未見過。故兩省翻的本子不知如何分別。今嘉業樓所藏兩省翻本都有，計浙翻的三十九種，贛翻的二十五種。留為中箱來，兩本不同的特点是贛本双边一粗一细，浙本是單边一粗而已，贛本板框比浙本高一個半字。贛本板心寬，浙本板心要窄一二分。至於字數以及字的大小兩本完全一樣。我們往日不能解决的問題，至是冰釋，甚為愉快。自然我們不免少見多怪，但我們的經驗確係如此，並無掩飾。

以上三点，是我們認為嘉業樓現存書的特点，應當提出来說明。此外還有要補充的，現存書中最占多数的是集部書，差不多要占十之七八。我們编造清册之初，没有把着者一項列入。當拟訂計劃時，以工作進行迅速為重点。生怕多加一項，拖延時间。现在感到缺此一項，别集即無法统計出它的特点，只得略而不說。我們向聞劉翰怡先生的尊人為纂清代續文獻通考（此書已經刊行，鉛印本每部一百册，樓中尚有幾部），因而廣收清人文集，尤其是自乾隆以后的搜羅極富。現在我們想把它算出究有幾何種，就大感困難。這一点祇好留待將来编目時再好好地擱着，現在没有办法了。其次我們在整理工作快完毕時，發見幾部好書。這真是意外的恩賜，三個月來辛勞的慰勞品。這幾部好書是明季清初刻的舊小說。如明萬曆刻的楊家將，明崇禎刻的隋煬帝艷史，前有明崇禎年序文，清順治刻的三國演義，康熙刻的隋唐演義，水滸傳，舊本金瓶梅，封神演義，仙女外史等八种。這些書都是不容易遇到的。浙江省立圖書館藏有隋煬艷史，抗戰時期，被保管人員莫明其妙的借給一位鄉長損失大冊。這里一部印得很早，畵也很清晰，比省館的好得多。金瓶梅雖比不上北大藏的一百回的畵完備，并缺且有康熙乙亥序文，比王氏詒莊樓藏的要好得多。至於萬曆本的楊家將我想海内不会有幾部吧！這幾部書藏於樓上隱僻之處，未遭受劉宅三層角樓中的蔴袋的苦難，一定是提取頭本人疏忽所致。此可惜的金瓶梅少了一套，不知何時遺失。原書六套肆拾捌冊，失去第五套八冊。合浦還珠，不知何時。為之歎嗟不置。

以上關於嘉業樓藏書作了一箇簡單的分析。以下我們想提些處理嘉業樓藏書意見。

四、我們的意見

我們初來嘉業樓係奉派整理藏書，未幾又奉命代管。工作性質中途發生變化，單純整理藏書，一到清冊完成即告終了。而代管卻要到上級命令撤銷代管時，任務方告完成。現今我們已負代管，則藏書清冊造成之后，我們不能離開嘉業樓，須繼續代管下去。在此期間我

⑨

们拟接续清理嘉業堂〔楼〕刻板。此項書板包括五种丛書，一部翻宋板四史，其中以四史板為最好。大板红梨木，精校精雕，數百年后人將認為真宋板。其两漢書先刻流布人间很多。史記三國志后刻（一九三五年嘉業堂〔楼〕印售書目尚称三國志校勘記待出可证）故此〔两〕种流傳甚少。今楼中存储印好未售三國志有二十多部為數亦不多。我们想將〔革〕書板整理出来，設〔直〕法重印流通，五种丛書者：一是嘉業楼丛書；二是求恕斋丛書；三是留餘草堂丛書；四是吳興丛書；五是金石丛書。都是好〔精〕書，校刻俱精，應加清理。嘉興圖書館此派干部工友工作期间需要延长下去，這是要請上级留意的一点。

嘉業楼東边毗連的平房，在藏書楼範圍之内，應為書楼工作人員食息之所，上面已經提到。今為傷員同志療養所，我們的意見如果醫院方面有其他更妥善的办法，安置傷員同志，則此等房最好讓還藏書樓使用，俾書板有妥頓處所。而工作人員食息當有定處，實為兩便的办法，這是要請上級留意的第二点。

環繞藏書樓的花園，因多年無人管理，園中臺亭花木多呈衰敗之象，我們建議由公家撥款數百萬元累累加以整頓，不但扶衰起廢為新興國家應有事，而能欣躍當地人民大众的欢娱情緒，所得尤多，這是第三点。

嘉業樓建築宏麗，堅固異常。地点落在一市鎮，距離大城市較遠，樓之周圍無民房依附，實為一個藏古書善本的好處所。亦是一個研究學術的好環境，倘若加以利用建立一個浙江省南潯藏書樓管理處，將各處珍本彙集於此，而招致思想前進，理解正確的專家，從容研究五年十年之后，其成績必有可觀。此外尚可採用通訊借書办法，供應外地閱者，保存流通，兩方兼顧，如能實現，確是一件美事。這是第四点意見。

編造清冊，是初步整理，若講到圖書利用，則非進一步分類編目不可。我們在開始工作的時候，要將整理圖書分為兩個步驟。第一步編造清冊，知道其藏書的大概情形，再進一步作徹底的整理，清冊的編造，比較簡單，可不費很長時間。分類編目比較細膩，要較長時間。但照現存之書看來，編寫目錄，四人參加工作，亦不需要很長年月，大概努力一点，一年可以完成。此项工作如上級認為可以做，則明年一月可以開始，這是第五点。

南潯鎮在昔年以劉、龐、邢、張四家為最富，當地號為四象。他们大都由經營商業致富，对田地之購置收租，不甚措意，故當地人对他们好像没有很深的仇恨。因此嘉業樓藏書問題，只有兩個办法：一是劉氏慷慨捐獻，一是作價收買。捐獻一節，恐怕不容易办到，因此事不能勉强，纯由自願。劉氏今年屆古稀，性情孤僻而固執，游说不易奏效。且渠屢有表示，希望獲得代價，並引常熟瞿氏鉄琴銅劍樓書售与政府為例，其不肯無條件献給人民政府，可想而知。本年九月間劉翰怡先生曾致函秦翔中有：

(11)

"生活已達山窮水盡之境"之語，其境況不佳或係事實。此事解決或怕我人民政府要拘出一筆錢給他，作為他[illegible]養生之資。我們就見聞所及，提此意見供政府參考。

嘉業樓藏書在整理之初，風聞有館與嘉興館有分割而去之議。這樣的我們認為不太妥當。一、兩館房屋皆不競容納；二彼此藏書多有重複。即運去亦無甚意義。而且如此好的藏書處析去了未免可惜。再則兩館分書，究應如何分配，亦是很難解決之事，因此我們認為書以不動為佳，書既不動則房屋自必連帶不動，若書歸公，則房屋亦必連帶歸公。因此，組織即須隨之成立我們上面說的藏書管理處的建議即是根據這一點。管理處若成立，若只枯守藏書，好像老頭陀守古廟，成何意義。因此，我們才有上述招致專家研究的建議。並設通訊借書办法，便利外埠讀者。我們自信這些建議是有理由的。我們的意見完全根據事實寫出來。並祈靈構，倘蒙採納不勝榮幸，完了。

謹呈

浙江省立圖書館
省立嘉興圖書館 轉呈

浙江省人民政府文教廳

附嘉業樓藏書清冊叁份共陸冊

具報告人 毛春翔

吳蕙汀

(12)

唐貢新

沈啓文

浙江圖書館善本書目

甲編

文若

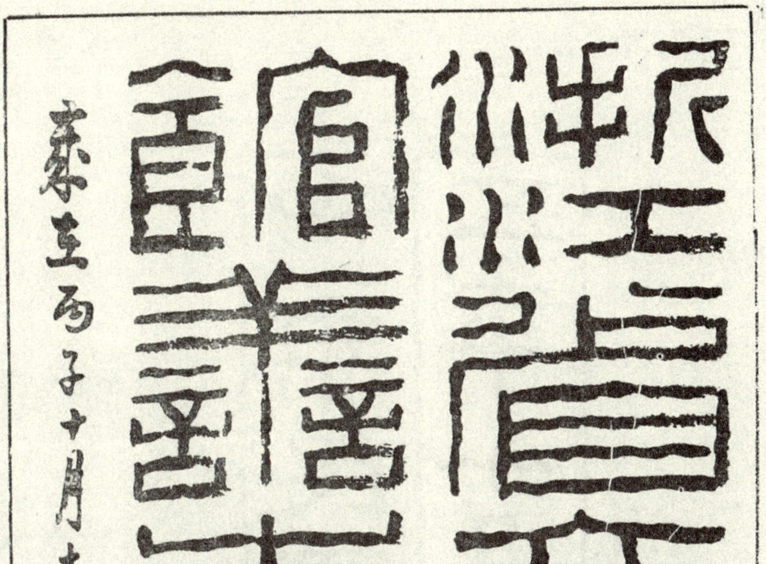

中華民國三十
五年十月印行

序

書之有目久矣藝文經籍各志皆目也書目有善本非善本之分則創于近世瞿氏鐵琴銅劍樓丁氏八千卷樓皆其著者也書自抄而刻而繙雕奪誤改竄不勝究詰于是嗜學者不能不求最古最善之本以事讎校書自有僞學邪說之禁觸諱干忌之嫌于是鐵函古井後之人不得不搜討遺編墜簡以徵往事善本書目之興其旨在此非專以其歷年長久而寶之也歷年長久而寶之是玩好矣奚貴乎書予生恨晚淡生堂之書不及見天一閣僅見流散之帙皕宋樓盡徙于東瀛即別下齋中物亦悉爲刦火所燬靡有孑遺鄉邦故籍獨八千卷樓書尚存白下可一供摩挲耳私家善本收集既難散失至易故竊有私願願政府斥一二百萬金舉海內瞿氏楊氏李氏之書悉購之構屋列架分部編目以饗學子俾不化爲烟塵流入異國詎不快

耶此願之償未知何日比者浙江省立圖書館館長陳君叔諒
乃以浙館新編善本書目見寄且屬序其首此亦空谷足音跫
然可喜者已浙江官書始于文瀾一閣清末乃有圖書館之設
民國建元始合文瀾之書爲一然館中善本尚少曩在浙時章
仲銘同年方掌館事屢過之商討編目卒以號爲宋槧者僅周
禮註疏宋書等元明修補宋監本殘卷數册未敢標善本之名
迄今離浙十餘年聞壽松堂孫氏之宋刊名臣琬琰集歸浙館
矣聞王君綬珊以宋刊晉書捐入浙館矣聞鄉先哲朱先生之
讀七經略記亦歸館有矣其他所集先哲遺著多不勝紀此陳
館長之力亦鄉邦之幸今得有此善本目錄一編豈易事哉浙
館財力至薄所望鄉人君子有以助之俾此目一續再續以至
於無窮也丙子秋海寧張宗祥記

序

陳子叔諒長浙江省立圖書館有年去歲冬於館搬設全浙文獻展覽會余往觀者再雖公私藏弆未能盡致然牓帙滿前吾浙文物之盛可以概見越二月以所輯館藏善本書目甲編眎余余惟浙中藏書素負殊譽宋元之世緜邈勿論於明有錢塘妙賞樓高氏嘉興萬卷堂項氏山陰淡生堂祁氏會稽世學樓鈕氏鄞萬卷樓豐氏天一閣范氏蘭溪少室山房胡氏於清有仁和小山堂趙氏玉玲瓏閣龔氏壽松堂孫氏欣託山房汪氏椒園沈氏丹鉛精舍勞氏琳琅祕室胡氏結一廬朱氏錢塘瓶花齋吳氏振綺堂汪氏抱經堂盧氏蜨隱園何氏嘉惠堂丁氏海寧道古樓馬氏得樹樓查氏向山閣陳氏拜經樓吳氏別下齋蔣氏嘉興靜惕堂曹氏清儀閣張氏秀水潛采堂朱氏平湖

味夢軒錢氏小重山館胡氏石門講習堂呂氏桐鄉文瑞樓金氏裘杼樓汪氏知不足齋鮑氏歸安芳椒堂嚴氏咫進齋姚氏皕宋樓陸氏烏程瞑琴山館劉氏德清鑑止水齋許氏鄞雲在樓陳氏雙韭山房全氏抱經樓盧氏山陰鳴野山房沈氏瓜堂周氏蕭山十萬卷樓王氏湖海樓陳氏即吾海鹽如胡孝轅之好古堂張文魚之石鼓亭馬笏齋之漢唐齋黃椒叔之醉經樓及余家之涉園當其盛時亦嘗充箱照軫煇燿一世或百年或數十年堂構凋零五厄時至銷沈飄墮莫可究詰琳琅萬卷化爲烟雲東觀石渠徒留後人憑弔之迹獨天一兀峙巋然靈光而菁華亦既耗竭矣七閣之建踰二百載東南存者厥唯文瀾雖中更喪亂而鴻編鉅簡散者復聚佚者復完典册有靈神物呵護省館得是以爲之基主其事者錢章二子精研國故思

有以光大之博收廣采日有曾益叔諒規隨克竟其志自宋迄明精槧名鈔凡得六百餘種而浙人著述有四之一其在今日洵難能而可貴矣自茲以往倘能盡集鄉賢遺著薈萃一堂更取宋之臨安書棚元之西湖書院明之閔凌二氏套板諸舊本而附益之使全浙之文獻充實光輝與湖山而並壽豈不懿歟吾知叔諒必有取於是矣民國紀元二十有六年二月海鹽張元濟拜序

序

陳子叔諒始典浙江圖書館即印布陸君祖穀所編善本書目題識四卷近以精槧舊刊日有增益復屬毛君春翔編印善本書目甲乙編如干卷既乞閬聲菊生兩張先生序之復徵言于詒徵叔諒治事之勤及善本書目之旨張先生言之詳矣詒徵館盋山所掌多杭丁氏書丁氏以善本名其室此館亦嘗因丁氏藏書志而輯善本目江浙沆瀣一也顧詒徵薰習于善本者久而于版本之學懵如殊無以益叔諒第嘗深自維念近世風尚變動不恆要其大因每仿他國設館求書比類著錄推暨假貸綜析統計雖多吾國舊有之緒而恢閎縝密力求精諦則多采四國之長而橅效之乃至重考訂慎校勘講版本欣賞先民之藝術似皆治吾國聞非由外襲矣然徐察其隱凡購求珍庋

標舉鑒藏尚不絕于今日者要亦由他邦學府重視吾書旁搜博考通假流布吾人反己自鏡乃亦粗知蠹簡塵編之足尚不必悉舉而投之赤燄藉非基此一因則兎園小册優足覺世牖民盡毁綫裝書之說或且充塞於全國而絕非一二抱殘守闕篤舊嗜古者之力所能抗也夫以觸目横行欲舉拉丁拼音易吾象形字體之時世猶克藉他邦攻索文史珍異漢籍之力使吾宋元明清鐫雕寫校誦習奉持者自兵燹剽盜之餘稍稍爲都市省縣公私館庫留一席之地不可謂之非幸然以治學立國之精神言之其于主奴何等也人塵土之吾塵土之人骨董之吾骨董之故不拉雜摧燒即亦夷視不屑措意稍進而更革類別糅雜新舊且更不知其所屆焉此其導源自外則同特夙所附麗者軌轍殊耳齊桓讀書見嗤輪扁然輪扁所謂糟粕今

正不假內求無慮拾之異域而吾嚮者盛載此土糟粕之具獨尚可以稱道則我儕以書爲職者就所掌而陳述之以誘進來學也亦宜新舊潮洑激蕩演變數十年後此尚未知所屆其儕吾故籍于巴比倫羅馬之死文字耶其尚人人能辨點畫第贊歎于往代雕槧之精傳布之罕耶國情既殊未易逆睹叔諒善讀書夙具吾儒獨立不倚之精神者其亦韙吾所感而深喟也

丁丑春二月鎮江柳詒徵

序

昔清高宗四庫開館網羅古今典籍分庋内廷四閣又以江浙爲人文淵藪特錄副分頒文宗文匯文瀾三閣聽士人觀摩傳寫前代館閣聚書之意至是而恢近世公開閱覽之制亦以斯爲權輿于是吾浙縹緗之富與湖山之美輝映而益彰焉太平之亂宗匯二閣俱燬于兵燹文瀾亦罹斯刼散佚過半幸賴前賢辛勤鈔補卒復舊觀光緒季年浙江始建藏書樓民國肇造遂合閣書爲一立今日浙江圖書館之始基顧當時絀於公帑多收坊本舊槧珍籍所得蓋尠惟以舊都所得宋刊明修周禮禮記春秋左氏傳注疏及其他元明刊本鈔稿本等如干種目爲保存類以別于通常本民國四年餘杭章先生仲銘始編保存類書目四卷收書近三百種七年又輯續編一卷本館之有

善本書目始此十年冬章先生復綜數年來新收書依類增入成新目四卷凡二册錄書四百餘種是後則有十八年編印善本書目續編一册錄新收書又約百八十種凡斯輯錄並以佳槧有限頗及清初名刻甚或旁采晚近影印本體例微失之泛學者病焉二十一年春訓慈來典館務念館藏至富而簿錄未備無以厭四方之望爰先督館友就通常本編成圖書總目初輯二册于善本則曾梓行陸君仲襄祖穀所撰題識復以年來頗有增積舊目甚不適用乃屬江山毛君乘雲春翔盡發新舊所收宋元明刻本稿本精鈔批校本爲之審校毛君乃考作者之時地核卷册之數目錄庋藏之圖記訂版刻之異同而瑞安張君慕騫崟富陽夏君樸山定域相與商定義例而左右之荐更歲月屢加補苴迄去年冬而寫成善本書目甲編四卷凡錄

書六百餘種其清初佳槧及舊刻鈔本之稍次者擬別爲乙編印校既竣海寧張閬聲先生海鹽張菊生先生與丹徒柳師並賜之序闡發孔多訓慈嘗于流略幸觀厥成讀諸先生文所以期勗之者至厚輒不禁回皇慚悚慨焉棖觸所懷不能已于言也兩浙自宋以還學風彬彬至明而篤古蒐書之風益著如鄞縣范氏天一閣以私家存一代文獻至今繫書林重望清代二百餘年間浙人士以藏書名者尤難僂計顧自清季陸氏皕宋之藏鬻諸東瀛丁氏八千卷樓之遺轉于白下私家藏書先後流散後起未宏流風寖替猶幸斯時公家聚書之制漸備浙館承文瀾之遺緒廣書樓之舊規宜可求珍祕於舊家繼私藏以代起惟二十餘年來舊家藏書之流散與夫坊賈所挾以轉輸者何限而館貲僅給日用不能廣致縹緗當道亦未遑以保存

文獻爲急故浙館之號稱善本者自文瀾舊藏外乃惟以明本自矜異其稍珍者類多舊藏自二十一年以還勉節歲費南朔訪求與夫惠而好我詒以珍衺者歲月積累所得漸多其間如壽松堂孫氏舊藏紹熙本名臣碑傳琬琰集幾經籌洽始蒙當道益其費以保之館艱阻備嘗斯其一事此外鄉賢著述罕傳鈔稿頗有購畜而王叔魯先生之贈書提庋善本書庫者亦不鮮迄今辜較所有舊槧精鈔藏之孤山分館書樓者閣本以外合甲乙庫凡一千數百餘種視五年前所蓄逾倍此皆積前賢之蒐訪賴同好之繼求用能歷經多手輾轉來歸每登樓摩挲想見古人輒不禁沾沾自喜而願列目以公之海內學人且共謀所以珍護之也顧比歲舊家珍籍承友好持以見告及市肆佳本願蒐致以補其未備者而以館帑不給望書興嘆卒至失

之交臂者歲必數遇興念及此內疚靡已方當邦國多難防護維亟時風遷轉營建是尙存古之道益不足與規新相並論欲賴省庫多爲圖籍文獻謀保存之資大非易事更安得如閩聲先生所謂斥公帑數百萬以盡收名藏家之書以饗學人耶雖然世有急公好義之士鑒公家藏書爲效溥而可久惠然與以匡助而司文教者更進而扶翼之則嘉惠所被寧有涯涘若夫因此目而復振吾浙人士篤古嗜書之風嗣前修而開來學則尤區區所寤寐祈求者也至斯目編次具見凡例大抵循四庫類目而變通之每書錄著者年代版刻以逮圖記若撰人仕履與版本內容之考校則將別輯善本書志問世文瀾閣本四庫全書復以書多自爲簿錄他日並擬重編閣目梓行書目區爲甲乙編者昉自章先生民國四年舊目茲既從通例亦上紹舊

規也其校寫疏訛則願大疋匡糾俾異時再版諟正云中華民

國二十六年四月慈谿陳訓慈謹識於浙江圖書館

凡例

一、本書目分甲乙兩編凡宋元舊槧明刊精本及明人稿本鈔校本均入甲編清初精刻罕見者亦擇要著録其明季坊本及清人稿本鈔校本與精刊者均入乙編

二、兹編分類大體遵從四庫全書總目間參私見有如下述

甲、經部改五經總義爲諸經總義以殿經部之末因經解之數不止五而又爲諸經釋義之總彙故也

乙、史部移別史於編年前正史後因別史體裁與正史同義當並列

丙、載記舊稱霸史雖非正統亦屬國史四庫總目置諸地理前史鈔後義似欠安今移列奏議前雜史後

丁、史鈔多録正史之文故移於傳記前史評亦多就正

史獻議故移置史鈔後

戊、子部雜家如諸子品節之類與纂輯舊文自成一家言者有別又非全錄原書與叢編亦異察其性質實同雜鈔舊與雜纂混茲特爲提出別成一屬

己、四庫總目於楚辭特立一類茲編所收楚辭僅一種又以其性質與總集相似故即併入總集不復更立類目

庚、四庫總目每類下又分屬茲亦從之特未標明而已

三、每書載書名卷册著者板本五項他如缺卷印記題跋批校等悉擇要用小字附注于末

四、舊刻有經後人修補者並詳其修補年代

五、凡板本相同不另立目即隔行書又一部仍記卷册其書

同而版本異者則另著其目

六、叢刻零種所存不多者仍從舊目作單行本散入各類

七、著者籍貫悉爲記出以便查攷其未能攷定者則作□□以竢續攷奉敕纂輯之書不著籍貫

八、著者姓名時代均不詳者題不著撰人名氏知其時代而不詳姓名者則作某代佚名人撰其原題別號者仍之

九、茲目取便尋檢故力求簡要詳細題記當俟別編（本館善本書志初稿現已在館刊及文瀾學報陸續刊布）

十、本書目作始于民國二十四年冬至翌年初秋始成甲編編校雖薦歲更月而以編者弇陋又人事悤率疏舛之處諒所不免方聞君子幸垂教焉

總目 甲編

卷一

經部

易類八種三十七卷 一種不分卷 二十七册

書類五種一百另三卷七十册

詩類五種九十五卷五十八册

禮類十七種三百八十三卷 重複一部 二百二十二册

春秋類九種二百三十六卷 一種不分卷 一百十八册

四書類十種一百三十九卷 二種不分卷 重複一部 九十三册

樂類三種七十卷 一種不分卷 三十八册

小學類三十種二百八十八卷 四種不分卷 重複一部 二百二十七册

諸經總義類四種六十七卷 二種不分卷 八十册

都九十一種九十四部一千四百十八卷九百四十二册

十一種不分卷　重複三部

卷二

史部

正史類十九種一千八百十卷　重複二部　四百五十五册

别史類五種三百四十九卷　一百三十一册

編年類二十一種五百十五卷　重複一部　三百六十一册

紀事本末類三種二十七卷十六册

雜史類二種二十六卷十四册

載記類一種十卷二册

奏議類十一種三百十五卷　重複一部　一百四十九册

史抄類九種四百五十卷　重複一部　一百九十五册

史評類三種七十一卷三十八册

傳記類十七種二百九十七卷 二種不分卷 一百三十六册

地理類二十一種四百八十二卷 二種不分卷 三百四十九册

政書類十種一千三百四十四卷三百六十三册

時令類二種六十三卷 重複一部 四十册

目錄類四種十二卷 二種不分卷 九册

都一百二十八種一百三十四部五千七百七十一卷二千二百五十四册 內五種不分卷重複六部

卷三

子部

儒家類十六種七百六十七卷 重複一部 二百八十八册

兵家類五種一百卌一卷五十九册

醫家類十三種二百二十四卷 重複一部 一百六十册
天文算法類九種一百二十六卷五十二册
術數類二種六卷十四册
藝術類三種十七卷二十四册
譜錄類三種三十六卷十四册
雜家類三十四種一千三百四十八卷 重複二部 一種不分卷 五百九十四册
類書類三十三種四千五百十九卷 一種不分卷 重複四部 一千二百九十四册
小說類十一種五百七十一卷 五種不分卷 一百五十七册
釋家類十二種三百七十四卷 一種不分卷 一百十八册
道家類十七種二百二十七卷八十册

都一百五十八種一百六十六部八千三百四十六卷二千八百五十八册 八種不分卷 重複八部

卷四

集部

別集類一百四十三種三千一百四十九卷 重複六部 七種不分卷 一千二百六十五册

總集類七十八種四千七百八十二卷 三種不分卷 重複三部 一千二百八十八册

詩文評類五種一百十四卷二十七册

詞曲類七種三十二卷 一種不分卷 四十九册

都二百三十三種二百四十二部八千零七十七卷二千六百二十九册 十一種不分卷 重複九部

四部書共計六百十種六百三十六部二萬三千六百十二卷八千六百八十三册重複二十六部三十五種不分卷補遺諸書已併計在內

浙江省立圖書館善本書目甲編卷一

經部

易類

周易鄭康成注一卷　宋慶元王應麟輯　元刻本　明嘉靖補修二板　一册

周易鄭康成注一卷　宋慶元王應麟輯　元刻本　明嘉靖補修四板萬曆補修十四板　一册

蘇氏易解八卷　宋眉山蘇　軾撰　明萬曆二十二年南京吏部刻本　板心下方有冰玉堂三字　四册

易學本原啓蒙意見四卷　明朝邑韓邦奇撰　明正德九年李滄刻本　有晉陵秦氏珍藏一印　四册

周易象義四卷 四册
明武進唐鶴徵撰 舊抄本 有毛氏家鈔一印
新鐫易經玄備十五卷 十五册
明新安江之寶撰 明崇禎五年環覺齋刻本
筮儀象解不分卷 四册
明諸暨陳洪綬撰 手稿本 有六世孫紳題識山陰楊吉園跋沈鶴書傳
易經旁訓四卷 四册
明嶺南王安舜撰 明天啓刻本 王氏五經旁訓之一

書類

書經集註十卷 八册
宋建陽蔡沈撰 明建陽坊刻本 有文中子後裔一印
書經集傳六卷書序一卷 六册

宋建陽蔡 沈撰 明嘉靖卅五年刻本 有同胞三進士薇垣柏府二印 十二册

新鍥書經講義會編十二卷 明長洲申時行撰 明萬曆二十六年徐銓刻本 二十册

尚書日記十六卷 明金壇王 樵撰 明萬曆廿三年南昌彭燧刻本 廿四册

尚書葦籥五十八卷 明烏程潘士遴撰 明崇禎六年刻本

詩 類

呂氏家塾讀詩記三十二卷 宋金華呂祖謙撰 明嘉靖十年傅應台刻本 有綠蔭堂吉氏家藏 十四册

詩緝三十六卷 高承埏印醉李高承埏字八遐家藏書記諸印 二十二册

宋邵武嚴　粲撰　明趙府居敬堂刻本　音圖後有刊行木記板心上方有味經堂二字

詩考一卷　一册

宋慶元王應麟撰　元刻本　明修五十三板

詩地理考六卷　三册

宋慶元王應麟撰　元刻本　明代補修

詩經大全二十卷　八册

明胡　廣等奉敕撰　明嘉靖元年建寧書戶劉輝刻本

卷二十末有刊行木記有廷璧一印

禮類

附釋音周禮註疏四十二卷　二十四册

漢高密鄭　玄註　唐永年賈公彥疏　吳縣陸德明釋文

宋刻本　元明遞修　有田耕堂藏陸進之印泰峯借讀諸印章炳麟題識

考工記二卷　　二册

明萬曆四十四年烏程閔齊伋二色套印本

又一部二卷　　一册

考工記圖解二卷　　二册

宋閩中林希逸撰　明姑胥張鼎思補圖　甬東屠本畯補釋　明萬曆二十六年刻本　有順天傅氏長恩閣藏書印石雪山樵汪士玹印諸印

儀禮經傳通解三十七卷　　十八册

宋新安朱熹撰　明正統刻本　有周良金印毘陵九松迂叟藏書二印

續儀禮經傳通解二十九卷　　十八册

宋閩縣黃榦撰　明正統刻本　有周良金印毘陵九松迂叟藏書二印

內外服制通釋殘本七卷附行狀　　一册

宋黃巖車垓撰　舊抄本　原目九卷存卷一至七　有唐仁壽讀書記諸印

附釋音禮記註疏六十三卷　三十二册

漢高密鄭玄註　唐衡水孔穎達疏　吳縣陸德明釋文

宋刻本　元明遞修　有田耕堂藏葉氏家藏諸印

禮記集說三十卷　二十册

元都昌陳澔撰　明嘉靖三十年倪淑刻萬歷二十三年

重修本

新刊京本禮記纂言三十六卷　三十二册

元臨川吳澄撰　明嘉靖九年劉氏安正書堂刻本　卷三

十六末有刊行木記　有繹經室章貞讀書二印

禮經貫四卷　四册

明梁谿堵景濂撰　明崇禎十二年家刻本

檀弓二卷　二册

明萬曆四十四年烏程閔齊伋二色套印本　一册

踐阼篇集解一卷

宋慶元王應麟撰　元刻本　明萬曆補修　一册

大戴禮記十三卷

漢梁人戴　德撰　明刻本　有吳氏小匏庵珍藏圖記吳仲賢印吳收鶚諸印　十二册

三禮考註六十四卷

元臨川吳　澄撰　明成化九年謝士元重刻本　十册

三禮考註十卷

元臨川吳　澄撰　明萬曆三十八年重刻本　有汪周量印一印　八册

文公家禮儀節八卷

宋新安朱　熹原著　明瓊山邱　濬輯　明正德十二年

應天府刻本　卷八末有刊行木記

又一部殘存昏禮一卷　一册

禮樂合編三十卷　三十二册

明錫山黄廣纂　明崇禎六年刻本　目錄及卷一抄配有牧齋藏書一印

春秋類

春秋集註三十卷　十六册

明嘉靖三十年倪淑刻萬曆二十三年重修本

春秋輯傳十三卷凡例二卷宗旨一卷　廿四册

明金壇王樵輯　明萬曆二十三年刻本

春秋四傳三十八卷　廿册

明嘉靖十一年建寧刻本　杜預序後有建寧府翻刻牒文

春秋四傳三十八卷　十册

明萬歷刻本　首序脱一頁卷三十八末脱十二頁

公羊穀梁春秋合編附註疏纂十二卷　八册

明海鹽朱泰禎纂　明啓禎間刻本

附釋音春秋左傳註疏六十卷　廿册

晋杜陵杜　預注　唐衡水孔穎達疏　吴縣陸德明釋文

宋刻本　元明遞修　有吴越王孫錢孝修圖書印瞿氏鑒藏金石記恬裕齋藏諸印餘杭章炳麟題識

春秋左傳三十卷　十二册

晋杜陵杜　預註　明嘉靖二十四年書林宗文堂刻本

卷三十末有重刻跋　有臧瑛仲韜臧仲韜氏家藏少峴山主人諸印

春秋左翼圖表不分卷　二册

明烏程王　震撰　明刻本　原書四十三卷茲存圖表一種有曹燕翼印穀謀氏印二印

春秋左氏全傳白文十二卷　六册

明萬歷十六年高麗賀邦泰刻本

四書類

四書集註二十八卷　宋新安朱　熹撰　明刻黑口大字本　十六册

又一部二十八卷　十册

四書集註三十八卷　宋新安朱　熹撰　明刻大字本　上二部孟子作十卷此本孟子作二十卷　八册

四書大全殘本一卷附大學或問中庸或問各一卷　四册

明胡　廣等奉敕撰　明天順二年黄氏仁和堂刻本　原三十六卷存大學章句一卷又大學中庸或問各一卷　大學章句序末有刊行木記刊作梨與舊藏事文類聚木記同

四書蒙引十五卷　十五册

明晉江蔡　清撰　太倉毛　在重訂　明萬歷十五年吳同春刻本

新刊全補四書存疑殘本五卷　二册
明同安林希元撰　明書林王氏善敬堂重刻本　原十二卷存卷一至三及卷六卷七刊行姓氏坊名見卷七首頁

四書經學攷十卷補遺一卷　八册
明錢塘徐邦佐撰　明崇禎元年刻本　有王氏先世遺書天鏡閣諸印

四書湖南講九卷　八册
明錢塘葛寅亮述　鄭尚友等錄　明崇禎四年刻本　有明善堂覽書畫印記安樂堂藏書記二印

四書説約殘本不分卷　十二册
明太倉顧夢麟撰　舊抄本　缺大學一種

四書遇不分卷　六册
明山陰張岱纂　明抄稿本　末附壽王白鶴詩手稿兩紙

論語商二卷

明吳江周宗建撰　明萬曆四十五年刻本　四册

樂類

大樂律呂元聲六卷律呂考註四卷　五册

明莆田李文利撰　明嘉靖十四年浙江布政司刻本　卷六

末有刊行木記

樂律全書殘本七種　廿一册

明宗室朱載堉撰　明萬曆刻本　存律呂精義内外篇各十卷鄉飲詩樂譜六卷操縵古樂譜六代小舞譜小舞鄉樂譜二佾綴兆圖靈星小舞譜五種不分卷

律呂正聲六十卷　十二册

明即墨王邦直撰　明萬曆十四年刻本

小學類

急就篇四卷　　　　　　　　　　　　　　　　三册
漢史　游撰　唐顏師古注　宋王應麟補注　元刻本
明萬曆補修
重刊許氏説文解字五音韻譜十二卷　　　　　十二册
宋丹稜李　燾重編　明刻本　有世儒堂圖書印子孫寶之科第世家坦園藏書心
遠堂圖書印寒翠軒覺是齋金房曲室五五齋寶之子孫用之永休李霨諸印
重刊許氏説文解字五音韻譜十二卷　　　　　八册
宋丹稜李　燾重編　明刻大字本
大廣益會玉篇三十卷附玉篇廣韻指南一卷　　七册
梁吴郡顧野王撰　明内府刻本　有承訓堂印
全韻玉篇二卷　　　　　　　　　　　　　　二册
不著撰人名氏　高麗刻本

新校經史海篇直音五卷　十六册
不著撰人名氏　明刻本
新校經史海篇直音五卷　十二册
不著撰人名氏　舊鈔本
重校經史海篇直音殘本九卷　九册
不著撰人名氏　明萬曆刻本　缺一卷
五音類聚四聲篇十五卷　五册
金昌黎韓孝彦撰　子道昭重編　明正德十年内府刻本
五音類聚四聲篇十五卷　五册
金昌黎韓孝彦撰　子道昭重編　明正德間任邱楊奥刻
本
洪武正韻彙編四卷　四册

明楚黃周家棟編　明萬曆二十年刻本

摭古遺文不分卷　四册

明上元李　登撰　清初於潛孫毓雲抄本　有馮氏辨齋藏書慈谿耕餘樓孫毓雲印諸印

略彙集類十二集　十二册

不著撰人名氏　舊抄本

原本廣韻五卷　五册

不著撰人名氏　明內府刻本　有承訓堂印一印

五音集韻十五卷　五册

金昌黎韓道昭撰　明正德十年內府刻本

五音集韻十五卷　五册

金昌黎韓道昭撰　明正德間任邱楊㚖刻本

五音集韻十五卷　十二册
金昌黎韓道昭撰　明刻本
經史正音切韻指南一卷附新增篇韻拾遺并藏經字
義一卷　一册
元關中劉　鑑撰　明正德間任邱楊槩校刻本
經史正音切韻指南一卷　一册
元關中劉　鑑撰　明刻本
古今韻會舉要三十卷　十二册
元昭武熊　忠撰　明嘉靖十五年刻本　有韓江汪氏家藏一印
洪武正韻十六卷　五册
明樂韶鳳等奉敕撰　明刻本
洪武正韻十六卷　八册

明樂韶鳳等奉敕撰　明劉以節刻本　有慈谿耕餘樓馮氏辨齋藏書二印　一册

新編篇韻貫珠集一卷

明釋眞空編　明正德間任邱楊奐校刻本

正韻牋四卷

明長洲楊時偉撰　明崇禎四年刻本　有半野一印　六册

金石韻府不分卷

明毘陵朱雲撰　清康熙六十年祝維垣精抄本　有祝維垣　二册

印補艮慈谿耕餘樓馮氏辨齋藏書諸印

詩韻輯略五卷

明上海潘恩撰　明隆慶二年刻本　朱筆校注有石室淸隱一印　十册

又一部五卷　十册

古今韻會舉要小補三十卷　廿四册

明永嘉方日升撰　明萬曆刻本

韻譜本義十卷　十册

明丹徒茅溱撰　明萬曆三十二年刻本

併音連聲字學集要四卷　四册

明會稽毛曾刪集　明萬曆二年刻本

正韻篆不分卷　六册

不著撰人名氏　清康熙四十一年精抄本　有倪震裕乾劍胆琴心詩酒生涯諸印

諸經總義類

兩蘇經解殘本六十卷　三十二册

宋眉山蘇軾蘇轍撰　明萬曆焦竑編刻本　原七種六十四卷兹缺論語拾遺一卷孟子解一卷道德經解二卷皆蘇轍撰

東坡易傳九卷
東坡書傳二十卷
潁濱詩集傳十九卷
潁濱春秋集解十二卷

六經四書講稿六卷附錄一卷　四册

宋莆田黄仲元撰　門人詹清子編　明嘉靖刻本　清康熙補
修　有晉江黄氏父子藏書一印

十三經解詁不分卷　廿八册

明吳興陳　深輯　明萬曆刻本　有子淵氏藏書一印　四庫總目作五十六卷千頃堂書目作六十卷此本不標卷數

讀七經略記不分卷　十六册

明海寧朱朝瑛撰　舊抄本　或作九十卷此本不標卷數

讀易略記
讀尚書略記
讀詩略記
讀周禮略記
讀儀禮略記
讀禮記略記

讀春秋略記

浙江省立圖書館善本書目甲編卷一終

浙江省立圖書館善本書目甲編卷二

史部

正史類

史記一百三十卷　廿四册

漢龍門司馬遷撰　宋裴駰集解　唐司馬貞索隱　張守

節正義　明萬曆初南監余有丁重刻本　卷七十九至八十六　卷一百廿六抄配　有樂善堂卬止父二印

又一部一百三十卷　廿四册

後印無鈔配

史記一百三十卷　五十六册

漢龍門司馬遷撰　宋裴駰集解　唐司馬貞索隱　張守

節正義　明萬曆廿四年南監馮夢禎重刻本　卷四抄配　有曲江

鄭歐門珍藏書畫一印

史記評林一百三十卷　三十二册
明吳興淩稚隆輯評　明萬曆二年刻本
又一部一百三十卷　二十四册
有武肅王裔　番禺陳繩齋藏書印章二印
漢書一百二十卷　二十册
漢安陵班　固撰　唐顔師古注　明嘉靖南監本　萬曆十年南監補修
晉書一百三十卷　六十册
唐房　喬等奉敕撰　宋刻本　有玉堂吉士諸印　民國廿五年杭縣王綬珊先生捐贈
宋書殘本十二卷　二册
梁武康沈　約撰　宋刻本　有明代修板　原一百卷存列傳卷五至九　十四至十八　志二十一至二十三
梁書殘本二十二卷　四册
唐武康姚思廉撰　宋刻本　有明代修板　原五十六卷存本紀卷一　二　列傳卷一至七　二十三至二十九　三十七至四十二

魏書殘本六十二卷 二十册

北齊曲陽魏 收撰 宋刻本 有明代修板 原一百十四卷 存志卷一至十五 傳卷一至九 十三至四七 六十五至六十七

隋書殘本四十八卷 十八册

唐魏 徵等奉敕撰 元刻本 明嘉靖補修 原八十五卷存志卷一至四 八至三十傳卷一至六 二十六至三十 四十一至五十

南史殘本五十五卷 廿四册

唐相州李延壽撰 元刻本 明嘉靖補修 原八十卷存本紀十卷 列傳卷一至廿九 四十四至五十二 五十七至六十 六十八至七十

南史八十卷 廿册

唐相州李延壽撰 元刻本 明嘉靖補修 有長白忠滿藏書畫印一印

南史殘本十三卷 三册

唐相州李延壽撰 明萬曆二十一年北監本 存卷六十至六十四

六十九至七十二 七十七至八十

舊唐書二百卷 四十册

後晉劉昫等奉敕撰　明嘉靖十四年聞人詮刻本　有古鹽張氏　宗橚之印　一字思岩諸印

新唐書殘本三十四卷　九冊

宋歐陽修等奉敕撰　元刻本　明嘉靖補修　原二百二十五卷　存卷四十四至五十五　七十二至七十五　八十至八十五　八十九至九十五　一百一至一百五

五代史記七十四卷　十冊

宋廬陵歐陽修撰　徐無黨注　明萬曆四年南監余有丁刻本　有餐勝堂圖書印一印

五代史記七十四卷　廿冊

宋廬陵歐陽修撰　徐無黨注　明萬曆十八年北監敖文禎刻本　卷一至八另本配合卷三十六至四十二抄配　有欽文之璽　月坨讀書記　松橋諸印

宋史殘本八十四卷　廿冊

元脫脫等奉敕撰　明成化刻本　嘉靖補修　原四百九十六卷　存志卷四至九　廿四至廿七　四十六至五十　五十六至七十二　七十八至八十六　一百十四至一百十六　一百廿一至一百廿六　一百四十八至一百五十一表卷一至三　卷二十六至二十七　傳三十一至三十七　一百八十五至一百九十六　二百十六至二百廿一

遼史殘本五十四卷　六册

元脫脫等奉敕撰　明嘉靖八年南監張邦奇刻本　原一百十六卷　存

本紀卷一至七　十九至卅　志卷一至八　列傳卷十八至卅六　表卷一至八

金史殘本九十七卷　十八册

元脫脫等奉敕撰　明嘉靖八年南監張邦奇刻本　原一百卅五卷　存

本紀卷二至九　十五至十九　志卷一至卅四　列傳卷八至廿七　三十三至四十一　四十七至五十五　六十一至七十三

別史類

周書王會補注一卷　一册

宋慶元王應麟撰　元刻本　明萬曆補修

東都事略一百三十卷　十四册

宋眉州王　稱撰　明覆宋刻本

藏書六十八卷續藏書二十七卷　三十六册

明晉江李　贄撰　明萬曆刻本

昭代明良錄二十卷　二十册

明淳安童時明撰　明末三衢童文龍重刻本

函史上編八十二卷下編二十一卷　六十册

明南城鄧元錫撰　明萬曆元年刻本

編年類

元經薛氏傳十卷　三册

舊題隋王　通撰　唐河東薛　收續撰　宋建陽阮　逸注

明刻本

通鑑地理通釋十四卷　五册

宋慶元王應麟撰　元刻本　明萬曆補修

新刊憲台考正少微通鑑全篇二十卷附宋元通鑑全編二十一卷　六十四册

宋崇安江　贄撰　附宋元通鑑全編明建陽劉　剡撰

明嘉靖三十八年程秀民刻本　有全謝山所藏書畫曲江鄭歐門珍藏書畫諸印

通鑑前編殘本十卷舉要二卷　六册

元蘭谿金履祥撰　元刻本　明成化補修八十八板　原二十卷存前編卷二至十一舉要二卷有章氏子柏過目章綬銜章二印

資治通鑑節要續編殘本三卷　三册

明建陽劉　剡撰　明正德間內府刻本　原三十卷存卷四二十三二十七　有廣運之寶一印

資治通鑑節要續三編十卷　四十八册

明建陽劉　剡撰　明刻本　有溫葆淳印閩中督學使者二印

續資治通鑑六十四卷　六册

明臨海王宗沐撰　明抄本　有青浦王昶藏書嚴蔚二酉齋藏書諸印

資治通鑑綱目五十九卷　三十册

宋新安朱熹撰　明嘉靖三十五年趙府居敬堂刻本

有韓晉度鑒定印金屋藏書諸印　首序末有刊行木記　朱筆圈點墨筆批注

資治通鑑綱目殘本十三卷　八册

宋新安朱熹撰　明內府刻本　存卷六　七　卅二　卅三　四十　四十八

至五十一　五十四　五十五　五十八　五十九　卷六七重複　有白燕齋一印

資治通鑑綱目殘本十七卷　九册

宋新安朱熹撰　明成化十二年內府刻本　存卷二至五　十十一　十六至卅

三十至卅一　三十四　三十五　四十八　四十九　有表章經史之寶　白燕齋二印

續資治通鑑綱目殘本八卷　四册

明商輅等奉敕撰　明成化十二年內府刻本　存卷一　三至六　廿三至廿

五　有廣運之寶表章經史之寶諸印

資治通鑑綱目發明五十九卷　十六册

宋遂昌尹起莘撰　明内府刻本　有葉毓榮印燮生手校桐城世家諸印

資治通鑑綱目集覽五十九卷　二十四册

元望江王幼學撰　明内府刻本　有葉毓榮印燮生手校桐城世家諸印

十九史略通考八卷　二十四册

元鄱陽余　進撰　明高麗金睟續補　明萬曆九年高麗

刻本

歷代通鑑纂要殘本九卷　六册

明李東陽等奉敕撰　明正德内府刻本　原本九十二卷存卷二十三二十四　三十一至三十四

四十八　五十六　八十七　有表章經史之寶一印

皇明通紀法傳全錄殘本二十六卷　十一册

明東莞陳建撰　雲間吳楨增删　明末刻本　原二十八卷存卷三至二十八

左紀十一卷　十六册

明勾吳錢應奎編輯　明萬曆三年刻本　有西田學圃一印

列國史補十八卷　六册

明豫章魏顯國撰　明萬曆二十年刻本

皇明大訓記十六卷　十六册

明烏程朱國禎編輯　明末刻本

皇明從信錄十四卷　四十六册

明秀水沈國元撰　明末刻本　有豐華堂書庫寶藏印一印

又一部四十卷　十册

有臣琦私印瑯琊魏子二印

紀事本末類

通鑑紀事本末殘本五卷　八册

宋建安袁　樞撰　宋刻本　明成化補修　存卷一　三十三　三十四　三十七　四十

蜀鑑十卷　四册

宋資中郭允蹈撰　明嘉靖刻本　有讀易樓秘笈印玉棟信印李南澗藏書印諸印

左氏始末十二卷　四册

明武進唐順之編　劍江徐鑒評　明萬曆四十二年刻本

雜史類

七雄策纂八卷　八册

明東明穆文熙纂　明萬曆刻本　有全永茂印豐亭修到梅花書屋諸印

皇明典故紀聞十八卷　六册

明交河余繼登輯　明金陵周日校刻本　卷十七首八頁用新城王象乾本配合

載記類

江南野史十卷　二册

宋螺川龍袞撰　舊抄本　有譚瑩之印應氏家藏二印

奏議類　公牘附

歷代名臣奏議殘本六十七卷　四十册

明楊士奇等奉勑撰　明永樂刻本　原三百五十卷　存卷五十五　六十至六十一　六十六　八十三至八十四

八十七至一〇三　一〇八至一〇九　一二〇至一二二　一三五至一三八　一八四至一八六　一八八　一九一至一九二　一九七　一九九至二〇五　二一五至二一七　二一九至二二一　二二三至二二五　二二八至

二三一　二三九至二四二　二四四　二五〇　二三三至二三四　有廣運之寶一印

又一部殘本一百四十卷　四十八册

存卷二百八至二百四十七

秦書疏二卷　一册

明建德徐紳輯　明嘉靖二十七年刻本　有巴陵方氏碧琳琅館珍藏秘笈粲溪鄒氏延喜樓珍藏書畫記巴陵方氏功惠柳橋甫印諸印

西漢書疏六卷東漢書疏七卷　十二册
明豐城李　琯編　明刻本
皇明名臣經濟錄五十三卷　二十四册
明新安黄　訓編　明嘉靖三十年新安汪雲程刻本
范文正公政府奏議二卷續集二卷書牘一卷　四册
宋吳縣范仲淹撰　明嘉靖四十年嚴州知府韓叔陽重刻
本　有應氏家藏一印
范忠宣公奏議三卷　二册
宋吳縣范純仁撰　明嘉靖四十四年韓叔陽刻本
楚台疏略十卷　五册
明海鹽彭宗孟撰　明末刻本
綸扉奏稿六卷　六册

明歸德沈　鯉撰　明萬曆刻本　二册

東江疏揭塘報節抄八卷

明仁和毛承斗輯　明末刻本

浚川公移集三卷駁稿集二卷　三册

明儀封王廷相撰　明刻本　有赤葦山人一印

武林紀略二卷　二册

明莆田黄鳴俊撰　明崇禎十二年刻本　卷首錢受益序脱三頁

史鈔類

通鑑總類二十卷　二十册

宋德清沈　樞編　明萬曆二十二年刻本

歷代史纂左編一百四十二卷　六十册

明武進唐順之輯　明萬曆刻本

唐荊川批選史記十二卷　　五册

明武進唐順之評選　明天啓二年吴興沈琇卿刻本　有棣

津鄭氏百祿藏書之印日知堂讀本二印

唐荊川批選漢書四卷　　三册

明武進唐順之選　明天啓二年吴興沈琇卿刻本

荊川先生精選批點漢書六卷　　五册

明武進唐順之選　明刻本　有曾氏詞商室祕笈印湘潭曾紀綱亦名綱字肇修號子

倫小字逸官鑒藏記曾紀維字詠蓀號耔民同鑒湘譚曾氏述經堂珍藏書畫印趙氏鑑藏諸印　眉端有朱批

史記鈔九十一卷卷首一卷　　十二册

明歸安茅　坤選　明萬曆三年刻本

漢書鈔九十三卷　　二十册

明歸安茅　坤選　明萬曆十七年刻本

史書纂略殘本二十一卷　十册

明平湖馬維銘纂　明刻本　原二百二十卷　存晉書纂略本紀一卷列傳二十卷

雪廬讀史快編六十卷　六十册

明平湖趙維寰編　明天啓刻本　有洞庭東山葉慶章之印一印

史評類

讀史管見三十卷　十六册

宋建安胡　寅撰　明崇禎八年刻本

通鑑答問五卷　二册

宋慶元王應麟撰　元刻本　明萬曆補修

古今人物論三十六卷　十册

明莆田鄭　賢編　明萬曆三十七年刻本

傳記類

新刊名臣碑傳琬琰之集一百七卷　二十二册

宋眉州杜大珪輯　宋紹熙五年刻本　抄配一百三十六頁　有翰林院印

孫氏壽松堂藏書印楊鼎重遠書樓楊氏家藏諸印　上集序末有俞樾題記

伊洛淵源錄十四卷　四册

宋新安朱熹撰　明萬曆刻本　卷八至十四藍色印本配合

浦江鄭氏旌義編二卷　二册

元浦江鄭濤輯　明刻本　卷首宋濂序脫一頁

古今列女傳殘本二卷　二册

明解縉等奉敕撰　明永樂元年內府刻本　原三卷闕第三卷

有汪由敦印青宮少師諸印

考亭淵源錄二十四卷　二十册

明莆田宋端儀初稿　武進薛應旂修　隆慶二年刻本

續吳先賢讚十五卷　三册
明長洲劉鳳撰　明萬曆刻本　有汪魚亭藏閲書振綺堂兵燹後收藏書蕭夢
松印靜君朱立誠印蘭話堂書畫印諸印

皇明名臣琬琰錄二十二卷　二十二册
明太倉王世貞華亭楊豫孫同輯　明抄本　有宛陵李之郇藏書印

名世類苑四十六卷　十二册
明烏程凌迪知輯　明萬曆四年刻本

內閣行實殘本四卷　二册
明豐城雷禮撰　明刻本　原八卷存卷一至四

今憲備遺十二卷　八册
明秀水項篤壽撰　明萬曆十一年萬卷堂刻本　有環碧山房珍
藏鏡水書癡休文之裔沈自新印晏倩諸印

林氏雜記不分卷　明侯官林熞撰　明抄本　有高兆林佶手跋　一册

聖學嫡派四卷　明平湖過庭訓編　明天啓元年重刻本　有應氏家藏一印　四册

忠獻韓魏王君臣相遇傳十卷别錄二卷遺事一卷　明安陽韓原道撰　明萬曆四十二年刻本　四册

米襄陽志林十三卷遺集一卷海岳名言一卷寶章待訪錄一卷研史一卷　明嘉興范明泰編　明萬曆三十二年刻本　二册

紫陽文公先生年譜殘本二卷　宋長樂李晦原編　明嘉靖三十一年李默删刻本　原五卷缺卷三至五　一册

陽明先生年譜三卷　三册

明餘姚錢德洪撰　吉水羅洪先考訂　明嘉靖四十三年刻本

萬曆丙午重修越南顧氏宗譜不分卷

明上虞顧　充修　明寫本　四册

地理類

明一統志九十卷　一百册

明李　賢等奉敕撰　明刻本　板心下方有萬壽堂刊四字

輿地名勝志殘本六十二卷　十七册

明侯官曹學佺撰　明崇禎三年刻本　原一百九十三卷存直隸二至十二南直一至十江西十至十三福建五至十湖廣一至九四川一至九陝西一至十三

皇明職方兩京十三省地圖表殘本二卷　二册

明延陵陳組綬撰　明崇禎刻本　原三卷缺中卷一卷

成化杭州府志六十三卷　三十册

明吳文元修　夏時正纂　影寫明成化刻本

海昌外志不分卷　十册

明海昌談遷撰　舊抄本　本書未標卷數有陳恭溥印游藝仙館二印陳恭溥手跋

籌海圖編十三卷　八册

明績溪胡宗憲撰　明天啓四年刻本　隆慶本作崑山鄭若曾撰

四鎮三關志不分卷　四十二册

明王之弼修　劉效祖纂　明萬曆四年刻本　有小李山房一印

水經注箋四十卷　八册

明南昌朱謀㙔箋　明萬曆四十三年刻本

廬山紀事十二卷附圖　四册

明廣陵桑喬撰　明嘉靖四十年刻本　有應氏家藏一印

武夷志略四集附圖　四冊

明崇陽徐表然撰　明刻本　分文行忠信四集　有臣沈壽坤臣炳文印二印

河防一覽十四卷　八冊

明烏程潘季馴撰　明萬曆十八年刻本

河防一覽榷十二卷　十二冊

明烏程潘大復編　明萬曆刻本

西湖遊覽志二十四卷志餘二十六卷附圖　十冊

明錢塘田汝成撰　明萬曆四十九年會稽商維濬重刻本

西湖志類鈔三卷卷首一卷附圖　六冊

明武林余思沖纂　明萬曆四十二年刻本

游名山記六卷　四冊

明吳郡都穆撰　明末吳興閔元衢校刻本　有春雨樓書畫印記

魚亭藏閲書二印

名山勝概記四十八卷附錄一卷　五十册

不著撰人名氏　明崇禎間武林讀書坊刻本

名山勝概記四十六卷　二十六册

原題明何鏜纂　歸安慎蒙續　河北張縉彦補輯

明崇禎刻本　廣東分卷較前部少一卷　貴州雲南合一卷　又闕附錄一卷南直三四兩卷亦有闕頁

南溪書院志四卷　二册

明慶元葉廷祥等重修　明萬曆二十二年刻本

考亭誌智字本四卷　二册

不著編者名氏　明刻本　卷首雷禮序脫六頁卷尾亦有脫頁

星槎勝覽四卷　二册

明太倉費信撰　明儼山書院説選本　有蜨庵家藏淵明舊里俞平人

印諸印

會稽三賦四卷附圖

宋樂清王十朋撰　明渭南南逢吉註　上虞尹　壇補註　二册

明天啓元年淩氏朱墨套印本

政書類

通典二百卷

唐萬年杜　佑撰　明嘉靖刻本　三十二册

漢制考四卷

宋慶元王應麟撰　元刻本　明代補修　二册

文獻通考三百四十八卷

元鄱陽馬端臨撰　明正德十四年愼獨齋刻本　八十五册

目錄末有刊行木記　有秀水莊氏蘭味軒收藏印一印

文獻通考三百四十八卷　八十四册

元鄱陽馬端臨撰　明馮天馭刻本　有內邸藏書一印

文獻通考三百四十八卷　一百册

元鄱陽馬端臨撰　明刻本

古今治平略三十三卷　十六册

明豫章朱　健撰　明崇禎十一年刻本

明倫大典殘本二十三卷　二十四册

明楊一清等奉勅撰　明嘉靖七年內府刻本　原二十四卷缺卷一

一卷　有廣運之寶　袁震　篠盦　沈韻洲藏書記諸印

歷代正閏考十二卷　八册

明嘉興沈德符撰　舊抄本

鹽政志十卷　四册

明通山朱廷立撰　明嘉靖八年刻本

鼎鐫六科奏准御製新頒分類注釋刑台法律十八卷　八册

明廬陵蕭近高注釋　明潭陽書林熊氏種德堂刻本

時令類

月令廣義二十四卷卷首一卷附錄一卷　十六册

明盱眙馮應京撰　新安戴　任續撰　明萬歷刻本

又一部二十四卷卷首一卷　十二册

附錄缺

日涉編十二卷　十二册

明應城陳　堦編　明萬曆三十九年刻本

目錄類

漢書藝文志考證十卷　二册

宋慶元王應麟撰　元刻本　明代補修　一册

咸陽金石遺文不分卷　明廣平王家瑞輯　明萬曆刻本　一册

古今碑帖考不分卷　不著撰人名氏　舊抄本　有家居金帛玉屏間　我生無田食破硯　雪樵圖記　默齋秘玩諸印　六册

浙江省立圖書館善本書目甲編卷二終

浙江省立圖書館善本書目甲編卷二

子部

儒家類

孔子家語八卷　八册

明郴陽何孟春補注　明聖府永明書院刻本

荀子二十卷　六册

周趙人荀況撰　唐楊倞註　明嘉靖間顧氏世德堂六子全書本

新纂門目五臣音註揚子法言十卷　八册

漢成都揚雄撰　晉李軌唐柳宗元宋宋咸吳祕司馬光註　明嘉靖間顧氏世德堂六子全書本　板心下方有桐陰書屋校五字有畢涿芳印獨醒齋圖書記姚承庵諸印

又一部十卷　八册

板心下方無桐陰書屋校五字

文中子十卷　　二册

隋龍門王　通撰　宋建陽阮　逸註　明嘉靖間顧氏世德堂六子全書本　有秀水莊氏蘭味軒收藏印一印

大學衍義四十三卷　　二十册

宋浦城眞德秀撰　明嘉靖六年内府刻本　有欽文之璽廣運之寶二印

黄氏日抄八十八卷　　二十四册

宋慈谿黄　震撰　明活字本　有求是室藏本　霽山　諸印

朱子語類一百四十卷　　三十册

宋永嘉黎靖德輯　明高安朱吾弼重編　明崇禎六年劉潛刻本　有仁和朱復廬校藏書籍一印

性理大全殘本三卷　　二册

明胡廣等奉敕撰　明景泰六年書林魏氏仁實堂刻本

序末有刊行木記　原目五十八卷存卷一至三

性理大全書七十卷　　三十二册

明胡廣等奉敕撰　明嘉靖二十二年楊宜刻本

性理大全書七十卷　　三十册

明胡廣等奉敕撰　明嘉靖三十五年建寧知府程秀民刻本

有翰林　王生澍印二印

性理羣書集覽殘本五十五卷　　三十八册

原題瓊山玉峯道人集覽　青田養浩遁叟訂　雲間林泉居士校正　明正德六年書林劉氏日新堂刻本

原七十卷存卷四至五十八第十七卷末有劉氏刊行木記其年代據四庫總目提要補

性理集要八卷　　八册

明新安詹　淮編　明嘉靖刻本　四十八册

大學衍義補一百六十卷

明瓊山邱　濬撰　明弘治元年建寧刻本　有惕先谷齋、光風霽月

王鴻謨印　濬卿諸印

大學衍義補殘本三十六卷　六册

明瓊山邱　濬撰　明刻本　存七十六至八十一、八十九至一百五、一百廿七至一百卅九、

薛文清公讀書全錄類編二十卷　十册

明河津侯鶴齡編　明萬曆廿七年刻本

性理指歸殘本十六卷　八册

明烏程姚舜牧編　明刻本　原二十八卷存卷一至十六有休寧汪季青家藏書籍一印

兵家類

孫子集註十三卷　五册

宋吉天保集註　明嘉靖三十四年錫山談愷虔臺刻本

有季滄葦藏書印　述頌堂藏書印　陸沅之印　靖伯氏諸印

講武全書兵占二十七卷　二十冊

不著撰人名氏　明崇禎間修德堂刻本　全書共有三種一曰兵覽二曰兵律三曰兵占茲存兵占一種

登壇必究七十七卷　二十四冊

明淮陰王鳴鶴編輯　明萬曆刻本

兵垣四編不分卷附九邊圖論一卷海防圖論一卷遼東軍餉論一卷日本考略一卷　十冊

明長興臧懋循編　九邊圖論明許綸撰海防圖論明胡宗憲撰遼東軍餉論明萬世德撰日本考略明殷都輯　明天啓元年閔氏三色套印本

有忠州李士棻天瘦閣藏書　芋仙所藏　大清忠州李士棻

芋仙第二道光辛巳冬生于鴨玉溪諸印

醫家類

鍼灸資生經七卷　八冊

宋王執中撰　明正統十二年葉氏廣勤書堂刻本

墨筆批注卷首吳興姚衡題記　有雪逸　雪逸鑑賞二印

聖濟經解義殘本一卷　一冊

宋徽宗御撰　明抄本　原十卷卷二至十缺　板心下方有嗣雅堂二字　有曾藏汪閬源

家一印

重修政和經史證類備用本草三十卷　二十冊

宋華陽唐慎微撰　明成化四年山東重刻本　有會稽明山陶氏珍

藏　蕺二印

重修政和經史證類備用本草三十卷　二十冊

宋華陽唐慎微撰　明嘉靖三十一年濟南儒學胡大慶重刻本　刊行年代及人名見卷三十末

宋竇太師瘡瘍經驗全書八卷附世傳秘方四卷附圖　四册

宋燕山竇漢卿撰　明裔孫夢麟增撰　明隆慶三年三衢大酉堂刻本　有受益草廬藏書記一印

心印紺珠經二卷　四册

元朱撝編　明嘉靖二十一年當塗邢址刻本　卷首自序有脱頁

東垣十書殘本三種十卷　三册

不著編者名氏明刻本

外科精義四卷　此事難知四卷

脾胃論存三四兩卷

東醫寶鑑二十三卷目錄二卷附圖　二十五册

明高麗御醫許浚奉教撰　明崇禎七年高麗刻本　二十五册

又一部二十三卷目録二卷附圖

明醫指掌圖前集五卷後集五卷　六册

明仁和皇甫中撰　明萬曆七年書林劉氏安正堂重刻本

後集第五卷末有劉氏刊行木記

外科正宗四卷附圖　四册

明崇川陳實功撰　明萬歷四十五年家刻本　首白正蒙序脱第一頁

重訂嬰童百問十卷　八册

不著撰人名氏　明末書林聚錦堂重刻本　有朱墨筆批注

丹溪心法附餘二十四卷卷首一卷　十六册

明新安方廣輯　明嘉靖十五年刻本

類經類注三十二卷新方八法一卷　十六册

明山陰張介賓撰　舊抄本

天文算法類

天文鬼料竅五卷　二册

隋丹元子撰　彭氏知聖道齋抄本　濰水陳介祺手校　有結一廬藏書印

陳介祺讀二印

六經天文編二卷　二册

宋慶元王應麟撰　元刻本　明代補修

古今律歷考七十二卷　二十四册

明安肅邢雲路撰　滿城魏文魁訂　明萬曆二十八年刻

本　有家承賜書　仁和朱復廬校藏書籍　姚氏藏書諸印

渾蓋通憲圖説二卷卷首一卷附圖　二册

明仁和李之藻撰　明萬曆三十五年漳南鄭懷魁刻本

有有花書塾珍藏　臣大成印　學子　南樓　徐暎玉印　平陽秋白居士書畫私記諸印

神道大編曆宗算會十五卷　八册

明山陰周述學撰　抄本　有裘翰輿印　冲曼二印

測圓海鏡分類釋術十卷附圖　二册

明長興顧應祥撰　明嘉靖二十九年刻本

測圓算術四卷勾股二卷弧矢一卷方圓術一卷　二册

明長興顧應祥撰　明嘉靖刻本

測量全義三卷　二册

明西人羅雅谷撰　明刻本　原目及序作十卷首頁第一行原題作三卷

同文算指前編二卷通編殘本六卷　八册

明西人利瑪竇授　仁和李之藻演　明萬曆四十一年刻本　通編原八卷存卷一至六有小李山房　裘翰輿　冲曼諸印

術數類

金精廖公地學心法畫筴扒砂經四巻　十二册

宋虔州廖　禹撰　新安江之棟輯　明萬曆四十二年新安江元標刻本

陰遁九局一巻陽遁九局一巻　二册

不著撰人名氏　舊抄本　有棠湖珍賞書畫之印一印

藝術類

王氏畫苑十巻　十六册

明太倉王世貞編　明萬曆十八年重刻本　有天香樓一印

繪事微言四巻　四册

明江都唐志契纂　明抄本　有江椿之印　彥修　茂苑香生蔣鳳藻秦漢十印齋祕篋圖書　星詒　季貺　瑞瓜堂諸印

射義新書二卷雜記一卷附圖　四册
明海昌程道生輯　明崇禎八年刻本

譜錄類

重修宣和博古圖錄三十卷　十二册
宋王黼等奉敕撰　明萬曆刻本　板心間有醉墨館三字

宣德彝器譜三卷　一册
不著撰人名氏　清道光五年海鹽馬宗默抄本　墨筆校

蘭易一卷附十二翼一卷蘭史一卷　一册
原題宋鹿亭翁撰　明簟溪子較　蔣氏别下齋抄本　附十二翼蘭史明馮京第撰

雜家類

淮南鴻烈解二十一卷　十二册

漢宗室劉　安撰　明末淩氏朱墨套印本　無高誘註

重刊無垢先生橫浦心傳錄三卷日新錄一卷附孟子發題一篇　　四册

宋諸城于　恕編　明萬曆四十二年海甯知縣方士騏刻本　孟子發題宋施德操撰

習學記言殘本八卷　　四册

宋永嘉葉　適撰　明抄本　原五十卷存卷五至八　卷四十七至五十　有「黃宗羲印」「餘姚黃氏石庫藏書記」「忠靖是始黎州是續雖不忘攜貧不忘買老不忘讀子子孫孫鑒此心曲」「高亭家藏」諸印

金壘子四十四卷　　二十册

明上虞陳　絳撰　明萬曆三十四年家刻本

古言二卷

明海鹽鄭　曉撰　明嘉靖四十四年刻本　有默庵一印

丹鉛總錄二十七卷　八册

明新都楊　慎撰　明萬曆十六年刻本

藝林伐山二十卷　四册

明新都楊慎撰　明隆慶六年吳郡淩雲翼刻本　卷二十末有刊行木記　有羣玉山房　敬勝堂孟氏珍藏　倍洲諸印

震澤長語二卷　一册

明震澤王鏊撰　明刻本　有桐鄉曹氏吹雲閣珍藏　江東羅氏所藏二印

青藤山人路史二卷　一册

明山陰徐　渭撰　明刻本

留青日札三十九卷　二十册

明錢塘田藝衡撰　明萬曆刻本　有鏡汀書畫記一印

千一疏二十二卷　六册

明新都程　涓撰　明萬歷三十七年刻本　有秀水莊氏蘭味軒收藏

印一印

焦氏筆乘六卷續集八卷　十四册

明江寧焦　竑撰　明萬曆三十四年刻本

羣書備考六卷續三卷　十二册

明吳江袁　黄撰　袁儼注釋　明萬曆刻本　續三卷袁儼撰

談資三卷　三册

明臨海秦鳴雷輯　明萬曆元年刻本　有王家騏印　志選氏二印

雅尚齋遵生八牋十九卷總目一卷附圖　三十六册

明錢塘高　濂撰　明萬曆十九年刻本　卷九　卷十五至十七弦雪居

重訂本配合　卷十抄配

大明仁孝皇后勸善書不分卷　六册

明仁孝皇后撰　明永樂五年内府刻本　或作二十卷此本分慈訓常訓善訓爲訓教訓用訓六集不標卷數有厚載之記　林園湖山草堂詩文書畫金石篆刻印信　莚伯諸印

歷代臣鑒三十七卷　十册

明宣宗御撰　明宣德元年内府刻本　有新安汪氏　啓淑印信二印

五倫書六十二卷　二十册

明宣宗御撰　明景泰五年京兆劉氏翠岩精舍刻本　卷二十末有刊行木記　有王士翼　樊崖　張震維印　象九　黄氏象九家藏諸印

初潭集十二卷　十二册

明溫陵李　贄撰　明末刻本

初潭集殘本三卷　三册

明溫陵李　贄撰　明萬曆刻本　存卷一至三

焦氏類林八卷　四册

明江寧焦竑輯　明萬曆十五年刻本

智品十三卷　十六册

明黄岡樊玉衡輯　於倫增編　明萬曆刻本

又一部殘本十卷　七册

玉芝堂談薈三十六卷　十二册

明衢州徐應秋撰　明末刻本　有繆沅之印　湘芷　蠹檀仙館胡氏藏書之章

胡氏樹德堂藏書印諸印

省身集要四卷　八册

明京山胡宗洵輯　明崇禎六年刻本

閒署日抄殘本二十一卷　四十二册

明黟縣舒榮都輯　明天啓二年刻本　原二十二卷缺卷八一卷　有以學

愈愚一印

羣書治要四十七卷　二十五册

唐魏　徵等奉勑編　日本天明七年刻本　原五十卷卷四、卷十三

卷二十共三卷久佚

百家纂雋十卷　十册

不著編者名氏　明萬曆刻本

諸子品節五十卷　四十册

明吴與陳　深編　明刻本

諸經品節殘本十卷　十册

明東粤楊起元編　明萬曆刻本　原二十卷存卷一至十

明刻百川學海殘本十四種二十二卷　九册

宋鄞縣左　圭編　明正德間無錫華珵覆宋刻本

學齋占畢四卷 宋史繩祖撰

筍譜一卷 宋釋贊寧撰

菌譜一卷 宋陳仁玉撰

煎茶水記一卷 唐張又新撰

東溪試茶錄一卷 宋宋子安撰

香譜二卷 宋洪芻撰

茶經三卷 唐陸羽撰

茶錄一卷 宋蔡襄撰

海棠譜三卷 宋陳思撰

菊譜一卷 宋史正志撰

梅譜一卷 宋范成大撰

洛陽牡丹記一卷 宋歐陽修撰

揚州芍藥譜一卷 宋王觀撰

牡丹榮辱志一卷 宋邱璿撰

漢魏叢書三十八種二百五十卷 八十册

明處州衛何鏜原編 明萬曆間程榮刻本

京氏易傳三卷 漢京房撰吳陸績註

周易略例一卷 晉王弼撰唐邢璹註

古三墳一卷

詩說一卷 漢申培撰

韓詩外傳十卷 漢韓嬰撰

大戴禮記十三卷 漢戴德撰

春秋繁露十七卷　漢董仲舒撰

白虎通德論二卷　漢班　固撰

忠經一卷　漢馬　融撰　鄭玄註

獨斷二卷　漢蔡　邕撰

方言十三卷　漢楊　雄撰　晉郭璞解

以上經籍

元經薛氏傳十卷　隋王　通撰　唐薛　收續并傳　宋阮　逸註

逸周書十卷　晉孔　晁註

穆天子傳六卷　晉郭　璞註

西京雜記六卷　晉葛　洪撰

以上史籍

素書一卷　漢黃石公撰　宋張商英註

新語二卷　漢陸　賈撰

孔叢子三卷　漢孔　鮒撰

新序十卷　漢劉　向撰

說苑二十卷　漢劉　向撰

新書十卷　漢賈　誼撰

法言十卷　漢楊　雄撰

潛夫論十卷　漢王　符撰

申鑒五卷　漢荀　悅撰　明黃省曾註

中論二卷　漢徐　幹撰

顏氏家訓二卷　北齊顏之推撰

商子五卷　秦公孫鞅撰

人物志三卷　魏劉　邵撰　涼劉昞註

風俗通義十卷 漢應 劭撰

劉子新論十卷 梁劉 勰撰 袁孝政註

神異經一卷 漢東方朔撰

洞冥記四卷 漢郭 憲撰

述異記二卷 梁任 昉撰

王子年拾遺記十卷 晉王 嘉撰 梁蕭綺錄

通占大象曆星經二卷 漢甘公石申撰

趙飛燕外傳一卷 漢伶 玄撰

古今刀劍錄一卷 梁陶弘景撰

論衡三十卷 漢王充撰

以上子籍

又一部存三十八種二百四十七卷 缺說苑卷一至三 六十二冊

古今逸史殘本五十一種一百九十卷 四十八冊

明漳浦吳 琯編 明萬曆刻本 缺方言十三卷 釋名八卷六朝事迹二卷 神僧傳九卷

白虎通德論二卷 漢班 固撰

廣雅十卷 魏張 揖撰 隋曹 憲音解

風俗通義四卷 漢應 劭撰

小爾雅一卷 漢孔 鮒撰

獨斷一卷 漢蔡 邕撰

刊誤二卷 唐李 涪撰

古今注一卷　晉崔　豹撰
中華古今注三卷　五代馬　縞撰
博物志十卷　晉張　華撰
續博物志十卷　晉李　石撰
拾遺記十卷　晉王　嘉撰
山海經十八卷　晉郭　璞撰
海內十洲記一卷　漢東方朔撰
吳地記一卷後集一卷　唐陸廣微撰
岳陽風土記一卷　宋范致明撰
洛陽名園記一卷　宋李文叔撰
桂海虞衡志一卷　宋范成大撰
北邊備對一卷　宋程大昌撰
眞臘風土記一卷　元周達觀撰
三輔黃圖六卷　漢佚名人撰
雍錄十卷　宋程大昌撰
洛陽伽藍記五卷　魏楊衒之撰
教坊記一卷　唐崔令欽撰
樂府雜錄一卷　唐段安節撰
九經補韻一卷　宋楊伯嵒撰
三墳一卷　佚名撰
穆天子傳六卷　晉郭　璞註
竹書紀年二卷　梁沈　約註
汲冢周書十卷　晉孔　晁註
西京雜記六卷　漢劉　歆撰

別國洞冥記四卷　漢郭憲撰
漢武故事一卷　漢班固撰
趙后外傳一卷　漢伶玄撰
海山記一卷　佚名撰
迷樓記一卷　佚名撰
開河記一卷　佚名撰
晉史乘一卷　佚名撰
楚檮杌一卷　佚名撰
越絕書十五卷　佚名撰
吳越春秋六卷　漢趙曄撰
華陽國志十二卷　晉常璩撰
高士傳三卷　晉皇甫謐撰
列仙傳二卷　漢劉向撰
劍俠傳四卷　佚名撰
本事詩一卷　唐孟棨撰
續齊諧記一卷　梁吳均撰
博異記一卷　原題唐谷神子撰
集異記一卷　唐薛用弱撰
遼志一卷　元葉隆禮撰
金志一卷　元宇文懋昭撰
松漠紀聞一卷　宋洪皓撰

吾學編殘本九種三十卷　十四册

明海鹽鄭　曉撰　明隆慶元年家刻本

大政記十卷
同姓諸王傳存二三兩卷
異姓諸侯傳二卷
直文淵閣諸臣表一卷
遜國臣記八卷
天文述一卷
地理述二卷
皇明百官述二卷
皇明四夷攷二卷

少室山房筆叢十二種四十八卷　八册

明蘭谿胡應麟撰　明萬曆刻本

有廣雅書院經籍金石書畫之印一印

經籍會通四卷
丹鉛新錄八卷
史書佔畢六卷
藝林學山八卷
九流緒論三卷
四部正譌三卷
三墳補逸二卷
二酉綴遺三卷

華陽博議二卷
莊岳委談二卷
玉壺遐覽四卷
雙樹幻抄三卷

類書類

藝文類聚一百卷　十六册
唐臨湘歐陽詢纂　明嘉靖刻小字本　有筑藩　官庫　二印
初學記三十卷　十册
唐徐　堅等奉敕纂　明晉陵楊鑨九洲書屋刻本　有別下齋藏書印一印
又一部三十卷　三十册
此部印刷較晚
初學記三十卷　二十册
唐徐　堅等奉敕纂　明萬曆十五年三吳徐守銘寧壽堂
刻本

唐宋白孔六帖一百卷　四十册

唐下邽白居易　宋衢州孔　傳輯　明嘉靖刻本　有蘭味軒寶德堂藏書　莊祖基印諸印

又一部殘本二卷　二册

存卷七十三　八十六　八十九

太平御覽一千卷　一百册

宋李　昉等奉敕纂　明萬曆二年虞山周光宙活字本　自小引至目錄卷二第四頁抄配　有祝淵印信　覲士　應氏家藏　周鵬林印諸印　卷尾有周廣業題識一行

册府元龜一千卷　二百六十册

宋王欽若等奉敕纂　明崇禎十五年匡山黄國琦刻本　卷四百九十至四百九十四　四百九十六至五百三　五百五十六至六百七十二　六百七十五　六百九十五　六百九十六　抄配　有桐菴經史詩書圖章　内翰金壇蔣超藏書印　雪苑宋氏蘭揮藏書記諸印

錦繡萬花谷前集四十卷後集四十卷續集四十卷

別集三十卷　二十六册

宋佚名人撰　明嘉靖十五年獨山秦汴繡石書堂刻本

後集卷八至十抄配　板心上方有繡石書堂四字　有磬鏡藏書　子子孫孫世寶　磬鏡過目　子宿氏　個是吳儂手種田諸印

古今事文類聚前集六十卷後集存二十六卷續集二十八卷別集存二十八卷　十八册

宋歙縣祝　穆編　明書林明實堂刻本

後集原五十卷別集原三十二卷茲後集缺二十一至四十二又四十九　五十　別集缺一至四　別集卷二十四末有坊刻木記　有古芹何氏存心堂藏書　惇史諸印

新編古今事文類聚前集六十卷後集五十卷續集存二十卷別集三十二卷新集存二十五卷　六十册

宋歙縣祝　穆編　新集元南江富大用編　明坊刻本

續集原二十八卷新集原三十六卷茲續集缺十三至二十新集缺十六至三十六

姬侍類偶一卷　一册

宋周守忠撰　舊抄本

古今合璧事類備要前集六十九卷後集八十一卷續集五十六卷別集九十四卷外集六十六卷　五十册

宋建安謝維新編　別集外集宋虞　載編　明嘉靖三十一年三衢近峯夏相摹宋刻本　有佐伯文庫一印

新編事文類聚翰墨大全殘本八集四十七卷　九册

宋建陽劉應李編　元刻本　甲集原十二卷缺九至十二　乙集原九卷缺卷一至五　丙集原五卷全　丁集五卷全缺　戊集原五卷全　己集原七卷全　庚集原二十四卷缺卷一卷九十八至二十四　辛集原十卷全缺　壬集原十二卷缺六至十二　癸集原十一卷缺六至十一　後甲集八卷乙集三卷丙集五卷丁集八卷戊集九卷均全缺

玉海二百卷附詞學指南四卷　九十六册

宋慶元王應麟撰　元刻本　明代補修

小學紺珠十卷　五册

宋慶元王應麟撰　元刻本　明代補修

姓氏急就篇二卷 一册

宋慶元王應麟撰 元刻本 明代補修

聯新事備詩學大成三十卷 二十册

元建安毛直方撰 三山林楨增補 明內府刻本

新增說文韻府羣玉二十卷 二十册

元奉新陰時夫編 陰中夫註 元刻本

策塲備覽一百七十三卷 十六册

明上海唐周輯 明抄稿本 有拜經樓吳氏藏書一印

便於搜檢四卷 四册

明衡王□□編 明刻本 有吳毓庭印誦清臣林諸印

左粹類纂十二卷 六册

明吳郡施仁編 明嘉靖刻本

典籍便覽八卷　四册
明新安范泓輯　范淶補註　明刻本

萬姓統譜殘本一百四十一卷氏族博考十四卷　四十册
明烏程凌迪知輯　明萬歷七年刻本　原一百四十六卷缺帝王姓系統譜二至六

文選錦字錄二十一卷　十册
明烏程凌迪知編　明萬曆五年凌氏桂枝館刻本

喻林一百二十卷　六十册
明宣城徐元太輯　明萬歷四十三年刻本

古雋考略六卷　六册
明上虞顧充纂輯　明萬曆刻本

經濟類編一百卷　一百二十册
明北海馮琦編　明萬曆三十二年刻本

天中記六十卷　明昴陵陳耀文纂輯　明萬曆二十二年刻本　有玉屏山民一印　四十册

何氏類鎔三十五卷　明雲間何三畏纂輯　明萬曆四十七年家刻本　二十四册

朱翼不分卷　十二册

明新安江旭奇編　明萬曆四十四年刻本

唐類函二百卷　四十册

明吴江俞安期編　明萬曆三十一年刻本

又一部二百卷　四十八册

卓氏藻林八卷　十六册

明錢塘卓明卿編　明萬曆九年妙香室刻本

又一部八卷　十六册

槎庵小乘四十一卷　　三十二册
明蕭山來斯行纂輯　明崇禎四年刻本
詞林海錯十六卷　　十六册
明江陰夏樹芳纂輯　明萬曆刻本　朱筆添注有樵孫珍藏一印

小説類

世説新語三卷　　三册
宋臨川王劉義慶撰　梁劉孝標注　明萬歷周氏博古堂重刻袁褧本　有蘊古堂藏書一印
輟耕錄三十卷　　四册
明天台陶宗儀撰　明玉蘭草堂刻本　板心下方有玉蘭草堂四字有平原春旭樓珍藏一印
明朝四十家小説殘本四種不分卷　　二册

明長洲顧元慶編　明嘉靖十八年刻本　海槎餘錄陽山新錄末尾均有顧氏刻梓木記

君子堂日詢手鏡　明吳興王濟撰

海槎餘錄　明吳郡顧岕撰

新倩籍　明吳郡徐禎卿撰

陽山新錄　明長洲顧元慶撰

太平廣記五百卷　六十四册

宋李昉等奉敕撰　明長洲許自昌刻本

五雜組十六卷　十六册

明長樂謝肇淛撰　明刻本

獪園十六卷　十六册

明常熟錢希言撰　明萬曆刻本　有養和主人一印

金陵瑣事四卷續二卷　八册

明上元周暉撰　明刻本　有硯旅藏書宣城梅應祚藏書印二印

新鐫全像通俗演義隋煬帝豔史四十回附圖　十八册

原題齊東野人撰　明崇禎四年刻本　有光緒壬辰陳次翁題記

萃忠傳七十回附圖　十二册

明錢塘孫高亮撰　檇李沈國元評　明刻本

新刻按鑑編纂開闢衍繹八十回附圖　六册

明□□周　遊撰　王　黌釋　明崇禎刻本

醉醒石十四回附圖　八册

原題東魯古狂生撰　清初刻本　卷端附圖十六回　有胡氏予奇鑒賞一印

釋家類

貝葉經三百二十頁　一册

緬甸文寫本　經名未詳

大方廣佛華嚴經八十卷　四十册

唐釋實叉難陀譯　明萬歷二十九年徑山寺刻本

大方廣佛華嚴經合論一百二十卷　二十四册

唐釋實义難陀譯經　李通玄造論　釋志寧合編　明隆慶二年刻本

大智度論一百卷　二十册

姚秦三藏法師鳩摩羅什譯　清乾隆三十二年會稽趙文炻精寫本

成唯識論十卷　十册

唐三藏法師玄奘譯　明季海寧陳瓛刻本　有朱墨筆校注　有隆樹之印　棧堂　因樸三印

佛說阿彌陀經句解一卷附圖像　一册

元釋性澄撰　明刻本

鎮州臨濟惠照和尚語錄一卷　一册

唐釋義玄撰　日本抄本

了心錄二卷　四冊

原題池上客輯　明萬曆二十五年刻本　墨筆批注有孫士璘印　荊山二印

禪林僧寶傳三十卷補傳一卷臨濟宗旨一卷　三冊

宋釋惠洪撰　明刻本

翻譯名義集二十卷　四冊

宋釋法雲撰　明萬曆二十九年刻本

寂光鏡三卷附圖像　六冊

明洪自誠撰　明萬曆刻本　目錄有二頁抄配　有古香樓、休寧汪季青家藏書籍二印

佛法金湯編殘本五卷　四冊

明釋心泰編　明刻本　原十卷存卷六至十　有休陽汪季青家藏書籍一印

道家類

老子翼二卷附錄及考異一卷　二冊

明江寧焦竑輯註　明萬曆刻本　二册

關尹子注二卷

宋淮陽陳顯微撰　明朱蔚然刻本

南華眞經十卷　六册

晉河南郭象注　唐陸德明音義　明嘉靖間吳郡顧氏

六子全書本

南華眞經副墨八卷　八册

明興化陸西星撰　明萬曆十三年孫大綬重刻本

莊子翼八卷莊子闕誤一卷附錄一卷　四册

明江寧焦竑輯註　明萬曆刻本

南華眞經旁注五卷　四册

明歙浦方虛名輯　明萬曆二十二刻本

莊子南華眞經四卷 六冊

明末閔齊伋朱墨套印本 有世路如冶場英雄聽鍛鍊一笑而已梅調鼎印拜竹諸印

列子鬳齋口義二卷 四冊

宋福清林希逸註 明隆慶間張四維校刻本 分上下兩卷板心下方有敬義堂刊四字

列子沖虛眞經八卷 二冊

明季吳興閔齊伋朱墨套印本

鬳齋三子口義二十卷 四冊

宋福清林希逸註 明萬曆二年刻本 老子二卷莊子十卷列子八卷列子分卷與隆慶本異

席上腐談二卷 一冊

宋吳郡俞 炎撰 舊抄本 有丁日昌字静持號禹笙一印

太極祭鍊內法議略殘本二卷 二冊

原題宋鄭所南撰 舊抄本 存中下二卷

周易參同契解箋三卷　三册

漢會稽魏伯陽撰　明潼關張文龍解　朱長春箋　明萬曆四十年朱印本

神仙傳十卷　四册

晉句容葛洪撰　明崇禎刻本

雲笈七籤百二十二卷　十六册

宋安陸張君房輯　明張萱訂補　明萬曆刻本

有象列仙全傳九卷　八册

明太倉王世貞輯　明新都汪雲鵬刻本　有湯溪、紹南二印

廣列仙傳七卷　四册

明龍游張文介撰　明萬曆十年刻本

浙江省立圖書館善本書目甲編卷三終

浙江省立圖書館善本書目甲編卷四

集部

別集類

漢魏六朝別集

鮑氏集殘本八卷 宋東海鮑照撰 明刻本 有應氏家藏一印 缺卷九卷十凡二卷 一册

江文通集殘本四卷 梁考城江淹撰 明刻本 有應氏家藏一印 缺卷五至十 一册

江文通文集十卷 梁考城江淹撰 明刻本 單丕手校 四册

唐別集

唐駱先生集八卷 六册

唐義烏駱賓王撰　明王　衡批釋　明季吳興淩氏朱墨套印本

常建詩集不分卷　一册

唐□□常　建撰　舊抄本　墨筆𥫗校

分類補註李太白詩三十卷　十二册

唐隴西李　白撰　宋楊齊賢集註　元蕭士斌補註　明嘉靖二十二年吳會郭雲鵬寶善堂刻本　第十二册末有郭氏刊行木記

分類補註李太白詩二十五卷　二十册

唐隴西李　白撰　宋楊齊賢集註　元蕭士斌補註　明萬曆間許自昌刻本

集千家註杜工部詩集二十卷文集二卷　二十四册

唐襄陽杜　甫撰　明萬曆間許自昌刻本

又一部二十卷文集二卷 八册

杭縣章厥生先生捐

杜律單註十卷 十册

明古剡單 復註 歷下陳 明輯 明嘉靖十六年錢塘

楊祜刻本

杜詩分類五卷 五册

唐襄陽杜 甫撰 明萬曆四十一年汝陽傅振商刻本

杜律註解二卷 四册

明溫陵黄光昇註 明萬曆十一年西蜀夏鏜重刻本

杜詩通四十卷 十二册

明海鹽胡震亨撰 明刻本 有燕山甯士鋌子堅圖書一印

盛唐儲光羲詩集一卷 一册

唐兗州儲光羲撰　明萬曆刻本　四册

岑嘉州集八卷

唐南陽岑參撰　明刻本　有邵氏二雲、晉涵之印、小李山房圖籍、柯溪圖書諸印　首序一頁有半抄配

韋蘇州集十卷拾遺一卷　四册

唐京兆韋應物撰　明覆宋刻本

韋蘇州集十卷　六册

唐京兆韋應物撰　明萬曆四十一年董伯起刻本

韓文四十卷外集十卷集傳一卷遺文一卷　四册

唐昌黎韓　愈撰　明嘉靖三十五年新會莫如士刻本

有應氏家藏應寶時印諸印

昌黎先生集四十卷外集十卷集傳一卷遺文一卷　八册

唐昌黎韓　愈撰　李　漢編　宋新安朱　熹校　王伯

大音釋　明刻本　有木樨香館范氏藏書石湖詩孫仕隱諸印

昌黎先生集四十卷外集十卷集傳一卷遺文一卷　十六册

唐昌黎韓　愈撰　宋新安朱　熹校　王伯大音釋　明萬曆三十三年朱崇沐重刻本

韓文公文鈔十六卷　八册

明歸安茅　坤選　明季朱墨套印本

柳文四十三卷別集二卷外集二卷附錄一卷　十六册

唐河東柳宗元撰　中山劉禹錫編　明嘉靖十六年南平游居敬刻本　有胡鐵梅家藏書、從祀孔子廟庭胡瑗公之裔孫、二印

增廣注釋音辨唐柳先生集四十三卷別集二卷外集二卷附錄一卷　十册

唐河東柳宗元撰　明正統十三年善敬堂刻本　略有萬曆三年補修板

前有刊行木記　有秀水朱氏潛采堂圖書一印

又一部四十三卷　十二冊

别集外集附錄均缺

唐柳先生集外集一卷　一冊

唐河東柳宗元撰　影鈔宋乾道本

唐李長吉詩集四卷　二冊

唐昌谷李　賀撰　明萬曆廣平王家瑞刻本

李長吉歌詩四卷外集一卷　二冊

唐昌谷李　賀撰　宋廬陵劉辰翁評　明季淩氏朱墨套

印本

李長吉歌詩四卷外集一卷　一冊

唐昌谷李　賀撰　宋吳正子箋註　劉辰翁評　明刻本

元氏長慶集六十卷補遺六卷　十册

唐河南元　稹撰　明萬曆三十二年松江馬元調重刻本

有希深、許默之印二印

又一部六十卷補遺六卷　十六册

白氏長慶集七十一卷　三十四册

唐下邽白居易撰　明萬曆三十四年松江馬元調刻本

又一部殘本六十六卷　二十六册

杜樊川集十七卷　四册

唐萬年杜　牧撰　裴延翰編　明末朱一是評刻本

宋別集

歐陽文忠公集一百五十三卷附錄六卷　二十三册

宋廬陵歐陽修撰　明嘉靖三十九年何遷刻本第一册缺　有延令季氏圖書記一印

歐陽文忠公文抄三十二卷　八册

宋廬陵歐陽修撰　明歸安茅　坤評選　明萬曆七年茅一桂刻本

春卿遺稿一卷　一册

宋宜興蔣　堂撰　裔孫鐄校　舊鈔本

蘇老泉先生全集十六卷　八册

宋眉山蘇　洵撰　明刻本

蘇文公文鈔十卷　四册

宋眉山蘇　洵撰　明歸安茅　坤評選　明萬曆茅一桂刻本　有讀書爲善最樂　宫氏珍藏　農山宫爾鐸印　藏之名山傳之其人諸印

重編東坡先生外集八十六卷　四十册

宋眉山蘇　軾撰　明萬曆刻本　有遂初堂圖書記　天垣祕書之章諸印

蘇長公合作八卷　十六册
宋眉山蘇　軾撰　明泰昌元年淩氏朱墨套印本

蘇長公合作內外篇不分卷　四册
明虎林鄭之惠評選　明萬曆三十年刻本

蘇文忠公文鈔二十八卷　四册
宋眉山蘇　軾撰　明茅　坤評選　明萬曆茅一桂刻本

蘇長公小品四卷　八册
明廣陵王納諫評選　明季淩氏朱墨套印本

東坡養生集十二卷　十二册
明江左王如錫編　明崇禎刻本

東坡集選五十卷　三十册
明江陵陳夢槐選　明刻本

蘇文定公文抄二十卷　三册

宋眉山蘇　轍撰　明茅　坤選　明萬曆間茅一桂刻本

和靜先生文集三卷附集一卷　二册

宋河南尹　焞撰　明刻本

新刻臨川介甫王先生文集一百卷　三十二册

宋臨川王安石撰　明萬曆四十年王鳳翔刻本

劉左史文集四卷雜著一卷　二册

宋永嘉劉安節撰　藍筆舊抄本　有小學樓　鳴野山房　長洲張氏執經堂藏諸印

劉給諫文集五卷詩集二卷　二册

宋永嘉劉安上撰　舊抄本　有小學樓　鳴野山房　長洲張氏執經堂藏諸印

宋李忠定公文集四十八卷　二十册

宋邵武李　綱撰　明左光先選　明崇禎十二年刻本

菊磵集一卷　一册

宋餘姚高翥撰　抄本　有歙西鮑氏廷博知不足齋珍藏之印一印

東萊先生詩集二十卷　八册

宋金華呂本中撰　舊抄本　有揚州阮氏文選樓墨莊藏印一印

吳文肅公文集二十卷附錄一卷附棣華雜著一卷　四册

宋休寧吳儆撰　棣華雜著吳俯撰　明萬曆三十二年吳繼京刻本

林艾軒先生文鈔一卷　二册

宋莆田林光朝撰　明萬曆三十八年林兆珂刻本　有崑山葛氏跋

朱文公全集十五卷　八册

宋新安朱熹撰　明武進唐順之選輯　明刻本　有雲章漢瞻張雲章印　文章節義之門　嘉定朱子素九初氏收藏諸印

朱子鈔十卷　六册

明餘姚孫應奎　盧陵劉　教同輯　明嘉靖十八年江陰陳鶴刻本　有金山錢熙祚錫山氏藏書記　守山閣　職溪高氏　諸印

誠齋先生文膾前集十二卷後集十二卷　十八册

宋吉水楊萬里撰　佚名人編　明隆慶六年杭州朝天門書林翁文溪刻本　有知足知不足館人王紹蘭記見一印

西山先生眞文忠公文集五十五卷　十六册

宋浦城眞德秀撰　明萬曆二十五年刻本

梅亭先生四六標準殘本十卷　四册

宋崇仁李　劉撰　明四明范大澈臥雲山房鈔本　存卷一至十

箋釋梅亭先生四六標準四十卷　三十册

宋崇仁李　劉撰　明丹陽孫雲翼箋　明萬曆刻本

海瓊玉蟾先生文集六卷續集二卷附象　十六册

宋閩清葛長庚撰　明寧王朱權重編　明萬曆刻本

文山先生文集殘本十卷　六册

宋吉水文天祥撰　明景泰六年陳价吉州刻本　存卷一至十有合肥龔氏聽彝書屋收藏圖籍之章、合肥龔氏聽彝書屋十萬卷藏書印二印

文山先生全集二十一卷　六册

宋吉水文天祥撰　明崇禎二年武林鍾越評刻本

石堂先生遺集殘本二卷　二册

宋寧德陳普撰　明萬曆刻本　原本二十二卷存卷一二兩卷

劉須溪先生集略四卷養吾集略一卷　二册

宋廬陵劉辰翁撰　舊抄本　有瑞青一印

百正集三卷　一册

宋三山連文鳳撰　舊抄本　有曹溶之印檇李曹氏藏書二印

金元別集

閒閒老人滏水集二十卷附錄一卷　四册

金滏陽趙秉文撰　舊抄校本　清趙烺朱筆校

閒閒老人滏水集二十卷附錄一卷　四册

金滏陽趙秉文撰　舊抄校本　有唐栖朱氏結一廬圖書記、仁和朱復廬校藏書籍二印

蟻術詩選八卷　四册

元雲間邵亨貞撰　明新都汪稷校刻本　板心下方有好德軒二字

師山先生文集八卷遺文五卷附錄一卷　二册

元歙縣鄭玉撰　明嘉靖刻本　有小李山房子孫永保重光子宣深柳讀書諸印

明別集

陶學士先生文集二十卷　六册

明太平陶　安撰　明弘治十二年鉛山張祐刻本　有傳經堂鑒藏花

步渠碧莊印　曾在東山劉惺棠處　應氏家藏諸印

元豐文集四卷　二册

明天台徐一夔撰　舊抄本　有應氏家藏一印

虞山人詩四卷　二册

明長洲虞　堪撰　舊抄本　有小學樓　鳴野山房　應氏家藏諸印

白沙先生詩教解殘本五卷　四册

明新會陳獻章撰　增城湛若水註　明隆慶二年海岱李

尙刻本　板心下方有麗澤書院四字　原十五卷　存卷十一至十五即詩教外傳

白沙先生全集二十一卷　七册

明新會陳獻章撰　門人張　詡編　明萬曆二年刻本

白沙子全集九卷附錄一卷附象　十册

明新會陳獻章撰　明萬曆四十年刻本　有遺經山房珍藏一印

石田先生集不分卷　四册

明長洲沈周撰　明萬曆四十三年刻本　有慈谿耕餘樓馮氏辨齋藏書二印

篁墩程先生文集殘本六十五卷拾遺一卷　十四册

明休寧程敏政撰　明正德二年李汛刻本　原九十三卷存二五至三三　三七至八六　八八至末　有崑山葛鼒藏書之記一印

石淙詩稿殘本一卷　一册

明巴陵楊一清撰　明嘉靖刻本　原二十卷存自訟類一卷　末附另一刻本李夢陽評點制府類六頁　有鳴野山房一印

王文恪公集三十六卷附鷗音一卷白社詩草一卷　十二册

明震澤王鏊撰　鷗音白社詩草王禹聲撰　明萬曆刻本

袁中郎先生批評唐伯虎彙集四卷外集一卷傳贊紀事一卷

畫譜三卷　八册

明吳縣唐　寅撰　明萬曆末坊刻本

王文成公全書三十八卷　二十四册

明餘姚王守仁撰　明隆慶六年新建謝廷傑刻本

陽明先生文粹十一卷　八册

明永豐宋儀望編　明隆慶六年閩正學書院刻本

王氏家藏集殘本五卷　一册

明儀封王廷相撰　明嘉靖十五年刻本　四庫著錄六十八卷茲存卷一至五　有曾在三百堂陳氏處

家住南園杏橋二印

儼山集一百卷續集十卷　二十二册

明上海陸　深撰　明嘉靖二十五年家刻本

李卓吾先生讀升庵集二十卷　十四册

明新都楊　愼撰　晉江李　贄評選　明刻本

東畲先生詩選一卷　一冊
明海鹽錢琦撰　錫山俞憲選　明隆慶四年刻本
黄門集十二卷附録一卷年譜一卷　十冊
明海寧許相卿撰　明萬曆二十五年陳與郊刻本　有應氏家藏一印
樸溪潘公文集九卷　四冊
明婺源潘璜撰　從子士藻編　明萬曆十三年刻本
偲庵詩集十卷文集十卷附録一卷傳文一卷　六冊
明鄖城楊旦撰　明嘉靖三十九年子襄校刻本
墨書七律二首自署默庵
玩鹿亭稿殘本六卷　四冊
明鄞縣萬表撰　子達甫編　明萬曆二十八年刻本
原八卷附録一卷　卷二卷六及附録志狀均缺　有于瀛一印

一哂齋漫稿十卷　八册

明上虞葛　臬撰　同邑鄭一麟選　明萬曆刻本

世經堂集二十六卷　十二册

明華亭徐　階撰　明萬曆刻本　第一册序文目錄及卷二十　二十一　二十四至二十六抄配

重刊校正唐荊川先生文集殘本九卷　九册

明武進唐順之撰　明嘉靖刻本　原十二卷存卷一　四　五　七至十二

唐荊川先生續文集六卷　三册

明武進唐順之撰　明刻本

海石先生詩集六卷　一册

明海鹽錢　薇撰　明萬曆二十六年刻本

龍谿王先生語錄鈔八卷　八册

明山陰王　畿撰　晉江李　贄評　明萬曆刻本

方山薛先生全集殘本六十一卷　二十册

明武進薛應旂撰　明刻本　原六十八卷缺卷一　廿九至卅一　三十七至三十九

青霞文集殘本一卷　二册

明山陰沈鍊撰　明嘉靖四十五年山陰俞咨益刻本

原十一卷存卷一一卷

退溪書抄十卷　十册

明朝鮮李滉撰　日本文化三年刻本

茅鹿門先生文集三十四卷附録二卷附遺象　十二册

明歸安茅坤撰　明萬曆刻本

滄溟先生集三十卷附録一卷　六册

明濟南李攀龍撰　明隆慶六年刻本　有墨書七律一首

滄溟先生集三十一卷附録一卷　十二册

明濟南李攀龍撰　明萬曆二年吳興徐中行重刻本

蓼山存家詩稿八卷　二册

明海豐楊　巍撰　明刻本　卷一至三抄配

新刻張太岳先生文集四十七卷　十二册

明江陵張居正撰　明萬曆刻本　有應氏家藏一印

碧山學士集殘本四卷　四册

明秀水黃洪憲撰　明萬曆刻本　原二十一卷又別集四卷茲存卷一至四　有秀水趙氏求是齋藏一印光緒辛丑趙詒祺題記

甔甀洞稿殘本三十九卷　十三册

明興國吳國倫撰　明萬曆刻本　原五十四卷存卷十至二十四　廿八至四十五　四十九至五十四

甔甀洞續稿詩部殘本九卷文部殘本七卷　七册

明興國吳國倫撰　明萬曆刻本　原詩部十二卷　文部十五卷　存詩部卷一至五　九至十二　文部卷一至二　六至八

十二至十三

李氏全書不分卷　十四冊

明晉江李　贄撰　湯顯祖批點　明末信著齋刻本

焚書說書二種合刻

王文肅公文草十二卷附錄二卷　四冊

明太倉王錫爵撰　明萬曆四十三年孫時敏編刻本

有徐昺　揮霞賞鑒圖書諸印

震川先生文集二十卷　十六冊

明崑山歸有光撰　明萬曆刻本　有橫山草堂東武湖釣魚師邦杰松屏諸印

蠛蠓集五卷　八冊

明黎陽盧　柟撰　明萬曆三年魏郡翻刻張佳胤刻本

卯洞集四卷　二冊

明餘姚徐　珊撰　明嘉靖刻本

徐文長文集三十卷　六册

明山陰徐　渭撰　公安袁宏道評點　明刻本　卷端抄配四頁 卷三十鈔配九

頁附刻四聲猿缺

徐文長逸稿二十四卷畸譜一卷附遺像　十六册

明山陰徐　渭撰　山陰張汝霖王思任評選　明天啓三

年刻本

復宿山房集殘本二卷　二册

明山陰王家屏撰　明萬曆刻本　原目四十卷茲存序文目錄及賦一卷詩一卷

張陽和先生不二齋稿殘本十四卷　十册

明山陰張元忭撰　會稽羅萬化山陰朱賡同選　明萬曆

二十一年刻本　原十六卷缺卷五卷六兩卷

來禽館集二十九卷　十二册

明臨清邢　侗撰　明崇禎十年重刻本

由拳集二十三卷　四册

明鄞縣屠　隆撰　明萬曆刻本　有應氏家藏一印

白榆集二十八卷　六册

明鄞縣屠　隆撰　明萬曆刻本

太平山房詩集選五卷　八册

明吉水鄒元標撰　明萬曆四十八年門人張璣等選刻本

玉茗堂集三十卷　八册

明臨川湯顯祖撰　鹿城沈際飛選　明崇禎九年刻本

缺傳奇四種八卷

容台文集九卷別集四卷詩集四卷　十三册

明華亭董其昌撰　明崇禎刻本

袁中郎集四十一卷　十二册

明公安袁宏道撰　明萬曆刻本　瀟碧堂集二十卷廣莊一卷錦帆集四卷去吳尺牘一卷萬曆戊申袁叔度書種堂精寫刻本

廣陵集一卷桃源詠一卷瓶史一卷敝篋集二卷破研齋集三卷觴政一卷華嵩遊草二卷狂言二卷狂言別集二卷萬曆間繡水周九具校刻本

袁中郎集殘本九卷　六册

明公安袁宏道撰　明萬曆繡水周氏刻本　存桃源詠一卷華嵩遊草二卷瓶史一卷觴政一卷

狂言二卷狂言別集二卷

濤閣集十四卷　十六册

明常德江盈科撰　子禹疏輯　明萬曆二十八年家刻本

霞繼亭集三卷　六册

明金谿謝廷讚撰　明萬曆刻本

蕺山劉子詩集一卷　二册

明山陰劉宗周撰　曾孫景忠錄　舊抄本

檀園集十二卷 明嘉定李流芳撰 明崇禎二年刻本 四册

寶日堂初集三十二卷 明華亭張鼐撰 明崇禎刻本 卷三十抄配 二十册

又一部殘本八卷 存卷十七至二十三、卷二十六 六册

水月軒漫唫稿四卷 明武原徐月汀撰 明萬曆四十六年刻本 首序脱一二兩頁 一册

文園文集不分卷 明蕭山黄可師撰 紅方格舊抄本 有展硯齋圖書印一印 二册

北征小草十二卷 明雲間張泰階撰 明崇禎刻本 卷十二末有脱頁 六册

西林全集二十卷　十册

明無錫安紹芳撰　明萬曆刻本　有安璿蒼涵二印卷一末有康熙辛未安璿跋眉端有墨筆批注

鴻寶應本十七卷　十六册

明上虞倪元璐撰　明崇禎刻本

倪鴻寶先生三刻殘本九卷　四册

明上虞倪元璐撰　明崇禎間山陰王貽栻重刻本　原代言五卷講編二卷奏牘三卷　茲補遺考績部缺一篇　講編卷二缺子之燕居以下六篇　奏牘缺卷二一卷

寶綸樓集殘本五卷　八册

明鍾陵傅冠撰　明崇禎十七年子練彙刻本　原六卷缺卷六一卷

己吾集十四卷　三册

明臨川陳際泰撰　清順治刻本

又一部十四卷　八册

壺山集三卷　一册

明臨川陳孝威撰　清順治十三年刻本

癡山集六卷　二册

明臨川陳孝逸撰　清順治十二年刻本

幾亭初集二十二卷再集二十卷　十二册

明嘉善陳龍正撰　明崇禎刻本　有應氏家藏一印

牧齋初學集一百十卷　二十册

明虞山錢謙益撰　明崇禎十六年瞿式耜刻本

松月軒詩稿不分卷　四册

明山陰田嘉年撰　手稿本　道光甲申會稽魯仁題識　有嘉年一印

白榆山人詩不分卷　一册

明嘉興徐眞木撰　舊抄本

總集類

楚辭句解評林十七卷　六册

漢宜陽王　逸章句　明鹽官馮紹祖集評　明萬曆十五年刻本

有海寧陳鱣觀　仲魚圖象二印

六家文選殘本二十四卷　八册

梁蕭　統輯　唐李　善等注　明嘉靖十二年吳郡袁褧仿宋蜀大字本　卷一至三　卷二十一至末缺　卷三十末有刊行木記

六臣註文選殘本五十九卷　三十一册

梁蕭　統輯　唐李　善等注　明新安潘維時刻本　有小李山房　子孫永保二印　卷十二缺　卷十七至二十明冰玉堂本配合　卷五十九至六十重出

六臣註文選六十卷　三十二册

梁蕭　統輯　唐李　善等注　明新安潘維時刻本

六家文選六十卷 梁蕭統輯 唐李善等注 明季翻刻袁褧本 二十册

六臣註文選殘本五卷 梁蕭統輯 唐李善等注 明萬曆徐成位刻本 有會稽鈕氏世學樓圖籍 愛日精廬藏書 張氏月霄 碧城仙館藏書 秀野草堂顧氏藏書印諸印 存卷一至五 三册

文選十二卷 梁蕭統輯 明刻無註本 有一萬琅玕山館一印 清孫淇臨何義門評語并識乾隆丁丑常熟王式金題識 四册

文選六十卷 梁蕭統輯 清初刻本 朱筆過錄何義門俞瑒評 道光五年姚元之題識 有淡遠堂圖書 依艸堂書畫 查瑩之印 姚氏豸青 姚氏珍藏 靜學齋 小紅鵝館收藏諸印 六册

文選尤十四卷 明烏程鄒思明評選 明天啓二年三色套印無註本 七册

文選章句二十八卷　二十四册
明海寧陳與郊編　明萬曆刻本　有會稽王氏五雲堂珍藏　王繼香子獻甫號止軒生丙午家鏡湖官玉署好金石及圖譜嫻讀書愛藏弆祝長恩永呵護辟水火毆蟫鼠傳子孫俾學古二印

選詩七卷選賦六卷　十二册
明吳興淩濛初輯評　明朱墨套印本

文苑英華一千卷　一百一册
宋李昉等奉勑編　明隆慶元年刻本　有白杜里人　趙氏鑑藏二印

文苑英華一千卷　一百册
宋李昉等奉勑編　明隆慶刻本　間有萬曆補修板　首册及卷三百三十一至三百四十鈔配

唐文粹一百卷　十六册
宋盧州姚鉉編　明嘉靖初吳門徐焴刻本　首胡纘宗序板心下方有萬竹山房四字

唐文粹一百卷　二十册

宋盧州姚　鉉編　明嘉靖六年張大輪覆刻徐熁本　末册有刊行木記

新雕宋朝文鑑一百五十卷　四十八册

宋呂祖謙奉敕編　明天順八年覆宋刻本　有應氏家藏一印

文章正宗二十四卷續二十卷　二十二册

宋浦城眞德秀編　明南監本　有泰州劉漢臣麓樵氏印一印

又一部二十四卷　十四册

續二十卷缺

吳都文粹十卷　五册

宋蘇台鄭虎臣編　舊抄本　有應氏家藏　應寶時印　臣徵私印　子清諸印

古文精粹十卷　四册

明佚名人編　明成化十一年刻本

國朝文類七十卷目錄三卷　三十六册

元貞定蘇天爵編　元刻本　明成化補修　有傳沅叔藏書記　杭州王氏九峯舊廬藏書之章　綬珊經眼諸印　二十冊

杭縣王綬珊先生捐

文章辨體五十卷外集五卷

明常熟吳　訥編　明嘉靖三十四年刻本　有秀水莊氏蘭味軒收藏印一印　二十冊

衡門集殘本十三卷　十冊

明海鹽鄭履淳原編　子心材重編　明萬曆十二年刻本

原詩十一卷文四卷存詩卷一至九　十一　文一至四

續文選三十二卷　六冊

明海鹽湯紹祖編　明萬曆三十年家刻本　板心下方有希貴堂三字

文壇列俎十卷　十六冊

明休寧汪廷訥編　明萬曆刻本　有今寫硯香精舍所藏　雋素堂張曉漁校藏圖籍之章二印

文壇列俎十卷　四十冊

明休寧汪廷訥編　明萬曆三十五年刻本　有安定胡氏留白軒藏書孫氏之印　星衍諸印

沈氏三先生集四十卷　四冊

宋錢塘沈遘沈括沈遼撰　明翻宋括蒼本　有振綺堂兵燹後收藏書汪魚亭藏閱書　蓮涇太原叔子藏書記諸印

柴氏四隱集二卷　二冊

宋江山柴望等撰　明裔孫復貞編次　舊抄本

陶韋合集十八卷　六冊

明烏程凌濛初朱墨套印本　有張聖詔印　父子進士　著曹仙吏　家在秦淮煙水間諸印

陶靖節集八卷　晉陶潛撰
韋蘇州集十卷　唐韋應物撰

河嶽英靈集三卷　二冊

唐丹陽殷璠編　明萬曆刻本　有適我山房一印

竇氏聯珠集不分卷　二冊

唐西江褚藏言編　舊抄本　有小梅花庵　杜南山印二印　一册

九僧詩一卷

宋佚名人編　舊抄本

唐音十四卷　八册

元襄城楊士弘編　明姑蘇顧璘批點　明嘉靖刻本

古樂府十卷　四册

元豫章左克明編　元刻本　卷一至二鈔配　有磬鏡　潛廬二印

風雅翼十四卷　十二册

元上虞劉履編　明嘉靖刻本　有朱學勤修伯甫　結一廬藏書印諸印

唐詩品彙九十卷拾遺十卷　四十八册

明長樂高棅編　明弘治六年刻本　有鈔配　有杭州王氏九峯舊廬藏書之章　綬珊五十以後所得書畫　傅沅叔藏書記諸印　杭縣王綬珊先生捐

唐詩品彙九十卷拾遺十卷 十六册

明長樂高 棅編 明嘉靖十八年山陽牛斗刻本 有彭穀

第十四小洞天仙吏 長洲蔣氏十印齋藏書諸印

唐詩品彙九十卷拾遺十卷 四十册

明長樂高 棅編 明萬曆刻本

又一部九十卷拾遺十卷 四十册

首册弘治刻本配合

唐詩正聲二十二卷 二册

明長樂高 棅編 明書林熊沖宇種德堂刻本 卷二十二末有刊行木記

漢魏詩集十四卷 二册

明河中劉成德編 明萬曆間南海陳堂重刻本

東甌詩續集殘本三卷 二册

明永嘉趙　諫編　明弘治十六年刻本　原七卷補遺一卷存卷一至三　首趙諫序第一頁缺　二册

半山亭詩集不分卷

明盧江丁　鉷編　明弘治元年刻本

詩紀殘本五十五卷　七册

明臨朐馮惟訥編　明萬曆間吳琯刻本　原一百五十卷存古逸十卷漢十卷魏九卷吳一卷晉卷一至十二十一至二十四宋十一卷　有錢曾之印　遵王　極加寶惜諸印

唐詩選七卷　四册

明歷城李攀龍編　明萬曆二年吳興凌氏盟鷗館刻本

目錄末有刊行木記　有顧芷之印　芳庭氏　曹琰之印　彬侯諸印

明詩選十二卷卷首一卷　六册

明歷城李攀龍編　明末豹變齋刻本　有忘憂獨忿之廬　陸會熙印　雖氏印諸印

盛明十二家詩選十二卷　六册

明益王□□選輯　明萬曆十三年益府刻本　十册

八代詩乘四十六卷

明宣城梅鼎祚編　明萬曆三十四年寧國刻本　有長嘯一室一印　八册

古樂苑五十二卷衍錄四卷

明宣城梅鼎祚編　明刻本　有檇李項藥師藏萬卷堂藏書記忠貞世校猗蘭珍藏諸印

萬首唐人絕句四十卷　十四册

明吳郡趙宧光黃習遠同編　明萬曆三十五年刻本

明雋集殘本四卷　四册

明東郡李先芳選　明萬曆三年刻本　原十卷燕趙集存卷一至二秦晉集存卷三至四

唐詩類苑二百卷　一百册

明華亭張之象編　明萬曆二十九年刻本　有慈谿耕餘樓馮氏辨齋藏書二印

古詩類苑殘本七十八卷　二十册

明華亭張之象編　明萬曆三十年刻本　原一百三十卷存卷一至十八 三十三至九十二 一百十八至一百三十

明詩正聲六十卷　十二冊

明廣陵盧純學輯　明萬曆十九年刻本　有安定胡氏樹德堂藏書印錢溍之印介石氏 極加寶惜諸印

詩拔十八卷　五冊

不著編者名氏　舊抄本

易庵蒲塘二翁遺稿二卷　二冊

明六安張　時張　介撰　明萬曆八年張諧刻本　有默庵一印

李何二先生詩殘本三十三卷　五冊

明新安吳勉學編　明萬曆刻本　存崆峒集三十三卷　何集全缺

小瀛洲十老社詩六卷　一冊

明海鹽錢孺穀鍾祖述同輯　清順治十六年刻本　附圖五頁

天下同文集殘本三卷 二册

元盧陵周南瑞編 舊鈔本 有藝風堂藏書 石研齋秦氏印 秦恩復印諸印

古賦辨體八卷外集二卷 十册

元上饒祝堯編 明弘治刻本

皇明文衡九十八卷 二十册

明新安程敏政編 明嘉靖六年淮康盧煥重刻本

古文類選十八卷 十四册

明潮陽鄭旻編 明隆慶六年刻本 有小李山房圖籍 惠棟印信 定宇氏諸印 目錄末有刊行木記

文編殘本八卷 八册

明武進唐順之編 明嘉靖間胡帛校刻本 存卷四至五 五十二至五十七

文編六十四卷 二十四册

明武進唐順之編 明天啓元年吳郡陳元素刻本 有翰林院印 唐栖

朱氏結一廬圖書記二印

滑耀編殘本不分卷　八册

明嶧縣賈三近編　明隆萬間刻本

辭賦標義十八卷　十六册

明海陽俞王言編　明刻本

文儷十八卷　十八册

明閩漳陳翼飛輯　明萬曆三十九年刻本

秦漢六朝文十卷　四册

明歙縣汪道昆編　明萬曆二十五年刻本

皇明十大家文選二十一卷　十八册

明烏程陸弘祚批選　明刻本

皇明經濟文輯殘本二十卷　七册

明餘杭陳其愫編　明天啓七年刻本　原廿三卷存卷一至十六二十至二十三　十册

明文霱二十卷

明武林劉士鏻編　明崇禎七年刻本　八册

蘇黄題跋雜書十二卷

明武陵楊鶴編　明刻本　有張凝樹顥二印　四册

赤牘清裁十卷補遺四卷

明新都楊慎編　明萬曆間新安吴勉學刻本　二十册

尺牘清裁六十卷補遺一卷

明太倉王世貞編　明隆慶五年刻本　四册

又一部六十卷補遺一卷

明七名公尺牘八卷　十六册

明新安項伯達輯　明萬曆三十一年文斐堂刻本

古今振雅雲箋十卷　五冊

明山陰徐　渭輯　明刻本

書記洞詮一百十六卷　二十八冊

明宣城梅鼎祚編　明萬曆二十五年刻本

四六鴛鴦譜十二卷新集十二卷　十二冊

明東里陰化陽東粵蘇太初同輯　明末書林呂太如刻本

新集有明王養恬注

詩文評類

增修詩話總龜甲集四十八卷乙集五十卷　二十冊

宋舒城阮　閱撰　明嘉靖二十三年明宗室月窗道人刻本　有重光　子宜　二印

全唐詩話殘本二卷　一冊

舊題宋尤袤撰　明嘉靖二十二年華亭王教刻本

闕卷四至十　有于瀛一印

吴禮部詩話二卷　一册

宋蘭谿吴師道撰　江陰繆氏藕香簃抄校本　藝風老人跋　有雲自在堪　中書房

蟫　豐華堂書庫寶藏印諸印

存餘堂詩話一卷　一册

明江陰朱承爵撰　明刻本

冰川詩式十卷　四册

明眞定梁橋撰　明萬曆三十八年刻本

詞曲類

嘯餘譜十卷　十册

明古歙程明善纂輯　明萬曆刻本　有書卷墨池情所適　百花深處二印

董解元西廂記殘本一卷　一册

明刻本　原兩卷　存下卷一卷

孤山夢詞不分卷　二册

佚名人撰　舊抄本

富貴神仙二卷　四册

原題影園灌者撰　舊抄本

還魂記二卷附圖　四册

明臨川湯顯祖撰　明刻本

新鐫古今大雅南北宮詞紀十二卷　二十册

明秣陵陳所聞選　明萬曆刻本

秋水庵花影集五卷　八册

明華亭施紹莘撰　明崇禎刻本　有陸蕙一印

補遺

史部

編年類

宣靖備史四卷　一册

明德清陳霆撰　常熟周氏鴿峯艸堂精抄校本

目錄類

題跋二卷　四册

明常熟毛晉撰　山陰沈氏鳴野山房抄校本　末有沈霞西朱筆跋

子部

兵家類

古今訏謨十卷　四册

明錢塘朱錦輯　明崇禎十二年家刻本　錢南揚先生捐

集部

別集類

重刊分類補註李詩全集二十五卷文集五卷　四冊

唐隴西李　白撰　宋楊齊賢集註　蕭士斌補註　明萬

曆十六年瑞桃堂刻本

疊山集殘本四卷　一冊

宋弋陽謝枋得撰　黄　溥編　明嘉靖刻本　原目十六卷存卷一至四

七録齋文集近稿六卷存稿五卷詩稿三卷論略一卷館課一

卷　六冊

明婁東張　溥撰　明崇禎刻本　有蟠閣藏書一印

總集類

風雅翼殘本二卷　二冊

元上虞劉履 [illegible] 嘉靖刻本　原十四卷存選詩續編卷二至四　潘承弼先生捐贈并識

文選纂註評林十二卷

明長洲張鳳翼纂註　明萬曆四十年刻本　十二册

浙江省立圖書館善本書目甲編卷四終

勘誤表

頁	行	誤	正
一四	一〇	三編	編三
一五	二〇	十四卷	四十卷
一九	二三	十二卷	四十二卷
二一	七	不分卷	十卷
三一	八	黎州是續	梨州是續
三九	一八	桂枝館	桂芝館
四三	二三	俞炎	俞琰
四六	七	傳振商刻	傳振商編刻
六三	一	浦遺	補遺
	一七	擕李	檇李
	一九	趙宧光	趙宧光